Dictionnaire du Moyen Âge
histoire et société

Dictionnaire du

Moyen Âge

histoire
et société

PRÉFACE

Le *Dictionnaire du Moyen Âge*, comme l'ensemble des volumes appelés à figurer dans la même collection, s'alimente à la base de données constituée par les textes, tant du Corpus que du Thesaurus, qui composent l'*Encyclopædia Universalis* — un ouvrage qui, sans varier sur les grands choix éditoriaux qui ont présidé à sa création entre 1968 et 1974, n'a pas cessé d'évoluer au fil de ses rééditions successives : en 1984, en 1989, en 1995...

Ce *Dictionnaire*, ces *Dictionnaires* ne sont donc pas seulement... des dictionnaires. D'un dictionnaire, ils ont la forme : éclatée, fragmentée, avec, pour ordre, le plus arbitraire mais aussi le plus commode qui soit, l'ordre alphabétique. D'une encyclopédie — et les premières en date remontent très haut dans l'histoire, jusqu'à Pline l'Ancien et sans doute bien au-delà — ils ont l'ambition : donner une vue d'ensemble des connaissances, en tant qu'elles s'articulent les unes aux autres par tout un jeu, à la limite infini, de rapports ou d'analogies.

Le XVIIIe siècle marque très précisément le moment où les encyclopédies, qui avaient cultivé jusqu'alors la forme, continue, du traité, adoptent celle, discontinue, du dictionnaire. Ce n'est qu'en apparence un paradoxe. « L'univers, écrit d'Alembert en 1751 dans son *Discours préliminaire*, n'est qu'un vase océan, sur la surface duquel nous apercevons quelques îles plus ou moins grandes, dont la liaison avec le continent nous est cachée ». Les liaisons n'existent, la possibilité même de les identifier et de les signaler n'existe que parce que la discontinuité est « phénoménologiquement » première. Le projet encyclopédique peut dès lors trouver son accomplissement, mais au prix d'un certain nombre de malentendus qu'il serait peut-être temps, enfin, de dissiper.

Passons très vite sur l'accusation d'« empilement », quand c'est tout au contraire d'enchaînement qu'il s'agit. Passons sur le grief, encore moins justifié, de totalitarisme : le propos d'une encyclopédie n'est pas de tout dire sur tout mais de dire l'essentiel sur l'essentiel. Attardons-nous plutôt, en prenant le *Dictionnaire du Moyen Âge* comme exemple, sur ce qui constitue, à forme désormais identique, la « plus-value » encyclopédique.

Si l'on considère la liste des entrées, ce que Diderot appelait la « nomenclature », on constate qu'elle rassemble — outre des monographies qui sont autant d'articles brefs destinés à satisfaire une curiosité précise portant sur un terme, un personnage, un lieu... — une série de vastes synthèses permettant au lecteur non pas simplement de connaître mais de comprendre. L'espace historique et géographique du Moyen Âge – qui va du ve au xve siècle et de l'Espagne à l'Empire ottoman – nous est par définition étranger, même si les hommes qui y vécurent et les institutions qui s'y développèrent ont largement contribué, comme le montre bien Antoinette Bernard dans son Introduction, à faire de nous ce que nous sommes. Le *Dictionnaire du Moyen Âge* ne se contente pas d'exposer des faits, de retracer des événements ou de décrire des figures : il propose des clés, il suggère des pistes.

À nous de saisir ces clés, à nous de suivre ces pistes. Et c'est ici qu'une autre originalité, propre à toute entreprise authentiquement encyclopédique, apparaît. Dans un dictionnaire qui n'est que dictionnaire, la liste des entrées, toutes conçues comme des entrées d'« information pure », se suffit à elle-même. Une encyclopédie ou, si l'on préfère, un dictionnaire à vocation encyclopédique (c'est-à-dire, pour reprendre une formule de Roland Barthes, traitant non pas des mots mais des choses désignées par les mots) s'accompagne nécessairement d'un index détaillé : non pas un simple répertoire d'occurrences, mais le produit d'une analyse réfléchie du contenu, menée par ces hyperlecteurs, agissant à la fois comme filtres et comme relais, que sont les indexateurs.

Grâce au système de références, souple et rigoureux, qu'ils mettent de la sorte à notre disposition, nous pouvons circuler en toute liberté à travers les textes, construire notre ou nos itinéraires et devenir en somme les propres acteurs de notre apprentissage.

Ce *Dictionnaire du Moyen Âge*, consacré à l'histoire et à la société, sera prochainement complété, pour la même période, par un second volume traitant de l'art et de la littérature. Pleine justice achèvera ainsi d'être rendue à des âges qui furent trop longtemps qualifiés d'« obscurs » et dont il nous reste à découvrir, sur bien des points, l'étonnante modernité.

L'Éditeur

INTRODUCTION

Dès sa création, l'*Encyclopædia Universalis* s'est donné pour mission de servir d'intermédiaire entre la recherche et le grand public. Faisant œuvre de vulgarisation au sens premier du terme, elle s'est toujours attachée à confier à des spécialistes la rédaction des articles dans les divers domaines de la connaissance dont elle traite.

En ce qui concerne l'histoire, l'*Encyclopædia Universalis* a voulu rendre compte du renouvellement considérable qu'a connu cette discipline aussi bien sur le plan de ses méthodes que sur celui de ses champs d'investigation. Elle a donc fait appel à des auteurs qui étaient aussi les acteurs de ce renouvellement: ainsi, pour le Moyen Âge, Georges Duby, Jean Favier, Jacques Le Goff, Lucien Musset ou Pierre Riché, parmi beaucoup d'autres. Se situant dans la tradition de l'école des *Annales d'histoire économique et sociale* fondée en 1929 par Marc Bloch et Lucien Febvre, ces médiévistes ont dépassé la simple description des événements pour chercher des éléments d'explication dans l'étude de la vie économique, des mentalités, des différents groupes sociaux, en analysant la réalité concrète de la vie quotidienne. Pour ce faire, ils ont emprunté leurs méthodes à d'autres sciences humaines telles que l'anthropologie, la sociologie, la démographie, l'économie, et ils se sont donné les moyens de fonder leur réflexion sur des faits précis en recourant à l'analyse quantitative et aux statistiques.

La collection de dictionnaires qui rassemble aujourd'hui sous une forme thématique les textes de l'*Encyclopædia Universalis* a pour but de mettre à la disposition d'un lecteur plus particulièrement intéressé par une discipline ou par un pan du savoir un ouvrage qui réponde précisément à sa quête. Les 522 articles qui constituent le *Dictionnaire du Moyen Âge, histoire et société* brossent un tableau du monde médiéval du Ve au XVe siècle. Sous la plume de ces nouveaux médiévistes, cette période, à laquelle a été accolée pendant longtemps la dénomination de temps barbares, apparaît dans toute sa diversité. Des articles très généraux y voisinent avec de courtes monographies, mais, chacun à sa manière, a un rôle d'information et d'explication et contribue à la cohésion de l'ensemble.

Dans « Féodalité », Georges Duby lui-même expose la réalité à laquelle correspond ce terme qui, depuis le XVIIe siècle, n'était plus employé que dans un sens péjoratif. Dans l'article « Occident médiéval », que l'on peut qualifier d'article « plate-forme », Léopold Génicot s'est livré à une vaste synthèse qui n'exclut pas, loin de là, les facteurs concrets. D'autres intitulés généraux

(« Croisades », « Grandes invasions », « Guerre de Cent Ans », « Islam », « Méditerranée ») recouvrent des textes traitant de ce qu'on peut appeler des évolutions, c'est-à-dire des successions d'événements replacés dans leur contexte économique et social et analysés en fonction de l'influence qu'ils ont exercée sur le cours de l'histoire. Ces thèmes apparaissent également dans les textes consacrés aux entités politiques (« Saint Empire romain germanique », « Duché de Bourgogne », « États latins d'Orient », « Empire ottoman »...) mais sont envisagés cette fois sous un angle différent. Quant à l'étude des grandes dynasties tant occidentales (Capétiens, Hohenstaufen, York) qu'arabes (Almoravides, Fatimides...) et à celle des peuples (Francs, Lombards, Sarrasins, Vikings...), elle ne se limite pas toujours à l'analyse des classes dirigeantes, mais s'efforce de restituer les modes de vie, la façon d'agir et de penser du plus grand nombre.

Les monographies destinées à apporter des enrichissements et des précisions aux articles de synthèse nous orientent vers des figures clés, des lieux ou encore des termes ayant trait à l'organisation de la société. Certains personnages sont très connus (Charlemagne, Jeanne d'Arc, Marco Polo, Saint Louis, Saladin...), d'autres beaucoup moins (Egbert le Grand, Kálmán roi de Hongrie, Mathilde de Toscane, Mūsā ibn Nuṣayr...). Sans s'interdire de rapporter à l'occasion quelques faits biographiques, quelques traits de caractère dans la mesure où ceux-ci ont valeur d'explication, le texte privilégie le rôle et la place du personnage dans l'histoire. Il en va de même pour les noms de lieux. Certains ont valeur de symbole (Canossa, Montségur, Reims), d'autres appartiennent à l'histoire parce qu'une bataille décisive y a été livrée (Bouvines), ou parce qu'un accord y a été signé (Worms). En outre, un grand nombre de termes font l'objet d'articles ponctuels destinés à éclairer les exposés plus généraux sur les institutions et l'organisation de la société (chevalerie, fief, grands jours, lit de justice, ost, parlements, suzerain...) ainsi que sur la vie économique (corporations, corvées, dîme, guilde, villa...).

Enfin, le volume se clôt sur des annexes (chronologie, tableaux et cartes) et un index détaillé, destiné à faciliter la consultation de l'ouvrage en orientant le lecteur, avec pertinence et précision, vers les textes où se trouve l'information qu'il recherche.

Ainsi conçu, ce *Dictionnaire du Moyen Âge, histoire et société* répond aussi bien aux besoins de l'étudiant qu'à l'attente de l'amateur. Au gré de ses explorations, chacun y prendra la mesure d'un univers historique et mental dont nous restons, à plus d'un titre, les héritiers.

Antoinette BERNARD

COMMENT UTILISER L'INDEX

Placé en fin de volume, c'est l'Index qui donne sa valeur proprement encyclopédique à ce dictionnaire. C'est par lui que toute recherche ou, plus généralement, toute consultation devraient commencer. Nous avons adopté pour sa constitution un certain nombre de conventions qui nous sont propres. Le lecteur les trouvera définies ci-après, exemples à l'appui, sous la forme d'un tableau.

• **ISABEAU DE BAVIÈRE** (1371-1435) reine de France *501*	**ENTRÉE précédée d'une puce et suivie d'un numéro de page :** signifie que cette entrée est le titre d'un article du dictionnaire, commençant à la page indiquée
• **GUERRE DE CENT ANS** *441* BEDFORD (duc de) CAPÉTIENS *182* CHARLES II LE MAUVAIS CHARLES V LE SAGE CRÉCY (BATAILLE DE)	ce même type d'entrée peut être suivi de références
VASSALITÉ ALLEMAGNE *36* BAN ET ARRIÈRE-BAN BANNIÈRE CAROLINGIENS *194* COMMENDATIO	**ENTRÉE simple** suivie de références
• **LOTHARINGIE** *584*	
ALLEMAGNE *26* BELGIQUE *113* CAROLINGIENS *191* CHARLES II LE CHAUVE	**RÉFÉRENCE à un article long :** titre d'article et numéro de page localisant la partie de texte pertinente au sein de l'article
CHARLES III LE SIMPLE	**RÉFÉRENCE à un article court :** titre de l'article
	RENVOIS d'un terme à un autre
ÆTHELBERHT ► ETHELBERT	pour des raisons relevant de l'orthographe ou du système de transcription
OXFORD PROVISIONS D' (1258) **► PROVISIONS D'OXFORD**	pour des raisons de choix alphabétique
JUGEMENT DE DIEU ► ORDALIE	pour des raisons d'ordre sémantique

NOTA BENE Les entrées concernant des personnages désignés par un prénom figurent dans l'ordre alphabétique suivant : saints, papes, empereurs (par pays), rois (par pays), princes, ducs, etc.

A

ABBADIDES

On donne le nom d'Abbadides à une dynastie hispano-musulmane d'origine arabe, celle des Beni 'Abbād. Elle régna à Séville, de 1023 à 1091, et fit de cette ville la capitale d'un État qui s'agrandit progressivement, surtout vers 1050-1080. À l'ouest, il engloba le pays compris entre le bas Guadalquivir et le bas Guadiana, les régions autour de Niebla, Huelva et Saltes, Mertola et Silves (dans le sud du Portugal actuel). Il s'étendit vers le sud-est et le sud dans les zones de Morón, Arcos, Ronda et Algesiras-Tarifa ; vers le nord et le nord-est, sur le pays cordouan et. sa capitale Cordoue (prise en 1070, perdue en 1075, reprise en 1078) puis sur la partie de l'émirat de Tolède située au sud du Guadiana ; enfin même, vers l'est, jusqu'à Murcie et toutes ses dépendances (1079).

Avant d'être une famille souveraine, les Abbadides furent illustrés par un homme de loi, Ismaïl ibn Abbad, puis par son fils, juriste lui aussi devenu cadi de Séville : Abou-l-Qasim Mohammed. Peu après la dislocation du califat omeyyade de Cordoue (1010), ce cadi s'attribua le pouvoir à Séville, y prenant en 1023 (414 de l'hégire) le titre de *hadjib* (« chambellan », c'est-à-dire maire du palais). Il devint ainsi un prince indépendant de facto, tout en reconnaissant encore une suprématie à la dynastie de souche arabo-marocaine des Hammoudides, qui s'attribuait à Cordoue l'autorité califale. Mais, bientôt, il rejeta cette suzeraineté, devenant un émir de rang royal, d'autant que le califat hammoudide de Cordoue se résorba dès 1031 en un émirat. C'était l'époque où *al-Andalus,* c'est-à-dire l'Espagne musulmane, se fractionnait en royaumes dits de *taïfas.*

Après des luttes obscures contre les taïfas voisines, l'Abbadide Abou-l-Qasim mourut en 1042, ayant bien assis son émirat sévillan. Son fils Abou Amr Abbad, alors âgé de vingt-six ans, lui succéda, prenant le nom d'al-Motadid billah (« Celui qui compte sur Dieu »). Autoritaire, ambitieux, rusé, cruel, sans scrupules, homme de cabinet plus que chef militaire, ce prince fut jusqu'à sa mort, en 1069, le plus en vue des rois de taïfas du groupe hispano-arabe comprenant les chefs berbères qui avaient constitué des États, notamment l'émir ziride de Grenade. Durant un temps, afin de faciliter sa politique, al-Motadid feignit d'avoir retrouvé et restauré le dernier souverain omeyyade de Cordoue, le calife Hicham II (renversé en 1009, rétabli en 1010, disparu en 1013) qu'il prétendait maintenir à l'abri de tous contacts, pour lui éviter une nouvelle disparition. Par la suite, il n'en fut plus question.

Ce politique impitoyable fit périr asphyxiés dans des thermes dont il avait fait boucher les issues de petits princes berbères d'Andalousie qu'il avait invités à un banquet : ceux-ci venaient de se rallier à lui, mais il doutait de leur sincérité. Il n'hésita pas davantage à tuer son fils Ismaïl, qui avait tenté de se tailler une principauté indépendante. Philosophe, fataliste par certains côtés, il était aussi raffiné, épicurien ; poète, il parlait et écrivait un arabe très élégant et entretenait à sa cour un cénacle de versificateurs et de rhétoriciens. Mais, plus heureux ou plus habile contre les princes musulmans, ses rivaux, que contre les chrétiens, il avait dû « acheter » la paix à Ferdinand le Grand, le roi qui régnait sur la Castille, le León et la Galice, lui versant chaque année un tribut de plusieurs milliers de pièces d'or. Respectueux de la foi chrétienne, il autorisa en 1063 le transfert, de Séville à León, des restes de saint Isidore, le grand docteur de l'Église wisigothique des VIe et VIIe siècles.

Le fils et successeur d'al-Motadid, Mohammed, né en 1040, régna de 1069 à 1091, sous le nom d'al-Motamid billah (« Celui qui s'appuie sur Dieu »). Son père lui avait fait apprendre l'art de gouverner, en le plaçant très jeune à la tête de la province de Silves. Il y avait connu un jeune poète, Ibn Ammar, avec qui il se lia d'une grande amitié ; devenu roi, il en fit son conseiller et son vizir. Il poursuivit, avec les mêmes méthodes que son père, la même politique d'expansion. Poète lui aussi, protecteur des musiciens et des médecins, créateur d'un jardin botanique, il n'était pas dépourvu de noblesse. Lorsque le roi García de Galice fut vaincu et détrôné en 1071 par ses frères Sanche de Castille et Alphonse VI de León (ces trois princes s'étant partagé en 1065 l'héritage de leur père Ferdinand le Grand), al-Motamid hébergea plusieurs mois le monarque chrétien fugitif, à qui il avait antérieurement payé tribut (car c'est le roi de Galice qui avait hérité en 1065 de ce versement annuel sévillan obtenu par Ferdinand le Grand).

Cependant, l'expansion abbadide avait pour corollaire l'affaiblissement des autres royaumes de taïfas. Tant que l'Espagne chrétienne avait été elle-même très divisée, un équilibre avait pu se maintenir. Alphonse VI, en réunifiant le quart nord-ouest de la Péninsule, devenait menaçant. En 1074, al-Motamid augmenta encore la puissance financière de ce grand roi chrétien en lui versant une forte somme pour obtenir son alliance contre Grenade ; en 1078, Alphonse VI traversant l'État tolédan, qui était aussi son tributaire, et lançant un raid jusque sous les murs de Séville, al-Motamid effectua un nouveau paiement important pour obtenir son repli. Afin de lui faire contrepoids, il se lança alors sur la taïfa de Murcie ; mais, une fois encore, il dut monnayer chèrement la nécessaire alliance du comte de Barcelone ; et cette affaire se termina par une rupture, définitive cette fois, entre l'émir et son vizir Ibn Ammar, qu'il exécuta en 1084. Cependant, depuis 1082, la guerre avait repris entre al-Motamid et Alphonse VI qui, attaquant aussi son tributaire tolédan, s'empara de Tolède en 1085.

Du coup, en accord maintenant avec les autres rois de taïfas, al-Motamid demanda aide aux Almoravides, qui venaient d'installer leur pouvoir sur le Maroc et l'ouest de l'Algérie actuelle. Une première expédition de secours arrêta en 1086 l'avance chrétienne ; mais, à peine les Africains rentrés au Maroc, il fallut de nouveau les solliciter. L'empereur almoravide décida alors de prendre lui-même en main tout al-Andalus, les plus éminents « docteurs en science coranique » déclarant d'ailleurs les rois de taïfas indignes d'exercer le pouvoir. En 1090-1091, les Almoravides conquirent donc le royaume d'al-Motamid, qu'Alphonse VI essaya inutilement de secourir et qui combattit avec héroïsme jusqu'à sa capture à Séville en septembre 1091. Accompagné de son épouse préférée, l'ancienne esclave Romaïqiya, il fut déporté à Meknès ; puis ils furent tous deux transférés à Aghmat : en cette petite localité du Haouz marocain, on montre aujourd'hui encore deux humbles tombes, qu'on dit être les leurs.

Lors de la conquête de l'État sévillan par les Almoravides, une Abbadide, belle-fille d'al-Motamid, la princesse Zaïda, veuve du prince al-Mamoun tué en défendant Cordoue contre les Africains, horrifiée à l'idée de tomber entre les mains de ces « Barbares », s'enfuit en terre chrétienne. Elle arriva à la cour d'Alphonse VI. Celui-ci en fit sa maîtresse. Convertie au christianisme sous le nom d'Isabelle, elle donna au roi vers 1100 le seul fils qu'il eut, l'infant Sanche qu'il légitima. Ce fils d'une Abbadide serait devenu roi de Castille, de León et de Galice s'il n'était mort avant son père.

CHARLES-EMMANUEL DUFOURCQ

Bibliographie

R. Dozy éd., *Scriptorum arabum loci de Abbadidid*, Leyde, 1846-1863 / A. González Palencia, *Historia de la España musulmana*, Barcelone, 5e éd. 1945 / H. R. Idris, « Les Zirides d'Espagne », in *Al-Andalus*, vol. XIX, Madrid-Grenade, 1964 / E. Lévi-Provençal, « 'Abbādides », in *Encyclopédie de l'Islam*, t. I, 2e éd., Leyde-Paris, 1960 / A. Miquel, *L'Islam et sa civilisation*, Armand Colin, 2e éd. 1977 / D. & J. Sourdel, *La Civilisation de l'Islam classique*, Arthaud, nouv. éd. 1983 / H. Terrasse, *Islam d'Espagne : une rencontre de l'Occident et de l'Orient*, Paris, 1958.

ABBÉ

Le mot abbé vient vraisemblablement du syriaque *abba*, signifiant père, où il traduisait le respect porté à un dignitaire de la société civile ou religieuse. Du syriaque le mot passa, vers le IIIe siècle, dans la langue du monachisme ancien de l'Orient chrétien.

On est alors en présence de deux types d'abbés. Il y a d'abord ces ermites, retirés dans les déserts égyptiens, à qui, en raison de leur prestige spirituel et de leur discernement, on demandait conseil. Souvent, des disciples se mirent sous la direction habituelle d'un de ces abbés, sans donner à sa personne quelque autorité institutionnelle : le groupe de disciples se disloquait à la mort du maître spirituel aussi spontanément qu'il s'était formé de son vivant.

À la même époque et dans les mêmes régions, Pacôme organisa de grands monastères placés sous le gouvernement effectif d'un abbé, chargé en outre du soin que requiert l'administration des biens nécessaires à une communauté un peu importante. L'abbé dispense toujours un enseignement spirituel, mais son rôle a perdu de la proximité familière qui était celle entre le maître spirituel et ses disciples.

Ce fut avec la règle de saint Benoît que le titre d'abbé s'imposa en Occident, alors qu'en Orient, où il avait pris naissance, il fut de moins en moins employé, les chefs de monastères étant higoumènes ou archimandrites. La règle de saint Benoît lui accorde dans l'édifice monastique une place fondamentale : « On l'appelle seigneur et abbé parce qu'il tient la place du Christ ; ce n'est pas pour le glorifier, mais par honneur pour le Christ et par amour pour lui. » Il était prescrit en outre que l'abbé serait élu par la communauté, qui lui doit, trait nouveau, une obéissance proprement dite. Celle-ci n'allait pas contre le caractère familial de cette autorité, qu'une influence augustinienne avait fait souligner à Benoît.

Le titre d'abbé ne se rencontre pas seulement dans les communautés monastiques, mais aussi dans les communautés canoniales, attachées au service d'une basilique et à la prière publique. Les abbés de l'ordre canonial portaient souvent, surtout dans les pays germaniques, le titre de *praepositus*.

Les dotations des abbayes, devenues d'importantes exploitations, conduisirent les rois francs à en disposer comme récompense pour leurs sujets : on eut alors des abbés laïcs, vivant dans les monastères avec famille et serviteurs, et contre lesquels les réformateurs combattront constamment. Sous leur influence, les monastères retrouvent, à partir du Xe siècle, leur pouvoir d'élire leurs abbés. Concurremment se développe un cérémonial de la bénédiction abbatiale du nouvel élu, qui tend à se rapprocher de la consécration épiscopale. Les abbés commencent également à faire usage des insignes pontificaux (crosse et mitre). D'où quelque fondement apparent à l'expression populaire « avoir rang d'évêque », expression vicieuse qui ne tient pas compte de la différence essentielle entre un abbé et un évêque : même béni et usant des insignes pontificaux, l'abbé reste un simple prêtre. Si certains ont reçu l'ordination épiscopale, comme jusqu'à une date récente l'abbé de Saint-Maurice d'Agaune en Valais, ils n'ont pas « rang d'évêque », mais sont évêques. La charge abbatiale allait atteindre son apogée avec la réunion de plusieurs abbayes, groupées en un ordre ou congrégation, placées sous l'autorité de l'abbé du monastère principal. Cluny et ses puissants abbés en sont l'exemple le plus fameux.

La réaction du XIIe siècle se fit dans le monde monastique dans le sens de la simplicité : les nouveaux ordres érémitiques comme les chartreux ne donnèrent à leur supérieur ni le titre d'abbé ni les honneurs qui l'accompagnaient ; les nouveaux ordres monastiques, comme celui de Cîteaux, mirent à la tête de leurs monastères un abbé tenu à mener une vie simple et semblable à celle de ses moines. Dans l'ordre canonial régulier, l'abbatiat est la forme de gouvernement qui est le plus fréquemment adoptée, même lorsque les communautés canoniales, se regardant comme une partie du clergé diocésain, entendaient rester sous la juridiction épiscopale et que leurs abbés n'usaient pas des insignes pontificaux. Pour rendre compte de cette inégalité dans les privilèges ou leurs manifestations extérieures, on distinguera des autres les « abbés mitrés » qui jouissaient du droit aux insignes pontificaux.

Au XIVe siècle, les papes d'Avignon revendiquèrent la nomination des abbés. Ainsi, très souvent, les religieux, perdant le droit d'élection de leur supérieur, devaient subir à leur tête la présence d'un dignitaire ecclésiastique parfois étranger à leur ordre. Cette situation s'aggrava en France par le concordat de Bologne de 1516, où le pape abandonna au roi la nomination à toutes les abbayes du royaume : ce fut le régime dit de la commende, et l'apparition des abbés commendataires, clercs non religieux qui jouissaient des revenus de la mense abbatiale mais sans exercer de juridiction sur la communauté religieuse, désormais placée sous l'autorité d'un prieur et vivant de la mense conventuelle. Cette distinction permettait d'atténuer les influences néfastes sur la vie religieuse de l'institution commendataire. Quelques rares abbayes avaient pu conserver l'élection de leur abbé : pour désigner ces derniers on créa l'expression d'« abbé régulier ».

Comme les clercs qui avaient reçu commende d'une abbaye portaient le titre d'abbé, l'usage de cette appellation s'étendit, la vanité aidant, au cours du XVIIe siècle, pour tous les clercs séculiers, qu'ils eussent ou non reçu un bénéfice en commende. Au XVIIIe siècle, l'expression « monsieur l'abbé » était devenue simple appellation de courtoisie pour tout ce qui portait l'habit ecclésiastique, s'agît-il d'un simple tonsuré.

Malgré la disparition des bénéfices ecclésiastiques, l'appellation « monsieur l'abbé » pour les prêtres diocésains subsista, toujours vide de sens, tout au cours du XIXe siècle. Dans les pays de langue française, elle devait rester utilisée jusqu'à l'époque contemporaine où elle fut remplacée par l'appellation « père », jusque-là réservée aux religieux, mais appliquée maintenant à tout prêtre séculier ou régulier. Les réformateurs monastiques du XIXe siècle avaient repris sans contestation le titre d'abbé, et, pour éviter les confusions avec le titre encore usuel de « monsieur l'abbé » donné à tout clerc séculier, on employa alors et depuis, pour désigner les chefs des monastères, l'expression « père abbé » – pléonasme, puisque abbé signifie père – bien que l'appellation protocolaire pour eux reste celle de « monsieur l'abbé ».

PATRICE SICARD

ACRE ou AKKA

Ville et port de Palestine, qui apparaît dans l'Ancien Testament sous le nom de ʻAcco et au temps des Ptolémées d'Égypte sous celui de Ptolemaïs, époque où elle connut une certaine prospérité. Conquise par les Arabes en 636, elle fut reconstruite peu après et son port réaménagé à la fin du IXe siècle. Mais c'est durant les croisades qu'elle atteignit son apogée : prise par les croisés en 1104, elle devint le principal port du royaume de Jérusalem et un important centre commercial où les marchands italiens, génois surtout, tinrent une grande place. Occupée par Ṣalāḫ al-dīn Yūsuf (Saladin) en 1187, elle fut reprise par Philippe Auguste et Richard Cœur de Lion en 1191. Les chevaliers de Saint-Jean-de-Jérusalem y ayant édifié une très belle église, la ville reçut en 1229 le nom de Saint-Jean-d'Acre.

La conquête de la ville en 1291 par le sultan d'Égypte al-Malik al-Ashraf mit fin à la présence des Latins en Palestine et priva ceux-ci d'une base commerciale essentielle. Détruite peu après, elle ne retrouva une certaine importance qu'au XVIIIe siècle, au temps du gouverneur Aḥmad Djazzār pasha.

ROBERT MANTRAN

ADHÉMAR DE MONTEIL (mort en 1098)

Clerc d'origine noble, évêque du Puy (1087), pèlerin de Terre sainte, Adhémar de Monteil joua un rôle essentiel dans la préparation de la première croisade, grâce à la connaissance qu'il avait de la situation en Orient. Le pape Urbain II le nomma légat et lui confia la direction de l'entreprise, lui adjoignant comme chef militaire le comte de Toulouse, Raymond de Saint-Gilles, que d'autres initiatives, comme celles de Bohémond ou de Godefroi de Bouillon, privèrent rapidement de sa prééminence. Le légat demeura donc la seule autorité incontestée de la croisade : habile diplomate, Adhémar en profita pour assurer la difficile cohésion des barons. Il mourut lors d'une épidémie, pendant le siège d'Antioche.

JEAN FAVIER

ADOLPHE DE NASSAU (1250 env.-1298) empereur germanique (1292-1298)

Petit prince de la vallée du Rhin, Adolphe de Nassau est élu roi à la mort de Rodolphe de Habsbourg pour empêcher Albert, son fils, d'accéder à l'Empire. Les électeurs, qui ne veulent pas d'un maître trop puissant, ont cru qu'Adolphe de Nassau, présenté par l'archevêque de Cologne, serait un homme tout dévoué à leur cause. Comme il ne dispose d'aucune fortune personnelle et que le comté de Nassau lui-même ne lui appartient pas en totalité, le roi Adolphe essaie de se créer un domaine en intervenant en Thuringe et en Misnie, où les princes de la maison des Wettiner se disputent continuellement leur héritage ; mais il indispose ainsi le puissant roi de Bohême et l'archevêque de Mayence qui, électeurs eux aussi, possèdent des domaines ou des intérêts dans cette région. Il laisse les trois premiers cantons suisses s'organiser en une alliance contre leurs seigneurs, les Habsbourg ; il se fait donc un ennemi d'Albert d'Autriche. Allié de l'Angleterre, Adolphe est réputé être ennemi du roi de France, mais ses maigres moyens ne lui permettent pas d'intervenir. Finalement, en 1298, les électeurs décident de le déposer pour le remplacer par Albert de Habsbourg. Les deux princes se retrouvent sur le champ de bataille, à Göllheim, en juillet 1298. Adolphe est tué, son parti vaincu.

ANNE BEN KHEMIS

ÆTHELBERHT → ETHELBERT

ÆTHELWULF → ETHELWULF, roi du Wessex (839-858)

AIDES

Taxes perçues sur certains produits de consommation (surtout les boissons, mais aussi le papier, le bois, le bétail, l'huile, le savon) et accordées à l'origine par les états généraux, en 1355, pour payer la rançon du roi Jean le Bon fait prisonnier par les Anglais. Plus tard, quelques provinces rachètent en tout ou en partie les droits d'aides qu'elles doivent payer, si bien que les disparités sont très grandes d'une région à l'autre. Les mêmes états généraux de 1355 créent la Cour des aides, chargée du contentieux fiscal relatif aux impôts indirects, et en particulier aux aides. Pour percevoir ces derniers, il existe tout un corps de courtiers-jaugeurs, inspecteurs aux boucheries et aux boissons.

ANNE BEN KHEMIS

AIGUES-MORTES

Isolée au milieu d'une plaine marécageuse ou viticole, à l'extrémité occidentale du delta du Rhône et à six kilomètres de la mer, Aigues-Mortes est cependant traversée de plusieurs canaux dont l'un débouche sur la mer. La ville, construite suivant le plan en damier des bastides médiévales, est entourée par des fortifications représentant, par l'importance (545 mètres sur 300 mètres) et par l'homogénéité (seconde moitié du XIIIe s.), l'un des plus beaux exemples d'architecture militaire médiévale. Son histoire est celle d'une longue décadence, la volonté des hommes, fondée sur des motifs essentiellement politiques et militaires, n'ayant pu combattre l'ensablement dû au Rhône. Créateur d'Aigues-Mortes, Saint Louis acquit au débouché des pays rhodaniens un emplacement où l'on pouvait établir un port maritime abrité (baie des Eaux-Mortes) et un port intérieur relié par les étangs à Montpellier et au Rhône. Conçus et commencés vers 1248, les travaux furent, avec l'aide d'entrepreneurs génois, activement poursuivis par Philippe le Hardi et terminés par Philippe le Bel. Pour favoriser le peuplement de la ville, Saint Louis lui accorda une charte très libérale. Pour développer le trafic du port, il obligea tout navire croisant en vue des phares à y faire relâche. Certes le souverain avait besoin d'une base de départ pour ses croisades (1248 et 1270), mais son effort comme celui de ses deux successeurs correspond à la volonté d'implanter la domination capétienne sur les rives de la Méditerranée. Malgré un accès incommode et un entretien coûteux, les rois maintinrent le privilège du port jusqu'à la création de Sète (fin du XVIIe s.), ruine définitive pour le trafic d'Aigues-Mortes.

GABRIEL LLOBET

AKKA → ACRE

ALBÉRIC Ier (mort en 925) marquis de Camerino

D'origine franque, venu avec Guy de Spolète en Italie, Albéric reçoit le marquisat de Camerino en Ombrie. Après la mort de Guy (894), il abandonne son successeur, Lambert, pour se rallier à Bérenger, candidat à la couronne royale. Selon les *Gesta Berengerii* (II, XXIX), il aurait assassiné le dernier duc de Spolète dont il prend la place. À l'appel du pape Jean X, il se joint au marquis de Toscane, Adalbert, pour déloger les Sarrasins qui avaient occupé le monastère de Farfa et s'étaient solidement installés sur le Garigliano. Une brillante victoire en 916 permet à Albéric de consolider sa fortune politique. Un des grands dignitaires du palais du Latran, le « sénateur » Théophylacte, époux de Théodora, lui donne en mariage sa fille. Cette dernière, Marozie, jouait déjà un rôle important à Rome : elle avait eu du pape Serge III un enfant qui deviendra le pape Jean XI. Le couple domine l'aristocratie romaine. Albéric reçoit le titre de consul et s'installe dans un palais de l'Aventin en rival du pape Jean X. Ce dernier réussit à le chasser de Rome et Albéric s'installa à Orte, non sans avoir, selon une chronique, fait appel aux Hongrois. Il meurt assassiné. Le fils qu'il a eu de Marozie est proclamé, à partir de 936, prince des Romains.

PIERRE RICHÉ

ALBERT Ier DE HABSBOURG (1250 env.-1308) empereur germanique (1298-1308)

Fils du roi des Romains, Rodolphe Ier de Habsbourg, Albert d'Autriche, se porte candidat à la succession de son père en 1291, mais cet homme sévère et violent, qui se refuse à toute concession, déplaît aux électeurs qui lui préfèrent Adolphe de Nassau, obscur seigneur de la basse vallée du Rhin. Les échecs de ce dernier incitent, cependant, les électeurs à donner la couronne royale au duc Albert. Celui-ci, à la bataille de Göllheim en 1298, triomphe de son concurrent qui est tué.

Albert se fait réélire roi des Romains : il a le soutien du roi de France Philippe le Bel, à qui il cède la rive gauche de la Meuse malgré les princes rhénans contre lesquels il doit se battre (1301-1302). Le pape est aussi son allié, quoiqu'il ait refusé de lui céder les droits impériaux sur la Toscane ; cependant, Albert lui prête serment de vassalité en 1303 : en échange, le pape lui promet la couronne impériale et la succession pour son fils.

En Hongrie, Albert accorde son appui à Charles Robert d'Anjou qui devient roi : ce royaume ne s'agrège donc pas à l'ensemble polono-bohémien des Przémyslides (1301). Puis, en quelques années, Albert s'empare de la Bohême car la dynastie s'éteint en 1306. Il conquiert aussi la Misnie (région de Meissen en Saxe) et essaie de s'emparer de l'héritage d'Adolphe de Nassau en Thuringe.

Albert a donc acquis d'importants territoires qui permettent aux Habsbourg de disposer d'une réelle puissance territoriale dans l'Empire, quoique, dans ses domaines patrimoniaux, les Suisses commencent de se révolter contre ce maître dur, intraitable. En Saxe, les Wettiner lui infligent une défaite ; son fils Rodolphe meurt en 1307 et, en mai 1308, l'un de ses neveux, Jean de Souabe, qui revendique depuis longtemps sa part d'héritage, l'assassine. Il ne reste donc plus aux Habsbourg que leurs biens propres : beaucoup plus tard, il leur faudra reconquérir le pouvoir impérial et entreprendre une politique subtile et obstinée de mariages pour reconstituer une zone d'influence aussi considérable.

ANNE BEN KHEMIS

ALBERT L'OURS (1100 env.-1170) margrave de Brandebourg (1134-1170)

Fondateur de la dynastie des Ascaniens et de la Marche de Brandebourg, qui est à l'origine du royaume de Prusse, Albert l'Ours, comte de Ballenstädt, était originaire d'Aschersleben en Saxe (Ascaria ou

Ascania en latin, d'où le nom de la dynastie). Il a reçu en 1134, de Lothaire de Supplinburg, l'Altmark, ou Marche du Nord ; il parvient à s'implanter très solidement sur la rive droite de l'Elbe. Usant de la force, mais rejetant les méthodes trop brutales des croisés germaniques, envoyés par le pape lors de la deuxième Croisade vers les pays slaves (1147), il préfère s'associer aux chefs wendes : il hérite ainsi de Przibislas et peut s'installer à Branibor (Brandebourg). Aidé de colons venus surtout des Pays-Bas, il met en exploitation une région peu développée. Les Cisterciens et les Prémontrés contribuent à l'entreprise. Les évêchés de Havelberg et de Brandebourg, de fondation ancienne mais détruits par les Slaves, sont restaurés par l'Ascanien.

De la destitution d'Henri le Superbe (1138) à la nomination d'Henri le Lion (1142) par Conrad III, il dispose du duché de Saxe. Il devient margrave de Brandebourg, tandis que Frédéric Barberousse replace la Pologne dans l'obédience germanique et installe en Silésie un descendant des Saliens et des Badenberg, en faisant ainsi un duché allemand. Albert l'Ours, comme Henri le Lion, son cadet, s'est détourné du mirage italien et a conduit l'Empire à reprendre sa politique de conquête à l'est : *Drang nach Osten*.

ANNE BEN KHEMIS

ALBERTI LES

Famille florentine. Aux alentours de 1200, un certain Rustico Alberti, issu des seigneurs de Catenaìa, dans le Casentino, s'établit à Florence et y exerce la profession de juge. Liés au parti guelfe, les Alberti se rangent, au cours des luttes civiles du début du XIVe siècle, du côté des « noirs », extrémistes, contre les « blancs », modérés et partisans d'un rapprochement avec les gibelins ; de fortune encore relativement récente, ils se lient ainsi à une faction dans son ensemble hostile aux plus vieilles familles de la ville. De même, dans la seconde moitié du siècle, les Alberti sont, avec les Médicis et les *popolani*, les ennemis de la noblesse et des grosses fortunes les plus anciennes, que représentent notamment les Albizzi. Compromis dans la révolte des Ciompi, ils doivent s'exiler lorsque les Albizzi établissent pour un demi-siècle la domination d'une étroite oligarchie à Florence. En 1423, les Médicis parviennent à les rappeler et s'en font des alliés contre Rinaldo degli Albizzi. Mais leur rôle politique se termine là. Leon Battista Alberti appartient à une branche des Alberti exilée à Gênes.

Leurs vicissitudes politiques contrastent avec la relative constance de leur fortune d'hommes d'affaires, au moins jusque vers 1450. Banquiers presque exclusifs des papes depuis 1362, implantés dans tout l'Occident ainsi qu'en Méditerranée orientale, mais ennemis des entreprises trop risquées, ils surent éviter les faillites : ils avaient, à l'occasion, profité du vide laissé, en 1345, par celles des Bardi et des Peruzzi. Même la confiscation de leurs biens florentins par les Albizzi ne put les ruiner. Le déclin, assez progressif, ne se produisit qu'à la fin du XVe siècle.

GÉRARD RIPPE

ALBIGEOIS → CROISADE CONTRE LES ALBIGEOIS

ALBIZZI LES

Famille florentine. Originaires d'Arezzo, les Albizzi sont inscrits à l'Arte della Lana, l'une des plus importantes corporations marchandes de Florence, dès le début du XIIIe siècle ; très fréquemment, on les trouve occupant les plus hautes fonctions au gouvernement de la ville (prieurs, gonfaloniers de justice). Guelfes de toujours, ils jouent un rôle important dans la proscription de la faction modérée des « blancs » au début du XIVe siècle, et prennent peu à peu la tête du parti. Aussi sont-ils particulièrement visés au moment de la révolte des Ciompi : Piero, chef de la famille, a la tête tranchée en 1379. À la chute du gouvernement populaire en 1382, Maso degli Albizzi prend la direction de la réaction oligarchique : une assemblée à ses ordres bouleverse la Constitution, et il fait exiler ses adversaires (notamment les Alberti) en 1393. Son fils Rinaldo (1370-1442) lui succède en 1417. Florence est alors à l'apogée de sa puissance. Rinaldo affirme son pouvoir personnel, à peine dissimulé sous les formes républicaines. Contre lui, la famille des Médicis s'appuie, avec une habile démagogie, sur le mécontentement populaire à l'égard de l'oligarchie. Or le crédit de Rinaldo est atteint par l'échec d'une tentative de conquête de Lucques. En 1433, il tente d'en finir avec Côme de Médicis qu'il fait exiler par un gonfalonier de justice à ses ordres. Mais, l'année suivante, un nouvel échec militaire (contre Milan cette fois) discrédite l'oligarchie : une majorité se dégage en faveur des Médicis au gouvernement. Après une vaine tentative de recours aux armes, Rinaldo s'exile tandis que son frère Luca, passé au parti des Médicis, maintient une branche de la famille à Florence.

GÉRARD RIPPE

ALBORNOZ GIL ÁLVAREZ CARRILLO DE (1310-1367)

Cardinal espagnol, restaurateur des États pontificaux en Italie durant le séjour des papes en Avignon. Issu d'une noble famille de Cuenca, le cardinal Albornoz fut le condisciple à l'université de Toulouse d'Étienne Aubert, qui monta en 1352 sur le trône de saint Pierre sous le nom d'Innocent VI. Il fit d'abord carrière ecclésiastique en Castille et devint archevêque de Tolède en 1338. Il joua un rôle éminent en poussant le roi Alphonse XI à poursuivre la Reconquista sur les musulmans et en l'aidant, par ses conseils, à soumettre à une loi uniforme les constitutions municipales très diverses de son royaume (constitution d'Alcalá qu'Albornoz rédigea lui-même en 1348).

À la suite d'un incident qui l'oppose à son souverain, il quitte l'Espagne en 1350 et rejoint à Avignon la curie, où, en tant que cardinal, il a régulièrement place. En 1353, Innocent VI le nomme légat pour toute l'Italie et vicaire général de toutes les possessions de l'Église avec mission de les ramener sous l'autorité du Saint-Siège, qui en a perdu le contrôle depuis son installation en Avignon, malgré les efforts de Jean XXII (1316-1334). C'est l'accomplissement de cette mission qui fait de lui l'un des personnages les plus importants de l'histoire des États pontificaux.

Albornoz entreprend la reconquête en partant du Sud, c'est-à-dire de Rome, où il réussit à se rétablir en jouant habilement de la piété romaine pour la papauté – piété avivée par le jubilé de 1350 – et en manipulant le tribun populaire Cola di Rienzo. Il prend à son service les barons locaux et les milices des villes fidèles et il solde des compagnies de mercenaires. Grâce à cette aide, il arrache Viterbe et Orvieto à Jean de Vico ; puis, dans une grande assemblée tenue à Montefiascone pour le patrimoine proprement dit, il obtient serment de fidélité de tous les vassaux du pape et des représentants de toutes les communes, en échange de quoi les uns et les autres gardent leurs biens et privilèges sous la souveraineté pontificale. La même méthode lui permet de pacifier le duché de Spolète, la Marche d'Ancône, la Romagne. Là, il se heurte au Milanais Barnabé Visconti, qui parvient à le faire rappeler en 1357. Innocent VI, cependant, comprend son erreur et charge d'une nouvelle légation Albornoz, qui reprend l'avantage et s'empare de Bologne (1360). À cette date, il a introduit dans l'ensemble des États de l'Église les constitutions d'abord données à la Marche d'Ancône et qu'on appelle constitutions égidiennes (de son prénom Gil, *Egidius* en latin). Ces constitutions, qui unifiaient la législation et l'administration tout en maintenant aux cités des statuts particuliers, réglèrent jusqu'en 1816 la vie des États, qu'Albornoz avait pour ainsi dire recréés.

Après la mort d'Innocent VI (1362), Urbain V, désireux d'agir en Orient contre les Turcs, voulut restaurer la paix en Italie et conclut un accord avec Barnabé Visconti, auquel il redonna le titre de vicaire de l'Église à Bologne. Albornoz essaya vainement de s'opposer à cette politique ; il dut, dans les mois suivants, veiller à ce que le Milanais ne profitât point trop de ces avantages retrouvés, tout en gérant au mieux les États. Il mourut après avoir vivement conseillé au pape de quitter Avignon et de réinstaller à Rome le siège de la papauté.

MARCEL PACAUT

ALEXANDRE III, ROLANDO BANDINELLI (1105 ?-1181) pape (1159-1181)

Élu pape en 1159 sous le nom d'Alexandre III, Roland Bandinelli, originaire de Sienne, étudia dans sa jeunesse le droit canonique aux écoles de Bologne, où il fut l'élève de Gratien. Il enseigna ensuite dans cette ville, puis à Pise. En novembre 1150, Eugène III l'appela à la curie et le nomma cardinal, puis, en 1153, chancelier de l'Église romaine, poste qu'il conserva sous les pontificats d'Anastase IV (1153-1154) et d'Adrien IV (1154-1159). Il devint alors l'un des principaux inspirateurs du clan anti-impérial à la curie.

Frédéric Barberousse, élu en 1152, avait, en effet, entrepris d'étendre son pouvoir sur l'Italie. Il comptait pour cela sur la collaboration du Saint-Siège. Mais Roland et ses amis parvinrent à faire rompre l'entente conclue entre l'Église et l'Empire à Constance et à rapprocher la papauté de la Sicile et des villes de Lombardie. Ils adoptèrent une attitude très raide, dont la manifestation la plus spectaculaire fut l'incident provoqué à la diète de Besançon par Roland et un autre cardinal, qui déclarèrent que l'empereur tenait l'Empire comme un « bénéfice » du pape. Il en résulta une division au sein du Sacré Collège, qui aboutit à une double élection après la mort d'Adrien IV. Roland devint pape sous le nom d'Alexandre III ; le cardinal Octavien, élu de la minorité pro-germanique, prit le nom de Victor IV (1159). Aussitôt, Barberousse fit réunir un concile à Pavie, qui groupa des évêques allemands et italiens et soutint Victor. Alexandre III, reconnu par la France, l'Angleterre, la Sicile, les royaumes ibériques, excommunia l'empereur (mars 1160).

C'est alors que se déroule la première phase violente de la lutte du Sacerdoce et de l'Empire. Alexandre III doit fuir l'Italie et se réfugie en France, tandis que la puissance impériale s'abat sur la Péninsule. Il y rentre cependant en 1165 et subit les nouveaux assauts de son adversaire (1166-1167). Puis la victoire change de camp. Les cités lombardes se soulèvent et s'unissent contre l'Allemand pour former la Ligue lombarde. Elles résistent militairement et infligent à Barberousse une sévère défaite à Legnano. L'empereur cède alors. En 1177, au traité de Venise, il reconnaît Alexandre III.

Pendant tout ce temps, ce dernier n'a cessé d'accroître l'autorité du Saint-Siège sur le clergé, multipliant les légations pour régler les problèmes les plus divers, accordant aux monastères des exemptions de plus en plus nombreuses et légiférant en toutes matières par ses décrétales. Il dut aussi prendre, avec prudence, la défense de l'archevêque de Canterbury, Thomas Becket, contre le roi d'Angleterre Henri II et jeta l'interdit sur celui-ci après le meurtre du prélat.

En 1179, il réunit le IIIe concile œcuménique du Latran, qui reprend ses principales décisions, institue que désormais le pape sera élu par les cardinaux à la majorité des deux tiers et condamne les hérésies naissantes. Il meurt deux ans plus tard, alors qu'il entreprend de lancer une nouvelle croisade pour secourir la Terre sainte.

MARCEL PACAUT

ALEXANDRE IAROSLAVITCH NEVSKI (1220-1263)

Fils de Iaroslav Vsevolodovitch, prince héréditaire de Pereïslav-Zalesski – au nord de Moscou –, le jeune Alexandre apparaît d'abord comme le brillant second de son père, devenu grand-prince de Vladimir. Il se voit confier notamment la fonction de prince de Novgorod au moment où les territoires russes occidentaux sont assaillis par leurs voisins : Suédois, chevaliers Teutoniques, tribus lituaniennes. Les premiers sont défaits, le 15 juillet 1240, sur les bords de la Neva (c'est lors de cette victoire que le prince reçoit son surnom : Alexandre de la Neva) ; les deuxièmes, le 5 avril 1242, sur les eaux glacées du lac Peïpous, enfin les Lituaniens, en 1245, près de Vitebsk. La victoire de 1242 sur les chevaliers Teutoniques est considérée comme décisive, car elle semble arrêter définitivement la poussée germanique vers l'est (*Drang nach Osten*) et décider ainsi de la suprématie russe sur les peuples slaves, suprématie qui va s'affirmer au siècle suivant, au détriment de l'Occident.

La mort de son père (1246) amène Alexandre à s'intéresser à l'ensemble de la Russie, tout en continuant d'ailleurs à veiller à la sécurité des frontières occidentales. Après plusieurs années d'intrigues à Saraï, auprès de la Horde d'Or, et même à Qaraqorum, la capitale de l'Empire mongol (Alexandre s'y est rendu en 1247), il obtient du khān d'être investi grand-prince de Vladimir (1252). La fidélité inconditionnelle envers les Tatars devient alors la ligne politique directrice d'Alexandre : il n'hésite pas à faire intervenir les troupes mongoles contre l'un de ses frères, André (1252), à réprimer des mouvements antitatars à Novgorod (1257, 1259), cherchant toujours avec les dirigeants de la Horde d'or la voie de la conciliation. C'est précisément peu après avoir su éviter une expédition punitive contre la Russie qu'Alexandre meurt en chemin, revenant de Saraï.

Ses victoires militaires valurent à Alexandre Nevski une certaine popularité qu'atteste sa première *Vie*, rédigée probablement par un témoin oculaire des combats. Cette popularité explique la canonisation du prince (1547). La translation de ses reliques à Saint-Pétersbourg (1723-1724) en fit l'un des héros nationaux de la Russie impériale. Sa mémoire fut de nouveau évoquée à la veille de la Seconde Guerre mondiale, comme en témoigne le film de S. M. Eisenstein, *Alexandre Nevski* (1938).

WLADIMIR VODOFF

ALFRED LE GRAND (849-899) roi du Wessex (871-899)

Souverain légendaire du Wessex, né à Wantage en Berkshire, Alfred est le fils cadet du roi Aethelwulf. Lors d'un pèlerinage à Rome, le pape Léon IV le consacre roi avant même qu'il ne monte sur le trône. Il se distingue contre les envahisseurs danois à Ashdown, Basing et Merton. En 871, à la mort de son dernier frère, Aethelred, il ceint la couronne du Wessex. Durement éprouvé par les combats, il tente de contenir les Danois en leur payant tribut. De 875 à 878, c'est une succession d'escarmouches, de serments rompus, d'invasions sporadiques. En 878, peu après Noël, les Danois attaquent en force. Alfred Le Grand prépare sa riposte dans une région marécageuse, l'île d'Athelney. Il rallie les hommes libres du Somerset, du Wiltshire et du Hampshire et écrase l'armée du roi Guthrum qui doit se retirer du Wessex après avoir reçu le baptême. En 884, Alfred Le Grand rejette à la mer un nouveau corps d'envahisseurs danois. Deux ans plus tard, il occupe et fortifie Londres. En 893, nouvelle alerte : des Scandinaves débarquent dans le Kent et le Sussex, le chef viking Hasting remonte la Tamise, les Danois soumis par Alfred se révoltent, la guerre s'étend à toute l'Angleterre. Elle est longtemps indécise. En 897, les assaillants fatigués se retirent. Deux ans après la fin de la dernière guerre danoise, en 899, Alfred meurt. Monarque éclairé, il se montra sage législateur ; protecteur des arts, des lettres et des sciences, il fonda les monastères de Shaftesbury et d'Athelney ; on lui prête aussi la création de l'université d'Oxford. Fin lettré, il laissa des traductions des œuvres de Boece, de Bède et de Grégoire le Grand. Il fait surtout figure de libérateur et de fédérateur des Anglo-Saxons. Asser, son biographe, le qualifie successivement de « West Saxonum Rex », de « Rex Saxonum » et enfin d'« Angul Saxonum Rex ». La légende a fait de lui le roi anglais, et même l'homme anglais par excellence.

PIERRE JOANNON

ALIÉNOR D'AQUITAINE (1122 env.-1204)

Fille de Guillaume X, duc d'Aquitaine. Duchesse à la mort de son père (1137), elle fut mariée dès son avènement au prince Louis, qui montait, deux semaines plus tard, sur le trône de France sous le nom de Louis VII. Le duché demeura cependant distinct du domaine royal. L'union était mal assortie, la légèreté et la sensualité d'Aliénor s'accordant mal avec la dévotion ascétique du roi. Les prétentions d'Aliénor à gouverner son duché décevaient, d'autre part, les conseillers du roi qui, comme Suger, avaient envisagé une assimilation rapide de cette principauté au royaume.

Pendant la deuxième Croisade (1147-1149), où elle accompagna son mari, Aliénor eut, avec son oncle Raymond de Poitiers, prince d'Antioche, une aventure dont la seule chose certaine est qu'elle ridiculisa le roi. C'est ce qui poussa Louis VII à commettre une faute politique lourde de conséquences pour l'avenir de l'Orient latin : il abandonna l'idée d'une expédition dirigée contre Édesse, qui aurait soulagé la principauté d'Antioche et levé par là même la principale menace qui pesait sur la Terre sainte, et il préféra s'engager dans une expédition sans intérêt vers Jérusalem.

À leur retour en France, Aliénor continua de ridiculiser son mari, se laissant courtiser par Henri Plantagenêt, comte d'Anjou. Le roi ne pouvait éviter de demander le divorce, que prononça, en 1152, un synode d'évêques complaisants. Aliénor épousa alors Henri Plantagenêt, devenant ainsi duchesse de Normandie et reine d'Angleterre (1154).

Plus attirée par le duché d'Aquitaine, qu'elle continua de gouverner avec efficacité, même après avoir investi de cette charge son fils Richard Cœur de Lion (1169), que par le séjour insulaire, Aliénor anima à Poitiers une cour raffinée et brillante. Mais elle joua surtout un rôle politique considérable, soutenant contre son mari Henri II l'un ou l'autre de leurs fils, pour le plus grand profit du roi de France qui tirait parti de ces dissentiments. Henri II la fit enfermer en 1173 dans un couvent d'où elle ne sortit que lorsque son fils Richard monta sur le trône en 1189. Celui-ci fit grand cas de l'expérience politique de sa mère ; c'est à elle qu'il confia la régence de son État pendant la troisième Croisade (1190). À la mort de Richard, Aliénor eut une part décisive dans l'avènement de son dernier fils, Jean sans Terre (1199), malgré les droits éventuels d'Arthur de Bretagne, fils de son fils aîné. Elle dirigea ensuite la résistance royale contre la rébellion des grands feudataires du duché, que soutenait Philippe Auguste. Malgré son âge, elle déploya une remarquable énergie dans les derniers soubresauts de l'indépendance aquitaine, qui disparut peu après sa mort, grâce à l'habileté de Philippe Auguste qui exploita les erreurs politiques de Jean sans Terre.

JEAN FAVIER

ALLEMAGNE

Plus de six siècles séparent la Germanie héritée des Carolingiens de cette « fédération de princes » qu'est l'Allemagne de la Réforme. L'histoire de cette longue période offre le contraste entre une politique vainement hantée par l'idée d'empire et la lente formation de la société allemande.

Le Saint Empire romain germanique a Rome pour centre, et la mainmise sur la papauté passe avant toutes les autres affaires allemandes. De cette politique et de son échec résulte une double conséquence : l'Empire va se réduire à la seule Allemagne, tandis que les principautés territoriales s'y développent, donnant à la féodalité allemande son visage particulier.

Le *Drang nach Osten* (« marche vers l'Est ») aurait pu être la grande idée allemande, qui offrait à l'assimilation germanique de vastes territoires évangélisés, colonisés ou conquis. En fait, si l'Allemagne y trouve quelque extension, les traditions nationales ont supplanté, en Pologne, en Hongrie, dans la Bohême tchèque, le lien à l'Empire. Quant à l'Italie, elle échappe définitivement à la souveraineté allemande, témoignant d'ailleurs de l'échec de la papauté à assurer un rôle fédérateur.

Le poids des principautés territoriales transforme l'*imperium* en une royauté élective. La réforme grégorienne s'est introduite très tôt dans un empire encore carolingien, établissant la distinction du spirituel et du temporel, privant par là l'État de ces administrateurs précieux qu'avaient été les évêques. Pour freiner les forces centrifuges et faire accepter sa politique italienne, l'empereur, de plus en plus, doit accorder à ses vassaux la domination de la terre. Ainsi, les quatre duchés ethniques se transforment en duchés territoriaux ; ainsi se développe une aristocratie soucieuse d'asseoir sa puissance sur une base territoriale. Hostile à l'hérédité du titre impérial, elle met à profit le conflit avec la paupauté pour lutter contre tout pouvoir centralisé ; elle confirme et prolonge une structure politique faite de particularismes, à un moment où les pays d'Occident organisent un pouvoir central et dynastique.

La société allemande se forme cependant, et souvent en marge de l'histoire politique.

Du Xe au XIIe siècle, la Germanie carolingienne participe au lent essor démographique que connaît l'Europe. Cette population clairsemée, qui n'excède sans doute pas trois millions d'habitants, est essentiellement rurale. L'extension de l'assolement triennal, les progrès des techniques agricoles et de la production céréalière, les nouveaux défrichements (Bavière et Autriche) semblent indiquer une relative amélioration des conditions d'existence. Les paysans vivent souvent sous le régime de la seigneurie qui va progressivement s'affirmer. Tandis que se fonde une série de villes-marchés, la « renaissance ottonienne » fait entrer l'Allemagne dans le circuit des relations commerciales avec l'Europe.

Les progrès économiques et sociaux sont importants à partir du XIIe siècle. La colonisation de l'Est, facilitée par la montée de la population à douze millions d'habitants, suscite une immigration importante et des mouvements de population vers les terres nouvellement conquises. L'exploitation des gisements miniers (Silésie, Thuringe), le développement de la métallurgie, la conquête du commerce baltique, tout concourt à un essor urbain dont témoignent les villes nouvelles comme Fribourg, Munich, Leipzig. Face à une seigneurie rurale qui se ferme en une caste et travaille à rendre ses droits héréditaires, se développe la bourgeoisie urbaine : la ville des marchands et des artisans obtient son autonomie ; elle a déjà son droit particulier et commence à se créer des institutions.

Les XIVe et XVe siècles s'inscrivent dans la conjoncture européenne d'une montée des prix qui affecte les catégories sociales les plus modestes. Au milieu du XIVe siècle, s'abattent les calamités, famines, épidémies, dont la peste noire qui emporte à Hambourg les deux tiers de la population. Le recul démographique est considérable, et l'Allemagne du XVe siècle atteindra péniblement les quinze millions d'habitants. L'arrêt de l'expansion orientale, le déclin de la Hanse sont autant de signes de ce recul. La servitude paysanne se développe, qui va se généraliser à toute l'Allemagne, tandis que la seigneurie, confirmée dans l'hérédité de ses droits, se voit confier la fonction justicière. Le monde rural ne peut plus s'exprimer que par des révoltes qui marquent le début du XVIe siècle. Au contraire, la vie urbaine est intense, dans ces villes du Reich qui ont désormais leur administration, le *Rat*, et sont dominées par la bourgeoisie. La banque, la société commerciale sont devenues des institutions de la vie économique ; la production minière atteint un niveau estimé à deux millions de florins-or, et suscite un développement considérable des industries de transformation. La grande entreprise fait son apparition, tandis que se forme le prolétariat urbain : nous entrons déjà dans l'ère du capitalisme.

Ainsi, à la veille de la Réforme, le problème allemand est d'organiser, par un État centralisé, les forces vives d'une nation déjà constituée.

1. L'État germanique carolingien (Xe-XIIe siècle)

Le royaume de Germanie

Si l'Allemagne du Moyen Âge est l'héritière du royaume de *Francia orientalis* reconnu, au traité de Verdun (843), à l'un des fils de Louis le Pieux, Louis le Germanique, l'expression « Allemagne » est due aux Français qui, à partir du Xe siècle, étendirent à un vaste ensemble le nom d'une région limitée au pays du Danube et du Rhin supérieurs, l'Alamanie ou Souabe. Les termes employés dans l'espace germanique étaient ceux de *Reich der Deutschen* et, dans les milieux savants, de *Regnum Theutonicorum*. Quant aux rois, ils tiraient leur titre du nom d'un peuple qui, ou bien ne représentait pas l'ensemble de l'Allemagne, *rex Saxonum*, ou bien lui était étranger, *rex Romanorum*, ou encore prêtait à confusion, *rex Francorum*.

Avec la Lotharingie, annexée définitivement à partir de 925, l'Allemagne s'étendait à partir de la mer du Nord, qui formait sa limite de l'embouchure de l'Escaut à la presqu'île de Jutland, où l'Eider constituait la frontière avec le Danemark, jusqu'à la mer Baltique, où elle ne possédait qu'une étroite ouverture dans la baie de Kiel. De là, une limite indécise rejoignait l'Elbe, qu'elle remontait ensuite pour atteindre le cours de la Saale, qu'elle suivait jusqu'au Böhmerwald, face aux peuples slaves. Plus au sud, l'Allemagne avait beaucoup reculé depuis le début du Xe siècle, du fait des Hongrois, et la frontière était désormais sur l'Enns.

Dans les Alpes, au voisinage de l'Italie, les limites se confondaient avec la ligne de partage des eaux, laissant à l'Allemagne les principaux cols et le haut bassin de l'Adige ; à partir du Saint-Gothard, la frontière se dirigeait vers le nord-ouest pour atteindre le Rhin dans la région de Bâle, séparer l'Allemagne du royaume de Bourgogne, puis de celui de France dont les confins passaient à l'ouest de la Meuse, laissant Verdun et même Bar (-le-Duc) à l'Allemagne, pour toucher enfin l'Escaut.

Dans ces limites vivaient, réserve faite des populations romanes de Lotharingie, des habitants en très grande majorité de langue germanique. Cette communauté linguistique développa de bonne heure une sorte de sentiment commun, qui éclaire le terme *deutsch* par lequel les Allemands se désignaient, en rapport avec le mot haut allemand *theodisk*, qui signifie « populaire ». Cette communauté de langage n'excluait pas, cependant, des différences dialectales qui, avec les coutumes et traditions particulières encore vivantes – Alamanie, Bavière et surtout Saxe ayant été incorporées tardivement au *regnum Francorum* – expliquent les différenciations politiques. Au IXe siècle, les invasions incessantes des Danois, des Slaves et des Hongrois eurent pour effet de ressusciter ces particularismes, en regroupant les peuples sous la protection de quelques grands personnages, qui prirent le titre de ducs sans cesser de reconnaître nominalement l'autorité du roi : ce fut l'origine des quatre « duchés nationaux » de Saxe, Franconie, Bavière et Souabe.

En Saxe, une dynastie de ducs s'était implantée ; l'un deux, Otton, s'acquit un grand prestige en luttant contre les Danois et les Slaves ; son successeur Henri s'efforça de civiliser le pays en y fondant des villes. Les ducs de Bavière détenaient plusieurs comtés, ainsi que les marches de Bohême et de Carinthie, et luttaient contre les Hongrois. Dans les autres duchés, l'institution ducale était moins enracinée et l'autorité disputée entre les grandes familles, comme, en Franconie, les Babenberg de la région du Main supérieur (Bamberg) et les Conradin du Rhin moyen, qui devaient l'emporter avec Conrad, élu roi en 911. Un cinquième duché, celui de Lotharingie, ou Lorraine, ne correspondait pas à un groupe ethnique mais à une région longtemps contestée entre la *Francia occidentalis* et la *Francia orientalis.*

L'avènement de la maison de Saxe

Une telle situation risquait d'être grave à l'extinction des Carolingiens de Germanie ; mais les grands de Franconie et de Saxe se mirent d'accord pour assurer l'élection de Conrad Ier (911), qui fut reconnu par la Souabe et la Bavière, tandis que la Lorraine se ralliait au Carolingien de France. Conrad eut fort à faire pour obtenir la soumission effective des ducs, surtout celui de Saxe, Henri, dont le duché était le plus puissant. Il eut la sagesse de le recommander pour son successeur (919). Henri eut beaucoup de peine à se faire reconnaître par les ducs, mais il put reprendre la Lorraine après l'élimination du Carolingien Charles le Simple, et fut le fondateur de la dynastie saxonne qui régna de 919 à 1024. Pour assurer la transmission de la couronne dans la famille, chaque souverain joua de deux principes apparemment contradictoires, l'élection et l'hérédité : le roi était élu par les grands, mais dans une certaine famille considérée comme particulièrement apte au commandement. Le roi qui voulait réserver la couronne à son fils le faisait élire de son vivant et l'associait au trône ; procédé qui fut employé par d'autres dynasties : ainsi, peu avant sa mort, Henri Ier obtint des grands la promesse d'élire son fils Otton ;

celui-ci, allant plus loin, fit élire son fils Otton, âgé de six ans. Il poussa la précaution jusqu'à le faire couronner à Aix-la-Chapelle (961). À son tour Otton II fit élire roi son fils Otton III, âgé seulement de trois ans (983) ; et la procédure avait tellement favorisé le principe héréditaire qu'après Otton III, décédé sans laisser d'héritier direct, son cousin Henri II put revendiquer la royauté. Pourtant, en fin de compte, l'hérédité devait triompher en France, grâce à la durée des Capétiens, alors que la disparition rapide des dynasties en Allemagne rendit toute sa force au principe électif.

Le règne d'Otton Ier et l'expansion allemande

Le règne d'Otton Ier, de 936 à 973, fut capital : il donna à la royauté germanique un prestige incomparable en raison de la forte personnalité, du sens politique et des succès extérieurs du souverain, ce qui permit à celui-ci de restaurer à son profit la dignité impériale. Pourtant, les moyens d'action de la monarchie ottonienne étaient bien faibles, plus réduits encore que ceux de Charlemagne : pas de capitale, rien qui rappelât ce qui avait existé un siècle plus tôt à Aix-la-Chapelle. Des déplacements continuels étaient imposés au souverain et à son entourage par la nécessité de vivre des revenus des domaines et d'exploiter le droit de gîte, mais aussi de garder le contact avec les sujets. Les gouverneurs locaux étaient moins bien tenus en main parce que, si la circonscription de base restait le comté, les comtes ne dépendaient plus directement du roi et les ducs s'interposaient entre lui et eux, et aussi parce que l'institution carolingienne des *missi dominici* avait disparu. L'activité législative du souverain subissait un arrêt total, et les ressources financières de la royauté se trouvaient de plus en plus réduites par l'extension de l'immunité et des concessions de droits régaliens (péages, monnaie, droits de marché). Otton parvint à faire du titre ducal une fonction exercée par un vassal, à l'entière disposition du souverain, plaça des membres de sa famille ou des fidèles à la tête des duchés, y maintenant une possibilité de regard par l'institution des comtes palatins. En même temps, pour pallier le danger que ne pouvait manquer de représenter la tendance à l'hérédité des charges, il utilisa au mieux de ses intérêts l'Église allemande, enrichie, dont il fit une alliée, sinon une assujettie. Le milieu des clercs de la chapelle royale fournissait au roi ses conseillers et lui permettait de recruter ses évêques.

Le règne d'Otton a marqué l'extension tout à la fois de l'influence allemande au Danemark, en France, en Bourgogne, en Italie, et du territoire allemand à l'est de l'Elbe, cette œuvre n'ayant pu être conduite à bien qu'après la victoire sur les Hongrois. En France, Otton mena une politique d'intervention dans le conflit qui opposa les derniers Carolingiens aux Robertiens.

À la fin du xe siècle, les rois français, à quelque famille qu'ils appartiennent, témoignent leur déférence envers le souverain allemand. Les rois de Bourgogne-Provence font de même, tel Conrad le Pacifique (937-993) qui alla, quant à lui, jusqu'à la soumission de fait envers les Otton, auxquels il amena à plusieurs reprises des contingents militaires. Au Danemark, l'influence germanique pénétra par l'intermédiaire des évêques des nouveaux sièges danois, des Allemands suffragants de Hambourg.

Cependant, on ne peut vraiment parler d'expansion qu'à l'égard des peuples sla-

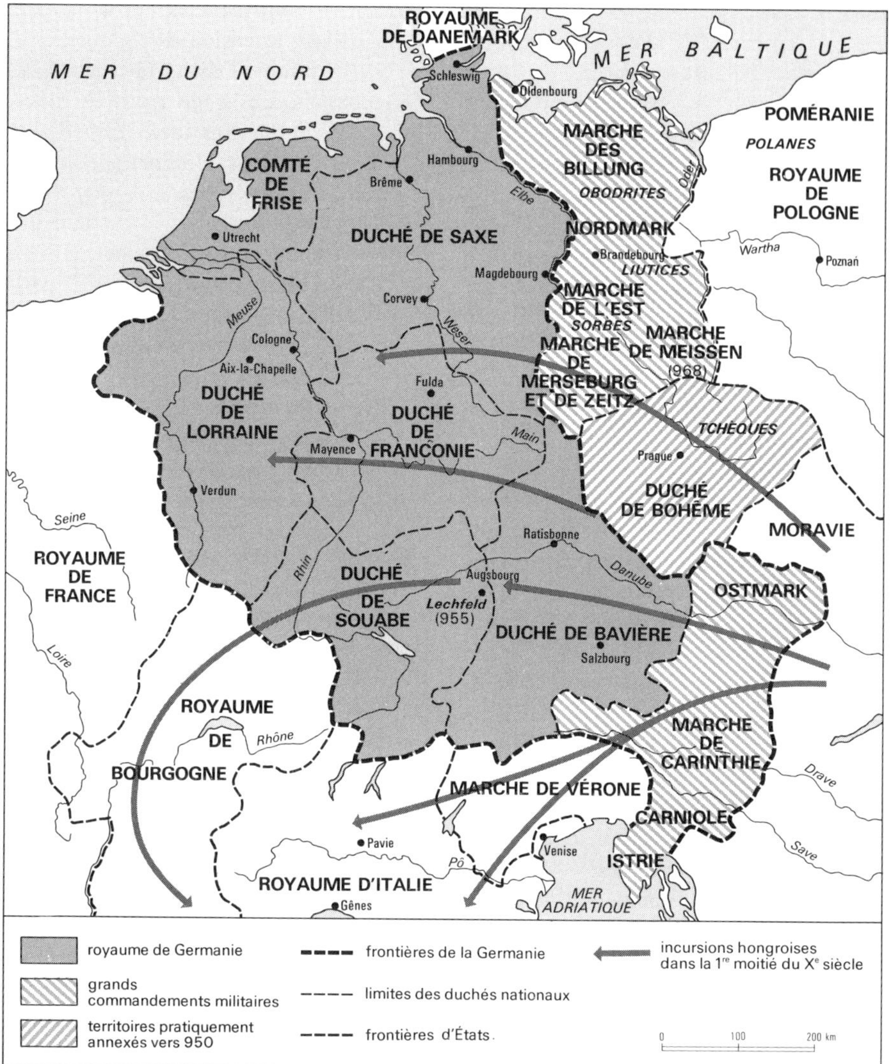

La Germanie vers 950.

ves. La pression allemande fut vive dans le secteur de l'Elbe sous Otton Ier, qui suivait la tradition saxonne et établit, le long du fleuve, des marches dont les chefs avaient la double mission de mettre l'Allemagne à l'abri des incursions et d'étendre la domination allemande. Ainsi furent constitués la marche d'Hermann Billung autour du nouvel évêché d'Oldenbourg, le Nordmark, futur Brandebourg, centré sur l'évêché de ce nom, l'Ostmark, qui devait emprunter aux anciens occupants slaves le nom de Lusace ; enfin, chez les Sorbes, les petites marches de Zeitz, de Mersebourg et de Meissen, celle-ci formant le noyau de la Misnie. Les margraves, dont le domaine d'action, la marche, devint rapidement une possession territoriale, jouissaient d'un pouvoir fait de divers éléments : disposition des châteaux et commandement militaire, capacité de distribuer *auctoritate regis* des biens d'empire aux Églises, perception du *wozot* (redevance en grain acquittée par les paysans au roi, puis au margrave) et des tonlieux, droits sur la circulation et la vente des marchandises aux marchés. Les premiers contingents de paysans arrivaient des Pays-Bas, de Franconie et de Thuringe, organisés en communautés, échappant à l'oppression seigneuriale, à l'alourdissement des charges consécutif à l'exploitation du *Ban*. Déjà apparaissent quelques burgs, à la fois marchés et forteresses dont la garde était assurée par les paysans ; des évêchés étaient fondés, soumis à la nouvelle métropole de Magdebourg, érigée en 976.

Mais cette expansion allemande n'eût pas été possible si le danger hongrois avait continué à peser sur l'Allemagne. Contre les Hongrois, il n'y avait guère de riposte possible, faute d'une cavalerie légère, sauf le recours aux fortifications, origine de nombreux châteaux et villes d'Allemagne du Sud et d'Italie du Nord. Pourtant leurs ravages commençaient à décroître au milieu du xe siècle, parce que le profit des expéditions diminuait du fait des résistances et que, dans la plaine, la sédentarisation progressait. La défaite qu'Otton Ier infligea aux Hongrois en 955, au Lechfeld près d'Augsbourg, facilita la restauration de l'Empire à son profit et amena des remaniements territoriaux, la réoccupation de l'ancienne marche carolingienne, l'Ostmark, la future Autriche, confiée aux Babenberg, et de la Carinthie, démembrée de la Bavière et constituée en duché.

En Italie, la confusion qui régnait allait permettre à Otton d'agir vigoureusement. En 951, Otton s'assura le titre de roi d'Italie, aux dépens de Bérenger, marquis d'Ivrée. Mais cette première « descente » germanique en Italie fut immédiatement suivie d'un retour vers l'Allemange révoltée, flux et reflux qui constitueront, durant trois siècles, la motivation de la politique de tous les rois allemands, jusqu'à la catastrophe finale. Bérenger reprit de l'influence au déplaisir du pape, qui sollicita l'intervention d'Otton : en 961, le vainqueur des Hongrois franchissait les Alpes, était à nouveau proclamé roi d'Italie à Pavie, gagnait Rome où, en février 962, Jean XII le couronnait « Empereur et Auguste ». Il ne s'agissait nullement de la fondation du Saint Empire romain germanique – expression qui n'apparut qu'au xve siècle – mais de la restauration de l'empire de Charlemagne, ce que confirmait l'attitude d'Otton à l'égard du pape : il lui renouvela les privilèges jadis accordés par Charlemagne et Louis le Pieux, mais en lui imposant un contrôle qui alla bientôt jusqu'à la déposition de Jean XII, remplacé par Léon VIII en 963. On retrouve là une manifestation de césaropapisme hérité, comme l'Empire, des Carolingiens.

Le titre impérial n'apportait pas à Otton une simple satisfaction d'amour-propre, mais la base d'une politique déterminée de mainmise sur l'Italie où l'empereur obligea même Byzance à compter avec lui ; ainsi, l'héritier de l'Empire, Otton II, épousa en 972 la princesse Théophano.

La renaissance ottonienne

La chaîne des temps semblait renouée : en Otton, les clercs célébraient un nouveau

Charlemagne. Dans la sécurité retrouvée, la vie religieuse connaissait un nouvel essor, aussi bien dans les vieux monastères de Fulda, Corvay, Saint-Gall, Tegernsee, que dans les abbayes nouvelles de Brogne, Saint-Vanne de Verdun et surtout Gorze, fondée en haute Lorraine vers 933, et qui fut le pendant de Cluny dans l'Empire. Sous le règne d'Otton II, prince lettré, se développe une brillante renaissance artistique et intellectuelle. C'est alors que le moine Widukind de Corvey écrit son *Histoire des Saxons* et qu'est composé, sans doute par un moine de Saint-Gall, le *Waltharius*, premier type encore fruste des chansons de geste.

L'Allemagne entre dans le circuit des relations commerciales avec la France, l'Angleterre, les Slaves, Byzance et le Levant même, par l'intermédiaire de l'Italie. Cologne, Ratisbonne, Magdebourg, Slesvig sont le siège de ces échanges internationaux. Les activités agricoles continuent d'occuper la masse de la population, dont le niveau de vie s'améliore très lentement, grâce aux progrès de la colonisation en Bavière, en Autriche, et à l'allègement des charges qui pèsent sur les paysans. L'exploitation des gisements argentifères du Rammelsberg permet en même temps le développement, encore faible, de l'économie monétaire.

La durée de cette restauration dépendait de la valeur personnelle des Ottoniens. Sous Otton III, pendant quelques années, à partir de 996, un empire romain chrétien sembla en passe de s'instaurer sous le double gouvernement des papes Grégoire V puis Sylvestre II, et de l'empereur. Celui-ci, plus romain et même byzantin qu'allemand, cultivé, parlant le grec et le latin, poussa à l'extrême la politique ottonienne de liaison du pouvoir politique avec l'Église ; mais, en s'installant à Rome, il s'était coupé de la Germanie, base de sa puissance. Il mourut dès 1002. Sans aller aussi loin, le successeur d'Otton III, le duc de Bavière Henri II (1002-1024), n'en sacrifia pas moins les intérêts germaniques à la tentation d'une politique italienne et à la réforme de l'Église.

La dynastie franconienne ou salienne

Que l'action en Italie fût devenue une donnée essentielle de la politique allemande, le règne du successeur d'Henri II, le Franconien Conrad II (1024-1039) en apporta la preuve. Moins sensible aux menaces pendantes en Allemagne qu'aux événements d'Italie, où la mort d'Henri II avait déclenché une explosion de fureur contre la domination germanique, Conrad se hâta de se faire reconnaître roi d'Italie (1026), puis empereur à Rome (1027). De retour en Allemagne, il triompha de toutes les difficultés, rétablit la puissance royale, refoula les Polonais au-delà de l'Oder et leur imposa, ainsi qu'aux Tchèques, sa suzeraineté. Il étendit son autorité à un nouvel État, le royaume de Bourgogne, que lui légua, en 1032, son dernier roi, Rodolphe III. Ce legs étendait, au moins théoriquement, l'influence de la royauté germanique au-delà de la Saône et du Rhône, jusqu'au revers oriental du Massif central. En même temps, Conrad semble avoir fait évoluer la conception de la royauté, personnelle sous les Otton, publique désormais, liée à l'idée d'État.

L'apogée de la dynastie franconienne correspond au règne du fils de Conrad, Henri III (1039-1056). Il lutta victorieusement contre les princes allemands, affermit son autorité dans le bassin rhodanien, joua un rôle actif en Occident, fit reconnaître sa suzeraineté par les pays slaves (Poméranie, Pologne, Bohême) comme par la Hongrie, et tint l'Italie par l'intermédiaire du marquis de Toscane, Boniface († 1052).

La querelle des Investitures

L'Église manifestait un désir accru d'affranchissement, sous l'influence d'une série de mouvements développés en Lorraine, en Bourgogne (Cluny), en Lombardie. Aucun résultat n'était encore visible, car, de 1046 à 1054, l'empereur nomma les papes qu'il voulut, choisis parmi les prélats germaniques, tandis qu'il disposait à sa guise des évêchés et des abbayes. Il désigna, d'ailleurs, à tous les échelons, tant sa piété était réelle, des hommes probes et instruits pris dans le parti de la réforme. Mais l'Église ne pouvait plus accepter un système fondé sur la simonie, même si l'action personnelle de l'empereur en était exempte, car elle entraînait la confusion du spirituel et du temporel ; et les zélateurs de la réforme estimaient cette confusion aussi détestable que la simonie elle-même. Le péril était à tous les degrés : l'extension de l'*Eigenkirche* des seigneurs et la multiplication des églises paroissiales développant une catégorie de clercs dont la vie ne différait guère de celle des laïcs. L'église restait la propriété du seigneur qui l'avait bâtie, le desservant était son serviteur, le « patron » pouvait faire ce qu'il voulait du prêtre comme du bâtiment. Ces clercs semblent avoir été souvent mariés, et se transmettaient le bénéfice de père en fils. Comme, de leur côté, les évêques, qui vivaient plus généralement dans le célibat, n'en étaient pas moins des hommes du monde, un nouveau style de vie n'avait aucune chance de s'imposer au clergé. Les réformateurs prônaient donc, à la base l'abolition de la simonie et du mariage des clercs, au sommet le renforcement de la suprématie pontificale, indispensable au triomphe de la réforme. La crise dans les relations entre l'Église et l'Empire éclata dès la mort d'Henri III. Lui succédait, en 1056, un enfant, Henri IV, alors que la papauté, libérée par le décret de Nicolas II confiant l'élection pontificale aux cardinaux (1059) passait aux mains de Grégoire VII (1073-1085).

Mais comme Henri IV, parvenu à l'âge d'homme, entendait conserver le contrôle de l'Église, essentiel pour la royauté germanique, le conflit éclata : ce fut la querelle des Investitures (1076-1122). Elle se termina par le compromis de Worms, entre Calixte II et Henri V : l'empereur renonçait à l'investiture des évêques et des abbés « par la crosse et par l'anneau », réservée à l'autorité religieuse, reconnaissait la liberté des élections et ne conservait que l'investiture du temporel.

Vue sous l'angle allemand, cette période peut être caractérisée, selon l'expression de Louis Halphen dans *L'Essor de l'Europe*, par un « siècle d'anarchie », durant lequel, « isolée entre des princes toujours prêts à se soulever et des évêques qui allaient en nombre croissant prendre leur mot d'ordre auprès d'un pape hostile, la royauté allemande connut une situation tragique ». Le long règne d'Henri IV (1056-1106) fut une succession de crises, durant lesquelles il ne dut son trône qu'à des prodiges d'habileté et de courage, et qu'encadrent en quelque sorte son humiliation à Canossa, en 1077, et sa mort dans l'abandon en 1106, après les révoltes successives de ses fils Conrad et Henri V.

Au terme de cette crise, on était arrivé, dans un monde gagné aux idées et aux pratiques féodales, à distinguer le spirituel et le temporel ; progrès décisif pour l'Église, mais grave échec pour la royauté germanique telle que l'avait organisée Otton Ier. S'il ne pouvait plus autant compter sur l'Église, Henri V (1106-1125) ne pouvait, pas plus qu'autrefois, s'appuyer sur les princes laïcs, plus forts que jamais et en rébellion constante, ni même sur la moyenne et petite féodalité qui achevait de s'affranchir et de s'organiser en une classe distincte.

L'empereur ne pouvait plus compter que sur ses propres domaines et sur leur agrandissement, nouveau motif de poursuivre une grande politique italienne par la mainmise sur les biens de la comtesse Mathilde de Toscane.

Progrès de la féodalité allemande

Ce n'était là qu'une piètre compensation à la quasi-indépendance acquise par les princes allemands. Ceux-ci possédaient domaines, avoueries d'églises, villes aux fonctions économiques, revenus, justice. Cela leur permettait d'avoir vassaux et ministériaux et d'acquérir la souveraineté princière (*Landesherrschaft*). Cette évolution se fit en partie contre la royauté, en partie aussi avec son accord durant la lutte des Investitures. Non seulement la Querelle fournit des armes à l'aristocratie contre les souverains, mais elle réveilla l'antique conception germanique de l'identité d'origine entre pouvoir royal et pouvoir aristocratique, légitimant celui-ci et faisant du roi « le premier parmi ses égaux ».

Parallèlement, sous l'influence des idées clunisiennes, l'abbaye de Hirsau, qui avait adopté en 1079 les usages de Cluny, et les nombreux monastères qui s'y rattachèrent étaient libérés de tout contrôle royal et épiscopal. De là naquirent de nouvelles seigneuries ecclésiastiques qui ne devaient aucune allégeance au roi, raison supplémentaire de déclin pour le pouvoir royal.

2. Déclin de l'État, progrès économiques et sociaux (XIIe-XIVe siècle)

L'Allemagne connut, jusque vers 1150, un régime de royauté purement élective, à la merci des coalitions féodales ; *Welf* (ou Guelfes) de Bavière, et *Waiblingen* (ou Gibelins) de Franconie s'affrontaient. Il faut attendre 1152 pour que le pouvoir impérial se rétablisse, avec l'avènement de Frédéric Ier Barberousse (1152-1190).

L'Allemagne dans la première moitié du XIIe siècle

Au début du XIIe siècle, la limite de l'Empire, comme celle du christianisme, restait, à peu de chose près, comme trois siècles plus tôt, sur l'Elbe et la Saale. Tous les efforts accomplis au Xe siècle par les Otton pour assujettir les territoires de l'Est s'étaient terminés par des échecs. La dynastie franconienne s'était désintéressée de ces régions. Le seul résultat de l'œuvre des Otton avait été la fondation de l'Église polonaise, qui avait d'ailleurs échappé à la tutelle allemande. Au cours des XIe et XIIe siècles, les princes polonais cherchèrent, de leur côté, à étendre leur influence sur les populations entre Oder et Elbe. La situation était comparable aux confins du Danemark, dont l'Église s'était elle aussi émancipée, les relations restant toutefois assez cordiales, du fait de la menace commune des Wendes.

Cependant, au début du XIIe siècle, de nouvelles conditions de pénétration allemande se précisèrent, avec un effort nouveau de christianisation, notamment en Poméranie et dans le Holstein, où l'évangélisation alla de pair avec l'arrivée des colons allemands. On parla dès lors de croisade, pour laquelle saint Bernard autorisa les Allemands du Nord à détourner celle prévue en Terre sainte ; mais deux grosses armées, soutenues par les Polonais et les Danois, échouèrent piteusement devant les Liutices du Brandebourg et les Obodrites du Mecklembourg (1147).

Politiquement, la situation avait pourtant changé, durant le règne de Lothaire III, duc de Saxe (1125-1137). Il sut s'assurer, grâce aux biens étendus qu'il possédait dans ce pays, une autorité dont ses prédécesseurs n'avaient pas joui, obtenant la soumission des princes obodrites et poméraniens. Il réorganisa l'Est allemand : il avait déjà concédé, en 1110, le comté de Holstein à Adolphe Ier de Schauenbourg, dont le fils allait fonder Lübeck. Ensuite il conféra la marche du Nord à Albert l'Ours, qui en commença la conquête dès 1134. Enfin, par le mariage de sa fille au Welf Henri le Superbe, il reconnut à celui-ci le duché de Saxe, qui passa à leur fils, Henri le Lion, en 1142. Ainsi étaient constituées les trois dynasties qui allaient donner tous leurs soins à la colonisation allemande à l'est.

Mais le facteur décisif du succès allemand fut la migration par vagues, du XIIe au XIVe siècle, de centaines de milliers d'Allemands poussés par le surpeuplement de l'Ouest, la raréfaction des terres disponibles, le morcellement excessif des tenures, le désir d'affranchissement. Saxons, Westphaliens, Rhénans, Hollandais, Flamands, Franconiens y participèrent, attirés par la promesse de recevoir des terres et mus par le désir de s'enrichir : la première vague, dès le XIIe siècle, se dirigea surtout vers le Holstein et le Brandebourg, où la fondation de villes marchandes accompagna l'occupation du sol par les paysans.

Le mouvement urbain prenait d'ailleurs de plus en plus d'ampleur en Allemagne. Les villes déjà anciennes, qui remontaient à l'époque romaine, se développaient, comme Cologne, « mère des villes allemandes », en plein essor après les invasions normandes, ou Augsbourg. Dans les villes plus récentes, nées de la réunion d'une cité ecclésiastique ou laïque et d'un établissement marchand, comme Magdebourg, Goslar, Brême, Erfurt, apparaissait une communauté de bourgeois en possession de fonctions administratives assez importantes. Le développement des villes était lié à celui du commerce septentrional, dans la Baltique et la mer du Nord. Mais la part des Allemands dans ce trafic restait assez modeste au début du XIIe siècle, celle des Scandinaves demeurant prépondérante : Norvégiens à l'Ouest, surtout dans la mer du Nord, mais aussi dans la Baltique, transporteurs de poisson séché, de peaux et cuirs, de beurre salé, de bois de construction ; Gotlandais à l'est, dont la prépondérance navale et commerciale était devenue incontestable depuis leur conversion au christianisme (XIe s.), et qui étaient les intermédiaires obligatoires du commerce avec la Russie. À leurs côtés, le rôle des Flamands, en pleine expansion dans la mer du Nord, en Angleterre, dans les bassins du Rhin et de la Moselle, était important ; celui des Frisons était en régression, peut-être à cause de leur répugnance à la vie urbaine, à un moment où les villes devenaient le moteur essentiel de l'activité économique. Cependant, marine et marchands allemands commençaient à jouer un rôle dans le commerce du Nord, surtout ceux de Cologne qui exportaient vins du Rhin, articles de métal et armes, et importaient laine, métaux et produits alimentaires. La flotte de Cologne n'est pas négligeable, ce qu'atteste sa participation aux croisades, par exemple en 1147, quand ses bateaux allèrent rejoindre les escadres flamandes et anglaises qui prirent Lisbonne avant de gagner la Terre sainte. Les autres ports allemands du Nord étaient Brême et Sleswig, préfiguration de Lübeck. Dans l'intérieur, une certaine activité régnait, grâce aux minerais de cuivre et d'argent du Harz, qui avaient favorisé le développement de la métallurgie à Goslar, et grâce au sel du Lunebourg, transporté jusqu'en Rhénanie, ce qui explique le développement du centre de batellerie et de trafic de Magdebourg.

Frédéric Barberousse tente de restaurer l'État

La situation était difficile pour le nouveau roi : depuis la mort d'Henri V en 1125, le souverain n'avait plus guère de pouvoir réel que dans ses propres domaines. Sitôt Frédéric installé, la royauté ressuscita, et l'on devait rapidement s'apercevoir que le programme annoncé par Frédéric au pape Eugène III, de « rétablir dans sa force et dans son excellence première la grandeur de l'Empire romain », n'était pas une affirmation gratuite.

En Allemagne, Frédéric reprit en main le pouvoir, revendiquant et récupérant les biens royaux usurpés, faisant la chasse aux seigneurs qui s'étaient arrogé sans titres droits et taxes, rappelant à l'ordre les fauteurs de troubles, faisant montre d'habileté par son rapprochement avec le Welf Henri le Lion. (Henri avait déjà obtenu de Conrad, en 1142, restitution de la Saxe ; il reçut la Bavière en 1155, l'Autriche en étant séparée et érigée en duché pour dédommager les Babenberg.)

Même redressement en ce qui concerne l'Église : le roi, par une interprétation audacieuse du concordat de Worms, prétendait intervenir souverainement dans les élections épiscopales, chaque fois qu'il y avait désaccord entre les électeurs, et refusait obstinément l'investiture du temporel à qui lui déplaisait. Ainsi Frédéric arriva-t-il à imposer sa volonté face aux électeurs à Augsbourg (1152) et à Worms (1153), face au pape à Magdebourg (1154).

Mais pour Frédéric Ier, héritier de la tradition ottonienne et franconienne, l'Allemagne n'était qu'un point de départ ; sa vraie patrie était l'Italie, sa capitale Rome ; il était l'héritier des César et des Auguste, qui jadis avaient fait de Rome le centre du monde. Pour récupérer l'autorité perdue, Frédéric gagna, dès 1154, l'Italie, où ses indociles sujets durent être soumis par quelques démonstrations brutales, y compris les Romains soulevés par Arnaud de Brescia, contre qui l'appelait le pape Adrien IV. Frédéric fut couronné à Saint-Pierre en 1155, mais dut aussitôt battre en retraite, au milieu d'un pays hostile. L'empereur n'était pas homme à se laisser intimider, d'autant qu'il eut la bonne fortune d'avoir pour bras droit, comme chancelier, un prélat cultivé, connaisseur en droit, Rainald de Dassel, qui le poussa dans la voie de la rupture avec la papauté. Frédéric et Rainald étaient convaincus que, pour résister à la politique impériale, la papauté était prête à s'allier avec tous ses adversaires, villes italiennes et monarchie sicilienne. La crise éclata à la diète de Besançon (1157), où les partisans de l'empereur s'opposèrent à ceux du pape conduits par le cardinal Roland Bandinelli, à propos d'une lettre dans laquelle le pape reprochait à l'empereur d'oublier ses « bienfaits », que la chancellerie impériale affecta de comprendre comme les « fiefs » du Saint-Siège. Les légats durent déguerpir ; c'était la rupture avec la papauté, le début de la « lutte du Sacerdoce et de l'Empire ».

À l'issue de cette longue lutte, l'empereur dut reconnaître la pleine souveraineté du pape sur le patrimoine de saint Pierre et les droits des cités lombardes en matière administrative et financière. En revanche, il fit payer cher au duc de Saxe et de Bavière, Henri le Lion, son attitude d'indépendance pendant la crise. Il se débarrassait ainsi du seul adversaire à sa taille qu'il pût rencontrer en Allemagne. Mais, en préférant la lutte contre les Slaves du nord-est au mirage italien, Henri le Lion n'avait-il pas raison ?

Henri VI et le mirage de l'universel (1190-1197)

Par sa fin tragique dès le début de la troisième croisade, Frédéric Barberousse laissa le pouvoir à son fils, Henri VI. Ambitieux, sans scrupule, celui-ci travailla à s'assurer l'Italie du Sud. Au demeurant, ses projets étaient plus vastes, à l'échelle européenne. Lorsque l'empereur byzantin Isaac II Ange fut renversé en 1195, Henri décida de prendre la croix, pour s'emparer de Constantinople après avoir reconquis Jérusalem. Il aurait ainsi recréé à son profit le *dominium mundi*. Restait à assurer l'hérédité de la royauté et de l'Empire dans sa famille, en échange de l'hérédité de tous les fiefs concédés aux seigneurs laïcs et de la suppression du droit de dépouilles accordé aux prélats. La mort mit fin à son règne et à ses grands projets (1197).

Les structures féodales à la fin du XIIe siècle

Les pratiques féodo-vassaliques, nées entre Loire et Meuse, se répandirent en *Francia orientalis* avec un certain décalage dans le temps, qu'accentua encore la séparation entre les deux royaumes. Mais le champ d'application de ces pratiques s'était étendu aux fonctions publiques, notamment à la plus importante, celle des comtes qui, après avoir tenu du roi des biens en bénéfice, en vinrent, dès le IXe siècle, à tenir en bénéfice leur fonction même, l'*honor* comtal. Celui-ci devint héréditaire, ce qui contribua rapidement à ruiner la monarchie carolingienne en France. Si les grandes lignes des institutions féodales se trouvaient dégagées en France dès la seconde moitié du IXe siècle, il n'en fut pas de même en Allemagne, où leur pénétration fut d'ailleurs variable selon les régions. Les plus anciennement incorporées au *regnum Francorum*, Franconie, Alamanie, Bavière, les connurent assez tôt, la Saxe plus tardivement, la Frise pratiquement pas. En plein milieu du XIIe siècle, un bon observateur, l'évêque de Freising, Otton, oncle de Frédéric Ier, notait que des coutumes françaises, telles que le traitement préférentiel accordé au fils aîné dans la transmission des fiefs, l'hommage que lui rendaient les cadets considérés comme tenant de lui leur part, combinaison du droit d'aînesse et du partage avec hommage, ne se rencontraient pas en Allemagne. Avec le temps, les relations féodo-vassaliques allemandes n'en avaient pas moins fini par ressembler aux françaises. Des différences subsistèrent pourtant, issues des divergences de mentalité, comme une certaine prévention allemande à l'égard de l'hommage, qui semblait porter atteinte à la noblesse et à la liberté, l'accent mis dans le fief sur l'élément réel, plutôt que sur l'élément personnel, l'attachement au symbolisme de l'investiture et la désaffection à l'égard des actes écrits, la longue persistance des vassaux sans fief, enfin, la répugnance des vassaux envers les services humbles, ceux-ci étant assurés en Allemagne par les *ministeriales* (catégorie de non-libres qui, menant la vie chevaleresque – on les a appelés les chevaliers-serfs – finit par entrer dans la noblesse).

Alors qu'à partir de Philippe Auguste, la monarchie capétienne tendit à se développer en tant que royauté administrative, dotée d'agents rémunérés et de finances, en Allemagne, l'évolution fut radicalement différente. À vrai dire, aux origines de la dynastie ottonienne, il semble que les ducs des duchés nationaux aient repris leur duché en fief du nouveau roi Henri Ier. La très faible autorité exercée par ce dernier n'avait d'autre source que l'engagement féodo-vassalique : l'Allemagne semblait devoir se dissocier en duchés pratiquement indépendants. Si elle ne suivit pas cette voie, ce fut grâce à l'énergie et au génie politique d'Otton Ier : celui-ci reconstitua la monarchie germanique sur le modèle carolingien et, pour pallier le danger provenant de l'hérédité déjà acquise des fonctions, prit appui sur l'Église allemande, ainsi associée à l'administration et au gouvernement du royaume, mais étroitement soumise. Le système fut compromis par la querelle des Investitures et, l'autorité monarchique étant en péril, Frédéric Ier chercha à la reconstituer sur la base des relations féodo-vassaliques, ce qui ressort du procès et de la condamnation de son vassal Henri le Lion, dont il confisqua les fiefs en 1180. La construction frédéricienne correspondait, d'ailleurs, à l'évolution de la société allemande dans ses couches supérieures, traduisant une transformation militaire qui fut beaucoup plus lente à l'est qu'à l'ouest du Rhin : la prédominance de la cavalerie dans les armées, totale à partir des croisades (fin du XIe-XIIe siècle). Cependant, la féodalisation des fonctions publiques ne fut que partielle, et finalement défavorable à l'Allemagne, car elle fut à l'origine des principautés territoriales qui se consolidèrent au XIIIe siècle : la royauté allemande allait revêtir la forme d'une monarchie féodale aux liens très lâches, au moment où, en France, se consolidait la monarchie administrative des Capétiens.

Agriculture et colonisation

Presque toute la population vivait encore, au XIIe siècle, de l'agriculture ; et les paysans menaient une vie très rude. Leur régime alimentaire était peu varié, même en l'absence de toute famine ou disette : du pain de seigle, peu de viande, du poisson, quelques fruits, plus souvent des baies sauvages, de l'eau plus couramment que de la bière, le vin n'apparaissant que rarement, en des secteurs limités (vallées du Rhin et de la Moselle). Les maisons, sans fenêtres, étaient plutôt des tanières, que les animaux partageaient avec la famille, et dont le mobilier était des plus sommaires. Il est difficile de prétendre que la période des XIIe-XIIIe siècles apporta de nettes améliorations à la condition paysanne. La distinction entre liberté et servitude restait aussi nette qu'aux temps carolingiens. Les coutumes rédigées au milieu du XIIIe siècle mettent toujours à part les paysans libres. Ils n'étaient pas confondus avec les nobles, qui échappaient aux exactions, encore moins avec les chevaliers qui possédaient seuls, depuis le milieu du XIIe siècle, le privilège de porter les armes ; mais ils continuaient à relever uniquement des tribunaux comtaux, devaient assister aux assemblées publiques de justice, où les plus riches étaient astreints à siéger comme échevins, étaient mobilisés en cas de péril (service longtemps exigé en Allemagne du Nord, à la limite du monde slave), payaient au représentant du roi, comte, margrave ou évêque, le cens, signe de liberté, dû par les défricheurs de la Thuringe, des polders flamands et des bords de l'Elbe. Quant aux autres hommes, les puissants revendiquèrent sur eux des droits que la dégradation continue de l'autorité royale renforça singulièrement au XIIe siècle : c'étaient soit des esclaves, « nourris », « prébendiers », « esclaves de la maison », logés dans la demeure du maître ou à proximité, prenant au réfectoire ou dans les greniers leur nourriture, ne possédant rien en propre et soumis à l'entier pouvoir du maître ; soit des « esclaves mangeant leur propre pain », vivant sur un manse qu'ils exploitaient et qui entretenait leur famille, servant de leurs corps, mais moins proches du maître et moins dépendants ; soit enfin des gens de condition libre entrés dans la *familia* par souci de protection ou de salut, « hommes (et femmes) de l'autel » dont certaines abbayes bavaroises comptaient plusieurs milliers et qui, sans être astreints au service de corps, n'en appartenaient pas moins au patrimoine du maître.

Cependant, des moyens d'amélioration de la vie paysanne étaient désormais offerts, qui n'existaient pas au Xe siècle. À la surpopulation qui menaçait les campagnes, trois remèdes furent apportés : l'intensification des cultures, la conquête des terres vierges, l'émigration. L'œuvre de colonisation fut menée par des seigneurs éclairés, voire des spéculateurs fonciers, dans les régions nouvellement conquises d'Allemagne orientale. Les pionniers étaient souvent des moines, notamment cisterciens, qui acquirent une grande popularité dans ces régions. Ces tenants d'un monachisme rénové avaient mis l'accent sur le travail manuel qui, pour eux, était chose digne et belle ; il leur fallait gagner leur vie dans des conditions difficiles, les terres qui leur étaient offertes étant parmi les plus médiocres. Sous leur direction ou celle des seigneurs, les colons conquirent à la culture – en même temps qu'au germanisme – les forêts de l'Europe centrale et les landes de l'Europe baltique. Pour les attirer, les propriétaires fonciers avaient mis au point des formules de *chasement* adaptées aux nouvelles conditions : plus avantageuses sur le plan économique, elles s'assortissaient d'une liberté inhabituelle. Le cas le plus typique fut celui du Holstein du comte Adolphe qui venait de s'emparer, après une guerre très dure, de la région orientale où il rebâtit en 1143 le *castrum* de Lübeck. Le pays ayant été abandonné par ses habitants, il envoya des messagers dans toutes les directions, en Flandre et en Hollande, à Utrecht, en Westphalie, en Frise, pour inviter quiconque manquait de terre à venir avec sa famille pour recevoir un bon et grand domaine, fertile, bien pourvu en poissons, viande et gras pâturages pour le bétail.

En outre, avec Lübeck, le nouveau territoire était doté d'un organisme qui allait rapidement s'affirmer comme l'un des grands centres commerciaux de la Baltique, écoulant l'excédent de la production des terres nouvelles vers des marchés lointains, recevant pour l'hinterland les denrées qu'il ne pouvait pas produire et quelques produits de luxe susceptibles de compenser la peine des paysans.

Frédéric II (1197-1250) et la fin de l'idée d'empire universel

À défaut de faire admettre l'hérédité de la couronne impériale, Henri VI avait du moins pu faire élire, en 1196, Frédéric-Roger « roi des Romains », expression qui avait prévalu dès l'époque d'Henri IV et Henri V pour désigner le successeur élu de l'empereur. Que valait l'engagement, face au péril d'une longue minorité ? Unanimes pour n'en pas tenir compte, les princes ne s'entendirent pas quant au roi à se donner, les uns tenant pour le fils d'Henri le Lion, Otton de Brunswick, soutenu par le roi d'Angleterre, les autres, plus nombreux, se prononçant en faveur du frère d'Henri VI, Philippe de Souabe (mars 1198). Cette division était funeste pour l'Allemagne et l'Empire, d'autant qu'au même moment était élevé à la papauté Innocent III. Les circonstances allaient permettre à celui-ci de rendre le pouvoir pontifical indépendant en Italie, de disposer de la couronne impériale, d'étendre sa prééminence sur la chrétienté tout entière.

Après avoir reconnu Otton comme empereur, Innocent III fut amené à soutenir contre lui le jeune Frédéric-Roger. Celui-ci, si paradoxal que cela puisse paraître pour un Hohenstaufen, devint le candidat de l'Église. L'appui du pape lui permit de se faire des partisans dans la région rhénane, où il se fit couronner à Mayence (1213), et un allié, Philippe Auguste, dont la victoire de Bouvines (1214) mit un terme à la puissance d'Otton IV. Celui-ci mourut peu après, en 1218, abandonné de tous. Frédéric fit élire son fils Henri roi des Romains et reçut lui-même, sous le nom de Frédéric II, la couronne impériale du pape Honorius III. Il lui renouvela le serment d'allégeance envers le Saint-Siège, confirma le tribut annuel de 1 000 pièces d'or dû par la Sicile, et promit de prendre la croix ; autant de gages de bonne foi auxquels crut le pape, et qui permirent à Frédéric II de consolider son pouvoir (1220).

La Sicile fut l'objet de tous ses soins car il entendait faire de ce pays riche la base de sa puissance : par un système d'autorité et de dirigisme, le royaume devait fournir à l'empereur les moyens matériels de mener à bien sa politique.

Pareille méthode était impossible en Allemagne, où triomphait la monarchie féodale et où les compétiteurs à la royauté avaient dû donner des gages aux uns et aux autres, à l'Église, aux princes laïcs, aux seigneurs, aux villes. Frédéric II s'appuya plutôt sur les deux premières catégories. Il accorda aux princes ecclésiastiques – 90 évêques et abbés royaux – la *Confoederatio cum principibus ecclesiasticis* de 1220, par laquelle il confirmait l'abandon des droits de dépouilles, ainsi que de toute influence dans les élections ; il renonçait, en outre, à exercer dans leurs territoires la plupart des droits régaliens – construction de châteaux, tonlieux, monnayage –, et leur permettait de disposer librement des fiefs de leurs vassaux rebelles, s'interdisant par là cette action sur les arrière-vassaux qui devait être si profitable aux Capétiens. Aux princes laïcs, dont le nombre avait été rigoureusement délimité par Frédéric Ier en 1181, il donna le *statutum in favorem principum* de 1232 qui reconnaissait dans les princes les *domini terrae*, maîtres de la terre et de la justice, mesure de circonstance sans doute, mais que les princes invoquèrent ensuite comme fondement de leur souveraineté territoriale. Aussi Frédéric II n'eut-il, en Allemagne, d'autres difficultés que celle que lui suscita son fils Henri, par les mesures imprudentes que ce dernier voulut prendre en faveur des villes dans le dessein de s'opposer à son père. Frédéric finit par l'envoyer en captivité (1235) et lui substitua son second fils, Conrad.

Le pape Grégoire IX (1227-1241) ayant reconstitué contre lui la ligue lombarde, il la défit et imposa aux villes qui l'avaient formée un régime de centralisation monarchique. Mais l'asservissement de l'Italie du Nord menaçait trop l'indépendance du Saint-Siège : l'empereur fut excommunié. Frédéric prit alors une attitude d'hostilité marquée au pouvoir pontifical, persécuta les ordres mendiants qui en étaient le porte-parole, s'entoura de légistes qui, nourris de droit romain, considéraient le pouvoir impérial comme d'origine purement laïque. Frédéric II mourut en 1250, alors que son conflit avec la papauté s'était encore aggravé sous le pontificat d'Innocent IV qui l'avait déposé au concile de Lyon (1245). Cette mort marquait la fin d'une époque, celle d'une domination impériale sur l'Allemagne et l'Italie, rayonnant sur les rivages méditerranéens.

Le grand interrègne et les premiers Habsbourg (1250-1308)

Ni les derniers Hohenstaufen, ni leurs compétiteurs comme Guillaume de Hollande ne purent s'imposer, et les Allemands profitèrent de l'absence de pouvoir royal pour continuer à se désorganiser. L'interrègne, ouvert en 1250, se termina en faveur du chef de la maison de Habsbourg, Rodolphe Ier (1273).

La famille des Habsbourg, maîtresse d'un ensemble de domaines en Souabe – Aargau, où se trouvait le château de Habsbourg, et Brisgau – n'était pas assez puissante pour inquiéter ses rivaux. Mais les qualités personnelles de Rodolphe Ier (1273-1291) lui permirent d'assurer, sinon la transmission de la couronne royale dans sa maison, du moins la puissance territoriale de celle-ci. Le problème, c'était l'attitude d'Otakar de Bohême qui, proclamé duc d'Autriche après l'extinction des Babenberg, profita de la carence du pouvoir pour annexer la Styrie (1261), la Carinthie et la Carniole (1269), devenant ainsi, et de loin, le plus puissant prince du royaume. Déçu dans son espoir de recevoir la couronne germanique, il refusa de reconnaître Rodolphe qui, appuyé par les princes inquiets de sa redoutable expansion, le fit mettre au ban de l'Empire et prononça, en 1275, la confiscation de ses biens non patrimoniaux : en un an, Otakar dut se soumettre, abandonner ses acquisitions, tenir la Bohême en fief de Rodolphe. Dès qu'il le put, il chercha sa revanche, mais fut vaincu et tué à Dürnkrut (1278) ; Rodolphe bénéficia en la circonstance de l'aide du roi de Hongrie, qui appuyait ainsi le plus faible contre le plus fort. Ses domaines furent morcelés, les terres au-delà du Danube passant au Habsbourg qui eut l'habileté de laisser la Carinthie à son fidèle Meinhard de Görz, comte du Tyrol. Cette victoire augmenta considérablement le prestige de Rodolphe ; mais la consolidation de sa puissance réveilla la méfiance des princes : ils refusèrent d'élire, en 1291, son fils Albert, comme roi des Romains. Du moins Rodolphe avait-il fondé la puissance territoriale des Habsbourg en leur assurant un établissement valable, l'Autriche.

À un prince puissant, les électeurs préférèrent Adolphe de Nassau. Son successeur fut, à nouveau, un Habsbourg, Albert, dont le meurtre, en 1308, entraîna pour un siècle l'éclipse de la famille, faisant reculer d'autant la solution du problème dynastique allemand.

3. Le temps des princes (XIVe-XVIe siècle)

L'Allemagne des principautés

Avec la fin des Hohenstaufen, l'idée d'empire universel cessa d'apparaître comme projet réalisable, et l'Empire se restreignit territorialement à l'Allemagne. En effet, à la fin du XIIIe siècle, la plupart des territoires liés à l'Allemagne à l'ouest (royaume de Bourgogne-Provence) et au sud (royaume d'Italie) avaient cessé d'en dépendre. Seuls lui étaient demeurés les pays colonisés, à l'est jusqu'aux limites de la plaine hongroise et du bassin de l'Oder, au nord-est le long des côtes de la Baltique jusqu'au Niémen. Les agrandissements réels, par rapport au royaume de Germanie du Xe siècle, s'étaient donc effectués face aux Slaves, encore qu'il faille nuancer. Si le Brandebourg, la Lusace, la Misnie représentaient bien des gains, il demeura dans les limites de l'Empire des principautés tenues par des dynasties slaves : celles de Mecklembourg, restée aux descendants de Niklot, prince des Obodrites ; de Poméranie, qui demeura aux Boguslavides jusqu'en 1637 ; de Silésie, morcelée entre plusieurs principautés (Piast jusqu'en 1526) ; de Bohême, où les Prémyzlides régnèrent jusqu'en 1306.

Bien qu'il fût toujours question de Saxe, Bavière, Souabe, Franconie, Lorraine, les anciens duchés nationaux de ces noms avaient disparu. Au milieu d'une multitude de territoires aux frontières enchevêtrées, la plupart de médiocre étendue, commençaient à se dessiner les nouvelles principautés territoriales constituées par les dynasties des Ascaniens (marche de Brandebourg, Saxe-Wittenberg et Saxe-Lauenbourg, Anhalt), des Wettin (Thuringe, Misnie), des Welf (Brunswick, Lünebourg), des Wittelsbach (Bavière et Palatinat du Rhin), ou par les chevaliers Teutoniques. Ces États se trouvaient dans l'Est, alors que les régions occidentales étaient plus morcelées. La division atteignait son maximum en Franconie et en Souabe : les Staufen y avaient consolidé le pouvoir ducal, mais leur chute marqua la fin du duché, d'autant que la résistance opposée par les nombreuses villes aux féodaux et la présence d'une noblesse relevant directement de l'empereur étaient particulièrement favorables à la prolifération des domaines territoriaux. L'Ouest était aussi la zone des grandes principautés ecclésiastiques : Cologne (dont dépendait le duché de Westphalie), Trèves, Mayence, Brême, Münster, Paderborn, Wurtzbourg, Bamberg, sans oublier les abbayes de Fulda, Corvey, Saint-Gall. D'autres principautés ecclésiastiques importantes se situaient à l'extrême-ouest, comme Utrecht et Liège, et au sud, telles Salzbourg et Trente. Si les États étendus étaient rares à l'ouest, c'était un secteur de civilisation ancienne où se trouvaient la plupart des villes, les unes « impériales », de tout temps soumises à l'empereur, ce qui leur assurait une indépendance à peu près complète du fait de la décadence du pouvoir central (Francfort, Nuremberg, Aix-la-Chapelle, Ulm), les autres « libres », anciennes cités épiscopales ayant acquis dans le périmètre urbain l'exercice des droits régaliens jadis dévolus aux évêques et devenues, sous la protection impériale, aussi indépendantes que les précédentes (Ratisbonne, Strasbourg, Bâle, Mayence, Cologne). Cependant, si elles jouaient un grand rôle dans la vie économique allemande, en plein essor le long des côtes du Nord et sur les axes de communication menant vers la France et l'Italie, aucune de ces villes, contrairement à ce qui se passait à la même époque en Italie, ne put étendre son autorité au-delà de sa banlieue pour devenir le centre d'une principauté territoriale. Certaines d'entre elles, par leur groupement, constituèrent toutefois une puissance originale, la Hanse.

Née au milieu du XIIIe siècle, organisée réellement en 1358, la Hanse jouit d'une situation privilégiée dans la Baltique à partir de 1370. Sa prospérité se maintient tout au long du XVe siècle, et elle en arrive à contrôler l'axe de commerce est-ouest, de Novgorod à Londres, auquel se rattachent des bretelles commerciales vers Lisbonne, la Méditerranée, l'Adriatique d'une part, vers la Scandinavie d'autre part. Les progrès du Danemark, de la Pologne, de la Russie d'Ivan III, feront cependant décliner rapidement sa position après 1450.

À cet ensemble d'États auxquels les constitutions de Frédéric II avaient attribué la souveraineté territoriale (*Landeshoheit*), les institutions ne donnaient pas une organisation commune. La royauté germanique élective était aux mains des sept Électeurs, qui avaient fini par représenter, à eux seuls, le corps électoral le plus nombreux des premiers siècles. L'origine de la royauté rendait encore plus précaire son autorité, dépourvue de son principal moyen d'action depuis qu'elle avait abandonné sa domination sur l'église. Après l'extinction des Hohenstaufen, il ne fut plus question, pour elle, de prendre des mesures générales de législation, d'autant qu'elle ne possédait ni administration, à l'exception d'une chancellerie, ni armée, ni finances ; son unique organe était la Diète à laquelle la royauté, toujours suspecte et souvent trop faible, ne pouvait imposer aucune décision conforme aux intérêts généraux de l'Allemagne.

Évolution de la seigneurie rurale

Le cadre de la vie paysanne restait la seigneurie rurale, avec d'importants contrastes entre les pays de colonisation de l'Est et les anciens terroirs de l'Ouest. Dans les premiers, grands seigneurs ecclésiastiques et laïcs s'étaient taillé d'immenses domaines évalués en milliers de *Hüfen*, tenures correspondant au manse et comptant chacune une dizaine d'hectares. C'est ainsi qu'au milieu du XIIIe siècle, comme le précise Jacques Heers, l'abbaye cistercienne de Leubus, en Silésie, avait reçu 5 000 *Hüfen* du duc de Grande Pologne, près de la Netze, et 900 du duc de Silésie, près de l'Oder. Moins riche en général, le *Schlossgesessener Adel*, « noblesse ayant des châteaux », installé par les margraves du Brandebourg pour défendre la frontière contre les Polonais, pouvait détenir des biens importants, comme les Wedel qui possédaient un fief de 60 villages et en obtinrent ensuite un autre de 5 000 *Hüfen*. On trouvait le même système dans l'est de la Bohême, sur le cours de la Moldau, où les Wittingonen étaient en compétition avec les grandes abbayes cisterciennes de Golkenkron et de Hohenfurth. Il n'empêche que ces vastes seigneuries foncières d'Allemagne orientale étaient des cas particuliers, liés au défrichement de contrées forestières étendues encore faiblement peuplées. Plus à l'ouest, où existaient jadis de grandes futaies de hêtres et de chênes, les passages d'hommes et de troupeaux avaient dégradé la végétation, la transformant en *Niederwald*, taillis dominés par quelques bouquets de grands arbres. Dans cette région, notamment dans ce qui est aujourd'hui la forêt de Teutoburg, entre Münster et Osnabrück, l'économie reposait sur les glands des chênes et l'élevage des porcs. Les paysans n'ensemençaient que de maigres champs temporaires. Le *Hüfe* n'y représentait pas une étendue déterminée, mais un droit d'usage pour un certain nombre de porcs. Tout le souci des communautés villageoises était de réglementer strictement les pâturages et les parcours, de fixer les déprédations éventuelles. C'était un exemple de civilisation forestière dans laquelle le bois d'œuvre était négligé et ne faisait l'objet d'aucun règlement.

Plus généralement, dans les anciens terroirs, régnait la seigneurie foncière de type courant, d'étendue assez modeste, où l'exploitation en faire-valoir direct avait reculé devant la perception de rente.

La maison de Luxembourg (1308-1437)

Après la mort d'Albert de Habsbourg en 1308, le pouvoir impérial fut à nouveau disputé entre divers compétiteurs jusqu'au triomphe de Charles IV de Luxembourg (1346-1378). Ce fut lui qui donna à l'institution impériale sa forme définitive, conforme au désir des princes allemands, par la Bulle d'or de Nuremberg (1356) : celle-ci déclarait le pouvoir impérial indépendant du pape dont la confirmation était inutile, et mettait ainsi un point final à une vieille controverse. L'empereur était le suzerain de tous les fiefs impériaux, dont il investissait les princes, et détenait le pouvoir judiciaire suprême. Quant aux Électeurs, ils avaient rang de souverains, et le pas sur tous les autres princes d'Empire. Ils exerçaient sur leurs terres, non démembrables, transmises de père à fils aîné, la justice souveraine : la Bulle d'or confirmait une situation de fait qui, stabilisant le régime princier, interdisait la formation d'un pouvoir central.

Roi de Bohême, chef de la maison de Luxembourg, Charles IV voulut surtout, pour être souverain de fait, tirer sa force et ses ressources de grandes possessions territoriales. La Bohême prit de l'importance ; Prague reçut, en 1347, une université, la première d'Allemagne ; de nombreux monuments s'y édifièrent, qui en firent une des capitales européennes. À partir de cette base, par de longs efforts, Charles s'empara du Brandebourg en 1373, du haut Palatinat autour de Ratisbonne, de la Lusace qui fut réunie à la Bohême, et imposa la suzeraineté bohémienne aux duchés silésiens soustraits à celle de la Pologne, tandis qu'il érigeait le Luxembourg en duché. Le règne de Charles IV a marqué le terme de l'évolution de l'Allemagne vers une monarchie de type aristocratique, où le souverain s'efforçait de dépasser ses pairs par la puissance de son lignage.

La peste noire et ses conséquences

L'Allemagne fut atteinte, comme le reste de l'Europe, par la catastrophe : dès l'automne 1349, la peste faisait son apparition aussi bien en Prusse que dans la vallée du Rhin, où elle touchait Cologne en décembre 1349. L'année 1350 surtout fut terrible, l'épidémie atteignant son maximum d'intensité dans l'été ; le Brandebourg fut frappé le dernier, au début de 1351. Il semble que l'Allemagne du Nord ait été une des régions d'Europe les plus éprouvées. Si les chiffres des chroniqueurs ne doivent pas être pris au pied de la lettre, ils témoignent pourtant du souvenir d'épouvante laissé par la peste. La ville la plus touchée semble avoir été Brême où l'on recensa 8 000 morts ; certes, on ne connaît pas exactement la population de la ville, mais elle ne devait guère dépasser 12 000 à 15 000 habitants, si bien qu'on peut admettre une mortalité soit de moitié, soit des deux tiers. Dans l'ensemble des villes hanséatiques, le nombre des victimes semble avoir été rarement inférieur au quart de la population.

Il est facile d'imaginer les perturbations qui suivirent : déclin de la production agricole et artisanale, paralysie des transports, récession générale des affaires. Sur le plan financier, la peste suscita une crise, l'argent se raréfiant, le taux de l'escompte montant, les capitaux se détournant des entreprises commerciales au profit des rentes jugées plus sûres. Plus généralement, le dépeuplement de l'Allemagne occidentale arrêta la colonisation de l'Est, ou confirma un ralentissement déjà perceptible depuis le début du XIVe siècle. D'autant plus que des épidémies meurtrières se succédèrent tous les dix ou quinze ans. Cet arrêt fut très préjudiciable à l'expansion orientale du germanisme privé de l'afflux paysan qui faisait sa force. Dans ces pays neufs, aux sols pauvres, la désertion des terres cultivées causée par la grande peste suscita un renouveau de vitalité de l'institution seigneuriale : les seigneurs virent leur réserve s'accroître de toutes les terres abandonnées, notamment dans le Brandebourg, où la terre noble se trouvait encore vers 1375 nettement moins étendue que la terre paysanne, et où les hobereaux apparaissaient plutôt comme les « voisins » des paysans qui ne leur devaient pas la corvée. Les princes, pour obtenir les subsides des seigneurs, leur abandonnèrent alors les droits régaliens ; les paysans passèrent sous l'entière domination des hobereaux qui les attachèrent à la glèbe et leur imposèrent de lourds services, nécessaires à l'exploitation de domaines démesurément agrandis. Par la défaillance de la puissance publique, une stricte servitude s'appesantit sur toute cette paysannerie des marches de l'Est, qui avait jusqu'alors connu une liberté plus large que partout en Europe.

L'évolution fut toute différente en Allemagne de l'Ouest. Même dans les secteurs forestiers, les seigneurs purent, tout au plus, renforcer leur domination sur les bois qu'ils cernèrent de haies et, leur valeur ne cessant de croître, interdirent aux paysans. La puissance seigneuriale transforma les familles qui, jusqu'alors, tiraient le plus clair de leurs ressources de la forêt, en groupes de véritables cultivateurs établis sur des champs fixes : par la concentration des anciens écarts, l'habitat se groupait en gros villages, autour desquels le défrichement allait créer des terroirs très homogènes.

Apogée et déclin des Luxembourg

Venceslas succéda sans difficulté à Charles IV en 1378. La puissance de la maison de Luxembourg semblait à son apogée. Mais Venceslas était incapable de dominer l'Allemagne, où l'anarchie princière s'aggravait, renforcée par le Grand Schisme. Venceslas, comme le roi de France, soutenant le pape d'Avignon, le pape de Rome, Boniface IX, travailla à l'évincer au profit du comte palatin Robert de Wittelsbach (1400-1410). Après la mort de celui-ci, les Électeurs se rallièrent au frère de Venceslas, Sigismond, tandis que lui-même se retirait en Bohême qu'il conserva jusqu'à sa mort (1419).

Le règne de Sigismond (1411-1437) fut difficile. Jusqu'alors roi de Hongrie, il s'était surtout fait remarquer par son zèle catholique. Il sut mettre fin au Grand Schisme par le concile de Constance (1414). L'Allemagne, cependant, était agitée par de nouvelles hérésies. Parmi celles-ci, le hussitisme s'était répandu en Bohême, sous l'ardente prédication de Jean Hus, à la fois comme tentative de réforme de l'Église et comme sursaut du nationalisme tchèque contre l'influence germanique, qui semblait aller de pair avec celle de l'Église romaine. La guerre hussite dura vingt ans (1415-1436). La paix fut rétablie au prix de terribles dévastations et de l'arrêt de l'expansion allemande. À la même époque les chevaliers Teutoniques subissaient la défaite de Grünwald (1410). C'est un aspect capital du règne de Sigismond, qui pensa restaurer son prestige en se rendant à Milan pour recevoir la couronne du roi d'Italie (1431), puis à Rome celle d'empereur (1433). À son retour, il tenta de procéder à une réorganisation de l'Empire par la *Restauratio Sigismundi*, qui prévoyait la création de cercles administratifs regroupant les innombrables seigneuries, et d'une police assurant la paix publique ; ces réformes heurtaient l'esprit d'indépendance et ne reçurent aucune application.

Sigismond n'avait qu'une fille unique, Élisabeth, mariée en 1422 à Albert de Habsbourg, duc d'Autriche, qu'il reconnut pour son successeur en Bohême et en Hongrie.

L'Allemagne au XVe siècle

En fait, le règne d'Albert II (1437-1439) fut une courte transition, d'autant que, parmi les Habsbourg, Albert était l'un des moins pourvus, et qu'il fut plutôt héritier des titres et des biens de la maison de Luxembourg. Peu de temps après sa mort, le pouvoir effectif passa, en Bohême, à un seigneur tchèque, Georges de Podebrady, qui devint roi (1457-1471) et, en Hongrie, à un seigneur hongrois, Jean Hunyadi, dont le fils, Mathias Corvin, fut roi de 1456 à 1490. Ainsi deux royaumes qui semblaient, sous la dynastie de Luxembourg, en passe de devenir des annexes de l'Allemagne, s'en éloignaient au moment où, plus au nord, la Pologne imposait à la Prusse teutonique sa suzeraineté et, en 1466, obtenait par Dantzig un débouché maritime.

L'Allemagne connut bientôt une guerre civile permanente, plus particulièrement en Franconie, où les villes groupées autour de Nuremberg luttaient contre Albert-Achille de Hohenzollern, maître du Brandebourg, en Westphalie, où les cités guerroyaient contre l'archevêque de Cologne, en Souabe, où les nobles, groupés dans la ligue « du bouclier de saint Georges », s'efforçaient de mater leurs sujets paysans. Frédéric III de Habsbourg (1440-1493) restait à l'écart de ces difficultés ; en fait, dès 1486, son fils Maximilien, élu roi des Romains, avait pris la direction des affaires : c'était déjà un prince puissant, car il avait épousé en 1477 Marie de Bourgogne, fille de Charles le Téméraire, et put conserver la plus grande part de l'héritage bourguignon.

L'économie agricole

Comme l'a montré F. Mauro dans son tableau du XVIe siècle, la production agricole intéressait surtout les plaines ou certains plateaux de faible altitude, la montagne étant le domaine de la forêt et de l'élevage ; les vallées étaient toutefois cultivées plus haut qu'aujourd'hui. Partout dominaient des champs ouverts. Si la propriété était tantôt communautaire (forêts, landes, prés d'altitude), tantôt individuelle (champs, jardins), l'exploitation, elle, était toujours communautaire. L'assolement triennal avec jachère donnait à chacun une parcelle dans chaque sole. Il reposait sur la culture du froment dans les pays calcaires, sur celle du seigle, alternant avec l'avoine et l'orge, dans les zones siliceuses. L'élevage était peu important, le blé restant la base de la nourriture. Les porcs vivaient des glands de la forêt, qui fournissait aussi le bois de construction et de chauffage. Aux cultures vivrières s'ajoutait celle de quelques plantes industrielles, houblon en Alsace, pastel en Thuringe.

C'est là ce que l'on rencontrait essentiellement du Rhin à l'Elbe, même dans la plaine du Nord où les croupes baltiques dont le sol – alluvions glaciaires et terrains sableux – était plus pauvre. Dans le sud, au relief tourmenté, les vallées, riches de leurs fonds cultivés, leurs terrasses, leurs coteaux, s'ajoutaient aux ressources des versants forestiers et des prés d'altitude. Cette forme d'agriculture entraînait un habitat en gros villages concentrés autour des églises. Cependant, surtout à l'est de l'Elbe, on trouvait une autre disposition : la colonie forestière, née du défrichement de la forêt, aux maisons alignées le long d'une route ou d'un fleuve, avec derrière chacune d'elles, le champ correspondant.

À l'est, l'économie céréalière dominait, liée à l'essor des villes et de l'économie marchande. Cette même influence urbaine explique l'apparition, dans l'ouest, d'un paysage de bocage, où l'élevage du porc disparaît devant l'élevage du bovin, pour la vente du lait, du beurre et du cuir.

Le développement urbain

À côté des cités de la Hanse, les villes de l'Allemagne moyenne et méridionale sont le siège d'un véritable essor industriel, lié au commerce d'exportation des métaux et des toiles. Les progrès techniques introduits dans les mines du Harz, de Thuringe, de Bohême et de Hongrie permettent un accroissement de la production du cuivre et de l'étain, du zinc et de l'argent. Augsbourg et Nuremberg fabriquent et exportent le laiton, le bronze, les armes, les canons, la quincaillerie. Nuremberg devient ainsi un grand centre bancaire. La concentration des toiles fabriquées dans les campagnes enrichit Augsbourg, Constance, Saint-Gall, Ravensburg.

Cet essor économique de l'Allemagne du Sud est l'un des phénomènes essentiels de la fin du Moyen Âge occidental.

Le règne de Maximilien (1493-1519)

Devenu empereur sans nulle difficulté, Maximilien se montra un grand prince, cultivé, appliqué, réfléchi. Il devait renforcer puissamment la position des Habsbourg dans l'Empire et en Europe, plus d'ailleurs par des alliances matrimoniales que par des conquêtes, de sorte que déjà l'on pouvait dire : *Tu, felix Austria, nube*. L'année même de son avènement, Maximilien se trouva reconstituer presque entièrement la domination bourguignonne. Le traité d'Arras (1482) lui avait donné toutes les possessions bourguignonnes des Pays-Bas impériaux : Hainaut, Namur, Brabant, Hollande, Zélande, Luxembourg.

Maximilien poursuivit son habile politique de mariages, d'abord avec son fils Philippe le Beau, qu'il maria en 1496 avec Jeanne, fille et héritière des Rois catholiques Ferdinand d'Aragon et Isabelle de Castille. Il est vrai que Philippe n'était pas un fils docile et menait aux Pays-Bas, depuis 1495, une politique toute personnelle. Mais il mourut prématurément en 1506 et Maximilien reprit, au nom de ses petits-fils, le pouvoir aux Pays-Bas. À la fin de sa vie, Maximilien engagea des pourparlers avec Ladislas VII Jagellon, roi de Bohême et de Hongrie, pour marier les enfants de Ladislas, Louis et Anne, avec ses petits-enfants, Marie et Ferdinand, ce qui devait assurer à ce dernier les royaumes de Hongrie et de Bohême (1526).

En Allemagne, Maximilien réussit, dès 1493, à unifier les États héréditaires : Autriche, Styrie, Carinthie, Carniole et Tyrol qui, avec leurs ressources en sel, cuivre et argent, formaient la base de sa puissance, et leur ajouta Gorizia et Fiume. Dans l'Empire, s'il reconnut définitivement l'indépendance de fait des Cantons suisses (1499), il tenta de renforcer son autorité en étendant à toute l'Allemagne les institutions autrichiennes. De 1495 à 1512, il présenta ses projets à des Diètes successives, se heurtant à l'opposition des princes et devant se contenter d'utiliser quand besoin en était les organismes autrichiens. Ceux-ci étaient : la chambre impériale ou *Reichskammer*, tribunal suprême ;

le conseil aulique, *Hofrat*, à la fois conseil d'État et cour de justice ; la chambre aulique, *Hofkammer*, conseil financier siégeant à Innsbruck, dont une section assurait l'administration financière de l'Empire ; enfin la chancellerie, *Hofkanzlei*. Pour simplifier l'administration et la justice, l'Allemagne fut divisée en dix cercles, selon une idée déjà ancienne : Autriche, Bavière, Bourgogne, Franconie, Haut-Rhin, Bas-Rhin, Haute-Saxe, Basse-Saxe, Souabe et Westphalie ; cet effort de simplification heurtait les traditions, les droits souverains des villes et des princes (encore que, primitivement, les électorats n'en fissent pas partie). Il en était de même d'un recrutement militaire général et de la taxe, *gemeine Pfenning*, qui pouvaient être consentis par la Diète, ou *Reichstag*. Cette assemblée remontait au haut Moyen Âge, l'empereur y convoquant primitivement évêques et abbés, ducs et comtes, voire certains seigneurs auxquels vinrent s'ajouter, à partir de 1255, les représentants des villes impériales et libres. La Diète comprit désormais trois collèges – des Électeurs, des princes et des villes – chacun délibérant séparément, les décisions étant prises ensuite par la réunion générale et présentées à l'empereur qui était chargé de les publier sous forme d'édits. C'est un organisme sans efficacité, puisque le vote majoritaire n'avait pu y être imposé, mais qui disposait pourtant d'une commission permanente, la Régence, directoire de vingt et un membres. L'archevêque de Mayence, archichancelier d'Empire, présidait ce directoire : son approbation était nécessaire pour convoquer la Diète et fournir les ressources nécessaires au fonctionnement de la *Reichskammer*. Maximilien ne parvint pas à créer un vrai gouvernement central allemand ; princes et villes restèrent maîtres du consentement de l'impôt et de l'aide militaire.

À la veille de la Réforme

Le règne de Maximilien fait transition entre l'époque médiévale et les Temps modernes. C'est alors que s'établissent les premiers rapports entre le pouvoir et la nouvelle puissance des banquiers, en l'occurrence entre Maximilien et Jakob Fugger. Surtout c'est le moment où apparaît, en matière religieuse, un climat préréformateur dont l'une des plus célèbres manifestations fut la *Reformatio Sigismundi* composée, aux environs de Bâle, vers 1439. Elle prônait le retour à l'ordre ancien voulu par Dieu, par la sécularisation des biens d'Église, la substitution à l'ancienne noblesse d'une nouvelle aristocratie au seul service de l'Église et de l'Empire rénovés, l'établissement d'un juste prix des denrées et l'abolition du servage que condamnait l'éthique chrétienne.

Les dominicains, sous la conduite de Tetzel, prêchaient en Saxe, par des procédés de bruyante réclame, l'indulgence promise par Léon X pour financer la reconstruction de Saint-Pierre de Rome. Luther, religieux augustin, enseignait déjà à l'université de Wittenberg sa doctrine du salut et, le 31 octobre 1517, affichait ses quatre-vingt-quinze propositions contre le principe et la pratique des indulgences, sans pourtant se révolter encore contre l'autorité du pape. Les deux dernières années du règne de Maximilien correspondirent au développement, chez Luther, des conséquences de l'attitude affirmée par celui-ci à la diète d'Augsbourg convoquée en 1518 par l'empereur, puis à Leipzig où, face à Eck, il soutint l'autorité du jugement individuel librement appliqué à l'étude de la Bible : la Réforme était née en fait.

Maximilien mourut le 12 janvier 1519, avant la rupture, que l'on peut dater du 10 décembre 1520, jour où, sur la place de Wittenberg, Luther brûla la bulle qui lui ordonnait de se rétracter.

À la fin du Moyen Âge, on commençait à parler du « Saint Empire romain germanique », reconnaissant ainsi qu'il était pratiquement limité à l'espace allemand. C'était un agglomérat d'États princiers, laïcs et ecclésiastiques, qui cherchaient à augmenter leur territoire et leur indépendance sans se laisser incorporer dans une quelconque unité impériale, de villes libres transformées en républiques urbaines, de domaines de chevaliers qui ne se prévalaient de leur immédiateté vis-à-vis de l'empereur que pour demeurer indépendants de voisins plus puissants. C'est dans la mesure où les Habsbourg, qui venaient d'accroître leurs propres possessions de l'essentiel des territoires bourguignons, étaient les plus puissants, les plus riches parmi les princes allemands qu'ils pouvaient prétendre s'imposer à l'Empire et lui dicter une certaine politique. À la condition toutefois de ne pas se laisser tenter par de nouveaux rêves de domination universelle, à l'échelle d'un monde prodigieusement agrandi par les voyages de découverte.

PIERRE-ROGER GAUSSIN

Bibliographie

• Ouvrages généraux

C. BROOKE, *L'Europe au milieu du Moyen Âge*, Paris, 1967 / J. CALMETTE, *Le Reich allemand au Moyen Âge*, Paris, 1951 / C. DAWSON, *Le Moyen Âge et les origines de l'Europe*, Paris, 1960 / H. GRUNDMANN, *Gebhardts Handbuch der deutschen Geschichte*, t. I, Stuttgart, 1954 / H. GUNTHER, *Das deutsche Mittelalter*, 2 vol., Fribourg, 1943 / J. HEERS, *L'Occident aux XIVe et XVe siècles*, P.U.F., 1963, 5e éd. 1990 / J. HUIZINGA, *Le Déclin du Moyen Âge*, Paris, 1958 / E. JORDAN, « L'Allemagne et l'Italie aux XIIe et XIIIe siècles », t. IV-1 de G. Glotz, *Histoire générale, Histoire du Moyen Âge*, Paris, 1939 / L. MUSSET, *Les Invasions, le second assaut contre l'Europe chrétienne (VIIe-XIe siècle)*, P.U.F., 1965, rééd. 1971.

• Sur l'Empire et les empereurs

L. GRAF ZU DOHNA, *Reformatio Sigismundi*, Göttingen, 1960 / R. FOLZ, *L'Idée d'empire en Occident du Ve au XIVe siècle*, Paris, 1953 / A. GERLICH, *Habsburg, Luxemburg, Wittelsbach im Kampf um die deutsche Königskrone*, F. Steiner, Wiesbaden, 1960 / K. G. HUGELMANN, *Stämme, Nationen und Nationalstaat im deutschen Mittelalter*, Stuttgart, 1955 / E. H. KANTOROWICZ, *L'Empereur Frédéric II*, trad. de l'all., Gallimard, Paris, 1987 / G. MASSON, *Frédéric II de Hohenstaufen*, Paris, 1963 / M. PACAUT, *Frédéric Barberousse*, Paris, 1967, éd. rév. Fayard 1991 / P. RASSOW, *Honor Imperii*, Munich, 1961 / H. ROESSLER, *Ein König für Deutschland. Die Krönung Rudolfs von Habsburg 1273*, Munich-Vienne, 1960.

• Sur l'Église

J. BÜHLER, *Deutsche Geschichte*, 6 vol., Munich, 1956-1960 / K. HALLINGER, *Gorze-Kluny*, 2 vol., Rome, 1950-1951, rééd. Akad. Druck-und Verlaganstalt, Graz, 1971 / H. JACOBS, *Die Hirsauer*, Graz-Cologne, 1961 / W. SCHLESINGER, *Kirchengeschichte Sachsens*, Böhlau, Cologne, 1962, rééd. 1983 / W. VON DEN STEINEN, *Canossa, Heinrich IV und die Kirche*, Munich, 1957.

• Régions et aspects

P. DOLLINGER, *La Hanse*, Paris, 1964, rééd. Aubrier 1988 / H. PATZE, *Die Entstehung der Landesherrschaft in Thüringen*, Böhlau, 1962 / E. ZOLLNER, *Histoire de l'Autriche, des origines à nos jours*, Roanne, 1966.

• Colonisation, économie, société

P. DOLLINGER, *L'Évolution des classes rurales en Bavière depuis la fin de l'époque carolingienne jusqu'au milieu du XIIIe siècle*, Paris, 1949 / S. EPPERLEIN, *Bauernbedrückung und Bauernwiderstand im hohen Mittelalter*, Berlin, 1960 / C. E. PERRIN, *La Société féodale allemande et ses institutions du Xe au XIIe siècle*, cours de Sorbonne, Paris, s.d. / W. SCHLESINGER, *Mitteldeutsche Beiträge zur deutschen Verfassungsgeschichte des Mittelalters*, Göttingen, 1961 / H. S. SCHULZE, *Adelsherrschaft und Landesherrschaft*, Graz-Cologne, 1963 / A. THIMM, *Die Waldnutzung in Nordwestdeutschland in Spiegel der Weistümer. Einleitende Untersuchungen über die Umgestaltung der Stadtland-Verhältnisse im Spätmittelalter*, Cologne-Graz, 1960 / W. VOGEL, *Der Verbleib der wendischen Bevölkerung in der Mark Brandenburg*, Berlin, 1960.

ALMOHADES

Dynastie musulmane d'origine berbère qui domina l'Afrique du Nord et l'Espagne aux XIIe et XIIIe siècles, les Almohades (étymologie arabe : *al-muwaḥḥidūn*) sont issus d'un mouvement religieux appuyé par un groupe de tribus berbères du Haut Atlas marocain.

L'ascension

Le fondateur, né vers 1080, en fut Muḥammad ibn ʿAbdallāh Ibn Tūmart, de la tribu Harġa du groupe des Masmūda. Étudiant en Orient, il subit l'influence des idées théologiques aš ʿarites, du grand docteur Ġazālī et aussi du shīʿisme. De retour au Maghreb vers 1110-1120, il attaqua les mœurs jugées contraires à la loi musulmane et aussi les fuqahā' (« clergé » des spécialistes en sciences religieuses) mālikites, qui formaient l'armature idéologique du régime almoravide. Il leur reprochait l'abandon de l'étude du Coran et de la tradition, leur juridisme sec et borné, leur conception anthropomorphiste de Dieu et de ses attributs qu'il assimilait au polythéisme. Il devenait licite de les combattre comme des impies.

Rabroué par la foule et pourchassé par le souverain almoravide, il se réfugia dans le Haut Atlas, à Tīnmallal (ou Tīnmāl) vers 1125. Suivant l'exemple du Prophète, il se fit chef d'une communauté qu'il organisa pour l'action politique et militaire au service de ses idées. Il se déclare *mahdī* et rallie les Harga et une grande partie des Masmūda, tirant parti de l'hostilité de ces paysans montagnards envers les nomades sahariens du groupe Sanhāğa, soutien des Almoravides. La communauté est soumise à une discipline implacable avec des épurations sanglantes. Elle est dirigée par le mahdī assisté de deux conseils (conseil des Dix et conseil des Cinquante) et administrée par des fonctionnaires. Les membres payent des impôts et doivent le service militaire.

Vers 1122, le mahdī passe à l'attaque et menace Marrakech, capitale des Almoravides. À sa mort en 1130, son disciple ʿAbd al-Mu'min ibn ʿAlī, Berbère arabisé de l'Oranie, lui succède et continue son action. Fès tombe en 1146 et Marrakech en 1147. Après le Maroc, ʿAbd al-Mu'min conquiert tout le Maghreb central et oriental de 1151 à 1160. Appelé dès 1145 en Espagne, il installe son pouvoir en Andalousie occidentale. Son fils Abu Yaʿqūb Yūsuf (1163-1184) vaincra le condottiere Ibn Mardanīš qui tenait le reste de l'Espagne musulmane.

Abū Yūsuf Yaʿqūb, dit al-Mansūr (le Victorieux ; 1184-1199), fils de Yūsuf, réussit à maintenir cet Empire qui embrassait l'ensemble de l'Afrique du Nord et de l'Espagne musulmane. Mais les tendances à la dislocation étaient puissantes. ʿAbd al-Mu'min, rompant avec les règles collégiales instituées par le mahdī, avait assuré la succession à sa descendance et pris le titre califien d'*amīr al-mu'minīn* (prince des Croyants), rejetant la suzeraineté ʿabbāside. Les tensions allaient s'aggraver entre les cheikh, descendants des membres des premiers conseils almohades (ayant à leur tête Abū Ḥafṣ ʿUmar, compagnon du mahdī, et ses descendants) et les sayyid, de la famille du souverain, sans préjudice des luttes entre ceux-ci. Les Arabes du Maghreb oriental, transportés au Maroc et en Espagne pour servir de soldats, se rendent dangereux par leur turbulence et se joignent aux différents clans en lutte.

Les Banū Gāniya, pirates almoravides des Baléares, débarquant au Maghreb oriental en 1184, s'unissent à des tribus arabes pour constituer un vaste foyer d'opposition à l'autorité almohade jusque vers 1226. Les chrétiens d'Espagne surtout mènent la *Reconquista* avec une énergie croissante. Vaincus à Alarcos en 1196, ils sont victorieux à Las Navas de Tolosa en 1212.

Le déclin

La doctrine almohade allait en s'édulcorant. Une phase de persécution (assez peu poussée) contre les fuqahā' mālikites, les juifs et les philosophes n'a pas de suite. Le calife Muḥammad an-Nāṣir (1199-1214) va jusqu'à répudier la doctrine et à favoriser les chrétiens. L'Empire s'écroule peu après. An-Nāṣir n'avait réussi à garder quelque autorité sur la Tunisie qu'en y déléguant le cheikh Abū Muḥammad, fils d'Abū Ḥafṣ 'Umar. Son fils rompit avec le calife en 1228. Affaibli par les succès chrétiens, le pouvoir almohade en Espagne est remplacé par des petits royaumes musulmans. Au Maroc, les Banū Marīn (Mérinides), Berbères du groupe Zanāta, s'emparent des villes l'une après l'autre, et donnent le coup de grâce à l'Empire avec la prise de Marrakech (1269).

Le goût des arts

Avant cet écroulement, l'ordre régnant sur la vaste zone hispano-maghrébine avait permis un grand développement de l'industrie et du commerce. Les relations commerciales étaient très actives avec les places chrétiennes, notamment Gênes, Marseille et Pise. L'armée et la marine almohades faisaient de l'Empire, avec les Ayyoubides en Orient, une des plus grandes puissances musulmanes. Le puritanisme du mahdī n'avait pas duré et ses successeurs furent vite gagnés par le goût du confort, du luxe et des arts. L'activité culturelle était intense et, notamment, les philosophes Ibn Ṭufayl et Ibn Rušd (Averroès) brillèrent à la cour almohade. La musique était cultivée avec passion. L'architecture produisit des chefs-d'œuvre (mosquée de Ḥasan à Rabat, Kutubiyya et mosquée de la Kasba à Marrakech, Giralda de Séville, etc.). L'art almohade en général fut une admirable synthèse, d'une esthétique puissamment originale, d'une tonalité majestueuse, sévère et énergique.

MAXIME RODINSON

Bibliographie

Encyclopédie de l'Islam, 1re éd. : A. BEL, « Almohades » ; R. BASSET, « Ibn Tūmart ». 2e éd. : A. HUICI MIRANDA, « Abū Ya'ḳūb Yūsuf » et « Abū Yūsuf Ya'ḳūb » ; E. LÉVI-PROVENÇAL, « 'Abd al-Mu'min b. 'Alī » et « Abū Hafs 'Umar » / A. HUICI MIRANDA, *Historia política del imperio almohade*, 2 vol., Tétouan, 1956-1957 / C. A. JULIEN, *Histoire de l'Afrique du Nord, de la conquête arabe à 1830*, 2e éd. Paris, 1952, rééd. Payot, 1978.

ALMORAVIDES

Dynastie musulmane qui domina l'Afrique du Nord et l'Espagne, les Almoravides (étymologie arabe : *al-mūrabiṭūn*) tirent leur origine d'un groupe de tribus berbères sahariennes qui nomadisaient entre le Sénégal et le sud du Maroc, les Lamtūna et les Godāla. Ces deux tribus faisaient partie du grand groupe berbère des Sanhāǧa. Elles étaient connues par leur coutume de porter un voile (*litām*) sur le bas du visage. Elles vivaient de l'élevage et du trafic caravanier. Elles se convertirent à l'islam à la fin du IXe siècle et firent la guerre sainte aux Noirs du Sénégal.

L'ascension

Vers 1048, le chef des deux tribus, ayant fait un pèlerinage à La Mecque, ramena dans son pays un savant en sciences religieuses du Sud marocain, 'Abdallāh ibn Yāsin, afin qu'il enseigne aux siens les vraies règles de la vie musulmane. Il créa dans une île (du fleuve Sénégal ?) un couvent militaire (*ribāt*) : de nombreux guerriers voués à la guerre sainte y menèrent une vie très austère, rigoureusement disciplinée. On les appela les « gens du ribāṭ » (*al-murābiṭūn*). Leur chef religieux, 'Abdallāh ibn Yāsin, s'associa à un chef militaire, Yaḥyā ibn 'Umar, de la tribu Lamtūna.

Tandis qu'une partie des Almoravides dirigeait ses efforts guerriers et missionnaires vers les pays noirs, conquérant et islamisant à partir de 1054 le pays de Ghāna, d'autres remontaient vers le nord. 'Abdallāh ibn Yāsin soumet vers 1055 la ville de Siğilmāsa au Tafilelt, que dominaient les Maġrāwa du groupe berbère des Zanāta. Il périt en 1059, en luttant contre les hérétiques Barġawāṭa du Maroc atlantique. Abū Bakr ibn 'Umar, frère de Yaḥyā (mort en 1056), poursuit la conquête du Maroc, grâce à son cousin Yūsuf ibn Tāšfīn. Il finit par lui déléguer ses pouvoirs sur le Maghreb et par lui céder sa femme Zaynab, tandis qu'il se retire au Sahara où il meurt vers 1087.

Yūsuf fonde Marrakech (vers 1060), d'abord simple camp, prend Fès (1069), où régnaient les Maġrāwa, puis Tlemcen, Oran et Ténès, et met le siège devant Alger (1082). Il est sollicité de venir en aide aux musulmans d'Espagne, divisés en de multiples principautés (sous les *reyes de taifas*) et menacés par la *Reconquista* chrétienne. En 1085, en effet, Tolède est prise par Alphonse VI. Yūsuf passe le détroit de Gibraltar et inflige au roi castillan une cuisante défaite à Sagrajas (az-Zallāqa), le 2 novembre 1086. Puis il repart pour le Maroc, mais les princes musulmans, que l'offensive chrétienne à l'est met de nouveau en difficulté, doivent le rappeler. Il reparaît en 1089 puis en 1090.

Les classes populaires et le « clergé » des savants en religion, les *fuqahā'* (sing. : *faqih* ; en espagnol, *alfaqui*), sont favorables aux Almoravides, d'une piété ostensible, qui abolissent les impôts non coraniques et paraissent seuls capables d'écarter les razzias chrétiennes. Mais les couches dirigeantes sont partagées entre leur peur des chrétiens et celle des Sahariens dont ils redoutent la brutalité, l'orthodoxie rigide, la haine du luxe et de la culture. Les princes renseignent et approvisionnent mal Yūsuf ; ils engagent des tractations avec Alphonse VI. Pourvu d'une *fatwà* (consultation juridique) des fuqahā' d'Occident et d'Orient, Yūsuf dépossède ces *reyes de taifas*, conquiert leurs États (1090-1094), sauf Valence et les royaumes du Nord-Est soumis au protectorat du Cid (Rodrigo Díaz de Bivar), et rétablit l'unité de l'Espagne musulmane. Les conquêtes reprirent après la mort du Cid (1099) : sa femme Jimena évacue Valence en 1102, et Saragosse est occupée de 1110 à 1118.

Les princes des musulmans

Alī ibn Yūsuf (1106-1143) succéda à son père et maintint d'abord ses positions militaires. Alphonse VI est vaincu à Uclès (1108), Coïmbre est prise (1117) ; le roi d'Aragon, Alphonse le Batailleur, qui a reconquis Saragosse (1118), est vaincu à Fraga (1134). Mais Tolède n'est pas reprise. Les razzias chrétiennes, après une interruption, recommencent avec un succès croissant. Le maintien en Espagne est contrebalancé d'ailleurs par les difficultés internes. Le souverain ne peut contrôler la puissance des émirs almoravides que grâce à une savante politique d'équilibre. Les Almohades se révoltent au Maroc, où se trouve la résidence habituelle de l'émir, à Marrakech.

Tašfīn ibn ʿAlī succède à son père en 1143, mais essaye en vain d'endiguer la vague almohade avec l'aide du général catalan Reverter. L'Espagne se soulève et, partout, s'établissent de nouveaux *reyes de taifas*. Il est tué près d'Oran en 1145 (ou 1147). Marrakech tombe en 1147.

Un petit royaume almoravide, sous les Banū Gāniya, subsista aux Baléares jusqu'en 1202, vivant de piraterie. De 1184 à 1226 environ, ces Almoravides menèrent une lutte acharnée, où le banditisme trouva sa part, contre les Almohades, au Maghreb.

Les souverains almoravides portaient le titre d'*amīr al muslimīn* (prince des musulmans) et reconnaissaient la suprématie théorique du calife ʿabbāside. Ils se présentaient comme les champions de l'orthodoxie sunnite selon le rite mālikite. Ils accordaient une grande autorité aux fuqahā' mālikites. Leur intolérance, en réaction contre le laxisme des *reyes de taifas*, alla jusqu'à faire brûler les livres jugés pernicieux, tel l'*Iḥyā'* de Gazālī, pourtant la bible de l'orthodoxie pour les générations postérieures, mais jugé trop critique par ces savants qui s'étaient confinés dans un sec juridisme, ayant abandonné l'étude du Coran et de la tradition. Des chrétiens de langue arabe (Mozarabes) furent déportés au Maghreb en 1126. De fortes taxes furent levées sur les juifs et les chrétiens.

Pourtant l'aristocratie berbère, tout en gardant beaucoup de ses caractéristiques (notamment le rôle important joué par les femmes), fut conquise par le luxe et la culture des vaincus, qui pénétrèrent jusqu'au Maroc. De grands monuments, influencés par l'art andalou, furent élevés au Maghreb (Grande Mosquée de Tlemcen, etc.). La littérature religieuse et profane, l'art aussi, fleurirent comme à l'époque précédente.

MAXIME RODINSON

Bibliographie

Encyclopédie de l'Islam, 1re éd. : A. Bel, « Almoravides » ; E. Lévi-Provençal, « Tāshfīn b. ʿAlī ». 2e éd. : E. Lévi-Provençal, « ʿAlī b. Yūsuf » ; G. Marçais, « Ghāniya » / A. González Palencia, *Historia de la España musulmana*, Barcelone, 5e éd. 1945 / C. A. Julien, *Histoire de l'Afrique du Nord de la conquête arabe à 1830*, 2e éd. Paris, 1952, rééd. Payot, 1978 / E. Lévi-Provençal, *Islam d'Occident*, Paris, 1948 / R. Ménendez Pidal, *La España del Cid*, Madrid, 1947 ; *Le Cid*, trad. franç., Paris, 1963.

ALPHONSE II (1152-1196) roi d'Aragon (1164-1196)

Comte de Barcelone en 1162 et roi d'Aragon en 1164 comme successeur de son père, le comte de Barcelone Raimond Bérenger IV, et de sa mère, la reine Pétronille d'Aragon. Alphonse II, dit Alphonse le Chaste, joue un rôle de premier plan des deux côtés des Pyrénées. Dès 1167, il intervient en Languedoc et en Provence, pour combattre les prétentions du comte de Toulouse sur l'héritage du comte de Provence Raimond Bérenger le Jeune, son propre neveu. Ayant mis la main sur la Provence, le roi d'Aragon la donne en garde à son frère Raimond Bérenger, puis à son autre frère Sanche, et la laisse enfin à son fils Alphonse. En Espagne, il prend une part souvent décisive à la Reconquête sur les musulmans, s'illustrant particulièrement lors de la prise de Teruel en 1171. Alphonse II fut un excellent administrateur, très populaire dans son royaume. Ce fut aussi un amateur éclairé, qui protégea les troubadours et s'essaya lui-même à la poésie.

JEAN FAVIER

ALPHONSE V LE MAGNANIME (1396-1458) roi d'Aragon et de Sicile (1416-1458)

Fils de Fernand de Antéquera et d'Éléonore d'Albuquerque, Alphonse le Magnanime fut un roi fastueux, ami des arts et de la chasse. Il a favorisé l'impérialisme aragonais en développant l'hégémonie du commerce catalan. Il monte sur le trône d'Aragon en 1416 et décide presque immédiatement l'incorporation de la Sicile dans le domaine royal. Il essaye ensuite de poursuivre la politique méditerranéenne de son père. En 1420, une flotte importante occupe la Sardaigne et même la Corse (Calvi, siège de Bonifacio en 1421). Il reçoit alors une demande de secours de Jeanne II de Naples, qui se trouve assiégée dans sa ville par Louis III d'Anjou. Elle le proclame héritier de son royaume. En juillet 1421, il entre triomphalement dans Naples, mais les bonnes relations établies avec Jeanne ne durent pas et Alphonse est vaincu. Il retourne en Catalogne pour obtenir des renforts et au passage il met Marseille à sac.

À son arrivée, le roi d'Aragon et de Sicile intervient dans les conflits avec la Castille et avec le connétable Alvaro de Luna (batailles d'Ariza et de Jadraque). Une trêve est signée en 1430 pour cinq ans et le traité de paix sera ratifié en 1436.

En 1432, Alphonse le Magnanime repart pour l'Italie. Il annonce qu'il part en guerre contre la Tunisie et contre Naples à nouveau. Il est fait prisonnier ainsi que ses frères Jean et Henri par les Génois. En 1436, il obtient sa libération contre un traité d'alliance avec le duc de Milan, mais il ne renonce pas pour autant à conquérir Naples ; il y parvient en 1442 et, réunissant les royaumes de Naples et de Sicile, se proclame « roi des Deux-Siciles ». En 1444, après avoir reçu l'aide du pape Eugène IV, il signe un traité de paix avec Gênes. L'occupation de Naples ouvre de nouvelles perspectives à Alphonse qui cherche à étendre son royaume jusqu'aux Balkans et jusqu'en Syrie. À sa mort, les royaumes d'Aragon et de Sicile allèrent à son frère Jean II, roi de Navarre, tandis que Naples échut à son fils naturel Ferdinand Ier. Le premier royaume des Deux-Siciles avait donc été très éphémère.

CHARLES LESELBAUM

ALPHONSE X LE SAGE (1221-1284) roi de Castille et de León (1252-1284)

Roi de Castille, Alphonse X, dit le Sage ou le Savant, a laissé de lui l'image d'un souverain trop affairé à contempler les étoiles pour prêter attention aux choses de ce bas monde ; on l'a ainsi comparé à cet astrologue qui figure dans un *exemplum* médiéval et qui, trop occupé à tirer les horoscopes des autres, ne voit guère le puits où sa distraction le fera tomber.

Victime pourtant plus de son indécision que de sa science, Alphonse X eut un règne semblable à ceux de ses contemporains, connut les mêmes luttes avec ses voisins et les Maures et fut lui aussi trahi par des vassaux tout autres que féaux. Fils de Ferdinand III le Saint et de Béatrice de Souabe, Alphonse naquit à Tolède le 23 novembre 1221. Le premier fait dont on est certain est qu'il combat aux côtés de son père en 1237, à l'âge de seize ans. Ferdinand III meurt en mai 1252, et son fils lui succède à l'âge de trente et un ans. Que la guerre contre les Maures ne soit pas la plus grande préoccupation du jeune monarque n'est pas ce en quoi Alphonse X est le plus digne de blâme. Ses projets d'annexion vis-à-vis des royaumes voisins et la question de l'Empire furent des échecs encore plus graves. Les dernières années d'Alphonse X furent assombries par ses luttes contre son fils Don Sancho le Brave (1281), qui lui succéda contre le droit de ses neveux, fils de l'héritier mort en 1275, et malgré le testament de son père qui le déshérite et meurt à Séville en 1284.

On ne peut pas dire que ce roi ignora les affaires de ce monde ; mais celles-ci ne l'ignorèrent pas non plus, et pesèrent durement sur ses épaules. S'il fut vaillant guerrier et sage législateur, il ne mena à bonne fin aucun de ses projets, ni ne respecta les lois qu'il avait lui-même promulguées. Son défaut capital fut la faiblesse de son caractère, masquée quelquefois par cette obstination opiniâtre qui est l'apanage des faibles. Savant, Alphonse X n'inaugure aucune des disciplines auxquelles il se consacre : mais s'il a des prédécesseurs, il mena bien plus loin qu'eux la systématisation harmonieuse des connaissances humaines. Il est d'autre part, pourrait-on dire, le créateur de la prose castillane, enrichie par des néologismes innombrables (latinismes, arabismes, voire hébraïsmes) et devenue langue officielle de la chancellerie du royaume à la place du latin. Dans la production du savant monarque, les premières places sont réservées aux travaux historiques et judiciaires. L'histoire est représentée par deux importantes compilations, la *Primera crónica general* et la *General Estoria*. L'ouvrage fondamental, en matière de droit, est connu sous le nom de *Las Siete Partidas*, parce qu'il est divisé en sept parties différentes ; l'initiative en fut prise par saint Ferdinand, et son fils la mena à bien en 1256. On doit aussi mentionner des ouvrages d'astronomie, de jeux (échecs, dés, etc.) ainsi que d'autres traités (*Lapidario*, consacré aux pierres, *Setenario* sur la vertu du chiffre sept, etc.) qui complètent la production scientifique et didactique du roi savant... Homme de science, le roi Alphonse X était aussi un poète : roi de Castille, il ne poétise guère en langue castillane, mais en galaïco-portugais. On conserve de lui une trentaine de chansons amoureuses ou burlesques ; mais son titre de gloire poétique le plus sûr est constitué par les *Cantigas de Nuestra Señora*. Cet important recueil de chansons pieuses avec leur musique (environ 430) est en effet le monument le plus important de la poésie et de la musique mariales du Moyen Âge.

DANIEL DEVOTO

AMALASONTHE ou AMALASWINTHE (498-535)

Fille de Théodoric, roi des Ostrogoths, et d'Audoflède, sœur de Clovis. Son père lui fit donner une bonne éducation de type romain et la maria à Eutharic Cilliga, en qui il voyait son successeur. Mais le prince mourut en 522. Amalasonthe fut donc désignée comme régente à la mort de Théodoric (526) en attendant la majorité de son fils Athalaric, alors âgé de dix ans. Conseillée par Cassiodore, elle pratiqua une politique probyzantine. Elle restitua aux enfants de Boèce et de Symmaque, victimes de Théodoric, les biens qui leur avaient été confisqués. Elle confia son fils à un précepteur romain. Mais cette politique lui aliéna une partie de l'aristocratie ostrogothique. Elle dut alors réprimer durement quelques complots et pensa un moment se retirer à Constantinople. Après la mort prématurée de son fils (534), elle fut obligée d'associer au pouvoir un de ses cousins, Théodahat, qui vivait retiré dans ses domaines de Toscane et qui préférait l'étude des philosophes à l'art militaire. Pourtant, Théodahat, prenant le parti des Goths, fit enfermer la reine dans une île du lac Bolsena et la fit étrangler. Cet assassinat servit de prétexte à Justinien pour entreprendre, avec son général Bélisaire, la reconquête de l'Italie.

PIERRE RICHÉ

AMÉDÉE V LE GRAND (1249-1323) comte de Savoie (1285-1323)

Second fils de Thomas II, Amédée doit, à la mort de son père (1259), laisser gouverner ses oncles. Arrivé au pouvoir en 1285, il cède ses domaines piémontais en apanage à son neveu Philippe d'Achaïe, fils de son frère aîné Thomas III, mort en 1282. En 1272, sa femme, Sibylle de Bage, lui avait apporté la Bresse en dot. Continuant la politique prudente de ses aïeux, il cherche, comme eux, à agrandir son domaine : il intervient au nord, contre les Habsbourg et devient seigneur de Berne en 1291 ; en Piémont, il occupe Ivrée (1313) et oblige le marquis de Saluces à lui prêter hommage ; il lui faut, à l'ouest, soutenir une longue guerre contre les dauphins de Grenoble, prétendants au comté de Savoie en tant qu'héritiers de Pierre II, un des oncles d'Amédée, et alliés aux comtes de Genevois. Pour lutter contre ces divers ennemis, il doit s'allier au roi de France, Philippe le Bel et marier son fils, Édouard, à une princesse française ; mais il évite toutefois de s'aliéner l'Empire dont la Savoie dépend, au moins nominalement. Amédée l'emporte ainsi sur ses ennemis : en 1308, Hugues de Dauphiné renonce à ses prétentions sur la Savoie ; dans le même temps est assurée pour deux siècles la domination savoyarde sur Genève.

Pour consolider ses États, il prit l'initiative d'en assurer la succession dans leur totalité à son fils aîné Édouard, en excluant les femmes. Il meurt à Avignon, le 16 octobre 1323.

GÉRARD RIPPE

AMÉDÉE VI, dit LE COMTE VERT (1334-1383) comte de Savoie (1343-1383)

Fils du comte Aimon, Amédée VI succède à son père à l'âge de neuf ans. Pendant la régence, les Visconti menacent le Piémont, tandis que la France absorbe le Dauphiné. À partir de 1350, Amédée VI gouverne personnellement, et l'expansion reprend. À l'ouest, il renforce l'alliance avec la France de Jean le Bon. Vainqueur des Dauphinois aux Abrets (1354), il règle la question des frontières au traité de Paris, l'année suivante : la Savoie recouvre le Faucigny, cédant en échange à la France les enclaves qu'elle possédait en Viennois. Pour éviter une hégémonie française, il resserre les liens avec l'Empire : s'étant reconnu vassal de Charles IV, il en obtient la dignité de vicaire impérial, perpétuel et héréditaire (1365), pour une grande partie de l'ancien royaume d'Arles. Il affirme ainsi ses droits à la suprématie sur les comtes du Genevois, et sur les évêques de Genève et de Lausanne. En 1359, l'achat du pays de Vaud à sa cousine Catherine a marqué la reprise d'une politique d'expansion vers le nord.

À l'est, le danger vient des Visconti : en 1350, il a épousé Bianca, sœur de Galéas II Visconti et, profitant d'une neutralité ainsi acquise, il occupe Turin et Pignerol et impose à son cousin Jacques de devenir son vassal ; quelques années plus tard le fils de Jacques, Philippe, sera condamné à mort pour rébellion. Autre succès du comte en Piémont : en 1382 Louis d'Anjou lui cède ce qui restait des domaines des Angevins de Naples au débouché des Alpes. Mais les Visconti et le roi de France l'empêchent de s'emparer du marquisat de Saluces. En outre, l'État de Savoie prend part aux grands événements politiques du monde méditerranéen : en 1366 et 1367 il combat en Orient, pour aider son cousin, le basileus Jean V Paléologue, contre les Turcs qu'il chasse de Gallipoli, puis contre les Bulgares. Rentré en Italie, il prend la tête, avec le pape, d'une ligue anti-viscontienne (1372), comptant s'étendre en Piémont, mais revient vite à un rôle d'arbitre entre les deux partis (renouant avec les traditions de prudence de la Savoie) et cherche à obtenir ainsi des gains territoriaux. Mais, s'il occupe Biella autrefois viscontienne, il ne peut empêcher les Visconti de s'imposer dans le Montferrat.

Son prestige en Italie sera considérable jusqu'à sa mort : Gênes et Venise le choisissent pour arbitre de leurs querelles. Il meurt en Campanie, au cours d'une vaine expédition contre Naples où il était parti aider Louis d'Anjou à chasser son rival Charles III de Duras.

GÉRARD RIPPE

AMÉDÉE VIII (1383-1451) comte (1391-1416) puis duc de Savoie (1416-1440)

Fils aîné d'Amédée VII, Amédée VIII comte de Savoie succède à son père en 1391. Durant sa minorité, le comté tombe sous la tutelle du duc de Bourgogne, Philippe le Hardi, à la faveur des querelles de factions nobiliaires. À partir de 1400, la première tâche d'Amédée VIII est donc de se libérer progressivement de cette sujétion, sans s'aliéner ce puissant voisin. La même politique prudente est appliquée à l'Est, à l'égard du duc de Milan. Peu à peu, Amédée VIII parvient à se rendre maître de terres d'obédience viscontienne (ainsi, en 1411, Domodossola, au débouché du Simplon). Il mène à bien l'unification étatique des domaines de la mouvance savoyarde ; c'est ainsi qu'en 1401 il annexe définitivement le Genevois (après l'extinction de la famille comtale), s'imposant à la féodalité locale. De même, il a la chance d'annexer le Piémont, quand meurt, sans héritier, son cousin Louis d'Achaïe (1419) : la dynastie de Savoie dispose désormais, avec Turin, d'une capitale italienne. Depuis l'annexion de Nice, enfin, le comté a atteint, sous le règne de son père Amédée VII, pour la première fois, la Méditerranée. Signe du renouveau de la puissance savoyarde, la transformation, dès 1416, par l'empereur Sigismond du comté en duché. L'expansion atteint son point ultime avec l'annexion de Chivasso et Settimo, arrachés au Montferrat, dont le marquis se reconnaîtra vassal du duc (1435). Le même processus d'unification est mené à bien dans l'organisation intérieure de l'État : en 1430, Amédée VIII promulgue les statuts de Savoie, qui unifient les lois et les coutumes en diverses parties du duché, et qui centralisent et réorganisent l'administration, la justice et le gouvernement. C'est lui qui fonde l'université de Turin. Mais, en 1431, Amédée VIII décide, sans toutefois abdiquer, d'abandonner le pouvoir à son fils et de mener une vie érémitique : il se retire au château de Ripaille. Décision malheureuse, car Louis, son successeur, est faible, gouverne mal, et laisse intriguer une noblesse provisoirement matée par son père. Mais cette attitude de renoncement impressionne l'Europe : le concile de Bâle fait de lui l'antipape Félix V, et il abdique son titre ducal le jour de l'Épiphanie 1440. En 1449, il devra renoncer au pontificat, mais il gardera le titre de cardinal. Avec lui l'État savoyard médiéval connaît l'apogée, puis le début de la décadence.

GÉRARD RIPPE

ANACLET II, PIETRO PIERLEONI cardinal (mort en 1138)

Personnage cultivé, né à Rome dans une famille de banquiers israélites convertis, le cardinal Pietro Pierleoni obtint, à la mort du pape Honorius II (1130), la majorité des voix du Sacré Collège et prétendit monter sur le trône de saint Pierre sous le nom d'Anaclet II. Une forte minorité élut contre lui Innocent II. Malgré l'appui des Romains et de la Sicile, il ne parvint pas à faire triompher sa cause, Innocent II ayant reçu le soutien ardent de la principale personnalité religieuse du temps, saint Bernard de Clairvaux, qui lui gagna l'adhésion de l'empereur et des rois de France et d'Angleterre en avançant que ses électeurs étaient les plus sages sinon les plus nombreux.

MARCEL PACAUT

ANDALOUSIE

« Pays d'al-Andalus » : c'est sous cette forme que très tôt presque tous les auteurs arabes ont désigné la partie de la péninsule Ibérique soumise à la domination musulmane. Cependant l'origine du mot reste assez mystérieuse : on a voulu y voir un rapport avec les Vandales, passés d'Espagne en Afrique du Nord au début du ve siècle. Mais quelles traces leur nom y aurait-il laissées, pour être ainsi repris ? Ce qui est certain, c'est que, par la suite, lorsque l'Espagne musulmane perdit ses territoires, l'application du mot subit la même restriction ; il désigne aujourd'hui les huit provinces du Sud : Cordoue, Séville, Grenade, Huelva, Cadix, Jaén, Málaga et Almería.

La conquête

L'Afrique du Nord à peine conquise, son gouverneur Mūsā eut l'idée de détourner vers l'extérieur les forces vives de ces Berbères qui lui avaient opposé une si farouche résistance. En 711 (année 92 de l'hégire), il envoya, sous le commandement de Ṭāriq, 7 000 Berbères conquérir l'Espagne dont la richesse et les divisions promettaient un facile butin. L'écrasement imprévu du roi wisigoth Rodrigue à la bataille du Guadalete (19-26 juill.) amena Mūsā, non sans réticences de la part du calife, à passer lui-même en Espagne, à y faire sa jonction avec Ṭāriq et à entrer avec lui à Tolède. La faiblesse du parti wisigothique, mené par le prétendant Akhila dont l'appel lui avait servi de prétexte, lui inspira même l'idée d'une occupation durable, et il commença à conclure des accords en ce sens avec les chefs locaux. En 94/713 il parvenait au-delà de Saragosse. Mais en 95/714, Mūsā et Ṭāriq furent appelés à Damas pour enquête : Akhila ayant renoncé à toute prétention royale, la conquête de la péninsule fut achevée (sauf une petite partie de la chaîne cantabrique) par le nouvel émir al-Ḥurr, qui détruisit Tarragone et occupa Barcelone (de 97/716 à 100/719). Ses successeurs occupèrent même, au-delà des Pyrénées, la Septimanie wisigothique (bas Languedoc) et lancèrent de là des expéditions en direction du nord.

L'arrêt de la conquête arabe en Occident s'explique surtout par l'insurrection berbère en Afrique du Nord, appuyée sur le kharidjisme (121/740). Les Berbères d'Espagne se soulevèrent eux aussi, formant plusieurs colonnes qui menacèrent Cordoue et Tolède. Face à ce péril, les Arabes, peu nombreux, n'étaient même pas unis : une opposition traditionnelle se perpétuait entre Kaisites, Bédouins nomades de l'Arabie septentrionale et centrale, et Kalbites, cultivateurs sédentaires originaires du Yémen. L'insurrection ne fut matée que grâce à l'arrivée du Kaisite Baldj, avec quelques milliers de Syriens qui avaient été évacués de Ceuta assiégée, et qui restèrent finalement en Espagne. Plusieurs années de cruelles famines (d'env. 132/750 à 137/755) apaisèrent ces luttes. Malgré tout, la situation restait fort confuse en Espagne durant cette « époque des gouverneurs » et ceux-ci, bien que peu puissants et souvent remplacés, dépendaient en fait de moins en moins du calife damascène.

De l'émirat au califat de Cordoue

L'émancipation de fait de l'Espagne musulmane fut assurée par la fondation de l'émirat umayyade (ou omeyyade). Abd al-Raḥmān, petit-fils du dernier calife de cette dynastie, échappé au massacre de celle-ci par les ‘Abbāssides triomphants, se réfugia en Afrique du Nord, parmi les tribus berbères, dont sa mère était issue. Son affranchi Badr lui ayant obtenu le ralliement des Syriens et d'une partie des Kalbites d'Espagne, il passa dans ce pays et s'empara de Cordoue, où il se contenta de se proclamer émir (138/756). Son autorité ne s'y imposa pas sans peine, tant aux Berbères, qui résistèrent longtemps dans le Centre, qu'aux chefs arabes. Deux d'entre eux, les gouverneurs de Barcelone et de Saragosse, provoquèrent même l'intervention de Charlemagne (161/778). Cependant, après la mort d'‘Abd al-Raḥmān (172/788), ses descendants – non sans lutte de succession pour les premiers – réussirent à consolider sa dynastie dans l'émirat cordouan : Hishām Ier (de 172/788 à 180/796), puis al-Ḥakam Ier (de 180/796 à 206/822), ‘Abd al-Raḥmān II (de 206/822 à 238/852), Muḥammad Ier (de 238/852 à 273/886). Ce siècle d'histoire andalouse apparaît très troublé.

Les Berbères, presque constamment, participèrent aux soulèvements. Or les luttes entre Arabes se poursuivaient, et la part qu'y prenaient les Espagnols convertis à l'islam (ou *muwallads*) en accroissait la gravité. La « révolte du faubourg » installé sur la rive sud du Guadalquivir à Cordoue dut être sauvagement réprimée en 202/818. Les grandes villes des marches de l'Ouest et du Nord, Mérida, Tolède, Saragosse, étaient aussi des foyers d'agitation : plusieurs centaines de notables tolédans furent massacrés lors de la « journée de la fosse », en 181/797 ; les murs de Mérida furent démantelés en 219/834. Dans la région de Saragosse, les Banu Kassi, descendants d'un comte wisigoth, se rendaient pratiquement indépendants. Les chrétiens sous domination musulmane (ou *mozarabes*) n'étant pas l'objet de persécution religieuse restaient en général calmes ; cependant, de 237/850 à 245/858, sous l'effet de la prédication de mystiques comme le prêtre Euloge, un mouvement de martyres volontaires se produisit à Cordoue.

La lutte contre les États chrétiens du Nord se poursuivait, défensive, lorsque les troubles intérieurs, auxquels participèrent à plusieurs reprises les rois asturiens, accaparaient les émirs de Cordoue, offensive dès que les circonstances le permettaient. Dans l'ensemble, les frontières reculaient, tant à l'est (perte de Barcelone en 185/801) qu'à l'ouest. Signalons encore les pillages des Normands, qui mirent Séville à sac en 229-230/844, et tentèrent encore quelques débarquements de 245/858 à 248/861.

Sous Hishām Ier s'était introduite en Espagne la doctrine malikite, très orthodoxe et rigoriste dans l'interprétation du Coran et de la Tradition. À Cordoue et dans les grandes villes se développa ainsi une aristocratie de faqihs, juristes théologiens, qui s'ingéraient dans le gouvernement ou faisaient de l'opposition.

Le règne d'‘Abd al-Raḥmān II et les débuts de son successeur furent relativement tranquilles et brillants. Puis l'agitation reprit. Depuis 237/850, le muwallad ‘Umar ibn Hafsūn pratiquait dans la région de Bobastro un brigandage qui tendait même à la formation d'une principauté ; depuis 254/868, non sans accalmies, le muwallad Ibn Marwan entretenait dans l'Ouest une agitation soutenue par les Asturiens. Après le court règne d'al-Mundhir (de 273/886 à 275/888), son frère ‘Abd Allāh (de 275/888 à 300/912) s'efforça de maintenir, malgré l'agitation montante, la dynastie hispano-umayyade. C'est son petit-fils ‘Abd al-Raḥmān III qui rétablit la situation et fonda le califat de Cordoue.

L'apogée de l'Espagne musulmane

Sous ‘Abd al-Raḥmān III et son fils al-Ḥakam II (de 350/961 à 366/976), l'Andalousie, pacifiée et prospère, connut un véritable apogée, un remarquable équilibre entre sa puissance politique et militaire et l'éclat de sa civilisation.

Si, au xe siècle, le monde musulman a perdu son unité religieuse et politique, il forme un ensemble économique, vivifié par d'importants courants de circulation (qui favorisent aussi celle des idées). L'Espagne reçoit (du Soudan en particulier) de grosses quantités d'or, qui alimentent un abondant monnayage, complétant les traditionnelles pièces d'argent. Elle trouve des débouchés, qui stimulent sa production. Son agriculture a bénéficié de la venue des paysans berbères, de l'introduction de meilleurs procédés d'irrigation et de cultures nouvelles (riz, canne à sucre, coton, oranger). L'Espagne est surtout le pays du blé et du vin ; elle peut aussi fournir du bois, avantage rare parmi les pays musulmans. Le *Calendrier de Cordoue* rédigé pour al-Ḥakam II permet de se représenter avec précision l'activité agricole. Les vieilles ressources minières (argent, fer, mercure) sont exploitées plus activement. Les industries urbaines, certaines anciennes (comme les cuirs de Cordoue), d'autres plus nouvelles (soieries, tapis de laine, armes de Tolède) fleurissent à l'envi.

Cette vigoureuse activité, qui se traduit par la relative aisance du monde paysan soumis en général à une sorte de métayage, par l'ampleur des villes, qu'il ne faut pas exagérer (Cordoue arrivait peut-être à 100 000 habitants, Tolède à 35 000), mais qui était sans équivalent dans l'Europe chrétienne, alimente aussi les finances du calife et lui permet de donner à ce pays la forte armature politique et militaire dont il a besoin.

En effet, son peuplement fait de l'Andalousie une véritable mosaïque, où les conquérants ne sont qu'une faible minorité. L'énorme majorité de la population est formée des Espagnols eux-mêmes : muwallads et mozarabes, ceux-ci en communautés régies par leurs évêques et leurs « défenseurs », ou comtes. Dans toutes les villes il y a d'importantes communautés juives. De nombreux esclaves d'origine slave ont été introduits par le trafic ; parmi eux, les *mawali*, ou affranchis, peuvent s'élever à des postes importants. Les Berbères ont fourni un notable contingent d'immigrants (de 200 000 à 300 000), mais ceux-ci sont mal arabisés et vivent surtout à la campagne. Les Arabes (de 30 000 à 40 000) forment une infime minorité, que ne renouvelle plus aucun apport d'Orient.

S'il est vrai que finalement le pouvoir du calife repose sur la force – qui s'est souvent manifestée avec rudesse –, l'organisation administrative atteint un développement avec lequel aucun pays chrétien ne pourrait alors rivaliser. À la tête de l'ensemble des services se trouve le *hadjib*, qui est le premier des *vizirs* (le vizirat étant plus une dignité bien payée qu'une fonction précise). Richement alimentées par les impôts légaux des divers sujets (dîme des musulmans, impôts fonciers et de capitation des infidèles) et par les ressources extraordinaires (taxes sur les transactions, douanes), les finances permettent de payer tout un personnel administratif, ainsi que des mercenaires (slaves, berbères) dont le rôle croît dans l'armée. L'organisation provinciale est assez mal connue : les *kuras* pacifiées, correspondant sans doute aux anciens comtés wisigothiques, sont dirigées chacune par un *wali* ; dans la zone de guerre bordant l'Espagne chrétienne, des *caïds* militaires siègent à Saragosse et à Medinaceli.

Les califes de Cordoue éprouvèrent le désir de s'entourer de savants et d'artistes. La persécution chassait alors d'Orient des érudits juifs. Dès la fin du xe siècle, l'Espagne accueillit ainsi les sciences et la philosophie développées dans le monde islamique ; de là elles pourront passer dans l'Europe chrétienne. Tout ce mouvement se caractérise en Espagne par la place moindre qu'y occupent théologie et grammaire – disciplines proprement arabes – et par la forte participation des infidèles. Non sans arbitraire, on peut détacher : Abū l-Qāsim, médecin d'al-Ḥakam II, auteur d'une *Encyclopédie médicale* ; le vizir Ibn Ḥazm (mort en 456/1064), de Cordoue, qui dans son *Livre des religions et des sectes* développe une intéressante comparaison ; al-Zarqālī, né à Cordoue vers 420/1029, mais qui vit à Tolède, y compose des *Tables tolédanes* d'observations célestes. Évolution caractéristique du mouvement de décentralisation qui se produit au XIe siècle : d'abord seul grand centre intellectuel, Cordoue se voit concurrencer par Tolède, Almería, Saragosse. Mais cette décentralisation affecte aussi la vie politique de l'Andalousie.

Le déclin de l'Espagne musulmane

Le déclin, c'est d'abord la décomposition du califat. À la mort d'al-Ḥakam II, son fils Hishām II n'a que dix ans. De l'aristocratie militaire qui gouverne en son nom se détache bientôt un jeune Arabe, Ibn Abī ʿĀmir, que son énergie, son habileté et la faveur de la mère d'Hishām II placent au premier plan. *Hādjib*, il conduit presque tous les ans contre les États chrétiens du Nord des expéditions victorieuses : la prise de Barcelone (374/985), celle de Coïmbra (376/987), celle de León (378/988), celle de Compostelle (387/997) jalonnent cette intense activité qui porte au plus haut point le renom de l'Islam en Occident, et permet à Ibn Abī ʿĀmir – plus connu dès lors sous son surnom d'al-Manṣūr (le Victorieux) – d'éliminer ses rivaux. Mais ses succès n'entraînent pas la conquête des États chrétiens, qui se relèvent vite. Ils sont obtenus grâce à une forte immigration de soldats berbères, qui constitue un facteur de déséquilibre pour l'avenir. Et l'action d'al-Manṣūr déconsidère le califat. Aussi sa mort (Medinaceli, 392/1002) est-elle suivie d'une période de troubles et de guerres civiles qui opposent plusieurs candidats au califat et auxquelles prennent part des contingents chrétiens, jusqu'à ce que, Cordoue se lassant d'être l'enjeu de ces luttes stériles, le califat lui-même disparaisse (422/1031).

Alors s'ouvre la période dite des *reyes de taifas* (rois des clans). Il s'agit d'une série de principautés, dont la carte évolue au souffle des guerres qu'elles se livrent, mais parmi lesquelles on peut détacher quelques-unes : des Berbères règnent dans le Sud, à Grenade et Málaga ; des Slaves dans le Sud-Est, à Valence et Almería ; surtout des Arabes, à Saragosse, Tolède, Badajoz, et en premier lieu les ʿAbbādides de Séville. Le XIe siècle reste une période de prospérité économique et d'éclat intellectuel et littéraire. Mais la puissance militaire et politique décline vite : les princes emploient des contingents chrétiens dans leurs luttes, puis s'habituent à payer aux souverains chrétiens des tributs ou *parias*, moyennant lesquels ceux-ci promettent de ne pas les attaquer, voire de leur fournir de l'aide. Enfin l'avance chrétienne se traduit par la reconquête de territoires.

En 478/1085, le passage du royaume de Tolède aux mains d'Alfonse VI de Castille décide les rois de Séville et Badajoz à faire appel à la puissance des Almoravides, qui vient de se constituer au Maroc. Le débarquement de Yūsuf b. Tāshfīn, son éclatante victoire de Sagrajas sur les chrétiens (479/1086) ouvrent la période des grandes interventions africaines. Les Almoravides remportent encore d'autres succès sur les chrétiens, les obligent à évacuer le royaume de Valence, les ramènent à la frontière du Tage, sans leur enlever Tolède. Une partie de leur activité se tourne d'ailleurs contre les princes hispano-musulmans, déclarés libertins et impies, et détrônés ; seul le royaume de Saragosse résiste quelque temps, jusqu'en 503/1110. Une trentaine d'années plus tard, la puissance almoravide est minée au Maroc par les Almohades. Vainqueurs, ceux-ci interviennent à leur tour en Espagne, où ils s'emparent assez vite de Séville (542/1147) et de Cordoue, mais se heurtent ensuite à des résistances tenaces, comme, à Valence et Murcie, celle d'Ibn Mardenīsh, petit-fils de renégats chrétiens, soutenu par la Castille, et qui lutte jusqu'à sa mort (567/1172). Les derniers Almoravides passent dans les Baléares, d'où les Almohades les délogent en 599/1203.

Ces interventions ont temporairement rendu une unité à l'Espagne musulmane, y ont produit un renouveau religieux et l'essor d'une civilisation originale. Elles ont entraîné un durcissement de la lutte contre les chrétiens qui, de part et d'autre, prend alors le caractère d'une guerre sainte. Mais elles n'ont pas brisé l'Espagne chrétienne. Au début du XIIIe siècle, celle-ci prend à son tour l'offensive, et la défaite de Las Navas de Tolosa (609/1212) marque l'effondrement de la puissance almohade. Par pans entiers, l'Espagne musulmane passe aux mains des souverains chrétiens au cours des décennies suivantes. En fin de compte, elle est réduite au royaume de Grenade, qui subsiste jusqu'à la fin du XVe siècle.

PHILIPPE WOLFF

Bibliographie

A. González Palencia, *Historia de la España musulmana*, Barcelone, 1929 / E. Lévi-Provençal, *Histoire de l'Espagne musulmane*, 3 vol., Paris, 1947-1953 / C. Sánchez Albornoz, *La España musulmana*, 2 vol., Buenos Aires, 1946.

ANDRÉ BOGOLIOUBSKI (1111 env.-1174), grand-prince de Vladimir (1157-1174)

Fils du prince Iouri (Georges) Dolgorouki et d'une princesse polovtsienne, André Bogolioubski est élevé dans la principauté de Rostov-Souzdal où règne son père. Contre son gré, il doit participer à des expéditions lointaines qui procurent à Iouri le titre de prince de Kiev. Mais, dès 1155, André quitte définitivement Kiev et le sud de la Russie pour s'installer dans le « pays de Rostov », où l'aristocratie locale le reconnaît comme prince en 1157. Le tempérament autoritaire d'André va rapidement conduire à des conflits avec le groupe social qui l'avait amené au pouvoir ; aussi s'entoure-t-il de serviteurs dévoués de modeste extraction pour mieux assurer un pouvoir qu'il veut sans discussion ni partage. Aux villes de Rostov et de Souzdal, dominées par l'aristocratie terrienne, André préfère la ville de Vladimir et, encore plus, son château de Bogolioubovo, situé à proximité, d'où il tire son surnom. Pour embellir la nouvelle capitale et sa résidence, il a recours à de nombreux maîtres d'œuvres, ouvriers, artistes dont le grand nombre témoigne de l'essor économique de la principauté. Il subsiste plusieurs témoins de l'architecture du règne d'André, dont le chef-d'œuvre reste l'église de l'Intercession-de-la-Vierge (Pokrov) sur la Nerl, tout près de Bogolioubovo. Parallèlement à cette activité artistique se développe à Vladimir un centre intellectuel où sont rédigées des annales et des œuvres politico-religieuses destinées à asseoir le prestige du jeune État.

Soucieux d'assurer la liberté des deux routes commerciales qui relient sa principauté au monde extérieur, André entreprend vers l'est des actions militaires contre les Bulgares de la Kama (1164), établit à l'ouest son protectorat sur la ville de Novgorod, recourant, quand les armes lui sont défavorables, au blocus économique (1169-1170). Cependant, ses interventions à Novgorod, ses heurts avec l'Église, le mettent en conflit avec les princes de la Russie méridionale. Après avoir fait prendre et saccager Kiev en 1169, André voit, en 1174, ses troupes subir une lourde défaite qui n'est pas étrangère à son assassinat par un groupe de boyards.

Le règne d'André Bogolioubski marque une étape vers la décadence du pouvoir du Sud (Kiev) et des traditions démocratiques, au profit du Nord-Est (Vladimir, Souzdal) et du pouvoir autocratique.

WLADIMIR VODOFF

ANDRÉ DE LONGJUMEAU (mort en 1270)

Frère prêcheur, qui fit partie du groupe de religieux que le pape Innocent IV et le roi Saint Louis utilisèrent pour leur politique orientale. En 1244, André de Longjumeau accomplit une première mission, proprement religieuse, en Syrie et dans les régions voisines, et consolida les retours au catholicisme précédemment obtenus dans les milieux jacobites ; en revanche, il ne réussit guère avec les nestoriens. En 1249, sur instruction du roi de France, il gagna, en compagnie de deux autres dominicains et de deux officiers royaux, la capitale mongole de Karakoroum, l'objectif de leur légation étant d'essayer de nouer une alliance contre les musulmans afin de secourir la Terre sainte et, si possible, d'introduire dans ces contrées le christianisme romain. Il parvint en Mongolie alors que le grand khān, qui avait été intéressé par l'entreprise, venait de mourir. La veuve du souverain et la cour le reçurent froidement, car ils s'étaient imaginés qu'il apportait la soumission du Capétien. Il réalisa cependant quelques conversions suivies de baptêmes et inaugura ainsi le grand mouvement missionnaire qui devait se développer au début du XIVe siècle avec Jean de Monte Corvino.

MARCEL PACAUT

ANGEVIN EMPIRE

De 1154 au début du XIIIe siècle, sous l'égide des rois d'Angleterre issus de la maison d'Anjou, un « empire », fait en réalité de la juxtaposition de terres de pleine souveraineté et de fiefs tenus de princes étrangers, paraît dominer l'ouest de l'Europe. Ce *Channel State* est aussi remarquable par sa puissance d'un moment que par la relative rapidité de son érosion.

Des origines à l'épanouissement

Au lendemain de la mort de Guillaume le Conquérant, l'Angleterre entre dans l'ère des affrontements dynastiques et, avec elle, les fiefs continentaux auxquels ne renoncent ni ses rois ni leurs barons. Les

Capétiens jugent habile de diviser les forces de leurs redoutables vassaux. Louis VI, après 1135, promet le duché normand à plusieurs prétendants avant que Louis VII en reconnaisse, en 1149, la possession à Geoffroi Plantagenêt, qui s'en était emparé cinq ans plus tôt : mais, la maison d'Anjou ainsi renforcée, un bloc considérable se forme en 1154 quand Henri, fils de Geoffroi, petit-fils par sa mère, Mathilde, de Henri Ier, monte sur le trône d'Angleterre. Époux depuis 1152 de la duchesse Aliénor d'Aquitaine, il se trouve à la tête d'un véritable empire qui menace de son hégémonie le royaume de France. Celui-ci bénéficie du miracle de l'affaiblissement rapide, en un demi-siècle, d'un rival qu'il contribue d'ailleurs de son mieux à réduire. Le premier souverain Plantagenêt, Henri II, a régné trente-cinq ans et il a tenté la gageure de vouloir centraliser le gouvernement de ses possessions. L'amalgame des principaux serviteurs de la couronne (les chanceliers Thomas Becket, Raoul Wanneville, cauchois et normand, les justiciers Guillaume Fitz Raoul, Richard de Lucé et Gautier Map, tous normands, le trésorier Richard d'Ilchester, anglais) témoigne de ce désir tout comme l'identité des politiques administratives dans les diverses possessions angevines : le système judiciaire anglais copié en Normandie, les responsabilités des shérifs en Angleterre rendues semblables à celle des baillis normands. Une cour hétéroclite de plus de deux mille fidèles en 1077 est le vivier d'inspecteurs envoyés en chevauchée comme de conseillers épisodiques. Même l'armée se diversifie en employant des mercenaires aragonais, auvergnats, bigourdans. En fait, l'entretien d'un domaine immense qui, sur le continent, correspond à une moitié de la France, de Rouen à Bayonne, de la Somme aux basses Pyrénées, impose un énorme effort militaire et de lourdes dépenses de déplacement ou de solde en garnisons à opposer à l'ennemi capétien ou breton. Henri II paye aussi le prix de la puissance, verse des aides à ses alliés de Flandre ou d'Allemagne, participe aux frais des croisades, répond aux appels financiers de la papauté.

Les craquements sont inévitables. Ils sont faits de révoltes de grands vassaux. Ils deviennent plus évidents à partir de 1173. Les fils du roi, Henri le Jeune, Richard, Geoffroi (mais non Jean, alors âgé de huit ans), prennent les armes avec l'assentiment de leur mère, Aliénor, gagnent l'appui du roi de France, Louis VII, font régner le désordre en Gascogne, Anjou, en Normandie, en Bretagne, encouragent par leurs actes une invasion de la Normandie par Louis VII, associé aux comtes de Flandre et de Boulogne. Les troubles gagnent l'Angleterre, où les comtes de Chester, de Norfolk et de Leicester guerroient contre le justicier Robert de Lucé, et se prolongent par une nouvelle guerre écossaise. La paix générale sur le continent n'est restaurée qu'après de pénibles batailles par la paix de Montlouis (septembre 1174) et par un pardon généreux aux fils rebelles. L'année suivante s'achèvent également des conflits britanniques, après la capture ou la soumission des révoltés ainsi que celle du roi d'Écosse qui, en décembre 1174, est même obligé de se reconnaître le vassal de son cousin anglais.

Ce n'est qu'un sursis. Les années 1180 acculent le roi vieillissant à de nouvelles luttes ; le prince héritier Richard, depuis la mort de Henri le Jeune en 1183, intrigue avec le jeune roi de France, Philippe Auguste ; même Jean sans Terre trahit son père. Henri II subit maintes défaites avant de mourir en 1189, à Chinon, dans les bras d'un fils redevenu fidèle, Geoffroi.

L'empire angevin a pourtant survécu. Mais Richard Cœur de Lion hérite aussi des difficultés anciennes. Après son départ pour la croisade, son royaume est confié à Jean, qui lui est peu fidèle ; il revient en 1194 pour reprendre en main ses possessions. Des dépenses énormes sont alors engagées pour résister aux ambitions françaises ; on construit l'« imprenable » forteresse de Château-Gaillard, aux Andelys, sur la Seine, pour couvrir la Normandie (1196). Partout, ce ne sont que révoltes sporadiques, de l'ouest au sud, et c'est dans le Limousin que Richard est mortellement blessé le 6 avril 1199.

Effondrement et survivances

À partir de là, malgré les efforts de Jean sans Terre, l'effondrement est rapide. Philippe Auguste se sert de la force, mais aussi du droit féodal pour prononcer la commise des fiefs tenus du roi de France : entre 1202 et 1206, toutes les possessions continentales, sauf l'Aquitaine, sont ainsi reprises, et le roi de France exige en 1205 des barons anglo-normands qu'ils choisissent entre leur royaume et leurs fiefs continentaux. La bataille de Bouvines du 27 juillet 1214 consacre la fin des efforts anglais, avec l'assistance de la Flandre et de l'Empire germanique, pour remettre en question les évolutions antérieures. Pire : le roi de France, prétendant épouser la cause du pape Innocent III, se propose d'envahir l'Angleterre et force pratiquement Jean à se jeter dans la vassalité du Saint-Siège pour échapper à un difficile destin. Ce qui n'empêche pas un débarquement français, l'entrée à Londres du prince Louis (le futur Louis VIII) à la tête de mille deux cents chevaliers, et sa revendication du trône : la mort de Jean, le 19 octobre 1216, et la fidélité de grands vassaux et de l'Église à son fils Henri III écartent le risque paradoxal d'un empire anglo-français sous domination capétienne.

L'empire angevin, lui, est mort, sauf dans les esprits. Henri III, devenu maître réel du pouvoir à vingt-cinq ans, en 1232, est très sensible à l'influence d'un « parti français » à sa cour, sous la protection de la reine Aliénor de Provence, et il cherche vainement les moyens de reconquérir les territoires perdus. Il doit finalement souscrire en 1259 au traité de Paris, obtenant de Saint Louis la seule reconnaissance de ses possessions de Guyenne et des diocèses de Limoges, de Périgueux et de Cahors.

L'heure n'était manifestement pas aux grands ensembles artificiellement réunis, sans que même la suzeraineté féodale ni le lien d'une autorité monarchique unique viennent les cimenter. La valeur des souverains angevins a été moins en question que la démesure des moyens qu'il leur aurait fallu mettre en œuvre pour préserver leurs possessions. Surtout, en cherchant à obtenir ces moyens en Angleterre, ils ont précipité l'émergence d'oppositions puissantes : celle de l'Église, qu'incarne un temps Thomas Becket, archevêque de Cantorbéry à partir de 1162, jusqu'à son assassinat en 1170 ; celle des grands vassaux, au nombre desquels des prélats et des abbés, révoltés aussi bien par l'exigence de services armés trop fréquents et trop lointains que par les compensations en argent qui leur sont demandées lorsqu'ils se dérobent. Dans une large mesure, la rébellion déclenchée par les comtes de Chester, de Leicester et de Norfolk en 1214 est née de cette protestation et elle conduit, le 15 juin 1215, à la signature de la Grande Charte, qui entend consacrer le droit des barons à consentir au préalable les aides sollicitées par le roi : ils espèrent bien ne pas se soumettre au service d'ost hors de l'Angleterre. Et ce refus est réitéré en 1242. Privé du soutien de sa féodalité, le roi pouvait certes recourir à des mercenaires, mais le cycle des dépenses à engager devenait alors infernal.

Le « rêve français » des rois d'Angleterre n'est pas mort, et on le verra renaître au temps de la guerre de Cent Ans. Le précédent de l'échec de l'empire angevin ne servit pas de leçon aux successeurs de Jean sans Terre et de Henri III qui commirent les mêmes erreurs et constatèrent qu'elles suscitaient les mêmes obstacles et aboutissaient aux mêmes échecs !

ROLAND MARX

Bibliographie

J. BOUSSARD, *Le Gouvernement de Henri II Plantagenêt*, Abbeville, 1956 / R. FOSSIER, *Enfance de l'Europe*, Nouvelle Clio, 2 vol., P.U.F., Paris, 2e éd. 1989 / C. W. HOLLISTER, « The Making of the Angevin Empire », in *Journal of British Studies*, vol. XII, pp. 1-25, 1973.

ANGLETERRE

Le temps des invasions

Jusqu'en 1066, la Grande-Bretagne est une proie offerte à la tentation d'envahisseurs successifs et une entité qui ne découvre que rarement son unité. Jutes, Angles et Saxons, entre les Ve et VIIe siècles, ont ruiné l'œuvre romaine, anéanti la première christianisation, transformé les villes en déserts, refoulé vers l'ouest et le nord montagneux les restes de civilisation celtique. Cela malgré la vigueur de résistances locales, dont témoigne la légende d'Arthur, qui concerne la fin du Ve et le début du VIe siècle. À partir du début du IXe siècle, les Vikings prennent le relais et, après des incursions de pillards, occupent des établissements permanents sur la côte orientale, ici encore en dépit de résistances héroïques, dont le règne d'Alfred le Grand, entre 871 et 899, a été le théâtre le plus remarquable. En 1016, un souverain nordique, Canut, unifie Angleterre, Danemark et Norvège dans un grand ensemble qui suscite aujourd'hui les nostalgies de certains nationalistes écossais ! À partir de 1042, la rivalité est permanente entre ducs français de Normandie et rois scandinaves.

On ne s'étonnera pas que les États aient connu alors une histoire particulièrement instable et divisée. On ne compte pas moins de sept royaumes au VIIIe siècle. Certains sont « unificateurs » : la Mercie du roi Offa dans le Sud-Est à la fin du VIIIe siècle, le Wessex du roi Ecgbert, à partir de 825, dont hérite Alfred, et le royaume de Canut, déjà mentionné. Les royaumes sont en principe électifs, du moins jusqu'au VIIIe siècle ; ils sont toujours dominés par une aristocratie guerrière, dont les membres plus notables siègent dans un « conseil des sages », ou *Witenagemot*, mais connaissent aussi, au bénéfice des hommes libres des villages, une autonomie judiciaire et fiscale remarquable. L'époque saxonne a vu naître les *shires*, confiés à des « comtes » et superposés aux *hundreds* et aux *boroughs*, toutes circonscriptions appelées à être pérennisées. Les souverains ont su conserver le droit au service militaire et à l'impôt, ils ont promulgué des lois et des codes qui se sont ajoutés aux coutumes, en particulier à l'époque alfrédienne. Nombre de découvertes archéologiques témoignent de la survivance de liens commerciaux avec le continent, et aussi de leur resserrement

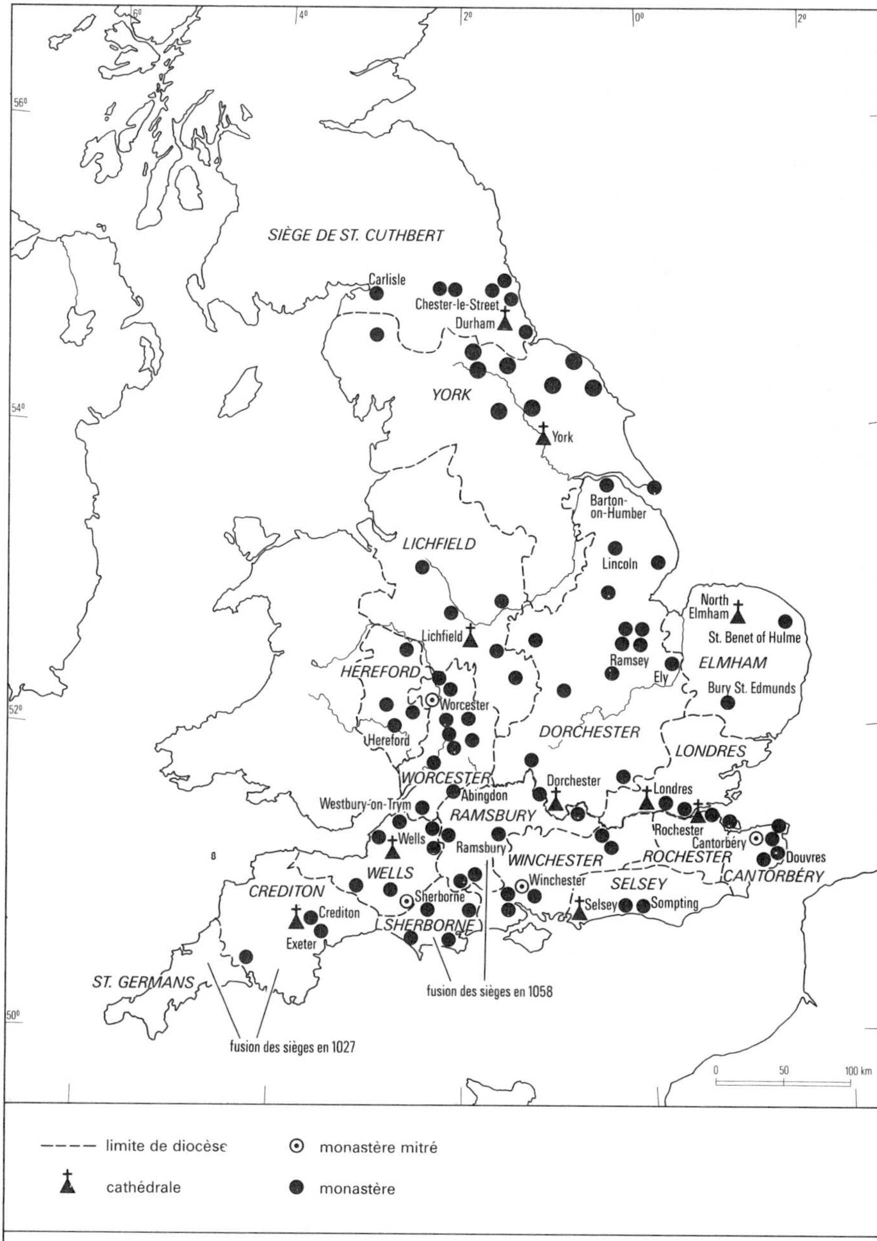

Diocèses et monastères, 1000-1066 (d'après M. Gilbert, « British History Atlas », Weidenfeld & Nicolson).

grâce aux envahisseurs scandinaves ; à la fin du XIe siècle, quand le premier souverain normand fait procéder à un véritable recensement des richesses, le *Domesday Book* (1086), l'Angleterre est pourtant surtout rurale, peuplée encore d'un million et demi d'habitants dont 90 p. 100 de campagnards, bien peu de citadins (Londres aurait eu moins de vingt mille habitants) et aux densités surtout fortes dans le Sud ; la moitié du pays était rendue ou réservée aux friches, landes et forêts. Siècles de recul de la culture romaine, la période saxonne est pourtant celle d'une évangélisation neuve, dont témoignent les chroniques des moines Bède le Vénérable, à la fin du VIIe siècle, et, au début du IXe siècle, Asser, mort en 910 ; elle a été permise par les initiatives de Rome, mais aussi par l'ardeur des Irlandais saint Colomban et les moines d'Iona ; elle est triomphante à la fin du VIIIe siècle, où s'organisent les diocèses et se développent les grands foyers du monachisme bénédictin, confirmée grâce à l'action d'Alfred après une crise de paganisation liée aux invasions « danoises ». La langue saxonne, à côté du latin propagé par les gens d'Église, atteint à la dignité d'une langue de culture, dont l'intérêt apparaît dès le début du VIIIe siècle dans le grand poème anonyme en trois mille vers *Beowulf*, long récit héroïque de la vie d'un « chasseur de monstres », mais surtout transcription admirable d'une mentalité faite de l'exaltation des liens du sang, de l'amitié, du courage et du goût du combat. L'apport de la langue et des cultures scandinaves est moins considérable, mais d'une importance qu'on ne saurait négliger.

L'Angleterre normande

Vainqueur à Hastings, en 1066, d'un autre prétendant, Harold de Wessex, lui-même tout juste victorieux de Harold Hardrada de Norvège, Guillaume le Conquérant succède au dernier roi saxon, Édouard le Confesseur. Il a réussi la dernière invasion du sol britannique de l'histoire, et son expédition est immortalisée par la tapisserie de Bayeux. Les Normands apportent avec eux un système féodal qui a atteint, en Normandie plus tôt qu'ailleurs, une perfection. La nouvelle pyramide du pouvoir, qui court du vassal au seigneur jusqu'au suzerain suprême, le roi lui-même, est édifiée au bénéfice des compagnons du Conquérant, aux dépens de l'aristocratie indigène qui s'est révélée rétive. De là la naissance d'un « joug normand » qui a nourri les idéologies, en particulier lorsque le XVIIe siècle invente la thèse de l'écrasement des vieilles « libertés saxonnes » et de leur lente restauration par l'effort du peuple, des juristes et du Parlement...

La monarchie évolue, sous les coups de boutoir d'aristocrates contraints de se liguer pour arracher au souverain des concessions, sous la forme de chartes de droits et libertés : outre celles de 1100, 1258-1259 et 1266, il faut évoquer la Grande Charte de 1215, extorquée à Jean sans Terre, qui énumère les droits et privilèges de certains corps, le principe du consentement de l'impôt, le droit à l'insurrection ; sa portée réelle réside dans le mythe qui en dérive plusieurs siècles après. Le « Conseil du roi » se développe très progressivement en un Parlement, des administrations prennent corps, le droit et la législation sont en constante évolution et, peu à peu, la monarchie féodale se mue en une force plus moderne. Ce qui a parfois hâté les évolutions, c'est l'ambition continentale des souverains : aux Normands succèdent, en 1154, les Plantagenêts, ou « Angevins », qui, avec Henri II,

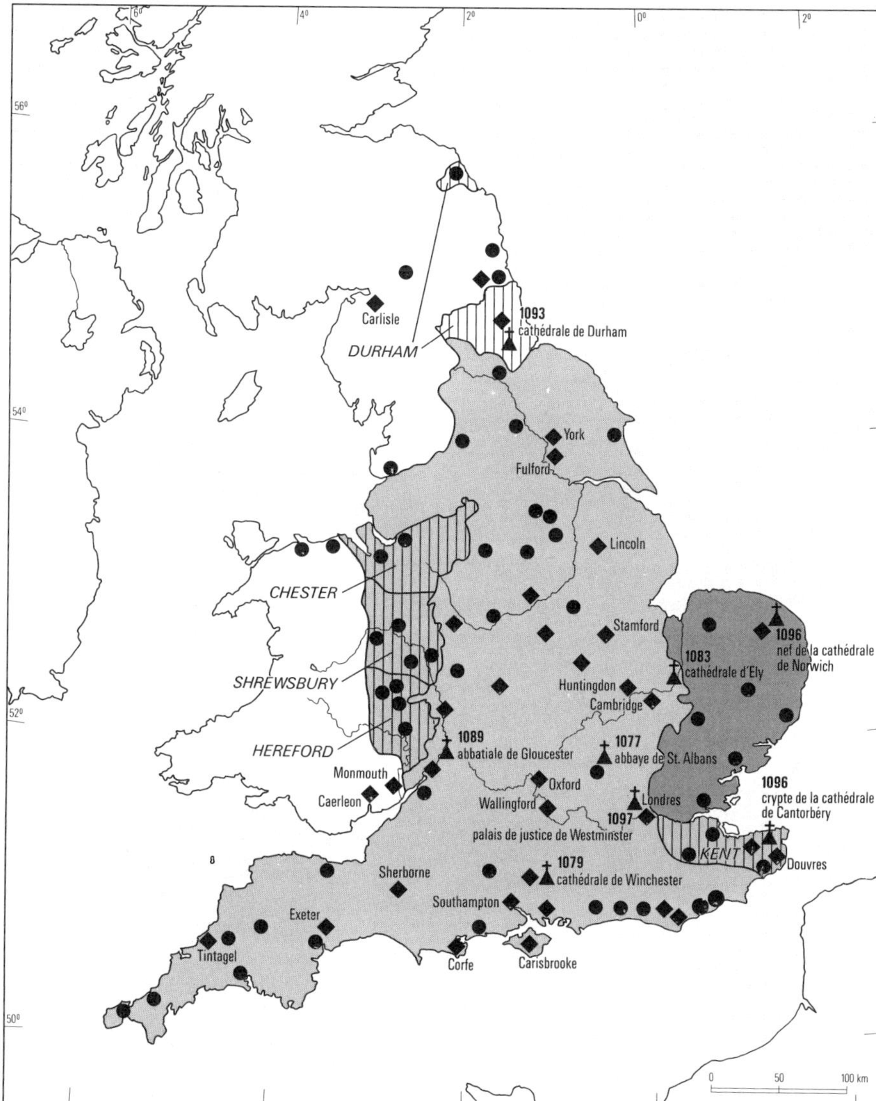

rois normands d'Angleterre :

Guillaume le Conquérant 1066-1087, Guillaume le Roux 1087-1100, Henri Ier 1100-1135

zone recensée dans le premier volume du Domesday Book, 1086

zone recensée dans le deuxième volume du Domesday Book, 1086

comtés des Marches

château royal

château seigneurial

début de la construction des édifices religieux

L'Angleterre normande, 1066-1100 (*d'après M. Gilbert, « British History Atlas », Weidenfeld & Nicolson*).

vers 1180, contrôlent la Normandie, l'Anjou, le Maine, la Touraine, l'Aquitaine, une moitié de la France associée à l'Angleterre dans un impressionnant « Channel State » ; effondrements, reconquêtes aboutissent, au temps de la guerre de Cent Ans, qui commence en 1337, à la revendication de toute la France. Les grandes familles s'épuisent à suivre le souverain, mais savent aussi monnayer leur appui. Les rois, dans leur besoin permanent de ressources considérables, se tournent vers conseils et parlements, font des concessions, sont parfois victimes de leurs excès.

Des conspirations, des révoltes, des changements dynastiques ont marqué les siècles, alimentant plus tard le génie de Shakespeare de l'exemple de Richard II, détrôné par Henri Bolingbroke de Lancastre en 1399, de celui de Richard III, vaincu en 1485 par Henri Tudor, après avoir lui-même mis à mort les « enfants d'Édouard », son prédécesseur, qui avait usurpé en 1470 le trône de Henri VI : la « guerre des Roses » (rose rouge des Lancastre contre la blanche des York), de 1455 à 1485, a marqué de son empreinte sanglante des querelles dynastiques exacerbées par les défaites en France devant Charles VII et Louis XI.

L'Église a tenu une place irremplaçable tout au long de ces siècles. Soumise au pape, elle est à l'écoute aussi de tous les courants spirituels du continent ; Cisterciens au XIIe siècle, Franciscains et Dominicains ensuite s'y rattachent. Archevêques et évêques sont en même temps des politiques écoutés. De redoutables querelles les opposent pourtant à l'autorité royale : elles coûtent la vie à l'archevêque Becket, sous Henri II, en 1170 ; elles valent à Jean sans Terre interdit et excommunication avant que le souverain reconnaisse sa défaite et se proclame le vassal du pape – l'une des origines de l'« anglicanisme » au sens nationaliste du terme. Autour des deux archidiocèses d'York et de Canterbury, l'apaisement se fait et, pendant que les monastères, défricheurs au nord, prospèrent, les deux clergés régulier et séculier prennent leur part à la renaissance intellectuelle, font construire de splendides édifices, supervisent les deux universités d'Oxford et de Cambridge, nées au début du XIIIe siècle. L'élite aristocratique est encore surtout attentive aux chansons de geste et aux romans courtois ; le grand public est conquis vers 1200 par la révélation de la légende du roi Arthur, avant qu'au XIVe siècle Chaucer fasse naître la littérature nationale en langue anglaise ; la pensée philosophique de Duns Scot et de Guillaume d'Occam au XIVe siècle, les audaces théologiques de John Wyclif, qui, dans les années 1370-1380, fait naître le mouvement des *lollards* sur un fond d'antipapisme, de rejet de la tradition et de précoce affirmation du droit des princes et du libre-arbitre des individus, font de la Grande-Bretagne un foyer majeur de l'esprit.

Aucun développement intellectuel de cette ampleur n'aurait été concevable sans l'accroissement de la population et des richesses. On serait passé de trois à quatre millions d'habitants au début du XIVe siècle, et cette relative accumulation d'hommes a permis les défrichements, favorisé la hausse des productions dans le cadre des « manoirs » ou seigneuries, contribué à la reprise de la vie urbaine à partir du XIIe siècle : ports comme Newcastle, Hull, Bristol, villes-marchés comme Canterbury, Leeds, Salisbury, Londres (qui atteint près de 35 000 habitants en 1377 contre moins de 10 000 à 11 000 pour les autres). Les industries de la mine, de la laine, le commerce avec la Scandinavie et la France surtout et parfois par l'intermédiaire de marchands hanséates, italiens, flamands, et jusqu'à l'expulsion de 1290 (précédée d'horribles massacres à Londres, Norwich, Lincoln) grâce à la finance des juifs, ont fait naître les bourgeoisies et créé de nouvelles différenciations sociales. La grande coupure, après une longue croissance, est liée aux pestes du XIVe siècle, peste noire en 1348-1349, « mortalité des enfants » en 1369 : elles tuent au moins un habitant sur cinq et entraînent par ailleurs un déficit démographique durable qui réduit la population d'un tiers à une moitié dans les dernières décennies du siècle. Une désertion d'un millier de villages s'ensuit, les friches reconquièrent une partie du sol, quand, ailleurs, le mouton ne vient pas remplacer les cultures. La pénurie de main-d'œuvre a une contrepartie positive pour les humbles : la fin du servage, l'allotissement de terres à des tenanciers auxquels des droits précis sont garantis, la crise de l'institution seigneuriale. Mais le désespoir et la faim poussent aussi à des révoltes, dont la jacquerie de 1381 dans l'Essex et le Kent, connue sous le nom de « révolte des artisans et paysans », conduite par le prêtre John Ball et l'ouvrier Wat Tyler, et animée par une doctrine égalitaire :

> Quand Adam bêchait et qu'Ève filait
> Qui, alors, était un noble ?

La vie commerciale comme la vie industrielle sont évidemment touchées par la crise des exportations vers un continent également décimé. Les redressements sont progressifs, accompagnés par un transfert partiel des productions textiles vers les campagnes, moins soumises à l'activisme des corporations, et placées sous la coupe de marchands-fabricants venus d'York, de Bristol, de Londres, de Leeds. Le commerce de la laine renaît avec le développement de l'« étape » obligatoire de Calais ; les marchands anglais recherchent des débouchés nouveaux, à l'instar des Marchands aventuriers, qui se portent vers la mer du Nord et la Méditerranée ; un nationalisme économique joue contre les Hanséates qui, en 1447, sont une première fois les victimes de la xénophobie de Londres.

C'est au milieu de ces mutations sociales que se développent des crises : de la *foi*, avec la lutte nécessaire des souverains du XVe siècle contre l'hérésie lollarde et aussi pour la rénovation d'une Église parfois indigne ; des *mentalités*, avec le souci poignant d'une mort toujours proche ; de l'*ordre politique* : l'affrontement des maisons de Lancastre et d'York, rose rouge contre rose blanche, « éruption cutanée sur la surface de la vie anglaise », traduit aussi une redoutable crise de confiance dans des souverains qui ont perdu le royaume de France et entraîne, par l'effet des morts, des exécutions, des dépossessions, un profond renouvellement de l'aristocratie et son affaiblissement en tant que corps. Aucune coupure visible ne sépare ce qu'on est convenu d'appeler le moyen âge des Temps modernes. Dans la mémoire collective, le premier lègue, positivement, le souvenir de communautés villageoises cohérentes sous la tutelle parfois paternaliste de seigneurs, des cathédrales gothiques et de la foi la plus profonde, d'une institution monarchique nationale, certes autoritaire, mais associée à un Parlement plus ou moins périodiquement réuni et respectueuse des lois et coutumes, d'une nation qui a su amalgamer les apports extérieurs au fonds saxon et se doter de la langue originale qui exprime son génie. Ce bilan idyllique nourrira les nostalgies romantiques.

L'Écosse voisine, peuplée sans doute de moins d'un million d'habitants au sortir de l'âge féodal, a su préserver son indépendance grâce à la vigueur de David Ier en 1124-1153 et, surtout, à la résistance que Robert Bruce, vainqueur en 1314 à la bataille de Bannockburn, sut opposer aux ambitions d'Édouard Ier. Plus chanceuse que le pays de Galles, annexé à l'Angleterre en 1284, que l'Irlande, dont la côte orientale a été acquise par Henri Ier dès 1171-1172, l'Écosse, refuge de la civilisation celte, connaît son destin spécifique, la gloire d'universités et d'écoles de grande valeur, une législation et des coutumes conformes à son génie : elle n'hésite pas à l'occasion à s'allier à la France pour se protéger des avidités anglaises.

ROLAND MARX

Bibliographie

F. Barlow, *Edward the Confessor*, Londres, 1970 / G. W. Barrow, *Feudal Britain*, Arnold, Londres, 1956 / M. Bloch, *Seigneurie française et manoir anglais*, Armand Colin, Paris, 1960 / J. L. Bolton, *The Medieval English Economy, 1150-1500*, Londres, 1980 / M. de Boüard, *Guillaume le Conquérant*, coll. Que-sais-je ?, P.U.F., Paris, 1958 / J. Campbell éd., *The Anglo-Saxons*, Oxford, 1982 / S. B. Chrimes, C. D. Ross & R. A. Griffiths éd., *Fifteenth-century England 1399-1509 : Studies in Politics and Society*, Manchester, 1972 / R. Foreville, *L'Église et la royauté en Angleterre sous Henri II Plantagenêt*, Picard, Paris, 1942 / H. R. Loyn, *The Norman Conquest*, 3e éd. Londres, 1982 / K. B. McFarlane, *John Wycliffe and the Beginning of English Nonconformity*, Londres, 1952 / C. Petit-Dutaillis, *La Monarchie féodale en France et en Angleterre*, Albin Michel, Paris, 1933 / A. Réville, *Le Soulèvement des travailleurs d'Angleterre en 1381*, Paris, 1898 / J. C. Russell, *British Medieval Population*, Univ. of New Mexico Press, Albuquerque, 1948 / G. O. Sayles, *The King's Parliament of England*, Londres, 1975 / F. M. Stenton, *Anglo-Saxon England*, t. II de l'*Oxford History of England*, Oxford, 3e éd., 1971.

ANGOUMOIS

Ancienne province de France au nord du bassin d'Aquitaine, l'Angoumois correspond approximativement au département de la Charente.

La cité d'Angoulême fut constituée à la fin du IVe siècle. Son pays, uni au Périgord et à l'Agenais, forma un comté en 866. Guillaume III Taillefer (988-1028) et Guillaume IV (1087-1120) marquent l'apogée de la puissance angoumoise. Mais bientôt Plantagenêts et Capétiens font du comté un enjeu au cœur de leur rivalité. En 1200, Jean sans Terre enlève même la dernière des Taillefer, Isabelle, à son fiancé Hugues de Lusignan, juste avant leur mariage. Cet enlèvement permet à Philippe Auguste de faire déclarer félon son dangereux rival et de faire saisir tous ses fiefs dans la mouvance française. Quant à Hugues et à Isabelle, constants dans leur projet, ils doivent attendre seize ans la mort de ce mari indésirable. Par leur union, ils reconstituent presque la grande Aquitaine. C'est compter sans l'intervention capétienne. La révolte de Lusignan (1241) n'aboutit qu'à sa renonciation à l'Aunis et à la Saintonge. Et Philippe le Bel incorpore l'Angoumois au royaume, à la mort du dernier comte (1308). Cédé aux Anglais en 1360 mais reconquis dès 1373, il est apanagé. François Ier l'érige en duchépairie pour sa mère. Les XVIe et XVIIe siècles sont marqués par des « fureurs paysannes » contre l'impôt et par les misères dues aux guerres de Religion et à la révocation de l'édit de Nantes, qui fait disparaître les trois quarts des papetiers d'Angoulême. Cependant, la production de cognac prend son essor sous Louis XIV. L'Angoumois forme une généralité en 1692.

GABRIEL LLOBET

ANGUS MAC FERGUS (mort en 761 ?) roi des Pictes (731- ? 761)

Angus (Hungus, Oengus, Onuist, Unuist) Mac Fergus, c'est-à-dire fils de Fergus, fut roi des Pictes pendant trente ans, probablement de 731 à 761. Un document fait remonter sa mort à 759, mais plusieurs autres la fixent en 761. Selon certaines sources, son règne fut intermittent. Il eut à livrer bataille à d'autres chefs pictes, aux Irlandais du royaume de Dalriada, aux Bretons (Gallois) et aux Anglais. En 736, il s'empara de Dunadd, la principale forteresse de Dalriada. En 756, il s'allia au roi Eadberht de Northumbrie contre les Bretons du royaume de Strathclyde et attaqua leur capitale, Dumbarton, la « forteresse des Bretons ». Malgré les revers subis par les Bretons, ceux-ci récupérèrent par la suite le territoire perdu.

PAUL QUENTEL

ANJOU

Ancienne province de France dont l'essentiel a formé le département du Maine-et-Loire (chef-lieu : Angers). Riche en vestiges néolithiques, l'Anjou était peuplé par les Andes au temps de César. Dans la seconde moitié du IXe siècle, il souffre particulièrement des pillards normands installés à l'entrée de la Loire et contre qui s'illustre Robert le Fort, comte d'Angers. Le fils de Robert, devenu roi de France, nomme un vicomte dont le fils, Foulque le Roux, prend le titre de comte d'Anjou en 929 ; c'est le fondateur de la première dynastie angevine. La figure la plus remarquable est ensuite celle de Foulque Nerra (987-1040). Rude conquérant, il annexe à l'Anjou les Mauges et le Saumurois au sud de la Loire. Il établit sa domination sur la Touraine, et son fils, Geoffroy Martel (1040-1060), obtient le Maine. Ensuite, après une éclipse, due surtout à l'anarchie de ses vassaux, la maison d'Anjou réorganise le comté. En même temps, les défrichements, origine du bocage dans l'Ouest, l'essor des foires, les nouveaux bourgs, la croissance d'Angers sont autant de signes de prospérité. Vers le milieu du XIIe siècle, l'Anjou est un puissant État féodal.

Mais la fortune de ses comtes devait détruire son autonomie. On sait qu'Henri Plantagenêt, fils de Mathilde d'Angleterre et mari d'Aliénor d'Aquitaine, étendit son empire de l'Écosse aux Pyrénées. L'Anjou n'en demeurait pas moins fief de la couronne de France : Philippe Auguste le confisque à Jean sans Terre en 1202, puis l'occupe. Il est donné en apanage en 1246 à Charles, frère de Saint Louis, et fait partie d'un deuxième empire angevin centré sur la Méditerranée. Réuni à la couronne à l'avènement des Valois (1328), il est érigé en duché en 1360 pour Louis, fondateur des Valois-Anjou qui s'éteindront avec le roi René (1480). Malgré les misères atroces accumulées par la guerre de Cent Ans et malgré les difficultés du roi de Sicile, l'Anjou connaît à la fin du Moyen

Âge sa période la plus brillante : la prospérité renaît, les libertés locales sont défendues, en particulier contre la fiscalité royale, par l'administration du bon roi René. Celui-ci, ami des arts et des lettres, s'entoure d'une cour fastueuse à Angers et, bientôt imité, embellit ses châteaux du Val de Loire. L'université d'Angers atteint son apogée.

Après l'annexion à la Couronne en 1480, le mouvement se poursuit. L'Anjou, illustré par Joachim du Bellay et Jean Bodin, est l'un des fiefs français de la Renaissance et de l'humanisme.

GABRIEL LLOBET

ANNATES

Nom donné, au Moyen Âge, à une taxe levée par la papauté à l'occasion d'une nouvelle collation d'un bénéfice mineur et dont le montant correspondait théoriquement aux revenus d'une année de ce bénéfice, ou « annates ».

Cette taxe apparut au cours du XIe et du XIIe siècle, lorsque certains évêques obligèrent les nouveaux titulaires des bénéfices qu'ils conféraient à leur abandonner leurs revenus pendant une ou plusieurs années, soit pour leur propre profit, soit à l'avantage de fondations pieuses ou d'établissements ecclésiastiques et religieux. Au XIIIe siècle, les papes autorisèrent officiellement un grand nombre d'évêques à retenir pour eux les *annalia* – revenus d'une année – de tous les bénéfices qui viendraient à vaquer dans leurs diocèses. Au concile de Vienne (1311-1312), les bénéficiers firent entendre leurs plaintes et réclamèrent une réglementation, qui fut accordée par Jean XXII en 1317. Les constitutions promulguées à cet effet définirent d'une part les revenus à frapper, d'autre part les bénéficiers à astreindre, les ordres réguliers étant exempts, mais non les monastères et couvents susceptibles d'être donnés, en commende ou selon un autre système, à titre de bénéfices.

Dès cette époque, la papauté avait commencé à s'emparer de cette source de profits en tirant avantage de ce que, depuis Clément IV, elle se réservait de plus en plus la collation des bénéfices ecclésiastiques aux dépens des collateurs ordinaires. Les papes d'Avignon, forcés par les nécessités financières, accélérèrent l'évolution. Successivement Clément V, Jean XXII et Grégoire XI prirent en main cette forme de taxe, que l'on appela désormais *annatae* (les annates), et en étendirent le champ. En 1376, Grégoire XI obligea tous les clercs à verser la première année de leurs revenus – même ceux qui tenaient des bénéfices des métropolitains, des évêques et des collateurs ordinaires. Les pontifes suivants, particulièrement Boniface IX, reprirent ces règlements, l'annate étant perçue par les collecteurs de chaque collectorie et comptabilisée par eux au compte de la Chambre apostolique. Au début du XVe siècle, le terme d'annates engloba, en outre, d'autres taxes créées par le Saint-Siège.

Le clergé, cependant, supportait mal cette très lourde charge. En France, il en obtint pour la première fois l'abolition par un édit royal de 1416. Au concile de Constance (1414-1418), on en discuta dans des débats passionnés. Martin V, en 1418, passa avec les représentants des clergés d'Allemagne, d'Italie, d'Angleterre, de France et d'Espagne des accords particuliers qui restreignaient les droits de la papauté, avant tout en exemptant d'annates les bénéfices dont le revenu annuel était inférieur à vingt-quatre florins d'or. En 1448, le concile de Bâle, qui était en conflit avec le pape, alla plus loin et supprima les annates. Celles-ci demeurèrent néanmoins, mais furent uniformément fixées à vingt-quatre florins d'or pour tous les bénéfices qui en faisaient l'objet. Cependant, à la même époque, le nombre de ces bénéfices diminuait considérablement, puisque, par les concordats conclus avec les princes (tel le concordat de Bologne, signé en 1516 avec la France, qui reprenait les arguments de la Pragmatique Sanction de Bourges de 1438), le Saint-Siège renonçait de plus en plus à son droit de collation. L'évolution se poursuivit dans le même sens aux siècles suivants, au point que les annates devinrent une taxe tout à fait exceptionnelle.

MARCEL PACAUT

ANNE DE BRETAGNE (1477-1514) duchesse de Bretagne (1488-1514) et reine de France

Fille de François II, duc de Bretagne, et de Marguerite de Foix, Anne devint duchesse de Bretagne à la mort de son père conformément à une décision prise par les états convoqués à cette fin en 1486. Par le traité du Verger (19 août 1488), le roi Charles VIII avait donné son accord et François II avait promis de soumettre au consentement royal le futur mariage d'Anne. Celle-ci avait été fiancée, à l'âge de trois ans, à un prince anglais. Mais c'est avec Maximilien de Habsbourg qu'elle se maria, par procuration, en 1490. Charles VIII rappela les clauses du traité du Verger et envahit la Bretagne. Il obtint alors la main d'Anne pour lui-même et négocia avec le pape l'annulation de ses propres fiançailles avec une fille de Maximilien et celle du mariage d'Anne avec le même Maximilien. Le mariage du roi de France et de la duchesse fut célébré le 6 décembre 1491.

Le contrat prévoyait que la duchesse, si elle survivait à son mari, épouserait son successeur. Roi en 1498, Louis XII se hâta de faire annuler son mariage – passablement contraint – avec la boiteuse Jeanne de France, fille de Louis XI. Puis il épousa la duchesse-reine Anne (1499). Parce qu'elle était déjà reine douairière, celle-ci put alors poser ses conditions : elle conserva le gouvernement de la Bretagne et se réserva de transmettre le duché à ses propres héritiers collatéraux si elle ne laissait pas d'enfants de son royal mari.

Politique habile et courageuse, Anne de Bretagne administra le duché avec sagesse et fermeté. À la cour de France, elle protégea les poètes et les artistes, qui contribuèrent à assurer sa renommée. Il est inexact de dire qu'Anne réalisa l'union de la Bretagne à la France. À sa mort en 1514, le duché fut immédiatement cédé par Louis XII à François d'Angoulême (le futur François Ier), qui avait épousé la fille de Louis XII et d'Anne, Claude de France. C'est celle-ci qui fit don du duché à son mari en 1515, mais ce n'est qu'en 1532 que les états de Vannes acceptèrent définitivement l'union du duché à la couronne.

JEAN FAVIER

ANNE DE FRANCE, dite LA DAME DE BEAUJEU (1462-1522)

Fille aînée de Louis XI et de Charlotte de Savoie, Anne de France fut régente du royaume pendant la minorité de son frère Charles VIII, de 1485 à 1491, avec son mari Pierre de Bourbon, sire de Beaujeu.

Une intelligence politique aiguë, alliée à une grande énergie, la rendit capable de surmonter les difficultés qui menaçaient le royaume, dont la plus redoutable : l'agitation qui se développait parmi les grands, longtemps contenus par la forte autorité de Louis XI. Des concessions furent faites : plusieurs seigneurs, parmi les plus proches du roi, furent éloignés ; de nombreuses terres furent rendues à des nobles hostiles. Les Beaujeu contraignirent les états généraux à accepter leurs exigences tout en leur déniant le droit de contrôler la levée de l'impôt et de tenir leurs assises d'une manière régulière. Ces événements aboutirent à la « Guerre folle » entre la couronne et le duc d'Orléans (le futur Louis XII), assisté de François II de Bretagne, d'Henri VII d'Angleterre et de l'archiduc Maximilien d'Autriche, et qui se termina par une victoire royale.

En 1491, contre l'Autriche et l'Angleterre, les Beaujeu arrangèrent le mariage de Charles VIII et d'Anne de Bretagne, préparant ainsi la réunion du duché de Bretagne à la couronne de France, qui sera définitivement consacrée en 1532 ; elle poursuivait ainsi, avec succès, l'œuvre de Louis XI.

Anne, bien que très jeune – elle avait vingt-trois ans à la mort de Louis XI –, fut un excellent administrateur. Quand Pierre de Beaujeu mourut en 1503, Anne continua d'administrer les terres des Bourbons, s'opposant aux empiétements royaux. Sous François Ier, elle prit parti pour son gendre, le connétable de Bourbon, le poussant à s'allier à Charles Quint. Elle lui légua tous ses biens.

E. U.

ANTIOCHE PRINCIPAUTÉ D'

L'une des principautés de l'Orient latin né de la Première Croisade, organisée par Bohémond Ier de Tarente autour de la place d'Antioche, l'une des plus importantes villes musulmanes, prise par les Francs le 2 juin 1098, après un siège de près de huit mois. La principauté, et en particulier le port de Lattaquié, fut l'objet d'une âpre compétition entre Bohémond et les Byzantins. En l'absence de Bohémond, prisonnier des musulmans, puis volontairement exilé en Europe pour y chercher d'illusoires renforts, la principauté fut énergiquement gouvernée par son neveu Tancrède, qui lui succéda lorsqu'il mourut en 1111 ; puis, en 1112, par Roger de Salerne, qui étendit son protectorat jusque sur la principauté musulmane d'Alep.

Antioche, après la mort de Roger, en 1119, ne cessa de connaître les difficultés nées des rivalités politiques intérieures autant que de la menace turque. L'arbitrage imposé par les rois de Jérusalem, voire la régence que s'arrogèrent le roi Baudouin II et le roi Foulques, sauvegardèrent cependant la principauté jusqu'à l'avènement de Raymond de Poitiers, qui épousa en 1136 l'héritière de Bohémond II, la jeune Constance. Soumise à la menace des Byzantins, qui assiégèrent la ville en 1137 et firent reconnaître leur suzeraineté par Raymond, à celle des Turcs de l'atabeg Zengi, maître d'Alep, qui occupa rapidement toutes les terres à l'est de l'Oronte, la principauté d'Antioche fut momentanément soulagée par la Deuxième Croisade, qu'avait provoquée la chute du comté d'Édesse en 1144 ; mais les dissentiments entre les chrétiens, avivés par les relations suspectes qu'entretenait Raymond avec sa nièce, la reine de France Aliénor d'Aquitaine, conduisirent les croisés à abandonner l'idée d'une attaque contre Alep et à se diriger vers Jérusalem, laissant Antioche dans une situation extrêmement précaire (1148). Celle-ci dura cependant plus d'un siècle, pendant lequel la place joua un rôle essentiel dans les échanges économiques entre l'Orient asiatique et l'Europe. L'importance des colonies marchandes italiennes fut, en particulier, l'un des facteurs originaux de la vie politique à Antioche.

La principauté ne put résister, au milieu du XIIIe siècle, à la pression exercée par les mamelouks d'Égypte, déjà vainqueurs de Saint Louis en Égypte même. Antioche tomba en 1268.

JEAN FAVIER

APANAGE

Le terme « apanage » (du latin médiéval *apanare*, donner pour le pain, donner de quoi vivre) et la réalité juridique qu'il définit proviennent du droit privé médiéval. Il désignait à l'origine, dans certaines régions où le droit d'aînesse excluait de la partie essentielle de l'héritage les fils puînés et les filles, les biens donnés à ceux-ci en compensation et, le plus souvent, en échange de la renonciation à la succession paternelle. Cette coutume, liée au droit féodal, a posé des problèmes juridiques et politiques quand elle s'est étendue au droit public – la distinction entre droit privé et droit public n'étant d'ailleurs pas claire dans le droit féodal ancien, surtout dans les pays de droit coutumier.

L'apanage a essentiellement désigné, à partir de la fin du XIIIe siècle, le fief concédé dans certaines conditions particulières aux enfants, et surtout aux fils puînés du roi de France.

On rencontre cependant l'apanage dans certaines principautés seigneuriales qui relèvent de la couronne de France, telles que la Flandre ou – comme le spécifie une charte de 1265 du comte Renaud de Forez – le Beaujolais, et, sous une forme essentiellement symbolique, dans certaines monarchies européennes modernes, voire contemporaines, comme l'Angleterre où l'on appelle apanages de la Couronne le duché de Cornouailles, attribué au prince de Galles, et le duché de Lancastre.

Les apanages ont joué un grand rôle dans l'histoire de France du XIIIe au XVIe siècle, car ils ont paru mettre en danger la puissance de la monarchie et l'unité du royaume. Leur développement est lié à des phénomènes politiques et juridiques fondamentaux qui ont posé des problèmes complexes aux légistes et gouvernants de la France médiévale, et posent encore de délicats problèmes d'interprétation aux juristes et historiens modernes : droit de succession au trône, inaliénabilité du royaume, nature du fief et de la puissance politique, originalité de la famille royale. Ils mettent en cause la politique de la monarchie française et la conception qu'elle avait de sa nature et de sa fonction.

Naissance des apanages (XIe-XIIIe siècle)

Pendant le XIe et le XIIe siècle, le problème de la dotation des enfants puînés du roi ne reçut pas de solution institutionnelle. La succession au trône évoluait de façon empirique : jusqu'à Philippe Auguste (associé au trône par son père Louis VII quelques mois avant sa mort en 1180), les rois faisaient couronner leur successeur. Le droit d'aînesse, qui s'établissait fermement dans la féodalité de la France du Nord, facilita le choix des souverains, qui se porta sur leur fils aîné. Ce choix fut rendu plus aisé par le fait que Hugues Capet n'eut qu'un fils légitime, Robert le Pieux. Celui-ci, après la mort de son fils aîné, Hugues, fit accepter – contre le désir de sa femme Constance qui favorisait leur troisième fils, Robert – le cadet, Henri. Par la suite, le principe de primogéniture, renforcé par l'association au trône, ne rencontra pas de résistance notable. L'exiguïté du domaine royal empêcha sans doute que le principe du partage entre fils, qui était de règle sous les dynasties germaniques des Mérovingiens et des Carolingiens, ne l'emportât sur la pratique de mieux en mieux établie du droit d'aînesse. Des hasards heureux permirent aussi d'assurer le rang des fils puînés ; Robert, frère de Henri Ier, reçut le duché de Bourgogne en conclusion d'une révolte contre le roi (1034), et Hugues, frère de Philippe Ier, le comté de Vermandois par mariage. Pour d'autres, l'illégitimité de leur naissance, la punition d'une révolte ou l'entrée dans les ordres permirent de les exclure sans difficultés majeures de la succession.

Louis VI (1108-1137) eut, après son fils aîné, le futur Louis VII, quatre fils : deux entrèrent dans les ordres ; l'un devint, par son mariage, seigneur de Courtenay, en Gâtinais, mais au cadet, Robert, Louis VI donna le petit comté d'Évreux, détaché du domaine royal. Cette donation peut être considérée, plus que la cession de la Bourgogne par Henri Ier à son frère Robert, comme le véritable ancêtre des apanages. Louis VII (1137-1180) n'eut qu'un fils, et celui-ci, Philippe II Auguste (1180-1223), n'eut qu'un fils légitime. Il avait marié le fils considéré par l'Église comme illégitime, que lui avait donné Agnès de Méran, Philippe dit Hurepel, à l'héritière du comté de Boulogne, domaine qu'il recueillit aussitôt après Bouvines (1214), son beau-père Renaud comptant parmi les vaincus de cette bataille. Philippe Auguste y joignit des terres du domaine royal : le Cotentin, les comtés de Domfront et de Mortain. Mais c'est sous le règne du fils légitime de Philippe Auguste, Louis VIII (1223-1226), que naquirent les apanages à proprement parler, encore que le mot fût employé pour la première fois en 1316 seulement pour désigner ces dotations à des enfants royaux. Par son testament de 1225, Louis VIII aliéna un tiers environ du domaine royal en faveur de ses fils puînés : le deuxième, Robert, reçut l'Artois ; le troisième, Alphonse, le Poitou et l'Auvergne ; le quatrième, Charles, l'Anjou et le Maine. Les conquêtes de Philippe Auguste – dont le domaine royal ne conservait que la Normandie – permettaient cette générosité ; les progrès de l'autorité et du prestige royaux faisaient apparaître comme nécessaire que tous les fils du roi fussent bien nantis et puissants dans le royaume.

L'âge d'or des apanages (XIIIe-XVIe siècle)

Deux tendances contraires allaient pendant trois siècles jouer pour ou contre le développement des apanages. D'un côté, la plupart des rois étaient désireux de doter leurs fils puînés ou leurs frères, aussi bien pour tenter de désarmer leurs éventuelles révoltes que pour soutenir l'éclat du trône. Celui-ci paraissait de plus en plus lié au prestige de la famille royale tout entière, au groupe de ceux qui s'appelaient eux-mêmes, dès le XIIIe siècle, « fils de roi de France », qu'on nomma, au XIVe siècle, « princes des fleurs de lys » ou, selon les termes de Charles V, « princes de notre sang », et, enfin, « princes du sang ». De l'autre, les conseillers du roi – de plus en plus conscients de la transcendance de la Couronne et de l'État – poussaient au renforcement des principes et des pratiques qui restreignaient les pouvoirs des apanagistes. Ils utilisèrent surtout les moyens suivants :

– la limitation de la succession des apanagistes aux hoirs directs, entraînant le retour des apanages à la Couronne, en cas d'extinction de la ligne directe (édictée pour la première fois par Louis VIII en 1224, à l'égard de son demi-frère Philippe Hurepel, et érigée en principe par un arrêt du Parlement de 1284, parlant de « retour au roi », puis par des lettres patentes datées du jour de la mort de Philippe IV le Bel, le 29 novembre 1314, et dues sans doute à son conseiller Enguerrand de Marigny, précisant « retour à la Couronne ») ;

– l'exclusion des femmes de la succession des apanages (pour la première fois énoncée par ces lettres de 1314, quatorze ans avant la décision des notables d'écarter du trône de France le roi d'Angleterre, descendant de Philippe le Bel par sa mère) ;

– l'exclusivité pour le roi d'exercer les droits régaliens dans les apanages (régale, garde des églises, frappe et justice des monnaies, crimes de lèse-majesté, droits de grâce, d'anoblissement, de légitimation, d'amortissement, ouverture des foires et marchés, propriétés des richesses du sous-sol et des futaies, etc.) ;

– la multiplication, aux XIVe et XVe siècles, des « cas royaux » découlant de ces droits et jugés par des baillis installés dans le domaine royal à proximité immédiate des frontières des apanages (ainsi, en 1361, à Saint-Pierre-le-Moûtier, enclave royale dans le comté de Nevers, pour le jugement des cas royaux dans les apanages de Berry et d'Auvergne) ;

– l'application aux apanages des principes de l'inaliénabilité du domaine royal et de l'indivisibilité du royaume (bien définis en 1366 par un conseil réuni par Charles V pour examiner les problèmes de l'apanage du Berry).

La limitation du pouvoir des apanagistes fut favorisée aussi bien par l'évolution administrative et politique (progrès de la centralisation monarchique et de l'administration) que par l'évolution économique et sociale. Ainsi, les progrès de l'économie monétaire permirent des tentatives pour assurer la subsistance des apanagistes, non en terres, mais en revenus, en « fiefs-rentes » ou « fiefs de bourse ». Mais les apanages des fils et frères du roi, quoique souvent évalués en revenus (ce fut le cas sous Saint Louis, pour Alphonse de Poitiers en 1241, et pour Charles d'Anjou en 1247), furent toujours établis sur terres, encore que le second fils de Philippe le Bel, Philippe, n'eût jamais ni le gouvernement ni la gestion de son apanage du Poitou, pour lequel il se contenta de recevoir du Trésor royal les 20 000 livres annuelles que l'apanage était estimé rapporter. Au contraire, le principe et la pratique, inaugurés par Louis VIII en 1225 pour sa fille Élisabeth, d'« apaner en deniers » les princesses royales prévalut rapidement.

Toutefois, jusqu'à l'ordonnance de Moulins (1566), aucun des principes énoncés ci-dessus ne fut appliqué sans exception. D'autre part, si les princes apanagés durent accepter les limitations de souveraineté que l'autorité royale imposait à tous les seigneurs du royaume, aggravées par les règles de succession spéciales aux apanages, ils n'en jouirent pas moins, étant donné leur appartenance à la famille royale, d'une situation privilégiée par rapport aux autres vassaux royaux. S'ils prêtaient hommage au roi, ils refusaient, comme le roi lui-même, de prêter hommage à tout seigneur dont ils pouvaient tenir un fief. Ainsi Alphonse de Poitiers, frère de Saint Louis, refusa de prêter hommage, en 1247, à l'évêque de Poitiers pour le château de Civray, et, dans le traité de Paris de 1259, Saint Louis fit accepter par Henri III d'Angleterre la renonciation à tout hommage de la part de ses frères comme de lui-même, pour leurs apanages ayant fait partie du royaume Plantagenêt ou pour toute autre partie du royaume de France. De même, dans l'exercice de leurs devoirs militaires et financiers de vassaux, les apanagistes jouirent de la part du roi de France d'égards spéciaux. Surtout, les circonstances (minorités, régences, crises de la guerre de Cent Ans) donnèrent la possibilité à certains des princes apanagés de jouer, aux XIVe et XVe siècles, un rôle politique qui favorisa le relâchement de la sujétion de leurs apanages à la Couronne.

En définitive, ce qui permit à la royauté française de surmonter, par-delà l'évolution lente des structures, les dangers d'affaiblissement que lui fit courir la puissance des apanages, ce sont des hasards généalogiques qui contrebalancèrent ces risques en faisant rentrer dans le domaine royal certains apanages, soit par accession au trône de princes apanagés (les deux fils puînés de Philippe le Bel en 1316 et 1322, les Valois avec Philippe VI en 1328, les Valois-Orléans avec Louis XII en 1498, les Valois-Angoulême avec François Ier en 1515), soit par extinction de descendance mâle directe (la Bourgogne une première fois en 1361, puis définitivement en 1477, à la mort de Charles le Téméraire ; le Berry en 1416, puis en 1465, quand Charles de France en obtient l'échange de son frère Louis XI, d'abord contre la Normandie, puis contre la Guyenne, que sa mort sans héritier rend au domaine royal en 1472 ; l'Anjou à la mort du roi René, en 1480 ; l'Auvergne, qui aurait dû revenir définitivement au domaine royal avec le Berry en 1416, en fut de nouveau détachée, mais la règle de succession des apanages lui fut encore appliquée une première fois en 1503 et enfin en 1527, lorsque la trahison du connétable de Bourbon – en partie provoquée par les prétentions de la Couronne sur la succession de sa femme et en particulier sur l'apanage – en permit le rattachement).

Entre 1226 et 1498, tous les souverains qui eurent des fils puînés constituèrent en leur faveur des apanages. Peu importants sous Saint Louis, Philippe III et Philippe IV le Bel, les apanages représentèrent des fractions considérables du domaine royal et du royaume à partir de Philippe VI qui donna à son second fils, Philippe, l'apanage d'Orléans (1344), et surtout de Jean II le Bon, qui octroya l'Anjou à son second fils, Louis (1360), le Berry au troisième, Jean (1360), la Bourgogne au quatrième, Philippe (1363). Malgré leur réputation de rois « modernes » et centralisateurs, Charles V et Louis XI constituèrent des apanages ; le premier en 1374, pour son fils puîné Louis (40 000 francs en « deniers », « pour lui mettre en estat », et 12 000 livres de rentes en terres qui se concrétisèrent par le duché d'Orléans, retourné à la Couronne lors de la mort, sans héritier mâle direct, de Philippe en 1375) ; et le second pour son frère Charles qui, il est vrai, reçut en 1461 le Berry (ensuite échangé contre la Normandie, puis la Guyenne) en vertu d'une décision antérieure de leur père Charles VII. C'est sous le règne de Charles VI (1380-1422) que la puissance des apanagistes atteignit son comble. Les « princes des fleurs de lys » avaient alors, au titre d'apanages ou en possessions propres : le jeune frère du roi, Louis, le Valois puis le duché d'Orléans (en outre, hors du royaume, le comté d'Asti par mariage et, un moment, le duché du Luxembourg) ; ses oncles : Louis, le duché d'Anjou et de Touraine, et le comté du Maine (auxquels s'ajoutèrent, par héritage, hors du royaume, le comté de Provence et la couronne royale de Naples) ; Jean, les duchés de Berry et d'Auvergne et le comté du Poitou ; Philippe, le duché de Bourgogne (grossi, par mariage, des comtés de Flandre, d'Artois, de Nevers et, hors du royaume, du comté de Bourgogne, la future Franche-Comté). La minorité, puis la folie du roi et la lutte contre l'Angleterre allaient donner aux princes apanagés une puissance exceptionnelle. Car, concrètement, ce qui compta, ce fut moins l'institution de l'apanage que la puissance des apanagés, dont l'apanage n'était qu'un élément.

Sous Louis XI, les princes apanagés sont encore assez puissants pour que les états généraux de Tours, en 1467, conseillent au roi de leur faire des concessions, mais ils s'engagent, en cas de refus de leur part, à être aux côtés du souverain « pour vivre et mourir avec lui en cette querelle ».

Le déclin des apanages (XVIe-XIXe siècle)

Sous la monarchie dite absolue, des apanages continuèrent à être constitués en faveur des fils puînés des souverains, mais avec des pouvoirs sans cesse réduits. Avec des titres décoratifs, les princes apanagés recevaient des seigneuries rapportant de gros revenus, mais en général formées de terres dispersées, sur lesquelles le roi se réservait toutes les prérogatives essentielles de la souveraineté. Ainsi l'édit de mars 1661, constituant l'apanage d'Orléans pour Philippe, frère de Louis XIV, en fixait le statut par des clauses minutieuses et en référence à la « loi du royaume ». Au début de la Révolution, la Constituante et la Législative, par des lois de 1790 et 1791, réduisirent les apanages à des rentes ou pensions, selon le principe établi par la monarchie pour les princesses royales. La Convention les supprima avec la monarchie en 1792. Napoléon Ier, par le sénatus-consulte du 30 janvier 1810, à l'occasion de son mariage avec Marie-Louise, les rétabit selon les principes de 1790-1791. Sous la Restauration, des ordonnances de mai 1814 rendirent à la famille d'Orléans son ancien apanage, qui fut réuni à la Couronne le 2 mai 1832, à l'avènement de Louis-Philippe. Sous le règne de celui-ci, les apanages furent remplacés par des *dotations* attribuées aux fils du roi et constituées par les revenus de domaines considérables.

Les historiens discutent pour savoir si les apanages ont constitué, pour la monarchie française médiévale, un moyen de renforcer la Couronne en évitant les révoltes des fils puînés des monarques et en ménageant

– comme le pensait déjà Mignet en 1839, dans son *Essai sur la formation territoriale de la France* – une transition entre les dominations féodales et l'administration royale dans une partie importante du royaume ; ou bien si, au contraire – comme l'estiment la plupart – ils n'ont pas été une survivance féodale qui a mis en péril l'intégrité du domaine royal et du royaume lui-même en minant la puissance de la monarchie.

Il semble qu'il faille distinguer une première période, jusqu'au début du XIVe siècle, où l'institution a pu servir les intérêts de la Couronne, et les deux siècles suivants où, d'instrument de la monarchie, elle s'est changée en menace pour elle. Mais le sens de l'évolution historique jouait contre les apanages. Une juste appréciation ne pourra être portée sur ce phénomène complexe et significatif de l'histoire de la monarchie française que lorsque des études comparatives concrètes auront permis de mieux définir la puissance des apanagistes par rapport à celle des seigneurs détenteurs des autres grands fiefs, et de mieux comparer l'évolution monarchique et nationale en France et dans les royaumes féodaux qui n'ont pas connu l'apanage. Enfin, une étude politique, idéologique et sociologique de la famille royale et du groupe des princes du sang dans l'histoire de la monarchie française éclairerait, dans ses véritables dimensions, le problème des apanages, dont une perspective trop juridique limite l'intérêt.

JACQUES LE GOFF

Bibliographie

J. Amado, *L'Élaboration de la notion et du droit des apanages royaux. Du droit privé au droit public*, mémoire polycopié, faculté de droit de Paris, 1953 / L. F. Du Vaucel, *Essai sur les apanages, ou Mémoire historique de leur établissement*, publ. anon. entre 1780 et 1790 / F. Lot & R. Fawtier, *Histoire des institutions françaises au Moyen Âge*, t. II, *Institutions royales*, Paris, 1958 / C. T. Wood, *The French Apanages and the Capetian Monarchy (1224-1328)*, Cambridge (Mass.), 1966 (et les comptes rendus critiques de W. M. Newman in *Speculum*, 1967, et de B. Guenée in *Annales E.S.C.*, 1968).

ARAGON

Des origines au royaume

Avant la conquête arabe, il n'y a pas d'Aragon. Le pays était englobé dans la province romaine dite Tarraconaise. Assez forte dans la vallée de l'Èbre, où naquirent des villages qui furent ensuite des cités épiscopales (Saragosse, Huesca, Tarazona), la romanisation fut presque nulle dans les Pyrénées. L'occupation arabe ne se heurta à aucune résistance sérieuse, et se limita à quelques garnisons. Les musulmans furent surtout des indigènes convertis à l'islām, comme Cassius, comte du district de Borja, chef de la famille des Banu Kassi. Dans les vallées pyrénéennes, le seul signe de soumission était le paiement d'un tribut aux autorités arabes. À la faveur des luttes internes qui agitèrent l'Espagne musulmane au VIIIe siècle, ces tributs furent payés de plus en plus irrégulièrement. L'intervention franque se traduisit par l'installation temporaire (806-809) du comte Aureolus dans la région de Jaca. Une indépendance de fait s'établit ainsi progressivement.

Depuis le début du IXe siècle apparaît, d'abord dans les vallées de Hecho et de Canfranc, un petit comté, dirigé par Aznar Galindo et ses successeurs. Aux montagnards indigènes se joignent quelques Francs et quelques réfugiés du Sud, qui encouragent l'esprit de résistance. Une ligne de forteresses se constitue sur la frontière sud. La vie ecclésiastique s'appuie surtout sur les monastères : San Pedro de Siresa, San Juan de la Peña. Un évêché apparaît en 922. Ce petit comté jouit d'une conscience propre, suffisante pour résister à l'absorption par la monarchie de Pampelune, menaçante au Xe et au début du XIe siècle.

À la mort de Sanche le Grand, roi de Navarre (1035), son fils illégitime Ramire Ier reçut, outre ce noyau primitif, des territoires voisins qui portaient la superficie de son domaine de 600 à 4 000 kilomètres carrés, et qu'il arrondit encore par l'annexion du Sobrarbe et de la Ribagorza. Son fils Sanche Ramírez en fit un véritable royaume, avec l'aide de la papauté, dont il se déclara vassal en 1089. Tous deux tirèrent grand profit des péages perçus sur la route qui, par Jaca et Canfranc, fait communiquer l'Espagne avec le sud de la France, ainsi que des tributs (les *parias*) versés par les riches principautés musulmanes comme prix de leur tranquillité. Sanche Ramírez put créer la cité de Jaca, y attirer une population artisanale venue de France. Ramire Ier et son fils favorisèrent la vie religieuse, dotèrent les sièges épiscopaux de Jaca et de Roda assez largement pour permettre la rapide construction d'amples églises romanes.

Cependant, alors que la Castille réalise des progrès spectaculaires aux dépens de l'Espagne musulmane, Ramire Ier et son fils mirent plusieurs décennies à forcer la ligne de forteresses qui leur interdisait l'accès de la plaine. Ramire Ier mourut sous les murs de Graus (1063). Sanche Ramírez établit le château de Montearagón aux portes de Huesca (1088). Pierre Ier triompha d'une armée musulmane aidée par les Castillans, et enleva enfin cette cité (1096). Alors la *tierra nueva* s'ouvrit enfin au royaume.

Crise de croissance et expansion

À ce rapide dénouement d'une longue entreprise succède, plus rapide encore, la conquête de la principauté musulmane de Saragosse : en un peu plus de deux ans, Alfonse Ier le Batailleur (1104-1134), frère de Pierre Ier, aidé par des croisés venus de France, enlève Saragosse (18 décembre 1118), occupe le pays, écrase à Cutanda (18 juin 1120) une armée de secours musulmane. Mais, faute d'entente avec le comte de Barcelone, il échoue devant Lérida, et il est même écrasé à Fraga (17 juillet 1134). Mourant peu après, sans enfant, il lègue son royaume aux ordres militaires : formule inapplicable, vite abandonnée pour la montée sur le trône du frère du défunt, le moine Ramire, marié pour l'occasion. Cette crise fit craindre un retour offensif des musulmans et accueillir en libérateur Alfonse VII, roi de Castille, à Saragosse. Mais elle fut dénouée par le mariage de Pétronille, fille de Ramire, avec Raimond Bérenger IV, comte de Barcelone (1137), qui s'intitula « prince et gouverneur » d'Aragon, sous la suzeraineté du roi de Castille – vite théorique, et formellement rejetée en 1177. Dès lors, la conquête put reprendre, Lérida et Fraga tombèrent en 1149, et l'Aragon acheva de trouver avant la fin du siècle ses frontières définitives.

Cette croissance considérable (48 000 km^2 se sont ainsi ajoutés aux 6 000 primitifs) posa de nombreux problèmes : il fallut offrir à la population musulmane des conditions susceptibles de la retenir dans les faubourgs des villes et à la campagne ; il fallut attirer des immigrants chrétiens, et le repeuplement de Saragosse ne fut satisfaisant qu'au début du XIIIe siècle, moment où cette cité commence à jouer modestement le rôle d'une capitale ; il fallut reconstituer la hiérarchie ecclésiastique, ce qui n'alla pas sans discussions pour délimiter les diocèses ; il fallut organiser vers le sud, sur les pentes du plateau central, une zone frontière dont les habitants guerroyaient à la recherche d'un butin, réparti ensuite selon des règles strictes ; il fallut adapter au gouvernement d'un vaste territoire une monarchie archaïque et patriarcale, qui se heurta bientôt aux aspirations de la noblesse, désireuse de convertir en patrimoines héréditaires les terres que le roi lui concédait pour obtenir d'elle le service militaire. Malgré tout, maîtres de la Catalogne en même temps que de l'Aragon, les rois purent commencer à unifier cette mosaïque de territoires, où un sentiment aragonais commençait d'ailleurs de naître.

Les grandes conquêtes du XIIIe siècle placent l'Aragon au premier rang des puissances européennes, mais ouvrent une série de difficultés entre le roi et sa noblesse. La conquête de Majorque (1229) fut surtout une entreprise catalane, et celle de Valence, qui se poursuivit de 1232 à 1245 (chute de Valence en 1238), déçut la noblesse : elle se vit concéder de moins en moins de domaines, au fur et à mesure de la progression vers le sud. Contre elle, Jacques Ier maintint là un royaume à part, doté d'un droit et d'institutions propres. L'opposition atteignit un degré extrême lorsque le roi sollicita l'aide de la noblesse pour la reconquête de Murcie ; aux Cortes d'Egea (1265), il dut accepter que les désaccords entre roi et nobles soient désormais tranchés par le juge suprême (*justicia*), personnage nommé par le roi, mais choisi parmi les chevaliers.

Murcie fut conquise, et finalement cédée par la Castille à l'Aragon, lorsque fut fixée la frontière entre les deux royaumes (1314). Entre-temps, la crise fut rouverte par le roi Pierre III qui, ayant conquis la Sicile et mis son royaume en posture difficile devant la papauté et devant la France, dut accepter le Privilège général imposé par l'Union des nobles, aux Cortes de Tarazona (1283) : celui-ci tentait de fixer les relations légales entre l'Aragon et son souverain. L'Union fut finalement écrasée par Pierre IV, mais le Privilège général fut confirmé (1348).

De la fin du Moyen Âge au XVIIIe siècle

L'organisation politique a pris ainsi la forme d'une sorte de constitution. La personne du roi est le seul élément d'union entre Aragon, Catalogne et Valence ; mais, en 1319, il a été fixé que ceux-ci resteraient toujours unis. Lorsque le roi s'absente d'Aragon, il y est représenté par un procureur, qui est normalement l'héritier. Les Cortes ont développé une législation, à laquelle le roi lui-même est considéré comme soumis. Tout sujet en péril peut recourir au *justicia*, qui peut aussi évoquer tout procès, et apparaît ainsi comme interprète du droit : le roi lui-même dépend de sa juridiction. Système dont les Aragonais se montrent fiers, mais qui peut entraîner des abus.

La vie économique de l'Aragon restait assez primitive. Seules des zones assez limitées étaient cultivables ; l'élevage et l'exploitation forestière apparaissaient donc comme d'indispensables compléments. Mais, en raison de l'absence de grand centre de consommation (Saragosse atteignit au plus 15 000 habitants au XIVe s.), l'Aragon pouvait fournir en blé les autres pays de la Couronne. Avec le blé, l'huile, les chevaux, la laine alimentaient une exportation qui permettait d'importer armes, tissus, etc. Ces trafics enrichissaient une bourgeoisie jusqu'alors fort modeste. La noblesse était dominée par les huit à dix familles de *ricos hombres*, dont la fortune ne pouvait cependant se comparer à celle de leurs homologues castillans. Tout en conservant une liberté théorique, la masse paysanne était en fait fixée au sol et soumise au droit qu'acquirent ses seigneurs de la « bien ou mal traiter à leur convenance ».

À la suite de l'extinction de la dynastie aragonaise, le compromis de Caspe (1412) plaça sur le trône un Castillan, Ferdinand d'Antequera. Ainsi se préparait l'unification que réalisèrent les Rois Catholiques. Dès lors, l'Aragon apparut comme l'un des royaumes dans lesquels s'exerçait l'autorité des souverains. Créé en 1494, le Conseil d'Aragon examinait particulièrement les affaires propres à la couronne d'Aragon et à l'Italie ; le roi y était représenté par un vice-roi. Cependant, l'Aragon est pris peu à peu dans les liens que crée l'évolution moderne de l'Espagne, jusqu'à ce qu'il cesse, au XVIIIe siècle, d'être vraiment un royaume.

PHILIPPE WOLFF

ARMAGNAC

Grand fief de Gascogne, l'Armagnac correspond approximativement à l'actuel département du Gers. Issu du démembrement du diocèse d'Eauze-Auch, il fut érigé en comté vers 960. L'acquisition du comté de Fezensac avec Auch, vers 1140, l'agrandit considérablement. Lorsque les rois d'Angleterre et de France contrôlèrent respectivement le duché d'Aquitaine et le comté de Toulouse (XIIIe-XVe s.), la maison d'Armagnac profita de sa position intermédiaire pour relâcher ses liens vassaliques et obtenir, le plus souvent par mariage, de nombreux fiefs tels l'Eauzan (fin XIIIe s.), le comté de Rodez au nord de la Garonne (1301), la Lomagne (1325). Ce vaste ensemble manquait cependant un peu de cohérence et aussi d'une structure administrative territoriale. C'est l'explication majeure de ses échecs dans sa longue lutte contre la maison de Foix : succession de Béarn (1290), cuisante défaite de Launac (1362), enfin, surtout à partir de 1378, lutte plus indécise pour le Comminges : les comtes d'Armagnac enlèvent d'abord l'infortunée héritière, puis, après la mort de celle-ci, plaident leur cause devant le roi qui met les plaideurs d'accord en s'appropriant l'enjeu (1454). Cette lutte contre les comtes de Foix-Béarn se doubla, au XVe siècle, de la fameuse querelle avec les Bourguignons. On sait comment, après l'assassinat de Louis d'Orléans (1407), Bernard VII d'Armagnac prit la tête de l'opposition au duc de Bourgogne Jean sans Peur, et comment, avec ses bandes recrutées dans le Midi, il s'imposa à Paris et à Charles VI pour organiser la défense contre les Anglais (1415-1418). Jean V d'Armagnac, qui étalait sa liaison incestueuse avec sa sœur et participa très activement aux derniers désordres féodaux, fut tué en 1473 au siège de Lectoure entrepris par une armée royale. Le comté perdit dès lors son indépendance. Mais, donné par François Ier à sa sœur Marguerite, bientôt femme d'Henri d'Albret, il ne sera définitivement réuni à la couronne que par Henri IV en 1607.

GABRIEL LLOBET

ARMAGNAC JEAN V comte d' (1420-1473)

Fils de Jean IV d'Armagnac et d'Isabelle de Navarre. Vicomte de Lomagne, puis comte d'Armagnac à la mort de son père en 1450, d'abord fidèle à Charles VII, Jean V d'Armagnac usurpa cependant les prérogatives royales, en particulier le droit de battre monnaie, et se rebella à diverses reprises contre les extensions des droits du roi en pays de langue d'oc. Charles VII fit saisir le comté d'Armagnac et traduire le comte devant le parlement (1458). Ayant obtenu son pardon de Louis XI, Jean V se révolta cependant contre ce roi, s'associa à la Ligue du bien public (1465), puis continua de comploter. En 1470, le roi fit occuper le comté, puis à nouveau en 1473. Lors de la prise de Lectoure par l'armée royale, le comte fut tué malgré la promesse de rémission qui lui avait été faite. Jean V acquit une fâcheuse célébrité en ayant publiquement pour concubine sa propre sœur, Isabelle, qui lui donna trois enfants. Il eut ensuite quelque peine à trouver femme et finit par épouser Jeanne de Foix en 1469.

JEAN FAVIER

ARMORIAL

Collection d'armes (composition dans un écu) ou d'armoiries (l'écu et ses ornements extérieurs), l'armorial est composé de descriptions ou de représentations ou encore des deux à la fois, avec l'avantage de préciser des détails ou des figures difficiles, mais avec la possibilité de disparités entre description et représentation. Les descriptions sont écrites en des textes très secs et archaïques (dans une langue spéciale venant du français et de l'anglo-normand, modèle de tous les langages héraldiques du monde), mais parfois enrobées dans de vastes poèmes ; on a déjà vu des textes codifiés sous un aspect mathématique, et ils appellent l'ordinateur qui semble indispensable, encore que sa mise sur pied soit très complexe et peu envisageable sans d'importants crédits. Les représentations se font en dessins et gravures (les couleurs codées par lettres dans les pays germaniques depuis le Moyen Âge, et avec des hachures conventionnelles depuis 1600 et 1638) ainsi qu'en couleurs ; le support peut être un rouleau ou un *codex* en parchemin, un *codex* de papier (donc une sorte de livre plus ou moins volumineux) ou encore une planche. À la limite, forment armorial une frise d'écus sur une fresque, un plafond, des poutres, une série d'entre eux dans les marges d'une chronique, sur des vitraux, sur des étoffes (broderies, tissages), en émail sur des objets...

Les armoriaux sont le fruit de longues recherches à tendance encyclopédique sur une région, une nation, ou tout ce qu'un héraut a pu collecter au cours de sa vie itinérante à travers l'Europe. Ces recherches peuvent être privées et relatives aux facilités du travail d'identification du héraut, ou au contraire être le ratissage d'une énorme population à des fins fiscales. Les motifs de la rédaction d'un armorial sont parfois relatifs à un événement bien précis : rassemblement de seigneurs à une campagne, une bataille (il y a des armoriaux de morts), un tournoi (réél ou imaginaire), une cour souveraine, un concile... Mais les armoriaux sont aussi le reflet de corporations de métiers, y compris les poètes et leurs amis (par exemple l'*Armorial de la cour amoureuse* en France autour de 1400) ou encore de compagnies chevaleresques comme les ordres de Saint-Michel, du Saint-Esprit, de la Jarretière, de la Toison d'or... Les tailles de ces documents sont très diverses, pouvant aller de quelques dizaines de lignes à plus d'une centaine de volumes. Certains armoriaux médiévaux ont une grande valeur artistique comme celui du *Héraut Gelre* (vers 1380), l'*Armorial équestre de la Toison d'or et de l'Europe* (vers 1450) ou encore l'*Armorial de Conrad Grunenberg* (vers 1450). En revanche, on est déçu de la pauvreté artistique de l'*Armorial du héraut Berri*, si intéressant pour l'époque de Charles VII. Le plus ancien armorial peint, français, dit *Armorial Wijnbergen* (1267-1285) est à La Haye ; le plus consulté est sans aucun doute l'*Armorial général de 1696* (35 volumes de texte et 35 volumes de dessins aquarellés au département des manuscrits de la Bibliothèque nationale de Paris) : nombreux sont ceux qui essaient d'y retrouver les armes d'un ancêtre obligé de verser 20 livres pour les déclarer aux gens du roi, mais nombre de celles-ci furent fabriquées d'office et sont ainsi fantaisistes, même pour les plus grandes familles.

L'étude des armoriaux médiévaux apporte de nombreux renseignements sur la structure de la société féodale ; il en existe un très grand nombre en France, berceau de l'héraldique, soit en originaux, soit en copies. On trouvera pour la Grande-Bretagne et les pays germaniques (Allemagne, Autriche, Suisse) d'excellents catalogues largement commentés et illustrés, présentant des manuscrits parfois du plus haut intérêt.

HERVÉ PINOTEAU

ARNOUL saint (582 env.-640)

D'une grande famille apparentée aux rois mérovingiens, Arnoul naquit à Lay-Saint-Christophe, près de Nancy. De sa femme Doda, fille du comte de Boulogne, il eut deux fils, Anségisel et Cloud. Le premier épousa une fille de Pépin de Landen, et de leur descendance naquit Charlemagne. Personnage en vue comme administrateur de domaines royaux, Arnoul fut, bien que laïc, élu en 614 évêque de Metz. Doda entra dans un monastère de Trèves. Arnoul fut à la fois bon pasteur et conseiller des rois. Il voulait se retirer dans la solitude ; le roi Clotaire II s'y opposa, mais Dagobert finit par céder en 629. Arnoul alla vivre ses dix dernières années près de son ami Romaric, le fondateur de Remiremont (*Romarici mons*), dans les Vosges. Il y mourut le 16 août 640. Son corps fut rapporté à Metz l'année suivante.

JACQUES DUBOIS

ARTEVELDE JACOB VAN → VAN ARTEVELDE

ARUNDEL THOMAS FITZALAN (1353-1414)

Archevêque de Canterbury et chancelier d'Angleterre. Le père de Thomas Arundel, Richard est un des cinq régents du royaume en 1355 ; son frère aîné, Richard, est membre du Conseil royal pendant la minorité de Richard II et l'un des ses gouverneurs. Thomas, évêque d'Ely dès 1374, rejoint son frère dans le parti aristocratique aux côtés du duc de Gloucester, oncle de Richard II, et d'Henri de Lancastre. Les succès du parti favorisent la carrière de Thomas Arundel, chancelier de 1386 à 1389, archevêque d'York en 1388, à nouveau chancelier de 1391 à 1396, date à laquelle il devient archevêque de Canterbury. Mais, en 1397, le roi engage l'épreuve de force ; Gloucester et Richard Arundel sont arrêtés, ce dernier exécuté. Thomas, cité devant les Communes pour sa politique pendant la minorité du roi, est démis de l'archevêché de Canterbury et banni. Il retrouve, en Italie, Henri de Lancastre que Richard II vient de dépouiller de son héritage ; en 1399, après le débarquement de Lancastre, il rentre en Angleterre, retrouve ses fonctions de chancelier et son archevêché. Alors au premier plan de la scène politique, il reçoit l'abdication de Richard II et couronne Henri IV. Sous le règne de ce dernier, il est à nouveau chancelier (1407-1409 et 1410-1413), mais il se consacre surtout à la lutte contre l'hérésie des lollards. En 1401, il fait adopter le statut qui conduit au bûcher les lollards impénitents ; en 1409, il publie une série de constitutions renforçant la répression ; l'une d'elles interdit de traduire la Bible en anglais. Pour extirper définitivement l'hérésie, il s'attaque, en 1413, aux lollards de la Cour, en premier lieu à sir John Oldcastle, ami personnel du roi, qu'il fait condamner. Son action l'entraîne aussi dans plusieurs conflits avec l'université d'Oxford.

PAUL BENOÎT

ASCALON ou ASHKELON

Port de l'ancienne Palestine méridionale (actuellement Isjël), sur la route d'Égypte, Ascalon était l'ancienne cité royale des Philistins. La situation stratégique de la forteresse d'Ascalon détermina l'acharnement que mirent à l'occuper les croisés et les Égyptiens. Les Francs ne purent s'en emparer qu'en 1153 et Saladin la leur reprit, après un siège très dur, dès 1187. Elle fut rendue aux Francs en 1240 par le sultan d'Égypte, désireux d'acquérir l'alliance du royaume latin contre Damas. Les Égyptiens prirent définitivement la ville en 1247.

La bataille dite d'Ascalon eut lieu entre les remparts et la mer le 12 août 1099, moins d'un mois après la prise de Jérusalem par les croisés. Les Francs, commandés par Godefroi de Bouillon, Raymond de Saint-Gilles, Trancrède, Robert de Normandie et Robert de Flandre, surprirent les Égyptiens par la rapidité de leur attaque. La victoire d'Ascalon fut particulièrement importante parce qu'elle libéra la Terre sainte, encore inorganisée, de la menace d'une reconquête imminente par les Égyptiens. Mais les discordes entre les barons francs empêchèrent une exploitation de la victoire qui eût été, cependant, facile. La prise de la ville, que ses défenseurs étaient prêts à livrer, fut retardée d'un demi-siècle parce que les vainqueurs ne pouvaient s'accorder sur le maître qu'il convenait de donner à la grande forteresse, et qu'ils refusaient surtout d'en accroître l'assise territoriale en la plaçant sous l'autorité de Godefroi de Bouillon.

JEAN FAVIER

ASCELIN NICOLAS ANSELME dit (XIIIe s.)

Frère prêcheur qui dirigea la mission envoyée par le pape Innocent IV en 1245, au moment du concile de Lyon, auprès des Mongols pour établir des relations avec eux et obtenir leur concours contre les musulmans. Ascelin prit contact avec le khān Baïju en Transcaucasie et, après un accueil assez froid, parvint à se faire comprendre, mais non à obtenir une décision. Il revint auprès du pape à Lyon en compagnie de deux ambassadeurs mongols, ce qui permit de poursuivre des négociations qui allaient conduire à l'envoi, en coopération avec le roi de France Louis IX, des légations plus importantes d'André de Longjumeau et de Guillaume de Rubrouck.

MARCEL PACAUT

ASSOLEMENT

Ce mot, pris aujourd'hui par les spécialistes des techniques agricoles comme synonyme de « rotation des cultures », a connu, du Moyen Âge au XVIIIe siècle, un sens beaucoup plus restreint et précis : c'était l'organisation et l'obligation de cette rotation sur tout un terroir. Dans le modèle classique, l'ensemble des terres était partagé en trois grands blocs appelés « soles » dans le Bassin parisien, « roies », « champs » ou « saisons » ailleurs ; chacune de ces soles portait alternativement l'un des trois types de culture de la rotation triennale, et chaque paysan, dont les parcelles étaient également réparties entre les trois soles, était tenu de se conformer à la rotation collective. Bien sûr, si la pratique locale était la rotation biennale, le terroir n'était divisé qu'en deux soles. Ce système présentait l'avantage de faciliter la dépaissance collective des troupeaux sur les terres en jachère, puisqu'elles étaient toutes regroupées en une même sole, aisément isolées des cultures par une clôture temporaire ; c'est pourquoi l'assolement obligatoire, qui n'est pas attesté avec certitude avant le XIVe siècle, se répandit après l'arrêt des défrichements, lorsqu'on voulut, en développant l'élevage, tirer encore davantage d'un terroir déjà saturé.

La création de ces soles obligatoires suppose à l'origine une contrainte qui ne peut être que seigneuriale, mais ce furent les communautés villageoises qui en devinrent ensuite les farouches gardiennes jusqu'au XVIIIe siècle ; à ce moment, les plus gros exploitants souffrirent de devoir toujours pratiquer la jachère alors que les innovations de la « première révolution agricole » leur permettaient d'économiser cette année perdue. Mais, jusque-là, les villageois avaient beaucoup tenu à l'assolement, surtout les plus pauvres pour qui la possession de quelques bêtes dans le troupeau commun était la seule richesse.

Cependant, il ne faut pas tenir pour générale la pratique de l'assolement, qui resta toujours limitée aux pays d'openfield : non seulement les pâturages naturels y sont plus rares, mais encore ce sont les seules régions où, les parcelles n'étant pas encloses en permanence, on n'aurait pu mener paître les troupeaux sur des jachères dispersées dans le terroir sans risquer d'endommager les cultures voisines.

FRANÇOISE MOYEN

ATTILA (395-453) roi des Huns (434 env.-453)
→ GRANDES INVASIONS page 403

AUBAIN

Terme qui, dans l'ancien droit français, désigne l'étranger. Dans le morcellement politique du premier âge féodal, l'aubain était non seulement l'étranger au royaume, mais même à la seigneurie : ceux qui venaient du dehors s'établir dans une seigneurie devaient dans l'an et jour s'avouer l'homme du seigneur sur la terre duquel ils s'établissaient, sous peine de s'exposer à être saisis corps et biens ; quant aux aubains venant de l'étranger, ils étaient parfois exposés à être traités par les seigneurs comme des serfs. Peu à peu, la royauté prit les aubains sous sa protection. L'aubain fut alors essentiellement l'étranger au royaume et il ne put reconnaître d'autre seigneur que le roi ; le mouvement ne se fit pas sans de vives résistances de la part des seigneurs hauts justiciers. Une ordonnance de Charles VI de 1386 réserve au roi la succession des aubains dans toute la Champagne et, progressivement, l'aubaine devint droit royal.

JEAN GAUDEMET

AVIGNON PAPES D'

Avignon doit sa célébrité, et l'essentiel de sa physionomie, au séjour qu'y fit la papauté au XIVe siècle. De 1309 à 1367 (ou 1403 si l'on compte les papes du Grand Schisme), la ville devint la capitale de la Chrétienté, principalement à cause de l'insécurité politique de Rome et de l'Italie d'alors. Papes français, les neuf papes d'Avignon se plurent sur les bords du Rhône, mais ils donnèrent toujours la priorité à la reconquête de leur pouvoir temporel en Italie. Dans des circonstances défavorables, ils surent, en excellents juristes, augmenter leur pouvoir en faisant de leur curie l'instrument d'une centralisation rigoureuse que favorisait l'heureuse situation géographique d'Avignon. Mais cette évolution, loin de résoudre le problème constitutionnel dans l'Église, l'aggrava bien plutôt, comme en témoigne le Grand Schisme ; elle aggrava aussi l'enlisement de l'Église dans les affaires temporelles : la « réforme dans la tête et les membres », réclamée au concile de Vienne, resta lettre morte. Sans doute était-il vain de l'attendre d'abord de réformes administratives.

La papauté à Avignon

Circonstances de l'établissement de Clément V à Avignon (1305-1314)

Lorsque Bertrand de Got, archevêque de Bordeaux, est élu pape en 1305, il se fait couronner à Lyon, sur le chemin de l'Italie, avec l'espoir de réconcilier dans cette ville d'Empire les rois de France et d'Angleterre, en guerre au sujet de l'Aquitaine. La poursuite de cet objectif, condition d'une croisade efficace en Orient, et surtout ses démêlés avec Philippe le Bel ne permettront pas à Clément V de rejoindre Rome. Il doit d'abord dissuader le roi de France de poursuivre le procès en hérésie qu'il a intenté à la mémoire de Boniface VIII, puis il tente de faire face, par le concile de Vienne (1311-1312), à l'affaire des Templiers dont le roi a décidé la perte. Comme la plupart des cours de l'époque, la curie pontificale mène d'abord la vie itinérante de son maître, en Limousin et en Aquitaine. Cependant, à partir de mars 1309, pour plus d'indépendance, le pape se fixe au couvent des dominicains d'Avignon : la ville appartient à l'un de ses vassaux, le comte de Provence, et de plus elle jouxte le Comtat Venaissin, possession du Saint-Siège depuis le XIIIe siècle. Le concile de Vienne terminé, l'Italie est de nouveau à feu et à sang, du fait de l'expédition de l'empereur Henri VII : Clément V ne peut s'y rendre ; d'ailleurs, il est désormais trop malade pour cela. Aux yeux des contemporains, cet exil n'eut rien d'extraordinaire : on a pu calculer en effet que, de 1100 à 1304, les papes avaient résidé seulement quatre-vingt-deux ans durant à Rome même.

Les papes d'Avignon de 1316 au Grand Schisme

On doit sans doute à Jean XXII (1316-1334), successeur de Clément V, le véritable établissement de la papauté en Avignon, ville qu'il aimait pour en avoir été longtemps l'évêque. Il y résida de façon stable durant les dix-huit années de son pontificat, menant de là une politique italienne complexe, mais finalement stérile. Au service de cette politique, cet administrateur de génie sut concevoir un vaste système de fiscalité qui procura désormais au Saint-Siège des ressources abondantes et régulières. Dans le même temps, il se réserva la nomination aux principaux bénéfices ecclésiastiques (dont les évêchés, auparavant pourvus par élection), ce qui renforçait sa mainmise sur le haut clergé et les églises locales et accroissait sa puissance, face aux pouvoirs politiques. Son successeur, Benoît XII (1334-1342), ne poursuivit pas ses vastes desseins et n'obtint guère de succès en Italie. Soucieux de réformer la vie religieuse, il échoua dans ce projet parce qu'il y fit preuve d'une trop grande minutie. Cependant, en reconstruisant en grand le palais épiscopal de la ville, il permit l'épanouissement des structures curiales mises en place par Jean XXII. La politique italienne de Clément VI (1342-1352) ne fut guère plus heureuse ; ainsi acheta-t-il Avignon à Jeanne Ire de Naples et construisit-il un second palais, contigu à celui de Benoît XII. Ce pape prestigieux et brillamment doué ne réussit pas non plus à réconcilier l'Angleterre et la France, ce qui ruina également ses projets de croisade. Innocent VI (1352-1362) découvrit dans le cardinal Albornoz, qui s'était déjà illustré dans la *Reconquista* contre les Maures, le stratège militaire et l'habile diplomate qui allait enfin pacifier les États de l'Église en Italie, si bien qu'Urbain V (1362-1370) put finalement rejoindre Rome en 1367. Son désir de médiation dans l'interminable guerre franco-anglaise l'obligea cependant à revenir en Avignon, où il mourut en 1370. Grégoire XI (1370-1378), neveu d'Innocent VI, élu en Avignon, ne rentra à Rome, où les troubles avaient repris, que pour y mourir.

Les papes du Grand Schisme en Avignon (1379-1403)

Sous la pression d'une émeute du peuple romain réclamant « un pape romain ou au moins un pape italien », les cardinaux élirent unanimement un Italien, Urbain VI, pour succéder à Grégoire XI. Cette élection fut-elle libre ? Les historiens en discutent encore ; toujours est-il que, cinq mois après, les mêmes électeurs, sauf trois, choisirent un nouveau pape, Clément VII (1378-1394). Bientôt la Chrétienté entière, suivant ses souverains, se trouva divisée entre les deux obédiences. Urbain VI tenant Rome, Clément VII s'installa en Avignon en 1379, où il trouva l'administration et la capitale dont il avait besoin. Sa grande affaire demeura celle de tous ses prédécesseurs : reconquérir l'Italie. La mort d'Urbain VI, puis celle de Clément VII ne mirent nullement fin au schisme : les cardinaux ne se résolurent pas à voter pour le pape survivant, mais ils lui donnèrent chaque fois un rival. C'est ainsi que fut élu, en 1394, le dernier pape d'Avignon, Benoît XIII. Imbu de la plénitude du pouvoir pontifical, se considérant comme le représentant de Dieu sur terre, Benoît XIII refusa la voie de cession proposée pour mettre fin au schisme par le roi de France et la Sorbonne. Même après avoir subi la soustraction d'obédience de ses partisans, après avoir été chassé d'Avignon (1403), bien après le concile de Constance qui avait mis fin au schisme en déposant les trois papes rivaux en 1415, il refusa encore de démissionner et mourut isolé, mais sûr de son bon droit, à Peñiscola en 1422.

Après Benoît XIII, aucun pape ne résidera plus en Avignon ; l'histoire de la ville se confond désormais avec celle du Comtat Venaissin, qui continuera d'appartenir au Saint-Siège jusqu'en 1791, malgré des occupations militaires temporaires décidées par Louis XIV et Louis XV pour faire pression sur la papauté.

Tableau chronologique

1305-1314, Clément V (Bertrand de Got, Gascon).

1316-1334, Jean XXII (Jacques Duèse, de Cahors).

1334-1342, Benoît XII (Jacques Fournier, du comté de Foix).

1342-1352, Clément VI (Pierre Roger, Limousin).

1352-1362, Innocent VI (Étienne Aubert, Limousin).

1362-1370, Urbain V (Guillaume de Grimoard, du Gévaudan).

1370-1378, Grégoire XI (Pierre Roger de Beaufort, Limousin).

1378-1394, Clément VII (Robert de Genève).

1394-1422, Benoît XIII (Pedro de Luna, Aragonais), déposé par le concile de Constance en 1415.

Avignon, capitale provisoire de la Chrétienté

Abritant la papauté et ses services, Avignon devint la capitale de la Chrétienté et prit un rapide essor. Bien que submergés, les Avignonnais firent bon accueil aux nouveaux venus qui apportaient une prospérité inattendue à la cité. Devenue un centre commercial et bancaire de premier ordre, elle fut bientôt la première ville de France après Paris, avec environ 35 000 habitants, dont un millier de juifs, protégés par les papes. Avec plus de 151 hectares, sa dernière enceinte de 1360-1370 mesurait le triple de la première. Cette croissance se fit cependant sans plan et sans souci d'hygiène. L'effort architectural se porta surtout sur les palais des papes et sur les églises des ordres mendiants (Carmes, Cordeliers, Dominicains). Le mécénat des papes, qui y consacrent 4 p. 100 de leurs revenus, s'étend aussi aux autres arts : peinture (Simone Martini), sculpture, musique (influence flamande). Dans cette Cour, la plus grande d'Europe, les belles-lettres fleurissent (Pétrarque), des bibliothèques se constituent. Son influence artistique rayonne au loin grâce au passage incessant de prélats et de grands seigneurs en visite. Les clercs affluent à l'université, surtout à la faculté de droit, qui fournit la majorité du personnel curial. La faculté de théologie n'est fondée qu'en 1413 par Jean XXII.

La papauté d'Avignon dans l'histoire

Durant son séjour en Avignon, et grâce à lui, la papauté connut deux évolutions institutionnelles qui la marqueront longtemps. D'une part, devant le premier éveil des nationalismes, elle commença à abandonner ses prétentions au gouvernement politique de l'Occident, évolution qui eût été probablement plus lente à Rome, à cause des réminiscences historiques liées au site. D'autre part, pour la première fois, la centralisation pontificale devint effective : la vie sédentaire de la curie, sa position au cœur géographique de la Chrétienté y ont sûrement contribué. Ainsi, des papes plus juristes que théologiens ou spirituels dessinent en Avignon le visage moderne de la papauté : les constitutions de Clément V (*Clémentines*) et de Jean XXII (*Extravagantes*) cloront le *Corpus juris canonici*, qui demeurera la législation fondamentale de l'Église catholique jusqu'en 1917.

À l'exception de la reconquête de l'Italie, la politique des papes d'Avignon fut un échec (médiations inefficaces durant la guerre de Cent Ans, croisade impossible), mais doit-on en dire autant de leur action religieuse ? Si certains aspects de l'action de Clément V furent teintés de servilité à l'égard de la monarchie française, ses successeurs surent être plus indépendants. En revanche, sauf chez Benoît XII, on peut dénoncer leur népotisme et leur favoritisme à l'égard de leurs compatriotes ; 113 des 134 cardinaux d'Avignon seront français et pour les trois quarts originaires du Midi comme les papes : on comprend que les Italiens frustrés aient dénoncé le séjour en Avignon comme « la captivité de Babylone » ! Cependant, trois de ces papes passent à juste titre pour des réformateurs ; mais, prisonniers des structures de l'époque, même eux ne surent pas se dégager du temporel et tenir compte des critiques des Fraticelles ou de la pensée laïque naissante (Marsile de Padoue). S'ils dotèrent l'Église d'une fiscalité et d'une administration efficaces, les papes d'Avignon laissaient cependant à leurs successeurs la tâche essentielle : la réforme de l'Église, nécessaire pour authentifier son témoignage évangélique dans une société qui, désormais, s'émancipe de la tutelle ecclésiastique.

HERVÉ LEGRAND

Bibliographie

L. Caillet, *La Papauté d'Avignon et l'Église de France*, P.U.F., 1975 / J. Girard, *Avignon au temps des papes*, Avignon, 1922 / B. Guillemain, *La Cour pontificale d'Avignon (1309-1376). Étude d'une société*, éd. de Boccard, Paris, 1962 / L. H. Labande, *Le Palais des papes et les monuments d'Avignon au XIV*e *siècle*, 2 vol., Aix-Marseille, 1925 / G. Mollat, *Les Papes d'Avignon (1305-1378)*, 10e éd., Letouzey et Anè, Paris, 1965 / Y. Renouard, *La Papauté à Avignon*, P.U.F., Paris, 1969 / N. Valois, *La France et le Grand Schisme*, 4 vol., Picard, Paris, 1896-1902.

AYYŪBIDES (XIIe-XIIIe s.) ou AYYOUBIDES

Famille princière dont les membres régnèrent sur l'Égypte, la Syrie, la Mésopotamie et le Yémen, les Ayyūbides tirent leur dénomination du Kurde Ayyub, père du monarque connu en Europe sous l'appellation de Saladin, calquée sur son surnom arabe Salah al-din. Ce dernier avait installé le nouveau régime en Égypte, sans bruit, ordonnant de substituer dans le prône le nom du pontife sunnite de Bagdad à celui du calife fatimide. Celui-ci mourait trois jours plus tard, le 13 septembre 1171, sans avoir peut-être connu sa déchéance. La révolution s'était déroulée dans le calme.

Saladin (1137-1193)

Saladin Ier fut bien le fondateur de la dynastie des Ayyūbides, car, peu après avoir pris le pouvoir en 1171, il mit au point la répartition des principautés et en désigna les premiers titulaires. Ce choix créa des frictions, et, pendant près d'un siècle, les principautés furent loin de vivre en bonne entente. Une difficulté est inhérente au point de départ et à la personnalité de Saladin : le monarque, installé au Caire, prétend faire figure de suzerain vis-à-vis des princes syriens qui, eux, s'efforcent d'accentuer leur autonomie. D'ailleurs Saladin ne plaisantait pas avec ses parents, qu'il faisait valser de région en région selon les fluctuations de sa confiance en eux.

Deux de ces principautés émergent quelque peu de l'histoire. La création du petit royaume du Yémen n'est pas dépourvue d'ambiguïté : on peut penser que c'est un premier jalon d'une politique panislamique de Saladin, qui s'assura ainsi le contrôle des Lieux saints de l'islam sans l'inconvénient de la résidence au Hedjaz, trop turbulent. La principauté de Haute-Mésopotamie, avec sa capitale à Hiṣn Kayfa, aura le triste privilège de fournir à l'Égypte son dernier sultan, Tūrānshāh : le maintien invraisemblable de cette seigneurie jusqu'au début du XVIe siècle montre bien que son territoire se situait hors de la zone des grands conflits.

La puissance ayyūbide, par l'intermédiaire du prince zenguide d'Alep Nūr al-din, se rattache au mouvement de rénovation sunnite implanté en Mésopotamie par les Saldjūkides. Son originalité va se manifester d'une double façon : dans le domaine religieux, par la suppression radicale du shī'isme au moyen des *madrasa*, collèges d'État, qui vont dès lors pulluler en Égypte et dans les grandes villes syriennes ; dans le domaine militaire, par la mise en œuvre de toutes les ressources en vue de la lutte contre les croisés.

La disparition du chef de la famille, en 1193, laissa voir à nu l'ambition jalouse des petits princes qui vont passer leur temps à faire et défaire des alliances, à guetter les faiblesses de leurs émules et adversaires. En Syrie, énumérons : la principauté éphémère de Baalbek ; les principautés de Homs (Ḥimṣ), de Banyas, de Karak qui disparaîtront avec les premiers Mamlouks ; celles de Damas et d'Alep, qui finirent par être réunies sur la même tête et tiendront jusqu'en 1260 ; celle de Ḥamā, que les Mamlouks laisseront vivre jusqu'en 1341.

La grande affaire des Ayyūbides, c'est le voisinage des croisés, et c'est souvent sur ce point précis que l'on est amené à porter des jugements sévères sur leurs dissensions. On ne relatera pas ici les campagnes victorieuses de Saladin, qui aboutissent à la conquête de Jérusalem. Mais il convient d'insister sur la dérobade des princes syriens lors de la croisade de Philippe Auguste : si Acre fut reprise par les Francs, on le doit en grande partie à l'abandon des troupes syriennes ramenées dans leurs domaines respectifs.

Mais ces jalousies mesquines éclatèrent surtout après la mort de Saladin, dont le prestige personnel n'avait donc pas toujours suffi à maintenir le calme. Les intrigues furent permanentes et constituèrent la faiblesse irrémédiable de la famille ; elles ne cesseront qu'à la chute de la branche qui règne au Caire. Au fond, les querelles de ces roitelets sont très monotones : simplement on se met à deux contre un et l'isolé se préoccupe, souvent avec succès, de dissoudre la coalition d'en face ; puis l'on recommence. Du point de vue islamique, c'est lamentable, car les croisés occupent en force le littoral palestinien et deux sièges de Damiette montrent qu'ils continuent à présenter un grave danger. La titulature officielle des divers princes en fait des égaux, car si Saladin ne porta jamais le titre de sultan, ce titre est dévolu, sans aucune exception et sans distinction de préséance, à tous les princes ayyūbides.

Ainsi l'histoire des Ayyūbides n'est qu'un récit tourmenté des intrigues des divers membres de la famille, chacun d'eux ayant une ambition territoriale égale à celle du voisin, tous les princes syriens, ou presque tous, ayant convoité la possession de Damas. La capitale de la Syrie, enjeu des luttes qui se dérouleront pendant plus de soixante ans, va devenir le centre de la politique égyptienne, syrienne et mésopotamienne.

Malik Kāmil (1180-1238)

Un des souverains ultérieurs de l'Égypte, Malik Kāmil, reste une belle figure. Il avait assumé le pouvoir pendant que les Francs assiégeaient Damiette, dont ils s'étaient emparés le 5 novembre 1219 ; sans doute leur situation restait précaire mais aussi les troupes musulmanes en avaient assez. C'est dans cette atmosphère de batailles sanglantes et sans issue que Malik Kāmil se prit à préférer la négociation à la guerre. Un trait émouvant : Malik Kāmil reçut à son camp, face à Damiette, la visite de saint François d'Assise ; malgré ses conseillers, il réserva au franciscain un accueil amical, et une légende franciscaine s'en souviendra, faisant mourir le sultan d'Égypte à Konia, converti par deux missionnaires de saint François.

Une négociation célèbre lui attira les récriminations justifiées, en apparence tout au moins, de toutes les populations musulmanes. Prince cultivé, il avait entretenu des relations scientifiques avec l'empereur Frédéric II et peut-être était-il imprudemment convenu de lui céder Jérusalem. Sans doute, le sultan d'Égypte était gêné par une trêve qui n'était pas encore parvenue à son terme au moment où Frédéric exigea la livraison de la cité. Après la remise de la ville, Malik Kāmil s'excusa dans un manifeste, affirmant que le culte musulman avait été garanti dans la Grande Mosquée de la ville. Les faits montrent bien que les deux souverains étaient au-dessus de leur temps : le monde islamique, surchauffé, considérait la perte de Jérusalem comme un grand malheur, tandis que la papauté, ne voulant pas oublier qu'elle avait excommunié l'empereur, jetait l'interdit sur les Lieux saints. À l'actif de Malik Kāmil, outre que ses adversaires ne regardaient pas de trop près à leurs alliances (telle la demande d'aide aux bandes kharizmiennes qui dévastaient la Syrie), on est en droit de constater que la cession de Jérusalem procura un état de paix qui ne fut jamais, pendant toute la durée des croisades, ni aussi stable ni aussi long, et c'est bien ce que le sultan avait recherché avant tout. Ce fut, en tout cas, le point de départ d'une conjuration des princes syriens contre le sultan d'Égypte, conjuration qui donna ses fruits plus tard, en 1237, lorsque Malik Kāmil reçut un véritable ultimatum lui enjoignant de ne pas sortir d'Égypte. Le conflit tourna court par suite du décès d'un des protagonistes et de la médiation du calife de Bagdad.

Le dernier épisode est une épouvantable tragédie. Les Francs avaient une seconde fois pris Damiette. Parvenus à Mansourah (Al-Manṣūra), ils y perdirent une bataille de rues. Après la mort de Malik Ṣāliḥ (1249), sa veuve Shadjar al-durr avait mandé le prince Tūrānshāh, qui régnait à Hiṣn Kayfa. Ce dernier arriva à Mansourah le 25 février 1250, pendant que l'armée musulmane, reprenant l'offensive, cernait les Francs à Fareskour et faisait prisonnier le roi de France Louis IX. Par arrogance, Tūrānshāh s'aliéna tous les cœurs et, au cours d'un banquet, le futur sultan mamlouk Baïbars lui porta le premier coup de sabre. Tūrānshāh se réfugia dans une tour de bois à laquelle on mit le feu ; il se précipita dans le Nil ; rejoint à la nage, il fut mis à mort. Ainsi périssait, le 30 avril 1250, le dernier sultan ayyūbide d'Égypte, dont la conduite insolente avait attiré cet orage.

Le meurtrier n'était pas seul : il faisait partie de la milice d'esclaves turcs que Malik Ṣāliḥ venait de constituer pour posséder à ses côtés un contingent de gardes sûrs. Ces Mamlouks, menacés, tout au moins dans leur influence, par les officiers que Tūrānshāh avait ramenés de Mésopotamie, avaient pris les devants. Telle était la signification de ce sanglant fait divers qui allait donner naissance au nouveau régime de l'Égypte, celui des sultans mamlouks, dont la puissance et la cohésion allaient faire oublier la faiblesse des seigneurs ayyūbides.

GASTON WIET

Bibliographie

« Aiyubides » et « Ayyūbides », in *Encyclopédie de l'Islam*, 1re et 2e éd., Leyde, 1913 et 1958 / R. GROUSSET, *Histoire des croisades et du royaume franc de Jérusalem*, 8 vol., Tallandier, 1981 ; *Répertoire chronologique d'épigraphie arabe*, t. IX-XI, Le Caire, 1937-1941 / G. WIET, *Les Biographies du Manhal Safi*, Le Caire, 1932 ; *Précis d'histoire d'Égypte*, t. II, Le Caire, 1932 ; *Histoire de la nation égyptienne*, t. IV, Paris, 1937.

B

BAILLI

Celui à qui est baillée (donnée) une mission. Commissaires royaux investis de pouvoirs d'administration, de justice et de finances, les baillis sont apparus vers la fin du XIIe siècle. L'institution baillivale répondait à la double nécessité d'affermir le pouvoir du roi sur son domaine et de répondre aux plaintes des administrés contre les prévôts. D'abord itinérants, ils allaient deux par deux en mission d'inspection. Philippe Auguste, puis Saint Louis et son fils, enfin Philippe le Bel ont institutionnalisé la fonction et réglé ses pouvoirs. Au XIIIe siècle, les baillis deviennent sédentaires. Désormais les prévôts répondent de leurs actes devant les baillis qui eux-mêmes sont responsables devant le roi et peuvent être révoqués à tout moment. Saint Louis leur défend de recevoir argent ni bénéfice ainsi que d'acheter terre ni rentes pendant le temps de leur charge. Le roi a largement utilisé les pouvoirs de ses baillis non seulement pour maintenir ses droits, mais encore pour les étendre aux dépens des seigneuries voisines par le biais d'appels à sa juridiction, de levées de taxes extraordinaires, d'interventions dans les affaires municipales ou même parfois d'annexions pures et simples dans les cas litigieux. Recrutés dans la petite noblesse instruite et fidèle à la couronne, les baillis acquièrent cependant avec le temps une certaine indépendance, ce qui amène le roi à restreindre leurs prérogatives. L'administration se perfectionnant au cours du XIVe siècle, ils se voient retirer la gestion financière de leurs circonscriptions, leurs attributions militaires devenues caduques par la disparition de l'ost, et doivent également déléguer une partie de leurs pouvoirs judiciaires.

SOLANGE MARIN

BAILLIAGES & SÉNÉCHAUSSÉES

Ils apparaissent vers la fin du XIIe siècle lorsque les baillis, d'abord itinérants, sont fixés par Philippe Auguste, roi de France, sur la portion du domaine royal où ils doivent le représenter. Cette circonscription, réunissant plusieurs prévôtés, ne prendra le nom de bailliage que quelques années après sa création de fait.

Lorsque la couronne rattache successivement au domaine les seigneuries de l'Ouest et du Midi, elle y trouve une administration déjà perfectionnée, établie par les grands feudataires, et dirigée par leur représentant, le sénéchal. Le roi maintient cette administration, le sénéchal du seigneur passant au service du roi, et ces nouvelles possessions prennent le nom de sénéchaussées. Les sénéchaussées sont souvent plus grandes, parfois plus petites que les bailliages, suivant l'étendue du domaine réuni.

Bailliages et sénéchaussées seront désormais des circonscriptions administratives et ne disparaîtront qu'avec l'Ancien Régime. Leur importance est primordiale pendant le XIIIe siècle, où baillis et sénéchaux sont dotés de pouvoirs étendus : armée, justice, administration, perception de l'impôt. Au XIVe siècle s'amorce le déclin : bailliages et sénéchaussées deviennent essentiellement des circonscriptions judiciaires dotées d'un tribunal ; celui-ci est habilité à juger les procès où des nobles sont impliqués, fait fonction de cour d'appel des sentences prévôtales. Chaque fois qu'il le peut, il évoque aussi les sentences des juridictions seigneuriales voisines ou enclavées sur son territoire. Les compétences mêmes de ce tribunal vont se rétrécissant jusqu'au XVIIIe siècle.

SOLANGE MARIN

BALL JOHN (mort en 1381)

La plupart des chroniques, dont celle de Froissart, présentent John Ball comme l'un des grands responsables du soulèvement des paysans et des artisans en Angleterre en 1381. Peut-être, disciple de John Wyclif, aurait-il été l'un des pauvres prêtres vagabonds répandant la parole du maître, mais en mettant l'accent sur ses formules les plus révolutionnaires : la négation du devoir d'obéissance envers les impies, la dénonciation des exactions pontificales et de la vie de l'Église, la promesse de fraternité contenue dans la Bible. La prédication orale favorisait une présentation simplifiée de thèmes éminemment populaires. Jeté en prison par l'archevêque de Canterbury, John Ball fut libéré par les insurgés ; il aurait ensuite prononcé son célèbre sermon de Blackheath, tout entier centré sur la formule : « Quand Adam bêchait et qu'Ève filait, qui alors était gentilhomme ? » Selon Froissart, Ball aurait alors revendiqué une véritable communauté des biens et un nivellement social. Il aurait fait confiance au jeune roi Richard II pour mener à bien la nécessaire révolution sociale. Ses propos auraient exercé une immense influence, tant sur les paysans du Kent que sur les classes populaires londoniennes. Arrêté et jugé, John Ball paya de sa vie son action révolutionnaire. Après sa mort, il devint un personnage quelque peu mythique, qui inspira les revendications sociales des lollards ou d'un Jack Cade ; son souvenir resurgit, au temps de la première révolution anglaise, dans la mémoire des « jacobins anglais » de la fin du XVIIIe siècle et dans les écrits de socialistes anglais et européens du XIXe siècle.

ROLAND MARX

BALLIOL ou BAILLEUL JOHN DE (1250 env.-1314) roi d'Écosse (1292-1296)

D'une famille originaire de Bailleul (Somme), John Balliol hérite de terres en Écosse, en Angleterre et en France ; de sa mère lui vient le duché de Galloway. En 1290, à la mort de Margaret, la « demoiselle de Norvège », héritière du trône d'Écosse, il est un des treize prétendants à la succession entre lesquels Édouard Ier d'Angleterre doit jouer le rôle d'arbitre. Des droits certains reposant sur la primogéniture, peut-être aussi sa faiblesse de caractère, le font choisir contre son principal rival Robert Bruce (1292). Il prête alors hommage à Édouard Ier, mais sous certaines conditions. Roi sans autorité ni prestige, le peuple le surnomme *Toom Tabard* (vêtement vide) et l'aristocratie ne lui obéit pas ; il est soumis aux exigences sans cesse accrues du roi d'Angleterre qui, en particulier, le cite devant sa cour et exige l'aide militaire lors de l'expédition de Gascogne de 1294. Ces demandes, contraires à l'accord de 1292, portent à son comble l'irritation des Écossais qui nomment un conseil d'évêques et de barons, concluent une alliance avec la France (1295) et pénètrent dans le nord de l'Angleterre, tandis que Balliol dénonce l'hommage qui le liait au roi d'Angleterre. Celui-ci réagit vigoureusement et entre en Écosse avec son armée ; Balliol se rend et abdique en faveur d'Édouard Ier (juill. 1296). Il est publiquement dépouillé de ses armes et de sa dignité de chevalier, et enfermé à la Tour de Londres. Relâché en 1299, il finit ses jours en Normandie. Si le soulèvement de Wallace contre les Anglais se fait au nom du roi prisonnier, Robert Ier ne reconnaîtra aucune validité aux actes de Balliol.

PAUL BENOÎT

BAN

En droit féodal, le seigneur haut-justicier dispose du pouvoir de faire des règlements et des proclamations publiques, ou droit de ban, sur l'étendue de son domaine, d'où il a aussi le droit de bannir les criminels. Ainsi, par un ban, le seigneur s'attribue, dès le XIe siècle, le monopole d'installations telles que four, halle (qu'à l'origine il était seul à pouvoir faire construire), forge, pressoir, moulin à grain, moulin à huile, foulon ; il en résulte, pour les habitants de la seigneurie, l'obligation d'utiliser ces installations, dites banales, contre redevances (souvent en nature). En outre, le seigneur, avec le « banvin », se réserve de vendre son vin avant les autres producteurs de la seigneurie.

Le droit de ban, ou *Bannus*, était originellement venu de Germanie et donnait aux souverains des deux premières dynasties, mérovingienne et carolingienne, un pouvoir de commandement théoriquement sans limites. C'est à la faveur de l'anarchie du IXe siècle que les comtes usurpent ce droit que les Capétiens reprendront à partir du XIIe siècle, et surtout au XIIIe siècle.

ANNE BEN KHEMIS

BAN & ARRIÈRE-BAN

Dans le système féodal, les vassaux, ou titulaires de fiefs, doivent au seigneur, donc au roi en particulier, un temps de service militaire, le service d'ost : ils forment le ban. En cas de grand péril, les seigneurs procèdent à la levée en masse de tous les hommes, vassaux et paysans : c'est l'arrière-ban, service sans limitation de durée. Dès la fin du Moyen Âge, il devient possible pour chaque fief de se racheter de ce service moyennant le versement d'une somme d'argent ; avec le produit de cet impôt, le roi entretient des mercenaires, archers ou gens d'armes, soldats de métier, qui supplantent au XVe siècle l'armée féodale, disponible seulement quelques semaines par an.

ANNE BEN KHEMIS

BANNIÈRE

Mot dont la racine est *ban*, c'est-à-dire convocation des vassaux par le suzerain. Au Moyen Âge, la bannière est l'enseigne sous laquelle se rangent les vassaux convoqués pour aller à la guerre. Le seigneur banneret est celui qui peut lever bannière en réunissant ses vassaux. La bannière du banneret, attachée au bout de la lance, est carrée et se distingue du pennon du simple chevalier, prolongé en pointe. « Couper la pointe du pennon », c'était faire d'un chevalier un banneret. Mais, à côté de ces bannières, existent celles des milices, d'origine plus religieuse. Philippe Ier avait ordonné aux évêques de s'entendre avec les bourgeois des villes pour lever les milices par commune ou par paroisse. Les troupes ainsi fournies marchaient derrière la bannière de l'Église, dont la hampe était surmontée d'une croix. Quand le roi de France est à la tête de ses troupes, il se fait précéder de la bannière royale qui, depuis Hugues Capet, était de soie ou de velours azur, portant semis de fleurs de lis d'or. Du XIIe au XIVe siècle il adopte, en outre, la bannière de l'église de Saint-Denis, l'oriflamme de couleur feu, fendue par le bas, attachée à une lance dorée. L'apparition de la bannière de l'assaillant sur les tours d'une ville fortifiée marque la prise de la ville. Au combat, la capture de la bannière par l'adversaire est signe de déroute.

Apparues au Xe ou au XIe siècle, les bannières auront à peu près disparu à la fin du XVIe. Il faut y voir la conséquence de la prééminence progressive du pouvoir royal, de l'interdiction faite par Charles VI aux bannerets de convoquer directement leurs vassaux et de la création des compagnies d'ordonnance. Drapeaux et étendards remplacent alors progressivement les bannières féodales. Celles des paroisses (milices) sont déposées dans les églises. Désormais, les bannières, plus longues que larges, fixées sur un support en forme de T, sont religieuses ou corporatives. Dans le monde contemporain elles apparaissent encore dans les processions religieuses ou à la tête des harmonies locales.

JEAN DELMAS

BARDI LES

Famille de magnats florentins. D'origine féodale, installés à Florence depuis le XIIe siècle, les Bardi ont, comme les Peruzzi ou les Alberti, constitué une des grandes compagnies bancaires et commerciales d'Occident, entre 1250 et 1345 ; celle-ci a des succursales, non seulement dans toute l'Italie, mais dans tous les centres commerciaux importants au-delà des Alpes. Collecteurs des décimes pontificales, créanciers des rois de France et d'Angleterre, les Bardi seront victimes de l'expansion même de leur entreprise. Tenant en gage les revenus douaniers d'Angleterre, ils prennent de gros risques en finançant les deux premières campagnes d'Édouard III contre la France, et la guerre de Florence contre Lucques. Leur faillite en 1345 a de graves conséquences pour Florence. Avec elle s'écroule l'influence d'une famille qui avait compté de nombreux dirigeants politiques parmi ses membres, mais qui, depuis l'arrivée au pouvoir du *popolo*, bien avant la catastrophe finale, voyait sa puissance battue en brèche du fait de son appartenance à la classe des magnats, compromise avec la noblesse féodale. À la fin du XVIe siècle, la famille des Bardi s'illustre en la personne de Giovanni (1534-1612), comte de Vernio, mécène et animateur d'un renouveau musical lié à l'esprit de la Renaissance et qui se manifeste dans une nouvelle forme : le *recitar cantando* (mélodrame). Le dernier des Bardi s'éteignit au XVIIIe siècle.

GÉRARD RIPPE

BASILE Ier LE MACÉDONIEN (813 env.-886) empereur d'Orient (867-886)

Fondateur de la dynastie macédonienne. D'origine paysanne, Basile entra dans les services officiels de Constantinople. Il gagna la faveur de l'empereur Michel III qui le fit couronner empereur associé au trône en 867 ; mais, l'année suivante, Basile fit assassiner son bienfaiteur. Son principal effort porta sur la poursuite de la lutte des chrétiens contre les musulmans en Asie Mineure, en Italie et dans les Balkans. Il exerça un rôle de conciliation lors du différend religieux qui opposa Constantinople à Rome, en rétablissant Ignace dans ses fonctions de patriarche. À la mort d'Ignace en 878, Basile rétablit Photios qui avait été condamné par le concile œcuménique de Constantinople (869-870). Basile Ier est le fondateur de la dynastie macédonienne.

Il commença une réforme législative (*Prokheiros Nomos*, *Épanagogé*) qui fut achevée par son fils, Léon VI le Sage ; ce recueil des lois impériales est connu sous le nom de *Basiliques*.

E. U.

BASILE II LE BULGAROCTONE (957 env.-1025) empereur d'Orient (976-1025)

L'un des plus illustres fils de Romain II et de Theophano, Basile II fut couronné empereur associé au trône dès 960 ainsi que son frère Constantin. Pour gouverner personnellement, il dut éliminer le parakimomène (sorte de grand chambellan), qui avait exercé la tutelle sur les jeunes empereurs et qu'il exila. À l'intérieur, il affermit l'autorité impériale, en particulier à l'égard des grands propriétaires terriens, militaires et ecclésiastiques.

À l'extérieur, il étendit considérablement la domination de Byzance. Il maintint les positions byzantines en Syrie, malgré une révolte fomentée par les califes fatimides d'Égypte, et annexa la Géorgie et l'Arménie. Il entreprit surtout une longue lutte contre la Bulgarie (996-1018), où régnait le tsar Samuel ; il occupa la capitale, Okhrid, et son comportement impitoyable lors de ses victoires lui valut le surnom de Tueur de Bulgares. Le royaume bulgare fut rattaché à l'Empire byzantin.

E. U.

BASTIDE

À l'origine, le mot « bastide » désignait une tour de siège mobile en bois, haute de plusieurs étages, qui permettait aux assaillants de dominer de l'extérieur les remparts de la ville assiégée. Dans son acception la plus courante, le terme s'applique aux villes neuves fortifiées construites au Moyen Âge. Outre leur rôle économique (centre de mise en culture du terroir et lieu de marché), les bastides du midi de la France ont eu une fonction militaire et politique de premier plan dans les luttes sanglantes que s'y livrèrent Français et Anglais pour la domination du pays. Le seigneur fondateur de la bastide se bornait généralement à bâtir les portes, en maçonnerie, au nombre de deux, à chaque extrémité de la rue centrale. La construction et l'entretien de l'enceinte de la bastide étaient le plus souvent à la charge des habitants. Elle était fréquemment constituée par un simple rempart de terre surmonté d'une palissade ; dans les bastides murées, comme Sauveterre-en-Béarn, elle était formée par les façades postérieures des maisons se faisant suite les unes aux autres.

ÉLISABETH ZADORA

BATELEURS → FORAINS & BATELEURS

BAUDOUIN Ier (1058-1118) roi de Jérusalem (1100-1118)

Fils du comte Eustache de Boulogne et frère de Godefroi IV de Boulogne dit Godefroi de Bouillon, Baudouin Ier prit part à la première Croisade mais abandonna les autres croisés avant le siège d'Antioche pour aller à Édesse (actuellement Orfa), au-delà de l'Euphrate, où il s'assura, par ruse et par trahison, de la succession d'un prince arménien (mars 1098). À la mort de Godefroi de Bouillon, les barons appelèrent son frère, et celui-ci n'eut aucune peine à s'imposer comme roi, malgré les réticences du clergé. Baudouin Ier fut sacré à Bethléem, le 25 décembre 1100.

Souverain à la personnalité puissante, volontiers fourbe et violent, mais intelligent et courageux, Baudouin Ier fut le véritable créateur de la royauté franque à Jérusalem et l'unificateur du royaume latin. Il élargit la base territoriale de son autorité, en s'assurant notamment la subordination du prince d'Antioche. Il dota le royaume d'institutions qui en assurèrent la cohésion pendant près d'un siècle. Mettant fin à la résistance armée de bandes arabes, faisant passer des ports importants comme Césarée, Acre, Beyrouth et Sidon sous la domination des Francs, il accrut notablement le territoire conquis lors de la première Croisade. Une légèreté de mœurs, qu'il ne cherchait pas à cacher, lui valut l'hostilité du clergé, déjà dépité d'avoir dû consentir à la fondation du royaume. Une rocambolesque affaire de bigamie fit que le premier roi de Jérusalem mourut excommunié.

JEAN FAVIER

BAUDOUIN II (mort en 1131) roi de Jérusalem (1118-1131)

Fils du comte de Rethel, Baudouin II participa à la première Croisade dans l'entourage de son cousin, Baudouin de Boulogne, qui lui céda le comté d'Édesse lorsque lui-même devint roi de Jérusalem en 1100. Pris par les Turcs près de Harran (1104), il ne fut libéré qu'en 1108 contre le versement d'une rançon et avec l'assurance de son alliance, cette captivité mit un terme à la conquête franque en direction de la Mésopotamie. Il se trouvait en pèlerinage à Jérusalem lorsque mourut son cousin Baudouin Ier, et les barons présents à la cour trouvèrent normal de l'élire roi

(1118). Ce fut un politique habile et parfois retors, mais aussi un roi pieux et sage, et un excellent chevalier. Malgré des échecs face aux Turcs, une nouvelle captivité et de vaines tentatives faites, avec l'alliance de la secte des Assassins, pour prendre Damas, Baudouin II jouit d'un prestige suffisant pour assurer la cohésion politique de l'Orient latin. Il contraignit à l'hommage le comte Pons de Tripoli, assuma la régence de la principauté d'Antioche et celle du comté d'Édesse. Son action fut décisive à Antioche, où il élimina du gouvernement la veuve abusive de Bohémond et sauva la principauté de la menace turque.

JEAN FAVIER

BAUDOUIN III (1131-1163) roi de Jérusalem (1143-1163)

Fils du roi Foulques d'Anjou et de Mélisende (fille de Baudouin II), Baudouin III est le demi-frère de Geoffroi Plantagenêt, comte d'Anjou. Baudouin hérite, en 1143, du titre de roi de Jérusalem, mais il reste soumis jusqu'en 1152 au gouvernement de la reine Mélisende, laquelle commet l'erreur de rompre l'alliance damasquine ménagée par Foulques (1147) et réussit, malgré l'opposition des barons et des conseillers de Foulques, à détourner contre Damas la deuxième Croisade. Baudouin III joue un rôle décisif en sauvant Antioche après la mort de Raymond de Poitiers (1150). Sacré en 1152, il écarte alors du pouvoir sa mère et revient à la politique de son père. Il reconstitue l'unité politique du royaume latin, ressuscite l'alliance byzantine en épousant Théodora, une nièce de l'empereur Manuel Comnène, et tient tête aux entreprises de l'atabeg d'Alep, Nūr al-dīn, notamment devant Panéas en 1157. C'est enfin lui qui prend Ascalon en 1153. Premier roi de Jérusalem à être né en Terre sainte, Baudouin III passe pour le modèle du roi franc, pieux et courageux, perspicace et modéré dans sa politique. Lettré, connaissant bien le droit féodal, c'est un administrateur efficace. Il meurt sans enfants, et son frère Amaury lui succède.

JEAN FAVIER

BAUDOUIN IV LE ROI LÉPREUX (1160-1185) roi de Jérusalem (1174-1185)

Fils du roi Amaury auquel il succéda en 1174. D'abord trop jeune, puis victime de la lèpre et finalement d'une cécité quasi totale, Baudouin régna en réalité fort peu. Il tint tête à Saladin pendant trois ans, notamment à Ramla (25 nov. 1177), mais ne put empêcher ensuite une série de défaites qui mirent le royaume latin à la merci des Turcs et des Égyptiens. Son entourage eut une influence particulièrement néfaste, et sa sœur, la princesse Sybille, mariée en secondes noces à l'incapable Guy de Lusignan, s'entendit avec le sénéchal Jocelin de Courtenay et quelques autres pour écarter du gouvernement le comte Raymond III de Tripoli, seul homme fort du moment. Le règne fut donc perturbé par les incessantes dissensions de la noblesse et du clergé, amenés à se ranger dans l'un ou l'autre parti. La plus grave révolte fut celle de Renaud de Châtillon, régent d'Antioche pendant la minorité de son beau-fils Bohémond III.

Baudouin IV eut pour successeur le fils de Sybille et de Guillaume de Montferrat, Baudouin V, qu'il avait fait couronner dès 1183 et qui mourut en 1186, laissant la place à son beau-père Guy de Lusignan. L'anarchie féodale qui mina le royaume latin au temps du roi lépreux ne pouvait que précipiter l'effondrement de l'Orient chrétien, alors que, grâce à Saladin, l'unité politique de l'Islam oriental n'avait jamais été aussi fortement assurée.

JEAN FAVIER

BAUDOUIN V (mort en 1067) comte de Flandre (1035-1067)

Fils du comte de Flandre Baudouin IV le Barbu, Baudouin V lui succède en 1035. En 1036, il établit la « paix de Dieu » dans son comté, devenant le justicier suprême de sa terre. Malgré la résistance de l'empereur Henri III, il entreprend d'agrandir ses terres en direction de la Lotharingie et s'empare du pays d'Alost, région comprise entre l'Escaut et la Dendre et appelée Flandre impériale. En 1056, il obtient l'investiture de la Zélande et du pays des Quatre-Métiers. Marié à Adélaïde de France, sœur de Henri Ier de France, il est, à la mort de celui-ci, tuteur du jeune roi de France Philippe Ier et régent du royaume de 1060 à 1065. Sa fille Mathilde épouse le duc Guillaume de Normandie, futur roi d'Angleterre. Lors de l'invasion de l'Angleterre par ce dernier, le comte de Flandre reste neutre. Son fils aîné Baudouin acquiert le Hainaut en épousant la comtesse Richilde, tandis que son second fils Robert le Frison s'unit à Gertrude de Hollande dont il dirige le comté pendant plusieurs années. À sa mort lui succède son fils aîné, tôt disparu et dont les deux fils sont écartés du pouvoir par Robert le Frison.

JOSIANE COEKELBERGHS-CUYPERS

BÉARN

Province du sud-ouest de la France qui a formé plus de la moitié est du département des Pyrénées-Atlantiques (chef-lieu, Pau). La vicomté de Béarn, créée au IXe siècle, fut l'un de ces États pyrénéens qui associaient la montagne pastorale à un piémont agricole. Cinq dynasties se succédèrent à sa tête : les Centulle (jusqu'en 1134), les Gabarret (1134-1173), les Moncade (1173-1290), les comtes de Foix-Béarn (1290-1472) et les rois de Navarre (1472-1572). La situation du Béarn, entre la Gascogne et l'Aragon, permit à ses vicomtes de mener une heureuse politique de bascule à partir du XIe siècle, pour accéder à une souveraineté de fait au début du XIVe siècle. De plus, par une série de mariages, ils acquirent de nombreux fiefs : Gabardan (XIIe s.), Marsan et Foix (XIIIe s.), Bigorre et Albret (XVe s.), devenant ainsi la plus grande maison des marches méridionales.

Le règne de Gaston Phœbus (1343-1391) illustre la politique dictée dès 1290 par l'union du Béarn au comté de Foix aux dépens de l'Armagnac. Une « guerre de Cent Ans pyrénéenne » s'ensuivit, marquée par la brillante victoire de Phœbus à Launac (1362) qui consacrait l'hégémonie béarnaise sur le Sud-Ouest pyrénéen, de Foix à Orthez, la capitale. En même temps,

Phœbus profita du conflit franco-anglais, puisqu'il possédait des territoires dans les deux zones d'influence, pour refuser de prêter l'hommage pour le Béarn « car il le tenait de nulluys ». À l'intérieur, il ignora les deux assemblées consultatives (grands vassaux et représentants des villes) et le *For général*, charte des libertés béarnaises de 1188 ; il centralisa l'administration, rendit la taille permanente, réorganisa l'armée et la justice et s'entoura d'une cour brillante. À sa mort cependant, les deux assemblées fusionnèrent dans les états de Béarn pour désigner son successeur ; leur pouvoir croîtra jusqu'à équilibrer celui du vicomte à la fin du XVe siècle. Pays rural, la vicomté avait une faible densité de population (10 à 12 hab. au km^2). À partir du XVe siècle cependant, Pau prit son essor et devint la capitale. Les marchands et les rouliers béarnais, profitant de l'insécurité sur la Garonne, détournèrent le commerce de Toulouse vers Bayonne. Ils échangeaient les textiles flamands et anglais contre le pastel languedocien ou les laines espagnoles.

GABRIEL LLOBET

BEAUJEU ANNE & PIERRE → ANNE DE FRANCE

BEDFORD JEAN DE LANCASTRE duc de (1389-1435)

Troisième fils d'Henri IV d'Angleterre, Jean de Lancastre est fait duc de Bedford par son frère Henri V en 1414. Mêlé très jeune aux luttes politiques, il soutient son frère qui lui confie la lieutenance du royaume lors de ses expéditions en France. À ce titre, il prend Berwick aux Écossais et réprime l'hérésie lollarde. En 1422, il rejoint le roi malade en France, prend le commandement de l'armée, mais Henri V meurt en laissant un fils de huit mois. Cet enfant, Henri VI, hérite quelques semaines plus tard, à la mort de Charles VI, du royaume de France selon les clauses du traité de Troyes.

Le second fils d'Henri IV, Clarence, ayant été tué à Baugé, Bedford devient selon la volonté du roi défunt et par décision du Parlement « protecteur et défenseur du royaume et de l'Église d'Angleterre ». Il laisse cependant le gouvernement de l'Angleterre à son frère, le duc de Gloucester, et prend pour lui la régence du royaume de France bien qu'Henri V ait vraisemblablement désigné le duc de Bourgogne, Philippe le Bon, pour remplir cette fonction. Bedford mène une politique habile s'appuyant sur la Bourgogne et la Bretagne ; en 1423 il épouse Anne, sœur de Philippe le Bon. Ses troupes sont victorieuses à Cravant et à Verneuil en 1424. Mais l'alliance bourguignonne est peu sûre ; le duc, qui n'a guère d'intérêt à faire le jeu des Anglais en France, tourne sa politique vers les Pays-Bas où les prétentions de Gloucester, qui mène une politique personnelle dans le Hainaut, conduisent à un conflit avec les Bourguignons ; le régent a bien du mal à empêcher ceux-ci d'écraser les troupes de Gloucester en Flandre (1424). Le roi de France, Charles VII, réussit à rallier le duc de Bretagne à sa cause et les succès anglais sont de plus en plus limités. Bedford gouverne un peu moins du quart de la France, avec modération, mais ses moyens sont limités. Si l'Angleterre continue à fournir des hommes, la France doit fournir les subsides ; or les impôts ne rentrent bien qu'en Normandie. Les réformes prônées par le parti bourguignon n'aboutissent pas à des résultats positifs, sauf dans le domaine monétaire. Plus grave, la légitimité d'Henri VI est contestée par la majeure partie de la population française. À ces difficultés s'ajoute pour Bedford la nécessité de rétablir l'ordre en Angleterre où il se rend en 1426 pour mettre fin au conflit qui oppose Gloucester aux Beaufort. C'est dans ces conditions difficiles (mais la situation de Charles VII ne semble pas meilleure) que, malgré l'avis initial du régent, l'opération contre Orléans est décidée en 1428. L'échec devant la ville, les succès de Jeanne d'Arc, le sacre de Reims (1429) poussent un moment Bedford à se replier sur la Normandie. Les hésitations de Charles VII lui permettent de limiter les pertes. Pour sauver l'alliance bourguignonne, il cède à Philippe le Bon la Champagne et la Brie, à charge pour lui de les reconquérir. En 1431, il fait sacrer Henri VI à Paris. Mais la situation est de plus en plus difficile ; la mort de sa femme Anne distend les liens avec la Bourgogne dont le duc se rapproche de Charles VII ; des soulèvements ont lieu en Normandie – sa possession est considérée par Bedford comme indispensable. Or, en 1433, il doit à nouveau regagner l'Angleterre pour réorganiser les finances ; nommé premier conseiller du jeune roi, il se heurte à Gloucester et retourne en France. Il envoie des représentants au congrès d'Arras où sa politique s'effondre, il meurt à Rouen une semaine avant que l'accord n'aboutisse entre Charles VII et Philippe le Bon.

Longtemps décrié par les historiens français pour avoir laissé brûler Jeanne d'Arc, Bedford apparaît en fait comme un homme politique compétent, conscient de ses devoirs, bon administrateur et plus humain que nombre de ses contemporains. Il a échoué dans son entreprise, le maintien de la monarchie franco-anglaise, mais les circonstances et, en particulier, la naissance du sentiment national en France rendaient sa tâche impossible. Grand amateur d'art, il a laissé son nom à un peintre miniaturiste parisien qui a travaillé pour lui, le Maître de Bedford.

PAUL BENOÎT

BÉGUINES & BÉGARDS

Les béguines et les bégards sont les membres de communautés, mi-religieuses, mi-laïques, qui ont été fondées dès la fin du XIIe siècle, le plus souvent dans les villes du nord de l'Europe et à l'initiative de riches bourgeois. La multiplication quasi spontanée de maisons d'accueil (le terme « béguinage » se répand surtout depuis le XVe siècle) participe, selon toute vraisemblance, d'une réaction de défense contre la menace sociale résultant d'une paupérisation croissante. Au XIIIe siècle, le mouvement, touché par les idées du Libre-Esprit et l'hérésie de Gérard Segarelli, suscite la réprobation de l'Église. En 1311, le concile de Vienne condamne pêle-mêle sous l'appellation de bégards les partisans du Libre-Esprit, les apostoliques, les fraticelles et les béguines catholiques, qui se voient contraintes, pour échapper à la répression, de se soumettre à la règle de l'ordre franciscain. Cependant, les béguines ne retrouveront plus dans l'orthodoxie l'importance que leur avait conférée, au Moyen Âge, une pensée souvent audacieuse.

Origine et développement

L'afflux de mendiants dans les villes, qui draine de la campagne un surplus de main-d'œuvre, a justifié la nécessité d'institutions charitables dont les membres, se consacrant au travail manuel et aux œuvres de piété, offrent de surcroît l'exemple d'une pauvreté volontairement assumée au nom du Christ. D'abord composées de femmes, veuves et déshéritées, auxquelles se mêlent souvent quelques lettrées séduites par la vie contemplative, les communautés connaissent un essor prodigieux. À Liège, où apparaît, vers 1180-1184, le premier établissement du genre, succèdent Tirlemont (1202), Valenciennes (1212), Douai (1219), Gand (1227), Anvers (1230). En 1250, ces communautés comptent un millier d'adhérents à Paris, autant à Cambrai et deux mille à Cologne. À l'imitation des béguines, des confréries d'artisans, principalement les tailleurs, créent des maisons qui accueillent les prolétaires sans travail, mais aussi de riches bourgeois qui renoncent à leurs biens pour accorder leur vie à l'enseignement des Apôtres.

Indépendantes des ordres monastiques et placées sous la seule surveillance de l'évêque, les communautés jouissent d'une liberté d'action et de pensée qui suscite bientôt l'animosité du clergé séculier, des franciscains et des dominicains dépossédés, par le zèle des béguines, de riches donations et d'affaires rentables, en particulier l'ensevelissement des morts. En 1240, Jeanne de Flandre ordonne à ses magistrats de les défendre contre toute spoliation. Innocent IV les prend sous sa protection en 1245. Dix ans plus tard, Urbain IV recommandera encore au doyen de Louvain « de les protéger contre les téméraires qui les affligent, et de ne pas permettre qu'on les moleste par des procès ni dans leur personne ni dans leurs biens ». Cependant, les idées de Libre-Esprit allaient trouver aisément audience dans ce milieu de marginaux que ne liait aucune règle conventuelle et qu'une relative oisiveté prédisposait aux choses de l'amour, telles que le courant courtois les avait privilégiées dans le Languedoc.

Les premières persécutions

L'Église avait reconnu dans le choix de la pauvreté volontaire un facteur de paix sociale et une arme contre l'avidité et la superbe de ses propres dignitaires. Elle nuança son approbation dès l'instant où, entraînée par la nécessité des affaires, elle en vint à encourir elle-même les reproches d'une partie des franciscains, fidèles à l'esprit de leur fondateur et à son vœu d'humilité. Chez les béguines et les bégards, comme dans la classe défavorisée, la revendication insolente d'une pauvreté, imposée de fait, allait bien au-delà des critiques adressées à l'enrichissement des milieux pontificaux. Le dépouillement de l'avoir s'identifiait peu à peu à la recherche d'une qualité de l'être, le détachement des biens garantissant une richesse spirituelle qui portait tantôt à la vision béatifique et mystique, tantôt à la prétention de s'égaler à Dieu, et donc de ne connaître, quoi qu'on fît, ni péché, ni contrainte.

Dès 1239, l'évêque d'Eichstadt menace les béguines mal famées de son diocèse des peines les plus sévères. En 1244, l'archevêque de Mayence prescrit aux communautés de ne pas accepter de nouveaux membres au-dessous de quarante ans, afin de « prévenir l'abus que les plus jeunes d'entre les béguines faisaient de leur liberté ». Après le synode de Trèves qui, en

1277, accuse les béguines et les bégards de répandre erreurs et hérésies parmi le peuple, celui de Cologne, présidé par Henri de Virnebourg, qui plus tard poursuivra Eckhart, accentue la répression et taxe d'hérésie toute forme de bégardisme. Sa loi « contre les bégards et les béguines » leur reproche de « pratiquer un nouveau genre de vie sous prétexte de pauvreté, de mendier au lieu de travailler, au grand détriment de la chrétienté, et de prêcher publiquement leurs doctrines bien qu'ils soient des laïques ». Les menaces d'excommunication et de répression qui concluent le mandement ne semblent pas avoir refréné l'expansion du mouvement. Franciscains et dominicains se plaignent de voir diminuer leurs revenus et d'être interrompus dans les églises où ils propagent les mises en garde de l'évêque. Le trouble est si grand que Henri de Virnebourg fait appel à l'un des théologiens les plus illustres du temps, Jean Duns Scot. Celui-ci entreprend d'argumenter contre les bégards, mais il meurt un an plus tard, en 1307.

Enfin, un an avant le concile de Vienne, celui de Trèves (1310) entre en guerre contre « un certain nombre de laïques appelés bégards, du nom d'une congrégation imaginaire à laquelle ils feignent d'appartenir. Ils se présentent en public vêtus de longues tuniques ornées de grands capuchons et fuient tout travail manuel. À certaines époques, ils tiennent entre eux des réunions dans lesquelles ils se donnent, en présence de personnes crédules, l'apparence de profonds interprètes des Écritures sacrées. Nous désapprouvons leur association comme étrangère à toute congrégation reconnue par l'Église, et leurs habitudes de mendicité et de vagabondage ».

La condamnation du concile de Vienne

Le procès et l'exécution à Paris, en 1310, de la « béguine clergesse » Marguerite Porète, auteur du *Miroir des simples âmes*, traduisent l'extrême inquiétude des théologiens confrontés à une pensée et à un comportement qui mettent en péril les fondements du christianisme. Romana Guarnieri a montré que les thèses condamnées du *Miroir* forment, pour une part importante, la matière du réquisitoire que le concile de Vienne prononce en 1311 contre béguines et bégards. Le pape lui-même a pris conscience du danger. Dans une lettre adressée à l'évêque de Crémone, Clément V s'élève contre « ceux qui veulent introduire dans l'Église un genre de vie abominable qu'ils appellent la liberté de l'esprit, c'est-à-dire la liberté de faire tout ce qui leur plaît ». À son initiative, deux décrets, *Ad nostrum* et *Cum de quibusdam mulieribus*, reprennent les principaux chefs d'accusation. Leur ensemble forme le recueil dit des *Clémentines*.

L'*Ad nostrum* attribue aux bégards et béguines une doctrine composite où se mêlent joachimisme et libre-esprit. On retrouve ainsi les théories de Joachim de Flore dans la proposition suivante : « Ils divisent le temps compris entre la création et la fin du monde en trois époques [...], l'époque du Père, l'époque du Fils [...] et l'époque du Saint-Esprit, le temps de la liberté pour l'homme de faire ce qui lui plaît, sans que rien puisse être appelé mal. » Au libre-esprit appartiennent des affirmations telles que celles-ci : « L'homme peut acquérir dès la vie présente la plénitude de la félicité céleste, telle qu'il l'obtiendra après la mort » ; « L'homme parvenu au dernier degré de perfection ne doit plus ni jeûner ni prier, car ses sens sont alors si bien soumis à sa raison qu'il peut en toute liberté accorder à son corps tout ce qui lui plaît » ; « L'âme parfaite donne congé à toutes les vertus. »

Les décrets du concile de Vienne ne furent pas publiés immédiatement. C'est seulement sous Jean XXII qu'ils parviendront à la connaissance des évêques, généralisant la répression. Les *Clémentines* serviront dès lors de guide aux inquisiteurs dans l'interrogatoire de tout suspect de bégardisme.

Répression et réhabilitation

Henri de Virnebourg fait brûler à Cologne, en 1322, Walter de Hollande, auteur du livre intitulé *Des neuf rochers spirituels*, qui est aujourd'hui perdu et dans lequel J. L. von Mosheim voit « un vrai manuel de Libre-Esprit, plus cher que tout autre aux bégards ». Une chronique fait état d'une cinquantaine d'exécutions consécutives aux aveux de Walter. À Erfurt, Constantin est exécuté en 1336 pour avoir soutenu qu'à l'égal du Christ il était le fils de Dieu ; qu'Augustin, les docteurs de l'Église, le pape et les clercs trompaient les hommes ; et que les sacrements n'étaient qu'une fiction entretenue par les prêtres pour satisfaire leur cupidité. La confession de Jean de Brunn, membre d'une communauté de Cologne de 1315 à 1335, et l'interrogatoire des béguines de Schweidnitz (1332) confirment qu'en dépit des persécutions la licence qu'encourage le Libre-Esprit se perpétue dans la clandestinité des béguinages et use du langage théologique comme d'un langage codé (« *Rogo caritatem, conjaceas mihi* »). Les procès de Metza von Westenhove (Strasbourg, 1366), de Johannes Hartmann (Erfurt, 1367), de Jeanne Dabenton et des turlupins (Paris, 1372), de Konrad Kannler (Eichstadt, 1381) ne livrent que quelques aspects visibles d'un mouvement dont les partisans refusent la vocation de martyr et n'hésitent ni à se dissimuler sous une piété apparente, ni à abjurer.

Tandis que le Libre-Esprit se poursuivait sous d'autres formes, le bégardisme disparut lorsque l'Église, revenant sur le manque de discernement de sa condamnation, accorda sa protection aux béguines de stricte obédience. Les associations y perdirent leur indépendance et furent contraintes de se rattacher à l'ordre franciscain ou à l'ordre dominicain. Elles disparurent de France et d'Allemagne pour ne subsister plus que dans les Pays-Bas, où se forme, au XVe siècle, la congrégation des bégards de la troisième règle de saint François. Les béguines retrouvèrent leur organisation initiale – avec des novices soumises à l'autorité de supérieures nommées *magistrae* ou *marthae* –, partageant leur temps en travaux manuels (tissage, dentelle), œuvres de charité et prières. Bruges, Amsterdam, Diest, Courtrai ont sauvegardé dans leurs béguinages le souvenir d'une parfaite réussite architecturale, alliant la maison individuelle, le jardin privé, le parc des rencontres, et ménageant au cœur de l'agitation des villes un enclos de sérénité.

Les doctrines

Trois tendances aux frontières parfois indistinctes parcourent le mouvement des béguines et des bégards. L'exégèse chrétienne a mis l'accent sur le caractère visionnaire de Béatrice de Nazareth, de Mechtilde de Magdebourg et de nombre de moniales, dont le rattachement aux cisterciens indique assez leur prudent souci d'orthodoxie. S'il est vrai que leur expérience de l'amour extatique privilégie l'esprit aux dépens du corps, le mysticisme de Hadewijch, dont les écrits seuls nous sont connus, trahit plus d'incertitude. Sa

Liste des parfaits mentionne la béguine Aleydis, brûlée en 1236, pour « son juste amour », thème que Marguerite Porète développe dans son œuvre. Le *Miroir des simples âmes* montre comment l'âme annihilée en Dieu fait de l'être humain le réceptacle de la volonté divine, identifiée au pur amour. L'individu accède ainsi à l'état de perfection. Comme pour Bloemardinne de Bruxelles, la voie de la réalisation divine est celle de l'amour charnel affiné.

Dans les communautés de Cologne et de Schweidnitz, en échange, l'identification à Dieu n'est que la volonté de puissance s'arrogeant le droit d'imposer ses volontés. L'homme en état de perfection, dira Hartmann, est maître et souverain de tout être et de toute chose, conception plus proche, en sa substance, de Sade et de Nietzsche que de l'harmonie universelle issue, chez Porète, de la transmutation des désirs et d'une omniprésence de la relation amoureuse.

RAOUL VANEIGEM

Bibliographie

H. GRUNDMANN, *Religiöse Bewegungen im Mittelalter*, Berlin, 1935, rééd. Hildesheim, 1961 / R. GUARNIERI, *Il Movimento del Libero Spirito. Testi e documenti*, Rome, 1965 / A. JUNDT, *Histoire du panthéisme populaire au Moyen Âge et au XVIe siècle*, Paris, 1875 / R. E. LERNER, *The Heresy of Free Spirit*, Londres, 1972 / E. W. MCDONNEL, *The Beguines and Beghards in Medieval Culture*, New Brunswick, 1954 / J. L. VON MOSHEIM, *De Beghardis et Beguinabus commentarius*, Leipzig, 1790 / J. C. SCHMITT, *Mort d'une hérésie*, Mouton, Paris, 1978 / R. VANEIGEM, *Le Mouvement du Libre-Esprit*, Ramsay, Paris, 1986.

BELGIQUE

1. Des Romains aux Carolingiens

L'influence romaine

Les *Belgae* celtes, appartenant à la civilisation de La Tène, furent conquis par Jules César dans le cadre de la conquête de la Gaule, de la Rhénanie et de l'Angleterre (57-51 av. J.-C.). Sa victoire sur les *Belgae* fut contestée par deux chefs de la résistance, Ambiorix et Indutiomarus, qui se livraient à la guérilla. Rome toutefois finit par l'emporter et la *Belgica* devint une province de l'Empire romain. Après que l'empereur Claude eut brisé le pouvoir des druides et accordé le droit de cité aux membres de l'aristocratie, ceux-ci se mirent à collaborer avec les Romains. Les structures sociales restaient intactes. Les Romains firent progresser le commerce interrégional et les régions belges assurèrent l'intendance des légions sur la rive gauche du Rhin, dans des villes romaines comme Trèves, Cologne et Boulogne. Un réseau de voies romaines sillonnait les régions belges, dont Bavay fut le nœud principal. Le long de ces routes se développaient des centres comme Tongres, Tournai et Arlon. Les grands propriétaires fonciers, romains ou romanisés habitaient des *villae* qui furent très nombreuses en Hesbaye et dans l'Entre-Sambre-et-Meuse. À l'intersection des routes et des fleuves se formaient des bourgades (*vici*) où commerçants et artisans échangeaient leurs marchandises et leurs produits. Bien que ces contrées fussent très éloignées de Rome, il existait un commerce important entre celles-ci et l'Italie. Outre l'agriculture, il y avait des industries du fer et du bronze, du textile et de la poterie. Les monuments funéraires ornés de bas-reliefs polychromes témoignent de la qualité de la vie liée à la *Pax Romana*.

Des tribus germaniques, qui semèrent le désordre sur le Rhin et ébranlèrent l'Empire, les Francs Saliens, s'infiltrèrent et envahirent les deltas de l'Escaut, de la Meuse et du Rhin. De là, ils atteignirent la Toxandrie (Brabant septentrional) à partir de 358 après J.-C. Ils reçurent le statut de *foederati* (fédérés) de Rome.

Les Mérovingiens

Dans la nuit de la Saint-Sylvestre (406-407), Vandales, Suèves et Alains firent irruption sur le Rhin et le Danube et chassèrent les légions romaines. Les Francs Saliens défendirent leur territoire contre ces « barbares », mais ils en profitèrent pour remplir le vide laissé par les Romains. Ils s'emparèrent de Tournai, en firent leur capitale, et sous Clovis ils commencèrent, à partir de 481, la deuxième conquête de la Gaule, cette fois par le nord. Deux faits historiques remontent à cette période des Mérovingiens : d'une part la division entre l'Austrasie et la Neustrie (depuis 639), la frontière (nord-sud) traversait le territoire de la Belgique actuelle et, d'autre part, la naissance du clivage entre les dialectes romans et thiois (ligne ouest-est). À partir du VIe siècle, on constate une vague de dégermanisation au nord de la Canche. En outre, l'évangélisation se faisait à partir de la Gaule, la création de sièges épiscopaux à Tournai, Arras et Cambrai jouant un rôle important dans ce processus d'évangélisation. La ligne de séparation entre les dialectes germaniques et romans se fixa définitivement vers le XVIe siècle et partage toujours la Belgique actuelle. Au cours des VIe et VIIe siècles se produisit la conversion des grands propriétaires fonciers et la fondation de nombreuses abbayes, points de départ et relais des activités missionnaires. La société mérovingienne se divisait en trois classes : les hommes libres, les affranchis et les esclaves. L'agriculture dominait l'économie ; le commerce et l'industrie n'y tenaient qu'une place discrète. Peu à peu se développa une agriculture de marché, et les surplus furent vendus ou troqués (la monnaie se faisait rare) contre des biens venant souvent de loin. Les villes implantées le long des routes romaines, Tongres, Cassel et Bavay, durent céder le pas à des villes fluviales comme Maëstricht, Tournai et Cambrai, sur les rives de l'Escaut et de la Meuse. Dans la région mosane, les *castra* romains attiraient les populations. Éloignés de 30 kilomètres les uns des autres, ils devaient leur essor aux mouvements commerciaux. Grâce aux mines de fer, on y trouvait maintes forges et ateliers de batteurs de cuivre, et si l'artisanat n'avait plus l'opulence de la période romaine, la technique du cloisonné existait déjà.

Les Carolingiens

La nouvelle dynastie des Pippinides de Herstal (au nord de Liège) consolida son pouvoir sur les derniers Mérovingiens dès le VIIIe siècle. Les régions belges se trouvaient au centre de cette Austrasie pippinide. Charlemagne figure toujours dans les légendes de ces régions. Pépin III le Bref et Charlemagne rétablirent un certain ordre politique, social et culturel dans leurs terres qui, sous Charlemagne, s'étendaient de la Frise à Rome et de Brest à l'Autriche. Dans cet immense territoire, l'empereur fut représenté par ses comtes qui, aussi longtemps que le pouvoir central resta fort, ne furent que des fonctionnaires. Les moines précédèrent les troupes des Carolingiens, afin de convertir les « maudits » Saxons, Frisons et autres qui ne voulaient pas abjurer leur idôlatrie. Aussi l'Église romaine (évêques et abbés) tira grand profit des conquêtes du pouvoir central. Les propriétaires fonciers pratiquaient le système de l'*Eigenkirche* (paroisse domaniale). Mais le pouvoir central leur imposa une organisation paroissiale et décanale plus homogène et dépendant d'un évêque nommé par l'empereur.

Après la mort de Louis le Pieux, ses fils se partagèrent l'immense royaume selon les coutumes franques. Divers traités, tels ceux de Verdun (843), de Meerssen (870) et de Ribémont (880), sont essentiels pour les régions belges. Ces contrées furent divisées de part et d'autre de l'Escaut entre la Francie orientale (le futur Saint-Empire) et la Francie occidentale (le futur royaume de France). Ce découpage territorial tenait compte des comtés, des abbayes laïques, des domaines royaux (*fisci*) et... des vignobles. Les régions belges à l'est de l'Escaut faisaient partie de la Basse-Lotharingie. La léthargie et le désordre post-caroligniens furent ébranlés par les invasions des Vikings. Ces guerriers recherchaient les trésors que recélaient les abbayes. Avec leurs drakkars d'un très faible tirant d'eau, propulsés par des rames et des voiles, ils remontaient facilement les fleuves comme l'Yser, l'Escaut, la Lys et la Meuse et pillaient les nombreuses abbayes. Une fois leur œuvre accomplie, les Vikings repartaient sur leurs bateaux et disparaissaient dans les brumes du Nord. Les Francs, trop peu mobiles, n'avaient que leur cavalerie lourde à opposer aux bateaux. Toutefois, les rois firent construire des *castra* (châteaux) aux points névralgiques le long des côtes (Bruges, Furnes, en aval de Saint-Omer, Arras). Les Vikings se sentaient tellement sûrs d'eux qu'ils érigèrent des camps pour hiberner. Ce fut là leur erreur, car les Francs purent les attaquer plus aisément. Ainsi Baudouin II de Flandre défendit avec succès sa demeure fortifiée à Bruges. Le 31 août 891, les Vikings danois furent battus à Louvain par Arnulf de Carinthie ; ils disparurent pour de bon des régions belges.

Avec eux disparut également le pouvoir central des successeurs des Carolingiens. Ceux-ci avaient, sans penser à mal, confié, dans le Nord, de vastes territoires à certaines tribus vikings, à charge pour elles de les défendre contre leurs frères de race. Voyant cela, la population plaça tous ses espoirs dans l'aristocratie locale. Le lien ainsi noué fraya la voie au futur système féodal. Dans tout ce bouleversement, le clergé perdit une part considérable de ses biens immobiliers. Aussi entreprit-il de remplir ses coffres avec les moyens dont il disposait : le culte des reliques, qui fut systématiquement développé, et la production massive de textes hagiographiques.

2. Les cités médiévales

Les domaines royaux

Une fois les Vikings hors d'état de nuire, la société se mit à revivre. Dès avant l'an 1000 apparurent les signes de l'expansion démographique qui devait durer jusqu'en 1350. Dans les régions belges, ce phénomène se manifesta par l'augmentation du nombre de hameaux autour des villages et autour des dépendances des monastères, par l'extension des enceintes fortifiées et par la présence d'églises toujours plus nombreuses dans les villes. Le commerce se développa également. Le « rôle d'emplacements » sur le marché de Londres vers l'an 1000 mentionnait les marchands venus de Flandre comme « des gens de Baudouin » (comte de Flandre) et ceux de la vallée de la Meuse, du Brabant, comme des « gens de l'Empire ». Ces commerçants vendaient le surplus des produits fabriqués dans leur région d'origine : draps de Flandre et dinanderie de la Meuse, une constante qui durera mille ans. Leurs activités s'étendaient sur terre et sur mer jusqu'en Pologne et jusqu'à Kiev. Les comtes et princes-évêques locaux ne faisaient qu'encourager ce commerce.

Aux confins du royaume de Francie occidentale et du Saint-Empire se développèrent, à partir des IXe, Xe et XIe siècles, des entités politiques indépendantes qui, sous l'influence des forces centrifuges et malgré les liens féodaux, avaient acquis un pouvoir de fait et menaient leur propre politique internationale et économique. De la monarchie française dépendait le comté de Flandre, du Saint-Empire, des comtés de Hainaut, de Namur et de Luxembourg, les duchés de Brabant et de Limbourg. À Liège, l'évêque Notger fut investi en 980 par l'empereur Otton II du pouvoir temporel. La principauté de Liège sut conserver son indépendance pendant plus de mille ans, jusqu'à la Révolution française (1795).

Les comtes de Flandre réunirent sous leur autorité de nombreux territoires pour en faire un État féodal unique, qui, au cours des siècles, usa de sa force militaire pour s'étendre. Cet essor atteignit son apogée sous Philippe d'Alsace (1168-1191). La Flandre royale était maîtresse de très vastes domaines à l'ouest de l'Escaut ; elle s'étendait jusqu'à la Canche avec comme villes principales Arras, Aire, Saint-Omer, Lille, Douai, Orchies, Gand, Bruges et Ypres. À l'est de l'Escaut, la Flandre « impériale » comprenait notamment le pays d'Alost, les seigneuries de Termonde et de Bornhem. Les comtes de Flandre étendirent d'abord leur territoire vers le sud jusqu'à ce qu'ils rencontrent leurs pairs de Normandie. Puis ils déferlèrent sur la rive droite de l'Escaut et contraignirent le Saint-Empire à les accepter comme vassaux. Ce furent surtout les rois de France qui dans leur politique de centralisation du pouvoir misèrent sur ces fiefs mouvants du royaume. Alors que Philippe II Auguste réussit en 1214 à briser le pouvoir comtal de Flandre, mais laissa en place l'administration locale, Philippe IV le Bel voulut simplement annexer la Flandre à la France. La population, sous l'égide de ses comtes, Guy de Dampierre et Robert de Béthune, se révolta et la France perdit l'âpre bataille des Éperons d'or (1302). Pendant la guerre de Cent Ans, la bourgeoisie commerçante de Flandre (Jacques d'Artevelde) réussit à rester neutre afin de préserver l'industrie du drap flamand, dépendante de la laine anglaise. Dans le domaine socio-économique, l'opposition de classe entre patrons et ouvriers s'intensifia au moment même où les métiers luttaient avec succès pour obtenir une plus large part du pouvoir, mais où la conjoncture économique se détériorait (vers 1320). Le dernier comte de Flandre, Louis de Male, avait donné sa fille Marguerite en mariage au Valois Philippe le Hardi, duc de Bourgogne, qui lui succéda en 1384. On aurait pu craindre que la Flandre passât définitivement sous la domination française. Ce fut le contraire : la Flandre devint le noyau des Pays-Bas bourguignons qui, au siècle suivant, allaient se dresser contre la France.

Les terres d'Empire

En Basse-Lotharingie, une évolution semblable se produisit mais avec un certain retard par rapport à la Flandre, dû à la situation économique et démographique.

Les comtes de Hainaut furent tantôt les rivaux tantôt les alliés des comtes de Flandre. Avec la dynastie des Avesnes, ennemis jurés des Dampierre, le Hainaut pratiqua une politique de mariages avec les Wittelsbach de Bavière qui régnèrent en Hollande et en Zélande. Les comtés de Namur et de Luxembourg (futur duché de Luxembourg), qui comptaient peu de villes et beaucoup de forêts, jouèrent un moins grand rôle dans l'histoire des régions belges. Le second en importance après la Flandre fut le duché de Brabant qui s'était formé sous les comtes de Louvain et qui, à partir du XIIIe siècle, s'étendait de Nivelles au sud, en passant par Anvers, jusqu'à Bois-le-Duc au nord. Les ducs brabançons se fixèrent pour objectif de contrôler la grande artère commerciale de Bruges à Cologne qui passait par leurs terres. Pour la contrôler tout entière, ils prenaient le risque de conflits avec Liège, Gueldre et l'archevêque de Cologne. En 1288, le duc de Brabant Jean Ier et ses alliés gagnèrent la bataille de Woeringen, près de Cologne. Les bourgeois de Cologne combattirent alors du côté brabançon. Le duc Jean succéda au duc de Limbourg, acquit la souveraineté sur Maestricht et remporta des succès avec son *Ostpolitik*. Cette politique brabançonne correspondait parfaitement aux intérêts commerciaux de la population des villes. Le duc Jean III maintint l'équilibre entre le pouvoir ducal et la puissance des villes. Il put renforcer son appareil politique tout en recevant une aide matérielle de celles-ci. Le duc paya cette assistance de nombreux privilèges, tels que l'« Entrée joyeuse du Brabant » (1356). Cette dernière élimina l'arbitraire et l'absolutisme du pouvoir central et attacha la population à la dynastie. Ces relations passèrent du plan personnel au plan territorial et se transformèrent, au XIVe siècle, en une conscience nationale brabançonne. Au début du XVe siècle, le Brabant entrait dans l'orbite bourguignonne par le truchement de testaments savamment élaborés par Philippe le Hardi.

Outre la Flandre et le Brabant, où existait une conscience nationale, la principauté de Liège pouvait se targuer de disposer d'un hymne national dès le Xe siècle, la *Magna Vox Laude* (mélodie de l'office de Saint-Lambert), qui le resta jusqu'au moment où elle fut remplacée par *La Marseillaise*, quelque mille ans plus tard. La principauté consistait en une mosaïque de cités, d'abbayes, de seigneuries et de châtellenies. Les évêques furent élus par le chapitre de Saint-Lambert à Liège parmi les membres de la haute noblesse. Plus tôt qu'ailleurs dans les régions belges, la bourgeoisie entra dans le Conseil des jurés. Les luttes sociales furent âpres à Liège aux XIIe et XIIIe siècles. La Paix de Fexhe (1316) introduisit un esprit démocratique dans l'administration de la ville et de la principauté. Le Sens du pays était dorénavant une assemblée où la noblesse, le clergé et la bourgeoisie se retrouvaient comme trois états. La mission première de cette assemblée était d'interpréter le droit coutumier et, le cas échéant, d'amender des lois. La principauté se replia sur elle-même, forma une vraie *patria* et cet esprit particulariste, qui allait se maintenir et même se renforcer sous les Bourguignons et les Habsbourg, n'a pas entièrement disparu aujourd'hui. Les Liégeois n'avaient pas grand-chose de commun avec le Saint-Empire. L'Allemagne leur était devenue terre étrangère ; on y parlait une autre langue. Le prestige de la couronne de France au XIIIe siècle et les fastes de la cour d'Avignon ouvrirent Liège aux influences venues du Sud d'où rayonnait la culture depuis le XIIe siècle.

3. La vitalité économique

Pour que ces sociétés pussent s'épanouir politiquement, il fallait qu'il y eut des changements profonds d'abord dans la société rurale. À partir de 950, la poussée démographique entraîna le morcellement de la propriété foncière. Les grands domaines créèrent de nouvelles tenures et les réserves domaniales se divisèrent en exploitations. De ce fait, les corvées furent souvent remplacées par des paiements en espèces (bail) et en nature. En outre, le défrichement de terres nouvelles consistait à mettre en valeur des jachères appartenant aux communautés villageoises, des marécages, et à y implanter des colons. Ceux-ci recevaient des avantages extraordinaires pour l'époque : affranchissement, suppression des corvées, etc. L'élevage et les cultures spécialisées y prenaient une plus grande place. L'assolement triennal et le remplacement du bœuf par le cheval furent généralisés. Ces défrichements entraînèrent l'affranchissement de nombreux serfs, surtout en Flandre et au Brabant. Ailleurs en Europe, la fin du Moyen Âge se caractérisa par la stagnation de l'agriculture, mais dans les régions belges l'approvisionnement des villes (à quelque 25 km de distance l'une de l'autre) poussait à la spécialisation, à l'introduction de nouvelles cultures (production laitière, houblon, lin, vigne, plantes tinctoriales, raves). Les villes fournirent à l'agriculture un fumier supplémentaire. À plus d'un titre, l'agriculture médiévale de la Flandre et du Brabant était la plus évoluée d'Europe.

L'essor du commerce prit une orientation tout à fait remarquable au cours des XIIe et XIIIe siècles. Pour des raisons de sécurité, les marchands itinérants s'organisaient en corporation dans leur ville. Les associations regroupant les marchands de plusieurs villes en vue du commerce avec l'étranger s'appelaient « hanses » : hanse flamande de Londres, hanse de Saint-Omer. La Gascogne attirait les Flamands par ses vignobles, ainsi que la baie de Bourgneuf par son sel. Bruges et Damme détenaient le monopole des marchés du vin et du sel pour le nord de l'Europe. Les marchands se rendaient plusieurs fois par an aux foires de Champagne (XIIIe s.) où se nouaient les contacts avec les Italiens. Le marché français fut dominé par la hanse des Dix-Sept Villes. Les Gantois s'orientèrent vers le Rhin, le nord de l'Allemagne et la mer Baltique. Le drap flamand restait la principale marchandise. Vers 1200, Bruges, avec le Zwin et Damme, était le point de rencontre entre le nord et le sud de l'Europe occidentale. Allemands, Anglais, Italiens et Flamands y échangeaient des biens de toutes sortes. Dès le XIIe siècle, les Italiens firent de Bruges le quartier général de leur commerce septentrional. Dès le XIIIe siècle, ils l'atteignirent par mer. Des bateaux génois arrivèrent pour la première fois à Bruges en 1277, bientôt suivis par d'autres Italiens et par des Catalans. Les Brugeois apprirent des Italiens les finesses du métier de banquier que ceux-ci exerçaient pour le Saint-Siège et pour des ordres religieux comme les templiers, les cisterciens.

Aux Xe et XIe siècles, les tisserands flamands acquirent une incontestable supériorité technologique grâce à l'adaptation du métier large, utilisé par deux hommes. De riches marchands prirent en main le financement, la production et la vente de ces produits. La division du travail du drap ne comptait pas moins d'une trentaine d'opérations. Femmes et enfants faisaient le travail préparatoire, un maître avec quelques compagnons tissaient pour le compte d'un gros marchand (début du capitalisme commercial), puis, après le XIIIe siècle, souvent pour leur propre compte. Ypres comptait à cette époque 20 000 habitants. Plus de 10 000 d'entre eux produisaient quelque 90 000 pièces de drap par an ! Le Brabant suivit la Flandre avec un siècle de retard. Les salaires y étaient plus bas et les produits plus diversifiés et moins chers. En outre se développa dès le XIIIe siècle une industrie rurale du drap ; pendant l'hiver, les paysans fabriquaient des produits moins finis, mais également exportables. Ils n'étaient pas liés par le système rigide des corporations urbaines. Les grandes villes, Gand, Bruges et Ypres, irritées par cette concurrence « déloyale », allaient souvent jusqu'à la combattre par les armes, mais en vain, parce que le comte de Flandre protégeait « les petites gens » ; en outre, les marchés internationaux comme Londres concurrençaient fortement le drap flamand devenu trop cher.

Dès avant l'an 1000, on avait compris à quel point le fer pouvait contribuer à améliorer le rendement de l'agriculture. Toutefois, jusqu'au XIIIe siècle le pays de Liège, connaissant l'extraction du charbon et du minerai de fer, mais ne sachant pas encore s'en servir, employait le charbon de bois dont les forêts ardennaises fournissaient la matière première. Dès le XIIIe siècle, on introduisit des pilons destinés à broyer le minerai et des soufflets pour attiser le feu, chassant ainsi l'excès de gaz ; ces deux instruments étaient actionnés par la force hydraulique. Avec les hauts-fourneaux du XIVe siècle, la sidérurgie prit un essor extraordinaire : armement (bombardes, cuirasses), clous et autres objets domestiques.

Les autorités comtale et ducale suivaient de très près les changements économiques et sociaux. Elles créèrent des « villes » (en Flandre), et octroyèrent des privilèges aux foires annuelles, participèrent aux grands travaux d'endiguement, de défrichement et s'employaient par la diplomatie à protéger leurs sujets à l'étranger, pour autant qu'ils n'étaient pas occupés par leur politique matrimoniale, des guerres dynastiques ou les croisades, auxquels ils se consacraient généreusement. Le comte de Flandre Philippe d'Alsace, un croisé attiré par le Proche-Orient, avait réussi à doter son comté d'une administration efficace, d'une justice indépendante et des infrastructures portuaires et urbaines nécessaires au développement de ses terres. Ami de Henri II Plantagenêt d'Angleterre, il fut le tuteur du jeune Philippe II Auguste de France.

L'extension des villes flamandes et brabançonnes fut considérable. Entre le XIe et le XIVe siècle, Gand passa de 80 à 644 hectares, Bruges de 70 à 430 hectares et Louvain de 60 à 410 hectares. Gand, la plus grande ville des Pays-Bas, comptait 60 000 habitants à la fin du XIVe siècle. C'était, après Paris avec 100 000 habitants, la plus grande ville au nord des Alpes. Les régions belges étaient des régions pilotes de l'Europe ; même après les ravages de la peste noire, la densité de la population s'y maintint approximativement, tandis qu'ailleurs en Europe occidentale elle diminua au moins d'un tiers.

4. Ducs de Bourgogne et princes de Habsbourg

Le cadre institutionnel

Il est de tradition de considérer l'arrivée au pouvoir des ducs de Bourgogne en Flandre (1385), puis dans les autres régions belges, ainsi que la période de leurs successeurs les

Habsbourg, comme des apogées de l'histoire de la Belgique. Certes, au point de vue institutionnel, dynastique, la centralisation d'en haut, l'union personnelle de diverses régions sous les Bourguignons, le caractère monarchique du système ont contribué à l'idée d'un sentiment national. Mais, sur le plan économique et artistique, la période de 1385 à 1585 ne fait preuve d'aucune continuité. Le gothique tardif se maintint longtemps aux Pays-Bas, et la Renaissance se situa vers 1520. Dès 1450, le développement du capitalisme commercial s'accéléra, marquant profondément la société de ce temps avec le déclin de Bruges et l'essor d'Anvers. Cette transformation, sans l'intervention du pouvoir central, fut pour beaucoup dramatique, notamment dans les villes de Flandre. À la mort du comte de Flandre Louis de Male (1384), sa fille Marguerite et son gendre Philippe le Hardi, duc de Bourgogne, lui succédèrent. Marguerite était une riche héritière : Flandre, Malines, Artois, Franche-Comté. Philippe le Hardi fut un diplomate habile qui tissa des liens matrimoniaux entre sa famille et les Wittelsbach qui gouvernaient le Hainaut, la Hollande et la Zélande et réussit à acquérir pour sa maison la succession brabançonne. Ce fut son petit-fils, Philippe le Bon, qui en récolta les bénéfices ; grand-duc d'Occident, il devint prince de Hainaut, Hollande et Zélande (1428), de Namur (1429), de Brabant (1430), de Luxembourg (1444). Les principautés de Liège, d'Utrecht et de Cambrai furent pourvues d'évêques qui lui étaient favorables. Tout ce remaniement n'impressionnait pas la masse de la population. Les riches bourgeois cherchèrent à imiter les fastes de la cour. Les ducs de Bourgogne instaurèrent aussi progressivement des institutions centrales dans les provinces, tout en conservant les institutions locales. L'administration centrale atteignit sous Charles le Téméraire une première apogée. Mais sa mort devant Nancy (1477) remit tout en question, et sa fille Marie de Bourgogne dut consentir de grands privilèges à toutes les provinces. Toutefois, la tendance à la centralisation fut reprise par l'époux de Marie de Bourgogne, Maximilien Ier de Habsbourg, par son fils Philippe le Beau et par Charles Quint, jusqu'à ce que celui-ci concrétisa en 1548 l'union des dix-sept provinces dans le cercle de Bourgogne, largement indépendant du Saint-Empire. Charles Quint dota les provinces de conseils (Conseil d'État, Conseil privé et Conseil des finances), dans lesquels siégeaient, outre des juristes, la noblesse « nationale », qui se considérait comme représentant et défendant le peuple auprès du prince. Philippe le Bon avait instauré les états généraux (1464) pour ses « pays de par-deçà » ; cette institution débattait de politique générale et accordait les aides nécessaires pour les guerres. Sous Philippe le Bon, les finances de l'État furent en équilibre ; comme le disaient les adages : « Le prince doit vivre du sien », et « que notre gracieux seigneur entretienne son État sur son propre domaine ». Ce domaine du prince était soigneusement géré, aussi bien pour ce qui est de l'affermage des terres arables, des prairies et des bois que des taxes et autres impositions seigneuriales. Tout cela présentait de grands avantages : le souverain était moins tributaire des États régionaux. Les baillis des domaines, étant fonctionnaires ducaux, jouèrent le rôle de banquiers du souverain, épargnant à celui-ci d'avoir à verser des intérêts élevés aux Lombards.

Les conditions matérielles

La chute de Constantinople (1453), la découverte du Nouveau Monde (1492), de l'Afrique occidentale, de l'Inde, la formation d'un empire-monde des Habsbourg (Saint Empire, Pays-Bas, Espagne, Italie, Nouveau Monde) bouleversèrent le paysage de l'Europe occidentale. Le fait que les Pays-Bas méridionaux aient su profiter davantage des innovations financières et économiques et jouer un rôle prépondérant dans le nouveau commerce tint à des facteurs exogènes et endogènes. L'ensablement du Zwin interdit à Bruges l'accès à la mer. Les grandes villes flamandes de Bruges, Gand et Ypres furent durement touchées par la crise de la draperie traditionnelle. Elles se spécialisèrent dans les industries de luxe, mais le prolétariat subit les contraintes dues au corporatisme conservateur des métiers. La concurrence du drap anglais, le changement de la mode (adoption de sous-vêtements rendant inutile le port du drap trop chaud), les nouvelles draperies légères des petites villes et de la campagne mirent les grandes villes flamandes à l'écart du nouvel essor de l'économie européenne. À la fin du XVe siècle et au XVIe siècle, ces villes furent agitées de violents soulèvements contre le prince, qui n'étaient en réalité que les derniers sursauts d'une société usée, gâtée par des privilèges qui contrecarraient aussi bien le pouvoir central que le courant novateur du capitalisme commercial. Les métiers de Bruges allèrent jusqu'à garder prisonnier Maximilien Ier de Habsbourg (1488). Du coup, la cour se réfugia à Malines et Maximilien favorisa à dessein Anvers, politique qui fut suivie par ses successeurs.

Anvers était une ville de quelque 20 000 habitants à l'aube du XVIe siècle. Le port fut desservi par un nouveau bras de l'Escaut, la Honte ou Escaut occidental, formé au XVe siècle et qui permettait à des bâtiments de fort tirant d'eau d'arriver jusqu'à la rade. L'infrastructure locale avec les foires annuelles de Bergen op Zoom et d'Anvers, la densité d'une population instruite, la stabilité politique sous Philippe le Beau étaient des atouts. Les Tudor anglais avaient fait d'Anvers l'entrepôt de leur industrie drapière. Vers 1500, les Portugais firent d'Anvers le centre de leur commerce d'épices pour le nord-ouest de l'Europe. Sucre de canne, or et épices devinrent des produits essentiels. À Anvers, les Portugais trouvaient les Hollandais qui s'étaient rendus maîtres du commerce maritime en mer Baltique, sous le nez des hanséates de Lübeck. Puis il y avait le marché intérieur des Dix-Sept Provinces animé par les jeunes princes de Habsbourg et leurs conseillers nationaux. Il y avait aussi l'offre très large de bronzes, cuivres et dinanderie de Malines et de Dinant. Ces produits furent expédiés en Afrique occidentale. Puis, grâce aux bonnes relations avec le Saint Empire, toute l'industrie du laiton, du cuivre et du fer de Nuremberg et de la futaine de l'Allemagne du Sud, les produits et le savoir-faire des Italiens convergèrent vers Anvers, par voie de terre, en évitant les péages rhénans de Cologne et en empruntant les routes du Limbourg et du Brabant.

Très tôt, les banquiers lyonnais et catalans prirent une part active au commerce de la nouvelle métropole. La région anversoise disposait d'une infrastructure industrielle spécialisée dans la fabrication de produits de luxe. On s'emparait de tout ce que l'étranger pouvait fournir, on le transformait et on l'exportait. Arts et métiers se taillaient la part du lion dans ces exportations : tapisseries, mobilier, instruments de musique, retables, toiles, broderies étaient expédiés aussi bien en Scandinavie qu'en Espagne. L'industrie rurale traditionnelle bénéficiait largement de cette expansion.

Toutefois l'agriculture demeurait la source principale du produit national brut. Les rendements agricoles s'accroissaient grâce à la mise en œuvre de nouvelles techniques culturales, à l'emploi de nouveaux outils (notamment la sape et la faux), à la suppression des jachères et à la pratique des cultures dérobées. On achetait à bon compte le blé balte et on se spécialisait dans la production de produits laitiers – beurre, fromage –, de viande, de bière ainsi que de poisson, denrées pour lesquelles existait une demande dans les villes par suite de la hausse du revenu réel. Le commerce intérieur des autres provinces s'accroissait également : les clous et les armes liégeoises, le charbon hennuyer et liégeois s'exportaient en Flandre et au Brabant. Leurs textiles bruts inondaient l'Europe.

Anvers et le commerce mondial

Les marchands et banquiers de l'Allemagne méridionale, les Fugger et les Welser, avaient choisi Anvers comme base d'opération. Le marché financier anversois devint rapidement le centre directeur du crédit à court terme consenti aux autorités et le point d'arrivée des transferts d'argent et des virements effectués d'Espagne vers le nord, dans le cadre de la politique mondiale des Habsbourg. Le financement du commerce mondial s'effectuait par lettres de change au porteur. À ces lettres de change s'appliquait le principe d'assignation, si bien qu'elles passaient de main en main. L'introduction de l'endossement remontait aux environs de 1500. Tant pour le commerce interrégional que pour les transactions internationales, les bureaux de change d'Anvers, de Lille, d'Amsterdam et de Middelburg étaient très appréciés. La circulation de ces lettres de change furent à l'origine du succès du billet de banque dans l'Angleterre et l'Écosse du XVIIe siècle. C'est également sur le marché financier d'Anvers que naquit l'escompte moderne. Il en fut de même pour l'assurance maritime moderne et le marché à terme. L'ouverture de la Bourse en 1531 explique pour une bonne part ce progrès des techniques financières. Un bâtiment et une organisation spécifiques uniques centralisaient toutes les transactions qu'entraînait le commerce international. Cette avancée des techniques commerciales et financières à Anvers constitua un facteur déterminant dans l'essor du capitalisme commercial européen entre 1450 et 1750.

Comparativement au reste de l'Europe occidentale, le degré d'urbanisation des Pays-Bas du Sud était relativement élevé. En Brabant, la population urbaine passa de 39 p. 100 en 1480 à 41 p. 100 en 1526 pour atteindre 47 p. 100 en 1565. Dans ces villes, y compris à Anvers, les travailleurs de l'industrie constituaient la grande masse. Artisans, commerçants (la haute bourgeoisie), industriels et riches côtoyaient cette main-d'œuvre, parfois scolarisée (petite bourgeoisie), le plus souvent inculte (prolétaires). À la campagne habitaient propriétaires terriens, petits fermiers, ouvriers agricoles et artisans ruraux. L'expansion économique ne profitait pas à tous. Les salaires augmentaient moins vite que les prix ; cette inflation appauvrissait les pauvres et enrichissait les riches. Vers 1555, plus de 60 p. 100 de la population ouvrière disposaient à peine du minimum vital ; 25 p. 100 appartenaient à la bourgeoisie moyenne et 12 p. 100 pouvaient se dire riches ou très riches. En 1524, Luis Vivès publia à Bruges son traité *De subventione pauperum*, où il proposait un nouveau système d'assistance aux pauvres. Par décret de l'empereur Charles Quint, chaque ville fut dotée d'une Bourse commune (1531), mais cette institution n'était pas toujours réellement efficace.

GUIDO PEETERS

BÉLISAIRE (500 env.-565)

À la veille du VIe siècle, l'Empire romain morcelé par les royaumes barbares semble appartenir à une histoire définitivement révolue. Cependant, à Constantinople, l'empereur Justinien Ier cherche à retrouver l'unité de l'ancienne puissance romaine et à reconquérir à l'Occident les territoires perdus sur les Goths, les Francs, les Burgondes et les Vandales. Il trouve en Bélisaire, un des officiers de sa garde, un tacticien de génie qui servira l'empire de Byzance pendant plus de trente années. Chargé d'un commandement en Arménie en 529, Bélisaire mène contre les Perses des expéditions d'abord victorieuses, notamment près de Dara (530) ; mais il essuie quelques échecs qui le contraignent à demander la paix en 531. De retour à Constantinople, Bélisaire sauve en 532 le trône de Justinien, en réprimant avec la dernière rigueur la célèbre insurrection Nika qui oppose dans le cirque la faction des bleus, protégée par l'empereur et son épouse Théodora, à celle des verts, appuyée par l'usurpateur Hypace qui sera finalement mis à mort. Fort de la confiance et de la reconnaissance de Justinien Ier, Bélisaire est chargé d'une mission difficile, considérée même comme impossible, celle de chasser les Vandales d'Afrique du Nord. Or, en 534, en deux victoires, Bélisaire détruit la puissance vandale, fait prisonnier le roi Gélimer et annexe à l'empire de Byzance, héritier de l'Empire romain, une province qu'on croyait définitivement perdue. Triomphateur à Constantinople, riche des butins arrachés aux Vandales, créé consul, insigne honneur qui ne sera plus jamais décerné par la suite, Bélisaire est envoyé en Italie contre les Goths. Il reconquiert la Sicile, prend Naples après un siège, remonte vers le nord de l'Italie et entre dans Rome abandonnée par les Barbares qui ont assassiné leur roi Théodat et l'ont remplacé par Vitigès. Enfermé dans Rome, Bélisaire doit faire face à plusieurs dangers : celui des Ostrogoths qui l'assiègent en vain pendant un an, celui du pape Silvère qu'il fait déposer, celui de sa femme Antonine qui intrigue, celui de l'eunuque Narsès, envoyé par Justinien pour le seconder, et qui le jalouse. En dépit de ces embûches, Bélisaire garde son calme, réussit même à prendre Ravenne et à capturer le roi Vitigès en 540. À demi disgracié par l'empereur Justinien Ier qui le soupçonne à tort d'avoir des ambitions personnelles, Bélisaire est rappelé un an plus tard pour repousser les Perses du roi Chosroès, qui tentent d'occuper l'Asie Mineure. Il retourne ensuite en Italie ; par trois fois, il défend Rome contre les Ostrogoths de Totila, mais il sent que la situation lui échappe et il abandonne la lutte. Rappelé à Constantinople, il doit se retirer. Il est peut-être jeté en prison, après avoir été accusé de complot. La légende, réfutée par les historiens, veut que Bélisaire ait eu les yeux crevés sur ordre de Justinien et qu'il ait été contraint de mendier dans les rues de Constantinople. Sa renommée, que son secrétaire Procope a largement contribué à diffuser dans son *De bellis* (*Histoire des guerres contre les Perses, les Vandales et les Goths*), persiste encore. Ce qui a frappé ses contemporains, c'est la pauvreté des moyens militaires dont Bélisaire disposait face aux forces supérieures en nombre des Barbares. Mais Bélisaire a suppléé à cette infériorité par sa prudence et par son habileté tactique. Son humanité, sa douceur ont aussi retenu l'attention des observateurs, à tel point qu'il fut populaire même parmi les Barbares qui souhaitèrent, après leur défaite à Ravenne, et la capture de Vitigès, lui offrir la royauté. Bélisaire aura été surtout le dernier représentant d'une grande ambition. Il souhaite, avec l'appui de Justinien, ressusciter l'Empire romain défunt, redonner au monde son unité perdue. Mais l'empreinte morale, sociale et politique laissée par les Barbares, la désagrégation économique, le pessimisme qui envahissait les mentalités au VIe siècle seront plus puissants que les victoires militaires de Bélisaire qui resteront sans lendemain.

JOËL SCHMIDT

BÉNÉDICTINS

Sous le nom de Bénédictins, on désigne les moines cénobites chrétiens, membres des nombreuses familles religieuses qui, au cours des siècles, ont pris pour loi fondamentale la règle de saint Benoît, composée au VIe siècle.

1. La règle de saint Benoît

La *Règle de saint Benoît* se présente sous la forme d'un petit livre divisé en 73 chapitres, précédés d'un prologue. Certains de ces chapitres n'ont que quelques lignes, les plus longs ne dépassent pas quelques pages. Le style n'est pas celui d'un code législatif moderne, conseils spirituels et directives pratiques y sont entremêlés. Le plan n'est pas rigoureux, bien qu'on puisse reconnaître un certain ordre : le prologue et les sept premiers chapitres donnent les grands principes de la vie et de la spiritualité monastiques ; les chapitres 8 à 20 traitent de la prière, surtout de la grande prière liturgique ; les chapitres 21 à 57 décrivent concrètement la vie journalière dans le monastère et prévoient les peines qui sanctionnent les manquements ; les chapitres 58 à 61 expliquent la manière de recevoir les novices et d'éprouver leur vocation avant qu'ils ne prononcent leurs vœux ; les chapitres 62 à 72 insistent sur la discipline nécessaire à la bonne marche de la communauté ; enfin le chapitre 73 et dernier invite les moines à approfondir l'Écriture et les écrits des Saints Pères en leur promettant que, s'ils suivent « cette toute petite règle, écrite pour des débutants », ils parviendront aux plus hautes cimes de la doctrine et des vertus. La règle répond au but de son auteur qui voulait instituer « une école de service du Seigneur ». Elle partage la vie du moine entre la prière, le travail manuel et *lectio* divina (étude attentive et méditation des textes de la Bible et des commentaires patristiques). À la prière liturgique la règle accorde la première place, ce qui devint une caractéristique de l'ordre bénédictin. Le travail manuel, d'abord jardinage et artisanat, devint copie de manuscrits et travail intellectuel, celui-ci s'étant avéré indispensable pour la *lectio divina* ; mais le travail proprement manuel ne disparut jamais complètement et il est périodiquement remis en honneur.

La règle organise la communauté. Après un noviciat d'un an, le moine prend un engagement, entouré de toutes les formalités que le droit romain prévoit pour la conclusion des contrats. La *profession* est une consécration au service de Dieu en même temps qu'un contrat bilatéral, passé entre la communauté et un profès qui se lie définitivement à son monastère par le vœu de *stabilité*.

Composé de personnes lui appartenant irrévocablement, le monastère est une famille, gouvernée par un abbé, père de ses moines comme son nom l'indique (syriaque *abba*, qui signifie père). L'abbé est élu à vie par les moines. Il est assisté habituellement dans l'exercice du gouvernement par un conseil de quelques moines ; de plus, pour les affaires les plus importantes, il doit demander et suivre l'avis de l'assemblée des moines réunis en chapitre. L'abbé nomme aux diverses fonctions les officiers du monastère, responsables devant lui.

À une époque où la société était en pleine dissolution, ces dispositions, dont la nature et la nécessité paraissent incontestables, ont assuré aux monastères une solidité qui explique leur action et leur influence. Les maux dont souffrit l'ordre bénédictin au cours de son histoire sont dus à la non-observance de points essentiels de la règle.

La règle contient une norme très précise d'ascèse monastique, avec une doctrine spirituelle centrée sur la personne du Christ, mais elle entre peu dans les détails de la vie, laissant à l'abbé une grande liberté d'interprétation. Elle insiste sur la discipline intérieure, l'abnégation de la volonté et l'obéissance. N'imposant pas au moine une attitude artificielle, elle tend à le former par le dedans en respectant les aptitudes et les tempéraments ; c'est ce qu'on appelle la *discrétion bénédictine*.

Les horaires types par lesquels certains auteurs ont voulu caractériser la vie des moines sont un critère arbitraire, car ils ne tiennent aucun compte de la souplesse de l'adaptation aux temps, aux lieux et aux cas concrets. L'horaire monastique comporte toujours, en plus d'un long office de nuit, qui coupe le sommeil ou commence longtemps avant l'aurore, la messe conventuelle, les vêpres qui achèvent la journée et les complies qui précèdent le coucher. Les autres « heures » de l'office, plus brèves, sont réparties dans la journée. *Lectio divina* et travail se partagent le reste du temps, suivant des modalités qui peuvent varier à l'infini.

2. Du Xe siècle à la fin du Moyen Âge

L'Empire carolingien marque un des sommets de la prospérité des monastères. Sa dislocation et les invasions normandes, hongroises et sarrasines en ruinèrent plusieurs et jetèrent des moines sur les routes. Le relèvement fut rapide et le xe siècle fut, surtout dans sa seconde moitié, une époque de développement des ordres monastiques. Fondé en 910, Cluny jouit d'une célébrité méritée, mais il ne faut pas oublier que la caractéristique de cette époque était la multitude des centres rayonnants : si Brogne comme Cluny était une fondation nouvelle, le Mont-Blandin, près de Gand, Gorze, Saint-Vanne de Verdun, Saint-Benoît de Fleury-sur-Loire, Saint-Bénigne de Dijon, Fécamp étaient des abbayes anciennes qui, sous l'impulsion d'abbés énergiques, avaient retrouvé la jeunesse et diffusaient leur idéal, surtout en introduisant des moines dans des sanctuaires desservis par des clercs – ce qui fut le cas du Mont-Saint-Michel en 966. Ces abbayes restaurées se constituèrent de vastes domaines dans lesquels elles créèrent des réseaux de prieurés, où résidaient quelques moines qui exercèrent une influence économique certes, mais aussi religieuse. Durant les XIe et XIIe siècles, beaucoup d'églises paroissiales furent confiées aux moines qui les reconstruisirent ; ces églises ont subsisté un peu partout, enrichissant le paysage français. Les abbés de Cluny transmirent à leurs successeurs l'autorité dont ils jouissaient sur les monastères, alors qu'ailleurs les liens entre monastères disparaissaient avec la mort de l'abbé réformateur. Malgré l'absence d'un lien juridique, les abbayes adoptèrent des coutumes assez semblables, ce qui s'explique par leur idéal commun et aussi par le fait que des rédacteurs s'inspirèrent tous de la tradition léguée par Benoît d'Aniane et utilisèrent fréquemment les coutumes de Cluny. Le renouveau monastique s'étendit à toute l'Europe. En Italie, les abbés de Cluny exercèrent leur influence sur des abbayes aussi célèbres que Saint-Paul-hors-les-Murs, Subiaco et le Mont-Cassin. En Allemagne, l'influence clunisienne se fit sentir par l'intermédiaire de l'abbaye d'Hirsau. C'est aux Xe et XIe siècles que l'institution monastique pénétra aux Pays-Bas, en Bohême, en Pologne et en Hongrie. En Angleterre, la règle de saint Benoît fut remise en honneur au milieu du Xe siècle par Dunstan, Ethelwold et Oswald, qui s'étaient formés sur le continent, à Gand, à Saint-Benoît-sur-Loire et en Bourgogne ; après la conquête de 1066, les moines normands introduisirent non sans difficultés leurs propres coutumes. L'action de Cluny fut prépondérante en Espagne, tant pour lancer les chevaliers à la « reconquête » que pour organiser le monachisme dans les jeunes royaumes chrétiens.

De nouveaux ordres monastiques

Aux XIe et XIIe siècles surgirent de nouvelles institutions monastiques, caractérisées par la recherche d'une vie plus simple et plus austère que celle menée par les moines des grandes abbayes d'observance traditionnelle. Elles subirent à leur origine l'attrait de l'érémitisme au point qu'on a pu parler d'une « crise de cénobitisme ». En fait, certains groupes retournèrent à la vie cénobitique très stricte et d'autres conservèrent des éléments de la vie érémitique. Le mouvement s'amorça en Italie avec saint Romuald († 1027), dont les disciples constituèrent les ordres des Camaldules et de Fonte Avellana (vie plutôt érémitique) alors que saint Jean Gualbert († 1073) fonda l'ordre de Vallombreuse (vie nettement cénobitique). À la fin du XIe siècle, le même mouvement se produisit en France : saint Bruno se retirait en 1084 dans le désert de Chartreuse, et saint Robert quittait en 1098 son abbaye de Molesmes pour se fixer à Cîteaux. Ni l'un ni l'autre ne purent rester dans leur solitude d'élection, mais leurs disciples, les Chartreux et les Cisterciens, devaient assurer le succès de ces fondations. Plusieurs ordres monastiques furent formés par des prédicateurs qui rassemblèrent dans des monastères des fidèles désireux de mener une vie plus parfaite : Robert d'Arbrissel († 1117) établit à Fontevrault une double communauté d'hommes et de femmes, ce qui était alors fréquent, mais gouvernée par l'abbesse, ce qui resta exceptionnel.

L'influence de François d'Assise

Durant le XIIIe siècle, de nouveaux ordres monastiques fondés en Italie, les Silvestrins par Silvestre Guzzolini († 1267), les Célestins par Pierre de Murrone († 1296) et les Olivétains par Bernard Tolomei

(† 1348), joignirent aux prescriptions de la règle de saint Benoît la pratique de la pauvreté telle que l'avait préconisée François d'Assise. Élu pape sous le nom de Célestin V, Pierre de Murrone, plus apte à mener la vie contemplative qu'à gouverner l'Église, démissionna peu après et fut tenu au secret par son successeur Boniface VIII, ce qui valut en retour à ses disciples la protection de Philippe le Bel. Les papes essayèrent d'imposer aux anciennes abbayes de moines noirs le mode de gouvernement de l'ordre cistercien, prescrivant en particulier la réunion de chapitres généraux dans chaque province ecclésiastique. Ils veillèrent au maintien de la discipline, mais se révélèrent impuissants à susciter les adaptations appelées par l'évolution de la société. Sans abandonner leur conception de la vie spirituelle et intellectuelle, les moines s'intéressèrent aux universités naissantes, mettant leurs bibliothèques à la disposition des maîtres et des étudiants, et créant de nombreux collèges universitaires bénédictins.

Le XIVe siècle fut pour toute l'Europe une période de calamités, et les monastères eurent à en pâtir. Après la grande peste de 1348-1349, la plupart des petits prieurés, désormais vidés, ne furent plus que des bénéfices, dont les titulaires, le plus souvent, n'étaient pas des Bénédictins. À la place des abbés réguliers, on nomma des abbés commendataires, qui pour la plupart ne résidaient pas, mais entendaient tirer de leurs abbayes le maximum de revenus sans se soucier des moines. Le remède aux maux de la fin du Moyen Âge fut l'établissement des congrégations, groupements de monastères étroitement unis et gouvernés non plus par des abbés élus à vie, mais par des supérieurs temporaires.

JACQUES DUBOIS

Bibliographie

Bull. Hist. bénédictine, suppl. de la *Rev. bénédictine* / L. H. COTTINEAU, *Répertoire topobibliographique des abbayes et prieurés*, 2 vol., Mâcon, 1936 / S. HILPISCH, *Histoire du monachisme bénédictin*, trad. de l'allemand, Tequi, Paris, 1989 / P. SCHMITZ, *Histoire de l'ordre de saint Benoît*, 7 vol., Maredsous, 1948-1956.

BENJAMIN DE TUDÈLE (XIIe s.)

Le Juif navarrais Benjamin de Tudèle est sans doute le premier voyageur européen du Moyen Âge qui ait connu la Chine. Écrit en hébreu, son itinéraire fournit un guide touristique et une description économique, ethnique, politique du monde médiéval chrétien, romain et byzantin, juif et arabe vers 1170.

Le « Livre des voyages »

On ne sait rien de la vie de Rabbi Benjamin bar Jonas de Tudèle, voyageur juif renommé du XIIe siècle, sinon qu'il était originaire de Tudèle, cité de la Navarre espagnole. Sa prédilection pour les faits économiques a fait supposer qu'il était négociant en pierres précieuses, mais l'importance qu'il attache à sa visite des lieux saints juifs de Jérusalem et d'Hébron pourrait faire considérer son voyage comme un pèlerinage. On a pu supposer que les communautés juives d'Occident l'avaient chargé d'une mission de reconnaissance en Orient en vue d'une migration éventuelle vers une contrée où les Juifs vivent en liberté sur un territoire leur appartenant. Parti de l'Espagne du Nord,

Benjamin de Tudèle visite le Bas-Languedoc, l'Italie, Constantinople, l'Archipel, Rhodes, Chypre, Antioche, la Terre sainte, Damas, Bagdad et la Perse. Sur le chemin du retour, il traverse Aden, Assouan, Le Caire, Alexandrie, la Sicile, Rome.

Rédigée d'après son journal sous le titre *Séfer ha massa'ot* (*Le Livre des voyages*), sa relation a été traduite en plusieurs langues et à plusieurs reprises d'après l'édition princeps (Constantinople, 1543). Le plus ancien manuscrit remonte au XIIIe siècle (Ms. British 27089) ; l'édition critique la plus récente a été procurée par Marcus Nathan Adler.

Un tableau des communautés juives au XIIe siècle

L'intérêt de Benjamin de Tudèle va surtout aux communautés juives qui jalonnent son itinéraire. Il s'enquiert du nombre des familles, des professions pratiquées par les Juifs, de leur statut, de leurs maîtres spirituels. *Le Livre des voyages* brosse un tableau coloré de la diaspora médiévale. En additionnant les effectifs des communautés juives visitées, on obtient environ six cent mille familles, soit une population totale de l'ordre de deux millions et demi d'âmes. Les occupations des Juifs sont variées : certains possèdent des terres (dans le midi de la France ainsi qu'au pied du mont Parnasse) ; en Grèce et en Terre sainte, ils détiennent un quasi-monopole de la teinturerie ; à Antioche et à Tyr, ils sont fondeurs de verre. Les Juifs de Perse ont encore leur vice-roi de souche davidique, l'Exilarque. La relation par Benjamin de Tudèle de l'aventure messianique de David Alroï, « l'Invisible », est restée longtemps notre seule source sur le mouvement. Dans le royaume franc de Jérusalem, des communautés réapparaissent, deux générations après l'extermination des Juifs lors de la première croisade. Le voyageur nous présente la secte karaïte à Constantinople, Ascalon et Damas. La relation se termine sur un éloge ému de la communauté de Paris, fameuse par ses savants et par son hospitalité.

Un siècle avant Marco Polo

Le Livre des voyages est une description vivante du monde à la fin du XIIe siècle. Économique, elle souligne l'activité portuaire et commerciale de Barcelone, Montpellier, Constantinople, signale un gisement pétrolifère près de Sorrente (où l'on fabrique des remèdes à base de pétrole). Ethnique, elle révèle les Druzes des montagnes de Syrie et de Terre sainte, la fameuse secte des « Assassins » et les Valaques de Roumanie (dont c'est la première mention littéraire). *Le Livre des voyages* est le premier écrit de l'Europe médiévale à mentionner la Chine. Ses descriptions d'églises romaines ou byzantines sont d'un grand prix pour l'histoire de l'art, particulièrement celle de Sainte-Sophie, que devaient piller les troupes de la quatrième croisade. Sur le plan historique, Benjamin souligne le faste de Byzance, mais constate les progrès réalisés par les Turcs.

La durée exacte du voyage de Benjamin de Tudèle reste controversée. I. González Llubera intitule sa traduction espagnole *Viajes de Benjamín de Tudela, 1160-1173.* Seule la date de 1173 est à retenir, parce qu'elle est indiquée dans le prologue ; la date du départ est déduite de détails donnés par le livre. S. W. Baron remarque qu'ayant visité Rome sous le pontificat d'Alexandre III, qu'il nomme, Benjamin a dû quitter Tudèle entre 1165 et 1167. Les notations statistiques du voyageur doivent être, elles aussi, interprétées : les transcriptions chiffrées (parfois des lettres hébraïques prêtant à confusion comme le ד = 4 et le ר = 200) sont souvent fautives. Les localités de l'Empire byzantin se laissent mal identifier. Enfin le texte actuel paraît tronqué, les notes du voyageur ayant été compilées et abrégées par le scribe auteur du prologue. En dépit des problèmes qu'il pose, Benjamin de Tudèle fournit un tableau irremplaçable du monde, un siècle avant Marco Polo.

GÉRARD NAHON

Bibliographie

E. N. ADLER, *Jewish Travellers*, New York, 1966 / M. N. ADLER, *The Itinerary of Benjamin of Tudela*, éd. crit., trad. angl. et comment., Oxford, 1907 / S. W. BARON, *A Social and Religious History of Jews*, VI, New York, 1958 / P. BORCHARDT, « Der Reiseweg des Rabbi Benjamin von Tudela und des Petahia aus Regensburg in Mesopotamien und Persien », in *Jahrbuch für Jüdische Geschichte und Literatur*, XVI, 1913 / E. CHARTON, *Voyageurs anciens et modernes*, texte du « Voyage », in t. I, Paris, 1867 / M. WAXMAN, *A History of Jewish Literature*, t. I, New York-Londres, 1960 / A. YAARI, *Massaot Eretz-Israël* (*Voyages en Terre sainte*), en hébreu, Ramat Gan, Israël, 1977.

BERNARD DE CLAIRVAUX (1090-1153)

Personnage le plus célèbre de l'ordre de Cîteaux, Bernard fut aussi l'une des individualités les plus marquantes de l'histoire de l'Église médiévale et l'un des hommes les plus actifs et les plus importants du XIIe siècle.

Origines, formation et personnalité

Bernard est né à Fontaine, localité proche de Dijon. Son père, Tescelin, était de la famille des seigneurs de Châtillon-sur-Seine ; il tenait la petite seigneurie de Fontaine ainsi que des terres autour d'Alésia et de Montbard, et d'autres dans la vallée de la Laigues et au confluent de l'Aube et de l'Anjou. Sa mère, Alette, était la fille du seigneur de Montbard, dont les domaines, assez vastes, s'étendaient sur une partie des plateaux sis entre l'Armançon et la Seine. Bernard est donc issu d'une famille de moyenne noblesse, apparentée ou alliée à de puissantes maisons.

Il subit profondément dans son enfance l'influence de sa mère, femme d'une très haute vertu. On le confia, pour ses premières études, aux chanoines de l'école de Saint-Vorles, près de Châtillon. Il y acquit une solide pratique du latin, mais il n'apprécia pas la culture littéraire et profane qu'on essayait de lui donner. À l'âge de seize ou dix-sept ans, il perdit sa mère et en fut très vivement affecté. Il mena alors pendant quelques années une vie mondaine, comme pouvait le faire un jeune noble du temps. Il déclara plus tard qu'il avait eu de mauvaises fréquentations, mais il faut voir dans cet aveu le scrupule d'une âme excessivement exigeante. Car, en fait, tout en ayant une existence laïque, il semble bien qu'il songea très tôt à se retirer du monde. En avril 1112, il prit sa décision et vint se faire moine à Cîteaux, abbaye créée en 1098 au sud de Dijon et qui voulait retourner à l'ascèse monastique la plus rude. Il y entraîna avec lui trente compagnons, parents ou amis. Il apparut aussitôt comme un élément particulièrement dynamique, si bien qu'en 1115, il fut envoyé, avec quelques moines, pour fonder l'abbaye de Clairvaux, aux bords de l'Aube, non loin de Troyes, sur une terre donnée par le comte de Champagne. Il resta abbé de Clairvaux jusqu'à sa mort, ce qui ne l'empêcha pas de jouer un rôle éminent hors de son monastère et de son ordre.

Personnage d'une très réelle sainteté, recherchant par amour du Christ la mortification la plus dure, Bernard fit preuve, sa vie durant, d'une activité inlassable. Sa sensibilité très vive – elle explique ses plus beaux élans spirituels et permet de découvrir en lui une sorte de sensualité mystique – le conduisit, en quelques occasions, à des attitudes raides et même violentes. L'âme nourrie des leçons et des allégories de l'Écriture, spécialement de l'Ancien Testament, il fut un orateur vibrant, aussi bien pour instruire ses moines de Clairvaux que pour émouvoir et entraîner les foules. Conservateur, quasi « intégriste », ne parvenant pas toujours à bien saisir le sens véritable des mutations de son époque – marquée justement par une profonde transformation de l'économie, de la société et du pouvoir politique –, il fut, en outre, un écrivain fécond, au style alerte et coloré. Ses principales œuvres, en dehors de sa correspondance et de ses sermons (parmi lesquels ceux sur le Cantique des cantiques adressés à ses moines, exerceront une grande influence sur la mystique médiévale), furent le *De gradibus humilitatis*, l'*Apologia ad Guillelmum abbatem*, le *De diligendo Deo*, le *De gratia et libero arbitrio*, le *De laude novae militiae*, le *De praecepto et dispensatione*, la *Vita S. Malachiae* et le *De consideratione*.

Bernard moine

Lorsqu'il arriva à Cîteaux en 1112, l'abbaye connaissait de très sérieuses difficultés et voyait ses effectifs se réduire de jour en jour. Bernard lui apporta un nouvel élan et permit à l'ordre cistercien de se développer. Il fut du reste, en tant qu'abbé de Clairvaux, grâce à son rayonnement et à son action, le principal artisan de cet essor. À sa mort, l'ordre comptait 350 maisons, parmi lesquelles 160 avaient été fondées par Clairvaux ou par des établissements issus de cette abbaye.

Quant à lui, il se révéla un bon administrateur et un moine exemplaire, refusant âprement honneurs et dignités. À l'austérité cistercienne, élaborée à partir de la fuite du monde, de la pauvreté et du travail manuel, il ajouta la mise en valeur de la pureté (méfiance à l'égard de la femme, objet de péché, réconciliation avec elle dans le culte de Marie, vierge et mère) et le mépris de la culture et de tout ce qui peut sembler un divertissement pour l'esprit. Il ne ménagea pas les critiques à l'égard de Cluny et échangea à ce sujet une correspondance fort intéressante avec l'abbé Pierre le Vénérable.

Bernard et l'Église

Ce moine remarquable fut mêlé à toutes les grandes affaires ecclésiastiques de son temps, soit qu'il prît lui-même l'initiative d'agir, en croyant que c'était son devoir, soit surtout qu'il fût sollicité à cause de son extraordinaire réputation.

Élections contestées

C'est ainsi qu'il s'occupa maintes fois d'élections épiscopales contestées, intervenant pour rappeler les règles canoniques ou, plutôt pour appuyer un candidat tenu pour meilleur. Son entreprise la plus célèbre en ce domaine se déroula à Langres en 1138. D'une façon plus générale, il n'hésita pas à donner des conseils aux évêques, les encourageant à remplir leurs obligations, mais critiquant le luxe de leurs équipages et de leur train de vie, ainsi que l'intérêt trop vif qu'ils montraient pour les questions politiques et temporelles.

En 1130, il fut conduit à agir au niveau le plus élevé de l'Église romaine secouée alors par un schisme. À la mort du pape Honorius II, en effet, les cardinaux, divisés en deux clans, ne cherchèrent même pas à se mettre d'accord : le parti des Frangipani élut le 14 février le cardinal Aimeric, qui prit le nom d'Innocent II ; ses adversaires désignèrent le cardinal Pierleone, qui choisit le vocable d'Anaclet II. Ce dernier avait eu pour lui la majorité des électeurs et put aussitôt s'assurer l'appui des Romains. Il reçut l'obédience et l'aide de Roger II, duc de Pouille et de Calabre, à qui il conféra le titre de roi de Sicile. Devant cette double élection cependant, les princes consultèrent le clergé. C'est ainsi qu'en France Louis VI convoqua un synode à Étampes et y invita Bernard. Ce dernier, après avoir hésité, se rendit à l'invitation et, dans une intervention passionnée, se déclara en faveur d'Innocent II, jugé par lui plus saint, donc plus apte et, de ce fait, certainement élu par le groupe le plus sain (*sanior pars*) des cardinaux. Le Capétien et son royaume adhérèrent alors à Innocent II, qui vint se réfugier en France. L'empereur Lothaire III le reconnut à son tour et conduisit une expédition pour l'installer à Rome. Bernard rejoignit le monarque et le pape et les accompagna dans la Ville (1133). Peu après, le pontife fut à nouveau en butte aux attaques des partisans d'Anaclet ; en mai-juin 1135, il réunit un concile à Pise pour anathématiser son rival. L'abbé de Clairvaux y prit part et prononça un discours très violent. Il négocia ensuite avec Milan l'adhésion de cette cité au pape puis, en 1137, il alla trouver Roger II et essaya vainement de le faire changer de camp. Quelques semaines plus tard, le schisme s'éteignit du fait de la mort d'Anaclet (janv. 1138).

Orthodoxie à sauvegarder

Rentré à Clairvaux, il fut presque aussitôt amené à s'occuper d'Abélard, accusé par plusieurs évêques d'avoir exposé dans ses ouvrages théologiques des thèses contestables. En juin 1140, il participa à l'assemblée qui se tint à Sens sous la présidence de Louis VII et invectiva avec violence le célèbre philosophe. Les évêques le suivirent dans sa réprobation et le pape condamna, le mois suivant, un certain nombre de propositions du Maître.

À la même époque, il découvrit avec anxiété les progrès de l'hérésie cathare et réfuta les doctrines erronées qui se répandaient alors dans le midi de la France ; en 1145, il accepta d'accompagner le cardinal-légat Albéric, envoyé en mission pour poursuivre les hérétiques ; il prêcha à Poitiers, Bergerac, Périgueux, Sarlat, Cahors, Verfeil, Albi, etc.

Incursions dans la politique

Il entretint enfin des relations étroites avec la papauté : non seulement avec Innocent II à la suite du schisme de 1130, mais plus encore avec Eugène III, un ancien moine de Clairvaux qui occupa la chaire de Pierre de 1145 à 1153. Il rédigea à son intention le traité *De consideratione*, pour lui montrer les exigences spirituelles et morales de sa charge, sans craindre de critiquer certaines pratiques de l'Église romaine, telles que l'exemption, les appels. En revanche, il exalta dans cet opuscule l'éclatante dignité de la charge apostolique, reconnaissant au pontife romain une autorité souveraine dans l'Église et, conformément aux théories grégoriennes, le droit d'intervenir dans les affaires politiques, s'il le fallait par-dessus les pouvoirs temporels et à leur encontre, au nom de la morale et de la religion et pour la défense des droits et des intérêts ecclésiastiques.

Bernard et le monde : la croisade

L'abbé de Clairvaux s'intéressa aussi, parfois avec vigueur, aux problèmes politiques. Il fut chargé par Innocent II d'essayer de rapprocher l'empereur Lothaire III de son rival Frédéric de Hohenstaufen, révolté contre lui. Il émit des réserves sur le mariage de Louis VII et d'Aliénor d'Aquitaine qui, selon lui, violait la règle canonique d'empêchement en cas de parenté. Il joua avec conviction le rôle de médiateur entre Louis VII et le comte de Champagne, lorsque le Capétien prit les armes contre son puissant vassal (1142), sans celer sa profonde sympathie pour le comte qui était le protecteur de Clairvaux.

Mais, surtout, il intervint dans une entreprise politico-religieuse qui, dans les dernières années de sa vie, raviva son enthousiasme : la croisade. Il s'était déjà intéressé à la Terre sainte lorsque, entre 1128 et 1136, il avait rédigé le traité *De laude novae militiae* pour exposer à l'ordre naissant des Templiers quels principes spirituels devaient guider son action. Sollicité en 1146 de lancer la prédication pour la deuxième croisade, il hésita quelque temps, puis se jeta résolument dans l'entreprise. Le 31 mars, il adressa un vibrant appel aux clercs et aux nobles réunis à Vézelay. À l'automne et dans l'hiver suivant, il parcourut la France du Nord-Est et l'Allemagne. Après l'échec de l'expédition, il combattit le découragement et demanda un nouvel effort. Un concile réuni à Chartres en 1150 le désigna même comme chef de la future opération qui, faute de moyens, n'eut jamais lieu.De tout cela se dégage l'impression d'un homme d'une valeur spirituelle exceptionnelle et d'une activité extraordinaire. Il faut noter toutefois que, mis à part sa propre expérience monastique qui fut une réussite exemplaire, la plupart de ses entreprises se soldèrent par l'insuccès : le schisme ne s'éteignit qu'avec la mort d'Anaclet, la méthode d'Abélard continua d'attirer les esprits, la croisade aboutit à un échec. Trop enclin à s'occuper de tout et parfois quelque peu brouillon, Bernard marqua cependant toutes ces œuvres de son empreinte et sut quelquefois détourner leur accomplissement vers des voies nouvelles.

MARCEL PACAUT

BERNARD DÉLICIEUX (mort en 1320)

Né à Montpellier, entré chez les Frères mineurs en 1284, Bernard Délicieux était lecteur, c'est-à-dire professeur, au couvent de Carcassonne, dans lequel en 1296 plusieurs citoyens de la ville poursuivis par les inquisiteurs vinrent chercher refuge. Bernard et les autres religieux défendirent les accusés avec tant d'énergie que les poursuivants n'osèrent passer outre. L'année suivante, l'inquisiteur Nicolas d'Abbeville accusa d'hérésie un riche bourgeois, Nicolas Faure, décédé depuis près de vingt ans, en 1278. Comme il était mort entouré de Frères mineurs, Bernard le défendit énergiquement, et alla jusqu'à Boniface VIII ; s'il n'obtint pas gain de cause, il effraya assez l'inquisiteur pour faire suspendre l'affaire.

Envoyé alors comme lecteur à Narbonne, Bernard ne tarda pas à prendre parti contre les inquisiteurs d'Albi. Il se rendit deux fois auprès du roi Philippe le Bel, en 1301 et 1302. Passant à la rébellion ouverte, il ameuta les habitants de Carcassonne contre les inquisiteurs. Puis il instaura dans tout le Languedoc une ligue anti-inquisitoriale. Il espérait beaucoup de Philippe le Bel, qui arriva à Toulouse à la fin de 1303, mais le roi avait alors d'autres soucis et ne voulait pas se brouiller avec le pape Benoît XI, favorable aux inquisiteurs. Loin d'imposer ses vues, Bernard tomba sous la menace d'une arrestation à laquelle il échappa grâce au soutien des habitants de Carcassonne. Pour encourager ses partisans, il leur annonça la mort prochaine du pape, qui mourut en effet le 7 juillet 1304. Bernard triomphait, mais sa joie fut de courte durée, car Philippe le Bel apprit qu'il avait tenté de faire passer Carcassonne sous la souveraineté de Ferrand, fils du roi Jacques de Majorque. Bernard fut emprisonné et l'année suivante le nouveau pape Clément V ordonna qu'on le lui amène à Lyon. Le prévenu fut assez habile pour intéresser des cardinaux à sa cause et guider les délégués des villes qui venaient se plaindre des inquisiteurs. Son affaire traîna en longueur ; sa position s'améliora si bien qu'en 1310 il fut reçu à Chartres par le roi, qui lui pardonna.

Changeant d'activité, Bernard se retira dans un couvent d'Aquitaine et adopta les idées de Joachim de Flore et des spirituels, partageant leur goût pour la mystique et les sciences occultes. En mai 1317, sans avoir été convoqué, il eut la hardiesse d'accompagner les soixante-deux spirituels de Narbonne et de Béziers cités par Jean XXII. Cette imprudence le perdit ; le pape était un adversaire implacable des spirituels ; aucun des anciens amis de Bernard ne pouvait le suivre, et les inquisiteurs apprêtèrent leur revanche. On prépara longuement son procès avant de le faire comparaître devant un tribunal qui lui fit subir vingt-six interrogatoires accompagnés de tortures. On l'accusa d'hérésie, de mauvaise conduite – et d'avoir empoisonné Benoît XI. Bernard commença par se défendre habilement, mais les tortures, les souffrances physiques et la douleur de voir s'écrouler tout ce pour quoi il avait lutté vinrent à bout de sa résistance. Il céda et fut condamné à la dégradation et à la prison perpétuelle. Le 25 février 1320, une bulle ordonnait de le dépouiller de l'habit religieux, sentence qui aurait pu être un prélude au bûcher s'il n'était mort opportunément.

Tribun populaire et mystique exalté, Bernard Délicieux est un des personnages les plus sympathiques et les plus étonnants du XIVe siècle.

JACQUES DUBOIS

BERNARD GUI (1261 env.-1331)

Né à Royère en Limousin, Bernard Gui meurt au château de Lauroux en Roussillon (département actuel de l'Hérault). Frère prêcheur en 1280, il devient inquisiteur dans le Toulousain en 1307 ; évêque de Tuy (en Galice) en 1323, il est transféré au siège de Lodève l'année suivante par Jean XXII.

Il est l'auteur de nombreux ouvrages : chroniques des papes, des empereurs, des rois de France (*Chronicon pontificum* ; *Chronica imperatorum romanorum* ; *Chronica de progressu temporis sancti Ludovici*), traités historiques d'intérêt local, telles l'histoire de l'abbaye Saint-Augustin de

Limoges (*De monasterio sancti Augustini Lemovicensis*), les chroniques des comtes et des évêques de Toulouse (*Chronicon comitum Tolosanorum* ; *Nomina episcoporum Tholosae*), la chronique de l'Église de Lodève et celle des prieurs de Grandmont et d'Artige (*De ordinibus Grandimontensi atque Artigiae*) ; ouvrages sur l'histoire de l'ordre des Frères prêcheurs (*Historia fundationum conventuum ordinis Praedicatorum Tolosanae et Provinciae provinciarum* ; *Libellus de ordine Praedicatorum*) ou sur les conciles (*Tractatus de temporibus et annis generalium et particularium conciliorum*). Bernard Gui rédigea aussi des œuvres hagiographiques (*Speculum sanctorale* ; *Tractatus de sanctis Lemovicensibus*) et des traités théologiques sur la messe, sur la conception de la Vierge.

Son ouvrage principal est une sorte de manuel de l'inquisiteur (*Practica inquisitionis haereticae*), où il donne beaucoup de renseignements précieux sur les doctrines des mouvements hérétiques de son époque.

EDINA BOZOKY

BERRY JEAN DE FRANCE duc de (1340-1416)

Troisième fils de Jean II le Bon, roi de France, et de Bonne de Luxembourg (eux-mêmes amateurs d'art), Jean devient comte de Poitiers en 1356 et duc de Berry en 1360. Otage en Angleterre, pour le paiement de la rançon de Jean le Bon, le duc de Berry fut un homme politique sans envergure et un médiocre administrateur, de surcroît fort impopulaire en raison des appétits financiers qu'exacerbaient sa passion de collectionneur et son goût du faste. Il profita de la minorité, puis de la maladie de son neveu Charles VI pour puiser largement dans le trésor royal. Comme son frère, le duc de Bourgogne Philippe le Hardi, il attaqua au Conseil royal la cause du pape Benoît XIII, mais c'est en vain qu'il s'opposa en 1403 à la restitution d'obédience de la France à ce pape, décidée sous l'influence du jeune duc Louis d'Orléans, frère du roi.

Entre Orléans et Bourgogne, le duc de Berry tenta ensuite de jouer le rôle d'un médiateur. Sa pusillanimité, manifeste au lendemain de l'assassinat de Louis d'Orléans sur ordre du duc de Bourgogne, déçut ceux qui avaient vu en lui un arbitre possible ; il fut amené, en 1410, à se ranger purement et simplement aux côtés de Bernard d'Armagnac, son gendre, et à faire figure de tête du parti dit des princes, sans être pour autant le chef. Maître de Paris lors de la réaction anticabochienne en 1413, il ne sut éviter les violences ; ses hésitations, qui l'empêchèrent d'intervenir lors de la bataille d'Azincourt, achevèrent de le déconsidérer.

Le mécène rachète heureusement l'homme politique, au regard de la postérité. Jean de Berry dut avoir très tôt le goût des œuvres rares et belles. Grand collectionneur, comme tous ses frères, il sut mettre au service de sa passion les ressources que lui procurait sa rapacité bien connue. Si le personnage fut humainement assez déplaisant, si son rôle politique est contestable, la qualité des peintres, des sculpteurs et des orfèvres qu'il employa à son service et le rôle qu'il joua dans l'épanouissement du gothique international lui ont valu la reconnaissance et l'admiration des historiens d'art. On connaît le luxe inouï de ses cours de Bourges et de Poitiers, de celles qu'il tenait à Paris, à l'hôtel de Nesle ou dans son château de Bicêtre. Le souvenir de la beauté de ses châteaux (Riom, Dourdan, Étampes, Lusignan, Mehun-sur-Yèvre) nous a été conservé dans les enluminures des manuscrits qu'il fit exécuter, mais il reste peu de chose des sculptures qu'André Beauneveu et Jean de Cambrai firent pour Bourges et Mehun, et rien, ou presque, des joyaux, œuvres de ses orfèvres attitrés Jean de Morselles, Hermann Rince et Jean Chenu. Par contre, les manuscrits de prix qui constituaient sa bibliothèque, sa « librairie », furent en partie sauvés et les noms des enlumineurs qui les décorèrent (Beauneveu, Jacquemart de Hesdin, le maître de Boucicaut, les frères Limbourg) attestent que ce prince sut faire travailler les meilleurs artistes du royaume et même d'Europe. Grand amateur de musique sacrée et profane, aimant les somptueuses cérémonies religieuses, il offrit des reliques et des reliquaires de prix à Notre-Dame de Paris, à Saint-Denis et à ses églises de Poitiers et de Bourges. Plus que tout, sa fabuleuse collection, dont les inventaires détaillés ont été rédigés dans les premières années du xve siècle, nous révèle un amateur passionné d'œuvres rares, précieuses ou surprenantes, pour qui marchands et banquiers florentins, génois et lucquois jouèrent le rôle de rabatteurs : à côté des joyaux et reliquaires chargés de ses emblèmes (l'ours et le cygne), les inventaires citent des manuscrits anciens, des broderies de Florence, des tissus byzantins « ouvraiges de Grèce », des panneaux peints, des vases de cristal et de pierre dure, des tapisseries retraçant l'histoire de Charlemagne ou du Grand Khan, et des camées et intailles, antiques ou médiévaux, qui ne furent surpassés que par ceux de Charles V. Peu d'objets ont survécu : la *Tapisserie des neuf preux*, portant les armes du duc (musée des Cloîtres, New York) ; le grand retable d'os venant de Poissy (Louvre) ; la coupe de Sainte-Agnès, qui appartint d'abord à Charles V ; le reliquaire de la Sainte-Épine (British Museum). De la Sainte-Chapelle de Bourges, mise à sac du vivant du duc par les Anglais, proviennent quelques camées conservés au Louvre et la grande coupe d'agate jaune déposée au trésor de la cathédrale de Bourges.

DANIELLE GABORIT-CHOPIN et JEAN FAVIER

BÉTHENCOURT JEAN DE (1360 env.-1425)

Seigneur normand, chambellan de Charles VI, Jean de Béthencourt organisa en 1402 une expédition pour conquérir les îles Canaries ; il vendit ou hypothéqua ses biens pour la financer et en partagea la responsabilité avec Gadifer de La Salle. Cette première tentative fut un échec, et Béthencourt dut recourir à l'aide du roi de Castille Henri III, à qui il prêta hommage pour sa future conquête. Ayant éliminé Gadifer, Béthencourt fit reconnaître en 1404 son autorité sur l'archipel et prit même le titre de roi. Ayant été chercher du renfort en France, il organisa l'année suivante son royaume. Revenu en France en 1406, il mena une vie agitée, ne cessa d'intriguer pour mettre sur pied une nouvelle expédition, mais mourut en 1425 sans avoir réalisé ce projet. Il avait rédigé le récit de ses aventures, *Le Canarien*, qui fut publié pour la première fois en 1630.

Maciot de Béthencourt, neveu de Jean, avait été désigné comme lieutenant de son oncle au départ de celui-ci. Il gouverna les Canaries jusqu'en 1454, date à laquelle, sur plainte de l'évêque Mendo de Biezma, le roi de Castille intervint pour mettre un terme à ses exactions et le révoqua.

JEAN FAVIER

BIEN PUBLIC LIGUE DU

→ LIGUE DU BIEN PUBLIC

BIRGER jarl de BJÄLBO (1210 env.-1266)

La figure de ce grand féodal, lié aux familles régnant alors en Scandinavie, incarne le moment où la Suède, au cours du XIIIe siècle, s'ouvre aux influences européennes et où les principaux éléments qui pèseront sur son histoire se mettent en place dans un contexte de prospérité économique dont témoigne la floraison de nombreux villages nouveaux. Birger est le maître du pays de 1248, date à laquelle son beau-frère, le roi Éric Ericsson (1226-1250), lui confie la charge de *jarl*, c'est-à-dire de chef de l'armée et de la flotte des provinces orientales, jusqu'à sa mort. Birger, ayant assuré à son fils Valdemar la succession d'Éric, peut continuer à gouverner en fait le pays. Il essaie, avec l'appui de l'Église qui se fait accorder d'importants privilèges en 1248, d'imposer les prémices d'une politique d'unification aux provinces qui mènent encore une existence autonome. Il favorise l'exploitation du cuivre du Bergslag, le développement de Stockholm dont il sait apprécier la situation. Il noue d'importantes relations commerciales avec la Hanse et mène des expéditions en Finlande méridionale (Tavastehus, l'actuelle Hämeenlinna), célébrées par la *Chronique d'Éric* ; là, il se heurte aux intérêts de Novgorod.

JEAN MAURICE BIZIÈRE

BLANCHE DE CASTILLE (1188-1252) reine de France

Fille d'Alphonse VIII, roi de Castille, et d'Aliénor d'Angleterre, Blanche de Castille fut mariée en 1200 au prince Louis, fils de Philippe Auguste, qui devint en 1223 le roi de France Louis VIII. Ce mariage n'eut pas l'effet politique espéré, c'est-à-dire la réconciliation entre le Capétien et le roi d'Angleterre, oncle maternel de la mariée. Blanche donna à son mari au moins dix enfants, et elle surveilla avec une rigueur devenue légendaire leur éducation morale et religieuse. Louis VIII la consultait sur les affaires du royaume et, dans son testament, il la désigna comme régente et comme tutrice de leurs enfants. À la mort de son mari, en 1226, elle rencontra cependant l'hostilité violente des barons, vivement opposés au gouvernement d'une femme, étrangère de surcroît, qui, en outre, s'appuyait sur un autre étranger, le légat Romano Frangipani, dit le cardinal de Saint-Ange. La régente sut déjouer leur coalition en les divisant. Elle acheva, d'autre part, la mainmise royale sur le Languedoc par la conclusion du traité de Meaux-Paris, en 1229. Lorsque Louis IX prit le gouvernement du royaume à sa majorité (1234), il laissa la plus grande influence politique à sa mère et lui confia de nouveau la régence pendant la croisade de 1248. Blanche de Castille mourut pendant le séjour du roi en Terre sainte.

JEAN FAVIER

BOHÉMOND Ier (1057 env.-1111) prince d'Antioche (1098-1111)

Fils du fondateur de l'État normand de Sicile, Robert Guiscard, Bohémond Ier participe avec son père à la lutte contre l'empereur Alexis Comnène et à l'éphémère conquête de la Macédoine (1081-1085). Intelligent et peu scrupuleux, il n'hésite pas à prendre part à la première Croisade, décidé à ruser avec Byzance et à réaliser ses ambitions orientales à la faveur de l'entreprise des chrétiens d'Occident. Il joue un rôle décisif dans la marche sur Antioche et dans le siège de la ville : il obtient en récompense de garder Antioche et son territoire (juin 1098). Il se désintéresse alors de la croisade. Le principat de Bohémond est moins brillant que la conquête d'Antioche. Prisonnier des Turcs (1100-1103), il est dépossédé par ceux-ci des régions orientales et il cède le port de Lattaquieh aux Byzantins ; il doit gagner l'Europe occidentale à la fin de 1104 pour y quémander des renforts qu'il ne peut obtenir. En 1107, il attaque à nouveau Byzance en Épire ; vaincu alors qu'il assiège sans succès Durazzo, il doit reconnaître la souveraineté byzantine sur Antioche. Humilié, il préfère demeurer en Italie.

De Constance, fille du roi de France, Philippe Ier, il a un fils qui, sous le nom de Bohémond II, règne sur la principauté d'Antioche jusqu'à sa mort, en 1130. Le neveu de Bohémond Ier, Tancrède, qui a été investi personnellement de la Galilée, assure la régence d'Antioche pendant l'enfance de Bohémond II.

JEAN FAVIER

BOILEAU ou BOILLESVE ÉTIENNE (1200 ou 1210-1270)

Officier royal français. D'origine noble, peut-être orléanaise, Étienne Boileau est prévôt d'Orléans en 1259, puis de Paris en 1261. C'est sous son gouvernement que cette fonction essentielle – le prévôt est l'administrateur royal ordinaire – cesse d'être affermée pour être dorénavant baillée en garde : Boileau est le dernier prévôt de Paris à avoir, pendant quelques années, tenu sa prévôté en ferme. Il exerça cette fonction (analogue à celle d'un bailli ou d'un sénéchal en province) avec beaucoup de fermeté et il alla même, pour défendre les droits du roi, jusqu'à tenir tête au chapitre de Notre-Dame.

Le *Livre des métiers* qu'il fit compiler vers la fin de sa carrière est un recueil de règlements établis et de règles spontanées tirant leur force de l'usage, dont l'objet principal était de protéger l'artisanat et le petit commerce parisiens contre la concurrence déloyale et le chômage. Bien qu'il ne s'agisse en rien d'une œuvre originale, on y dénote un souci de cohérence et d'harmonisation. La plupart des dispositions du *Livre des métiers* furent, jusqu'à la fin du Moyen Âge, la base de la réglementation professionnelle à Paris.

On a longtemps cru, sans doute à tort, qu'Étienne Boileau avait pris part à la croisade d'Égypte : il mourut au début de 1270.

JEAN FAVIER

BOINEBROKE JEAN DE (mort en 1285/86)

Illustre membre d'un lignage qui domine la draperie douaisienne à la fin du XIIIe siècle, Jean de Boinebroke représente l'aristocratie marchande de cette époque, maîtresse de l'économie urbaine, méprisante à l'égard des artisans et tenant les leviers de la vie politique. Boinebroke est un gros drapier, c'est-à-dire qu'il produit ou achète la laine brute, la fait filer, carder, teindre, tisser dans ses ateliers ou par de petits artisans qui dépendent de lui ; il vend ensuite ses draps dans les foires. Par là, il tient sous sa dépendance tout un secteur de la vie économique. Avec ses gains, il a acheté des terres et des maisons, dans et hors la ville et, gros propriétaire foncier, il a droit à une charge d'échevin qui lui permet de tenir l'administration et la justice. Sa fortune s'arrondit encore par les prêts considérables qu'il consent, notamment au comte de Flandre. Sa réparation testamentaire, pratique courante à l'époque, montre comment il a usé des pouvoirs détenus par lui. Innombrables sont les plaignants qui viennent après sa mort raconter comment ils furent traités et réclamer ce que Boinebroke avait indûment saisi. On peut étudier par ces documents la manière dont les marchands banquiers de ce temps traitaient leurs concitoyens plus faibles et usaient de leur triple rôle d'employeur, de propriétaire et de magistrat. Elle explique les révoltes urbaines de la dernière partie du Moyen Âge. Boinebroke est connu surtout par les publications de l'historien français contemporain Georges Espinas, spécialiste d'histoire urbaine médiévale, notamment dans son ouvrage *La Vie urbaine à Douai au Moyen Âge* dont le premier tome, *Sire Jehan Boinebroke* (1913), lui est consacré.

JOSIANE COEKELBERGHS-CUYPERS

BONIFACE saint (675 env.-754)

Archevêque de Mayence, apôtre de la Germanie et réformateur des Églises franques. Boniface est le nom pris par le moine anglo-saxon Winfrid, lors de son premier voyage à Rome (718-719). Il était né vers 675 près d'Exeter, où, très jeune, il devint moine, avant de passer à l'abbaye de Nursling près de Winchester. Il reçut une très bonne instruction qui le rendit capable d'enseigner ou d'écrire en prose comme en vers, de rédiger des traités de grammaire et de métrique. Il fut mêlé aux affaires publiques en Angleterre, mais c'est seulement vers l'âge de quarante ans qu'il commença l'action missionnaire qui devait lui donner la célébrité. Son premier essai fut pourtant un échec : il débarqua en Frise, en 716, au moment où une violente réaction païenne avait obligé les premiers missionnaires à s'enfuir ; il dut rentrer dans son pays.

En 718, il partit pour Rome où il obtint du pape Grégoire II la charge d'évangéliser les païens. De là, il gagna la Thuringe, puis, dès que les victoires de Charles Martel eurent renversé la situation, il se rendit en Frise où il seconda son compatriote Willibrord ; voyant que celui-ci pendant le prendre pour successeur, il le quitta et alla évangéliser la Hesse. Ses succès attirèrent l'attention de Grégoire II qui le rappela à Rome, sans lui donner de motif, et le sacra évêque (722). Recommandé par le pape à Charles Martel, Boniface se rendit près de lui pour se placer sous sa protection : il agit désormais sous le double patronage du pape et des princes francs. Intrépide, il commença l'évangélisation de la Hesse en abattant le vieux chêne sacré de Geismar ; il passa ensuite en Thuringe et en Bavière où des clercs dévoyés lui donnèrent plus de mal que les païens.

Après un nouveau séjour à Rome (737-738), Boniface entreprit l'organisation de l'Église de Germanie par la création d'évêchés (dont certains furent par la suite supprimés ou transférés) et par la fondation de monastères d'hommes et de femmes, peuplés d'Anglo-Saxons qui furent pour lui des aides précieux. À la mort de leur père Charles Martel, Pépin le Bref et Carloman invitèrent Boniface à réformer l'Église franque ; il réunit plusieurs conciles et devint le véritable initiateur de la renaissance carolingienne qu'il prépara aussi politiquement, puisque c'est lui qui, à Soissons, légitima la prise du pouvoir par Pépin le Bref en conférant à celui-ci l'onction royale (751).

Depuis 746, Boniface avait fixé son siège épiscopal à Mayence, sans abandonner ses randonnées apostoliques. En 753, il retourna en Frise où il obtint des succès, mais le jour de la Pentecôte, 5 juin 754, il fut, avec cinquante-deux compagnons, massacré par des fanatiques, non loin de Dokkum, dans le nord de la Hollande actuelle. Selon sa volonté, son corps fut rapporté à l'abbaye de Fulda, qu'il avait fondée et pour laquelle il avait une affection particulière. Ses reliques y sont toujours en grande vénération, et c'est par fidélité à son souvenir que, régulièrement, les évêques allemands se réunissent à Fulda.

JACQUES DUBOIS

BONIFACE VIII (1235-1303)

Il est à la fois suggestif et déroutant d'observer comment les personnes deviennent, dans leur destin posthume, des personnages symboliques. L'historien a quelque peine à discerner, sous la matérialité des faits, les traits authentiques de l'homme et les projections de ses actes dans la suite des événements. Le pape Boniface VIII jouit, si l'on peut dire, de ce privilège ambigu, en un temps de crise pour la chrétienté et la civilisation politique de l'Occident médiéval.

L'homme

Benedetto Caetani fut élu pape le 24 décembre 1294, alors qu'il approchait de la soixantaine. Élection régulière, mais déjà compromise, car elle lui conférait le pontificat suprême après l'abdication, nécessaire et troublante, de son prédécesseur, Célestin V, dont la sainteté ingénue allait nourrir l'opposition à un pape politique. Et la conjoncture, et le tempérament, et sa carrière antérieure conduisaient Boniface à diriger l'Église de manière plus politique qu'évangélique. Grand, robuste, l'air majestueux, avec de belles mains, longues et soignées, tel que le montre son effigie funéraire que sculpta Arnolfo di Cambio de son vivant, tel que le virent ceux qui ouvrirent sa tombe en 1605, il était victime d'un tempérament impulsif, irritable, aggravé par des crises de maladie de la pierre, par le goût des déclarations pompeuses, par la conviction sommaire de son suprême pouvoir. Il n'a point, cependant, les vices médiocres que lui attribuent ses adversaires. C'est un petit baron féodal de la campagne romaine, qui, malgré ses voyages et ses relations, à Paris en particulier, n'avait pas compris la nouveauté politique, la valeur humaine, la validité chrétienne des nations, en face du Saint Empire, dont il se jugeait le digne partenaire dans une monarchie universelle.

Le pontife

La tumultueuse politique de Boniface ne doit pas faire oublier son gouvernement général de l'Église. Le retour à l'Évangile, opéré par les ordres mendiants depuis un siècle, avait discrédité la chrétienté féodale, mais n'avait point dégagé l'Église de ses pouvoirs constantiniens ; et d'Innocent III, l'ami de François d'Assise et de Dominique le Prêcheur, les successeurs avaient plus conservé le prestige, qu'ils n'avaient soutenu la réforme. La communauté du peuple chrétien était distendue par la scission entre les « institutionnalistes » et les « évangéliques », telle que la manifeste la lutte fraternelle qui, chez les Franciscains, divise les « conventuels » et les « spirituels ». Non point querelle subtile de *frati*, mais manifestation exaspérée du régime paradoxal d'une Église continuant dans les contingences de l'histoire le mystère d'un Dieu humblement incarné dans cette histoire. Le réveil évangélique qui travaillait les esprits, aussi bien dans le *dolce stil nuovo* que dans les sommes de théologie, mettait durement en question les structures et la spiritualité du régime féodal, dont le Saint Empire s'était emparé et que l'Église avait sacralisé comme l'ordre divin sur terre.

Boniface considérait cette sacralisation politique comme le test et le triomphe de l'Église. Par conviction et par tempérament, il s'acharna à en proclamer la vérité et à en poursuivre le succès. C'est, autant que chez les princes, dans le petit peuple de Dieu que se produisit la résistance. Dès le lendemain de son élection, Boniface annula la décision de son prédécesseur, qui avait favorisé la formation d'une branche religieuse fidèle à l'inspiration primitive de François d'Assise. Il déposa le ministre général des Frères mineurs, Raymond Godefroid, protecteur des « spirituels », ami du roi de France, protégé des Colonna, les rivaux romains de Boniface. S'ensuivirent les plus rocambolesques aventures, assaisonnées d'excommunications et d'intrigues politiques. Jacopone de Trodi (1230-1306), riche avocat devenu franciscain, dans ses délicieuses *laudi*, poursuit le pape de ses apostrophes ; et Ubertin de Casale, relégué à l'Alverne, au moment où Giotto décorait l'église d'Assise (1296-1304), l'invective dans son *Arbor Vitae* (1305), œuvre étrange où s'entremêlent la tendresse, la méditation théologique et le pamphlet contre le pontife usurpateur. Tous dénoncent, bien avant Laurent Valla, la « donation de Constantin », qui prétendait fonder sur l'histoire la théocratie temporelle de l'Église. Dante, dans son *Enfer,* placera Boniface parmi les prévaricateurs simoniaques, et ses conseillers parmi les perfides.

Le politique

C'est dans ce contexte religieux qu'il faut observer et juger la politique de Boniface, ce qui n'en réduit certes ni la violence ni l'échec. Elle se développe dans les divers secteurs, non sans référence à l'Évangile, tantôt dans l'imbroglio des fiefs disputés, comme ce fut le cas avec le comté de Foix, tantôt pour promouvoir la paix, comme dans le conflit franco-anglais, tantôt pour revendiquer l'indépendance des revenus de l'Église contre les prétentions des princes à lever des taxes pour financer leurs entreprises belliqueuses. C'est en France, face à Philippe le Bel, que l'impact de cette politique fut le plus rude. Aussi bien, par-delà les personnes en conflit, la situation était-elle provocante, car, plus que les communes italiennes ou les prétentions impériales, c'est la royauté française qui annonçait l'émancipation et l'autonomie des pouvoirs politiques.

On n'a pu restituer que difficilement le détail des événements et de la controverse, les motivations immédiates et fluctuantes des nombreux textes pontificaux, le rôle des individus, la part personnelle du roi et celle de ses légistes conseillers, l'authenticité des pamphlets qui circulaient, les discussions des théologiens, les uns favorables au pape, les autres au roi, tel l'éminent Jean de Paris, maître à l'université de Paris. En tout cas, le roi était passé du terrain politique à une critique religieuse, incriminant le pape calomnieusement dans ses mœurs, dans sa légitimité, dans sa foi. La mission elle-même de Nogaret (1303), envoyé en Italie pour mener à bonne fin l'appel royal à un concile général pour juger le pape, est liée à des épisodes obscurs et déconcertants, dans les complicités exploitées sur place, jusque dans l'entourage du pontife et dans les rivalités des factions de la cour romaine. L'« attentat » d'Anagni, même dépouillé des images des doctrinaires et des romantiques, fut d'une extrême gravité. Le pape, miné par la maladie et les émotions, devait mourir quelques jours après (oct. 1303). Son successeur Benoît XI, l'un de ses fidèles cependant, tout en condamnant l'opération d'Anagni, annula les sentences de Boniface et prit langue avec le roi.

La bulle « Unam sanctam »

Parmi les nombreux documents émanés de Boniface, la bulle *Unam sanctam*, du 18 novembre 1302, mérite une très particulière attention, et sa rédaction même manifeste que, au-delà de la fièvre des circonstances, elle revêt la forme et la valeur d'une « constitution ». Elle se présente, en effet, comme un exposé doctrinal des principes qui règlent les rapports entre le pouvoir spirituel de l'Église et les pouvoirs temporels. Quant au fond, rien de neuf, par rapport aux textes promulgués depuis Grégoire VII. Ce qui lui vaut sa notoriété, c'est, avec l'ampleur de ses considérants, sa conclusion solennelle, selon la clausule officielle des énoncés dogmatiques : « Il est de nécessité de salut de croire que toute créature humaine est soumise au pontife romain : nous le déclarons, l'énonçons et le définissons. »

Sous cette formule abrupte, c'est la logique de l'économie chrétienne qui, sans surprise ni nouveauté, est ainsi définie. Toute réalité humaine, personnelle ou collective, entre, pour le croyant, dans le processus de sanctification et de divination, et donc dans la communauté de grâce que l'Église constitue ; ainsi relève-t-elle de cette Église. Les États comme les hommes sont justiciables de leurs actes devant la conscience, devant Dieu, devant son Église et les organes majeurs de son autorité. Aucun domaine ne peut être mis à part ; il n'y a pas de justice politique hors la morale ; l'ordre politique est au service des hommes, dans le salut de Dieu comme dans la promotion du bien commun.

Ce qui fait de cette doctrine élémentaire un absolutisme théocratique, ce sont, plus encore que les circonstances, les considérants qui l'introduisent et prétendent la légitimer. Dans leur solennelle abondance, ils relèvent, eux, d'une élaboration théologique où l'autonomie des réalités terrestres, en particulier de l'ordre politique, est complètement niée. De fait, c'était alors, sauf chez un Jean de Paris, disciple de

Thomas d'Aquin, sauf aussi bientôt dans le *De monarchia* de Dante, parfait contexte de cette problématique, la théologie courante, telle que l'enseignait le conseiller de Boniface, le cardinal Matthieu d'Aquasparta, un adversaire des « spirituels ». Elle est connue sous la dénomination d'augustinisme politique, à cause de ses références aux œuvres de saint Augustin. L'Église ne s'en dégagera pas avant Léon XIII, à la fin du XIXe siècle.

MARIE-DOMINIQUE CHENU

Bibliographie

H. X. Arquillière, *L'Augustinisme politique*, Paris, 1934, 2e éd. Vrin, 1972 / Baumhauer, *Philip der Schöne und Bonifaz VIII*, Leipzig, 1920 / T. S. Boase, *Boniface the Eighth*, Londres, 1933 / J. Chelini, *L'Église au temps des schismes : 1294-1449*, Armand Colin, 1982 / J. Rivière, *Le Problème de l'Église et de l'État au temps de Philippe le Bel*, Paris, 1926.

BOURGOGNE DUCHÉ DE

1. Les origines du duché

L'histoire du duché de Bourgogne commence avec l'apparition d'une principauté territoriale qui ne trouvera son expression définitive qu'à la fin du IXe siècle. Avant cette époque, on assiste cependant à des tentatives en vue de faire et de défaire une entité politique se prévalant du nom de Bourgogne. Le royaume des Burgondes s'était constitué aux dépens de la Lyonnaise, laquelle avait englobé les cités des Éduens (Autun) et des Lingons (Langres), les *castra* de Chalon et de Mâcon, et peut-être une partie de la province de Sens. La Bourgogne reconstituée par Gontran, petit-fils de Clovis, s'était étendue sur toute cette région, s'étirant même jusqu'aux portes de Paris. Aux temps carolingiens, le nom de Bourgogne avait disparu de la terminologie officielle ; il ne réapparut qu'en 879 lorsque Boson fut proclamé roi au concile de Mantaille. Il servit ensuite à désigner le grand commandement constitué, entre 888 et 890, au profit de Richard le Justicier, qui rassembla sous son autorité directe un certain nombre de comtés, dont celui d'Autun, en obligeant d'autres comtes à le reconnaître pour chef ; ce commandement, qui s'exerçait dans le royaume de France (donc à l'ouest de la Saône), assurait la défense territoriale contre les Normands et couvrait la France du côté du royaume rodolphien de Bourgogne.

Les « Bourguignons » que gouvernait Richard n'avaient plus grand-chose de commun avec les *Burgundiones* ou Burgondes dont ils retenaient le nom : le sang burgonde s'était mêlé au sang franc dans les veines de l'aristocratie locale. Les éléments gallo-romains devaient être les plus nombreux au sein de la population. C'est néanmoins le souvenir du royaume burgonde et burgondo-franc qui servit de lien à tous ces hommes.

2. Les ducs capétiens

La vigueur avec laquelle Richard le Justicier (mort en 921) repoussa les Normands et rassembla les terres « bourguignonnes », au sein desquelles se trouvaient Troyes, Sens et Auxerre (mais non Mâcon), profita à son fils Raoul, qui fut élu roi de France (923) ; mais la réaction carolingienne condamna le frère de ce dernier, Hugues le Noir (936-952), à ne posséder que le sud du duché, qu'il réunira du reste à la future Franche-Comté. Après 956, les deux frères d'Hugues Capet se succédèrent à la tête d'un duché qui avait retrouvé son étendue première. Le second d'entre eux, Henri Ier, laissa en 1002 un héritage que se disputèrent son fils adoptif, Otte Guillaume, et son neveu, le roi Robert le Pieux. Celui-ci l'emporta (1005), ce qui eut pour conséquence le démembrement de l'ancien duché : Troyes et Sens cessent de lui appartenir (on continue cependant à les dire « en Bourgoigne » pendant des siècles) ; Auxerre et Nevers constituent une nouvelle principauté relevant de la Couronne ; Langres devient une seigneurie épiscopale. C'est la région Dijon, de Beaune, d'Autun, d'Avallon et de Châtillon-sur-Seine qui constitue à partir de 1016 le duché capétien de Bourgogne.

La succession des ducs capétiens se déroule pratiquement sans heurts jusqu'à l'extinction de la dynastie (1361). Tout au plus, une crise passagère détache-t-elle du duché en 1272 le futur comté de Charolais, qui reste cependant dans la vassalité ducale. Les Capétiens de Bourgogne, qui sous Hugues III (1162-1192) ont fait un instant mine d'intriguer avec l'empereur, sont de fidèles vassaux du roi de France. Aussi peuvent-ils se consacrer sans rencontrer d'opposition à un fructueux rassemblement de terres, domaines et mouvances, en acquérant notamment, en 1237, Auxonne et le comté de Chalon.

Cluny et Cîteaux

La Bourgogne est à cette époque le théâtre d'un mouvement religieux intense. Les monastères bénédictins se groupent autour de l'abbaye de Cluny (fondée en 911), qui prend la tête d'une congrégation monastique très étendue. Ce réveil de la vie religieuse entraîne des constructions monumentales : la grande abbatiale de Cluny III, bâtie par saint Hugues (1049-1109), est un chantier où passent et où se forment des constructeurs et des sculpteurs qui répandent dans toute la région un art roman très évolué, dont la cathédrale d'Autun est le principal témoignage actuel ; l'abbatiale de Vézelay, d'un type architectural un peu différent, reste fidèle à la sculpture clunisienne. Cependant, la forme de vie prônée par Cluny ne convient pas à tous, particulièrement pas à ceux qui sont appelés à plus d'ascétisme et à une vie plus érémitique. Ces derniers se regroupent sous la direction de l'abbé Robert, à Molesme, puis à Cîteaux (fondé en 1098). L'ordre cistercien prend un essor considérable grâce à l'ardente parole de Bernard de Fontaine-lès-Dijon, abbé de Clairvaux. Une émulation se crée avec Cluny. Les monuments que l'on doit à cet ordre, telle l'église de Fontenay, témoignent d'un grand dépouillement. À cette expansion romane répond une expansion gothique qui est loin d'être négligeable : l'église Notre-Dame de Dijon est un des édifices gothiques qui ont exercé une grande influence.

L'essor urbain et les premières institutions ducales

À la même époque se dessine un essor urbain en relation avec le renouveau économique : les chartes communales octroyées à Dijon (1187), à Beaune et à six ou sept autres villes, les franchises obtenues par les autres favorisent l'enrichissement d'une bourgeoisie marchande, qui tire profit de la variété des ressources de la province et de sa situation économique (foires de Chalon-sur-Saône). Ce mouvement se maintient jusqu'aux grandes épreuves du XIVe siècle.

Les Capétiens ont doté leur duché d'institutions qui se sont définies peu à peu ; des baillis sont venus se superposer au réseau des prévôtés ; une chancellerie « aux contrats » a implanté des notaires ducaux dans les villes ; le conseil ducal, tantôt s'élargissant en cour de justice au sein des « grands jours » pour recevoir les appels soumis au préalable à la « cour d'appeaul », tantôt siégeant pour examiner les comptes, devient un organe de gouvernement. Et, de 1350 à 1356, le roi Jean le Bon, régent du duché, introduit un certain nombre de méthodes empruntées à l'administration royale.

3. Les Valois : Jean sans Peur et Charles le Téméraire

Jean le Bon, après en avoir confirmé l'autonomie administrative et les privilèges, hérita en 1361 du duché en se donnant comme le plus proche parent du dernier duc capétien. Mais, dès 1363, il abandonna le duché de Bourgogne à son quatrième fils, Philippe le Hardi. Le premier des Valois de Bourgogne eut d'abord à lutter contre les routiers qui avaient envahi la Bourgogne sur les traces des Anglais, avec lesquels il avait fallu passer en 1360 le traité de Guillon. Mais il dut à son mariage avec Marguerite de Flandre de réunir à son duché les domaines de la maison de Flandre : Flandre et Artois, mais aussi Franche-Comté et Nevers. Ceux-ci constituent avec le duché le groupe des « pays de Bourgogne » pour lesquels s'institue à Dijon un véritable gouvernement central, dont les organes sont le gouverneur, la chambre du conseil (fondée en 1386) et la chambre des comptes. Toutefois les « grands jours » continuent à siéger à la fois à Beaune (pour les terres relevant du royaume) et à Saint-Laurent-lès-Chalon (pour celles qui relèvent de l'Empire).

Cet ensemble de territoires fut réduit sous Jean sans Peur (1404-1419) du fait de l'attribution de Nevers à un cadet. L'acquisition du comté de Tonnerre, enlevé par le duc au comte Louis, partisan des Armagnacs, devait être éphémère, à la différence de celle du Charolais, acheté en 1390. Mais, en 1417, le ralliement de Mâcon et d'Auxerre au parti bourguignon prélude au rattachement au duché de ces deux comtés et de Bar-sur-Seine. Celui-ci, consenti en 1424 par le roi lancastrien, est confirmé en 1435 par le traité d'Arras, qui y ajoute les élections royales.

Sévèrement éprouvé par la lutte contre les routiers, contre les Armagnacs, par le passage des écorcheurs et, plus tard, par les guerres entre Louis XI et Charles le Téméraire, le duché devait cependant profiter de la fortune de la maison de Bourgogne. Les ducs entendaient faire de Dijon une capitale véritable, aussi y construisirent-ils un palais ducal, la chambre des comptes et surtout la Chartreuse de Champmol ; fondée par Philippe le Hardi pour être la nécropole de sa lignée, celle-ci devint, grâce à des artistes appelés de Paris et des pays du Nord – tel Claus Sluter – un prodigieux foyer artistique. Philippe le Bon restait encore fidèle à la ville lorsqu'il fixa à la Sainte-Chapelle de Dijon le siège de l'ordre de la Toison d'or. C'est après 1430 que Bruxelles commença à éclipser Dijon comme résidence ducale. Mais les Bourguignons peuplaient l'entourage ducal et les administrations des pays septentrionaux : beaucoup d'entre eux firent au service du duc de belles fortunes, tel l'Autunois Nicolas Rolin, le fondateur de l'Hôtel-Dieu de Beaune, ou Philippe Pot, qui construisit les magnifiques châteaux de Châteauneuf et de la Rochepot. La Bourgogne participa ainsi au prestige et au luxe de la cour bourguignonne.

Au cours de cette période prend forme l'institution des états de Bourgogne, que Jean le Bon avait réunis pour la première fois durant sa régence. Philippe le Hardi se servit d'eux pour acquérir à l'égard de la royauté française une indépendance fiscale : en particulier par l'exonération des impôts indirects (les aides). Les états, qui réunissaient les seigneurs nobles ou ecclésiastiques et les représentants des villes, allaient jouer un rôle essentiel après la réunion de la Bourgogne à la couronne de France.

4. La réunion du duché au royaume de France

En 1477, à la mort de Charles le Téméraire, Louis XI fit entrer ses troupes en Bourgogne, sous prétexte d'abord de défendre les droits de sa filleule, Marie de Bourgogne. Puis, modifiant sa position, il réclama la réunion du duché à la Couronne, affirmant que, comme apanage, il devait faire retour au roi en l'absence d'héritier mâle. Les troupes royales occupèrent d'abord Dijon, puis le reste du pays. Mais, très vite, une révolte générale éclata : Dijon fut secoué par une « mutemaque » ; il fallut assiéger Beaune et Auxonne, soumettre l'Auxois et le Charolais. Le traité de Senlis (1493) rendit le Charolais et la Franche-Comté à la maison de Bourgogne, mais laissa le duché à Charles VIII. Charles Quint continua cependant à le revendiquer ; il obtint de François Ier, fait prisonnier à Pavie, une promesse de restitution (1526), mais le roi parvint à jouer du refus opposé par les états à une telle restitution, et Charles Quint renonça à ses droits par le traité de Crépy.

Tirant parti de ces difficultés, les Bourguignons avaient réussi à arracher au roi d'importantes concessions : la confirmation du privilège de 1361, la création (à la place des « grands jours », du conseil ducal et de la cour d'appel) d'un parlement souverain (déjà institué par Charles le Téméraire) qui fut transféré de Beaune à Dijon. Les états de Bourgogne se maintinrent, obtenant au cours du XVIe siècle de se réunir tous les trois ans pour voter les impôts – ce qui leur permit de préserver le duché des impôts indirects, la gabelle exceptée.

Des gouverneurs représentaient le roi dans le duché. Leur action ne fut pas négligeable. En 1513, La Trémoille fit lever le siège que les Suisses avaient mis devant Dijon. En 1536, la Bresse et le Bugey ayant été conquis sur le duc de Savoie, l'amiral Chabot rattacha ces provinces à son gouvernement et aux cours souveraines de Dijon (mais non aux états) ; cette réunion, annulée en 1559, fut renouvelée après la conquête de ces pays par Henri IV (1601). Les Guises, qui succédèrent à Chabot, jouèrent un rôle important lors des guerres de Religion.

Les derniers soulèvements

La Bourgogne avait, en effet, été touchée, sans doute dès avant 1531, par la religion réformée. La Réforme ayant été adoptée par une partie de la bourgeoisie, lors de la prise d'armes de 1562, Chalon et Mâcon se donnèrent aux réformés, et le lieutenant général Tavanes empêcha de justesse Autun, Beaune et même Dijon de tomber entre leurs mains. En 1567, Auxerre leur fut acquise par surprise et, en 1568, Vézelay. Tavanes opposa aux protestants le réseau des ligues catholiques, qui rendit les prises d'armes impossibles ; la province n'en souffrit pas moins sévèrement du passage des « camps » (bataille d'Arnay-le-Duc, 1570) et des reîtres. Et les intrigues du gouverneur Mayenne, révolté une première fois en 1584, donnèrent une acuité particulière à la crise de la Ligue, au cours de laquelle le roi dut constituer un gouvernement royaliste, établi à Semur, en face de celui de la Ligue qui siégeait à Dijon. La capitulation de Dijon (1595), la victoire de Fontaine-Française, puis le traité de Folembray (1596), mirent fin à la crise en éloignant Mayenne de la Bourgogne.

Cependant le XVIe siècle – époque d'expansion économique en dépit des guerres de la fin du siècle et de la crise monétaire et fiscale – est surtout l'époque de la montée d'une bourgeoisie qui s'enrichit dans la « marchandise » et qui accède aux offices. Les effectifs du parlement, des comptes et du bureau des finances récemment créé à Dijon ne cessent de s'enfler. La Ligue fournit aux bourgeois des conseils de ville l'occasion de manifester leur hostilité à ces officiers de haut rang. Mais ceux-ci commencent à tenir la première place dans la vie de la province et jusque dans les institutions de la renaissance catholique (avec Anne de Xainctonge ou Jeanne Frémyot de Chantal, fondatrices de la Compagnie de sainte Ursule et de la Visitation). Leur fortune leur permet d'accaparer terres et seigneuries, malgré le mécontentement des états de Bourgogne.

La province connaît quelques difficultés au moment de la Fronde : le gouvernement est passé héréditairement aux princes de Condé et le Grand Condé cherche à entraîner la Bourgogne dans son soulèvement. La terrible guerre de Dix Ans (1635-1644) qui ravage les territoires voisins de la frontière comtoise, jusqu'alors couverts par un traité de neutralité, est également source de difficultés. La reconstruction s'opère surtout grâce aux capitaux des parlementaires et de leurs émules, qui acquièrent la plupart des seigneuries de la région dijonnaise. Cependant, en 1659, Louis XIV brise les résistances du parlement ; et l'intendant Bouchu (1654-1683) introduit en Bourgogne l'absolutisme royal, en se faisant l'auxiliaire dévoué de la politique de Colbert qui s'efforce d'implanter en Bourgogne, à Auxerre surtout, quelques manufactures. Condé, qui réside d'ordinaire à Chantilly et ne vient en Bourgogne que tous les trois ans pour la « tenue » des états, est lui aussi tout dévoué à la royauté. La Bourgogne, pays d'états, échappait en principe à l'action de l'intendant. Par le biais de la révision des dettes des communautés, confiée à l'intendant et au gouverneur, la tutelle du premier devint vite efficace ; au surplus, par ses subdélégués, l'intendant intervint partout.

Le retour de la prospérité

L'annexion de la Franche-Comté par le roi Louis XIV avait mis fin à la situation de la Bourgogne en frontière du royaume et avait relâché les contraintes de la défense. Mais les exigences fiscales de Louis XIV et les années de misère (1693-1694 et 1709-1710 furent les pires) ne permettent à la prospérité de renaître qu'après 1715.

La Bourgogne connaît alors une activité exceptionnelle en deux domaines. Le commerce du vin cesse d'être passif ; les négociants bourguignons fondent des maisons qui prospectent une clientèle bien au-delà des frontières. Les forges et les fourneaux développent la production du fer bourguignon au point de faire craindre la disette de combustible ; aussi monte-t-on en 1783 les premiers hauts fourneaux à l'usine nouvellement fondée du Creusot. Caressés depuis deux siècles, les projets de liaison entre les « deux mers » par un canal qui traverserait la Bourgogne se matérialisent par le début des travaux des canaux de Bourgogne et du Centre en 1783. Les états de Bourgogne donnent tous leurs soins au réseau routier provincial.

L'effervescence religieuse du XVIIe siècle avait donné naissance à de nombreuses communautés vouées à la prédication, à l'enseignement ou à l'assistance, suscité la réforme du clergé et des monastères, encouragé des dévotions nouvelles (celle du Sacré Cœur est née à Paray-le-Monial). La révocation de l'édit de Nantes en 1685 prépare la lente extinction de communautés protestantes encore bien vivantes. Mais un noyau janséniste vivace s'est implanté à Auxerre. Dans le domaine intellectuel, plus encore que la fondation de l'université de Dijon (1722), celle de l'Académie (1740) dote la province d'un organisme qui contribue à la diffusion des Lumières. Les noms de Bouhier, du président De Brosses, de Buffon suffiront à indiquer combien la vie de l'esprit est alors active. Les parlementaires bâtissent des hôtels en ville, des châteaux dans leurs terres, et les villes se dotent de monuments publics et de théâtres.

Toutefois, cette société d'apparence prospère est menacée par la situation difficile d'une paysannerie qu'affectent les mauvaises années de la fin de l'Ancien Régime et par la réticence des bourgeois à admettre la primauté des nobles de robe et leurs privilèges. Or le parlement de Dijon s'est associé à la lutte des parlements contre la monarchie : aux affaires de préséance (« affaire du fauteuil », 1743) succèdent les affaires fiscales, les refus d'enregistrement : le parlement triomphe des états, en 1763 ; il sort vainqueur des tentatives de réforme de Maupeou et de Lamoignon. Mais cette victoire est sans lendemain : un comité d'avocats dijonnais prépare l'élection de députés hostiles aux privilégiés et la rédaction de cahiers de doléances où s'expriment des revendications qui auront pour conséquence la suppression des privilèges, la dislocation de la province et la suppression des organes qui avaient maintenu son unité.

En réalité, l'unité de la province était toute relative : à la veille de la Révolution, le gouvernement et la généralité, à laquelle était préposé l'intendant, étaient seuls à rassembler sous leur autorité toute la Bourgogne, la Bresse et (depuis 1775) les Dombes ; la « Bourgogne des états » n'incluait pas la Bresse et ses dépendances ; et le Mâconnais conservait des états particuliers (qu'avaient perdus au XVIIe siècle le comté d'Auxonne et, au XVIIIe, le Charolais) ; les comtés d'Auxerre, Mâcon et Bar-sur-Seine continuaient à relever du Parlement de Paris. Mais le sentiment de l'existence d'une Bourgogne unique restait très fort et il allait peser sur la division de la province en départements.

JEAN RICHARD

Bibliographie

P. BONENFANT, *Philippe le Bon*, Bruxelles, 1955 / M. BOUCHARD, *De l'humanisme à l'Encyclopédie. L'esprit public en Bourgogne sous l'Ancien Régime*, Paris, 1930 / M. BULLIER, P. DE SAINT-JACOB, P. QUARRÉ & C. OURSEL, *Les Nouvelles Provinciales* : 3. *Visages de la Bourgogne*, Paris, 1963 / J. CALMETTE, *Les Grands Ducs de Bourgogne*, rééd. Albin Michel, 1979 / M. CHAUME, *Les Origines du duché de Bourgogne*, 4 vol., Dijon, 1925-1937 / C. COURTÉPÉE & E. BÉGUILLET, *Description générale et particulière du duché de Bourgogne*, Paris, 1967-1968 / H. DROUOT, *Mayenne et la Bourgogne (1587-1596)*, Paris, 1938 / A. KLEINCLAUSZ, *Histoire de Bourgogne*, rééd. Laffitte, Marseille, 1976 / C. OURSEL, *L'Art de Bourgogne*, Paris-Grenoble, 1953 / J. RICHARD, *Les Ducs de Bourgogne et la formation du duché du XIe au XIVe siècle*, rééd. Slatkine, 1986 / J. RICHARD dir., *Histoire de la Bourgogne*, Privat, Toulouse, 1988 / C. ROSSIGNOL, *Histoire de la Bourgogne pendant la période monarchique*, Dijon, 1853 / P. DE SAINT-JACOB, *Les Paysans de la Bourgogne du Nord au dernier siècle de l'Ancien Régime*, thèse, Les Belles Lettres, Paris, 1960 / A. THOMAS, *Une province sous Louis XIV*, Paris, 1844 / R. VAUGHAN, *Philip the Bold. The Formation of the Burgundian State*, Londres, 1962 ; *John the Fearless. The Growth of Burgundian Power*, Londres, 1966.

BOURGOGNE-PROVENCE

ROYAUME DE

Un premier royaume de Provence-Viennois fut formé en 879 sous l'autorité de Boson, beau-frère de Charles le Chauve. Sa couronne réunissait la Provence, le Bugey, la Bresse, une partie de la Bourgogne cisjurane, une partie du Languedoc et le Dauphiné. Boson dut lutter continuellement contre l'hégémonie des Carolingiens, mais put léguer son patrimoine à son fils. Cependant, à la mort de Charles le Gros naquirent les royaumes de Bourgogne et de Provence. Le Welf Rodolphe, duc de Transjurane, prenait en 888 la couronne à Agaune et à Toul ; mais l'occupation de la Lorraine par Arnoul de Carinthie le cantonna dans la Bourgogne jurane, partie méridionale du royaume de Lothaire II (Sion, Lausanne, Besançon, Genève, peut-être Aoste). Louis l'Aveugle, fils de Boson, releva en 890 le titre royal que son père avait pris à Mantaille en 879 et s'assura du Lyonnais, du Viennois et de la Provence, qui avaient formé de 855 à 863 le royaume de Charles de Provence. Il échoua dans sa tentative d'occuper aussi le trône d'Italie (905). Aveuglé, il régna sous la tutelle de son cousin Hugues et mourut en 928, ne laissant à son bâtard Charles-Constantin que le comté de Vienne. Hugues, proclamé roi d'Italie en 926, céda ses droits sur la Provence, le Viennois et le Lyonnais à Rodolphe II en 932 ; il mourut à Arles après avoir été chassé d'Italie.

Les rois de Bourgogne contrôlaient les cols alpestres ; Rodolphe II fut roi d'Italie de 922 à 926, mais il dut abandonner la sainte lance, insigne relique italienne qu'on paraît avoir ensuite confondue avec la lance de saint Maurice, palladium du royaume bourguignon, à Henri Ier de Germanie, qui lui céda l'évêché de Bâle. Son fils Conrad (937-993) fut emmené pendant sa minorité en Germanie, et c'est Otton Ier qui lui facilita la prise de possession du royaume de Provence, dont une partie était occupée par le roi de France, aidé du duc de Bourgogne Hugues le Noir. Mais il fut incapable de venir à bout des Sarrasins, qui écumaient les vallées alpestres : ce sont les comtes provençaux qui s'emparèrent de leur repaire, la Garde-Freinet.

Le pouvoir royal était en effet fort limité : le roi disposait des sièges épiscopaux, mais la puissance temporelle des évêques rivalisait avec celle des grands laïques, maîtres des comtés de Viennois, de Maurienne et de Savoie, de Bourgogne d'outre-Saône et du marquisat de Provence (comtés d'Avignon et d'Arles). L'abbaye Saint-Maurice d'Agaune elle-même passa sous l'avouerie du comte de Savoie.

Le dernier des Rodolphiens, Rodolphe III, ne put venir à bout de la révolte du comte de Bourgogne, Otte-Guillaume, qu'avec l'appui de l'empereur Henri II (1016). Sans enfants légitimes, il promit sa succession à ce dernier. Après sa mort (1032), et malgré une tentative du comte Eudes de Blois, c'est Conrad II le Salique qui fut reconnu roi de Bourgogne (diète de Soleure, 1038).

JEAN RICHARD

BOUVINES BATAILLE DE (1214)

Bouvines est une bataille, c'est-à-dire, selon les conceptions du temps, un duel où deux concurrents décident de s'engager, seul à seul ou accompagnés de leurs amis, afin de forcer le jugement de Dieu et de trancher définitivement une querelle. Procédure exceptionnelle alors, un acte quasi liturgique, nettement distinct des harcèlements de la guerre auxquels il met un terme généralement pour de longues années. Le 27 juillet 1214, dans la plaine de Bouvines en Flandre, aux confins du domaine capétien et de l'Empire, Philippe Auguste, entouré des chevaliers des provinces royales et des gens des communes, affronte ainsi Otton de Brunswick, empereur et roi d'Allemagne, le comte de Flandre et le comte de Boulogne, alliés contre lui et stipendiés par le roi d'Angleterre, Jean sans Terre. L'engagement s'ouvre malgré le roi de France, qui ne se sent pas en position de force et s'esquive, et qui répugne à rompre la paix du dimanche imposée par l'Église. Dieu lui donne une victoire rapide et complète, qui manifeste que ses adversaires, excommuniés, étaient maudits et condamnés d'avance : Otton a fui ; les deux comtes sont prisonniers avec des centaines de chevaliers. Le sens de cette victoire est triple. Elle règle le double conflit opposant depuis des générations le pape et l'empereur, le Capétien et le Plantagenêt : Jean sans Terre, qui attaquait conjointement depuis la Saintonge, doit se retirer et, l'année suivante, les barons d'Angleterre lui imposent la Grande Charte ; Otton disparaît devant le jeune Frédéric II de Hohenstaufen que soutiennent Philippe Auguste et le pape Innocent III. Bouvines, d'autre part, manifeste la supériorité du roi de France, enrichi par les rançons, maître de deux grands vassaux rebelles, imposant la trêve au troisième, Jean sans Terre ; plus rien ne résiste désormais au pouvoir royal. Enfin l'événement, dûment publié, et dont l'écho retentit jusqu'aux frontières de la chrétienté, devient le noyau d'une légende : monarchique au XIIIe siècle, puis effacée, elle reprend vie sous un aspect nationaliste et bourgeois au XIXe siècle ; lors du centenaire de 1914, elle fournit l'une de ses plus fortes expressions à l'esprit de revanche anti-allemand.

GEORGES DUBY

BRIAN BORU (941-1014) roi d'Irlande (1002-1014)

Fils de Cenneidigh, Brian Boru (ou Brian Borumha) devint roi de Munster (978), puis roi suprême (*ard-ri*) de l'ensemble du pays ; il se distingua dans la lutte contre les envahisseurs danois. En 968, Mahon, autre guerrier célèbre, battit les Danois à Sulchoit, près de Tipperary. Brian battit le roi de Leinster qui s'était allié aux Danois de Dublin puis le roi de Meath et fut alors, en 1002, reconnu comme roi suprême. Mais le souverain de Leinster restait toujours son ennemi et, aidé par les Danois de Dublin, reprenait les armes. Une sévère bataille eut lieu près de Dublin, à Clontarf, en 1014. Les Danois furent battus mais un fuyard réussit, avec l'aide de deux hommes à leur service, à pénétrer dans la tente de Brian et à le tuer.

Brian est considéré comme l'unificateur du pays.

PAUL QUENTEL

BRIENNE JEAN DE → JEAN DE BRIENNE

BRUNEHAUT (543 ?-613) reine d'Austrasie

Fille d'Athanagilde, roi des Wisigoths, Brunehaut épousa vers 566-568 un petit-fils de Clovis, Sigebert Ier, qui régnait sur l'Austrasie. Vers le même moment sa sœur Galswinthe épousa le roi de Neustrie Chilpéric Ier mais celui-ci ne tarda pas à l'assassiner à l'instigation de sa concubine Frédégonde. La vengeance que Brunehaut exigea de ce meurtre entraîna pendant près d'un demi-siècle un conflit entre les deux royaumes. Veuve depuis 575, en butte à une forte opposition en Austrasie, Brunehaut orienta son fils Childebert II vers une alliance avec son beau-frère Gontran qui régnait alors sur l'ancien royaume des Burgondes. Cette alliance aboutit après la mort de Gontran en 587 à l'union de la Bourgogne et de l'Austrasie. Au lendemain de la mort de Childebert (595), Brunehaut fut régente de toute la Gaule de l'Est et du Sud-Est au nom de ses deux petits-fils. Mais son autorité fut minée autant par le conflit qui éclata entre ces derniers que par un parti de seigneurs austrasiens dévoués au fils de Chilpéric et de Frédégonde, Clotaire II, roi de Neustrie. Les chefs de ce parti, Pépin de Landen et l'évêque Arnould de Metz, appelèrent Clotaire en Austrasie. Brunehaut lui fut livrée et subit une mort ignominieuse à Renève (est de Dijon). Très diversement jugée par ses contemporains, Brunehaut semble avoir été une femme autoritaire, efficace, rusée et sans scrupules. Son souvenir survit dans un certain nombre de toponymes et dans l'expression « chaussées de Brunehaut » qui désigne quelques routes censées avoir été construites par la reine d'Austrasie.

ROBERT FOLZ

BURGONDE LOI → LOI BURGONDE

BURGRAVE

Terme qui au Moyen Âge a deux significations bien distinctes : en Flandre jusqu'au XIIe siècle et à l'est de l'Elbe jusque vers la fin du Moyen Âge, burgrave désigne le commandant de la garnison d'un château, qui, outre ses fonctions militaires, possède des attributions administratives et judiciaires dans une circonscription ; dans l'ouest et le sud de l'Allemagne, le burgrave est le bailli du prince dans les villes, dont les fonctions diminuent lentement : à la fin du Moyen Âge il fait surtout office de juge. La fonction, héréditaire, tend à devenir un simple titre honorifique.

BERNARD VOGLER

BYZANCE

La délimitation dans le temps de l'Empire byzantin a toujours été flottante. Non pour la date de sa fin : l'Empire est mort avec son dernier souverain, Constantin XI, au matin de la chute de Constantinople, le 29 mai 1453, sur la brèche de la porte Saint-Romain. C'est sa date de naissance qui est controversée, quoique les Byzantins n'aient jamais eu là-dessus d'hésitation : pour eux, leur Empire date du règne d'Auguste. Il y a du vrai dans cette conception : dans l'évolution qui mène à travers quinze siècles du *princeps* au dernier *basileus*, on discerne bien des mutations plus ou moins brusques, mais jamais de véritables ruptures. Au XVIIIe siècle, on ne voyait dans l'histoire grecque du Moyen Âge que l'interminable prolongement d'une décadence commencée avec le Bas-Empire.

Les deux éléments essentiels à l'aide desquels s'est formée la monarchie de caractère proprement byzantin apparaissent dès le règne de Constantin. Le premier est la fin du conflit entre le christianisme et le pouvoir impérial ; il faudra moins d'un siècle depuis les édits de tolérance pour qu'une étroite alliance de l'un et de l'autre devienne une des bases de l'État. Le second est l'existence, à partir de 330, d'une « nouvelle Rome » dans la partie orientale de l'Empire : romaine en effet par ses institutions, elle est grecque par son peuplement, sa langue et sa culture ; et c'est par elle que le monde grec recevra enfin l'organisation politique puissante qu'il n'a encore jamais connue. Et ce rôle politique de Constantinople se double d'un rôle stratégique que la Rome impériale n'avait pas joué : à l'Empire assiégé de toutes parts, elle servit souvent de donjon, imprenable jusqu'en 1204.

Cette monarchie orientale et romaine, fortement centralisée, profondément chrétienne, centrée sur le domaine grec, n'apparaît pleinement constituée que sous Héraclius. Mais il est légitime d'en faire remonter l'histoire à l'époque où la séparation définitive des deux parties de l'Empire constantinien, après la mort de Théodose Ier (395), va mettre les souverains de Byzance aux prises avec des problèmes propres à la *pars orientalis*, problèmes qui les amèneront, comme malgré eux, à transformer l'État romain en État byzantin.

L'ère protobyzantine (395-610)

L'Empire byzantin est né en quelque sorte par hasard. Quand Théodose Ier, qui avait conféré le titre d'auguste à ses deux fils, Arcadius et Honorius, légua au premier le gouvernement de l'Orient et au second celui de l'Occident, il ne crut pas – ni personne en son temps – avoir procédé à un partage définitif ; dans son esprit il ne s'agissait même pas d'un partage à proprement parler : ses deux fils n'étaient pas les souverains de deux États distincts, ils étaient deux coempereurs qui se partageaient les responsabilités d'un même Empire, où les décisions, qu'elles fussent prises pour l'Orient ou pour l'Occident, l'étaient en leur nom à tous deux. Cette conception, qui survécut longtemps aux règnes des deux frères (puisque le Code de Théodose II, en 438, fut promulgué aussi au nom de Valentinien III), explique l'énergie avec laquelle les empereurs orientaux de cette période, Justinien le tout premier, s'accrochèrent au passé, rêvèrent de reconstituer l'Empire universel. Ils ne portaient pas encore le titre grec de *basileus* et ne se considéraient pas comme des souverains grecs : au vrai, ils ne l'étaient guère. La dynastie théodosienne était issue d'Espagne ; ses successeurs étaient pour la plupart originaires de la partie non grecque de la péninsule balkanique, tels les Thraces Marcien et Léon Ier, l'Épirote Anastase, l'Illyrien Justin Ier ; on trouve même un pur barbare, l'Isaurien Zénon, qui s'appelait Tarasicodissa avant son avènement. Il faut descendre jusqu'à Tibère II pour rencontrer un empereur qui soit vraiment d'ascendance grecque. Parmi les hommes d'État qui entourent ces empereurs, il y a aussi beaucoup d'Occidentaux ; du reste, la langue de l'administration et des tribunaux est encore le latin, et non le grec. Même dans le domaine de la culture, le grec n'a pas encore conquis toutes les positions : ainsi, l'université de Constantinople réorganisée par Théodose II compte seulement seize chaires grecques pour quinze latines. Cette période ambiguë, où l'élément grec ne finira par s'imposer que sous la pression des événements, et non pas selon un plan concerté, mérite donc bien le nom d'Empire romain d'Orient qui lui est parfois donné.

Les Barbares

On peut y distinguer trois phases. Durant la première, qui correspond aux règnes des faibles successeurs de Théodose Ier et des empereurs imposés par les milices barbares (395-491), l'Orient ne peut guère mieux faire que de survivre aux grands bouleversements qui emporteront la *pars occidentalis*. À trois reprises, les Balkans sont ravagés par les Barbares : sous Arcadius, par les Wisigoths d'Alaric, que Théodose avait installés en Mésie ; en 441-443, par les Huns d'Attila ; sous Zénon, par les Ostrogoths de Théodoric. Chaque fois, les Augustes de Constantinople réussissent à détourner vers l'Occident le flot barbare, soit par des tributs que la richesse encore très grande de l'Orient leur permet de payer, soit par l'habileté de leur diplomatie ; ce faisant, ils sacrifient délibérément à la sécurité de leur domaine la *pars occidentalis*, indéfendable et déjà ruinée. On pourrait se demander pourquoi l'or de Byzance, au lieu d'être gaspillé en tributs, ne servait pas plutôt à renforcer l'armée pour la rendre apte à mieux défendre les frontières. C'est que l'Empire manquait d'hommes, non seulement du fait de la dénatalité (qui se fera sentir au moins jusqu'à la fin du VIe siècle), mais aussi parce que le régime dominant était celui de la grande propriété, très peu favorable au recrutement militaire. Il faut remarquer aussi que ce tribut était moins une marque de sujétion humiliante que l'instrument d'une fructueuse opération commerciale : l'or byzantin était en grande partie récupéré sur les marchés frontières installés par l'État et où, à des prix imposés par lui, les Barbares achetaient les marchandises de luxe fabriquées dans l'Empire. Cette manière de subvention détournée en stimulant la production industrielle, profitait au fisc.

L'influence des Goths se fit sentir à Constantinople même, par l'intermédiaire des chefs de l'armée, jusque sous Léon Ier. Celui-ci voulut la neutraliser en faisant appel à d'autres Barbares installés en Asie Mineure, les Isauriens. La rivalité des deux partis déchaîna des guerres civiles qui se prolongèrent durant tout le règne de l'Isaurien Zénon. Dans le même temps, l'opinion était déchirée par deux grandes querelles dogmatiques, envenimées l'une et l'autre par la rivalité des patriarcats d'Alexandrie et de Constantinople que l'exil de Jean Chrysostome (404) avait pour toujours dressés l'un contre l'autre. Si la capitale fut de nouveau vaincue, en la personne de Nestorius, par Cyrille d'Alexandrie au concile d'Éphèse (431), elle eut sa revanche au concile de Chalcédoine (451) où, grâce à l'appui de Rome, fut obtenue la condamnation du monophysisme. Cette doctrine, qui niait que l'humanité du Christ fût une nature complète comme l'était sa divinité, était incontestablement une hérésie ; elle n'en fit pas moins beaucoup d'adeptes en Syrie et en Palestine et contribua grandement à détacher ces provinces de l'Empire.

Équilibre politique et crise religieuse

Avec l'avènement d'Anastase Ier (491) commence une seconde phase que l'on peut clore à la mort de Justinien (565) et où l'on voit l'Empire retrouver son équilibre politique sans parvenir à surmonter la crise religieuse. Anastase, fonctionnaire âgé qu'Ariadne, la veuve de Zénon, épousa à la demande du Sénat pour que le trône pût lui être donné, fut un grand administrateur et un excellent financier. Il supprima notamment l'exécrable système des curiales responsables de l'impôt et créa un corps de percepteurs. Il stimula l'économie urbaine en abolissant l'impôt sur le commerce et l'industrie, l'impopulaire *chrysargyre* – ce qui eut pour conséquence, il est vrai, de grever encore davantage la propriété rurale. Il rendit même à l'État assez d'autorité pour liquider le problème des Isauriens par la déportation en Thrace de ces Barbares. Mais cette mesure ne suffit pas à restaurer la paix intérieure, car Anastase soutint de plus en plus ouvertement le parti monophysite, dont il professait secrètement la doctrine, et favorisa le *dème* (parti) des Verts, qui, composé surtout d'Orientaux, représentait le monophysisme dans la capitale. Il en résulta des troubles qui ne cessèrent qu'à la mort de l'empereur.

L'élection à l'Empire du comte des excubiteurs (commandant de la garde palatine), Justin, vieux soldat peu lettré dont la femme était une ancienne esclave barbare, fut le signal d'une violente réaction orthodoxe. Mais le parti monophysite était désormais trop puissant pour qu'on pût l'éliminer, et le grave problème qu'il posait pour l'unité de l'Empire devait empoisonner tout le règne de Justinien. Si le bilan de celui-ci fut positif en d'importants domaines (législation, culture, commerce extérieur), il s'avéra vite que Justinien avait surestimé les ressources militaires et économiques de l'Empire, qui ne pouvait à la fois garantir ses frontières du Danube et de l'Orient et défendre la *pars occidentalis* contre un retour offensif des Barbares ; en revanche il avait largement sous-estimé le danger slave. Enfin, il avait épuisé le Trésor au point que son successeur, Justin II, ne put payer le tribut au roi perse Chosrau Ier.

L'Empire menacé

Justin II rouvrit les hostilités. Pour faire front, on dut abandonner une grande partie de l'Italie aux envahisseurs lombards et laisser les Avars et les Slaves ravager les Balkans et même la Grèce. Du moins, l'excellente administration de Justin II, de Tibère II, de Maurice surtout, et la bonne qualité de leurs troupes permirent de soutenir avec bonheur la lutte contre les Sassanides : le traité de 591 rapporta à Byzance une partie de l'Arménie perse, où se recrutaient les meilleurs mercenaires. Dans le même temps, Maurice sauvait ce qui restait des possessions occidentales de Byzance en organisant les exarchats de Ravenne et d'Afrique. Puis il se retourna contre les Avars ; mais ses troupes, lassées d'une guerre interminable, se révoltèrent (602) et proclamèrent empereur un centurion, Phocas. Les troubles qui suivirent ce *pronunciamento*, et auxquels Phocas ne sut répondre que par un régime de terreur, favorisèrent l'invasion des Perses par la Cappadoce, des Slaves et des Avars par le Danube. En 610, à la fin de sa troisième et dernière phase, l'Empire romain d'Orient, encore solide intérieurement, semblait devoir être bientôt écrasé sous la double pression de l'Asie et de l'Europe barbare.

La crise du VIIe siècle (610-717)

L'idée de légitimité dynastique a fait, au VIIe siècle, de rapides progrès : jusqu'à la longue série de désastres et de coups d'État qui suivit la première chute de Justinien II, le trône fut constamment occupé par des membres de la famille des Héraclides, qui firent ainsi bénéficier l'État d'une incontestable continuité de vues, exception faite pour le domaine religieux – continuité qui tient peut-être en partie aux traits de caractère communs aux Héraclides : un goût très vif de l'action ; des dons de stratège ; une piété sincère, bien que souvent mal éclairée ; un sens de l'autorité dégénérant parfois en despotisme. La régularité de cette succession est d'autant plus remarquable que le VIIe siècle ne fut pas précisément pour Byzance une époque de tranquillité : il commença dans le chaos et finit de même. Cette période qui vit réduire de moitié l'étendue des territoires où s'était exercée l'autorité de Justinien, couper les grandes voies commerciales vers l'Orient et l'Occident, reculer la culture et l'activité urbaine, amener par deux fois l'ennemi jusque sous les murs de la capitale, présente tous les aspects d'une décadence.

Les raisons d'une survie

L'Empire, en fait, ne présente alors que les aspects extérieurs d'une décadence, car une rénovation si profonde s'opère que beaucoup d'historiens datent du règne d'Héraclius le début de l'Empire byzantin à proprement parler, c'est-à-dire de l'État grec du Moyen Âge. La survie de cet État à travers une si terrible crise étonnait les philosophes français du XVIIIe siècle, et même un Montesquieu, d'ordinaire plus perspicace et mieux informé, ne voyait dans l'histoire byzantine qu'« un tissu de révoltes, de séditions et de perfidies ». Elle est due, sans doute, aux forces vitales que l'Empire gardait encore en lui, mais aussi à une double chance. La première est d'ordre géographique : l'attaque arabe, dont le point de départ se situe à peu près à la jointure de l'Afrique et de l'Asie, tomba d'abord sur l'Égypte et les provinces d'Orient, qui, précisément, par leur situation excentrique, leur attachement à l'hérésie, le prestige même de leurs vieilles capitales, constituaient un obstacle à l'unité de l'Empire. Ce qui resta de celui-ci après la perte de ces provinces forma désormais autour de la capitale un bloc plus cohérent et plus difficile à entamer. La seconde chance de l'Empire, c'est que les Héraclides aient su renoncer au rêve universaliste de la dynastie justinienne et comprendre assez tôt qu'à cet État, remodelé par le nouvel équilibre politique de l'Asie antérieure, il fallait des institutions nouvelles.

À sa mort, Héraclius laissait un Empire amputé par les Arabes de l'Arménie, de la Mésopotamie, de la Syrie-Palestine et bientôt de l'Égypte ; les Balkans, submergés par les Slaves de la mer Noire à la Dalmatie, échappaient pour le moment à l'autorité impériale. Mais l'armature de l'État était bien plus forte que sous Justinien : la réforme administrative avait substitué aux anciennes provinces, trop petites et trop nombreuses, un système cohérent de *thèmes* ou divisions militaires, dirigés par des *stratèges* auxquels était subordonnée l'administration civile. La préfecture du prétoire, dangereuse par l'énormité de ses attributions, avait disparu, et ses services financiers avaient repris leur indépendance. Dans l'armée, l'importance des troupes mercenaires, peu sûres et très coûteuses, avait considérablement diminué par l'installation de soldats-paysans, les *stratiotes*, dans des « biens militaires », à eux concédés en échange d'un service actif, mesure qui, au surplus, favorisait l'équilibre social par l'extension de la petite propriété rurale. La situation intérieure eût donc été saine si Héraclius, rééditant l'erreur de Justinien, n'avait pas inventé de réconcilier les monophysites et les orthodoxes à l'aide du monothélisme, doctrine qui n'admet qu'une seule volonté chez le Christ, et dont les seuls effets furent d'allumer une nouvelle querelle religieuse et de tendre les rapports de l'Empire avec la papauté.

Après la mort prématurée de Constantin III et la déposition d'Héraclonas – coupable surtout d'être le fils de l'impopulaire Martine, la deuxième épouse d'Héraclius –, le Sénat donna le trône au jeune Constant II, dont le règne fut marqué surtout par l'irrésistible progression des Arabes, qui sous Moawiya occupèrent Césarée de Cappadoce, puis se lancèrent sur mer et ravagèrent Chypre, Rhodes, Cos et la Crète. Constant fut plus heureux dans les Balkans, où il réussit à reprendre pied ; mais le point le plus faible de l'Empire était encore l'Occident, que menaçaient particulièrement les progrès des Arabes en Méditerranée. Déjà, des tentatives de sécession s'étaient produites en 646 dans l'exarchat d'Afrique, en 652 dans celui de Ravenne. Constant se vengea sur le pape Martin Ier, coupable d'avoir condamné le monothélisme et surtout de n'avoir pas demandé à l'autorité byzantine de ratifier son élection ; il fut amené à Constantinople et, après une parodie de procès, déporté à Kherson où il mourut de misère (656). Le principal défenseur de l'orthodoxie en Orient, Maxime le Confesseur, fut également persécuté et mourut en prison en 662.

L'Occident était pour Constant II un tel sujet d'inquiétude qu'il finit par s'y établir, abandonnant Constantinople où, du reste, ses brutalités l'avaient rendu impopulaire. Il périt assassiné à Syracuse où il résidait depuis cinq ans (668).

Les Arabes

C'est sous son fils Constantin IV qu'eut lieu le premier grand assaut des Arabes contre Constantinople. Le siège, mené à la fois par terre et par mer, dura quatre ans (674-678) et se termina par la défaite complète de l'assaillant, grâce au feu grégeois qui fait ici son apparition dans l'histoire. Cette victoire, comparable à celle de Poitiers, interdit définitivement aux Arabes l'accès de l'Europe par l'Orient ; mais elle fut payée d'un affaiblissement du front balkanique, où venait d'apparaître un ennemi bien plus dangereux que les Slaves : le peuple bulgare. Battu sur le Danube, Constantin IV dut payer tribut. Du moins restaura-t-il la paix religieuse en liquidant le monothélisme, que la perte désormais assurée des provinces orientales rendait sans objet. Ce fut l'affaire du troisième Concile de Constantinople (680-681).

Par malheur pour l'Empire, Constantin IV mourut jeune, laissant le pouvoir à un jeune homme de seize ans, Justinien II, fort doué, mais d'un tempérament despotique et mal équilibré. Les débuts de son règne furent heureux. Profitant de la paix conclue par son père avec le califat, il rétablit la souveraineté grecque dans une partie des Balkans, y étendit le régime des thèmes, et transplanta des tribus slaves dans les régions dévastées de l'Asie Mineure pour mieux assurer leur défense. Le nombre des stratiotes s'accrut ainsi considérablement, et avec lui l'importance de la classe paysanne libre. Mais ces mesures diminuaient l'influence des grands propriétaires ruraux qui formaient la classe dirigeante depuis que les invasions arabes, en coupant les voies commerciales de l'océan Indien et de la Méditerranée, avaient causé le déclin de l'activité industrielle. Or, Justinien II eut l'imprudence de s'aliéner aussi les classes populaires en aggravant une fiscalité déjà très lourde, pour satisfaire ses goûts de bâtisseur fastueux. Il ne trouva pas de défenseurs lorsqu'une émeute dirigée par le stratège d'Hellade, Léontios, le détrôna en 695. Le nez coupé (d'où son surnom de Rhinotmète), il fut relégué à Kherson.

Les Arabes profitèrent de ces événements pour envahir l'exarchat d'Afrique, ce qui provoqua la chute de Léontios. Le drongaire (amiral) Apsimar prit sa place, sous le nom de Tibère III. Son règne devait être brutalement interrompu par le retour inopiné de Justinien II qui s'était évadé de Kherson et avait réussi à gagner à sa cause le khagan des Khazars, dont il avait épousé la fille, puis le khān des Bulgares, Tervel. Avec l'aide de ce dernier il se rétablit au pouvoir. Ce fut pour faire régner la terreur en décimant l'administration et le haut commandement, au grand profit de l'adversaire arabe. Quand un nouveau soulèvement de l'armée le renversa en 711, la dynastie d'Héraclius s'éteignit avec lui. Son successeur, l'Arménien Philippicos, tomba au bout de deux ans, victime d'un malencontreux essai de retour au monothélisme. Après lui, Anastase II et Théodose III, tous deux fonctionnaires civils, mais portés au trône et renversés successivement par une armée versatile, employèrent leurs courtes années de règne à préparer la capitale en vue d'un second assaut des Arabes. Un dernier soulèvement donna en 717 le pouvoir au stratège du thème des Anatoliques, Léon. Une nouvelle dynastie s'intallait, qui allait régner à Byzance durant tout le VIIIe siècle.

L'iconoclasme : dynasties isaurienne et amorienne (717-867)

La sévérité des historiens des siècles passés à l'égard de l'Empire byzantin tient en grande partie aux querelles religieuses qui s'y sont succédé presque sans interruption jusqu'au milieu du IXe siècle, et qui ont semblé si futiles aux esprits modernes. La violence de ces querelles vient de ce qu'elles mettaient en jeu l'unité de l'Empire ; dans l'Occident déjà politiquement morcelé, mais spirituellement uni autour d'un unique patriarche, le pape, elles n'auraient pu être de si grande conséquence. À Byzance, la sujétion du patriarche, et par conséquent de l'Église, à l'empereur n'a jamais été contestée. Les souverains en ont trop souvent déduit qu'il en était de même de la doctrine et qu'il leur était permis d'adapter celle-ci à leurs buts politiques. La crise iconoclaste représente la dernière de ces tentatives, et la seule qui ait eu un résultat positif : elle a fixé pour l'avenir les rapports de l'Église et de l'État en des bornes que ni l'une ni l'autre ne franchiront plus. Désormais le patriarche sera, à de rares exceptions près, le fidèle agent de la politique impériale ; en retour, les empereurs serviront, d'une part, l'ambition des patriarches contre l'autorité romaine, d'autre part, la vaste expansion du christianisme oriental à travers les pays slaves.

Cette époque décisive commence par le règne brillant de Léon III, qui sut défendre Constantinople contre les Arabes avec autant d'efficacité que l'avait fait Constantin IV, et les refoula hors de l'Asie Mineure avec l'aide des Khazars. C'est lui aussi qui proscrivit le culte des images ; cette mesure le brouilla avec la papauté, à qui il enleva, par mesure de représailles, sa juridiction sur l'Illyricum et l'Italie du Sud pour la donner au patriarche de Constantinople. Celui-ci, qui avait déjà trouvé profit à l'abaissement des patriarches d'Antioche et d'Alexandrie devenus sujets des musulmans, se voyait ainsi nanti en Orient d'une autorité spirituelle comparable à celle du pape en Occident.

Conséquences de la perte de Ravenne

Le fils de Léon III, Constantin V, profita du déclin des Omeyyades, que les Abbassides devaient détrôner en 750, pour prendre l'offensive en Arménie, en Mésopotamie et en Syrie, tout en réussissant à tenir en respect les Bulgares. Mais, ainsi engagé en Orient, il ne put empêcher l'exarchat de Ravenne de tomber aux mains des Lombards. La perte de ce petit territoire lointain eut une très grave conséquence : le pape, ne pouvant plus compter sur la protection des armes byzantines, se tourna vers les Francs et cessa dès lors de se considérer comme le sujet de l'empereur grec.

C'est sous Constantin V que l'iconoclasme, soutenu d'ailleurs par une partie non négligeable du clergé séculier, atteignit son paroxysme. L'empereur réunit à Hiéria (754) un concile qui décida l'interdiction du culte des images et la destruction de celles-ci. Ces mesures rencontrèrent l'opposition des milieux monastiques, fort importants en nombre et dont le prestige était grand. Il en résulta une violente persécution contre les moines, qui émigrèrent en grand nombre vers l'Occident. La persécution se ralentit sous Léon IV, sans doute à l'instigation de sa femme Irène, qui était fort amie des moines, et, par conséquent, des images. La mort prématurée de Léon IV fit d'Irène la détentrice réelle du pouvoir, qui revenait officiellement à son jeune fils Constantin VI : elle n'eut rien de plus pressé que de convoquer, en 787, un nouveau concile, le deuxième concile de Nicée, qui rétablit le culte des images.

Ce retour à l'orthodoxie ne devait pas être définitif. L'ambition d'Irène, plus grande que son intelligence, causa la perte de sa dynastie. Quand elle eut détrôné et fait aveugler son propre fils, l'incapable et impopulaire Constantin VI, et qu'elle se fut proclamée empereur, elle ne sut ni administrer l'État, ni éviter la défaite sur le front arabe et sur le front bulgare, ni surtout épargner à Byzance l'humiliation de voir ressusciter avec Charlemagne un Empire rival en Occident. Un coup d'État la renversa après cinq ans d'un règne désastreux.

Les années qui séparent la chute d'Irène de la seconde période iconoclaste auraient été dans l'ensemble réparatrices, si la puissance des Bulgares, débarrassés par les victoires de Charlemagne de leurs ennemis avars, n'avait pas grandi dans d'inquiétantes proportions. Les excellentes mesures prises par Nicéphore Ier, ancien haut fonctionnaire des finances – en particulier l'établissement du fouage, le monopole du prêt à intérêt, la transplantation de Grecs d'Asie Mineure dans les Balkans pour aider à l'assimilation des occupants slaves – suffisent à montrer son mépris de l'impopularité. Mais son règne fut brutalement interrompu par une défaite écrasante où il trouva la mort sous les coups des Bulgares. Deux ans plus tard (813), son successeur Michel Ier était de nouveau mis en déroute par le même khān bulgare, Kroum. Cette défaite causa sa chute et le parti iconoclaste revint au pouvoir en la personne d'un stratège d'origine arménienne, Léon V.

La doctrine iconoclaste régna de nouveau sous Léon V et, après l'assassinat de celui-ci, sous Michel II, fondateur de la dynastie amorienne, et sous son fils Théophile, mais avec moins de dureté qu'au temps de Constantin V, parce que le parti orthodoxe s'était considérablement renforcé et que l'attention des empereurs était détournée des questions religieuses par d'autres soucis. La mort inopinée de Kroum avait ramené la tranquillité sur le front bulgare (814), mais la terrible rébellion de Thomas le Slave mis l'Asie Mineure, puis la Thrace, à feu et à sang, de 820 à 823 ; et les Arabes, progressant toujours en Méditerranée, emportaient la Crète, débarquaient en Sicile. Sous Théophile souverain artiste, fastueux et cruel qu'attirait d'ailleurs la culture arabe, les califes abbassides reprirent même la guerre en Asie Mineure, occupèrent Ancyre et Amorion.

Il était temps de rétablir la paix intérieure et d'en finir avec l'iconoclasme. Ce fut l'œuvre de Théodora, veuve de Théophile et régente au nom de son fils, le petit Michel III, et du patriarche Méthode (843). Le rétablissement solennel du culte des images marque le début d'une véritable renaissance pour l'État byzantin comme pour la culture héllénique. Deux grands hommes d'État, le logothète Théoctistos et le frère de Théodora, le césar Bardas, qui se succédèrent sous le règne de Michel III, restaurèrent l'enseignement, reconstituèrent les réserves d'or, prirent l'offensive contre les Arabes et aussi contre les hérétiques pauliciens qui, persécutés par Théodora, avaient constitué sur le haut Euphrate un État indépendant, allié aux Arabes.

L'affaire Photius

Plus marquante encore est la figure du patriarche Photius, ancien professeur d'un immense savoir, qui donna à la culture byzantine une impulsion décisive. Photius devait son siège à Bardas qui, pour l'y installer, s'était débarrassé assez lestement du patriarche Ignace, représentant du parti des zélotes, c'est-à-dire des intransigeants (des moines surtout, particulièrement éprouvés par les persécutions iconoclastes), déçus de voir que la réconciliation de 843 s'était accomplie sans vengeance ni représailles à l'égard des vaincus. Il s'ensuivit une nouvelle querelle où Ignace et ses zélotes obtinrent l'appui du pape Nicolas Ier. Telle est l'origine du schisme de Photius, qui prit bientôt l'aspect d'une lutte entre les deux principaux patriarcats catholiques, et qui, opposant deux conceptions différentes de l'organisation de l'Église, annonçait le schisme du XIe siècle.

L'affaire Photius coïncide avec le début de l'expansion de l'Église grecque en Europe orientale : c'est le temps où Cyrille et Méthode vont conquérir à l'Évangile les Slaves de la Grande-Moravie (863-885), où un prince bulgare reçoit le baptême à Constantinople (864), où les premiers missionnaires paraissent chez les Russes, dont l'existence a été brutalement révélée aux Grecs par l'attaque de la capitale en 860. Ces prises de contact devaient se révéler singulièrement fécondes, et non pas seulement au point de vue spirituel. Au moment où Michel III, ayant consenti à l'assassinat du césar Bardas par son favori Basile, était assassiné à son tour par son ambitieux complice (867), il commençait à apparaître que l'essor politique et économique de Byzance dépendait en grande partie de ses relations avec le Nord.

La dynastie macédonienne et l'apogée de Byzance (867-1081)

En se débarrassant par un meurtre sordide de son bienfaiteur Michel III, il se trouva que Basile Ier installait au pouvoir, pour deux siècles, la dynastie dite macédonienne – en réalité d'origine arménienne – qui allait mener l'Empire à son apogée. La continuité remarquable que l'on observe dans l'œuvre des Macédoniens nous oblige à la considérer dans son ensemble plutôt que d'insister sur la part personnelle que chaque souverain y a prise. On peut en esquisser ainsi les conditions et les caractères généraux.

La régularité de la succession dynastique montre combien s'était affermie à Byzance le sentiment de la légitimité depuis l'époque de Justinien. C'est d'autant plus remarquable quand l'extrême jeunesse de l'héritier du trône – ainsi Basile II – ou son peu d'intérêt pour l'exercice du pouvoir – c'est le cas de Constantin VII – favorisait les usurpations. De fait, les usurpateurs ne manquèrent pas ; mais, quelque désir qu'ils en aient eu, aucun ne put fonder de dynastie en détrônant l'empereur légitime, car le peuple de Byzance ne l'aurait pas admis. C'est ainsi, par exemple, que pendant vingt-quatre ans Romain Lécapène put reléguer le porphyrogénète Constantin VII au rang de coempereur sans pouvoir ; mais, après sa chute, lorsque le faux bruit courut que les fils de Lécapène avaient exilé Constantin, une terrible émeute éclata pour défendre cet empereur falot que personne ne connaissait, et ce furent les fils de Lécapène qui partirent pour l'exil. Il est juste d'ajouter que ces usurpateurs furent tous d'excellents souverains.

Prospérité matérielle et développement culturel

L'expansion politique de l'Empire se double d'un développement culturel ; amorcé sous les Amoriens, il a été consciemment encouragé, voire dirigé par la plupart des souverains macédoniens (avec, il est vrai, une exception notable qui est Basile II) ; les uns furent surtout des lettrés comme Léon VI et Constantin VII, les autres de grands bâtisseurs, tel Basile Ier. L'art vénitien et l'art slave sont encore là aujourd'hui pour attester combien cette politique a servi le prestige et, par conséquent l'influence de Byzance en Orient comme en Occident. D'autre part, le haut niveau de la culture était indispensable au recrutement du personnel administratif dont l'Empire avait besoin.

C'est en effet sous les Macédoniens que les progrès du système administratif sont le plus notables. Le vieux principe qui subordonnait les services dépensiers aux diverses caisses (fisc, domaines de l'État ou « patrimoine » de l'empereur) par lesquelles ils étaient alimentés, est définitivement abandonné : l'État possède désormais un véritable budget établi par un service autonome, et un véritable ministère des finances, dirigé par le « logothète τοῦ γενιχοῦ », qui contrôle toutes les sources du revenu fiscal, y compris les biens de l'empereur. Dans l'administration locale, caractérisée par la multiplication des thèmes qui désormais couvrent tout le territoire de l'Empire, la hiérarchie militaire continue de dominer la hiérarchie civile ;

mais un fonctionnaire peut passer facilement de l'une à l'autre.

L'Empire a compensé la perte des provinces orientales par un grand développement de l'activité industrielle et commerciale. Pour assurer la qualité de la production, et notamment celle de la soie, l'État contrôle de très près les corporations dont les chefs sont nommés par lui. Les principales voies commerciales vont vers l'Asie centrale par l'Arménie, vers Venise par l'Adriatique, surtout vers la principauté de Kiev et, de là, par le royaume khazar, vers l'Extrême-Orient.

Au perfectionnement de l'administration, au développement économique correspond, surtout au début de la dynastie, une grande activité législatrice. Les Macédoniens se sont appliqués à simplifier et à remettre à jour le lourd appareil de lois légué par Justinien. Ce fut surtout l'œuvre de Léon VI, dont les *Basiliques* firent tomber en désuétude les recueils juridiques publiés sous Justinien.

Deux siècles de guerres continuelles

Il peut paraître étrange que ces deux siècles si prospères matériellement et intellectuellement aient été aussi deux siècles de guerres presque continuelles. La raison en est d'abord dans la nécessité de protéger les routes commerciales. Byzance ne pouvait ni laisser la Méditerranée et ses villes côtières exposées aux pirateries arabes, ni tolérer l'existence d'un Empire bulgare qui, installé à la fois sur le Danube et sur les côtes dalmates, menaçait de couper la route de Venise et la voie terrestre menant en Russie du Sud. En Asie, en revanche, c'est Byzance qui se montra agressive et conquérante, et cela pour des motifs divers : la volonté de maintenir sa prépondérance en Arménie et dans le Caucase, un certain esprit de croisade animé par un patriarcat plus puissant que jamais, et surtout le besoin de terres. Malgré les efforts de la plupart des empereurs, les grands domaines des couvents et de la noblesse provinciale s'accroissent toujours au détriment de la petite propriété. Il y a là une menace très grave pour le recrutement de l'armée, fondé sur le système des biens militaires. Pour maintenir des effectifs suffisants, Byzance est contrainte de demander à la guerre l'acquisition de nouveaux territoires.

On peut diviser l'époque macédonienne en trois grandes phases. Dans la première (867-944) que clôt le règne décisif de Romain Lécapène, on voit s'édifier l'œuvre législative de Léon VI et le vaste monument littéraire et scientifique de Constantin VII ; en Orient et en Occident, l'Empire fait front devant les Arabes, avec des succès divers, mais il n'échappe qu'à grand-peine au péril que lui fait courir le tsar de Bulgarie, Syméon. La deuxième (944-1025), dont les deux tiers sont remplis par le long et brillant règne de Basile II, met l'Empire à son plus haut point de puissance et de prospérité. La troisième (1025-1081) est l'ère des « époux de Zoé » ; ce demi-siècle suffit pour précipiter Byzance dans la pire détresse.

De grands empereurs

Basile Ier (867-886) fut le fondateur de la dynastie macédonienne. S'il se révéla comme un souverain capable de faire face aux Arabes, il est surtout connu pour son œuvre de législateur. Son fils Léon VI, grand lettré, élève de Photius (que du reste il déposa et exila), fut un grand législateur ; il acheva, comme on l'a dit, l'œuvre juridique de Basile et publia plus de cent édits ou *Novelles* qui, dans l'ensemble, accentuèrent fortement la centralisation du gouvernement. Le grand défaut de cette œuvre imposante a été de supprimer les obstacles que la loi opposait à l'accaparement des terres par l'aristocratie des fonctionnaires. Les successeurs de Léon VI devront revenir sur ces dispositions imprudentes. C'est sous le règne de cet empereur que se place l'avènement du plus grand souverain bulgare, Syméon, et ses premières entreprises contre Byzance, au grand profit des Arabes qui achevèrent la conquête de la Sicile, écumèrent l'Égée, mirent à sac Thessalonique (904). Après le règne aussi court qu'insignifiant d'Alexandre, la régence fut d'abord exercée par le patriarche Nicolas Mystikos au nom du jeune Constantin VII (qui n'avait alors que sept ans et ne commencera véritablement à exercer le pouvoir que trente-trois ans plus tard). Ce furent des années difficiles. Toute l'habileté diplomatique de Nicolas, qui alla jusqu'à concéder à Syméon le titre d'empereur des Bulgares et à le couronner, ne put empêcher le conquérant bulgare d'étendre sa domination sur tous les Balkans. La situation changea lorsque Romain Lécapène, drongaire de la flotte, se fut imposé comme coempereur en 920. Romain, arménien comme Basile Ier, se révéla aussi bon stratège que bon diplomate. Pour détourner de Constantinople le tsar dont l'ambition suprême était d'être couronné empereur des Romains, il sut détacher les Croates, puis les Serbes de l'alliance bulgare, ce qui eut pour résultat de faire entrer ces peuples dans la sphère d'influence byzantine et d'engager Syméon dans des guerres désastreuses. Après sa mort subite en 927, son successeur Pierre signa un traité d'amitié avec Byzance et les Balkans retrouvèrent le calme. Romain Lécapène avait confié au meilleur général grec, Jean Courcouas, la direction des opérations en Arménie et en Mésopotamie ; elles aboutirent à la reprise de Mélitène et à la capture de la fameuse image miraculeuse du Christ conservée à Édesse. Quant aux relations avec les Russes, elles devinrent satisfaisantes, lorsque l'assaut manqué de 941 contre Constantinople leur eut démontré qu'il était plus avantageux de commercer avec l'Empire que d'essayer de piller sa capitale.

Romain Lécapène fut renversé par ses propres fils, ambitieux et impatients ; mais ceux-ci ne trouvèrent aucun partisan, et durent céder la place à Constantin VII, qui allait enfin exercer le pouvoir. Cet empereur archiviste et encyclopédiste travailla beaucoup à sa manière, qui n'est pas la plus mauvaise, pour le renom de Byzance ; il centralisa autour de lui l'activité intellectuelle de son temps, et légua aux âges futurs les sources les plus précieuses pour la connaissance du passé byzantin, dont la principale est son *Livre des cérémonies*. En outre, sa législation continua l'effort obstiné de Lécapène pour la protection de la petite propriété rurale ; ni l'un ni l'autre, malheureusement, ne surent voir que, si cette petite propriété disparaissait, c'était en grande partie par la faute de l'État lui-même et de sa fiscalité trop lourde.

L'époque de la grande expansion de Byzance commence, assez curieusement, par le règne d'un incapable, Romain II, marié à une belle intrigante, Théophano. Quand son mari mourut, après quatre ans de règne, Théophano, pour ne pas être écartée du pouvoir, épousa le meilleur général de son temps, le vieux Nicéphore Phocas, qui venait d'être proclamé empereur par ses propres troupes. Le règne de ce pieux et rude homme de guerre, dont la personnalité annonce celle de Basile II, son pupille, fut très brillant sur le plan militaire, comme on pouvait s'y attendre. Non seulement il reconquit Chypre et la Crète, ce qui fermait la mer Égée aux flottes musulmanes, mais il fut le premier général grec, depuis l'invasion arabe, à forcer la ligne du Taurus, à pénétrer en Cilicie et en Syrie : en 969, la vieille cité d'Antioche, ou ce qui en restait, rentrait dans le sein de l'Empire. Au milieu de ces succès, Nicéphore mourut assassiné par son neveu Jean Tzimiskès, à l'instigation de Théophano, la maîtresse du meurtrier. Celui-ci accédait au pouvoir dans le moment même où le prince russe Svjatoslav, qui venait de détruire les royaumes des Khazars et des Bulgares, dressait contre Byzance les forces de son jeune et immense empire. Tzimiskès, aussi brillant homme de guerre que Phocas, régla son compte à Svjatoslav en quatre mois et annexa la Bulgarie (971). Puis il se tourna contre les Fatimides d'Égypte qui menaçaient la Syrie et les refoula jusqu'à Césarée en annexant la Phénicie.

Les faiblesses d'une très grande puissance

Les campagnes de Phocas et de Tzimiskès avaient fait de Byzance la plus grande puissance d'Europe et d'Asie antérieure. Mais ces deux règnes n'avaient pas été aussi bienfaisants, il s'en faut, pour l'équilibre social de l'Empire. Les Macédoniens, depuis Basile Ier, ayant réservé à l'aristocratie les commandements militaires, il était fatal que l'on vît arriver au pouvoir les chefs de ces armées si souvent victorieuses ; or ces chefs étaient en même temps les représentants de la classe des grands propriétaires provinciaux, dont ils soutinrent évidemment les intérêts. Aussi la législation agraire de Nicéphore Phocas marque-t-elle une réaction par rapport à celle de Romain Lécapène et de Constantin VII. Il y avait là une menace pour l'avenir.

Après la mort de Jean Tzimiskès, le pouvoir effectif revint, non sans difficulté du reste, aux descendants directs de Basile Ier, qui ne l'avaient, en somme, exercé qu'à de rares intervalles et sans éclat depuis la mort de Léon VI.

L'Empire eut la chance d'avoir Basile II le Bulgaroctone (957-1025) à sa tête dans la terrible lutte qui l'opposa à la Bulgarie renaissante. Basile ne fut véritablement maître de son État qu'à partir de 988 : il le gouverna en souverain militaire et en autocrate. Il défendit les petits propriétaires et, par un renversement de politique, chargea les grands domaines du fardeau de l'*allêlengyon*, impôt dû par des contribuables insolvables : il reposait jusqu'alors sur la communauté villageoise et provoquait l'abandon de la terre.

À sa mort, le plus grand des empereurs byzantins laissait un État qui s'étendait à l'est jusqu'au mont Ararat, au nord jusqu'à la ligne du Danube et de la Drave, à l'ouest jusqu'à l'Istrie, au sud jusqu'aux abords de Tripoli ; la côte sud de la Crimée, l'Italie méridionale jusqu'à Teano étaient byzantines. Le centre de gravité de l'Empire était reporté vers l'Europe, ce qui diminuait encore l'influence des grands propriétaires d'Asie Mineure.

La seule erreur de Basile fut de se désintéresser de sa succession. À sa mort, elle échut à son frère Constantin VIII, déjà coempereur depuis cinquante ans, qui ne crut pas nécessaire de rien changer à sa vie de plaisirs. Il n'avait pas de fils. Sur son lit de mort, il maria l'une de ses trois filles, Zoé, qui avait la cinquantaine, à l'éparque (préfet) de Constantinople, Romain Argyre. Avec le premier des « époux de Zoé » commencent à la fois la décadence de l'Empire et le règne de la noblesse civile et constantinopolitaine, dont la rivalité avec la noblesse militaire et rurale de la province explique l'instabilité du pouvoir pendant le demi-siècle qui va suivre.

Ce n'est pas là la seule cause de décadence. Les prodigalités de souverains au pouvoir mal assuré, contraints de satisfaire la cupidité de leurs partisans, coïncident malheureusement avec une baisse progressive des revenus de l'État. Les mesures financières prises par Basile II ont été rapportées par Constantin VIII et par Romain III ; et la grande propriété laïque et ecclésiastique échappe beaucoup plus facilement à l'impôt que la petite : l'une ne cesse d'absorber l'autre. En outre, la poussée des peuples turcs (Petchenègues installés sur le Danube depuis Basile II, Polovtzes en Russie du Sud, Seldjoukides aux frontières orientales) coupe les voies de communication vers le nord et l'est ; cela entraîne le déclin du commerce et de l'activité urbaine, alors que la fiscalité pèse de plus en plus lourd sur les classes les moins favorisées et sur les vassaux bulgares et slaves et contribue à détacher ceux-ci de l'Empire. Enfin, de nouveaux dangers extérieurs apparaissent à l'horizon. Les Turcs, qui vont régner à Bagdad à partir de 1055, ne sont pas les seuls qu'attirent la richesse légendaire de Byzance et le luxe de sa capitale : des aventuriers normands se sont établis en 1029 dans l'Italie du Sud. Ce sera la perte de la marche byzantine d'Italie, le *catépanat* constitué sous Basile II. Puis les Normands traverseront l'Adriatique et ouvriront un troisième front sur le flanc occidental des Balkans. Pour protéger leurs possessions dalmates que leur flotte ne suffit plus à défendre, les empereurs feront appel à leurs vassaux vénitiens : autre peuple de proie dont les exigences exorbitantes ruineront peu à peu toute l'économie byzantine.

Michel Psellos et Michel Cérulaire

Zoé, épouse mûre mais encore pleine d'ardeur, finit par suivre l'exemple de Théophano : elle fit assassiner son vieux mari pour en prendre un plus jeune. Michel IV, souverain consciencieux et courageux, qui mourut d'épilepsie après avoir réprimé les Bulgares révoltés par la fiscalité impitoyable du tout-puissant ministre Jean l'Orphanotrophe, frère de l'empereur. Le fils de Jean, Michel V, qu'il avait fait adopter par Zoé, fut renversé au bout de quatre mois pour avoir essayé de détrôner la vieille porphyrogénète. Le peuple soulevé mit à sa tête la vieille Théodora, que sa sœur Zoé avait jadis fait enfermer dans un couvent, et avec qui elle dut partager le trône. En 1042, le troisième mariage de Zoé porta au pouvoir un sénateur d'un caractère aimable, généreux et humain, mais sans autorité : Constantin Monomaque. Son règne fut celui des lettrés, dont le plus marquant est Michel Psellos, et ouvre la période la plus brillante de la culture byzantine. En revanche, l'administration commença à se détériorer : on vit apparaître le système de la ferme des impôts, et l'on commença à remplacer par un versement en espèces le service militaire dû par les stratiotes. Cela signifiait pour l'armée un retour au mercenariat. Les armes byzantines étaient toujours puissantes : l'Empire s'était encore agrandi, depuis la mort de Basile II, par l'annexion d'Edesse, du royaume arménien d'Ani, de la Sicile occidentale. Et le prestige de l'Église byzantine était monté si haut que le patriarche Michel Cérulaire cessa en 1054 de reconnaître l'autorité du siège romain. Mais ce prestige même desservait l'État, car, pour le régime chancelant qui s'appuyait sur elle, l'Église se montrait la plus insatiable des parties prenantes. Quand la maison de Macédoine se fut éteinte en 1056, la crise financière ne fit que s'aggraver, d'abord sous Michel VI, puis – après une brève réaction qui mit à la tête de l'Empire un des chefs de l'armée d'Asie, Isaac Comnène – sous Constantin X, le protégé de Michel Psellos.

Quand enfin la noblesse militaire exaspérée par les avanies et les refus de crédits, imposa au patriarche Jean Xiphilin l'un des siens, Romain Diogène, il était trop tard. Les Seldjoukides avaient envahi l'Arménie, la Cappadoce jusqu'à Césarée, et Romain ne put leur opposer qu'une armée de mercenaires petchenègues et occidentaux qui fut écrasée à Mantzikert, en Arménie (1071). Les Turcs imposèrent à l'empereur prisonnier un traité fort modéré ; mais, pendant sa captivité, une révolution de palais avait donné le pouvoir à l'incapable Michel VII, fils de l'empereur défunt Constantin X. À son retour, Romain fut pris par traîtrise et aveuglé. N'étant plus liés par le traité, les Turcs reprirent l'offensive. Dans le même temps, le nouveau maître de Naples, le Normand Robert Guiscard, achevait la conquête de l'Italie byzantine, et les Croates de Dalmatie se rendaient indépendants. À l'intérieur, la situation n'était pas plus brillante, du fait d'une terrible hausse des prix, aggravée par l'expérience étatiste du logothète Niképhorizès. La révolte d'un stratège d'Asie Mineure, Nicéphore Botaniate, fut le signal du chaos (1078). Les dernières armées byzantines ne s'occupèrent plus que de lutter les unes contre les autres pour imposer l'empereur qu'elles s'étaient choisi, et lorsque le vainqueur de cette ruineuse compétition, Alexis Comnène, neveu d'Isaac, s'installa au Grand Palais, il trouva l'Asie Mineure presque entièrement aux mains des Turcs, le trésor vide, la monnaie dévaluée – une monnaie dont le cours n'avait pas varié depuis le lointain règne d'Anastase Ier –, le commerce et l'industrie ruinés.

La noblesse militaire au pouvoir : les Comnènes et les Anges (1081-1204)

Si les empereurs issus de la classe sénatoriale étaient tombés pour avoir fait aux dépens de l'armée les seules économies qui leur parussent nécessaires, la noblesse militaire avait aussi de lourdes responsabilités dans la ruine du régime : elle avait largement contribué à réduire au servage la plus grande partie de la paysannerie libre, tarissant ainsi la meilleure source de recrutement et aggravant le déséquilibre social qui tendait à faire disparaître les classes moyennes et à opposer directement – pour parler le langage des novelles – les « puissants » toujours plus puissants et les « pauvres » toujours plus nombreux. Les trois premiers Comnènes pourront bien, par leur courage, leur ténacité, leurs brillantes qualités de diplomates, reconquérir une grande partie du territoire envahi et conjurer pour un siècle le péril turc en Asie et en Europe, ils n'en resteront pas moins prisonniers de la classe qui les aura mis au pouvoir, et de ses intérêts : caste au loyalisme toujours douteux, dont assurément la tenue est meilleure que celle de la noblesse civile du XIe siècle et la culture souvent raffinée, mais orgueilleuse et fermée ; avide de titres et de privilèges, elle n'éprouve ni pitié ni sollicitude pour un peuple qui souffre.

Grandes ambitions, faibles moyens

D'Alexis Ier à Manuel, on voit les Comnènes suivre une politique de plus en plus ambitieuse, s'abandonner au rêve d'un Empire reconstitué dans toute sa puissance, sans voir que l'état social et économique du pays ne le permet plus. Ni même son administration, bien dégradée depuis l'époque des Macédoniens, comme le montre le recours de plus en plus étendu au système de la ferme des impôts, d'un faible rapport pour l'État et odieux à ses sujets. Le budget militaire devient écrasant. Sans doute, les Comnènes ont-ils réussi à reconstituer une armée nationale en ressuscitant le système des biens militaires sous une forme adaptée à l'esprit du siècle. Déjà ancienne, la *pronia* (προυοια), concession d'un revenu ou d'un domaine faite par l'État à un individu à titre viager, reçoit désormais une destination militaire : des domaines, avec les parèques (serfs) qui les cultivent, passent aux mains de bénéficiaires évidemment choisis dans la noblesse – qui, en échange, non seulement doivent l'impôt du sang à titre personnel, mais la fourniture d'un certain contingent. Pour reconstituer une infanterie légère, cette redevance en hommes fut même étendue à toutes les propriétés foncières, même ecclésiastiques. Les effectifs réunis grâce à ce système restaient cependant fort insuffisants. Il fallut les compléter en engageant des mercenaires, toujours coûteux, notamment des Russes, des Scandinaves et des Anglais qui composaient la fameuse garde des Varanges. Il fallut surtout utiliser les services des croisés, dont l'avidité stupéfia Anne Comnène, et de la marine vénitienne, qui se fit payer en privilèges commerciaux, ruineux pour l'Empire.

Les exploits et les travaux d'Alexis Ier avaient, en 1118, refait de Byzance une grande puissance, à vrai dire rejetée vers l'Orient par la perte de l'Italie du Sud et de presque toute la Dalmatie, et menacée au sud de son domaine asiatique par les jeunes principautés franques. Mais les croisades avaient eu une conséquence plus grave encore : celle de dériver vers la Syrie les voies commerciales venant de l'Est, et cela dans le temps même où le réveil économique de l'Occident, la croissance des cités d'Italie et de la Flandre réduisaient les débouchés extérieurs de l'industrie byzantine. Celle-ci, profitant de la sécurité retrouvée et d'une administration moins étatiste était redevenue fort active ; mais la concurrence des Vénitiens, puis des Génois, la menaçait déjà et finira par l'étrangler.

Le successeur d'Alexis, Jean II, est une des plus grandes figures de Byzance, autant par ses qualités d'homme d'État que par sa valeur morale, assez rare chez les empereurs grecs. Il rendit la sécurité aux Balkans en écrasant les Petchenègues, qui dès lors disparurent de l'histoire (1122), en imposant sa souveraineté aux Serbes de Rascie et en refoulant les Hongrois. En Orient, ses succès furent plus grands encore : il profita des divisions entre les États seldjoukides pour reconquérir toute la côte nord de l'Asie Mineure ainsi que la partie sud-ouest, de Laodicée à Attalia. Il anéantit ensuite la principauté de Petite-Arménie, récupérant la Cilicie (1137-1138), et rétablit pour quelques années la suzeraineté byzantine sur la principauté normande d'Antioche. Mais, faute d'une flotte assez puissante, il ne put réussir à arracher à Venise les privilèges commerciaux que son père avait dû concéder.

Isolement

Héritant de son père les qualités militaires et l'habileté diplomatique, Manuel Ier y ajoutait des vues politiques hardies, trop sans doute pour n'être pas quelque peu chimériques, et un attrait pour la civilisation occidentale qui fait de lui le plus original des Comnènes et – pour nous autres Occidentaux du moins – le plus attachant. Il épousa successivement une princesse allemande, puis une princesse normande d'Antioche, accueillit de nombreux Latins à sa cour, au grand déplaisir des Grecs, et y introduisit la mode des tournois. L'axe de sa politique fut la recherche de l'alliance allemande contre Roger II, roi de Sicile, dont la puissance grandissante inquiétait déjà Jean Comnène. Les résultats furent décevants, surtout quand l'échec de la deuxième croisade eut ébranlé la puissance de Conrad III. Après la mort de son allié, Manuel se crut assez fort pour agir seul et débarqua en Italie ; mais il ne put s'y maintenir. En Orient, en revanche, il rétablit la suzeraineté de Byzance sur Antioche, et l'imposa au royaume latin de Jérusalem et au sultanat d'Iconium (1158-1160). Du côté de l'Occident, il profita habilement de la compétition entre les deux prétendants à la succession de Geiza II, roi de Hongrie, pour récupérer la Bosnie, la Croatie et la Dalmatie. Cette politique impérialiste et interventionniste inquiétait beaucoup l'Occident, particulièrement Venise, menacée par l'annexion de la Dalmatie, et Frédéric Barberousse, qui savait que Manuel, dans le dessein de lui enlever la couronne impériale d'Occident, négociait en sous-main l'union des Églises avec le pape Alexandre III et soutenait la ligue Lombarde avec l'or byzantin. Quand l'empereur mourut, quatre ans après la grave défaite de Myrioképhalon infligée par le sultan d'Iconium Kilidj Arslan, il n'avait guère que des ennemis en Occident, et il laissait un État épuisé où les charges militaires accablantes dévoraient progressivement toutes les sources de revenus.

Fin de l'Empire grec

Il ne fallut qu'un quart de siècle pour que, après trois règnes si brillants, l'Empire grec non seulement perdît toute sa puissance, mais fût rayé de la carte. L'étonnante aventure d'Andronic Comnène, qui aurait peut-être sauvé Byzance si elle avait réussi, fut pour elle le début du chaos. Ce cousin de Manuel, pourvu de tous les dons et de beaucoup de vices, avait toujours ambitionné la couronne. La régence de Marie d'Antioche, en favorisant maladroitement les Latins détestés, lui permit de se poser en chef de l'opposition nationaliste. Le succès de sa rébellion, en 1182, fut le signal du massacre général des Latins à Constantinople, où il entra en triomphateur et ceignit la couronne du jeune Alexis II, qu'il fit étrangler ainsi que la régente sa mère. Son court règne, commencé dans le sang, fut étonnamment bienfaisant pour l'Empire : il lutta avec une énergie sauvage contre la corruption des fonctionnaires et l'injustice fiscale. Naturellement, il vit se dresser contre lui toute l'aristocratie et, lorsque l'Empire fut envahi à la fois par les Hongrois de Béla III et les Normands de Guillaume II de Sicile, l'agitation intérieure ne lui permit pas de leur opposer une défense efficace. Quand les Normands furent presque aux portes de la capitale, une émeute détrôna Andronic, qui mourut déchiqueté par une foule déchaînée.

L'émeute s'était trouvé un chef, un peu par hasard, dans la personne d'un lointain parent des Comnènes, Isaac Ange, qui fonda ainsi sans l'avoir cherché une brève et lamentable dynastie. Sous son règne, l'Empire commença de se décomposer : Chypre passa aux Lusignans, l'Empire bulgare ressuscita avec le tsar Jean Ier Asen. La détresse de Byzance devint si évidente que la conquête de l'Empire, plusieurs fois manquée par les Normands d'Italie, rêvée plus récemment encore par Frédéric Barberousse, parut possible au doge de Venise Enrico Dandolo : il y était stimulé à la fois par la haine et le mépris réciproques qui séparaient les Grecs et les Latins depuis le schisme et les croisades, et par le désir qu'avait Venise d'installer à

Constantinople un gouvernement à sa dévotion pour pouvoir exploiter l'Empire sans risques et sans contrainte.

Dandolo était un politique de génie : il sut mettre à profit à la fois la quatrième croisade lancée par le pape Innocent III et les prétentions du jeune Alexis Ange, fils d'Isaac que son frère Alexis III avait détrôné et aveuglé. Sous le prétexte de chasser l'usurpateur, les croisés se laissèrent volontiers détourner vers Constantinople et la prirent. Mais Isaac II et Alexis IV ne purent payer l'énorme salaire qui leur était demandé, et la population se rebella contre la présence des Latins. Le 13 avril 1204, les croisés forçaient la ville et la soumettaient à un épouvantable pillage : de mémoire d'homme, on n'avait jamais fait un si riche butin. Et suivant un plan soigneusement préparé d'avance, l'Empire fut partagé entre la république de Venise et les chevaliers francs.

L'Empire de Nicée (1204-1261)

Les complices de l'opération de 1204 ne purent la mener complètement à bien. Chose curieuse, ce fut la décadence même de l'État byzantin qui aida à sa survie : dans un pays où les forces centrifuges l'emportaient désormais sur la volonté centralisatrice d'un pouvoir affaibli, il ne suffisait plus de frapper à la tête et de s'emparer de la capitale pour voir l'ensemble de l'Empire tomber sous la domination du conquérant. Ses parties les plus éloignées de Constantinople, à l'est la région de Trébizonde, à l'ouest l'Épire, restèrent grecques et se constituèrent en royaumes indépendants. Surtout, l'Asie Mineure dut à l'énergie de Théodore Lascaris, gendre d'Alexis III, qui semble avoir été élu empereur par le clergé quelques heures avant la prise de Constantinople, d'échapper à la conquête pour sa plus grande partie et de former le noyau à partir duquel sera reconstitué l'Empire, en moins de soixante ans, avec une habileté digne des plus grands souverains de Byzance.

Venise

Dans le partage de ce que les croisés avaient pu conquérir, Venise se taillait la part du lion : avec les principaux ports et la plupart des îles, un très vaste quartier de Constantinople, une franchise commerciale absolue dans tout l'Empire et le monopole de l'élection du patriarche, les Vénitiens devenaient les véritables maîtres de la conquête franque et en recueillaient les meilleurs bénéfices. Le reste du territoire, sous la suzeraineté d'un empereur élu qui fut Baudouin de Flandre, était distribué entre les chevaliers et devenait une mosaïque de principautés féodales, dont les plus importantes furent le royaume de Thessalonique que s'attribua Boniface de Montferrat et la principauté française d'Achaïe, dans le Péloponnèse. Ainsi le vieil État des Macédoniens, dont l'organisation déjà moderne était naguère en avance de plusieurs siècles sur tout le reste de l'Europe, était ravalé à la condition d'un empire colonial et d'un royaume féodal.

Innocent III

Innocent III avait rêvé de faire de ce nouvel État le soutien et la forteresse de la croisade : sa forme archaïque le rendait bien incapable de jouer ce rôle. Il ne put même pas résister à l'attaque de Kalojan, tsar de Bulgarie, venu soutenir la révolte des proniaires grecs, que l'on avait en partie intégrés au système féodal, mais que la morgue et la brutalité des Latins avaient exaspérés. En 1205, l'empereur Baudouin tombait aux mains du tsar sur le champ de bataille d'Andrinople. Innocent III commit en 1208 une autre erreur très grave : quand le clergé de la capitale, se résignant à faire montre de loyalisme envers Henri de Hainaut, successeur de Baudouin, écrivit au pape pour reconnaître sa primauté et demander l'autorisation d'élire un patriarche de rite grec à côté du patriarche latin, comme à Antioche et à Jérusalem ; il ne reçut même pas de réponse. Alors il se tourna vers Nicée, où ses délégués participèrent à l'élection d'un patriarche qui couronna empereur Théodore Lascaris. L'Empire avait de nouveau un chef consacré et reconnu, et ce chef se trouva être fort redoutable pour les Latins.

Le désastre d'Andrinople

On ne peut ici que résumer brièvement l'œuvre de restauration menée à bien par les Lascaris. Le centre en fut Nicée, où Théodore avait trouvé refuge. De cette place très forte qui barrait la route de l'Asie Mineure aux attaques venues de Constantinople et qui était en même temps un centre religieux vénéré des Grecs, Théodore fit une capitale administrative et un centre de culture, d'ailleurs bien modeste encore. Il eut bien du mal à imposer son autorité à l'aristocratie locale et à défendre son État naissant contre les « Grands Comnènes », ces descendants d'Andronic installés à Trébizonde, et contre les Latins. Le désastre d'Andrinople le sauva. En 1210, il était devenu assez fort pour repousser l'attaque du sultan d'Iconium, qu'il tua de sa main. Mais il rencontra rapidement un adversaire plus redoutable que l'Empire latin, dont la décadence commença dès la mort de Henri de Hainaut, le seul souverain de valeur qu'il ait eu à sa tête. L'ambition du despote d'Épire Michel Ange était aussi de ressusciter à son profit l'Empire de Byzance : et c'est la rivalité des deux principaux États grecs qui prolongea la vie moribonde de l'Empire latin.

Sous Théodore Ange, qui prit le titre de basileus, l'État d'Épire s'étendit à une vitesse foudroyante, presque jusqu'aux portes de Constantinople. Mais ce ne fut là qu'un feu de paille. Théodore avait compté sans un troisième compétiteur, Jean Asên II, tsar de Bulgarie, qui convoitait aussi le titre d'empereur des Romains, et qui l'écrasa à Klokotnitsa en 1230.

Un grand homme d'État

À Nicée régnait depuis 1222 un remarquable homme d'État, Jean Vatatzès. À sa mort, l'Empire, qui avait récupéré presque toutes les conquêtes des Latins dans le nord-ouest de l'Asie Mineure ainsi que les grandes îles de la côte asiatique, de Lesbos à Rhodes, s'étendait désormais sur les deux rives de l'Hellespont, sur toute la côte nord de la mer Égée, englobait la Thrace jusqu'à la Maritsa, la Macédoine jusqu'à la hauteur de Skoplje et même atteignait l'Adriatique au nord de Dyrrachium. La reprise de Constantinople apparaissait imminente ; les difficultés de Théodore II en Épire, sa mort prématurée et l'usurpation de Michel VIII la retardèrent de quelques années. En 1258, Michel VIII devait même faire face à une coalition du roi de Sicile Manfred, du despote d'Épire, du prince franc d'Achaïe et du roi serbe, tous menacés par une restauration de l'Empire byzantin.

Gênes

La coalition fut battue à Pélagonia en Macédoine (1259), et deux ans plus tard une petite troupe de Grecs occupa par surprise Constantinople que, à leur grand étonnement, ils trouvèrent presque sans défenseurs. Le 15 août 1261, Michel VIII était couronné dans Sainte-Sophie par le patriarche. Mais entre-temps, croyant à tort que la ville était difficile à emporter, il avait concédé aux Génois, en échange du concours de leur flotte qui lui semblait indispensable, les mêmes privilèges commerciaux que Venise avait jadis possédés dans l'Empire. Celui-ci, en mettant le Paléologue à sa tête, était retombé au pouvoir d'une aristocratie décidément fermée à l'intelligence des réalités économiques : sous sa direction, il s'engageait une seconde fois dans une voie qui l'avait déjà mené à la catastrophe.

Les Paléologues et la chute de Byzance (1261-1453)

En faisant aveugler le petit Jean IV, héritier légitime des Lascaris, Michel VIII installait à Byzance une dynastie qui devait durer jusqu'à la fin de l'Empire. L'histoire de cette dynastie comporte deux parties : les vingt ans de règne de Michel VIII lui-même, qui semblèrent inaugurer une nouvelle période de puissance et de grandeur pour l'Empire, et une décadence de près de deux siècles qui aboutit à sa disparition définitive. Il ne faut pas en déduire que tous les successeurs de Michel VIII furent des incapables ; mais, eussent-ils tous été géniaux, il n'était pas en leur pouvoir de résoudre des problèmes que le règne de Michel VIII avait contribué à rendre insolubles.

Le double front

Ces problèmes étaient à la fois d'ordre extérieur et intérieur. En redevenant une puissance mi-européenne mi-asiatique, avec laquelle il fallait compter, Byzance avait retrouvé le double front qui avait déjà usé tant de dynasties. À l'ouest, c'est le royaume serbe en pleine expansion ; à l'est, un adversaire beaucoup plus dangereux que l'État seldjoukide va entrer vers 1300 en contact avec les Grecs : la tribu des Osmanlis. Or, Byzance ne peut plus tenir ces deux fronts à la fois. Michel VIII, pour soutenir l'assaut de l'Occident, a dû laisser presque sans défense l'ancien domaine asiatique des souverains de Nicée. Comme les Paléologues, par manque de terres et d'autorité sur la noblesse, ne pouvaient reconstituer des biens militaires quand les Turcs eurent conquis ceux qui existaient en Asie, il fallut en revenir au système du mercenariat, doublement ruineux, pour les finances et pour la sécurité intérieure. L'aventure des Almugavares le prouva bientôt. Cette bande de Catalans, invincibles mais ingouvernables, fut engagée avec son chef Roger de Flor par Andronic II pour combattre les Turcs. Ils les battirent en effet, mais ravagèrent tout, en Asie d'abord, puis en Europe où Andronic avait cherché à les employer contre les Bulgares. Après d'affreux ravages, devant lesquels les Grecs étaient complètement impuissants, ils finirent par s'installer dans le duché d'Athènes qu'ils enlevèrent aux Français.

Les problèmes intérieurs n'étaient pas moins graves. Dès le règne de Michel VIII, le manque d'or obligeait à dévaluer l'hyperpère (nouveau nom du sou d'or, l'ancien nomisma), ce qui entraîna une forte hausse des prix et chassa la monnaie byzantine du marché international, où jusqu'ici elle faisait prime ; pour la remplacer, on se mit en Occident à frapper des monnaies d'or – florin et ducat notamment – qui lui furent rapidement préférées. À la crise monétaire s'ajoutait à Byzance une crise d'autorité. Le régime féodal établi par les croisés n'avait pu qu'aggraver les tendances séparatistes déjà flagrantes sous les Comnènes. En particulier, l'autonomie municipale, qui avait disparu depuis le temps d'Héraclius, s'était mise à renaître sous la pression des « puissants » qui tenaient déjà la plus grande partie de la terre. Dès le XIe siècle, on avait vu apparaître de véritables constitutions urbaines, qui devinrent très nombreuses sous les Paléologues ; elles étaient en général purement aristocratiques et, par conséquent, n'étaient pas de nature à rapprocher le peuple et le pouvoir central dans l'exercice des responsabilités. Bien au contraire, elles occasionnèrent de graves troubles sociaux, surtout à Thessalonique, seconde ville de l'Empire, qu'ensanglanta au milieu du XIVe siècle la révolte populaire des zélotes.

Jean Cantacuzène

Andronic II, qui avait recueilli le lourd héritage de Michel VIII, passa tout son long règne à se débattre contre ces difficultés. Il ne put ni s'opposer aux progrès du roi serbe Miloutine en Macédoine, ni intervenir dans la guerre entre Venise et Gênes qui finirent par s'entendre aux dépens de Byzance, ni se défendre du fléau catalan ; du moins affermit-il l'autorité impériale en Morée et récupéra-t-il quelques territoires en Épire et en Thessalie. La fin de son règne fut troublée par une guerre civile que provoqua l'ambition de son petit-fils Andronic, et où il finit par perdre sa couronne. Andronic III devait sa victoire à Jean Cantacuzène, grand homme d'État qui accomplit une excellente réforme judiciaire et réussit à faire rentrer l'Épire et la Thessalie dans le sein de l'Empire. Mais à la mort d'Andronic éclata une guerre civile entre les partisans du tout-puissant ministre et ceux de l'impératrice Anne de Savoie, qui se disputaient la régence (1341-1346). Sur ce conflit se greffèrent la querelle religieuse qui s'était élevée autour du mouvement mystique de l'hésychasme, et le soulèvement des zélotes provoqué par la crise économique. Jean Cantacuzène eut pour lui les hésychastes, contre lui les zélotes.

D'abord vainqueur, Jean se fit couronner sous le nom de Jean VI ; mais, par la suite, lorsque le fils d'Andronic III, Jean V, fut en âge de revendiquer le pouvoir, un second conflit éclata (1352-1354) qui se termina par l'abdication forcée de l'usurpateur. Au cours de ces luttes longues et confuses, chacun des partis fut fatalement amené à solliciter l'appui de l'étranger ; ce fut le signal du démembrement de l'Empire. Sous Andronic III, sa partie asiatique disparut, occupée par les Osmanlis ; sous Jean VI, le grand roi serbe Étienne Douchan lui enleva les provinces balkaniques récemment récupérées, réduisant de moitié le territoire qui lui restait ; Gênes s'emparait de Chio ; enfin en 1354, le sultan osmanli Ourkhan prenait pied en Europe par l'occupation de Gallipoli.

L'Occident utile et détesté

Désormais il ne reste à jouer qu'une seule carte à l'État byzantin, et elle sera jouée, toujours avec les mêmes déceptions, sous Jean V, sous Jean VIII, sous Constantin XI : la carte de l'Occident. Au pape seul Byzance a encore quelque chose à offrir : la fin du schisme et l'union avec Rome, en échange d'un secours sous la forme d'une croisage contre les Turcs organisée par Rome. Malgré des efforts sincères de part et d'autre, l'union ne se fera pas et le secours promis n'arrivera jamais jusqu'à Constantinople. Du côté de l'Occident, les raisons principales de cet échec sont dans l'éclipse que subit, aux XIVe-XVe siècles, l'autorité pontificale et, avec elle, le sentiment de l'unité chrétienne, dans la désunion des États européens, surtout dans l'égoïsme féroce et aveugle des républiques maritimes d'Italie. Gênes et Venise ne comprendront que bien trop tard le danger turc ; elles ne se préoccupent que de maintenir les conditions momentanément les plus favorables à leur colonisation économique de l'Europe du Sud-Est : le morcellement politique, et la faiblesse de l'État byzantin. Elles ne permettent pas aux empereurs de prendre des mesures intérieures qui risqueraient de diminuer leurs profits. Jean VI essaye-t-il en 1348 d'abaisser les droits de douane pour rendre quelque vie au port grec de Constantinople, aussitôt les Génois, en pleine paix, détruisent les navires byzantins et interdisent aux bateaux étrangers l'entrée de la Corne d'Or. Il est juste de remarquer, du reste, que cette brutalité n'est pas entièrement gratuite : Génois et Vénitiens sont en quelque sorte prisonniers de la politique qu'ils ont toujours menée à l'égard de Byzance. S'ils laissent à celle-ci la possibilité de redevenir un État puissant, ils savent qu'ils ont tout à craindre de l'explosion des haines accumulées contre eux depuis deux siècles, dans tout l'Orient. C'est un peu la situation des Athéniens à l'égard de leur empire maritime pendant la guerre de Péloponnèse.

C'est précisément cette haine inexpiable à l'égard de l'Occident qui fera échouer aussi les projets d'union du côté grec. Dans l'écroulement général de l'Empire, il n'a subsisté que trois choses : le despotat de Morée, l'Université et le patriarcat, dont le prestige et l'autorité dépassent de loin ceux de l'empereur. Même lorsque Jean VIII aura déterminé son patriarche, Joseph II, et une partie des évêques à s'abaisser devant Rome et à souscrire à l'union au concile de Florence (1439), le peuple et l'immense majorité du clergé s'y opposeront avec une telle violence que l'empereur n'osera pas faire proclamer le décret d'union à Constantinople.

Dans ces conditions, Byzance ne pouvait qu'assister impuissante au duel qu'allaient bientôt se livrer les Turcs et les Serbes pour la domination des Balkans, certaine de figurer de toute manière dans le butin du vainqueur. Les voyages qu'avait faits Jean V en Occident pour y quêter du secours ne lui avaient rapporté que des humiliations : à Venise, il fut même emprisonné comme débiteur insolvable. Cependant, dans les Balkans, les Ottomans l'emportaient sur les Slaves, et la puissance serbe était brisée à Kossovo en 1389. À ce moment, les empereurs byzantins étaient déjà passés sous la vassalité des Turcs et leur payaient tribut : désormais les sultans faisaient et défaisaient à leur guise les souverains qui avaient jadis régné de l'Espagne à l'Arménie.

La prise de Constantinople

À l'avènement de Manuel II (1391), l'Empire était réduit à sa capitale et à la principauté de Morée, dont la prospérité, sous l'intelligent gouvernement de vice-rois héréditaires, contrastait avec la misère de Constantinople. Il est même probable que, sans les Turcs, la Morée grecque aurait été le point de départ d'une nouvelle renaissance byzantine : les ruines de Mistra, sa capitale, sont encore là pour attester le haut niveau de la civilisation dans ce dernier réduit de l'hellénisme. En revanche, la chute de Constantinople parut imminente après le désastre de Nicopolis (1396) où s'abîma la croisade organisée par le roi de Hongrie Sigismond et le comte de Nevers. L'invasion inopinée de l'empire osmanli par les Mongols de Tarmerlan et la défaite de Bajazet à Angora (1402) procurèrent à Byzance un sursis de cinquante ans, lui permettant même de reconstituer un embryon d'empire en Thrace et d'améliorer encore sa situation en Morée, dont les Latins furent presque entièrement éliminés. Mais l'abaissement des Osmanlis fut de courte durée. Dès 1422, ils reparaissaient sous les murs de Constantinople ; en 1430, ils reprenaient Thessalonique. Manuel II était mort en 1425, regretté de tout le peuple ; homme bon et de grand caractère, respecté des Turcs eux-mêmes, au surplus grand ami de la culture et écrivain de talent, il avait su attirer les étudiants occidentaux dans l'Université réorganisée par ses soins. Son fils Jean VIII, pour sauver l'Empire, était décidé à conclure coûte que coûte l'union, avec Rome ; il se rendit en Italie à cet effet. L'union, obtenue au prix de grandes concessions de la part des Grecs, fut proclamée à Florence (6 juillet 1439), et une croisade organisée sous la direction du roi de Bohême, Vladislas II, du régent de Hongrie, Jean Hunyadi, et du légat du pape. Elle fut écrasée à Varna (1444) par Mourad II ; à Constantinople, le parti de l'union n'avait pas eu un meilleur sort. Ce double échec scellait le destin de l'Empire. À son avènement, en 1451, Mahomet II décidait de faire de Constantinople sa capitale. Le dernier empereur grec, ancien despote de Morée, Constantin XI, ne pouvait espérer aucun secours de l'Occident, en dehors d'un petit contingent génois ; il choisit cependant de résister à la formidable armée turque, vingt fois plus nombreuse que ses troupes. Après une défense désespérée qui dura sept semaines, la ville fut prise grâce à l'artillerie de Mahomet II, et Constantin, ne voulant pas survivre à l'Empire, se fit tuer dans la mêlée. En 1460, le despote de Morée, Démétrius Paléologue, montrait moins d'héroïsme et livrait Mistra aux Turcs. Enfin, en 1461, était annexé le minuscule empire de Trébizonde ; la nation grecque disparaissait jusqu'au XIXe siècle de la carte du monde.

JOSÉ GROSDIDIER DE MATONS

Bibliographie

K. AMANTOS, Ἱστορία τοῦ βυζαντινοῦ κράτους, 2 vol., Athènes, 1939 / H. AHRWEILER, *Byzance et la mer*, Paris, 1966 ; *L'Idéologie politique de l'Empire byzantin*, P.U.F., 1975 / N. H. BAYNES, *The Byzantine Empire*, 2e éd., Londres, 1943 / G. I. BRATIANU, *Études byzantines d'histoire économique et sociale*, Paris, 1938 / L. BRÉHIER, *La Querelle des images*, Paris, 1904 ; *Le Monde byzantin* : I, *Vie et mort de Byzance* ; II, *Les Institutions de l'Empire byzantin* ; III, *La Civilisation byzantine*, Paris, 1947-1950 / J. B. BURY, *A History of the Later Roman Empire from Arcadius to Irene*, 2 vol., Londres, 1889 ; *A History of the Later Roman Empire from the Fall of Irene to the Accession of Basile Ist*, Londres, 1912 / J. C. CHEYNET, *Pouvoir et contestation à Byzance (963-1210)*, coll. Byzantina Sorbonensia, no 9, Paris, 1990 / J. DAGRON, *Naissance d'une capitale. Constantinople et ses institutions de 330 à 451*, P.U.F., Paris, 1974 / C. DIEHL, *Histoire de l'Empire byzantin*, Paris, 1919 ; *Figures byzantines*, 2 vol., Paris, 1925-1927 ; *La Société byzantine à l'époque des Comnènes*, Paris, 1929 / C. DIEHL & R. GUILLAND, « L'Europe orientale de 1081 à 1453 », in Glotz dir., *Histoire générale*, t. IX, Paris, 1954 / C. DIEHL & G. MARÇAIS, « Le Monde oriental de 395 à 1081 », *ibid.*, t. III, Paris, 1936 / A. DUCELLIER, *L'Église byzantine (313-1204)*, Desclée, Paris, 1990 / J. GAY, *L'Italie méridionale et l'Empire byzantin*, Paris, 1904 / W. HEYD, *Histoire du commerce du Levant au Moyen Âge*, 2 vol., Leipzig, 1923 / N. IORGA, *Histoire de la vie byzantine*, 3 vol., Bucarest, 1934 / P. KOUKOULÈS, Βυζαντινῶν βίος καὶ πολιτισμός, 4 vol., Athènes, 1948-1951 / A. LOMBARD, *Constantin V, empereur des Romains*, Paris, 1902 / J. LONGNON, *L'Empire latin de Constantinople et la principauté de Morée*, Paris, 1949 / G. OSTROGORSKY, *Pour l'étude de la féodalité byzantine*, Bruxelles, 1954 / F. OUSPENSKY, *Istorija vizantinijskoj imperii*, 3 vol., Pétersbourg, 1914-1918 / E. PATLAGEAN, *Pauvreté économique et pauvreté sociale à Byzance. IVe-VIIe siècle*, E.H.E.S.S., Paris, 1977 / L. PEARS, *The Destruction of the Greek Empire*, New York, 1903 / S. RUNCIMAN, *The Emperor Romanus Lecapenus and his Reign*, Cambridge, 1929, rééd. Cambridge Univ. Press, New York, 1988 ; *La Civilisation byzantine*, Paris, 1934 / G. SCHLUMBERGER, *L'Épopée byzantine à la fin du Xe siècle*, 3 vol., Paris, 1896 ; *Byzance et les croisades*, Paris, 1927 / E. STEIN, *Histoire du Bas-Empire* (*Geschichte des spätrömischen Reiches, 284-565)*, 2 vol., t. I, *De l'État romain à l'État byzantin*, Paris 1959 ; t. II, *De la disparition de l'Empire d'Occident à la mort de Justinien*, Paris, 1949 / A. A. VASILIEV, *Histoire de l'Empire byzantin*,

2 vol., Paris 1932 ; *Byzance et les Arabes (820-959)*, 2 vol., Bruxelles, 1935-1950 / D. Zakythinos, *Le Despotat grec de Morée*, 2 vol., Paris-Athènes, 1932-1953.

C

CABOCHIENS

Mouvement réformateur, issu d'un long processus de mécontentement contre les abus de l'administration, les appétits financiers de l'entourage royal et les excès de la cour de Charles VI et de ses proches.

Réunis le 30 janvier 1413, les états généraux de langue d'oïl tentèrent une réforme du royaume qui n'était autre chose que la remise en vigueur de prescriptions antérieures, relatives en particulier à la gestion financière. Préparée par une commission des états, l'ordonnance dite cabochienne, due en majeure partie aux conseillers bourguignons du roi et promulguée par lui le 27 mai, n'avait rien de révolutionnaire. Mais, dans le même temps, certains éléments de la population parisienne – notamment les bouchers, gens riches mais mal intégrés parmi les notables – entretenaient le tumulte dans la capitale, obtenaient par la menace des concessions politiques et se faisaient remettre des otages pris dans la famille et dans l'hôtel du roi, du dauphin et de la reine Isabeau de Bavière. L'écorcheur Caboche se fit remarquer, et son nom demeura péjorativement attaché au mouvement dont les membres furent aussi appelés écorcheurs.

Ces violences compromirent ceux qui, comme le duc de Bourgogne Jean sans Peur et comme de nombreux maîtres de l'Université (Courtecuisse, Cauchon), avaient depuis plusieurs années pris parti en faveur des réformes. La haute bourgeoisie parisienne, menée par l'avocat Jean Jouvenel, ancien garde de la prévôté des marchands, réagit avec vigueur. Les premiers jours d'août virent le retournement de la situation. Le duc de Bourgogne s'enfuit, laissant la ville en proie à une réaction des Armagnacs. Les cabochiens qui ne purent s'exiler à temps furent exécutés. L'ordonnance réformatrice, injustement compromise par le mouvement de la rue, fut cassée le 5 septembre 1413.

JEAN FAVIER

CANOSSA (1077)

Épisode célèbre de la lutte entre le pape Grégoire VII et l'empereur Henri IV. Depuis le milieu du XIe siècle, les papes tentent de réformer l'Église pour la débarrasser de la simonie et du nicolaïsme et la soustraire à l'emprise laïque. Ils rompent ainsi avec la tradition constantinienne, reprise par les Carolingiens et les Ottoniens, de collaboration étroite des deux pouvoirs. Or, les empereurs germaniques tiennent à la nomination des évêques, l'un des fondements de leur pouvoir en Germanie et en Italie. D'où l'exaltation théorique par le pape de sa propre puissance, en particulier dans les vingt-sept propositions du *Dictatus papae* de 1075. La « lutte du sacerdoce et de l'empire » n'est qu'une conséquence politique de la réforme. En février 1075, un synode romain interdit toute investiture laïque pour les ecclésiastiques ; en décembre 1075, Grégoire VII se prononce en faveur de l'archevêque élu de Milan contre les prétentions d'un concurrent nommé par l'empereur. Mais Henri IV, victorieux en Germanie, fait déposer le pape par les évêques allemands réunis à Worms (24 janv. 1076), puis par les évêques lombards réunis à Plaisance. Dans la ligne du *Dictatus papae*, Grégoire VII répond en déposant Henri IV et en déliant ses sujets de leur serment de fidélité (concile romain de février 1076), ce qui provoque des remous en Germanie : le 16 octobre, à Tribur, les princes invitent le pape à venir juger le roi déchu. Henri IV veut alors devancer les événements : il part pour l'Italie par le Mont-Cenis. Le pape s'est arrêté à Canossa, château de la comtesse Mathilde de Toscane situé au sud-ouest de Reggio d'Émilie ; le roi y arrive le 25 janvier 1077 avec une faible escorte ; pendant trois jours, pieds nus, en costume de pénitent, il implore le pardon du pape, qui se laisse fléchir par Mathilde et par Hugues de Cluny, exigeant seulement de Henri IV un vague serment. Le 13 mars, cependant, Henri IV est déposé par les princes allemands qui élisent pour roi Rodolphe de Souabe. Henri vainc Rodolphe en 1078 et 1080, et Grégoire dépose Henri de nouveau le 7 mars 1080 : Canossa n'a servi pratiquement à rien. L'événement montre, cependant, le changement des rapports entre pape et empereur, qui se manifeste à partir du pontificat de Grégoire VII.

JEAN-MARIE MARTIN

CAPÉTIENS (987-1498)

Cette dynastie royale a régné en France de 987 à 1792. On appelait autrefois ces souverains les rois de la « troisième race », venus après les Mérovingiens et les Carolingiens. Les Capétiens de ligne directe régnèrent jusqu'en 1328. Des branches collatérales leur succédèrent. Les Capétiens-Valois de 1328 à 1498 ; les Valois-Orléans de 1498 à 1515 ; les Valois-Angoulême de 1515 à 1589 ; les Bourbons de 1589 à 1792. Le surnom de Capet fait sa première apparition vers 1030 dans la chronique d'Adémar de Chabanne, il s'applique alors au père d'Hugues Capet, le duc Hugues Ier. Il ne qualifie Hugues Capet qu'au début du XIIe siècle et le terme « capétien » apparaît pour la première fois chez le chroniqueur anglais Raoul de Diceto († 1202). Les révolutionnaires le donnèrent par dérision à Louis XVI détrôné (le « citoyen Capet ») et à sa famille. Le surnom vient du mot *cappa*, « chape », et désigne le porteur d'un petit manteau. Peut-être fait-il allusion à la chape abbatiale, Hugues et son père étant abbés laïques de nombreuses abbayes. Au XIIe siècle, la chape étant devenue un chaperon ou chapeau, Hugues Capet fut considéré comme « l'homme au chapeau » et la légende, appuyée sur cette fausse étymologie, naquit, selon laquelle il n'avait pas pu ou voulu recevoir la couronne.

On ne citera ici que les Capétiens directs (987-1328) et les Capétiens-Valois (1328-1498) et on laissera également de côté les branches capétiennes qui ont été à la tête de principautés et seigneuries en France (par exemple en Bourgogne) et celles qui ont occupé des trônes étrangers (à Constantinople, à Naples, en Navarre, en Hongrie aux XIIIe-XIVe siècles).

1. Les premiers Capétiens et la féodalité (987-1180)

Élaboration de la dynastie

Lorsque, à la mort du Carolingien Louis V, Hugues Capet, duc des Francs, fut élu roi de France (on disait alors « roi des Francs ») à Senlis par une assemblée de grands, laïques et ecclésiastiques, qui le préféra à un concurrent carolingien, Charles de Basse-Lorraine, oncle du roi défunt, puis sacré à Noyon le 1er juin ou le 3 juillet 987, la longévité et la puissance de sa postérité n'étaient pas prévisibles. Certes, sa famille avait joué un grand rôle politique depuis son arrière-grand-père Robert le Fort, d'origine inconnue, qui détint sous Charles le Chauve de grands pouvoirs, entre Seine et Loire, sur la Neustrie en voie de s'appeler France, et plus tard Île-de-France. Son grand-oncle Eudes, fils de Robert, avait été déjà élu roi après la mort de Charles le Gros, en 888, et avait régné dix ans (888-898) et son propre père Hugues Ier le Grand, duc de France de 923 à 956, avait été le tuteur de Louis IV d'Outremer (936-954) et le véritable maître du royaume. Mais le nouveau roi et ses successeurs allaient accomplir une tâche énorme : assurer la continuité dynastique, affermir le pouvoir royal face aux grands seigneurs dont beaucoup étaient aussi puissants qu'eux (le comte de Périgord à qui Hugues Capet et son fils Robert demandent : « Qui t'a fait comte ? » réplique : « Qui vous a faits rois ? »), donner une base économique et administrative à la royauté, faire progresser le pouvoir monarchique et la puissance nationale dans le Midi et les défendre contre l'Empire à l'est et contre l'Angleterre dans l'ouest même du royaume, acquérir un prestige national et international, devenir des rois « très chrétiens ».

L'essentiel de ce programme, qui ne fut sans doute pas conçu clairement ni systématiquement par les souverains et leur entourage, fut réalisé en deux siècles, lente évolution ponctuée de succès et d'échecs sur laquelle les documents parvenus jusqu'à nous nous renseignent mal.

La continuité dynastique fut due d'abord à la chance qui assura à tous les Capétiens des héritiers mâles (jusqu'en 1314), mais aussi à une politique persévérante qui choisit la primogéniture (la reine Constance, troisième femme de Robert le Pieux, chercha pourtant à imposer le cadet Robert contre l'aîné Henri) et imposa la succession dynastique. En effet, l'élection du roi par les grands subsista jusqu'en 1179, mais chaque souverain fit, de son vivant, élire et couronner son fils aîné : Robert le Pieux dès 988, en 1017 Hugues († 1025), puis Henri Ier en 1027, Philippe Ier en 1059, Louis VI à une date indéterminée, Philippe († 1130) en 1129, puis Louis VII en 1131 et Philippe II Auguste en 1179.

Le domaine royal

La base territoriale et économique de la puissance des premiers Capétiens, c'est le domaine royal. Au sens strict, le domaine royal est composé d'un ensemble de biens matériels (châteaux, terres, moulins), de droits et de redevances, de vassaux directs et de rapports privilégiés avec certains évêchés, monastères et églises ; mais, comme ces ressources sont surtout concentrées dans certaines régions où le roi exerce un pouvoir direct, il est concrètement, sinon juridiquement, permis d'évaluer le domaine en termes territoriaux. Le domaine, essentiellement composé en 987 des biens patrimoniaux des Robertiens, ancêtres d'Hugues Capet, comprenait, autour du grand axe Paris-Orléans, de la Seine à la Loire, voies économiques de premier ordre, des terres fertiles qui connurent un défrichement énergiquement mené et une forte poussée démographique. Les principales acquisitions de la période (il y eut aussi des pertes : mouvance du Vendômois, comté de Dreux) furent Sens, Bourges, le Vexin français, le Gâtinais, la mouvance du Forez. Mais, outre les défrichements et l'équipement rural, les rois créèrent des « villeneuves » et favorisèrent la puissance économique des villes de leur royaume – foires et marchés –, notamment à Paris. Louis VI crée sur la rive droite le marché neuf des Champeaux, noyau du quartier des Halles. Sur ces domaines, les Capétiens installent au XIe siècle des agents domaniaux, les prévôts, chargés de percevoir droits et redevances.

Face aux grands féodaux, le roi sut user non seulement de ses droits de seigneur sur ses vassaux directs, mais il se refusa à prêter l'hommage pour les fiefs qui faisaient de lui un vassal (par exemple, vassalité de l'abbaye de Saint-Denis pour le Vexin) et, au cours du XIIe siècle, chercha à imposer en théorie et en pratique la suzeraineté royale à tous les seigneurs du royaume. Dans ce domaine, les Capétiens – notamment Louis VI le Gros – réduisirent les châtelains brigands (Hugues de Puiset, Bouchard de Montmorency, Thomas de Marle), occupèrent ou détruisirent leurs donjons (Montlhéry, 1104 ; Le Puiset, 1112 ; Coucy, 1130), et assurèrent la tranquillité et la prospérité des églises, des paysans et des marchands. Les premiers Capétiens favorisèrent aussi en général l'essor urbain et le mouvement communal, qu'il s'agisse de communes rurales (coutumes de Lorris octroyées par Louis VI) ou de véritables villes (Louis VII aurait tenté de faire reconnaître l'appartenance de toutes les villes communales du royaume au domaine royal).

Si Robert le Pieux alla tenir une cour à Toulouse, les liens du Midi avec les Capétiens se distendirent pourtant encore dans la seconde moitié du XIe siècle. Louis VII ne se contenta pas d'intervenir en Auvergne et de séjourner en Languedoc. En épousant, en 1137, Aliénor, fille et héritière de Guillaume X d'Aquitaine, il parut étendre le domaine royal et la puissance capétienne vers le sud d'une façon décisive ; mais, en 1152, il divorça et Aliénor se remaria avec Henri Plantagenêt. Pis encore, Henri Plantagenêt devint en 1154 roi d'Angleterre et la menace qui pesait sur la monarchie capétienne depuis qu'en 1066 le duc de Normandie était devenu roi d'Angleterre et que le Capétien avait ainsi en Normandie un vassal, roi aussi et plus puissant que lui, devint plus précise et plus grave. L'empire Plantagenêt, outre l'Angleterre, comprenait en France la Normandie, l'Anjou, l'Aquitaine, presque tout l'Ouest, en dehors de la Bretagne, pratiquement indépendante. À l'est, face à l'empereur, les Capétiens avaient remporté un succès de prestige en 1124. L'empereur Henri V menaçant de détruire Reims, Louis VI appela à l'ost royal, en tant que suzerain, des contingents de tous les seigneurs ecclésiastiques et laïques, n'essuya aucun refus et Henri V, intimidé, n'insista pas. Cet épisode fut, dès l'époque, considéré comme une manifestation d'unité nationale autour du roi capétien.

Un caractère sacré

C'est surtout dans le domaine religieux que les Capétiens connurent de grands succès de prestige. Déjà Hugues Capet avait dû beaucoup à l'Église : à l'évêque Adalbéron de Reims son intervention décisive à Compiègne, aux abbayes royales un soutien efficace. Les abbayes de Fleury (Saint-Benoît-sur-Loire), puis de Saint-Denis jouèrent un rôle décisif dans l'établissement d'une historiographie capétienne – où une généalogie imaginaire rattachait d'ailleurs Hugues Capet à Charlemagne, source de tout prestige monarchique – et d'une mystique monarchique. En même temps, l'idée d'une division de la société en trois catégories : clercs, chevaliers, travailleurs, faisait du roi capétien le guide nécessaire de cette « troïka » (poème au roi Robert le Pieux de l'évêque Adalbéron de Laon). Des clercs furent les conseillers efficaces des rois qui, en retour, comblaient de dons et de privilèges églises et abbayes. Le plus célèbre de ces « ministres » fut Suger, abbé de Saint-Denis, conseiller de Louis VI et de Louis VII, régent pendant la IIe croisade († 1151). Louis VII dut un grand prestige à sa participation, avec l'empereur, à cette IIe croisade (1147-1149) et à son pèlerinage à Saint-Jacques-de-Compostelle (1154). Les rois capétiens acquirent, sur deux plans en particulier, une auréole sacrée. Malgré certains épisodes de leur vie privée, plusieurs d'entre eux, aidés par les écrivains ecclésiastiques, firent figure de dévots, sinon de saints : à Robert le Pieux, le moine Helgaud de Fleury consacre une véritable hagiographie ; Suger décrit la mort de Louis VI comme celle d'un saint ; Aliénor reproche à Louis VII de vivre comme un moine. Et surtout, le roi capétien prend un caractère sacré à cause du sacre et de son pouvoir miraculeux. Lors de la cérémonie qui se déroule à Reims au cours du XIe siècle, le Capétien est oint du chrême qui tend à l'assimiler à un évêque et lui confère une auréole d'autant plus grande que, selon la légende, le chrême aurait été apporté à saint Remi par une colombe pour le baptême de Clovis. Enfin, dès Robert le Pieux, le roi avait la réputation de guérir certains malades en les touchant et, sous Philippe Ier, la croyance s'instaura qu'il guérissait par simple toucher les écrouelles ou scrofules (adénite tuberculeuse).

2. Les grands Capétiens et l'unité territoriale (1180-1314)

De Philippe II Auguste (1180-1223) à Philippe IV le Bel (1285-1314), cinq souverains d'envergure, dont trois ont un règne d'une longueur et d'une importance exceptionnelles (Philippe Auguste, Louis IX et Philippe le Bel), règnent sur un pays qui devient le plus prospère, le plus puissant et le plus prestigieux de la chrétienté. Les Capétiens recouvrent la plus grande partie des domaines passés sous domination anglaise, étendent l'influence de la monarchie aux régions touchées par le commerce maritime, en Méditerranée, dans l'Atlantique et la Manche, en mer du Nord. Ils rattachent solidement au royaume et au domaine royal le midi de la France et renforcent la « centralisation » monarchique. Mais, dès la fin du règne de Saint Louis (1226-1270), apparaissent des difficultés liées aux transformations de l'économie, en particulier au développement du secteur monétaire et à la crise des revenus seigneuriaux ainsi qu'aux luttes sociales dans les villes.

L'essor économique

Au début du XIVe siècle, le roi de France est réputé le plus puissant de la chrétienté parce que la population de son royaume est la plus nombreuse (vingt millions environ contre quatorze à l'Allemagne, quatre à l'Angleterre). Le développement des échanges extérieurs et intérieurs a entraîné, à peu près au même moment qu'à Gênes, Florence et Venise et avant les autres États européens, la reprise de la frappe de l'or (écu de Saint Louis, 1263) et l'émission de gros d'argent. Les défrichements ont continué en beaucoup de régions et les rendements se sont élevés, notamment sur certains domaines bien gérés aux terres fertiles, en Artois notamment. Deux produits ont pris au XIIIe siècle une grande importance dans les exportations françaises : le vin et le sel. Les revenus du roi de France lui permettent de mener une politique d'achat de fidélités, surtout de part et d'autre des frontières du royaume, dans le Nord-Est et l'Est, en bordure de l'Empire, en distribuant des « fiefs de bourse » ou « fiefs-rentes ». Paris devient, grâce à la présence habituelle du roi capétien et de ses services, une capitale prospère et forte (Halles et murailles de Philippe Auguste, réglementation des corporations sous Saint Louis conservée dans le *Livre des métiers* du prévôt Étienne Boileau), peuplée (200 000 habitants au début du XIVe siècle, de loin la plus populeuse de la chrétienté), rayonnant par son Université (statuts de 1215 et de 1231 – on dit que l'Italie a le pape, l'Allemagne l'empereur, la France l'Université), son art (Notre-Dame de Paris, Sainte-Chapelle, ateliers de miniatures et d'ivoires). Louis IX fournit à la chrétienté le modèle vivant du roi chrétien, et sa canonisation en 1297 rehausse le prestige de la dynastie capétienne et du royaume de France.

Le roi, « empereur en son royaume »

Dès 1190, la chancellerie royale emploie parfois à la place de *rex Francorum*, « roi des Francs », le titre de *rex Francie*, « roi de France », attestant l'unification du royaume. L'expression devient usuelle en 1204 et le terme de *regnum Francie*, royaume de France, apparaît en 1205. Le terme de couronne, de plus en plus usité, reflète la croyance en une idée et une réalité monarchique transcendant la personne du roi. Celui-ci devient « empereur en son royaume », ce que le pape Innocent III reconnaît *de facto* dans la lettre *Per venerabilem* (1202). À la fin de la période, une violente querelle entre Philippe IV le Bel et le pape Boniface VIII se termina par l'affirmation de l'entière souveraineté du Capétien au temporel : il récusait aussi bien l'ingérence du pape au nom des « deux glaives » que celle de l'empereur. À cette époque, les conseillers du roi, formés dans les facultés de droit (à Orléans, Toulouse ou Montpellier, car Paris n'avait pas de faculté de droit civil) et nommés pour cette raison les « légistes », mirent au point la théorie du roi non seulement « empereur en son royaume », mais aussi supérieur aux lois, *rex solutus legibus*.

L'extension du domaine royal

Cependant, les grands Capétiens avaient soutenu contre les rois d'Angleterre des luttes où ils remportèrent des succès décisifs qui accrurent considérablement le domaine royal malgré l'amputation répétée de certains grands fiefs donnés en apanage à des frères ou à des fils de roi.

Entre 1203 et 1205, le roi d'Angleterre Jean sans Terre ayant été condamné par la cour de France à la perte de ses domaines français pour félonie (1202), Philippe Auguste conquit la Normandie, le Maine, l'Anjou, la Touraine, le nord du Poitou et de la Saintonge. En 1214, la victoire remportée à Bouvines par Philippe Auguste sur l'empereur et le comte de Flandre alliés à l'Angleterre fit du Capétien le plus puissant seigneur de son royaume et d'Europe. En 1224, Louis VIII soumit l'ensemble du Poitou et de la Saintonge et prit La Rochelle, grand port du vin, au roi d'Angleterre qui ne conservait que la Guyenne avec Bordeaux. Saint Louis, après avoir repoussé une attaque d'Henri III, fit renoncer le roi d'Angleterre à ses droits sur les territoires perdus et lui fit prêter hommage pour la Guyenne et divers domaines dans le Sud-Ouest (traité de Paris, 1258).

Les Capétiens mirent aussi la main, outre diverses acquisitions secondaires, sur le comté de Mâcon, sur Champagne et la Brie (dont l'annexion définitive au domaine royal ne se fit qu'en 1361), et Philippe le Bel fit entrer dans la mouvance française une partie du Barrois, la châtellenie de Tournai et Lyon.

Surtout, les Capétiens firent au XIIIe siècle des progrès décisifs dans le Midi à la faveur de la croisade contre les Albigeois. L'intervention de Louis VIII puis de Saint Louis, sous la régence de Blanche de Castille, valut au Capétien, au traité de Paris (1229), le Bas-Languedoc (futures sénéchaussées de Beaucaire-Nîmes et de Carcassonne-Béziers) et l'expectative du reste des domaines du comte de Toulouse (Toulousain, Albigeois, Rouergue, Quercy et Agenais) pour son frère, Alphonse de Poitiers, et sa femme, Jeanne de Toulouse. L'influence capétienne, forte à travers Alphonse à partir de 1249, se transforma en possession à la mort d'Alphonse et de Jeanne en 1270. Inaugurée par Simon de Montfort au début du siècle, la pénétration française (par les coutumes du Nord, le droit romain et les lents progrès de la langue d'oïl) se développa avec les fonctionnaires capétiens. La solution des problèmes territoriaux dans le Midi fut complétée par le traité de 1258 avec le roi d'Aragon (renoncement du Capétien au Roussillon et à la Catalogne, de l'Aragonais au Languedoc), l'entrée de Montpellier dans la mouvance française (1293) et l'acquisition du comté de Bigorre en 1293. Mais la Navarre ne fut que provisoirement réunie à la Couronne (1314-1316).

Ainsi les Capétiens s'installaient solidement sur les façades maritimes où renaissait le commerce international, en Méditerranée où était fondée Aigues-Mortes, dans l'Atlantique d'où les « rôles d'Oléron » définissant à la fin du XIIe siècle le droit maritime pour les bateaux transporteurs de sel se diffusèrent en Flandre, en Angleterre et dans la Baltique, dans la Manche où la conquête de la Normandie fut complétée par l'acquisition du port de Honfleur (1281), dans la mer du Nord enfin où les « affaires de Flandre » prirent une importance capitale sous Philippe le Bel qui y connut des fortunes diverses.

La « centralisation » monarchique

Une fois leur domaine dilaté et leur royaume affermi, les grands Capétiens consolidèrent leur pouvoir grâce au développement d'une administration centralisée. Dans le domaine apparaissent sous Philippe Auguste des fonctionnaires royaux, représentants du roi et de ses prérogatives, les baillis, qui se stabilisèrent au cours du XIIIe siècle dans des circonscriptions territoriales ou bailliages (dans certaines provinces, ces officiers et leur ressort gardèrent, dans leurs fonctions nouvelles, le vieux terme de sénéchal et de sénéchaussée). Des « enquêteurs royaux » allèrent, à partir de Saint Louis, contrôler l'action des fonctionnaires royaux, réparer les torts éventuels des monarques et rétablir les droits que baillis et sénéchaux avaient pu laisser usurper ou bafouer. La domesticité du roi se développa et constitua un « hôtel » qu'une série d'ordonnances organisèrent à partir de 1261. Sur le plan financier, Philippe le Bel retira en 1295 son Trésor du Temple et le confia à une Chambre ou Cour des comptes. Sous Saint Louis, l'appel à la justice royale personnelle (image du roi rendant la justice sous un chêne à Vincennes) ou institutionnelle se développa au point que la Cour du roi fut débordée. Aussi une juridiction spéciale, le Parlement, s'instaura peu à peu ; elle était pratiquement constituée à la fin du règne de Philippe le Bel. Mais en 1307, le règlement qui l'organisa reçut encore le nom d'« ordonnance des parlements » au pluriel.

Vers 1280, le bailli Philippe de Beaumanoir, rédacteur et commentateur des *Coutumes de Beauvaisis*, déclare que le roi, « ministre de Dieu pour le bien » et « souverain par-dessus tous », peut faire « tous établissements pour le commun profit ». Mais il doit les faire à une triple condition : 1. « par grand conseil » après consultation de son entourage et des grands ; 2. « pour le profit commun » ; 3. « conformément aux lois divines et humaines ». Ainsi s'établissait une nouvelle image du roi et du pouvoir royal, alliant la tradition féodale, les nouvelles théories des canonistes et des légistes, l'idéal religieux transformé qui, sous l'influence notamment des ordres mendiants (Dominicains et Franciscains) auxquels Saint Louis était très favorable, insistait sur la pratique des vertus et des œuvres plus que sur le respect des rites. En même temps, la royauté devenait aussi nationale par la langue. En 1274, les *Grandes Chroniques de France*, à la gloire de la dynastie capétienne, rédigées en latin à Saint-Denis, furent traduites en français par le moine Primat. Enfin Philippe le Bel innova dans les rapports de la monarchie avec la nation en convoquant des assemblées de barons, prélats et représentants des villes pour en recevoir des avis en 1302, 1303, 1308 et, limitées semble-t-il à des délégués de certaines villes, en 1309 et 1314. Mais ces assemblées issues de la tradition féodale du « conseil » n'avaient aucun droit à contrôler la royauté, elles n'avaient rien de « parlementaire » au sens moderne du terme. Elles étaient appelées simplement à donner des avis ou même à accepter des demandes royales et à entériner des décisions du monarque. Il reste que cet embryon de représentation nationale – des historiens y ont vu les premiers « états généraux » – était né à l'occasion de difficultés rencontrées par la monarchie : en 1302 et 1303 à propos du conflit avec la papauté, en 1308 au sujet de l'affaire des Templiers et dès problèmes monétaires, en 1314 sur la question des monnaies et la levée d'un subside pour la guerre.

Difficultés économiques et monétaires

Dès la fin du XIIIe siècle, l'écroulement des voûtes de la nef de la cathédrale de Beauvais élevées à 64 mètres fut le symbole d'une limite technique atteinte. L'essor économique de la France capétienne s'était essoufflé. Les défrichements s'étaient ici et là arrêtés et les essarts avaient même parfois reculé. La moyenne et petite noblesse avait éprouvé des difficultés croissantes qui avaient frappé châtelains puis simples chevaliers, parfois, comme en Mâconnais, dès la première moitié du XIIIe siècle. Ceux-ci, de plus en plus endettés, accensaient des parties de plus en plus étendues de la « réserve » domaniale pour lesquelles ils recevaient des cens en argent – qui lui-même se dépréciait – et s'appauvrissaient sans cesse. Les tenures paysannes de leur côté se fractionnaient et se rétrécissaient continuellement. Le fossé, dans les villes, s'élargissait entre riches et pauvres. Grèves et conflits du travail éclatèrent, surtout dans les villes drapantes, à Douai dès 1245, à Paris en 1270, 1277 et 1279, puis à partir de 1280 à Ypres, Bruges, Douai, Tournai, Provins, Rouen, Caen, Orléans, Reims, Béziers, Toulouse. Les difficultés de l'économie se manifestèrent aussi dans le domaine monétaire : l'insuffisance des signes monétaires, les intrigues des marchands italiens qui étaient les principaux conseillers du roi en la matière, le désir de la monarchie de se procurer des ressources en manipulant les monnaies conduisirent à des « mutations » monétaires qui furent en général l'équivalent de nos dévaluations.

Une réévaluation en 1306 provoqua une émeute des ouvriers et artisans parisiens qui fut durement réprimée : Philippe le Bel fit pendre les meneurs et supprima les corporations. En 1314, la monarchie était devenue très impopulaire et le royaume était au bord de la révolte.

3. La mise en place d'un État moderne (1314-1498)

Plus que du changement de branche dynastique en 1328, c'est de la mort de Philippe le Bel que datent aussi bien les signes manifestes de crise de la monarchie que les efforts d'adaptation du gouvernement royal à la gestion d'un État moderne. Alimenter régulièrement les finances par la levée d'impôts permanents, organiser le gouvernement et l'administration (notamment, en matière de justice, par la consolidation du Parlement), défendre le royaume grâce à une armée régulière, associer l'élite sociale du pays à l'action de la Couronne, surtout en période de difficultés, tel fut le programme de plus en plus conscient et systématique des rois capétiens et de leurs conseillers.

Mais ils se heurtèrent à une triple série de difficultés. La crise économique du XIVe siècle et les conséquences de la Grande Peste affaiblirent le potentiel matériel et démographique du royaume. Les luttes sociales (réaction seigneuriale, jacquerie, émeutes urbaines) entravèrent l'établissement de l'absolutisme royal. La guerre réveillée avec l'Angleterre prit la forme d'un duel engageant l'existence de la dynastie et l'indépendance de la couronne de France.

Ce n'est que dans la seconde moitié du XVe siècle que la dynastie put surmonter ces épreuves : liquider à son profit la guerre de Cent Ans, vaincre les dernières résistances intérieures, favoriser la reprise économique et démographique et même, en se lançant dans l'aventure des guerres d'Italie, pénétrer du même coup dans le monde de la Renaissance.

L'action de la monarchie

Le premier problème qui se pose de façon urgente aux Capétiens après 1314, c'est celui de trouver de l'argent pour subvenir à un train royal de plus en plus fastueux, pour rémunérer fonctionnaires et soldats, de plus en plus nombreux. Entre 1332 et 1344, les recettes royales augmentent de 158 000 livres et les dépenses de 440 000 livres. Pour faire face à cet accroissement, pour financer la guerre, les Capétiens du bas Moyen Âge cherchent à remplacer l'impôt féodal extraordinaire par un impôt permanent. C'est ce que Philippe V cherche à obtenir dès 1321 d'une assemblée de barons, prélats et représentants des villes. Ces efforts se heurtèrent à la résistance opiniâtre des trois « ordres » de la société et de leurs représentants aux assemblées. De nombreux essais échouèrent entre 1315 et 1356, par exemple celui de la gabelle sur le sel, instituée en 1341, abolie à la demande des états de Paris (pour la langue d'oïl) et de Toulouse (pour la langue d'oc) en 1346. Cependant, la Chambre des comptes était organisée par l'ordonnance de Vivier-en-Brie (1320). La guerre de Cent Ans fournit à la royauté l'occasion décisive d'établir l'impôt. Ce fut fait entre 1356 et 1370 : impôts « directs » (le fouage et la taille) et « indirects » (les aides, parmi lesquelles la gabelle sur le sel reprise en 1355-1356, définitive à partir de 1383).

Ce processus ne s'accomplit cependant pas sans difficultés ni sans abandons, même de la part de la monarchie. Charles V abolit sur son lit de mort (16 sept. 1380) tous les fouages, qui ne furent rétablis qu'en 1388. En 1417, Jean sans Peur supprima également les aides dans les pays de langue d'oïl, à l'exception de ses domaines ; Charles VII les rétablit en 1436. La levée de ces impôts entraîna la création de nouveaux fonctionnaires et de nouvelles institutions : les « élus » chargés de lever les aides, les greniers à sel pour la gabelle (89 entre 1355 et 1422, 139 sous Charles VII), les « généraux » chargés d'organiser les aides et de surveiller les élus (4 à la fin du règne de Charles VII, à Tours, Montpellier, Paris et Rouen), la Chambre ou Cour des aides organisée à la fin du XIVe siècle.

Le Parlement, d'où les clercs furent exclus en 1319, fut définitivement organisé par l'ordonnance du 11 mars 1345 avec ses trois Chambres : Grand-Chambre ou Chambre des plaids, Chambre des enquêtes et Chambre des requêtes. Parallèlement à la justice, les rois organisent la police de Paris, confiée au prévôt qui siégeait au Châtelet, prison et cour de justice criminelle qui, au cours du XVe siècle, étendit largement son action hors de Paris.

Le Parlement, ainsi que les justices du Châtelet et des bailliages et sénéchaussées, engendra toute une société nouvelle de gens de loi dépendant de la monarchie : parlementaires (de plus en plus laïques et roturiers, mais constituant bientôt de puissantes familles), procureurs (se formant en confrérie de Saint-Nicolas et Sainte-Catherine en 1342), avocats (organisés en corporation en 1340-1345), greffiers (confrérie en 1351), notaires (confrérie en 1351), huissiers, sergents, clercs de la basoche.

Dans le domaine militaire, l'engagement de plus en plus important de combattants soudoyés amènera l'apparition, vers la fin du règne de Philippe VI, de véritables entrepreneurs militaires se faisant appeler capitaines (semblables aux *condottieri* italiens qui offraient aux princes les services de leur « route » ou « compagnie »). Bientôt apparut le danger de certaines de ces bandes, les Grandes Compagnies. Charles V tenta d'organiser les « routiers » par des ordonnances de 1373 et 1374, mais celles-ci restèrent lettre morte. Il fallut attendre 1445 pour que des progrès décisifs soient réalisés dans ce domaine.

Aux XIVe et XVe siècles, les rois de France multiplièrent la convocation d'assemblées, sur le modèle de celles qu'avait réunies Philippe le Bel. Mais, plus que l'aide qu'ils en attendaient, ces assemblées leur causèrent des difficultés, soit en repoussant leurs demandes, soit en cherchant à contrôler l'administration royale. Il est vrai que les souverains et une partie de leur entourage n'étaient pas disposés à accepter une sorte de monarchie constitutionnelle et que, s'ils s'éloignèrent de formes monarchiques proprement féodales, ce fut pour affirmer leur supériorité à partir de la théorie des droits régaliens d'une part, du caractère sacré de la Couronne de l'autre.

En matière régalienne, les souverains affirmèrent et firent respecter leur monopole de frappe de la monnaie, de contrôle des poids et mesures, de levée de l'impôt. Dans le domaine du sentiment, ils développèrent un faste et un rituel monarchiques destinés à impressionner (Cour, cérémonies publiques : baptêmes, mariages, funérailles, entrées solennelles dans les villes) ; ils tendirent à faire de la famille royale tout entière une sorte de famille « sacrée », celle des « princes du sang ». Charles V donna une impulsion décisive à cette évolution en favorisant d'une part les écrits de conseillers traitant de la monarchie sacrée (l'auteur anonyme du *Songe du verger* ; Jean Golein, avec sa traduction en 1372 du *Rational des divins offices* de Guillaume Durand où il inséra un *Traité du sacre*), d'autre part en faisant traduire (les principaux traducteurs sont ses conseillers Nicolas Oresme et Raoul de Presles) des œuvres de l'Antiquité païenne et chrétienne (saint Augustin et surtout Aristote) où puiser une théorie et une pratique de la monarchie « rationnelle » et « de droit divin ». C'est alors que se charge d'un sens spécial l'expression de roi « très chrétien » dont l'exclusivité est réclamée pour le roi de France. Il faut replacer dans ce climat l'importance exceptionnelle du sacre de Charles VII à Reims pour le succès de la cause de Jeanne d'Arc et du roi de Bourges. Enfin, le sentiment monarchique fut renforcé par la création de l'ordre chevaleresque de l'Étoile par Jean le Bon en 1351.

Les obstacles

Mais l'action monarchique se heurta d'abord à la crise économique et à la mortalité effroyable de la Grande Peste. Une famine générale consécutive à des intempéries reparut en 1315-1317. Les revenus seigneuriaux s'amenuisèrent. Le commerce de luxe traditionnel (étoffes de prix) recula devant la production et l'exportation de produits de prix et qualité moindres. La Peste noire, à partir de 1348, fit périr un tiers de la population du royaume. Les souverains en mal d'argent aggravèrent ces difficultés par de nouvelles dévaluations monétaires. De 1336 à 1355, les mutations reprirent dans de grandes proportions, surtout pendant la période 1337-1343 ; mais ces mesures, défavorables pour les « rentiers », c'est-à-dire les seigneurs, aidaient débiteurs et locataires. Inversement, la stabilisation de la monnaie, sous Charles V, à partir de 1360, consacra les privilèges des possédants et le mécontentement des salariés s'accrut d'autant plus que, dès 1350, le roi Jean le Bonavait freiné par ordonnance royale la hausse des salaires consécutive aux ravages de la Peste noire. Les mutations, sous la pression des besoins militaires, reprirent à la fin du règne de Charles VI et au début de celui de Charles VII.

Les mécontentements divers et contradictoires amenèrent des réactions qui se tournèrent souvent contre la monarchie et ses prétentions fiscales et administratives. En 1315 éclata le soulèvement qui couvait sous Philippe le Bel et qui prit souvent un aspect régional derrière lequel se camouflaient les intérêts des privilégiés seigneuriaux, mais également toutes sortes de revendications. Louis X (1314-1316) dut concéder des chartes à presque toutes les provinces. Cependant, ces concessions étaient disparates, souvent de pure forme, et elles avaient été arrachées en ordre dispersé, sans que la masse se fût émue. Si elles retardèrent les progrès de l'autorité monarchique, elles ne l'empêchèrent pas.

En 1355, des états généraux consentirent à Jean le Bon la levée d'un impôt, mais lui imposèrent un strict contrôle de son emploi. Réunis à nouveau à Paris en octobre 1356 (il s'agit toujours des états de langue d'oïl, ceux de langue d'oc, assemblés à Toulouse, se montrant beaucoup plus dociles), après le désastre de Poitiers, ils voulurent sous la conduite de l'évêque de Laon, Robert Lecoq, et d'un riche drapier parisien, Étienne Marcel, prévôt des marchands, imposer au régent Charles de Normandie un véritable régime de monarchie « constitutionnelle » : une commission de réforme de quatre-vingts membres, des représentants en province pour contrôler les fonctionnaires royaux, un conseil de vingt-huit délégués (quatre prélats, douze chevaliers et douze bourgeois), « lesquels conseillers auraient la puissance de tout faire et ordonner dans le royaume comme le roi ». Pendant deux ans, les états et plus particulièrement le conseil, dominé par les partisans d'Étienne Marcel, gouvernèrent pratiquement la France du Nord. Nobles et prélats se rapprochèrent peu à peu du régent qui louvoyait. Les états de février 1358 limitèrent encore le pouvoir royal ; une émeute populaire se déchaîna, massacra les conseillers du régent en sa présence et Charles dut admettre au conseil Étienne Marcel et ses partisans. Mais, fin avril, il s'enfuit de Paris et organisa la reprise du pouvoir, tandis qu'Étienne Marcel, paraissant malgré lui compromis avec le bas peuple, les paysans révoltés, les Jacques, et même avec le roi de Navarre, Charles le Mauvais, qui intriguait avec les Anglais, perdait l'appui de la bourgeoisie parisienne. Dans la nuit du 31 juillet au 1er août, Étienne Marcel était assassiné. La révolution parisienne était finie et la France avait perdu sa meilleure occasion d'instaurer une monarchie constitutionnelle. Le régent, bientôt roi, reprit habilement celles des mesures de 1356-1358 qui pouvaient servir à la monarchie ; mais il s'agissait de réformes octroyées et, si le pays pouvait conseiller, il lui était interdit de contrôler.

Au début du règne de Charles VI, une série d'émeutes urbaines, dont la plus spectaculaire fut celle des Maillotins à Paris (1382), révéla le malaise social qui se manifestait contre les agents du roi. Une tentative plus profonde eut lieu en 1413. Des représentants de l'Université et de la bourgeoisie présentèrent aux princes en février 1413 un programme de réformes très proches de celles prônées un demi-siècle plus tôt par Étienne Marcel. Les princes tergiversant, une violente émeute populaire dirigée par la corporation des bouchers, riches comme les grands bourgeois mais méprisés par eux et rejetés vers le peuple, imposa à la Cour une ordonnance de réforme, l'« ordonnance cabochienne », du nom du chef des bouchers, Caboche, qui instaurait un contrôle efficace de l'administration royale et qui a été définie comme « le plus beau programme de réformes qu'ait connu un État au Moyen Âge » (R. Fawtier). Elle fut abolie dès septembre 1413 par la Cour royale qui dirigea une féroce répression dans Paris. Cette attitude traditionnelle de la monarchie à l'égard du peuple parisien jeta la capitale dans les bras du duc de Bourgogne et même dans une certaine « collaboration » avec les Anglais. C'est de ceux-ci que vint le plus mortel péril pour la monarchie capétienne aux XIVe et XVe siècles. En 1316, le problème de la succession royale se pose pour la première fois depuis 987. Louis X, à sa mort, le 5 juin 1316, ne laissait qu'une fille de quatre ans, mais la reine était enceinte. Le fils qui naquit le 15 novembre mourut quatre jours après. La couronne fut donnée par une assemblée de grands au frère de Louis X, Philippe, à qui avait été confiée la régence. En 1322, même situation à la mort de Philippe V : une fille et la reine enceinte. Même résultat ; le nouveau-né étant une fille, le troisième fils de Philippe le Bel prit la couronne. Même situation encore à la mort de Charles IV en 1328, mais il n'y avait plus de fils de Philippe le Bel et le régent à désigner avait toutes les chances, si le nouveau-né était une fille ou ne survivait pas, d'être le prochain roi. L'assemblée de grands et de notables, qui avait à choisir entre le roi d'Angleterre, Édouard III, petit-fils de Philippe le Bel par sa mère, Philippe, comte de Valois, petit-fils de Philippe III par son père, et Philippe, comte d'Évreux, petit-fils également de Philippe III et mari de la fille de Louis X le Hutin, n'hésita guère. Les décisions de 1316 et de 1322 avaient déjà écarté les femmes du trône et, par conséquent, de la transmission du droit de succession (la loi dite salique ne fut invoquée par des juristes qu'à l'époque moderne) ; ce qui semble avoir été déterminant, c'est que l'action du sacre était une sorte d'ordination et que l'Église n'ordonnait pas des femmes. En ce qui concernait Édouard III, sa jeunesse et surtout le fait qu'il était étranger contribuèrent à sa disqualification. Philippe de Valois devint Philippe VI.

Tout sembla alors réglé. Édouard III prêta hommage à Philippe VI pour la Guyenne en 1329. Mais, lorsque le conflit pour la possession de la Guyenne entraîna en 1337 une rupture qui était le commencement de la guerre de Cent Ans, Édouard revendiqua publiquement, le 7 octobre 1337 à Westminster, la couronne de France. Pourtant, si les désastres de la guerre de Cent Ans mutilèrent pratiquement la France d'un tiers environ de son territoire au traité de Brétigny (1360), il n'y eut pas de véritable menace dynastique anglaise, même quand, après Poitiers (1356), Jean le Bon fut prisonnier d'Édouard III à Londres. En revanche, après Azincourt (1415), le traité de Troyes (1420) faisait du roi d'Angleterre Henri V le successeur de Charles VI et, à sa mort, les deux couronnes devaient rester unies à jamais sous lui et ses successeurs. Mais le dauphin Charles n'accepta pas son déshéritement. Ses partisans (Jean de Terre-Rouge dans le *Traité de la succession à la Couronne* et les *Droits du Dauphin*) invoquèrent la nullité juridique des clauses dynastiques du traité de Troyes, une succession au trône ne pouvant être assimilée à une succession privée comme l'avait déjà dit le *Songe du verger*. La résistance du « roi de Bourges », les succès de Jeanne d'Arc, le sacre de Reims (1429), les victoires des armées de Charles VII sur celles d'Henri VI, « roi d'Angleterre et de France », rendirent définitivement couronne et royaume à la dynastie.

Les succès et leurs causes

Au milieu de terribles épreuves, la lutte contre l'étranger a apporté à la monarchie un soutien inappréciable, celui du sentiment national. La remontée démographique et économique qui s'amorçait permit alors à Charles VII et à son fils et successeur Louis XI (1461-1483) d'accélérer le retour aux progrès monarchiques.

L'unité territoriale de la France et l'agrandissement du domaine royal s'accomplirent d'abord par la récupération de toutes les possessions anglaises, y compris la Guyenne, perdue depuis le milieu du XIIe siècle, et excepté Calais. Cette récupération fut effective en 1453. Ces apports au domaine furent complétés par les annexions du XIVe siècle (le Dauphiné et Montpellier sous Philippe VI) et les acquisitions de Louis XI : la Cerdagne et le Roussillon conquis en 1463, rendus par Charles VIII en 1482, le duché de Bourgogne et la Picardie, après la mort de Charles le Téméraire (1477), l'Anjou, le Barrois et la Provence par héritage de Charles du Maine (1481). Charles VIII épousait enfin en 1491 Anne, héritière du duché de Bretagne. La monarchie française avait repris l'Ouest et débordé, à l'est et surtout au sud-est, jusqu'aux Alpes et à la Méditerranée.

L'autorité monarchique fut restaurée et renforcée. Charles VII créa enfin une armée permanente par une série d'ordonnances de 1445 à 1448 qui réorganisèrent le service des nobles, réglementèrent le service des communes, créèrent des unités de cavaliers (compagnies d'ordonnances) et de fantassins (francs-archers et arbalétriers). Louis XI recruta surtout son infanterie parmi des mercenaires étrangers : les Suisses.

Depuis longtemps, sous Philippe le Bel en tout cas et davantage encore à l'époque du Grand Schisme (1378-1417), une partie du haut clergé français avait pris ses distances vis-à-vis de la papauté. La Pragmatique Sanction de Bourges (1438) sembla sanctionner ce gallicanisme en faisant désigner les évêques et abbés par élection et en limitant considérablement les droits du Saint-Siège en matière de bénéfice, d'appel et de taxes. Mais, plus que l'existence d'une Église nationale, ce qui intéressait le roi, c'était la nomination des évêques, et Louis XI pensa qu'il était plus commode de s'entendre à ce sujet avec le pape. Malgré les vives protestations du Parlement, il abolit la Pragmatique Sanction dès 1461 ; mais un concordat entre la royauté et la papauté ne fut signé qu'en 1516.

Les souverains surent enfin utiliser les états généraux au profit de leur politique. Charles VII obtint d'eux les subsides nécessaires pour achever la guerre de Cent Ans. Louis XI ne les réunit qu'une fois, en 1468, pour se faire relever de la promesse de constituer la Normandie en apanage pour son frère Charles. Au début du règne de Charles VIII, les régents convoquèrent les états généraux en 1484. Pour la première fois nationaux (toutes les provinces étaient représentées, pays d'oc comme pays d'oïl), illustrés par l'éloquence et le sérieux des délégués du tiers état, ils cherchèrent de nouveau à imposer leur contrôle à la monarchie. Mais l'égoïsme de la noblesse et du clergé, l'hostilité sournoise de la Cour en firent une manifestation qui n'eut d'autre lendemain que la crainte qu'elle laissa au pouvoir monarchique et aux privilégiés.

Charles VIII meurt sans héritier en 1498, à la fin du Moyen Âge. Il laisse la couronne à une autre branche capétienne, celle des Valois-Orléans représentée par son cousin Louis d'Orléans. La dynastie capétienne a alors solidement affermi son pouvoir en France, mais en laissant une assez large autonomie aux parlements provinciaux qui combinent loyalisme monarchique et particularisme. Les distances, la difficulté de maîtriser l'espace demeurent la principale limitation au pouvoir royal.

Si l'on ne croit plus que la valeur individuelle des rois (la plupart d'entre eux n'ont été ni des guerriers valeureux, ni des politiques intelligents, mais des hommes faibles et parfois malades) ait bâti la monarchie et fait la France, les causes qui ont assuré le triomphe de l'idée monarchique restent mal élucidées. La tradition jacobine leur a conservé le mérite de l'unité nationale (territoriale, centralisatrice, sentimentale).

Les rapports de la Couronne avec les féodaux, l'Église, la bourgeoisie montante, le peuple étaient ambigus et demeurent obscurs. S'il faut accorder à l'entourage royal – qui a socialement et intellectuellement changé, des grands officiers du XIe siècle aux juges, aux légistes, aux conseillers « bourgeois » – une grande importance dans l'œuvre capétienne, il n'est pas sûr qu'ils aient eu d'une politique systématique une conception beaucoup plus claire que celle des souverains (attitudes à l'égard des apanages, des monnaies, de l'Église). Si les Capétiens ont joué et bénéficié du sentiment national, ils n'ont pas eu, et ils l'ont montré face aux assemblées et aux états généraux, la volonté d'associer vraiment une représentation nationale à leur pouvoir. S'ils ont eu le sens de la supériorité de la Couronne sur leur personne, ils n'ont pas eu celui d'une responsabilité envers la nation, mais envers Dieu, se réservant jalousement à partir du XIVe siècle l'expression : « par la grâce de Dieu ».

JACQUES LE GOFF

Bibliographie

• Choix de sources narratives

CHRISTINE DE PISAN, *Le Livre des faits et bonnes mœurs du sage roi Charles le Quint*, éd. S. Solente, Paris, 1936 / COMMYNES, *Mémoires*, éd. Calmette, 3 vol., Paris, 1924-1925 / A. DIVERRES, *« La Chronique métrique », attribuée à Geoffroy de Paris* (sur Philippe le Bel), Clermont-Ferrand, 1956 / *Les Grandes Chroniques de France*, éd. J. Viard, 10 vol., Paris, 1920-1953 / GUILLAUME DE SAINT-PATHUS, *Vie Monseigneur Saint Loys*, éd. E. Delaborde, Paris, 1899 / HELGAUD DE FLEURY, *Vie de Robert le Pieux*, éd. R. H. Bautier et G. Labory, Paris, 1965 / JOINVILLE, *Le Livre des saintes paroles et des bonnes actions de Saint Louis*, éd. Natalis de Wailly, Paris, 1874 ; H. Longnon éd. (en franç. moderne), Paris, 1929 / RIGORD & GUILLAUME LE BRETON, *Œuvres* (sur Philippe Auguste, *Gesta Philippi regis* et *La Philippide*), éd. Delaborde, 2 vol., Paris, 1882 / SUGER, *Vie de Louis VI le Gros*, éd. H. Waquet, Paris, 1929 / THOMAS BASIN, *Histoire de Charles VII*, éd. C. Samaran, 2 vol., Paris, 1934-1944 ; *Histoire de Louis XI*, t. I, éd. C. Samaran, Paris, 1963.

• Études d'ensemble ou sur plusieurs règnes

M. BLOCH, *La France sous les derniers Capétiens (1223-1328)*, Paris, 1958 ; *Les Rois thaumaturges*, Paris, 1924, nouv. éd. Gallimard, 1983 / A. BRACHET, *Pathologie mentale des rois de France. Louis XI et ses ascendants. Une vie humaine étudiée à travers six siècles d'hérédité (852-1483)*, Paris, 1903 / M. DAVID, *La Souveraineté et les limites du pouvoir monarchique du IXe au XVe siècle*, Paris, 1954 / G. DODU, *Les Valois. Histoire d'une maison royale (1328-1589)*, Paris, 1934 / R. FAWTIER, *Les Capétiens et la France. Leur rôle dans sa construction*, Paris, 1942 ; *Autour de la France capétienne*, Variorum Reprints, 1987 / B. GUENÉE, « L'Histoire de l'État en France à la fin du Moyen Âge vue par les historiens français depuis cent ans », in *Rev. histor.*, CCXXXII, 1964 ; « État et nation en France au Moyen Âge », *ibid.*, CCXXXVII, 1967 ; « Espace et État dans la France du bas Moyen Âge », in *Ann. E.S.C.*, 1968 / L. HALPHEN, « La Place de la royauté dans le système féodal », in *Rev. histor.*, CLXXII, 1933 / G. I. LANGMUIR, « Counsel and Capetian Assemblies », in *Études présentées par la commission internationale pour l'histoire des assemblées d'états*, XVIII, 1958 / J. F. LEMARIGNIER, *Le Gouvernement royal aux premiers temps capétiens (987-1108)*, Paris, 1965 / F. LOT & R. FAWTIER, *Histoire des institutions françaises* : t. II, *Institutions royales*, Paris, 1958 / W. M. NEWMAN, *The Kings, the Court and the Royal Power in France in the XIth Century*, Toulouse, 1929 ; *Le Domaine royal en France sous les premiers Capétiens (987-1180)*, Paris, 1937 / J. DE PANGE, *Le Roi très chrétien*, Paris, 1949 / F. J. PEGUES, *The Lawyers of the Last Capetians*, Princeton, 1962 / C. PETIT-DUTAILLIS, *La Monarchie féodale en France et en Angleterre (Xe-XIIIe siècle)*, Paris, 1933, nouv. éd. Albin Michel, 1971 / J. Russel Major, *Representative Institutions in Renaissance France (1421-1559)*, Madison, 1960 / P. E. Schramm, *Der König von Frankreich. Das Wesen der Monarchie von 9. zum 16. Jahrhundert*, 2 vol., Weimar, 1939 ; 2e éd. augm., 2 vol., Darmstadt, 1960 / J. R. Strayer & C. H. Taylor, *Studies in Early French Taxation*, Cambridge (Mass.), 1939.

CAPITULAIRES

Nom donné aux édits des rois et des empereurs carolingiens qui publient des mesures d'ordre législatif et administratif ; il signifie littéralement « ensemble de chapitres » d'un édit. La série commence sous Pépin III en 754 et se poursuit, en France, jusqu'à la mort de Carloman, petit-fils de Charles le Chauve, en 884. S'il existe des capitulaires ecclésiastiques et des capitulaires laïcs, la plupart traitent d'affaires concernant à la fois l'Église et la société civile. Certains sont des additifs aux lois populaires ; d'autres apparaissent comme des instructions données aux *missi* ; il en est enfin dont le caractère administratif est prépondérant et qui peuvent être considérés comme des capitulaires au sens strict du terme. Élaborés par des commissions délibérant en présence du roi, ces textes étaient soumis en tant que projet à la diète annuelle ou à une assemblée plus restreinte qui donnait son consentement. L'approbation de la diète se transforma, surtout après 843, en un accord que les grands donnaient au roi dans la mesure où celui-ci avait contracté des engagements à leur égard : l'autorité royale prit ainsi un caractère conditionnel toujours plus prononcé. La publication des capitulaires dans l'Empire ou dans le royaume incombait en principe aux *missi*, souvent aussi aux évêques et aux comtes. La négligence de l'administration carolingienne, le fait aussi que certains de ces textes tombèrent peu à peu en désuétude expliquent que beaucoup de capitulaires se soient perdus. Ceux qui ont été conservés nous sont parvenus par l'intermédiaire de collections. Trois, datant du IXe siècle, furent compilées respectivement par l'évêque Gerbaud de Liège (806-809), par l'abbé de Saint-Wandrille Ansegise vers 827 et surtout par Benoît le Lévite entre 847 et 852.

ROBERT FOLZ

CARCASSONNE

Le site de Carcassonne est une colline dominant le carrefour formé par le passage naturel entre la région méditerranéenne et l'Aquitaine et qui, par l'Aude supérieure, raccorde ces deux régions au Sud pyrénéen. La ville est double et forme un incomparable témoignage médiéval : la ville haute, ou cité, avec sa cathédrale édifiée du XIe au XIVe siècle et sa double enceinte renforcée à l'ouest par le château (dont la construction fut entreprise à partir du Ve siècle et continua jusqu'au XIIIe siècle) ; la ville basse, ou bourg, bastide du XIIIe siècle, au plan en damier, prolongée au-delà de ses murailles (milieu du XIXe siècle) par les quartiers modernes.

Oppidum volque puis colonie latine au Ier siècle, Carcassonne surveillait la voie d'Aquitaine. Les éléments les plus anciens de l'enceinte de la cité sont attribués aux Wisigoths sous la domination desquels s'établit un évêché (av. 589) ; peut-être même datent-ils du Bas-Empire. Après l'occupation arabe (725-759), Carcassonne devint le centre d'un comté (819 à 1082 environ), puis d'une vicomté appartenant à la famille Trencavel jusqu'en 1247. Sur cette position stratégique, la cité était une ville de garnison. L'épisode décisif de la croisade contre les albigeois fut le siège de Carcassonne (1209), et Simon de Montfort l'utilisa pendant les années suivantes comme base d'opérations, puis la monarchie et l'Église comme point d'appui (siège de sénéchaussée, tribunal d'inquisition) au sein d'un pays en grande partie hostile. Pour que la cité conserve mieux cette fonction, on expulsa ses habitants révoltés en 1262 et on leur permit d'édifier le bourg sur la rive basse et opposée de l'Aude. Ce bourg accueillit le marché, une draperie très florissante et les ordres mendiants. Dès la fin du XIIIe siècle, il l'emportait sur la cité par la population et l'animation. La proximité de la cité lui attira maint orage pendant la guerre de Cent Ans, comme la destruction du bourg en 1355 par le Prince Noir. Quant à la cité, elle ne se départit pas de son rôle de place forte monarchique et cléricale, même au XVIe siècle où elle résista aux protestants.

GABRIEL LLOBET

CARLOMAN (715-754)

Fils aîné de Charles Martel et de Rotrude, Carloman a été élevé, comme son frère Pépin, à Saint-Denis. À la mort de son père, en 741, il reçut la mairie du palais d'Austrasie, tandis que son frère Pépin reçut celle de Neustrie. Dans son lot, outre l'Austrasie, figurent les pays alamans et la Thuringe. Dès le début de leur règne, les deux princes durent faire face à différents problèmes : soulèvement de leur demi-frère Grifon, bâtard de Charles Martel, soulèvement du duc alaman, du duc bavarois, du duc d'Aquitaine. Ils réussirent à reprendre en main la situation et crurent bon de rompre avec la politique de leur père qui gouvernait seul depuis 737. Carloman et Pépin estimèrent prudent de rétablir un roi mérovingien sur le trône. Ils allèrent chercher à Saint-Bertin un descendant de la famille mérovingienne et l'établirent sur le trône en 743. En fait, Childéric III n'était qu'un fantôme de roi, comme il le dit lui-même dans un diplôme : « Childéric, roi des Francs, à l'éminent Carloman, maire du palais, qui nous a établi sur le trône ». Carloman protégea le royaume contre les attaques des Saxons (expéditions de 742 et de 743). Il fit rentrer dans l'obéissance son beau-frère le duc Odilon de Bavière et, en 746, réprima sévèrement une révolte d'Alamans. Il entretint d'excellents rapports avec l'Église, promulguant un diplôme en faveur de l'abbaye de Stavelot en 744 et autorisant les compagnons de Wynfrid (saint Boniface) à s'installer à Fulda. Il demanda à Boniface de l'aider à réformer l'Église franque en réunissant un concile. Cette assemblée, qui se tint en 743, et non, comme on le disait autrefois, en 744, prit d'importantes mesures : interdiction aux clercs de combattre et de vivre comme les laïcs, rétablissement de la hiérarchie, lutte contre les pratiques païennes... Carloman promulgua un capitulaire pour imposer ces décisions. Peu après, une autre assemblée, réunie à Hestinnes, ou Leptinnes, dans le Hainaut, poursuivit l'œuvre réformatrice. Pépin imita son frère lors du concile de Soissons. Pour renforcer l'autorité de Boniface, Carloman voulut lui donner l'évêché de Cologne. Mais, devant l'hostilité d'une grande partie du clergé, il y renonça et installa Boniface comme métropolitain de la province de Mayence (745).

Carloman se sentit alors appelé à la vie religieuse. Il abandonna à son frère Pépin la mairie d'Austrasie et partit pour Rome. Le pape Zacharie lui confia l'abbaye du Mont-Soracte. Puis il chercha plus de solitude en s'installant au Mont-Cassin. Mais son rôle politique n'était pas terminé. Le roi lombard Astolf, menacé par Pépin, demanda en effet à Carloman d'intervenir pour empêcher l'expédition franque. Carloman échoua et Pépin jugea préférable de l'installer dans un monastère à Vienne, près de Lyon, où il mourut peu après. Son fils Drogon a peut-être tenté de s'opposer à son oncle Pépin, mais a été rapidement écarté.

PIERRE RICHÉ

CAROLINGIENS

Le nom de la seconde dynastie des rois lui vient de son représentant le plus illustre, Charlemagne. Les Carolingiens s'emparent de la royauté en 751 à la suite d'un coup d'État qui permit à Pépin le Bref d'éliminer le dernier Mérovingien. Son fils Charlemagne unit sous son autorité la plus grande partie de l'Occident chrétien et fut couronné empereur par le pape Léon III le 25 décembre 800. L'Empire dura jusqu'au traité de Verdun de 843 qui le divisa en trois parts, au bénéfice des trois petits-fils du grand empereur. Dans la seconde moitié du IXe siècle, Charles le Chauve, puis Charles le Gros tentèrent de reconstituer l'unité, mais, condamnées par la conjoncture, ces deux tentatives (875-877, 880-887) furent éphémères et les forces centrifuges l'emportèrent finalement en 887. Cette date marquera donc la fin de la présente étude, bien qu'en Allemagne les Carolingiens règnent jusqu'en 911 et qu'en France ils disputent le trône aux Robertiens pendant tout un siècle encore (887-987) ; on peut même remarquer que les rois d'Italie jusqu'en 962 et ceux de Bourgogne jusqu'en 1033 se rattachent par les femmes à l'illustre lignage.

Le terme « carolingien » désigne aussi une forme de civilisation commune à l'Occident, au seuil du Moyen Âge. Après les siècles des invasions barbares, la réorganisation du royaume franc par Pépin le Bref et Charlemagne conduisit à une extraordinaire éclosion artistique. Elle s'est manifestée dans tous les domaines, principalement en architecture et en peinture (fresques et enluminures), peut-être moins en sculpture monumentale. En revanche, les ivoires sculptés, les arts somptuaires en général, atteignent une qualité incomparable. Les œuvres réalisées entre 780 et l'invasion des Normands servirent de base à toute l'évolution artistique de l'Occident. Bien des formules ébauchées alors virent leur plein épanouissement deux siècles plus tard, après les réformes monastiques qui régénérèrent la vie religieuse en Occident au cours du Xe siècle.

À l'époque de Charlemagne, l'architecture, plus que les autres arts, exprime les aspirations élevées de la poignée d'hommes qui réorganisèrent le royaume. Elle illustre d'ailleurs de manière saisissante les changements intervenus dans la pensée religieuse de l'époque, et notamment dans la liturgie.

1. De la naissance à la dislocation de l'Empire

L'ascension de la famille carolingienne

L'ascension de la famille carolingienne commence au début du VIIe siècle, où paraissent les deux ancêtres du lignage, appartenant tous deux à l'aristocratie austrasienne, Pépin de Landen, possessionné en Ardenne, dans la vallée de la Meuse entre Namur et Liège et en Brabant, et saint Arnoul, évêque de Metz, dont les biens patrimoniaux s'étiraient entre Metz et Verdun. Ils furent l'un et l'autre dans l'opposition à la reine Brunehaut et rallièrent au roi neustrien Clotaire II l'aristocratie de la Gaule du Nord-Est (613). Le mariage de leurs enfants Begga et Ansegisèle unit deux fortunes terriennes et donna au lignage une fortune considérable. Si saint Arnoul abandonna bientôt la vie politique pour se retirer au monastère de Remiremont où il mourut vers 626, Pépin fut maire du palais du fils de Clotaire II, Dagobert, au temps où celui-ci gouvernait en sous-ordre l'Austrasie (623-629). Son fils aîné Grimoald exerça la même fonction, toujours en Austrasie, aux côtés du fils de Dagobert, Sigisbert III, et se crut déjà assez fort pour pousser son propre fils à la succession de ce roi. Mais il se heurta au légitimisme mérovingien et sa tentative échoua (662). Le chef du lignage fut dès lors Pépin II, fils d'Ansegisèle et de Begga, dit Pépin de Herstal, dont la fortune foncière s'accrut encore grâce aux biens que lui apporta sa femme Plectrude dans la région de Trèves. Au cours de la grande crise que traversa le royaume franc dans le dernier tiers du siècle, il s'efforça d'abord de préserver l'autonomie austrasienne contre Ebroïn, puis, après la disparition de celui-ci (680), il réussit à vaincre les Neustriens à Tertry (687) et à se faire reconnaître maire du palais pour l'ensemble du royaume par le roi mérovingien Thierry III. L'Autrasie a donc été le tremplin de sa fortune politique.

Elle demeura le réservoir de forces du lignage, maintenant que l'unité franque était en principe rétablie sous un régime destiné à durer encore trois quarts de siècles : le roi régnant nominalement et à côté de lui le chef politique réel, le maire du palais, qui prend le titre de duc ou de prince des Francs. Peu s'en fallut cependant que ce régime ne s'effondrât quand Pépin mourut en 714 : sept ans furent nécessaires au dernier de ses fils vivants, son bâtard Charles Martel, pour s'imposer et poursuivre l'œuvre de son père.

L'action de Charles Martel (721-741) consista surtout à rétablir l'unité du royaume franc qu'un demi-siècle de guerres civiles avait fortement ébranlée. Dans le cadre de cette entreprise se situe, en particulier, la brillante victoire de Poitiers que le duc des Francs remporta sur les Arabes qui avaient envahi l'Aquitaine (732 ou 733). Qu'il suffise d'évoquer ici l'instrument de la reconquête carolingienne : une armée nombreuse et dévouée, constituée par la clientèle austrasienne de Charles Martel et largement pourvue par lui en terres ecclésiastiques et monastiques. L'Église allait connaître ainsi une sécularisation sans précédent, accompagnée d'un bouleversement profond de ses structures.

À mesure que progressait la reconstitution du royaume, l'autorité du prince s'était singulièrement affermie : le fait qu'après la mort du roi Thierry IV (727) le trône soit demeuré vacant l'indique nettement. Si Charles n'osa pas prendre le titre royal, il disposa néanmoins du royaume, comme s'il était sien, en faveur de ses deux fils légitimes Carloman et Pépin (Pépin III, dit le Bref), donnant à administrer à l'aîné l'Austrasie, l'Alémanie et la Thuringe, au cadet la Neustrie, la Bourgogne et la Provence. Instruits par les révoltes qui éclatèrent contre eux, les deux frères rétablirent la royauté au profit de Childéric III (743) et se consacrèrent (Carloman surtout) à l'indispensable réforme de l'Église dont le promoteur fut l'Anglo-Saxon Boniface qui venait de convertir la Thuringe et d'organiser l'Église en Bavière. La réforme, cependant, ne fut que partielle ; elle porta notamment sur le problème des biens sécularisés : ils resteraient entre les mains des vassaux qui paieraient un cens modique aux établissements ecclésiastiques dont ils tenaient les terres. Carloman ayant abdiqué en 747, Pépin se trouvait seul maître du royaume et préparait son avènement à la royauté. Pour désarmer les partisans de la légitimité mérovingienne, il consulta la plus haute autorité morale du temps, c'est-à-dire la papauté. Le pape Zacharie ayant donné un avis favorable, Pépin put se faire élire roi par les Francs (751) ; le dernier Mérovingien finit ses jours dans un monastère. Le sacre que Pépin reçut des évêques francs conféra à la royauté nouvelle l'empreinte de la légitimité et l'incorpora en quelque sorte à l'Église.

L'apogée

Les liens qui venaient de se nouer entre la royauté carolingienne et le Saint-Siège s'affermirent encore quand, menacé par les Lombards qui avaient pris Ravenne et marchaient sur Rome, le pape Étienne II vint en 754 en Gaule franque solliciter l'intervention du roi Pépin. Celui-ci s'engagea à porter aide à l'Église romaine ; à la suite de deux campagnes qu'il mena contre les Lombards (754 ou 755, 756), il remit au pape (et non à l'empereur qui en était le souverain de plein droit) vingt-trois villes de l'exarchat de Ravenne et de la Pentapole qui, ajoutées à la région de Rome où l'autorité byzantine s'effaçait lentement, formèrent l'« État pontifical ». Le roi des Francs en devint le protecteur en vertu du titre de patrice des Romains qu'Étienne II lui avait conféré. Protecteur lointain : il ne revint plus en Italie après 756, étant occupé à replacer l'Aquitaine sous la domination franque dont elle s'était émancipée depuis plus d'un siècle.

À partir de 771, quand la mort de Carloman, son frère et associé à la royauté, eut fait de lui le seul maître des Francs, Charlemagne s'engagea dans les entreprises au terme desquelles sa domination se trouva singulièrement étendue. Le bilan de cette expansion peut s'établir de la manière suivante.

Quant au royaume franc : l'expansion, un moment envisagée en direction de l'Espagne musulmane, commença mal (Roncevaux, 778) et fut presque aussitôt remplacée par une politique défensive qui incomba à l'Aquitaine érigée en 781 au bénéfice de Louis (le futur Louis le Pieux), fils de Charlemagne, en royaume subordonné ; toutefois, de 801 à 811, les Francs conquirent la marche d'Espagne, c'est-à-dire la Catalogne jusqu'aux bouches de l'Èbre. Sur la rive droite du Rhin, la grande affaire du règne fut la conquête de la Saxe qui ne dura pas moins de trente-trois ans (772-804) et porta les frontières du royaume jusqu'à l'Elbe. Au sud de la Germanie, la Bavière, jusqu'alors duché vassal, fut incorporée en 788 à l'État franc qui se trouva ainsi au contact des Avars.

Trois expéditions conduites contre eux (791, 795, 796) parvinrent à les soumettre et à établir la domination franque en Autriche et dans les Alpes orientales.

En Italie, le pape Hadrien Ier, menacé par les manœuvres de Didier, roi des Lombards, ayant appelé Charlemagne à son secours, celui-ci franchit les Alpes en 773 et, après un long siège, s'empara de Pavie et du roi en personne. Il se proclama aussitôt roi des Lombards (774), créant ainsi un régime d'union personnelle entre son premier royaume et celui qu'il venait de conquérir. Quelques années plus tard (781), il en fit pour son fils Pépin un royaume particulier, tout en s'en réservant la haute direction. Sur l'État pontifical, il exerça une protection autoritaire, portant définitivement, à partir de 774, le titre de patrice des Romains. N'échappait à l'emprise de Charlemagne que le sud de la péninsule où le duché lombard de Bénévent parvint à conserver une certaine indépendance et où certaines régions côtières (Naples, Calabre) et la Sicile continuèrent à relever de l'Empire byzantin, ainsi d'ailleurs que la Vénétie.

La formation de ce grand ensemble territorial prépara l'accession de Charlemagne à l'Empire. D'autres faits y concoururent encore : le prestige de la royauté franque, la découverte par l'Occident de son unité spirituelle avec Charlemagne et contre Byzance (concile de Francfort, 794), la place toujours plus importante que le roi des Francs prenait à Rome surtout depuis que le médiocre Léon III eut remplacé en 795 Hadrien Ier. Toutes ces circonstances permettent de comprendre comment un incident de portée réduite – un attentat perpétré contre le pape et dont le roi se réserva l'instruction – ait pu entraîner comme conséquence le couronnement impérial de Charlemagne par Léon III le 25 décembre 800. Restait à préciser le sens de l'Empire qui venait de renaître en Occident. Portant le titre de *Romanum gubernans Imperium* (« gouvernant l'Empire romain »), Charlemagne retrouva une formule justinienne exprimant l'essence de la magistrature suprême dans l'Empire romain chrétien qui semblait revivre. Par la diplomatie et par la guerre, il obtint en 812 la reconnaissance de son Empire par le chef du seul Empire « romain » authentique, l'empereur byzantin Michel Ier, à condition de se contenter du titre d'« empereur auguste » qui ne comportait aucune attache romaine. Il put dès lors, quelques mois avant sa mort (28 janvier 814), transmettre au dernier de ses fils, Louis d'Aquitaine, la couronne impériale, à Aix-la-Chapelle, sans aucune participation du pape (septembre 813).

Pendant les quinze premières années du règne de Louis le Pieux (814-829), l'Empire carolingien sembla tendre à s'affermir et à se consolider. Sous l'influence des clercs instruits de la Cour, il apparaît comme l'Empire chrétien par excellence (*Respublica christiana*) étroitement associé à l'Église, tandis que la dignité impériale est conçue comme une fonction essentiellement religieuse au service du peuple chrétien. L'Église étant une, l'Empire doit être un : voilà pourquoi, rejetant l'antique coutume du partage, Louis promulgua en 817 un texte célèbre, l'*Ordinatio Imperii*, aux termes duquel son fils aîné Lothaire était proclamé empereur, associé immédiatement à l'exercice du pouvoir et constitué seul et unique héritier de l'Empire, ses deux frères puînés Pépin et Louis devant se contenter d'être rois en sous-ordre, l'un en Aquitaine, l'autre en Bavière, simples districts autonomes au sein de l'Empire unitaire. Malheureusement, cette conception était trop nouvelle et l'idée d'Empire trop abstraite pour que la Constitution de 817 devînt une réalité pratique.

Division de l'Empire

Des causes nombreuses concouraient à ruiner l'Empire de Charlemagne. L'immense étendue de la monarchie, les difficultés de son administration, l'absence d'un corps de fonctionnaires régulièrement rétribués, les particularismes ethniques, les progrès de l'ordre féodal, la rivalité entre le haut clergé et l'aristocratie laïque constituent autant d'éléments de la toile de fond sur laquelle se joue le grand drame qui marque la fin du règne de Louis le Pieux. La question du choix entre le maintien de l'unité et le partage de l'Empire déclencha en 829 une guerre civile entre l'empereur et ses fils, au cours de laquelle l'Empire s'effondra. Quand Louis le Pieux mourut en 840, l'idée de partage avait fait de tels progrès que le fils aîné de l'empereur, Lothaire Ier, fut incapable de l'endiguer. Battu en 841 à Fontenoy-en-Puisaye par ses frères cadets, Louis le Germanique et Charles le Chauve, il dut se résigner à la division de l'Empire.traité de Verdun coupa la monarchie carolingienne en trois parties. Les pays situés, en gros, à l'ouest de l'Escaut, de la Meuse, de la Saône et du Rhône formèrent le royaume de Charles le Chauve ; celui de Louis le Germanique comprenait tous les territoires situés à l'est du Rhin, avec, de l'autre côté du fleuve, une enclave dans la région de Mayence, Worms et Spire. Entre les deux royaumes s'étendait, de la mer du Nord à la Méditerranée, la part de Lothaire qui comprenait en outre l'Italie franque. Trois Francies succèdent donc à l'Empire de Charlemagne, l'occidentale, la moyenne et l'orientale, dont les souverains sont placés sur un plan d'égalité complète : le titre impérial qui distingue encore Lothaire de ses deux frères n'a désormais plus de portée réelle.

Tandis que les royaumes de Charles et de Louis présentaient chacun suffisamment de cohésion pour échapper à une division ultérieure, Lothaire partagea avant de mourir (855) son empire entre ses trois fils : à l'aîné, Louis, revinrent l'Italie et la dignité impériale – à laquelle il avait été élevé dès 850 – au second, Lothaire, les contrées septentrionales de la Francie moyenne, de la Frise au plateau de Langres (elles formèrent le *Lotharii regnum* ou Lotharingie) ; au cadet, Charles, la Provence et les pays rhodaniens. De ces trois nouveaux royaumes, les deux derniers étaient les plus vulnérables : Charles et Louis guettaient la Lotharingie (Lothaire II n'avait pas de fils légitime) ; quant au royaume de Charles, il fut, après la mort précoce de son roi (863), divisé entre les deux frères de celui-ci. Au sud des Alpes, Louis II jouait une partie difficile entre les aristocraties locales et le pape Nicolas Ier, tandis que, confiné en Italie, l'Empire prenait un aspect de plus en plus romain et assumait comme mission essentielle la défense de la papauté contre ses ennemis.

On s'explique ainsi que ce soit le pape Jean VIII qui ait pris l'initiative de désigner le successeur de Louis II. Son choix se porta sur Charles le Chauve qui, après la mort de Lothaire II (869), s'était emparé de la partie occidentale de la Lotharingie ainsi que de la plus grande partie de l'ancien royaume de Charles de Provence. Le jour de Noël 875, le pape sacra empereur le petit-fils de Charlemagne qui fut en outre élu roi d'Italie. L'ancien Empire semblait ainsi reconstitué dans sa plus grande partie. Mais l'autorité de l'empereur était contestée en Italie ; en France, la nouvelle signification du titre

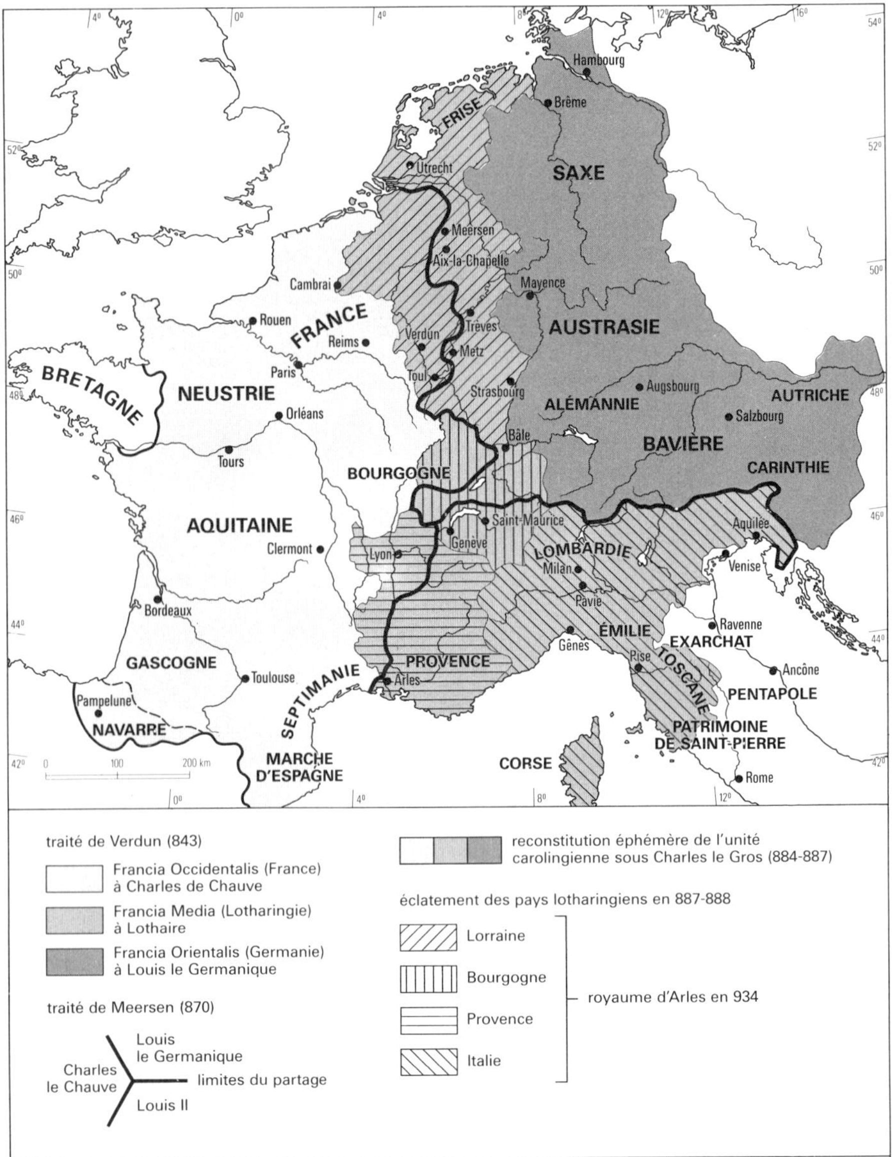

Quelques partages carolingiens au IXe siècle.

impérial paraissait incompatible avec les tâches que le roi avait à remplir dans son propre royaume. Aussi fut-il impossible à Charles d'assumer le rôle que la papauté attendait de lui. Jean VIII n'eut pas davantage de succès avec le nouvel empereur qu'il couronna en 881, Charles le Gros, dernier des fils de Louis le Germanique. Si son Empire n'eut rien de romain, il put apparaître en revanche durant quelques années comme le regroupement des divers royaumes francs sous un même sceptre : Charles le Gros, qui s'était fait reconnaître, dès 879, roi d'Italie, réussit en effet à réunir sous son autorité l'ensemble de la Germanie puis, en 884, la Francie occidentale. Mais à cet empire manqua même extérieurement l'unité. Dépassé par ses tâches, incapable de faire face aux Normands, Charles le Gros fut destitué en 887. Son empire se démembra aussitôt : les royaumes de France, Lotharingie, Bourgogne, Italie et Alémannie prirent sa place. Le souvenir de l'Empire carolingien s'avéra cependant tellement fort qu'il inspira au Xe siècle et dans le premier tiers du XIe la politique des rois de Germanie : ceux-ci parvinrent à reconstituer l'ancienne monarchie, mais sans la France.

2. Vie économique et sociale

Hiérarchisation de la société terrienne

La vie économique de l'Occident était fondée sur la terre. Son exploitation comportait bien des différences régionales. Si la propriété apparaît très fractionnée en Aquitaine et en Italie, le centre de l'Empire (pays compris entre la Loire et le Rhin) et aussi certains secteurs de Germanie méridionale connaissent le régime domanial, c'est-à-dire de grandes propriétés (fiscs royaux, seigneuries laïques et ecclésiastiques) de structure bipartie, comprenant la « réserve » seigneuriale (*indominicat*) et les tenures communément appelées manses, dont les tenanciers héréditaires devaient au maître des prestations et des services en travail sur les terres seigneuriales, pour suppléer l'insuffisance de main-d'œuvre. Les techniques étaient rudimentaires : de grands espaces, un rendement médiocre. Aussi bien, la production agricole peut-elle être considérée comme une économie de subsistance, même si certains domaines participaient à une écomie d'échange.

Divers indices attestent, depuis le milieu du VIIIe siècle, une certaine reprise économique qui se poursuit au IXe en dépit des difficultés suscitées par les troubles intérieurs de l'Empire, les invasions des Normands et celles des Sarrasins sur les rives provençales et italiennes de la Méditerranée. On constate la fondation en Gaule franque septentrionale d'agglomérations nouvelles (*portus*) liées au réseau fluvial d'une région et dont les habitants vivaient de la batellerie et du commerce. À ce premier signe de réveil s'ajoutent les activités des marchands, colporteurs et marchands professionnels (Francs, Juifs, Frisons). Les marchés locaux se multiplient avec les encouragements du gouvernement qui entendait y opérer de fructueux prélèvement fiscaux. Au commerce de détail se superposent le commerce inter-régional de denrées alimentaires (grains, vins) et de certaines matières premières (plomb, fer) ainsi que le grand commerce des produits peu volumineux mais de très haut prix et réservés à une clientèle riche (cour et grands seigneurs laïcs et ecclésiastiques) : épices, parfums et soieries d'Orient, acheminés soit par la route du Nord (Russie et Baltique), soit par les pays slaves et la vallée du Danube, soit encore par la Méditerranée orientale et l'Italie du Sud ou Venise. En contrepartie, les marchands occidentaux semblent surtout approvisionner les marchés d'Orient et d'Espagne en esclaves et en armes.

Revigoré par l'institution, au temps de Pépin et de Charlemagne, d'une monnaie nouvelle basée sur l'argent remplaçant l'or, le commerce carolingien n'eut cependant qu'une portée réduite. La rareté des espèces monnayées, leur faible circulation entraînèrent l'avilissement des prix. Les échanges ne purent créer des fortunes mobilières ; la terre demeurait donc la seule source de richesse. Dans ces conditions, la société carolingienne ne peut être qu'une société terrienne.

Elle est dominée par une forte aristocratie foncière que les Carolingiens parvinrent à rallier peu à peu à leur cause en l'associant à leur fortune politique et en rétribuant sa fidélité par des donations de terres. Celles-ci pouvaient être faites soit en propriété perpétuelle, soit en concessions viagères ou moins longues (dites en général *bénéfices*), ces deux procédés concourant d'ailleurs à réduire le capital foncier du prince et à augmenter la puissance matérielle de la classe qu'il entendait soumettre. Pour pallier les inconvénients du système, les Carolingiens employèrent trois moyens. Ils sécularisèrent des biens d'Église, ce qui leur permit de satisfaire les appétits des grands : l'opération commencée sous Pépin II fut largement pratiquée par Charles Martel et plusieurs fois reprise, mais sur une échelle plus réduite, dans la seconde moitié du VIIIe et pendant le IXe siècle. Les princes menèrent d'autre part des guerres de conquête, entraînant de vastes confiscations, dont le produit fut partiellement redistribué entre leurs fidèles, mais cette source de richesse s'épuisa dès la fin du règne de Charlemagne. Enfin et surtout, ils s'efforcèrent de hiérarchiser la société terrienne par des chaînes de serments unissant entre eux les individus et parvenant graduellement jusqu'au roi. Cette structure devait être la *vassalité*.

Née, dans la première moitié du VIIIe siècle, de la réunion de la recommandation du vassal à son seigneur et de la concession faite au vassal d'un bénéfice, considéré comme la rémunération du service (militaire surtout) que le seigneur attendait de lui, la vassalité, d'abord institution privée, devint, après 751 et surtout à partir de Charlemagne, une institution publique. Elle se précisa dans son vocabulaire et ses rites d'entrée (hommage, serment, tradition du bénéfice) ; elle fut incorporée par Charles à l'État pour en devenir la solide armature. On voit ainsi le roi multiplier ses propres vassaux (*vassi dominici*) et faire entrer les agents de l'autorité publique, tous issus de l'aristocratie, dans sa vassalité. Enfin, il encouragea ses vassaux à imiter son exemple et à s'attacher par les mêmes procédés autant d'hommes qu'ils le pouvaient en leur concédant des bénéfices pris sur leurs terres, ce qui correspondait à une sorte de mobilisation de la terre au profit du roi.

Le malheur fut que la vassalité cessa bientôt d'être cette institution d'encadrement de l'aristocratie qu'on voulait en faire. Les vices inhérents au système apparurent dès la fin du règne de Charlemagne et ne firent que s'aggraver par la suite. D'une part, les terres, même concédées à temps, furent pratiquement soustraites au roi : les vassaux se les approprièrent et les firent passer dans leur patrimoine. Cette hérédité du bénéfice joua à tous les échelons de la hiérarchie vassalique. D'autre part, la cupidité des vassaux les poussa dès le IXe siècle à se recommander à plusieurs seigneurs à la fois, pour augmenter leur patrimoine terrien, ce qui entraîna une grave altération de la fidélité. Enfin, la notion de bénéfice contamina celle de fonction publique détenue par un vassal : l'hérédité des fonctions (ou honneurs), celle des comtés en particulier, reconnue comme un usage normal par le capitulaire de Quierzy, promulgué par Charles le Chauve en 877, s'imposa lentement dans les faits. Au total, à la fin du IXe siècle, la vassalité apparaît comme une institution centrifuge ; elle est un ferment de décomposition de l'État.

Si l'on observe maintenant les classes inférieures, il importe de distinguer les paysans libres, petits propriétaires de terre, et ceux qui vivent sous le régime domanial. Les conditions d'existence des premiers devenaient de plus en plus difficiles au point que le gouvernement impérial s'en émut et que plusieurs capitulaires de la fin du règne de Charlemagne et des premières années de celui de Louis le Pieux tentèrent de remédier à leur infortune. En vain : les *pagenses* ne purent résister à la pression que les puissants exerçaient sur eux pour les contraindre à abandonner leurs terres. Il en résulta un bouleversement considérable dans la masse de la paysannerie, qui se traduisit par une forte diminution de la petite propriété libre. Quant aux paysans vivant sous le régime domanial, colons et serfs, rien ne distingue leur condition respective, sinon la liberté toute théorique toujours reconnue aux premiers.

Gouvernement des hommes

La construction de l'Empire carolingien a été accompagnée d'un gros effort, perceptible surtout sous Charlemagne et Louis le Pieux avant 829, pour y faire régner l'ordre intérieur. Il s'en faut de beaucoup, cependant, que l'Empire (tout comme les royaumes qui lui succèdent en 843) ait eu l'armature d'un État dans le sens actuel du mot. Faute d'un corps de fonctionnaires formés pour leur tâche et salariés, l'administration demeura rudimentaire, distendue et assez inefficace. Au centre, le palais groupait l'entourage immédiat du souverain, d'où émergeaient les positions de l'archichapelain, premier conseiller ecclésiastique auquel était en outre confiée la chancellerie, du chambrier préposé au trésor privé, du comte du palais qui rendait par délégation la justice royale. Les cadres locaux de l'administration étaient les *pagi* ou comtés, d'étendue et de consistance fort variables. Responsables du maintien de l'ordre public, percepteurs des amendes et des redevances dues au roi, administrateurs de la justice dans leur ressort, les comtes, qui se recrutaient tous dans l'aristocratie, étaient nommés par le roi et révocables par lui. Dès Charlemagne, cependant, ils tendent à être inamovibles en fait et à s'enraciner dans leur comté ; au cours du IXe siècle, l'hérédité de la fonction s'imposa progressivement. Les contacts entre le roi et les administrés s'établissaient par le moyen de l'assemblée générale qui regroupait autour du roi, au moins une fois par an, les grands laïques et ecclésiastiques avec leurs principaux vassaux. Des délibérations de l'assemblée sur les questions qui lui étaient présentées sortaient les capitulaires que des commissaires ou *missi* étaient chargés de porter à la connaissance du peuple ; ils avaient en outre à corriger les abus qu'ils constataient au cours de leur tournée. Mais les *missi*, appartenant au même milieu social que les comtes, ne purent accomplir très efficacement leur tâche. Au cours du IXe siècle, les circonscriptions où ils opéraient (les *missatica*) se fixèrent et devinrent souvent le point de départ d'une agglomération de comtés autour d'un *missus*, prélude à la formation d'une principauté territoriale.

La conception du pouvoir a été durant toute cette période celle du gouvernement des hommes (et non pas d'un territoire). Les hommes, le roi se les attache par le serment qui lui garantissait la fidélité des populations et qui, par sa force morale, épaulait son autorité. Mais la multiplication des prestations de serment accrédita peu à peu l'idée que l'obéissance était due au prince, en vertu non point du devoir du sujet, mais d'une promesse explicitement formulée. La notion de fidélité se « relativisa » et, sous l'influence de l'extension de la vassalité, transforma profondément l'idée de la royauté au cours du IXe siècle : elle prit un caractère contractuel très net pendant le règne de Charles le Chauve.

Temporel et spirituel

Les rapports de la royauté avec l'Église révèlent également une profonde différence entre l'époque de Charlemagne et la suivante. Profondément conscient de tenir son pouvoir de Dieu et d'avoir des responsabilités à l'égard du peuple chrétien, le grand empereur intégra fortement l'Église à la monarchie : il la mit au service de la royauté, il en fut le législateur suprême, il prit en main son administration et alla jusqu'à assumer une partie du ministère ecclésiastique en se faisant le promoteur de la vie religieuse des clercs et des fidèles. Cette interpénétration étroite du spirituel et du temporel fit de l'Empire de Charlemagne une chrétienté à direction impériale. Mais quinze ans après sa mort, les rôles sont inversés. Arguant de l'incapacité de Louis le Pieux de maintenir le peuple chrétien dans la paix, l'épiscopat franc prend l'Empire en charge en 829 et donne quatre ans plus tard sa caution morale et la consécration du droit à l'abdication arrachée au fils de Charlemagne. Après le traité de Verdun, les évêques essayèrent d'organiser ce qu'on a appelé le « régime de la fraternité » prévoyant des rencontres périodiques entre les rois pour unir leurs forces contre les Normands, élaborer une législation commune et sauvegarder la paix. Tout se passe donc comme si, après avoir été d'abord guidé par Charlemagne, le sacerdoce se substituait aux royautés défaillantes, dans le cadre de l'Église universelle où les deux institutions se trouvaient juxtaposées et donc prêtes à s'épauler, sinon à se pénétrer l'une l'autre. La même conception explique aussi l'autorité que put s'arroger vers le milieu du IXe siècle le pape Nicolas Ier, prétendant être l'arbitre et le juge des rois ; elle prélude à la future théocratie pontificale.

Renouveau culturel

Première en date des renaissances médiévales, procédant largement des premiers jalons culturels posés dans la période précédente – surtout depuis le milieu du VIIe siècle – la renaissance carolingienne n'en a pas moins été voulue et promue par Charlemagne, préoccupé de relever le niveau intellectuel et moral de son peuple. Pour cela, il fallait d'abord un clergé instruit et donc des écoles : toute une série de capitulaires (entre 791 et 800) prescrivirent l'organisation d'écoles cathédrales, monastiques et même, dans les campagnes, d'écoles presbytérales. Destinés en principe aux futurs clercs et aux futurs moines, ces établissements étaient également ouverts aux laïcs, mais ceux-ci ne manifestèrent guère d'intérêt pour l'instruction. Si les écoles furent d'abord des écoles élémentaires, certaines d'entre elles dépassèrent dès la fin du VIIIe siècle ce niveau et enseignèrent les arts libéraux, considérés comme l'échelon préparatoire à l'acquisition d'une culture supérieure qui se confondait à peu près à ce moment-là avec la théologie. Le souci essentiel du gouvernement fut de trouver les maîtres capables de donner l'impulsion nécessaire au renouveau des études ; comme il n'y en avait plus en Gaule franque, Charlemagne en fit venir de l'étranger. On vit ainsi se constituer autour de lui une « académie du palais » où se côtoyaient des Italiens (Paul Diacre, Paulin d'Aquilée), des Espagnols (Théodulfe), des Irlandais (Dungal, Dicuil), des Anglo-Saxons, entre tous Alcuin, le *praeceptor Galliae*.

La réorganisation des études, la multiplication des livres grâce à l'activité des *scriptoria* qui copiaient aussi bien des ouvrages ecclésiastiques que des auteurs latins – ce travail assura la conservation de la majorité des textes latins qui devaient être redécouverts par la suite – commandèrent le renouveau intellectuel perceptible dans tous les domaines de l'activité littéraire du IXe siècle : on peut ainsi parler d'une véritable renaissance qui tend, non pas à un retour à l'Antiquité, mais à l'exploitation du legs antique au profit du christianisme. Les témoins les plus représentatifs du mouvement sont Eginhard dont la *Vie de Charlemagne* adopte les cadres de la biographie impériale romaine, Raban Maur, disciple d'Alcuin, auteur d'une encyclopédie des connaissances (*De universo*), Walafrid Strabon, abbé de Reichneau, célèbre par ses travaux d'exégèse (*Glossa ordinaria*), les liturgistes Amalaire et Florus, Loup de Ferrières, dont la correspondance révèle sa qualité de fin lettré. Le nom le plus illustre du siècle demeure celui de Jean Scot (ou l'Érigène, c'est-à-dire l'Irlandais), qui enseigna à l'école palatine de Charles le Chauve ; il est l'auteur du *De divisione naturae*, vaste synthèse qui emprunte son cadre à la philosophie néo-platonicienne et pose le problème de la raison devant la foi.

La renaissance intellectuelle s'accompagna enfin d'un renouveau important dans les arts. L'art carolingien peut être défini comme la synthèse des différents courants artistiques qui parcouraient alors l'Occident. Il procède surtout de la rencontre d'influences de l'Antiquité transmises par l'Italie et l'Empire byzantin et de formules originaires de l'Irlande et de l'Angleterre anglo-saxonne. La synthèse de ces éléments, lentement préparée, s'accomplit pendant le règne de Charlemagne et fit naître un art de cour dont l'éclat ne doit pas faire oublier les œuvres nées dans les diverses régions de l'Empire.

Le seul débat qui soit à rappeler est celui ouvert par le livre célèbre d'Henri Pirenne, *Mahomet et Charlemagne* (1937), qui situait vers le milieu du VIIIe siècle la fin de la civilisation antique, conséquence de la rupture entre l'Orient et l'Occident, provoquée par l'expansion de l'Islam dans le bassin méditerranéen. À en croire le grand historien, la conquête des côtes orientales et méridionales de la mer, puis celle de l'Espagne, par les Arabes, les raids effectués en Gaule du Sud, la piraterie enfin auraient brisé l'axe des échanges qu'avait été la Méditerranée. Les échanges ayant pratiquement cessé, l'Occident aurait été obligé de vivre de sa substance propre, l'axe de la civilisation se serait déplacé du sud vers le nord, un monde nouveau serait né dont l'économie était purement terrienne, ce monde même que Charlemagne organisa. Cette interprétation a été soumise depuis 1937 à un examen minutieux et n'est plus guère partagée aujourd'hui. On pourra prendre une vue d'ensemble du débat dans les ouvrages de A. F. Havighurst et de R. Boutruche. Qu'il suffise d'indiquer que la séparation des deux moitiés de l'Empire romain était en cours depuis le IIIe siècle et que, dès ce moment, l'économie de l'Occident était en voie de devenir terrienne, tandis que l'Orient demeurait une zone d'économie d'échanges. Le commerce méditerranéen, certes, persistait depuis les invasions germaniques, mais il portait sur des objets non pondéreux, des produits de luxe destinés à une clientèle riche. Gêné à partir du milieu du VIIIe siècle, il se maintint cependant, par l'intermédiaire de l'Italie et de nouveaux itinéraires.

Un point de vue diamétralement opposé à celui de Pirenne a été présenté par Maurice Lombard dans une série d'articles parus dans la revue *Annales*, « Économies, sociétés, civilisations » (1947, 1948, 1957). D'après lui, la progression de l'Islam, loin d'entraîner la régression économique de l'Occident, a été, au contraire, cause de sa renaissance. L'instrument de cette renaissance serait la monnaie d'or musulmane devenue l'étalon du commerce international, affluant en Occident depuis le milieu du VIIIe siècle, stimulant les échanges entre l'Islam et lui, éveillant l'activité de certaines régions (vallée de la Meuse, Italie du Nord). Cette thèse a été vivement critiquée : il ressort de certains travaux tels que ceux de P. Grierson, « Carolingian Europe and the Arabs » (*Revue belge de philologie et d'histoire*, 1954), et de F. I. Himly, « Une discussion de témoignages » (*Revue suisse d'histoire*, 1955), que ni les textes, ni les sources archéologiques et numismatiques ne permettent d'admettre des « injections » importantes d'or musulman dans le monde carolingien. Il semble donc que la thèse de M. Lombard doive être abandonnée. La discussion actuelle porte sur un point précis : les fluctuations de la monnaie carolingienne (denier d'argent renforcé entre 760 et l'an 800 environ, sa teneur en métal blanc passant de 1,36 à 2,04 g) sont-elles en rapport avec les fluctuations de l'or musulman ou suivent-elles « la courbe de puissance » (Himly) de l'État carolingien ?

ROBERT FOLZ

Bibliographie

E. AMANN, « L'Époque carolingienne », in A. Fliche et V. Martin dir., *Histoire de l'Église*, t. VI, Paris, 1937 / R. BOUTRUCHE, *Seigneurie et féodalité*, t. I, Paris, 1959 / G. DUBY, *L'Économie rurale et la vie des campagnes dans l'Occident médiéval*, t. I, Paris, 1962, rééd. Flammarion, 1977 / H. FICHTENAU, *L'Empire carolingien*, trad. franç., Flammarion, 1981 / R. FOLZ, *Le Couronnement impérial de Charlemagne*, Paris, 1964, rééd. Gallimard, 1989 / F. GANSHOF, *Qu'est-ce que la féodalité ?*, 5e éd., Tallandier, 1987 / L. HALPHEN, *Charlemagne et l'Empire carolingien*, Paris, 1949, rééd. 1974 / A. F. HAVIGHURST, *The Pirenne Thesis*, Boston, 1958, 3e éd. 1976 / *Karl der Grosse*, t. I, H. Beumann dir., *Personlichkeit und Geschichte* ; t. II, B. Bischoff, *Das geistige Leben*, Düsseldorf, 1965 / M. L. LAISTNER & H. H. KING, *Thought and Letters in Western Europa*, Londres, 1948, rééd. 1966 / R. LATOUCHE, *Les Origines de l'économie occidentale*, Paris, 1956 / F. LOT, C. PFISTER & F. L. GANSHOF, « Les Destinées de l'Empire en Occident », in G. Glotz dir., *Histoire générale*, t. I, sér. Moyen Âge, 2e éd., Paris, 1941 / H. MITTEIS, *Lehnrecht und Staatsgewalt*, Weimar, 1933 / A. MONTEVERDI, « Rinascimento carolino », in *Settimane di studio sull'alto medioevo*, t. I, Spolète, 1954 / E. PATZELT, *Die Karolingische Renaissance*, Berlin, 1924 / H. PIRENNE, *Mahomet et Charlemagne*, Bruxelle, 1937 / H. V. SCHUBERT, *Geschichte der christlichen Kirche im Frühmittelalter*, Tübingen, 1921 / W. WATTENBACH, W. LEVISON & H. LÖWE, *Deutschlands Geschichtsquellen im Mittelalter*, 4 fasc., Weimer, 1952-1963.

CARTULAIRE

Recueil d'actes et de documents concernant une personne physique ou morale et transcrits pour elle d'après des textes authentiques, le cartulaire n'a en lui-même aucune valeur d'authenticité. Il servait en général d'instrument d'administration intérieure, car, dans la détermination des droits de l'intéressé, il supprimait la consultation de documents multiples. Il existe, après le XIIIe siècle, des cartulaires authentifiés par des notaires, par comparaison avec les actes originaux qui les composent. La plupart des cartulaires émanent d'institutions religieuses.

C'est en Allemagne qu'apparaissent, au IXe siècle, les premiers cartulaires (Freising, Fulda, évêché de Passau). L'usage en est répandu dans toute l'Europe à partir du XIIe siècle. En rouleau, mais plus souvent sous forme de volumes, ils contiennent soit la copie intégrale des actes les plus importants, soit seulement les passages significatifs ou encore une analyse. Certains, avec des citations plus ou moins longues de documents, se présentent comme des chroniques de l'institution.

Le plan est tantôt méthodique, tantôt hiérarchique, suivant l'ordre des expéditeurs. Il est assez souvent topographique, selon les biens possédés par l'établissement. On trouve des cartulaires généraux assortis de cartulaires spécialisés soit par office (mense abbatiale, hospice, etc.), soit, dans les grandes abbayes, par zone géographique lorsqu'elles possédaient plusieurs domaines dans une même zone. Les bullaires, recueils de bulles pontificales, sont des cartulaires spécialisés.

Si les cartulaires sont un instrument utile pour l'historien, il lui faut toujours en faire la critique. Les copies peuvent en effet ne pas être exactes et elles sont souvent incomplètes. Il arrive qu'il y ait interpolation d'actes faux, soit que le scribe n'ait pas su les identifier, soit qu'il y ait eu volonté délibérée de falsification.

ANNE BEN KHEMIS

CASTILLE

Du comte Rodrigue à Ferdinand Ier

En 800, il est fait pour la première fois mention du *territorium Castelle*, petite circonscription occupant la haute vallée du rio Trueba, dans le nord de l'actuelle province de Burgos. Vers 850, déjà agrandie, cette circonscription constitue un comté ; le comte Rodrigue soutient le roi des Asturies, Alphonse III.

Voisine de la Navarre souvent hostile, située sur la route le plus volontiers suivie par les armées musulmanes, la Castille fut le théâtre de guerres, où s'affirma son originalité. Les nécessités de la défense suscitèrent le développement d'une petite noblesse militaire et d'une vigoureuse paysannerie, libre et propriétaire du sol. Un droit coutumier naquit des sentences des juges, différent du vieux droit wisigothique. Une aspiration à l'indépendance politique se manifesta par une série de rébellions.

Le vrai fondateur de la Castille est sans doute le comte Fernán González (930 env.-970). « Plus astucieux, audacieux et indocile qu'héroïque ou génial » (C. Sánchez Albornoz), il sut, avant tout, profiter des troubles pour élargir sa domination : limitée d'abord au comté de Lara, elle s'étendit à toute la Vieille-Castille, dont l'investit le roi Ramire II. Après les interventions d'al-Manṣūr, les descendants de Ramire intervinrent dans les luttes internes de l'Espagne musulmane. Quelque temps, la Castille fut absorbée dans le vaste État de Sanche le Grand, roi de Navarre : à la mort de celui-ci (1035), son fils Ferdinand Ier devint comte de Castille, puis s'empara du royaume de León. Dès lors s'affirme la prédominance de la Castille sur le León : c'est elle que Ferdinand Ier léguera, en 1065, avec le titre royal, à son fils aîné Sanche.

La Nouvelle-Castille

Mettant à profit les quelques années que lui laissèrent ses démêlés avec d'autres souverains chrétiens, Ferdinand Ier avait tracé la voie, libérant la région de Coïmbre, contraignant les rois musulmans de Tolède, de Séville et de Saragosse à payer des tributs qui, même irrégulièrement versés, mirent de très grosses sommes à sa disposition. Son fils cadet Alphonse VI (1065-1109), après avoir triomphé de son frère aîné, accomplit des pas décisifs : il se rendit maître du royaume de Tolède, ce qui lui permit de se parer du titre d'empereur (1085). Ses provocations jetèrent les rois des taifas dans les bras des Almoravides, et, contre ceux-ci, Alphonse ne sut pas s'assurer assez d'appuis – celui du Cid, en particulier, lui manqua. Quoique plusieurs fois vaincu, il garda le royaume de Tolède jusqu'à la frontière du Tage, et sa politique de tolérance lui concilia les musulmans placés sous sa domination.

Après sa mort (1109), la longue minorité de son petit-fils Alphonse VII fut pour la Castille une véritable période de crise de croissance : la Reconquête avait enrichi une indocile noblesse ; le Portugal s'émancipait ; un royaume de León se reconstituait ; l'Aragon prenait son essor. Alphonse VII se fit couronner empereur en 1137, mais dut dispenser de l'hommage le roi d'Aragon. Quelques succès momentanés sur les Almoravides (occupation de Cordoue en 1144, d'Almería en 1147) eurent surtout pour résultat de préparer les voies aux Almohades. La crise reprit lorsque la mort prématurée de Sanche III plaça sur le trône un roi de trois ans, Alphonse VIII (1158-1214). Mais celui-ci renforça sa position au cours des durs conflits qui l'opposèrent à d'autres rois chrétiens d'Espagne, intervenus à l'appel de factions. À l'occasion de ces luttes, les Basques de Cantabrie se donnèrent à la Castille : l'expansion de la Navarre était stoppée ; la Castille acquérait une précieuse façade maritime. Face aux Almohades, la frontière fut maintenue grâce aux ordres militaires. Cependant la défaite d'Alarcos (1195), puis la chute de Calatrava donnèrent l'alerte. Jiménez de Rada, archevêque de Tolède, rétablit la paix entre les rois chrétiens, et fit prêcher la croisade : cet effort aboutit à la victoire décisive de Las Navas de Tolosa (1212). Alphonse VIII maria ses filles aux rois de León, de Portugal, d'Aragon et de France (c'est la célèbre Blanche de Castille) ; lorsqu'il mourut, la Castille avait retrouvé la première place en Espagne.

Les grandes conquêtes du XIIIe siècle (Cordoue, 1236 ; Séville, 1248), réduisant l'Espagne musulmane au royaume de Grenade, firent passer la Reconquête au second plan. Les rois de Castille sont alors de très grands personnages : Ferdinand III, mort en 1252, cousin et émule de Saint Louis, et, comme lui, canonisé ; Alphonse X le Sage (1252-1284), homme de lettres et savant, qui composa des poésies lyriques, fit traduire de nombreux ouvrages en castillan, compiler une chronique générale d'Espagne et le traité juridique des *Siete Partidas*. Remarquable activité, qui place la cour de Castille au premier rang en Europe ; elle s'explique par la puissance considérable du royaume, qui ne doit cependant pas dissimuler certaines faiblesses.

La grande Castille

Après la réunion définitive du León (1230), la Castille est, de loin, l'État le plus vaste de la Péninsule – environ trois fois plus que la couronne d'Aragon. Sa population est alors de l'ordre de 4 à 5 millions. Les sujets musulmans, ou *mudejares*, ne sont plus que 300 000 environ après 1263, année où beaucoup d'entre eux furent expulsés. Il doit y avoir de 200 000 à 300 000 juifs. Une assez nette opposition se dessine entre Vieille-Castille, aux campagnes relativement peuplées, aux villes modestes (autour de 10 000 habitants à Burgos), et Nouvelle-Castille et Andalousie, dont les villes, importantes pour l'époque (de 70 000 à 80 000 habitants à Séville, de 30 000 à 40 000 à Cordoue), font contraste avec les campagnes relativement vides. Les liens entre régions se nouent par l'élevage transhumant du mouton, qui se développe surtout à partir du XIIIe siècle, quand s'organise la Meseta. Au XIVe siècle, l'importation de moutons mérinos d'Afrique du Nord et leur croisement avec les espèces locales permettent de produire une excellente laine, inférieure seulement aux laines anglaises, exportée dans toute l'Europe. Le minerai de fer représente une autre exportation de valeur.

La société s'organise en fonction de la Reconquête. Dans la Manche et l'Andalousie, de grands domaines sont concédés à la noblesse, sous des formes qui n'entraînent pas les mêmes strictes obligations que dans le cas d'un fief. Cette noblesse jouit de nombreux privilèges, comme l'exemption d'impôts. À partir du règne d'Alphonse X (1252-1284), on la voit constituer des majorats, patrimoines familiaux groupés en faveur de l'aîné, inaliénables et indivisibles. Les *ricos hombre*, les « hommes puissants », mettent ainsi leurs fabuleuses fortunes à l'abri des partages successoraux. Conseillers du roi, couverts de titres honorifiques, ils s'attachent la noblesse moyenne des *infanzones* ou *hidalgos*, et les simples *caballeros*, voués au métier des armes. Les cadets de ces grandes familles sont en grand nombre dans le clergé et dans les ordres militaires, qui disposent aussi d'immenses domaines : les uns et les autres sont les grands bénéficiaires de la prospérité. Souvent aussi, les nobles tiennent les postes principaux dans l'administration urbaine ; ils augmentent les charges de la paysannerie : paysans des *behetrías*, dans le Nord, dont ils limitent le droit de rompre le contrat, *peones* du Sud qu'ils accablent d'obligations.

La nature composite de la monarchie castillane apparaît bien dans la titulature du monarque, « par la grâce de Dieu, roi de Castille, de Tolède, de León, de Galice, de Séville, de Cordoue, de Murcie, de Jaén et de l'Algarve ». L'administration est rudimentaire et mal centralisée : à la chancellerie, sous la présidence honorifique de l'archevêque de Tolède, quatre notaires représentent la Castille, le León, Tolède et l'Andalousie ; les *ricos hombres* prédominent au Conseil royal, et fournissent les deux plus hauts officiers : le majordome, par les mains de qui tout passe, et l'*alférez*, ou porte-étendard, dont le rôle est surtout militaire et judiciaire. Il n'existe pas de véritable administration en matière de justice ni de finances. Les *adelantados*, représentant le roi dans les provinces, les *merinos*, chargés d'administrer son domaine, sont des nobles peu sûrs. Le roi, qui ne peut guère s'appuyer sur les villes, doit compter avec les Cortes. Il ne dispose d'aucune armée permanente, alors que les forces des ordres militaires sont mobilisées en permanence.

Aussi, depuis la fin du XIIIe siècle, malgré une brillante façade, la Castille connaît-elle une série de troubles qui la mettent au bord de l'anarchie.

Les troubles du Moyen Âge

Le règne d'Alphonse X fait transition : ce remarquable humaniste est un homme d'État discutable ; il laisse subsister le royaume de Grenade, constante menace, mais s'engage dans une aventureuse politique européenne, qui lui fait briguer le titre impérial, coûte cher au royaume et mécontente les *ricos hombres.* Après sa mort devaient se déchaîner des luttes dynastiques qui, jusqu'après le milieu du XVe siècle, paralysent la monarchie castillane : une véritable guerre s'ouvre pour sa succession ; puis deux longues minorités donnent à la noblesse l'occasion d'accroître sa fortune et son pouvoir. Pour maintenir l'ordre et lutter aussi contre le brigandage, des *hermandades*, ou fraternités, se forment, associations de défense mutuelle, comme on en voit se créer entre villes dès le XIIIe siècle. La plus fameuse est conclue aux Cortes de Burgos en 1315, entre chevaliers *hidalgos* et prud'hommes des villes de Castille, León, Tolède et Estramadure. Tantôt encouragées, tantôt interdites par les rois, ces *hermandades* se maintiennent pendant toute cette période.

Pour triompher de tant de difficultés, les rois de Castille avaient coutume de compter sur la traditionnelle alliance française. C'est Pierre Ier le Cruel (1350-1369) qui, en la rompant, devait entraîner la chute de la dynastie. Contre lui, Charles V, roi de France, soutient la révolte de son frère bâtard Henri, comte de Trastamare, qui l'emporte (1369).

Les cinq rois de la dynastie des Trastamare, qui se succèdent de 1369 à 1474, ne sont pas tous dénués de qualités, mais tous sont comme perdus au milieu des agitations intestines, des conflits avec les autres États, des remous de la guerre de Cent Ans. Les prétentions à la couronne, émises par le duc de Lancastre, gendre de Pierre Ier, furent réduites à néant par le mariage de sa fille avec un petit-fils de Henri II (1388), lequel reçut le titre de prince des Asturies, porté désormais par l'héritier de la couronne. Une tentative de réaction antinobiliaire fut menée sous le roi Jean II (1407-1454) par son ami et connétable D. Álvarez de Luna, sorte de « Richelieu castillan ». Énergique et souple à la fois, il sut, devenu maître de l'ordre de Santiago, grouper de nombreux partisans ; il l'emporta à Olmedo (1445) et en profita pour frapper les magnats les plus indociles. Mal soutenu par le roi, victime des intrigues de la reine Isabelle de Portugal, il fut exécuté en 1453.

Le règne de Henri IV dit l'Impuissant (1454-1474) représente une sombre période : les factions se forment pour ou contre sa fille Jeanne, surnommée la Beltraneja, car la rumeur publique lui attribuait pour père D. Beltrán de la Cueva. En 1465, sous les murs d'Ávila, un mannequin figurant le roi fut solennellement découronné par l'archevêque de Tolède, puis piétiné par les seigneurs : la « farce d'Ávila ».

Les règnes de Jean II et Henri IV ne se caractérisent cependant pas par ces épisodes tragiques ou grotesques. Alors commencent les explorations atlantiques. Un brillant essor littéraire et artistique préfigure la Renaissance. Le peuple ne cesse de considérer le roi comme son protecteur naturel. Ces facteurs mêmes contribueront à la grandeur des Rois Catholiques : Isabelle (1474-1504), sœur de Henri IV, qui avant de mourir la reconnaît pour successeur, et son époux Ferdinand d'Aragon (1479-1516). Avec eux, la Castille retrouve sa vocation d'unificatrice de l'Espagne.

PHILIPPE WOLFF

CASTRO INÈS DE (1320 ?-1355)

Personnage dont l'histoire a été embellie par la légende. On sait qu'Inès de Castro arriva au Portugal comme l'une des dames d'honneur de Constance de Castille, venue épouser don Pedro, fils d'Alphonse IV. Le mariage eut bien lieu, mais don Pedro fit d'Inès sa maîtresse et l'épousa même clandestinement après la mort de Constance (1345). Dès lors, à un problème banal d'adultère s'ajoutait celui, beaucoup plus grave, de la succession dynastique. Pour préserver les droits de l'héritier légitime, Alphonse IV se résolut à faire assassiner Inès. Don Pedro entra en dissidence, puis, devenu roi sous le nom de Pierre Ier, exerça une atroce vengeance contre les conseillers de son père, ce qui lui valut le surnom de « cruel ». Inès, exhumée en grande pompe, aurait été couronnée reine. Son corps et celui de Pierre Ier sont enterrés côte à côte dans l'église d'Alcobaça. Les amours tragiques d'Inès, archétype de l'innocence sacrifiée à la politique, ont inspiré d'innombrables récits populaires ainsi qu'une littérature en continuel renouvellement. Pour les Français, et par Henry de Montherlant, elle est devenue la « Reine morte ».

JEAN DE PINS

CAUCHON PIERRE (1371 env.-1442)

Universitaire parisien, licencié en droit canonique, docteur en théologie, Pierre Cauchon est nommé en 1403 recteur de l'université de Paris. L'un des membres actifs du parti réformiste, gallican et bourguignon, Cauchon fut des conseillers de Jean sans Peur dès 1409. Il se distingua en 1413 au sein de la commission chargée par les états généraux de préparer une ordonnance réformatrice (l'ordonnance dite cabochienne). Il fit ensuite partie de la délégation bourguignonne au concile de Constance (1414-1418). Évêque de Beauvais (1420) sur la recommandation de Henri V, Cauchon devient maître des requêtes et conseiller de Henri VI. Le régent Bedford le charge de missions de confiance, notamment lorsqu'il s'agit de contraindre à l'obéissance le Parlement et le chapitre cathédral de Paris. Réfugié à Rouen en raison de l'avance des troupes de Charles VII dans son diocèse de Beauvais, Cauchon y est très normalement chargé de présider le tribunal qui va juger Jeanne d'Arc (1431), puisque celle-ci a été prise dans ce diocèse, à Compiègne. La conviction avec laquelle Cauchon poursuit Jeanne d'Arc, avec l'aide d'un tribunal constitué de clercs fidèles aux Anglo-Bourguignons et en se fondant à la fin sur une double consultation théologique et juridique des facultés parisiennes, est l'aboutissement d'une vie consacrée à une lutte partisane dans laquelle l'université de Paris – et non le seul Cauchon – s'est laissé enfermer par son zèle pour la réforme du royaume et de l'Église, non moins que par sa prétention à s'ériger, au sein de l'un comme de l'autre, en organe de réflexion politique. Cauchon ne peut, en 1431, acquitter Jeanne d'Arc sans reconnaître par là l'illégitimité de tous ses choix antérieurs. Il est récompensé de son efficacité par l'évêché de Lisieux (1432), où il reste jusqu'à sa mort. En

1435, il prend part au concile de Bâle (1431-1437).

JEAN FAVIER

CÉLESTIN V saint, PIETRO ANGELERI dit aussi PIETRO DEL MORRONE (1215-1296) pape (5 juill.-13 déc. 1294)

Né à Isernia (Campobasso), Pierre de Morrone devient moine bénédictin au monastère de Faifoli (province de Bénévent) ; il en sera l'abbé de 1276 à 1279. À plusieurs reprises, il fait de longues expériences de vie érémitique en plusieurs endroits, notamment sur le mont Morrone, dans les Pouilles, et sur le mont Maiella, près de Sulmona. Le 5 juillet 1294, il est élu pape pour succéder à Nicolas IV (mort le 4 avr. 1292), après un conclave de plus de deux ans. Consacré à Aquila le 29 août 1294, il passe les quelques mois de son pontificat soit à Sulmona, son abbaye, soit à Capoue ou à Naples. Sa totale inexpérience et sa simplicité font le jeu de son entourage, particulièrement de Charles II, roi de Naples. Conscient de son incapacité, Célestin V démissionne le 13 décembre 1294. La possibilité d'un tel geste avait été auparavant fortement discutée ; mais, dans la décision finale, le pape engagea précisément toute l'autorité de son pouvoir personnel. Craignant peut-être que des doutes sur la validité de cette renonciation ne missent en cause sa propre légitimité, Boniface VIII, élu pape dès le 24 décembre 1294, ne cessa de faire surveiller son prédécesseur, qui mourut près d'Anagni le 19 mai 1296. La canonisation de « Pierre Célestin », en 1313, par le pape français Clément V, s'inscrit dans la suite des efforts déployés par Philippe le Bel contre la mémoire de Boniface VIII.

ANDRÉ DUVAL

CÉLESTINS

Membres d'un ordre religieux qui est issu des Ermites de Saint-Damien, ou frères de l'Esprit saint (du nom de l'abbaye du Saint-Esprit, à Sulmona dans les Abruzzes). Ceux-ci formaient depuis plus d'un quart de siècle une branche érémitique de la famille monastique bénédictine lorsque Pierre de Morrone, un des animateurs du mouvement, devint pape sous le nom de Célestin V (1294). Le nom de Célestins fut bientôt donné aux membres de l'ordre, qui comptait alors, sous la juridiction de l'abbaye de Sulmona, une vingtaine de prieurés. Après une première autorisation accordée en 1263 par le pape Urbain IV, l'ordre avait été officiellement approuvé en 1274 par Grégoire X, en dépit de la récente réaction du concile général de Lyon contre la multiplication des formes nouvelles de vie religieuse. Célestin V en approuva les Constitutions (27 sept. 1294), dont l'élément le plus caractéristique était peut-être la durée limitée (trois ans, renouvelables) de la charge d'abbé général.

Les Célestins se développèrent principalement en Italie, où ils se maintinrent jusqu'à l'occupation napoléonienne (1807-1810). Philippe le Bel, pour qui exalter Célestin V était amoindrir le prestige de Boniface VIII, les appela en France dès 1300 ; les premiers prieurés s'établirent dans les forêts d'Orléans et de Compiègne. La fondation, en 1352, d'un monastère à Paris – grâce aux libéralités d'un bourgeois, Marcel Garnier, et du dauphin Charles –, puis l'entrée chez les Célestins du précepteur du dauphin, Philippe de Maizières, furent comme le signe de l'essor de l'ordre en France. Bientôt, à la faveur du Grand Schisme, les monastères français, au nombre d'une dizaine, obtinrent leur autonomie par rapport à la juridiction italienne.

S'étant assez difficilement redressé au XVIIe siècle (avec la réforme de dom Claude Champigny, en 1615, et l'adoption de nouvelles constitutions, en 1667), après les secousses et les ruines des deux siècles précédents, l'ordre n'avait plus assez de vitalité au XVIIIe siècle pour résister aux pressions de la Commission des réguliers. Il ne comptait guère plus de cent soixante-dix profès quand tout recrutement lui fut interdit, en 1770. La Révolution acheva sa ruine.

On ne doit pas confondre les Célestins avec les Pauvres Ermites du pape Célestin, spirituels franciscains qui furent autorisés par Célestin V en 1294 et supprimés par Boniface VIII en 1295.

ANDRÉ DUVAL

CENS

Le mot « cens » a désigné au Moyen Âge deux types de redevances distincts. D'une part, le cens est la redevance que devait annuellement un serf ou tout autre non-libre comme marque de sa dépendance envers son seigneur : c'est le « chevage » ou « chef cens » (cens par tête) des serfs, ou le cens en argent et en cire de ceux qui se sont « recommandés » à une église. Cette signification du mot disparut avec la quasi-extinction du servage dès la fin du Moyen Âge. D'autre part – et c'est cette signification qui prévaudra jusqu'à la Révolution –, le cens est une redevance fixe due au seigneur par son tenancier pour la maison et les terres, ou « censive », qu'il tient de lui. D'abord mixte, en nature ou en argent, le cens fut progressivement transformé par les seigneurs à court de numéraire en redevance fixe en argent ; mais le pouvoir d'achat de la monnaie ayant baissé considérablement et régulièrement à partir du XIIIe siècle, le cens ne fut bientôt que d'un maigre rapport pour le seigneur. Cependant, étant la redevance recognitive de l'existence du droit éminent du seigneur, le cens fut toujours jalousement perçu, parce que dans son sillage se trouvaient des droits substantiels sur les héritages (le « relief », l'« échoîte ») et sur les transactions (« lods et ventes »). C'est pourquoi le cens, irrachetable, fut la plus généralisée des redevances seigneuriales jusqu'en 1793. Des « censiers », ou « terriers », tenus à jour enregistraient les sommes dues par chaque censitaire, qui devait en outre faire acte de « reconnaissance » lors de son entrée en jouissance, puis à dates fixes. La suspension effective du cens, universellement réclamée en 1789, est due autant au caractère humiliant de cette institution qu'à son poids proprement économique.

FRANÇOISE MOYEN

CENT ANS GUERRE DE

→ GUERRE DE CENT ANS

CHANCELIER

D'abord officier de justice subalterne sous l'Empire romain, le chancelier doit son nom aux barreaux (*cancelli*) qui, dans les cours de justice, séparaient le tribunal du public.

À l'époque mérovingienne, il est appelé référendaire. C'est un clerc qui fait fonction de scribe, et l'office peut être rempli par plusieurs titulaires. Dès l'avènement des Carolingiens, le chancelier devient un personnage unique et, avec le sénéchal et le chambrier, l'un des trois plus importants officiers du palais : il est chargé de la rédaction des diplômes et actes royaux et de leur validation par les sceaux dont il a la garde ; il a de plus autorité sur les clercs de la chapelle. De Charles le Simple à Philippe Ier, les chanceliers furent presque tous archevêques de Reims.

Les Capétiens ont à plusieurs reprises laissé la Chancellerie vacante, notamment de 1185 à 1314 ; Louis VIII fait cependant une exception pour frère Guérin, de 1223 à 1227. Malgré la confiance qu'il accordait à ses légistes, Philippe le Bel leur donne la garde des sceaux mais non le titre de chancelier ; Pierre Flotte et Guillaume de Nogaret recevront successivement cette charge, tandis que l'office de la chapelle en est séparé et demeure aux mains des ecclésiastiques.

Sous l'Ancien Régime, le chancelier est un puissant personnage politique ; chef de la Justice, il préside le Conseil du roi en l'absence de celui-ci, parle en son nom dans les parlements et cours souveraines. D'abord nommé par le roi, il est élu par ses conseillers à partir de 1372. Il est inamovible, sauf en cas de forfaiture (ce cas ne s'est présenté qu'une fois en 1542), mais ne peut léguer sa charge. Il vérifie les actes royaux et a droit de remontrances. Il a autorité sur les universités, collèges et académies, et reçoit également la charge de censeur au service de la Librairie. Ces grands serviteurs de l'État sont généralement issus des plus illustres familles de la robe : les Séguier, les Phélypeaux, les Lamoignon. Le dernier des chanceliers de l'Ancien Régime est René-Nicolas de Maupeou qui, bien que privé de ses fonctions à l'avènement de Louis XVI, gardera le titre jusqu'à sa suppression en 1790. Rétabli par Napoléon, le titre de chancelier disparaît en France avec la monarchie de Juillet.

SOLANGE MARIN

CHARLEMAGNE (742-814)

Le plus prestigieux des souverains de la seconde dynastie franque, à qui il a donné son nom (« Carolingiens »), poursuivit la politique d'expansion du royaume inaugurée par ses prédécesseurs et se trouva, vers la fin du VIIIe siècle, à la tête d'un groupement de territoires qui s'étendaient de la marche d'Espagne à la Pannonie, de la mer du Nord au centre de l'Italie. Cette zone immense, qui correspondait à la plus grande partie de l'Occident, reçut son unité passagère du titre impérial auquel Charlemagne accéda le 25 décembre 800. La construction cependant était fragile et fut emportée moins d'un tiers de siècle après la mort de l'empereur.

Le successeur de Pépin

Fils aîné de Pépin III et de Berthe dont le père, Caribert, comte de Laon, appartenait à la haute aristocratie mérovingienne, Charlemagne naquit en 742, peut-être le 2 avril, peut-être dans un des palais royaux de la vallée de l'Oise ou de l'Aisne. Si son instruction première fut certainement négligée, comme l'était à ce moment-là celle des laïcs, il semble cependant avoir été initié par Pépin à la connaissance des hommes, à la pratique gouvernementale et aux devoirs de la royauté à l'égard de l'Église. Il assista tout jeune à la visite que fit à son père le pape Étienne II et reçut, des mains de ce dernier, le sacre royal (754). Avant de mourir, Pépin, fidèle à la coutume qui avait longtemps prévalu chez les Mérovingiens, partagea le royaume entre ses deux fils (768) ; les régions qui furent attribuées à Charles entouraient celles de son frère Carloman comme d'un arc de cercle : c'étaient l'Austrasie avec ses dépendances germaniques (Frise occidentale, Hesse, Franconie, Thuringe), la Neustrie et l'Aquitaine maritime.

Les deux rois, qui résidaient à quelque distance l'un de l'autre, Charles à Noyon, Carloman à Soissons, ne s'entendaient guère. En vain leur mère essaya de les rapprocher. Pour prévenir des motifs de conflit au dehors, elle négocia le mariage de Charles avec une fille de Didier, roi des Lombards. Mais cette politique ne fit qu'aggraver la situation parce qu'elle isola Carloman et qu'en Italie Didier se crut libre de reprendre ses manœuvres contre la papauté. La mort de Carloman (771) épargna aux Francs la guerre ouverte entre les deux frères. Charles répudia la princesse lombarde et, sans réserver les droits de ses neveux, prit aussitôt possession de l'héritage de son frère. Il unit ainsi toute la Francie sous sa direction : un grand règne commence alors, dont l'aspect le plus visible est l'expansion, la « dilatation » du royaume.

Le conquérant

Cette conquête se fit sans plan préconçu, Charlemagne utilisant au mieux les circonstances qui se présentaient. Jamais il ne put se consacrer à une seule tâche et la mener immédiatement à bonne fin, parce qu'il fut toujours obligé de conduire simultanément plusieurs opérations. Il en commence une, l'abandonne momentanément pour s'occuper d'une autre et reprend ensuite la première au point où il l'avait interrompue. Ses moyens militaires, bien qu'appréciables, sont limités. Il le sait et avance pas à pas.

Dès 772 commencent les campagnes contre les Saxons. Ce sont d'abord, comme sous Pépin III et Charles Martel, des expéditions de représailles répondant à des raids lancés contre les confins francs, au cours desquelles se précise cependant bientôt l'intention de créer une marche puissamment fortifiée entre la Lippe et la Diemel, destinée à mettre le royaume à l'abri de nouvelles offensives. En 773, Charles fut distrait de ces opérations par un appel au secours du pape Hadrien, directement menacé par Didier qui marchait sur Rome. Le roi des Francs franchit les Alpes, s'empara de Pavie après un long siège, reçut la soumission de toutes les régions du royaume de son adversaire et se proclama lui-même roi des Lombards (774). Les opérations se poursuivirent ensuite contre les Saxons ; plusieurs chefs ayant fait leur soumission et ayant promis de se faire baptiser, la Diète qui se tint en 777 à Paderborn put poser les premiers jalons de l'implantation de l'Église en Saxe. Cette première période de succès s'acheva assez brusquement l'année suivante. Appelée en Espagne par certains chefs arabes révoltés contre l'émir de Cordoue, cédant à l'illusion de pouvoir arracher à l'islam une partie au moins de la péninsule, Charlemagne franchit les Pyrénées et s'avança jusque devant Saragosse dont il ne put s'emparer ; il revint en France par le col de Roncevaux où son arrière-garde commandée par le comte de la marche de Bretagne Roland fut détruite par les montagnards basques (15 août 778). Le souvenir de cette défaite se trouve à l'origine de la chanson de geste la plus célèbre, *La Chanson de Roland*.

C'est dans la période qui s'ouvre alors, vers 779-780, que la maîtrise de Charlemagne s'affirma avec le plus d'éclat. En Saxe les premiers objectifs sont dépassés, et c'est tout le pays que les Francs s'efforcent de conquérir, autant pour des raisons de sécurité que pour y assurer le triomphe du christianisme. Les expéditions se succèdent désormais d'une année à l'autre, mais se heurtent à une résistance opiniâtre dirigée par le duc Widuking jusqu'en 785. Quand il eut cette année-là déposé les armes, la soumission du pays semblait acquise : dès 782, celui-ci avait été incorporé en principe au royaume franc. La Frise orientale (du Zuiderzee aux bouches de la Weser) fut pareillement annexée. En 788, ce fut au tour de la Bavière d'être réunie à l'État franc, après la destitution de son dernier duc national, Tassilon III.

D'importantes transformations apparaissent dans d'autres secteurs encore. Conscient du particularisme de l'Italie lombarde et de l'Aquitaine, Charlemagne les érigea l'une et l'autre en royaumes subordonnés pour ses deux fils cadets, Pépin et Louis (781). En Italie son autorité personnelle rayonna sur l'État pontifical, et même sur le duché lombard de Bénévent, où il réussit en 787-788 à déjouer les intrigues nouées contre lui par le duc Arichis et la cour de Constantinople et à imposer au fils d'Arichis la reconnaissance de sa suprématie.

L'élan dont témoigne cette période décisive fut à nouveau interrompu après 790. En Saxe les excès de l'administration franque provoquèrent, en 793, une rébellion très grave qu'on mit quatre ans à réprimer, et qui se poursuivit encore jusqu'en 804 dans les secteurs les plus septentrionaux du pays (Wihmode entre les bouches de la Weser et celles de l'Elbe et Nordalbingie au nord-est de la basse Elbe) : il fallut, pour en finir, procéder à des déportations massives de Saxons dans diverses régions de l'Empire. Dans le Sud-Est cependant, on enregistre le dernier grand succès du règne, trois campagnes victorieuses menées en 791, 795 et 796 contre le royaume des Avars (Autriche danubienne et Hongrie occidentale jusqu'à la Tissa), qui aboutirent à l'annexion au royaume franc des territoires situés à l'est de la Bavière entre l'Enns et le Wienerwald. Au-delà de ce secteur, aucune autre région ne semble avoir été annexée, puisqu'on voit de 796 à 822 subsister des principautés avars dont les chefs étaient vassaux de l'Empire.

Défense efficace : les marches

La conquête s'arrêta aux environs de l'an 800. Au-delà de cette date, on n'enregistra plus que des entreprises limitées. Ainsi fut occupée la marche d'Espagne, entre les Pyrénées et l'Èbre (prise de Barcelone en 801). Fils aîné et homonyme de l'empereur, Charles (qui portait le titre royal depuis 788) conduisit des expéditions afin d'obtenir la soumission théorique des tribus slaves qui se trouvaient au contact de la Saxe et de la Bavière (Obodrites, Sorbes et Tchèques). L'intervention franque en Nordalbingie ne fut sans doute pas étrangère aux premiers raids danois contre lesquels Charlemagne prescrivit d'élever des fortifications sur les côtes de la mer du Nord et de la Manche : ainsi s'annonce le péril normand qui fondra sur l'Empire franc au cours du IXe siècle.

Vulnérable sur ses façades maritimes, comme l'avenir le démontra, l'État franc reçut cependant sur ses frontières terrestres une solide organisation défensive grâce au bienfaisant système des marches que créa Charlemagne.

Les unes, que l'on rencontre surtout sur les limites septentrionales et orientales, correspondent à des pays tout récemment conquis et font face à des peuples qui demeurent en dehors du royaume. Elles sont placées sous le commandement d'un chef militaire, le comte de la marche (*marchio*, *Markgraf* ou marquis), qui administre en outre les populations encore mal assimilées du territoire placé sous ses ordres : telles furent, face aux Danois, la marche saxonne englobant la Nordalbingie, ou celle qui s'étendit à l'est de la Bavière jusqu'au Wienerwald.

D'autres marches existent sur les frontières occidentales et méridionales. Les territoires qu'elles couvrent, soumis depuis longtemps aux Francs, ont reçu les cadres administratifs ordinaires, c'est-à-dire les comtés ; mais, en raison de la proximité de populations turbulentes, le roi superpose à un groupe de comtes un chef militaire unique, le marquis (ou le préfet), chargé de prendre toutes les dispositions pour la défense. Ce fut le cas de la marche de Bretagne, entre Rennes, Nantes et Angers, chargée de contenir les Bretons mal soumis d'Armorique, en arrière de laquelle fut érigé après 790, avec le titre de duché, un grand commandement militaire assuré par le fils aîné du roi Charles le Jeune. Au même type appartiennent la marche de Toulouse (ou de Gothie) couvrant l'ancienne Septimanie et, à la fin du règne, l'ensemble des comtés transpyrénéens qui formaient la marche d'Espagne.

Le souverain à « la barbe fleurie »

Charlemagne nous est assez bien connu grâce à la biographie que lui consacra vers 830 Eginhard, qui avait été élevé à la cour et qui le connut fort bien, du moins pendant les dernières années de son règne. De haute taille (environ 1,90 m), le roi avait une forte carrure, le corps souple malgré une certaine tendance à l'embonpoint. Le visage était ouvert et imberbe ; c'est la légende qui l'affubla de la célèbre « barbe chenue ». La vitalité du roi était prodigieuse, son activité inlassable, son tempérament exubérant, ses mœurs très libres. On lui connaît, quand il fut très jeune, une première liaison dont naquit un fils, Pépin le Bossu (qui complota contre lui en 792 et fut interné dans un monastère), puis quatre épouses successives, la fille de Didier (que la légende appela Désirée), la Franque Hildegarde (morte en 783) qui lui donna quatre fils et cinq filles, la Franque Fastrade qui fut mère de deux filles (morte en 794) et enfin une Souabe, Liutgarde. Après la mort de celle-ci (800), il eut encore plusieurs concubines dont naquirent des fils et des filles. Tout cela évoque irrésistiblement la polygamie ancestrale. On notera cependant que la conduite de Charlemagne ne fut pas officiellement blâmée par l'Église et que lui-même, chrétien sincère et très assidu à la pratique religieuse sous toutes ses formes, ne ressentit jamais l'écart qui existait entre sa religion et sa vie privée ; il ne faut pas oublier non plus qu'on se trouve dans une époque où une éthique laïque et une vie sacramentelle exigeante et régulière étaient pratiquement inexistantes. Pour compléter le portrait de Charlemagne, citons encore la simplicité de son abord, son intelligence lucide, sa capacité d'adaptation à toutes les circonstances, son goût pour la culture et de très solides qualités morales : les contemporains ont loué sa magnanimité et sa constance. « Il savait, écrit Eginhard, résister à l'adversité et éviter, quand la fortune lui souriait, de céder à ses séductions. » Mêlés à ces qualités, voici maintenant des défauts auxquels le biographe ne fait pas allusion mais que révèle l'action de l'empereur : entre tous, son autoritarisme extrême allant jusqu'au despotisme, sa propension à la violence qui le fit parfois tomber dans la cruauté, comme en témoignent certains épisodes des guerres de Saxe (massacre de Verden en 782, déportations...). Au total, une personnalité de tout premier plan, capable de produire une impression considérable sur tous ceux qui l'approchaient, ce qui permet de comprendre que la légende se soit emparée de Charlemagne de son vivant.

Le roi des Francs

Le gouvernement du roi des Francs s'exerçant essentiellement sur des hommes (et non point sur la terre), Charlemagne tint à se les attacher par le serment de fidélité qu'il exigea à trois reprises (789, 793, 802), parce qu'il le considérait comme un remède aux défectuosités que présentait l'administration du royaume. Il tenta cependant d'améliorer la pratique et d'abord de résoudre le problème essentiel, celui des rapports entre la royauté et l'aristocratie, par l'extension de la vassalité et son incorporation à l'État. Mais l'institution fut incapable de rendre tous les services que Charlemagne attendait d'elle : l'emploi de la terre comme moyen de rétribution des vassaux et des fonctionnaires en fut le plus grave défaut, qui dérive directement de l'économie naturelle qui prévalait alors en Occident. Dans ces conditions, l'administration du royaume demeura rudimentaire et distendue et fonctionna au moyen d'institutions héritées de l'époque mérovingienne. Elles furent cependant réactivées et complétées sur certains points d'après les idées personnelles du roi ou en raison des besoins nouveaux qui naissaient des circonstances. Ainsi en fut-il, par exemple, d'une meilleure organisation des fiscs royaux, c'est-à-dire des terres appartenant au domaine de l'État, points d'appui et moyen d'action principal du souverain, ou encore du perfectionnement de l'institution des *missi* assurant le contact entre le palais et l'administration locale.

Dans la même perspective s'inscrit la très importante réforme de la justice, promulguée, semble-t-il, peu après 780. Elle réduisit le nombre des cours judiciaires ou plaids généraux à trois par an, en vue de diminuer la charge très lourde que représentait, pour les hommes libres, l'obligation d'assister à ces assises que le comte présidait dans sa circonscription. Elle créa, d'autre part, un corps de juges spécialisés, les échevins, qui devaient être désignés par les *missi* en accord avec les comtes et nommés à vie. Il leur appartenait de proposer la sentence que le comte ou son représentant se bornait à promulguer et à appliquer. Inspirée par la volonté d'assurer aux sujets une meilleure justice, la réforme judiciaire n'eut cependant que des résultats partiels. Son application fut une préoccupation constante de Charlemagne, dont les capitulaires ne cessent de rappeler les comtes et les échevins à leur devoir : le roi ne pouvait faire confiance aux hommes.

Conscient des lacunes et des défaillances de l'appareil administratif, désireux de pallier les insuffisances de la structure politique, Charlemagne voulut s'appuyer sur une Église forte et mettre celle-ci au service de l'État. L'idée n'était point nouvelle, mais sa réalisation fut poussée bien plus loin qu'elle ne l'avait été jusqu'alors. D'une part, les évêques et les abbés sont associés aux tâches de l'administration séculière. Ils prennent part aux grandes assemblées annuelles et participent activement aux décisions qui y sont prises. Ils conduisent à l'ost leurs propres vassaux ; dans les cités, évêques et comtes se surveillent réciproquement. Lorsqu'ils ont reçu un privilège d'immunité, évêques et abbés administrent directement, à l'exclusion des agents de l'État, les terres de leurs églises et les hommes qui y sont fixés. L'Église franque, d'autre part, subit la tutelle du roi qui poursuit la réforme de l'institution commencée depuis 743. Charlemagne légifère pour l'Église, soit par l'intermédiaire de conciles, soit directement en s'inspirant de la collection de canons et de décrétales de l'Église ancienne, dite *Dionysio-Hadriana*, dont le pape Hadrien Ier lui avait adressé un exemplaire en 774. En outre, il prend en main l'administration de l'Église, surveille de très près la gestion de ses biens, en dispose parfois quand il s'agit pour lui de caser des vassaux, contrôle efficacement le comportement des évêques et des clercs. Mieux encore, il organise l'évangélisation des régions nouvellement conquises (Saxe, pays des Avars) et intervient autoritairement dans les controverses théologiques du temps (culte des images, adoptianisme, *Filioque*). On ne saurait enfin passer sous silence les efforts que Charlemagne consacra au relèvement spirituel et moral du clergé et des fidèles ; ce programme se développa avec une intensité croissante depuis 789. Le souverain se fait prédicateur, recommande l'éducation chrétienne des enfants, fait une obligation aux prêtres de prêcher, veille à ce que le culte soit célébré avec piété et exactitude. Mais il s'efforça surtout de développer l'instruction des clercs ; ce souci primordial est à la base du renouveau intellectuel qui commença à la fin du VIIIe siècle et qu'on appelle la renaissance carolingienne.

L'empereur

Maître d'un royaume singulièrement « dilaté », protecteur de l'Église et du peuple chrétien qui avait trouvé son unité spirituelle sous sa conduite, Charlemagne jouissait d'une autorité immense. Il l'accrut encore, comme l'écrit Eginhard, « en se conciliant l'amitié de plusieurs rois et de plusieurs peuples ». Des relations étroites se nouèrent entre l'Église franque et l'Église anglo-saxonne. Avec le plus puissant des rois anglais, Offa de Mercie, Charlemagne entretint des rapports courtois, interrompus parfois par des moments de mésentente ; en 809, il parviendra, avec l'aide du pape, à faire restaurer en Northumbrie le roi Eardulf qui, renversé par ses sujets, s'était réfugié auprès de lui ; son prestige, s'il faut en croire son biographe, rayonna jusqu'aux princes bretons de l'ouest de l'île. En 798, il vit venir à lui une ambassade du roi Alphonse II de Galice qui se déclara « son homme » et lui proposa de lutter en commun contre l'islam. De Palestine lui arrivèrent en 799 et en 800 des messagers du patriarche de Jérusalem l'invitant à assumer la protection des Lieux saints et de la communauté chrétienne. Les relations excellentes qui s'instauraient à ce même moment entre la cour franque et le calife abbasside Haroun ar-Rachid (échanges d'ambassades entre 797 et 807) permirent à Charlemagne d'exercer en Terre sainte, sinon un protectorat juridiquement défini, du moins une sorte de tutelle morale et d'étendre sa sollicitude aux églises, monastères et hospices de Palestine. Les rapports du roi des Francs avec l'Empire byzantin furent plus complexes ; d'abord bons au point qu'il fut question en 781 d'un mariage entre une de ses filles, Rothrude, et le jeune empereur Constantin VI, ils s'envenimèrent lorsque Charlemagne tenta d'étendre sa suprématie à l'Italie du Sud – depuis la création du royaume d'Italie et de l'État pontifical, Byzance la considérait comme un domaine réservé à son influence exclusive – et quand l'impératrice-régente Irène eut réuni à Nicée le VIIe concile œcuménique sans y inviter l'Église franque (787). Il en résulta une période de tension, marquée par des opérations militaires et la condamnation en règle de la politique religieuse byzantine par les *Livres carolins*. Cette tension dura jusqu'en 797, lorsque Irène, qui avait saisi le pouvoir impérial, se hâta de faire la paix avec le roi des Francs.

On conçoit dès lors que le prestige et le pouvoir de Charlemagne vers la fin du VIIIe siècle soient parvenus à un point où le titre royal à dû paraître insuffisant pour les exprimer l'un et l'autre. Le roi se trouvait comme tout naturellement porté vers une dignité supérieure. Aux yeux de l'élite intellectuelle, celle-ci ne pouvait être que l'Empire. Et de fait, au cours des années qui précèdent 800, on rencontre dans certaines sources le terme d'empire (romain ou chrétien) pour traduire la réalité carolingienne. Charlemagne, quant à lui, semble s'être contenté d'abord d'imiter l'empereur en titre, celui de Byzance, par un certain nombre de signes extérieurs renforçant son prestige et enseignant qu'il était « le roi semblable à l'empereur » : le palais et surtout la chapelle de sa résidence d'Aix, où il se fixa vers 792, devaient être la réplique de ceux de Constantinople. Dans ces conditions, tout porte à croire que l'initiative de faire du roi des Francs un empereur soit venue de la papauté. Successeur d'Hadrien Ier, élu en 795, le pape Léon III, dont la situation était mal assurée, se rapprocha étroitement de Charlemagne et s'efforça de rendre efficace une protection dont il avait le plus grand besoin, en orientant sur le roi la tradition de Constantin, l'empereur chrétien par excellence. On comprend dès lors qu'à la suite d'un attentat dont il fut l'objet en 799, le pape se soit rendu auprès de Charlemagne, à Paderborn en Saxe, pour solliciter son appui contre les rebelles. S'il est infiniment probable qu'il fut question de l'empire dans les entretiens du pape et du roi, il semble aussi qu'aucune décision ne fut prise sur la manière dont serait effectuée la promotion impériale. L'Empire, certes, ne pouvait renaître qu'à Rome, et cette donnée conférait un rôle de tout premier plan au pape, mais, en l'occurrence, son autorité se trouvait fort compromise par les accusations dont les Romains l'accablaient auprès du roi. Voilà pourquoi Charlemagne, avec sa prudence coutumière, se garda d'une décision prématurée. Il renvoya donc Léon III à Rome, accompagné de hauts dignitaires francs, chargés d'ouvrir une enquête et de rétablir la paix entre le pape et la population. Lui-même attendit encore un an et demi avant de se rendre à Rome. Accueilli dans la Ville éternelle avec les mêmes honneurs que ceux qui étaient autrefois décernés à l'empereur en personne, le 23 décembre 800, il présida une assemblée mixte, composée de Romains et de Francs, devant laquelle Léon III se disculpa par un serment purgatoire de toutes les accusations qui avaient été portées contre lui. Après quoi, l'assemblée émit le vœu que Charlemagne prît le titre d'empereur ; il l'accepta. Le surlendemain, jour de Noël, avant la messe qu'il était venu entendre à Saint-Pierre, Léon III lui imposa une couronne et ce geste fit retentir l'acclamation des Romains : « À Charles Auguste couronné par Dieu, grand et pacifique empereur des Romains, vie et victoire ! » Le couronnement et l'acclamation – celui-ci précédant celle-là, à l'inverse de ce qui se passait dans le rite d'avènement byzantin – avaient créé l'empire. Mais l'imprécision avec laquelle il venait de renaître imposa au nouvel empereur l'obligation d'en définir le sens et la portée, de le situer devant l'Empire byzantin et d'en assurer la transmission. Ce problème majeur occupa largement les dernières années du règne.

Une tragique disparité

L'effet le plus certain de la dignité suprême que Charlemagne avait reçue fut de lui faire prendre conscience de l'accroissement de ses responsabilités : empereur, dirigeant l'empire chrétien, il se considéra plus encore que dans le passé comme répondant devant Dieu de la manière dont vivait le peuple soumis à son autorité. Nul doute aussi qu'il n'ait subi l'influence du souvenir de la Rome impériale qui avait donné ses lois au monde : il ne faut jamais oublier que la renaissance de l'Empire est inséparable de la redécouverte de la tradition antique par les érudits de la cour. Autant de raisons qui firent déployer à Charlemagne à partir de 802 une activité législative intense pour fixer le droit ecclésiastique et séculier de l'empire ; signalons par exemple le travail de correction et de complément de plusieurs lois nationales (loi salique, loi des Ripuaires, loi des Bavarois) et la mise par écrit d'autres lois (ainsi celles des Frisons, des Chamaves, des Saxons et des Thuringiens). À cela s'ajoute l'effort immense, pathétique même, pour promouvoir le triomphe des principes chrétiens dans le jeu des institutions et dans la vie quotidienne. Renforcement des obligations nées de la prestation du serment de fidélité que prêtèrent pour la troisième fois les sujets en 802 ; défense des hommes libres contre l'oppression des grands et les exactions des fonctionnaires ; interdiction de l'accaparement des vivres et de la hausse illicite des prix ; condamnation du principe de se faire vengeance soi-même ; recommandation de l'arbitrage : autant de mesures qui montrent l'empereur au service de la paix, définie d'après saint Augustin comme l'accord dans l'ordre, et qui doit reposer sur la bonne volonté collective que les textes appellent « concorde » ou « unanimité ». Tel semble être le contenu essentiel de l'idée impériale à la fin du règne de Charlemagne. Le malheur fut que l'immense majorité des hommes se révéla absolument incapable de comprendre ces notions et que l'empereur n'eut pas les moyens d'en imposer l'application. Il y a là une tragique disparité entre un concept grandiose et la réalité.

Un souvenir perpétué

Décédé le 28 janvier 814, quelques mois après avoir associé à l'empire son seul fils survivant, Louis d'Aquitaine, Charlemagne fut inhumé dans la chapelle palatine d'Aix. Son souvenir, porté à la fois par la légende et par une tradition historique continue, ne devait jamais disparaître de la mémoire des hommes. Héros principal des chansons de geste, garant de l'indépendance et de la pleine souveraineté du royaume, patron de la royauté en France, Charlemagne demeura pour l'Allemagne l'empereur par excellence dont les plus illustres successeurs s'efforcèrent de poursuivre les tâches, celle d'abord de reconstituer l'empire et de défendre son honneur. L'idée impériale et une tradition ecclésiastique presque unanimement favorable se conjuguèrent pour promouvoir le grand Carolingien aux honneurs de la sainteté. Canonisé le 29 décembre 1165 à l'initiative de l'empereur Frédéric Barberousse, Charlemagne devint l'objet d'un culte liturgique dans de nombreuses églises d'Allemagne, de France, et même d'Espagne et d'Italie. Ce culte a dans l'ensemble disparu mais il est toujours célébré à Aix-la-Chapelle.

ROBERT FOLZ

Bibliographie

• *Monographies*

D. Bullough, *Le Siècle de Charlemagne*, Paris, 1967 / F. L. Ganshof, « Charlemagne », in *Speculum*, t. XXIV, 1949 / A. Kleinclausz, *Charlemagne*, Paris, 1934, nouv. éd., Tallandier, 1984 / G. Tessier, *Charlemagne*, Marabout, 1982.

• *Institutions*

F. L. Ganshof, « Charlemagne et les institutions de la monarchie franque » et « Charlemagne et l'organisation de la justice dans la monarchie franque », in *Karl der Grosse*, t. I : H. Beumann, dir., *Persönlichkeit und Geschichte*, Düsseldorf, 1965 ; « L'Église et le pouvoir royal dans la monarchie franque sous Pépin III et Charlemagne », in *Settimane di studio sull'alto medioevo*, VI, Spolète, 1960.

• *Problématique de l'Empire*

R. Folz, *Le Couronnement impérial de Charlemagne*, Gallimard, 1989 / F. L. Ganshof, *The Imperial Coronation of Charlemagne. Theories and Facts*, Glasgow, 1949 / P. E. Schramm, « Die Anerkennung Karls des Grossen als Kaiser », in *Historische Zeitschrift*, n° 172, 1951 ; rééd. augmentée in *Beiträge zur allgemeinen Geschichte*, t. I, Stuttgart, 1968.

• *Vie posthume*

W. Braunfels & P. E. Schramm dir., *Das Nachleben*, t. IV de *Karl der Grosse*, Düsseldorf, 1967 / R. Folz, *Le Souvenir de la légende de Charlemagne dans l'Empire germanique médiéval. Études sur le culte liturgique de Charlemagne dans les églises de l'Empire*, Slatkine, Genève, 1973 / R. Menéndez Pidal, *La Chanson de Roland et la tradition épique des Francs*, Paris, 1960 / P. E. Schramm, *Der König von Frankreich*, 2 vol., Darmstadt, 1960.

CHARLES II LE CHAUVE (823-877) roi de France (843-877) et empereur d'Occident (875-877)

Fils cadet de Louis Ier le Pieux, âgé de vingt ans en 843, Charles avait reçu une éducation soignée. Doué d'un goût artistique très sûr, se passionnant pour les lettres, la dialectique et la théologie, il fit de sa cour, où enseigna de 845 à 867 Scot Érigène, un centre brillant de culture. Mais cet intellectuel eut un règne mouvementé. La partie occidentale de l'Empire d'Occident lui était échue au traité de Verdun en 843. Les circonstances lui imposèrent un combat perpétuel : contre des clans infidèles de l'aristocratie qui n'hésitèrent pas à faire appel à deux reprises à son frère Louis le Germanique, contre les Bretons auxquels il fallut céder les comtés de Rennes, Rézé et Nantes, contre les Aquitains dont il finit par reconnaître le particularisme, contre les Normands surtout, créateurs d'un état permanent d'insécurité dans les régions bordant la Seine et la Loire.

En dépit de ces difficultés, Charles le Chauve s'efforça d'agrandir son royaume vers l'est. Il guettait notamment la Lotharingie dont le roi, Lothaire II, maître aussi depuis 863 du centre du royaume de Provence, mourut en 869. Charles se fit aussitôt sacrer roi de Lorraine à Metz et parvint jusqu'à Aix-la-Chapelle mais, devant la réaction hostile de Louis le Germanique, il ne put garder que l'ouest de la Lorraine avec les pays d'entre Rhône, Alpes et Durance (traité de Mersen, 870). Le pape Jean VIII le couronna empereur le 25 décembre 875 ; lui-même réussit à se rendre maître du royaume d'Italie et de la Provence, mais il subit, en 876 à Andernach, un grave échec devant les forces de son neveu Louis de Saxe, lorsqu'il tenta de s'emparer de la Lorraine orientale.

Rappelé en Italie par Jean VIII pour venir en aide à l'Église romaine, l'empereur, malgré l'opposition de l'aristocratie qu'il ne put endiguer que partiellement par le capitulaire de Quierzy (octroi aux seigneurs de l'hérédité des fiefs), franchit les Alpes une seconde fois. Mais il recula presque aussitôt devant l'arrivée d'une armée germanique supérieure en nombre. Il expira non loin de Modane.

ROBERT FOLZ

CHARLES III LE SIMPLE (879-929) roi de France (893-923)

Fils posthume de Louis II le Bègue, Charles III le Simple est écarté de la royauté par les grands de Francie occidentale après les brefs règnes de ses frères Louis III (mort en 882) et Carloman (mort en 884). Il n'a alors que cinq ans et on lui préfère d'abord l'empereur Charles le Gros, plus capable d'organiser la défense face aux Vikings qui ravagent le pays ; puis, après l'abdication et la mort de l'empereur (888), le fils de Robert le Fort, Eudes, défenseur de Paris face aux Vikings en 885. Mais les échecs du nouveau souverain provoquent un complot et une guerre entre Charles et Eudes qui dure jusqu'à la mort de ce dernier (898).

Désigné comme roi par Eudes lui-même, Charles le Simple reçoit l'hommage des grands ; il est obligé de concéder à Robert, frère du roi défunt, déjà en possession du marquisat de Bretagne et de plusieurs comtés entre Seine et Loire, la libre disposition des comtés neustriens, ce qui crée de fait une principauté en Neustrie, au moment où le nom même de Neustrie disparaît des textes. Par le traité de Saint-Clair-sur-Epte (911), Charles remet au chef Rollon la Haute-Normandie actuelle avec Rouen. Ce traité met un point final aux invasions des Vikings dans le royaume franc. Il est aussi à l'origine d'une nouvelle principauté qui vient s'ajouter à celles de Flandre, de Bourgogne, d'Aquitaine et de Neustrie déjà existantes. Si bien que la zone où s'exerce directement l'autorité royale est la région comprise entre Seine et Meuse, la Francie proprement dite.

Charles le Simple essaie de trouver un appui à l'Est en acceptant la royauté de Lorraine à la mort du dernier carolingien de Germanie, Louis l'Enfant en 911. Mais il ne tarde pas à se brouiller avec l'aristocratie lorraine et son *princeps* Giselbert, ce qui amène l'intervention du roi de Germanie Henri Ier (920). De plus, le déplacement du centre de gravité du pouvoir vers l'Est a entraîné le soulèvement des comtes de Francie et de Neustrie, dont Robert de France a pris la tête. En 922, ce dernier est élu et sacré roi, mais il est peu après tué dans la bataille qui l'oppose à Charles près de Soissons (13 juill. 923). Ses partisans portent alors à la royauté son gendre, le duc Raoul de Bourgogne ; et Charles, tombé dans un guet-apens tendu par Herbert de Vermandois, disparaît pour mourir dans sa prison de Péronne six ans plus tard. La reine se réfugie en Angleterre avec son fils, le futur Louis d'Outremer.

Herbert de Vermandois entreprenait de se constituer une principauté dans le dernier réduit de la puissance monarchique, le pays d'entre Seine et Flandre. L'affaiblissement du pouvoir royal dont témoigne la constitution de principautés territoriales est caractéristique de ce règne sous lequel, pourtant, le titre royal, jusque-là sans déterminant, est devenu *rex francorum*.

MICHEL SOT

CHARLES IV LE BEL (1294-1328) roi de France (1322-1328)

Le plus jeune des fils de Philippe le Bel, Charles de la Marche, prend la succession de son frère Philippe V, mort sans héritier mâle, selon le précédent créé en 1317. Le scandale de la tour de Nesle après lequel il obtient l'annulation de son mariage avec Blanche de Bourgogne n'atteint pas le prestige du nouveau roi. Son voyage en Languedoc en 1324 est une suite de fêtes royales qui contribuent à sa popularité. Pour gouverner, il doit, comme ses frères, consentir aux exigences de réformes soutenues par la noblesse et le clergé. Les réformateurs généraux pour l'ensemble du royaume et surtout ceux de la ville et vicomté de Paris poursuivent leur tâche. Les charges financières et judiciaires accordées gratuitement sont restituées. Les officiers de la Chambre des comptes, du Parlement, des Requêtes de l'hôtel, de la Chancellerie et du Châtelet sont surveillés ; leur office réformé. Mais l'action des réformateurs ne freine ni la bureaucratisation, ni l'intrusion des bourgeois parisiens et auvergnats et, surtout, des compagnies italiennes dans les mouvements de fonds royaux. La recherche de moyens financiers reste un problème majeur. Mutations monétaires, impôts sur les marchandises, dîme levée avec l'accord du pape en prétendant partir à la croisade (1323), confiscation des biens des financiers italiens, octroi de chartes de communes sont autant d'expédients. Mais, à la mort de Charles IV, d'autres problèmes restent en suspens. Après avoir prononcé la confiscation de la Guyenne (1324), faute d'avoir reçu l'hommage du roi anglais Édouard II, guerres et négociations se succèdent dans le Sud-Ouest. En 1327, profitant de la faiblesse de la royauté anglaise, Charles IV impose un accord draconien : 50 000 marcs d'indemnité de guerre, 60 000 livres de relief ; les terres sont occupées en attendant le paiement de la somme. La mort de Charles IV risque de compromettre ce succès, d'autant qu'Édouard III, son neveu, est candidat à la couronne de France puisque le roi ne garde que des filles de ses deux mariages, avec Marie de Luxembourg (1322) et Jeanne d'Évreux (1324).

CLAUDE GAUVARD

CHARLES V LE SAGE (1337-1380) roi de France (1364-1380)

Roi de France. Fils aîné de Jean II le Bon et de Bonne de Luxembourg, le futur Charles V fut le premier fils de

France à porter le titre de dauphin de Viennois, en même temps que celui de duc de Normandie. Présent aux côtés de son père pendant la bataille de Poitiers, il dut ensuite, comme lieutenant du roi, puis comme régent, gouverner le royaume pendant la captivité du roi Jean. C'est alors que le dauphin Charles dut faire face aux prétentions politiques des états généraux de 1356 et 1357, à la rébellion parisienne qu'animait le prévôt des marchands Étienne Marcel, à l'hostilité permanente du roi de Navarre, dont les droits à la couronne de France avaient été trop rapidement écartés en 1328, et à la jacquerie qui soulevait les paysans de la région parisienne contre les propriétaires et les créanciers. Les excès de ces différents mouvements finirent par les discréditer, et le dauphin avait parfaitement repris en main le pouvoir lorsqu'il fallut mener à leur terme les négociations consécutives à la victoire anglaise de 1356. Pour désastreux qu'il fût, le traité de Brétigny-Calais (1360), qui amputait la France d'une moitié de son territoire et la soumettait au paiement d'une énorme rançon en échange de la personne du roi, offrait cependant une pause dont Charles, dauphin puis roi en 1364, s'entendit à profiter pour remettre le royaume en état de reprendre la guerre.

Charles V fut un homme de cabinet. Diplomate et spéculateur prudent plus que grand capitaine, il se méfiait des coûteuses vertus militaires et prêtait volontiers l'oreille aux conseils des clercs et des universitaires. Un demi-siècle après le temps des conseillers de Philippe le Bel, ce fut le règne d'une nouvelle génération de légistes, théoriciens et apologistes d'un gouvernement monarchique tempéré par le conseil des sages (Philippe de Mézières), voire théoriciens des droits utiles du souverain et de l'usage des mutations monétaires (Nicolas Oresme, évêque de Lisieux et traducteur d'Aristote). Se défiant des princes et des grands féodaux, le roi s'entoura surtout de bourgeois, d'hommes de robe et de petits seigneurs provinciaux.

Fin lettré, amateur de poésie et de musique, Charles V fit de Paris une capitale dont le rayonnement ne se limita pas au domaine politique. Il transforma le vieux donjon du Louvre, qui datait de Philippe Auguste, en lui adjoignant deux corps de logis, avec galeries de promenade et appartements intimes. Dans l'une des tours d'angle, il établit la bibliothèque royale, très rapidement enrichie de manuscrits précieux et de textes rares auxquels les savants eurent libéralement accès. À l'autre bout de la ville, entre la rue Saint-Antoine et la Seine, il fit aménager pour sa résidence personnelle un ensemble de petits hôtels reliés par des galeries à travers des jardins, que l'on appela l'hôtel Saint-Paul. C'était à la fois le témoignage d'un nouvel urbanisme monumental et celui d'un nouvel art de vivre princier. Pour des raisons de sécurité, en revanche, celui qui, dans sa jeunesse, avait dû quitter subrepticement Paris, faute de pouvoir contrôler la ville et de pouvoir y résister à l'émeute, entreprit une enceinte qui doubla, sur la rive droite, la superficie englobée par la vieille muraille de Philippe Auguste. Cette enceinte fut appuyée, à l'est, par la forteresse de la bastide Saint-Antoine, couramment nommée la Bastille. Un prévôt énergique, Hugues Aubriot, tint la ville sous l'autorité royale.

La situation financière fut assainie par la création du franc (27 juill. 1364), pièce d'or pur valant une livre tournois, ce qui faisait coïncider, comme au temps de Saint

Louis, la monnaie réelle et la monnaie de compte. Après un ajustement en 1365, la monnaie demeura inchangée jusqu'en 1385. La fin des spéculations monétaires, le retour à la sécurité des créances et la bonne renommée des espèces royales furent, pendant une génération, portés à l'actif de la politique de Charles V et de ses conseillers. Mais, dans le même temps, la préparation de la guerre et de la récupération des territoires perdus en 1360, de même que le paiement de la rançon du roi Jean, poursuivi longtemps après la mort du prisonnier, contraignirent Charles V à renforcer des exigences fiscales qui nécessitèrent la mise en place d'une administration particulière, celle des aides, distincte de l'administration du Trésor qui gérait le domaine royal. Négociées avec des assemblées réunies à des niveaux très divers (villes, bailliages, diocèses, provinces, voire états généraux), les aides devinrent en fait presque permanentes.

Le répit procuré par le traité de Brétigny-Calais et l'assainissement financier permirent au roi d'organiser son armée, de se doter d'une artillerie et d'une marine, de faire restaurer les enceintes urbaines et les forteresses et d'assurer la soumission de la féodalité. Pour commander son armée, il trouva des capitaines de petite noblesse mais de grande réputation, comme le Breton Bertrand du Guesclin, connétable en 1370, ou comme le Bourguignon Jean de Vienne, amiral de France en 1373.

Avant de reprendre la lutte ouverte contre l'Angleterre, Charles V mit fin à l'insoumission de son cousin, le roi de Navarre Charles le Mauvais, dont l'armée, que commandait le captal de Buch, fut vaincue à Cocherel (1364) et qui perdit rapidement la plupart des places fortes qu'il tenait sur la basse Seine. Une habile transaction (traité d'Avignon, 1365) dédommagea le Navarrais, qui reçut les droits du roi sur Montpellier. Charles V mit également fin à son intervention dans la succession de Bretagne et, en reconnaissant le duc Jean IV de Montfort, il priva les Anglais d'un prétexte à débarquement (traité de Guérande, 1365). Cependant, le frère du roi, Philippe, recueillait en 1363 la succession du duc de Bourgogne et épousait en 1369 l'héritière du comté de Flandre. Une alliance avec l'empereur Charles IV renforça la sécurité du royaume vers l'est. Au Sud, le soutien apporté au roi de Castille Henri de Trastamare contre son concurrent Pierre le Cruel procurait, contre la Guyenne anglaise, une alliance de revers en même temps qu'un appui maritime.

Le maintien de l'ordre intérieur importait autant pour l'affermissement de l'autorité royale que pour le rétablissement d'une situation économique bouleversée par la guerre et par les effets démographiques de la peste noire de 1348-1350. Charles V s'employa pendant tout son règne à débarrasser le royaume des bandes de brigands que constituaient les compagnies engagées pour les campagnes et amenées par la force des choses à vivre de rapine, une fois la campagne terminée. Le fisc royal supportait les conséquences de la charge qui pesait de ce fait sur les villes, obligées de se défendre et de payer rançon à tout propos pour n'être pas saccagées. Malgré l'aide du pape, le roi ne réussit pas à détourner vers les Turcs de Hongrie l'énergie des compagnies, car l'empereur leur refusa le passage. En emmenant quelques compagnies combattre en Castille, Du Guesclin n'en débarrassa le royaume que pour un temps très bref. Cette lutte contre les compagnies absorba une bonne part des capacités militaires et financières du royaume.

Pour remettre en cause le traité de 1360, Charles V tira profit du mécontentement des seigneurs gascons qui, contre les abus de l'administration anglaise et surtout du fisc du Prince Noir, firent appel à leur suzerain le roi. La commise (confiscation féodale) du duché de Guyenne fut prononcée en 1369 et la reconquête fut menée très rapidement (1369-1372), grâce à la complicité des villes, qui ouvrirent généralement leurs portes au roi de France par haine du fisc anglais. Le duc de Bretagne ayant pris parti pour l'Angleterre, Du Guesclin occupa la Bretagne en 1373. Le duc d'Anjou prit La Réole, dernière place couvrant Bordeaux, en 1374. Jean de Vienne emporta la place navarraise de Saint-Sauveur-le-Vicomte en Normandie, après un long siège où l'artillerie joua un rôle décisif (1375). Lorsqu'en 1380 moururent successivement Du Guesclin et Charles V, les Anglais ne gardaient de leurs acquisitions de 1360 que Bordeaux et la Gascogne.

Sage mais énergique, lettré mais très réaliste, Charles V rendit à la couronne son prestige. Mais il assurait la stabilité monétaire en négligeant la récession et ses conséquences sociales. Il doutait de son droit à lever l'impôt, en sorte qu'à son lit de mort, pour le salut de son âme, il priva son fils des ressources « extraordinaires » sans lesquelles un roi ne pouvait plus gouverner. En reconnaissant Clément VII comme pape, au lendemain de l'élection contestée de 1378, il contribua d'autre part à perpétuer le Grand Schisme d'Occident, qui allait durer quarante ans. Bien des difficultés qui devaient apparaître sous Charles VI étaient donc en germe parmi les succès indéniables du règne de Charles V.

JEAN FAVIER

CHARLES VI LE FOL (1368-1422) roi de France (1380-1422)

Fils aîné de Charles V et de Jeanne de Bourbon. Les oncles de Charles VI, les ducs de Bourgogne, d'Anjou, de Berry et de Bourbon, gouvernèrent pendant sa minorité et cherchèrent à tirer le maximum de profit du pouvoir. Majeur en 1388, Charles VI remercia ses oncles et rappela au gouvernement les anciens conseillers de son père, les Marmousets ; mais la folie du roi, dont la première crise eut lieu en août 1392, permit aux ducs de Bourgogne et de Berry, et au duc d'Orléans, frère du roi, de se disputer à nouveau le pouvoir. La guerre civile entre Armagnacs et Bourguignons, à partir de 1405, conduisit à l'intervention étrangère et au traité de Troyes (1420), par lequel Charles VI, à peine conscient de ce qui se passait pendant ses longues périodes d'aliénation et désormais soumis en tout au duc de Bourgogne et à la reine Isabeau de Bavière, déshérita son propre fils, le futur Charles VII, qui fut déclaré bâtard au profit du roi d'Angleterre Henri V.

Charles VI n'avait été qu'un simple figurant dans les événements de l'histoire de son enfance, les convocations des états, le difficile rétablissement des impôts, la révolte et le châtiment de Gand, de Rouen, de Paris et d'autres villes (1382). Il n'eut guère d'autre rôle pendant les brèves rémissions qui lui permirent de tenir à certains moments sa place, en particulier en 1413 dans la crise cabochienne.

JEAN FAVIER

CHARLES VII (1403-1461) roi de France (1422-1461)

Fils de Charles VI et d'Isabeau de Bavière, le futur Charles VII était comte de Ponthieu et devint dauphin de Viennois à la mort de son frère Jean en 1417. Il apparut donc tardivement aux côtés de Bernard d'Armagnac, comme le chef du parti hostile à la politique réformatrice et souvent démagogique du duc de Bourgogne, parti lui-même discrédité par la violence de la réaction anticabochienne des années 1413-1418. Éloigné de Paris par la domination bourguignonne en 1418, puis déshérité par son père et déclaré bâtard par sa mère (traité de Troyes, 1420), il prit cependant le titre de roi à la mort de Charles VI (21 octobre 1422), mais il ne fut vraiment reconnu comme tel qu'après le sacre. Jusque-là, l'usage courant de la Cour ne lui accordait que le titre de dauphin.

Établi en Berry et en Touraine (notamment à Loches et à Chinon), Charles VII était fort de la fidélité des provinces du Centre et du Languedoc, d'où il tira l'essentiel de ses ressources. Pour gouverner, au contraire, il dut improviser avec un personnel généralement nouveau et peu au fait des affaires. Le Parlement qu'il organisa à Poitiers et la Chambre des comptes qui fut établie à Bourges furent, pour l'essentiel, peuplés d'officiers naguère éliminés à Paris par les Bourguignons, de telle sorte que l'administration fut plus facilement efficace que le gouvernement. La défection d'officiers demeurés à Paris et tardivement ralliés à Charles VII renforça, surtout à partir de 1430, les structures administratives de la monarchie.

L'intervention de Jeanne d'Arc et l'énergie de quelques capitaines, parmi lesquels le bâtard de Louis d'Orléans, Dunois, sauva Charles VII de la catastrophe qu'eût été la prise d'Orléans par les Anglais, symbole de la résistance à l'étranger. Le sacre de Reims (17 juill. 1429), terme d'une randonnée où purent se manifester la fidélité des populations (il n'y eut de réticences qu'à Troyes) et parfois leur enthousiasme, apparut surtout comme le jugement de Dieu, reconnaissant la légitimité de l'héritier, auquel l'opinion publique fut d'autant plus sensible que le prétendant anglais Henri VI dut se contenter, deux ans plus tard, d'un sacre parisien, faute de pouvoir gagner Reims en toute sécurité.

La reconquête des régions au nord de la Loire fut entreprise dès le temps de Jeanne d'Arc. La réconciliation de Charles VII et du duc de Bourgogne, rendue possible par la modération des deux princes et par l'obstination des Anglais (traité d'Arras, 1435), facilita la reprise des villes où l'adhésion au parti bourguignon ne soutenait plus la résistance militaire de garnisons anglaises souvent insuffisantes. Paris fut livré par les Parisiens aux troupes de Richemont (1436). La chute de Pontoise, en 1441, permet le rétablissement des relations avec le nord du royaume. Le pays de Caux et la région de Vire se soulevèrent. Les Anglais négocièrent une trêve (Tours, 1444), que le roi de France mit à profit pour renforcer sa puissance. Il réorganisa en particulier son armée et resserra l'alliance bretonne, précieuse pour la reconquête de la Normandie. Au cours de la dernière phase de la guerre (1449-1453) furent successivement occupées la Normandie (Formigny, 1450) et la Guyenne (Castillon, 1453), où le roi eut l'habileté de confirmer les privilèges et d'empêcher toute réaction contre les anciens fidèles du Lancastre. Rares furent ceux qui jugèrent opportun de fuir en Angleterre.

Le règne de Charles VII n'est pas seulement un difficile parcours de l'humiliation à la victoire. C'est aussi le temps de l'organisation définitive d'institutions essentielles au gouvernement monarchique. Ayant obtenu des assemblées locales et des états généraux ou provinciaux les impôts nécessaires au financement de la guerre, Charles VII sut, avec l'aide de Jacques Cœur, son grand argentier, habituer ses sujets à la permanence de l'impôt et put, dès le milieu du siècle, éviter de convoquer les états généraux et se passer du consentement qui semblait indispensable pour la levée de toute ressource extraordinaire. L'impôt permanent, c'était la reconnaissance d'un droit monarchique étranger au droit coutumier selon lequel le roi devait vivre de son revenu domanial, comme une personne privée. C'était aussi le moyen d'une puissance assurée par une force militaire permanente. Dès 1445, Charles VII dotait son armée de structures adaptées au maintien d'une force armée en tout temps : les compagnies de l'ordonnance étaient soldées régulièrement, cependant que les autres compagnies étaient dissoutes, la guerre finie ; les unes assuraient la soumission des autres. L'efficacité des grandes institutions judiciaires et financières fut accrue, de même que satisfaction fut donnée au particularisme des provinces, par une multiplication des ressorts qui décentralisa partiellement la fonction administrative.

La crise du Grand Schisme d'Occident avait été favorable au renforcement de l'autorité royale sur le clergé français. La publication en France des canons du Concile de Bâle fournit l'occasion d'assurer cette autorité : le roi fit examiner ces canons par l'assemblée réunie à Bourges en 1438 et il les publia, amendés, en une pragmatique sanction qui fonda en droit la position du roi comme « première personne ecclésiastique du royaume ». Ce fut surtout, pour trois quarts de siècle, la base de négociations avec la papauté.

Charles VII se méfiait de Paris, où il avait vécu des jours difficiles dans son enfance. Il fit passer la prévôté des marchands aux mains d'officiers de justice ou de finance qui assurèrent la tutelle de la capitale. Pour sa résidence, le roi continua de préférer les petites villes du Val de Loire et ses châteaux de Touraine et de Berry. Capitale administrative, Paris cessa d'être la résidence principale du roi, de la cour et de l'aristocratie.

La personnalité de Charles a sensiblement évolué en quarante ans de règne. Médiocrement énergique, très affecté par la maladie de son père et par le reniement de sa mère, le roi de Bourges apparaît parfois comme un velléitaire qui laisse condamner Jeanne d'Arc, peut-être afin de ménager ses adversaires avec lesquels il espère traiter. Plus puissant que ses ancêtres et maître d'un royaume où, passée la tentative féodale dite de la Praguerie (1440), la monarchie l'emporte sur tout système de partage de la puissance publique, il apparaît encore comme très influençable, souvent dominé par des favoris (Richemont, La Trémoille, Brézé) et même par sa maîtresse Agnès Sorel, du moins de 1444 à 1450. Mais la seule faiblesse sérieuse de la fin du règne est l'insoumission du dauphin Louis, flagrante dès 1447 et sans cesse aggravée ; à la mort de Charles VII, le dauphin, futur Louis XI, était en révolte ouverte et réfugié à la cour de Bourgogne.

JEAN FAVIER

CHARLES VIII (1470-1498) roi de France (1483-1498)

Fils de Louis XI et de Charlotte de Savoie, Charles devint roi à la mort de son père. Sa sœur, Anne de Beaujeu, chargée de la régence par Louis XI, garda une influence profonde sur le gouvernement après la majorité du roi, proclamée en 1484, mais cela provoqua une rébellion des princes qui soutenaient les revendications du plus proche parent mâle du jeune roi, le duc d'Orléans (futur Louis XII).

Charles VIII parvint à épouser en 1491 Anne de Bretagne, qui était déjà mariée par procuration avec Maximilien de Habsbourg. Obtenu par la menace et au prix d'une véritable guerre, le mariage de Charles VIII n'entraîna pas le rattachement immédiat de la Bretagne à la France, mais il prépara ce rattachement et rendit surtout impossible l'encerclement complet du domaine royal par les possessions de la maison d'Autriche.

La principale affaire du règne fut cependant l'expédition d'Italie. Pour s'y consacrer, Charles VIII dut lâcher du lest et abandonner l'une des acquisitions les plus importantes de son père, le Roussillon et la Cerdagne, qu'il céda au roi d'Aragon en 1492 et 1493, la Franche-Comté, l'Artois et le Charolais, qu'il céda à Maximilien en 1493. L'expédition de 1494 fut d'abord une longue série de victoires, car le roi de France apparaissait en libérateur des villes italiennes, souvent soumises à de véritables tyrannies : Florence, Rome et Naples firent au dernier des Valois un accueil triomphal. On put croire que la puissance française en Italie allait redevenir ce qu'elle était au temps des premiers Angevins. Mais l'armée royale se comporta comme en pays conquis et les Italiens souhaitèrent vite s'en débarrasser : la guerre entreprise par la ligue de Venise, qu'animaient le duc de Milan et la république de Venise, rendit aux Français le séjour en Italie impossible. Après une bataille indécise à Fornoue, Charles VIII regagna la France en 1495. Les dernières places tenues en Italie furent perdues l'année suivante. Le profit de la campagne d'Italie fut ailleurs : une meilleure connaissance de l'Italie, et de prodigieuses collections dérobées à Florence et à Rome, qui allèrent enrichir les collections françaises et firent connaître en France, sous de nouveaux aspects, l'Antiquité et la Renaissance italienne.

Charles VIII mourut alors qu'il projetait une nouvelle expédition. Tous ses enfants étaient morts avant lui.

JEAN FAVIER

CHARLES Ier D'ANJOU (1226-1285) comte de Provence (1246-1285) et roi de Naples et de Sicile (1266-1285)

Dernier fils de Louis VIII, comte du Maine et d'Anjou par la volonté de son père, comte de Provence par son mariage en 1246, avec Béatrice, fille et héritière de Raymond-Bérenger IV, Charles d'Anjou participa à la septième Croisade avec son frère Saint Louis et fut, comme lui, fait prisonnier en Égypte. Malgré les réticences de Saint Louis, il accepta finalement les propositions du pape, qui, dès 1253, offrait de lui inféoder le royaume de Sicile. Charles d'Anjou se constitua un parti en Italie, devint sénateur de Rome en 1263 et prit la tête de la Ligue guelfe. Vainqueur de Manfred à Bénévent, il fut reconnu en 1266 comme roi de Sicile. Vicaire impérial en Toscane et podestat de Florence, maître de l'Italie méridionale et de la Sicile, Charles d'Anjou ne s'estima pas satisfait et reprit contre Byzance la politique traditionnelle des souverains siciliens. Il obtint la principauté d'Achaïe en 1267 et devint roi de Jérusalem en 1277. L'énergie avec laquelle ce Capétien établit dans son royaume sicilien des cadres administratifs rigoureux et une fiscalité inadaptée à l'économie locale rendit vite impopulaires l'Angevin et les barons de son entourage. La révolte dite des Vêpres siciliennes, le 30 mars 1282, et l'intervention d'une armée aragonaise firent passer l'île en quelques mois sous la domination de Pierre III d'Aragon, gendre de Manfred. Charles conserva la partie continentale du royaume et sa capitale, Naples, dont il avait fait le siège d'une cour brillante. Malgré d'âpres compétitions, dues en grande partie aux interventions du Saint-Siège, de qui il était tenu en fief, le royaume de Naples survécut deux siècles à son fondateur.

JEAN FAVIER

CHARLES III DE DURAS (1345-1386) roi de Naples (1381-1386)

Fils de Louis d'Anjou et unique descendant mâle des ducs de Durazzo (ou Duras), Charles de Duras est orphelin très jeune et passe son enfance à Naples, à la cour de Jeanne Ire. Vers l'âge de quinze ans, la reine l'envoie en Hongrie auprès de son beau-frère, Louis Ier, qui veut faire de l'adolescent son héritier (1365) ; afin d'assurer à la couronne hongroise la succession du royaume de Naples ; Louis Ier lui fait épouser Marguerite, la plus proche héritière de Jeanne Ire (1369).

Ces projets sont remis en question, tant en Hongrie, avec la naissance tardive des trois filles de Louis Ier, qu'en Italie, avec le revirement de Jeanne Ire, dû au grand schisme. La reine s'est déclarée favorable au pape d'Avignon, Clément VII ; le pape de Rome, Urbain VI, ayant la Hongrie dans son obédience, Charles se retrouve engagé en Italie à la tête d'une armée hongroise ; Jeanne adopte alors Louis d'Anjou, frère du roi de France (1380). Couronné par Urbain VI, Charles conquiert le royaume : il entre à Naples, avec l'aide du peuple, le 16 juillet 1381, et fait étouffer Jeanne Ire dans sa prison. Louis d'Anjou, l'héritier désigné, entre en Italie ; au même moment, une grande partie du pays se révolte ; la mort prématurée de Louis, en 1384, sauve Charles III. Immédiatement, c'est la brouille avec le pape, incommodé par un allié désormais trop puissant : Charles est excommunié avec la reine et leurs descendants ! Mais Urbain VI, assiégé dans Nocera, ne doit son salut qu'à une fuite qui le mène jusqu'à Gênes.

Triomphant en Italie, Charles III souhaite régner sur tous les biens angevins : profitant des oppositions qui se font jour en Hongrie contre la reine Marie, fille de Louis Ier, et contre sa mère, la régente Élisabeth, il se fait couronner à Buda à la fin de 1385. L'année suivante, il meurt victime d'un complot tramé par les deux femmes.

Bénéficiant de circonstances très favorables en Italie et dont son ambition a pleinement su profiter, Charles III s'est perdu en poursuivant le rêve démesuré de la reconstitution d'un Empire angevin.

GÉRARD RIPPE

CHARLES II LE MAUVAIS (1332-1387) roi de Navarre (1349-1387)

Comte d'Évreux et roi de Navarre. Fils de Philippe d'Évreux, neveu de Philippe le Bel et de Jeanne, fille de Louis X, roi de France, Charles succéda, en 1343, à son père dans le comté d'Évreux et, en 1349, à sa mère qui avait reçu la couronne de Navarre apportée dans la maison de France par la reine Jeanne, femme de Philippe le Bel. Sa mère avait été incontestablement lésée par un échange qu'on lui imposa entre la Champagne, autre héritage lié à la Navarre, et de médiocres compensations en Angoumois et en Normandie. Charles ne cessa d'estimer qu'il avait été, de surcroît, frustré de la couronne de France en 1328 et complota contre les Valois avec l'aide de barons toujours prêts à secouer le joug de la monarchie. Pour obtenir des concessions immédiatement jugées insuffisantes, il joua de la rivalité entre le roi de France et le roi d'Angleterre, et tenta même d'exploiter le désir d'indépendance du dauphin Charles contre le roi Jean le Bon, qui le fit arrêter et exécuta certains de ses amis (1356). Charles le Mauvais fut libéré l'année suivante. Il lia partie avec les bourgeois parisiens en révolte contre le dauphin, mais il ne les suivit pas dans leur alliance avec les Jacques et réagit contre les paysans soulevés avec une très grande fermeté.

Il s'allia aux Anglais lors de la deuxième phase de la guerre de Cent Ans ; son armée fut vaincue par Du Guesclin à Cocherel (1364) et il perdit les places importantes qu'il possédait sur la basse Seine. Par le traité d'Avignon (1365), il abandonna une partie de ses possessions normandes en échange des droits du roi de France sur Montpellier. Il donna le reste en dot à sa fille, fiancée en 1378 au roi d'Angleterre Richard II, puis tenta de faire assassiner Charles V, qui saisit alors tout ce qui restait au Navarrais en Normandie. Charles le Mauvais eut cependant le temps de livrer Cherbourg aux Anglais. Ceux-ci n'en cessèrent pas moins de le soutenir. L'âpreté de sa vindicte et la force de sa haine contre les Valois valurent son surnom à ce prince par ailleurs brillant et intelligent.

JEAN FAVIER

CHARLES LE TÉMÉRAIRE (1433-1477) duc de Bourgogne (1467-1477)

Fils aîné de Philippe le Bon et d'Isabelle de Portugal, Charles le Téméraire attendit trente-quatre ans la succession de son père (1467) et trompa l'attente en voyageant, en complotant et en préparant son règne. Il prit notamment part à la ligue du Bien public (1465) et combattit à Montlhéry contre l'armée de Louis XI. L'État bourguignon dont il hérita finalement n'était que l'union personnelle de principautés diverses, plus ou moins bien tenues en main, qui formaient une mosaïque féodale entre le Jura et la mer du Nord. On y distinguait deux groupes : celui de Bourgogne (le duché et la Franche-

Comté, à quoi s'ajoutaient les comtés de Nevers et de Mâcon) et celui des Pays-Bas (Flandre, Artois, Picardie, Hainaut, Brabant). Les duchés de Limbourg et de Luxembourg, ainsi qu'un véritable protectorat sur la principauté des évêques de Liège, constituaient l'amorce d'une réunion territoriale de ces fiefs. Charles voulut, d'emblée, en faire autre chose qu'un assemblage de seigneuries et, en attendant de trouver dans la renaissance de l'ancienne Lotharingie du IXe siècle un prétexte à ceindre une couronne royale qu'il tenta d'obtenir de l'empereur, il renforça la centralisation administrative, se dota d'une forte armée et maintint son indépendance par une habile politique de bascule entre la France et l'Empire. N'ayant pas de fils, il fit de sa fille Marie, unique héritière de l'ensemble de la principauté, l'enjeu d'un marchandage à l'échelle européenne au cours duquel il fut près d'obtenir la couronne impériale, mais où il gagna surtout, en multipliant les dupes, de nombreuses et solides inimitiés.

Audacieux et intelligent, Charles le Téméraire manquait de patience pour tempérer son ardeur ; ambitieux, il voulait égaler les héros dont il aimait à se faire lire les exploits. Cultivé, excellant lui-même dans la poésie et la musique, celui qui se voulut grand-duc d'Occident excellait aussi dans les exercices du corps et dans l'art de la guerre. Il réorganisa, assisté de conseillers italiens, l'armée bourguignonne en vue de réaliser son grand dessein : la transformation en un puissant État de ses possessions disparates, résurgence de l'ancienne Lotharingie, capable de tenir tête à la fois à la France et à l'Empire germanique. Pour cela, il lui fallait annexer la Lorraine dont l'indépendance rendait impossible l'unité bourguignonne. Dès son avènement, le Téméraire se mit à réprimer brutalement la révolte des Liégeois contre leur prince-évêque, son parent, révolte encouragée par Louis XI qui cherchait à affaiblir la puissance bourguignonne.

Son ambition dressa contre le duc de Bourgogne ses voisins immédiats (le duc de Lorraine, les cantons suisses), cependant que l'empereur et le roi de France intriguaient sans intervenir militairement. Le duc sut profiter de l'opportune révélation des intelligences entretenues par le roi parmi les Liégeois pour garder prisonnier son suzerain pendant trois jours (Péronne, 1468). Louis XI obtint sa libération au prix de promesses qu'il ne tint pas. En 1474, le roi dut à nouveau compter avec le duc, allié au roi d'Angleterre dont les convoitises se portaient encore vers le continent. Louis XI disloqua cette alliance en achetant le retrait des Anglais, lors de la trêve de Picquigny, 1475.

Après avoir repris Amiens et Beauvais (1471-1472) et envahi sans profit le duché de Bourgogne, le roi de France comprit qu'il lui fallait agir indirectement, en favorisant la coalition des mécontents. Charles le Téméraire se faisait reconnaître comme l'héritier du dernier duc de Gueldre et achetait d'un Habsbourg impécunieux le Sundgau et la Haute-Alsace avant d'exiger du duc René II le droit de faire passer l'armée bourguignonne à travers la Lorraine et d'y établir des garnisons permanentes. Tout ceci suffisait à pousser à l'action ce qui échappait encore à l'emprise bourguignonne dans l'ancienne Lotharingie. Les villes alsaciennes menacées dans leur indépendance formèrent la « Basse Union », contre laquelle une expédition bourguignonne échoua. Les Alsaciens jugèrent même et exécutèrent le bailli qui mettait trop de zèle à servir Charles. C'est alors que les intrigues de Louis XI favorisèrent la réconciliation et l'alliance du duc d'Autriche et des cantons suisses, auxquels se joignirent les villes de la Basse Union (union de Constance, avr. 1474) et le duc René II de Lorraine (août 1474). Les Suisses prirent alors l'initiative des hostilités.

Le Téméraire ne vit pas le danger et perdit son temps et son argent à réprimer la révolte de la petite ville de Neuss, qui secouait le joug de l'archevêque de Cologne, allié du Bourguignon. Les Suisses occupèrent pendant ce temps la Franche-Comté, et les Français la Picardie, la Bourgogne et le Luxembourg (1475), cependant que Louis XI achetait le rembarquement d'Édouard IV d'Angleterre, punissait de mort la trahison du comte de Saint-Pol et, peu après, celle du duc de Nemours, et maintenait par la menace le vieux roi René, duc d'Anjou et comte de Provence, dans une neutralité favorable à la France. Le Téméraire occupa la Lorraine et le pays de Vaud (1475), mais se fit battre par les Suisses près de Granson (2 mars 1476) et devant Morat (22 juin 1476). Les Lorrains de René II, qui avaient aidé les Suisses à Morat, saisirent l'occasion et reprirent le contrôle de la Lorraine. Le Téméraire, malgré l'affaiblissement de son armée et le refus opposé par ses bonnes villes à une nouvelle demande de subsides, tenta d'assiéger Nancy. Une armée de Lorrains, d'Alsaciens et de Suisses, à laquelle les finances françaises n'étaient pas étrangères, vint débloquer la ville et, le 5 janvier 1477, écrasa l'armée du duc de Bourgogne. On trouva, le surlendemain, le corps du Téméraire, à demi dévoré par les loups.

Louis XI mit la main sur la Bourgogne, la Picardie et l'Artois. Marie de Bourgogne apporta en dot à Maximilien de Habsbourg ce qui lui restait de l'État bourguignon : les Pays-Bas.

JEAN FAVIER

CHARLES MARTEL (688 env.-741)

Fils de Pépin d'Herstal, Charles Martel apparaît dans l'histoire au lendemain de la mort de son père (déc. 714), qui déclencha des troubles violents dans le royaume franc : Neustriens et Aquitains alliés aux Frisons et aux Saxons tentèrent d'abattre la puissance austrasienne. Au bout de six ans, Charles Martel réussit à défaire ses adversaires et à s'imposer avec les titres de maire du palais, duc et prince des Francs, aux côtés du roi mérovingien Thierry IV. Son action se résume dans la reconquête du royaume où l'autorité franque ne subsistait guère qu'en Neustrie et en Austrasie, les autres régions s'étant émancipées à peu près complètement depuis la fin du VIIe siècle. L'instrument de la reconquête fut l'armée du maire, constituée par sa clientèle austrasienne qu'il rétribua largement en terres d'Église : si les structures ecclésiastiques s'en trouvèrent bouleversées, cette sécularisation permit la transformation du royaume franc en un État guerrier. Charles Martel put ainsi en Germanie ressaisir la Thuringe et l'Alémanie, rétablir la suprématie franque sur la Bavière et reconquérir en partie la Frise ; il accorda en même temps son appui aux missionnaires qui achevaient l'évangélisation de la Germanie centrale et méridionale et y implantaient l'Église – notamment à l'Anglo-Saxon Boniface. En Gaule, l'invasion de l'Aquitaine par les Arabes, l'appel au secours qu'il reçut du duc Eudes lui permirent de franchir la Loire, de remporter en 732 ou en 733 l'éclatante victoire de Poitiers et, après celle-ci, de recevoir le serment de fidélité du nouveau duc. Dans le Sud-Est, il reconquit non sans peine la Bourgogne et la Provence. Son pouvoir s'était entre-temps tellement affermi qu'il ne remplaça pas le roi Thierry IV, mort en 737, et qu'il disposa souverainement du royaume en le partageant, avant de mourir, entre ses deux fils Carloman et Pépin.

ROBERT FOLZ

CHARTE GRANDE → GRANDE CHARTE

CHARTES DE FRANCE TRÉSOR DES → TRÉSOR DES CHARTES DE FRANCE

CHARTREUX

Origines

Au mois de juin 1084, l'évêque de Grenoble, saint Hugues, conduisit dans une petite vallée du massif de la Grande-Chartreuse sept compagnons qui lui avaient demandé un endroit propice à la vie solitaire. Leur chef était Bruno, qui avait alors dépassé la cinquantaine. Né à Cologne, il avait demeuré à Reims une trentaine d'années, successivement étudiant, chanoine, écolâtre, enfin chancelier. Après avoir refusé d'être le complice de l'indigne archevêque Manassès, il abandonna son enseignement et se retira pendant un an au lieu appelé Sèche-Fontaine, appartenant à l'abbaye de Molesmes (Côte-d'Or), à partir de laquelle l'abbé Robert devait fonder, une quinzaine d'années plus tard, le monastère de Cîteaux.

Bruno, qui espérait avoir trouvé dans le massif de la Grande-Chartreuse une retraite définitive, fut contraint de le quitter en 1090, à l'appel de son ancien élève, Eudes de Châtillon, devenu le pape Urbain II, soucieux de s'entourer de conseillers sûrs. Mais il ne resta pas longtemps à Rome : après avoir refusé l'archevêché de Reggio, il se retira en Calabre, où il mourut le 6 octobre 1101.

Un moment abandonné, en 1090, l'ermitage de la Grande-Chartreuse fut réoccupé par des disciples de Bruno. Guigues, né en 1083, entré en 1106 à la Grande-Chartreuse, dont il devint le cinquième prieur en 1109, rédigea vers 1125 les premières *Coutumes*, qui sont un code de vie monastique aussi intéressant par les multiples détails qu'il contient que par l'esprit de sagesse qui l'anime. Guigues mourut le 27 juillet 1136.

Le « désert » et l'organisation des chartreuses

Dans aucun ordre religieux, le cadre n'a une importance aussi grande que chez les Chartreux. À la Grande-Chartreuse, comme dans toutes les anciennes maisons de l'ordre, les moines constituèrent, avec une inlassable persévérance, le « désert », une des caractéristiques de leur organisation primitive.

Autour du vaste domaine qu'ils désiraient occuper, les Chartreux traçaient des limites, à l'intérieur desquelles ils revendiquaient le privilège exclusif de racheter toutes les terres, en restreignant dès le principe les droits des propriétaires ; ils s'engageaient, en revanche, à ne rien acquérir hors de ces limites. Le domaine ainsi constitué, appelé désert, était situé de préférence au fond d'une vallée. Par un défilé, facile à barrer, on accédait à une clairière, où s'élevait la « maison basse », appelée aussi *correrie* ; y résidaient les frères, agriculteurs et artisans ; plus loin se trouvait la « maison haute », le monastère proprement dit, habité par les pères, qui assuraient le grand office liturgique, et dont l'occupation matérielle essentielle était l'étude et la copie des livres. Les premières chartreuses se trouvant toutes dans les montagnes, ce schéma fut parfaitement respecté ; quand, par la suite, des maisons furent fondées dans des plaines ou aux abords des villes, le plan de l'ensemble fut moins systématique, mais l'isolement resta sauvegardé et chaque père eut toujours sa « cellule » individuelle, véritable petite maison comprenant au rez-de-chaussée bûcher et atelier, au premier étage deux pièces ; la première, dite de l'*Ave Maria*, servait de cuisine aux temps lointains où chacun préparait sa nourriture (coutume abolie en 1276) ; dans l'autre, le chartreux résidait habituellement pour prier, lire, manger et dormir. À chaque cellule est joint un jardin que chacun entretient et une petite galerie qui permet de prendre quelque exercice par mauvais temps

La vie des moines

La caractéristique de la vie à la chartreuse est la solitude, soigneusement protégée parce qu'elle aide à trouver Dieu et à vivre avec Dieu seul. Mais les Chartreux ont toujours considéré que l'organisation sociale et communautaire propre à la vie cénobitique devait fournir le cadre nécessaire à la bonne observance de la règle et à la persévérance. Les Chartreux portent le vêtement monastique blanc, mais leur scapulaire, qu'ils appellent *cuculle*, comporte deux bandes qui relient ses pans à hauteur de la ceinture. Ils adoptèrent plus tard le port du chapelet.

Dans ses grandes lignes, spécialement pour la distribution des Psaumes, l'office des Chartreux est celui des Bénédictins. S'il fait oraison dans sa cellule et y récite une partie de l'office, le chartreux se rend à l'église, au milieu de la nuit, pour matines et laudes, dans la matinée, pour la messe et, l'après-midi, pour les vêpres. Les Chartreux prennent leur repas en commun le dimanche et font chaque semaine une promenade en communauté. Ils se réunissent au chapitre, où sont traitées les affaires de la maison.

À l'origine, les maisons étaient complètement autonomes. Vers 1140, le septième prieur de la Grande-Chartreuse, saint Anthelme, réunit plusieurs prieurs qui suivaient les *Coutumes* de Guigues et, en 1155, eut lieu le premier chapitre général de l'ordre. Depuis, les pouvoirs du chapitre général et, entre ses sessions, ceux du prieur de la Grande-Chartreuse, devenu prieur général de l'ordre, se sont développés de telle façon qu'il n'est pas d'ordre monastique plus centralisé.

Histoire de l'ordre

Guigues avait limité l'effectif d'une chartreuse au prieur, à douze moines et seize frères convers. Au cours des siècles, on admit des exceptions : la chartreuse de Paris et plusieurs autres eurent vingt-quatre moines, la Grande-Chartreuse atteignit trente-six, mais les chiffres demeurèrent relativement modestes. Avec la fermeté du gouvernement de l'ordre, cette règle explique la solidité et la continuité qui transparaissent dans son histoire.

La progression du nombre des maisons fut lente et régulière. Plus de trente ans s'écoulèrent entre la fondation de la

Grande-Chartreuse et celle de la seconde maison, en 1115, à Portes (Ain). Puis, dans les années suivantes, surgit une série de chartreuses situées dans l'est de la France, les Alpes, le Jura et les Ardennes. Dès la fin du siècle furent fondées des chartreuses en Espagne, en Italie, en Angleterre et au Danemark. Plusieurs villes possédèrent un monastère : Vauvert, près de Paris (1257), Rome (1370), Dijon (1383), Pavie (1396), Bâle (1401), Venise (1422), Miraflores, près de Burgos (1441). L'ordre atteint ses plus hauts effectifs avec près de deux cents chartreuses au début du XVIe siècle.

JACQUES DUBOIS

Bibliographie

Statuta ordinis cartusiensis, Bâle, 1510 ; refondus, Paris, 1582 ; rééd., Parkminster, 1926, trad. franç., Vrin, 1943.

- **Sources**

Aux sources de la vie cartusienne, 6 vol. parus, Grande-Chartreuse, 1960-1968 / B. BLIGNY, *Recueil des plus anciens actes de la Grande-Chartreuse (1086-1196)*, Grenoble, 1958 / R. BRUCE LOCKHART, *Halfway to Heaven (La Vie cachée des Chartreux*, Nouvelle Cité, 1990) / J. DUBOIS, « Quelques Problèmes de l'histoire de l'ordre des Chartreux à propos de livres récents », in *Rev. Histoire ecclésiastique*, LXIII, 1967 / *La Grande-Chartreuse par un chartreux*, Bellegarde, 1964, 12e éd. 1984.

CHEVALERIE

La chevalerie apparaît au XIe siècle comme une catégorie de la société féodale rassemblant les spécialistes du combat cavalier, devenu le seul réellement efficace. C'est par le rite de la remise des armes, l'adoubement, que le jeune homme ayant achevé son éducation militaire, est fait chevalier, apte à coopérer loyalement à la défense du peuple et au maintien de la paix. En France, la chevalerie devint rapidement une caste héréditaire et, sous l'influence de l'Église et des croisades, peu à peu se sacralisa. Au cours du XIIe siècle, les qualités fondamentales du bon chevalier, vaillance, loyauté, largesse et courtoisie, furent reconnues comme les vertus par excellence de la noblesse.

La morale de la chevalerie, véhiculée par les œuvres maîtresses de la littérature médiévale en langue vulgaire (morale virile : le mot chevalier n'a pas de féminin), s'imposa à l'ensemble de l'aristocratie européenne qui voyait dans ses valeurs spécifiques les critères de sa supériorité sociale. Cette éthique de l'honneur exerça, dès lors, une séduction profonde et durable, instituant des règles de comportement et de convenances qui n'ont point, de nos jours, perdu tout leur prestige.

Depuis le XIVe siècle, les princes ont créé des sortes de confréries restreintes et décoratives, les ordres de chevalerie, destinées, par l'octroi d'une distinction honorifique, à récompenser les plus fidèles serviteurs de l'État.

Les origines

Dans les décennies qui encadrent l'an mille, un mot latin, *miles*, traduisant dans la langue écrite divers vocables des dialectes parlés, *chevalier*, *Ritter* ou *knight*, entre dans l'usage pour distinguer des autres certains hommes. Sa diffusion répond à la nécessité alors ressentie par les écrivains, et notamment par les rédacteurs de chartes, de rendre compte de l'existence d'une nouvelle catégorie sociale. Ce titre fut choisi, en premier lieu, pour son sens militaire. Il exprimait la vocation particulière de ceux qui le portaient : c'étaient, par profession, des combattants. L'évolution récente de l'art de la guerre réservait, en effet, le monopole de l'action efficace à une élite de spécialistes, dotés de l'armement complet, dont la pièce maîtresse était le cheval. Les perfectionnements du harnois et les progrès de l'escrime cavalière à la lance accrurent, pendant le XIe siècle, leur supériorité technique et élargirent encore la distance qui les séparait de la piétaille. Mais le terme *miles* avait un autre sens pour lequel il fut également choisi. Le verbe *militare* impliquait une relation de subordination et signifiait, avant tout peut-être, servir. Les chevaliers étaient, en fait, des auxiliaires militaires rassemblés autour des maîtres du pouvoir, les aidant à défendre le pays et à maintenir la paix.

Toutefois, la spécialisation des guerriers montés et la formation d'une clientèle de combattants professionnels autour des grands étaient des phénomènes déjà anciens. Deux modifications des structures politiques peuvent expliquer, aux environs de l'an mille, la formation, au sein de la société, d'un corps cohérent aux limites précises qui méritait une dénomination spéciale. D'une part, dans la seigneurie privée qui naquit à cette époque de l'ultime désagrégation de l'autorité publique, la paysannerie tout entière se trouva soumise à des taxes, dont seuls furent exempts les hommes qui ne travaillaient pas la terre et qui servaient par les armes. D'autre part, le mouvement pour la paix de Dieu, qui se propagea, à partir de la fin du Xe siècle, depuis le sud de la Gaule, vint établir parmi les laïcs une nette distinction entre les « pauvres », tous les êtres désarmés qu'il importait de protéger, et les chevaliers, fauteurs de violence et de désordre, obligés de s'astreindre, par des serments collectifs, à limiter la turbulence et l'agressivité particulières à leur état. Les spécialistes du service de guerre se trouvèrent ainsi strictement séparés du commun par un privilège – ils échappaient aux exactions seigneuriales – et par des règles morales, celles dont la législation des conciles de la paix de Dieu leur imposait le respect. Ce fut dans le royaume de France, où la constitution de la seigneurie privée fut plus précoce, et qui connut seule un ample développement de la paix de Dieu, que la chevalerie prit le plus tôt sa cohésion.

Dans la société médiévale

Hors de France, les chevaliers demeurèrent longtemps en position subordonnée à l'égard des couches supérieures de l'aristocratie. Ainsi, dans les territoires soumis au roi de Germanie, la chevalerie formait, encore au début du XIIIe siècle, un « état » nettement distinct de la noblesse. Le souverain et les princes recrutaient volontiers leurs auxiliaires militaires parmi leurs dépendants les plus soumis, ceux que leur attachaient les liens de la servitude : les pays germaniques connurent donc une catégorie sociale particulière, celle des chevaliers-serfs. Il n'en fut pas de même dans le royaume de France, où la liberté personnelle fut toujours l'un des traits essentiels du statut chevaleresque et où une tendance très puissante rapprocha rapidement les deux notions, nettement distinctes à l'origine, de noblesse et de chevalerie. Plusieurs courants poussaient, dès le XIe siècle, à une telle confusion.

Il existait en France, dans la demeure des grands, beaucoup de chevaliers sans terre et qui vivaient en condition domestique, entretenus par leur maître. Mais beaucoup d'autres possédaient un domaine familial, dont ils tiraient leur aisance et le moyen de se vouer entièrement aux armes. Tous les guerriers domestiques revendiquèrent une telle autonomie économique ; beaucoup obtinrent peu à peu la concession d'un bien foncier, où ils s'établirent et qu'ils léguèrent à leurs fils. Sur ces patrimoines s'enracinèrent des lignages ; la condition chevaleresque cessa d'y être tenue pour individuelle ; elle parut une aptitude héréditaire, transmise de génération en génération aux descendants mâles. Tous les fils de chevaliers qui n'entraient pas dans l'Église s'introduisirent à la fin de leur adolescence dans la chevalerie et en refusèrent l'accès à ceux qui n'étaient pas de « bonne race ». La chevalerie se mua de la sorte en caste.

Au début du XIe siècle, s'imposa, entre autres, due à la réflexion ecclésiastique, une image de la société où les hommes se répartissaient, selon le plan divin, en trois « ordres », celui des travailleurs, celui des hommes de prière, celui, enfin, des guerriers. À ceux-ci incombait une mission spécifique : hâter, par la force de leurs armes, la réalisation du royaume de Dieu. Ainsi se forma l'idéal du chevalier du Christ, au service, non plus d'un patron, mais du Seigneur. Cette conception se reliait étroitement à l'idée de guerre sainte, donc à la croisade ; elle aboutit à la création des ordres religieux militaires, la *nova militia* qu'exalta saint Bernard ; les chevaliers du Temple ou de l'Hôpital, ceux de Santiago, les chevaliers Porte-Glaive ou Teutoniques, qui maniaient l'épée tout en s'imposant les renoncements monastiques, offrirent un modèle de perfection virile que l'aristocratie tout entière s'efforça d'imiter. Dans la chevalerie, désormais chargée de valeurs spirituelles, les princes et les rois eux-mêmes mirent aussi leur honneur à pénétrer. L'adoubement, la remise des armes, cérémonie d'initiation à l'origine toute profane, rite de passage de l'adolescence à l'âge adulte, prit peu à peu l'allure d'un sacrement, sanctifié par l'intervention du clergé et par une formation morale préliminaire. À la fin du XIIe siècle, cette fête solennelle était considérée par les hommes de la plus haute naissance et par les fils des souverains comme une étape majeure de leur existence.

Enfin, après l'adoubement et avant qu'ils n'aient succédé à leur père dans la direction de la seigneurie familiale, les jeunes chevaliers, venus de tous les niveaux de l'aristocratie, se mêlaient, au XIIe siècle, dans des bandes que les fils des princes conduisaient à l'aventure, à la poursuite de la gloire. Parmi ces chevaliers errants, les vertus initiales de la chevalerie revêtirent toute leur puissance de séduction. La littérature de divertissement en diffusa dans les cours le type exemplaire et, depuis la France, le fit rayonner parmi l'Europe chrétienne. Bientôt, tout homme qui n'était pas clerc ou moine et qui ne voulait pas passer pour un rustre s'appliqua à pratiquer les mœurs chevaleresques, qui parurent, avec la qualité du sang, le critère principal de la noblesse.

Le XIIIe siècle marque dans cette évolution une étape décisive. Les gens bien nés aspiraient tous à la chevalerie, mais les frais de plus en plus lourds de l'adoubement les empêchaient souvent d'y accéder. La chevalerie tendit ainsi à devenir, au sein de l'aristocratie de sang, un cercle de plus en plus restreint, un « ordre », une sorte de confrérie supérieure, conservatoire des plus pures valeurs nobles, à la fois religieuses et mondaines. La chevalerie devint, d'ailleurs, la seule clé dont disposât un homme qui n'était pas de bonne race pour forcer l'entrée de la noblesse. Encore ne pouvait-il la manier lui-même. Le souverain seul avait pouvoir de transgresser les règles de l'hérédité : lorsqu'il voulait récompenser les services insignes d'un de ses agents, il l'armait chevalier et de ce fait l'anoblissait. Mais le nouveau chevalier, s'il voulait être admis par ses pairs, devait alors respecter des règles de conduite très précises.

Le comportement chevaleresque

Car, en définitive, une certaine manière de vivre et l'éthique qui lui est liée constituent bien l'essence de la chevalerie. Cette morale particulière s'exprime dans les œuvres littéraires qui furent composées pour un public chevaleresque, œuvres de divertissement et œuvres moralisantes exposant dans le détail un modèle de comportement.

À la base de cette morale se situent deux vertus majeures qui constituent ensemble ce qu'on appela, depuis le XIIIe siècle, la *prouesse*. D'une part, la vaillance, la valeur militaire : toute l'éducation du futur chevalier est une préparation au combat ; de celle-ci, l'initié doit prouver l'efficacité, par une démonstration publique de ses capacités cavalières, lors de la cérémonie de l'adoubement. D'autre part, la loyauté : le chevalier, homme de service, est celui qui, tel Roland, ne saurait trahir la foi qu'il a jurée et qui, dans la guerre, se refuse à toute manœuvre insidieuse. L'école permanente de ces deux vertus fut, dans l'intervalle des opérations militaires, tournoi, simulacre de combat, dont la vogue au XIIe siècle emplit la Chrétienté et qui, d'abord affrontement sauvage et meurtrier de bandes adverses, se ritualisa peu à peu et devint, à la fin du Moyen Âge, un sport mondain, succession de joutes singulières, strictement réglées comme un ballet.

Vient ensuite la *largesse*, c'est-à-dire le mépris du profit. Le chevalier est, par respect de son état, improductif. « Il convient que les hommes labourent, bêchent et arrachent les broussailles de la terre pour qu'elle produise les fruits dont vivent le chevalier et ses chevaux. Il convient que le chevalier, qui chevauche et mène l'existence d'un seigneur, tire son bien-être de ce qui fait le travail et la peine des hommes » (Raymond Lulle, *Libro de le orden de Caballería*, fin du XIIIe siècle). Et le chevalier qui ne produit rien se doit de détruire allégrement les richesses. C'est par là qu'il se distingue le plus clairement des bourgeois et des rustres, par sa générosité, par son insouciance, par sa propension native au gaspillage. La vie chevaleresque est inséparable de la fête, rite périodique de destruction joyeuse.

Enfin, le chevalier est *courtois*. Dans les cours princières françaises du XIIe siècle s'est opéré un transfert de la notion de service. Parallèlement aux devoirs envers le seigneur, se sont institués des devoirs envers la dame élue, que le chevalier entend séduire par sa vaillance, éblouir par sa largesse et retenir par sa loyauté. À toutes les femmes et filles de chevaliers, il doit assistance, et il s'astreint vis-à-vis d'elles à modérer la rudesse agressive à quoi toute son éducation l'incline.

Les ordres de chevalerie

Cette éthique, qui se résout en un ensemble de règles strictement codifiées et dont le mépris entraîne la perte de l'« honneur », c'est-à-dire l'exclusion du groupe, triomphe dans la conscience aristocratique européenne du XIVe siècle, la grande époque des romans de chevalerie. C'est en ce temps, précisément, que naissent les ordres de chevalerie, dernière expression d'un mythe social. Les souverains – tel le roi d'Angleterre, Edouard III qui, inspiré par le roman du roi Arthur et des chevaliers de la Table ronde, fonde en 1344 l'ordre de la Jarretière – voulurent réunir autour d'eux une compagnie très restreinte (les chevaliers de la Jarretière étaient quarante), recrutée par concours sur titre de prouesse, étroitement soudée par foi et serment et rassemblée, comme toutes les confréries de l'époque, autour d'une chapelle et de cérémonies liturgiques périodiques. Par là, ils entendaient récompenser leurs serviteurs les plus sûrs et proposer à toute leur noblesse un exemple de vertu et de loyalisme. Leur initiative fut sans cesse reprise au cours des siècles. Après tant de révolutions, les ordres de chevalerie vivent encore aujourd'hui. Avec les rémanences de certaines convenances mondaines et ce qui subsistait encore récemment de respect pour le métier des armes, ces institutions constituent, dans la civilisation de notre temps, le résidu le plus tenace d'un état social qui, entre le XIe et le XIIIe siècle, a marqué de son empreinte, plus vigoureusement peut-être que tout autre, l'histoire de la civilisation européenne.

GEORGES DUBY

Bibliographie

M. Bloch, *La Société féodale*, t. II, Paris, 1940 / A. Borst, « Das Rittertum im Hochmittelalter. Idee und Wirklichkeit », in *Saeculum*, 1959 / G. Duby, *La Société aux XIe et XIIe siècles dans la région mâconnaise*, Paris, 1953 ; « Une enquête à poursuivre : la noblesse dans la France médiévale », in *Rev. hist.*, 1961 ; « Dans la France du Nord-Ouest au XIIe siècle : les « jeunes » dans la société aristocratique », in *Annales E.S.C.*, 1964 ; « Les Origines de la chevalerie », in *Settimana...*, Spolète, 1968 ; *Guillaume le Maréchal, ou le Meilleur Chevalier du monde*, Paris, 1984 / J. Flori, *L'Essor de la chevalerie, XIe-XVe s.*, Genève, 1983 / L. Génicot, « La Noblesse au Moyen Âge dans l'ancienne Francie », in *Annales E.S.C.*, 1962 / L. Verriest, *Noblesse, chevalerie, lignage*, Bruxelles, 1959.

CHEVALERIE ORDRES DE

→ ORDRES DE CHEVALERIE

CHEVALIER ÉTIENNE (1410-1474)

Issu d'une famille d'officiers dont la fortune était déjà faite, Étienne Chevalier fut d'abord au service du connétable de Richemont, puis du roi Charles VII, qui le nomma secrétaire en 1442, contrôleur général des aides en 1445, maître des comptes en 1449 et trésorier de France en 1452. L'un des principaux conseillers du roi, il fut choisi par celui-ci, de même que par Agnès Sorel, comme exécuteur testamentaire. Après l'avènement de Louis XI (systématiquement hostile aux serviteurs de son père avec qui il était en lutte ouverte), Étienne Chevalier devint très vite l'un des plus fidèles serviteurs du nouveau roi ; comme beaucoup d'officiers, il refusa d'entrer dans la Ligue du bien public et Louis XI lui en sut gré. Il est surtout connu pour avoir commandé à Jean Fouquet les enluminures d'un livre d'heures qui est l'un des chefs-d'œuvre de la peinture française et pour avoir fait don d'un diptyque à l'église Notre-Dame de Melun, où il fut inhumé.

JEAN FAVIER

CHEVALIERS PORTE-GLAIVE

Appelé aussi ordre des Chevaliers du Christ de Livonie, créé vers 1202 par Albert de Buxhövden, évêque de Livonie. Celui-ci venait de fonder sur les rives de la Baltique la ville de Riga, et il institua, sur le modèle des ordres croisés, un ordre religieux et militaire destiné à évangéliser la Livonie, alors païenne. Mais les nouveaux chevaliers durent vite faire appel aux chevaliers Teutoniques, qui poursuivaient l'occupation de la Prusse, et les tractations aboutirent dès 1234 à la fusion des deux ordres. Les Porte-Glaive abandonnèrent leur signe distinctif : deux épées croisées sur leur manteau blanc, pour la croix pattée noire. Cette union prit fin trois siècles plus tard, lorsque le grand maître de l'ordre, optant pour la Réforme, obtint de la Pologne la suzeraineté héréditaire de la Prusse (1525). Les Porte-Glaive reprirent alors leur indépendance en Livonie. Mais en 1561, la sécularisation de leur grand maître, reconnu à son tour duc héréditaire de Courlande et de Semigalle, marqua la fin de l'ordre.

CLAUDE DUCOURTIAL-REY

CHILDEBERT Ier (495 env.-558) roi des Francs (511-558)

Troisième fils de Clovis, Childebert devint, après la mort de son père en 511, roi d'une part du royaume franc qui s'étendait au bord de la Manche depuis la Somme jusqu'à l'Armorique et englobait à l'est Paris et peut-être Meaux ; en Aquitaine il tenait les cités de Bordeaux et de Saintes. Aux Wisigoths qui se maintenaient encore au sud de la Garonne, il réussit à arracher la plus grande partie de l'ancienne Novempopulanie (Auch, Eauze, Dax, Bigorre, Comminges), mais ni lui ni ses frères ne purent s'emparer du bas Languedoc qui demeura wisigoth jusqu'à la conquête par les Arabes. C'est dans le centre et le sud-est de la Gaule que le « roi de Paris » parvint à s'étendre le plus, acquérant dès 524 une partie du royaume de son frère Caribert (Angers, Chartres, Orléans et Bourges), puis en 534 la partie centrale du royaume burgonde qu'il avait contribué à conquérir (Lyon, Vienne, Genève et Mâcon) et enfin en 536 la Provence. À ce moment-là, il faisait figure de chef de la dynastie franque. Outre Paris, il tenait trois autres capitales, Lyon, Arles, Orléans qui joua le rôle pendant son règne de métropole religieuse du royaume mérovingien : il s'y tint de 533 à 558 quatre conciles, dont trois furent fréquentés par des évêques appartenant à toutes les parties du royaume. Childebert fonda aux portes de Paris l'église Saint-Vincent qui prit par la suite le nom de Saint-Germain-des-Prés.

ROBERT FOLZ

CHRONIQUEURS BYZANTINS

Comme les Grecs de l'Antiquité, les Byzantins nous ont laissé une ample littérature historique. La transmission de ce savoir fut assurée par les historiens et par les chroniqueurs. Si les historiens traitent de périodes limitées dans le temps et emploient une langue recherchée, imitant celle des auteurs classiques, les chroniqueurs ont pour objet de narrer l'histoire universelle depuis la création du monde jusqu'à leur époque, ce qui leur interdit d'écrire un récit comprenant de nombreux détails. À la différence des historiens, ils n'analysent guère leurs sources et se contentent de les compiler avec un bonheur inégal, en utilisant parfois des textes aujourd'hui perdus.

Souvent issus des milieux ecclésiastiques, les chroniqueurs nous livrent le point de vue de l'Église sur l'histoire. Ils s'adressent à un public assez large – selon les normes byzantines – en utilisant une langue simple, voire populaire, qui nous renseigne sur l'évolution du grec médiéval. Si certains commentateurs ont pu être irrités par les naïvetés ou par l'étroitesse de vue des chroniqueurs, il ne faut pas oublier que, bien davantage que les historiens, ces derniers furent traduits ou imités au Moyen Âge, que ce soit dans l'Occident latin ou dans les chrétientés orientales. On peut répartir ces textes si révélateurs de leur époque en quatre groupes : les chroniques de la haute époque, les grandes chroniques des VIIe-IXe siècles, les chroniques liées à l'encyclopédisme du Xe siècle et celles des derniers siècles.

Les premières chroniques sont dues à des Orientaux, dont le grec n'était pas toujours la langue maternelle. Ainsi Malalas était-il un Syrien grécisé, originaire d'Antioche qui tient une grande place dans sa chronique. Malgré ses erreurs – il fait de Cicéron et de Salluste des poètes syriens –, Malalas fixe les traits constitutifs du genre. Sa chronique allait jusqu'au règne de Justinien. Elle fut poursuivie jusqu'en 610 par celle de Jean d'Antioche, en grande partie perdue.

À partir du VIIe siècle, des ecclésiastiques fixés à Constantinople et proches du milieu patriarcal reprirent la tradition. Sous le règne d'Héraclius (610-641) fut écrite la *Chronique pascale*, d'un intérêt mineur. Beaucoup plus importante est celle qui est attribuée au moine Théophane (appelé aussi le Confesseur). Elle traite de la période allant de 284 à 813 et contient une innovation réelle. Théophane procède par sections correspondant à une année, au début desquelles il place des tables chronologiques comprenant l'année du monde, l'année chrétienne, l'année des règnes de l'empereur byzantin, du souverain perse, puis arabe, des papes et des patriarches. Son ouvrage, écrit en une langue simple, utilise des sources perdues et revêt une exceptionnelle importance pour l'histoire des VIIe-VIIIe siècles. Plus encore que les autres chroniqueurs, Théophane se montre hostile aux iconoclastes. Cet ouvrage fut traduit en latin dès la fin du IXe siècle par Anastase le Bibliothécaire. Nicéphore, qui fut patriarche de Constantinople de 806 à 815, a laissé une chronique moins détaillée que celle de Théophane ainsi qu'un catalogue chronologique allant de la création du monde à 829. Ces chroniques furent poursuivies jusqu'à la chute des iconoclastes en 843 par celle de Georges le Moine. Citons enfin les chroniques locales, dont la plus connue est celle dite de Monemvasie (Péloponnèse), ainsi que les chroniques orientales. Pour le VIIe siècle, nous connaissons surtout celles qu'écrivirent Jean, évêque de la ville égyptienne de Nikiou – et qui nous est transmise par une traduction éthiopienne –, et l'évêque arménien Sébéos. Parmi les chroniques syriaques postérieures, il faut retenir les ouvrages d'Élie de Nisibe et de Michel le Syrien.

L'encyclopédisme du Xe siècle influença le genre de la chronique. Du règne de Constantin VII date la *Continuation de Théophane*, qui exalte la légitimité de la dynastie macédonienne. Ce texte ne doit pas faire oublier la chronique écrite à la même époque par Syméon Logothète, qui était un haut fonctionnaire impérial. L'esprit antiquisant de l'empereur se fait sentir dans la chronique qu'écrivit à la fin du Xe siècle Léon le Diacre.

Désormais le genre de la chronique devait décliner, à un moment où les historiens byzantins rivalisaient de talent. Les chroniques rédigées aux XIe-XIIe siècles par Skylitzès, Kédrènos et Zônaras sont d'un intérêt moindre que les textes historiques. Au XIIe siècle, Constantin Manassès laissa une chronique versifiée ; ce procédé fut repris deux siècles plus tard par Ephrem.

Après la prise de Constantinople par les croisés en 1204, on ne devait plus compter que quelques chroniques mineures. Ce genre n'était-il pas mieux adapté aux époques où s'affirmait la puissance de l'empire chrétien, selon un plan voulu par Dieu ? Les rapides mutations qui accompagnèrent le déclin, puis la chute de Byzance appelaient la composition de livres historiques, dont l'essor caractérisa la production intellectuelle des derniers siècles de l'empire.

PASCAL CULERRIER

CHYPRE ROYAUME DE

En 1191, Richard Cœur de Lion conquit l'île de Chypre, qui était possession byzantine, pour la vendre l'année suivante au roi détrôné de Jérusalem, Guy de Lusignan. Les Lusignan régnèrent sur Chypre pendant près de trois siècles, et l'île fut à plusieurs reprises l'étape des croisades tardives, l'asile des Francs chassés de Terre sainte, la base d'illusoires entreprises de reconquête. Elle joua d'autre part un rôle essentiel dans les relations maritimes entre les grands ports italiens (Gênes, Venise) et les ports de la Méditerranée orientale ; cela explique l'intérêt porté par l'aristocratie marchande des villes italiennes à une île dont l'importance s'accrut lors de la disparition du royaume latin de Jérusalem. Les Génois occupèrent Chypre en 1373, se firent céder en 1383 Famagouste – que Jacques II de Lusignan leur reprit un siècle plus tard – et obtinrent le paiement d'un tribut annuel. Les Vénitiens intervinrent enfin, et contraignirent à l'abdication, en 1489, la mère du dernier Lusignan, Jacques III, la Vénitienne Catherine Cornaro.

JEAN FAVIER

CISTERCIENS

Le Siècle d'or

Des origines à l'apogée

L'abbaye bénédictine de Molesmes, appartenant à la réforme de Cluny, fut le berceau de l'ordre cistercien. En 1098, quelques moines se détachèrent de Molesmes, sous la direction de l'abbé Robert et du prieur Albéric : le but de leur fondation, appelée « le nouveau monastère », fut de vivre intégralement la règle de saint Benoît, observée dans la majorité des monastères, mais souvent modifiée dans son esprit. Cluny traversait à cette époque une période florissante, et sa prospérité risquait de provoquer un certain relâchement. Les futurs cisterciens, par leur fidélité à l'observance monastique primitive, souhaitaient, en s'inspirant de Cassien et des Pères du désert, répondre à un idéal plus rigoureux : retour à la simplicité dans la vie quotidienne, dans le culte et dans l'art ; rupture avec le monde, pauvreté, silence, travail manuel, tels seront les éléments principaux de la création cistercienne. Cîteaux (de *cistels*,

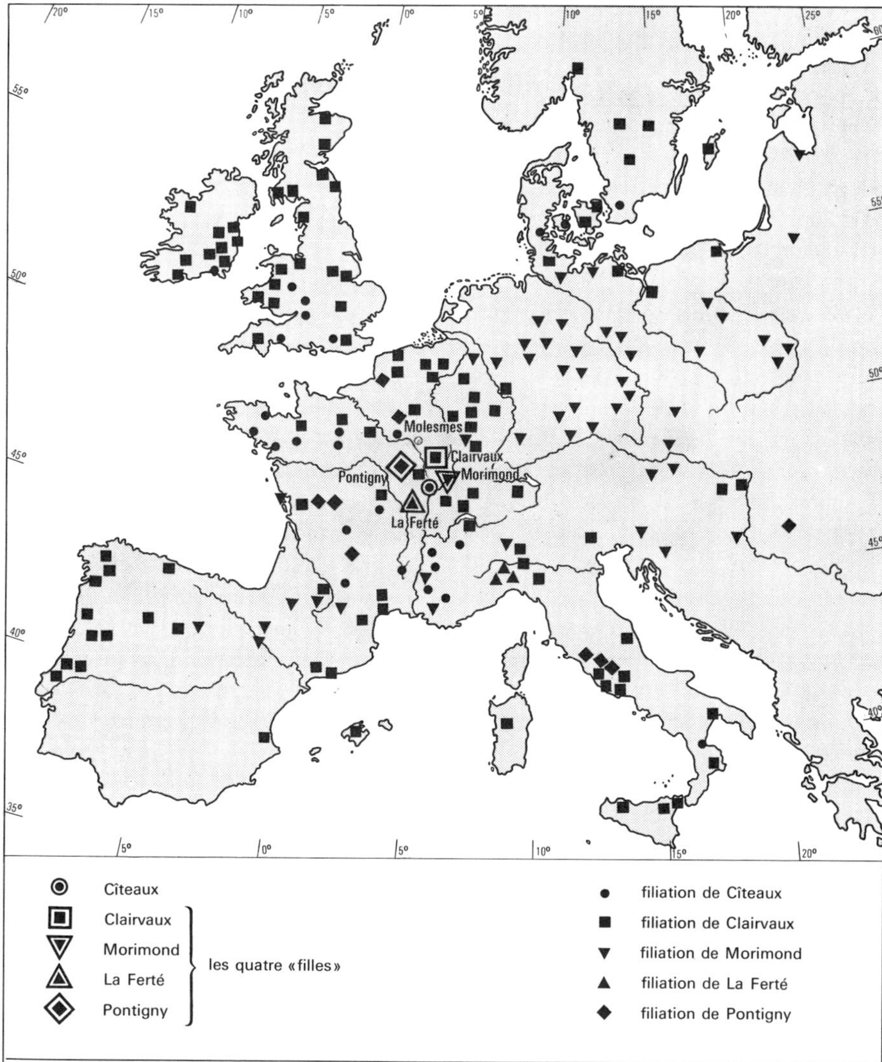

Expansion de l'ordre cistercien au 12ᵉ siècle

roseaux) sera fondé en Bourgogne : Bernard (dit de Clairvaux, car il sera l'organisateur de ce monastère) vint en 1111 accompagné de plusieurs de ses frères, de cousins et d'amis, rejoindre les moines réformateurs, qui, très vite, purent essaimer. En 1115, l'abbé de Cîteaux, Étienne Harding, charge Bernard de fonder Clairvaux. À la fin du XIIᵉ siècle, Cîteaux compte 343 monastères groupant un nombre important de moines : ainsi, le noviciat de Clairvaux compte cent membres dès 1148.

L'école cistercienne connaît son apogée au XIIᵉ siècle ; des hommes d'une rare personnalité en assurent la grandeur : Bernard de Clairvaux et Guillaume de Saint-Thierry. D'autres religieux, moins célèbres mais importants par leurs ouvrages, tel Aelred de Rievaulx, Guerric d'Igny, Gilbert de Hoiland, Adam de Perseigne, Isaac de l'Étoile, affermissent la renommée de Cîteaux, modèle de la vie cénobitique médiévale. L'influence de l'école cistercienne s'exercera sur le plan de la culture, du style, de l'art, de la vie religieuse et de la dévotion. De nombreux cisterciens du XIIe siècle sont des hommes instruits, ayant fréquenté les écoles et formés aux arts libéraux ; devenus moines, ils vont se détacher des sciences profanes et souvent les mépriser ; toutefois, en dépit de leur sévérité, leur savoir passera dans leurs traités. La réforme cistercienne s'inscrit à l'intérieur de cette renaissance du XIIe siècle, dont on a d'ailleurs abusivement parlé, car elle est plutôt un sommet de l'art de bien écrire en utilisant les auteurs de l'Antiquité qu'une pensée religieuse peu éclairée. Les maîtres cisterciens s'imposent par l'art de la composition, l'harmonie de la forme, la poésie. Le style de Bernard, en particulier, contribuera à l'évolution du latin médiéval. Le texte biblique constitue la source essentielle des auteurs cisterciens. En tant qu'interprètes de l'Écriture, les Pères grecs et latins leur sont familiers. Étienne Harding, organisateur de Cîteaux, fait appel à des maîtres juifs pour corriger le texte de la Vulgate. Quant aux auteurs de l'Antiquité, l'école cistercienne s'en défie tout en les utilisant ; elle cite volontiers leurs noms avec ceux des Pères. Bernard se référera aussi à Origène dans un de ses sermons, provoquant ainsi les murmures de son auditoire, qui le trouve quelque peu suspect ; Guillaume de Saint-Thierry cite fréquemment Horace ; Aelred de Rievaulx imite Cicéron et compose un *De amicitia* ; Isaac de l'Étoile fait l'éloge de la dialectique et, enfin, les rédacteurs de l'*Exordium magnum* citent Grégoire le Grand, les Pères du désert, Philon, Horace, Ovide et bien d'autres.

La théologie mystique

C'est dans le domaine de la vie spirituelle que l'influence cistercienne apparaît la plus dense. L'Ordre est régi par la *Charte de charité* qui fait de l'unité d'observance et d'organisation l'expression du lien de charité unissant les membres des diverses maisons. Chaque monastère sera une « école de charité », où l'on apprend « l'art des arts », qui, selon une expression de Guillaume de Saint-Thierry, n'est autre que l'art d'aimer. Ovide était lu dans les monastères cisterciens ; toutefois il s'agissait non plus de l'amour profane, mais de l'art d'aimer Dieu. Des exercices ascétiques et spirituels variés apprennent peu à peu aux novices la hiérarchie dans l'amour. Les traités d'origine cistercienne doteront la théologie mystique d'un caractère original dont l'ascendant s'exercera durant des siècles : école franciscaine avec Bonaventure, le monastère d'Helfta, la « dévotion moderne » et l'école française subiront l'influence de cette doctrine. Cîteaux présente un itinéraire de l'âme la conduisant de la connaissance de soi à la connaissance de Dieu, de l'image vers son modèle, le Christ. Cet itinéraire passe donc, à travers l'humanité du Christ, de la dissemblance à la ressemblance, sans pourtant s'y attarder, car l'important est d'arriver à la contemplation du Verbe, à l'union avec Dieu, à la déification. Guillaume de Saint-Thierry, fidèle à la pensée d'Origène, de Grégoire de Nysse, d'Augustin et de Scot

Érigène, ayant étudié les « trois âges de l'amour » (commençant, progressant, parfait), qui marquent les étapes du développement de la charité, et les niveaux successifs du déploiement de la foi, aboutira à une mystique trinitaire. Aussi Bernard, Guillaume et leurs compagnons offriront-ils, non seulement aux moines de leur époque, mais à l'attention des spirituels de leur temps une doctrine grâce à laquelle Cîteaux méritera le nom de « soleil de son siècle ». La spiritualité monastique cistercienne dépassera le cadre des abbayes, elle influencera la mentalité chevaleresque et par là même les grands romans de chevalerie.

Concernant la dévotion à la Vierge, importante chez Bernard de Clairvaux et ses disciples, une question a été posée et résolue de diverses façons : la pensée cistercienne a-t-elle influencé l'amour courtois ? Il va de soi que la glorification de la femme possède, dans l'un et l'autre cas, des motifs très différents. À Cîteaux, la Mère de Dieu est louée en raison de son rôle dans l'Incarnation : elle symbolise l'âme humaine appelée à enfanter en elle-même et dans l'univers le royaume de Dieu. Or la magnification de la femme dans l'amour courtois ne relève pas de la charité, mais plutôt de la « cupidité ». Ainsi les sources de ces mouvements sont radicalement opposées. Toutefois, il est évident que la glorification de la Vierge, si intense au XIIe siècle et à laquelle la mystique cistercienne a participé et contribué, a créé un climat favorable à l'idéalisation de la femme.

Art et spiritualité

Dans l'architecture monastique, rien n'égale la beauté des abbayes cisterciennes. Situées dans des vallées, des collines, des forêts et des îles (Lérins), celles-ci ont su s'entourer d'une nature qui reflète avec magnificence la splendeur divine. À cet égard, les noms des monastères sont significatifs. Ils évoquent la simplicité de la nourriture (Maigrauge), l'échelle donnant accès au divin (*Scala Dei*), l'abreuvement (Bellefontaine, Sept-Fons), la lumière (Soleilmont) et la proximité de Dieu (Port-du-Salut, Grâce-Dieu, Paix-Dieu, Val-Dieu)...

De l'art cistercien est banni le faste oriental ainsi que le raffinement de l'ornementation clunisienne ; le style roman est dépouillé des images et des symboles dont les ignorants ont besoin et qui risquent de retenir le regard et de distraire l'homme intériorisé. Bernard de Clairvaux fait allusion à la sobre ivresse (*sobria ebrietas*) qui jaillit du dedans et opère des mutations et des métamorphoses, sans pour autant nécessiter le point d'appui d'une imagerie extérieure. Sur la pierre, l'ornementation luxuriante est répudiée de la même manière que les fioritures dans le discours ou l'écriture. Tout est valorisé suivant une hiérarchie secrète née d'une expérience. La parure apparaît superflue. Seul le temple de l'âme est un sanctuaire orné ; mais nul ne le découvre, sinon celui qui en est le porteur. C'est ainsi que l'« art d'aimer » devient approche du mystère : celui de Dieu qui se prolonge en l'homme. La simplicité en tant que dépouillement et unité possède sa véritable efficacité. Elle est beauté à l'état pur et se suffit. C'est pourquoi, selon les auteurs cisterciens, « les pierres chantent » ; elles deviennent lèvres de louange non seulement pour Dieu mais pour la création. Le cosmos n'a nul besoin d'être représenté car il est présent dans le cœur du moine unifié. Aucun antagonisme n'apparaît entre l'esprit et la forme, dedans et dehors ne font qu'un, signifiant par là même les noces de l'âme et du divin.

Quant au chant cistercien, il obéit à un rite qui, établi vers 1119, apparaît d'une ample simplicité. Les modulations grégoriennes dans leur particularité cistercienne, avec les neumes qui prolongent la dernière syllabe, sont dites s'élancer d'un brasier intérieur. Il s'agit – suivant l'expression en usage – d'une prière de feu (*oratio ignata*).

MARIE-MADELEINE DAVY

Premières réformes (XIIIe - XVIe siècle)

Saint Bernard fut incontestablement l'un des plus grands maîtres spirituels du monachisme, et c'est au rayonnement de sa personnalité que l'ordre cistercien doit son prodigieux essor. Mais Bernard ne fut pas seulement un moine voué à la vie contemplative à l'intérieur de son monastère : à la demande, souvent, des plus hautes autorités ecclésiastiques, il fut amené à jouer un rôle prépondérant dans les affaires de l'Église et de la chrétienté. Cette existence partagée entre le cloître et une activité extérieure devint, à la fin du XIIe siècle et au début du XIIIe, la part d'un grand nombre d'abbés cisterciens, ou de moines promus à diverses dignités ecclésiastiques. Certes, l'Ordre restait conscient du contraste qui existait entre cette activité et l'idéal contemplatif de Cîteaux. Le chapitre général de 1211 essaya même d'obtenir du pape que le poids de ces obligations extérieures fût allégé. Mais le Saint-Siège continua à recourir en diverses circonstances aux prélats cisterciens, dont il appréciait le savoir-faire et la ferveur spirituelle. Lors du quatrième concile de Latran, l'ordre cistercien était à l'apogée de son influence (1215). Les ordres mendiants, qui apparaissent à cette époque, à la différence des moines voués à la recherche de Dieu seul dans la solitude, se donnent pour objectif la prédication et l'action apostolique directe. Il était normal que l'influence et la popularité dont jouissaient jusqu'alors les Cisterciens leur fussent désormais réservées. Mais, en raison de leur succès même, il était inévitable que ces ordres nouveaux en viennent à exercer une certaine attraction sur les ordres anciens, particulièrement en ce qui concerne leur théologie si parfaitement adaptée aux tendances intellectuelles du temps, de même que leur organisation juridique, assez perfectionnée. C'est ainsi que la théologie scolastique fit son entrée dans l'ordre cistercien ; ce fut malheureusement, pour une part, au détriment de l'ancienne conception monastique de la *lectio* divina et de cette forme d'intellectualité proprement monastique, d'inspiration essentiellement biblique et patristique, qui avait caractérisé l'école cistercienne du XIIe siècle. Malgré la vigoureuse opposition des abbés du parti conservateur, en 1245 fut établi à Paris le collège Saint-Bernard, où de jeunes moines venus des divers points de l'Ordre devaient faire des études universitaires. Cette innovation fut suivie en divers pays, et les chapitres généraux encouragèrent le mouvement. En 1335, le pape cistercien Benoît XII promulga sa constitution *Fulgens sicut stella matutina*, par laquelle il rendait les études universitaires obligatoires, en même temps qu'il pourvoyait à une meilleure organisation financière des monastères et au maintien de la simplicité de vie. Sur le plan législatif, Clément IV avait, dès 1265, imposé à l'Ordre une constitution (*Parvus Fons*) qui renforçait l'autorité du chapitre général, en lui procurant l'assistance d'un définitoire de vingt-cinq abbés : institution inspirée par les constitutions dominicaines, mais qui n'était pas sans attaches avec la tradition antérieure de l'Ordre.

Au milieu du XIVe siècle, une sombre période commence non seulement pour les ordres religieux, mais aussi pour toute la société européenne. Ce sont d'abord la peste noire et la guerre de Cent Ans ; puis le grand schisme d'Occident, les guerres de Religion, qui débutent en Bohême avec les hussites et se prolongeront au cours du XVIe siècle avec la Réforme protestante. En plusieurs régions, les monastères furent complètement anéantis ; ailleurs, la discipline baisse, le recrutement s'effondre, la misère règne souvent. Beaucoup d'abbayes sont données en bénéfice à des abbés commendataires, étrangers à l'Ordre et uniquement soucieux, dans la plupart des cas, de percevoir les revenus de leurs monastères ; cette institution fut sans doute le pire des fléaux qui atteignirent alors l'ordre monastique.

Les premières tentatives de réforme datent du premier quart du XVe siècle. Mais Cîteaux n'est pas en état d'en prendre la tête, et le nationalisme naissant s'insinue jusque dans l'Ordre pour en miner l'unité. Ainsi apparaissent diverses congrégations, qui, tantôt, gardent un lien plus ou moins lâche avec l'Ordre, tantôt, revendiquent une complète autonomie. Elles subissent généralement, dans leur spiritualité et leur organisation juridique, l'influence des ordres religieux plus récents. La première en date est la congrégation de Castille (1425) ; l'une des plus célèbres sera celle des Feuillants (1587), d'une austérité extrême. Le Saint-Siège encouragea ces tentatives qui, dans le contexte de l'époque, étaient le seul moyen de promouvoir les réformes nécessaires. Pourtant l'unité de la famille cistercienne, telle que l'avait établie la *Charte de charité*, était définitivement ruinée. Les chapitres généraux continuent à se tenir, mais leur autorité ne s'étend plus que sur un nombre restreint d'abbayes de France et d'Allemagne. Malgré ces vicissitudes, un nombre important de monastères gardèrent, au cours des XVIe et XVIIe siècles, une ferveur réelle, même si la rencontre de l'humanisme, puis de la culture baroque, avec la vie monastique conduisit parfois à de singulières « adaptations » : « Non seulement les églises, les bâtiments abbatiaux, les bibliothèques et les réfectoires furent édifiés ou transformés selon le goût fastueux du temps, mais, dans la mesure où les circonstances le permettaient, abbés et moines imitèrent à l'envi les manières et jusqu'aux passe-temps favoris de la noblesse contemporaine... Le chœur, et même, en certaines occasions, l'orchestre se faisaient entendre régulièrement à l'église » ; les jours de fêtes, « l'orchestre de chambre divertissait la communauté et ses invités pendant le repas » (L. Lekaï). Et cependant, en 1768 encore, un visiteur d'un fastueux monastère allemand écrivait : « Il y a soixante-dix moines dans la clôture... Quoique le monastère soit riche, nous avons constaté une grande pauvreté en ce qui concerne les moines. » Le caractère purement contemplatif de l'Ordre à ses origines se perdait peu à peu. Dès le milieu du XIIIe siècle, les Cisterciens desservirent les églises fréquentées par les fidèles qui habitaient sur les terres des monastères ; à partir de la fin du XVIe siècle, presque toutes les maisons cisterciennes durent assumer des charges paroissiales.

PLACIDE DESEILLE

CLARI ou CLÉRY ROBERT DE (1170 env.-apr. 1216)

Chevalier originaire de Picardie, qui participa à la quatrième Croisade, en 1204, et rédigea, au retour, un récit vigoureux et pittoresque, *La Conquête de Constantinople*. Au contraire de Villehardouin, Robert de Clari est un chevalier obscur, qui n'a pas su interpréter le détournement de la croisade contre l'empire grec, et qui s'est satisfait des explications simples qu'on lui a données. Son témoignage sur l'état d'esprit des croisés, aussi bien que sur la vie des camps ou sur la découverte de Constantinople par les Occidentaux, est celui d'un homme naïf, sincère et curieux. La langue en est savoureuse.

JEAN FAVIER

CLARISSES

Moniales cloîtrées, les Clarisses, appelées aussi Pauvres Dames, furent fondées par sainte Claire d'Assise (1193/94-1253). À dix-huit ans, Claire Offreducio décide de suivre à sa manière l'exemple de saint François. Après quelques mois de séjour chez des bénédictines, elle s'installe avec quelques compagnes auprès d'une petite église dédiée à saint Damien, aux portes d'Assise. Partageant l'idéal de pauvreté absolue de saint François, sous une très stricte clôture, les sœurs vivent de leur travail et des aumônes que les Frères mineurs recueillent pour elles. L'existence d'une communauté féminine sans propriétés ni revenus est si étrangère aux mœurs du temps et au statut canonique des moniales qu'elle requiert une autorisation toute spéciale du pape. Le *privilegium paupertatis* ainsi obtenu d'Innocent III (1215 ou 1216) ne sera que pendant très peu de temps étendu aux autres monastères de Pauvres Dames, établis dès 1227 sous la juridiction des Frères mineurs et organisés selon une règle de vie promulguée en 1247 par Innocent IV.

L'expansion de l'ordre, installé peut-être dès 1220 à Reims, fut assez rapide en France. En 1255, Saint Louis contribua à la fondation, pour sa sœur Isabelle, d'un monastère à Longchamp. La règle de ces « sœurs mineures », un peu moins sévère, fut approuvée en 1263 par le pape Urbain IV.

Dans la suite du Moyen Âge, divers mouvements de réforme se développèrent dans les monastères de Pauvres Dames, comme dans toutes les familles religieuses. Avec sainte Catherine de Bologne (1413-1463), une des personnalités les plus marquantes de l'ordre est sainte Colette de Corbie (morte en 1447), dont la réforme, codifiée dans des constitutions qui furent approuvées en 1458 par Pie II, s'étendit à de nombreux monastères de France et de Belgique.

ANDRÉ DUVAL

CLÉMENT IV, GUI FOULQUES (fin XIIe s.-1268) pape (1265-1268)

Pape d'origine française, de son vrai nom Gui Foucoi. Il était archevêque de Narbonne avant son élection. Il eut avant tout une activité politique et favorisa les entreprises en Italie du frère de Saint

Louis, Charles d'Anjou, à qui il accorda en fief le royaume de Sicile, poursuivant ainsi l'action de ses prédécesseurs qui voulaient éliminer de la péninsule les gibelins. Grâce à cette assistance (excommunication de Conrad IV), Charles put vaincre son adversaire.

Clément IV fut, en outre, fort attentif à l'administration du Saint-Siège et prit les premières mesures permettant à la papauté de pourvoir aux bénéfices de catégorie moyenne.

MARCEL PACAUT

CLÉRY ROBERT DE → CLARI ROBERT DE

CLOVIS Ier (466 env.-511) roi des Francs (481-511) → FRANCS page 381

CŒUR JACQUES (1395 env.-1456)

Grand bourgeois parvenu du Moyen Âge finissant, Jacques Cœur aura connu, comme Nicolas Fouquet deux siècles plus tard, une ascension éclatante et une chute exemplaire ; comme lui, il aura confondu, dans son rôle de grand argentier, les finances de la France avec les siennes propres ; comme lui, il aura profité pour s'enrichir des troubles intérieurs et de la guerre extérieure. Mais le personnage de Jacques Cœur est plus dur, plus intéressé et parfois environné d'ombres maléfiques. C'est en 1418 que se décide la fortune de ce fils d'un pelletier de Bourges lorsque, après la victoire du parti bourguignon et la signature du traité de Troyes, le futur Charles VII s'installe avec sa cour dans la capitale du Berry. En 1420, son mariage avec la petite-fille du maître de la monnaie de Bourges l'introduit dans les milieux officiels de la ville et de la cour. En 1429, tandis que Jeanne d'Arc mène le dauphin se faire sacrer à Reims, Jacques Cœur, devenu fermier des Monnaies, émet trois cents marcs d'argent au-dessous du titre fixé et garde pour lui la différence. Condamné puis grâcié par le roi, il va devenir le fournisseur de la cour et le pourvoyeur d'argent du roi lui-même qui, en retour, le comblera de ses faveurs et ignorera ses abus. En 1435, il est nommé maître de la Monnaie de Bourges ; en 1439, argentier du roi ; il est anobli en 1441, puis nommé commissaire royal près les états du Languedoc et, en 1445, il reçoit en outre la charge de visiteur général des gabelles en Languedoc. Il est enfin membre du Conseil royal, investi de la confiance d'Agnès Sorel qui le nomme son exécuteur testamentaire, et il reçoit plusieurs missions diplomatiques, notamment auprès du sultan d'Égypte et du pape Nicolas V. De chacune de ces charges, de chacune de ces missions, Jacques Cœur tire profit et avantage.

La misère qui sévit à la fin de la guerre de Cent Ans excite le peuple contre une fortune aussi rapide qu'insolente ; les hauts personnages de l'entourage royal et jusqu'au roi lui-même lui doivent des sommes fabuleuses, scrupuleusement notées dans ses comptes, et sont par là intéressés à le noircir et à le perdre ; les curés l'accusent de vendre des armes au sultan d'Égypte ; porte-parole des marchands, Jean Jouvenel l'accuse d'avoir « empoigné toute la marchandise de ce royaume » ; les seigneurs fieffés, enfin, ne peuvent qu'éprouver de l'aversion pour un homme qui rachète les riches terres de ceux que la guerre a ruinés. Victime de la jalousie générale, de l'ingratitude royale, ou frappé au contraire du juste châtiment de ses exactions, Jacques Cœur est arrêté en juillet 1451 sous l'accusation d'avoir empoisonné la favorite Agnès Sorel, morte l'année précédente, et qui lui avait toujours manifesté son amitié. Amitié ou sentiment d'une autre nature comme le suggère le bas-relief de la maison de Jacques Cœur figurant dans la salle du trésor : il représente Tristan et Iseult endormis et séparés par l'épée, tandis qu'au-dessus d'eux le roi Marc les observe ; Tristan et Iseult ont les traits de Jacques Cœur et d'Agnès Sorel, le roi Marc ceux de Charles VII. Quoi qu'il en soit, lavé de cette accusation, le grand argentier est convaincu de malversations, emprisonné, condamné à payer 400 000 écus en amende et restitution. En 1454, il s'évade du château de Poitiers et demande asile au pape Nicolas V qui lui accorde sa protection. Quelques mois plus tard, le nouveau pontife Calixte III lui confie une flotte pour aller combattre les Turcs, expédition au cours de laquelle il trouve la mort dans l'île de Chio.

Quel est le bilan de cette vie exceptionnelle ? Jacques Cœur a certainement contribué à rétablir la confiance dans la monnaie (gros de Jacques Cœur) et à donner au négoce une nouvelle impulsion ; Aigues-Mortes, Marseille, Montpellier, Lyon, Bourges, entre autres, se sont enrichis à la faveur de ses activités marchandes ; il a participé à l'établissement de la taille générale et permanente dans tout le royaume et financé aussi les campagnes de Charles VII contre les Anglais. Les historiens ont retenu ce mot : « Sire, tout ce que j'ai est vôtre », prononcé juste avant la reconquête de la Normandie. Jacques Cœur est aussi le créateur qui a fait construire à Bourges l'hôtel qui porte son nom et recèle peut-être son secret, celui d'un initié au grand art alchimique et que confirmerait sa devise : « Faire, dire, taire. » Mais il apparaît aussi sous les traits de l'homme impitoyable qui imagine la rafle des vagabonds pour les faire ramer de force sur ses galères ; celui qui, en échange de ses ventes d'armes au sultan d'Égypte, reçoit franchises et protection pour son commerce avec le Levant et qui n'hésite pas, pour préserver ces bonnes relations, à lui renvoyer un esclave chrétien évadé qui avait demandé asile sur l'un de ses navires ; celui encore qui, contrairement à la tradition des riches bourgeois de son temps, ne fera aucune place dans son testament à ceux, si nombreux, qu'il avait lésés. Charles VII ne se montra pas « ingrat » envers son grand argentier ; il provoqua sa chute au moment où l'utilité de celui-ci devenait moins évidente que n'étaient compromettants pour la couronne ses abus et le mécontentement général qu'ils avaient engendré.

SOLANGE MARIN

COLOMBAN ou COLUMBAN saint (540 env.-615)

Un des plus grands missionnaires de l'Église celte à la fin du VIe siècle et au début du VIIe, saint Colomban fut à l'origine d'un renouveau de la vie monastique et de la spiritualité laïque sur le continent. Élevé au monastère de Bangor (comté de Down) en Irlande, il quitte ce pays vers 590 avec douze moines, dont Attala, Gall et Colomban le Jeune, et s'installe dans les Vosges. Il construit pour les disciples qui viennent suivre sa règle le monastère de Luxeuil, qui donnera naissance à ceux de Fontaines, Remiremont, Jumièges, entre autres.

Devenu impopulaire à cause de ses attaques contre les mœurs dissolues de la cour de Bourgogne et du clergé local, il est accusé de célébrer la fête de Pâques suivant l'usage celtique et est traduit en 603 devant un synode d'évêques ; il écrivit alors au pape Grégoire Ier pour obtenir son appui. Une puissante conspiration, ourdie contre lui à la cour du roi Théodoric II, le contraint d'abandonner son monastère de Luxeuil en 610 ; il se rend alors avec Gall et d'autres moines en Suisse, où il prêche l'Évangile aux Alamans. Il doit partir de nouveau et se rend en Italie, où il fonde vers 612-614 le monastère de Bobbio. Son influence s'étend, et de nombreux miracles lui sont attribués. Écrivain, Colomban a laissé des poèmes, des lettres et des sermons, où il se révèle homme de savoir, fréquentant les classiques grecs et latins.

SERGE POZNANSKI

COMMENDATIO

Acte par lequel un homme libre pouvait se « recommander » à un plus puissant que lui, se placer dans sa dépendance pour en obtenir protection et, parfois, nourriture. Ce fut, pendant le haut Moyen Âge (VIe-IXe s.), l'origine de la féodalité. À l'époque mérovingienne, cette commendatio affecte des hommes de tout rang qui obtiennent ainsi d'un plus puissant (laïc, ou institution ecclésiastique) soit la confirmation de leur droit de propriété sur une terre, soit la jouissance d'une terre attribuée lors de la commendatio (c'est le *beneficium*, ou bienfait). Moyennant ces avantages générateurs d'une appréciable protection, le « recommandé » doit à son seigneur un certain nombre de prestations (service militaire, aide économique, conseil et assistance).

Avec la restauration d'un semblant de pouvoir d'État sous les rois carolingiens, le système est généralisé. L'attribution et, surtout, le maintien du « bienfait » dépendent de l'exactitude du recommandé à bien remplir son service. On réserve alors le terme de vassal à ces recommandés de haut rang qui ont prêté serment de « foi (fidélité) et hommage ».

Cependant, le terme de « recommandés » reste employé jusqu'au XIIIe siècle pour désigner les paysans qui viennent volontairement se placer dans la dépendance d'un seigneur laïc ou ecclésiastique afin d'obtenir protection pour leur personne et leurs biens. Dans ce cas, le paysan engage sa liberté et celle de tous ses descendants, et le reconnaît en payant un léger cens annuel. En échange, il échappe à des contraintes seigneuriales de plus en plus lourdes à cette époque, surtout s'il se « recommande » à une église ou à une abbaye. Dans ce cas, il peut aussi profiter des nombreuses exemptions dont bénéficie cette abbaye, ce qui a pu attirer la « recommandation » même de riches bourgeois.

FRANÇOISE MOYEN

COMMUNAUTÉ TAISIBLE

Terme désignant des communautés familiales qui se forment tacitement par la poursuite de la vie en commun entre descendants après le décès du chef de famille. De telles communautés, qui répondent à la fois à des sentiments naturels et à des considérations pratiques, se rencontrent dans des sociétés très diverses depuis l'Antiquité (*consortium* entre frères de la Rome archaïque) jusqu'à une époque récente. Mais le terme de communautés taisibles est plus spécialement réservé aux groupements familiaux qui ont connu une assez large diffusion dans l'Europe occidentale au Moyen Âge. Ces communautés ont été surtout répandues dans les milieux ruraux, qu'il s'agisse de serfs ou de paysans libres, le maintien de la vie commune entre frères évitant le morcellement successoral de l'exploitation agricole. Mais elles sont connues également de la bourgeoisie urbaine, des marchands et des artisans, voire de la petite noblesse qui, elle aussi, vivait souvent de l'exploitation d'un domaine. Des termes locaux divers désignent ces communautés : *maignies*, *maix*, *chanteaux*, *communautés personnières*, *compaignies d'héritage*. Le plus souvent, la communauté se forme au décès du chef de famille par le maintien de l'indivision de l'héritage et de la vie commune entre les descendants et leurs familles. La communauté peut ainsi persister à travers plusieurs générations jusqu'à ce que, trop lourde et trop nombreuse, elle se désagrège. Il arrivait aussi que, lors du mariage d'un enfant, fils ou fille, les parents stipulent l'établissement commun du jeune ménage sous leur toit. Ou bien des frères ou même des parents plus lointains ou des étrangers décident par contrat de mettre leurs biens en commun et de vivre ensemble (affrèrement). Enfin, dans de nombreuses régions, la communauté taisible se formait par la vie commune d'an et jour et la confusion des meubles. Ce sont surtout de telles communautés qu'envisagent plusieurs coutumes rédigées du XVIe siècle (Perche, Poitou, Angoumois, Saintonge, Orléans, Nivernais, Bourbonnais). Ces communautés ont été particulièrement développées dans les périodes d'insécurité politique et économique. Elles constituaient des « alliances intégrales [...] pour mieux résister aux dangers et pour mieux supporter les charges d'une vie difficile ». La communauté a un chef – frère aîné ou chef désigné par le groupe – dont les pouvoirs sont limités ; à l'intérieur de la communauté chaque chef de famille exerce puissance paternelle et autorité maritale. Le chef représente le groupe vis-à-vis de l'extérieur. Il passe des actes dans l'intérêt commun.

Les communautés taisibles persistent en principe à travers les générations, et cessent en fait d'exister par suite de la disparition de leurs membres ou de l'éclatement du groupe, devenu trop nombreux. Le partage pouvait par ailleurs être demandé par l'un des membres du groupe selon des modalités variables, et plus ou moins facilement, compte tenu de la force des liens communautaires.

E. U.

COMMUNAUTÉS RURALES

La communauté villageoise a dû prendre naissance aux premiers temps du Moyen Âge comme communauté d'exploitants : elle est d'abord liée à un certain finage, avec ses obligations et ses contraintes agricoles communes (assolement, clôtures), mais surtout avec son exploitation rigoureusement collective des communaux et avec de nombreux droits d'usage (vaine pâture, glandée, gruerie, etc.). Mais, communauté d'exploitants, elle est aussi communauté d'habitants (en sont exclus les bordiers, grangiers, établis aux limites du finage). Au double titre d'exploitant et d'habitant, le seigneur s'affirme comme le « premier communier » et en profite, au cours des siècles, pour revendiquer l'entière propriété du tiers des communaux. Cependant, si elle admet en principe le seigneur, la communauté villageoise s'est le plus souvent affirmée et définie contre lui : c'est aussi, surtout au Moyen Âge, une communauté d'exploités qui entament aux XIIe et XIIIe siècles, des actions en justice pour obtenir l'abonnement de la taille ou l'octroi de libertés. Toutefois, les procès en question relevant de la justice du seigneur attaqué, ils se terminaient rarement à l'avantage des communautés, qui parfois recouraient alors à la violence ; sauf à faire appel, là où c'était matériellement possible, à la justice royale, voire pontificale, pour obtenir gain de cause. La communauté villageoise a une existence légale et une personnalité juridique reconnue. Lorsque s'affirme, à l'époque moderne la centralisation administrative, elle devient aussi une communauté fiscale ; elle se voit réclamer en bloc le paiement de la taille royale, et ce sont des collecteurs élus par la communauté qui en font la répartition de détail entre tous les membres. À la somme réclamée par les agents royaux, ils ajoutent éventuellement une « crue », car c'est la seule source de revenus de la communauté. Certes, elle paie la plupart du temps en nature ses quelques employés : berger du troupeau commun, « garde-messier » (moissons) ou maître d'école, mais elle a parfois besoin de numéraire pour ses dépenses d'entretien : chemins ou église. La communauté villageoise tend, en effet, à se confondre avec la communauté paroissiale ; c'est d'ailleurs dans l'église, ou sous son porche, que se font les « assemblées d'habitants » annoncées en chaire par le curé et appelées au son de la cloche ; le compte rendu, s'il y a lieu, est rédigé par le greffier ou notaire seigneurial, espion du seigneur dans ces réunions dont la tenue n'est pas toujours compatible avec la dignité du lieu. Les séances sont présidées par un ou plusieurs syndics (ou procureurs), représentants légaux de la communauté, qui tiennent souvent aussi les charges de marguilliers ou fabriciens (c'est-à-dire gérants de la communauté proprement paroissiale). Ces hommes sont généralement parmi les plus aisés du village et conservent leurs fonctions au sein de leur famille. D'ailleurs, pour avoir valeur, il suffit que l'assemblée réunisse « la partie la plus saine de la population », c'est-à-dire les chefs de famille les plus riches et les plus socialement stables. Cette restriction dans la composition des assemblées se sent à la lecture des cahiers de doléances de 1789, rédigés dans le cadre des communautés villageoises, et qui ne reflètent que rarement les plaintes des plus défavorisés. Lorsque ces villages devinrent communes, ce furent tout naturellement les mêmes familles de syndics qui exercèrent les nouvelles fonctions municipales.

FRANÇOISE MOYEN

COMMYNES, COMMINES OU COMINES PHILIPPE DE (1447-1511)

Noble flamand ; filleul de Philippe le Bon, chambellan de Charles le Téméraire, Philippe de Commynes fut à ses côtés pendant la Ligue du bien public et lors de l'entrevue du Téméraire et de Louis XI à Péronne (1468). C'est là qu'il connut le roi, au service duquel il passa en 1472, non sans lui avoir donné, dès le temps de Péronne, d'habiles conseils. Louis XI le fit sénéchal de Poitou (1476). Après la mort de ce roi, Commynes se dressa contre le gouvernement des Beaujeu, complota avec Louis d'Orléans et participa à la « guerre folle ». Destitué de ses fonctions de conseiller et de sénéchal en 1485, il fut même emprisonné en 1488. Libéré peu après, il rallia le service de Charles VIII. Déjà chargé de missions diplomatiques sous Louis XI, notamment à Florence en 1478, Commynes se vit confier par Charles VIII diverses missions en Italie et en Allemagne. Il accompagna encore Louis XII en Italie, puis se retira jusqu'à sa mort dans la seigneurie d'Argenton, que lui avait apportée sa femme. Il y mourut, pratiquement ruiné.

Commynes est surtout célèbre par les *Mémoires* qu'il rédigea, à la demande de l'archevêque de Vienne Angelo Catone, entre 1489 et 1491 (pour le règne de Louis XI) et en 1497-1498 (pour celui de Charles VIII), afin de servir à l'histoire des événements dont il avait été témoin et parfois acteur. L'ouvrage fut imprimé en huit livres à partir de 1524. Dans un style vif et élégant, Commynes cherche à éclairer l'intelligence des faits, et non seulement assurer leur souvenir. Soucieux d'explication, analyste subtil des comportements politiques, gardant son sens critique malgré l'admiration qu'il porte aux souverains qu'il a servis, c'est un véritable historien, plus qu'un chroniqueur à l'ancienne mode.

JEAN FAVIER

CONDAMINE → COUTURE

CONFRÉRIES DE MÉTIER

Groupements constitués à la fin du Moyen Âge (XIVe et XVe siècle en général) dans le cadre des diverses manifestations de la solidarité entre égaux qui tendait à remplacer les liens de protection caractéristiques de l'époque féodale. Les confréries organisaient la vie religieuse des membres d'un métier (corporation, guilde, métier juré, mais aussi métier libre) et assuraient en particulier aux défunts la prière communautaire. Elles assumaient aussi la responsabilité collective d'assistance envers les membres pauvres ou malades, les vieillards, les veuves et les orphelins. Complétant le métier et renforçant sa cohésion, les confréries mettaient parfois à sa disposition leurs ressources matérielles, notamment leurs lieux de réunion. Il serait, cependant, erroné de croire que les confréries étaient simplement calquées sur le système corporatif. Bien que les hommes et les chefs fussent souvent les mêmes, la correspondance était très inégale : il y eut parfois deux ou trois confréries pour un métier, et d'autres furent communes à plusieurs métiers. Surtout, les structures sociales différaient notablement : tenus à l'écart de la plupart des confréries, les compagnons tendirent à former des confréries distinctes de celles des maîtres.

Ces organismes ont, à bien des reprises, paru suspects à l'Église et au pouvoir laïque, tant par leur situation marginale dans la vie liturgique, normalement animée par les clercs, que par leur capacité à assembler les gens de métier et à couvrir d'un prétexte religieux d'authentiques manifestations sociales. Les confréries furent parfois dissoutes, en particulier au cours du XVIe siècle.

Jouant, dans les grandes villes marchandes ou industrielles, un rôle considérable pour l'animation de la vie intellectuelle et artistique, les confréries ont été l'un des agents du mécénat bourgeois, faisant décorer leurs chapelles, offrant aux églises des œuvres d'art (retables, tableaux, vitraux, statues, orfèvrerie), organisant des fêtes. Certaines (confréries de la Passion, à Paris, à partir du XVe siècle) se spécialisèrent, hors de toute appartenance professionnelle, dans l'organisation du théâtre.

JEAN FAVIER

CONNÉTABLE

Étymologiquement, comte de l'écurie (*comes stabuli*), officier domestique de la cour royale des Carolingiens. Placé, à l'origine, sous l'autorité du sénéchal, le connétable a charge de la cavalerie, dont l'importance ne cesse de croître à partir du milieu du VIIIe siècle. Dans l'armée féodale (*ost*), le service militaire étant la conséquence d'une obligation personnelle, née du lien personnel qu'est la vassalité, le connétable ne peut être le chef mais joue naturellement le rôle de conseiller militaire du roi ; le commandement d'un corps d'armée lui est souvent confié. Jamais, cependant, l'office de connétable ne comporte de droit au commandement supérieur, celui-ci étant très souvent dévolu à des princes de la famille royale. Il arrive, en revanche, à certains connétables d'exercer des fonctions d'administration locale, analogues à celles de gouverneur, notamment dans des provinces ayant une importance militaire particulière.

Quelques connétables, comme Gaucher de Châtillon sous Philippe le Bel, Bertrand du Guesclin sous Charles V, Olivier de Clisson sous Charles VI, illustrent l'office, qui devint le plus prestigieux, avec celui de chancelier, lorsque fut supprimée la fonction de sénéchal (1191).

Certains en viennent à jouer un rôle politique et à entrer dans des factions, souvent pour en prendre la tête. C'est le cas, au XVe siècle, de Bernard VII d'Armagnac et d'Arthur de Richemont, ce dernier ayant à un moment tenu la place d'un véritable Premier ministre ; c'est aussi celui des connétables Raoul V de Brienne (mort en 1350) et Louis de Saint-Pol (mort en 1475) qui sont condamnés pour trahison et décapités. L'influence excessive prise par Anne de Montmorency au XVIe siècle, puis par Charles de Luynes sous Louis XIII, conduisit Richelieu à ne pas donner de successeur à François de Lesdiguières (mort en 1626). La plus haute fonction militaire demeure alors celle des maréchaux, également issue d'un office subalterne du palais carolingien, mais le fait que le nombre de ceux-ci restait variable empêchait le maréchalat de revêtir trop d'importance dans la vie politique du royaume.

JEAN FAVIER

CONRAD III (1093-1152) empereur germanique (1138-1152)

Neveu par sa mère du dernier des Saliens, Conrad III était le frère de Frédéric de Hohenstaufen, candidat malheureux, quoique héritier en titre, de la précédente élection. Il fut élu, pour avoir été choisi par le légat du pape en Germanie, l'archevêque de Trèves. Les princes électeurs le préféraient, parce que moins puissant, à Henri le Superbe qui était duc de Bavière, duc de Saxe et possédait les vastes domaines italiens de Mathilde de Toscane. Les grands eussent été à la merci d'un homme si riche, qui était aussi très énergique. Couronné à Aix-la-Chapelle au début de 1138, Conrad, qui tenait son pouvoir de la volonté de l'Église, comme l'avaient souhaité Grégoire VII et ses successeurs, se montra respectueux du concordat de Worms. En assistant à plusieurs élections épiscopales, il les approuvait. Il pensa même aller à Rome réinstaller le pape Eugène III, quand les Romains l'en eurent chassé et que les rois normands de Sicile se faisaient plus pressants dans le sud de l'Italie. En fait il se laissa tenter par l'aventure que représentait la deuxième Croisade, prêchée par Bernard de Clairvaux en 1146, après la chute d'Édesse. Le roi de France Louis VII s'était croisé, le roi de Germanie l'imita, partit le premier mais tomba malade et subit plusieurs revers. Arrivé à Saint-Jean-d'Acre, il ne put obliger son armée à agir avec les troupes des Latins implantés depuis la première Croisade en Terre sainte. Le plus important resta le traité qu'il signa en retournant en Allemagne avec son beau-frère Manuel Comnène, empereur de Byzance, pour reprendre la lutte contre Roger II de Sicile.

En même temps se poursuivait à l'est de l'Elbe la première croisade allemande en terre slave. Le pape Eugène III et Bernard de Clairvaux avaient accepté de considérer qu'il était aussi utile pour la chrétienté d'établir par conquête le christianisme en Europe orientale que de libérer les lieux saints. Ce fut un échec, mais désormais le mouvement vers l'est des Allemands était fondé sur des motifs reconnus par l'Église même.

En politique intérieure, son activité se réduisit presque à sa lutte contre les ducs de Bavière de la famille des Welfs. Parce que Henri le Superbe avait refusé de lui rendre hommage après son couronnement, Conrad III donna la Bavière à Léopold de Babenberg, margrave d'Autriche, son demi-frère, et le duché de Saxe à Albert l'Ours ; mais celui-ci fut contraint de céder le duché à Henri le Lion. Welf de Bavière attaqua en Souabe les domaines du Staufen, puis faute de moyens militaires abandonna la guerre, mais la reprit plus tard avec le soutien pécuniaire du roi de Sicile, lorsque Conrad III rentra de croisade.

Celui-ci meurt sans héritier élu ; il s'était résolu à transmettre les insignes royaux à son neveu Frédéric, petit-neveu de Henri V par son père et neveu du Welf Henri le Superbe par sa mère Judith. Ce choix, qui permit à Frédéric Ier de devenir empereur, détermina plusieurs siècles d'histoire allemande.

ANNE BEN KHEMIS

CONRAD DE MARBURG (mort en 1233)

Célèbre inquisiteur du XIIIe siècle. Conrad de Marburg appartenait à l'ordre de Prémontré, qui s'était considérablement développé en Allemagne à la fin du siècle précédent et était très attentif à la christianisation des populations. Homme rigide, Conrad fut d'abord le confesseur de sainte Élisabeth de Hongrie, épouse du landgrave Louis de Thuringe. En 1231, le pape Grégoire IX, qui mettait en place l'Inquisition, le munit de pouvoirs très étendus pour poursuivre les hérétiques, et particulièrement la secte cathare extrémiste des lucifériens, qui s'adonnait à des pratiques proches de la sorcellerie. Avec ses auxiliaires Dorso et Jean, il agit avec un tel fanatisme et d'une manière tellement illégale qu'il souleva le mécontentement d'un grand nombre d'habitants et fut massacré par des chevaliers dans le voisinage de Marburg.

MARCEL PACAUT

COQUILLARDS

Dès la conclusion du traité d'Arras (1435) entre Charles VII et Philippe le Bon, une partie des troupes utilisées au cours de la lutte des Armagnacs et des Bourguignons devient inutile, d'autant plus que le roi de France a déjà entamé la création du noyau d'une armée permanente. Après la trêve de 1444, le roi renvoie une partie des « écorcheurs », quelque 30 000 routiers, en Suisse et en Alsace. Il n'en subsiste pas moins un bon nombre, dispersés à travers tout le royaume, incapables de se reconvertir à la paix. Ils se transforment en bandes de brigands. La plus célèbre est celle des coquillards, jugée en 1455 à Dijon. Ses quelque cinq cents membres ont adopté comme symbole de ralliement la coquille des pèlerins de Saint-Jacques. Grâce aux documents judiciaires, l'historien se trouve en mesure de dessiner les contours de leur organisation et d'en dresser une typologie sommaire : les coquillards se différencient fort peu des écorcheurs des années 1430-1440 ou des « caïmans » de la région parisienne. Ces bandes ne font pas partie du « royaume des gueux », qui regroupe les meutes de mendiants des cours des miracles parisiennes, celle de la rue de la Truanderie et celle de la rue des Francs-Bourgeois par exemple. Le royaume repose, en effet, sur la charité publique et, par rapport aux bandes, sa frontière est mouvante. Quant aux coquillards, ils sont dirigés par le « roi de la coquille », et dominés par une hiérarchie complexe de « maîtres », de « biens subtils » et de « maîtres longs ». Les apprentis (les gascâtres) sont des tueurs (envoyeurs), des coupeurs de bourse (vendangeurs), des tricheurs aux jeux de hasard (beffleurs), des rats d'hôtellerie (blancs coulons). Le mélange social est aussi varié que l'origine géographique : Espagnols, Parisiens, Écossais, Bretons, Savoyards, Normands, Picards, Provençaux se recrutent parmi les soldats sans emploi, les pauvres hères, mais aussi parmi les clercs, les chanteurs de la Sainte-Chapelle de Dijon, les étudiants. Grâce à Villon (la *Ballade en jargon jobelin*) et au procès de Dijon, nous connaissons en partie leur langue verte, à la fois brutale et savante, mélange de mots étrangers, d'ancien français, de latin, de langue universitaire, d'expressions quotidiennes dévoyées de leur sens. Quelques-uns de ces termes sont entrés dans le langage courant (dupe), d'autres dans les langages argotiques : *quilles* pour jambes, *lourdes* ou *serres* pour mains, etc. La répression bourguignonne est exemplaire : dix pendus, quatre « boullus » vifs pour faux monnayage. Le procès est l'indice de l'importance des « classes dangereuses », question léguée par la guerre de Cent Ans à l'époque moderne, qui ne fut jamais résolue. Les pièces du procès des coquillards, les aveux sans fard du poète Villon ne sont que des documents partiels sur les « empires » du crime et de l'illégalité qui, sous l'histoire politique de l'Europe moderne, forment une autre histoire de la vie quotidienne des sociétés, mouvante et complexe.

JEAN MEYER

CORPORATIONS

Le terme de corporation, qui apparaît en français au XVIe siècle, désigne une association d'artisans ou de marchands spécialisés qui s'unissent pour réglementer leur profession et défendre leurs intérêts. Sous l'influence d'idéologies et de régimes d'inspiration fasciste, des théories politiques et sociales « corporatistes » ont conduit, non seulement à glorifier un prétendu idéal d'ordre et d'équilibre que les corporations auraient réalisé, mais à exagérer l'importance de l'organisation corporative dans le passé. Si, contrairement à l'opinion courante, il a existé, dans l'Occident médiéval par exemple, des corporations de marchands aussi bien que des corporations d'artisans, en revanche de nombreux métiers sont demeurés en dehors du système corporatif.

1. Le système corporatif

Limites et diversité

À chaque époque, entre le XIIe et le XIXe siècle, outre certaines professions, toute une partie du monde de l'économie urbaine restait, aux deux extrémités de la hiérarchie sociale, étrangère à l'organisation corporative. Au sommet, un groupe d'avant-garde, celui des marchands engagés dans des compagnies vouées au commerce international, échappait aux entraves de la réglementation des « métiers », esquissait une économie et une société précapitalistes. À la base, une main-d'œuvre non spécialisée, grossie par les immigrés ruraux, formait une masse soustraite à la protection des statuts corporatifs. Les *Ciompi*, ces prolétaires avant la lettre, qui se révoltèrent à Florence en 1378, étaient précisément ces ouvriers et ces artisans tenus à l'écart des corporations. Des métiers réputés « vils » étaient maintenus hors du système corporatif, à Bologne par exemple, les meuniers, aubergistes, légumiers, charretiers, bateliers, porteurs, hommes de peine. Il ne faut pas oublier enfin que le système des corporations se rencontre en général dans une économie et une société essentiellement rurales, de structure souvent féodale et aristocratique, où l'artisan est méprisé. Le vocabulaire corporatiste, qui renforce l'impression d'un système cohérent et vigoureux, date d'ailleurs le plus souvent de l'époque moderne et contemporaine. Dans l'Occident médiéval, il n'y avait pas *un* mot pour le désigner en latin, mais plusieurs, tels que *ars*, *opus*, *officium*, *artificium*, *magisterium*, *universitas*, *collegium*, *communitas*, *societas*, *consortium*, *unio*, *gremium*, etc., dont le sens ordinaire était plus général. De même les termes employés en langue vulgaire, quoique moins nombreux, avec une nette tendance à la prédominance d'un mot (le premier cité ci-après), étaient multiples : *métier*, *art* (d'où l'expression *arts et métiers*), *jurande* en français ; *gild*, *craft*, *trade* en anglais ; *ambacht*, *guelde* en flamand ; *Zunft*, *Zeche*, *Gewerbe*, *Handwerk*, *Innung*, *Hanse* en allemand ; *gremio*, *colegio* en espagnol ; *arte*, *mestiere*, *corporazione* en italien (Venise adoptant le terme antique de *scuola*, proche du vocabulaire des confréries, qui chevauche souvent celui des corporations).

Rôle économique et social

Il ne faudrait pas, en revanche, trop réagir contre les exagérations corporatistes de l'historiographie moderne, en minimisant le rôle économique, social, culturel, politique des corporations. C'est surtout dans les villes de moyenne importance, de 10 000 habitants environ (ou de 20 000 à 30 000 en Italie), du XIIIe au XVIIe siècle, que le monde des métiers a joué un rôle de premier plan : dans une économie surtout locale et régionale, dans une politique citadine sur laquelle ils influaient par l'intermédiaire des corps politiques municipaux, où ils étaient représentés au moins par leurs catégories supérieures. Là même où la vie économique et politique était dominée par des couches sociales à caractère international, supérieures au niveau corporatif, l'art témoigne souvent de l'emprise du milieu des corporations sur la société urbaine (Florence des XIVe-XVe s. : campanile de Giotto avec ses bas-reliefs, Or San Michele, etc. ; villes flamandes, brabançonnes et hennuyères du XIVe au XVIIe s. : des halles d'Ypres à la grand-place de Bruxelles ; peinture hollandaise de la première moitié du XVIIe s., avec Van Ravesteyn, Hals, Rembrandt, Flink, Van der Helst).

Si les causes de la mort des corporations sont assez claires – révolution industrielle et capitalisme entraînant des bouleversements économiques et sociaux sanctionnés par des révolutions ou des réformes politiques (suppression des corporations françaises par la Constituante en mars 1791, abolition des privilèges des gildes anglaises en 1835) – et s'il est certain qu'il n'y a pas de filiation directe des corporations d'Ancien Régime aux syndicats contemporains – le compagnonnage demeurant un phénomène à part –, les origines des corporations de l'Occident médiéval sont plus obscures. Même si une réglementation datant de 1030 environ, les *Honorantiae Civitatis Paviae*, fournit des arguments aux partisans de la survie en Italie du Nord de corporations de type romain, la continuité corporative depuis l'Antiquité jusqu'au Moyen Âge est loin d'être prouvée et l'essentiel demeure que les corporations médiévales et modernes ont un caractère spécifique lié à un contexte historique nouveau.

Si les caractères des corporations et les motivations de leurs membres ont pu varier au cours de leur histoire, si au début elles manifestaient un souci de défense d'intérêts économiques nouveaux liés à la montée de nouvelles couches sociales, si c'est surtout à leur fin (XVIIe-XVIIIe s.) qu'elles ont favorisé un immobilisme social, une résistance à l'innovation technique, qui en ont fait des bastions du conservatisme, il n'en reste pas moins que leur préoccupation essentielle a été d'éliminer la concurrence sur le marché urbain et d'organiser un système de monopole (voir Mickwitz) au profit de quelques individus ou familles. Mais leur rôle par rapport à l'écoulement des surplus de la production féodale et au démarrage d'une économie mondiale et capitaliste n'est pas pleinement élucidé.

Rapports avec la religion et les régimes politiques

L'attitude de l'Église catholique à l'égard des corporations a varié. C'est d'abord une méfiance exprimée dès 832 par l'archevêque Hincmar de Reims, hostile aux aspects païens des banquets de confréries professionnelles – la *potacio* à caractère de beuverie – et à la nature non chrétienne du lien confraternel. Plus tard, une partie au moins du clergé urbain a tendance à s'appuyer sur les corporations pour faire régner un ordre moral dans les villes. Les intellectuels professionnels groupés dans la corporation universitaire font d'une certaine façon de la scolastique le système intellectuel du monde corporatif, et le thomisme notamment peut être considéré, dans cette perspective, comme la théologie d'une société des professions organisées. Quant aux rapports entre corporations et confréries, à l'évaluation de la part des motivations proprement religieuses dans la vie des corporations (le secteur de l'assistance sociale et spirituelle – aumônes, messes, prières – semble essentiel dans ce système), il est d'autant plus difficile de les définir que la religion informe alors toute la vie professionnelle et sociale. Les fraternités anglaises, les loges maçonniques, les *Elks and odd fellows* des États-Unis sont des survivances de ce complexe social et idéologique.

Si les corporations ont par ailleurs été des organisations spécifiquement urbaines, elles ont fait l'objet d'un contrôle attentif de la part des pouvoirs politiques supra-urbains, avant d'être intégrées comme pièce importante du système dans la société princière ou monarchique de l'Ancien Régime. Les statuts des corporations sont autant des mesures de police et d'ordre imposées par l'autorité supérieure que le produit du désir des professionnels de se donner un instrument de meilleur fonctionnement (exemple du *Livre des métiers* rédigé à la fin du règne de Saint Louis, entre 1260 et 1270, pour les corporations parisiennes sous l'égide d'Étienne Boileau, prévôt royal, c'est-à-dire préfet de police).

Mieux connus sont maintenant, en revanche, les rapports entre les différentes catégories socioprofessionnelles à l'intérieur des corporations, à la lumière des conflits sociaux contemporains (voir par exemple le point de vue « syndicaliste » de Coornaert et le point de vue marxiste de Geremek).

Il reste que pour bien saisir dans son essence et dans son histoire le phénomène corporatif, il faut le replacer dans deux contextes plus larges. Il convient d'abord d'y voir un des aspects de la tendance des sociétés préindustrielles – et spécialement de la société occidentale médiévale et moderne – à s'organiser en communautés. La corporation n'est que l'aspect professionnel de cette tendance et chevauche naturellement d'autres formes d'organisation communautaire : religieuses (confréries) ou politiques (corps urbains). Elle est aussi, du moins à l'origine, une des manifestations d'un ordre urbain, fondé, comme la *commune*, sur un serment d'égaux, une *conjuration* antiféodale.

Il faut ensuite comparer les corporations de l'Europe préindustrielle à des phénomènes similaires dans le temps et l'espace : collèges funéraires de l'Antiquité gréco-romaine, corporations – surtout alimentaires, semble-t-il – de la Byzance médiévale, gildes (tardives, postmédiévales) du monde musulman, castes professionnelles de l'Inde, artisans des villes chinoises dépourvues de franchises et livrées à la bureaucratie impériale, confréries d'artisans auréolés de tabous, tels les orfèvres ou les forgerons de la protohistoire germanique, de l'Amérique précolombienne, de l'Afrique « primitive ».

2. Les corporations du XIe au XIVe siècle

Quels que puissent être les héritages collégiaux – romain dans l'Europe méridionale, germanique dans l'Europe septentrionale – les corporations, filles des villes, naissent avec elles au XIe siècle (il s'agit alors d'associations de marchands, à l'exception de celle d'Arras), mais c'est aux XIIe et XIIIe siècles qu'elles se multiplient et s'organisent en se donnant ou en recevant leurs premiers statuts et leurs premiers privilèges : les tisserands de Londres et les cordonniers de Rouen avant 1135, les cordonniers de Wurtzbourg en 1128, les pelissiers de Saragosse en 1137, les taverniers de Chartres en 1147, les tisserands de Cologne en 1149, les corroyeurs de Toulouse en 1158, etc. Vers le milieu du XIIIe siècle, le célèbre *Livre des métiers* (inachevé) d'Étienne Boileau recueille les statuts de 101 corporations parisiennes (il y en aura 142 à Venise).

À la fin du XIIIe siècle, la plupart des statuts de corporation définissent la composition des « métiers » en trois catégories : les *maîtres*, les *apprentis* (normalement destinés à devenir maîtres), les *valets* (en général appelés compagnons à partir du XVe s.). Les conditions d'entrée dans la corporation varient ; en général, les maîtres doivent faire preuve de compétence technique, « avoir de quoi » et le montrer en payant des droits d'entrée parfois levés par les autorités politiques (à Paris, le roi) ou en déposant une caution. Les rapports entre la corporation et les pouvoirs publics consistent en divers droits de regard des autorités, et dans la prestation collective par la corporation de certaines redevances et de certains services : guet, service militaire, services d'hygiène, etc. (en 1429, les gens de métier de Troyes, de service aux portes, ouvrent celles-ci à Jeanne d'Arc). La réglementation professionnelle vise la qualité des produits, soigneusement définie et vérifiée par des inspecteurs du métier, parfois sanctionnée, comme dans le textile, par l'apposition du sceau corporatif, garantie par des interdictions comme celle du travail nocturne. Le contrôle, la police et la justice des métiers étaient assurés par des membres choisis en leur sein, élus ou nommés (par ou avec l'accord des autorités publiques) et portant des noms divers : jurés, gardes, maieurs, syndics. Les relations entre maîtres, apprentis et valets étaient fixées de façon à assurer l'étroite dépendance des apprentis et des valets par rapport aux maîtres, sur un mode familial masquant mal une sorte de vassalité économique, sociale et morale. En dehors même des confréries, les corporations imposaient à leurs membres l'assistance à diverses cérémonies, soit particulières à la corporation (messe et procession lors de la fête du saint patron, enterrements et messes à la mémoire des membres de la corporation, banquets), soit établies dans le cadre urbain. Les finances de la corporation étaient alimentées à la fois par les droits d'entrée, les droits de sceau, les amendes, des cotisations diverses et des dons.

Dès le début, le système corporatif tendit à se hiérarchiser. Non seulement apprentis et surtout valets sont inférieurs aux maîtres, qui cherchent à accaparer le pouvoir de décision en principe confié, dans les cas importants, à des assemblées de tout le métier, mais une hiérarchie s'instaure peu à peu parmi les maîtres : les *jurés*, souvent choisis en fonction de leur fortune et de leur prestige social, forment une catégorie supérieure ; il y a parfois des classes hiérarchisées de maîtres (par exemple : *anciens*, *modernes*, *jeunes*). Enfin, il y a une hiérarchie des métiers. Dans le bâtiment, maçons et plâtriers ont des privilèges refusés aux tailleurs de pierre et mortelliers. Tantôt les foulons sont confinés dans le bas de la hiérarchie des métiers du textile, tantôt même ils en sont exclus, comme à Gand en 1361. Des métiers dits « grands » ou « supérieurs » monopolisent le pouvoir économique et politique au détriment des métiers inférieurs. Ainsi à Gand, au début du XIVe siècle, le « grand métier » de la laine s'oppose aux autres « petits métiers ». À Florence avant 1193, les grands marchands groupés dans l'*arte di Calimala* sont seuls représentés au Conseil de la commune, puis au milieu du XIIIe siècle émergent sept *arti maggiori*, émanation du *popolo grasso*, la riche bourgeoisie : ce sont les corporations des grands marchands de Calimala, des banquiers-changeurs, des drapiers, des fabricants et marchands de soieries de Por Santa Maria, des médecins et épiciers, des juges et notaires, des pelletiers et fourreurs.

3. L'âge d'or des corporations (XVe-XVIe s.)

Les crises du XIVe siècle : émeutes urbaines, crise de main-d'œuvre consécutive à la Grande Peste, semblèrent d'abord favoriser une démocratisation des corporations (entrée des petits métiers dans les conseils urbains, accès de valets à la maîtrise décimée). En Allemagne par exemple, les corps de métiers forcent l'entrée des conseils municipaux à Mayence en 1332, à Spire en 1330 et 1349, à Strasbourg en 1331 et 1349, à Magdebourg en 1330, à Constance en 1342 et 1370, à Cologne en 1371 et 1396. Dans les villes de la Hanse, et notamment à Lübeck, il y a, entre 1408 et 1416, domination des corps de métiers. En réalité, les maîtres des corporations qui se taillèrent une place à côté du patriciat étaient des marchands, non des artisans, et ce fut toujours une couche dominante restreinte de la bourgeoisie qui s'imposa dans les villes et les conseils municipaux. En Angleterre, en France, en Italie, où le pouvoir royal ou princier s'appesantit sur les corporations, la domination des maîtres s'en trouva renforcée. L'échec d'Étienne Marcel en 1358, ceux des maillotins en 1382, des Cabochiens en 1413 à Paris, des Ciompi à Florence en 1382, et la même année des tisserands gantois à Roosebeck, sont des défaites d'artisans et soulignent la faillite de la démocratisation corporative et urbaine.

Les corporations se ferment et se figent. À Bruxelles, dans les métiers du métal, maîtres et compagnons, qui au XIIIe siècle étaient très proches les uns des autres dans la lutte commune contre le patriciat, sont séparés aux XIVe et XVe siècles par un clivage de plus en plus profond. Un nombre restreint de maîtres (29) réussissent à sortir ou à se mettre en marge du monde corporatif en monopolisant le marché bruxellois, en se glissant dans la gilde supérieure des drapiers, et certains d'entre eux accèdent même, grâce à la faveur de la cour ducale, aux lignages. Un peu partout, la pratique de plus en plus fréquente du chef-d'œuvre contribue à interdire aux compagnons l'accès à la maîtrise. En 1560, les états généraux d'Orléans réclament l'obligation du chef-d'œuvre pour tous les maîtres.

Il y a des soubresauts : révolte des compagnons d'une série de villes allemandes en 1512-1513 (Cologne, Ulm, Spire, etc.), « abus, conspirations et monopoles » et grèves en France (grèves des imprimeurs à Lyon et Paris de 1539 à 1542, troubles sociaux à Paris entre 1560 et 1570, mesures contre les compagnons à Dijon en 1528, 1552, 1560, 1578, 1581, etc.), révolte des gens de métier gantois en 1540 matée par Charles Quint...

Mais, dans l'ensemble, le XVIe et le début du XVIIe siècle marquent l'âge d'or des corporations. Elles se multiplient et retrouvent dans le cadre national monarchique, ou « républicain » comme aux Provinces-Unies, une importance que le déclin politique des villes semblait leur enlever. En Angleterre en 1547, Édouard VI exempte les corporations des expropriations prononcées au nom de la Réforme. En France, Henri III en 1581 et Henri IV en 1597 réorganisent et étendent le système.

4. Le déclin (XVIIe-XIXe s.)

Pourtant, dès la fin du XVIe siècle, des abus de toute sorte étaient reprochés aux corporations, de plus en plus figées, et les maîtres des métiers les plus riches cherchaient à échapper au carcan corporatif. À Paris, les six « meilleurs » corps de métiers (merciers, drapiers, épiciers, orfèvres, changeurs et pelletiers) ne voulaient plus être « confondus avec les communautés d'arts et métiers ». D'ailleurs, dans la France des XVIIe et XVIIIe siècles, le système corporatif groupe moins de la moitié des artisans. Là comme surtout en Angleterre, c'est en dehors des corporations et contre elles que s'opère le démarrage industriel.

Tandis que Voltaire écrit en 1776 : « Toutes ces maîtrises et toutes ces jurandes n'ont été inventées que pour tirer de l'argent des pauvres ouvriers, pour enrichir les traitants et pour écraser la nation », Turgot, sous l'influence des physiocrates, condamne aussi « les corporations injustes et funestes », les maîtrises qui poursuivent « la recherche de leurs intérêts au détriment de la société générale ». Louis XVI signa le 5 février 1776 l'édit qui abolissait les corporations, mais la chute de Turgot en arrêta l'application. La Révolution française et l'essor du capitalisme allaient balayer en France, puis dans le reste de l'Europe, ce système, au nom de la liberté d'entreprise. L'affrontement entre le capital et le travail allait désormais se produire dans d'autres cadres institutionnels.

JACQUES LE GOFF

Bibliographie

G. ACLOQUE, *Les Corporations, l'industrie et le commerce à Chartres du XIe siècle à la Révolution*, Paris, 1917 / J. BILLIOUD, « De la confrérie à la corporation : les classes industrielles en Provence aux XIVe, XVe et XVIe siècles », in *Mém. Inst. hist. de Provence*, 6, 1929 / M. BOFARULL Y DE SARTORIO, *Gremios y cofradías*, 2 vol., Madrid, 1870-1910 / M. BOUVIER-AJAM, *Recherches sur la genèse et la date d'apparition des corporations médiévales en France*, L.G.D.J., 1978 / E. COORNAERT, « Les Ghildes médiévales (V^e-XVIe s.) », in *Rev. hist.*, 199, 1948 ; *Les Corporations en France avant 1789*, 2e éd., Paris, 1968 / L. DAL PANE, *Il Tramonto delle corporazioni in Italia secoli XVIII-XIX*, Milan, 1940 / M. G. DAVIES, *The Enforcement of English Apprenticeship. A Study in Applied Mercantilism (1563-1642)*, Cambridge (Mass.), 1956 / A. DOREN, *Das Florentiner Zunftwesen von 14. bis zum 16. Jahrhundert*, Berlin, 1940 / G. ESPINAS, « Groupe économique, groupe religieux : les tisserands de Valenciennes au XIVe siècle », in *Ann. Hist. écon. et soc.*, II, 1930 ; *Les Origines de l'association*, 2 vol., Paris,

1941-1942 ; « Comment étudier les statuts d'une association professionnelle médiévale », in *Ann. Hist. soc.*, VI, 1944 ; « Métiers, associations et confréries de métier : l'exemple des naypiers de Toulouse », *ibid.*, VIII, 1945 / G. FASOLI, *Catalogo descrittivo degli statuti bolognesi*, Bologne, 1931 ; « Le Compagnie delle arti a Bologna fino al principio del secolo XV », in *Archiginnasio*, 1935-1936 / F. FAVRESSE, « Comment on choisissait les jurés de métier à Bruxelles au Moyen Âge », in *Rev. belge Philol. et Hist.*, 35, 1957 / B. GEREMEK, *Najemna sila robocza w rzemiośle Paryż a XIII-XV w*, Varsovie, 1962 (trad. franç., *Le Salariat dans l'artisanat parisien aux XIIIe-XVe siècles*, Mouton, 1982) / A. GOURON, *La Réglementation des métiers en Languedoc au Moyen Âge*, Paris, 1958 / C. GROSS, *The Gild Merchant*, 2 vol., Oxford, 1890 / H. HAUSER, *Ouvriers du temps passé (XVe-XVIe s.)*, Paris, 1899, rééd. Slatkine, 1982 / F. KEUTGEN, *Ämter und Zünfte*, Berlin, 1903 / J. KLEIN, « Medieval Spanish Gilds », in *Facts and Factors in Economic History. Essays in Honor of E. F. Gay*, New York, 1932 / D. KNOOP & G. J. JONES, *The Medieval Mason*, New York, 1949 / S. KRAMER, *The English Craft-Guilds*, New York, 1927 / G. LE BRAS, « Les Confréries chrétiennes (1940-1941) », in *Études de sociologie religieuse*, t. II, 1956 / P. S. LEICHT, *Corporazioni romane e arti medievali*, Turin, 1937 / R. LESPINASSE & F. BONNARDOT dir., *Le Livre des métiers d'Étienne Boileau*, Paris, 1879, rééd. Slatkine, 1980 / E. MARTIN SAINT-LÉON, *Histoire des corporations de métiers de leurs origines jusqu'à leur suppression en 1791*, Alcan, 1922, rééd. Slatkine-Megariotis, 1980 / E. MASCHKE, « Continuité sociale et histoire urbaine médiévale », in *Ann. E.S.C.*, 1960 / G. MICKWITZ, *Die Kartellfunktionen der Zünfte und ihre Bedeutung bei der Entstehung des Zunftwesens*, Helsingfors, 1936 / G. M. MONTI, *Le Corporazioni nell'evo antico e nell'alto medioevo : lineamenti e ricerche*, Bari, 1934 / G. MORELLI, *Le Corporazioni romane di arti e mestieri dal XIII al XIX secolo*, Rome, 1937 / F. OLIVIER-MARTIN, *L'Organisation corporative de la France d'Ancien Régime*, Paris, 1938 / A. SAPORI, *Le Marchand italien au Moyen Âge*, Paris, 1952 / J.-P. SOSSON, « Quelques aspects sociaux de l'artisanat bruxellois du métal », in *Cah. bruxellois*, 6, 1961 ; « L'Artisanat bruxellois du métal : hiérarchie sociale, salaires et puissance économique (1360-1500) », *ibid.*, 7, 1962 / S. L. THRUPP, « The Gilds », in J. Clapham et E. Power dir., *The Cambridge Economic History of Europe*, III, Londres, 1963 / G. UNWIN, *The Gilds and Compagnies of London*, nouv. éd., New York, 1964 / H. VAN WERWEKE, « Het ambachtswezen te Gent (1949-1951) », in *Miscellannea Mediaevalia*, 1968 / C. WYFFELS, « Les Corporations flamandes et l'origine des corporations de métier », in *Rev. Nord*, 1950 ; *De oorsprong der ambachten in Vlaanderen en Brabant*, Bruxelles, 1951.

CORVÉES

Prestations en travail exigées de certains hommes, libres ou non, en échange d'une protection ou de terres, les corvées peuvent être de nature publique ou être des services domaniaux. Les corvées de nature publique sont exigées par l'État de tous les hommes libres pour le bien de tous. Il s'agit d'une sorte d'impôt en nature. Dès le IIIe millénaire avant J.-C., l'État égyptien entretient les digues et les canaux à l'aide de prestations de cette sorte. Mais seuls les petits fermiers les accomplissent, les grands propriétaires en étant exemptés. Dans l'Empire romain, des corvées assurent le fonctionnement de la poste et des charrois. Elles se perpétuent après les invasions barbares sous les Mérovingiens et les Carolingiens. Les hommes libres construisent, entretiennent et gardent ainsi les routes et les ponts. Ces services sont totalement différents des services de corps que les esclaves, les affranchis et même les colons doivent à leurs patrons (*operae*), en raison de leur statut personnel. Quant à ces services de corps, même dans les grandes propriétés latifundiaires de l'Italie antique, ils ne forment pas de lien obligé entre la réserve du maître et les terres concédées. C'est peu à peu, en même temps que le caractère public des corvées s'estompe pour disparaître au XIe siècle, que les corvées personnelles sont devenues réelles, la tenure devenant la base d'imposition. Alors se développent les corvées domaniales de nature radicalement différente. Elles sont au cœur de l'économie seigneuriale puisqu'elles assurent l'association entre la réserve du maître et les tenures paysannes, que celles-ci soient concédées à des libres ou à des non-libres. La tenure est, en effet, cédée en échange de travaux effectués sur la réserve, assurant ainsi la mise en valeur de cette dernière. Le seigneur s'approprie une partie du travail paysan, à côté d'ailleurs de redevances en nature et de taxes en argent. Les origines de ce mode de production sont obscures. Le plus ancien témoignage – des inscriptions du IIe siècle dans la province romaine d'Afrique – semble isolé. Le système a plutôt dû prendre son véritable départ sous le Bas-Empire. Il s'impose ensuite rapidement. Étant donné la carence en main-d'œuvre, l'aristocratie y trouve son intérêt. Quant aux royautés barbares, impuissantes à faire respecter leurs ordres, elles préfèrent désigner les tenures comme base d'imposition des services. Les travaux requis varient selon la situation juridique des tenures ou manses. Dans une villa classique du IXe siècle, le maître exige des manses ingénuiles deux types de travaux : au temps et à la tâche. Un nombre donné de jours par semaine, chaque manse fournit un travailleur qui exécute avec son outillage et son attelage des travaux sur la réserve en fonction du calendrier agricole. Pendant un temps donné, en général une quinzaine de jours par an, un travailleur du manse est employé de façon continue à des tâches diverses. Chaque manse doit aussi assurer entièrement la mise en valeur d'une portion de la réserve – le lot-corvée ou ansange – depuis le labour jusqu'à l'engrangement. Le manse doit enfin des corvées diverses de charroi et de clôture. Les manses serviles sont encore plus lourdement imposés. Ils doivent surtout des services de bras, car à l'origine ils ne possèdent ni attelage ni animaux de trait. Leurs détenteurs, s'ils sont esclaves, doivent en plus des corvées personnelles. Tous ces services, joints aux redevances, pèsent très lourd. Au début du Xe siècle, ils enlèvent au total un exploitant à chaque manse pendant une durée qui peut aller de un sixième à la moitié de l'année. La lourdeur des corvées varie selon les régions. Là où subsiste l'alleu paysan, elles n'ont pas de raison d'être. Cette disparité s'est cependant vite résorbée au cours du XIe siècle, quand s'effondrent les institutions carolingiennes. À tous les paysans devenus dépendants s'imposent les ordres des seigneurs détenteurs d'une parcelle du droit de ban (droit d'ordonner, de punir, de contraindre). Aux corvées soigneusement fixées à l'avance dues au seigneur foncier en échange de la tenure s'ajoutent les corvées arbitraires exigées par le seigneur banal en échange d'une hypothétique protection. Impossible de prévoir un emploi du temps : il faut construire, entretenir le château, faire le guet, faire des corvées de charroi. Peu à peu cependant les paysans sont libérés d'un certain nombre de charges. En fonction de leurs besoins et des variations économiques les seigneurs choisissent de mettre leur réserve en fermage ou de faire appel à une main-d'œuvre salariée. Certains, absents de leur domaine, appelés par d'autres tâches – la guerre ou le service du roi –, délaissent le lien patriarcal que suppose le système des corvées. Les services d'origine banale se réduisent en même temps que les paysans reçoivent des chartes d'affranchissement (XIIIe siècle) et que le roi reconquiert son pouvoir. L'allègement des corvées tel qu'il est obtenu à la fin du Moyen Âge marque un grand pas vers la conquête de la petite propriété reconnue dans la nuit du 4 août 1789, en même temps que les corvées sont abolies. Mais, jusqu'à cette date, elles restent la raison d'être du mode d'exploitation seigneurial dont la production est fondée, en priorité, sur le travail de la petite exploitation paysanne ; signe d'infâmie pour ceux qui les doivent, signe d'une carence en investissements productifs pour ceux qui les imposent.

CLAUDE GAUVARD

COUTURE

Avec son synonyme « condamine », le mot « couture » se retrouve fréquemment dans la toponymie ; il désignait au Moyen Âge, parmi toutes les terres de la villa ou du domaine seigneurial, celles qui étaient mises en « culture » directement par le seigneur ou ses régisseurs. Elles contrastaient généralement par leur étendue et leur regroupement avec les tenures paysannes morcelées. Étant propriété seigneuriale, elles ont échappé plus facilement aux partages jusqu'à la Révolution ; même vendues en biens nationaux, les anciennes « coutures » tranchaient dans le paysage.

FRANÇOISE MOYEN

CRÉCY BATAILLE DE (1346)

Bataille qui se déroula près de Crécy-en-Ponthieu le 26 août 1346 et qui fut la première grande défaite subie par l'armée du roi de France pendant la guerre de Cent Ans. La randonnée entreprise en Normandie par le roi d'Angleterre Édouard III n'avait pas pour but la conquête du duché, mais répondait au désir d'intervenir dans les affaires continentales, comme la guerre de la Succession de Bretagne. L'Anglais entendait également protéger les intérêts économiques de l'Angleterre, en particulier dans les relations avec la grande puissance industrielle qu'était la Flandre, principal acquéreur des produits de l'élevage lainier anglais. L'opération était donc politique, et Édouard III évitait tout assaut en direction de Paris. Philippe VI voulut cependant lui couper la retraite vers le nord, où l'armée anglaise pensait trouver un port pour rembarquer.

La défaite française tint pour l'essentiel à l'obstination des chevaliers français qui, méprisant l'infanterie anglaise dont les archers s'embusquaient facilement et manifestaient une grande souplesse tactique, chargèrent à découvert et massivement. Le roi dut son salut à une fuite solitaire. Les victimes les plus notables furent, dans les rangs français, le comte de Flandre et Jean de Luxembourg, roi de Bohême.

Stimulé par sa victoire, Édouard III entreprit le siège de Calais. La ville résista jusqu'au 4 août 1347, sans que les Français pussent la secourir. Les Anglais conservèrent Calais comme tête de pont militaire et comme étape commerciale. Une autre conséquence de la défaite de Crécy fut l'aggravation de la crise politique, manifeste lors de la réunion des états généraux en 1347.

JEAN FAVIER

CROISADE CONTRE LES ALBIGEOIS

Le terme « albigeois » a servi, dès le milieu du XIIe siècle, à désigner les hérétiques du Languedoc, bien que l'Albigeois ne paraisse pas, aux yeux des historiens modernes (qui ont continué à user de cette appellation devenue traditionnelle), avoir été le principal foyer de l'hérésie. Dès 1146, Geoffroy d'Auxerre signale que le *populus civitatis albigensis* est infesté par l'hérésie. Le concile de Tours en 1163 parle des hérétiques albigeois (*haeretici albigenses*) et en 1183, Geoffroy de Vigeois nomme albigeois les hérétiques combattus en 1181 par le légat Henri d'Albano avant le siège de Lavaur. Pierre des Vaux-de-Cernay nomme le récit de la croisade à laquelle il a participé *Historia Albigensis.* Et dans le prologue de sa chronique écrite entre 1250 en 1275, Guillaume de Puylaurens dit que son œuvre est « l'histoire de l'affaire vulgairement appelée albigeoise par les Français, car elle a eu pour théâtre la Narbonnaise et les diocèses de Narbonne, Albi, Rodez, Cahors et Agen ». Certains contemporains ont fondé sur un jeu de mots philologique (*Albigenses* = *Albanenses* ; *Albigeois* = *Albanais*) un rapprochement soulignant l'influence des hérétiques balkaniques sur les hérétiques languedociens.

La croisade contre les albigeois, prêchée par le pape Innocent III contre les hérétiques cathares et vaudois du Languedoc (terme qui n'apparaît qu'à la fin du XIIIe siècle dans l'administration royale) et contre les seigneurs et villes qui les soutenaient, a duré de 1209 à 1229. Elle a été menée d'abord par des seigneurs de la France du Nord avec des armées internationales, puis par le roi de France Louis VIII en 1226 et officiellement terminée par le traité de Meaux-Paris (1229) entre le roi de France (Saint Louis enfant sous la régence de Blanche de Castille) et le comte de Toulouse Raimond VII.

Son importance tient d'abord au fait qu'elle est la première extension de la croisade en une lutte armée contre des hérétiques, à l'intérieur de la chrétienté. Outre cette signification religieuse et idéologique, elle a eu une grande portée pour l'histoire de l'unité française : elle a entraîné le rattachement effectif de la France du Midi à la France du Nord et elle a créé ou consacré, au sein de cette unification, des disparités économiques, sociales, politiques, culturelles, psychologiques, dont le retentissement est encore sensible aujourd'hui.

1. Antécédents de la croisade

Depuis le milieu du XIIe siècle, l'hérésie dualiste appelée catharisme par les historiens avait pris, comme en Italie du Nord, une extension de plus en plus grande dans le midi de la France où s'était tenu, en 1176, à Saint-Félix de Caraman, près de Toulouse, un concile qui avait précisé l'organisation du culte et d'une véritable Église cathares.

Des réformateurs catholiques, adeptes de la pauvreté, les Vaudois, déclarés hérétiques par la papauté en 1184, prirent aussi de l'importance dans ces régions et, bien qu'ils fussent très hostiles aux cathares et que les théologiens orthodoxes documentés, comme Alain de Lille, les distinguassent soigneusement, la papauté et l'Église eurent de plus en plus tendance à les englober dans une même détestation.

La lutte entreprise par l'Église contre ces hérétiques, avec des moyens traditionnels ou pacifiques, ne connut que des déboires jusqu'au début du XIIIe siècle. La prédication habituelle animée surtout par des cisterciens – saint Bernard en tête qui prêcha à Albi en 1145 – fut un échec complet. En 1181, l'abbé de Clairvaux, Henri, cardinal d'Albano, avait conduit contre la ville de Lavaur une expédition militaire sans lendemain. À partir de 1206, les efforts de l'évêque espagnol Diego d'Osma et de son collaborateur le chanoine Dominique de Caleruega, le futur saint Dominique, n'eurent pas plus de succès. Ils voulaient promouvoir en milieu hérétique un nouveau type de prédication, fondé sur l'exemple d'une simplicité de mœurs qui contrastait avec le faste des abbés cisterciens, et sur des discussions publiques, en toute égalité avec les hérétiques.

L'effort de la papauté se concentra alors sur le principal seigneur de la région, appelé à diriger la répression de l'hérésie. Devant la carence du roi Philippe Auguste, suzerain de ces terres, occupé alors à combattre les Anglais et leurs alliés dans le Nord et l'Ouest, le pape mit ses espoirs en Raimond VI. Petit-fils de Raimond IV de Saint-Gilles, comte de Toulouse et l'un des chefs de la première croisade en Terre sainte, Raimond VI étendait sa suzeraineté de la Guyenne à la Provence où il avait, en terre d'Empire, des possessions entre Durance et Isère. Mais en dehors de ses fiefs propres du Toulousain, du Lauragais, du Quercy et du comté de Nîmes, il n'avait guère de pouvoir sur les vicomtes et seigneurs, dont le principal, Raimond-Roger Trencavel, vicomte de Béziers, de Carcassonne et d'Albi, était maître d'une vaste seigneurie qui coupait en deux les terres qu'il gouvernait directement. Cette seigneurie était, au surplus, le principal foyer de l'hérésie. En 1207, Raimond VI ayant refusé d'adhérer à une ligue contre les hérétiques, le légat pontifical Pierre de Castelnau l'excommunia. De son côté, Innocent III, dans une lettre aux évêques du Midi, exposait pour la première fois les principes qui allaient justifier l'extension de la croisade en pays chrétien : l'Église n'est plus obligée de recourir au bras séculier pour exterminer l'hérésie dans une région ; à défaut du suzerain, elle a le droit de prendre elle-même l'initiative de convoquer à cette œuvre tous les chrétiens, et même de disposer des territoires contaminés en les offrant, par-dessus le suzerain, comme butin aux conquérants. Cette pratique, qu'on appela à l'époque « *terram exponere occupantibus* » ou « *terram exponere catholicis occupandam* » (livrer la terre aux occupants, ou à l'occupation des catholiques), reçut aux XVIe-XVIIe siècles le nom d'« exposition en proie ».

Le 15 janvier 1208, après une vaine entrevue avec Raimond VI à Saint-Gilles, le légat Pierre de Castelnau fut assassiné près d'Arles par un personnage que l'on identifia comme étant un écuyer du comte, sans que cette identification et, encore moins, la responsabilité du comte aient été jamais prouvées. Le 10 mars 1208, les velléités pontificales se changèrent en appel à la croisade. Selon les principes qu'il avait énoncés, Innocent III excommunia une fois de plus le comte, délia ses vassaux de leur serment de fidélité et offrit ses domaines à qui voudrait partir en croisade. Le même jour il canonisait Pierre de Castelnau.

2. La croisade (1209-1229)

Devant le danger, Raimond VI se soumit. Il fit pénitence à Saint-Gilles le 18 juin 1209 et se joignit aux croisés.

La croisade « féodale » (1209-1224)

Les armées croisées étaient largement internationales. Elles comprenaient des Italiens, des Allemands, des Anglais, des Brabançons, des Frisons et même des « Esclavons », c'est-à-dire des Slaves du Sud. Mais la majorité était composée de Français du Nord. En l'absence du roi Philippe Auguste, et devant l'attitude effacée et prudente des principaux seigneurs croisés – le duc de Bourgogne, les comtes de Nevers et de Saint-Pol – le légat pontifical, chef théorique de la croisade, confia le commandement suprême à un petit seigneur d'Île-de-France, Simon de Montfort. Ce dernier allait bientôt faire montre de son ambition et de ses talents militaires et administratifs. La composition sociale et la tactique des armées furent très semblables dans les deux camps. De part et d'autre, l'encadrement fut féodal ; mais dans le camp des Méridionaux, il y eut des bourgeois, des artisans et des paysans, et dans celui des croisés, des indigents venus eux aussi à la curée. Des chroniqueurs croisés, comme le cistercien Pierre des Vaux-de-Cernay, soulignent la présence de ces derniers qu'ils rattachent à la tradition des « croisades de pauvres », dépourvue ici de toute dimension eschatologique. Les opérations se concentrèrent souvent autour des villes, centres de résistance et réservoirs de richesses. Les armées croisées y déployèrent des ressources techniques remarquables dans la construction et l'usage des engins de siège. La grande voie de la ruée des croisés vers le Midi fut la vallée du Rhône, qui facilitait l'acheminement des bateaux, des hommes, des bêtes et du ravitaillement, et dont l'occupation coupait les seigneurs et les hérétiques méridionaux de leurs arrières provençaux et italiens. Les opérations furent souvent hachées par le caractère féodal que conservaient ces expéditions. Une fois achevée la quarantaine de service due à leur seigneur, vassaux et hommes quittaient souvent les armées.

La croisade commença par un coup exemplaire : la prise de Béziers, suivie du massacre d'une partie de ses habitants et de l'incendie de la ville (22 juill. 1209). Le 15 août, le jeune vicomte Raimond-Roger Trencavel capitulait dans Carcassonne. Une assemblée des chefs de la croisade donna, sur proposition du légat, les terres des Trencavel à Simon de Montfort. Celui-ci s'en empara en deux ans (1209-1211). En 1211, les légats envoyèrent un nouvel ultimatum au comte de Toulouse, lui enjoignant de licencier ses routiers, de livrer les juifs et les hérétiques dont on lui fournirait la liste, d'abolir l'usure dans ses États et d'accepter un certain nombre de conditions humiliantes. Sur son refus et celui de son vassal, le comte de Foix, une nouvelle armée de croisés, sous le commandement de Simon de Montfort, leur infligea une série de défaites. Raimond VI ne gardait que Montauban et Toulouse devant laquelle Simon de Montfort avait échoué en mai-juin 1211. En novembre 1212, Simon de Montfort réunit à Pamiers une assemblée des évêques, seigneurs et bourgeois de ses nouveaux États, qui mit au point des *statuts* promulgués le 1er décembre 1212. Sur le modèle des *Assises de Jérusalem*, ces textes visaient à satisfaire les croisés.

En mentionnant le roi de France mais non le roi d'Aragon, qui revendiquait traditionnellement la suzeraineté de ces régions et avait déjà plusieurs fois tenté d'arrêter ou de modérer la croisade, ces statuts décidèrent sans doute Pierre II d'Aragon à répondre favorablement à la demande d'aide de Raimond VI. Fort de sa qualité de vassal du Saint-Siège et de sa réputation de pourfendeur d'hérétiques dans ses États, auréolé du prestige de sa participation décisive à l'éclatante victoire des chrétiens d'Espagne sur les musulmans à Las Navas de Tolosa (16 juill. 1212), il obtint d'abord d'Innocent III la condamnation des abus de Simon de Montfort et des croisés. Mais ceux-ci réussirent à influencer le pape, et Pierre II se résigna à la guerre. À Muret, le 12 septembre 1213, Simon de Montfort mit en déroute l'armée aragonaise de Pierre II, qui fut tué au début de la bataille. Cet événement confirma sans doute une évolution qui depuis faisait basculer le Languedoc vers la France : il ne serait pas espagnol.

Raimond VI ne se soumettant pas, Simon de Montfort obtint du IVe concile de Latran (1215), et à la demande d'Innocent III, la déchéance du comte dont toutes les terres, y compris Toulouse, lui furent attribuées. Le fils de Raimond VI, Raimond VII, ne conservait que Nîmes, Beaucaire et les possessions provençales de la maison de Saint-Gilles. Mais les Toulousains, oubliant leurs dissensions, se révoltèrent avec Raimond VI. Au cours d'un nouveau siège, Simon de Montfort fut tué par une pierre (25 juin 1218). Sa mort provoqua la débandade de la maison de Montfort et des croisés. Raimond VII, qui recueillit l'héritage de son père mort en 1222, reconquit tous ses États sur le fils de Simon de Montfort.

La croisade « royale » (1224-1229)

Philippe Auguste, luttant contre l'Angleterre et contre l'Empire, et le plus souvent en mauvais termes avec la papauté, n'avait pas voulu intervenir directement en Languedoc, se contentant d'y sauvegarder la suzeraineté française. Son fils, Louis VIII (roi de 1223 à 1226), après avoir repris le Poitou aux Anglais (1224), se tourna vers le Midi, auquel il s'était vivement intéressé dès le règne de son père. Après l'excommunication de Raimond VII par le concile de Bourges, le 28 janvier 1226, et le ralliement de nombreux seigneurs méridionaux, il répondit à l'appel du pape en s'emparant des terres des Trencavel et du Languedoc septentrional et oriental rattachées au domaine royal (sénéchaussées de Beaucaire et de Carcassonne) mais renonça à attaquer Toulouse. Louis VIII mourut sur le chemin du retour. Raimond VII cessa toute résistance à la fin de 1228. La conférence de Meaux, dont les conclusions furent ratifiées par le traité de Paris, rétablit la paix entre le roi de France et le comte. Raimond VII conservait le comté de Toulouse et le Lauragais. Mais, après sa mort, ces terres devaient revenir à Alphonse de Poitiers, frère du jeune roi Louis IX, qui devait épouser la fille du comte. Si le couple n'avait pas d'héritier direct, elles seraient annexées au domaine royal. Le roi de France gardait les terres languedociennes conquises en 1226. Les clauses du traité de Paris jouèrent dès le XIIIe siècle. À la mort de Raimond VII en 1249, Alphonse de Poitiers et Jeanne de Toulouse lui succédèrent. Comme ils disparurent en août 1271 sans laisser d'héritier, le comté de Toulouse fut alors réuni au domaine royal qui avait absorbé tout le Languedoc, à l'exception du comté de Foix, demeuré sous la suzeraineté royale.

3. Les derniers soubresauts hérétiques. Montségur (1230-1244)

À partir de 1229, la lutte de l'Église contre les hérétiques prit la forme de l'Inquisition, organisée par le pape Grégoire IX en 1233 et confiée aux ordres mendiants – et surtout aux dominicains. Elle se heurta à une résistance clandestine. Il y eut pourtant des violences dans les villes, à Narbonne (1233-1235), à Cordes (1233), à Albi (1234), et surtout à Toulouse d'où les dominicains furent expulsés en novembre 1235. Les victoires de Saint Louis sur les Anglais à Taillebourg et à Saintes persuadèrent le comte, qui avait repris la lutte, de faire la paix avec le roi (1242). Désormais et jusqu'à sa mort, il lui resta soumis et persécuta à son tour les hérétiques.

Un millier de cathares s'étaient réfugiés dans le château de Montségur, vaste forteresse sur un piton dans le comté de Foix. Montségur résista près d'un an, du 13 mai 1243 au 14 mars 1244. Les deux cents hommes et femmes qui y étaient restés et qui refusèrent d'abjurer le catharisme furent brûlés le 16 mars 1244. Cet épisode militaire local marque traditionnellement la fin de la résistance armée des cathares. Une auréole légendaire continue d'entourer cet épilogue héroïque et tragique de la croisade contre les albigeois.

La croisade contre les albigeois soulève interrogations et passions. Les origines de la croisade, les caractères de la lutte et la personnalité de certains protagonistes – Raimond VI surtout – les raisons de la défaite finale des Méridionaux, l'importance des conséquences du conflit pour l'Église, pour le Languedoc et l'unité française, restent sujets à contestations et même à affrontements scientifiques, idéologiques, sentimentaux.

Les origines de la croisade mettent en cause l'importance de l'hérésie d'une part, les motifs des croisés de l'autre. Il semble qu'il ne faille ni exagérer ni minimiser le nombre et l'influence des hérétiques en Languedoc. Par-delà la force de leurs convictions et le caractère radical de leur opposition à l'Église, les hérétiques furent dangereux pour leurs ennemis parce que l'hérésie avait cristallisé les mécontentements politiques et sociaux. Mais l'analyse, qui n'a pas été sérieusement tentée, de la participation des différentes catégories sociales à l'hérésie et à la lutte contre les croisés – qui ne fut pas toujours le fait des seuls hérétiques – est délicate. Une partie importante de l'aristocratie laïque – par haine de l'Église et par souci de ne pas se couper de ses sujets, et en particulier de la bourgeoisie urbaine – ainsi que des clercs gagnés à la doctrine hérétique ou indignés par le comportement du haut clergé, des bourgeois nouveaux riches surtout et des artisans urbains ou ruraux, parmi lesquels les contemporains mettent en vedette les tisserands, ont fourni à la résistance à la croisade des contingents notables.

L'hostilité aux « étrangers », aux « Français », qui semble ne s'être développée qu'au fur et à mesure de la conquête, a souvent uni dans la lutte des populations hétérogènes. La participation à la résistance des couches inférieures de la société urbaine et rurale paraît avoir été faible. Petits artisans, manœuvres, paysans endettés à l'égard de la bourgeoisie souvent hérétique ou opprimés par des seigneurs alliés à ces hérétiques ont même, semble-t-il, assez bien accueilli les croisés, puis l'administration royale. Les succès obtenus, pendant un temps, à Toulouse par le farouche évêque Foulque de Marseille ne s'expliquent probablement pas seulement par ses méthodes terroristes. Sa milice, la Confrérie blanche, constituée de militants orthodoxes et dirigée autant contre les usuriers que contre les cathares, a surtout recruté ses membres dans le petit peuple encadré par certains représentants de la vieille aristocratie bourgeoise, dépossédés de leur rang par les nouveaux riches.

Si les motifs proprement religieux ont pu jouer chez les croisés, il reste qu'à la différence des expéditions en Terre sainte, le souci de profiter d'une « fructueuse entreprise » l'a emporté au sein des deux catégories qui ont fourni la majorité des armées croisées et de leur encadrement : les petits seigneurs du Nord et les indigents de toute sorte, pauvres, déclassés et aventuriers. Les motivations économiques – essentiellement le pillage et l'acquisition de terres – ont dominé les motivations commerciales qui n'ont probablement joué, consciemment, qu'un rôle négligeable. Les avantages immédiats de la croisade (protection de leurs possessions, impôts spéciaux, butin) ont suffi aux quelques grands seigneurs qui se sont croisés. Ils n'ont pas été tentés par le Midi turbulent dont l'économie rurale était pauvre au sein de petits domaines morcelés en alleux nombreux, en seigneuries démantelées par les pratiques successorales, et par l'acharnement de l'Église à faire respecter les interdictions canoniques de mariages consanguins. L'activité commerciale de ces régions, situées loin des grands axes de circulation nord-sud, était médiocre. En 1209, le duc de Bourgogne, le comte de Nevers et le comte de Saint-Pol refusèrent les terres des Trencavel que Simon de Montfort accepta par la suite. Celui-ci fut abandonné par beaucoup de ses compagnons.

L'hypothèse selon laquelle des haines nationales se seraient déchaînées au cours de la croisade doit être ramenée à ses justes proportions. Certes, par leurs brutalités, les croisés apparurent de plus en plus comme des « étrangers » aux yeux des Méridionaux, sans que d'ailleurs ceux-ci les identifient à l'ensemble des Français. L'accueil reçu par Louis VIII le prouve. Il est vrai aussi que beaucoup de croisés méprisaient les Méridionaux et, dans leur incompréhension, les traitaient de menteurs et de parjures, exactement comme les croisés de Terre sainte ou d'Espagne le faisaient des musulmans, et comme les missionnaires du XIIIe siècle allaient le faire des Mongols. Enfin, le comportement des croisés, s'il ne dépassa pas en cruauté les mœurs féodales de l'époque, fut toutefois exceptionnel par la qualité et la quantité des victimes. Les habituels raids féodaux et sièges de châteaux forts n'étaient pas aussi meurtriers que le furent les opérations menées par les croisés, opérations dirigées surtout contre les villes dont les habitants étaient exterminés pour la plupart. La chrétienté n'avait pas encore connu à l'intérieur de ses frontières pareil déchaînement de férocité, masquée par le fanatisme religieux. Malgré tous ces arguments, les sentiments nationaux, les différences de civilisation et de mentalité n'étaient pas encore assez affirmés pour devenir des ressorts importants du conflit.

Les causes de la défaite des Méridionaux sont plus claires. Sauf à de rares moments, ils ne parvinrent pas à surmonter, face aux croisés, leurs dissensions sociales, politiques et religieuses. Ils étaient soumis à la pression de grandes puissances antagonistes et tentaculaires : la France au nord, l'Angleterre à l'ouest, l'Aragon au sud. Ces données rendaient difficile le jeu d'un Raimond VI, qui avait eu maille à partir avec ses bourgeois, toulousains et nîmois entre autres, avec ses vassaux aussi, et qui se méfiait de ses puissants voisins. Il ne faut pas non plus minimiser le climat psychologique qui affaiblit la résistance : une croisade était en chrétienté un événement impressionnant, et la religion des cathares, qui leur interdisait le recours à la violence, contribua à les paralyser. Enfin la faiblesse des structures économiques et sociales du Midi jouèrent contre lui. La prolifération des bourgs avait provoqué une urbanisation parasitaire qui affaiblissait l'économie rurale sans animer pour autant un artisanat et un commerce d'importance. La féodalité du Midi, mal connue, était à coup sûr trop lâche pour encadrer la société comme le faisait la féodalité du Nord. L'égale faiblesse du quadrillage ecclésiastique, qui ne bénéficia pas d'un essor monastique comparable à celui des régions voisines aux XIe et XIIe siècles, favorisa le développement de l'hérésie, mais la priva de l'organisation et de l'esprit communautaires qui auraient soutenu sa lutte.

Il reste que le bilan négatif de la croisade fut lourd pour le Languedoc et pour la chrétienté.

Si la croisade favorisa le rattachement du Languedoc à la France du Nord, cette intégration du Midi à un ensemble national ne lui apporta pas que des avantages. Plus que les destructions et les aspects d'exploitation coloniale qui accompagnèrent l'installation des gens du Nord en Languedoc, c'est la pétrification, par la croisade, de faiblesses autochtones séculaires qui accrut sa stagnation économique et sociale. La lutte victorieuse contre l'usure supprima des abus, mais stérilisa aussi beaucoup d'activités précapitalistes englobées par l'Église dans sa réprobation de l'usure. L'installation de l'administration française augmenta le parasitisme urbain au détriment du développement des campagnes et provoqua la prolifération d'un secteur tertiaire envahi par toute une catégorie de rentiers, d'hommes de loi, de fonctionnaires, et par un clergé triomphant et pullulant.

Cette perversion de l'idéal de la croisade (il y faut ajouter l'antisémitisme importé par les croisés dans le Midi) et les abus de l'Inquisition qui la prolongea jetèrent, dès le XIIIe siècle, le discrédit sur la chrétienté. Ce discrédit contribua à saper l'unité morale d'un monde où, à l'image du destin du Languedoc, l'évolution historique tendait, certes, à constituer de plus grands ensembles nationaux, mais au détriment de l'unité chrétienne.

JACQUES LE GOFF

Bibliographie

• *Sources (chroniques du XIIIe siècle)*

PIERRE DES VAUX-DE-CERNAY (cistercien croisé fanatique), *Historia Albigensis*, 3 vol., Paris, 1926-1939 ; *Histoire albigeoise*, trad. P. Guébin et H. Maisonneuve, Vrin, 1951 / *Chanson de la croisade albigeoise* (en provençal) : 1re partie par G. DE TUDELE (clerc méridional catholique), 2e partie par un partisan anonyme des Méridionaux ; éd. et trad. par E. Martin-Chabot, 2e éd. 3 vol., Paris, 1960-1961 / G. DE PUYLAURENS (clerc méridional catholique), *Historia negotii Francorum adversus albigenses*, J. Beyssier dir., Paris, 1904 ; trad. par C. Lagarde, 1864.

• *Essais et études d'ensemble sur la croisade*

A. P. EVANS, « The Albigensian Crusade », in K. M. Setton, *A History of the Crusades*, vol. II, Philadelphie, 1962 / P. BELPERRON, *La Croisade contre les albigeois (1209-1249)*, Perrin, 1967 / J. MADAULE, *Le Drame albigeois et l'unité française*, Gallimard, 1973 / Z. OLDENBOURG, *Le Bûcher de Montségur*, *ibid.*, 1989 / A. VARAGNAC, « Croisade et marchandise : pourquoi Simon de Montfort s'en alla défaire les Albigeois », in *Annales E.S.C.*, 1946 (et la réponse de C. Moraze, *ibid.*, 1947).

• *Études particulières sur la croisade*

A. Luchaire, *Innocent III : la croisade des albigeois*, Paris, 1911 / F. Niel, *Les Cathares de Montségur*, Seghers, 1978 / P. Timbal, *Un conflit d'annexion au Moyen Âge : l'application de la coutume de Paris au pays albigeois*, Toulouse, 1949 (passionné).

• *Études sur le Languedoc à l'époque de la croisade*

P. Brunet, *Les Campagnes toulousaines, étude géographique*, 3e partie : « Un mal qui vient de loin », Toulouse, 1965 ; « Saint Dominique en Languedoc », Toulouse, 1966 ; « Vaudois languedociens et pauvres catholiques », *Cahiers de Fanjeaux*, t. I, Toulouse, 1967 / E. Delaruelle, « Le Catharisme en Languedoc vers 1200 : une enquête », in *Ann. du Midi*, Toulouse, 1960 / E. Delaruelle, J. Duvernoy & P. Wolff, « Colloque de Toulouse pour l'anniversaire de la bataille du Muret » (sept. 1963), in *Ann. Inst. ét. occitanes*, Toulouse, 1962-1963 / C. Devic & J. Vaissette, *Histoire générale du Languedoc*, vol. VI-VIII, rev. par A. Molinier, Paris, 1879-1904 / Y. Dossat, articles in *Rev. du Tarn*, Albi, 1943, et in *Rev. hist. et litt. du Languedoc*, 1944-1945-1946 / C. Higounet, « Un grand chapitre de l'histoire du xiie siècle : la rivalité des maisons de Toulouse et de Barcelone pour la prépondérance méridionale », in *Mélanges Louis Alphen*, Paris, 1951 / J. H. Mundy, *Liberty and Political Power in Toulouse (1050-1230)*, New York, 1954 / R. Nelli, *Spiritualité de l'hérésie : le catharisme*, Toulouse, 1953 / P. Wolff dir., *Histoire du Languedoc*, Privat, Toulouse, 1967 ; *Histoire de Toulouse*, *ibid.*, rééd. 1986.

• *Études sur l'idéologie de la croisade*

P. Alphandery & A. Dupront, *La Chrétienté et l'idée de croisade*, vol. II, « Recommencements nécessaires (xiie-xiiie siècle) », Paris, 1959 / A. Dupont, *Du Sacré. Croisades et pèlerinages*, Gallimard, 1987 / R. H. Gere, *The Troubadours Heresy and the Albigensian Crusade*, New York, 1956 / H. Pissard, *La Guerre sainte en pays chrétien, essai sur l'origine et le développement des théories canoniques*, Paris, 1912 / C. Thouzellier, « Hérésie et croisade au xiie siècle », in *Rev. Hist. ecclésiastique*, Paris, 1954 / P. A. Throop, *Criticism of the Crusade, a Study of Public Opinion and Crusade Propaganda*, Amsterdam, 1940 / M. Villey, *L'Idée de la croisade chez les juristes du Moyen Âge*, Xe congrès international des sciences historiques, vol. III, Rome, 1955.

CROISADE DES ENFANTS (1212)

Mouvement populaire déclenché simultanément dans la région parisienne, en Rhénanie et en Italie du Nord, peu après l'émotion suscitée, à la Pentecôte 1212, par les processions ordonnées pour aider à la victoire sur les Sarrasins d'Espagne (Las Navas de Tolosa, 16 juill.). Malgré un nom qui vient de traductions incertaines et de documents tardifs, il est assuré que ce mouvement affecta fort peu de véritables enfants ; ce furent surtout de pauvres gens désireux de donner une leçon aux chrétiens plus favorisés, chez qui l'idée de croisade s'émoussait. Toutefois, la raison profonde tient sans doute à la pression démographique, génératrice de migrations, qui était très forte dans les régions, précisément, où s'est développé ce nouvel enthousiasme pour la croisade ; le bouleversement, pour la même raison, des structures familiales n'est pas non plus étranger au phénomène. Des éléments marginaux de la population se mêlèrent naturellement à un mouvement qui ne pouvait être contrôlé.

Parvenus dans les ports méditerranéens (Marseille, Gênes, Pise, Venise), la plupart des « croisés » furent refoulés et se dispersèrent ; très peu rentrèrent chez eux, beaucoup ne survécurent pas aux rigueurs de l'hiver et à la misère. Quelques-uns réussirent à trouver un passage sur des bateaux qui partaient pour l'Orient ; ceux qui ne moururent pas dans un naufrage au large de la Sardaigne furent finalement vendus comme esclaves en Égypte.

L'hostilité de la société, laïque et ecclésiastique, à un phénomène qui échappait à toute emprise institutionnelle et dont les motivations étaient aussi vagues que mêlées est certainement la raison principale d'un échec aussi lamentable ; il faut cependant rappeler que la croisade populaire de 1096 échoua, elle aussi, malgré sa concomitance avec l'expédition militaire des barons. On ne doit pas confondre la croisade des Enfants avec la croisade des Pastoureaux, mouvement analogue déterminé en France par la défaite de Saint Louis en Égypte.

JEAN FAVIER

CROISADES

1. Les origines de l'idée de croisade

Il est possible que les circonstances économiques (on a parlé de la surpopulation de l'Occident), politiques ou psychologiques aient contribué au déclenchement des croisades. Mais, depuis le IXe siècle, la défense des chrétiens menacés par les infidèles était considérée comme une œuvre salutaire : le pape Jean VIII avait accordé l'absolution aux guerriers qui mouraient en défendant les chrétiens contre les Sarrasins en Italie. En 1063, Alexandre II renouvela cette disposition en faveur de ceux qui combattaient en Espagne. Et le « mouvement de paix » du XIe siècle érigea en devoir pour les membres de la chevalerie la défense du peuple chrétien contre ses oppresseurs. Or, à la suite de la défaite de Manzikert, infligée par les Turcs seldjoukides aux Byzantins en 1071, l'Asie Mineure avait été envahie par les musulmans ; le pape Grégoire VII reçut des appels à l'aide de la part des Grecs et des Arméniens. En 1074, il tenta d'organiser une expédition de secours en convoquant les vassaux du Saint-Siège ; il envisageait de se joindre à l'expédition qui devait s'achever par un pèlerinage au Saint-Sépulcre. Le projet échoua.

Urbain II le reprit en 1095. Sans doute (la question reste controversée) avait-il reçu des appels à l'aide de l'empereur Alexis Comnène, qui souhaitait recevoir des renforts d'Occident et négociait avec le pape la fin du schisme qui séparait Rome de Constantinople. En tout cas, au concile de Clermont, le pape invita la chrétienté occidentale à se porter au secours des chrétiens d'Orient persécutés par les envahisseurs turcs. Il fit certainement aussi allusion à l'occupation des Lieux saints par les musulmans, en demandant aux Occidentaux de libérer ceux-ci. Et il accorda aux participants une indulgence plénière : le voyage de Jérusalem (*iter hierosolymitanum*) tiendrait lieu de pénitence à ceux qui l'effectueraient après avoir confessé leurs péchés et reçu l'absolution.

2. Le déroulement des croisades en Terre sainte

La première croisade

La première croisade, prêchée à Clermont par Urbain II lui-même, fut organisée par lui au cours d'un voyage dans le midi de la France. Son appel fut repris par de nombreux prédicateurs, parmi lesquels le célèbre Pierre l'Ermite, auquel la tradition postérieure attribua une part décisive dans la naissance de la croisade (c'est lui qui aurait révélé au pape les souffrances des chrétiens d'Orient). On composa une encyclique attribuée au pape Sergius IV, pour rappeler les profanations commises au début du siècle à Jérusalem par le khalife al-Hākim. Le pape écrivit lui-même aux Bolonais et aux Flamands pour les inviter à se joindre à l'expédition, dont le départ fut fixé au 15 août 1096.

En fait, des bandes de pèlerins (la « croisade populaire ») se mirent en marche avant cette date. Mal équipées, sans vivres et sans argent, elles se livrèrent à des déprédations (notamment contre les juifs d'Allemagne), qui valurent à plusieurs d'entre elles d'être anéanties par les Hongrois. L'empereur byzantin cantonna les survivants sur la rive asiatique du Bosphore pour attendre les barons ; mais les pèlerins se firent massacrer par les Turcs.

Les quatre principales armées partirent, l'une de la France du Nord et de la Basse-Lorraine, sous les ordres de Godefroi de Bouillon ; la deuxième, de la France du Midi, sous la direction du comte de Toulouse, Raymond de Saint-Gilles, et du légat du pape, Adhémar de Monteil ; la troisième, d'Italie méridionale, sous le commandement du prince normand Bohémond ; la quatrième, de la France centrale, avec Étienne de Blois et Robert de Normandie. La première descendit le Danube ; la deuxième traversa la Lombardie, la Dalmatie et le nord de la Grèce ; la troisième gagna directement Durazzo par mer, comme la quatrième, qui était passée par Rome. Toutes firent leur jonction sur la terre d'Asie, après avoir séjourné à Constantinople (le séjour de Godefroi fut marqué par des incidents avec les Grecs).

Un traité passé avec Alexis Comnène stipulait la restitution à l'Empire byzantin des villes que les Turcs lui avaient enlevées : les croisés s'emparèrent de Nicée et la remirent aux Byzantins, ainsi que quelques autres places d'Asie Mineure. Ils bousculèrent l'armée turque à Dorylée et atteignirent la Syrie, où Édesse fut occupée (1097). Ils assiégèrent longuement Antioche et s'en emparèrent au moment même où une armée de secours, envoyée par le sultan seldjoukide allait arriver ; ils étaient bloqués dans Antioche, mais, au cours d'une sortie, parvinrent à écraser l'armée turque (1098). L'empereur n'était pas venu au secours des croisés ; Bohémond en tira argument pour s'établir lui-même à Antioche et ne pas remettre la ville aux Grecs. Les croisés se remirent en marche, assiégèrent Jérusalem et prirent la ville d'assaut ; après quoi, à la bataille d'Ascalon (1099), ils écrasèrent l'armée égyptienne, qui venait les attaquer.

De nouvelles armées (l'« arrière croisade ») s'étaient constituées en Allemagne, en Bourgogne, en Poitou et en Lombardie ; descendant le Danube, elles gagnèrent Constantinople. Mais elles furent anéanties au cours de la traversée de l'Asie Mineure et seuls quelques éléments parvinrent en Syrie (1101). En revanche, des contingents venus par mer – Génois, Pisans, Vénitiens, Norvégiens – arrivèrent sans encombre et aidèrent ceux des croisés qui s'étaient fixés en Terre sainte à occuper les villes de la côte.

Il semble que le pape Calixte II, dès 1120, ait envisagé d'organiser une nouvelle croisade pour secourir les « Latins » d'Orient très menacés par les Turcs. Son appel ne rencontra pas un grand succès ; mais, pendant tout le XIIe siècle, des pèlerins allèrent, individuellement ou en groupe, accomplir le pèlerinage de Jérusalem et secourir les Latins.

La deuxième croisade

La deuxième croisade fut provoquée par la chute d'Édesse (1144), qui décida le pape Eugène III à proclamer la croisade en 1146. Saint Bernard prit une part prédominante à la prédication de cette croisade ; le roi Louis VII prit la croix à Vézelay, l'empereur Conrad III à Spire (1147). Leurs deux armées descendirent le Danube, atteignirent Constantinople où l'empereur grec, Manuel Comnène, les accueillit bien, mais en leur demandant de prendre les mêmes engagements que les croisés de 1096. Il avait lui-même conclu la paix avec les Turcs d'Asie Mineure. Ceux-ci refoulèrent l'armée de Conrad III après lui avoir fait subir de grosses pertes ; celle de Louis VII, qui suivait la côte, parvint à se frayer un chemin jusqu'à Attalia, où le roi put embarquer son corps de bataille pour Antioche, mais où les pèlerins restés en arrière eurent beaucoup à souffrir.

Au lieu de lutter, comme le demandait le prince d'Antioche, contre l'atabeg d'Alep qui avait pris Édesse, les deux souverains gagnèrent Jérusalem et mirent le siège devant Damas, mais en vain. Ils rentrèrent alors en Occident où l'échec de la croisade suscita de profonds remous. Toutefois, les croisés frisons et anglais, qui avaient suivi la route maritime, avaient aidé les Portugais à s'emparer de Lisbonne.

À partir de 1165, il devint évident que, sans l'arrivée de nouveaux secours, l'Orient latin ne pourrait supporter la pression de l'État musulman qui s'était constitué en Syrie et s'étendit bientôt à l'Égypte. Le pape Alexandre III lança alors des appels à la croisade, qui devaient être renouvelés par ses successeurs, mais avec un résultat très limité. Ce sont seulement la destruction de l'armée du roi de Jérusalem par Saladin et la chute de la Ville sainte (1187) qui, provoquant une émotion considérable en Occident, rendirent possible une nouvelle croisade.

La troisième croisade

Précédée d'une exhortation à la pénitence générale, la troisième croisade fut décidée, dès 1187, par le pape, et divers contingents se mirent immédiatement en route pour rejoindre les Latins d'Orient qui résistaient à Saladin. Trois souverains, l'empereur Frédéric Barberousse, les rois de France et d'Angleterre, rassemblèrent des armées importantes : le premier suivit la route du Danube, traversa l'Empire byzantin malgré l'opposition de l'empereur Isaac Ange, puis la Turquie, mais il se noya dans un fleuve de Cilicie et son armée se disloqua. Les deux autres prirent la route de mer, par la Sicile. Richard Cœur-de-Lion conquit Chypre au passage, puis vint s'associer au siège d'Acre établi par les autres croisés. Après la prise d'Acre et le départ de Philippe Auguste, il dirigea les opérations militaires, s'emparant de plusieurs places (Jaffa, Ascalon), mais sans oser marcher sur Jérusalem. Il imposa cependant à Saladin un traité par lequel le sultan renonçait à éliminer les colonies franques de Syrie (1192). C'est au retour de cette croisade que le roi d'Angleterre fut fait prisonnier par le duc d'Autriche.

L'empereur Henri VI, fils de Barberousse, devenu maître du royaume de Sicile, conçut le projet de reprendre la croisade à son compte, en imposant sa suzeraineté à l'empereur byzantin aussi bien qu'aux royaumes nouvellement institués de Chypre et d'Arménie. Ses troupes arrivèrent en Orient dès 1197 ; on reprit Beyrouth, mais la nouvelle de la mort de l'empereur amena la dislocation de la croisade (1198).

La quatrième croisade

Décidée, dès 1198, par le pape Innocent III, la quatrième croisade fut prêchée par le légat Pierre Capuano et Foulques de Neuilly : ce dernier obtint, au tournoi d'Écry, l'adhésion de la noblesse champenoise (1199). Mais la mort du comte de Champagne contraignit les croisés à prendre pour chef à sa place le marquis de Montferrat, Boniface ; ils traitèrent avec Venise pour équiper une flotte beaucoup trop importante au regard de l'argent dont ils disposaient. De ce fait, malgré l'interdiction du pape (1202), les croisés durent passer un nouveau traité avec Venise, qui obtint leur participation au siège de la ville dalmate de Zara, alors occupée par le roi de Hongrie. Puis le prétendant byzantin Alexis IV Ange, beau-frère du roi allemand Philippe de Souabe, gagna leur appui en échange de la promesse de subsides et de troupes dont ils avaient besoin pour leur expédition (celle-ci était en principe dirigée contre l'Égypte, pour obliger le sultan à évacuer la Terre sainte). Aussi, toujours en dépit des instructions pontificales, les croisés se portèrent sur Constantinople, où ils remirent sur le trône le père d'Alexis IV, Isaac (1203). Mais Alexis IV ne put tenir ses promesses et, lorsqu'il fut détrôné par Alexis V Murzuphle, les croisés, placés par cette révolution dans une situation très difficile, se décidèrent à prendre Constantinople. Après un siège assez bref, la ville fut prise d'assaut et pillée (12-13 avril 1204) et un Empire latin remplaça l'Empire byzantin. Mais le résultat de cette entreprise fut de détourner une partie des efforts de l'Occident vers Constantinople, et d'aggraver les difficultés entre Grecs et Latins, sans profit pour la Terre sainte, contrairement aux espoirs des premiers empereurs latins.

La cinquième croisade

Une cinquième croisade n'allait pas tarder à être organisée, toujours par les soins d'Innocent III. Elle fut précédée par un mouvement populaire, la croisade des enfants de 1212 ; des milliers de jeunes pèlerins allemands et français s'étaient mis en route pour la Terre sainte ; mais leur entreprise s'acheva misérablement dans les villes d'Italie et à Marseille. Innocent III chercha à convaincre le sultan d'Égypte de restituer Jérusalem aux chrétiens, de façon à établir la paix entre musulmans et chrétiens ; mais la construction d'une forteresse musulmane sur le mont Thabor, qui bloquait Acre, le décida à prêcher la croisade, qui fut organisée par le quatrième concile du Latran (1215). Les rois de Chypre et de Hongrie firent, en 1217, une expédition infructueuse contre le Thabor, et regagnèrent leurs royaumes. Le roi de Jérusalem, Jean de Brienne, en 1218, mena les croisés en Égypte et assiégea le port de Damiette, qui tomba en 1219. Le cardinal Pélage et de nombreux croisés s'établirent dans la ville, qui paraissait fournir une base d'opération en vue de la conquête de l'Égypte ; le roi Jean, pour sa part, considérait Damiette comme une monnaie d'échange contre l'ancien royaume de Jérusalem, et le sultan d'Égypte offrait de rétrocéder celui-ci aux croisés. Le point de vue de Pélage ayant triomphé, l'armée se mit en marche vers Le Caire, mais fut encerclée et n'obtint sa liberté qu'en renonçant à Damiette (1221).

La sixième croisade

L'échec de la cinquième croisade, qui avait soulevé de grands espoirs en Occident et chez les chrétiens d'Orient, n'empêcha pas la prédication d'une sixième croisade, lorsque l'empereur Frédéric II prit la croix, en 1223. L'empereur tarda à s'embarquer ; les croisés déjà arrivés en Orient, après avoir restauré quelques places fortes, commençaient à repartir pour l'Occident ; le pape Grégoire IX finit par excommunier Frédéric. Celui-ci avait cependant déjà entamé des négociations avec le sultan d'Égypte, profitant de ce que son mariage lui avait valu la couronne de Jérusalem. Il réussit à obtenir pacifiquement, au traité de Jaffa (1229), la cession de Jérusalem (où le Temple restait aux musulmans), de Bethléem et de Nazareth, ainsi que des routes menant aux villes saintes. Ce traité, mal accueilli en Occident et dans l'Orient latin, demeura en vigueur pendant une dizaine d'années.

En 1237, le pape Grégoire IX lança une nouvelle croisade, que dirigèrent le comte de Champagne, le duc de Bourgogne et Richard de Cornouailles. Cette « croisade des barons », après une première défaite à Gaza, reprit la tradition des négociations avec les princes musulmans, en exploitant leurs rivalités, et le comte Richard obtint la restitution d'une grande partie du royaume de Jérusalem (1239-1241), complétant ainsi l'œuvre de Frédéric II.

Les septième et huitième croisades

Toutefois, en 1244, un désastre survint en Terre sainte : la chute de Jérusalem et la destruction de l'armée franque par le sultan d'Égypte, contre lequel les Francs s'étaient alliés à celui de Damas. Le pape Innocent IV lança un appel pour une septième croisade, à laquelle adhérèrent le roi de France, celui de Norvège (qui ne partit pas), des barons anglais et le prince de Morée. Débarquant à Chypre en 1248, l'armée s'empara de Damiette en 1249 et entreprit la conquête de l'Égypte. L'échec de Mansourah fut suivi d'une retraite désastreuse au cours de laquelle Saint Louis fut capturé avec ses hommes (1250). Libéré moyennant une lourde rançon et l'abandon de Damiette, le roi séjourna plusieurs années en Terre sainte pour mettre en état de défense les territoires conservés par les Francs. Il négocia des trêves avec les princes musulmans avant de repartir pour la France (1254).

Mais l'œuvre de consolidation ainsi réalisée ayant été remise en question par les conquêtes du sultan Baïbars, à partir de 1263, le pape Urbain IV déclencha une huitième croisade, dont les départs s'échelonnèrent de 1265 à 1272. Les croisés se consacrèrent à aider les Francs d'Acre à défendre leurs dernières places. Saint Louis entreprit une expédition de vaste envergure, probablement dirigée contre l'Égypte, qui l'amena à assiéger Tunis : il mourut devant la place en 1270, et Édouard d'Angleterre s'estima heureux de pouvoir amener le sultan à accorder une nouvelle trêve aux Latins.

Le pape Grégoire X envisagea alors une nouvelle campagne, à laquelle il entendait associer les Mongols de Perse et l'empereur byzantin Michel Paléologue : cette croisade fut décidée par le second concile de Lyon, en 1274. Mais les intrigues de Charles d'Anjou, les atermoiements des princes et les lenteurs de la préparation firent qu'elle ne partit jamais. Une nouvelle menace, celle du sultan Qalaoun, qui s'empara de Tripoli en 1289, décida Nicolas IV à proclamer une autre croisade, qui ne réussit pas à sauver Acre, en 1291.

3. Signification religieuse des croisades

Les caractéristiques de la croisade se sont définies progressivement tout au long de cette histoire. Urbain II, comme Grégoire VII, paraît avoir envisagé la croisade comme une expédition de secours envoyée aux chrétiens d'Orient pour les défendre contre leurs oppresseurs, au nom de la

« charité fraternelle », en attribuant aux participants l'indulgence liée au pèlerinage de Jérusalem, c'est-à-dire la remise des pénitences que le confesseur pouvait enjoindre aux pécheurs repentants. Les croisés, de leur côté, mirent au premier rang de leurs préoccupations le pèlerinage, aux dépens des secours à apporter à leurs frères, et toutes les croisades du XIIe siècle montrent les chevaliers et les pèlerins impatients d'arriver à Jérusalem.

Aussi, dès le temps d'Alexandre III, les papes se sont préoccupés de mieux préciser l'importance du secours à apporter à ces frères en danger que sont désormais les Latins établis en Orient, en accordant des privilèges spirituels plus étendus à ceux qui, le pèlerinage accompli, se mettaient au service des Latins d'Orient. Mais, en fait, c'est la chute de Jérusalem et l'impossibilité où les croisés se trouvèrent dès lors de visiter le Saint-Sépulcre qui donnèrent son caractère définitif au « vœu de croisade » (*votum crucis*) : l'indulgence accordée à ceux qui partiraient pour le secours de la Terre sainte (*subsidium Terrae sanctae*) se distinguait désormais de celle qui était liée à l'accomplissement du pèlerinage.

Le vœu de croisade se différenciait du vœu de pèlerinage par le fait que le croisé portait les armes, ce qui était traditionnellement interdit au pèlerin. Mais, au moment de partir, le croisé recevait la bénédiction réservée aux pèlerins ; il devait accomplir son voyage en esprit de pénitence, sans rechercher ni enrichissement ni satisfaction de vaine gloire ; il lui fallait éviter le luxe et l'ostentation. Saint Bernard allait jusqu'à assimiler le fait de prendre la croix, c'est-à-dire de porter sur ses vêtements la croix d'étoffe désignant le pèlerin de Jérusalem, à une véritable « conversion », analogue à l'entrée en religion. Tous les croisés, bien entendu, ne satisfaisaient pas à cet idéal ; mais un encadrement religieux leur était donné : un légat pontifical accompagnait les armées pour veiller à ce que l'on prêchât la pénitence et à ce que les confessions fussent assurées.

Le vœu de croisade entraînait d'autre part pour le croisé l'acquisition de certains privilèges (*privilegium crucis*) : ses biens et sa famille étaient placés sous la protection de l'Église. Cela eut pour conséquence l'adoption d'un moratoire pour le paiement des dettes du croisé, et les juridictions laïques supportèrent avec impatience ces prérogatives à leurs yeux exorbitantes. En revanche, le fait de ne pas accomplir le vœu entraînait des peines spirituelles, telles que l'excommunication.

4. L'organisation des croisades

La prédication

La décision prise par le pape d'organiser une expédition se traduisait par la promulgation d'une bulle de croisade, faisant connaître à la Chrétienté dans son ensemble (ou parfois à certaines contrées seulement) les raisons qui rendaient l'expédition nécessaire, l'octroi des privilèges temporels et spirituels concédés aux croisés, et fixant souvent la date du départ. Les constitutions promulguées par le quatrième concile du Latran et le second concile de Lyon prennent même l'allure d'un véritable code de la croisade, entrant dans le plus infime détail.

Le pape désignait également ceux qui étaient chargés de la prédication : on connaît mal les conditions dans lesquelles cette désignation intervint lors des deux premières croisades, mais on sait que saint Bernard reçut une mission du pape Eugène III et chargea plusieurs cisterciens de prêcher la croisade en 1147 ; un prédicateur qui s'était attribué lui-même cette fonction et qui excitait les foules contre les juifs fut désavoué par lui. Par la suite, ce sont les légats chargés d'organiser la croisade dans une région donnée qui investissent les prédicateurs de leurs fonctions. Des recueils de sermons existent, qui permettent de connaître les thèmes auxquels recourait la prédication, tel le *Tractatus de praedicatione sanctae Crucis* d'Humbert de Romans. D'autre part les trouvères et les *Minnesänger* reprenaient les thèmes de la prédication en les adaptant aux auditoires qu'ils touchaient.

Le pape désignait aussi les légats qui accompagnaient l'armée ; ceux-ci ont parfois joué un rôle dans la direction des opérations (tel Adhémar de Monteil, en 1096-1098, et Pélage en 1218-1221). Mais leurs fonctions étaient essentiellement de caractère spirituel. La direction de la croisade était laissée à ceux des grands barons ou des chefs d'État qui avaient pris la croix. Peu à peu, toutefois, on s'orienta vers la désignation d'un chef de guerre : les historiens s'interrogent sur le rôle qui avait été réservé par Urbain II à Raymond de Saint-Gilles ; Boniface de Montferrat fut choisi comme chef de la quatrième croisade ; la désignation d'un *capitaneus* devient la règle à la fin du XIIIe siècle. Mais le commandement, lorsque plusieurs personnages de rang équivalent participent à l'expédition, est assuré par un conseil où siègent les grands barons. Et chacun d'eux commande le contingent constitué par ses vassaux et par ceux qui se sont placés sous sa direction – et souvent mis à sa solde – pour la durée de l'entreprise.

En dehors de ces contingents de combattants figurent les pèlerins qui se joignent à l'armée, souvent sans porter les armes : ces personnages vivent de la charité des autres et représentent un élément turbulent, peu accessible à la discipline que les princes cherchent à faire régner ; mais ils exercent une certaine pression sur les chefs de l'armée du fait qu'ils sont les « pauvres » et les « pénitents » par excellence. Ainsi obligèrent-ils les barons de la première croisade à reprendre la route de Jérusalem quand ils s'attardaient en Syrie du Nord.

L'évolution de la stratégie

De plus en plus les croisés cessèrent de suivre la route de terre – longue, pénible et périlleuse du fait de la traversée de l'Asie Mineure et des difficultés du ravitaillement – pour adopter la voie maritime. L'équipement d'une flotte de transport devint alors l'un de leurs principaux soucis : Philippe Auguste demanda des navires à Gênes ; le marquis de Montferrat, pour la quatrième croisade, à Venise ; Saint Louis fit construire des navires pour la huitième croisade ; Innocent III fit appel, en 1215, aux armateurs de villes italiennes. Des navires spéciaux (*huissiers*) transportaient les chevaux ; des galères escortaient les navires de transport (*nefs*), où s'entassaient les hommes et les vivres.

Si la tactique des croisés restait fondée sur l'action des chevaliers bardés de fer, appuyés par une infanterie d'archers ou d'arbalétriers, qui rendit de grands services à Richard Cœur-de-Lion et à Saint Louis, la stratégie se modifia ; on découvrit, dès 1192, qu'il ne suffisait pas de lancer une armée en Palestine pour essayer d'enlever Jérusalem ; la Terre sainte étant soumise au sultan d'Égypte, une campagne dirigée contre l'Égypte, base de sa puissance, paraissait le meilleur moyen de lui faire lâcher prise. Cela entraîna les croisés à utiliser une base voisine de l'Égypte : l'île de Chypre, où Saint Louis avait fait envoyer des vivres et où son armée débarqua en 1248. D'autre part, on rechercha des alliés pour venir à bout du puissant souverain musulman : les Byzantins, dans l'optique des croisés de 1202 ; les autres princes musulmans (ceux de Damas, comme en 1239-1241, de Turquie, ou de Tunis, comme en 1270) ; le fabuleux Prêtre Jean ; enfin, à partir de 1265, les Mongols de Perse, avec lesquels les princes croisés essayèrent de mener des opérations combinées. On pensa même à l'empereur chrétien d'Éthiopie, qui aurait pu, croyait-on, prendre l'Égypte à revers.

Le financement des expéditions

L'équipement des troupes, leur transport, leur ravitaillement, le paiement des soldes exigeaient de très grosses sommes d'argent. Durant les premières croisades, les croisés se les procuraient exclusivement par leurs propres moyens, en vendant ou en engageant leurs terres : le pape Eugène III édicta un texte en vertu duquel les parents ou les suzerains d'un croisé ne pouvaient s'opposer à l'engagement d'une terre sur laquelle ils avaient des droits. Mais, très vite, les princes et les barons usèrent des « aides » : le départ en croisade était l'une des occasions dans lesquelles leurs sujets ne pouvaient refuser de leur payer un impôt exceptionnel. Louis VII y recourut déjà ; la troisième croisade voit le procédé couramment admis.

Cela ne suffisait pas : l'Église se préoccupa de rassembler un trésor de guerre à mettre à la disposition des croisés. Chaque sermon de la croisade se terminait par l'invitation à faire des aumônes destinées à la croisade. Dès la fin du XIIe siècle, les bulles de croisade précisent que l'indulgence peut être acquise à ceux qui, incapables de partir eux-mêmes, fournissent selon la mesure de leurs ressources les sommes nécessaires à l'équipement et à l'entretien des croisés. C'est le système des « rachats de vœux », qui suscite d'ailleurs de vives critiques.

Mais le pape Innocent III mit au point un autre système appelé à une longue fortune : le recours aux « décimes ». Le pape lui-même réserva aux croisés une part de son revenu annuel ; les cardinaux l'imitèrent ; les prélats et les détenteurs de biens d'Église furent invités à payer le centième de leur revenu (1199). Cette proportion monta souvent au vingtième, parfois au dixième du revenu de chaque bénéfice ecclésiastique. En principe, cette taxation était volontaire et arrêtée dans des assemblées. Elle devint vite obligatoire, et le pape désigna des collecteurs pour lever les décimes. Le montant de celles-ci était remis aux chefs de la croisade ; ainsi les décimes levées sur le clergé de leur royaume étaient-elles attribuées aux souverains qui prenaient la croix. Certains découvrirent dès le XIIIe siècle qu'il leur était possible d'annoncer leur départ pour se faire octroyer une décime, et de remettre ensuite leur expédition...

5. Les croisades non destinées à la Terre sainte

La définition de la croisade étant assez imprécise, on assimila peu à peu aux croisades véritables d'autres expéditions regardées elles aussi comme des « guerres justes », menées pour la défense de la Chrétienté ou de l'Église romaine. Urbain II avait dû dissuader les Espagnols de participer à la croisade en 1096, du fait qu'ils devaient se défendre contre les musulmans sur leur propre territoire ; dès 1120, Calixte II accordait à ceux qui combattraient pour défendre les chrétiens d'Espagne la même indulgence qu'à ceux qui iraient défendre les chrétiens de Jérusalem. En 1147, les privilèges de croisade furent étendus de même à ceux qui combattraient en Espagne et à ceux qui iraient défendre la frontière allemande contre les Slaves païens. Mais Innocent III précisa au début du XIIIe siècle que ceux qui défendraient les jeunes chrétientés des pays baltes contre les retours offensifs des païens de cette contrée ne recevraient que les indulgences acquises par les pèlerins de Rome ou de Compostelle et non celles des pèlerins du Saint-Sépulcre. L'invasion des Mongols en Pologne et en Hongrie décida Innocent IV à organiser contre ces envahisseurs une croisade (1241), qui fut à nouveau proclamée par son successeur Alexandre IV.

Toutes ces expéditions partageaient avec les croisades d'Orient le même caractère : c'étaient des guerres menées contre des non-chrétiens, non pour les soumettre au christianisme (la croisade se distingue, en effet, fondamentalement de la « guerre sainte » visant à la conversion forcée des infidèles, notion qui n'était pas étrangère à l'Occident carolingien, cependant que les canonistes refusaient de l'admettre), mais pour défendre la « patrie des chrétiens » et les chrétiens en danger. Mais d'autres furent dirigées contre des hérétiques ou des schismatiques. Telle la croisade contre les albigeois, qu'Innocent III se décida à proclamer à la suite de l'assassinat par les cathares du légat Pierre de Castelnau (1208) : destinée à protéger contre les hérétiques les catholiques du Languedoc, elle aboutit à la conquête de la France du Midi par les barons du Nord, les domaines des hérétiques et de leurs protecteurs étant considérés comme exposés « en proie ». Dès 1108, Bohémond, accusant les Byzantins d'avoir trahi les croisés et attaqué leurs terres, paraît avoir obtenu d'assimiler à la croisade l'expédition qu'il dirigea contre eux et qui échoua devant Durazzo. En 1237, le danger qui pesait sur l'Empire latin du fait des Grecs décida Grégoire IX à essayer de détourner contre ceux-ci la croisade destinée à la Terre sainte, ce qui n'eut d'ailleurs que peu de succès. De même après la reprise de Constantinople par les Grecs (1261) : le pape Urbain IV ordonna une croisade, mais on préféra bien vite négocier avec Michel Paléologue, qui offrait de réaliser l'union des Églises pour éviter le déclenchement de cette expédition. L'empereur Michel poursuivit cette politique et réussit à tenir de la sorte en échec les efforts de Charles d'Anjou, roi de Sicile, qui cherchait à obtenir la prédication d'une croisade antibyzantine : ce dernier n'y parvint qu'à l'avènement du pape Martin IV, et les Vêpres siciliennes (1282) firent échouer son projet.

Enfin, l'indulgence de croisade fut également employée pour la défense de l'Église de Rome et de son patrimoine, et spécialement dans les affaires du royaume de Sicile, vassal du Saint-Siège : Innocent III l'accorda à ceux qui luttaient contre Markward d'Anweiler (1199) ; Grégoire IX à ceux qui envahirent le royaume de Sicile sous la conduite de Jean de Brienne après la première excommunication de Frédéric II (1230) ; Innocent IV en usa largement dans sa lutte contre le même Frédéric II ; Charles d'Anjou en bénéficia lorsqu'il enleva la Sicile à Manfred et la défendit contre Conradin, et il obtint de Martin IV le même privilège pour lutter contre Pierre d'Aragon, qui avait occupé l'île de Sicile ; ce fut la « croisade d'Aragon », au cours de laquelle mourut le roi Philippe III de France (1283-1284).

6. La survie des croisades contre l'Islam

Les croisades survécurent à la chute d'Acre et des dernières places tenues par les Latins en Terre sainte (1291). Les papes ne renoncèrent pas à employer l'indulgence de croisade pour des opérations militaires dirigées contre des envahisseurs menaçant la Chrétienté sur ses frontières (tels les païens des pays baltes au XIVe siècle, ou Tamerlan, dont l'invasion en 1396 menaçait les chrétiens du Caucase) ; contre des hérétiques tels que les hussites : les expéditions lancées par ceux-ci contre les pays voisins et leur domination sur la Bohême amenèrent les papes et les conciles à diriger cinq croisades contre eux (1421-1435) ; contre les ennemis de l'Église, notamment durant le Grand Schisme d'Occident (dans le royaume de Naples ou, en 1383, dans le comté de Flandres).

Mais c'était surtout en Orient que la croisade restait indispensable. Les chrétiens d'Occident ne renonçaient pas, en dépit de la perte de leurs bases de la côte syro-palestinienne, à récupérer la Terre sainte. De très nombreux projets de croisade furent élaborés à la fin du XIIIe et au XIVe siècle : les plus célèbres sont ceux du roi Charles II de Sicile, du prince arménien Haython, du franciscain Raymond Lull, des dominicains Raymond Étienne et Guillaume Adam, du Vénitien Marco Sanudo Torselli ; plus tard, celui du « viel pèlerin » Philippe de Mézières et, au XVe siècle, celui du Vénitien Emmanuel Piloti. Ces projets réunissaient des plans de campagne où intervenaient les Mongols de Perse ou d'autres alliés éventuels, avec des suggestions telles que le blocus de l'Égypte ou la fondation d'un ordre religieux militaire investi de la garde des territoires conquis par les croisés. La croisade exigeait un Occident parfaitement uni : aussi, dans son *De recuperatione Terrae sanctae*, le Français Pierre Dubois imaginait-il une réforme complète de la société, de l'Église et de la carte politique de l'Europe...

Quant aux papes, ils préparaient un « passage général » en essayant de réconcilier les souverains ennemis pour les associer à l'entreprise commune ; ils prévoyaient et décidaient la levée de décimes. Mais, si l'expédition parut à plusieurs reprises très proche de sa réalisation, seule la croisade menée par le roi de Chypre Pierre Ier, en 1365, aboutit à l'occupation, d'ailleurs éphémère, du port d'Alexandrie. Et encore cette guerre contre le sultan avait-elle commencé pour d'autres raisons que pour la « récupération de la Terre sainte ».

C'est que, dès le début du XIVe siècle, un danger nouveau menace la Chrétienté, et d'abord les îles qui représentent ce qui reste de l'Orient latin : la piraterie, forme nouvelle de la « guerre sainte » musulmane, menée surtout par les émirats turcs qui s'établissent sur les côtes d'Asie Mineure. Contre eux, l'ordre des Hospitaliers, qui s'installe à Rhodes, se voue à la police des mers ; dès 1333, le pape institue une Sainte Ligue pour lutter contre les Turcs qui font régner l'insécurité en mer Égée.

En 1344, Clément VI renouvelle la Sainte Ligue, dont les participants bénéficient des privilèges des croisés : la prise de la citadelle de Smyrne représente un beau succès, que prolonge la croisade du dauphin Humbert de Savoie (1345). Quelques années plus tard, le légat saint Pierre Thomas emmène de nouveaux croisés contre les nids de pirates turcs, et c'est en luttant contre ceux-ci, non sans succès (prise d'Attalia), que le roi Pierre Ier de

Chypre est entraîné à faire la guerre au sultan d'Égypte.

Du côté de l'Afrique du Nord, même politique : en 1390, le duc Louis II de Bourbon conduit une croisade contre Africa (al-Mahdiya), repaire des pirates tunisiens, qu'il ne parvient d'ailleurs pas à enlever.

Le danger créé par les Turcs Ottomans, qui conquièrent peu à peu l'Empire byzantin, donne une nouvelle orientation aux croisades que les empereurs grecs cherchent à susciter : dès 1366, le comte Amédée VI de Savoie se porte au secours de Constantinople. De nouveau, l'Occident prend la croix pour défendre les Byzantins et les peuples des Balkans : en 1396, avec l'assentiment des deux papes rivaux, le roi Sigismond de Hongrie et le comte de Nevers, Jean de Bourgogne, entreprennent la campagne qui s'achève par le désastre de Nicopolis. De nouvelles expéditions, toujours enrichies des privilèges de la croisade, interviennent au XVe siècle. La plus notable est celle du roi Ladislas de Pologne et du voïvode Jean Hunyadi, qui s'achève sur le désastre de Varna après avoir connu de réels succès (1444). Le duc de Bourgogne Philippe le Bon se consacre à la croisade : après avoir envisagé de délivrer le Saint-Sépulcre, il envoie sa flotte participer à la croisade de 1444 ; après la chute de Constantinople, il prend la croix au Vœu du faisan (1455) et s'associe à la croisade organisée par le pape Pie II, qui voulait prendre lui-même part à l'expédition à laquelle sa mort mit fin (1461).

D'autres indulgences de croisade sont accordées à des souverains qui envisagent de combattre les Turcs : celle du roi de France Charles VIII (1495) ; celle de l'empereur Charles Quint contre Tunis (1535). La campagne contre les Maures d'Espagne, qui s'achève par la prise de Grenade (1489), et celle des Portugais contre les Maures d'Afrique (1505) sont également des croisades, et le pape accorde des privilèges de croisade permanents aux Espagnols et aux Portugais, qui sont sans cesse au contact des infidèles, par la *bulla cruciata* qu'on renouvelle automatiquement.

La pression des Turcs sur la Hongrie et en Méditerranée suscite de nouvelles « saintes ligues », caractérisées par l'octroi de subsides aux princes et l'appel à la pénitence, ainsi que par les privilèges de croisade. En 1470, c'est à la suite de la chute de Nègrepont ; en 1481, lorsque les Turcs occupent Otrante ; en 1500, Venise, la France, la Pologne, la Hongrie et la Bohême répondent à l'appel d'Alexandre VI. En 1511, Jules II en organise une autre (qui se transforme en ligue contre le roi de France) ; en 1537-1538, en 1570, de nouvelles ligues sont formées : la dernière parvient à remporter la victoire décisive de Lépante, qui met fin à l'expansion maritime des Turcs. Au XVIIe siècle, ce sont encore des croisades que les expéditions dirigées contre les Turcs et les Barbaresques, celles de Szentgotthárd, de Djidjelli, de Candie et, encore en 1715, celle des Vénitiens en Morée ; et la campagne de Jean Sobieski pour faire lever le siège de Vienne, en 1683, est le résultat des efforts du pape Innocent XI, pour constituer une ligue des princes chrétiens.

7. Les conséquences des croisades

Les résultats des croisades n'ont pas été négligeables. La première croisade a donné naissance aux États latins d'Orient qui ont vécu presque deux siècles sur la rive d'Asie, grâce aux croisades qui se sont succédé à un rythme très inégal jusqu'en

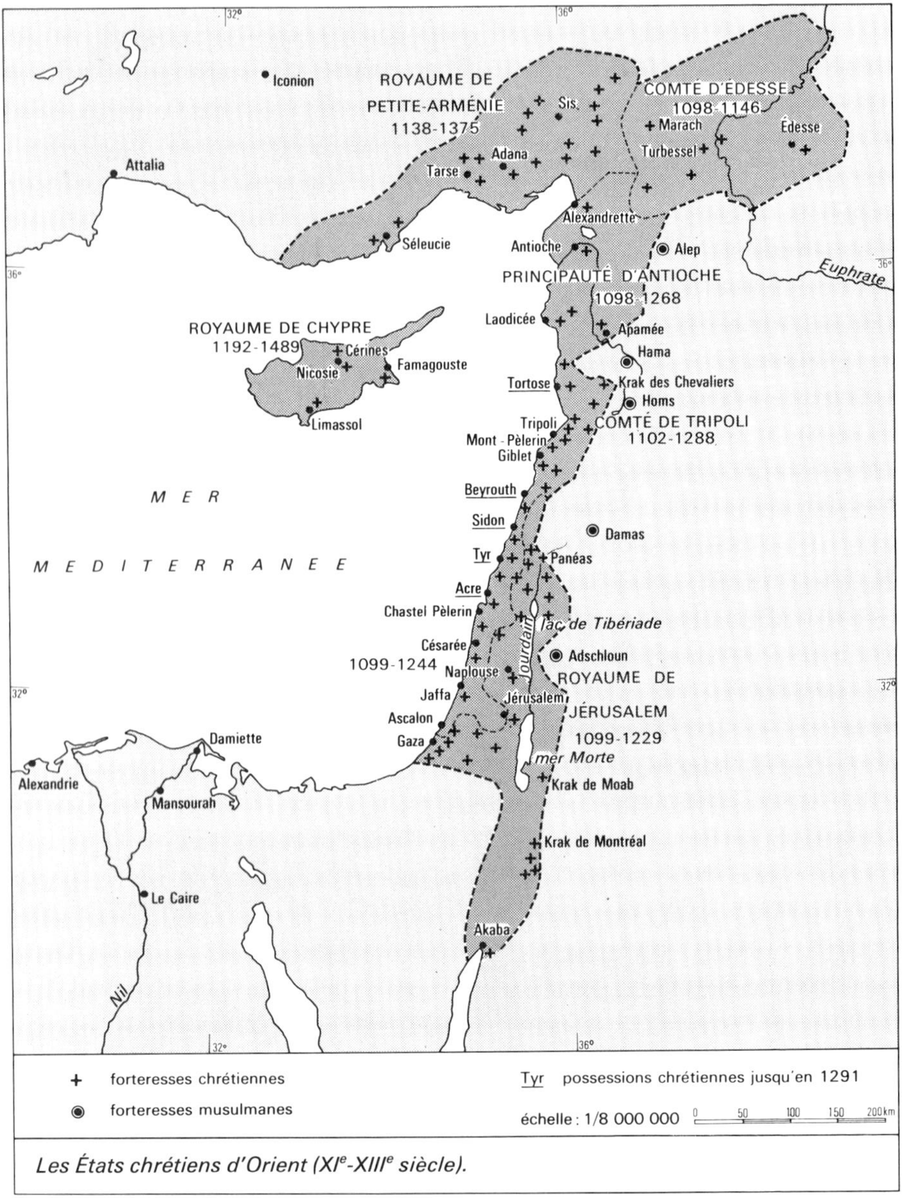

Les États chrétiens d'Orient (XIe-XIIIe siècle).

1272 et même en 1291. Le royaume de Chypre est né de la troisième croisade ; l'Empire latin de Constantinople, de la quatrième. Et ces États latins d'Orient ont représenté une formation politique originale. Le royaume de Jérusalem, en assurant la sécurité des pèlerinages et la protection des chrétiens orientaux libérés de la domination musulmane, répondait assez bien au but proposé par Urbain II, bien que rien ne permette de dire si le pape et les croisés avaient alors envisagé un établissement permanent. Mais le maintien de cet établissement avait exigé, de la part de l'Occident, un effort soutenu.

Conséquences économiques

C'est dans le cadre de ces États latins surtout que s'est opérée la découverte d'un monde jusqu'alors assez peu familier aux Occidentaux. Les contacts de civilisations auxquels les croisades ont donné lieu ont pris des formes diverses et sans doute la pensée gréco-arabe a-t-elle davantage pénétré en Occident par la voie de l'Espagne que par celle de l'Orient. Mais il reste que, par cette dernière voie, des emprunts non négligeables ont été faits par l'Occident à l'Orient, et que d'autres ont peut-être aussi eu lieu en sens contraire, bien que dans une moindre mesure.

L'économie méditerranéenne n'a pas été bouleversée par les croisades : les grands courants du commerce mondial se dessinaient déjà auparavant. Mais les croisades les ont transformés : à côté de Constantinople et d'Alexandrie, les échanges entre marchands orientaux et occidentaux se sont situés aussi dans les ports syriens, libanais ou palestiniens, voire chypriotes et arméniens. En effet, le transport des pèlerins, du ravitaillement, des secours envoyés d'Occident a amené les républiques marchandes à fréquenter ces ports et à y rechercher le fret de retour. Les marchands ont fini par s'enfoncer plus avant en Asie, jusqu'en Inde et en Chine.

Conséquences politico-religieuses

Des missionnaires furent envoyés en Asie ; les Latins avaient, en effet, pris contact dès leur arrivée avec les Églises orientales, et recherché une union plus intime avec ces dernières. Si la prédication de la foi chrétienne aux musulmans soumis resta toujours assez discrète, les négociations en vue de l'union des Églises prirent beaucoup d'importance et les missionnaires, surtout à partir de l'apparition des Mongols que l'on chercha à convertir, s'enfoncèrent eux aussi très loin en Asie. Au XIVe siècle, cette pénétration religieuse aboutit à la fondation de chrétientés de rite latin dans les contrées les plus éloignées. Et il est inutile de dire ce que ces missionnaires apportèrent à la connaissance du monde.

Toutefois, pour l'Occident lui-même, les croisades ont eu des conséquences d'un autre ordre. Elles apparaissent comme le prolongement du mouvement de paix, sous la forme envisagée au temps de la réforme grégorienne. De même que la pacification de l'Occident incombe à la chevalerie animée par l'Église, ces mêmes chevaliers sont appelés par l'Église à assurer la paix aux chrétiens d'Orient ; la croisade se double d'un effort pour réaliser la paix entre les princes et les barons chrétiens : la papauté a été amenée à jouer un rôle capital dans l'organisation de cette pacification, comme en vue de la croisade : les croisades ont été l'un des facteurs qui ont favorisé l'élaboration et la mise en œuvre de la doctrine théocratique.

La nécessité de financer les croisades a conduit la papauté à mettre progressivement en place un système fiscal qui est à l'origine de la fiscalité pontificale du XIVe siècle ; la protection accordée aux croisés l'a amenée à étendre le domaine de la juridiction ecclésiastique. Ainsi les institutions ecclésiastiques médiévales ont-elles subi l'influence des croisades. La naissance d'ordres religieux militaires (le Temple d'abord) en est un autre aspect. Mais les institutions de la société civile en ont aussi été influencées ; la croisade de Louis VII a certainement renforcé l'autorité du roi de France.

La vie chrétienne en a également été marquée : notons l'importance du pèlerinage du Saint-Sépulcre pour la dévotion ; le rôle des indulgences ; le sens du sacrifice.

Les réactions contre les croisades

Des réactions défavorables se sont vite fait jour, et d'abord chez les Byzantins à l'intention desquels la croisade avait été instituée : plutôt que des auxiliaires, ils ont vu dans les croisés des envahisseurs suspects de convoiter les territoires de l'Empire grec. Cette méfiance, aggravée d'incompréhensions réciproques, parut justifiée par les événements de 1204 et rendit irréalisable l'union des Églises. Du côté musulman, on mit longtemps à reconnaître la spécificité de la croisade, d'autant que les croisés ne pratiquèrent jamais la conversion forcée ; mais l'occupation d'une des villes saintes de l'Islam alimenta le développement de la doctrine de la « guerre sainte » (*al-jihād*).

En Occident, c'est l'échec de la deuxième croisade et, plus tard, celui de la cinquième croisade qui suscitèrent les plus vives réactions de scandale, en faisant douter que la croisade fût voulue par Dieu. Saint Bernard en tira la leçon en soulignant que le fait de participer à une croisade, en raison des sacrifices et des souffrances qu'il entraînait, était en lui-même une œuvre de sanctification, quel que fût le résultat de l'entreprise. Plus tard, des doutes s'élevèrent sur la légitimité d'opérations visant à répandre le sang des infidèles et à prendre leurs terres ; d'aucuns blâmèrent les croisés d'abandonner leurs familles et leurs sujets envers lesquels ils avaient des devoirs à accomplir. On attaqua l'avidité de l'Église à propos du système de financement des croisades ; en outre, on lui reprocha de les avoir détournées de leur but initial : la défense de la Terre sainte.

Des réponses que suscitèrent ces critiques (tel le *Dit du croisé et du décroisé*, de Rutebeuf), il ressort que c'est la lassitude qui inspirait beaucoup d'entre elles. Les croisades exigèrent la prise de conscience d'intérêts communs à toute la Chrétienté, et contribuèrent à faire naître des formes de pensée et de vie nouvelles ; leur rôle dans la formation de la civilisation occidentale ne peut donc être sous-estimé.

JEAN RICHARD

Bibliographie

P. ALPHANDERY & A. DUPRONT, *La Chrétienté et l'idée de croisade*, 2 vol., Paris, 1954-1959 / J. A. BRUNDAGE, *The Crusades, Holy War and Canon Law*, Aldershot, 1991 / F. COGNASSO, *Storia delle crociate*, Milan, 1967 / *Documents relatifs à l'histoire des croisades*, 15 vol. parus, P. Geuthner, Paris, à partir de 1946 / C. ERDMANN, *Die Entstehung des Kreuzzugsgedanken*, Stuttgart, 1935 / R. GROUSSET, *Histoire des croisades et du royaume franc de Jérusalem*, 3 vol., Paris, 1934-1936, rééd. 1991 ; *L'Empire du Levant. Histoire de la question d'Orient*, 2e éd., Paris, 1949 ; *Les Croisades*, Paris, 1955 ; *L'Épopée des croisades*, Paris, 2e éd. 1957, rééd. 1981 / H. E. MAYER, *Bibliographie zur Geschichte der Kreuzzüge*, Hanovre, 1960 ; *Geschichte der Kreuzzüge*, Stuttgart, 1965, rééd. 1989 / Z. OLDENBOURG, *Les Croisades*, Paris, 1965, rééd. Genève, 1977 / *Recueil des historiens des croisades*, 16 vol., Paris, 1841-1906 / P. ROUSSET, *Histoire des croisades*, Paris, 1957 / J. RILEY-SMITH, *Les Croisades*, Pygmalion, 1990 / S. RUNCIMAN, *A History of the Crusades*, 3 vol., Cambridge, 1951-1954, rééd. 1987 / A. SATIYA, *Crusade, Commerce and Culture*, Bloomington, 1962 / K. M. SETTON dir., *A History of the Crusades*, 5 vol., Univ. of Wisconsin Press, 1955-1990 / P. THROOP, *Criticism of the Crusades*, Amsterdam, 1940.

CURIA REGIS

Là où est le roi, là est sa cour ; cette cour portait au Moyen Âge le nom latin de *curia regis*. La famille du roi : mère, épouse, oncles, frères, ses familiers et les domestiques de l'« hôtel » en forment le noyau, autour duquel gravitent les grands feudataires, comtes, évêques et, en France, les douze pairs, qui ont officiellement la première place dans la royauté féodale. Les grands vassaux, relevant directement de la Couronne, sont rarement présents tous ensemble, même pour des cérémonies aussi importantes que le sacre où ils doivent légitimer par leur approbation le pouvoir du nouveau souverain ; la longueur et la difficulté des déplacements, la manière de régir leur fief ou encore des litiges avec le roi en sont la cause. Cette cour compose le Conseil du roi, qui, pour faire exécuter ses décisions, ne peut se passer de l'approbation d'un certain nombre de puissants vassaux ; elle a en principe à connaître des questions intéressant la paix ou la guerre, de l'administration et des finances, mais surtout elle est cour de justice devant laquelle sont portés les conflits féodaux et les plaintes des roturiers.

La *curia regis* des rois capétiens est un peu l'héritière du Palais et en même temps du *placitum generale* (convocation annuelle des hommes libres de l'Empire) en vigueur sous la dynastie carolingienne. Mais l'institution est imprécise, les convocations irrégulières, les attributions rétrécies à la mesure du pouvoir royal. Au fur et à mesure de l'affermissement de ce pouvoir et de l'accroissement du domaine proprement dit, la *curia* se structure, puis se divise en corps spécialisés. Cette évolution se dessine surtout à partir du XIIIe siècle ; elle accompagne la transformation progressive de la royauté en monarchie. Les services, directement rattachés à la personne du souverain, et notamment celui de la Chancellerie, se peuplent de serviteurs compétents : clercs, encore en majorité, mais aussi petits seigneurs laïcs et bourgeois formés dans les nouvelles universités ; en revanche, les grands vassaux ne sont plus convoqués qu'aux fêtes les plus importantes de l'année, le roi devenant assez puissant pour se passer de leur approbation. Entre le XIVe et le XVIIe siècle, les souverains français remplacent le conseil de la *curia* par celui de l'ensemble de la nation (états généraux) avant d'arriver à saisir l'ensemble des pouvoirs (absolutisme). La couronne anglaise suit une évolution parallèle, mais se heurte à l'alliance de la bourgeoisie et de l'aristocratie et à sa conséquence, l'ascension du Parlement. En France, de la division de la *curia* en services spécialisés naissent au XIIIe siècle le Parlement et la *Curia regis in computis*, qui devient Chambre des comptes en 1320, puis Cour des comptes en 1807, tandis que la Chancellerie prend de plus en plus d'importance et que vont apparaître les conseils royaux proprement dits.

SOLANGE MARIN

D

DAGOBERT Ier (600 env.-639) roi d'Austrasie (623-629) et roi des Francs (629-639)

Fils de Clotaire II et de Bertrade. Afin de satisfaire le particularisme de l'aristocratie austrasienne, que dominaient le maire du palais Pépin de Landen et l'évêque de Metz Arnoul, son père l'avait envoyé en Austrasie comme roi dès 623. Dagobert devint l'unique roi des Francs à la mort de Clotaire (629) et surtout à la mort de son propre frère, Caribert, à qui il avait dû laisser le gouvernement d'une partie de l'Aquitaine et du Languedoc (632). Il dut cependant composer à son tour avec les exigences de l'aristocratie et donner pour roi aux Austrasiens son fils Sigebert, alors en bas âge (634). Afin d'éviter que celui-ci ne s'approprie un jour la totalité du royaume, Dagobert attribua de son vivant à son second fils, Clovis II, la Bourgogne et la Neustrie.

Pendant les dix années de son règne, Dagobert a joui d'un pouvoir absolu, et la postérité en a gardé le souvenir, embelli par la comparaison avec ses médiocres successeurs. Il fut l'un des très rares Mérovingiens qui parvinrent à la royauté à l'âge d'homme et purent régner sans partage. Il fit reconnaître son autorité par les Saxons, les Gascons et les Bretons, intervint dans les affaires intérieures du royaume wisigothique d'Espagne, entretint de bonnes relations avec Byzance et tenta de s'opposer, avec les Saxons, les Thuringiens, les Alamans et les Lombards, à la poussée de la nouvelle puissance slave. Le prestige personnel de Dagobert, qui lui assura la soumission absolue de son royaume, fut tel, hors de ce royaume, qu'aucun roi des Francs ne l'égala plus avant l'avènement de Pépin le Bref.

JEAN FAVIER

DAMIETTE ou TAMIATHIS

Principal port, au Moyen Âge, sur le grand bras oriental du Nil, la forteresse de Damiette gardait l'un des accès vers le Caire, le plus commode si l'on ne voulait pas devoir franchir le Nil. C'est pour cette raison que les croisés, dirigés par Jean de Brienne, attaquèrent Damiette plutôt qu'Alexandrie, le grand port du delta occidental. Le siège de Damiette dura de mai 1218 à novembre 1219 ; il épuisa les Égyptiens autant que les croisés de Terre sainte et leurs nombreux renforts venus d'Europe. Les propositions faites par le sultan Al-Malik divisèrent l'armée chrétienne, le légat Pélage et les représentants des ordres militaires et des communes italiennes repoussant toute conciliation avec les Égyptiens, contre l'avis de Jean de

Brienne et de ses barons. Après la prise et le sac de la ville, la division s'accrut d'un affrontement entre les droits du pape et ceux du roi de Jérusalem sur la nouvelle conquête. Ces conflits entraînèrent l'enlisement de la croisade à Damiette jusqu'à la retraite précipitée d'août 1221.

C'est également devant Damiette que débarquèrent les croisés menés par Saint Louis en 1249. L'armée égyptienne fut refoulée sur la plage même (5 juin) et la ville occupée sans combat (6 juin). Alors que la croisade échouait dans le haut delta et que Saint Louis était fait prisonnier, la jeune reine Marguerite, à peine accouchée, dirigea héroïquement la défense de la ville, que voulaient abandonner les marins italiens préposés à sa garde. Damiette fut défendue avec d'autant plus d'acharnement qu'elle devait être la rançon personnelle du roi et que sa perte mettait en danger la vie du prisonnier. Conformément au traité, Damiette fut rendue par la reine le 6 mai 1250.

JEAN FAVIER

DANEMARK

L'ère des Vikings

L'histoire danoise, jusqu'à l'époque de Charlemagne, n'est guère éclairée que par l'archéologie. On pense cependant qu'ont eu lieu quelques raids maritimes contre la Frise vers 520 et 574, et la tradition épique garde un souvenir confus d'une royauté dont le centre aurait été à Lejre, près de Roskilde. C'est le choc causé par la conquête franque en Saxe qui fait vraiment entrer le Danemark dans l'histoire. Le pouvoir y était souvent partagé entre des roitelets, dont les uns traitèrent avec les Francs tandis que d'autres préparaient une réaction militaire qui constitue l'une des racines du mouvement des Vikings. L'un de ces rois, Godfred, barre l'isthme jutlandais à sa base par un rempart en terre, le Danevirke, qui a représenté jusqu'au XIXe siècle dans la conscience danoise la frontière idéale du pays face au monde allemand. Les IXe et Xe siècles sont dominés par les expéditions maritimes qui implantent des dominations danoises en Angleterre orientale (Danelaw) et en Normandie. De leurs répercussions intérieures, on connaît surtout l'aspect économique, que concrétise la naissance d'une première grande ville, enrichie par le commerce de traite, Hedeby (Haithabu), près de l'actuelle Schleswig (en danois, Slesvig).

Sous l'effet de contacts accrus avec l'Occident, des changements profonds ont lieu dans le deuxième tiers du Xe siècle. Une royauté dont le foyer est à Jelling (Jutland) réunifie le Danemark et impose un protectorat passager à la Norvège méridionale et aux Slaves (Vendes) de la côte polonaise. Son premier représentant, Gorm l'Ancien, souche de la dynastie qui règne encore aujourd'hui, est païen, mais son fils, Harald Blaatand («à la Dent bleue»), accepte vers 965 le christianisme venu d'Allemagne et célèbre l'événement par un monument exceptionnel, la «grande pierre de Jelling», ornée d'inscriptions runiques et d'un grand relief de la crucifixion. Une organisation militaire très stricte, révélée par la fouille récente de grands camps d'entraînement (Trelleborg, Aggersborg, Fyrkat), permet au fils de Harald, Svend (ou Sven) Tveskæg («à la Barbe fourchue»), de conquérir entièrement l'Angleterre, lorsque déferle la seconde vague du mouvement des Vikings. Knut (ou Knud) le Grand, fils de Svend, règne de 1016 à 1035 sur un empire bicéphale qui joint au Danemark et à

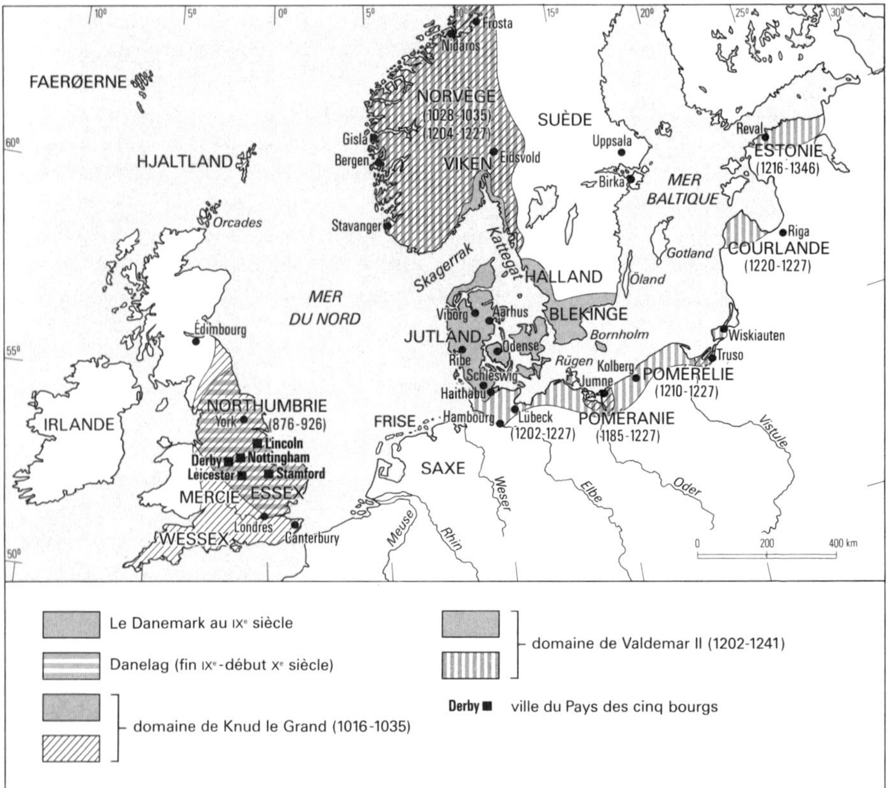

Le Danemark médiéval.

l'Angleterre une certaine suprématie sur la Norvège et des parties de la Suède. Le lien noué avec l'Angleterre eut une importance capitale, dans les domaines religieux (achèvement de la conversion), intellectuel, économique (apparition de villes, de la monnaie) et politique : aussi quand la mort de Knut eut rompu ce lien, la grande préoccupation des rois danois fut-elle pendant une génération encore de le rétablir. La conquête de l'Angleterre par les Normands en 1066 mit fin à ces espoirs et prépara un changement décisif d'orientation. Le Danemark rompit avec les formes de pensée et d'organisation propres à l'époque des Vikings et entra délibérément dans la chrétienté latine. En même temps, nous commençons à connaître son histoire de l'intérieur, car, à la différence du monde norvégien, aucune tradition solide n'y a survécu sur les périodes antérieures à l'adoption du latin comme langue écrite.

Naissance d'un État occidental

De la fin du XIe à la fin du XIIe siècle, la royauté danoise évolua lentement pour se rapprocher des États occidentaux, allemand, anglais, et parfois français. Une culture latine souvent brillante se développe dans le clergé, le style roman est adopté. D'excellents architectes tirent parti de modèles allemands, anglo-normands ou même lombards pour édifier des chefs-d'œuvre originaux, comme les cathédrales de Lund et de Ribe. Le pays se couvre d'églises de pierre, puis de brique, et de monastères bénédictins et cisterciens. Un archevêché est créé à Lund en 1103. Les villes se multiplient. L'aristocratie rurale, qui détient l'autorité locale, entre dans les cadres féodaux et se mue en chevalerie. Cependant la Couronne, jusque vers 1160, reste l'objet de violentes disputes et doit souvent reconnaître une suprématie allemande. L'État est en retard sur la société.

Avec l'«ère des Valdemar» (1157-1241), le Danemark accède à la pleine égalité avec les monarchies occidentales. C'est la plus brillante période de son histoire médiévale, celle où culmine sa culture. Elle est marquée par une collaboration étroite de la Couronne, de l'Église et de l'aristocratie. Absalon, évêque de Roskilde (1158-1191) et archevêque de Lund (1178-1191), ancien élève des écoles de Paris, incite son clerc Saxo Grammaticus à doter le pays d'une histoire plongeant dans le passé mythologique, écrite en un latin élégant et sûr. Sur un de ses domaines, le même Absalon fonde en 1167 Copenhague, le «port des marchands». La cathédrale de Roskilde est reconstruite à la française. Les lois provinciales sont mises par écrit, et la loi de Jutland (1241) est dotée d'un prologue énonçant les principes d'un droit fondé sur la raison. Valdemar Ier le Grand (1157-1182) inaugure, sous couleur de croisade, une politique d'expansion dans le domaine baltique, conquérant l'île de Rügen et des points d'appui sur la côte poméranienne ; Valdemar II Sejr («le Victorieux», 1202-1241) établit sa domination sur le nord de l'Estonie et y fonde Tallinn. Mais ces dépendances ne purent être tenues longtemps face à la vigueur extrême de l'expansion allemande. Valdemar II voulut lutter directement contre celle-ci en Holstein et échoua tragiquement : sa défaite à Bornhöved en 1227 inaugure une nouvelle ère de troubles.

Entre 1241 et 1340, les alliances qui avaient permis les succès de l'ère des Valdemar se dénouent. Les rois entrent dans des luttes inexpiables avec les archevêques Jacob Erlandsen (1256) et Jens Grand (1294). La Couronne perd son autorité sur une noblesse aussi ambitieuse que divisée ; en 1286, le roi Erik Klipping est assassiné et les plus grands noms de l'aristocratie, condamnés comme meurtriers, engagent la guerre civile. Bientôt la classe dirigeante est colonisée par une chevalerie immigrée du Holstein et du Mecklembourg qui accapare places et revenus, tandis que les villes comptent de plus en plus de bourgeois allemands. Vers 1330, le Danemark semble menacé de dissolution : il doit céder au roi de Suède ses provinces orientales, et les coteries holsteinoises s'y battent en liberté en l'écrasant de taxes.

L'Union du Nord

Un roi sans scrupule, mais d'une singulière capacité, Valdemar IV Atterdag (1340-1375), sut rétablir la situation sur des bases toutes nouvelles, en profitant des faiblesses des autres États scandinaves et en canalisant à son profit la brutale énergie de l'aristocratie guerrière. Il récupère la Scanie (1360), puis se jette sur l'île suédoise de Gotland, massacre son armée de paysans et pille son grand port, Visby (1361). Le Danemark gardera jusqu'au XVIIe siècle cette clef de la Baltique. En même temps, le mariage de la fille de Valdemar, Marguerite, avec Haakon

VI Magnusson, roi de Norvège, prépare l'union de toutes les couronnes du Nord. Une série de hasards dynastiques et la complicité des clans aristocratiques la feront tourner au profit du Danemark (1376).

Régente pour son fils, puis pour son neveu, la reine Marguerite gouverna durant une génération (1375-1412) une Scandinavie unie par sa seule personne. Même quand les pourparlers de Kalmar (1397) lui eurent donné une forme juridique, d'ailleurs fort sommaire, l'Union respecta l'autonomie interne absolue des trois royaumes. Le peu de cohésion qu'elle eut lui vint de la prépondérance militaire danoise, de l'influence économique et culturelle de la Hanse et de la concordance des intérêts dans les milieux dirigeants des trois aristocraties. Au Danemark, les villes et la noblesse en furent les principales bénéficiaires, la paysannerie en porta le poids fiscal, qui fut élevé, l'autonomie de la culture danoise fut largement sacrifiée.

Les rois de l'Union résidèrent le plus souvent au Danemark, mais le meilleur de leur temps fut absorbé par la tâche impossible de maintenir les Suédois dans l'obéissance (la fidélité norvégienne ne soulevait pas tant de difficultés). Dans le Sud, ils durent tolérer la réunion, sous des comtes allemands, du Holstein et du Jutland méridional (Slesvig, en allemand Schleswig), origine d'un problème qui empoisonna jusqu'au XXe siècle les relations germano-danoises. La transmission de la Couronne en ligne féminine amena au XVe siècle des Allemands sur le trône, Christophe III de Bavière (1440-1448), puis Christian Ier d'Oldenbourg (1448-1481), dont la descendance régna jusqu'en 1863. Christian Ier et son fils Hans, ou Jean (1481-1513), menèrent avec un certain succès une politique de prestige européen : pèlerinage à Rome (1474), établissement d'une vraie capitale à Copenhague, fondation dans cette ville d'une université (1479) et introduction de l'imprimerie (1489). Mais le fils de Hans, Christian II (1513-1523), esprit brillant mais instable, compromit tout par sa brutalité. Une tentative de reprise en main de la Suède s'acheva avec le «bain de sang de Stockholm», assassinat juridique de 82 chefs du parti hostile à l'Union (1520) ; trois siècles d'hostilités inexpiables et l'indépendance suédoise en découlèrent. Au Danemark même, l'absolutisme de Christian II amena sa déposition en 1524. Presque aussitôt la Réforme fit son apparition, sous la forme luthérienne, qui confirma durablement la prépondérance culturelle allemande. Cependant, certaines des principales conséquences de l'Union subsistèrent : les rois danois gardèrent jusqu'en 1814 le gouvernement de la Norvège, jusqu'en 1944 celui de l'Islande, et le Groenland (en danois, Grønland) et les îles Féroé (ou Faeroe ; en danois, Faerøerne) relèvent toujours du Danemark.

L'évolution de la société danoise

La société danoise subit au temps de l'Union de profondes transformations. Jusqu'au XIIe siècle, un paysannat libre, réuni périodiquement en assemblées, sous la direction d'une aristocratie indigène, jouait le rôle décisif et constituait l'essentiel de l'armée. Au XVe siècle, le Danemark est devenu une société très hiérarchisée : une noblesse militaire, d'origine le plus souvent allemande, y tient de la Couronne des fiefs (*len*), d'ailleurs révocables, y bâtit des châteaux et y domine un paysannat attaché à la glèbe, dépourvu de tout rôle politique ou militaire. L'armée est surtout formée de nobles et de mercenaires. Les villes, dont le nombre a beaucoup augmenté, mais qui restent pour la plupart fort petites, imitent les structures des villes de l'Allemagne :

gouvernement par une oligarchie de marchands et d'artisans souvent d'ascendance allemande, que représentent des bourgmestres assistés d'un conseil, établissement de guildes, luttes pour établir un monopole commercial sur les campagnes d'alentour, architecture de brique à grands pignons décorés de motifs en tuyaux d'orgue. Le grand commerce est dominé par la Hanse, surtout par Lübeck, mais au Danemark cette prépondérance est plutôt bénéfique pour l'économie indigène, à qui elle procure des marchés. Les rois de l'Union ont tiré grand profit de l'intensification des échanges entre Baltique et mer du Nord : une série de villes s'est développée sur les détroits (Copenhague, Elseneur, Malmö, Landskrona, Hälsingborg) et, à partir de 1429, une douane levée sur les navires qui franchissent l'Øresund assure des revenus élevés (elle a duré jusqu'en 1857). Pour un temps, la côte sud-ouest de la Scanie devient un des foyers majeurs du commerce européen : la pêche au hareng y assemble chaque année depuis le XIIIe siècle, autour de Skanör et de Falsterbo, des foules immenses de marins et de négociants allemands. À un moindre degré, la vente en Allemagne des bœufs et des chevaux devient pour quatre siècles la base de l'économie jutlandaise.

Malgré l'importance des infiltrations allemandes dans la langue, la culture danoise garde sa vigueur, attestée par la floraison des ballades populaires (*folkeviser*). Mais le rôle des clercs danois dans la pensée européenne est plutôt en déclin et l'art danois suit les modes allemandes. Les ateliers hanséatiques envoient au Danemark d'admirables sculpteurs (Bernt, Notke, Claus Berg), tandis que des peintres locaux d'une verve extrêmement féconde couvrent les églises de leurs fresques.

LUCIEN MUSSET

DÉFRICHEMENTS

Les défrichements sont les progrès les plus spectaculaires réalisés par l'agriculture médiévale ; ils ont permis de cultiver de vastes étendues gagnées sur les landes et la forêt, mais aussi sur les marécages, les fonds de vallées humides, les bords de mer : les polders flamands ou les fens anglais sont à inclure dans ce mouvement. L'aire des défrichements couvre toute l'Europe occidentale, jusqu'à l'Elbe et parfois au-delà, mais il faudrait beaucoup nuancer dans le détail : des régions comme la Champagne ou la France du Nord n'ont pas connu les grands défrichements, étant déjà depuis longtemps entièrement occupées.

Chronologiquement, ces défrichements s'étendent du Xe au XIIIe siècle, et ont pour origine la poussée démographique qui rendait nécessaire l'extension des terres cultivées ; mais ils n'ont été rendus possibles que par un progrès de l'outillage : remplacement progressif de l'araire par la charrue, dans les régions à sol lourd ; amélioration de l'outillage en fer (collier d'épaule et ferrure du cheval notamment). Ces défrichements se sont déroulés selon des modalités diverses que l'on peut regrouper en trois grandes étapes.

La première vague, aux Xe et XIe siècles, était due à des initiatives individuelles et dispersées : les paysans grignotaient peu à peu l'espace inculte avoisinant leurs champs : l'aspect presque clandestin du phénomène interdit d'en mesurer l'ampleur. D'abord indifférents, les seigneurs et l'Église allaient vite mesurer les ressources qu'ils pouvaient tirer de ces nouvelles parcelles : ils imposèrent au paysan des redevances généralement en nature (champart, tâche...), malgré le désir de ce dernier de faire reconnaître comme « alleux » des champs qu'il ne devait qu'à son travail, mais qui relevaient du domaine seigneurial.

C'est cet intérêt nouveau des seigneurs pour les défrichements qui est à l'origine de la deuxième vague, qui marque l'apogée du mouvement, au XIIe siècle : on assiste là à des créations de grande ampleur, des villages entiers et leur terroir étant créés de toutes pièces, avec un succès inégal d'ailleurs. Il s'agit d'entreprises à rentabilité à long terme : de grosses sommes sont investies dans l'essartage et le drainage des eaux et doivent ensuite rapporter sous forme de redevances. Cela suppose d'importantes mises de fonds, mais surtout des conditions juridiques précises, car, pour attirer les « hôtes » qui mettront en valeur le nouveau terroir, il leur est offert un statut personnel plus libéral que celui qu'ils avaient dans leur ancien village ; mais les paysans ne cèdent à cette tentation que lorsque le nouveau seigneur est assez puissant pour les garantir des poursuites de l'ancien ; cette puissance du seigneur entrepreneur lui servira aussi par la suite à imposer la levée des redevances sur son nouveau village. Aussi les seigneurs doivent-ils souvent s'associer, le contrat d'association (« contrat de pariage ») précise la répartition des fructueux droits de justice et de police (administration) sur le futur village. Le bon état de conservation des archives ecclésiastiques a pu donner l'illusion que les abbayes avaient été les principaux entrepreneurs de défrichements, alors que très souvent les communautés religieuses se livraient à une activité pastorale plus conforme à leur idéal de vie retirée et défendaient la forêt qui protégeait leur clairière des intrusions de la vie séculière. Mais, en fait, les créations de « villeneuves », « bastides », « fertés » ... ont été très souvent dues aux seigneurs laïcs, les plus puissants d'entre eux y voyant, en plus de l'intérêt pécuniaire, un intérêt politique et stratégique : par l'établissement de villages dépendants d'eux, le roi de France, ou le comte de Champagne, par exemple, affermissaient leur domination sur des zones frontières jusqu'alors mal contrôlées. Cette deuxième vague de défrichements a abouti à la création de villages, au nom et à la forme typiques (habitat groupé, plan souvent géométrique), et de terroirs en openfield, aux parcelles régulières.

Puis ce mouvement s'essouffle au tournant des XIIe et XIIIe siècles, la quasi-totalité des terres susceptibles d'un défrichement profitable ayant été mises en valeur. Il est remplacé par une troisième vague, plus modeste, qui n'ira pas jusqu'à la fin du XIIIe siècle (sauf exceptions locales, notamment en Aquitaine). C'est le retour aux initiatives individuelles marginales, qui aboutissent à un peuplement intercalaire et souvent à un paysage de type bocager ; mais ces derniers pionniers menacent dangereusement l'équilibre déjà précaire entre la part cultivée des finages et leur part non cultivée, dévolue à l'élevage, à la cueillette et nécessaire à l'équilibre écologique. C'est pourquoi seigneurs et communautés villageoises sont souvent intervenus pour freiner ces dernières tentatives.

Les défrichements devaient modifier définitivement les conditions de vie des pays qui les connurent. L'extension des terres cultivées a permis le recul des famines et favorisé le passage à l'assolement triennal par l'adjonction d'une troisième sole au terroir cultivé. Les paysans très dépendants des anciens villages se sont inspirés du statut plus indépendant (au moins en droit) offert aux « hôtes » des nouveaux villages pour réclamer une amélioration de leur sort. Enfin, nous devons aux défrichements l'essentiel du paysage actuel de nos campagnes, bien que toutes les entreprises d'essartage n'aient pas connu un succès durable, certaines terres de trop médiocre qualité ayant été abandonnées dès le XIVe siècle.

FRANÇOISE MOYEN

DÉPOUILLE DROIT DE → DROIT DE DÉPOUILLE

DESPENSER LES

Famille anglaise élevée à la pairie au début du XIIe siècle. Plusieurs de ses membres arrivèrent à de hautes dignités, dont le « justicier » Hugues au temps de Henry III et de Simon de Montfort. Le plus connu est Hugues le Despenser, tendre favori d'Édouard II, qui le fait comte de Winchester en 1322 : lui-même et son fils seront sacrifiés à la vengeance de la reine Isabelle et de Roger Mortimer en 1326, après le succès d'une révolte dirigée contre le roi. Au-delà de l'anecdote et de l'opposition entre un couple d'« amis » et un couple d'amants, l'épisode illustre la vigueur de la féodalité, représentée par Mortimer, devant la menace d'un accroissement du pouvoir royal et celle de l'apparition d'une Chambre des communes, tous deux favorisés par les Despenser. Cette famille connaît par la suite des fortunes diverses ; l'évêque Henry de Norwich s'illustre dans la lutte contre les paysans révoltés en 1381, Thomas est élevé au rang de comte de Gloucester en 1397, mais est disgrâcié deux ans plus tard. Le nom disparaît en fait à partir de la seconde moitié du XVe siècle.

ROLAND MARX

DEUX-ROSES GUERRE DES → GUERRE DES DEUX-ROSES

DÎME

Redevance, en nature ou en argent, portant principalement sur les revenus agricoles, la dîme, au Moyen Âge, est destinée à permettre l'exercice du culte par l'entretien du clergé et des lieux de culte, et à fournir assistance aux pauvres.

On lui trouverait de nombreux antécédents dans l'Antiquité, juive en particulier. La tradition chrétienne la relie aux dons volontaires des membres des premières communautés. Des textes du IIIe siècle (Cyprien, Origène) montrent que l'usage de verser un dixième de ses biens à l'Église est courant ; et Ambroise de Milan au IVe siècle en fait une obligation de conscience. Le pape Damase, au IVe concile de Rome, en ordonne le paiement sous peine d'anathème, et Augustin d'Hippone se montre très strict dans ce sens (début du Ve s.). Les conciles de la Gaule mérovingienne exhortent les fidèles à payer la dîme pour apaiser la colère de Dieu qui se manifeste par les guerres et les troubles variés de l'époque (IIe synode de Tours, 567), puis menacent d'excommunication ceux qui refusent de verser cette redevance (concile de Mâcon, 585). Cette obligation souvent répétée, donc sans doute assez mal respectée, devient effective quand le pouvoir civil — en l'occurrence le roi et l'empereur carolingien — la reprend dans la législation d'État par le capitulaire d'Herstal (779), répété par plusieurs autres documents analogues de Charlemagne (780, 789, 801), confirmés par Louis le Pieux, puis par Charles le Chauve (877). Le fait que les Carolingiens aient rendu la dîme obligatoire est à mettre en rapport avec les concessions par le roi de terres ecclésiastiques à des laïcs, les dîmes venant compenser en partie les injustices commises par Charles Martel et ses successeurs à l'égard des Églises.

La dîme est prélevée en principe sur tous les produits, car Dieu a sa part de tout. Les canonistes des XIe et XIIe siècles estiment qu'elle doit porter sur tout *negotium* (Yves de Chartres, Gratien). Mais elle est de fait limitée aux produits de l'agriculture, à l'exclusion de ceux du commerce, de l'industrie et de la guerre. La pratique est plus hésitante pour les autres produits de la nature, produits des salines, des mines et surtout de la pêche. On rencontre diverses classifications des dîmes : dîmes prédiales, sur les récoltes ; dîmes personnelles, sur les autres revenus ; dîmes novales, sur les terres nouvellement défrichées. Plus tard on distinguera : grosses dîmes, sur les produits principaux (blé, vigne) ; menues dîmes, sur les revenus accessoires ; elles-mêmes divisées en dîmes vertes, sur les végétaux, et dîmes de sang ou charnage, sur les animaux. La quotité des grosses dîmes semble être plus régulière d'une région à l'autre que celle des menues dîmes, mais, pour l'ensemble des dîmes, le taux varie de un quarantième à un dixième.

Selon les capitulaires carolingiens, les dîmes appartiennent à l'évêque qui en fait trois et plus souvent quatre parts : une pour lui, une pour le clergé, une pour l'entretien des lieux du culte, une pour les pauvres. La multiplication des paroisses rend ce système impraticable et l'évêque abandonne une grande partie de ses dîmes aux paroisses et à leurs curés, se réservant toutefois certaines paroisses, souvent fondées par ses prédécesseurs, dont il conserve les revenus. Le clergé paroissial allait rencontrer deux rivaux pour la perception des dîmes : les seigneurs laïques, du IXe au XIe siècle surtout, puis les abbayes. En effet, les seigneurs qui ont fondé des églises, ou qui s'en sont emparés de force, considèrent que leurs revenus leur appartiennent. Les dîmes sont alors intégrées aux revenus de la seigneurie et deviennent l'objet de transactions de droit privé : donations, ventes, partages, inféodations et sous-inféodations (on parle de dîmes inféodées). La réforme des XIe et XIIe siècles encourage la restitution à l'Église des dîmes appropriées, mais cette restitution, quand elle a lieu, se fait dans la main des abbés des monastères réputés et non dans celle des desservants de paroisse. D'ailleurs, la pratique des dîmes inféodées, bien que condamnée par les conciles (Latran III, 1179), est de fait largement tolérée, malgré des ordonnances royales visant à les réduire (1219, 1228, 1313).

La dîme est quérable et levée par des agents spéciaux : les dîmiers. Ils se heurtent parfois à l'hostilité des paroissiens, d'où des sentences d'excommunication. Pour éviter ces difficultés, la dîme peut être donnée en ferme, ou abonnée (réduite à une somme annuelle fixe). Elle est en principe payée par tous, mais nombreux sont les exemptés : évêques et surtout communautés (chapitres, abbayes) qui détiennent les biens les plus vastes. En 1132, l'exemption accordée par le pape Innocent II à Citeaux fut à l'origine de nombreuses tensions, et au IVe concile de Latran (1215) on s'efforça de ramener les cisterciens et les autres ordres privilégiés dans le droit commun, sans obtenir de résultat décisif.

Les charges du décimateur sont les suivantes : il doit verser à la fabrique (assemblée de gestionnaires) de l'église paroissiale de quoi assurer le culte (achat et entretien des vases, linges, livres et luminaires), entretenir l'église et la maison du curé, voire rémunérer les prédicateurs extérieurs (concile de Pont-Audemer, 1279). Il doit assurer la subsistance des prêtres, ce qui entraîne de nombreux conflits quand le décimateur n'est pas le desservant de l'église. En 1215, le pape Honorius III rappelle que tout prêtre doit avoir une portion de dîme suffisante pour vivre. Enfin, le décimateur doit assurer l'assistance des pauvres : le *Décret de Gratien* (XIIe s.) reprend un texte en ce sens du pape Gélase (fin Ve s.), et les capitulaires carolingiens comme les conciles successifs rappellent constamment cette obligation.

MICHEL SOT

DIMITRI IV DONSKOÏ (1350-1389) grand-prince de Moscou (1359-1389)

Lorsqu'il succède à son père, Ivan II (mort en 1359), comme prince de Moscou, le jeune Dimitri se trouve sous la tutelle politique du métropolite Alexis (mort en 1378). Celui-ci lui obtient, par ses démarches à la Horde d'Or, le titre de grand-prince de Vladimir (1362), ravi depuis 1359 par le prince de Souzdal-Nijni-Novgorod.

Devenu majeur, Dimitri, poursuivant la politique de ses prédécesseurs, cherche à étendre son autorité directe sur de nouveaux territoires ; c'est à lui que l'on peut attribuer l'acquisition d'importants territoires sur la rive gauche de la Volga, avec les villes de Kostroma, de Galitch, d'Ouglitch, et autour du lac Blanc (Beloozero), auxquels s'ajoutent, plus près de Moscou, Dmitrov et Starodoub, ainsi que, au sud, Medyn et Kalouga.

Suivant toujours la ligne politique de ses prédécesseurs, Dimitri défend la frontière occidentale de ses États face à la principauté rivale de Tver soutenue par la Lituanie : après avoir repoussé les troupes du grand-prince Olgerd en 1372, il parvient à faire capituler, en 1375, le grand-prince de Tver qui reconnaît la suprématie de Moscou. Cette suprématie du grand-prince de Moscou-Vladimir s'étend, à divers degrés, à l'ensemble de la Russie septentrionale.

L'accroissement de la puissance moscovite explique les velléités d'indépendance que son prince manifeste à l'égard du suzerain mongol. Cette politique atteint son apogée le 8 septembre 1380 quand les troupes russes, sous le commandement de Dimitri et de son cousin Vladimir de Serpoukhov, écrasent celles du khān Mamaï au champ des Bécasses (Koulikovo pole) sur le cours supérieur du Don (de cette victoire Dimitri tire son surnom). Toutefois, cet épisode glorieux, abondamment chanté dans la littérature moscovite des XVe et XVIe siècles, est largement terni par l'incursion du khān Tokhtamych (Tuqmatiš) qui pille Moscou abandonnée par son prince (1382).

En revanche, l'évolution des structures économiques de la principauté de Moscou et de l'ensemble de la Russie du Nord-Est sous le règne de Dimitri est très mal connue. Deux faits généraux peuvent cependant être relevés : le développement de l'agriculture (un progrès des techniques semble coïncider avec la fin du XIVe siècle) lié à l'essor de la colonisation de nouvelles terres par les monastères (le père du courant monastique russe de la fin du Moyen Âge, saint Serge de Radonège, est un contemporain de Dimitri) et un accroissement des échanges. C'est en effet sous ce règne que la principauté de Moscou commence à battre monnaie, suivie d'ailleurs par les principautés voisines.

En mourant, Dimitri Donskoï lègue à ses descendants non seulement la principauté de Moscou, reçue de son propre père mais également – et c'est là une innovation capitale – la grande principauté de Vladimir, considérée désormais comme un bien héréditaire (*votchina*) de la dynastie moscovite.

C'est l'image du vainqueur contre l'envahisseur étranger que conserva la postérité : lors de la Seconde Guerre mondiale, la colonne blindée équipée aux frais de l'Église orthodoxe portait le nom de Dimitri Donskoï.

WLADIMIR VODOFF

DINAR

Ce n'est qu'à la fin du VIIe siècle qu'apparaît une monnaie d'or purement musulmane, le dinar (ou *denarius*, denier). Le dinar, de forme circulaire, portait d'un côté une invocation pieuse, de l'autre le nom et les titres du prince qui l'avait fait frapper, sans que paraissent, le plus souvent, le nom de l'atelier monétaire ni la date de la frappe. Le poids du dinar légal était de 4,414 g, mais pouvait s'élever jusqu'à 4,7 g, au titre assez élevé de 0,979 d'or pur. Ces dinars ont assez largement circulé en France – où la frappe de l'or est interrompue du IXe au XIIIe siècle – sous des noms divers : mancus, mangons, marabotins, noms qui ont pu aussi être employés comme simples monnaies de compte. On a, en plusieurs endroits de l'Europe chrétienne, frappé de faux dinars pour répondre aux besoins du commerce.

JEAN DÉRENS

DIPLÔME

Forme d'acte authentique, caractéristique des chancelleries souveraines du haut Moyen Âge. Les diplômes étaient revêtus du seing manuel autographe du roi à l'époque barbare, puis d'une simple croix, et enfin d'un monogramme non autographe à partir du règne de Charlemagne. Ils tiraient leur authenticité de la souscription de l'archichancelier ou d'un notaire signant à sa place. Plaqué au bas du document, le sceau était le plus souvent l'empreinte d'une pierre dure gravée, antique ou imitée de l'antique. L'influence des actes privés et le fléchissement du rôle imparti à l'écrit dans le système juridique des preuves donnèrent, à partir du XIe siècle, une importance nouvelle à la liste des témoins, généralement pris dans l'entourage immédiat du souverain.

À mesure que d'autres formes diplomatiques moins encombrantes apparaissaient pour répondre aux besoins d'une vie économique et administrative plus organisée, le diplôme se figea dans des formes solennelles, encore utilisées aux XIIe et XIIIe siècles. Le sceau fut de plus en plus souvent suspendu – sur une languette de parchemin ou sur des lacs de soie de couleur – et non plus plaqué sur le parchemin de l'acte. Les lettres patentes, à divers niveaux de solennité et de valeur (charte, mandement, etc.), concurrencèrent rapidement le diplôme, qui disparut de la pratique des chancelleries au XIVe siècle.

JEAN FAVIER

DOMAINE SEIGNEURIAL

C'est à l'époque carolingienne que l'on voit se dessiner l'organisation matérielle du domaine, telle qu'elle subsiste jusqu'au XIIIe siècle. L'ensemble des terres d'un grand propriétaire était partagé en « manses » ou unités de culture ; l'un d'eux, généralement plus vaste, était le « manse du seigneur » (*mansus indominicatus*) dont les revenus étaient entièrement consacrés à l'entretien du propriétaire ; la culture de ce manse était assurée – en l'absence de tout salariat – par les corvées dues par les tenanciers des autres manses, sous la direction d'un régisseur. Dans ce manse seigneurial (ou « réserve ») il faut inclure tout ce qui était indispensable à la vie dans un régime d'autarcie presque complète : les vignes, les prés, les bois, landes ou taillis – sur lesquels les paysans pouvaient posséder un droit d'usage –, et le noyau même du village, cette « cour » (*curtis*) qu'on retrouve dans tant de toponymes de la France du Nord ; celle-ci regroupait la maison du propriétaire, divers ateliers (tissage, sellerie, forge, brasserie, moulin, etc.) et l'église, également propriété seigneuriale, dont le seigneur choisissait le desservant. Cette opposition entre la réserve seigneuriale et les autres terres du domaine est, jusqu'à la fin du XIIIe siècle, caractéristique de la seigneurie domaniale.

Cependant, du Xe au XIIe siècle, compte tenu de l'effacement de l'État, le seigneur fait de ses paysans ses dépendants sur le plan juridique et fiscal. Les droits, fort lucratifs, que le seigneur impose alors à ses « tenanciers » tendent à constituer l'essentiel de son domaine. Dès lors, la seigneurie représente tout l'univers du paysan, et le seigneur est le seul maître qu'il connaisse. C'est à lui qu'il paie la taille, la capitation, le cens, le champart, souvent la dîme inféodée. C'est le four et le moulin du seigneur qu'il est contraint d'utiliser, contre redevance. C'est la justice seigneuriale qui a entière autorité sur lui. Enfin, c'est du seigneur qu'il doit obtenir l'autorisation de se marier ou de « déguerpir » s'il est serf.

En Angleterre, pendant la même période, le domaine seigneurial ne connaît pas une pareille extension de l'autorité du maître sur les paysans : le pouvoir royal établi par les Normands y étant fort et, très tôt, centralisateur, le « mannor » (domaine seigneurial) est toujours resté étroitement lié à un certain type d'exploitation de la propriété foncière. Bien au contraire, les seigneurs du continent se détachent peu à peu du monde rural à partir du XIIIe siècle : ayant de plus en plus besoin de numéraire, ils abandonnent l'exploitation directe de la réserve soit en la morcelant en « censives » concédées aux paysans, soit le plus souvent en l'affermant en bloc. Finalement, seuls les droits seigneuriaux, particulièrement la fiscalité, rappellent la « propriété éminente » du seigneur sur la totalité de son domaine. De plus, ces droits sont souvent attaqués du XIVe au XVIIIe siècle par une monarchie avide de contrôler ses sujets, et qui s'en prend à la haute justice et aux péages seigneuriaux. Enfin, les paysans sont prompts à considérer comme définitive la moindre négligence dans les perceptions. Malgré la complicité des juridictions, il faut désormais au seigneur des archives régulièrement tenues pour faire admettre ses droits. Ce sont elles que les paysans rechercheront avec ardeur, mais rarement avec succès, lors de la Grande Peur (juill. 1789). La fameuse « abolition des privilèges » du 4 août 1789 ayant laissé subsister, en fait, tous les droits « justifiés » par des titres en règle, les dernières marques de la seigneurie n'ont été totalement abolies qu'en 1793.

FRANÇOISE MOYEN

DOMESDAY BOOK

Document cadastral du début de l'époque normande en Angleterre, le Domesday Book – ou simplement le Domesday – fut dressé par Guillaume le Conquérant. Devenu roi d'Angleterre après la défaite d'Harold à Hastings (1066), Guillaume voulut connaître, de façon précise, les biens et ressources du pays. La *descriptio* fut terminée en 1086 ; elle devait servir de base à l'établissement de l'impôt royal. La réunion des Sages qui avait eu lieu à cet effet avait recommandé d'envoyer des commissaires (*legati*) dans chacun des comtés du pays, avec ordre de fixer, avec le montant de leurs biens et revenus, le nombre de propriétaires nobles, d'hommes d'Église, de villageois, d'esclaves qui s'y trouvaient. L'enquête se fit en prenant pour base le *hundred* anglais (on appelle ainsi une division du comté, d'un type analogue au *huntari* des Goths), d'après le témoignage de douze jurés, six Anglais et six Normands. Toutefois, l'enquête ne porta pas sur les comtés les plus septentrionaux (région de Carlisle), ni sur certaines grandes villes comme Londres et Winchester, jouissant d'un régime fiscal particulier. Le document original consiste en deux volumes qui furent publiés par le gouvernement en 1783.

Le Domesday Book est un document de premier ordre pour connaître l'état de l'Angleterre au début de l'époque normande. L'Angleterre y apparaît comme un pays de 2 millions d'habitants environ, dont la grande majorité cultive des terres libres de toute servitude seigneuriale. La plus grande partie du pays est couverte de « forêts », par quoi il faut entendre non seulement les forêts, mais aussi les marécages et les landes ou friches non propices à l'agriculture. L'élevage des moutons et des porcs et, ici et là, la culture des céréales constituent les principales ressources du pays.

ROLAND MARX

DOMINICAINS

Dans l'histoire des ordres religieux, la fondation des Frères prêcheurs ou Dominicains représente, au début du XIIIe siècle, un tournant décisif. Rien de nouveau certes à ce que des religieux deviennent en fait prédicateurs ou missionnaires – tel fut le cas de nombreux moines aux siècles précédents –, mais il est original qu'une forme de vie religieuse se définisse non plus seulement par la conversion personnelle et la recherche de Dieu dans la fuite du monde, mais par l'accomplissement d'une fonction déterminée dans l'Église ; c'est une nouveauté d'identifier consécration à Dieu et députation totale à la prédication de l'Évangile. L'idéal de l'imitation des Apôtres, dont se réclament, depuis les Pères du désert, les groupements les plus divers, se déploie ici selon une dimension inédite : la participation, en vertu d'une profession religieuse reconnue telle par le Saint-Siège, à la mission prophétique de l'Église, l'annonce de la foi.

À la même époque, l'aspiration à des formes de vie plus intégralement évangéliques trouve expression, stimulant et, dans une certaine mesure, discipline, au sein du mouvement franciscain. Nées dans le même contexte mais plus proches l'une du monde des clercs, l'autre du monde des laïcs, les deux familles réagissent l'une sur l'autre et servent de modèles à d'autres : ainsi apparaît un type nouveau de vie religieuse, celui des ordres mendiants.

Donnant pour devise à son ordre : « Ne parler qu'avec Dieu ou que de Dieu », saint Dominique est l'initiateur d'un mode de vie original et difficile, qui allie intimement présence à Dieu et présence aux hommes à évangéliser. Le renouvellement perpétuel est pour les Dominicains une condition de la fidélité profonde. C'est donc en regard de l'évolution du monde que leur histoire devrait s'écrire.

1. Le fondateur : Dominique de Caleruega

La fondation de l'ordre des Frères prêcheurs, à Toulouse, en avril 1215, ne précède que de quelques mois le quatrième concile du Latran qui invite les évêques de la chrétienté à doter leurs diocèses de prédicateurs instruits, dont la vie exemplaire authentifierait la parole.

L'initiative du fondateur s'appuie sur une expérience de prédication, inaugurée neuf ans plus tôt, en pays albigeois. Traversant le midi de la France, l'évêque castillan d'Osma et le sous-prieur de son chapitre, Dominique de Caleruega, s'étaient joints en effet en 1206 au groupe d'abbés cisterciens mandatés par Innocent III pour mener campagne contre l'hérésie, non sans les avoir d'abord persuadés de se débarrasser de l'appareil de leur puissance féodale pour prêcher à la manière des Apôtres, dans la pauvreté.

L'entreprise n'avait pas survécu au déclenchement de la croisade contre les albigeois ; mais, bien qu'il soit resté en rapport avec les croisés et qu'il se soit lié d'amitié avec Simon de Montfort, Dominique continue de mener, seul ou avec des compagnons, une vie de prédicateur et réside dans la cité de Fanjeaux, non loin du monastère féminin de Prouilhe qu'il avait fondé pour des converties. Ce qu'il entreprend à Toulouse en 1215 est nouveau, car alors ses compagnons s'engagent à son égard par les vœux de religion. Les visées premières du petit groupe ne semblent pas se porter au-delà du diocèse de Toulouse, mais l'horizon s'élargit lorsque, le 15 août 1217, Dominique disperse ses seize premiers frères, les envoyant étudier, prêcher et constituer des communautés à Madrid, à Paris, à Bologne, à Rome.

Le développement rapide de l'ordre doit être appuyé auprès des évêques ; Dominique, clerc formé aux disciplines de la théologie et du droit, obtient de la chancellerie pontificale des lettres qui définissent et garantissent les éléments les plus originaux de son propos. Parallèlement, en liaison étroite avec les frères de son ordre, dont le chapitre général tenu à Bologne en 1220 est comme la première assemblée constituante, il élabore une législation religieuse d'un type nouveau, ordonnée au service de la parole de Dieu, faisant de l'étude assidue de celle-ci une valeur fondamentale, renonçant à toute espèce de revenus pour ne vivre que de mendicité, organisant le gouvernement sur une active participation de tous les frères.

Dominique rêve d'en finir rapidement avec ces tâches d'organisation pour aller porter l'Évangile hors des frontières de la chrétienté : aux Cumans (Roumanie), dit-il aux uns, aux Sarrasins, dit-il aux autres, ou encore aux peuples du Nord. En fait c'est dans le nord de l'Italie, où l'hérésie cathare tend à s'implanter, que durant les derniers mois de sa vie il déploie son zèle. Lorsqu'il meurt à Bologne, le 16 août 1221, il a eu le temps de mettre sur pied, avec l'appui du Saint-Siège et la collaboration de religieux de toute robe, une large campagne de prédication qui ne se terminera qu'une dizaine d'années plus tard, marquant assez profondément la vie et même les institutions communales des cités. La canonisation de Dominique par le pape Grégoire IX (1233) est une conséquence et une manifestation de l'élan ainsi créé.

2. La période d'expansion de l'ordre

Au début du XIVe siècle, les Dominicains sont déjà 15 000 environ, répartis en plus de 550 couvents, de la Finlande au Maroc, de Dublin à Kiev.

Inséparable de celle des autres ordres mendiants, et notamment des Franciscains (peut-être trois fois plus nombreux), cette expansion apparaît liée au développement du fait urbain, économique et culturel. L'architecture des églises conventuelles (église des Jacobins de Toulouse), situées le plus possible au cœur même des villes, témoigne du souci d'y grouper des auditoires laïcs. Débordant largement le cadre des confréries, béguinages, fraternités de pénitents qui se constituent ou se mettent sous sa direction, l'ordre étend son influence aux hommes les plus engagés dans la vie publique des cités. Volontiers consultés pour la rédaction des testaments, des contrats de mariage, les prêcheurs jouent assez fréquemment le rôle de négociateurs ou d'arbitres entre particuliers, factions, communes et princes. Leur action se répercute à plus d'une reprise sur la politique générale ou locale, aussi bien en Angleterre (parti royal), qu'en France (soutien de Philippe le Bel contre Boniface VIII), qu'en Allemagne (fidélité au pape contre Louis de Bavière), ou qu'en Italie surtout, depuis l'action décisive de Guala de Bergame auprès des communes de Lombardie dans les années 1230 jusqu'à l'éphémère théocratie de Savonarole à Florence au temps des campagnes françaises des Valois, sans oublier – un siècle plus tôt – la subtile utilisation, par les dirigeants florentins, du généreux et mystérieux idéalisme de Catherine de Sienne, *mantellata*, tertiaire dominicaine.

Institués pour l'annonce de l'Évangile, les Prêcheurs consacrent à cette tâche le meilleur de leur activité, soit dans leurs propres églises, soit en parcourant villes et villages à la manière populaire d'un Venturin de Bergame (début du XIVe siècle) ou d'un Vincent Ferrier (début du XVe siècle). S'ils fournissent les principaux collaborateurs des tribunaux de l'Inquisition pour le dépistage et la répression de l'hérésie, ils contribuent aussi, de manière plus positive, à l'approfondissement intellectuel et spirituel de la foi. De nombreux monastères de moniales se maintiennent sous la juridiction de l'ordre pour bénéficier de son assistance, spécialement dans la région rhénane où, dès la fin du XIIIe siècle, un mouvement mystique repose en grande partie sur les enseignements de grands spirituels comme Maître Eckhart, Jean Tauler et Henri Suso. Ayant pris pied dès l'origine parmi les étudiants et maîtres de Bologne, Paris et Oxford, les Prêcheurs sont au cœur du développement universitaire à travers l'Europe médiévale. Les sommes de théologie des grands docteurs scolastiques ne sont pas le seul résultat de l'immense effort intellectuel accompli. En travaillant à assumer en pensée chrétienne l'héritage de la philosophie aristotélicienne, comme aussi celui de la spéculation arabe, Albert le Grand et Thomas d'Aquin ont fait reconnaître à la raison un domaine propre et autonome, ouvrant la voie à l'observation scientifique aussi bien qu'à une réflexion sur la consistance propre de l'ordre politique.

Les frontières de la chrétienté ne limitent pas cette influence des Prêcheurs, qui accompagnent les Chevaliers teutoniques dans leurs croisades en direction de la Prusse, entreprennent des expéditions missionnaires jusqu'au cœur de la Russie ou sur les côtes de l'Inde, prennent part aux ambassades du pape Innocent IV auprès des Mongols, s'établissent de manière durable en Asie Mineure où leur effort d'assimilation aux chrétientés orientales tourne court, se limitant aux aspects linguistiques (arménien, grec). Convertir l'Islam, par la persuasion de la vérité, non par la force, est la préoccupation de quelques-uns qui, à Tunis ou à Bagdad, s'appliquent à étudier langue, mœurs et doctrines des Sarraceni, tel l'Italien Ricoldo da Montecroce dont les écrits seront pour l'Occident, jusqu'aux temps de la Réforme, à peu près l'unique source d'informations sur le Coran.

Ce Moyen Âge dominicain n'est pas un âge d'or. Le succès qui a conduit à multiplier les couvents les a aussi peuplés de frères « inutiles » – comme on dit alors –, inaptes à exercer les responsabilités propres de l'ordre. Les désastres démographiques de la peste noire n'ont pu que nourrir les germes de décadence, en particulier sur le plan de la vie communautaire, du fait de l'irréalisme d'un statut de pauvreté mendiante devenu depuis longtemps purement théorique. Aussi l'ordre est-il travaillé pendant tout le XVe siècle par différents mouvements de réforme, dont aucun cependant n'aboutit aux scissions que l'on constate à la même époque en d'autres familles religieuses. Si ces courants réformistes groupent de fait les hommes les plus zélés dans l'exercice des tâches apostoliques, ils n'en favorisent pas moins un repliement de l'ordre sur lui-même, la préoccupation de restaurer l'observance primitive tendant parfois à l'emporter sur celle de prêter une attention lucide et efficace aux problèmes du temps.

ANDRÉ DUVAL

Bibliographie

Archivum fratrum praedicatorum, Convento S. Sabina, Rome, à partir de 1931 / G. Bedouelle, *Dominique, ou la Grâce de la Parole*, Fayard, Paris, 1982 ; *Brève Histoire de l'Ordre dominicain*, Cerf, Paris, 1990 / J. R. Bouchet, *Saint Dominique*, *ibid.*, 1988 / *Dominicains : l'ordre des Prêcheurs présenté par quelques-uns d'entre eux*, Cerf, 1980 / W. A. Hinnebusch, *The History of the Dominican Order*, 2 vol., Alba House, New York, 1966-1973 / T. Kaeppeli, *Scriptores Ordinis Praedicatorum medii aevi*, 4 vol., Convento S. Sabina, 1970-1982 / A. Lemonnyer, *Les Frères prêcheurs*, Paris, 1924 / A. Mortier, *Histoire des maîtres généraux de l'ordre des Frères prêcheurs*, Paris, 1903-1920 / J. Quetif & J. Échard, *Scriptores ordinis praedicatorum*, Paris, 1719-1721 / M. H. Vicaire, *Histoire de saint Dominique*, 2 vol., 2e éd., Cerf, 1982 ; *Dominique et ses Prêcheurs*, Cerf, Fribourg-Paris, 1977.

DROIT DE DÉPOUILLE

Faculté pour certaines personnes, ayant ou prétendant avoir un droit sur une église, de s'emparer des biens mobiliers des ecclésiastiques décédés. Cette coutume prit naissance aux environs du ive siècle, avant de s'implanter très solidement, trois siècles plus tard, dans tout le monde chrétien ; son fondement réside dans les règles de pauvreté et de communauté des biens. Un clerc ne devait rien posséder ; tout ce qu'il laissait à sa mort appartenait donc à la communauté religieuse tout entière. Mais ce principe devait subir bien des transformations : dès le viie siècle, le droit de dépouille bénéficiait aux princes et aux seigneurs, avant qu'il ne profite, à partir du xiie siècle, à l'autorité pontificale. Bien qu'aboli dans la plupart des diocèses aux environs du xive siècle sous la pression des États — particulièrement de la France —, le droit de dépouille devait se perpétuer sous une forme atténuée, dans bien des endroits, et laisser quelques vestiges en France jusqu'à la Révolution.

PATRICIA BUIRETTE

DROIT DE POURSUITE

Au Moyen Âge, le seigneur exerçant le droit de poursuite a la possibilité de reprendre son serf fugitif hors des limites de sa seigneurie. En un temps où le sol à défricher est abondant (jusqu'au xiiie s.), la confiscation de la tenure du fugitif est une sanction parfaitement illusoire. L'appréhension de la personne du fugitif est le seul remède à la divagation, génératrice de désordre. Dans la société féodale, les conventions se multiplient entre les seigneurs plus ou moins voisins, qui s'autorisent mutuellement à la poursuite des serfs en rupture de résidence.

Outre les droits du seigneur sur la terre de qui est trouvé le fugitif et qu'une certaine solidarité pousse à coopérer avec le maître de l'homme, l'exercice du droit de poursuite se heurte à bien des difficultés, dont la moindre n'est pas de prouver l'appartenance du serf. Certaines coutumes prévoient qu'il faut obtenir les aveux du coupable.

Le droit de poursuite régresse de manière sensible à partir du xiie siècle, par l'effet des concessions collectives de liberté et notamment des chartes accordées lors de la fondation de villes neuves. Le développement urbain le contrarie de même : il devient alors fort difficile de retrouver un serf réfugié dans une grande ville ou de se faire rendre un serf établi sous la protection d'une charte de liberté.

JEAN FAVIER

DROIT DE RELIEF

Au Moyen Âge, quand le fief devient vacant, l'héritier doit le droit de relief ou de rachat au seigneur, qui lui concède ensuite son héritage – à moins qu'il n'use de son droit de retrait. Les héritiers directs ont en général été exemptés de cette charge à peu près partout dans le royaume de France : dès le XIIe siècle, les fiefs sont devenus biens patrimoniaux.

Le droit de relief, évalué à une année de revenu du fief, est une source de revenus importante pour le seigneur, qui ne peut le percevoir qu'une fois l'an.

ANNE BEN KHEMIS

DROITS RÉGALIENS

Du mot latin *rex* (*rix* en langue celte), les droits régaliens sont les droits du roi découlant de sa souveraineté et, par extension, ceux de l'État souverain. Quelle que soit la nature du souverain et quelle que soit la source reconnue de son pouvoir, ces droits lui sont clairement reconnus à partir du moment où existe dans un corps social la notion d'un droit public. L'Occident hérita cette notion de l'Empire romain, mais elle déclina rapidement sous l'influence des Barbares, et les premières dynasties d'origine germanique ne virent dans les droits régaliens qu'un moyen de soumettre les hommes et de s'approprier les richesses. Charlemagne, pourtant, retrouve et redéfinit la notion d'État et les *regalia* qui en sont l'attribut : tout d'abord le pouvoir de commandement, suivi par la fonction de justicier suprême, puis le droit de lever des impôts, de battre monnaie et de participer à la désignation des évêques ; ces pouvoirs sont le monopole du souverain. Après l'anarchie qui succède au partage de l'Empire carolingien et après les nouvelles invasions des IXe et Xe siècles, la puissance publique disparaît pour faire place à l'organisation féodale et aux pouvoirs locaux, ceux des puissants qui font usage des *regalia* à leur profit ; ces *regalia* sont appelés alors *bannum*, ou ban du seigneur, et leur nombre, leur étendue varient d'une seigneurie à l'autre. Dès le Xe siècle cependant, l'empereur germanique exerce de nouveau des droits régaliens ; Guillaume le Conquérant réserve les siens dans la réorganisation de l'Angleterre après 1066, tandis que les premiers Capétiens essaient de rassembler leurs pouvoirs en s'appuyant sur la fonction de justicier qu'ils exercent en tant que suzerains suprêmes. À partir du XIIe siècle, le droit romain, retrouvé et remis à l'honneur, est diffusé par les nouvelles universités. Les juristes formés à son école dressent pour les cours d'Europe des listes de *regalia* et émettent l'idée qu'ils sont attachés non à la personne du souverain, mais à l'office, à la couronne. À la fin du XIIIe siècle, le roi de France est proclamé « empereur en son royaume », c'est-à-dire qu'il y jouit de la plénitude de la souveraineté, et le *Songe du vergier* énumère longuement les « droits royaulx ». Les légistes eurent pour fonction de libérer la monarchie de toutes les entraves mises à son pouvoir, qu'elles fussent ecclésiastiques ou laïques, seigneuriales ou communales, et d'éliminer l'idée d'empire universel qui tendait à limiter les droits des souverains nationaux au profit du seul empereur. Les droits régaliens connurent en Europe des fortunes diverses. L'empereur germanique ayant négligé d'exercer ses droits ou les ayant distribués dès le Moyen Âge a, pour longtemps, affaibli la puissance de l'État. En Angleterre, ils furent, dès le XIIIe siècle, l'enjeu de la lutte entre la couronne et le Parlement ; en France, ils s'épanouirent dans l'absolutisme, mais restèrent limités par les lois fondamentales, la coutume, les libertés et privilèges des corps et communautés. Charles Loyseau, à l'aube du XVIIe siècle, n'en reconnaissait que cinq au roi de France : légiférer, créer des officiers, juger en dernier ressort, battre monnaie et décider de la paix ou de la guerre ; la levée de l'impôt n'est pas reconnue par Loyseau comme un droit régalien, mais comme une concession consentie par les sujets.

SOLANGE MARIN

DU GUESCLIN BERTRAND (1320 env.-1380)

Noble breton, issu d'une famille moins modeste que la tradition ne l'affirme. Son père, Robert, possédait plusieurs seigneuries qu'hérita Bertrand. À partir de 1342, il prit part aux combats de la guerre de succession de Bretagne, le plus souvent pour son propre compte. Passé en 1357 au service de Charles V, il s'illustra contre les Anglais en Bretagne (il fut capitaine de Pontorson en 1357), puis en Normandie et en Maine. Il dirigea en 1364 la campagne contre les Navarrais qu'il vainquit à Cocherel. Il fut, peu après, vaincu à son tour par Chandos, chef de l'armée anglaise.

Charles V le chargea de diriger l'expédition française en Castille, destinée à soutenir la cause de Henri de Trastamare, mais aussi à éloigner de France les Grandes Compagnies les plus dangereuses. Du Guesclin fut vaincu par l'armée anglo-castillane que commandaient le roi Pierre le Cruel et le prince de Galles (Najera, 1367). Il dirigea également la seconde expédition française, en 1369, puis revint prendre part aux campagnes de Bretagne et d'Anjou, de Poitou, d'Angoumois et de Guyenne (1370-1374). Son succès le plus brillant fut la prise de La Réole.

Bien qu'il ait connu des échecs, sa réputation fut rapidement très grande. Il fut rançonné à deux reprises : en 1360 par les routiers et en 1367 par les Anglo-Castillans ; malgré son orgueilleuse réponse et la fixation par lui-même du taux élevé de sa rançon, il paya celle-ci de ses propres deniers, vendant pour cela les terres que lui avait données le roi de Castille, Henri de Trastamare. Mais ses talents d'organisateur, notamment déployés dans la mise en état de guerre des forteresses normandes, et ses capacités de commandement au combat firent de lui l'un des meilleurs soldats de la royauté des Valois ; rompant avec les règles de la guerre féodale, il pratiqua contre les Anglais une tactique de harcèlement, une sorte de guérilla qui renversa la situation militaire en faveur de la France. Charles V le fit connétable en 1370, après lui avoir donné le comté de Longueville. Henri de Trastamare lui fit don du duché de Trastamare, remplacé peu après par celui de Molina.

Du Guesclin participa à la campagne de Bretagne en 1378 et, à la suite d'une maladresse de Charles V oubliant que son connétable était breton, composa un temps avec le duc Jean IV et les Anglais. Le roi se réconcilia cependant avec son connétable et l'envoya en Languedoc pour y diriger la lutte contre les Grandes Compagnies. C'est au cours de cette campagne, sous les murs de Châteauneuf-de-Randon, que mourut Du Guesclin. Sa tombe avait été préparée à Saint-Denis, près de celle de Charles V.

Bertrand du Guesclin demeure, avec Jeanne d'Arc, une figure légendaire de la lutte contre l'envahisseur anglais et un symbole du sentiment national naissant.

JEAN FAVIER

DUBOIS PIERRE (1250 env.-apr. 1321)

Légiste français, Pierre Dubois fit ses études à Paris, où il fut sans doute l'élève de Thomas d'Aquin. Avocat des causes royales pour les affaires ecclésiastiques dans le bailliage de Coutances, il fut, à ce titre, l'un des innombrables hommes de loi chargés de rechercher, de défendre et d'exalter à travers tout le royaume les droits du roi : il soutint Philippe le Bel contre Boniface VIII. Malgré une notoriété due à des écrits dont l'influence demeura fort réduite, Pierre Dubois apparaît comme le type même du serviteur obscur et efficace de la monarchie. Comme nombre de légistes du roi, et des plus illustres, il avait en même temps une clientèle privée : c'est ainsi que la comtesse Mahaut d'Artois en fit son conseiller et, après la mort de Philippe le Bel, son bailli. On connaît une dizaine de mémoires et traités composés par Dubois. Plusieurs sont des œuvres de circonstance : contre Boniface VIII ou contre les Templiers, par exemple. D'autres sont marginales, comme une défense des tournois, que réprouvaient alors le pape et le roi. Les œuvres essentielles, où Dubois cherche à imposer sa vision de la société politique, sont le *De abreviatione guerrarum* (vers 1300), le *De recuperatione Terre Sancte* (vers 1305-1307) et le mémoire composé pour inciter Philippe le Bel à se porter candidat à l'Empire (1308). Toute l'œuvre de Pierre Dubois tend à l'établissement d'une hégémonie capétienne sur le monde chrétien, grâce au rétablissement de la paix en Occident, à l'union des énergies pour le succès de la croisade et à la restauration du prestige impérial. De manière souvent artificielle, il fond la politique aristotélicienne, la conception romaniste de l'État et le système patrimonial qui organise l'expansion capétienne.

JEAN FAVIER

DUNOIS JEAN, comte de Longueville et Dunois, dit LE BÂTARD D'ORLÉANS (1402-1468)

Fils du duc Louis d'Orléans (frère de Charles VI) et de Mariette d'Enghien, femme d'un de ses chambellans, Aubert Le Flament. La captivité de ses demi-frères, pris par les Anglais à Azincourt, fit de Dunois, qui avait été élevé avec eux et était reconnu comme l'un des membres de la famille d'Orléans, l'une des têtes du parti armagnac. Pris par les Bourguignons en 1418, puis libéré en 1420, il rejoignit le dauphin Charles et se mit à son service. Il participa, pour le compte de Charles VII, à la plupart des engagements contre les Anglais : il dégagea Montargis en 1427, prit part, d'Orléans à Compiègne — mais avec quelque réticence –, aux chevauchées de Jeanne d'Arc, enleva Chartres aux Anglais en 1432 et aida Richemont à prendre Paris en 1436. Bien que Charles VII ait fait sa fortune et lui ait en particulier donné, en 1439, le comté de Dunois, avant de lui donner, en 1443, celui de Longueville, Dunois participa à la révolte de la noblesse, ou Praguerie, en 1440. Mais il se réconcilia vite avec le roi, qui lui confia de nombreuses missions diplomatiques et militaires. Il négocia pour la France à Milan, puis, après avoir commandé l'armée envoyée contre Dieppe (1443), fut l'un des négociateurs de la trêve de Tours (1444). Le roi lui confia le commandement d'une armée lors de la reconquête de la Normandie (1449) et de la Guyenne (1451).

Dunois fut l'un des soutiens les plus efficaces du gouvernement de Louis XI, qui en fit son négociateur à Gênes et qui le ménagea après la ligue du Bien public (1465), nouvelle révolte féodale dans laquelle le Bâtard d'Orléans s'était laissé entraîner.

JEAN FAVIER

DUŠAN → ÉTIENNE IX UROŠ IV DUŠAN

E

ÉCLUSE BATAILLE DE L' (1340)

Bataille navale qui eut lieu au début de la guerre de Cent Ans entre la France et l'Angleterre et qui se déroula dans l'estuaire de la Zwin, près du port, alors florissant et aujourd'hui ensablé, de L'Écluse (Sluis ou Sluys en néerlandais) aux Pays-Bas. Les amiraux français Hugues Quieret et Nicolas Behuchet, à la tête d'une flotte importante renforcée par les galères génoises de Barbavera, devaient s'opposer au débarquement projeté d'Édouard III d'Angleterre dans les Flandres. Les Français avaient un avantage numérique incontestable, qui fut gâché par leur décision funeste de se battre à partir d'une position défensive dans l'estuaire même, en dépit des avertissements de Barbavera. Un peu après midi, les Anglais, qui disposaient de navires à proue élevée et d'un grand nombre d'archers armés du grand arc à tir rapide, profitèrent du vent et du soleil favorables pour se lancer à l'attaque. Après les flèches, ce fut l'abordage. Pris, Behuchet fut pendu comme pirate et Quieret décapité. La défaite tourna au désastre avant l'arrivée de navires flamands venus appuyer les Anglais. Seule la troisième ligne française, formée de la division dieppoise et des galères génoises, put s'échapper. La France perdait cent soixante-dix navires et vingt mille hommes, et, fait beaucoup plus grave, sa frontière maritime restait sans défense. Enfin, les Anglais demeuraient maîtres de la mer. Cette défaite française fut la première de la guerre de Cent Ans.

ANDRÉ DAUBARD

ÉCOLES MÉDIÉVALES

Dispensant l'enseignement en Occident, les écoles médiévales sont nées de l'obligation faite par Charlemagne, en 789, à tous les évêques et abbés d'ouvrir à l'ombre de leur église ou monastère une école où seraient enseignés la lecture, l'écriture, le comput liturgique et le chant, et où seraient poursuivies des études conduisant à une meilleure connaissance de la Bible et des Pères, ainsi qu'à une plus large diffusion des moyens élémentaires de l'administration. Dans l'esprit de Charlemagne et de son entourage (Alcuin, Théodulfe...), il s'agissait aussi d'assurer l'unité du royaume franc et de la chrétienté occidentale par l'unité de la culture et des rites.

Le morcellement politique de l'Europe à l'époque féodale (IXe-XIIe s.) favorisa l'éclosion de nombreux centres intellectuels, qu'illustrèrent à la fois la renommée de leurs maîtres et la qualité de leurs productions artistiques, essentiellement les manuscrits recopiés dans leurs ateliers d'écriture (*scriptoria*). L'enseignement y respectait les programmes définis par les auteurs qui avaient assuré la transition entre l'Antiquité classique et le Moyen Âge chrétien, notamment au Ve et au VIe siècle, Martianus Capella et Boèce. La base de toute approche de la connaissance était constituée par les deux groupes d'arts libéraux : celui des moyens de la pensée, de la compréhension et de l'expression (*trivium* : grammaire, rhétorique et dialectique), et celui des moyens de la connaissance du monde (*quadrivium* : arithmétique, géométrie, astronomie et musique, cette dernière étant avant tout l'étude de l'harmonie des choses). C'est dans ce cadre qu'était étudiée la philosophie, gouvernée par la pensée platonicienne et par une connaissance limitée de l'aristotélisme. La découverte, à la fin du XIIe et au début du XIIIe siècle, de la métaphysique aristotélicienne bouleversa naturellement cet enseignement. Quant à la théologie, elle était souvent ramenée à une explication textuelle de l'Écriture, sous le triple aspect littéral et étymologique, symbolique, moral enfin.

Les écoles furent, jusqu'au XIe siècle au moins, réservées aux clercs. Les monastères entretenaient parfois une double école : intérieure pour les oblats et les novices, extérieure pour les écoliers qui ne se destinaient pas à la vie régulière. Dans la plupart des cas, cependant, l'école conduisait directement au cloître. Cela explique le succès des écoles cathédrales auprès des jeunes gens dont la vocation ecclésiastique était moins forte. À partir de l'expansion économique et de l'essor urbain, et en même temps que le mouvement de revendication en faveur d'une autonomie de gouvernement – mouvement qui fut satisfait par les constitutions urbaines, les chartes de commune et les octrois de franchises –, se manifeste une tendance à la mise en œuvre d'institutions d'enseignement purement laïques, affranchies de l'Église quant à leurs moyens et à leurs fins. Les marchands, qui constituaient la nouvelle oligarchie, ressentaient la nécessité d'une instruction mieux appropriée aux besoins pratiques et créèrent, en bien des villes, des écoles municipales, qui furent surtout actives en Italie centrale et dans les grandes cités hanséatiques.

Parmi les très nombreuses écoles dont le rayonnement dépassa le cadre régional, les plus illustres furent, en France, les écoles épiscopales de Paris, de Chartres, de Reims, de Laon, et les écoles abbatiales du Bec en Normandie, de Saint-Victor et de Sainte-Geneviève à Paris. Certaines, comme celles de Corbie, de Saint-Martin de Tours ou de Saint-Martial de Limoges, brillèrent d'un vif éclat à l'époque carolingienne, mais perdirent ensuite leur renom. Celle de Chartres fut particulièrement réputée à la fin du XIe siècle et au début du XIIe, grâce au grand canoniste que fut l'évêque Yves de Chartres (mort en 1115) et aux philosophes Bernard de Chartres, Gilbert de La Porrée et Guillaume de Conches. L'école de Saint-Victor, avec Guillaume de Champeaux, puis Hugues (mort en 1141) et Richard de Saint-Victor, anima une renaissance de la culture classique et humaniste, dans la continuité d'une tradition patristique issue de saint Augustin. Au Bec, Lanfranc, puis saint Anselme (tous deux futurs archevêques de Cantorbéry) développèrent un enseignement qui, dès la fin du XIe siècle, réalisait un certain accord entre l'approche logique de la métaphysique et les données intangibles de la Révélation. Plus tard, Abélard (mort en 1142) mit à son tour, dans son enseignement à l'école abbatiale de Sainte-Geneviève de Paris, les arts libéraux au service de l'apologétique.

Les maîtres et les écoliers supportaient généralement assez mal la tutelle des évêques et de leurs écolâtres, dont l'avidité engendrait autant de mécontentement que de jalousie. Tenant pour une part à la qualité intellectuelle des maîtres, le rayonnement d'une école dépendait aussi du plus ou moins grand libéralisme de l'autorité tutélaire. L'abbé de Sainte-Geneviève faisait ainsi, à la fin du XIIe siècle, une efficace concurrence à l'évêque de Paris, dont l'école, établie dans la Cité, fut soudainement désertée par les écoliers en 1200 environ. Ce regroupement, sur la montagne Sainte-Geneviève, de la quasi-totalité des intellectuels parisiens fut à l'origine de la naissance d'une université, c'est-à-dire d'une communauté de maîtres et d'élèves régie par de mutuels accords. Un autre facteur de développement fut le besoin accru d'administrateurs et de conseillers, que la royauté ne pouvait plus recruter uniquement dans l'aristocratie féodale. La multiplication des administrateurs instruits facilita les progrès de la monarchie, en même temps qu'elle répondait aux besoins créés par celle-ci ; cette situation ouvrit ainsi pour les écoliers de nouveaux débouchés.

La liberté intellectuelle et juridictionnelle qui régnait dans les universités, ainsi que la diversité des enseignements offerts par celles-ci dès la première moitié du XIIIe siècle, ruinèrent le prestige des écoles épiscopales et abbatiales, trop nombreuses pour pouvoir rivaliser sur le plan de la qualité.

JEAN FAVIER

ÉCROUELLES → TOUCHER DES ÉCROUELLES

ÉCU D'OR

Première monnaie d'or frappée en France par Saint Louis, après plusieurs siècles d'interruption de la frappe de ce métal, l'écu eut un succès énorme, et, repris, modifié, altéré, fut la monnaie d'or nationale la plus courante jusqu'au XVIIe siècle. La reprise de la frappe de l'or s'explique par le renouveau des échanges commerciaux, et par l'afflux de ce métal en Europe, une des conséquences des croisades. D'autre part, la frappe de l'or, dont les souverains de France faisaient un privilège royal, était un moyen d'unifier la monnaie, et d'affirmer la prépondérance de la couronne de France. La monnaie royale devait être plus forte et de meilleur aloi que les monnaies féodales.

L'écu d'or de Saint Louis doit son nom à l'écu semé de fleurs de lis que l'on voit sur le droit, dans une rosace, avec en légende circulaire : LUDOVICS : DEI : GRACIA : FRANCOR REX ; au revers figure une croix feuillue, contournée de quatre fleurs de lis, avec en légende circulaire XPC VINCIT XPC REGNAT XPC IMPERAT. Cette pièce était d'or pur, à 24 carats, taillée à raison de 58 au marc : elle devait donc peser 4,21 g.

Le type monétaire à l'écu fut un temps abandonné par les successeurs de Saint Louis. Si l'on conserve, au revers, la croix feuillue, on trouve d'autres figurations au droit de ces pièces : tantôt pour l'agnel d'or, un agneau pascal nimbé ; pour le petit royal, le roi couronné, debout, tenant un sceptre ; pour la masse d'or, le roi assis sur un trône décoré de têtes de lion et tenant une fleur de lis et un sceptre (la masse). Le poids de ces pièces, la quantité de métal fin qu'elles contiennent ne sont guère inférieurs à ceux des pièces de Saint Louis : si Philippe IV fut un roi « faux-monnayeur », ce fut moins en altérant la qualité des pièces qu'en instaurant un cours forcé des espèces, élevé et rabaissé sans discontinuer et sans tenir compte des transactions en cours.

L'écu d'or réapparut sous Philippe VI de Valois, après plusieurs autres tentatives monétaires destinées à affirmer la personnalité de la nouvelle dynastie. En janvier 1337, on a substitué au parisis d'or (taillé à 34 3/5 au marc, et ayant cours pour 1 livre 5 sous) des deniers à l'écu d'or fin, à la taille de 54 au marc et valant 1 livre.

Le type de cette monnaie était sensiblement différent de celui de l'écu de Saint Louis. Au droit, elle porte le roi, assis sur un siège gothique, tenant une épée de la main droite, la gauche appuyée sur l'écu de France ; au revers, une croix feuillue dans une rosace quadrilobée cantonnée de quatre trèfles.

L'écu, ainsi que treize autres monnaies d'or, fut décrié en 1346, remplacé par le denier d'or à la chaise (52 au marc, valant 1 livre). Cette pièce fut à son tour remplacée, en janvier 1348, par un nouvel écu, qui n'avait plus que 23 carats d'or fin, à 54 au marc, et valait 18 sous 9 deniers. Au cours de l'année 1348, le titre de cet écu fut successivement abaissé à 22 carats 3/4, 22 et 21 carats, cependant que son cours était maintenu à 1 livre, 1 livre 5 sous, pour revenir finalement en 1850 à 18 sous 9 deniers.

Le même désordre monétaire se poursuit sous le règne de Jean le Bon, avec affaiblissement du titre des monnaies et maintien de leur cours, et refonte périodique des espèces. L'écu n'est qu'un des types monétaires employés. On ne frappa pas d'écu sous le règne de Charles V, mais sous celui de Charles VI apparaît un nouveau type, l'écu à la couronne : l'écu aux trois fleurs de lis y est timbré d'une couronne royale. L'écu à la couronne fut créé le 11 mars 1384, d'or fin, de 60 au marc, ayant cours pour 22 sous 6 deniers tournois.

Le denier à l'écu fut frappé pendant tout le XVe siècle avec des variations de titres, de taille au marc, et de cours. Sous le règne de Charles VII, le cours se fixe à 25 sous tournois ; l'écu à la couronne de Charles VII est reconnaissable à ce que l'écu est accosté de deux fleurs de lis couronnées ou de deux petites couronnes.

En novembre 1475, Louis XI créa l'écu au soleil, qui est un écu à la couronne surmontée d'un petit soleil, à la taille de 70 au marc et au titre de 23 1/8 carats, ayant cours pour 1 livre 13 sols tournois. Ce type d'écu eut une grande fortune : il fut frappé sous les règnes de Charles VIII, Louis XII, François Ier, Henri II, avec, depuis 1519, un léger affaiblissement du titre (23 carats) et du poids (taille de 71 1/6 au marc).

Le type de l'écu a été extrêmement répandu et de très nombreux souverains ou princes étrangers ont frappé des monnaies à son imitation.

JEAN DÉRENS

ÉDESSE COMTÉ D'

L'une des principautés de la Terre sainte, fondée en mars 1098 par Baudouin de Boulogne, frère de Godefroi de Bouillon, qui, venu à l'aide du prince arménien Thoros, sut éliminer celui-ci par la ruse. Le comté d'Édesse (ou Orfa), au-delà de l'Euphrate, était le plus oriental des États latins et la principale marche contre les Turcs, constituant même une menace directe pour Alep. Étranger au royaume latin de Jérusalem, qui avait d'ailleurs été fondé plus tard (1100), le comté reconnut rapidement l'hégémonie politique de rois, dont les deux premiers (Baudouin Ier et Baudouin II) furent les anciens comtes d'Édesse. Baudouin II exerça même la régence du comté.

L'établissement franc d'Édesse était fragile, faute d'une véritable colonisation de peuplement analogue à celle du royaume ou de la principauté d'Antioche. Le comté était donc, en réalité, réduit à des garnisons franques et à la soumission très imparfaite du seul territoire habité par les Arméniens. Hors de celui-ci, la domination des comtes était à peine reconnue.

L'importance stratégique de la position explique la place que tient Édesse dans l'histoire de l'Orient latin. Énergiquement défendu par le comte Jocelin Ier (1118-1131), le comté avait cependant perdu, dès les premières attaques menées par l'atabeg de Mossoul, Mawdūd, à partir de 1110, la plupart de ses territoires orientaux. Le règne du lâche et intrigant Jocelin II (1131-1144) précipita la fin d'Édesse, qu'une armée surtout formée d'Arméniens et de Syriens défendait sans conviction et qu'anémiait l'exode des éléments les plus actifs de la population, ruinés par la quasi-fermeture de la route commerciale qui reliait la Syrie à la Mésopotamie. Les assauts successifs menés par l'énergique et habile atabeg d'Alep, Zengi, permirent à ce dernier de prendre Édesse (23 décembre 1144) après un mois d'un siège que soutint, à la tête d'une maigre garnison, l'archevêque Hugues. Jocelin II était absent et les autres barons de Terre sainte se soucièrent peu de le secourir.

L'échec d'un retour clandestin de Jocelin II (1146) conduisit les Turcs à massacrer, comme complices, les Arméniens que

Zengi avait ménagés en 1144. Mais, dès 1145, la chute d'Édesse avait en Occident un retentissement tel qu'il provoquait l'organisation de la Deuxième Croisade. Les querelles internes du royaume de Jérusalem et la duplicité de la reine Mélisende détournèrent malheureusement les croisés de la reconquête d'Édesse, qui eût été la meilleure sauvegarde du royaume.

JEAN FAVIER

EDGAR (1075 ?-1107) roi d'Écosse (1097-1107)

Vraisemblablement le second fils de Malcolm III Canmore, Edgar était vassal du roi d'Angleterre Guillaume II le Roux. Il succéda sur le trône d'Écosse à son oncle Donald Bane déposé pour ses menées anti-anglaises. En 1098, Edgar fut contraint de céder les Hébrides au roi de Norvège Magnus II. Il fut un bienfaiteur de l'Église et, selon un contemporain, saint Aelred de Rievaulx, ses mérites étaient comparables à ceux d'Édouard le Confesseur. À sa mort, son frère Alexandre Ier lui succéda.

E. U.

EDGAR L'ATHELING (1057-1125)

Prince anglo-saxon, comme l'indique le titre d'Atheling (attribué principalement à l'héritier présomptif), et petit-fils du roi anglais Edmond Côtes de Fer, Edgar ne put faire valoir ses droits à la couronne après la mort de Harold II (à la bataille d'Hastings en 1066), puisque ce fut Guillaume le Conquérant qui monta sur le trône d'Angleterre.

Edgar se soumit au nouveau roi bien que, jusqu'en 1069, celui-ci s'employât à écraser des soulèvements favorables à l'*atheling*. Il trouva ensuite asile en Écosse chez son beau-frère le roi Malcolm III Canmore jusqu'en 1072, date à laquelle Guillaume et Malcolm pactisèrent. Après deux ans d'exil, il se soumit à nouveau à Guillaume le Conquérant et, en 1086, dirigea les troupes normandes chargées de conquérir l'Apulie dans le sud de l'Italie. En 1091, Guillaume II le Roux ayant dépossédé Edgar de ses terres normandes, Malcolm saisit ce prétexte pour envahir le nord de l'Angleterre, et Edgar fit office de médiateur entre les deux rois. En 1097, sur l'ordre de Guillaume, il renversa le frère et successeur de Malcolm, Donald Bane, hostile aux Normands, et mit sur le trône d'Écosse le fils de Malcolm, Edgar. Il fit cause commune avec Robert Courteheuse, duc de Normandie, contre Henri Ier Beauclerc dans la lutte pour la couronne d'Angleterre, et fut fait prisonnier par ce dernier à la bataille de Tinchebray en 1106 ; libéré, il ne joua plus aucun rôle politique jusqu'à la fin de sa vie.

E. U.

ÉDOUARD LE CONFESSEUR saint (entre 1003 et 1005-1066) roi d'Angleterre (1042-1066)

Né à Islis, petit-fils de Richard Ier, duc de Normandie, et fils d'Éthelred II, Édouard fut choisi comme roi du vivant de son frère aîné Hartha-Cnut, grâce à l'appui de Godwine, comte de Wessex. À la mort de son frère, en 1042, il fut « reconnu roi par tous », mais ne fut couronné qu'en 1043. Cependant, malgré l'appui qu'il avait manifesté au roi, Godwine, qui était en butte à l'hostilité de favoris normands, fut banni par Édouard. En 1052, Godwine et ses fils levèrent des hommes en Irlande et en Flandre et, ayant dévasté l'ouest de l'Angleterre, arrivèrent à Londres. Mais le roi se réconcilia avec Godwine et la puissance de ce dernier et de sa famille ne fit que croître. À la mort d'Édouard, c'est Harold, fils de Godwine, qui lui succéda. Édouard l'avait désigné au Conseil comme son héritier, malgré de sombres pressentiments suscités par les ambitions de Guillaume de Normandie et malgré le serment que Harold avait été contraint de prêter en 1065 de laisser la couronne au duc normand.

Édouard a laissé le souvenir d'un homme profondément religieux, d'où son surnom de Confesseur. Il fut du reste canonisé et, pendant longtemps, fut le saint le plus populaire dans le sud du pays, comme saint Cuthbert dans le nord et saint Edmond dans l'est. C'est à lui que les Anglais firent remonter le pouvoir des rois de guérir les écrouelles. À la fin de sa vie, il consacra le monastère qu'il avait fait construire à Westminster. On lui doit aussi un recueil de lois.

ROLAND MARX

ÉDOUARD II (1284-1327) roi d'Angleterre (1307-1327)

Sixième souverain de la dynastie des Plantagenêts, Édouard doit son accession à la couronne à la mort prématurée de ses trois frères aînés. Son règne désastreux forme un contraste total avec celui de son père Édouard Ier. Monté sur le trône alors que se déroule une expédition contre l'Écosse, il est le responsable de l'échec complet du grand projet de réunion des deux royaumes, rendue impossible par l'écrasante défaite anglaise de Bannockburn, en 1314, devant les troupes de Robert Bruce. Fils d'un souverain énergique, il est le jouet de favoris, Piers Gaveston, dont il fait un comte de Cornouailles, au début du règne et jusqu'en 1312, Hugues le Despenser après 1322. Sa faiblesse personnelle et ses échecs ont permis aux barons de relever la tête et, en 1311, d'imposer à leur souverain une véritable tutelle, le privant de tout pouvoir réel et désignant des commissaires chargés du gouvernement effectif du royaume ; de 1316 à 1321, Thomas de Lancastre est le véritable « délégué » de la caste féodale à la tête de l'Angleterre. Époux d'Isabelle de France, fille de Philippe le Bel, Édouard l'écarte systématiquement, pendant les dernières années de son règne, de sa personne et de son gouvernement et l'encourage ainsi, avec la complicité de son amant Roger Mortimer, à fomenter une révolution de palais en 1326 : les Despenser exécutés, Édouard II sera emprisonné et, l'année suivante, déposé par un parlement. Tout permet de croire qu'il a ensuite été assassiné sur l'ordre de la reine et de Mortimer. Pour la première fois, l'ordre divin n'a pas été respecté : un roi sacré a été mis à mort ; des légistes tentent alors de justifier cet acte en se réclamant des théories thomistes sur les tyrans. Un précédent dangereux n'en est pas moins créé qu'Édouard III s'efforcera de faire oublier en coupant court aux spéculations juridico-théologiques.

ROLAND MARX

ÉDOUARD III (1312-1377) roi d'Angleterre (1327-1377)

Monté sur le trône après le meurtre de son père, débarrassé dès 1330, par une petite révolution de palais, de sa mère Isabelle, emprisonnée, et de Roger Mortimer, exécuté, Édouard III a vécu trop longtemps pour conserver, à l'extrême fin de son règne, l'autorité jalouse qu'il avait ambitionnée : sénile, il doit vers 1370, assister aux luttes d'influence entre le clan cupide des Lancastriens, autour de Jean de Gand, et un clan réformateur qui trouve un moment, avant 1376, le soutien du Prince Noir. Depuis le milieu du siècle, le roi a, d'autre part, été le témoin d'une immense catastrophe économique et humaine, liée à la peste noire et aux épidémies suivantes, qui a coûté à l'Angleterre le quart de sa population et entraîné par l'effet de la diminution des naissances, un déclin démographique de l'ordre d'un tiers. Ces aspects très sombres ne doivent pas dissimuler les apports essentiels du règne. L'abandon des espérances écossaises est consacré malgré des victoires initiales impressionnantes en 1332 et 1336 sur l'ennemi « héréditaire » du Nord. Cet abandon s'explique par le choix d'une vigoureuse politique continentale : après avoir accepté, par l'intermédiaire de sa mère, puis personnellement, de reconnaître la décision des barons français en 1328 et la nouvelle dynastie des Valois, Édouard III en vient à invoquer ses propres titres au trône de France (il est par sa mère, petit-fils de Philippe le Bel) et engage son pays dans ce qui va être la guerre de Cent Ans : poussé, en partie, par des préoccupations économiques dont le commerce avec la Flandre, désireux de récupérer des provinces autrefois liées à l'Angleterre, il est servi par une stratégie nouvelle et l'emploi systématique d'arbalétriers et d'archers ; les victoires de Crécy (1346) et de Poitiers (1356) semblent lui offrir les plus belles espérances ; le traité de Brétigny de 1360 lui reconnaît la possession d'un vaste ensemble en France occidentale, mais le redressement français, sous Charles V, ne lui permet guère de conserver qu'une partie de la Guyenne et Bordeaux ; il léguera ainsi plus de convoitises nostalgiques que de conquêtes réelles. Les besoins financiers du roi en ce temps de guerre expliquent enfin le développement de l'institution du Parlement, souvent réuni pour voter des aides extraordinaires et qui, à partir du milieu du siècle, peut-être dès 1339, se subdivise de façon définitive entre la chambre haute des Lords et la chambre basse des Communes, où siègent les chevaliers et les représentants des bourgs : les taxes obtenues n'épargnent d'ailleurs pas au roi des difficultés financières chroniques. Hostile à tout accroissement de l'influence du Parlement, Édouard III n'accédera, avant de mourir, à aucune des demandes de réforme du « bon Parlement » de 1376.

ROLAND MARX

ÉDOUARD IV (1442-1483) roi d'Angleterre (1461-1483)

Fils aîné de Richard d'York, il est le premier souverain de la dynastie, grâce à ses victoires sur les Lancastre au cours de la guerre des Deux-Roses. Rival pendant dix ans du roi légitime Henri VI, il a connu un règne d'abord très troublé après sa proclamation à Londres en 1461, et n'a pu exercer paisiblement son autorité qu'après la mort d'Henri. En particulier, entre 1465 et 1471, il a été fréquemment trahi par son ancien ami et cousin le comte de Warwick, qu'il a dû combattre par les armes : la bataille décisive de Barnet, le jour de Pâques 1471, lui permet enfin de vaincre et de faire prisonniers la reine Marguerite et son époux Henri VI à Tewkesbury ; une répression très sévère lui garantit ensuite un règne paisible. Édouard IV a régné sur une Angleterre profondément appauvrie par la guerre extérieure, et l'un de ses mérites a été de mener une politique de plus en plus pacifiste, favorable au commerce : il signe avec Louis XI le traité de Picquigny (1475) et met ainsi fin officiellement à la guerre de Cent Ans, se contentant de garder sur le continent la ville de Calais. Il n'a guère innové sur le plan des institutions, a réuni plusieurs fois le Parlement, en a obtenu des subsides, le droit de lever, sa vie durant, des droits de douane et plusieurs « dons gratuits ». Relativement populaire dans les dernières années de son gouvernement, il a eu la chance d'être assisté par son frère Richard, encore très loyal envers la Couronne. Un de ses soucis essentiels a été d'ordre dynastique : deux fils et cinq filles, dont Élisabeth, future épouse de Henri VIII Tudor, paraissaient lui garantir une transmission facile de son jeune sceptre, et une vigilance constante à l'encontre des Lancastriens devait être la promesse d'une succession sans histoire. Les ambitions de son frère Richard, régent en 1483, aboutiront à l'extinction rapide de sa descendance. Les deux fils d'Édouard, déclarés illégitimes, sont enfermés dans la Tour de Londres et assassinés sur l'ordre de leur oncle qui peut ainsi se faire proclamer roi sous le nom de Richard III.

ROLAND MARX

ÉDOUARD L'ANCIEN (mort en 924) roi du Wessex (899-924)

Roi des Angles et des Saxons, Édouard l'Ancien (ou Eadweard, Edward) était le deuxième fils du roi Alfred le Grand. Avec son père, il avait pris une part active dans la lutte contre les Danois que son père avait obligés à se fixer dans le Danelaw (nord et ouest de Watling Street) et qu'il avait forcés à se faire chrétiens. Quand Édouard lui succéda, en 899, il dut faire face à son cousin Ethelwold, qui s'empara des *manors* de Wimborne et de Christchurch et le défia. En vain ; Ethelwold dut s'enfuir et se réfugier en Northumbrie ; il ligua alors contre Édouard les Danois d'York et de l'Angleterre de l'Est, mais il fut tué dans une bataille, ainsi que le roi danois Eohric. En 905 ou 906, Édouard signe la paix avec les Danois de l'East Anglia et de Northumbrie à Tiddingford (Yttingaford), dans le Buckinghamshire. Mais il doit bientôt reprendre la lutte contre les Danois, ce qu'il mène à bien avec l'aide de sa sœur Ethelflaed, à qui il donne les fonctions d'alderman, et qui poursuit la lutte dans l'Ouest, contre les Gallois. À l'est, les Danois perdent leur roi à la bataille de Temsford. Finalement, en 924, apprenant que le roi danois d'York voulait épouser sa fille, Édouard découpe le pays en *shires* (sections), ce qui lui permet de devenir roi du pays, au sud du Trent. Le roi d'Écosse le reconnaît la même année comme « père et seigneur », de même que le roi de Northumbrie et celui des Bretons (Gallois) de Strathclyde. Édouard meurt en 924 à Farndon-on-Dee, en Mercie.

Édouard a fait adopter différentes lois, considérées comme « bonnes » et créé des évêchés dans le sud de l'Angleterre.

PAUL QUENTEL

ÉDOUARD D'ANGLETERRE, prince de Galles, dit LE PRINCE NOIR (1330-1376)

Deuxième héritier du trône d'Angleterre à recevoir le titre de prince de Galles (1343), fils d'Édouard III, le Prince Noir a établi sa gloire par les victoires de ses armes. Il participe aux premières grandes batailles de la guerre de Cent Ans, où son armure lui vaut son surnom. Présent à Crécy en 1346, il est surtout, le 19 septembre 1356, le grand vainqueur de Jean le Bon à Poitiers. Devenu duc d'Aquitaine en 1362 et ainsi pourvu d'un apanage, il porte son effort en Espagne où, en 1367, par la victoire de Najera, il assure le trône de Castille à Pierre Ier le Cruel contre les prétentions de Henri de Trastamare, lui-même assisté des Français conduits par Du Guesclin. Rendu célèbre par sa férocité, par le pillage du Languedoc en 1355 et par la tuerie de Limoges en 1369, le Prince Noir se mêle à partir de 1371 de la politique anglaise et y gagne une renommée de nature différente. Contre le clan de Jean de Gand, il aide les partisans d'un gouvernement plus régulier, soumis à un certain contrôle du Parlement et ouvert aux réformes : l'année de sa mort, le « bon Parlement » trouve en lui un soutien efficace.

ROLAND MARX

EDWIN saint (585-632) roi de Northumbrie (616-632)

Fils de Aelle (Ella) de Deira, roi du Northumberland, saint Edwin (Eadwine, vieil anglais Aeduini) succéda au premier roi, Aethelfrith. Ce dernier était tombé en 616 dans une bataille contre Raedwald, roi de l'East Anglia, qui soutenait Edwin. Primitivement païen, Edwin épousa la fille d'Ethelbert, du Kent, qui, elle, était chrétienne ; le contrat de mariage stipulait qu'elle et sa cour auraient toutes facilités pour pratiquer leur religion. Edwin se fit lui-même baptiser à York en 627, après avoir miraculeusement échappé au poignard d'un émissaire du roi des Saxons de l'Ouest. Les princes et la plupart des sujets d'Edwin se convertirent également.

Dans le but d'agrandir son domaine, il fait la guerre aux Gallois et conquiert le royaume d'Elmet. Il occupe aussi l'île d'Anglesey, ainsi que l'île de Man, mais ne peut conserver ces deux dernières conquêtes. Cependant Cadwallon (Caedwalla), roi gallois de Gwynedd qu'Edwin a combattu, s'allie à Penda, de la maison de Mercie ; ils viennent à bout d'Edwin, tué dans le Nord le 14 octobre 638.

Le règne d'Edwin marque le début de l'unité anglaise et son nom est associé à la naissance du christianisme anglais.

PAUL QUENTEL

EGBERT LE GRAND (mort en 839) roi du Wessex (802-839)

Originaire du Kent, Egbert (ou Ecgberht) succéda au roi des Saxons de l'Ouest, Beorhtric, en 802. Quittant la confédération de Mercie, il assura solidement son pouvoir. En 825, il remporta sur le roi de Mercie, Beornwulf, la victoire de Ellendune (actuellement Wroughton, Wiltshire) qui, mettant un terme à la prépondérance du royaume de Mercie, fit du Wessex le plus puissant des royaumes anglais. Faisant valoir des droits héréditaires, Egbert parvint à se faire reconnaître roi du Kent, du Sussex, du Surrey et de l'Essex. En 829, il s'empara de la Mercie elle-même, mais ne la conserva que pendant un an. Tout au long de son règne, Egbert le Grand eut à faire face à l'invasion danoise. En 838, à Hingston Down, il remporta une grande victoire sur les Danois alliés aux Bretons de Cornouailles. Il mourut l'année suivante, laissant son trône à son fils Ethelwalf.

E. U.

EGINHARD (770 env.-840)

Issu d'une famille noble du Maingau (Franconie), élevé au monastère de Fulda, Eginhard compléta sa formation à la cour d'Aix, où il entendit les leçons d'Alcuin dont il semble avoir assumé la succession à la tête de l'école palatine. Très apprécié de Charlemagne, il fut également contrôleur des ateliers d'art d'Aix-la-Chapelle.

Comblé de bienfaits par Louis le Pieux, il devint abbé laïc de quatre monastères et détenteur d'un domaine dans l'Odenwald ; c'est non loin de là qu'il construisit l'église de Seligenstadt pour y placer les reliques des saints Marcellin et Pierre qu'il avait acquises à Rome. Politiquement, il prit de plus en plus ses distances à l'égard de Louis le Pieux et se rapprocha de Lothaire Ier qu'il considérait comme le garant de l'unité de l'Empire. Au cours de la crise qui éclata entre les deux souverains, il se retira à Seligenstadt où il mourut. Eginhard est une grande figure de la renaissance carolingienne. Il a laissé des lettres fort bien écrites qui renseignent sur son évolution politique, un récit de la translation des saints Marcellin et Pierre. Mais son titre essentiel à la gloire est la *Vita Caroli Magni* qu'il rédigea, sans doute entre 830 et 836, pour opposer aux désordres de l'Empire dont il fut témoin l'image d'un grand règne, doté de caractéristiques romaines et franques tout à la fois. Cette biographie devint très tôt la vulgate du règne de Charlemagne et ne cessa pas d'être recopiée tout au long du Moyen Âge.

ROBERT FOLZ

ÉLECTEURS D'EMPIRE

Dans la tradition franque, le roi est acclamé par le peuple, en réalité par les hommes libres en état de porter les armes : les *Freiherrn*, qui sont les barons de l'époque féodale. Ils sont regroupés en nations dans la partie germanique de l'Empire carolingien : Bavarois, Souabes et Saxons (peuples soumis par les Francs à l'époque des Mérovingiens et de leurs successeurs), et Franconiens, descendants des Francs. À la tête de chaque nation se trouve un duc, nommé par le roi de Germanie. D'autre part, dans le système carolingien, les prélats, en particulier les archevêques de Mayence (en Franconie), de Cologne et de Trèves (dont dépend l'évêché d'Aix-la-Chapelle, la capitale impériale), exercent de hautes fonctions politiques. Du fait de leur puissance et de leur rôle de conseil à la Cour, ducs et archevêques exercent une influence prépondérante quand il s'agit de choisir un souverain, c'est-à-dire à la mort du dernier descendant en ligne directe des Carolingiens d'Allemagne, Louis III l'Enfant (911). Le duc de Franconie est alors choisi par l'assemblée des nobles ; à l'assemblée des Fritzlar (919), c'est le duc de Saxe, comme il était entendu entre les Conradins de Franconie et les Liudolfinger saxons. En 936, à Aix-la-Chapelle, les grands élisent Othon que Henri Ier avait désigné. Celui-ci se fait sacrer ensuite (7 août). Désormais, le roi de Germanie est élu par les grands, rassemblés par nation et représentés par leur duc et par le haut clergé, avant d'être sacré. Il devient empereur quand il est couronné à Rome par le pape (962, pour Othon Ier), mais il n'y a alors aucune intervention des Électeurs. Les Électeurs font le roi, le pape fait l'empereur. Ainsi s'explique la prétention de certains pontifes à vouloir choisir l'empereur, ce que les Électeurs refusent dans la mesure où ils considèrent que celui-ci est leur souverain et qu'ils n'ont à en recevoir de personne sinon d'eux-mêmes.

A priori, le fils aîné du roi ou de l'empereur régnant est élu de préférence à un autre, mais il lui faut parfois monnayer son élection. Dès le règne des Ottoniens se prend l'habitude de le faire élire du vivant de son père afin de lui assurer une succession plus facile. Le rôle des Électeurs, quand il n'y a pas d'héritiers directs, est déterminant : l'intérêt des nobles étant de préserver leurs avantages, ils veillent à choisir celui des candidats qui n'est pas le plus puissant.

En 1038, une assemblée de princes et d'archevêques se réunit avant le Reichstag (diète d'Empire ou assemblée des nobles) et lui propose son candidat. Le collège des Électeurs s'est créé pour l'élection du premier Hohenstaufen. Il est constitué des ducs de Franconie, de Saxe, de Souabe et de Bavière et des trois archevêques de Mayence, de Cologne et de Trèves. La Franconie est ensuite remplacée par le comte palatin du Rhin, celui de Bavière sous Frédéric Barberousse par celui de la Bohême, celui du duché de Souabe qui disparaît avec les Hohenstaufen par celui de Brandebourg. Les sept Électeurs assument les fonctions d'officiers de la Couronne.

Sous le règne de Louis IV de Bavière, devant la volonté de Jean XXII de choisir le roi de Germanie ou roi des Romains, les Électeurs rédigent à Rhens une loi électorale (juin 1338) où ils affirment que seul le collège électoral est apte à élire le roi, qui est automatiquement empereur d'Occident. Ce texte devient à la diète de Francfort le code *Licet juri*, promulgué devant les représentants des villes et de la petite et de la moyenne noblesse.

Charles IV de Luxembourg complète ce document et le fait accepter aux diètes de Nuremberg et de Metz (1355-1356) : c'est la Bulle d'or datée du 25 décembre 1356. Désormais est roi celui qui a la majorité des voix. Les Électeurs ont le statut de conseillers permanents du royaume. Le comte palatin du Rhin et l'Électeur de Saxe sont régents en cas de vacance du trône.

À partir de 1438, l'Empire reste dans la famille des Habsbourg et le problème du choix disparaît : être Électeur est une dignité qui permet en cas d'élection de toucher éventuellement de forts subsides du roi de France s'il se mêle de vouloir intervenir. Par contre, la politique des empereurs catholiques sera de veiller à maintenir l'équilibre entre Électeurs catholiques (les trois ecclésiastiques, le roi de Bohême qui est un Habsbourg) et protestants (Brandebourg, Saxe, Palatinat).

ANNE BEN KHEMIS

ÉLOI saint (588 env.-660)

Né en Limousin, dans la petite ville de Chaptelat (au nord de Limoges), d'une famille gallo-romaine, Éloi fit son apprentissage d'orfèvre à l'atelier monétaire de Limoges, puis vint à Paris travailler sous les ordres du trésorier royal. C'est là que, chargé de réaliser pour le roi Clotaire II un trône d'or incrusté de pierreries, il fut assez habile et honnête pour fabriquer avec l'or qui lui avait été remis non pas un trône, mais deux. Éloi était un orfèvre d'une prodigieuse habileté ; ses contemporains ont vanté et décrit ses œuvres que la qualité de la matière a vouées à la destruction ; ainsi, il ne subsiste, au cabinet des Médailles à la Bibliothèque nationale, qu'un morceau de la grande croix en verroterie cloisonnée qu'Éloi avait faite pour Saint-Denis. Monétaire royal au temps de Clotaire II (mort en 629) et de Dagobert (mort en 639), Éloi fit frapper des monnaies signées de son nom. Leur qualité remarquable montre qu'il avait essayé d'enrayer l'effarante décadence des finances publiques. Son activité politique ne l'empêchait pas de pratiquer les œuvres de miséricorde : les armées franques victorieuses ramenaient des prisonniers, Éloi les rachetait et les libérait ; plusieurs d'entre eux devinrent de fidèles disciples. Éloi fonda, en 632, le monastère de Solignac près de Limoges et, pour les femmes, celui de Saint-Paul, sur la rive droite de la Seine, à Paris.

À la mort de Dagobert, il quitta la cour pour entrer dans le clergé. Le 13 mai 641, il fut ordonné évêque de Noyon, dans la cathédrale de Rouen. Le diocèse d'Éloi comprenait la région de Noyon et de Saint-Quentin et, avec Tournai, la moitié occidentale de l'actuelle Belgique. Il évangélisa ces régions où les querelles théologiques avaient peu d'échos, mais où il fallait lutter contre la superstition et l'immoralité. Il voyagea aussi dans le reste du royaume. Le 22 juin 654, Éloi signa le privilège du roi Clovis II en faveur de Saint-Denis, dont l'original est conservé. Éloi mourut à Noyon le 1er décembre 660 ; il fut enseveli dans l'abbaye, qui prit son nom et que la Révolution détruisit entièrement. Orfèvre, saint Éloi devint naturellement le patron des corporations métallurgiques. Les maréchaux-ferrants en vinrent à le considérer comme l'un des leurs, et il fut invoqué pour protéger les chevaux, ce qui entraîna la naissance de légendes et d'innombrables représentations.

JACQUES DUBOIS

ENQUÊTEURS ROYAUX

Commissaires établis pour la première fois par Saint Louis en 1247, à la veille de son départ pour la Terre sainte, afin de recevoir et d'examiner les plaintes des administrés et justiciables du roi de France, à l'encontre des officiers locaux, baillis, sénéchaux, prévôts, sergents... Les premiers enquêteurs furent des franciscains et des dominicains, dont l'œuvre fut animée davantage par la piété et l'esprit de justice que par la compétence administrative. Ils réprimèrent l'abus de pouvoir et la cupidité, non la mauvaise gestion. De semblables enquêtes furent prescrites dans les domaines du frère du roi, Alphonse, comte de Poitiers et de Toulouse ; leur principal effet y fut d'arbitrer les conflits entre riches et pauvres pour la détermination du mode de répartition de l'impôt dans les villes languedociennes. Autre frère du roi, Charles d'Anjou, roi de Naples, prescrivit dans son comté de Provence un inventaire général de ses droits et revenus, prélude à la revendication des droits litigieux. C'est dans le même esprit d'une recherche et d'une défense des droits du roi que furent organisées par Philippe le Bel les dernières enquêtes générales de ce type. Il s'agissait alors, comme sous Saint Louis, de punir les mauvais officiers dénoncés par les administrés, mais le souci d'améliorer la gestion du patrimoine royal l'emportait de plus en plus sur le désir d'assurer l'équité. Les amendes infligées aux fautifs furent l'un des expédients financiers d'une royauté désormais incapable de vivre, selon la coutume, des seules ressources de ses domaines.

Par la suite, les enquêtes se firent rares. Après l'enquête générale de 1328, qui n'était qu'un inventaire des feux, il n'y eut plus que des missions occasionnelles de « réformateurs généraux », décidées pour satisfaire les revendications des états généraux avec lesquels le roi devait compter pour obtenir des subsides. Recours de justiciables contre les officiers au XIVe siècle, les réformateurs se comportèrent de plus en plus nettement, au siècle suivant, en despotes temporaires qui aggravaient les abus, au profit du roi et au leur. Ils s'appelèrent commissaires départis au XVIe siècle et disparurent définitivement au XVIIe siècle avec la création des intendants.

JEAN FAVIER

ESPAGNE

Un fait domine l'histoire de l'Espagne médiévale : l'invasion musulmane de 711, qui en dévie le cours et entraîne de multiples conséquences d'ordre politique, social, religieux et moral. La mainmise de l'Islam sur le royaume hispano-gothique créé deux siècles plus tôt étouffe les germes de « féodalisation » qui s'y manifestaient. La Reconquista, tout en donnant naissance à plusieurs royaumes, contribue à sauvegarder le sentiment d'une unité hispanique et à maintenir un pouvoir royal assez fort pour empêcher le développement d'un système féodo-vassalique comparable à celui qui triomphe dans les États nés de la dislocation de l'Empire carolingien. Ce sera seulement dans la seconde partie du Moyen Âge que l'aristocratie foncière née de la Reconquête cherchera à s'imposer à l'autorité monarchique, sans toutefois que naissent de véritables grands fiefs.

Cependant, les rapports entre l'Islam et la Chrétienté ne se résument pas en une longue croisade. La rencontre en terre hispanique de l'Orient et de l'Occident et la tolérance accordée pendant des siècles aux minorités religieuses se traduisent par la naissance d'une civilisation hispano-arabe, caractéristique de l'« Islam d'Occident » et héritière d'une partie du legs intellectuel de l'Antiquité. Grâce à elle, l'Espagne va jouer pendant quelques siècles le rôle de « relais de culture » : non seulement les monarchies chrétiennes, qui incorporent progressivement à leur territoire la majeure partie de l'Espagne musulmane, s'enrichissent de son héritage dans le domaine de l'art et de la pensée, mais, à la faveur des liens noués à la même époque (XIe-XIIIe siècle) avec l'Europe occidentale – liens que symbolise le « chemin de Saint-Jacques » – elles en transmettent une part à la Chrétienté occidentale.

Dans quelle mesure la symbiose réalisée entre musulmans, juifs et chrétiens a-t-elle contribué à forger certains traits spécifiques du tempérament espagnol, tel qu'il s'exprimera dans la suite de son histoire ? C'est là un difficile problème, à propos duquel se sont affrontés deux grands historiens espagnols. Pour Américo Castro, la « disposition intérieure » de l'âme espagnole a été modelée, entre le Xe et le XVe siècle, par la coexistence des « trois religions » ; pour Claudio Sánchez Albornoz, les structures mentales de l'Espagnol, déjà reconnaissables avant l'époque wisigothique – Sénèque le stoïque n'était-il pas de Cordoue ? – se sont affirmées dans la lutte séculaire contre l'Islam, lutte qui a donné une valeur essentielle à l'honneur et à la foi, ces deux composantes fondamentales de l'âme espagnole.

1. L'Espagne wisigothique et la naissance de la nation espagnole

Conquise par Rome aux IIIe et IIe siècles avant J.-C. et ayant longtemps bénéficié de la « paix romaine », l'Espagne doit sa naissance, comme entité politique, au choc des invasions barbares. En 409, des envahisseurs, composés surtout de Vandales et de Suèves, déferlent au sud des Pyrénées ; pour les chasser de la péninsule, l'empereur Honorius fait appel aux Wisigoths, déjà établis comme « fédérés » en Aquitaine et qui, sous le roi Euric, étendent leur domination de la Loire au Tage. La victoire de Clovis sur Alaric II, successeur d'Euric (507), contraint les Wisigoths à se replier en Espagne, où ils fixeront leur capitale à Tolède.

Le royaume de Tolède

L'unification du pays sous la domination gothique ne sera complètement réalisée qu'au début du VIIe siècle, après la destruction du royaume suève qui subsistait au nord-ouest de la péninsule et l'expulsion des Byzantins qui, à l'époque de Justinien, avaient restauré l'autorité « romaine » dans l'Andalousie et le Levant.

Bien que les Goths ne représentassent qu'une faible minorité par rapport aux Hispano-Romains, deux obstacles s'opposaient à la fusion des deux peuples : l'un tenait au système de la « personnalité des lois », selon lequel les Wisigoths étaient régis par leur droit coutumier, tandis que le droit romain restait appliqué aux populations hispaniques, les mariages mixtes étant interdits ; l'autre résidait dans l'opposition religieuse entre les deux groupes : les Wisigoths avaient embrassé l'arianisme, tandis que l'Espagne était attachée au Credo de Nicée. La conversion du roi Récarède, entraînant celle de son peuple, abolit le second obstacle (589) ; le premier disparut lorsque le roi Receswinthe (642-672) promulga un *Liber judiciorum*, code applicable à tous ses sujets.

Une des originalités du royaume hispano-gothique fut le rôle joué, après 589, par les « conciles de Tolède », assemblées ecclésiastiques réunies sans périodicité régulière, qui constituèrent une sorte d'assemblée consultative dont l'autorité morale sanctionnait les décisions du souverain.

La décadence wisigothique et l'invasion arabe

Comme dans tous les États barbares, l'autorité royale se heurte à la résistance de l'aristocratie, et l'absence de règle successorale entraîne de féroces rivalités entre les nobles qui se disputent la couronne. Après la mort de Wamba (680), une lutte acharnée oppose ses descendants à ceux de Receswinthe. Contre Rodrigue (de la famille de Receswinthe), ses adversaires font appel à Mūsā, gouverneur du Maghreb tombé depuis trente ans au pouvoir des musulmans. En 711, son lieutenant Tārīq franchit le détroit ; une seule bataille suffit à décider du sort du royaume hispano-gothique et à changer les destinées de l'Espagne.

Malgré ses faiblesses, la monarchie gothique laissait un important héritage : dans l'ordre politique et social, elle avait créé la « nation espagnole » ; dans l'ordre intellectuel, l'évêque de Séville, saint Isidore († 636), avait rassemblé dans les *Etymologiae* – la première des sommes médiévales – les dépouilles de l'Antiquité classique pour les transmettre aux générations futures ; il s'était fait d'autre part, dans son *Historia Gothorum*, l'interprète d'un nationalisme hispano-gothique qui allait fournir un aliment à la future reconquête.

2. L'Espagne musulmane

La défaite de 711 entraîna la soumission de la quasi-totalité de la péninsule ; seules les régions montagneuses de l'« Espagne humide » (monts Cantabriques, Pyrénées occidentales) échappèrent aux conquérants, qui ne paraissent pas s'être souciés d'y établir leur domination. Les populations rurales adoptèrent facilement la foi nouvelle ; quant aux villes, elles obtinrent fréquemment des « capitulations » qui garantissaient aux chrétiens passés sous le joug musulman (*mozarabes*) le libre exercice de leur culte et le maintien de leurs autorités traditionnelles (parmi lesquelles les évêques).

Cordoue et l'apogée musulmane

D'abord dépendance lointaine du califat de Damas, l'Espagne musulmane (*al-Andalus*) s'en rendit indépendante sous le prince omeyyade 'Abd al-Rahmān qui, réfugié en Andalousie, se proclama émir et fixa sa résidence à Cordoue (756). Mais son autorité et celle de ses successeurs ne purent s'imposer qu'en triomphant de multiples obstacles : ambitions rivales des groupes ethniques (Arabes, Berbères, Syriens) qui avaient pris part à la conquête ; rébellions de gouverneurs locaux, tel Sulaymān al-'Arābī, gouverneur de Saragosse, qui demanda l'appui de Charlemagne et l'engagea dans l'infructueuse expédition de Roncevaux (778) ; velléités d'indépendance de certaines villes qui, comme Tolède et Mérida, conservaient une nombreuse population mozarabe. L'œuvre de pacification et d'organisation intérieure trouva son couronnement sous le règne d'Abd al-Rahmān III (912-961) qui, en 929, abandonna le titre d'émir pour prendre celui, plus prestigieux, de calife.

Doté d'une administration centralisée, disposant d'institutions judiciaires et financières perfectionnées, l'État califal contraste fortement avec les États chrétiens d'Occident où triomphe le morcellement féodal. Il dispose d'une armée importante et sa marine domine la Méditerranée. Sa prospérité économique est éclatante : l'agriculture est améliorée par l'extension des irrigations et par l'introduction de cultures nouvelles (canne à sucre, riz, mûrier) ; un artisanat nombreux, travaillant la soie, le cuir et les métaux, anime la capitale et les grandes villes (Almería, Séville) ; le *direm* d'or joue le rôle de monnaie internationale dans le monde méditerranéen. La tolérance dont jouissent les mozarabes moyennant le paiement d'un tribut leur permet de participer à la vie économique et à la vie publique.

La chute du califat et les « royaumes de taifas »

Cependant, même au temps de sa plus grande puissance, le califat n'est pas parvenu à refouler les chrétiens des régions cantabriques qui, à la faveur des troubles intérieurs, n'ont cessé de progresser vers le sud. Contre eux, Muhammad al-'Abd Allāh, Premier ministre (*hachib*) du faible calife Hishām II, lance, à la fin du Xe siècle, une série d'expéditions dévastatrices qui lui vaudront le surnom d'al-Mansūr (le Victorieux). Mais sa mort, au retour d'une dernière campagne (1002), sonne le glas du califat. Entre les différentes bandes (tā'ifas), dont chacune tente de porter son chef au pouvoir, se livrent des luttes confuses qui aboutissent à la disparition du califat (1031) et au partage de son territoire entre des « royaumes de taifas », aux frontières incertaines et à l'existence parfois éphémère. Parmi les plus importants se détachent les royaumes de Saragosse, d'Almería et de Valence, et surtout celui de Séville, qui domine la majeure partie de l'Andalousie, avec Cordoue, et apparaît au XIe siècle comme l'héritier du califat.

La civilisation hispano-musulmane

Cordoue avait été, à l'époque califale, un centre actif de vie intellectuelle, en contact avec les autres foyers de culture du monde islamique. Mais c'est à l'époque des « rois de taifas » que la civilisation de l'Espagne musulmane atteint son zénith. Civilisation originale, car elle est l'œuvre commune des différents groupes religieux et ethniques qui composent la population d'al-Andalus. Entre ces groupes, l'arabe joue le rôle de langue de culture, rôle d'autant plus important qu'une part de l'héritage intellectuel de la Grèce et d'Alexandrie, demeurée inconnue à l'Occident, s'est conservée dans des traductions arabes. En outre, une pensée philosophique originale s'exprime dans l'œuvre du juif Maïmonide et dans celle de l'Arabe Averroès (Ibn Rushd), qui vit à Cordoue au XIIe siècle.

Dans le domaine de l'art, la mosquée de Cordoue, construite entre 785 et 987, associe des formes et des motifs d'origine orientale, romaine et wisigothique, et le gigantesque palais califal de Madīnat al-Zahrā révèle un semblable mélange d'influences.

Par leur double appartenance, chrétienne d'une part, « arabe » d'autre part, les mozarabes sont naturellement amenés à tenir une place active dans la diffusion des idées et des formes élaborées dans l'Espagne musulmane.

3. La Reconquista (VIIIe-XIIIe siècle)

La Reconquête est la grande entreprise de l'Espagne médiévale, mais il serait inexact de la considérer comme une lutte continue, mobilisant en permanence toutes les forces chrétiennes. On a pu voir, en effet, spécialement au XIe siècle, des barons chrétiens (tel le Cid) se faire les défenseurs de certains roitelets musulmans contre leurs rivaux. Néanmoins, le souvenir du royaume de Tolède, conservé par les clercs, contribua à nourrir le sentiment d'une « légitimité » qui postulait la revendication de tout l'héritage du royaume gothique.

Les noyaux de résistance et la naissance des monarchies chrétiennes

La tradition fait de Pélage, ancien dignitaire de la cour de Tolède, vainqueur des Musulmans à la bataille de Covadonga (env. 722), le premier *caudillo* de la Reconquête. Il s'agit en fait d'un épisode de la résistance chrétienne dans les montagnes asturiennes où s'est constitué, autour d'Oviedo, un « royaume des Asturies ». Mais, dès le milieu du siècle, les chrétiens s'enhardissent à sortir de leurs montagnes et font de profondes incursions en territoire musulman. La « découverte » du corps de saint Jacques, à Compostelle, au début du IXe siècle, contribue à exalter le zèle des combattants et l'apôtre est désormais associé à la lutte comme un « anti-Mahomet ». À l'époque d'Alphonse III le Grand (866-911), les chrétiens tiennent assez solidement la ligne du Douro pour n'en être plus délogés, et la capitale du royaume peut être transférée à León. Mais cet accroissement territorial entraîne la sécession du comté de Castille qui formait la partie sud-orientale du royaume léonais. Entre-temps, d'autres centres de résistance se sont affirmés en Navarre (Pampelune) et dans les hautes vallées aragonaises (Jaca).

Tous ces territoires se trouvent, pendant quelques années, réunis sous l'autorité du roi de Navarre Sanche le Grand (1000-1035), mais sa mort amène un partage successoral : la Castille et l'Aragon deviennent indépendants, leurs comtes prennent le titre de roi.

Au nord-est de la péninsule, la « marche d'Espagne », conquise sous Charlemagne et rattachée à l'empire franc, acquiert progressivement l'indépendance sous des comtes nationaux, parmi lesquels les comtes de Barcelone qui, au XIe siècle, imposent leur autorité à toute la Catalogne.

Les grands siècles de la Reconquête (XIe-XIIIe siècle)

La dislocation du califat de Cordoue, au début du XIe siècle, a modifié l'équilibre des forces dans la péninsule. Vers la même époque, l'Espagne chrétienne, qui a vécu jusque-là presque en marge de la chrétienté occidentale, s'ouvre à son influence. Appelés par les souverains qui leur confient la réforme des monastères et leur offrent de nombreux sièges épiscopaux, les moines de Cluny contribuent à nouer des relations entre les monarchies hispaniques et les grandes dynasties féodales françaises (comtes de Toulouse, ducs de Bourgogne).

L'Espagne du IXe au XIVe siècle.

Le pèlerinage de Compostelle, qui connaît aux XIe et XIIe siècles son grand essor, multiplie les contacts entre l'Espagne et l'Europe. Sur le « chemin français » qui mène en Galice circulent des hommes, des marchandises, des idées, des formes d'art ; par les « ports » pyrénéens passent barons et chevaliers qui viennent apporter leur appui à la lutte contre l'Infidèle ; des ordres religieux et militaires (Calatrava, Saint-Jacques, Alcantara) se créent sur le modèle des milices monastiques (Templiers, Hospitaliers) qui combattent en Terre sainte.

Cependant, le succès de l'offensive chrétienne va provoquer, à deux reprises, des réactions violentes, véritables tentatives de reconquête islamique par des envahisseurs venus d'Afrique du Nord, les Almoravides, puis les Almohades.

Devenu le plus puissant des royaumes chrétiens par l'absorption du León, la Castille mène, dans la seconde moitié du XIe siècle, une action vigoureuse qui aboutit à la prise de Tolède par Alphonse VI (1085), tandis que son vassal Rodrigo Díaz (le Cid) s'empare de Valence qu'il gouverne jusqu'à sa mort. Mais la gravité de la menace chrétienne amène le roi de Séville à solliciter l'aide des Almoravides, Berbères fanatiques qui ont étendu leur domination sur le Maghreb. Débarqués en Espagne, ils infligent à Alphonse VI deux terribles défaites (1086 et 1109). Cependant, préoccupés surtout d'assurer leur autorité sur toute l'Espagne musulmane, ils ne tirent pas profit de la crise successorale qui suit la mort du roi de Castille. Si Valence a été évacuée à la mort du Cid (1099), Tolède reste aux mains des chrétiens. Mais les comtes de Portugal trouvent dans cette crise l'occasion de s'assurer une indépendance de fait, avant de prendre le titre de roi (1140).

Dans la première moitié du XIIe siècle, la lutte antimusulmane se concentre surtout dans la vallée de l'Èbre. Bloqués jusque-là dans les hautes vallées pyrénéennes par le royaume musulman de Saragosse, les souverains aragonais progressent vers le sud, avec l'aide de barons français qui, de plus en plus nombreux, viennent prendre part à la lutte. Le couronnement de cette offensive est, en 1118, la prise de Saragosse par Alphonse Ier le Batailleur et l'occupation de toute la moyenne vallée de l'Èbre. Mais la mort du Batailleur sans héritier direct donne lieu à une crise de succession dont le dénouement est la réunion du royaume d'Aragon et du comté de Catalogne sous une même couronne, les deux États conservant cependant leurs institutions propres.

Les rivalités qui, au milieu du XIIe siècle, opposent les souverains chrétiens favorisent une nouvelle réaction de l'Islam : vainqueurs des Almoravides en Afrique du Nord, les Almohades imposent leur domination à l'Espagne musulmane et écrasent le roi de Castille Alphonse VIII à Alarcos (1195). Le péril encouru amène le regroupement des forces chrétiennes qui remportent l'éclatante victoire de Las Navas de Tolosa (1212). Ferdinand III de Castille (saint Ferdinand) exploite ce succès en occupant toute la basse Andalousie et en s'emparant de Séville (1248), tandis qu'à l'est de la péninsule le roi d'Aragon Jacques le Conquérant (1213-1276) fait la conquête du « royaume de Valence » et des Baléares.

L'Espagne chrétienne à la fin du XIIIe siècle

Après la prise de Cordoue (1236), l'Islam ne possède plus dans la péninsule que le royaume de Grenade qui occupe la Haute Andalousie et sa frange méditerranéenne. Le Portugal a atteint ses limites géographiques presque définitives et son histoire suit désormais sa destinée propre. Parmi les royaumes espagnols, la Navarre est restée un État pyrénéen, dont la couronne passe en 1234 aux comtes de Champagne, avant d'être unie à celle de France sous Philippe le Bel et ses fils. La Castille et le royaume aragonais-catalan sont les grands bénéficiaires de la Reconquête, mais leur accroissement territorial s'est accompagné d'importants changements dans leurs structures intérieures.

Les nécessités de la lutte, qui font des souverains des chefs de guerre, expliquent que le pouvoir royal soit resté fort et que – sauf en Catalogne, ancienne dépendance de l'empire franc – l'Espagne n'ait pas connu de véritable régime féodal, impliquant le démembrement de l'autorité monarchique. La volonté de repeupler et de restaurer économiquement la région comprise entre les monts Cantabriques et le Tage, dévastée par les incursions musulmanes et chrétiennes, a conduit les souverains léonais et castillans à y attirer par des privilèges (*fueros*) et chartes de peuplement (*cartas dueblas*) des colons capables à la fois de la cultiver et de la défendre. Ainsi s'est enracinée une classe de petits et moyens propriétaires libres. D'autres *fueros* ont permis la restauration d'anciennes villes romaines ruinées (Astorga, Ségovie) et la création de nouveaux centres urbains (Burgos) qui servent de point d'appui à la Reconquête.

La grande offensive des XIIe et XIIIe siècles fait passer sous la domination chrétienne de vastes territoires dont les uns (*huerta* de Valence, vallée de l'Èbre) ont conservé leur population maure, dont d'autres (Andalousie), presque vidés de leurs habitants, doivent être repeuplés. Les souverains y procèdent à de larges répartitions de terres, données en seigneurie à leurs compagnons d'armes et aux chevaliers des ordres militaires. Ainsi naît une aristocratie foncière puissante dont la montée a pour contrepartie une dégradation de la condition paysanne qui affecte même les régions anciennement conquises de Vieille-Castille et davantage encore l'Aragon et la Catalogne, où les serfs de la glèbe (*remensas*) voient leur sort s'aggraver.

Cependant, face à l'aristocratie foncière, s'élève une autre classe qui, dans certaines régions, tend à lui faire contrepoids. Participant au renouveau des échanges et au « mouvement communal » qui affecte l'Europe occidentale, les villes castillanes obtiennent des souverains des *fueros* qui favorisent leur activité économique et les soustraient à l'autorité seigneuriale par l'octroi aux *consejos* (municipalités) d'attributions judiciaires et administratives. En Navarre – et particulièrement au long du « chemin de Saint-Jacques » – naissent de nouveaux centres de peuplement, où se fixent des « Francs » attirés par les privilèges que leur octroient les souverains. En Catalogne et dans le « royaume de Valence », la floraison urbaine, plus tardive, est particulièrement brillante, grâce à l'essor du commerce méditerranéen et de l'industrie textile catalane ; les institutions municipales y prennent (surtout à Barcelone) un développement qui leur assure une large autonomie par rapport au pouvoir royal.

L'importance acquise par les villes se traduit, dès le XIIIe siècle, par l'entrée de leurs représentants aux *Cortes*. Groupant nobles, clercs et bourgeois, celles-ci constituent, dans chacun des royaumes péninsulaires, des « états généraux » auxquels les souverains recourent pour obtenir des subsides ou pour sanctionner certaines décisions importantes du pouvoir monarchique.

À l'égard des minorités ethniques et religieuses passées sous leur domination, les souverains espagnols pratiquent une politique de large tolérance. Les *mudéjars* (musulmans vivant en territoire chrétien) forment une population active dans certaines zones rurales (vallée de l'Èbre, *huerta* valencienne) et dans les villes, où ils sont souvent groupés dans des quartiers spéciaux (*morerías* ou *aljamas*). Moins nombreux, les juifs gardent un rôle économique important, comme marchands, changeurs et souvent percepteurs d'impôts pour le compte des souverains.

Cette coexistence de trois groupes linguistiques, prolongeant celle qui avait existé dans les États musulmans, a d'heureuses répercussions sur le plan de la culture, car mudéjars et juifs se font les intermédiaires entre la culture hispano-arabe et celle de l'Occident chrétien. Dès le XIIe siècle, dans Tolède reconquise, des traducteurs font passer en latin une série d'ouvrages grecs, conservés en traduction arabe (entre autres la *Physique* d'Aristote). D'autres traductions font connaître la pensée des philosophes juifs et musulmans, en particulier celle d'Averroès. Cette activité concerne aussi les sciences : astronomie, médecine ; elle trouve son couronnement dans l'œuvre du roi de Castille Alphonse le Sage (1252-1284) qui s'entoure de savants, écrivains et poètes appartenant aux « trois religions ». Mais avec son règne s'achève la splendeur du XIIIe siècle espagnol.

4. Le déclin du Moyen Âge (XIVe-XVe siècle)

Dernier vestige de la domination arabe, le royaume de Grenade survivra encore pendant deux siècles à la faveur des crises politiques et sociales qui affaiblissent les monarchies chrétiennes, où les souverains doivent faire face à la montée de l'aristocratie (surtout en Castille et en Aragon) et aux revendications des oligarchies bourgeoises (surtout dans le « principat » catalan).

La crise castillane

La crise s'ouvre du vivant d'Alphonse X, à la suite de la disparition de son fils aîné Ferdinand (1275). Une suite de conflits successoraux et de minorités donne lieu, pendant un demi-siècle, à des rébellions nobiliaires où sombre l'autorité monarchique.

Pierre Ier, dit « le Cruel » ou « le Justicier », qui arrive au trône en 1350, s'efforce, avec une rigueur implacable, de ramener la noblesse à l'obéissance. Mais cette volonté provoque une nouvelle rébellion en faveur du comte Henri de Trastamare, son frère bâtard, qui revendique la couronne. L'aide des « grandes compagnies » amenées de France par Du Guesclin assure la victoire d'Henri sur Pierre le Cruel qui, vaincu à Montiel (1369), est tué de la main de son rival.

L'avènement des Trastamare a pour la Castille d'importantes conséquences. Sur le plan extérieur, il scelle entre la Castille et la France une alliance qui se maintiendra jusqu'aux Rois Catholiques. Mais, sur le plan intérieur, Henri doit payer très cher l'appui de la noblesse, en multipliant les concessions de *señoríos* (seigneuries) qui comportent l'octroi de terres et la perception de droits régaliens, ce qui accroît encore la puissance de l'aristocratie. Ses faibles successeurs, Jean Ier et Henri III, n'eurent pas les forces nécessaires pour profiter des rivalités entre les factions nobiliaires qui se disputaient les « grâces » arrachées au souverain. L'époque de Jean II (1406-1454) marqua un redressement de l'autorité monarchique, grâce à l'énergique connétable Álvaro de Luna qui écrasa l'armée de la noblesse à Olmedo (1445) ; mais, sacrifié aux rancunes de ses ennemis, il mourut sur l'échafaud.

Les pays de la couronne d'Aragon

L'histoire de la monarchie aragonaise présente un contraste marqué entre les succès remportés par la royauté en Méditerranée et les obstacles que rencontre son autorité en terre espagnole.

Pierre III d'Aragon (1276-1285) pose les bases de l'empire aragonais, en occupant la Sicile après la révolte des Vêpres siciliennes contre la dynastie angevine (1282). Au début du XIVe siècle, son fils Jacques II s'empare de la Sardaigne et de la Corse ; enfin son petit-fils Pierre IV réunit à la couronne le « royaume de Majorque » (avec le Roussillon) qu'en avait détaché Jacques Ier.

En Aragon, cependant, les souverains doivent d'abord plier devant l'aristocratie, groupée en une « Union » qui s'est fait accorder par Alphonse III (1285-1291) un *privilège* lui assurant le contrôle permanent de l'autorité monarchique. Puissants à l'extérieur, les rois d'Aragon sont tenus en échec par la noblesse de la partie la plus pauvre de leurs États. Pierre IV (1335-1387) mit fin à cette contradiction en écrasant l'armée des nobles à Épila (1348) et en supprimant le privilège de l'Union.

La Catalogne a largement bénéficié de l'expansion méditerranéenne, et son commerce ainsi que son industrie connaissent alors leur apogée. Cette prospérité favorise la montée de l'oligarchie urbaine, qui s'assure le contrôle des gouvernements municipaux. Barcelone, gouvernée par son Conseil des Cent, et liée aux autres villes par des traités de concitoyenneté, jouit d'une situation hors de pair. Elle domine les Cortes catalanes, représentées, en dehors des sessions, par une députation permanente (ou Généralité) qui traite d'égal à égal avec le souverain. La position de la bourgeoisie est renforcée par la crise successorale qui suit la mort de Martin Ier (1410). Pendant deux ans, le gouvernement des pays de la couronne d'Aragon est assuré par les députations des Cortes d'Aragon, Catalogne et Valence. Ce sont elles qui, en 1412, prennent l'initiative de faire examiner par une commission les titres juridiques des différents prétendants ; par le Compromis de Caspe, elle se prononce en faveur d'un infant de Castille, Ferdinand d'Antequera.

L'accession d'un Trastamare au trône d'Aragon ne modifie pas essentiellement l'orientation de la politique aragonaise. Le fils de Ferdinand, Alphonse V le Magnanime (1416-1458), passe la majeure partie de son règne en Italie où il guerroie contre le parti angevin pour la possession du royaume de Naples. Mais sa longue absence suscite en Catalogne un mécontentement d'autant plus vif que le marasme économique qui succède à la prospérité contribue au développement d'un antagonisme entre l'oligarchie dirigeante et les éléments populaires (artisans et petits marchands). Dans cette atmosphère tendue, le conflit dynastique qui éclate entre Jean II d'Aragon, mari de la reine Jeanne de Navarre, et leur fils Charles de Viane, à propos de la succession au trône navarrais, prend un caractère social. Les villes catalanes se prononcent pour Charles et imposent à Jean II des conditions qui transforment le principat catalan en une république couronnée (capitulations de Villafranca, 1461). La mort du prince de Viane, attribuée à l'empoisonnement, fait rebondir le conflit : la bourgeoisie se refuse à reconnaître désormais Jean II et fait appel à l'aide française, tandis que le souverain conserve l'appui de la noblesse et des *remensas*, auxquels il a promis l'allégement de leurs charges. Jean II finit par l'emporter, mais il n'obtient la soumission de Barcelone qu'en promettant le respect des *fueros* qui assuraient la prépondérance de l'oligarchie urbaine.

L'Espagne à la fin du XVe siècle

La crise des XIVe et XVe siècles a eu de graves répercussions d'ordre économique, social et moral. Les succès de l'aristocratie ont aggravé la condition des classes rurales, d'autant plus que le recul démographique dû à la peste noire, qui sévit à diverses reprises après 1358, conduit à alourdir les charges qui pèsent sur elles. En Castille, l'agriculture recule devant l'élevage transhumant favorisé par les privilèges que les Trastamare ont accordés à la Mesta – corporation des grands propriétaires de troupeaux – afin de favoriser la production lainière qui fournit un important produit d'exportation.

Dans les villes, dominées par l'oligarchie bourgeoise, le malaise économique et les tensions sociales se traduisent par un recul de l'esprit de tolérance à l'égard des minorités religieuses, et spécialement des juifs qui jouent un rôle important en matière financière. Dès la seconde moitié du XIVe siècle se produisent des « pogroms » et des conversions forcées ; mais les convertis, même sincères, restent suspects aux yeux de l'opinion et l'on voit apparaître les premiers « statuts de pureté du sang » qui excluent les « nouveaux chrétiens » ou *conversos* de certaines activités et dignités.

5. L'époque des Rois Catholiques

Par les deux grands faits qui marquent la date de 1492 : prise de Grenade et découverte de l'Amérique, le règne des Rois Catholiques constitue la charnière entre le Moyen Âge et les Temps modernes.

L'autorité monarchique en Castille atteint son point le plus bas sous le règne d'Henri IV « l'Impuissant » (1454-1474) qui, en désignant tour à tour comme héritières sa fille (prétendue ?) Jeanne et sa sœur Isabelle, déchaîne une série de guerres nobiliaires qui ne prennent fin qu'en 1479, au moment même où la mort de Jean II d'Aragon appelle sur le trône son fils Ferdinand, mari d'Isabelle.

L'« unification » de l'Espagne

L'union des deux grandes monarchies sous l'autorité des « deux rois » (*los reyes*) n'implique pas l'unification politique de l'Espagne, car Castille et Aragon conservent leurs institutions propres. Mais l'entente étroite des souverains se traduit par une influence réciproque de la politique des deux royaumes et aboutira à donner à la Castille, grâce à sa supériorité démographique et territoriale, un rôle dirigeant dans l'héritage qu'ils légueront à leurs successeurs.

Bien que resté actif du point de vue économique et artistique (construction de l'Alhambra, XIVe-XVe siècle), le royaume de Grenade mène depuis deux siècles une existence précaire en raison des rivalités de palais et de la menace chrétienne qui l'a contraint à se reconnaître tributaire de la Castille. La rébellion du prince Boabdil (Abū 'Abd Allāh) contre son père donne à Isabelle l'occasion de porter le coup décisif en s'emparant de Grenade en janvier 1492.

Les « capitulations » accordées à Boabdil, qui garantissaient à son peuple le maintien de sa religion, allaient à l'encontre de la politique de plus en plus intolérante suivie à l'égard des minorités religieuses. Pour surveiller les *conversos* et juger les relaps a été créé en Castille le tribunal de l'Inquisition (1478) ; en 1492, les juifs doivent choisir entre la conversion et l'expulsion ; dans les années suivantes les Maures grenadins font l'objet d'une campagne de conversions forcées qui provoque un soulèvement général. Après son écrasement, les Maures doivent s'exiler ou accepter le baptême (1502).

Dans chacun des deux royaumes, les souverains travaillent à renforcer l'autorité monarchique. En Castille, Isabelle, qui a utilisé les forces de la Santa Hermandad, composées de contingents urbains, pour ramener la noblesse à l'obéissance, révoque certaines « grâces » arrachées à ses prédécesseurs ; dans ses Conseils, elle donne aux *letrados* une place prépondérante par rapport à la haute noblesse. Ferdinand se fait reconnaître par la Papauté la « maîtrise » des ordres militaires, qui mettent à sa disposition leurs énormes revenus fonciers. Mais si ces mesures réduisent le pouvoir politique de l'aristocratie, elles ne lui enlèvent pas la puissance sociale que lui assure la possession de très vastes domaines.

Quant aux villes, utilisées d'abord comme un appui contre la noblesse, elles voient ensuite réduire leur autonomie, l'élection de magistrats municipaux faisant place à la nomination ou à la vente des offices par le souverain, qui généralise l'institution des *corregidores*, représentants du pouvoir royal. En Aragon, Ferdinand met fin aux luttes entre patriciat et éléments populaires, sur la base d'une plus juste répartition des charges dans le Conseil des Cent de Barcelone et dans les autres municipalités catalanes.

Les entreprises extérieures

Dans la politique européenne, le rôle prépondérant est joué par Ferdinand, qui dispute victorieusement aux rois de France Charles VIII et Louis XII la possession du royaume de Naples. Cette lutte entraîne la rupture de l'alliance traditionnelle entre la France et la Castille. Après la mort d'Isabelle, Ferdinand s'empare du royaume de Navarre (1512), qui conservera néanmoins ses *fueros* traditionnels. Sur les côtes africaines, l'action offensive menée par Isabelle au-delà du détroit est poursuivie par Ferdinand et aboutit à l'occupation des « présides » (Melilla, Oran, Bougie) destinés à surveiller les Maures et à assurer la sécurité des communications entre l'Espagne et l'Italie.

Le rattachement à la Castille des territoires découverts après le premier voyage de Colomb (1492) pose deux problèmes essentiels : celui de l'administration et celui de l'exploitation. L'organisation du commerce avec les « Indes » est confiée à la Casa de contratación de Séville, tandis qu'un Conseil des Indes devient l'autorité suprême en matière administrative. En ce qui concerne le sort des « Indiens », Isabelle s'opposa à l'établissement de l'esclavage, ce qui n'empêcha pas les « répartitions » forcées entre les conquérants, et conduisit, dès le début du XVIe siècle, à l'introduction d'esclaves noirs.

Renaissance et humanisme sous les Rois Catholiques

Les relations nouées avec l'Italie favorisent, dès le XVe siècle, la pénétration des courants humanistes. Ils se manifestent en particulier dans la création, par le cardinal Cisneros, de l'université d'Alcalá, ouverte aux nouvelles méthodes de critique des textes, mais qui vise surtout à la renaissance des études théologiques, destinées à être les auxiliaires de la réforme que le cardinal entreprend dans l'Église d'Espagne.

L'influence italienne se fait également sentir dans le domaine artistique, et spécialement dans l'architecture où le style plateresque combine avec le gothique tardif une décoration exubérante dont les motifs sont empruntés à l'art italo-antique.

L'héritage des Rois Catholiques

La mort d'Isabelle (1504) faisait de sa fille Jeanne la Folle l'héritière du trône de Castille, ce qui amena le mari de celle-ci, l'archiduc Philippe le Beau, à revendiquer la couronne. Sa disparition, deux ans plus tard, permit à Ferdinand de reprendre le gouvernement de la Castille jusqu'à sa mort (1516). Par testament, il avait désigné comme héritier le fils de Philippe et de Jeanne, Charles, qui allait rassembler entre ses mains un prodigieux héritage.

MARCELIN DEFOURNEAUX

Bibliographie

• *Ouvrages généraux*

J. Calmette, *Histoire d'Espagne*, Paris, 1947 / A. Castro, *La Réalité de l'Espagne. Histoire et valeur* (*España en su historia. Cristianos, moros y judíos*, 1948), Paris, 1963 / R. Menéndez Pidal dir., *Historia de España*, 16 t., Madrid, à partir de 1935 / C. Sánchez Albornoz, *España. Un enigma histórico*, 2e éd., Buenos Aires, 1962 / M. Tuñón de Lara dir., *Historia de España*, 10 vol., Labor, Barcelone, 1984 / A. Ubieto, B. Regla & J. M. Jover, *Introducción a la historia de España*, Barcelone, 1963 / L. de Valdeavellano, *Historia de España*, t. I, Barcelone, 1955 / J. Vincens Vives, *Historia económica de España*, Barcelone, 1961.

• *Études particulières*

T. de Azcona, *Isabel la Católica. Estudio crítico de su vida y su reinado*, Madrid, 1964 / P. Bosch Gimpera, *El Poblamiento antiguo y la formación de los pueblos de España*, Mexico, 1944 / J. Calmette, *Louis XI, Jean II et la révolution catalane*, Paris, 1908, réimpr. Slatkine 1977 ; *La Formation de l'unité espagnole*, Paris, 1946 / M. Defourneaux, *Les Français en Espagne aux XIe et XIIe siècles*, Paris, 1949 / C.-E. Dufourcq, *Histoire économique et sociale de l'Espagne chrétienne au Moyen Âge*, A. Colin, Paris, 1977 / O. Ferrara, *L'Avènement d'Isabelle la Catholique*, Paris, 1958 / E. Lévi-Provençal, *Histoire de l'Espagne musulmane*, 3 vol., Paris, 1950-1953 ; *La Civilisation arabe en Espagne*, Paris, 1961 / J. H. Mariejol, *L'Espagne sous Ferdinand et Isabelle*, Paris, 1892 / R. Menéndez Pidal, *La España del Cid*, 2 vol., 4e éd., Madrid, 1947 / D. Millet-Gérard, *Chrétiens mozarabes et culture islamique dans l'Espagne des VIIIe-IXe siècles*, Éd. augustiniennes, Paris, 1984 / L. Suárez Fernández, *Les Juifs espagnols au Moyen Âge*, trad. de l'esp., Gallimard, 1983 / L. Vázquez de Parga, J. M. Lacarra & J. Uria, *Las Peregrinaciones de Santiago*, 3 vol., Madrid, 1948-1949 / J. Vicens Vives, *Monarquía y revolución en la España del siglo XV*, Barcelone, 1953.

ESSART

Terre rendue cultivable après défrichement ; essart (et ses dérivés « sart », « écart ») a donné naissance dans la France du Nord à de nombreux toponymes qui sont une source de renseignements sur l'ampleur de la première vague de défrichements (XIe s.).

FRANÇOISE MOYEN

ETHELBERT (mort en 616) roi du Kent (560-616)

Un des premiers souverains saxons qui ait eu quelque importance après les invasions barbares. Ethelbert (ou Æthelberht) semble avoir réussi à établir sa suprématie sur d'autres branches des peuples conquérants et aurait été l'un des sept souverains ayant accédé au titre de Bretwalda, symbole de souveraineté sur l'Angleterre du Sud tout entière. Ayant épousé Bertha, fille d'un des rois des Francs, il l'autorise à pratiquer la religion chrétienne à Canterbury, sa capitale. En 597, il accorde l'hospitalité à saint Augustin, envoyé par Grégoire le Grand, et finit par se convertir lui-même au christianisme ; il encourage ses sujets à l'imiter, tout en refusant de les y contraindre. Il aide Augustin à construire ou à reconstruire plusieurs églises, et le moine en mission fixe provisoirement à Canterbury la métropole catholique de l'Angleterre. Cette situation provisoire convient à Ethelbert, qui n'aurait pas facilement admis de voir passer à Londres la suprématie religieuse, et elle sera donc consolidée et pérennisée. Le roi réussit à convaincre des souverains moins importants d'imiter son propre comportement religieux. Il promulgue en 604 un code de lois, en partie inspiré des derniers codes romains, mais où une large place semble faite au principe de la composition. Bien que le triomphe de la religion chrétienne ait été remis en question dès la mort du souverain, celui-ci n'en a pas moins influé sur la carte diocésaine future de l'Angleterre.

ROLAND MARX

ETHELWULF (mort en 858) roi du Wessex (839-858)

Roi saxon d'Angleterre (839-858), fils d'Egbert, le premier roi du Wessex. Après s'être emparé du Kent, puis d'autres régions du Sud, Egbert mit Ethelwulf (ou Æthelwulf) sur le trône du Kent. A la mort de son père, Ethelwulf devint roi du Wessex à son tour, tandis que son frère Ethelstan (ou Æthelstan) recevait le titre de vice-roi du Kent. Au cours de sa lutte contre les Danois, il eut le dessous à trois reprises, mais, en 851, il remporta sur eux une grande victoire à Acléa. Ceux-ci reprirent cependant leurs incursions et s'établirent dans l'île de Sheppey. Ethelwulf, souverain chrétien, passa douze mois à Rome. Il se lia aussi avec le roi de France Charles le Chauve, qui lui donna en mariage sa fille Judith. Deux ans avant sa mort, un de ses fils, Ethelbald (ou Æthelbald), se ligua avec un évêque contre lui et s'empara de son royaume. Toutefois, dans son testament, Ethelwulf désignait Ethelbald comme son successeur, sous réserve qu'il partageât le pouvoir avec ses deux autres frères. L'un de ceux-ci, Alfred, devait devenir l'un des plus célèbres rois de l'époque saxonne, et rester dans l'histoire sous le nom d'Alfred le Grand.

La généalogie d'Ethelwulf, telle qu'elle apparaît dans l'*Anglo-Saxon Chronicle*, est fantaisiste ; elle avait pour but d'auréoler les ascendants d'Alfred le Grand, à un moment où le sort de la dynastie ouest-saxonne paraissait fort incertain.

PAUL QUENTEL

ÉTIENNE DE GARLANDE (mort en 1150)

Sénéchal de Louis VI le Gros, Étienne de Garlande appartient à une famille noble de la Brie. Il succède dans cette charge à deux de ses frères, mais se fait particulièrement remarquer par une ambition effrénée et une absence totale de scrupules qui font de lui, à partir de 1108, le conseiller le plus écouté du roi et parfois le véritable maître du royaume. Cumulant charges et bénéfices, il est à la fois sénéchal et chancelier, c'est-à-dire à la tête de l'armée et des bureaux ; bien que simple diacre, il est aussi archidiacre de Notre-Dame de Paris, chef de la chapelle royale, doyen de plusieurs riches églises. N'ayant pu obtenir l'investiture de Pascal II après son élection frauduleuse au siège épiscopal de Beauvais, il se range parmi les ennemis les plus résolus de la réforme grégorienne que le roi avait d'abord favorisée. Il recourt même à l'assassinat pour se débarrasser de deux prélats réformistes. Bouffi d'orgueil, ayant installé les siens aux postes clés de l'État, Étienne de Garlande s'est attiré la haine de la reine Adélaïde et d'une partie de la Cour, ce qui lui vaut une disgrâce de cinq ans (1127-1132). Faible avec son favori, le monarque lui rend pourtant la chancellerie, et Étienne de Garlande n'est définitivement renvoyé que par Louis VII. La charge de sénéchal fut rendue à la maison de Champagne qui la détenait traditionnellement, mais l'épisode des Garlande avait montré aux Capétiens le danger que pouvaient représenter pour eux les pouvoirs du sénéchal. À la mort de Thibaut V, comte de Blois, cet office de l'hôtel disparut définitivement.

SOLANGE MARIN

ÉTIENNE IX UROŠ IV DUŠAN (1308-1355) roi puis empereur des Serbes (1331-1355)

Membre de la dynastie des Nemanyich, qui régna plus de deux siècles sur la Serbie, fils d'Étienne Dečanski, lui-même fils illégitime du roi Étienne Milutin, Étienne IX, remarquable par sa valeur militaire autant que par ses vues politiques, est considéré dans son pays comme un héros national. Voyant le danger qui menace l'Empire byzantin, désorganisé face à la puissance grandissante des Osmanlis, il essaie de sauver la péninsule balkanique de l'invasion turque en organisant un Empire gréco-serbe. Il prend aux Byzantins l'Albanie, l'Épire, la Thessalie et la Macédoine (à l'exception de Salonique) et doit faire face, en 1335, à la menace hongroise dont il se libère grâce au soutien de la République de Venise. En 1345, il se proclame lui-même empereur des Serbes et des Romains et se fait couronner solennellement à Skoplje, à Pâques 1346. Il élève l'archevêque de Peć, primat de Serbie, à la dignité de patriarche. En 1349, il convoque l'Assemblée nationale (*Sabor*) à Skoplje pour codifier les coutumes, et le résultat en fut le Code du tsar Dušan. Il meurt au moment où il préparait le siège de Constantinople. Il laisse un fils de dix-neuf ans, Étienne X Uroš V, qui ne peut empêcher l'effondrement de la dynastie et de l'Empire serbe.

JEAN BÉRENGER

F

FĀṬIMIDES

Les Fāṭimides, dynastie de califes shi'ites descendant de Fāṭima, fille du prophète Mahomet, règnent en Afrique du Nord (de 910 à 969), puis en Égypte (de 969 à 1171).

C'est une curieuse histoire que celle de ces monarques qui, portés au pouvoir par la propagande révolutionnaire des Ḳarmates isma'īliens, consolident leur puissance par la plus intransigeante des dictatures, califienne ou vizirielle. Partis de la Tunisie, ils font reconnaître leur autorité dans le Maghreb entier et la Sicile, s'installent définitivement sur le territoire égyptien, conquièrent la Syrie, reçoivent l'hommage de La Mecque et de Médine, et vont jusqu'à Bagdad. Cent cinquante ans après, le dernier Fāṭimide était à peine obéi dans son propre palais. Durant ce temps, la Syrie devient un champ clos où les divers partis se livrent des luttes acharnées, surveillés par les Byzantins, qui parviennent un instant jusqu'à Baalbek et Tripoli, plus tard par les croisés, et enfin par les Saldjūḳides qui gouvernent Damas.

Sur le plan artistique, le règne des Fāṭimides fut une période brillante. L'originalité de leurs œuvres tient essentiellement à l'emploi de représentations figurées.

Établissement de la dynastie

Le centre de la propagande des Fāṭimides se trouva d'abord en Syrie du Nord, à Salamiyya, d'où des missionnaires éloquents et persuasifs parcoururent presque toutes les régions de l'Islam. L'un d'eux, particulièrement actif, Abū 'Abd Allāh al-Shī'ī, prêcha en Afrique du Nord, en s'appuyant sur une tribu berbère, les Kutāma. Mais cette contrée était loin d'être pacifiée, et l'on trouvait toujours un groupe tribal prêt à organiser l'opposition contre le pouvoir établi. Ce fut le rôle des Zenāta, soulevés par un agitateur surnommé l'« homme à l'âne ». La révolte s'étendit de telle façon que le calife fāṭimide fut réduit à la possession du port de Mahdiyya.

Il fallait donc émigrer pour réaliser une ambition de domination universelle. À la suite de quelques tentatives d'invasion infructueuses, les Fāṭimides s'emparèrent de l'Égypte en 969. En fait, leur autorité directe ne s'exerça guère au-delà du territoire égyptien ; les régions comprises entre Le Caire et Bagdad furent partagées en deux zones d'influence, dont les frontières variaient sans cesse. Bagdad était alors soumise aux pressions les plus diverses, et les Fāṭimides ne possédèrent jamais une armée assez puissante pour faire prévaloir leur politique. L'histoire de la Syrie est d'une extrême complexité : dans les villes, les troupes maghrébines des Fāṭimides se heurtent à la résistance des populations, et dans les campagnes, doivent se déplacer constamment de Damas à Alep, de Tyr à la Palestine. L'épidémie de rébellions est générale, mais anarchique et dépourvue de coordination. À la fin du XIe siècle, c'est l'irruption des croisés, à l'égard desquels les maîtres shi'ites de l'Égypte eurent une attitude ambiguë.

L'occupation de l'Égypte marquait une rupture absolue avec les anciennes traditions, et les nouveaux gouvernants pouvaient redouter les réactions d'une population dont l'attachement au sunnisme était bafoué, les liens avec le pontife de Bagdad brusquement rompus. Aussi les Fāṭimides édifièrent-ils, pour leur cour et leurs services administratifs et militaires, une nouvelle ville, Le Caire (969), située au nord et à une certaine distance des faubourgs de celle de leurs prédécesseurs, préfets envoyés de Mésopotamie. Cette cité fut entourée, cent ans plus tard, d'une solide muraille en pierre, dans laquelle s'ouvraient des portes monumentales : trois d'entre elles s'offrent encore à notre admiration. Les monuments fāṭimides les plus importants ont également subsisté, telles les mosquées al-Azhar et al-Aḳmar, celle de Ṣālīḥ Ṭalā'ī'. La mosquée du calife al-Ḥākim est aujourd'hui bien délabrée.

L'étude des objets d'art de cette période laisse supposer qu'ils sont pour la plupart l'œuvre des Coptes, les tissus certainement, les bois sculptés très probablement, et cette constatation est conforme aux données historiques. Tous les écrivains arabes, chrétiens comme musulmans, s'accordent à mettre en relief la faveur dont les chrétiens bénéficièrent sous le régime des Fāṭimides ; une grande ère de prospérité s'ouvrit alors pour les églises et les couvents coptes.

Une vie politique troublée

Une éclipse de cette tolérance envers la communauté chrétienne coïncide avec le règne du calife al-Ḥākim (996-1021) ; fanatique, celui-ci fit démolir l'église du Saint-Sépulcre à Jérusalem. Il se déclara dieu, et les auteurs musulmans rapportent que « tous les rêves que lui suggérait sa folie n'étaient susceptibles d'aucune interprétation raisonnable ». Les Druzes reconnaissent encore aujourd'hui sa divinité.

Ainsi, le calife al-Ḥākim avait gravement compromis d'heureuses perspectives. Une crise économique sans précédent s'abattit sur le pays pendant le règne d'al-Mustanṣir (1036-1094), le plus long de l'histoire du monde musulman. En outre, des luttes sanglantes entre les corps de la milice ébranlèrent le régime. La défense du pays avait été assurée par des mercenaires, successivement des Berbères, des Noirs, des Turcs, des Arméniens. À la cour, des rivalités mettaient aux prises les califes et leurs Premiers ministres, le pouvoir étant exercé tantôt par les uns, tantôt par les autres. Un tout-puissant vizir, Badr al-Djamālī, inaugurant la période arménienne des Fāṭimides, remit de l'ordre dans l'empire ; on lui doit, outre les remparts de la capitale, une refonte des divisions administratives du pays. Pourtant le régime, miné par les complots des militaires et les jalousies des ministres, ne parvint pas à se redresser.

Les auteurs arabes ne se lassent pas de décrire le trésor des califes fāṭimides : pierreries d'une valeur inestimable, bijoux d'or et d'argent, innombrables récipients en cristal de roche, boîtes en bois précieux, armes, pièces de céramique, tissus somptueux en lin et en soie, beaucoup d'entre eux brochés d'or, tapis, enfin la plus belle bibliothèque qui existât à cette époque dans le monde musulman.

Les rares objets en cristal de roche parvenus jusqu'à nous, les étoffes, quelques animaux en bronze nous permettent d'imaginer l'opulence de ces fastueux souverains. On admire à juste titre les frises de bois provenant du palais royal du Caire, sur lesquelles sont sculptées des figures d'animaux, de personnages, isolés ou groupés en des scènes de musique, de danse, de beuverie ou de chasse. Les Fāṭimides ont été les inspirateurs d'un art qui, tout en suivant les vieilles traditions, créa des formes originales de décoration.

Le dernier acte politique se déroula dans le calme. Le prince zenguide d'Alep, Nūr al-Dīn, fut amené à intervenir en Égypte et à y envoyer un contingent. Un jeune officier, Salāḥ al-Dīn (Saladin), se risqua, un vendredi, à faire prononcer la harangue religieuse au nom du calife de Bagdad. Les écrivains arabes citent à cette occasion un vieux proverbe arabe : « Ce n'est pas pour cela que deux chèvres se battirent à coups de cornes. » Tel est l'acte de naissance de la dynastie ayyūbide.

GASTON WIET

Bibliographie

T. BIANQUIS, « La Prise du pouvoir par les Fatimides en Égypte », in *Annales islamologiques*, pp. 49-108, 1972 ; *Damas et la Syrie sous la domination fatimide (359-468)*, thèse, Inst. franç., Damas, 1989 / M. CANARD & G. MARÇAIS, « Fāṭimides », in *Encyclopédie de l'Islam*, 2e éd., Leyde, 1964 / NASIR-I-KHUSRAU, *Le Livre des voyages* (*Sefer Nameh*), Paris, 1881 / L. O'LEARY, *A Short History of the Fatimid Khalifate*, Londres, 1923 / P. RAVAISSE, *Essai sur l'histoire et la topographie du Caire*, Paris, 18861889 / *Répertoire chronologique d'épigraphie arabe*, t. IV-VIII, Le Caire, 1933-1937 / G. SCHLUMBERGER, *Campagnes du roi Amaury Ier de Jérusalem*, Paris, 1906 / G. WIET, *Précis d'histoire d'Égypte*, Le Caire, t. II, 1932 ; *Histoire de la nation égyptienne*, t. IV, Paris, 1937 ; *Cairo, City of Art and Commerce*, Norman, 1964 ; *Les Mosquées du Caire*, Paris, 1966 / F. WUESTENFELD, *Geschichte der Fatimiden Chalifen*, Göttingen, 1881.

FÉLONIE

Rupture, par le seigneur ou par le vassal, du lien d'homme à homme résultant de l'hommage. Dans la plupart des cas de félonie, il s'agit de la rébellion du vassal contre son seigneur, chose difficilement concevable aux temps postcarolingiens, lorsque le seigneur assurait au vassal la plus efficace des protections, mais devenue inévitable à partir du XIe siècle lorsque se multiplièrent les hommages à des seigneurs différents, inspirés par le seul souci d'acquérir ou de conserver des fiefs. La multiplicité des hommages – même après l'introduction de la réserve de fidélité à un seigneur principal et enfin de l'hommage lige – mettait nécessairement le vassal dans l'obligation de choisir son parti, dès lors que ses seigneurs entraient en conflit.

Pour les moralistes de l'époque féodale, et notamment pour les auteurs des chansons de geste, la félonie est un crime, comparable à la violation du lien entre père et fils. Une égale sévérité s'applique au vassal félon et au seigneur oublieux de ses devoirs, qui sont de protéger son vassal et de lui assurer bonne justice. Le développement du pouvoir public et de la puissance royale, en diminuant le rôle des moyens individuels de sécurité, rendit moins fréquente la félonie du seigneur.

Le vassal félon était puni par la commise, c'est-à-dire la confiscation de son fief, que seule la cour du seigneur pouvait prononcer. En fait, le plus difficile était de reprendre ce fief, ce qui ne pouvait le plus souvent se faire que par la force. Mais l'engagement d'une épreuve de force, entre le vassal et son seigneur, constituait – avec le refus des services dus – l'un des cas ordinaires de félonie. Le développement de la pratique du fief-rente, non assigné en terre, que permit, à partir du XIIe siècle, la reprise d'une économie monétaire, résolut quelques cas difficiles, car le seigneur pouvait aisément cesser de payer le fief du félon. Le fief-rente, cependant, ne supplanta jamais le fief assigné, beaucoup plus apprécié des vassaux.

La félonie devait être constatée et formellement dénoncée lors d'une cérémonie (l'inverse de l'hommage), au cours de laquelle la partie lésée rompait un objet symbolique (fétu, branchage, etc.) représentant le lien vassalique ; elle fut pratiquée dans les pays où la mentalité vassalique était le plus enracinée (Europe du Nord-Ouest) ; elle disparut devant les progrès de la procédure judiciaire.

JEAN FAVIER

FÉODALITÉ

Dans l'histoire de la civilisation de l'Europe occidentale, la féodalité représente un moment particulier qui se caractérise par la dissolution de l'autorité publique ; elle répond à un état de la société et de l'économie fondé sur l'exploitation de la paysannerie par l'aristocratie dans le cadre de la seigneurie. À partir du IXe siècle, les relations de patronage et de dévouement personnel, qui s'étaient développées dans le privé, se sont introduites progressivement dans les structures de l'État. L'affaiblissement de la royauté en fit peu à peu la seule armature des rapports politiques. Le pouvoir de commander, de punir et de taxer les gens du commun se répartit entre de petites cellules autonomes construites autour des châteaux. Parmi les membres de l'aristocratie, l'engagement vassalique et la concession du fief servirent de cadre aux liens de subordination.

L'hommage et le serment de fidélité instituent entre le vassal et son seigneur des devoirs honorables et réciproques de non-agression et d'assistance, peu différents de ceux que déterminent entre parents les liens du sang. Le lien réunit les deux hommes leur vie durant, sauf manquement de la part de l'un ou de l'autre à ses obligations. Pour mériter le fief dont il a reçu la jouissance lors de la prestation de l'hommage, le vassal est astreint à des services, plus nettement positifs, d'aide et de conseil. Mais le réseau des clientèles demeura longtemps discontinu, et la place prépondérante qu'occupa le fief à partir du XIe siècle dans la relation féodo-vassalique contribua à l'affaiblissement du lien affectif. Aussi, les institutions féodales ne parvinrent-elles pas à dégager de la violence et de l'anarchie la société aristocratique, malgré les efforts déployés par l'Église, qui s'était elle-même féodalisée, pour établir la « paix de Dieu ».

Au XIIe siècle, l'autorité monarchique reprend vigueur. Toutefois, les progrès du pouvoir royal se font tout d'abord dans le cadre des institutions féodales, qui peu à peu prennent plus de rigueur ; elles s'organisent en une pyramide qui, par échelons successifs, fait converger vers la personne du souverain l'hommage et le service des vassaux et des arrière-vassaux ; l'exploitation du droit féodal, alors que s'anime la circulation monétaire, sert de base à l'instauration de la fiscalité royale, et prépare la restauration de la souveraineté.

Les rites, les usages, les pratiques juridiques nés de la féodalité persistèrent cependant très longtemps. Progressivement, ils apparurent comme le symbole d'un ordre suranné, de tous les privilèges de caste et des survivances de l'exploitation seigneuriale. Aussi la Révolution française désigna-t-elle par le terme de féodalité les cadres majeurs de l'Ancien Régime qu'elle s'employait à détruire. Hors d'Europe, seul le Japon connut un ensemble de relations juridiques, sociales, économiques et d'attitudes mentales comparables aux structures qui s'étaient établies dans l'Occident médiéval.

Le mot *féodalité* apparut au XVIIe siècle pour qualifier ce qui se rattache au fief, c'est-à-dire à l'un des vestiges alors les mieux conservés du système juridique médiéval. Il en vint à définir tout ce qui subsistait de ce système. C'est ainsi que l'entendirent les révolutionnaires de 1789, abusant du mot *féodal* pour désigner ce qui, dans l'Ancien Régime, leur paraissait le plus mériter la destruction. Ce terme prit alors un sens péjoratif, qui lui est resté dans l'usage courant où il sert à définir tout ce qui est mépris de l'autorité publique au profit d'intérêts privés.

Il s'agit ici de lui restituer sa signification véritable, celle que les historiens s'attachent à circonscrire. La féodalité appartient à la civilisation de l'Occident médiéval, dont elle constitue un aspect majeur. Phénomène complexe, dont le fief, qui fournit à l'expression sa racine étymologique, n'est qu'un élément parmi beaucoup d'autres. Ce phénomène concerne l'histoire des structures politiques : pour Montesquieu et Voltaire, l'époque féodale est celle où les pouvoirs politiques ont connu la désagrégation la plus complète. Mais il est inséparable d'un certain état de la société et de l'économie : pour Marx et ses disciples, la féodalité est l'étape intermédiaire entre le système d'exploitation esclavagiste et le capitalisme.

1. Les origines de la féodalité

La féodalité se développa dans l'Occident médiéval lorsque se décomposèrent les structures monarchiques qu'avaient implantées les conquérants barbares, c'est-à-dire à partir du IXe siècle, quand commença la décadence de l'État carolingien. Les rois du haut Moyen Âge étendaient leur autorité, leur *ban*, sur tous les hommes libres ; ils les conduisaient au combat ; ils présidaient les assemblées où se rendait la justice ; loin de leur palais, des représentants (les comtes, dans le royaume franc) recevaient délégation de ces pouvoirs, ainsi qu'une dotation de terres qui constituait leur rétribution. Les Carolingiens, pour affermir leur emprise sur la population d'un empire devenu démesurément vaste, jugèrent bon d'utiliser des pratiques privées depuis longtemps en usage dans les maisons des grandes familles aristocratiques, celles de la vassalité. Ils exigèrent de tous ceux qui exerçaient le pouvoir en leur nom qu'ils devinssent leurs vassaux (le mot avait désigné sans doute à l'origine les plus humbles serviteurs domestiques), en se recommandant, en se confiant à eux, par un engagement personnel très strict, qui devait durer jusqu'à la mort et qui obligeait à n'entreprendre aucune action préjudiciable au patron. Ils s'attachèrent de la même manière les plus puissants de leurs sujets et engagèrent les membres des aristocraties locales à se lier semblablement aux comtes. Un réseau de dévouements individuels se tissa de la sorte, qui doubla celui des obligations publiques. Ce dernier s'en trouva quelque temps renforcé, mais peu à peu la mentalité du compagnonnage s'insinua dans les cadres de l'État : on pensa servir le roi, non point en vertu du ban dont il était investi, mais en fonction d'un contrat privé d'allégeance que certaines circonstances autorisaient à rompre ; la délégation d'un office public prit insensiblement l'allure d'un « bénéfice », d'un cadeau que le patron se devait de consentir à son vassal, en récompense de sa fidélité, et qu'il ne pouvait lui reprendre sans grave manquement de sa part. Il suffit donc que les ressorts de l'État se distendissent quelque peu pour qu'à la subordination du sujet se substituassent les services mesurés et conditionnés d'une clientèle.

Désagrégation des structures monarchiques

L'affaiblissement de l'autorité royale se manifesta dès les premières décennies du IXe siècle ; les discordes internes de la famille carolingienne le hâtèrent, ainsi, bientôt, que l'impuissance des souverains à remplir leur mission fondamentale, c'est-à-dire à mener la guerre victorieuse et à contenir les envahisseurs, notamment les Normands. La désagrégation politique commença par le sommet, au niveau des principaux auxiliaires du pouvoir, les ducs et les marquis, chargés sur un large territoire de coordonner les activités militaires. Ils regardèrent comme un élément de leur patrimoine l'« honneur » qu'ils tenaient du roi, c'est-à-dire l'ensemble constitué par la délégation du ban et par les biens fonciers qui jadis avaient représenté le salaire de leur fonction. Très tôt, il était devenu impossible de refuser à l'un des héritiers d'un délégué royal de reprendre à la mort de celui-ci la charge paternelle ; sur les offices s'établirent ainsi des dynasties. Les ducs ne cherchèrent point délibérément à rompre le lien de vassalité qui les attachait au souverain, mais les occasions d'accomplir les rites de l'engagement vassalique s'espacèrent, et les devoirs qui en découlaient perdirent de leur rigueur à mesure que fléchissait la puissance du roi. Comme ils assumaient efficacement la protection du pays, les responsables de la défense locale rassemblèrent étroitement dans leur clientèle l'ensemble de l'aristocratie de la région. Ainsi se formèrent des principautés pratiquement autonomes. Cette première dislocation se produisit en France entre le dernier tiers du IXe siècle et le milieu du Xe siècle.

Le mouvement se poursuivit ensuite, plus rapidement et plus profondément dans la France du Sud et de l'Est. Les comtes se détachèrent peu à peu des ducs, puis les comtés se fractionnèrent eux-mêmes en cellules de dimension plus restreinte. Vers l'an mille, les maîtres des principales forteresses fondèrent à leur tour des dynasties, s'appropriant les pouvoirs de commandement sur la population des villages environnants ; ils cessèrent de se réunir régulièrement autour du comte ; ils réunirent autour d'eux les plus riches des hommes libres du voisinage dans une compagnie vassalique, leur concédant, pour mieux les tenir en main, des bénéfices que l'on appelait désormais des *fiefs*. Le droit de commander et de punir, dont le caractère public s'était sensiblement estompé, se trouva ainsi distribué en un grand nombre de districts minuscules, indépendants en fait les uns des autres, dont chaque forteresse formait le centre.

Des conditions économiques et sociales favorables

Une telle évolution réalisait en vérité l'adaptation des structures politiques aux]conditions économiques et sociales de l'époque. Elle se produisit en effet au sein d'un monde rural et cloisonné, où la difficulté des liaisons exaltait l'autorité du chef local, où l'atonie de la circulation monétaire rendait impossible la rétribution des services, si ce n'est par la concession d'un bien foncier. Elle était commandée par la structure aristocratique et très fortement hiérarchisée d'une société où un petit nombre de familles, maîtresses de la plus grande part du sol, dominaient de très haut le peuple des travailleurs paysans, qu'ils fussent serfs ou de condition libre, et où la force des liens du sang, qui constituaient la plus solide armature des relations sociales, entraînait l'attribution d'un caractère héréditaire à toute concession, celle des offices comme celle de la terre. En outre, après le IXe siècle, l'évolution de l'art de la guerre tendit à instituer parmi les hommes libres une ségrégation en fonction de leur activité militaire. Celle-ci devint en fait le privilège des riches ou des familiers des riches, qui seuls pouvaient combattre à cheval : on les nomma bientôt les *chevaliers*. Peu à peu se renforça l'idée que les hommes se trouvaient répartis en deux catégories stables et héréditaires, en deux ordres sans communication l'un avec l'autre. Les rustres, les pauvres, désarmés et inutiles au combat, parurent voués, selon l'intention divine, à nourrir par leur labeur et à entretenir dans une oisiveté propice aux exercices des armes les puissants, les « riches hommes », les chevaliers chargés de les défendre. Auxiliaires privilégiés du pouvoir, ceux-ci durent à leur fonction de combattants spécialisés d'échapper aux réquisitions et aux taxes que supporta seule la paysannerie. Dans leur groupe se développa très vite une conscience de classe exaltant les vertus et la supériorité de la vie militaire.

L'établissement de la féodalité se trouva donc conditionné par l'existence de la seigneurie, c'est-à-dire d'un système économique livrant la plupart des surplus de l'activité productrice à une élite de possesseurs fonciers, dont les plus riches détenaient dans leur patrimoine, avec les débris de l'autorité publique, le pouvoir de juger, de commander et de punir. Cet édifice social reposait sur un ensemble de prestations et de services requis des serfs, des tenanciers et des rustres soumis au ban privé. À l'usage de la classe seigneuriale, afin d'aménager les relations entre ses membres et de maintenir tant bien que mal la paix dans son sein, s'établirent les coutumes proprement féodales.

2. Les coutumes féodales

Elles se formèrent d'abord, semble-t-il, dans la région qui avait subi le plus fortement l'empreinte carolingienne, c'est-à-dire dans la moitié septentrionale de la France, entre 980 et 1075. Elles s'introduisirent rapidement en Angleterre où, par un processus semblable, la dislocation du pouvoir royal et la constitution de la seigneurie avaient fait de rapides progrès pendant le Xe siècle. Elles pénétrèrent beaucoup plus lentement en Allemagne, qui demeura longtemps fidèle aux structures politiques carolingiennes et où l'autorité monarchique ne déclina pas aussi vite : la féodalisation des pays germaniques date du XIIe siècle. Le sud de la Gaule – d'où semblent issus beaucoup de termes du vocabulaire féodal –, l'Italie et l'Espagne ne reçurent de la féodalité que des formes imparfaites.

Le lien féodal et ses obligations

C'est par la cérémonie de l'hommage que se nouaient les liens de la vassalité. Nu-tête, sans arme, en posture de complète humilité, le vassal venait s'agenouiller devant celui dont il avait choisi de devenir l'homme et plaçait entre les mains de celui-ci ses deux mains jointes, en signe de total abandon. Le seigneur le relevait aussitôt et le baisait sur les lèvres, geste qui exprimait le caractère honorable de l'engagement et rétablissait entre les contractants des rapports d'égalité. Puis le vassal, la main touchant un objet sacré et prenant Dieu à témoin, prêtait serment de fidélité, engageant sa propre foi et manifestant qu'il n'avait rien aliéné de sa liberté. C'est alors que le seigneur, lui plaçant dans la main un objet symbolique, l'investissait de son fief. Tous les hommages n'étaient pas suivis de l'investiture : il y eut en effet longtemps des vassaux non fieffés que leur seigneur entretenait dans sa maison et dont il ravivait l'amitié par des cadeaux périodiques. Mais peu à peu, et dès le XIe siècle en France, il devint exceptionnel que le vassal ne fût pas, sinon pour l'ensemble de ses biens, du moins pour une part d'entre eux, le feudataire de son seigneur.

L'attache ainsi nouée liait les deux hommes pour la vie. Pour saisir la portée de cette relation, référons-nous à l'analyse qu'en donne l'évêque Fulbert de Chartres au début du XIe siècle : « L'obligation fondamentale du vassal est de ne rien faire qui puisse causer dommage au seigneur dans son corps, dans ses biens, dans son honneur. » Le lien vassalique a donc pour fonction primordiale d'établir entre les deux contractants une garantie de sécurité. Mais le devoir de ne pas nuire s'accompagne d'exigences positives qui s'expriment par deux mots, l'aide et le conseil. Aider, c'est venir à la rescousse, prêter main-forte dans les difficultés, et, dans ce milieu de guerriers, spécialement par les armes. Quant à l'obligation de conseil, elle astreint à se rendre auprès du seigneur lorsque celui-ci convoque sa cour, sans l'avis de laquelle il ne peut prendre aucune décision importante. Ce devoir est l'occasion, par des rencontres périodiques, de faire renaître le climat de camaraderie des primitives clientèles domestiques. Il faut mettre en évidence que de telles obligations sont réciproques : « en toutes choses, le seigneur doit rendre la pareille à son vassal ». Mais Fulbert précise bien que les devoirs du vassal sont plus astreignants ; à propos d'eux seulement, il emploie le terme très fort de « service » ; il indique enfin expressément que le vassal y est astreint « pour mériter son fief ». En bref, le seigneur (le mot vient du latin *senior* qui signifie le plus vieux) attend de son homme un dévouement de caractère familial, assez semblable à celui qu'un père peut attendre de son fils. L'hommage crée en réalité, entre ceux qu'il relie, une « parenté supplémentaire » (M. Bloch).

Le fief

Cette « amitié » très solide était, dans la réalité d'une société violente et qui contenait mal ses humeurs, susceptible de se rompre. Le manquement aux obligations mutuelles, la « félonie », entraînait le « défi », c'est-à-dire la rupture de la foi. Lorsqu'elle venait du vassal, le seigneur était en droit de faire prononcer, par la cour féodale composée de ses autres feudataires, la « commise », la confiscation du fief, qu'il lui appartenait de reprendre par la force. De fait, la puissance de l'engagement moral se trouvait souvent contrariée. D'ailleurs, l'attache personnelle fut peu à peu dénaturée et disjointe par le rôle de plus en plus prépondérant que, dès le XIe siècle en France, tint dans la relation vassalique l'élément concret, la tenure féodale. Les liens familiaux étaient si rigides dans le monde chevaleresque que les seigneurs eurent très vite mauvaise conscience à ne pas concéder aux héritiers de leurs vassaux des fiefs qui, à la mort de ceux-ci, venaient normalement échoir entre leurs mains. Ils se trouvèrent ainsi recevoir dans leur hommage des êtres qui n'avaient pas choisi, par impulsion individuelle, de se lier à eux d'amitié. Il arrivait que le successeur, soit qu'il s'agît d'un garçon mineur, soit qu'il s'agît d'une veuve ou d'une fille, se révélât incapable de « servir » le fief, puisqu'il ne pouvait porter les armes ; soucieux d'assurer la tutelle, ou de donner à la femme un mari, le seigneur risquait d'entrer en conflit avec la parenté du feudataire. En outre, par le jeu des héritages ou pour saisir toute occasion d'étendre leurs possessions, des vassaux, très tôt, en vinrent à tenir des fiefs de différents seigneurs et, par conséquent, à prêter plusieurs hommages. Ainsi fractionnée, leur fidélité perdait singulièrement de sa valeur ; il leur devenait parfois difficile d'accomplir le service d'aide et de conseil, en particulier lorsque les maîtres de leurs diverses tenures se trouvaient eux-mêmes en conflit. On eut l'idée de distinguer l'un des hommages, l'hommage « lige », qui primait tous les autres, mais on vit bientôt des individus tenir plusieurs fiefs liges, et la pluralité de fidélités, contractées non point de cœur mais dans le seul but de conserver un fief ou d'en acquérir un nouveau, demeura le principal dissolvant du dévouement personnel.

De fait, dans l'aristocratie des XIe et XIIe siècles, il apparaît très nettement que le lien féodo-vassalique fut impuissant à établir des relations de subordination véritable lorsqu'il unissait des seigneurs de force égale, soit au niveau des maîtres des plus grandes principautés, soit au niveau des simples chevaliers ; il s'agissait très souvent d'un simple expédient destiné à atténuer des agressivités réciproques, à instaurer une paix fragile entre des puissances rivales, ou bien à régler des difficultés de succession et des compétitions sur des possessions contestables ; les obligations positives du vassal se réduisaient fréquemment dans ce cas à très peu de chose ; elles étaient parfois délimitées expressément dans la formule prononcée lors de la prestation du serment de foi. C'est seulement lorsque le seigneur était nettement supérieur à son vassal qu'il pouvait exiger de lui un véritable service et le soumettre à son autorité judiciaire. Les compagnies vassaliques les plus solides rassemblaient autour des maîtres des châteaux les petits chevaliers attachés à la forteresse ; la proximité, les fréquentes réunions lors des expéditions guerrières ou des assemblées de conseil, l'habitude qui inclinait les vassaux à envoyer leurs fils faire leur apprentissage à la cour du seigneur, où ils pouvaient nouer, avec l'héritier de celui-ci, dont ils deviendraient plus tard les hommes, une amitié durable, établissaient ici une solidarité réelle entre les membres du groupe. Celui-ci, rassemblé autour d'un chef et de sa bannière, formait un corps, une maisonnée ou, comme on disait alors, une « mesnie », dont la cohésion se manifestait au moment du combat.

Lutte contre l'anarchie

Toutefois, même dans ce cas, le chef de la compagnie vassalique n'était habilité à juger que les manquements à la foi jurée et les défauts du service dû par les fiefs de sa mouvance ; pour tout le reste, ses vassaux, à l'inverse des paysans étroitement soumis au ban, échappaient à son contrôle. Comme, d'autre part, les multiples clientèles féodales étaient discontinues et ne se trouvaient nullement reliées les unes aux autres en un réseau cohérent et hiérarchisé, les institutions féodo-vassaliques parvinrent difficilement à maintenir dans l'ordre et la paix la société aristocratique. Lorsqu'un chevalier subissait des dommages, il n'existait plus de juridiction régulière qui fût capable de le rétablir dans son droit. Épaulé par les hommes de son sang, par ses seigneurs et ses vassaux dont il requérait alors l'aide, il entreprenait de tirer vengeance de son agresseur et des « amis » de celui-ci. Commençait alors une guerre privée, qui pouvait se prolonger longtemps, jusqu'à ce qu'un arbitre, choisi d'un commun accord, réussît à réconcilier les adversaires. Les temps féodaux sont remplis de violences. Les dirigeants de l'Église tentèrent de limiter le désordre. À partir de la fin du Xe siècle, et depuis les provinces méridionales de la Gaule, celles où la désagrégation politique était la plus profonde et l'organisation féodale la moins solide, se répandit en Occident le mouvement pour la « paix de Dieu ». Dans des assemblées régionales présidées par les prélats et par les princes, les chevaliers étaient invités à s'engager solennellement, par un serment prêté sur les reliques, à respecter des interdits, à ne point porter les armes contre certains groupes sociaux, certains lieux et pendant des périodes déterminées. Cet effort pour réduire l'anarchie féodale se prolongea jusqu'à la fin du XIIe siècle, mais ses résultats demeurèrent très imparfaits.

Les usages et les comportements nés dans le cadre des pratiques féodo-vassaliques imprégnèrent fortement l'ensemble de la civilisation européenne des XIe et XIIe siècles. Ils s'infiltrèrent dans l'Église ; les évêques et les abbés concédaient des fiefs et recevaient des hommages ; ils réunissaient autour d'eux des cours féodales et prenaient parfois la tête de la bande armée de leurs vassaux ; l'octroi des offices sacrés, qui s'opérait par les rites de l'investiture et s'accompagnait d'un serment de fidélité, se distinguait mal de la concession d'un fief, ce qui suscita à la fin du XIe siècle la réaction vigoureuse des réformateurs de l'Église et provoqua le long conflit connu sous le nom de « querelle des Investitures ». Le vocabulaire et les attitudes de la féodalité pénétrèrent également toutes les représentations religieuses : Dieu fut conçu comme un seigneur, siégeant au milieu de la cour céleste et attendant le service de ses « fidèles » agenouillés devant lui, mains jointes. Ce vocabulaire et ces attitudes s'introduisirent enfin dans les formes nouvelles de la relation amoureuse qui se développèrent au XIIe siècle dans les assemblées courtoises : l'amant servit sa dame comme un vassal son seigneur. Et la loyauté, respect de la foi jurée, prit place parmi les vertus majeures de la morale aristocratique.

3. La monarchie féodale

La défaillance de l'institution monarchique avait permis la floraison de la féodalité. Tout en étouffant la puissance royale, celle-ci n'avait cependant pas supprimé la royauté. Image terrestre de l'autorité divine, elle lui paraissait indispensable à l'ordre du monde. Or, peu à peu, au cours du XIIe siècle, le développement économique de l'Europe, l'essor de la production et des échanges, des communications moins difficiles, le rétablissement progressif de la circulation monétaire, effacèrent les conditions matérielles qui avaient favorisé la pulvérisation du pouvoir. Il devint plus aisé de commander à distance ; l'octroi d'une terre cessa d'être le seul moyen de récompenser un serviteur ; on put rétribuer les fonctionnaires par des gages en argent et lever des troupes de combattants salariés, les « soldats ». Des principautés régionales se reconstituèrent ; mais, dans un premier temps, la restauration de l'État s'opéra dans le cadre des institutions féodales.

La centralisation monarchique

Les souverains, d'une part, s'employèrent à organiser le réseau des relations féodo-vassaliques sous une forme pyramidale qui convergeât vers leur personne. Ils proclamèrent le principe que le roi ne pouvait prêter hommage à autrui. Ils s'efforcèrent de faire entrer strictement dans leur vassalité toutes les puissances régionales de leur royaume, qui durent reconnaître tenir d'eux en fief tous les pouvoirs de commandement qu'elles détenaient. Ils parvinrent peu à peu à faire admettre leur seigneurie éminente, leur *suzeraineté*, sur les propres feudataires de leurs vassaux directs, de leurs « barons », de leurs « tenants en chef ». Ainsi se constitua une chaîne d'hommages, cette fois hiérarchisés, qui tendit à rattacher au roi par relais successifs tous les feudataires du royaume. Les services féodaux se disposèrent par étages le long de cette chaîne, et la coutume finit par s'établir que, d'une décision de leur seigneur, les arrière-vassaux pouvaient faire appel, de proche en proche, jusqu'à la justice royale. En outre, profitant des difficultés financières des nobles, les rois et les maîtres des principautés régionales, qui disposaient d'importants moyens monétaires, purent au XIIIe siècle acheter l'hommage d'un grand nombre de chevaliers, qui reçurent d'eux en fief les terres libres, les « alleux », qu'ils avaient hérités de leurs ancêtres. Ainsi se comblèrent les vides du système féodal, qui progressivement s'ordonna autour d'un point central, la couronne.

Les rois, d'autre part, exploitèrent à leur profit le droit féodal. Dans les diverses coutumes régionales, les services du fief perdirent de leur imprécision. En France, par exemple, la règle s'institua que les feudataires combattre gratuitement pour leur seigneur quarante jours par an. Tandis que s'accroissait leur puissance, les souverains requirent plus strictement ces services ; ils exigèrent de ceux qui ne voulaient ou ne pouvaient s'en acquitter de payer en contrepartie une taxe en argent. Ils attirèrent devant leur propre cour, ou devant les assises que tenaient localement leurs agents, toutes les causes relatives au fief ou aux obligations vassaliques ; en cas de défaut, ils avaient désormais le moyen de brandir efficacement la menace de la confiscation. La *commise*, décidée par la cour de ses feudataires, fut le moyen que choisit Philippe Auguste pour réunir au domaine royal une partie des fiefs de son principal et plus dangereux vassal, Jean sans Terre, duc de Normandie, comte d'Anjou et duc d'Aquitaine. Tandis que se répandait l'usage de la monnaie, des charges financières s'introduisirent dans les services du fief : avant de recevoir l'investiture des tenures féodales dont ils avaient recueilli l'héritage, les nouveaux feudataires durent acquitter un droit de succession, évalué à une annuité des revenus du fief. Dans des cas définis – la coutume de France en reconnaissait quatre : le départ en Terre sainte, la remise des armes au fils aîné, le mariage de la fille aînée, le paiement de la rançon du seigneur – ce dernier était en droit de demander à ses vassaux une aide en deniers. Par ce biais, la fiscalité monarchique se reconstitua.

Un suzerain de caractère sacré

Enfin, l'insertion de la royauté dans les cadres de la féodalité fut si profonde que les souverains des XIIe et XIIIe siècles adoptèrent tous les comportements et les attitudes mentales qui s'étaient développés dans le moule des institutions féodales. Ils ne conçurent jamais leur pouvoir autrement que comme celui d'un seigneur suprême, siégeant au sommet de la hiérarchie des hommages, aidé et conseillé par l'ensemble de ses vassaux, rassemblés dans son *ost*, dans son armée, et réunis dans sa cour. À ceux qui lui reprochaient d'avoir restitué au roi d'Angleterre Henri III certaines provinces de France qu'il avait conquises, à condition qu'il fût formellement reconnu que ces terres étaient des fiefs relevant de la couronne, Saint-Louis répondait qu'Henri, de ce fait, avait été contraint de devenir son « homme », et que c'était pour lui l'essentiel. Les monarques, d'autre part, s'efforcèrent de donner l'exemple des vertus majeures de la morale féodale, la bravoure et la loyauté. Cependant, dans son essence, la royauté était extérieure à la féodalité, et le demeura. Le roi n'était pas simplement le suzerain ; il était sacré, investi, sur toute l'étendue de son royaume, d'une délégation de la puissance divine ; l'autorité que lui conférait le sacre, toute différente du patronage que le seigneur exerçait sur son vassal, lui donnait mission de protéger et de conduire vers la perfection morale le peuple tout entier. Depuis la fin du XIIe siècle, d'autre part, la renaissance des études juridiques faisait redécouvrir dans le droit romain les principes de la souveraineté. Le renforcement de puissance, qui procédait à la fois du progrès économique et de l'utilisation même du système féodal, permit aux auxiliaires du pouvoir monarchique d'étendre les prérogatives de la royauté au-delà des structures de la seigneurie et des institutions féodo-vassaliques. Dès la fin du XIIIe siècle, ces dernières pouvaient apparaître comme un cadre dont la puissance royale allait pouvoir se dégager, sans jamais l'abandonner totalement.

4. La féodalité tardive

À vrai dire, certains des usages implantés à l'époque de la féodalité triomphante devaient se maintenir pendant de longs siècles. Et d'abord les cadres juridiques qui s'étaient construits autour du lien d'homme à homme. En France, jusqu'à la fin de l'Ancien Régime, on vit des individus s'agenouiller devant un personnage que, par les gestes de l'hommage et par les paroles de la foi, ils reconnaissaient pour leur seigneur et dont ils s'avouaient les vassaux. La concession féodale demeura dans la pratique un mode très répandu d'aménagement des relations foncières, autour duquel s'était développée toute une jurisprudence, le domaine de juristes spécialisés, les *feudistes*. Les meilleurs traités de droit féodal datent du XVIIIe siècle. Comme d'autre part, dans le domaine de l'économie et de la fiscalité, le premier essor du capitalisme n'avait guère modifié, dans un monde qui restait pour une très grande part rural, les mécanismes de l'exploitation seigneuriale, ce qui subsistait encore des cadres juridiques de la féodalité apparut comme le symbole éminent de la ségrégation sociale et de tous les privilèges. Pour détruire ceux-ci, les révolutionnaires abolirent ce qu'ils appelaient les droits féodaux, c'est-à-dire un ensemble complexe de prérogatives qui relevaient en réalité bien davantage de la seigneurie que du fief.

Quant à l'esprit de la féodalité, turbulence politique appuyée sur des clientèles et sur le rassemblement d'hommes de guerre autour de puissances privées aspirant à l'autonomie, les affaiblissements de l'autorité monarchique lui redonnaient périodiquement vigueur. Ainsi, dans l'Angleterre des XIVe et XVe siècles se développa ce que les historiens de ce pays nomment la féodalité bâtarde (*bastard feudalism*) : les plus grands barons s'accoutumèrent à retenir auprès d'eux, dans leur « livrée », des chevaliers dont ils soldaient les services par des « fiefs-rentes », c'est-à-dire par le versement régulier d'une pension en numéraire ; ces bandes les soutinrent efficacement dans leurs rébellions contre le pouvoir royal.

Les restes les plus tenaces persistent dans les attitudes mentales. Certains mots, « hommages », « cour », ont perdu de notre temps tout leur sens primitif ; mais la valeur encore accordée à l'activité et aux qualités militaires, par exemple, ou la notion d'honneur peuvent être tenues pour des survivances attardées de l'univers psychologique qui a pris corps dans l'Europe médiévale autour de la vassalité et du fief.

5. Hors d'Europe

Il faut définir la féodalité comme un aspect particulier à l'évolution de la civilisation de l'Europe occidentale, dont elle marque un moment déterminé. On ne retrouve, en effet, jamais dans l'Antiquité, dans l'histoire de l'Asie, ou, aujourd'hui, dans les structures de certaines sociétés africaines un ensemble juridique, économique et social analogue à celui qu'elle constitua, mais seulement certains de ses éléments. Un seul pays, le Japon, a connu des formes de relations comparables : une haute aristocratie, fondée sur la possession de la terre et sur l'exploitation du travail paysan ; une chaîne d'engagements personnels, rétribués par la concession, souvent héréditaire, d'offices ou de biens fonciers ; des liens de parenté très astreignants ; un code de l'honneur qui réglait, dans les grandes maisons seigneuriales, le comportement des guerriers domestiques ; l'intrusion de tels rapports de subordination dans les cadres de l'État, qui tentait de les utiliser pour se raffermir, mais laissait libre cours, dans ses moments de fléchissement, aux puissances privées. Encore manque-t-il à la féodalité japonaise un trait qui caractérise celle de l'Occident européen : le Japon ignora la réciprocité des obligations mutuelles qui liaient le vassal et le seigneur ; celui-ci ne devait rien à son dépendant dont la fidélité était inconditionnelle.

GEORGES DUBY

Bibliographie

M. Bloch, *La Société féodale*, A. Michel, Paris, 1939, rééd. 1989 / R. Boutruche, *Seigneurie et féodalité*, Aubier, Paris, 1959, rééd. 1970 / F. L. Ganshof, *Qu'est-ce que la féodalité ?*, Tallandier, Paris, 5e éd. 1987 / H. Mitteis, *Lehnrecht und Staatsgewalt*, Weimar, 1933 / J.-P. Poly, *La Mutation féodale : X[e]-XIIe siècles*, *ibid.*, 2e éd. 1991 / C. Stephenson, *Medieval Feudalism*, Cornell Univ. Press, Ithaca (N.Y.), 1942.

FERRÉ ou FERRET dit LE GRAND FERRÉ (1330 env.- ?)

Paysan du village de Rivecourt en Picardie déjà remarqué pour l'activité qu'il déploya lors de la révolte des Jacques, en mai 1358. Célèbre pour son extraordinaire vigueur et par son habileté à tendre des embuscades, le Grand Ferré prit, la hache à la main, une part très efficace à la résistance contre les Anglais au début de 1359. La bande de paysans dont il faisait partie s'était établie dans le manoir abandonné de Longueuil-Sainte-Marie : les Anglais tentèrent de l'en déloger ; les paysans repoussèrent deux assauts anglais, et le Grand Ferré aurait tué de sa main plusieurs dizaines d'ennemis. Malade, il se retira dans sa masure, où il dut affronter une nouvelle attaque des Anglais. Il mourut peu après, pour avoir bu de l'eau froide après s'être battu malgré sa fièvre. Le Grand Ferré demeura un symbole de l'esprit de résistance à l'envahisseur.

JEAN FAVIER

FIEF

Dans ses premiers emplois connus, le mot fief désigne un bien meuble. Il devient, au plus tard au xe siècle, l'équivalent, en langue vulgaire, du terme savant « bénéfice », qui signifie faveur, et que l'on utilisait dans les textes latins pour nommer la récompense accordée pour un service rendu ou attendu. Dans les structures économiques et sociales du Moyen Âge occidental, où la circulation monétaire demeura longtemps très restreinte et où la terre constituait la principale richesse, de tels « bienfaits » consistaient en l'octroi d'un bien foncier ou du droit de percevoir des taxes et des redevances sur un certain territoire.

La tenure féodale

Le bénéfice fut d'abord souvent un don en toute propriété. Mais comme il rétribuait un dévouement dont chacun pensait qu'il devait se prolonger après la remise de la récompense, le donateur se réserva le droit de reprendre le bien concédé si le service, dont sa libéralité constituait le salaire, cessait d'être accompli, par suite de la mort ou du défaut du bénéficiaire. Le fief devint donc la simple concession d'une jouissance, subordonnée au respect de certaines obligations. Le seigneur et le feudataire possèdent l'un et l'autre des droits sur ce bien. C'est une tenure qui diffère de celles des tenures attribuées à des exploitants paysans, en ce qu'elle est gratuite, non soumise à des charges matérielles. Le tenancier en perçoit tous les profits qui représentent le prix de sa fidélité et de sa diligence. Le fief est la rétribution d'une fonction.

La concession féodale fut d'un usage très répandu dans cette société rurale où l'argent était rare. Dans les grandes maisons seigneuriales, des fiefs furent ainsi accordés aux serviteurs spécialisés, qui n'étaient pas entièrement entretenus par le maître, à des prêtres, à des artisans, à des cuisiniers, aux régisseurs des domaines. Mais la tenure féodale servit principalement à solder le dévouement du vassal, lorsque celui-ci quittait la domesticité de son seigneur. Après l'an mille, l'investiture d'un fief suivit généralement la prestation de l'hommage. Fort de son droit éminent, le seigneur, par la menace de la confiscation, pouvait maintenir son feudataire dans le respect de l'engagement pris, tout en lui laissant le loisir de mener, dans sa maison, une existence autonome.

Il existait des tenures féodales de toutes tailles : le duché de Bourgogne était un fief de la couronne de France, mais d'autres consistaient en une église, une simple exploitation paysanne, une fraction de redevance. Beaucoup d'entre eux étaient de véritables cadeaux prélevés sur la fortune du seigneur. D'autres, les fiefs « de reprise », étaient au contraire d'anciennes propriétés personnelles du feudataire, dont celui-ci, entrant en vasselage, avait cédé à son patron la seigneurie éminente. Le statut féodal fut celui d'un grand nombre de terres – de la majorité, sinon de la totalité d'entre elles, dans certaines régions comme l'Angleterre ou la Normandie. Cependant, l'alleu, c'est-à-dire le bien de famille, libre de toute subordination, subsista toujours et demeura, dans mainte province, la forme de possession la plus répandue. Lorsque, à partir du XIIIe siècle, la circulation monétaire prit suffisamment d'ampleur, se répandit le « fief de bourse » ou « fief rente » : il consistait dans le versement annuel d'une somme d'argent. Seules les obligations vassaliques qui y étaient attachées conféraient encore à de telles pensions un caractère féodal.

Le droit du fief

L'investiture de la tenure féodale introduisait celle-ci dans le patrimoine du feudataire. Tant que ce dernier s'acquittait convenablement du service, le seigneur ne pouvait le priver de son droit, sauf en le lui rachetant. La force des liens de parenté lui interdit rapidement, et surtout lorsqu'il s'agissait d'un fief de reprise, de reprendre le bien pour lui-même à la mort de son détenteur et même d'en disposer librement. Dès le XIe siècle, en France, la coutume l'obligeait à laisser l'héritier naturel « relever » le fief. Il ne pouvait donc récupérer l'entière possession de la terre que si la lignée du feudataire s'éteignait. Toutefois, la transmission successorale était subordonnée à la prestation de l'hommage, et l'usage reconnut peu à peu au seigneur le droit de percevoir à cette occasion une taxe, le « relief ». Enfin, si l'héritier n'était pas capable de servir le fief, le seigneur pouvait en assurer temporairement la garde, ou confier celle-ci à un « baillistre ».

Les feudataires cependant n'obtinrent jamais l'entière disposition de leur tenure. Ils pouvaient la concéder eux-mêmes, totalement ou en partie, en arrière-fief, à des hommes qui leur prêtaient hommage ; mais ils en demeuraient alors seuls responsables devant leur seigneur. En outre, puisque le fief n'avait pas cessé d'être le support d'un service, il importait que sa valeur ne s'amoindrît pas. Il était donc interdit de l'« abréger », d'en laisser les revenus se restreindre de quelque façon. Si l'on admit le principe de l'hérédité, il resta que le fief ne pouvait pas être divisé entre les héritiers : un seul, généralement l'aîné, était admis à le relever. Toutefois, comme il n'était pas décent qu'il laissât ses cadets dans le dénuement, dans certaines coutumes régionales s'introduisit la pratique du « parage » : le seigneur recevait l'hommage de l'aîné seul ; les cadets tenaient de ce dernier la part du fief qui leur était attribuée. La pratique des donations pieuses, puis, avec l'avènement de l'économie d'échange, la nécessité de se procurer de l'argent conduisirent les feudataires à souhaiter pouvoir aliéner le fief. Le seigneur risquait alors un grave préjudice : admettre parmi ses vassaux un véritable étranger dont le dévouement ne pouvait pas s'alimenter, comme dans le cas des successions, à la tradition d'une amitié familiale, voir la tenure s'incorporer au patrimoine d'un établissement religieux, ou bien échoir à un non-noble incapable de servir par les armes. Le don et la vente demeurèrent donc subordonnés à l'autorisation préalable du seigneur, qui pouvait la refuser, la marchandait toujours et en prenait prétexte pour prélever un droit de mutation. Nombre de coutumes admirent le principe du « retrait féodal » qui autorisait le seigneur à se substituer à l'acquéreur et à racheter la tenure. Tous ces assouplissements permirent à la tenure féodale de se perpétuer durablement comme mode particulier de possession du sol.

GEORGES DUBY

Bibliographie

M. Bloch, *La Société féodale*, A. Michel, Paris, 1939, rééd. 1989 / F. L. Ganshof, *Qu'est-ce que la féodalité ?*, Tallandier, Paris, 5e éd. 1987.

FLEURS DE LIS

Emblème héraldique de la France durant sept siècles, la fleur de lis, ainsi que d'autres plantes similaires comme l'iris, symbolise depuis l'Antiquité la divinité, la fécondité et la grâce. Le lis décorait le temple de Jérusalem et les objets du culte ; le Christ lui-même associa Salomon dans toute sa gloire au lis des champs (à vrai dire l'anémone pourpre). Pline l'Ancien en son *Histoire naturelle* que l'on pouvait trouver dans des bibliothèques carolingiennes, chante le lis : « nulle plante n'est plus féconde » ; nombreux sont les auteurs et les Pères de l'Église qui la déclarent « plante royale », « reine des fleurs », depuis Dioscoride ; dans l'Ancien Testament, le IVe livre d'Esdras montre de même que Dieu a choisi le lis comme la première des fleurs. Voulant se placer dans la tradition de la royauté biblique, les Carolingiens font cultiver le lis qui figure en tête des fleurs devant pousser dans les jardins royaux (capitulaire *De villis*, vers 800). Sédulius de Liège chante « le lis royal [qui] règne du haut des sceptres étincelants » (*De rosae liliique certamine*, vers 850). Le lis envahit les couronnes et somme les monuments publics sur les peintures du IXe siècle : les sceaux royaux des derniers Carolingiens et des premiers Capétiens montrent le fleuron royal. Signe de la fécondité de la Vierge, le lis se retrouve sur les monnaies des villes ayant Marie pour patronne dès avant 1000, mais il serait faux d'en faire un signe presque uniquement marial de même qu'il est impossible d'y voir celui du pouvoir en soi.

C'est au XIIe siècle que le manteau cosmique des rois de France à l'imitation de la robe talaire du grand prêtre d'Israël et du manteau impérial des Ottons (bleu, semé d'astres et de constellations) subit une transformation sous l'influence des idées de saint Bernard : le Christ étant lis dans ses *Sermons sur le Cantique des cantiques*, les saints sont aussi des lis ; le ciel cosmique a été changé en ciel des élus, en ciel spirituel, et le manteau est devenu bleu semé de fleurs de lis d'or (couleur de la lumière et des insignes du pouvoir), composition assurée pour l'*ordo* de 1200 environ, reflet probable du sacre de Philippe II Auguste en 1179 : ce sont là les « connaissances » ou armes du roi qui doivent exister dès Louis VII (un indice pour 1147) et qui durent lui servir pour la deuxième croisade. Philippe II Auguste a une seule fleur de lis (le terme « flors de lis » apparaît avec *Érec et Énide* de Chrétien de Troyes, peu après 1160) sur son contre-sceau (dès 1180), sa bannière héraldique était d'azur, semée de fleurs de lis d'or (dès 1191, lors de la troisième croisade) et un de ses baillis porte l'écu fleurdelisé (1207). Le futur Louis VIII porte ces armes sur son sceau équestre (dès 1211) et on les voit pour la première fois en couleurs sur un vitrail de Chartres le représentant à cheval (vers 1220). Le Gallois Giraud de Barri chantant la gloire du roi de France oppose les bêtes féroces des armes des princes d'Europe aux armes semées de petits iris dont la seule odeur les fait fuir (vers 1216). Guillaume de Nangis, en sa *Vie de Saint Louis*, analyse la fleur à trois grands pétales visibles représentant foi, science et chevalerie, caractéristiques de la France (vers 1300). À partir de cette date sont écrits divers textes contant de façon fantaisiste la provenance céleste des « armes de France » (terme qu'emploie Joinville dans sa *Vie de Saint Louis*). La petitesse de certaines surfaces à remplir entraîna rapidement la réduction des fleurs de lis à trois (contre-sceau de la ville de Lens, 1228) ; des auteurs déclarèrent sous Charles V que c'était en l'honneur de la sainte Trinité (dès 1372 avec Jean Golein), ce que le roi admit officiellement dans une charte (1377), mais ce n'est que sous Charles VI que le sceau royal portera l'écu à trois fleurs de lis, ce que l'on nommera « France moderne » par opposition au semé qui est « France ancien ». La France du Moyen Âge sera symbolisée sur les portulans par un pavillon aux armes de France (des navires ont cet emblème héraldique dès 1270 environ sur un manuscrit), de même que les villes royales arboraient sa bannière (vitrail de Tours, vers 1259). Le décor royal et étatique fut criblé de fleurs de lis jusqu'à la Révolution, les princes cadets brisant sur les armes du roi pour s'en distinguer : on les en nommait « princes des fleurs de lis ». Un décret de l'Assemblée nationale du 19 juin 1790, promulgué par lettres patentes de Louis XVI, roi des Français, le 23, anéantit l'héraldique française ; des textes ultérieurs punirent ceux qui arboraient des armes et tout signe « féodal », donc les fleurs de lis. Le roi n'avait plus d'armes mais, en exil, Louis XVIII continua la tradition. Louis-Philippe Ier, roi des Français, raya une seconde fois les armes aux fleurs de lis (avec le lambel d'Orléans) après une émeute parisienne de février 1831 (ordonnances du 16 et du 26). Il reste des fleurs de lis dans les blasons des provinces et départements, des villes (il a fallu une permission royale pour en avoir d'or sur azur), des familles, et de la première d'entre elles, l'auguste maison de France ou de Bourbon, dont le chef porte toujours d'azur à trois fleurs de lis d'or.

HERVÉ PINOTEAU

FLORENCE RÉPUBLIQUE DE

Les débuts de la commune de Florence ressemblent à ceux de beaucoup d'autres communes italiennes. Ville de l'Empire romain germanique, elle s'émancipe progressivement au XIIe siècle de la tutelle impériale et se donne les institutions des communes contemporaines : consuls, podestat, puis, en liaison avec la formation d'une classe nouvelle de marchands, organes « populaires ». Quand les libres institutions des cités italiennes s'inclinent les unes après les autres devant le pouvoir des nouveaux seigneurs, Florence, sinon la seule, du moins la plus prestigieuse, sauvegarde sa constitution « populaire ».

Cette constitution n'a pas tous les mérites qu'on lui prête parfois. Même au moment de son plein épanouissement, la démocratie florentine n'a jamais impliqué la participation de tout le peuple à la chose publique ; sauf exception, un petit groupe de marchands fortunés se la réserve, petit groupe qui va s'amenuisant avec le temps. Compte tenu de ces limites, inévitables à l'époque, il subsiste cependant la réalité originale d'un gouvernement républicain, dont les Florentins sont fiers. La *libertas*, liberté de se gouverner soi-même, nourrit le courage de ses citoyens et, à l'occasion, la réflexion de ses humanistes. L'historien moderne, qui en prend conscience, ne peut manquer de rapprocher cet idéal et cette pratique républicaine des autres réussites florentines : est-ce un hasard si la patrie de la *libertas* est aussi celle des hommes d'affaires les plus dynamiques de l'Occident, des humanistes et des artistes ?

Né au XIVe siècle, l'idéal républicain persiste longtemps, et les institutions qui lui ont servi de support ne disparaissent pas avant le XVIe siècle. Dans la pratique pourtant, la *libertas* s'affaiblit. Après 1434, sans à-coups décisifs, la république se dégrade insensiblement sous Côme de Médicis, plus nettement sous Laurent. Il est intéressant de chercher à expliquer ce glissement vers la seigneurie, alors que les circonstances générales (incomparable vie de l'esprit, brillante réussite commerciale) avaient peu changé.

Naissance de la commune de Florence (jusqu'à 1250 env.)

Au début du Moyen Âge, Florence, fondée par César en 59 avant J.-C., ne garde plus de son passé romain que des ruines et quelques légendes. La renaissance de la vie urbaine est lente, et la ville n'émerge que peu à peu de la médiocrité. Puis elle bénéficie du mouvement d'urbanisation qui anime toute la chrétienté. Dès la fin du XIe siècle, clercs et laïcs aménagent la campagne autour des murailles ; l'agglomération se peuple (une enceinte plus étendue est construite à la fin du XIe siècle, une autre encore vers 1175) ; ses marchands sillonnent l'Occident (Parme, fin du XIe siècle ; vallée du Pô, Sicile, Alpes, courant du XIIe ; France, fin du XIIe). Ce dynamisme a ses répercussions politiques. Le marquisat de Toscane, où se trouve Florence, appartient au royaume d'Italie, lui-même partie constitutive de l'Empire romain germanique, et la tutelle des représentants de l'empereur pèse aux Florentins. L'affaiblissement de l'empire les enhardit. Ils s'émancipent progressivement au XIIe siècle et, comme le font, dans les villes italiennes, tant d'autres citoyens, ils prennent leurs affaires en main. En 1138, ils ont à leur tête des consuls, aidés, à partir de 1167 au moins, par un conseil. Au gouvernement consulaire succède, en 1207, celui du podestat, magistrat étranger élu pour une brève durée et pourvu des pleins pouvoirs judiciaires, militaires et exécutifs. Organisés et armés, les Florentins sont à même d'imposer leur autorité aux seigneurs voisins, vassaux de l'empereur, en particulier à ceux qui bloquaient leurs communications (période culminante de la lutte, 1140-1210) ; ils peuvent tenir en respect les villes (Arezzo, Pise et Sienne) qui, autour d'eux, menacent leurs routes et leur disputent la domination sur le plat pays, et enfin créer un *contado* (circonscription rurale d'une cité, qui, dans son extension maximale, correspond au diocèse).

Le gouvernement du « popolo »

L'autonomie communale

Au milieu du XIIIe siècle, Florence n'est qu'une cité toscane comme les autres, moins riche que Sienne par exemple, et son indépendance n'est pas totale : en 1246, l'empereur Frédéric II lui impose encore son bâtard comme podestat. Plusieurs circonstances vont contribuer à la distinguer de ses voisines.

En premier lieu, c'est à Florence que l'effacement de l'autorité impériale en Italie est le plus marqué. Certes, il s'est formé, dès 1216, à l'occasion d'une vendetta entre deux familles des bords de l'Arno, un parti dit « gibelin », fort du soutien de l'empereur, qui a fini par regrouper tous les partisans italiens de l'empire. Mais les succès des gibelins à Florence sont de brève durée : ils ne prennent que deux fois le pouvoir (1237-1240 et 1260-1268). Après quoi ils sont bannis pour la plupart, et, s'ils restent autour du *contado* prêts à participer à toutes les coalitions, leur rôle politique est insignifiant. Cet effacement est la conséquence de celui de l'empereur, dont les séjours en Italie sont rares (1313, 1327, 1354, 1368), brefs, plus alarmants que dangereux, et dont l'administration, en Toscane du moins, a disparu.

Le second fait, c'est le développement du parti guelfe, rassemblé autour du pape, et hostile aux gibelins. Né en 1216, il a pris toute sa force en 1266, quand Charles d'Anjou, désigné par Urbain IV, s'est emparé du royaume de Sicile, mettant son autorité au service des guelfes, qui font désormais la loi dans l'ensemble de l'Italie péninsulaire. Or, Florence, dont les marchands ont financé la guerre victorieuse du comte d'Anjou, a étroitement lié son sort aux guelfes. La protection du pape et du nouveau roi de Naples est décisive pour la cité. Sur le plan politique, l'intervention des Angevins tire plus d'une fois les Florentins d'un mauvais pas, lors par exemple des guerres qui opposent ceux-ci à Pise et à Lucques, en 1315, 1326 et 1339-1342. Leur indépendance, il est vrai, est menacée à ces occasions par ces protecteurs trop puissants qui s'imposent passagèrement comme seigneurs – terme ambigu – de la ville : la troisième seigneurie, exercée en 1342-1343 par un baron du roi de Naples, le duc d'Athènes, est unanimement stigmatisée par les chroniqueurs ; mais, à l'égard de l'empereur, l'autonomie communale est désormais totale.

Institutions populaires et expansion économique

Cette chance politique a joué un grand rôle dans l'essor de l'économie florentine à la fin du XIIIe siècle et dans la stabilisation de ses institutions populaires.

Dès le début du XIIIe siècle, la bonne marche des affaires, leur diversification s'étaient manifestées par l'établissement de métiers nouveaux ou « arts » : les arts de la soie, des épiciers, des merciers, des fourreurs, du change et, plus notables encore, l'art de Calimala, l'ancien art des marchands, désormais spécialisé dans l'affinage des draps étrangers, et l'art de la laine (1212). À ce négoce, favorisé à la fois par la conjoncture économique, l'importance de la population urbaine

(100 000 habitants en 1300) et l'esprit d'initiative des Florentins, les circonstances décrites plus haut donnent un élan exceptionnel. Stimulée par les privilèges pontificaux (le pape choisit ses banquiers parmi les hommes d'affaires florentins) et par les libéralités du roi de Naples (larges facilités commerciales dans son royaume), l'activité des marchands toscans s'exerce dans tous les États d'Europe et concerne d'innombrables denrées : épices, ivoires, bijoux, étoffes, laines, colorants, alun, blé, armes, chevaux, monnaies. Leur technique commerciale est, par son caractère systématique, supérieure à celle de leurs concurrents, aussi bien étrangers qu'italiens : les Florentins se groupent en compagnies, avec capital social, dépôts de tiers, succursales, personnel nombreux ; pour animer ces grosses affaires, ils élaborent la comptabilité en partie double, la lettre de change, et, d'une succursale à l'autre, un système postal si régulier que les papes l'utilisent. Fruit de cette réussite, la monnaie d'or florentine, frappée pour la première fois en 1252, est si sûre qu'elle s'impose comme l'étalon monétaire international.

Bien que quelques nobles aient entrepris une carrière commerciale, l'enrichissement général a surtout profité à de nouveaux venus ; riche et dynamique, une bourgeoisie d'affaires s'est formée qui entend participer à la vie publique. À partir du moment où les gibelins – surtout des nobles – sont éliminés, la conquête du pouvoir est chose aisée pour ces marchands si bien en cour à Rome et à Naples. En procédant par étapes, ils atteignent leur but à la fin du XIIIe siècle. Les institutions qu'ils élaborent existent à la même époque dans d'autres villes italiennes, mais sans la durée ni l'éclat qu'elles acquièrent à Florence. Elles sont guelfes : la *parte guelfa*, organisme créé en 1273, veille aux intérêts du parti. Elles sont surtout aux mains du « peuple », ou *popolo*, c'est-à-dire les membres non nobles des arts, ou corporations ; le vieux système du podestat reste en place, avec ses conseils, mais la réalité du pouvoir appartient à de nouveaux organes, créés en 1282-1284 et dominés exclusivement par les *popolani* : le collège des prieurs, représentant les arts, détient le pouvoir exécutif, et deux conseils spéciaux (réduits à un en 1329) votent les lois. Ces conseils sont dits « du capitaine », du nom de l'officier étranger, analogue au podestat, qui les préside.

C'est alors que les Florentins forgent, et à juste titre, l'idéal de la *libertas* ; en effet, prieurs et membres des conseils étant constamment renouvelés (tous les deux mois pour les prieurs), des centaines de citoyens non nobles peuvent gérer les affaires de l'État. Il s'agit bien d'une république, très différente des seigneuries voisines. Mais cette république, à laquelle ne participe qu'une minorité de citoyens, n'a aucun caractère démocratique. La plupart des groupes sociaux sont exclus du pouvoir : les nobles et assimilés (magnats) le sont depuis 1293 ; le prolétariat ouvrier et les habitants du *contado*, ceux-ci parce que non citoyens, ceux-là parce que non inscrits à un art, n'y ont jamais accès ; enfin, les gens du *popolo minuto*, les petits artisans des « arts mineurs » n'y ont vraiment part qu'entre 1343 et 1378.

Florence et les crises du XIVe siècle

À plusieurs reprises, pendant la première moitié du XIVe siècle, le monopole du *popolo grasso* (le « peuple gras », les grands commerçants) avait suscité l'opposition des magnats ou du *popolo minuto*. Les difficultés que connaissent l'Europe et

Florence en particulier, après 1330-1340, aggravent le déséquilibre.

L'horizon politique s'assombrit. Avec Pise, les guerres répétées, qui n'avaient pas abouti (1313, 1325, 1339-1345), reprennent en 1362-1364. D'autre part, Florence doit compter davantage avec les vastes États qui se forment autour des plus grandes cités italiennes et que leurs ambitions rendent redoutables. Contre Milan, la lutte est dure en 1353, désespérée en 1399-1402. La désagrégation de l'alliance guelfe complique la situation : repliée à Avignon, la papauté cherche avant tout à rétablir son autorité sur ses États italiens, et les opérations de ses légats en Italie centrale inquiètent les Florentins ; une guerre les oppose même à Grégoire XI en 1376-1378. Déchiré par les luttes de succession, le royaume de Naples ne peut plus apporter aucun secours.

Une crise plus générale et plus profonde aggrave les difficultés politiques. Les Florentins, comme les autres, ont été décimés par la peste de 1348 et celles qui ont suivi (1363, etc.). Le bilan probable de l'épidémie de 1348 s'élève de 40 000 à 50 000 morts, soit près de la moitié de la population urbaine. La guerre de Cent Ans désorganise son commerce, la banqueroute des rois ruine ses financiers (Bardi et Peruzzi, 1343-1346). L'industrie du drap périclite (24 000 pièces en 1377 contre plus de 70 000 en 1338). Le ravitaillement est mal assuré (récoltes désastreuses, guerres, mauvaise volonté des voisins) : des famines éclatent en 1353, en 1369, en 1375.

La crise, bien sûr, n'est pas aussi grave pour tous. Beaucoup de marchands se reconvertissent : la soie remplace la laine, et, si la France se ferme au commerce, l'Allemagne, la Flandre, l'Espagne offrent de nouveaux marchés. Mais les plus pauvres, les ouvriers de la laine en particulier, sont durement frappés. Misère des milieux laborieux, persistance de la puissance des patrons expliquent à la fois la révolte de 1378 et la réaction qui suit.

La révolte des Ciompi et le gouvernement oligarchique

En 1378, les récentes famines, la crise politique, morale et économique entraînée par la guerre contre la papauté, la détérioration des conditions de travail achèvent d'exaspérer les plus défavorisés des travailleurs de la laine, les Ciompi ; au terme d'une série d'émeutes, ils arrachent la création de trois arts nouveaux et leur participation au gouvernement. Sans formation ni programme, désunis, haïs, ils doivent y renoncer en 1382.

La réaction est brutale ; *popolo minuto* et *popolo medio* (la petite bourgeoisie) en sont aussi victimes ; groupées autour des Albizzi, quelques familles du *popolo grasso*, une oligarchie, s'emparent de l'État jusqu'en 1434.

Le bilan du gouvernement oligarchique est positif à plus d'un titre : grâce à la prise d'Arezzo, de Pise (1406), de Cortone (1411), de Livourne (1421), succédant après 1350 à celles de Prato, de Pistoia, de San Gimignano, la question des débouchés est enfin résolue ; Florence devient une puissance maritime, son territoire double presque. À l'extérieur, s'adaptant avec souplesse à la nouvelle conjoncture, les marchands florentins continuent leur progression (Espagne, Orient) ; de prodigieuses fortunes s'édifient (Datini, Pitti). Parallèlement apparaît le premier humanisme (Salutati, Bruni). Cependant, sur tous les plans, la démocratie est plus illusoire que jamais. Les lourds impôts pèsent surtout sur les classes pauvres (malgré l'institution d'un cadastre en 1427), la liberté politique n'appartient qu'à un groupe restreint d'individus, les institutions sont dénaturées par la création d'organismes et de commissions à la dévotion des puissants du jour : *Otto di guardia* – police politique – en 1378, manipulation des bourses servant au tirage au sort des magistrats à partir de 1387, multiplication des commissions législatives extraordinaires ; les opposants sont exilés (Alberti, 1387).

La prépondérance des Médicis (1434-1494)

L'ascension et le pouvoir de Côme

La famille Médicis est, au XIVe siècle, une des plus importantes du *popolo*, mais elle n'exerce pas d'influence particulière. Salvestro de Médicis, favorable en 1378 à une réforme démocratique des institutions, fonde la fortune politique de la famille grâce à l'appui que cette attitude lui vaut dans le petit peuple ; Jean, fils de Bicci (mort en 1429), chef avisé de l'une des compagnies les plus actives de la période oligarchique, établit sa fortune commerciale. Quand les erreurs des oligarques (échec devant Lucques, injustice fiscale, inquisition policière redoublée) eurent multiplié les mécontents, ceux-ci se tournent naturellement (1433) vers le chef des Médicis, Côme, fils de Jean. Sa popularité empêche Rinaldo degli Albizzi de l'éliminer. Après un exil d'un an, il est triomphalement rappelé à Florence, d'où Rinaldo doit s'exiler (1434). Le pouvoir de Côme va s'exercer pendant trente ans sans conflits intérieurs majeurs, sauf quelques complots vite enrayés (1441, 1457). Dans une ville où les rivaux potentiels, chefs de compagnies aussi puissantes que la sienne, ne manquent pas, où cinquante ans de gouvernement oligarchique n'ont pas éteint le vieil esprit de *libertas*, le long exercice de cette autorité est surprenant. Il s'explique si l'on considère avec quelle habileté les interventions de Côme s'adaptent aux besoins et aux réalités florentines.

Les difficultés économiques du XIVe siècle finissant ne sont pas toutes résolues : l'art de la laine végète, des artisans s'exilent. S'étant rendue maîtresse de Pise, Florence n'a pu se donner une marine digne de ce nom. Mais le sens commercial des Florentins est toujours aussi éveillé. Plus solides qu'avant (les filiales ont remplacé les succursales), leurs compagnies, qui se spécialisent dans la banque, ne cessent d'étendre leur activité (Espagne, Portugal, Syrie, Égypte, monde turc). Dans la ville même, l'industrie de la soie est l'une des plus florissantes d'Europe. Sur le plan intellectuel, l'enseignement des humanistes, d'un Niccoli (1364 env.-1437), d'un Manetti (1396-1459), d'un Alberti (1404-1472), d'un Palmieri (1406-1475), même réservé à une élite bourgeoise, commence à éveiller un écho. Leur passion pour l'Antiquité, leur intérêt pour le passé de leur patrie et pour sa mission présente, leur exaltation de l'individu suscitent l'image d'un homme nouveau, supérieur par sa culture, ses qualités physiques et morales en même temps que bon citoyen. Sur le plan politique, la précarité de la position de Florence en Italie contraste avec ces succès. Les grands États italiens, qui n'ont pas tous trouvé leur équilibre, n'ont pas renoncé à leurs ambitions ; deux menaces nouvelles se précisent, celle de Venise, qui cherche en Italie un dédommagement à ses échecs en Orient, et celle du roi de Naples, aragonais depuis 1442, qui convoite l'Italie centrale.

De ces réalités disparates Côme tire merveilleusement parti. Pour guider leurs affaires étrangères, les Florentins souhaitaient un homme d'envergure, bon diplomate (plus que sur les champs de bataille, les conflits se résolvent désormais dans les chancelleries) ; ce fut Côme. Mais, chez eux, ces grands négociants n'auraient pas accepté une suprématie de type seigneurial, contraire du reste aux idées de l'époque : l'« homme complet » joue un rôle dans la vie de l'État. D'où l'attitude de Côme : partout traité en prince, il ne sera à Florence que le premier citoyen. Il reste après 1434 le marchand qu'il était jusque-là ; parfaitement avisé, il choisit avec soin ses collaborateurs et les éléments de son activité (commerce et surtout banque). Répartie entre Florence et ses filiales à l'étranger (Venise, Pise, Avignon, Genève, Valence, Barcelone, Bruges, Londres, puis, fondées par lui, Milan, Lyon et Bâle), sa fortune double en vingt ans. Il s'entoure d'humanistes et d'artistes, qu'il emploie à divers travaux ; mais ses goûts restent simples (comparer au palais Pitti sa demeure de la via Larga, palais Medici-Riccardi). Il adopte le même style quand il participe aux affaires publiques : les institutions fondamentales restent celles de la République, remaniées par l'oligarchie, sauf le conseil des Cent créé en 1458, et il n'y prend part qu'exceptionnellement ; il ne fut que trois fois gonfalonier de justice, pour deux mois chaque fois.

La stabilité de son pouvoir est due aussi à la combinaison d'éléments plus subtils et moins visibles. Son autorité naturelle est grande. La fidélité de familles aisées lui est acquise (une oligarchie s'est substituée à une autre). Au besoin, il utilise habilement les institutions à son profit : les *Otto di guardia* sont à sa dévotion, les *balie* (commissions législatives provisoires) à l'écoute de ses désirs ; des scrutateurs qui lui sont dévoués (*accopiatori*) éliminent, parmi les candidats aux magistratures, les indésirables ; des impôts progressifs frappent les milieux traditionnels de l'opposition. Il peut se prévaloir, enfin, de la réussite de sa politique étrangère : il l'a emporté sur une coalition milano-napolitaine (Anghiari, 1440) ; il a obtenu que Florence héberge, en 1439-1440, le concile œcuménique qui devait réconcilier provisoirement Grecs et Latins ; il a joué un rôle de premier plan dans la conclusion du traité de Lodi (1454), qui établit entre les puissances italiennes une paix générale et allie, pour la première fois depuis longtemps, Florence et Milan. Tous ces succès lui valent un prestige considérable.

Splendeur et fragilité du principat de Laurent

Après la mort de Côme (1464) et celle de son fils, Pierre le Goutteux (1469), le pouvoir échoit à son petit-fils Laurent. Bien des avantages, à première vue, consolident le pouvoir de Laurent : ses qualités personnelles, charme, culture, talent poétique ; sa formation diplomatique ; une assurance propre à qui a grandi dans la certitude du pouvoir. En outre, les esprits ont évolué : dans le peuple, la prééminence des Médicis semble naturelle à beaucoup ; quant aux humanistes de cette génération (Ficin, Politien), ils se tournent de préférence vers la spéculation philosophique et, quand ils parlent des choses de l'État, c'est pour exalter le service du prince. Les princes voisins le considèrent enfin comme un égal, et il obtient même du pape, en 1489, l'élévation de son fils Jean, alors âgé de quatorze ans, au cardinalat. Pourtant, son gouvernement est secoué par des crises d'une violence jamais atteinte sous Côme (il échappe à un assassinat en 1478), et, après sa mort (1492), sa dynastie ne lui survit que deux ans. Certes, la conjoncture générale est moins favorable : la tension permanente entre les grands États italiens

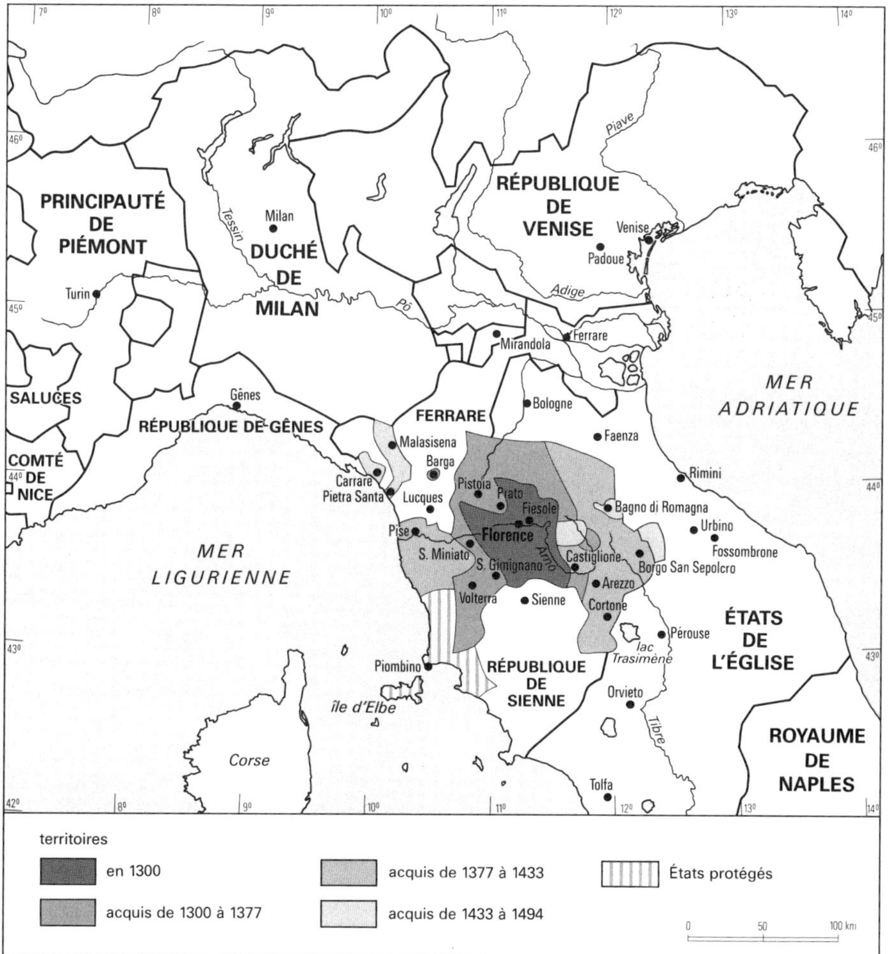

*La République de Florence à la fin du XV*e *siècle.*

(Venise, Milan, Naples, Rome même) oblige Florence à de lourdes dépenses pour défendre son intégrité territoriale (1478-1480, hostilités contre le pape ; 1482-1484, contre Venise). Une crise économique affaiblit l'Europe dans les années 1480. Mais ces difficultés ne sont pas insurmontables. En réalité, il manque à Laurent les qualités de son grand-père. L'homme politique commet des fautes. Les circonstances l'y incitant (conjuration de 1478), il précipite sa marche vers le pouvoir personnel. Des assemblées nouvelles, dont il fait partie (Conseil majeur en 1471, Conseil des Soixante-Dix en 1480, Comité des Quatorze en 1490), dépossèdent entièrement de leur autorité les anciens conseils républicains. Une opposition commence à s'organiser, qu'alimentent son faste, ses dépenses excessives, ses expédients pour trouver de l'argent. L'incompétence de l'homme d'affaires aggrave la situation. Sans formation, Laurent surveille son entreprise de trop loin ; la mauvaise orientation de sa compagnie, l'imprudence des directeurs entraînent la faillite de certaines filiales (Londres, Bruges, Milan) avant 1480. Son prestige personnel est tel qu'il meurt en pleine gloire, mais son fils Pierre hérite d'une situation catastrophique. La compagnie fait faillite en 1494 ; la ruine de Pierre, ses maladresses quelques mois plus tard lors de l'expédition de Charles VIII en Italie lui aliènent complètement les Florentins ; il est chassé, la république restaurée.

Savonarole et la fin de la république (1494-1530)

Si les maladresses de Laurent et de Pierre ont compromis la situation des Médicis, la défaite de ceux-ci n'est pas sans appel ; ils conservent de nombreux fidèles. Les appuis qu'ils trouvent auprès des États voisins, tous monarchiques, leur permettront finalement de se rétablir ; mais les traditions communales ne sont pas mortes et, avant que disparaisse définitivement le sens de la *libertas*, ses défenseurs auront gardé espoir pendant trente-six ans. Rappelons les principales scènes de ce dernier acte.

1494-1498 : la prédication enflammée du dominicain Savonarole provoque chez les Florentins une réforme morale, en réaction contre le luxe et le relâchement de l'époque précédente, en même temps que politique ; une république aristocratique est instituée, dont l'organe essentiel est un grand conseil regroupant des représentants des principales familles.

1498-1512 : condamné par le pape, Savonarole est abandonné par ses partisans, et brûlé (1498). Les adversaires les plus acharnés des Médicis (« Enragés ») prennent le pouvoir. La république aristocratique est maintenue (un des secrétaires en est Machiavel) ; elle est même renforcée par l'institution d'un gonfalonier à vie.

1512-1527 : le gouvernement étant francophile, l'équipée italienne de Louis XII terminée, les adversaires du roi de France (roi d'Aragon, pape) s'emparent de Florence et balayent ses partisans. Imposé par le pape, le cardinal Jean de Médicis prend le pouvoir. Élu pape (1513), il garde le contrôle de la ville, de même que son cousin Jules, pape en 1523 sous le nom de Clément VII.

1527-1530 : le pape est défait par Charles Quint (prise de Rome, 1527), un soulèvement chasse les Médicis. La république renaît, république chrétienne : Jésus-Christ est proclamé roi de Florence.

1530 : pape et empereur, réconciliés, décident d'en finir avec Florence, qui se rend après un siège de onze mois. Les institutions républicaines disparaissent, les adversaires des Médicis sont dispersés, exilés ; Alexandre, arrière-petit-fils de Laurent, devient duc de Florence.

CHARLES-MARIE DE LA RONCIÈRE

Bibliographie

• *Études générales*

P. ANTONETTI, *Histoire de Florence*, coll. Que sais-je ?, P.U.F., Paris, 2e éd. 1989 / R. DAVIDSOHN, *Geschichte von Florenz*, 7 vol., Berlin, 1896-1927 ; *Florentine Studies. Politics and Society in Renaissance Florence*, éd. N. Rubinstein, Londres, 1968 ; réimpr. Books on Demand, Ann Arbor / A. PANELLA, *Histoire de Florence*, Fayard, Paris, 1959 / A. SAPORI, *Studi di storia economica*, Florence, 3e éd. 1955-1967.

• Avant les Médicis

H. BARON, *The Crisis of the Early Italian Renaissance. Civic Humanism and Republican Liberty in an Age of Classicism and Tyranny*, Princeton, 2e éd. rev. 1966 / M. B. BECKER, *Florence in Transition*, 2 t., Baltimore, 1967-1969 / G. A. BRUCKER, *Florentine Politics and Society (1343-1378)*, Princeton, 1962 / M. LOPES PEGNA, *Firenze delle origini al Medioevo*, Florence, 1962 / L. MARTINES, *Lawyers and Statecraft in Renaissance Florence*, Princeton, 1968 / N. OTTOKAR, *Il Comune di Firenze alla fine del Dugento*, Florence, 1926, rééd. 1962 / F. T. PERRENS, *Histoire de Florence depuis ses origines jusqu'à la domination des Médicis*, 6 vol., Paris, 1876-1883 / G. SALVEMINI, *Magnati e popolani in Firenze dal 1280 al 1295*, Florence, 1899, rééd. 1960.

• Depuis la domination des Médicis

F. T. PERRENS, *Histoire de Florence depuis la domination des Médicis jusqu'à la chute de la république (1434-1531)*, 3 vol., Paris, 1888-1890 / R. DE ROOVER, *The Rise and Decline of the Medici Bank, 1397-1494*, Cambridge (Mass.), 1963 / N. RUBINSTEIN, *The Government of Florence under the Medici, 1434 to 1494*, Oxford, 1966 / A. TENENTI, *Florence à l'époque des Médicis*, Flammarion, Paris, 1968.

FLOTE ou FLOTTE PIERRE

→ PIERRE FLOTE

FOIX COMTÉ DE

Ancienne principauté française confinant au Languedoc à l'est, à la Gascogne à l'ouest et à la Catalogne au sud, le comté de Foix correspondait approximativement au bassin de l'Ariège et comprenait deux régions séparées par la barrière calcaire du Plantaurel. Au sud, le haut comté occupait l'endroit où le versant français des Pyrénées est long d'environ 50 kilomètres. Ses vallées montagnardes, limitées par des sommets et par des cols élevés (pic du Montcalm et col de Puymorens) étaient vouées surtout à l'élevage, aux bois et à l'artisanat de la laine et du fer. Il s'est distingué par le particularisme de sa population très attachée à ses comtes, à ses libertés et à ses croyances cathares. Au nord, la plaine céréalière, aux limites plus indécises, était ouverte aux influences extérieures. Les deux principales villes illustrent cette opposition, Foix avec son château, âme du comté, et Pamiers où Simon de Montfort publia ses statuts (1212), où l'Église créa, en 1295, un évêché et un tribunal d'inquisition et où la mainmise royale se fit sentir dès le XIIe siècle aux dépens du comte et aussi des libertés municipales.

L'histoire du comté commence vers 1002 avec le legs de Roger le Vieux, comte de Carcassonne, à Bernard son deuxième fils. Elle est marquée par une grande indépendance à l'égard du comte de Toulouse (le haut comté échappera toujours à sa suzeraineté) et par des liens très nombreux entretenus avec l'autre versant des Pyrénées : commerce muletier, actes d'hommage, alliances matrimoniales, paréage d'Andorre avec l'évêque d'Urgel (1278). Les comtes furent souvent très valeureux, tel Raimond-Roger (1180-1223) qui s'illustra contre Simon de Montfort. À l'issue de la croisade contre les Albigeois, en 1229, Roger-Bernard II ne perdit que le Mirepoix et le Donezan à l'est. Il faudra attendre 1272 pour que Philippe le Hardi impose par les armes sa suzeraineté immédiate sur tout le comté, d'ailleurs sans conséquences aux plans administratif, judiciaire et fiscal.

Mais la fortune de la maison de Foix ne réussit que trop bien pour le comté. En 1290, à la mort de son beau-père, Roger-Bernard III acquiert la vicomté de Béarn où il part s'installer. C'est l'époque de la cour d'Orthez et bientôt de Gaston Phébus (1343-1391). Ensuite le comté passe aux Foix-Grailly qui deviennent rois de Navarre (1471), puis à la maison d'Albret et enfin aux Bourbons. Henri IV, dernier comte de Foix, réunira ses États patrimoniaux au domaine royal. Le comté formera dès lors l'une des trente-trois provinces de la France d'Ancien Régime avec Foix pour centre administratif, judiciaire et militaire et Pamiers pour évêché.

GABRIEL LLOBET

FORAINS & BATELEURS

À partir du Moyen Âge et jusqu'au milieu du XVIIIe siècle, les foires ont constitué en Europe l'instrument vital du commerce intérieur et international. Réunissant les changeurs et les correspondants des firmes des grandes cités marchandes, elles attiraient des commerçants ambulants qui, en marge des grandes affaires, fournissaient à la population des villes les marchandises de consommation courante. Ces forains, qui allaient de bourg en bourg produire leur étalage aux jours de marché, étaient souvent accompagnés de bateleurs, artistes ambulants qui, pour leur part, montaient sur des tréteaux de véritables spectacles ou simplement amusaient les badauds par leurs tours. Les artistes de la foire renouent avec la vieille et robuste gaieté populaire de la farce, imposant un monde de boniment et d'agilité d'où le merveilleux n'est pas absent. Le public se prête volontiers à ces exhibitions et parades souvent troublées par les gens de police. À côté des acrobates, équilibristes, jongleurs, musiciens, montreurs d'animaux, d'automates et de « phénomènes », les charlatans et arracheurs de dents rivalisent avec la Faculté tandis que les troupes de comédiens affrontent la concurrence des théâtres établis.

ARMEL MARIN

FOUAGE

Taxe levée sur chaque « feu », ou foyer familial, c'est-à-dire sur une unité de perception parfois toute théorique, dans la mesure où plusieurs familles (au sens moderne du mot) coexistaient, en certains endroits, sous le même toit. À l'époque moderne, le « fouage » désigne la taille royale en Bretagne.

FRANÇOISE MOYEN

FOULQUES DE NEUILLY (mort en 1201)

Prédicateur français, converti à la vie religieuse après une jeunesse agitée, Foulques s'adonne à la prédication itinérante et reprend à son compte tous les thèmes de la morale évangélique qui doivent, quelques années plus tard, faire le succès de l'ordre franciscain. Foulques dénonce les usuriers, fustige l'orgueil aristocratique, aide les prostituées à se racheter. À cet homme qui fait quelque peu scandale, Innocent III, théoricien et maître-d'œuvre de la théocratie pontificale, confie en 1198 le soin de prêcher la croisade dans l'esprit qui a été celui d'Urbain II un siècle plus tôt : il s'agit d'évincer de la direction de la croisade les souverains et les barons qui font de celle-ci une opération de profit, et d'en faire plutôt l'un des moyens les plus directs de la prépondérance du pape dans l'Église et du Saint-Siège dans la vie politique de la chrétienté. Foulques est accusé par ses contemporains d'avoir détourné une forte partie des très importantes sommes qu'il a recueillies. Il meurt à Neuilly-sur-Marne, près de Paris, avant le départ d'une croisade qui doit, en 1204, aboutir à la prise et au sac de Constantinople par les chrétiens d'Occident.

JEAN FAVIER

FRANCE

Si la Gaule romaine peut apparaître avec le recul des siècles comme une ancêtre de la France, les territoires qui devaient constituer celle-ci ne formèrent que lentement, au cours du Moyen Âge, la préfiguration de son entité nationale. Divisée au lendemain des grandes invasions du Ve siècle entre Wisigoths, Burgondes, Francs et Alamans – les Bretons demeurant à part –, englobée sous Charlemagne dans un ensemble qui la débordait largement, comprimée ensuite à l'est par la Lotharingie et l'Empire tout en étant incertaine de ses frontières du côté du Roussillon au sud et de la Flandre au nord, menacée à la fin du Moyen Âge d'être absorbée dans un royaume anglo-français à dominante anglaise, la France a cependant acquis, entre le Ve et le XVIe siècle, son nom, sa cohésion, sa conscience nationale. Si les Francs, qui au VIe siècle ont réalisé à leur profit l'union des territoires situés entre Rhin, Alpes, Méditerranée, Pyrénées et Atlantique, ont donné leur nom à la future nation, il faut attendre les partages de l'empire de Charlemagne au IXe siècle pour que la *Francia* occidentalis – la Francie occidentale – soit la seule à porter ce nom. Encore n'est-ce qu'au début du XIIIe siècle que le roi des Francs devient officiellement roi de France. Le sentiment national sera encore plus lent à s'affirmer. On en fait traditionnellement remonter la première manifestation à la mobilisation des armées seigneuriales derrière Louis VI contre l'empereur germanique (1124). Ce n'est pourtant qu'au début du XIVe siècle qu'on parle de la « nation de France » ; et ce n'est qu'après le conflit opposant Philippe IV le Bel au pape Boniface VIII dans les premières années du XIVe siècle, et surtout au long de la guerre de Cent Ans, que se forge le sentiment national français. Si, dès le VIIe siècle, on rencontre dans la *Chronique de Frédégaire* la légende de l'origine troyenne des Francs, cette mythologie dynastique et nationale ne se répand qu'après avoir été adoptée par les auteurs carolingiens, puis par les chroniqueurs de Fleury-sur-Loire et de Saint-Denis, comme l'atteste au début du XIIIe siècle l'historien de Philippe Auguste, le moine Rigord, dans ses *Gesta Philippi Augusti* (1179-1208). C'est également au cours du Moyen Âge que la France surmonte sa division entre un Nord et un Midi dont les langues différentes – langue d'*oïl* (ou d'*oui*) et langue d'*oc* – expriment une opposition nourrie de traditions anciennes. Enfin, pendant cette période, la France atteint un haut degré de prospérité et de prestige ; un effort décisif de défrichements conquiert à la culture de vastes étendues et le réseau des villages et des villes se met en place.

Les principales expressions de cet essor de la France médiévale sont le chiffre de sa population (probablement 21 millions d'habitants sur 39 pour l'Europe de la chrétienté romaine au début du XIVe siècle), la part qu'elle prend aux croisades (Guibert de Nogent en écrira une histoire intitulée *Gesta Dei per Francos* : hauts faits de Dieu accomplis par l'intermédiaire des Francs ou Français) et son rayonnement intellectuel et artistique : dès la fin du XIIe siècle, on considère que le centre de la science et de la culture – la *clergie* – s'est déplacé d'Athènes et de Rome vers la France et surtout Paris, dont l'Université éclipse au XIIIe siècle tous les autres foyers intellectuels ; l'art gothique est avant tout un art français et a failli s'appeler ainsi.

Toutefois, la France médiévale n'a connu ni le prestige impérial, ni les progrès politiques et sociaux des institutions anglaises, ni l'éclat de la civilisation urbaine italienne. Et, à la fin de la période, les épreuves de la guerre de Cent Ans mettent en évidence sa vulnérabilité et la fragilité de son être national.

1. La France barbare : la Gaule mérovingienne (Ve-VIIIe siècle)

Les invasions

C'est une Gaule où les Romains avaient déjà introduit de nombreux Barbares à titre de « fédérés » qui subit les deux grandes ruées de 407 (Germains : Vandales, Suèves, Alains, Alamans) et de 451 (Huns d'Attila arrêtés aux champs Catalauniques) ; les Wisigoths s'installent dans le Midi à partir de 412, les Burgondes dans l'Est après 457 ; la branche salienne des Francs, établie à Tournai dans le troisième quart du Ve siècle, rassemble sous Clovis, vers 481-511, toute la Gaule (victoire sur le « romain » Syagrius, sur les Thuringiens et les Alamans, et surtout sur les Wisigoths à Vouillé en 507), à l'exception de la Provence occupée par les Ostrogoths d'Italie après Vouillé. Le trésor barbare de Pouan (Aube) est celui d'un prince goth allié d'Aetius contre Attila. Les « Huns » de Pont-l'Abbé en Bretagne sont probablement des mercenaires d'Aetius, plutôt que des soldats d'Attila. Les Alains, Alamans, Goths, Marcomans, Sarmates, qui ont peut-être laissé des traces dans la toponymie française, étaient sans doute des hôtes soldats-laboureurs installés par Rome avant les Grandes Invasions.

De même, si les envahisseurs ont souvent brûlé, pillé, détruit, massacré, la régression que la Gaule comme l'ensemble de l'Occident a connue pendant cette période avait débuté sous le Bas-Empire : affaiblissement démographique, déclin urbain, ralentissement du commerce et de la circulation monétaire, relâchement de l'activité culturelle. Le provincialisme économique et intellectuel avait d'ailleurs favorisé un mouvement de révolte politique surtout nourri de revendications sociales : paysans et pauvres, que les textes dépeignent comme des brigands, avaient ranimé après 406 la grande révolte gauloise du IIIe siècle contre Rome, ou bagaude. Pourtant, malgré des affrontements sanglants et des ruées dévastatrices, l'installation des Barbares se fit surtout par lentes infiltrations et plus ou moins pacifiquement. La documentation concernant la période qui s'étend entre le Ve et le VIIIe siècle est si pauvre, notamment pour la Gaule, qu'on ne peut guère avancer que des hypothèses et que les estimations quantitatives sont impossibles ou très sujettes à caution.

Il semble certain que les Barbares étaient peu nombreux. Aucun des peuples germaniques qui s'installèrent en Gaule ne devait compter plus de cent mille personnes, alors que la population gallo-romaine approchait sans doute de dix millions.

Malgré l'attrait que la civilisation romaine exerçait sur eux, les Germains conservèrent ou acquirent un sentiment de supériorité et menèrent une vie à part, à cause surtout de leur caractère minoritaire et de leur suprématie militaire – l'armement barbare (et en particulier l'épée longue) ayant triomphé de l'armement romain. La personnalité des lois – chaque peuple conservant sa législation – tend à perpétuer la ségrégation. Les Francs cependant ne semblent pas l'appliquer avec autant de rigueur que les Goths ou les Lombards. Les Mérovingiens ouvrirent la carrière militaire aux Gallo-Romains et leur permirent le port d'armes. Ils tolérèrent les mariages mixtes, prohibés par la loi romaine.

Plus que la femme, c'est la condition sociale et la religion qui amenèrent une certaine fusion entre les peuples. Les chefs francs accaparèrent de vastes étendues de terre, mais ces acquisitions durent souvent se faire sans trop de heurt, car la pratique de l'hospitalité qui accordait aux Barbares fédérés un ou même deux tiers des terres (et probablement des esclaves) avait habitué les Gallo-Romains à ces partages. Il reste que l'aristocratie franque ajouta à sa fonction militaire son nouvel état de propriétaire de grands domaines. Les Francs devinrent ainsi solidaires de l'aristocratie gallo-romaine et partisans du conservatisme social.

Expansion du christianisme

Le coup de maître de Clovis – sa conversion au catholicisme – ne fit pas seulement des Francs les fils chéris de l'Église romaine face aux autres Barbares païens ou ariens, elle facilita l'uniformisation de la culture, des croyances, des comportements, des mentalités. Mais cette christianisation – aussi bien d'ailleurs celle de la masse paysanne gallo-romaine que celle de la minorité barbare – se fit lentement, malgré les efforts des nombreux conciles du VIe siècle.

L'expansion du christianisme doit beaucoup au monachisme, qui connaît un essor considérable. Au double foyer du Ve siècle – celui de Tours avec et après saint Martin, celui de Lérins – s'ajoutent à la fin du VIe et au VIIe siècle le courant irlandais et le courant bénédictin. Saint Colomban et ses disciples fondent une série de monastères indépendants, mais vivant selon la règle colombanienne : Luxeuil, Faremoutiers, Jouarre, Fontenelle (plus tard Saint-Wandrille), Jumièges, Noirmoutier, Sithiu (plus tard Saint-Bertin), Corbie, Saint-Trond... La règle de Benoît de Nursie se répand, surtout après le transfert des reliques du saint à Fleury-sur-Loire (plus tard Saint-Benoît-sur-Loire) vers 672. Le monachisme commence même à fournir des évêques (saint Ouen à Rouen, saint Omer à Thérouanne) à un épiscopat dont les membres, le plus souvent issus de l'aristocratie (saint Césaire à Arles, Sidoine Apollinaire à Clermont, saint Grégoire à Tours, saint Léger à Autun, saint Éloi à Noyon), sont de très grands personnages sociaux et politiques aussi bien que religieux. Le christianisme ne triomphe qu'en favorisant des formes primitives de dévotion, en particulier le culte très matériel des reliques, qui suscite le développement de pèlerinages en Gaule même, par exemple au tombeau de saint Martin de Tours.

Régression mérovingienne

L'installation des Barbares accélère la régression amorcée avant eux. Des épidémies – et surtout la peste qui frappe la Gaule au sud de la Loire et de la Marne en 543, 571, 580, 588, 591, 599, et encore au milieu et à la fin du VIIe siècle – accentuent le recul démographique, la désorganisation économique et sociale, l'ébranlement des esprits (institution de litanies et de rogations). Les ouvriers spécialisés disparaissent, à l'exception des orfèvres, dont saint Éloi incarne l'éclatante réussite. Les techniques deviennent plus grossières (le poète Fortunat vante la construction de maisons en bois à la place de maisons en pierre et en marbre), à l'exception de la métallurgie où les nouveaux venus manifestent des dons éclatants : armes et bijoux, procédé de la damasquinure. La frappe de monnaie d'or continue par prestige puis s'arrête, tout comme le commerce lointain, encore animé aux Ve et VIe siècles par des Orientaux (Juifs et Syriens), surtout groupés dans quelques villes des axes Rhin-Loire et Rhin-Saône-Meuse : Lyon, Orléans, Tours, Verdun. Les routes terrestres s'effacent au profit d'une navigation fluviale médiocre. Les écoles se raréfient. La vie sociale se concentre dans des bourgades de plus en plus ruralisées, les *vici*, et sur les domaines cultivés par des esclaves et des tenanciers dont le nombre s'accroît sans cesse ; en effet, pour survivre, les petits paysans propriétaires se « donnent » – eux, leurs terres et leurs biens – à des grands, souvent des églises ou des monastères, qui leur accordent en échange la protection et l'usufruit de leurs biens contre un cens récognitif. Au VIIe siècle, le terme de « franc » désigne tout homme libre, en dehors de toute origine ethnique, mais les « francs » ne sont plus qu'une minorité.

La régression mérovingienne n'est nulle part plus évidente que dans le domaine de l'État et du gouvernement. Les rois francs sont revêtus d'une autorité plus militaire (élévation sur un bouclier) que sacrale. Mais ils exercent un pouvoir absolu ; ils considèrent le royaume et la royauté comme un patrimoine privé, gouvernent avec des dignitaires de cour, qui ne sont que des domestiques supérieurs, confondent les revenus du royaume avec leur fortune privée, se font représenter par des comtes ayant tout pouvoir, mais dont l'autorité se heurte à celle des évêques et des propriétaires (surtout ecclésiastiques) bénéficiant de l'immunité, c'est-à-dire du droit d'exercer sur leurs domaines les anciens pouvoirs publics, et d'abord la justice.

Début d'une renaissance

Le royaume de Clovis ayant été partagé selon les lois germaniques de succession entre ses fils puis entre leurs descendants, l'unité politique franque fut, après sa mort, rarement réalisée (sous Clotaire II de 613 à 629 et sous son fils Dagobert Ier de 632 à 639). La puissance franque eut tendance à se concentrer au VIIe siècle dans les deux royaumes du Nord, l'Austrasie (entre Meuse, Rhin et Moselle) et la Neustrie (entre mer du Nord, Meuse et Loire), celle-ci ayant un rôle décisif dans la seconde moitié du siècle. Bourgogne, Provence et Aquitaine jouissaient d'une certaine indépendance. La prise du pouvoir par la famille des Pippinides, qui exerçaient la fonction de maires du palais – premiers ministres en quelque sorte – en Austrasie puis en Neustrie, modifia cet équilibre. Originaires d'Austrasie, ils déplacèrent vers le nord-est le centre de gravité du royaume franc, repoussant les Frisons et envoyant des missionnaires chrétiens en Frise et en Saxe, tout en replaçant la Bourgogne et la Provence dans l'espace politique franc et en colmatant la frontière avec l'Aquitaine (raid musulman repoussé par Charles Martel près de Poitiers en 732). Après Pépin de Herstal (680-714), après Charles Martel (715-741), qui reprit à l'Église de vastes domaines pour les distribuer à la clientèle laïque de sa famille, Pépin le Bref se fit reconnaître comme roi des Francs par les grands réunis à Soissons en 751 ; en outre, il se fit d'abord oindre d'huile sainte à Soissons en 751 par Boniface, évêque de Germanie, puis sacrer roi par le pape Étienne II en 754 à Saint-Denis en même temps que ses fils Charles et Carloman.

Il est difficile de juger l'art mérovingien, dont il subsiste fort peu de choses hors des armes et des bijoux, à cause de la médiocrité des matériaux et de la petitesse des édifices que de plus grands remplacèrent les siècles suivants. Le bilan est encore plus médiocre dans le domaine de la culture orale et écrite ; dépourvue de support scolaire, la langue parlée évolua très rapidement : vers 700, elle avait changé de structure si profondément qu'on doit plutôt l'appeler romane que latine ; la langue écrite, sous l'influence de la langue parlée, devient artificielle et chaotique.

Au VIIIe siècle, le début d'une renaissance se manifeste sur tous les plans. Des défrichements limités et timides témoignent sans doute d'une reprise démographique ; du nord – où Charles Martel s'empare du port frison de Dorestad – au sud – où les ports provençaux et languedociens de Marseille et de Narbonne semblent se réveiller –, le grand commerce se ranime, peut-être au contact du monde musulman. L'enluminure renaît dans les ateliers monastiques de Luxeuil, de Corbie, de Fleury (sous une forte influence irlandaise) ; la cour de Charles Martel connaît une nouvelle activité juridique (loi salique, loi des Alamans, apparition de « docteurs ès lois », *legum doctores*) et l'abbaye de Saint-Denis devient un centre d'études important. C'est là qu'est instruit Pépin, fils de Charles Martel. Et, avec Pépin le Bref, la future dynastie carolingienne commence à donner à cette renaissance l'encadrement politique indispensable.

2. La France dans l'ensemble carolingien et postcarolingien (751-987)

L'empire carolingien

Dès Pépin le Bref (751-768), le royaume des Francs, centré plus au nord-est que sous les Mérovingiens, se tourne vers le sud (expéditions contre les Lombards en Italie et constitution du patrimoine de Saint-Pierre en faveur du pape ; récupération de la Narbonnaise sur les Musulmans). Sous son fils Charlemagne (seul roi en 771 à la mort de son frère Carloman, puis empereur de 800 à 814), qui porte depuis 801 le titre de « Charles, sérénissime Auguste, couronné par Dieu, grand et pacifique empereur, gouvernant l'Empire romain, pareillement par la miséricorde de Dieu, roi des Francs et des Lombards », les limites de la future France sont largement dépassées avec l'ensemble constitué par ses victoires sur les Lombards en Italie, les Bavarois et les Avars en Europe centrale, les Saxons dans le nord-ouest de la Germanie, et, de façon moins décisive, dans le nord de l'Espagne contre les Musulmans et divers peuples installés dans la région. Si le cœur de l'empire de Charlemagne et de son fils Louis le Pieux (814-840) reste la *Francia* entre Loire et Rhin, la Saxe jusqu'à l'Elbe, la Bavière et une marche orientale jusqu'au Danube, la presque totalité de l'Italie lombarde au nord et à l'est, la Bourgogne et l'Aquitaine héritées des temps mérovingiens, la marche d'Espagne font partie de l'empire. La France se substitue à la Gaule à l'occasion des traités par lesquels les descendants de Charlemagne et de Louis le Pieux se partagent l'empire en 843 (Verdun), en 870 (Mersen) et en 880 (Ribemont).

L'acte de Verdun « restera longtemps la charte territoriale de l'Europe ». Selon le géographe Roger Dion (*Les Frontières de la France*, Paris, 1947), le désir de donner à chacun des trois fils de Louis le Pieux un royaume aux ressources sensiblement égales conduisit à découper dans cet empire fondamentalement rural des bandes allongées de la mer du Nord aux pays méditerranéens, « des grands pâturages des Marschen aux salines et aux olivettes de Catalogne, de Provence et d'Istrie ». Mais de ces trois royaumes, seul l'occidental, la *Francia* occidentalis, put conserver jusqu'à nos jours l'avantage de toucher d'un bout à la mer du Nord et de l'autre à la Méditerranée, et posséder une extrême variété tant des milieux naturels que des ressources. « Aucun autre pays d'égale étendue ne comprend de telles diversités », note P. Vidal de La Blache dans son *Tableau de la géographie de la France* (Paris, 1903).

Naissance des grandes principautés territoriales

Cependant, de Verdun (843) à l'avènement d'Hugues Capet (987), la *Francia occidentalis* fut territorialement menacée à plusieurs reprises et de diverses façons. Le premier de ces risques fut sans doute les tentatives de reconstitution de l'empire carolingien. Si la première de ces tentatives est celle d'un roi de Francie occidentale, Charles le Chauve (de 875 à 877), la seconde replace tous les États carolingiens sous le sceptre d'un souverain de Francie orientale, Charles le Gros (de 881 à 888). Certes, quand le titre impérial est restauré à Rome en 962, c'est au profit d'un prince germanique, Othon Ier, qui n'est pas carolingien et qui semble se contenter de régner sur les trois royaumes de Germanie, de Bourgogne et d'Italie et de regarder plutôt vers l'est ; mais, tant qu'il y a des Carolingiens (le dernier, Louis V, roi de Francie occidentale, meurt en 987), on peut penser que les États nés de Verdun peuvent encore être absorbés dans un empire unitaire. Le deuxième risque est celui de voir la Francie occidentale réduite à un territoire à peine plus vaste que l'ancienne Neustrie. Non seulement la Bretagne devient entièrement indépendante au milieu du IXe siècle, non seulement la quasi-totalité de la Lotharingie et de la Bourgogne-Provence demeurent en dehors du royaume de Francie occidentale, mais les souverains francs n'ont qu'une autorité théorique en Aquitaine, dans ce qui devient le pays de langue d'oc. Plus dangereuse encore est la constitution, au Xe siècle, de grandes principautés territoriales dont les titulaires échappent presque entièrement à l'autorité royale. C'est le cas de la Normandie, concédée par Charles le Simple à Rollon à SaintClair-sur-Epte en 911, de la Flandre qui, à partir de Baudouin Ier (864-env. 879), ne cesse de s'agrandir, de la « France » (Île-de-France), dont les ducs disputent aux Carolingiens la couronne de Francie occidentale et l'obtiennent avec Eudes, comte de

Paris (888-898) et finalement en 987 avec Hugues Capet, fils de Hugues le Grand qui avait été entre 923 et 956 le plus puissant personnage du royaume.

Pendant cette période, la future France avait encore connu des invasions : Normands entre 799 et 911, Sarrasins depuis 838, Hongrois au xe siècle. La facilité avec laquelle ces envahisseurs opérèrent, les conséquences lointaines de leurs pillages et de leurs destructions soulignent le caractère superficiel, en Gaule du moins, de la renaissance carolingienne.

Charlemagne avait transformé les comtes en réels agents du pouvoir royal et s'était attaché – par l'engagement vassalique – la plupart des riches propriétaires fonciers, tandis qu'il avait imposé à tous ses sujets un serment de fidélité – calqué sur celui de la vassalité – en 802. Mais vassaux et fidèles s'étaient rapidement rendus indépendants et avaient profité des invasions normandes pour s'émanciper et se renforcer. En 843, à Coulaines, près du Mans, l'épiscopat oblige Charles le Chauve à accepter que l'autorité royale soit limitée par le respect de la justice, de la raison et de l'équité. En 877, Charles le Chauve, par le capitulaire de Quierzy octroyé à la demande des grands, sanctionnait l'évolution des bénéfices vers l'hérédité.

Élites ecclésiastiques et masses populaires

Les réformes aristocratiques de la renaissance carolingienne, au lieu de se diffuser, contribuent à creuser davantage le fossé culturel entre l'élite ecclésiastique et la masse. La réforme de l'écriture (minuscule caroline, calligraphie d'une minorité) et le retour à une certaine pureté linguistique latine accélèrent la naissance d'un bilinguisme culturel et social. En 813, le concile de Tours décrète que les évêques devront traduire leurs sermons en « langue rustique romane » (ou en allemand) pour que tout le monde puisse les comprendre. C'est en roman que Charles le Chauve fait consigner à Strasbourg en 842 le texte du serment qu'il prête avec ses frères. Le même mouvement d'unité et de partage de la monarchie carolingienne a donc suscité le plus ancien texte « français » connu et, l'année suivante, à Verdun, la délimitation la plus approximative de la future France.

Les invasions avaient été en grande partie responsables du coup d'arrêt que subit, du milieu du IXe au milieu du xe siècle, le développement peut-être prématuré de l'époque de Charlemagne ; la Gaule (ou Francie occidentale) reprit toutefois son expansion au cours du xe siècle.

La constitution de grandes principautés territoriales correspond à la nécessité de donner un cadre approprié à l'essor matériel et spirituel. La royauté – celle des Capétiens, dynastie vraiment française – va, lentement, assurer ce rôle d'encadrement.

3. L'essor capétien (987-1180)

France et chrétienté

La participation de la France à l'essor général de la chrétienté aux XIe et XIIe siècles se manifeste principalement dans le domaine démographique, à en juger par l'importance de l'émigration française à cette période. Dans trois grandes entreprises, des hommes venus de France tiennent le premier rôle : la conquête de l'Angleterre par les Normands (1066), le peuplement et la *reconquista* de l'Espagne sur les Musulmans (surtout à partir de 1054), les croisades (à partir de 1099) qui conduisent l'Orient à donner à tous les croisés le nom de Francs. Essor démographique particulièrement sensible dans la France du Nord et du Nord-Est (Île-de-France, Picardie, Flandre), et qui produit des ébranlements de toutes sortes : ébranlements sociaux, avec le gonflement d'une masse de pauvres, l'accroissement d'une mobilité qui arrache aux seigneurs des chartes de franchises rurales et urbaines, l'apparition d'une catégorie de « jeunes » qui, parmi les puînés de la moyenne et petite aristocratie, constituent un groupe de chevaliers errants, promoteurs de l'esprit courtois ; ébranlements spirituels, avec le renouveau du monachisme (Fontevrault, Cîteaux, Prémontrés), l'expansion d'hérésies et la diffusion dans la classe aristocratique de l'idéal courtois mis au point par les troubadours de l'« école de 1150 ».

Dans l'ensemble, la France, durant ces deux siècles, participe à l'essor de la chrétienté sans y occuper le premier rang. L'Angleterre du XIIe siècle dispose d'un pouvoir monarchique plus fort et mieux organisé ; l'Allemagne de Frédéric Barberousse (1152-1190) a à sa tête un souverain paré d'un prestige impérial qui le met très au-dessus du roi capétien ; l'Italie, sans être unifiée politiquement, connaît, grâce à ses grandes villes marchandes (Gênes, Pise, Venise), une prospérité sans rivale en Occident.

Un nouveau paysage

Les progrès français sont pourtant décisifs dans tous les domaines.

Les surfaces cultivées augmentent, base d'une économie restée essentiellement rurale et pratiquant surtout des méthodes extensives. Les forêts reculent, telles celles de l'Île-de-France, comme l'Yveline, la Bière, la Laye, la Loge qui, à la suite de défrichements systématiques, sont devenues au XIIIe siècle les forêts de Rambouillet, de Fontainebleau, de Saint-Germain-en-Laye, d'Orléans. Les champs et les prés gagnent aussi sur les marais côtiers, comme en Flandre où les polders commencent à être aménagés après l'an mille. Sur ces terres nouvelles, des paysans ou « hôtes » sont attirés soit par l'extension des villages existants, soit par la fondation de nouvelles agglomérations souvent dotées de franchises avantageuses.

Des cultures spécialisées se développent aussi, en particulier celle de la vigne où, à côté des seigneurs laïcs et surtout ecclésiastiques, apparaissent des bourgeois viticulteurs qui, à Paris par exemple, obtiennent en 1190 de Philippe Auguste l'interdiction pour les Parisiens de décharger dans cette ville du vin amené par voie d'eau. La première mention de la corporation parisienne des « marchands de l'eau » (c'est-à-dire exportant et important par voie d'eau) concerne le transport du vin (1121). Le *vinum francigenum* (vin français, c'est-à-dire d'Île-de-France) apparaît vers 1175 dans une charte d'Henri II Plantagenêt fixant le prix du vin vendu sur le marché de Londres. Le vignoble français, peu soucieux encore de qualité, s'étend aussi loin que possible vers le nord, dans des régions qui en sont aujourd'hui à peu près dépourvues, comme l'Île-de-France (vignobles parisiens, de Laon, de Soissons) ou la Normandie (vignobles de Caen, de Longueville). On a pu dire de Laon au XIIe siècle qu'elle était une capitale du vin et, à l'instar de Paris, Rouen est au milieu du XIIe siècle un grand marché de ce produit.

L'équipement des campagnes se développe aussi : charrue à roue et à versoir, herse et surtout diffusion moulin à eau et de ses applications industrielles, enfin moulin à vent après 1180.

L'extraordinaire mouvement de construction d'églises et de châteaux forts qui emplit toute la période stimule enfin l'exploitation de la pierre et du fer, également accrue pour ce dernier par l'évolution de l'armement (cotte de maille). Il en résulte aussi un développement des moyens de transport et des forges.

La croissance de la circulation par terre (pèlerins, marchands, transporteurs de denrées et de matériaux aux marchés, foires et chantiers) amène une résurrection du réseau routier (très différent du réseau rectiligne et dallé des voies romaines), l'établissement de nombreuses taxes féodales sur les marchandises transportées et la construction de ponts, dont certains en pierre (Albi, vers 1035 ; Avignon, 1184).

La circulation monétaire s'amplifie. En Normandie, dès 1050, la monnaie circule, souvent par grosses unités comme en témoignent les opérations financières de l'abbaye de Fécamp. À Cluny, en une génération (entre 1080 et 1120), la communauté abandonna l'économie domaniale pour l'économie monétaire. Cependant, la fragmentation du droit de battre monnaie accaparé par les seigneurs haut justiciers et le développement des échanges à moyen et grand rayon d'action entraînèrent la multiplication des espèces et, pour beaucoup d'entre elles, leur avilissement. Il en résulta l'habitude prise en France entre 1050 et 1100 de préciser dans les actes l'origine des monnaies et de stipuler dans les règlements la nature des pièces exigées. La nécessité s'imposa d'avoir recours à des changeurs. On les voit solidement installés à Paris, au XIIe siècle sur le Pont-au-Change. On les trouve également aux foires de Champagne (Lagny, Bar-sur-Aube, Provins et Troyes), important centre d'échange du textile, mais surtout, depuis le milieu du XIIe siècle, principal lieu des opérations financières de la chrétienté, « *clearing-house* embryonnaire » de l'économie occidentale. Des foires plus modestes, de caractère surtout régional, naquirent un peu partout à la même époque ; dans le Languedoc par exemple, entre 1151 et 1179, à Nîmes, Carcassonne, Le Vigan, Pont-Saint-Esprit, Maguelone, Sommières, Beaucaire.

Il faut enfin noter la renaissance des villes, fort différentes de celles de l'Antiquité et du haut Moyen Âge où l'emportait la fonction administrative ou religieuse. Aux XIe et XIIe siècles, ce qui ranime les villes ou en crée de nouvelles, c'est l'activité économique. La division du travail, l'apparition d'artisans et de marchands, groupés en général près d'un *portus* ou marché, ou dans un bourg, voilà le moteur du renouveau urbain. De nouvelles catégories socio-professionnelles apparaissent. Artisans, marchands, bourgeois, pour libérer leurs activités du carcan féodal et secouer le joug seigneurial, cherchent, souvent par la force, à obtenir des garanties économiques et politiques, des privilèges, des franchises ou libertés. C'est l'aspect juridique du mouvement *communal*, qui n'est que l'aboutissement d'un processus économique et social. La première charte de libertés est celle qui est accordée par l'évêque aux bourgeois de Huy, en terre d'empire, en 1066. En 1077, à Cambrai, est instituée la plus ancienne commune connue au nord des Alpes. En France, des insurrections communales éclatent à Beauvais en 1099, à Noyon en 1108-1109, à Laon où l'évêque est supplicié en 1115. Le mouvement s'étend à des communes rurales, et certaines « coutumes », ou « chartes de franchises », comme celles que Louis VI accorde à Lorris-en-Gâtinais, servent de modèle. Dans le même temps apparaissent les premiers métiers organisés de marchands et d'artisans dans le Nord, où la guilde de Saint-Omer est mentionnée vers 1080 ; les cordonniers de Rouen forment une corporation dans le premier tiers du XIIe siècle, suivis dans le Midi par les corroyeurs de Toulouse (1158), les changeurs de Saint-Gilles (1178), les teinturiers de Montpellier (1181), les bouchers de Toulouse (1184).

Enfin, la France participe dans les mêmes proportions à ce printemps de l'art médiéval que fut l'art roman, sans qu'elle y manifeste ni sa prééminence ni un style unique.

Dans le domaine littéraire, à côté d'abondantes productions ecclésiastiques et notamment monastiques en latin, s'affirment de nouveaux genres en langue vulgaire, langue d'oïl et langue d'oc : chanson de geste, poésie lyrique, roman, liés surtout aux cours seigneuriales. Dans le cadre urbain se développent des écoles de théologie et d'arts libéraux : Laon, Chartres et surtout Paris.

La montée politique des rois capétiens est à la fois un résultat de ces forces profondes, économiques, sociales, culturelles, et un facteur de leur développement. C'est surtout à partir de Louis VI (1108-1137) et de Louis VII (1137-1180) que la royauté, guidée par le conseiller Suger, abbé de Saint-Denis de 1122 à 1151, prend conscience de son rôle, de ses possibilités et de son destin non plus seulement dynastique, mais national ; elle dispose d'un domaine royal situé en Île-de-France, au cœur de la prospérité, et où Paris tend de plus en plus à faire figure de capitale.

4. L'apogée du XIIIe siècle

Si le XIIIe siècle fut le grand siècle de la chrétienté, il fut surtout celui du rayonnement français.

Unité française et luttes sociales

Ce prestige s'appuie d'abord sur la plus nombreuse population d'Europe qui, au cours du siècle, passe d'environ douze à vingt millions d'habitants, alors que l'Allemagne en a quatorze, l'Italie huit et demi, l'Angleterre quatre. Il repose aussi sur la prospérité économique. Dans le domaine agraire, les progrès sont sans doute dus davantage à une amélioration des techniques (usage plus répandu du cheval de labour, multiplication des labours, progrès de l'assolement triennal) qu'à un accroissement des surfaces cultivées. Au cours du premier tiers du XIVe siècle, les rendements atteints par le blé dans certains domaines du nord-est de la France sont les plus élevés d'Europe : huit à dix pour un à Roquetoire près de Saint-Omer, à Gosnay près de Béthune et sur des terres de Notre-Dame-des-Prés de Douai. Les vignobles s'étendent et produisent des vins qui se font une vive concurrence. Le sel alimente une exportation de plus en plus importante et fait, avec le vin, la fortune des ports atlantiques (Bayonne, Bordeaux, La Rochelle, Bourgneuf). La guède ou pastel donne lieu à une culture commerciale en Picardie. Les foires de Champagne, qui constituent, au profit de la France, le plus grand centre d'échanges de marchandises et d'argent de la chrétienté, sont à leur apogée. Le développement de l'économie monétaire et du commerce extérieur amène la royauté à frapper de grosses monnaies d'argent (« gros tournois » de Saint Louis) et à reprendre la frappe de l'or (écus d'or de Saint Louis, en 1263). Les finances royales, alimentées surtout par les revenus du domaine royal et des taxes extraordinaires, sont assez prospères pour permettre, sous Philippe le Bel surtout, une « diplomatie de l'écu », sous la forme de distribution de « fiefs-rentes » ou « fiefs de bourse ».

L'accroissement de la population ne se manifeste pas seulement par l'augmentation du nombre d'habitants des agglomérations existantes, la densité du réseau d'habitat croît également. À la campagne se développe un peuplement intercalaire, lié aussi au remembrement de parcelles.

Dans le Sud-Ouest se répand un type spécial de « villes neuves », les « bastides », répondant à des nécessités militaires. En outre, le réseau urbain se renforce. Paris, la ville la plus importante de la chrétienté, compte sans doute 200 000 habitants environ au début du XIVe siècle (seules Milan et Venise doivent alors dépasser 100 000 habitants) ; Gand, avec 56 000 habitants, Toulouse et Bruges avec 35 000 habitants, Narbonne avec 30 000 habitants, Arras avec 20 000 habitants sont de « grandes villes ». Mais, surtout, de petites et moyennes villes résultent de l'accession de bourgades à des fonctions urbaines.

À l'égard des villes, l'attitude du pouvoir royal est complexe. Saint Louis, dans ses *Enseignements* à son fils, lui recommandait de protéger les cités dont les contributions militaires et financières lui étaient précieuses pour lutter contre la puissance des seigneurs et contre les étrangers. La royauté, de Louis VII à Philippe V, invoqua le droit d'intervention dans toutes les villes de communes. Cela lui permettait de rétablir les finances fréquemment dilapidées par les bourgeois fortunés et d'intervenir dans la lutte des classes urbaines, le plus souvent cette fois pour soutenir les riches contre les pauvres (à Beauvais en 1233 et 1283, à Périgueux en 1309). De façon générale, la royauté mit les villes en tutelle.

Les conflits entre artisans et patriciat urbain (grands marchands pour la plupart) furent âpres, et la masse des pauvres fournissait aux uns ou aux autres une armée de manœuvre en cas d'émeute. Ce fut surtout la Flandre industrialisée (draperie) qui fut le théâtre de ces troubles urbains (Valenciennes, 1225 ; Gand, 1274 ; Bruges, Ypres, Douai, 1280), mais d'autres villes connurent d'importants mouvements de révolte ou de grève.

Le monde paysan est également traversé d'au moins deux grandes révoltes : celle, pacifique, dite de la « croisade des enfants » en 1212, et celle des pastoureaux (1251) qui finit en jacquerie. Les révoltes locales de paysans, souvent dirigées contre l'Église et les dîmes qu'elle levait en plus des droits seigneuriaux, furent nombreuses, et le brigandage fut une forme endémique de rébellion d'une partie des manants.

Pourtant, le XIIIe siècle a été un siècle de mobilité sociale et de relative paix entre les classes. La noblesse demeure, en certaines régions au moins (Forez), ouverte. La bourgeoisie se développe et renforce son pouvoir : le franciscain italien Fra Salimbene de Parme s'étonne au milieu du siècle de la voir maîtresse des villes, dont les nobles se détournent pour rester dans leurs châteaux. Elle accède même à la culture, où elle imite souvent les modèles aristocratiques (« Puy » d'Arras). Quant aux paysans, après avoir sous Louis VII et surtout sous Philippe Auguste obtenu, à l'instar des bourgeois, des chartes de commune pour leurs villages, ils forcent leurs seigneurs à octroyer des chartes collectives d'affranchissement et des diminutions de redevances (abonnements de taille et de cens fixés dans une monnaie qui se dévalue). À la fin du siècle, il n'y a presque plus de serfs. Une classe de riches paysans s'est constituée, qui apparaît dans la littérature, et que nous voyons dans le *Roman de Renart*.

Cet ensemble de progrès démographiques, économiques, sociaux, a été favorisé par la royauté, qui en retire en contrepartie une puissance et un prestige accrus.

Le roi et l'unité du royaume

Trois personnalités dominent la scène dynastique : Philippe Auguste (1180-1223), Louis IX (Saint Louis, 1226-1270), Philippe IV le Bel (1285-1314). Philippe Auguste enlève aux Anglais la Normandie, le Maine, l'Anjou, la Touraine, le nord du Poitou et la Saintonge, et triomphe de la coalition dirigée par l'empereur à Bouvines (1214) ; de plus, en généralisant, sinon en créant, les baillis, il assure la diffusion dans toute la France de l'autorité monarchique. Pendant le règne de Saint Louis s'accomplit la réunion progressive du Languedoc au domaine royal, conséquence de la participation de la royauté à la dernière phase de la croisade contre les Albigeois. Deux croisades ultérieures désastreuses, en Égypte puis à Tunis où il meurt, lui valent, dans une chrétienté qui renonce non sans remords à la croisade, un prestige hors de pair ; sa réputation d'arbitre international, sa dévotion et sa mort, sanctionnées par sa canonisation en 1297 grâce à l'habile diplomatie de son petit-fils Philippe le Bel auprès du Saint-Siège, font du roi de France le premier de la chrétienté sur le plan spirituel comme sur le plan matériel. Moins connu, moins heureux, peu aimé de ses contemporains comme de la postérité, Philippe le Bel n'en a pas moins, avec les conseillers de premier plan qui l'entourent, un grand règne au cours duquel il triomphe du pape et l'humilie.

Alors que, de 1250 à 1273, la couronne impériale sombre dans le grand interrègne, que la monarchie anglaise se débat dans les difficultés après s'être laissé arracher la Grande Charte (1215), que l'Italie malgré sa prospérité demeure livrée aux luttes intestines et extérieures, que la monarchie subit des revers graves en Pologne, en Bohême, en Hongrie, que les rois scandinaves émergent à peine de l'anarchie et que les souverains hispaniques, malgré d'éclatantes victoires sur les Musulmans, doivent se contenter d'assimiler leurs conquêtes sans parvenir à l'unité politique de la péninsule, la monarchie française ne cesse de s'affermir en fait comme en droit. En droit canon, le roi ne peut plus, depuis 1243, être excommunié que par le pape. En droit féodal, il échappe, depuis Saint Louis, à toute possibilité légitime d'attaque par un vassal. En droit civil ou coutumier enfin, les juristes lui reconnaissent le droit de légiférer pour tout le royaume. Les féodaux lui sont soumis, les bourgeois lui sont attachés par les consultations des trois états qui s'instaurent sous Philippe le Bel. Le clergé, de Philippe Auguste à Philippe le Bel qui obtient son appui dans sa lutte contre le pape, s'engage dans la voie nationale, sinon gallicane.

Du point de vue culturel, le rayonnement français est éclatant surtout dans quatre domaines : l'art gothique, la musique, la langue, l'enseignement, comme en témoigne le prestige de l'université de Paris. Dès le XIIIe siècle pourtant, des signes annoncent, sinon la fin, du moins l'essoufflement de la prospérité française.

Les défrichements s'arrêtent, les mauvaises terres mises en culture et de trop faible rendement sont abandonnées. L'écroulement, en 1284, des voûtes du chœur de la cathédrale de Beauvais, élevées à quarante-huit mètres, marque aussi les limites de la technologie d'alors.

Au début du XIVe siècle, les Génois et les Vénitiens, dont les galères sont parvenues jusqu'à Londres et à Bruges, abandonnent les routes terrestres, ce qui entraîne le déclin des foires de Champagne.

Les difficultés et les crises du règne de Philippe le Bel illustrent le malaise de la chrétienté, particulièrement sensible en France dont l'économie reste, dans le cadre européen et international, fragile. Les « mutations » de monnaies (dévaluations et réévaluations) et le mécontentement de diverses catégories sociales qui en découle marquent la fin du « bon temps monseigneur Saint Louis ». Le 11 juillet 1302, les milices des artisans flamands infligent à la chevalerie française, près de Courtrai, à la bataille des Éperons d'or, un désastre qui est plus qu'un avertissement.

5. Les crises du bas Moyen Âge (XIVe-XVe siècle)

Pour toute la chrétienté, le XIVe et le XVe siècle sont le temps des crises, sinon de la crise. La France est plus affectée que la plupart des pays européens.

Une série d'épreuves

L'expansion démographique se ralentit, l'exploitation du sol régresse, les chantiers de construction s'arrêtent, parfois pour toujours. La cathédrale de Narbonne, commencée en 1286, restera inachevée. L'expansion de l'économie monétaire, si elle n'a pas créé la crise, l'a empirée. La masse monétaire ne peut s'accroître par suite de l'épuisement des anciennes mines (particulièrement sensible en France, avec l'argent du Massif central et du Poitou) et de la crise monétaire orientale. Les seigneurs, devenus par l'évolution de la rente féodale non plus des exploitants directs mais des rentiers du sol, voient leurs revenus diminuer avec l'avilissement de la monnaie et des dévaluations : ils tentent d'y remédier par une réaction féodale puis par le recours à la guerre, pillages et rançons étant source de profits. Victimes aussi de l'évolution monétaire, les finances royales, que la monarchie ne parvient pas à alimenter par un impôt régulier, connaissent des difficultés qui paralysent la royauté. La crise seigneuriale aggrave une crise du commerce de luxe, surtout sensible dans le domaine de la draperie. Les grands centres traditionnels régressent, au profit des petits centres de la « nouvelle draperie », qui fabriquent des produits de qualité inférieure mais moins chers.

Entre la mort de Philippe le Bel et le milieu du XIVe siècle, une série de troubles politiques, sociaux et psychologiques montrent l'ampleur des ébranlements du début du siècle. En 1314-1315, une succession de révoltes nobiliaires et provinciales, les « ligues féodales », tentent d'arracher à Louis le Hutin des privilèges qui auraient pu ruiner l'œuvre des Capétiens et de leurs conseillers. En 1320, lors d'une épidémie de dysenterie, les lépreux et les juifs, accusés d'avoir empoisonné les sources, sont massacrés ici et là. De 1328 à 1347, Philippe VI de Valois est constamment sur la défensive face à une opposition qui vise d'ailleurs plus les conseillers royaux que le roi lui-même, mais qui n'en affaiblit pas moins la royauté.

Aucun de ces désordres n'aurait, dans un contexte normal, entraîné de conséquences graves. Démographie, prix et salaires, malgré une tendance à la baisse, restaient stables dans l'ensemble pendant la première moitié du XIVe siècle ; les seigneurs imposaient un cens en monnaie de compte fixe à leurs tenanciers ; les centres industriels et commerciaux menacés s'adaptaient, soit en se livrant à des activités de remplacement (le change à Lille, la tapisserie et le commerce du vin à Arras), soit en adoptant les nouvelles modes (sayetteries de Bruges, productions à bon marché d'Arras, Tournai, Valenciennes, Douai).

Mais trois séries d'événements devaient changer en crise catastrophique le fléchissement de la démographie, de l'économie, des esprits.

La première, c'est le retour des famines. Elles n'avaient pas complètement cessé durant le XIIIe siècle ; mais, localisées dans le temps et l'espace, elles n'avaient pas été sans remède. Dès 1315-1317, à la suite d'intempéries et de mauvaises récoltes, la hausse des prix provoque une forte mortalité chez les pauvres. Plus ou moins générales et graves, les famines vont persister tout au long des deux derniers siècles du Moyen Âge (et plus tard encore) et peser sur la démographie.

En 1348, la peste entame son troisième cycle pandémique, après ceux de l'Antiquité et du haut Moyen Âge (542-767). Elle reviendra périodiquement à peu près partout, même si, après 1348, elle ne frappe pas en même temps toutes les régions. Mais la chronologie en est encore mal connue. À Paris et dans l'Île-de-France, elle fait encore de terribles ravages en 1363, en 1418. Dans la seconde moitié du XVe siècle, Châlons-sur-Marne connaît des épidémies, très probablement de peste, en 1455-1457, 1466-1467, 1479, 1483, 1494-1497.

La guerre s'y ajoute, endémique elle aussi, quoiqu'elle n'ait pas duré les « cent ans » dont la tradition lui a donné le nom, puisqu'elle s'est étalée de 1338 à 1453. Le bilan en est lourd. Elle aggrave, par les pertes chez les combattants et les massacres de populations civiles, la chute démographique. Elle cause des destructions nombreuses et profondes. Elle entraîne ou favorise la révolte des campagnes (jacquerie de 1358 ; tuchins d'Auvergne et du Languedoc, 1382-1383) et des villes. Elle livre une grande partie du pays aux luttes intestines et à l'anarchie. Enfin, si la guerre a suscité la violence, elle a aussi contribué à faire avorter les efforts de réforme qui, derrière cette violence, cherchaient à assurer le progrès du pays. Le meurtre d'Étienne Marcel et l'incompréhension du régent Charles (le futur Charles V) et de ses conseillers en 1358, l'aveuglement des seigneurs armagnacs qui abolirent l'« ordonnance cabochienne » en 1413 firent échouer les tentatives pour instaurer en France une monarchie moderne, une monarchie constitutionnelle tempérée.

Aspects positifs et redressement

Pourtant la France sortit raffermie des épreuves. Le dépeuplement entraîna une mobilité sociale plus grande et des brassages de population. La noblesse, décimée sur les champs de bataille, se renouvela ; les paysans et les artisans qui survécurent profitèrent, dans une certaine mesure, de la hausse des salaires (freinée par la monarchie) et des vides creusés dans la main-d'œuvre rurale pour améliorer leur niveau de vie. La bourgeoisie put utiliser ses compétences et son argent à renforcer ses positions à la Cour et dans les villes et pénétrer dans les campagnes. Quant à la monarchie, elle prit prétexte des besoins militaires pour consolider l'armature étatique par l'établissement d'impôts et d'armées régulièrement levés.

Le sentiment national se cristallisa enfin au cours de la lutte contre les Anglais,

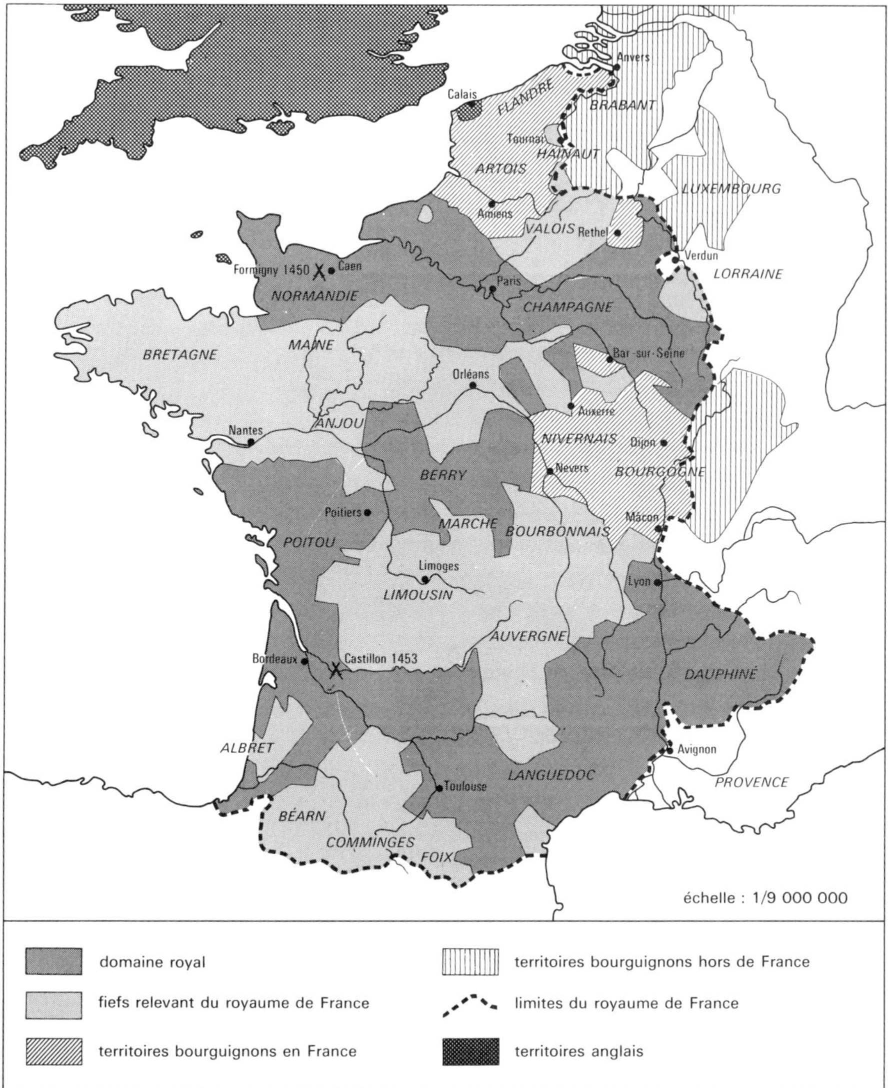

La France à la mort de Charles VII (1461)

surtout au bénéfice de la royauté, comme le montre l'épisode de Jeanne d'Arc, parfois aussi en faveur d'hommes du peuple (le personnage du Grand Ferré selon le chroniqueur Jean de Venette) ou d'hommes de guerre (rançon de Du Guesclin).

Au cours du XVe siècle, surtout dans sa seconde moitié, et selon une chronologie variant suivant les régions, s'opéra le redressement. Entre 1440 et 1475 environ, les terroirs riches furent restaurés. Après 1475, la remontée démographique entraîna une nouvelle phase de défrichement, mais seules les très mauvaises terres exploitées au XIIIe siècle furent regagnées.

Les industries rurales ont progressé, la toile par exemple dans l'Ouest (Normandie, Bretagne, Poitou) ; les cultures industrielles se sont développées, tel le pastel du Languedoc ; l'industrie minière présente des formes précapitalistes (entreprise de Jacques Cœur dans le Massif central) ; la monarchie favorise certaines activités économiques (soierie à Tours, foires de Lyon, sous Louis XI), mais ne parvient pas à décider la noblesse, sensible à la mentalité et à la coutume juridique de la dérogeance, à se mettre à la « marchandise ».

Les hésitations et les difficultés du règne de Louis XI montrent aussi que, sur le plan politique, les incertitudes demeurent. En tout cas, l'échec, provoqué par les régents Anne et Pierre de Beaujeu, des états généraux de Tours en 1484 où la maturité politique de certains délégués se manifesta vainement, détourna la monarchie pour longtemps, et peut-être pour toujours, des réformes institutionnelles profondes qu'un Commynes recommandait dans le chapitre XIX de ses *Mémoires*.

En revanche, la France s'est agrandie avec l'acquisition du Dauphiné (1349), les dépouilles des États des ducs de Bourgogne (1477), l'héritage du roi René (notamment la Provence, 1481), le rattachement de la Bretagne à la France, rendu possible par le mariage de Charles VIII avec Anne de Bretagne (1491).

La prospérité et la puissance retrouvées, les rois de France allaient, à partir de 1494, les utiliser et les compromettre dans une chimère, les guerres d'Italie, dont le seul avantage fut d'aider la France à rattraper son retard culturel et artistique en la faisant participer tardivement au mouvement de la Renaissance.

JACQUES LE GOFF

Bibliographie

• *Ouvrages généraux*

J. BAINVILLE, *Histoire de France*, 1924 ; réimpr. Marabout, 1986 / C. BEAUME, *Naissance de la nation France*, Gallimard, Paris, 1985 / G. DANIEL, *Histoire de France depuis l'établissement de la monarchie française dans la Gaule*, Paris, 1696 / F. FUNCK-BRENTANO dir., *Histoire de France racontée à tous*, Paris, 1925 / P. GAXOTTE, *Histoire des Français*, 1955 ; nouv. éd., Flammarion, 1972 / F. GUIZOT, *Essais sur l'histoire de France*, Paris, 1816 / G. HANOTAUX dir., *Histoire de la nation française*, 15 vol., Plon, Paris, 1920-1935 / J.-F. HÉNAULT, *Abrégé chronologique de l'histoire de France*, Paris, 1744 / A. LATREILLE, R. DOUCET et al., *Histoire de la France pour tous les Français*, t. I : *Des origines à 1774*, t. II : *De 1774 à nos jours*, Hachette, Paris, 1949-1951 / E. LAVISSE dir., *Histoire de France depuis les origines jusqu'à la Révolution*, 9 vol., 1903-1911 / G. B. DE MABLY, *Observations sur l'histoire de France*, 2 vol., Genève, 1765 / H. MARTIN, *Histoire de France depuis les temps les plus reculés jusqu'en juillet 1830*, 8 vol., Paris, 1833-1854 / A. MAUROIS, *Histoire de la France*, A. Michel, Paris, 1947 ; nouv. éd. 1963 / F. E. DE MÉZERAY, *Histoire de la France depuis Faramond jusqu'à maintenant*, 3 vol., Paris, 1643-1651 / J. MICHELET, *Histoire de France*, 1833-1869, éd. C. Mettra, Édito-service, Genève, 18 vol., 1987 / A. MOLINIER et al., *Les Sources de l'histoire de France*, 18 vol., Picard, Paris, 1901-1936 / A. RAMBAUD, *Histoire de la civilisation française*, Paris, 1888 / M. REINHARD & N. DUFOURCQ dir., *Histoire de France*, Larousse, Paris, 1954 / H. TAINE, *Les Origines de la France contemporaine*, 1875-1892, rééd. Laffont, Paris, 1986 / A. THIERRY, *Lettres sur l'histoire de France pour servir d'introduction à l'étude de cette histoire*, Paris, 1827 / A. DE TOCQUEVILLE, *L'Ancien Régime et la Révolution*, 1856 ; éd. F. Mélonio, Flammarion, 1988.

• *Haut Moyen Âge (Ve-Xe siècle)*

P. CLASSEN, « Die Vertrage von Verdun und von Coulaines (843) als politische Grundlagen des westfränkischen Reiches », in *Historische Zeitschrift*, t. I, 1963 / J. DHONDT, *Études sur la naissance des principautés territoriales en France (IXe-Xe siècle)*, Bruges, 1948 / H. FICHTENAU, *L'Empire carolingien* (*Das karolingsche Imperium*, 1949), trad. A. Barbey & F. Vaudou, Payot, Paris, 1958, réimpr. 1981 / R. FOLZ, *Le Couronnement impérial de Charlemagne*, Gallimard, Paris, 1964, réimpr. 1989 / G. FOURNIER, *Les Mérovingiens*, coll. Que sais-je ?, Paris, 1966, 6e éd. mise à jour 1991 / F. GAUS, *Volk, Herrscher und Heiliger im Reich der Merowinger*, Prague, 1965 / L. HALPHEN, *Charlemagne et l'empire carolingien*, 1968 ; mise à jour par J. Devisse, F. Beauval, 1974 / J. HUBERT & R. LANTIER, *Les Origines de l'art français*, Paris, 1947 / *Karl der Grosse*, 4 vol., éd. W. Braunfels, Düsseldorf, 1966 / R. LATOUCHE, *Gaulois et Francs. De Vercingétorix à Charlemagne*, Arthaud, Paris, 1965 / C. LELONG, *La Vie quotidienne en Gaule à l'époque mérovingienne*, Hachette, Paris, 1963 / F. LOT, *Les Derniers Carolingiens*, 1891 ; reprod. fac-sim. Slatkine, Genève, 1975 / É. SALIN, *La Civilisation mérovingienne d'après les sépultures, les textes et le laboratoire*, 4 vol., 1949-1959 ; reprod. fac-sim. Picard, Paris, 1988-1989 / G. TESSIER, *Le Baptême de Clovis*, Gallimard, 1964 ; *Charlemagne*, A. Michel, Paris, 1967 / J. M. WALLACE-HADRILLÉ, *The Long-Haired Kings*, Londres, 1962, réimpr. Univ. Toronto Press, 1982.

• *XIe-XVe siècle*

Histoire politique et institutionnelle

M. BLOCH, *La France sous les derniers Capétiens (1223-1328)*, Paris, 1964 / A. CHÉDEVILLE, *La France au Moyen Âge*, Que sais-je ?, 8e éd. mise à jour, 1992 / R. FAWTIER, *Les Capétiens et la France*, Paris, 1942 / B. GUENÉE, « État et nation en France au Moyen Âge », in *Rev. hist.*, no 237, 1967 / F. LOT, *La France des origines à la guerre de Cent Ans*, 24e éd., Gallimard, 1948 / F. LOT, R. FAWTIER et al., *Histoire des institutions françaises au Moyen Âge*, 3 vol., P.U.F., 1957-1962 / L. & A. MIROT, *Manuel de géographie historique de la France*, Picard, 1948-1950, reprod. fac-sim. 1979 / E. PERROY et al., *Histoire de la France pour tous les Français*, t. I, Hachette, 1950 / C. PETIT-DUTAILLIS, *La Monarchie féodale en France et en Angleterre (Xe-XIIIe siècle)*, A. Michel, 1933, réimpr. 1971 ; *Les Communes françaises des origines au XVIIIe siècle*, nouv. éd., Paris, 1970.

Histoire économique et sociale

M. BLOCH, *Les Caractères originaux de l'histoire rurale française*, A. Colin, Paris, 1931, réimpr. 1988 / E. COORNAERT, *Les Corporations en France avant 1789*, 2e éd., Paris, 1968 / G. FAGNIEZ, *Documents relatifs à l'histoire de l'industrie et du commerce en France*, 2 vol., Paris, 1898-1900.

Histoire de la civilisation et de la vie quotidienne

M. DÉFOURNEAUX, *La Vie quotidienne au temps de Jeanne d'Arc*, Hachette, 1952 / G. DUBY & R. MANDROU, *Histoire de la civilisation française*, 11e éd. du t. I, Colin, Paris, 1984 / E. FARAL, *La Vie quotidienne au temps de Saint Louis*, Paris, 1942, réimpr. Famot, Genève, 1978 / C. V. LANGLOIS, *La Vie en France au Moyen Âge de la fin du XIIe siècle au milieu du XIVe siècle*, 4 vol., Hachette, 1926-1928, réimpr. Slatkine 1984 / A. LUCHAIRE, *La Société française au temps de Philippe Auguste*, 1909, réimpr. Slatkine 1974.

FRANCISCAINS

Les antécédents historiques

Les origines du franciscanisme doivent être rattachées à ce courant chrétien qu'Albert Schnürer a appelé *Armuthsbewegung*, le « mouvement de pauvreté ». En pleine époque féodale, des chrétiens prirent conscience de l'enrichissement et de la politisation dans lesquels était tombée l'Église d'Occident, tant par l'essor de l'État pontifical que par la restauration de l'Empire romain (querelle des Investitures) et l'accession des prélatures à la grande propriété foncière (menses épiscopales et abbatiales). Non sans peine une réaction s'amorça, mais elle était vouée d'avance à un quasi-échec lorsqu'elle demeurait cléricale et seigneuriale, avec saint Bernard ou saint Robert, comme lorsqu'elle se séparait par trop du « monde », avec Robert d'Arbrissel ou Étienne de Muret. Aussi, d'orthodoxe qu'il fut à ses origines, le « mouvement de pauvreté » se compliqua bientôt d'aspirations manichéennes et millénaristes plus ou moins confuses, qui le transformèrent en un mouvement révolutionnaire et anticlérical s'écartant passablement de la foi commune. Ainsi eut-on d'un côté les ordres religieux réformés ou nouveaux, comme les Cisterciens et les Prémontrés, et de l'autre les sectes bientôt suspectées et persécutées par l'État comme par l'Église : vaudois, albigeois, cathares. L'Europe du Nord semble alors dominée par le courant orthodoxe, tandis que l'Europe du Midi, sans ignorer celui-ci, paraît avoir été davantage atteinte par le flux hétérodoxe. Quoi qu'il en soit, l'ordre franciscain apparaît dans ce climat socioculturel et il en sera profondément marqué.

Le siècle qui précéda l'essor franciscain est caractérisé aussi par un phénomène d'une nature différente : les débuts de la scolastique. La vie intellectuelle de l'Église d'Occident, après la grande époque patristique si brillante pendant cinq siècles, avait connu la même décadence que toute la culture postromaine. Le XIIe siècle amorça un réveil, et s'il est vrai que la vie intellectuelle n'avait jamais été éteinte totalement, elle fut stimulée par ce réveil qui lui proposait d'autres objets. De saint Anselme à l'École de Paris ou à celle de Chartres, sans oublier saint Bernard et ses disciples, les Victorins, Abélard et ceux qui le défendaient, tout au long du XIIe siècle se manifesta une vitalité extraordinaire qui aboutit à Pierre Lombard, et plus tard à la grande scolastique de Bonaventure et de Thomas d'Aquin. Ce mouvement intellectuel, comme le « mouvement de pauvreté », connaît deux courants : l'un restant plus près de la patristique, tout entier voué à la méditation de la Bible et orienté vers la contemplation par l'esprit et le cœur ; l'autre moins traditionaliste, curieux des lumières que la pensée païenne ou la raison peuvent apporter à la foi, et intéressé par une contemplation plus notionnelle qu'affective.

Une troisième caractéristique du monde où naît l'ordre franciscain est que la société occidentale passe d'une structure purement rurale à l'organisation urbaine et communale, avec tout ce que cela entraîne dans la vie économique, sociale et politique. La bourgeoisie et le peuple des villes s'émancipent, souvent par la violence, de la domination ecclésiastique ou féodale et s'érigent en communes tantôt dressées les unes contre les autres, tantôt fédérées contre un même rival. Parallèlement, au lieu du troc, qui régissait la plupart du temps l'économie rurale, comme de l'artisanat, limité aux besoins immédiats, s'organise la production de petite industrie ainsi que des marchés réglés en métal monnayé, lequel passe de la main des nobles à celle des bourgeois ou des petites gens et devient un signe de puissance.

Ce monde médiéval qui se transforme, aussi bien dans le domaine religieux que dans les domaines intellectuel et économique, va marquer l'expérience personnelle de François d'Assise, l'influence exercée par ses disciples, l'orientation que gardera toujours l'ordre jusque dans les conflits intérieurs dont il aura à souffrir.

François d'Assise et l'origine des Franciscains

Les sources mêmes reflètent les conflits qui, dès le début, opposèrent les interprètes de l'expérience de François d'Assise et de son enseignement, si bien qu'un certain mystère entoure les origines et le sens du franciscanisme. Il semble que très tôt François d'Assise ait donné les signes d'une mission hors de pair, marquée d'abord par un anticonformisme aigu. Né en 1182 à Assise en Ombrie dans une famille commerçante, il appartient à la bourgeoisie urbaine d'une cité d'importance secondaire, où jouaient les rivalités entre pape et empereur, nobles et bourgeois, catholiques et cathares. François grandit dans une atmosphère tendue et reçoit une éducation traditionnelle, peu adaptée au monde nouveau. Aussi ne tarde-t-il pas à chercher sa voie, se sentant comme en rupture avec la situation qui lui est faite : celle d'un christianisme usé dans une société désorganisée. Il rêve de chevalerie, pour échapper à l'ordre faussement établi. Mais la guerre, la captivité, la maladie, puis une suite de songes, de visions, le font renoncer à ses rêveries. Il rencontre alors le Christ comme une personne actuellement vivante qui s'adresse à lui personnellement. Il sert les lépreux et fait parmi eux la découverte de l'amour des plus pauvres. Puis le crucifix de l'église Saint-Damien lui parle : « François, va et répare ma maison qui tombe en ruine. » François hésite, comprend mal ces interventions de Dieu dans son existence ; il quitte ses bruyants compagnons de jeunesse, sa famille qui lui fait un procès, toutes les conventions d'une existence qui lui paraît maintenant à rebours de l'Évangile, et, pendant près de trois ans, il attend la lumière sur sa vraie vie. Il la trouve en comprenant, le 24 février 1209, jour de la Saint-Mathias, le sens des conseils que Jésus donne à ses apôtres : vie errante dans la pauvreté pour être libre et prêcher à toute créature la bonne nouvelle de la rédemption par le Christ. Alors l'imprévu arrive : des compagnons se présentent à lui pour partager son genre d'existence et son apostolat. François leur demande simplement de donner leurs biens aux pauvres et de vivre selon l'Évangile. Il les appelle « Frères mineurs », petits, soumis à tous, les derniers de tous. Ce sont comme lui des jeunes gens d'Assise ou des environs, tant laïcs que prêtres, qui vagabondent, mendient, chantent, réconcilient les ennemis, proclament la parole de Dieu, prêchent la pénitence et l'eucharistie. Ils sont bientôt douze, et vont à Rome demander au pape de confirmer le mode de vie qu'ils ont choisi. C'est déjà toute la réalité du franciscanisme, et jamais ce dernier n'a été aussi pur que durant ces années de 1209 à 1217.

Ce qui advint ensuite peut se résumer en un « passage du mystique au politique ». L'élan prophétique de François va s'institutionnaliser et cet affrontement aux structures sera la force du franciscanisme en même temps que sa faiblesse. L'Église, qui cherche sa réforme intérieure sous l'impulsion d'hommes tels qu'Innocent III et Hugolin (le futur Grégoire IX), utilise le dynamisme de François et des siens pour en faire un des moyens de cette réforme. Il en va sensiblement de même avec saint Dominique et sa fondation, inséparable de l'initiative franciscaine. Ainsi, du vivant même de son initiateur, l'ordre franciscain amorça son évolution. La règle définitive est approuvée par Honorius III le 29 novembre 1223 ; trois ans plus tard, dans son *Testament*, François témoigne déjà de sa propre nostalgie des origines.

Le Moyen Âge franciscain

Le problème interne à l'organisation de l'ordre, et qui s'impose tout de suite, consiste en la difficulté pour ses membres d'être volontairement pauvres. Les frères veulent le demeurer, mais tout se ligue pour les en empêcher, et d'abord la nécessité d'asseoir leur propre expansion. Autre est la condition économique de la demi-douzaine de premiers compagnons, autre celle d'un grand ordre, adoptant des structures cléricales puis une institution quasi monastique, et sans cesse sollicité de créer des fondations nouvelles, de l'Angleterre à la Syrie et de la Pologne au Portugal. François est mort en 1226, marqué miraculeusement en son corps par des plaies semblables à celles du Christ crucifié. Dès 1230 apparaît, avec la bulle *Quo elongati*, le premier essai de solution du problème de la pauvreté, solution qui est aussi la première brèche ouverte dans une conception absolue de cet idéal ; la bulle prend en considération l'enchaînement des fictions juridiques sur le propriétaire réel des biens meubles et immeubles dont les frères sont usagers. On aboutit ainsi, sous le pontificat de Jean XXII, en 1322, avec la bulle *Ad conditorem*, à l'institution d'un système de personnes interposées entre les frères et les propriétaires, qui réduit à rien l'idéal initial. Les frères restent à l'écart de bien des préoccupations financières ou économiques, tout en étant à l'extérieur parfaitement « à l'aise », en vivant de mendicité presque exclusive et en organisant des secours pour subvenir à la misère des plus pauvres (monts-de-piété).

Aux XIIIe et XIVe siècles, d'autres problèmes internes se posent au monde franciscain, car la sauvegarde de l'idéal du fondateur ne concerne pas seulement la pauvreté évangélique. Le généralat de saint Bonaventure, maître à l'Université de Paris, a joué un rôle décisif dans l'évolution de l'ordre, qui s'amorce vers 1220 avec l'entrée en masse de clercs dans la fraternité. N'ayant pas connu François ni été formé par lui, Bonaventure laisse de côté une partie de l'idéal non conformiste de l'initiateur. Il entre dans un ordre déjà cléricalisé par le grand nombre des prêtres et des savants qui l'y ont précédé, et il aggrave encore cette cléricalisation en alignant l'ordre – ce que François avait toujours refusé – sur les usages monastiques traditionnels. Les Constitutions de Narbonne (1260) consacrent cet état de choses, ainsi que l'importance des études, la conquête des grades universitaires et d'une situation dans le monde savant où s'organise alors la scolastique. D'ordre mendiant, les Franciscains deviennent un ordre intellectuel où les docteurs et maîtres se multiplient, tels Bonaventure, Duns Scot, Roger Bacon, Guillaume d'Ockham ; ce sont eux qui s'imposent. Cela mécontente bien des gens. À l'extérieur, le clergé diocésain voit d'un mauvais œil des religieux venir évangéliser leurs ouailles ; les universitaires ne comprennent pas comment les mêmes hommes peuvent appartenir à deux sociétés, leur ordre et l'Université (le problème de la double appartenance tracasse beaucoup le Moyen Âge). À l'intérieur, les vieux compagnons de François et ceux qui ont été formés par eux ressentent une grande tristesse de voir évoluer – mourir, disent-ils – l'idéal primitif. La littérature du genre des *Fioretti* et de certaines *Légendes* de saint François – celle des *Trois Compagnons*, par exemple – reflète cette nostalgie.

Comment ne pas évoquer la place considérable tenue par l'école franciscaine dans l'enseignement et l'expérience spirituelle de l'Église depuis le XIIIe siècle ? Si François d'Assise le premier se montre un vrai maître de vie spirituelle, c'est à saint Bonaventure de Bagnorea (1221-1274) qu'il faut donner la première place dans le départ d'une tradition de vie plus encore que d'école. Son *Itinerarium mentis ad Deum* si souvent traduit et commenté suffirait à lui mériter le titre de « prince de la mystique » que lui accorde la tradition. À sa suite toute une école affective et souvent volontariste, où l'ascèse et la mystique constamment se retrouvent inséparables, fleurira avec les Jacopone de Todi, Harphius, Benoît de Canfield, et cent autres. Leur influence est telle qu'elle portera sur Thérèse d'Ávila et Ignace de Loyola eux-mêmes, et débouchera dans tout un flux de dévotions populaires marqué du caractère de tendresse de l'âme franciscaine quand elle se libère des systématisations intellectuelles.

En même temps que ces « spirituels », les traditionalistes franciscains connus dans l'histoire sous ce qualificatif, inspirés souvent par les rêveries millénaristes de l'abbé cistercien Joachim de Flore (1130 env.-1202), tombent peu à peu dans l'insoumission au pape et dans l'hérésie. Leurs héritiers, les *Fraticelles*, par surcroît égarés dans la politique, sont condamnés et dissous (1317 et 1323).

Malgré ces vicissitudes, l'apostolat, la sainteté, le service de Dieu et des hommes restent vivaces. Les Franciscains sont partout, dans les cours, à la ville, à la campagne, sur les routes de Chine et dans les caravelles qui cinglent vers le Nouveau Monde. Tandis que les oppositions s'exacerbent en un endroit, les réformes de bon aloi s'amorcent dans un autre. Pendant que l'Église subit l'épreuve du grand schisme d'Occident, le retour à l'observance primitive de la règle se dessine (Brugliano 1334, Mirebeau 1388), s'affirme, s'étend et l'emporte sous l'impulsion de sainte Colette de Corbie ou de saint Bernardin de Sienne (1380-1444). En 1517, après un siècle et demi de travaux et d'arguties, parfois de luttes, Léon X, par sa bulle *Ite et vos*, sépare les « conventuels » et les « observants », tout en proclamant l'unité de l'ordre et l'unification dans l'observance de toutes les réformes locales.

WILLIBRORD-CHRISTIAAN VAN DIJK

Bibliographie

T. Desbonnets & D. Vorreux, *Saint François d'Assise. Documents, écrits et premières biographies*, Paris, 1968 / A. Fliche dir., *La Cristianità romana (1198-1277)*, Turin, 1968 / O. Englebert, *Vie de saint François d'Assise*, Albin Michel, Paris, 1982 / François d'Assise, *Écrits*, coll. Sources chrétiennes, n° 285, Cerf, Paris, 1982 / E. Longpré, « Frères mineurs », in C. Baumgartner, *Dictionnaire de spiritualité*, t. V, fasc. 37-38, Beauchesne, Paris, 1964 / R. Manselli, *Saint François d'Assise*, Éd. franciscaines, Paris, 1982 / A. Rotzetter, W. van Dijk & T. Matura, *Un chemin d'Évangile : l'esprit franciscain hier et aujourd'hui*, Mediaspaul, Paris, 1982 / M. Schmidt & Julien-Eymard, « Frères mineurs », in B. Loth et A. Michel, *Dictionnaire de théologie catholique. Tables générales*, fasc. 7, Letouzey et Ané, Paris, 1958 / *La Spiritualité de François d'Assise*, ouvr. coll., Éd. franciscaines, Paris, 1991 / Willibrord, « François d'Assise » et « Frères mineurs », in G. Jacquemet, *Catholicisme*, t. IV, Letouzey et Ané, Paris, 1956 ; *Le Message spirituel de saint François d'Assise dans ses écrits*, Blois, 1960.

Antonianum, Rome, depuis 1926 / *Archivum franciscanum historicum*, Quaracchi, depuis 1926 / *Études franciscaines*, Paris, depuis 1899 / *Franciscan Studies*, New York, depuis 1924 / *Franziskanische Studien*, Münster in Westfalen, depuis 1914 / *Miscellanea franciscana*, Foligno-Rome, depuis 1886.

FRANÇOIS II (1435-1488) duc de Bretagne (1458-1488)

Fils aîné de Richard d'Étampes et petit-fils du duc Jean IV, François devint duc de Bretagne à la mort de son oncle Arthur III (le connétable de Richemont), le 26 décembre 1458. Il était aussi le gendre du duc François Ier, mort en 1450.

François II tenta d'imiter le duc de Bourgogne et de réaliser enfin l'indépendance du duché. Il s'arrogea certains attributs de la souveraineté et chercha à constituer une alliance offensive avec l'Angleterre et la Bourgogne. L'alliance fut aussi fragile que la Ligue du bien public dirigée contre Louis XI, à laquelle, en 1465, François II n'avait apporté qu'un concours insuffisant et tardif. En 1468, c'est lui qu'abandonnèrent ses alliés dès que Louis XI prit les armes. Il dut, par le traité d'Ancenis, abandonner au roi ses droits en Normandie.

En 1481, François II conclut à nouveau un traité d'alliance avec l'Angleterre, traité qui stipulait le mariage de sa fille Anne avec un prince anglais. Cette politique ne parvint qu'à diviser les Bretons, parmi lesquels un fort parti français était animé par quelques-uns des principaux barons du duché. Sachant que sa fille Anne hériterait la Bretagne, le duc tenta de régler lui-même sa succession en mariant rapidement la princesse ; il songeait notamment à un mariage avec Maximilien de Habsbourg. Louis XI puis Charles VIII contrecarrèrent ce dessein. Deux expéditions royales, en 1487 et 1488, et la victoire française à Saint-Aubin-du-Cormier, le 28 juillet 1488, contraignirent François II à s'engager à ne pas marier Anne sans le consentement du roi (traité du Verger, 19 août 1488). Le duc mourut peu après. En voulant assurer l'indépendance de la Bretagne, ce prince velléitaire avait surtout créé une confusion dont le roi de France allait tirer parti.

JEAN BÉRENGER

FRANCONIE

Dans l'Allemagne du début du Moyen Âge, un des cinq grands duchés nationaux (concept à la fois territorial et ethnique), les quatre autres étant la Saxe, la Lotharingie (Lorraine), la Souabe et la Bavière : la Franconie (allemand : *Franken*) est divisée en Franconie rhénane qui se trouve maintenant dans les Länder de Rhénanie-Palatinat, de Bade-Wurtemberg et de Hesse, et en Franconie orientale, située actuellement dans les Länder de Bade-Wurtemberg et de Bavière. Les Francs colonisèrent la région par la force, à partir du début du VIe siècle et au début du VIIIe siècle ; la dynastie des Mérovingiens la revendiqua comme domaine royal. Après le partage de l'Empire carolingien par le traité de Verdun en 843, la Franconie devint le noyau du royaume franc oriental (Germanie) et, lorsque la lignée carolingienne s'éteignit, son duc devint le premier roi de Germanie élu sous le nom de Conrad Ier (911-918). En 919, la couronne de Germanie passa à une dynastie saxonne avec Henri Ier l'Oiseleur. La Franconie n'ayant produit aucune maison ducale puissante, son histoire se confondit dorénavant avec celle des rois de Germanie et des souverains du Saint Empire romain germanique. Au XIIe siècle, le nom ne s'applique plus qu'à la Franconie orientale. L'Église y fut toujours puissante, et ses évêchés comprenaient l'archevêché de Mayence en Franconie rhénane et ceux de Bamberg et de Würtzburg en Franconie orientale. Pendant la seconde moitié du XIIIe siècle, la Franconie se morcela en principautés séculières et ecclésiastiques. En 1340, ces territoires formèrent le Landfriedensbund (Ligue de paix régionale) qui servit de base au cercle de Franconie créé au début du XVIe siècle par l'empereur Maximilien. Lorsque Napoléon réorganisa l'Allemagne, la région de Franconie fut partagée entre les royaumes de Bavière et de Wurtemberg et le grand-duché de Bade. Le roi Louis Ier de Bavière remit le nom en usage en 1837 en créant les provinces de Haute, de Moyenne et de Basse-Franconie, qui constituent trois districts situés dans le nord et le nord-ouest de l'actuel Land de Bavière.

E. U.

FRANCS

Les Francs, qui étaient destinés à assumer durant tout le haut Moyen Âge un rôle dirigeant parmi les peuples germaniques, apparaissent aux historiens dans des conditions obscures, vers le milieu du IIIe siècle après J.-C. Leur nom est cité pour la première fois à propos d'événements de 241 et, à partir des années 275-280, ils sont régulièrement mentionnés comme s'opposant aux Romains sur la rive droite du Rhin inférieur.

On conjecture que cette apparition est le résultat, non d'une migration, mais du regroupement de plusieurs peuplades qui avaient, depuis le Ier siècle, pris part épisodiquement aux luttes contre Rome : Chamaves, Bructères, Chattes, Amsivariens, *Chattuarii*, Sicambres, et sans doute d'autres encore, parmi lesquels les survivants des Bataves. Le nom choisi semble signifier hardi, courageux (cf. vieux norrois : *frekkr*) ; il n'élimina pas complètement les anciens noms, dont certains furent portés jusqu'à l'époque carolingienne par des Francs qui n'avaient pas émigré vers l'ouest. Les causes et les modalités du regroupement du IIIe siècle échappent aux historiens, mais il est certain qu'aussitôt constitué le nouveau peuple fit preuve d'une grande combativité, sur terre et sur mer.

Huit cents ans plus tard, le royaume des Francs devait prendre le nom de royaume de France, et la dénomination de Gaulois faire place à celle de Français.

Modalités de l'expansion franque

Sous le règne de Gallien, vers 257, des Francs prirent part à un raid qui, à travers la Gaule, les mena jusqu'en Espagne. D'autres, sous Probus, vers 280, déportés aux bouches du Danube, auraient réussi à regagner par mer leur pays d'origine. En 285, Dioclétien confia à Carausius le soin de défendre les côtes de Belgique et d'Armorique contre les Francs et les Saxons. Pendant plus de deux siècles, les Francs restèrent au premier plan de l'histoire militaire de la Gaule romaine.

Cependant, jusqu'au IVe siècle, ils ne formèrent jamais une véritable unité politique. La documentation romaine fournit quelques noms de rois, suffisamment nombreux pour prouver qu'il n'y avait pas une royauté, mais plusieurs royautés tribales, qui coexistaient. Aucun des noms connus ne paraît avoir de lien direct avec la dynastie mérovingienne.

Au-dessus de ces royautés instables, l'existence de deux groupements est attestée assez clairement à partir du milieu du IVe siècle. Celui des Saliens, contre lequel se battit Julien et qui paraît avoir dirigé au Ve siècle la progression à travers la Belgique actuelle, a laissé son nom à la « loi salique », qui s'appliquait aux Francs du nord de la Gaule à l'époque mérovingienne. L'autre groupe eut moins de cohérence et n'a pas de dénomination ancienne ; parce que ses membres habitaient dans la région de Cologne, les historiens modernes les appellent Francs du Rhin ; le nom traditionnel de Francs Ripuaires n'est pas attesté avant le VIIIe siècle.

Les Francs du IIIe siècle apparaissent le plus souvent associés avec des Saxons ou des Frisons, peuples maritimes, et il est probable qu'ils prirent part, aux côtés de ceux-ci, aux raids contre les côtes de Gaule et de Bretagne. Une petite partie des Francs continua jusqu'au Ve siècle à s'intéresser aux choses de la mer, et certains jouèrent vraisemblablement un rôle dans la colonisation germanique du sud-est de la Grande-Bretagne après l'effondrement du régime romain. Mais la majorité d'entre eux chercha à gagner, par voie de terre, le cœur de la Gaule septentrionale.

Cette expansion s'accomplit de deux manières. D'une part, dès la fin du IIIe siècle, des soldats francs passèrent au service de Rome, dans les corps auxiliaires, puis dans l'armée de campagne elle-même. Leur valeur militaire leur permit vite d'occuper des postes importants. Dès le règne de Constantin, l'armée romaine comprend des officiers supérieurs d'ascendance princière franque ; vers 370-390, certains de ceux-ci accèdent au premier rang : Mérobaude obtient le consulat en 377, et, en 392, un autre Franc, Bauto, joue le faiseur d'empereurs. La fidélité de ces chefs aux idéaux romains semble indiscutable ; ils ne sont en rien les précurseurs de Clovis. Parallèlement, des Francs, surtout des prisonniers, sont embauchés par le gouvernement romain pour repeupler les campagnes gauloises dévastées ; ils ont dû constituer un élément notable de ces colonies de lètes que les derniers documents administratifs de l'Empire signalent un peu partout et qui préparèrent une certaine « barbarisation » de la Gaule.

D'autre part, et indépendamment du destin de ces militaires professionnels, le peuple franc, et spécialement son aile salienne, s'avançait à l'ouest du Rhin sans trop s'inquiéter des droits de l'Empire. Il profita d'abord du démantèlement des défenses romaines en aval de Xanten, jamais restaurées après 277, et du dépeuplement des régions voisines pour occuper le sud de la Hollande et le nord de la Belgique actuelles. Il est probable que, vers la fin du IVe siècle, la majeure partie de la plaine flamande était aux mains des Francs, sous le couvert d'un traité d'alliance (*foedus*) avec Rome.

Les Francs n'ont donc eu aucune part directe à la percée du *limes* en 406 ; ils se sont bornés à profiter de ses conséquences. Les Francs du Rhin avancèrent vers le sud en remontant la Moselle et pillèrent à plusieurs reprises, dès les années 410, l'ancienne capitale impériale, Trèves. En 428, Aetius, le maître de la milice, les repoussa, mais, vers le milieu du siècle, ils occupaient Mayence ; plus tard, peut-être vers 475, ils s'installèrent définitivement à Trèves, Metz et Toul, sans éliminer toutefois la population romaine de ces villes. Durant ce temps, la progression des Saliens semble plus lente, en tout cas plus discrète, à travers un pays qui comptait d'ailleurs moins de villes et moins de centres de résistance. Ils commencèrent, sans doute vers 450, à aborder le nord de l'actuel territoire français. Vraisemblablement, c'est au cours de cette marche en avant que se dégagea la suprématie de la dynastie des Mérovingiens, mais on ne sait rien de sûr avant 457.

Pour Rome, alors pressée par tant de dangers, les Francs pouvaient paraître des voisins à peu près supportables. Les commandants de l'armée de campagne établie dans le nord de la Gaule leur confièrent volontiers des postes importants, pour repousser des Barbares plus dangereux.

Childéric, père de Clovis, défendit ainsi, vers 457-463, la ligne de la Loire, d'abord contre les Wisigoths d'Aquitaine, puis contre des pirates saxons qui remontaient le fleuve. Ce prince régnait en même temps sur les Saliens de Belgique, avec Tournai pour capitale. Il mourut, sans doute en 481 ; sa tombe, retrouvée en 1653, a fourni de précieux renseignements sur l'archéologie franque. D'autres roitelets francs devaient résider, à la même époque, à Cambrai et à Cologne.

Ainsi les chefs francs, jouant sur deux tableaux, profitaient des lacunes de la défense au nord et à l'est tout en noyautant l'armée romaine de Gaule, devenue pratiquement autonome. Se familiarisant de plus en plus avec le milieu romain, ils étaient sans doute de moins en moins considérés comme des étrangers par les chefs de la Gaule, habitués depuis deux générations à traiter avec des peuples beaucoup plus menaçants. D'oû l'allure très originale de la « conquête » finale réalisée par Clovis (roi de 481 à 511). Elle ne ressemble en rien à une invasion, mais plutôt à une sorte de coup d'État accompli de l'intérieur par des gens déjà installés très près des postes de commande, au profit d'un peuple qui attendait aux portes de l'Empire.

La réussite de Clovis

On connaît extrêmement mal l'action personnelle de Clovis, sa chronologie reste obscure et discutée. Voici les étapes qui paraissent bien attestées : en 486, avec son parent le roi de Cambrai, Clovis attaque Syagrius, chef de l'armée de campagne de Gaule, le vainc, le chasse et lui enlève Soissons, sa résidence. Cette victoire lui livra sans doute d'un seul coup tout le pays au nord de la Loire, par conquête directe ou par capitulation. Clovis transféra bientôt sa résidence à Paris. Les dix années suivantes furent occupées par des campagnes à l'est, contre les Thuringiens et les Alamans, qui permirent aux Francs d'établir leur protectorat sur de vastes régions de la Germanie transrhénane, et par des luttes contre les Burgondes, alors maîtres du bassin de la Saône. Enfin, en 507, une victoire décisive, remportée à Vouillé (Vienne) sur le roi wisigoth Alaric II, livra aux Francs les pays entre Loire et Pyrénées. Clovis mourut en possession des trois quarts de la Gaule, il lui manquait le bassin du Rhône et la façade méditerranéenne. Entre-temps, il avait éliminé les autres rois francs, ses alliés ou ses concurrents, et surtout, avec une perspicacité remarquable, il avait adopté le catholicisme, religion de la grande majorité de ses nouveaux sujets. Une génération plus tard, les quatre fils de Clovis conquéraient la Gaule du Sud-Est sur les Burgondes (534), puis la Provence (536), et étendaient leur protectorat sur la majeure partie de l'Allemagne du Sud.

Cette réussite brillante fut exceptionnellement durable. Les Francs et la dynastie mérovingienne conservèrent la suprématie en Gaule bien après la disparition des autres royaumes barbares créés sur le sol de l'Empire d'Occident. Seuls, ils ont laissé leur nom à un État.

Un tel succès pose de nombreuses questions. Il ne s'agit évidemment pas de suprématie numérique. Bien que l'immigration germanique ait pu avoir dans le nord de la Gaule plus de continuité qu'ailleurs, en raison de la proximité des territoires transrhénans, elle n'a submergé la population gallo-romaine que sur une centaine de kilomètres à l'ouest du Rhin. Ailleurs, seules une aristocratie et quelques colonies dispersées ont pu prendre pied, et seulement au nord de la Loire. Il faut encore moins invoquer une supériorité culturelle ; la civilisation franque avant le passage du Rhin ne paraît avoir eu aucune originalité profonde, la langue franque, ancêtre lointain du néerlandais actuel, n'était pas écrite et n'apparaît après Clovis que dans quelques formules juridiques. Il n'y a pas davantage trace de facteurs économiques. Mais les Francs ont certainement profité d'un moment favorable de l'histoire sociale. La militarisation de la société avait marqué le Bas-Empire, les Romains n'y avaient guère joué de rôle. Depuis longtemps au contact de Rome, les Francs, dès avant Clovis, n'étaient plus réellement des Barbares : le contraste avec les Huns, ou même les Vandales est éclatant. Païens enfin, ils pouvaient mieux que les Ariens être convertis au catholicisme : ce facteur, sous Clovis fut déterminant.

L'apport des Francs à la Gaule

Les Francs apportèrent leur langue d'abord à une faible partie du territoire gaulois, le vingtième environ, mais les conditions dans lesquelles la frontière linguistique s'est déplacée sous leur influence restent très controversées. Jusqu'en pleine époque carolingienne, de nombreux îlots existaient encore de part et d'autre, par exemple dans la vallée de la Moselle, en aval de Trèves ou vers Aix-la-Chapelle.

Surtout ils créèrent une civilisation nouvelle, faite, pour une part, d'apports proprement franciques et, pour une autre, plus importante, d'emprunts à d'autres peuples germaniques, à Rome, aux civilisations indigènes de la Gaule et au christianisme. Les Francs ont été surtout remarquables par leur aptitude à réaliser une synthèse entre ces éléments divers ; leurs rois et leur aristocratie, qui a fourni l'élite dirigeante de la Gaule (sauf la Bretagne, la Provence et le Bas-Languedoc), ont répandu partout un état d'esprit où les préoccupations guerrières sont essentielles et où l'intellectualité n'a qu'une place effacée.

Cette civilisation, qu'il faut plutôt qualifier de mérovingienne, se caractérise par quelques traits célèbres : un armement nouveau, que le guerrier emporte dans sa tombe (hache de jet, couteau, épée, lance) ; un droit, représenté par la loi salique, écrite à la fin du règne de Clovis, qui fait grande place à la solidarité familiale et à une procédure orale extrêmement formaliste ; un système social encore proche de celui du Bas-Empire, où un groupe restreint de fidèles du roi et d'anciens sénateurs romains, nantis d'immenses propriétés foncières dispersées dans tout le royaume, domine des masses paysannes tenues dans une dépendance économique étroite et des esclaves encore assez nombreux. Les modes franques se diffusent à partir de la cour, imposant une onomastique nouvelle, tant aux personnes (noms à deux termes accolés, comme Dagobert, « jour brillant », ou Bertrand, « brillant corbeau ») qu'aux lieux (noms de villages comme Thionville « le domaine de Théodon », ou Avricourt « la ferme d'Eberhard », en pays de langue romane, noms en *-heim* ou en *-weiler* des pays de langue allemande). Un vocabulaire nouveau désigne des institutions qui n'avaient pas d'équivalent à l'époque romaine, comme *leude*, nom du fidèle du roi, ou *maimbour*, qui désigne une forme de protection. Tout cela s'est formé après la conquête germanique. L'Église, dont les cadres restent jusqu'au VIIe siècle principalement romains, accepta le nouvel ordre de choses, pourvu que les privilèges de ses prélats et de ses possessions foncières fussent consolidés.

La dynastie mérovingienne, parfaitement implantée dans l'ancien territoire romain, s'intéressa peu aux Francs restés sur la rive droite du Rhin. Jusqu'au début de l'ère carolingienne, ceux-ci ne jouèrent aucun rôle dans le royaume, restèrent en majorité païens et durent se défendre par leurs propres moyens contre la pression croissante des Saxons, qui entraîna vers 690 la disparition du peuple des Bructères. Hessois et même Thuringiens furent en revanche vers la même époque assimilés aux Francs.

Vers le VIIe siècle, le nom de Francs reçut une nouvelle signification : il s'appliqua désormais à tous les sujets du roi mérovingien, puis carolingien, qui ne se réclamaient pas d'une autre « nationalité régionale ». Au Xe siècle, une évolution inverse restreignit pour quelque temps sa portée, dans le royaume de l'Est, aux habitants de la Franconie (*Franken*) et, dans celui de l'Ouest, à ceux de la *Francia*, c'est-à-dire du Bassin parisien et des pays de la Loire qui étaient sous l'autorité de la dynastie robertienne, puis capétienne. Finalement, vers le début du XIe siècle, le « royaume des Francs » devint le « royaume de France » et le nom de France supplanta définitivement celui de Gaule.

LUCIEN MUSSET

Bibliographie

M. BLOCH, « La Conquête de la Gaule par les rois francs », in *Revue historique*, t. CLVII, 1927 / F. CARDOT, *L'Espace et le pouvoir. Étude sur l'Austrasie mérovingienne*, la Sorbonne, Paris, 1987 / E. EWIG, « Die *Civitas Ubiorum*, die *Francia Rinensis* und das Land Ribuarien », in *Rheinische Vierteljahrsschrift*, t. XIX, 1954 ; « Volkstum und Volksbewusstsein im Frankenreich », in *Centro italiano di studi sull'alto medioevo. Settimane di studio*, t. V, 1957 / F. LOT, *Naissance de la France*, Paris, 1948 ; rééd. rev. en 3 vol., J. Tallandier, 1976 / M. LUGGE, *Gallia und Francia im Mittelalter*, Bonn, 1960 / L. MUSSET, *Les Invasions : les vagues germaniques*, Paris, 1965 / P. PÉRIN & L.-C. FEFFER, *Les Francs*, 2 vol., A. Colin, 1987 / J. STENGERS, *La Formation de la frontière linguistique en Belgique, ou De la légitimité de l'hypothèse historique*, Bruxelles, 1959 / K. F. STROHEKER, « Zur Rolle der Heermeister fränkischer Abstammung », in *Historia*, t. IV, 1955 / C. VERLINDEN, *Les Origines de la frontière linguistique en Belgique et la colonisation franque*, Bruxelles, 1955.

FRANCS-ARCHERS

La création des francs-archers, par ordonnance de Charles VII publiée à Montils-lès-Tours le 28 avril 1448, constitue la première mesure prise en France par le pouvoir royal pour disposer d'une troupe permanente d'hommes de pied (à l'instar de celles dont les villes s'étaient dotées dès le milieu du XIVe siècle pour assurer leur propre défense), recrutée en marge du service militaire féodal que représentaient le ban et l'arrière-ban. Les francs-archers, levés sur la base théorique d'un homme pour quatre-vingts « feux » dans les paroisses, devaient se tenir prêts à répondre à toute convocation, étaient responsables de l'entretien de l'armement et équipement (arc ou arbalète, épée, dague, jaque et salade) que leur fournissait la paroisse, et étaient enfin exempts (« francs ») de la taille, d'où leur nom. Leur effectif global, fixé d'abord à 8 000 hommes, fut porté à 16 000 en 1466, répartis en quatre circonscriptions ou capitaineries de huit compagnies de 500 hommes chacune, placées sous le commandement d'un capitaine général. Engagés avec succès dans les combats pour la reconquête de la Normandie, mais battus par les

Flamands à la bataille de Guinegatte en 1479, ils tombèrent, sous le nom de francs-taupins, dans le discrédit comme en témoigne un monologue comique, *Le Franc-Archer de Bagnolet* (xve s.). Supprimés en 1480 par Louis XI, ils réapparurent sous Charles VIII et constituèrent, jusqu'à leur disparition sous François Ier, la première tentative d'une réserve territoriale, les quatre circonscriptions entre lesquelles ils étaient répartis dans le royaume préfigurant elles-mêmes nos régions militaires.

MICHEL FRANÇOIS

FRANZESI LES

Famille florentine. Célèbres en France sous les noms de Biche et de Mouche, deux frères, Biccio et Musciatto, fils d'un petit seigneur toscan, Guido Franzesi, financiers audacieux, se rendent indispensables au roi Philippe le Bel, dont ils dirigent, à la fin du XIIIe siècle, la politique financière, tout en s'enrichissant prodigieusement : en 1295, parés du titre de trésoriers royaux et de collecteurs généraux des impôts que « les Lombards, les Italiens et les Ultramontains » devaient payer pour avoir le droit d'exercer ces fonctions dans le royaume, ils tirent des bénéfices de l'ensemble du mouvement commercial italien en France. Ils s'imposent même comme chefs de guerre dans les Flandres, et comme diplomates dans les relations du roi avec la péninsule. Banquiers des papes, ils investissent à Prato et à Sienne, ainsi qu'à Florence, où leur frère Niccolo dirige une succursale, au demeurant assez modeste, et acquièrent dans la campagne toscane des biens féodaux qui permettront à leurs héritiers (Niccolo et ses enfants) de garder une position importante après leur faillite, survenue assez brutalement : dès 1306 les Peruzzi les supplantent en France. En 1308, quand Biche et Mouche meurent, ils doivent à Philippe le Bel des sommes considérables, qui resteront assez largement impayées. Les descendants de Niccolo s'intégrèrent à la noblesse toscane : ainsi, en 1798, un Pietro Franzesi fut évêque de Montepulciano.

GÉRARD RIPPE

FRÉDÉRIC Ier BARBEROUSSE (1122 env.-1190) empereur germanique (1155-1190)

L'une des figures les plus attachantes de l'Empire germanique et de l'histoire du Moyen Âge européen. Frédéric Ier Barberousse s'est laissé séduire par l'Italie, comme tous ses prédécesseurs, et s'est efforcé de reconstituer un bloc politique formé de la Lombardie et de l'Allemagne : pourtant il n'a pas compris le mouvement communal, alors très puissant dans la vallée du Pô. Ces tentatives, qui lui ont coûté beaucoup d'argent et de temps, ont amoindri les capacités de résistance de l'Empire, qui se désagrégera en quelques années après sa mort accidentelle.

À la mort du dernier Salien, l'empereur Henri V (1125), plusieurs concurrents se présentent. L'un est le neveu de l'empereur et possède les *Reichsinsignien*, objets symboles de l'Empire, c'est Frédéric de Hohenstaufen, le père de Frédéric Barberousse. L'autre est le puissant duc de Saxe. Les grands préfèrent un homme qui s'est fortement compromis avec eux dans leurs luttes contre Henri V : ils élisent Lothaire de Supplinburg roi de Germanie. Les Hohenstaufen entrent dans l'opposition et se battent à plusieurs reprises contre les troupes impériales. Quand meurt Lothaire III, il laisse sa fille unique mariée au duc de Bavière, le Welf Henri le Superbe, à qui est promis en héritage le duché de Saxe, outre d'importants domaines impériaux en Italie. L'empereur lui a confié les *Reichsinsignien* : devant tant de puissance accumulée, les grands préfèrent alors élire Conrad de Hohenstaufen, puisque son frère est mort et que ses fils sont trop jeunes. En 1152, Conrad désigne son neveu Frédéric pour lui succéder après avoir eu de grandes difficultés avec la famille des Welfs de Bavière, qui supportent mal d'être évincés de l'Empire sans recevoir la Saxe en compensation. Comme Frédéric est le descendant des Saliens par sa grand-mère et que par sa mère Judith il est le neuveu d'Henri le Superbe, Conrad III espère que cette désignation va réconcilier les Allemands.

Une fois élu, Frédéric commence par régler le problème des Welfs : Henri le Lion, fils d'Henri le Superbe, fait duc de Saxe quelques années plus tôt contre la Bavière, reçoit le duché de Bavière de surcroît (juin 1154). Immédiatement après, Frédéric fait son premier voyage en Italie : il tient une diète à Roncaglia, où il reçoit les doléances de certaines villes lombardes contre la toute-puissance de Milan, qu'il châtie en détruisant Tortona, son alliée. Il prendra ainsi une série de mesures brutales contre la capitale lombarde, qu'il envahit et fait raser en 1162. Mais il connaît mal la capacité économique des communes italiennes et leur force politique : Milan constitue alors la Ligue des villes lombardes, qui infligera une défaite très grave à Frédéric en 1176, à Legnano. Ces villes sont soutenues dans leur résistance par la papauté, qui très vite est entrée en conflit avec Frédéric.

En effet, celui-ci se rend en Italie en 1154 pour se faire couronner empereur ; il aide le pape Adrien IV à réprimer la commune romaine d'Arnaud de Brescia : il est couronné le lendemain de son entrée dans la ville (18 juin 1155), et les Romains qui se révoltent sont écrasés. Comme l'empereur dispose d'une armée assez réduite, il préfère retourner dans le nord de l'Italie. Une suite d'erreurs diplomatiques amène à la rupture : le nouveau chancelier de l'Empire, Rainald de Dassel, est un homme assez ambitieux, qui veut prouver la supériorité de l'empereur sur le pape en pratiquant la politique du pire. En 1159, la Curie élit Alexandre III pape, mais l'empereur suscite un autre pape, Victor IV. En 1164, quand meurt ce dernier, Rainald de Dassel fait élire Pascal III : le schisme se poursuit donc ; dans l'Empire, à partir de la diète de Wurtzbourg (1165), tous les évêques doivent obéissance à l'antipape. Alexandre III excommunie l'empereur. Finalement, en 1177, il se réconcilie avec lui à Venise. La papauté ne peut alors empêcher Frédéric de s'allier aux Normands de Sicile et de marier son fils et héritier, le roi des Romains Henri, avec la sœur du roi Guillaume. Personne ne sait alors que celle-ci va se retrouver seule héritière du royaume, que son fils Frédéric II sera ainsi roi de Sicile et empereur d'Allemagne.

Dans l'Empire proprement dit, Frédéric réussit à maintenir l'ordre malgré plusieurs tentatives de résistance de la part des grands. Il défend en particulier, malgré Rainald de Dassel, son cousin Henri le Lion et s'entremet entre lui et les autres grands feudataires qui supportent mal les empiétements du trop puissant duc de

Saxe. Celui-ci épouse en 1168 la fille du roi Henri II Plantagenêt d'Angleterre. Au moment où Frédéric a d'énormes difficultés avec les Lombards, vers 1175, le duc de Saxe refuse de lui apporter son aide. Dès que la réconciliation avec Alexandre III est achevée, Frédéric revient en Allemagne, convoque son cousin devant la Diète d'Empire pour qu'il se justifie des accusations de ses voisins. Ayant refusé de comparaître, Henri le Lion est mis au ban de l'Empire en 1179. Les Staufen ont démantelé la puissance des Welfs, mais la guerre reprendra avec leurs enfants, compliquée par l'intervention de Richard Cœur de Lion.

D'autre part, Frédéric a dû lutter contre certains ecclésiastiques très puissants, comme l'archevêque Eberhard de Salzbourg, Philippe de Heinsberg, son ancien compagnon. Il a aussi contre lui Berthold duc de Zähringen, que gênent ses prétentions sur les confins occidentaux de l'Empire. En 1155, en effet, Frédéric a épousé l'unique héritière du comté de Bourgogne ; ce qui lui permet de consolider ses possessions familiales en Alsace, de disposer d'une route vers l'Italie sans passer par la Bavière et de lier les pays de la rive gauche du Rhône, qui relèvent de la mouvance impériale, aux territoires qui en sont le cœur.

Au Danemark, il a nommé Sven Peter roi, sous la suzeraineté de l'Empire (1152) ; le duc de Pologne Boleslas s'est reconnu son vassal. Il décide de se croiser en 1188 à la nouvelle de la chute de Jérusalem. Il laisse en Allemagne son fils Henri, couronné roi des Romains en 1169, et part par Ratisbonne et la vallée du Danube. L'armée est décimée par la chaleur et Frédéric se noie dans le Cydnos, petit cours d'eau de Cilicie.

Il a environ soixante-dix ans. Une légende allemande racontait, encore longtemps après, que l'empereur n'était pas mort et vivait dans une grotte ; sa barbe, qui continuait de pousser, était devenue immense.

Frédéric Ier a construit ou reconstruit de nombreuses forteresses sur ses domaines souabes et alsaciens ; mais ce seigneur féodal a été incapable de comprendre les villes, qu'il a brutalement châtiées si elles se rebellaient contre l'autorité épiscopale (Mayence, 1163) ou royale (villes lombardes). Avec lui va disparaître l'Empire : ses fils ne régneront pas assez longtemps ; son petit-fils se sent plutôt sicilien et méditerranéen. Il n'a pas su « moderniser » assez les institutions de cet ensemble politique pour qu'elles résistent à quelques années d'anarchie.

ANNE BEN KHEMIS

FRÉDÉRIC II (1194-1250) empereur germanique (1220-1250)

Fils de l'empereur Henri VI et de Constance de Hauteville, héritière des rois normands, Frédéric naquit à Iesi le 26 décembre 1194. Orphelin à quatre ans, le jeune roi de Sicile est confié à la tutelle d'Innocent III et assiste à la dégradation de son royaume, tiraillé entre les barons indigènes et allemands, les légats pontificaux et les prétendants à la succession des Normands. En 1212, avec la protection du pape, il est élu roi des Romains par les princes allemands qui abandonnent le parti d'Otton de Brunswick après Bouvines (1214). Il abuse ensuite de la faiblesse politique d'Honorius III pour se faire couronner empereur et réunir ainsi, à titre personnel, la Sicile à l'Empire germanique (1220).

Frédéric a alors vingt-six ans. Sa forte personnalité en fait un des souverains les plus originaux de l'histoire. Une intelligence rare, une curiosité universelle, une vaste culture où se mêlent la connaissance des langues et l'apport des philosophes grecs et des savants arabes, un raffinement dans les plaisirs comme dans la cruauté, une volonté despotique de s'imposer par la ruse ou par la violence, une indifférence en matière religieuse qui n'exclut pas la poursuite des hérétiques mais l'incite à la tolérance envers les juifs et les musulmans, tous ces traits en font le précurseur des princes de la Renaissance, sans scrupules et avides de puissance et de savoir. Grâce à lui, Palerme devient un centre d'intense activité intellectuelle : des poètes provençaux, des philosophes, des savants, des astrologues entourent l'empereur qui compose un traité de vénerie, correspond avec le sultan d'Égypte et, en plein âge gothique, fait édifier la citadelle de Castel del Monte, imitée de l'antique.

Élevé en Sicile, il veut faire de ce royaume la base de son pouvoir et se désintéresse de la Germanie. Il faut d'abord réorganiser. Il révoque les concessions de fiefs, brise la résistance des barons, révise tous les titres de possession, fonde l'université de Naples pour former les agents royaux. En 1231, à l'exemple des empereurs romains, il rassemble toute la législation dans un recueil, le *Liber augustalis* (appelé aussi *Constitutions de Melfi*), qui exprime sa conception d'une monarchie absolue et rénove l'administration du royaume. La puissance féodale et les libertés citadines sont anéanties, la *collecta* et des monopoles royaux assurent de bonnes rentrées fiscales, la liberté du commerce et la création de fermes royales modèles doivent stimuler la vie économique. Cette brillante reconstruction, qui étouffe toute initiative autre que celle du roi, est par là même fragile.

Voulant étendre son autorité à toute la péninsule, Frédéric II se heurte à la résistance conjointe de la papauté et des villes de l'Italie du Nord. Grégoire IX excommunie l'empereur qui avait fait vœu de croisade mais différait sans cesse son départ. Au moment où Frédéric II obtient du sultan al-Kamil la restitution de Jérusalem à prix d'argent et coiffe la couronne royale au Saint-Sépulcre, les armées pontificales envahissent les Pouilles, mais le pape vaincu doit consentir à la paix de San Germano (1230). Après avoir maté en Germanie une révolte de son fils Henri, l'empereur veut soumettre les villes de la plaine padane. Il défait les armées de la Ligue lombarde à Cortenuova (1237), mais ne peut vaincre la résistance des communes. Un nouveau conflit l'oppose à Grégoire IX, à propos de la Sardaigne, que l'empereur a concédée à son fils Enzo, au mépris des droits de l'Église. La lutte du Sacerdoce et de l'Empire donne lieu à une polémique d'une rare violence, où s'opposent les encycliques pontificales qui formulent la doctrine théocratique et les libelles impériaux qui affirment le pouvoir absolu de Frédéric II. Innocent IV réunit un concile à Lyon, y excommunie et dépose l'empereur (1245). Celui-ci ne se tient pas pour battu : malgré des complots, la révolte de Parme, il semblait avoir raffermi son autorité en Italie du Nord, lorsqu'il meurt dans un château des Pouilles en 1250. Sa disparition provoque l'écroulement du pouvoir impérial. La partie germanique de l'Empire, dont il s'était désintéressé, est livrée à l'anarchie féodale et aux luttes du Grand Interrègne.

MICHEL BALARD

FREGOSO LES

Famille de marchands génois. Au début du XIVe siècle, un certain Rolando Fregoso est châtelain de Voltaggio, de Gavi et de Portovenere. En 1370, son fils Domenico (1325-1390) fait déposer le doge Gabriel Adorno et se fait proclamer à sa place, au terme d'un coup d'État. Pendant un siècle et demi, d'inexplicables luttes familiales entre les Fregoso et les Adorno vont désoler Gênes, allant jusqu'à provoquer des interventions étrangères. La famille fournit treize doges à la république génoise. Domenico est doge pendant huit ans ; les aléas de la guerre dite de Chioggia contre Venise sont à l'origine de sa déposition, le 13 juin 1378. Violents, factieux et volontiers prêts aux coups de main, les Fregoso sont souvent de remarquables hommes de guerre : Piero, frère de Domenico, conquiert Chypre (1373) ; Abramo, fils de Piero, gouverneur de Corse en 1416, empêche les Aragonais de s'emparer de l'île. Quant à Paolo Fregoso (1430-1498), qui a la dignité de cardinal, il mène aussi une vie d'aventurier ambitieux : durant son premier passage au pouvoir à Gênes, il se montre si rapace et si brutal que les Génois font appel à Galéas-Maria Sforza pour le chasser en 1464. De même, en 1488, une insurrection met fin à sa seconde expérience de pouvoir seigneurial à Gênes. Comme chez la plupart des membres de sa famille, la culture et le raffinement intellectuel se mêlent chez lui à l'ambition, à la cruauté et à la perfidie. La famille se divise aux XVe et XVIe siècles en de nombreuses branches. Son importance politique décroît et s'éteint à la fin du XVIe siècle.

GÉRARD RIPPE

FRESCOBALDI LES

Famille florentine, qui connut son apogée au XIIIe siècle et dans la première moitié du XIVe siècle. Pionniers du commerce florentin au-delà des Alpes, les Frescobaldi sont associés aux Franzesi dans la France de Philippe le Bel et aux Bardi en Angleterre (à partir de 1277). Mais, dès 1311, la concurrence des Bardi et des Peruzzi les chasse d'Angleterre. En même temps que ce déclin économique, commence celui de leur position politique à Florence : guelfes mais liés aux magnats, ils sont exclus des magistratures par le gouvernement du *popolo*. Cela explique leur rôle dans les diverses tentatives de réaction aristocratique : tout d'abord, l'opposition féroce de Berto Frescobaldi envers Giano della Bella, magnat passé au service du *popolo* et grand inspirateur des Ordonnances de justice qui, en 1293, instituent un gouvernement démocratique à Florence. Ensuite, au milieu du XIVe siècle, les Frescobaldi tentent un dernier et violent effort pour faire abolir les Ordonnances : ils participent à une conspiration en 1340, et font appel à un « tyran » qu'on chasse quand il déçoit les espoirs de restauration du pouvoir des magnats ; ils fomentent une dernière rébellion contre le gouvernement populaire, en 1343, et son échec scelle la fin de leur puissance.

Quelques-uns d'entre eux seront encore employés dans des ambassades. Côme de Médicis parachève leur ruine en 1434. Les derniers représentants de la famille s'éteindront au début du XVIIIe siècle.

GÉRARD RIPPE

G

GARLANDE ÉTIENNE DE
→ ÉTIENNE DE GARLANDE

GASTON III dit PHÉBUS (1331-1391) comte de Foix (1343-1391)

Fils de Gaston II ; marié à Agnès de Navarre, fille de Philippe d'Évreux et de Jeanne de Navarre, Gaston Phébus a laissé le souvenir d'un chevalier idéal, courageux au combat, avisé dans sa politique, équitable et sage dans son administration. Le mécénat de ce prince fastueux, amateur de bâtiments et collectionneur averti, n'est pas étranger à une telle réputation. L'homme n'eut cependant pas que des qualités, et ses contemporains réprouvèrent le nombre de ses maîtresses aussi bien que ses emportements : il tua lui-même son fils unique, dans un mouvement de colère. Sa principale vertu politique semble être la prudence avec laquelle il maintint, au cours du conflit franco-anglais, sa relative neutralité. Il fut un temps dans le camp des Valois (1345-1352), puis entraîné en 1360 par un conflit héréditaire avec le comte d'Armagnac, dans une courte rébellion contre le roi ; il se dresse enfin, en 1380, contre l'autorité du duc de Berry, nouveau lieutenant royal en Languedoc (fonction promise auparavant à Gaston Phébus par Charles V mourant). En dehors de ces quelques occasions, le comte de Foix tint sa petite principauté à l'écart des grands conflits et sut profiter de cette neutralité pour accéder à une quasi-indépendance. Faute d'une croisade, il avait déployé son ardeur chevaleresque contre les païens de Prusse ; il était revenu en France à temps pour prendre part, en 1358, à la lutte contre les jacques dans la région parisienne. Il dut son surnom à son goût pour les belles-lettres, ainsi qu'à sa chevelure blonde. Il composa lui-même un *Traité de l'art de la chasse*. Gaston Phébus légua, faute d'héritier, ses domaines au roi de France ; son plus proche parent, Mathieu de Castelbon, les racheta.

JEAN FAVIER

GÊNES RÉPUBLIQUE DE

Genuensis, ergo mercator (Génois, donc marchand) : le mot caractérise aussi l'histoire même de Gênes. Cette histoire est celle d'une communauté d'aventuriers et de marchands, quittant un sol ingrat pour créer, dès le XIIe siècle, une chaîne de comptoirs le long des grands axes commerciaux méditerranéens, et servir d'intermédiaires entre l'Orient et l'Occident ; sachant, malgré les rivalités inévitables, acquérir par ces échanges une prodigieuse fortune et devancer les mutations nécessaires aux changements de la situation historique. Marins, négociants, banquiers, explorateurs du monde, les Génois ont manifesté une énergie, un esprit d'entreprise, un sens des affaires exceptionnels.

Ces succès ont leurs revers. Farouchement individualiste, étranger à la notion d'une discipline collective, ce peuple de marchands n'a pas su assurer à sa ville une stabilité politique. L'histoire de la Commune génoise n'est qu'une suite de complots, de soulèvements, d'exils et de retours, où s'épuisent les factions, où se perd l'indépendance de la ville.

Face aux particuliers, l'État, qui leur a aliéné ses ressources, est impuissant. À partir de 1528, le pouvoir passe aux mains de l'aristocratie financière qui donne enfin à l'État des institutions solides. La politique est désormais l'art de sauvegarder un capital investi dans toute l'Europe. L'habileté des grands a été telle que la République aristocratique a su se maintenir, contre ses puissants voisins, jusqu'à l'arrivée de Bonaparte en Italie.

1. Des origines obscures

Jacques de Voragine, auteur d'une chronique de Gênes jusqu'en 1296, attribue à Janus la fondation de sa ville. La légende a une part de vérité : *Genua* signifie étymologiquement le débouché, le passage, que symbolise le dieu au double visage.

Le site – une colline dominant une baie en eau profonde – est occupé dès le Ve siècle avant J.-C. Des nécropoles révèlent la coexistence de noyaux ethniques différents, Ligures, Étrusques et Grecs peut-être. Gênes entre dans l'alliance romaine au moment des guerres puniques et sert de base de départ aux Romains lors de leur conquête de la Ligurie. Malgré l'ouverture des voies Postumia et Æmilia Scauri, la romanisation est lente et difficile ; elle laisse à Gênes peu de témoignages. La ville paraît s'effacer de l'histoire jusqu'au IIIe siècle après J.-C., lorsque se constitue la première communauté chrétienne, sous la conduite d'évêques dont le plus célèbre est san Siro (vers 360).

Les notices concernant le haut Moyen Âge sont rares. Au début du VIe siècle, Gênes tombe au pouvoir des Goths de Théodoric, puis en 537 des Byzantins. Elle est conquise par les Lombards vers 640, par les Francs après 774, qui l'englobent au IXe siècle dans la marche de Toscane. Ces dominations successives ne brisent pas la continuité de la vie citadine. Refuge de reliques et de trésors qu'une flotte fatimide pille en 935, Gênes reconstruit ses murs après 950 et obtient du roi d'Italie, Bérenger II, la reconnaissance de ses coutumes (958).

Au XIe siècle s'affermit l'indépendance politique de la ville en même temps que se prépare son essor économique. Sous l'autorité théorique des marquis Obertenghi et de leurs délégués, les vicomtes, Gênes passe vite sous la coupe de ses évêques (1056) qui entrent en conflit avec les marchands et les familles vicomtales. La première croisade impose un accord : la *Compagna*, association jurée de tous les habitants, temporaire mais renouvelable. De la Compagna naît la Commune où les consuls exercent l'autorité que détenait jadis l'évêque.

Avec les excédents de leurs revenus fonciers, les Génois construisent des bateaux qui vont attaquer les Sarrasins en Sardaigne (1016), en Tunisie (1087) et en Espagne (1092-1093). Le butin rapporté de ces expéditions de représailles alimente le commerce et permet d'armer de nouveaux navires. Gênes est ainsi prête à répondre à l'appel d'Urbain II en fournissant aux croisés l'aide de sa flotte.

2. L'âge d'or (XIIe-XIIIe s.)

Avec la première croisade s'ouvre l'époque la plus glorieuse de l'histoire de Gênes, célébrée par Caffaro et ses continuateurs dans leurs annales. Dès 1097, et jusqu'en 1110, Gênes arme plusieurs flottes qui aident les croisés à s'emparer des principales places de Syrie. En échange, les barons francs attribuent aux Génois une part de butin, un quartier ou fondouk, l'exemption des taxes dans les villes conquises. Mais la conquête territoriale n'est pas pour les Génois un but en elle-même. Les comptoirs servent de support aux opérations commerciales : importation en Occident des produits de luxe de l'Orient – les célèbres épices –, exportation en Orient de draps de laine, d'armes, de bois et de fer ; transport des croisés et des pèlerins, ravitaillement des chrétiens de Palestine, telles sont les causes d'un enrichissement rapide auquel peuvent participer toutes les couches de la société génoise.

La sauvegarde de ce réseau d'affaires dicte à Gênes sa politique extérieure. Le plus proche concurrent était Pise, et l'enjeu, la domination de la mer Tyrrhénienne, de la Corse et de la Sardaigne. De longues guerres opposent les deux rivales, jusqu'au moment où Gênes anéantit la puissance navale de Pise à Méloria, en 1284. Vis-à-vis des empereurs germaniques, la ville revendique son autonomie, l'obtient en 1162, la défend jalousement face aux prétentions de Frédéric Ier et de Frédéric II. La Sicile, elle, commande les routes de l'Orient et fournit à Gênes une grande part de son ravitaillement ; il faut donc éviter que des maîtres trop puissants, Frédéric II puis Charles d'Anjou, ne lèsent les intérêts génois.

L'Orient est le champ des longues rivalités entre Gênes et Venise. Exclue des terres byzantines après la croisade de 1204 à laquelle elle ne participe pas, Gênes promet l'appui de sa flotte à Michel VIII Paléologue qui, redevenu maître de Constantinople, donne à ses alliés le monopole du commerce en mer Noire (1261). L'éviction de Venise provoque la guerre. La victoire génoise de Curzola (1298) et le traité de Milan interrompent le conflit, sans en supprimer les causes. En mer Noire aboutissent en effet les routes des épices qu'il importe de contrôler ; les Génois les parcourent jusqu'en Inde et en Chine.

En Occident, l'expansion génoise répond aussi à des besoins économiques. Pour contrôler les cols de l'Apennin, s'assurer le recrutement de marins et de soldats, Gênes construit, non sans résistances, un État de terre ferme s'étendant de Porto-Venere à Monaco, de la proche montagne à la mer. Elle obtient des privilèges commerciaux en Afrique du Nord et en Espagne, conclut des traités avantageux avec les villes de Provence et du Languedoc. Dès la fin du XIIe siècle, Gênes commande les routes directes entre les foires de Champagne et le Levant ; cent ans plus tard, elle établit les premières liaisons maritimes régulières entre l'Italie, les Flandres et l'Angleterre. Les rois de France, pour leurs croisades ou leurs projets anti-anglais, les souverains portugais et aragonais font appel aux Génois ; leur science nautique, la qualité de leur flotte, leur habileté en affaires n'ont pas d'égales en Occident.

Mais l'individualisme, qui a suscité de telles réussites, mine l'État que les grandes familles se disputent en continuelles luttes de factions : guelfes contre gibelins, Fieschi et Grimaldi contre Doria et Spinola. La vie politique est une succession de complots, de renversements et d'exils. Les consuls, renouvelés tous les ans, dirigent la Commune pendant un siècle (1098-1190) et sont ensuite remplacés par des podestats étrangers. En 1256, un tumulte impose la désignation d'un capitaine du peuple, Guglielmo Boccanegra, renversé six ans plus tard. Un équilibre est atteint à partir de 1270 par le choix de deux capitaines du peuple dans les familles Doria et Spinola : cette dyarchie donne à Gênes ses plus beaux succès. Mais, dès 1300, les luttes civiles et l'instabilité politique reprennent. La Commune, qui a concédé la perception des recettes publiques à ses créanciers, groupés en *compere*, est impuissante. La défaillance du sens de l'État mène à l'anarchie et à la perte de l'indépendance dont profitent l'empereur Henri VII, puis le roi de Naples, Robert le Sage (1318-1335) ; en 1339, une révolte populaire porte au pouvoir Simone Boccanegra, avec le titre de doge à vie. Les doges perpétuels (1339-1528) n'éviteront ni les crises ni les interventions étrangères dans la vie politique génoise.

3. Crises et transitions (XIVe-XVe s.)

Au début du XIVe siècle, Gênes domine encore une grande partie des trafics méditerranéens. La perte des derniers comptoirs de Syrie est compensée par une floraison d'établissements en Méditerranée orientale. Les Génois commercent avec Alexandrie, jouissent de larges privilèges en Petite Arménie et à Chypre ; ils possèdent Phocée en Asie Mineure, célèbre pour ses gisements d'alun, Mytilène, l'île de Chio, conquise en 1346 par une association privée d'armateurs (la *mahone*), Péra, faubourg génois de Constantinople, enfin de nombreux comptoirs en mer Noire, où les Vénitiens ne sont que tolérés : Trébizonde, Simisso, Moncastro, Soldaïa, Tana où arrive la route mongole des épices et de la soie, Caffa enfin, au centre de la Khazarie génoise.

Le maintien de ce vaste empire économique ne va pas sans difficultés. Dès les premières années du XIVe siècle, Gênes doit lutter contre les Aragonais établis en Sicile et en Sardaigne. La question de la mer Noire et des rapports avec les Tartares, puis celle de Chypre et de Ténédos provoquent deux longues guerres contre Venise, à l'issue desquelles les deux rivales épuisées sont incapables d'affronter le péril turc. Au XVe siècle, le déclin de l'empire byzantin et la montée de la puissance ottomane mènent à la perte progressive des comptoirs génois : Péra en 1453, Phocée et Mytilène dans les années suivantes, Caffa et la Khazarie en 1475 tombent tour à tour au pouvoir des Turcs. Ces revers imposent le déplacement du centre des intérêts de l'Orient vers l'Occident, et Gênes, mieux que Venise, sait s'adapter à cette situation.

Dès le XIVe siècle, de fortes colonies de Génois se sont établies dans les principales villes d'Occident : Cadix, Séville, Lisbonne, Bruges et Anvers, Londres et Southampton. Les Génois y vendent les produits méditerranéens et assurent l'exportation des denrées locales. Ils sont aussi banquiers et contribuent à perfectionner certaines techniques financières comme la lettre de change, l'assurance maritime, la comptabilité à partie double. Enfin, au côté des Espagnols et des Portugais, ils explorent des terres inconnues, depuis les frères Vivaldi qui cherchent vainement à atteindre les Indes en contournant l'Afrique, jusqu'à Christophe Colomb, né Génois en 1451, mais au service de l'Espagne pour le grand voyage de 1492.

Ces succès contrastent avec la faiblesse croissante des structures politiques génoises. Les membres de nouvelles familles nobles, Adorno, Fregoso, Montaldo, se succèdent au pouvoir si vite que le plus court dogat dure quelques heures, le plus long huit ans à peine. Le territoire de la République est ébranlé par d'incessantes révoltes : Savone et quelques grands fiefs s'efforcent d'échapper à la domination génoise. Malgré une population dense, évaluée à 55 000 habitants vers 1450, la faiblesse financière de l'État s'accroît ; les revenus publics sont pour la plupart utilisés à payer les créanciers de la Commune, regroupés depuis 1407 dans la *Casa di San Giorgio*. La République, ébranlée par ses dissensions internes, appauvrie face à la richesse des particuliers, ne peut résister à la France et au Milanais. Elle s'offre en 1396 à Charles VI, représenté sur place par l'énergique Jean II Boucicault, puis passe sous l'autorité du duc de Milan (1421-1436 et, par deux fois, de 1464 à 1499) avant d'être, lors des guerres d'Italie, l'un des enjeux de la lutte entre les Habsbourg et la France. Louis XII et François Ier dominent la ville à plusieurs reprises, avec l'appui de la noblesse et du parti des Fregoso. Mais en 1528, l'amiral Andrea Doria, longtemps partisan de la France, se déclare en faveur des Impériaux, à condition que Charles Quint respecte l'autonomie de sa patrie. Il délivre Gênes des Français, et fait promulguer de nouvelles lois constitutionnelles qui mettent fin au régime des doges perpétuels et instaurent une République aristocratique.

MICHEL BALARD

Bibliographie

M. Balard, *Gênes et l'outremer*, 2 vol., Mouton, Paris-La Haye, 1973 ; *La Romaine génoise*, École franç. de Rome, 1978 / J. Heers, *Gênes au XVe siècle*, Flammarion, Paris, 1961, réimpr. 1971 / T. O. de' Negri, *Storia di Genova*, Milan, 1968 / V. Vitale, *Breviario della storia di Genova*, 2 vol., Gênes, 1955.

GENEVIÈVE sainte (420 env.-env. 502)

À la fin du XIXe et au début du XXe siècle, plusieurs historiens érudits ont étudié la vie de sainte Geneviève et se sont violemment affrontés au sujet de sa valeur historique. La transmission du texte est très difficile, il y a au moins trois recensions dont les rapports sont mal établis. Cependant, il ne semble pas qu'on puisse mettre en doute l'essentiel du récit.

Geneviève naquit vers 420 à Nanterre, près de Paris. Elle était petite fille quand, en 429, les deux saints évêques Germain d'Auxerre et Loup de Troyes, qui se rendaient en Grande-Bretagne pour combattre l'hérésie pélagienne, la remarquèrent. Germain suspendit à son cou une pièce de monnaie marquée d'une croix pour la vouer au service de Dieu. Quelques années plus tard, elle reçut la consécration des vierges, continuant à demeurer chez ses parents, puis, après leur mort, chez sa marraine à Paris, menant une vie de prière et de pénitence ; elle ne rompait le jeûne que le dimanche et le jeudi. S'imposant par la force de sa personnalité, elle prit la direction de plusieurs groupes de vierges. Elle fit le pèlerinage au tombeau de saint Martin à Tours et construisit la première basilique sur le tombeau de Denis, premier évêque de Paris. L'invasion d'Attila en 451 fut, pour elle, l'occasion de montrer son génie et son autorité : malgré les menaces de mort des plus apeurés, elle conseilla aux Parisiens de ne pas quitter leur ville. Paris ne tomba pas aux mains des ennemis, mais les guerres y amenèrent la famine ; Geneviève organisa le ravitaillement en envoyant des bateaux jusqu'à Troyes et fit bénéficier les pauvres des distributions.

Geneviève gagna la confiance des rois francs, Childéric Ier (mort en 481) d'abord, puis son fils Clovis Ier. Elle obtint d'eux la libération de prisonniers et la grâce de criminels qui, en ces périodes de violence, étaient souvent victimes d'injustices ou de châtiments disproportionnés.

La renommée de Geneviève s'étendait au loin. Siméon Stylite (mort en 459), de sa colonne des environs d'Antioche, se recommanda à ses prières. Geneviève mourut un 3 janvier, peut-être en 502, et fut ensevelie sur le mont Lucotitius. Le roi Clovis y fit élever, sous le titre des saints Apôtres, une basilique où il fut enterré en 511 et la reine Clotilde en 545. Déjà Geneviève était vénérée comme une sainte très populaire, l'église prit son nom et fut desservie par des chanoines. Du XIIe siècle à la Révolution, leur abbaye fut un lieu de pèlerinage et un centre intellectuel important sur cette « montagne Sainte-Geneviève » où les maîtres et étudiants, qui s'y étaient installés au XIIe siècle, avaient créé la première université.

En 1764, les chanoines réguliers de Sainte-Geneviève entreprirent la construction d'une nouvelle église. Elle fut désaffectée en 1791 pour devenir le Panthéon. Rendue au culte en 1806 et achevée seulement en 1812, elle redevint Panthéon en 1830, de nouveau église en 1851 et Panthéon en 1885. Les reliques de sainte Geneviève, qui avaient alors été transportées à l'église voisine de Saint-Étienne-du-Mont, furent brûlées et jetées à la Seine en 1793. On a reconstitué un tombeau avec quelques reliques à Saint-Étienne-du-Mont, qui est devenu le centre du culte de la patronne de Paris.

JACQUES DUBOIS

GEORGES DE PODEBRADY (1420-1471) roi de Bohême (1458-1471)

Hussite de tradition, Georges de Podebrady est un nationaliste tchèque. Son arrière-grand-père avait repris l'usage de la langue slave dans sa famille, son père était le bras droit de Jean Žižka, général des troupes hussites contre l'empereur Sigismond, héritier du trône de Bohême. Georges ou Jiri grandit dans le tumulte des guerres hussites, menées par des troupes populaires mais bien entraînées. Il y acquiert une grande renommée comme chef de guerre et comme politique. Il devient très vite le plus important des nobles tchèques, lesquels accèdent à cette époque au pouvoir, en raison de la carence du pouvoir central.

L'empereur Sigismond meurt en 1437 ; son gendre, un Habsbourg, lui succède et disparaît très vite (1439), mais il reste un fils posthume, Ladislas. C'est le nouvel empereur, Frédéric III de Habsbourg, qui en est le tuteur. Il retient l'enfant à sa cour et tente de s'immiscer dans les affaires des royaumes de Hongrie et de Bohême dont hérite Ladislas. Les nobles hongrois lui préfèrent les Jagellon de Pologne et plus tard Jean Hunyadi, alors qu'en Bohême renaît la guerre civile entre catholiques et hussites modérés ou utraquistes. Avec ceux-ci, Georges de Podebrady s'empare de Prague (1448). Il est déclaré régent du royaume en 1452 à la « diète de saint Gall », après sa victoire sur les hussites taborites ou radicaux.

Il obtient de Frédéric III que le jeune roi vienne à Prague s'y faire couronner (1453) et visiter ses États. Quand celui-ci meurt à dix-sept ans (1457), les nobles tchèques, imitant les Hongrois, décident d'élire leur souverain : bien que la famille de Habsbourg ait revendiqué la succession de Ladislas, Georges de Podebrady devient roi de Bohême. A-t-il assassiné Ladislas pour prendre le pouvoir en Bohême et permettre à son gendre Mathias Corvin, le fils de Jean Hunyadi, d'être élu roi de Hongrie ? C'est peu probable, du fait de ses convictions religieuses. Pourtant de nombreuses chansons populaires l'ont raconté dans les pays catholiques voisins, rappelant aussi l'hérésie du roi et de la nation tchèque.

Le roi Georges est resté sa vie durant un fidèle utraquiste, défenseur des *compactata* de Jihlava (1436), par lesquelles le concile de Bâle avait accordé le libre exercice de leur religion aux Tchèques, catholiques ou utraquistes. Il essaye d'obtenir des papes la reconnaissance de ces textes : en échange, il offre la soumission de la Bohême. Il croit même en 1458, quand Aeneas Sylvius Piccolomini devient pape sous le nom de Pie II, que c'est chose faite. Il l'apprécie, en effet, et sait que celui-ci l'estime beaucoup. Pourtant, Pie II déclare les hussites hérétiques en 1462 et se refuse à toute concession en matière doctrinale. D'autre part, les moines franciscains, comme Jean de Capistran, encouragent les provinces catholiques du royaume, telles la Silésie ou la ville de Breslau, à résister à l'autorité du régent, puis du roi.

Par des négociations sans cesse reprises entre les princes d'Empire, les Électeurs de Saxe et de Brandebourg, le comte palatin, les Wittelsbach de Bavière, Georges essaie de restaurer la paix. Il en a d'autant plus besoin que les Ottomans se font pressants dans la vallée du Danube (Varna, 1444 ; chute de la Serbie, 1459), et qu'il estime nécessaire la coalition des princes chrétiens pour les empêcher de progresser.

Il ne peut parvenir à réaliser celle-ci, et le pape Paul II demande au roi Mathias de Hongrie, avide de conquêtes nouvelles, d'intervenir en Bohême, avec l'empereur et les princes tchèques catholiques (1466-1469), pour y rétablir l'orthodoxie. Mathias attaque en Moravie, mais le roi Georges parvient à l'emporter après avoir été presque réduit à merci. Il meurt en mars 1471. L'archevêque de Prague, Jean Rokycana, le grand théologien hussite qu'il avait défendu toute sa vie avait disparu quatre mois plus tôt.

La Bohême est donc restée indépendante du point de vue religieux. Elle passe entre les mains des Jagellon de Pologne. Avec ses armées hussites disciplinées, le roi Georges a travaillé au maintien de la paix, mais il lui a été presque impossible de réussir dans cette entreprise, car les princes, ses voisins, avaient de trop grandes ambitions.

ANNE BEN KHEMIS

GERBERT D'AURILLAC → SYLVESTRE II

GERMANIQUE EMPIRE → SAINT EMPIRE ROMAIN GERMANIQUE

GHERARDESCA UGOLINO DELLA ou UGOLIN (mort en 1289)

Issu d'une puissante famille féodale qui, traditionnellement, dirigeait les gibelins de Pise, Ugolin commence par poursuivre la politique ancestrale, puis fait volte-face, s'alliant aux Visconti et à la faction guelfe, par ambition personnelle. Emprisonné (1274) et chassé de Pise (1275), il en dévaste le territoire et y revient, comme chef du parti guelfe, avec la paix de 1276. La ville, menacée par la coalition de Florence, Lucques et Gênes après la défaite navale de la Meloria (1284), le nomme *podestà*, puis capitaine du peuple (1285). Il écarte le péril mais croit alors le moment venu d'instaurer sa seigneurie (1286) : sa tyrannie s'appuie (selon un schéma assez classique) sur les couches populaires, et notamment sur les artisans les plus humbles. L'archevêque de Pise, Ruggieri Degli Ubaldini, prend la tête des gibelins, désireux de restaurer le gouvernement républicain ; une conspiration livre Ugolin à Ruggieri. Enfermé dans une tour avec ses deux fils et ses deux petits-fils, il y meurt de faim. Une légende, illustrée par un passage fameux de *L'Enfer* de Dante, raconte qu'il avait essayé alors de se soustraire à son sort en dévorant ses enfants.

GÉRARD RIPPE

GIBELINS → GUELFES & GIBELINS

GILDE → GUILDE

GODEFROI DE BOUILLON GODEFROI IV DE BOULOGNE dit (1061-1100)

Fils cadet d'Eustache, comte de Boulogne, et neveu, par sa mère, du duc de Basse-Lorraine Godefroi le Bossu, à qui il succéda indirectement en 1093, Godefroi de Bouillon prit la tête de l'une des branches de la première croisade, qui atteignit l'Orient par la voie danubienne. Apprécié pour sa dévotion et sa modestie, mais plus encore pour sa prestance, sa bravoure et sa force physique, il put user de son prestige pour modérer les rivalités et arbitrer les conflits nés du partage de la conquête. Il ne joua cependant aucun rôle décisif dans la direction des opérations, jusqu'à la prise de Jérusalem (15 juill. 1099), au cours de laquelle il se distingua en atteignant le premier le sommet de la muraille. Les barons francs préférèrent ce conciliateur sans ambitions, qui ne les inquiétait pas, à l'impétueux et intransigeant Raymond de Saint-Gilles, qui avait été désigné par le pape comme chef militaire de la croisade et avait joué un rôle de premier plan. Comme il avait refusé la couronne royale, ils lui offrirent le titre d'avoué du Saint-Sépulcre avec la charge de gérer cet État nouveau-né dont nul ne savait s'il était indépendant, sur le plan temporel, du Saint-Siège qui avait organisé la croisade. Godefroi mourut un an plus tard, et la légende s'empara vite de son personnage, auquel la postérité attribua une œuvre décisive dans la naissance de l'Orient latin.

JEAN FAVIER

GODFRED (mort en 810) roi de Danemark (798-810)

Premier souverain danois mentionné par des sources historiques, Godfred est connu grâce au texte des *Annales carolingiennes* et à Eginhard (*Vita Caroli*, 14). Après la soumission de la Saxe par Charlemagne, il est en contact avec les Francs. Il accueille dans son royaume les Saxons en fuite, mais n'ose pas répondre à l'invitation de l'empereur prêt à discuter avec lui. En 808, avec l'aide des Slaves Wilzes, il envahit la Nordalbingie (entre l'Elbe et le Danemark) et bat les Obodrites. Il établit alors un rempart, le Danevirke, qui barre la presqu'île danoise du Jutland et protège le marché important d'Haithabu. Charles répond en faisant construire des fortins, premiers éléments de la « marche des Normands » (H. Jankuhn, « Karl der Grosse und der Norden », in *Karl der Grosse*, t. I, Düsseldorf, 1965). En 809, Godfred fait assassiner à Reric, centre commercial qu'il venait de faire détruire, le chef Obodrite Thresco. Puis, avec près de deux cents navires, il dévaste les côtes de Frise et exige un important tribut. Charles doit répondre en fortifiant ses frontières maritimes à Boulogne et à Gand. Selon Eginhard, Godfred voulait « traiter la Frise et la Saxe comme ses États et rêvait d'arriver bientôt en force à la cour d'Aix ». Mais il fut assassiné par un de ses gardes du corps. Après sa mort, l'empereur profita des luttes de la succession pour imposer la paix. En 826, son successeur Harald sera baptisé à Ingelheim et jurera fidélité à Louis le Pieux.

PIERRE RICHÉ

GOMBETTE LOI → LOI BURGONDE

GONFALONIER

Gardien du gonfalon, ou étendard, dans les communes médiévales italiennes, surtout en Toscane. À Florence, dès 1250, un gonfalonier commande chacune des seize compagnies citadines armées. Le gouvernement central de la ville, ou seigneurie, composé de neuf prieurs, ou chefs des arts (associations corporatives de métiers), est dirigé par le gonfalonier de justice qui, outre l'honneur de porter l'étendard de la commune, a le pouvoir de commander la force armée citadine et de présider le collège des prieurs, depuis les ordonnances de justice de 1293. Perdant en 1306 ses attributions militaires, le gonfalonier de justice reste le chef du gouvernement civil, même sous la tutelle des Médicis.

MICHEL BALARD

GRAND INTERRÈGNE (1250-1273)

Quand, en 1250, disparaît l'empereur germanique Frédéric II de Hohenstaufen, il laisse deux fils, Manfred et Conrad, pour hériter de l'Empire et de son royaume sicilien. Le pouvoir des Hohenstaufen sort amoindri de la lutte qu'ils ont soutenue contre la papauté : Guillaume de Hollande est proclamé anti-roi (1248) et, en Sicile, Charles d'Anjou sera couronné roi par le pape en 1266. Conrad IV meurt en 1254, alors que son fils a deux ans, et les luttes intestines déchirent l'Allemagne où il n'existe plus aucun pouvoir central. En 1257, les électeurs divisés désignent les uns un beau-frère de Frédéric II, Richard de Cornouailles, frère de Henri III d'Angleterre, les autres Alphonse X de Castille, dont le grand-père était Philippe de Souabe. Chacun des deux vise l'Italie en se faisant élire roi de Germanie. Le premier est lié à la papauté, le second aux gibelins, le parti impérial en Italie, mais le pape n'accepte aucun d'eux. Les Anglais renoncent à conquérir la Sicile, où le frère du roi de France, Charles d'Anjou, reprend les prétentions de Richard de Cornouailles. Celui-ci meurt en 1272, après avoir pu se maintenir quelques mois dans la basse vallée du Rhin où le soutenait l'archevêque de Cologne. Le pape Grégoire X propose alors aux électeurs le roi de Bohême Ottokar II Przemysl, qui a reconstitué à son profit une partie de l'ancien duché de Bavière avec l'Autriche, la Styrie, la Carinthie et la Carniole, la principauté d'Aquilée, et qui a agrandi ses États de Bohême. Philippe III, roi de France fait aussi acte de candidature ainsi que le duc de Bavière, Louis de Wittelsbach. Comme le dernier héritier de Frédéric II, Conradin, fils de Conrad IV, est mort décapité en 1268 sur l'ordre de Charles d'Anjou, le parti gibelin n'a plus de candidat. Cependant, les électeurs préfèrent un seigneur de la haute vallée du Rhin connu pour ses qualités militaires et son sens de l'organisation : Rodolphe de Habsbourg, âgé de cinquante-cinq ans, qui est élu roi de Germanie et couronné à Aix-la-Chapelle en 1273.

Le Grand Interrègne a permis aux princes et aux villes allemandes de devenir pratiquement indépendants par rapport au pouvoir central, qui s'efface complètement, et de s'organiser entre eux. Au XIVe siècle, les empereurs, et en particulier

Charles IV, entérineront cet état de fait (Bulle d'or de 1356).

ANNE BEN KHEMIS

GRAND SCHISME D'OCCIDENT

C'est en 1378 que surgit dans l'histoire de l'Église ce qu'on appelle le Grand Schisme d'Occident, qui dura près de quarante ans et qui fut consécutif à une double élection pontificale. En 1377, en effet, le pape Grégoire XI avait quitté Avignon, où la papauté était établie depuis les années 1310, et s'était réinstallé à Rome. À sa mort, survenue l'année suivante, on pouvait croire qu'un Français allait de nouveau lui succéder puisque, sur seize cardinaux, onze étaient originaires de France. Cependant, sous la pression des Romains, qui exigeaient la désignation d'un pontife appartenant à leur ville, ou pour le moins italien, et devant des démonstrations assez violentes de leur part, le conclave élut l'archevêque de Naples, Barthélemy Prignano, qui prit le nom d'Urbain VI et fut couronné quelques jours plus tard en présence de tous les cardinaux ; mais il se montra maladroit et cassant avec eux. Il en résulta un très grave mécontentement, surtout parmi les Français, puis une rupture, qui conduisit à la dénonciation de l'élection (accomplie, dit-on, sous la pression populaire, donc non valable) et à la désignation d'un autre pape, le cardinal Robert de Genève, qui devint Clément VII. Aussitôt, les deux papes cherchèrent à se faire reconnaître par les princes et les clergés. La division politique de l'Europe (guerre de Cent Ans notamment) poussa les monarques à ne pas adhérer à la même obédience. En quelques mois, le monde catholique se divisa en deux camps ennemis, les clémentins et les urbanistes. Clément VII, fixé en Avignon, eut pour lui la France, le royaume de Naples, le duché de Savoie, les royaumes ibériques, la Sicile, l'Écosse et quelques principautés du sud et de l'ouest de l'Allemagne. Urbain VI, à Rome, fut reconnu par l'Empire, l'Angleterre, la Hongrie, les royaumes scandinaves, les pays de l'Italie du Nord et d'Italie centrale, ainsi que ceux d'Allemagne septentrionale.

Loin de tenter un rapprochement, chacun des deux adversaires résolut d'éliminer son concurrent par la force en s'appuyant sur les princes de son obédience. Ce fut la « voie de fait », qui coûta cher à l'un et à l'autre, et fut marquée avant tout par les initiatives militaires de la France en Italie (Louis d'Anjou) et du royaume de Naples afin de reprendre Rome pour Clément VII. Elle n'aboutit à aucun résultat positif et aggrava les troubles provoqués par le schisme, qui non seulement scindait la chrétienté en tant qu'entité politique, mais opposait souvent les âmes les plus ardentes (Catherine de Sienne est urbaniste, Vincent Ferrier clémentin) et, de toute façon, portait durablement atteinte au prestige de la papauté.

En 1389, Urbain VI étant décédé, on espéra une réconciliation. Les cardinaux s'y refusèrent et lui donnèrent un remplaçant, Boniface IX, auquel succédèrent Innocent VII en 1404, puis Grégoire XII en 1406. De leur côté, les avignonnais élurent Benoît XIII en 1394. Cet entêtement commun suscita la réprobation des meilleurs et l'abandon de la voie de fait. Les maîtres de l'université de Paris (d'abord Henri de Langenstein et Conrad de Gelnhausen, ensuite Nicolas de Clamanges, Pierre d'Ailly, Jean Gerson) proposèrent très tôt le recours au jugement du concile œcuménique. Cependant, avant d'en venir là, d'autres solutions furent essayées. La soustraction d'obédience, décidée en 1398 pour des raisons diverses par le roi de France, qui ne reconnut plus aucun pape, aurait pû entraîner les autres puissances à agir de même et forcer les deux pontifes à l'abdication. Elle échoua, comme échouèrent les tentatives de compromis direct entre les deux adversaires.

En 1408, la plupart des cardinaux romains se séparèrent de Grégoire XII, tandis que la France abandonnait à nouveau Benoît XIII. Les deux collèges cardinalices entrèrent alors en relations ; il en résulta la réunion d'un concile à Pise (mars-juill. 1409) qui rassembla de nombreux participants ; il proclama la déposition des deux papes et élut le nouveau pontife, Alexandre V, déclaré seul légitime. Malheureusement, certaines puissances refusèrent d'abandonner l'obédience antérieurement choisie et, bien que le pape désigné à Pise eût pour lui la France, l'Angleterre et la plupart des évêques allemands, le schisme subsista et devint tricéphale.

En 1410, Jean XXIII, un personnage ambitieux et violent, plus politicien que pasteur, succéda à Alexandre V décédé. Il se fit vite de nombreux opposants. Cela permit à l'empereur Sigismond de convoquer un nouveau concile qui se réunit à Constance de 1414 à 1418 et qui s'occupa aussi de l'affaire hussite et de la réforme de l'Église. Jean XXIII, qui espérait être confirmé par cette assemblée, dut déchanter, tenta de s'enfuir, fut rattrapé et arrêté, puis déposé pour « simonie et façon de vivre scandaleuse ». Grégoire XII accepta d'abdiquer. Quant à Benoît XIII, il refusa de se soumettre et fut lui aussi déposé, mais il se maintint jusqu'à sa mort dans la forteresse de Pezníscola (Baléares) et eut même des successeurs.

Le 11 novembre 1417, le collège des cardinaux, renforcé par six députés de chaque nation du concile (France, Angleterre, Allemagne, Italie, Espagne), élut à la quasi-unanimité le cardinal Odon Colonna, qui prit le nom de Martin V. Le schisme était terminé, l'unité rétablie, mais les troubles demeuraient. Tandis que la théorie conciliaire, proclamée à Pise et à Constance, selon laquelle, dans l'Église, l'autorité suprême appartient au concile, battait en brèche la traditionnelle doctrine de la souveraineté du pape, et que, dans divers pays, les rois se mettaient à envisager avec l'épiscopat une organisation nationale de la vie ecclésiastique (ainsi le gallicanisme en France), une réforme des mœurs et des mentalités se faisait de plus en plus urgente.

MARCEL PACAUT

GRANDE CHARTE

Premier monument de la Constitution anglaise, rédigé et promulgué en 1215. Bien qu'en théorie ils aient été dus à une médiation de l'archevêque de Canterbury, Stephen Langton, entre le roi et ses grands vassaux, ses soixante-trois articles sont imposés à Jean sans Terre par une révolte de barons, soutenus par les principaux prélats de l'Église. Le document est daté du 15 juin « dans la prairie appelée Runnymede, entre Windsor et Staines ». Né de la multiplicité des abus royaux, en particulier en matière fiscale et ecclésiastique, le compromis vise à les réformer et à en prévenir le renouvellement : on ne doit pas y rechercher la première mouture d'une « déclaration des droits » ou d'une constitution ; ainsi l'article premier promet de protéger la liberté des élections épiscopales et l'article 2 de garantir son héritage au successeur légitime d'un vassal. Certaines dispositions ont acquis une plus vaste portée et ont été opportunément rappelées au XVIIe siècle, lorsque s'engage le grand conflit de la monarchie et du parlement et que survient la première révolution. Ainsi, les articles 12 et 14 font dépendre de l'approbation d'un « Conseil du royaume » la levée de taxes extraordinaires ; l'article 39 s'élève contre toute arrestation arbitraire ; l'article 42 garantit la liberté de circulation à l'intérieur et hors du royaume ; l'article 61 semble fonder un véritable « droit à l'insurrection », en disposant que le souverain coupable d'avoir transgressé les franchises de ses sujets devrait être ramené à la raison par un soulèvement de la population conduite par des barons et qui lui « infligerait des épreuves par tous les moyens », à l'exclusion des menaces physiques sur sa personne et sur les membres de sa famille. On soulignera le rôle toujours exclusif des grands vassaux dans le « Conseil » et dans l'« insurrection » : la Grande Charte renforce la féodalité.

ROLAND MARX

GRANDES COMPAGNIES

Nom donné au XIVe siècle aux bandes composées de mercenaires licenciés par les princes qui avaient loué leurs services pour la durée d'une campagne, en particulier après la paix de Brétigny, en 1360. Les Grandes Compagnies continuaient la guerre pour leur propre compte. Formées d'aventuriers, en majorité anglais mais aussi bretons, français, gascons et même allemands, et commandées par des chefs souvent capables dont certains étaient des cadets de famille, les Grandes Compagnies, profitant des désordres de la guerre de Cent Ans, se livrèrent dans les plus riches provinces de France à de tels pillages et exactions qu'elles constituèrent un fléau pire que la guerre elle-même. Le roi de France, Charles V, réussit à en envoyer une grande partie en Espagne sous les ordres de Bertrand du Guesclin pour soutenir le prétendant au trône de Castille, Henri de Trastamare. De retour en France en 1370, Du Guesclin continua la lutte contre les bandes qui y étaient demeurées et défit à Pontvallain le plus fameux de leurs chefs, l'Anglais Robert Knolles. Sous divers noms, ces bandes de brigands exercèrent sporadiquement leurs ravages jusqu'au milieu du XVe siècle. Elles disparurent définitivement quand Charles VII en incorpora les restes à l'armée permanente qu'il venait de créer.

ANDRÉ DAUBARD

GRANDES INVASIONS

La dénomination de « Grandes Invasions » est traditionnellement appliquée par les historiens de langue française aux invasions et migrations qui ont affecté le territoire de l'Empire romain et de ses États successeurs, en Europe et en Afrique du Nord, entre la fin du IVe et la fin du VIIe siècle, ces deux limites étant prises approximativement. Les historiens de langues germaniques préfèrent employer des termes analogues à l'allemand *Völkerwanderung*, « migration de peuples », qui ont l'avantage de ne pas se placer au point de vue romain. Il vaut mieux renoncer au vocable d'« invasions barbares », qui domine dans l'historiographie ancienne, mais qui risque d'être mal compris, quoique « barbare » y signifie seulement « qui n'est ni grec ni romain ».

L'histoire des Grandes Invasions est difficile à écrire. Les sources disponibles sont rares ; elles sont presque toujours unilatérales, provenant du seul milieu romain ; sauf les Ostrogots (Ostrogoths) et les Anglo-Saxons, les envahisseurs n'ont presque rien écrit. On doit donc s'efforcer, pour obtenir une image satisfaisante, de compléter les données des textes par un recours aux moyens d'information les plus variés : archéologie, linguistique, onomastique, anthropologie, etc. Mais plusieurs de ces sciences annexes sont d'un emploi délicat et l'interprétation des résultats qu'elles obtiennent doit rester extrêmement prudente. Trop de théories incertaines sont constamment échafaudées ; si parfois elles stimulent utilement la recherche, il faut savoir prendre ses distances envers beaucoup d'entre elles et surtout, dans un grand nombre de cas, se résigner à ignorer.

Les Grandes Invasions, à la charnière de l'Antiquité et du Moyen Âge, ne sont qu'une tranche chronologique d'un immense mouvement migratoire orienté principalement d'est en ouest et du nord au sud, qui a affecté l'Europe et la moitié septentrionale de l'Asie du IIe siècle avant notre ère au XIIIe siècle après, de la ruée des Cimbres et des Teutons vers la Méditerranée à l'irruption des Mongols en Europe en 1237-1241. On isole cette tranche de celles qui la précèdent et la suivent en se fondant sur ses conséquences, envisagées du point de vue de l'Europe occidentale : c'est la période qui vit la ruine de l'Empire romain en Occident et la création sur son ancien territoire d'une série de nouveaux États, d'origine surtout germanique, dont plusieurs sont directement les ancêtres des formations politiques de l'Europe moderne et contemporaine.

Cependant, par leur nature, les mouvements enregistrés du IVe au VIIe siècle ne diffèrent pas fondamentalement de ceux qui se placent avant ou après ces dates. Presque aucun d'entre eux n'est purement local. Ils forment un immense enchaînement d'interdépendances qui affectent près de la moitié de l'Ancien Monde. Mais c'est encore un sujet de vives discussions que de savoir comment on doit relier les phénomènes qui se déroulèrent en Europe à ceux qui atteignirent le monde chinois, par exemple dans le cas des Huns ou dans celui des Avars.

On retrouve pour les Grandes Invasions les problèmes généraux que posent toutes ces migrations. Dans quelle mesure ont-elles été causées, ou du moins favorisées, par des phénomènes naturels, dessèchement de l'Asie centrale ou montée du niveau de la mer sur les côtes allemandes par exemple ? Nos connaissances sont encore trop rudimentaires pour permettre de vérifier ces inductions, au demeurant vraisemblables. Quelle fut l'importance des faits démographiques ? Elle paraît a priori certaine pour l'expansion germanique ou l'expansion slave par exemple, mais aussi impossible à mesurer qu'à expliquer clairement. Peut-on assigner un rôle à des croyances religieuses ou à des rites sociaux dans le déclenchement de certaines migrations, par exemple au « printemps sacré » (expatriation forcée d'une classe d'âge) ? Cela n'est vraisemblable que dans des cas très rares ; avant l'islam, le prosélytisme religieux peut être à peu près négligé.

Il n'est pas d'explication universelle applicable à toutes les migrations qui eurent lieu du IVe au VIIe siècle. Mais deux ou trois faits ne doivent jamais être perdus de vue. De tout temps, la richesse, réelle ou supposée, des sédentaires, et notamment des citadins, constitua un puissant aimant pour les populations nomades : ainsi s'expliquent dans une large mesure les mouvements issus du monde des steppes en direction de la Chine ou de Rome. D'autre part, il est non moins constant que le succès attire le succès : toute peuplade qui a réussi voit s'agglomérer autour d'elle une foule de satellites et d'imitateurs ; son nom, qui d'abord ne désignait qu'un petit noyau, est adopté par de vastes confédérations. Inversement, tout empire conquérant qui échoue s'effondre en un instant, chacun le renie et son nom même disparaît, comme il advint aux Huns. Les formations politiques issues des invasions sont précaires et mettent des générations à se stabiliser. Enfin, il faut souligner qu'entre les peuples mêlés à ce gigantesque mouvement il n'a jamais existé de cohérence organique ; chacun poursuit ses buts propres par des moyens particuliers, qui peuvent momentanément coïncider avec ceux d'un voisin, d'où une collaboration de courte durée ; mais plus souvent les groupes se heurtent et s'opposent. Il ne faut pas tomber dans l'illusion que des entités comme les Germains ou les Celtes ont représenté quelque chose de concret pour les contemporains, ni qu'entre les peuples qu'on pourvoit aujourd'hui de ces étiquettes il y a eu parallélisme des actions ou convergence des buts. Si les Grandes Invasions ont des directions dominantes assez claires, c'est la résultante d'une infinité de mouvements individuels qui vont dans tous les sens possibles et parfois même nettement à contre-courant.

Les Grandes Invasions ont concerné d'abord des peuples germaniques, mais elles ont aussi entraîné des Celtes (les « Scots » d'Irlande assaillants de la Grande-Bretagne, par exemple), des Berbères (les « Maures » harcelant l'Afrique romaine), des Iraniens (les Alains), des Turcs (les Huns, les Bulgares), peut-être des Toungouses (les premiers Avars) et, en tout cas dans leur phase terminale, la quasi-totalité des Slaves. Ces classements ethniques, fondés surtout sur la langue, n'ont d'ailleurs qu'une valeur historique limitée. Des peuples très différents ont souvent coopéré à une même œuvre : l'empire hunnique a probablement réuni plus de combattants germains que de Huns proprement dits : les Vandales (des Germains) et les Alains (des Iraniens) ont fait ensemble la conquête de l'Afrique du Nord.

Dans ces conditions, le meilleur classement des invasions que l'on puisse proposer est d'ordre chronologique, par grandes pulsations, au fur et à mesure qu'elles abordent le territoire romain. Plusieurs se recouvrent partiellement, mais un plan d'ensemble assez clair reste possible, quitte à adopter un peu l'allure d'un récit à tiroirs. On distinguera donc trois grandes vagues de migrations terrestres, la première aux IVe et Ve siècles, la seconde à la fin du Ve et au début du VIe siècle, la dernière à la fin du VIe et au début du VIIe siècle. On envisagera séparément les migrations maritimes qui ont atteint l'Europe du Nord-Ouest du IVe au VIe siècle.

1. La première vague (IVe-Ve siècle)

La première vague des invasions fut la plus importante, car presque toute l'Europe en fut affectée. Au début du IVe siècle, l'Empire romain avait réussi une consolidation à peu près générale de ses frontières, après les très graves percées du IIIe siècle. Sans doute les escarmouches et même les engagements sérieux n'avaient-ils jamais cessé entre l'armée impériale et les Barbares, notamment le long du Rhin, face aux Francs et surtout aux Alamans, mais l'équilibre général n'en avait pas été modifié. Rien n'annonçait en Occident un renforcement imminent du danger germanique.

C'est à l'autre bout de l'Europe, dans la steppe pontique, que se déclencha alors le mécanisme qui devait mettre le feu à tout le continent : en 375, les Huns se ruèrent sur le royaume ostrogotique d'Ukraine. Par une suite de ricochets, l'extrême Occident était atteint à peine une trentaine d'années plus tard ; l'Afrique même était ébranlée à la génération suivante. Jamais Rome ne devait se remettre de cette catastrophe.

Les Huns et les Alains

On ne sait rien de sûr au sujet des Huns avant la fin du IIe siècle. Ce peuple nomadise alors dans la steppe au nord du Caucase. Il vient probablement de l'Asie centrale, mais les spécialistes actuels hésitent à l'identifier, comme on le fit longtemps, avec des nomades connus par les textes chinois, les Xiongnu. Vraisemblablement de langue turque, les Huns sont en tout cas le type accompli des nomades cavaliers, tirant à l'arc, maniant le fouet et le lasso ; ils sont rasés, déforment les crânes de leurs enfants, tuent leurs vieillards et apparaissent aux Méditerranéens comme l'incarnation même de la barbarie. Peut-être sont-ils cependant porteurs d'un art original, élaboré entre l'Altaï et la forêt sibérienne, l'« art des steppes », qui se diffuse rapidement vers l'ouest après leur passage et qui a profondément influencé la majorité des peuples germaniques.

En 374-375, les Huns se jettent brusquement sur le royaume constitué depuis un siècle par les Gots (Goths) dans l'Ukraine orientale. Le roi Ermanaric est vaincu et se tue, événement dont l'épopée germanique a gardé durablement le souvenir. En vingt ans, les Huns occupent l'Ukraine entière, puis les plaines roumaines ; enfin, à travers les Carpates, ils abordent vers 396 la plaine hongroise et s'y consolident rapidement. L'Empire romain, satisfait de la ruine de ses vieux ennemis, les Gots, entretient d'abord d'assez bonnes relations avec les nouveaux venus, d'autant que ceux-ci n'ont pas à proprement parler d'intentions conquérantes : le butin seul les intéresse. Mais, vers 408, les Huns commencent à razzier le territoire romain au sud du Danube : l'Empire d'Orient rompt alors avec eux, mais l'Occident nourrit encore assez longtemps l'illusion qu'une entente est possible, embauche des auxiliaires hunniques et apprend à leur école une nouvelle tactique de cavalerie.

Après 425, un empire hunnique commence à prendre consistance sur le Danube moyen. Un embryon d'État, peut-être sur des modèles iraniens, se forme autour de la cour itinérante du roi Mundziuch. Quelques scribes romains passent à son service. De nombreuses peuplades germaniques acceptent son protectorat et font campagne aux côtés de la cavalerie hunnique ; certains, tels les Burgondes, adoptent des coutumes caractéristiques, comme la déformation crânienne. En une génération, le royaume des Huns devient le premier du monde barbare.

C'est surtout l'œuvre d'Attila dont le nom est germanique, et qui règne de 434 à 453. Ce souverain, loin d'être le barbare sans frein que l'on a souvent décrit, exploite avec une remarquable intelligence les dissensions du monde romain, dont il est fort bien informé. Jusqu'en 449, ses raids presque annuels se tournent surtout vers l'Empire d'Orient ; ils ruinent presque toutes les villes de l'intérieur des Balkans et rapportent un immense butin. À partir de 450, Attila se jette, plus brutalement, sur l'Occident abasourdi, où les sollicitations imprudentes d'une sœur de l'empereur lui donnent un prétexte pour intervenir. En 451, il franchit le Rhin aux environs de Mayence, ravage la Gaule de l'Est, pousse jusque devant Orléans, qu'il ne peut enlever ; au retour, il est battu par le « maître de la milice » romain, Aetius, et ses auxiliaires gotiques en Champagne, aux champs Catalauniques (le 20 juin 451). En 452, un second raid se dirige vers l'Italie, la plaine du Pô est dévastée, mais après une entrevue sur le Mincio avec le pape Léon le Grand, Attila fait demi-tour et rentre en Hongrie, peut-être rappelé par les affaires d'Orient. Il meurt peu après.

Son empire, dont l'influence s'était étendue à presque toute l'Europe centrale, ne lui survécut pas. Les satellites germaniques se révoltèrent, les fils d'Attila, Ellac et Ernac, se battirent entre eux et, après 454, les Huns furent réduits à un rôle secondaire. Ils disparurent tout à fait de l'histoire avant la fin du Ve siècle, laissant un souvenir fulgurant qui entoura d'un halo de terreur les autres entreprises que les peuples de la steppe dirigèrent vers l'Europe. L'épopée germanique célébra Attila sous le nom d'*Atli* (en scandinave) ou d'*Etzel* (en allemand) et l'historiographie chrétienne n'oublia jamais le « fléau de Dieu ».

Dans le sillage des Huns, un second peuple cavalier, les Alains, s'ouvrit la route de l'Ouest. C'étaient des Iraniens qui nomadisaient depuis le IIIe siècle au nord du Caucase et qui s'étaient longtemps intéressés à la Perse plus qu'à l'Europe. On les retrouve brusquement en 406 franchissant le Rhin moyen et se ruant sur la Gaule, où leurs bandes se divisent et se regroupent au gré des possibilités de pillage et des offres qui leur sont faites de servir comme auxiliaires de Rome. Aetius les employa contre les Huns et certains furent cantonnés en Armorique. Ils sont peut-être responsables de l'introduction en Occident d'objets d'art nettement orientalisants. Dès 409, la masse du peuple passa en Espagne ; après des heurts avec les Visigots (Wisigoths), elle se regroupa avec les Vandales, d'abord en Galice, puis en Andalousie et enfin, après 406, en Afrique. Elle y perdit vite son identité et se fondit avec la classe dirigeante du royaume vandale de Carthage.

Les Gots

Parmi les peuples germaniques impliqués dans la première vague des invasions celui des Gots fut le principal. Au IVe siècle, ils avaient déjà derrière eux un long passé de migrations, qui les avaient conduits des côtes méridionales de la Baltique à l'Ukraine, où ils s'étaient fixés au cours du IIe siècle. Dès cette époque ils avaient fait figure de grands parmi les nations ostiques. Leur séjour dans les steppes au nord de la mer Noire les marqua profondément : ils y devinrent des semi-nomades cavaliers, imitant les mœurs et le costume des Sarmates qui les y avaient précédés, et dominant de très haut des populations sédentaires fort mélangées, parmi lesquelles les ancêtres des Slaves.

C'est en Ukraine que les Gots subirent deux transformations d'une importance capitale. D'une part, ils s'y divisèrent en deux rameaux, appelés à partir du IVe siècle Ostrogots et Visigots (ce qui signifie peut-être les « Gots de l'Est » et les « Gots de l'Ouest »). Ils formèrent désormais deux entités politiques séparées, qui traversèrent ensuite l'Europe de part en part par des itinéraires distincts, mais leur civilisation garda son unité et le sentiment d'une certaine solidarité persista jusqu'à la disparition des Ostrogots au VIe siècle.

D'autre part, certains Visigots, entrés en contact avec le monde romain par le truchement de captifs ramenés de raids lointains en Asie Mineure, adoptèrent le christianisme au début du IVe siècle. Au moment décisif, vers 330-340, il se trouvait que l'Empire d'Orient avait un souverain arien, Constance II : c'est donc sous la forme arienne que l'apôtre des Gots, Ulfila (ou Ulphilas) reçut et transmit la foi nouvelle. Sa prédication trouva sans doute peu d'écho avant le passage du Danube, mais elle eut pour l'avenir une importance décisive. Quand les Gots se convertirent en masse, ils se firent ariens, et leur prestige amena presque tous les peuples ostiques à les imiter. Comme, entre-temps, l'hérésie arienne avait à peu près disparu de l'Empire romain, le christianisme, au lieu d'unir Romains et Barbares, les sépara par une barrière imprévue. De plus, pour sa prédication, Ulfila avait été amené à créer une langue gotique littéraire, et il l'avait pourvue d'une écriture dérivée du grec ; il s'en servit pour traduire le Nouveau Testament. Ce fut un instrument intellectuel remarquable qui donna à ceux qui l'utilisèrent le sentiment justifié de n'être plus condamnés à l'infériorité culturelle en face de Rome. De la littérature gotique, systématiquement anéantie au VIe siècle comme hérétique, il reste surtout d'importants fragments d'un très beau manuscrit biblique, exécuté peut-être pour un souverain, le *Codex argenteus*, aujourd'hui conservé à Uppsala en Suède.

Les premières rencontres entre les Gots et l'Empire romain se produisirent sur le Danube inférieur peu après 230. Un moment les Gots se livrèrent à des expéditions maritimes qui, par la mer Noire et le Bosphore, les menèrent jusqu'à la côte méridionale de l'Asie Mineure. Mais, en 271, le retrait des forces romaines de Dacie orienta leurs entreprises vers le sud-ouest. Après un long répit, marqué seulement de chocs épisodiques, les données du problème furent bouleversées par l'irruption des Huns dans la steppe pontique en 375. Vaincus au premier heurt et privés de chefs, les Gots fuirent en tous sens. Une minorité se réfugia dans les montagnes de la Crimée méridionale et y survécut obscurément jusqu'au XVIe siècle sans perdre sa langue.

La majorité des Visigots demanda en 376 à l'empereur d'Orient Valens son admission dans l'Empire : ils furent autorisés à s'établir en Mésie et en Thrace (Bulgarie actuelle), mais les populations locales les reçurent fort mal. La plupart des Ostrogots restèrent dans les Carpates, aux portes de l'Empire, en acceptant le protectorat des Huns. C'est ainsi que les Gots se trouvèrent, un peu malgré eux, jetés dans l'aventure des Grandes Invasions. Leur supériorité intellectuelle leur permit d'y faire très brillante figure.

Les Visigots

Deux ans après leur installation en territoire romain, les Visigots se soulevèrent ; Valens, en voulant les soumettre, fut vaincu et tué à Andrinople le 9 août 378. Pendant vingt ans, les Visigots parcoururent à peu près librement la péninsule des Balkans, y ruinant les structures économiques, sociales et politiques de l'Empire. Quand ce jeu cessa de leur être suffisamment profitable, leur roi Alaric les emmena continuer leurs déprédations en Italie du Nord (fin 401). L'empereur d'Occident, Honorius, s'enferma dans Ravenne, inaccessible derrière ses marais. Après divers accords, finalement rompus en 408, Alaric arriva aux portes de Rome, obtint un gros tribut, puis revint en 410 et mit la ville à sac le 24 août. Cette catastrophe, plus morale que matérielle, convainquit beaucoup de Romains de la ruine prochaine de leur grandeur.

Cependant Alaric, après trois jours seulement, se dirigea vers la Sicile et l'Afrique. Il mourut en route en Calabre. Son beau-frère et successeur Athaulf changea alors de programme : en 412, il mena les Visigots dans le sud de la Gaule jusqu'à Bordeaux, toujours sans rencontrer de résistance sérieuse. Se mariant à Galla Placidia, fille de l'empereur Théodose, il fonde, de part et d'autre des Pyrénées, le premier royaume germanique implanté sur le sol romain ; mais il est assassiné en 415 avant d'avoir pu stabiliser sa fondation.

C'est Wallia, son successeur, qui, par un traité conclu avec Rome en 416, obtint ce résultat ; inaugurant une nouvelle formule de *foedus* (traité d'alliance avec les Romains), cet accord fait coexister sur le même territoire l'autorité de principe de Rome, cantonnée dans le domaine civil, et l'autorité de fait essentiellement militaire d'un roi barbare. Ainsi naquit le royaume visigot d'Aquitaine, qui devait durer trois générations. Manœuvrant sans cesse dans le complexe politique très mouvant de l'Empire en décomposition, les rois Théodoric II et Euric réussirent à bâtir un véritable État comprenant les territoires entre la Loire et l'Èbre, plus un certain protectorat sur le reste de la péninsule Ibérique. Le roi, résidant le plus souvent à Toulouse, gouverne avec l'aide de sénateurs romains ralliés et surmonte en général la tension qui existe entre une armée arienne et une population gallo-romaine dirigée par ses évêques catholiques. Le peuple visigot, assez peu nombreux, semble s'être surtout établi dans la région toulousaine et le bas Quercy, selon les normes en usage dans le monde romain pour le cantonnement des soldats (régime dit de l'« hospitalité »). Euric (466-484) fut un roi législateur qui donna à son État des bureaux imités de ceux des gouvernements régionaux du Bas-Empire (préfectures) et qui publia un *Code* inspiré du droit romain à l'usage de ses sujets. À la génération suivante l'abrégé (« bréviaire ») des lois romaines promulgué par Alaric II en 506 fournit la base de tout le droit romain du haut Moyen Âge.

En 507, la victoire des Francs à Vouillé, près de Poitiers, où Alaric II trouva la mort, mit un terme à cette première symbiose entre Romains et Germains. On verra plus loin comment, grâce à l'appui des Ostrogots, un difficile sauvetage permit aux Visigots de recommencer une nouvelle carrière en Espagne.

Les Ostrogots

Entre-temps, les Ostrogots s'étaient décidés à suivre des voies parallèles. Jusqu'à la mort d'Attila, ils avaient vécu dans l'ombre des Huns et s'étaient associés à leurs entreprises balkaniques à partir d'habitats maintenant fixés en Pannonie (Hongrie actuelle). Après 454, ils conclurent avec l'Empire d'Orient un accord de voisinage, en vertu duquel le jeune prince Théodoric fut élevé à Constantinople. Il y comprit parfaitement la grandeur et les faiblesses de la civilisation romaine. Devenu roi en 473, il conduisit son peuple en Macédoine ; un foedus mit ses troupes à la solde de l'Empire. Mais les Balkans, déjà ruinés, le tentaient peu pour un établissement définitif. Sous couvert de servir l'empereur Zénon contre le chef rebelle des armées d'Italie, Odoacre, il se fit donner en 488 la mission d'occuper la péninsule. Entraînant beaucoup de peuplades abandonnées à elles-mêmes par l'effondrement de l'empire d'Attila, Théodoric força l'accès de la Vénétie en août 489. Odoacre s'enferma dans Ravenne, mais dut capituler et fut tué en 493. Le roi ostrogot s'établit dans l'ancienne capitale de l'Occident, où il trouva des organes gouvernementaux à peu près intacts qu'il sut vite faire fonctionner à son bénéfice.

Théodoric et ses alliés étaient donc maîtres du cœur de l'Empire romain, l'Italie et ses annexes (Provence, Norique, Dalmatie). Fort de l'expérience de sa jeunesse, le roi y organisa un régime savamment dualiste. Les Ostrogots, établis en garnison dans les grandes villes, sur les frontières, et surtout à Ravenne, et les Romains y vécurent sous deux administrations parallèles, la première surtout militaire, la seconde entièrement civile. Une ségrégation prudente, consacrée par la loi, séparait leurs habitats et leurs églises : Ravenne eut ainsi deux cathédrales, deux baptistères. Théodoric eut la chance de trouver parmi les Romains des hommes de talent qui le secondèrent, avant tout le sénateur Cassiodore, qui fut son principal ministre. Grâce à la sagesse de Théodoric, ce régime fonctionna sans heurts à peu près jusqu'à la fin du règne, qui se prolongea jusqu'en 526. Son succès fut marqué par des réalisations architecturales importantes, à Ravenne surtout et aussi à Rome et à Salone, par une certaine renaissance de la littérature latine et par un réel effort pour pourvoir les Gots d'une culture autonome.

Le prestige de Théodoric parmi les Barbares fut considérable ; il exerça une sorte de primauté morale parmi ceux d'Occident, spécialement les ariens. Ce prestige se reflète dans les textes de l'épopée médiévale allemande relatifs à Dietrich von Bern et jusque dans la tradition scandinave. Le roi sut se parer aux yeux des Romains de la fiction d'une délégation de pouvoirs consentie par l'Empire d'Orient ; il s'attira sans peine la classe dirigeante, comblée d'honneurs et de prévenances à condition de ne prendre aucune initiative. Son règne constitue un répit sensible dans les malheurs qui ont frappé l'Italie entre le ve et le viie siècle.

Mais ce régime d'équilibre, un peu utopique en une telle période, se dégrada rapidement. Les dernières années du vieux roi furent déjà marquées par un conflit avec la papauté et par l'exécution du plus profond penseur de la génération, le philosophe Boèce, accusé de comploter avec l'Empire d'Orient. Puis l'élimination de la régente Amalaswinthe par son mari Théodahad déclencha la catastrophe : elle fournit au nouvel empereur de Constantinople, Justinien, désireux de reconstituer l'unité du monde romain, un excellent prétexte pour intervenir. Les armées byzantines de Bélisaire, puis de Narsès – un ramas de peuples hétéroclites plus barbares que les Gots – se jetèrent sur l'Italie à partir de 536. Trop faible pour vaincre rapidement, le corps byzantin s'épuisa pendant près de vingt ans en une lutte à mort contre l'armée gotique. Celle-ci fit face avec un courage extrême sous les rois Vitigès (536-540), Totila (541-552) et Teia (552), mais fut finalement anéantie dans un combat livré en octobre 552 au pied du Vésuve. Ce qui restait des Ostrogots fut déporté par les Byzantins, réduit en esclavage ou incorporé dans l'armée. Le peuple disparut et sa culture, héritée d'Ulfila, périt avec lui.

Au total, la reconquête byzantine, notamment en raison des sièges interminables de Rome, fut plus dévastatrice pour l'Italie que l'invasion gotique. C'est elle qui anéantit les institutions les plus caractéristiques : le consulat, le sénat et la plupart des magistratures. Désespéré, celui qui avait été le porte-parole de Rome dans l'État de Théodoric, Cassiodore, se retira dans un monastère. Mal reprise en main par l'Empire d'Orient, l'Italie devint un domaine vacant, attendant de nouveaux envahisseurs.

2. Les envahisseurs de 406

L'effondrement des défenses romaines sur le Danube devant les Gots et les Huns n'affecta d'abord pas le *limes* du Rhin et de l'avantpays alpin. Mais celui-ci fut emporté en 405-406 par un vrai raz-de-marée qui déferla sur l'Italie, la Gaule, l'Espagne et l'Afrique. Les causes précises de la catastrophe se laissent mal évaluer, quoique le remue-ménage causé par l'installation des Huns au centre de l'Europe, l'affaiblissement interne de l'Occident par les luttes pour le pouvoir et les crises sociales y aient joué un rôle évident. Les auteurs de la percée ne furent pas des peuples de premier plan et leurs réalisations politiques n'eurent pas la qualité de celles des Gots.

La première entreprise fut celle de Radagaise, un chef de bande qui entra en Italie en 405 par le nord-est et atteignit la Toscane, où il fut écrasé près de Fiesole par le « maître de la milice » vandale de l'empereur Honorius, Stilicon (août 406). Cette équipée sans lendemain rappelle plus les pénétrations du IIIe siècle que les migrations qui suivirent.

Quelques mois plus tard, le 31 décembre 406, le Rhin fut franchi près de Mayence par un ensemble incohérent de peuples barbares. La plupart étaient encore des Germains du groupe ostique (Vandales, Burgondes) ou du groupe westique (Suèves), mais, comme on l'a vu, les Alains se joignirent à eux. Pendant quelques années, les envahisseurs se déchaînèrent en Gaule sans aucun plan, tournant en tous sens, sans que les armées romaines parviennent à les en empêcher – on avait pourtant rappelé toutes les garnisons de la Bretagne. Puis une décantation s'opéra et les peuples qui avaient gardé quelque cohésion gagnèrent les uns l'Espagne, les autres la région subalpine. Ils y firent une longue carrière.

Les Vandales

Les Vandales, comme les Gots, étaient issus de Scandinavie, sans doute de la province danoise de Vendsyssel, au nord du Jutland ; mais, dès le Ier siècle de notre ère, ils étaient établis sur la côte méridionale de la Baltique, entre Oder et Vistule. Peu après, ils se scindèrent en deux groupes : les Silings, qui gagnèrent la Silésie (elle leur doit son nom) et les Hasdings, qui s'établirent un peu plus au sud-est. Ils restèrent un peu plus d'un siècle dans ces nouveaux habitats. Puis, au milieu du IIIe siècle, on les retrouve beaucoup plus à l'ouest : les Hasdings en Pannonie et les Silings en Franconie. Vers 400, l'intrusion des Huns força les premiers à se rabattre vers le Rhin moyen. Les deux groupes le franchirent de conserve en 406, puis errèrent en Gaule durant trois ans. En 409, ils se ruèrent sur l'Espagne, accompagnés des Suèves et d'une partie des Alains. Une fois les Pyrénées franchies, ils se répartirent le pillage et l'exploitation de la péninsule. Les Hasdings reçurent un lot en Galice, les Silings en Bétique (Andalousie). Ils n'en jouirent pas longtemps : dès 418, l'Empire envoya les Visigots de Wallia à leurs trousses, les Silings furent anéantis. Restaient les Hasdings : ils passèrent à leur tour en Bétique (419), puis commencèrent à sonder l'Afrique romaine, au-delà de Gibraltar. En effet, par une mutation difficile à expliquer, ce peuple terrien se découvrit alors une vocation maritime qui dura plus d'un siècle.

Le roi Genséric (ou Geiseric) décida en 429 de transférer son peuple et les débris des Alains en Afrique. Après avoir débarqué à Tanger, l'armée s'achemina lentement, par voie de terre, en direction de Carthage. Pendant un an, elle fit le siège d'Hippone, au cours duquel mourut saint Augustin. En 435, Genséric traita avec les autorités romaines : on lui abandonnerait l'ouest de l'Afrique utile. Il ne s'en accommoda pas longtemps : le 19 octobre 439, il enlevait Carthage par surprise. La ville devait rester jusqu'en 533 la capitale d'un royaume vandale qui comprit, avec la Tunisie et le Constantinois, toutes les villes côtières entre la Grande Syrte et Oran.

Le pillage de l'Afrique intacte, loin de rassasier Genséric, le mit à même de poursuivre ses entreprises. Improvisant ou capturant une flotte, on ne sait, il utilisa Carthage comme base de raids auxquels nul ne s'opposa, vers la Sicile (440), la Corse, la Sardaigne et les Baléares (vers 455), enfin vers Rome, qui fut mise à sac en 455. La plupart des îles méditerranéennes passèrent sous la dénomination vandale. Le profit fut énorme et l'insécurité qu'il put faire peser sur le trafic maritime, notamment sur le ravitaillement des capitales, fut pour Genséric un moyen efficace de chantage politique jusqu'à sa mort (477).

Dans son foyer même, en Afrique proconsulaire (Tunisie du Nord), l'organisation de l'État vandale fut tournée vers le pillage plus que vers une administration régulière. La classe dirigeante romaine fut expropriée ou exilée, l'épiscopat catholique subit des persécutions violentes en sa qualité de complice naturel des Romains. Périodiquement, on le déportait au Sahara ou en Sardaigne ; des tentatives furent même faites pour imposer l'arianisme aux Africains. Tout ce qui n'était pas rentable, par exemple la défense de l'Ouest face aux résurgences du nomadisme berbère, fut abandonné sans scrupules. Sur ces ruines, rien de solide ne fut bâti : l'apport des Vandales apparaît surtout négatif. La masse de la population continua cependant à vivre dans le cadre des lois romaines, comme en témoignent les remarquables « tablettes Albertini », ces actes privés du ve siècle retrouvés près de l'actuelle frontière algéro-tunisienne. Ce qu'il restait d'intellectuels nourrit contre les Vandales une haine profonde : d'où leur très mauvaise réputation dans l'historiographie.

Les choses ne s'apaisèrent quelque peu qu'au bout de deux générations, sous le roi Thrasamund (496-523), qui esquissa un rapprochement avec l'aristocratie sénatoriale, à l'imitation de son beau-frère, Théodoric le Grand. Mais il était bien tard ! En 533, Justinien décida de reconquérir l'Afrique ; Bélisaire débarqua le 30 août et entra à Carthage dès le 15 septembre. En moins d'un an, tous les Vandales furent capturés et déportés en Orient. Ce qui restait de l'Afrique réintégra pour plus d'un siècle l'Empire romain.

L'Afrique n'a gardé à peu près aucune trace de la domination vandale, qui ne fut qu'un épisode transitoire. Après leur passage, elle se retrouva profondément diminuée, amputée de presque toutes ses régions les plus occidentales et reléguée en marge du mouvement général de la civilisation méditerranéenne, auquel elle avait tant contribué du IIIe au Ve siècle, et cela sans aucune compensation, car l'apport intellectuel, juridique, artistique ou économique des Vandales fut à peu près nul.

Les Suèves

Dans l'amalgame des peuples qui franchirent le Rhin en 406 se trouvaient des Suèves, rejetons d'une antique nation qui avait occupé une place de premier ordre dans la Germanie indépendante du temps de César à celui de Trajan, mais qui n'apparaît guère qu'à l'arrière-plan des Grandes Invasions. En 411, ils se retrouvent en Galice et profitent du départ des Vandales en Afrique pour constituer autour de Braga un petit royaume qui couvre à peu près le quart nord-ouest de la péninsule Ibérique ; ils essayèrent même d'en saisir une plus ample portion, mais les Visigots réagirent violemment et les rejetèrent en Galice en 456. Ils n'en sortirent plus.

Ce royaume n'a à peu près pas d'histoire connue. On sait seulement qu'il oscilla plusieurs fois entre le paganisme et l'arianisme, adoptant ce dernier sous la pression des Gots, mais le rejetant enfin vers 560, ce qui amena son incorporation au royaume visigotique. Les Suèves ont cependant laissé quelques traces dans l'archéologie et l'onomastique dans le nord du Portugal et le sud de la Galice.

Les Burgondes

Les Burgondes (appelés plus couramment Burgondions dans les sources contemporaines) sont un peuple appartenant au groupe ostique et proche parent des Gots. Leur premier habitat fut probablement situé en Scandinavie, peut-être dans l'île danoise de Bornholm (anciennement Borgundarholm) ; l'histoire les rencontre d'abord au Ier siècle de notre ère entre l'Oder et la Vistule. Ils glissèrent ensuite lentement vers le sud-ouest ; au IIIe siècle, on les retrouve au contact des défenses romaines, vers la Souabe actuelle, où ils restèrent fixés jusqu'à la grande ruée des Barbares en 406. Celle-ci les porta à l'ouest du Rhin dans l'ancienne province de Germanie, sans que l'on puisse préciser davantage ; la tradition poétique prétendra longtemps après que leur capitale était à Worms.

Préparés par leur long séjour sur les marges de l'Empire à s'entendre avec les Romains, les Burgondes entrèrent en 413 dans l'alliance officielle de l'empereur (*foedus*) et purent ainsi sans doute jouir du régime de l'hospitalité qui leur accordait une partie des terres des propriétaires romains. C'est vers cette époque qu'ils adoptèrent le christianisme ; quelle qu'ait été la forme sous laquelle il leur fut d'abord présenté – on en discute –, ils se rallièrent vite, comme les Gots, à l'hérésie arienne. En 436, le maître de la milice Aetius, désireux d'écarter les Burgondes de la Gaule du Nord, fit détruire cet État rhénan par des auxiliaires hunniques, mais il offrit bientôt aux survivants de se regrouper plus au sud, pour garantir le flanc de la Gaule romaine contre la poussée des Alamans. Le souvenir déformé de cet épisode se retrouve dans l'épopée allemande (*Nibelungenlied*).

Un second traité, conclu en 443, accorda donc aux Burgondes la Sapaudia, pays dont les limites exactes ne sont pas connues, mais qui comprenait sûrement l'ouest de la Suisse actuelle, le sud du Jura et sans doute aussi le nord de la Savoie. Une royauté s'y reconstitua, qui prit Genève pour capitale. Elle se montra l'alliée fidèle de l'Empire d'Occident expirant : des auxiliaires burgondes furent ainsi employés contre Attila en 451 ou contre les Suèves d'Espagne en 456. Cependant elle chercha à s'étendre : à partir de 457 commence l'expansion dans les pays du Rhône et de la Saône. Lyon dut être occupée vers 461 ; de là, on poussa à la fois vers le sud, où Vaison tomba avant 474, et vers le nord, où Langres fut atteinte avant 485.

Dans sa forme définitive, à la fin du ve siècle, le royaume burgonde s'étendait de la Champagne méridionale à la Durance et des Cévennes à la Suisse centrale. Lyon devint sa capitale, Genève et occasionnellement Vienne étant des résidences royales secondaires. L'avance des Alamans fut péniblement contenue en Suisse centrale, mais le contact avec les territoires romains bordiers du Danube fut vite perdu.

La toponymie (notamment l'extension des noms en *-ingôts*, en français *-ens*, du type *Louhans*, *Echallens*) et l'archéologie ont montré que les principaux établissements burgondes se localisaient dans le canton de Vaud, en Franche-Comté et au sud de la Bourgogne (qui leur doit son nom). Ils n'y représentèrent jamais qu'une minorité, mais une minorité installée aux postes de commande et très consciente de son originalité, qui fut préservée de façon durable même après la ruine de l'autonomie politique. Les Burgondes paraissent avoir été les seuls Germains fixés dans la France actuelle qui se soient servi de l'écriture runique (une inscription importante a été trouvée sur un bijou du cimetière de Charnay, en Saône-et-Loire). Ils persistèrent dans l'arianisme jusque vers 530, malgré des exceptions ; ainsi, la princesse Clotilde, épousée par Clovis, était catholique. Au moins à la première génération, certains aspects de leur civilisation semblent avoir subi l'influence des Huns. Cependant les Burgondes se montrèrent très bienveillants envers les Romains, même envers les évêques. Le droit burgonde est le seul des droits barbares à reconnaître l'égalité entre sujets germains et romains du roi et à autoriser les mariages mixtes. À en juger par le nombre relativement grand des inscriptions funéraires, les Burgondes adoptèrent vite des éléments de la culture antique. À Genève, le roi Sigismond fit construire vers 513-517, auprès de la cathédrale, un mausolée dynastique imité de celui de Constantin à Saint-Pierre-de-Rome.

Le plus grand des rois burgondes fut Gondebaud (vers 480-516). Officier supérieur de l'armée romaine, il avait dû l'abandonner quand son protégé Glycerius avait été renversé en 474. Gondebaud succéda à son oncle Hilpéric, fondateur du royaume de Lyon, et dut d'abord partager la souveraineté avec ses frères. Son souvenir est surtout resté attaché à la rédaction en latin de la loi des Burgondes, appelée de son nom *loi Gombette*, une des plus romanisées des lois barbares, qui règle minutieusement la coexistence entre Burgondes et Romains sur la base de l'« hospitalité ». Gondebaud, en revanche, n'est pour rien dans le texte appelé « loi romaine des Burgondes », qui n'est probablement même pas originaire de son royaume. Il se montra respectueux des prérogatives impériales et, réservant aux Burgondes les commandements militaires, il remit sur pied une administration civile de type romain, dirigée par des sénateurs, mais en plaçant dans chaque cité un comte burgonde à côté du comte romain. Parmi les États barbares son royaume est donc le meilleur exemple du type « dualiste ». Le problème majeur du règne fut celui des relations avec les Francs, alternativement cordiales et très tendues ; Gondebaud eut l'imprudence de coopérer avec Clovis pour détruire le royaume visigot de Toulouse en 507.

Les successeurs de Gondebaud se débattirent dans des difficultés inextricables. Certains membres de la dynastie royale se convertirent au catholicisme (avant tout saint Sigismond, fondateur du monastère de Saint-Maurice d'Agaune, en Valais), tandis que d'autres s'appuyaient sur les Ostrogots ariens, encore maîtres de la Provence, qui cherchaient à s'étendre dans la région alpine. Les Francs en profitèrent bientôt : les fils de Clovis envahirent à plusieurs reprises les pays rhodaniens. Malgré une défaite assez grave essuyée à Vézeronce (Isère), en 524, les Francs finirent par enlever au roi Godomer la totalité de son royaume. En 534, l'ancien pays burgonde fut définitivement incorporé à la Gaule mérovingienne, après une crise terrible, dont témoigne l'enfouissement de nombreux trésors.

L'empreinte des Burgondes sur la Suisse romande et les pays de la Saône fut cependant durable. À l'intérieur de l'État mérovingien, la Bourgogne, légèrement étendue vers le nord-ouest, constitua souvent un royaume autonome, sur le même plan que la Neustrie ou l'Austrasie ; elle retrouva en partie cette situation lors de la décomposition de l'empire carolingien. La civilisation de la Bourgogne mérovingienne garda une originalité certaine, sensible notamment dans le domaine de l'orfèvrerie (plaques-boucles à décor figuré), et la loi Gombette resta en vigueur dans la région lyonnaise jusque vers le milieu du IXe siècle.

Ainsi, la première vague avait mis en place cinq royaumes germaniques autour du bassin occidental de la Méditerranée. Deux d'entre eux, ceux des Vandales et des Suèves, apparaissent comme l'œuvre assez informe de Barbares inexpérimentés. Dans les trois autres, ceux des Ostrogots, des Visigots et des Burgondes, s'élabora une synthèse remarquable des éléments romains et germaniques. Sans doute n'eut-elle guère le temps de se développer, car l'adhésion à l'arianisme fut un handicap considérable, mais les résultats obtenus, spécialement par Théodoric le Grand, furent la preuve que la symbiose du legs antique et des apports germaniques pouvait donner naissance à une nouvelle civilisation, qui sera celle du Moyen Âge. C'est aux peuples de la deuxième vague, aux Francs avant tout, qu'il allait appartenir d'exploiter pleinement cette possibilité, tout en achevant de balayer ce qui subsistait de l'Empire en Occident.

3. La deuxième vague (Ve-VIe siècle)

L'Empire n'était pas mort du choc des premières invasions. En Orient, après la catastrophe d'Andrinople, il s'était pleinement ressaisi et la frontière danubienne avait été reprise en main pour près de deux siècles. C'est de l'Asie, et plus spécialement de la Perse sassanide, que vint pour lui au cours des générations suivantes la menace la plus dangereuse. En Occident, il avait bien fallu tolérer, sous le couvert d'un traité d'alliance (foedus), le cantonnement de troupes germaniques accompagnées de toute une population civile dans quelques enclaves comme la région genevoise, l'Aquitaine, la Galice et l'Afrique. Mais, au milieu du ve siècle, une autorité impériale commandait toujours à peu près partout, sauf dans la lointaine Bretagne, à une administration civile strictement hiérarchisée et à quelques armées de campagne qui, bien que formées de Barbares, obéissaient à peu près à ses ordres et maintenaient en tout cas le prestige de Rome.

L'une de ces armées était établie dans le nord-est de la Gaule, avec Soissons pour quartier général. La deuxième couvrait les accès orientaux de la plaine du Pô et Ravenne, la capitale. La troisième, moins importante, stationnait en Dalmatie. Bien qu'isolées les unes des autres, ces armées constituaient encore une force appréciable et leur loyalisme envers l'idée romaine n'était pas douteux, même s'il hésitait quelquefois devant les fantoches que les coteries plaçaient sur le trône. Très compromise, la cause de Rome en Occident n'était pas encore tout à fait perdue.

Mais, faute d'argent – en dépit d'une pression fiscale écrasante –, ces troupes n'étaient pas régulièrement soldées. Or elles avaient sous les yeux le spectacle des « alliés » barbares auxquels le foedus avait permis d'obtenir une rétribution en terres dans le cadre de l'« hospitalité ». En 476, l'armée d'Italie se souleva en réclamant des terres. Son chef, un Germain, Odoacre, d'origine skire, s'établit à Ravenne, déposa l'empereur-enfant Romulus Augustulus (lui-même fils d'un ancien secrétaire d'Attila), distribua des terres à ses troupes et fut proclamé roi par celles-ci ; mais il eut la sagesse de respecter la fiction impériale, en faisant allégeance au souverain de l'Orient, Zénon, qui feignit de s'en accommoder. Comme l'armée d'Italie était un agglomérat de nationalités diverses, l'affaire ne déboucha pas sur la naissance d'un État germanique solide. On a vu que Théodoric l'Ostrogot en vint à bout sans trop de peine dix-sept années plus tard.

Les fidèles de Rome qui survivaient hors d'Italie ne reçurent plus aucune impulsion commune. L'armée de Dalmatie tenta de faire un empereur. Celle de Gaule se comporta en entité autonome sous ses maîtres de la milice, Aegidius et son fils Syagrius, qui pendant une dizaine d'années eurent autant de liberté d'action que les rois barbares, leurs voisins. Des civils, entraînés par quelques sénateurs, tentèrent de créer un refuge romain en Auvergne, mais furent balayés par le roi visigot Euric. D'autres, issus plutôt de l'aristocratie municipale, avaient aussi essayé de prendre en main le gouvernement local de la Bretagne et de l'Armorique. En Gaule et dans le nord de l'Espagne, une révolte assez générale des classes rurales, la bagaude, ajoutait au désarroi.

Dans ces conditions, des chances nouvelles furent offertes à des peuples westiques restés jusque-là à l'arrière-plan, tant en raison de leur faiblesse relative que de leur respect pour Rome. Telle est l'origine directe de la deuxième vague des invasions. Les principaux bénéficiaires de la nouvelle situation furent les Francs ; autour d'eux, les Alamans et les Bavarois réussirent leur entrée dans le monde romain ; enfin, par ricochet, la conquête franque de la Gaule contraignit les Visigots à gagner l'Espagne un siècle après leur première migration.

Les Francs

On rappellera seulement ici les très grandes étapes de leur histoire. Leur mainmise sur le nord de la Gaule ne résulte pas d'une véritable invasion. En effet, ce peuple de la rive droite du Rhin inférieur s'était depuis le début du IVe siècle assigné deux tâches distinctes. Les uns, la masse du peuple, avaient commencé une lente progression à l'ouest du Rhin, en direction de la vallée de l'Escaut et de celle de la Moselle, à mesure que ces régions étaient délaissées par l'autorité romaine. Les autres, des chefs surtout, s'étaient placés au service de Rome ; dans l'armée de Gaule, ils avaient longtemps gardé le cours de la Loire contre Gots et Saxons.

Ainsi, les princes francs étaient tout à la fois chefs d'un peuple libre extérieur à l'Empire et officiers supérieurs de l'armée romaine. Restés en dehors des événements de 406, ils eurent donc à accomplir un coup d'État plutôt qu'une invasion pour devenir les vrais maîtres de la Gaule du Nord. Les souverains de la branche occidentale ou « salienne », Childéric, mort en 481, puis son fils Clovis, avaient régné à Tournai tout en servant Rome. Mais, en 486, Clovis vainquit Syagrius et annexa du coup toute l'aire sur laquelle l'armée de Gaule exerçait son autorité, c'est-à-dire les pays jusqu'à la Loire. Puis il étendit son royaume, dont le centre fut désormais Paris, dans toutes les directions : à l'est du Rhin contre les Thuringiens, sur le Rhin supérieur contre les Alamans, au sud-est contre les Burgondes, au sud-ouest enfin contre les Visigots.

La domination franque fut assez bien reçue dans la Gaule romaine. Quoique ce peuple n'ait jamais manifesté pour la culture antique un intérêt comparable à celui des Gots, le rôle joué depuis longtemps par ses chefs dans l'armée romaine avait préparé une certaine compréhension mutuelle. Et surtout, en 496, sans doute, Clovis, jusque-là païen, décida d'accepter le baptême sous la forme catholique, geste qu'il fut le premier roi germanique important à accomplir. L'Église romaine ne cessa donc de lui apporter son concours, en dépit de l'extrême brutalité de ses mœurs.

C'est sans doute ce facteur qui permit au petit peuple franc – renforcé, il est vrai, par un afflux constant de nouveaux immigrants venus d'au-delà du Rhin – d'absorber avec un tel succès un territoire si vaste, puis de porter en 507 un coup mortel au royaume visigotique de Toulouse et d'éliminer sans peine en 534 le royaume burgonde, reconstituant ainsi à quelques détails près (basse Bretagne devenue celtique, bas Languedoc et Roussillon restés gotiques) l'unité de la Gaule. Les Francs ne peuplèrent massivement qu'une zone assez étroite à l'ouest du Rhin ; des colonies plus sporadiques et un encadrement militaire contrôlèrent d'assez près le Bassin parisien ; le reste du pays fut seulement supervisé par une aristocratie liée à l'entourage royal, aristocratie dans laquelle des éléments romains furent vite admis. Telles sont les bases sur lesquelles s'éleva la puissance durable de la dynastie mérovingienne (Ve-VIIIe siècle).

Les Alamans

Les Alamans sont, comme les Francs, un peuple apparu tardivement à la suite du regroupement de plusieurs tribus usées par des combats prolongés contre les Romains le long de la frontière entre le Rhin et le Danube supérieur ; d'où leur nom, qui signifie « tous les hommes ». Après avoir pris une part très active aux tentatives de percée du IIIe siècle, et notamment à celle de 260, ils se calment un peu au IVe siècle et se fixent sur la rive droite du Rhin, face à l'Alsace et à la Suisse actuelles, tandis que leur aile orientale, les Juthunges, prend position entre Ulm et Ingolstadt. Sous une dynastie solide, ils forment une entité politique assez forte et très combative. Ils paraissent avoir constamment entretenu le projet de pousser vers les Alpes centrales et, au-delà, vers l'Italie.

À la différence des Francs, les Alamans prirent part, avec beaucoup de mordant, à l'offensive de 406, mais ils ne s'éloignèrent guère de leurs bases. Ils commencèrent à s'établir sur la rive gauche du Rhin en Alsace et dans le Palatinat, sans éliminer d'ailleurs tous les anciens habitants, puis tentèrent de descendre le fleuve vers Cologne. Les Francs les arrêtèrent à la célèbre bataille de Tolbiac (Zülpich), sans doute en 495, puis Clovis prit la contre-offensive, anéantit la dynastie alamane et obligea le reste du peuple à solliciter la protection des Ostrogots.

Renonçant désormais à toute progression, les Alamans du Nord-Ouest passèrent sous le protectorat des Mérovingiens et furent lentement assimilés. Ceux d'Alsace gardèrent une plus large autonomie ; enfin ceux du Sud-Est formèrent un « duché national » à peu près indépendant jusqu'au début du VIIIe siècle puisqu'ils ne furent soumis par Charles Martel qu'au cours de ses campagnes de 709-712.

Ce dernier groupe garda très longtemps un état d'esprit offensif. Au début du VIe siècle, il entama la colonisation de la plaine suisse, bousculant l'encadrement assez mince que les Burgondes y avaient mis en place, puis s'en prenant aux avant-gardes franques. Certains détachements, par la porte de Bourgogne ou le Jura, pénétrèrent même en Franche-Comté. De temps à autre, des corps isolés réussirent à atteindre l'Italie, mais sans pouvoir s'y établir. La poussée des Alamans s'exerça finalement surtout dans l'ingrate région alpine, où ils ne rencontrèrent pas de concurrence. Elle y fut singulièrement tenace, se prolongeant, sous des formes pacifiques, jusqu'au XIIIe siècle, notamment dans les Grisons et le Valais, et même sur le versant piémontais (Val Gressoney). Ce n'est guère que vers la fin de l'époque carolingienne que les Alamans assimilèrent des régions comme l'Oberland bernois ou le canton de Saint-Gall. Les Grisons, avec leur frontière linguistique extrêmement confuse, offrent encore aujourd'hui l'exemple d'une région disputée entre la population indigène romanisée (Rhéto-romans) et l'élément alémanique.

Contrastant avec ce dynamisme de la colonisation, la vie politique des Alamans paraît assez atone. Après Clovis, ils ne purent reconstituer d'État solide, regroupant toutes les branches du peuple. Ils furent convertis lentement au catholicisme par des missionnaires venus aux VIIe et VIIIe siècles du pays franc. Mais leur sentiment particulariste, exprimé dans une « loi nationale » rédigée au VIIe siècle, demeura très vif jusqu'au IXe siècle. Les Alamans, aux côtés des Francs, apportèrent une contribution appréciable à la formation de l'« aristocratie d'empire » carolingienne.

Les Bavarois

De tous les envahisseurs de l'Empire romain, les Bavarois sont les plus tardivement attestés dans l'histoire, mais il est probable, notamment pour des raisons étymologiques et linguistiques, qu'ils se rattachent aux Germains qui occupaient la Bohême au début de notre ère. On ne les connaît vraiment qu'à partir du moment où, franchissant le limes romain du Norique, le long du Danube, ils s'établirent au sud du fleuve, à la fin du Ve ou au début du VIe siècle. Comme les Alamans, ils laissèrent d'abord subsister un important peuplement romain dans les interstices de leurs colonies ; certains de ces îlots survivaient à l'époque carolingienne.

Ils ne prennent quelque cohésion qu'au milieu du VIe siècle, avec l'apparition de la dynastie des ducs agilolfingiens. D'abord soumis à un protectorat franc assez lointain, ils conquirent leur pleine indépendance à la fin du VIIe siècle, jouèrent pendant quelque temps un rôle considérable dans les affaires du royaume lombard d'Italie et devinrent même au VIIIe siècle des rivaux des souverains francs dans l'Allemagne du Sud. Charlemagne mit fin à ces velléités en déportant le duc Tassilon III et en annexant la Bavière en 788.

L'expansion des Bavarois prit presque autant d'ampleur que celle des Alamans. Elle se fit d'abord aux dépens des Romains du Norique, décapités par la décision officielle d'évacuation prise en 488 par Odoacre, et de ceux de Rhétie. Les îlots de populations romanes, réduits à un statut social inférieur, ne furent complètement assimilés au nord des Alpes qu'au IXe siècle. Puis la poussée se dirigea vers le sud, au-delà du col du Brenner, et germanisa du VIIIe au Xe siècle la région du haut Adige. Simultanément les Bavarois se heurtaient à l'est aux Avars et aux Slaves dans ce qui est aujourd'hui la Basse-Autriche ; après des vicissitudes contradictoires, ils réussirent encore dans cette direction un remarquable bond en avant au cours du IXe siècle.

Les Bavarois connurent sans doute d'abord le christianisme par les îlots romans qui subsistaient dans leur pays, notamment celui d'Augsbourg, mais ils ne furent méthodiquement convertis qu'aux VIIe et VIIIe siècles, par des missionnaires venus de la Gaule mérovingienne. Ils gardèrent une vigoureuse originalité nationale qui, appuyée sur la « loi des Bavarois », trouva une nouvelle expression dans le duché national de Bavière à l'époque ottonienne.

Les Visigots en Espagne

La défaite catastrophique subie par Alaric II à Vouillé en 507 obligea, après un siècle de stabilité, le peuple visigot à reprendre le cours de sa migration. Dès la fin du Ve siècle, des avant-gardes s'étaient établies en Espagne, alors pays de protectorat plutôt que partie intégrante du royaume de Toulouse. L'effondrement de celui-ci obligea à précipiter et à généraliser le mouvement. Dans des conditions très difficiles et grâce à l'intervention salvatrice de Théodoric le Grand, les Visigots quittèrent la Gaule quand, en 511, on décida d'y fermer les églises ariennes. De la région toulousaine, le gros du peuple se transporta en Vieille-Castille, entre Tolède et le versant méridional des monts Cantabriques. En même temps, le centre politique de l'État gotique quitta Toulouse et, après des étapes à Barcelone et à Mérida, se fixa vers 555 à Tolède, au cœur le mieux défendu des hauts plateaux ibériques. Sauf la Septimanie (Roussillon et Bas-Languedoc d'aujourd'hui), le nouveau royaume ne conserva rien en Gaule : il fut limité à la péninsule Ibérique et à une petite tête de pont en Afrique autour de Ceuta.

Malgré l'arianisme où ils se retranchèrent jusqu'en 587, les Visigots firent preuve à Tolède d'un sens politique comparable à celui de Théodoric le Grand en Italie. Leur État, remarquablement organisé malgré son incapacité à se donner une dynastie royale stable, sut s'appuyer sur un sentiment très vif du particularisme ibérique qui fut le terrain de rencontre des Gots et des Hispano-Romains. C'est ce qui – avec l'éloignement géographique – les sauva de la reconquête romaine entreprise par Justinien vers 552 ; les armées byzantines ne purent établir qu'une tête de pont au sud, en Bétique, et autour de la base navale de

Carthagène. Cette menace fut éliminée vers 620-630. Parallèlement, les Visigots mettaient fin en 585 au partage de la péninsule établi au début du Ve siècle, en annexant et en assimilant rapidement le royaume suève de Galice.

Ces succès furent consolidés par la volte-face religieuse du roi Reccarède en 587. Son père Léovigilde, déjà animé par la passion de l'unité ibérique, avait voulu la réaliser au sein de l'arianisme. Les résistances furent trop fortes. Reccarède se fit donc catholique, et obtint assez vite l'adhésion de presque tout son peuple. Toute l'Espagne communia bientôt dans une observance intransigeante, dont les conciles nationaux siégeant périodiquement à Tolède furent les surveillants très vigilants. L'unification religieuse permit l'unification juridique, accomplie au plus tard en 654 par la promulgation du *Liber judiciorum* par le roi Récesvinthe.

La monarchie visigotique ainsi transformée vécut jusqu'à la conquête arabe de 711. Volontairement repliée sur elle-même, elle n'exerça guère d'influence à l'époque sur ses voisins. Mais elle est à l'origine de quelques-unes des idées-forces du monde médiéval, notamment celle de la coopération entre l'Église et l'État (sacre des rois, attesté pour la première fois en 672 pour le roi Wamba). Elle connut au VIIe siècle une renaissance littéraire, marquée surtout par la grande figure d'Isidore de Séville, cet évêque profondément loyal envers les rois gots, dont l'œuvre encyclopédique fut l'assise de la culture médiévale. Ces réussites n'empêchèrent pas de très graves faiblesses qui conduisirent le royaume de Tolède à sa ruine brutale : la division de la classe dirigeante en clans furieusement hostiles, l'instabilité dynastique, l'oppression d'importantes minorités d'esclaves et de juifs, l'insoumission chronique des Basques.

Malgré tout, le souvenir des rois de Tolède guida et éclaira constamment, du VIIIe au XIe siècle, l'effort obstiné de la reconquête chrétienne qui repoussa les musulmans vers le sud. Le droit gotique resta la base du droit médiéval espagnol. Si la langue gotique avait disparu très tôt – sans doute avant le passage en Espagne sauf dans l'Église arienne –, l'onomastique gotique est encore usitée de nos jours. Avec celle des Francs en Gaule, la réussite des Gots en Espagne est la plus profonde qu'aient enregistrée les envahisseurs du monde méditerranéen.

On voit que la deuxième vague des invasions a laissé finalement plus de traces durables que la première, dont presque toutes les créations avaient été détruites par la reconquête romaine de Justinien. Son apport principal fut la fondation du royaume franc, destiné à devenir la puissance la plus considérable de l'Europe au haut Moyen Âge. Accomplie dans des conditions relativement pacifiques, la soumission des Gallo-Romains par les Mérovingiens fut le premier élément stable de la synthèse romano-germanique d'où est issue la civilisation médiévale.

4. La troisième vague (VIe-VIIe siècle)

La mise en place des peuples de la deuxième vague n'avait été, en quelque sorte, qu'une liquidation et une régularisation des séquelles des invasions brutales de la première. Aucune nouvelle impulsion n'était venue des foyers traditionnels de l'expansion barbare : la Scandinavie ou la steppe eurasiatique. Vers le milieu du VIe siècle celle-ci recommença à s'agiter.

Comme, à l'autre bout de l'Europe, la reconquête de Justinien avait créé un vide en Italie, un nouveau mouvement d'ensemble se trouva amorcé. Mais il se déclencha dans un ordre inverse de celui du Ve siècle : ce fut d'abord l'irruption des Lombards en Italie ; puis, sur leurs traces, celle des Avars dans le bassin du moyen Danube ; et enfin, tout à fait à l'arrière-plan, l'entrée en Europe des Bulgares et des Khazares. L'ultime conséquence de ces invasions sera l'irruption des Slaves dans la péninsule des Balkans, mais celle-ci sera étudiée ailleurs, avec l'ensemble des migrations slaves.

Les Lombards

Peut-être originaires de Scandinavie, les Lombards sont mentionnés pour la première fois au début de notre ère sur le cours inférieur de l'Elbe. Puis, au IIe siècle, ils se déplacent vers le sud : on les rencontre en 167 sur le Danube moyen ; après quoi il n'en est plus question pendant près de trois siècles. C'est seulement en 489 qu'ils se décident à entrer dans un ancien territoire romain, d'ailleurs évacué depuis longtemps, que les textes nomment Rugiland, du nom d'un occupant germanique antérieur, le peuple des Ruges (sans doute vers la Basse-Autriche). Ils y font une nouvelle station assez prolongée. Leur élan n'avait rien de précipité. Au début du VIe siècle, ils sont encore tout près de là, en Pannonie (Hongrie actuelle), où ils deviennent des cavaliers semi-nomades et commencent à compter sur le plan politique, jouant un jeu complexe entre les Francs, les Ostrogots et l'Empire d'Orient, au service duquel s'engagent de nombreux chefs. C'est alors qu'ils adoptent l'arianisme. Un foedus avec Justinien est conclu peu après 540 ; en conséquence, les Lombards coopèrent à l'anéantissement des Ostrogots en Italie. Mais, du coup, ils découvrent la richesse et la faiblesse de ce pays.

Le roi Alboin (vers 560-572) sut exploiter cette découverte. Inquiété sur ses arrières par la progression d'un nouveau peuple de la steppe, les Avars, il joua le tout pour le tout : en 568, il céda la Pannonie aux Avars, avec droit d'y revenir en cas d'échec, et lança son peuple, augmenté de nombreux aventuriers issus de toutes les tribus qui depuis un siècle avaient hanté ces régions, à la conquête de l'Italie. Une avant-garde militaire couvrit la migration civile. En mai 568, les défenses romaines du Frioul furent enfoncées et les Lombards se répandirent à travers la Vénétie. Les habitants de celle-ci se réfugièrent au milieu des lagunes côtières : c'est l'origine lointaine de la ville de Venise. En 569, Alboin occupait la plaine du Pô et Milan ; il se considéra désormais comme le maître de l'Italie.

En fait, la conquête était loin d'être achevée. Un grand nombre de places fortes et presque tous les ports restaient aux mains de l'Empire d'Orient. Il fallut des générations pour les réduire : les Lombards n'entrèrent qu'en 640 environ à Gênes, en 752 à Ravenne, et Rome leur échappa toujours, ainsi que les îles et l'extrême Sud. Ils ne purent donc s'établir qu'à l'intérieur : c'est le début du morcellement politique de l'Italie qui a duré jusqu'au XIXe siècle ; et leur domination fut toujours inquiète, menacée par les Byzantins que servait leur maîtrise totale de la mer.

Pour l'Italie du Nord, la conquête lombarde, survenant quelques années seulement après la fin des luttes épuisantes de Justinien contre les Gots, fut une catastrophe. La marque de l'Antiquité fut définitivement effacée, et pendant une génération les nouveaux venus, qui n'avaient eu aucun contact antérieur avec la société romaine, furent incapables de construire sur les ruines accumulées. Sans ordre, les armées lombardes se répandirent partout où aucune résistance sérieuse ne leur était opposée : d'abord, à travers les Alpes, vers la Gaule méridionale, d'où les Francs les repoussèrent vigoureusement ; puis le long des Apennins, au-delà de la route militaire byzantine de Rome à Ravenne, vers Spolète et Bénévent ; où elles fondèrent vers 575 des duchés autonomes. Toute à la joie de cette curée, l'aristocratie lombarde crut même, pendant dix ans (574-584), pouvoir se passer de rois. Il subsista de cette période un fort sentiment d'autonomie dans les diverses armées régionales.

La construction d'un État commença lentement sous le roi Authari (584-590) et s'accéléra sous son fils Agilulf (590-616). Ils s'appuyèrent sur les villes : la capitale fut fixée à Pavie (définitivement vers 626) et les survivants de l'aristocratie et du clergé romains furent invités à y reconstituer les éléments d'une bureaucratie. Le palais royal de Monza devint un centre de vie artistique et littéraire. Une certaine réconciliation des Lombards et des Romains s'esquissa, rendue possible par la conversion au catholicisme (tentée en 607 par Agilulf, mais parachevée seulement en 671). Elle intervint juste à temps pour empêcher de nouveaux envahisseurs de s'intéresser à l'Italie : des Avars et des Slaves poussèrent plus d'une fois, au début du VIIe siècle, des reconnaissances en Frioul et sur la côte adriatique de l'Italie méridionale. Le nouvel équilibre fut consacré par la rédaction d'un droit : l'édit de Rothari (643), d'ailleurs singulièrement archaïque.

Quelle a été l'importance de l'apport des Lombards ? Dans la plaine du Pô, où ils ont rejoint ce que laissaient les Gots, on peut l'estimer considérable, plus spécialement dans la région de Milan et de Pavie, autour desquelles se localise la Lombardie médiévale et moderne. Sans doute leur présence se fit-elle aussi beaucoup sentir dans la Toscane, autour de Sienne, et dans la Campanie intérieure, autour de Bénévent. Mais, même dans le Nord, les Lombards ne furent qu'une minorité qui perdit vite sa langue. Ailleurs, ce ne fut qu'un encadrement par l'armée et l'aristocratie. En raison du repli de la classe dirigeante romaine sur les enclaves impériales de Ravenne et de Rome (aucun évêché catholique n'avait d'abord subsisté en zone lombarde), il n'y eut pas entre les Lombards, même devenus catholiques, et les Romains la même fructueuse symbiose qu'entre les Francs et les Gallo-Romains. Cependant, le VIIIe siècle fit beaucoup pour rattraper le temps perdu ; Pavie fut alors probablement la capitale la plus brillante de l'Europe occidentale, et Paul Diacre, l'historien national des Lombards, fut un des meilleurs esprits de son temps.

L'autonomie politique des Lombards fut supprimée par Charlemagne en 774, mais leur sentiment national resta très puissant et contribua pour une grande part à la naissance de l'idée italienne au IXe siècle. Des institutions très originales, en particulier dans les domaines du droit, de l'administration locale, de l'armée et des classes sociales, se prolongèrent jusqu'au XIe siècle, et l'onomastique italienne a gardé une sensible empreinte lombarde. Le duché de Bénévent resta, jusqu'à la conquête normande du XIe siècle, le conservatoire de traditions lombardes un peu sclérosées, mais fort intéressantes.

Les Avars

Quand les Lombards leur cédèrent la Pannonie, en 568, les Avars étaient en Europe depuis fort peu de temps. Venus presque certainement de l'Altaï, et Turcs en majorité, ils avaient peut-être recueilli les débris d'une peuplade toungouse, les Jouan-Jouan, qui avaient formé au ve siècle un empire allant de la Corée du Nord au Turkestan oriental. On entend pour la première fois parler des Avars dans l'historiographie byzantine en 558, époque où ils vivaient encore dans la steppe caspienne. Vers 561, leur chef, le khagan Baïan, apparaît déjà sur le bas Danube ; en 567, il écrase un petit peuple germanique, les Gépides, dans la région de Belgrade. Le départ des Lombards leur donne alors sans combat tout le bassin pannonien. En 582 enfin, Baïan occupe Sirmium, clef des défenses byzantines sur le moyen Danube et porte des Balkans.

Implantés désormais au cœur de l'Europe, les Avars, pendant deux cents ans, constituèrent pour leurs voisins un danger permanent. Chaque printemps leur cavalerie lançait des raids vers les Balkans, l'Italie du Nord ou la Bavière. C'est dans la première direction que leur activité, purement négative, est surtout reconnaissable : ils y ruinèrent de fond en comble les structures byzantines, préparant ainsi les voies à l'immigration silencieuse des Slaves. La route commerciale de l'Adriatique à la Baltique, si active depuis le début de l'ère chrétienne, était définitivement coupée. Vers l'ouest, leur protectorat facilita aussi l'installation des Slaves en Bohême.

Ce peuple cavalier ne fut sans doute qu'une classe dirigeante, dominant des masses slaves, germaniques ou turques ; ainsi s'explique son effondrement sous les coups de Charlemagne entre 791 et 811, presque aussi rapide et tout aussi complet que celui des Huns. L'État avar, dont le centre était la steppe entre le Danube moyen et la Tisza, n'était pourtant pas inorganisé. Il avait pour capitale une ville de tentes, connue sous le nom germanique de *ring*, il eut une diplomatie et frappa même des monnaies. Mais sa trace, malgré le zèle que les archéologues hongrois ont mis à la rechercher, est très difficile à retrouver.

Les Bulgares

Les Avars furent suivis à quelque distance par un autre peuple cavalier, les Bulgares, peuple turc qui se forma sur le Don, vers le début du VIe siècle, par l'union de deux tribus, les Outigours et les Koutrigours. Ils recueillirent peut-être aussi quelques éléments échappés au désastre de l'empire hunnique. Durant le VIe siècle, ils furent plus ou moins en contact avec les avant-postes byzantins au nord de la mer Noire, tout en gardant le contact avec les Turcs d'Asie centrale. C'est seulement vers 600 qu'une partie des Bulgares commença une migration vers le sud-ouest, en direction du Danube inférieur, laissant une arrière-garde sur la moyenne Volga. Le khan Kouvrat puis son fils Asparuch conduisirent leur peuple au sud du Danube, franchi vers 680. Les Bulgares se fixèrent alors en Mésie, dans le pays qui porte aujourd'hui leur nom. Les raids avars et la progression des Slaves y avaient complètement effacé l'héritage romain, mais il subsista un peuplement rural slave assez dense. À son contact, les nouveaux venus se slavisèrent lentement ; ils semblent avoir renoncé à leur langue turque vers le Xe siècle.

Les Bulgares constituèrent rapidement un État solide, avec une capitale, Pliska (près de Choumen) et un souverain très obéi, le khan suprême, entouré d'une hiérarchie militaire de boyards. Les structures semblent parfois inspirées de modèles iraniens, mais les inscriptions rupestres gravées par les khans, d'un orgueil incomparable, sont en grec. Au début, l'empire bulgare resta cantonné au nord de la chaîne du Balkan, et c'est dans ce cadre étroit qu'il se consolida. La suite de son expansion, devenue explosive sous les terribles khans du IXe siècle, Kroum, Omourtag et Boris, appartient à l'histoire de Byzance plus qu'à celle des Grandes Invasions. Mais c'est à cette période que le nom national des Bulgares doit d'avoir survécu, fièrement appliqué dans la suite à des constructions politiques dont le lien avec ce premier empire est très indirect.

Les Khazares

Un nouveau peuple turc, celui des Khazares, forme l'arrière-garde de la troisième vague ; il ne dépassa pas le seuil de l'Europe. Après des débuts assez brillants au VIIe siècle, entre le Caucase et la forêt sibérienne, les Khazares se fixèrent dans le bassin moyen et inférieur de la Volga. Leur carrière différa fort de celle des autres peuples de la steppe : à demi sédentarisés, ils fondèrent le long du fleuve un chapelet de villes que vinrent fortifier des ingénieurs byzantins. Ils jouèrent un rôle important d'intermédiaires commerciaux entre l'Europe et l'Asie, ce qui valut à leur classe dirigeante une destinée unique : vers la fin du VIIIe siècle, elle se convertit au judaïsme. L'État khazare dura jusqu'à sa destruction par les Russes à la fin du Xe siècle. Son importance historique réside surtout dans l'influence indirecte qu'il exerça sur la Russie kiévienne naissante.

On arrête assez arbitrairement les Grandes Invasions vers la fin du VIIe siècle, rejetant ainsi les Hongrois dans une autre tranche de l'histoire européenne, mais la continuité entre leur migration et celles que l'on vient d'exposer est évidente.

5. Les invasions maritimes

Le milieu maritime de l'Europe du Nord-Ouest, si éloigné de la steppe eurasiatique, théâtre des premières invasions, se trouva aussi très précocement affecté par des migrations de grande envergure. Les peuples germaniques riverains de la mer du Nord en furent les initiateurs. On peut penser à de lointaines répercussions des mouvements qui touchaient alors leurs proches parents en Europe centrale. Mais l'onde d'agitation atteignit très vite également des populations du nord-ouest des îles Britanniques, pré-celtiques comme les Pictes d'Écosse, ou celtiques comme les Scots d'Irlande. On saisit mal comment ces deux convulsions se relient, sinon par les faiblesses de leur commune victime : l'Occident romain. Par ricochet, elles entraînèrent un dernier déplacement de peuples : les Bretons quittèrent en masse leur île pour gagner l'Armorique et la Galice.

Se déroulant dans des régions marginales de l'Empire, ces divers mouvements n'ont guère attiré l'attention de l'historiographie latine et restent fort peu connus. Des faits aussi essentiels que les premiers établissements saxons en Angleterre ne sont éclairés par aucun texte solide antérieur au VIIIe siècle. Force est donc de recourir très largement aux données plus conjecturales qu'offrent la linguistique, la toponymie et l'archéologie. Elles renseignent utilement sur les changements de civilisation, mais non sur les événements politiques ou militaires qui restent le plus souvent inaccessibles.

Cependant, les migrations maritimes sont parmi celles dont les conséquences ont été le plus durables. Le peuple écossais, le peuple anglais, le peuple breton leur doivent l'existence. Elles ont aussi compté parmi les plus destructrices : l'Angleterre est la seule des provinces romaines d'Europe où aucun parler roman ne s'est formé sur les ruines du latin et où le christianisme a été presque effacé au ve siècle. Il est vrai que c'était aussi la province la plus excentrique et celle où la marque de Rome sur les masses avait dû être la moins profonde.

Les Saxons

Les populations germaniques des côtes de la mer du Nord ont commencé dès le milieu du IIIe siècle à montrer une turbulence agressive, peut-être favorisée par un certain mouvement de submersion des plaines littorales qui avait commencé vers le début de notre ère. Le branle fut donné par une petite tribu, fixée sans doute au Danemark, les Érules, qui se lança avec une témérité inouïe, sur les deux itinéraires que suivirent plus tard les Vikings, vers la mer Noire à travers la Baltique et la Russie, vers la Gaule et l'Espagne à travers la mer du Nord et l'Atlantique (267-287). Les résultats directs de ces raids exploratoires furent à peu près nuls.

Le relais fut pris presque aussitôt par un peuple d'une tout autre importance, les Saxons, issus au cours du IIe siècle du regroupement de diverses tribus de Germains de la mer du Nord entre le Jutland et la Weser, et par leurs proches parents, les Angles, vivant vers la racine de la péninsule jutlandaise (pays d'Angel), et les Frisons, établis plus à l'Ouest sur les côtes entre l'Ems et le Rhin. Quelques Francs du Rhin participèrent aussi aux premières entreprises, d'une envergure que l'archéologie montre avoir été plus considérable que les historiens ne l'ont pensé pendant longtemps. Ces peuples découvrirent les routes de l'ouest au plus tard dans les années 280 et ne cessèrent plus de les parcourir avant le milieu du VIe siècle.

Dans une première phase, ils explorèrent à peu près toutes les côtes de la Bretagne insulaire et de la Gaule. Vers 286, le danger devint tel que Rome prit des mesures pour tenter de leur barrer le pas de Calais. Il fallut bientôt élever contre eux tout un système de défense, constitué de petits corps de troupes appuyés sur des forts littoraux : ce fut le *litus saxonicum*, homologue plus souple du limes rhénan. Il couvrit le sud-est de la Bretagne, du Wash à l'île de Wight, et, avec une armature beaucoup plus légère, le nord de la Gaule, du Rhin à la Gironde. Bien entendu les garnisons y furent composées en majorité de Barbares, le plus souvent des Germains continentaux : leur rôle dans la germanisation finale de la Bretagne ne doit pas être sous-estimé.

Bientôt les Saxons constatèrent que ces défenses avaient leurs points faibles. Ils en profitèrent d'abord pour se livrer à des pillages assidus ; le nombre immense des trésors monétaires enfouis le long des côtes à la fin du IIIe siècle donne une idée assez exacte de la panique qu'ils causèrent. Puis, dans des conditions très obscures, ils fondèrent quelques établissements. On soupçonne plus qu'on ne connaît ceux de Gaule ; et leur date exacte (avant le VIe s.) nous échappe. Il y en eut un en bas Boulonnais, bien attesté par la toponymie, qui fut peut-être un relais sur la route de l'Angleterre, peut-être aussi un appendice de la colonie fondée dans le Kent sur l'autre rive du détroit. Un autre établissement apparut, plus fugitivement, en basse Normandie, sur la côte du Bessin, et vécut jusqu'à l'époque mérovingienne. Les archéologues croient en déceler aussi sur le littoral saintongeais. Tout cela resta d'une signification purement locale et sans portée politique.

L'essentiel fut évidemment la colonisation de la Grande-Bretagne. Malgré la mise en œuvre de tous les moyens d'approche possibles, l'histoire de cet événement majeur reste très incertaine. Vers la fin du IVe siècle, les Saxons commencèrent à se rendre compte que les structures romaines étaient bien plus faibles en Bretagne qu'en Gaule et ils y portèrent désormais leurs principaux efforts. L'armée était médiocre, l'administration civile insuffisante, et il fallait aussi faire face à la menace des Scots et des Pictes. En 407, pour tenter de colmater la brèche ouverte dans les défenses du Rhin par les Barbares de la deuxième vague, l'armée de campagne fut envoyée en Gaule et n'en revint jamais. Le pays resta aux mains d'une aristocratie municipale à demi indigène, loyale envers Rome, mais sans moyen de lutte. Les quelques mercenaires barbares qui restaient pactisèrent vite avec les envahisseurs. Les flots des Saxons, des Angles, des Jutes et des Frisons commencèrent à déferler en masse dans les années 430-440 sur les côtes orientales et méridionales. Bientôt l'administration s'effondra et tout le pays s'engagea dans une récession économique profonde.

La colonisation fut sans doute assez lente : des moyens nautiques médiocres (des navires à rames, à la quille insuffisante) ne permettaient la venue que de petits effectifs. On compta, semble-t-il, trois zones principales de débarquement : du pas de Calais à la Tamise ; le golfe du Wash ; l'estuaire de la Humber. Mais il ne faut pas croire à l'image d'une avance cohérente de groupes organisés, donnée par les chroniques postérieures. Des éléments très divers, mêlant les différents peuples en proportions variables, se concurrençaient pour prendre possession des bons terroirs agricoles en progressant le long des vallées. Selon les cas, la population romano-bretonne fut massacrée, submergée ou repoussée vers l'ouest. Les villes disparurent entièrement, sauf Cantorbéry et Londres, réduites à des squelettes.

Ce n'est guère qu'au début du VIe siècle, après de nouveaux débarquements, que les assaillants et les indigènes se trouvèrent séparés par des «fronts» plus ou moins cohérents. À l'arrière de ceux-ci, les Anglo-Saxons, en s'enracinant, organisèrent les premiers embryons d'États monarchiques. Alors que les «Vieux-Saxons» restaient fidèles sur le continent à une organisation «républicaine», les circonstances de la conquête imposèrent des royaumes militaires, dont les souverains invoquaient pour ancêtre Woden, le dieu de la guerre. Vers 550, quand plus de la moitié de l'ancienne province romaine était déjà perdue, la résistance des Bretons se durcit, le long d'une ligne allant à peu près d'Édimbourg au nord à Portland au sud.

Refoulés ainsi dans les régions occidentales, les moins transformées par Rome, les Bretons revinrent à leur civilisation celtique indigène, ne gardant de leur ancienne appartenance à l'Empire que la religion chrétienne. Cependant leur fidélité à l'idée romaine fut parfois touchante : au milieu du VIe siècle des notables gallois se paraient encore de titres romains sur leurs épitaphes ! Privés de villes et de contacts avec l'extérieur, réduits à une structure tribale, ils s'émiettèrent sans offrir de résistance d'ensemble. Reculant pied à pied, ils se concentrèrent dans trois refuges à l'extrême Occident : le Cornwall au sud, le pays de Galles au centre, le Strathclyde (Lake District d'aujourd'hui) au nord. Vers la fin du VIIe siècle, les Saxons cessèrent à peu près de les y poursuivre : leur force d'expansion était épuisée.

À l'obscure phase de la conquête succède une phase d'organisation. Au-dessus ou à la place des groupements tribaux de la première heure naissent chez les envahisseurs des royautés régionales. Leur nombre, qui varie souvent, va de six à douze environ. Parfois l'un d'entre les souverains reçoit des poètes de cour le titre honorifique de *bretwalda*, «maître de la Bretagne», mais cela n'implique aucune suprématie politique, aucun début d'unification. Les royaumes les plus proches de la côte orientale, vite privés de possibilités d'expansion, n'ont eu qu'une importance secondaire : Sussex, Kent, Essex, Estanglie. En revanche, ceux de l'Ouest, plus tardivement constitués, firent preuve de beaucoup de dynamisme et étendirent tant qu'ils le purent leur domination aux dépens des Bretons : ce sont le Wessex, la Mercie et la Northumbrie.

Le Wessex, né de l'union des Saxons venus de la moyenne Tamise et de ceux venus de la côte méridionale (Hampshire), se caractérise par des entreprises guerrières constantes et heureuses contre les Bretons ; à la fin du VIe siècle, il atteint le premier la côte ouest au fond de l'estuaire de la Severn, séparant les Celtes de Galles de ceux du Cornwall. Son expansion dura jusqu'à la soumission de cette dernière région au IXe siècle, mais l'élan colonisateur avait pris fin et le pays garda sous la domination saxonne sa population celtique. C'est autour du Wessex que devait se faire, beaucoup plus tard (IXe s.), l'unification des Anglo-Saxons.

La Mercie – la «marche» –, dans les Midlands d'aujourd'hui, se signala au début du VIIe siècle en atteignant la mer d'Irlande, enfonçant ainsi un coin entre les Celtes du pays de Galles et ceux du Strathclyde.

La Northumbrie, formée de l'union des deux petits royaumes de Deira et de Bernicie, se chargea à son tour d'isoler de l'Écosse les Celtes du Strathclyde ; elle se distingua par sa civilisation, plus accueillante que celle des autres royaumes aux éléments celtiques.

Païennes, uniquement rurales et guerrières, les royautés anglo-saxonnes n'avaient guère de relations avec l'extérieur. L'extraordinaire tombe à navire découverte en 1939 à Sutton Hoo en Suffolk atteste cependant des contacts gardés en plein VIIe siècle avec la Scandinavie ; la Northumbrie en avait avec l'Écosse et, à travers celle-ci, avec l'Irlande. Le Kent, à la civilisation complexe, amalgamant éléments saxons, jutes et francs avec quelques rares survivances romaines, entretenait, par-delà le pas de Calais, des liens avec la Gaule mérovingienne. C'est par cette voie qu'à la fin du VIe siècle le christianisme fit sa réapparition : le roi Aethelberht de Kent accepta le baptême en 597. On peut considérer cette date comme marquant le terme de la période des invasions en Angleterre.

Formant une unité, malgré des nuances locales, la civilisation anglo-saxonne est presque entièrement le résultat d'une importation. Certes, les recherches les plus récentes parviennent çà et là à déceler quelques lointains héritages, presque impalpables, du monde romano-breton. Mais il faut constater que, hors quelques noms de lieux, d'anciennes villes en général et surtout de rivières, la langue ne doit à peu près rien au latin ou au celtique ; elle resta jusqu'au IXe siècle très proche de celle des Vieux-Saxons du continent. La société est encore du type germanique, avec des monarchies instables s'appuyant sur une classe militaire où règne le compagnonnage guerrier. La vie urbaine reste pratiquement inconnue, mais l'agriculture connaît un développement remarquable. Une classe servile assez fournie représente peut-être les descendants des vaincus. Mais la vie intellectuelle n'est pas négligeable : des milieux étroits utilisent l'écriture runique, il existe une importante poésie orale, qui sera mise par écrit ensuite (notamment le récit épique appelé *Beowulf*), et un droit de type archaïque, transcrit au IXe siècle. Le moine chroniqueur northumbrien Bède le Vénérable (673-737) est arrivé à temps pour recueillir des souvenirs historiques étendus et relativement précis sur l'époque païenne.

Les Pictes et les Scots

Les voisins septentrionaux et occidentaux de la Bretagne romaine, quoique tout à fait inorganisés sur le plan politique, furent également assez vite conscients de sa faiblesse. Les Pictes, habitants préceltiques de l'Écosse, et les Scots d'Irlande commencèrent à ravager les arrières de la province dans la seconde moitié du IIIe siècle. On mit sommairement en état de défense les côtes occidentales, avec une efficacité réduite.

Le danger picte ne fut vraiment grave que vers la fin du IVe siècle et dans la première moitié du Ve siècle. Il fut bientôt neutralisé, les Pictes étant attaqués dans leur propre pays par les Scots.

Le mordant des pirates scots s'accrut sensiblement au Ve siècle. Peu avant 500, ils commencèrent à établir sur la côte du pays de Galles et du Devon des têtes de pont, à la fois foyers de peuplement et sièges de petits royaumes. Sauf peut-être sur le plan religieux, ces fondations n'eurent guère de rayonnement ; on leur reconnaît toutefois un rôle dans la diffusion de l'écriture ogamique. Beaucoup plus importante fut la pénétration scottique chez les Pictes. Partant de la côte occidentale d'Irlande et des îles Hébrides, elle submergea presque entièrement le pays entre le VIe et le IXe siècle. En 843, le roi scot Kenneth Mac Alpin unifia toutes les principautés conquérantes : c'est alors que le pays prit le nom d'Écosse. Il adopta une langue celtique importée d'Irlande, le gaélique, et se rallia aux formes originales du catholicisme irlandais.

La principale conséquence de ces migrations fut de renforcer l'onde de panique causée par les Saxons dans les populations romano-bretonnes et d'en décider une grande partie à l'exil.

La migration bretonne

Incapables de s'organiser sérieusement pour résister à leurs assaillants, les Bretons commencèrent dans la seconde moitié du Ve siècle à émigrer en Gaule. Certains profitèrent du désordre qui y régnait pour s'y faire mercenaires ; mais la plupart, encadrés par leur clergé, songeaient seulement à s'y établir en paix loin de leurs agresseurs. S'embarquant sur toutes les côtes méridionales de l'île Britannique, mais surtout dans le Sud-Ouest, ils prirent terre en Armorique, dans la région qui s'est depuis appelée la basse Bretagne. La péninsule, à peu près abandonnée par l'administration romaine et qui n'intéressait pas les Francs, fut vite submergée par les Bretons. Vers la fin du VIe siècle apparurent des formations politiques assez rudimentaires ; la première fut le Broweroc, sur la côte sud. Les renforts continuèrent à arriver tout au long du VIe siècle, selon un rythme qui correspond sans doute à la progression vers l'ouest des Saxons du Wessex.

On ignore le détail des conditions dans lesquelles les Bretons celtisèrent la péninsule, jusqu'à une ligne allant approximativement de Dol à Vannes, ainsi que les îles Anglo-Normandes. Peut-être retrouvèrent-ils quelques traces encore vivantes des parlers gaulois. Ils profitèrent à coup sûr d'une dégénérescence de la vie urbaine et de l'absence d'intérêt des Mérovingiens pour les choses de la mer. Sans doute n'éliminèrent-ils les derniers îlots romans qu'au cours du IXe siècle.

Avec eux, les Bretons avaient amené leur Église ; elle affirma rapidement son originalité en s'organisant sur la base de monastères-évêchés et de vastes paroisses appelées *plou*. Son activité intellectuelle ne fut pas négligeable, mais elle fut à peu près effacée au Xe siècle par les Vikings. Jusqu'à leur irruption, la petite Bretagne participa pleinement à la civilisation celtique insulaire, avec des affinités spéciales pour le Cornwall et le pays de Galles.

Un petit groupe de Bretons poussa beaucoup plus loin vers le sud, jusqu'en Galice, à l'extrémité nord-ouest de la péninsule Ibérique ; depuis la fin du Ve siècle s'y était installé l'évêché de Britoña, enclavé dans le royaume suève.

On voit à quel point le mouvement des Grandes Invasions a transformé la face de l'Europe occidentale. Tandis que l'ancien Empire d'Orient se raidissait à Byzance dans un relatif immobilisme, l'Occident accomplissait une évolution précipitée, absorbant de force une multitude d'apports venus tant de l'est que du nord. Sur le coup, il faillit en périr. Mais comme la très grande majorité des envahisseurs n'avait pas de programme véritable et n'aspirait qu'à jouir de ses conquêtes, l'Europe occidentale réussit, en s'appuyant fortement sur l'Église, à surmonter presque partout les effets de choc ; bientôt elle fut en mesure d'élaborer, avec les éléments qu'on lui avait imposés avec les derniers restes de son héritage romain et avec quelques résurgences indigènes mises au jour par l'effondrement de l'Empire, une synthèse féconde, qui conduit directement à la civilisation médiévale.

LUCIEN MUSSET

Bibliographie

• Généralités

P. COURCELLE, *Histoire littéraire des grandes invasions germaniques*, 3e éd., Paris, 1964 / E. GAMILLSCHEG, *Romania germanica. Sprach und Siedlungsgeschichte der Germanen auf dem Boden des alten Römerreichs*, 3 vol., Berlin, 1934-1936 / R. LATOUCHE, *Les Grandes Invasions et la crise de l'Occident au Ve siècle*, Paris, 1946 / F. LOT, *Les Invasions barbares*, 2 vol., Paris, 1937 ; *Les Invasions germaniques. La pénétration mutuelle du monde barbare et du monde romain*, Paris, 2e éd. 1945 ; *La Fin du monde antique et le début du Moyen Âge*, Albin Michel, Paris, 1951, nouv. éd. 1989 / E. MITRE, *Los Germanos y las grandes invasiones*, Bilbao, 1968 / L. MUSSET, *Les Invasions*, 2 vol., P.U.F., Paris, 1965-1971 / P. RICHÉ, *Les Invasions barbares*, coll. Que sais-je ?, P.U.F., 8e éd. 1991 ; *L'Europe barbare de 476 à 774*, Sedes, 2e éd. 1992 / K. F. STROHEKER, *Germanentum und Spätantike*, Zurich, 1965.

• Huns et Alains

F. ALTHEIM, *Attila et les Huns* (*Attila und die Hunnen*, 1951), trad. E. Trautmann-Nehring, Paris, 1952 ; *Geschichte der Hunnen*, 4 vol., Berlin, 1959-1962 / B. S. BACHRACH, «The Alans in Gaul», in *Traditio*, vol. XXIII, 1967 / C. F. GORDON, *The Age of Attila. Fifth Century Byzantium and the Barbarians*, 2e éd., Ann Arbor, 1966 / L. HAMBIS, «Le Problème des Huns», in *Revue historique*, vol. CCXX, 1958 / E. A. THOMPSON, *A History of Attila and the Huns*, Oxford, 1948.

• Gots

W. ENSSLIN, *Theoderich der Grosse*, 2e éd., Munich, 1959 / «I Goti in Occidente», in *Settimane di studio. Centro italiano di studi sull'alto medioevo*, t. III, Spolète, 1956 / R. HACHMANN, *Die Goten und*

Skandinavien, Berlin, 1970 / P. LAMMA, *Teoderico*, Brescia, 1951 / F. MOSSÉ, *Manuel de la langue gotique*, 2e éd., Paris, 1956 / E. OXENSTIERNA, *Die Urheimat der Goten*, Leipzig, 1948 / E. A. THOMPSON, «The Settlement of the Barbarians in Southern Gaul», in *Journal of Roman Studies*, vol. XLVI, 1956 ; *The Visigoths in the Time of Ulfila*, Oxford, 1966 / N. WAGNER, *Getica. Untersuchungen zum Leben des Jordanes und zur frühen Geschichte der Goten*, Berlin, 1967.

• Vandales

C. COURTOIS, *Les Vandales et l'Afrique*, Paris, 1955 / H. J. DIESNER, *Das Vandalenreich*, Stuttgart, 1966 / L. SCHMIDT, *Histoire des Vandales* (*Geschichte der Wandalen*), 2e éd., Munich, 1942.

• Burgondes

M. BECK, «Bemerkungen zur Geschichte des ersten Burgundenreiches», in *Schweizerische Zeitschrift für Geschichte*, vol. XIII, 1963 / M. CHAUME, *Les Origines du duché de Bourgogne*, 4 vol., Dijon, 1925-1937 / A. COVILLE, *Recherches sur l'histoire de Lyon du Ve au IXe siècle*, Paris, 1928 / T. PERRENOT, *La Toponymie burgonde*, Paris, 1942.

• Francs

(cf. FRANCS)

• Alamans, Bavarois

K. BOSL, *Zur Geschichte der Bayern*, Darmstadt, 1965 / L. SCHMIDT, «Zur Geschichte der alamannischen Besiedlung der Schweiz», in *Zeitschrift für schweizerische Geschichte*, no 14, 1934 / E. SCHWARZ, «Die Herkunft der Alamannen», in *Vorträge und Forschungen*, vol. I, Constance, 1954 / I. ZIBERMAYR, *Noricum, Bayern und Österreich*, Horn, 1956.

• Visigots en Espagne

R. DE ABADAL Y DE VINYALS, *Del reino de Tolosa al reino de Toledo*, Madrid, 1960 / D. CLAUDE, *Geschichte der Westgoten*, Stuttgart, 1970 / R. MENÉNDEZ PIDAL, *Historia de España*, t. III : *España visigoda*, Madrid, 1940 / E. A. THOMPSON, *The Goths in Spain*, Oxford, 1969.

• Lombards

O. BERTOLINI, *Roma di fronte a Bisanzio e ai Longobardi*, Rome, 1941 / G. P. BOGNETTI, «Sul tipo e il grado di civiltà dei Longobardi in Italia», in *Art du Moyen Âge dans la région alpine*, Olten (Suisse), 1954 / P. S. LEICHT, «Territori longobardi e territori romani», in *Atti del 1mo Congresso di studi longobardi*, Spolète, 1951 / G. PEPE, *Il Medioevo barbarico d'Italia*, 3e éd., Turin, 1945 / *Problemi della civiltà e dell'economia longobarda*, Milan, 1964.

• Avars

A. KOLLAUTZ, «Die Awaren», in *Saeculum*, vol. V, 1964.

• Bulgares et Khazares

D. M. DUNLOP, *The History of the Jewish Khazars*, Princeton, 1954 / G. MORAVCSIK, *Byzantinoturcica*, 2e éd., Budapest, 1958 / O. PRITSAK, *Die bulgarische Fürstenliste und die Sprache der Protobulgaren*, Wiesbaden, 1955 / S. RUNCIMAN, *A History of the First Bulgarian Empire*, Londres, 1930.

• Anglo-Saxons

P. H. BLAIR, *An Introduction to Anglo-Saxon England*, Cambridge, 1956 ; *Roman Britain and Early England*, Édimbourg, 1963 / V. I. EVISON, *The Fifth Century Invasions South of the Thames*, Londres, 1965 / R. H. HODGKIN, *A History of the Anglo-Saxons*, 2 vol., 3e éd., Oxford, 1953 / K. JACKSON, *Language and History in Early Britain*, Édimbourg, 1953 / F. LOT, «Les Migrations saxonnes en Gaule et en Grande-Bretagne», in *Revue historique*, vol. CXIX, 1915 / F. M. STENTON, *Anglo-Saxon England*, 2e éd., Oxford, 1947 ; rééd. Gordon Press Publ., New York, 1977 / F. T. WAINWRIGHT, *Archaeology and Place-Names and History*, Londres, 1962 / D. M. WILSON, *The Anglo-Saxons*, Londres, 1960.

• Pictes, Scots et Bretons

M. DILLON & N. K. CHADWICK, *The Celtic Realms*, Londres, 1967 / J. L. FLEURIOT, «Recherches sur les enclaves romanes anciennes en territoire bretonnant», in *Études celtiques*, vol. VIII, 1958 / J. LOTH, *L'Émigration bretonne en Armorique*, Rennes, 1883 / F. T. WAINWRIGHT, *The Problem of the Picts*, Édimbourg, 1955 ; rééd. Greenwood Publ., Westport (Conn.), 1970.

GRANDS JOURS

Sessions judiciaires exceptionnelles tenues par des commissions du parlement en diverses provinces afin d'y accélérer les appels et de rapprocher la justice des justiciables. Souvent motivée par des considérations politiques, la tenue de Grands Jours demeura toujours à la discrétion du roi de France et fut l'une des concessions les plus spectaculaires que celui-ci pouvait faire aux particularismes régionaux.

Dès le XIIIe siècle, des Grands Jours furent périodiquement organisés à Troyes pour la Champagne, fief apporté dans le patrimoine capétien par la reine Jeanne, femme de Philippe le Bel. Au XVe siècle, après la réunification du royaume, Poitiers, Thouars, Bordeaux et Montferrand furent de même sièges épisodiques d'assises intermédiaires entre celles des baillis ou sénéchaux et le parlement de Paris. Aucun appel ne pouvait être interjeté des Grands Jours au parlement, mais les Grands Jours étaient tenus par des conseillers du parlement.

Certains, comme ceux d'Auvergne, devinrent pratiquement annuels. Ailleurs, comme à Toulouse ou Bordeaux, une autre solution l'emporta : le démembrement du parlement unique et la constitution de parlements locaux, indépendants de celui de Paris. Des Grands Jours se tinrent encore au XVIe siècle à Lyon, Poitiers, Troyes, Moulins, Riom, Tours et Angers. Les derniers furent, en 1665, ceux d'Auvergne à Clermont-Ferrand. On préféra ensuite, à défaut de parlement, créer dans plusieurs de ces villes un conseil supérieur (Blois, Châlons, Clermont, Lyon, Poitiers).

Le rôle qu'y jouèrent, du XIIIe au XVe siècle, les délégués du parlement de Paris apparente, à certains égards, l'Échiquier de Normandie à ces Grands Jours.

JEAN FAVIER

GRÉGOIRE DE TOURS saint (538 ?-594)

Georges Florent, qui devait ajouter aux noms de son grand-père et de son père celui de son arrière-grand-père maternel l'évêque de Langres, Grégoire (mort en 539 env.), naquit à Clermont en Auvergne le 30 novembre 538 (ou 539). Il appartenait à la vieille noblesse gallo-romaine, mais sa famille ne dédaignait pas de servir les rois barbares. Son père mourut jeune. Grégoire fut élevé par sa mère, qui s'était installée près de Cavaillon, puis par son oncle l'évêque de Clermont, Gall (mort en 551), enfin par l'archidiacre Avit. De santé fragile, Grégoire attribua à des saints plusieurs guérisons qu'il estimait miraculeuses ; il avait quatorze ans quand saint Allyre le délivra de douleurs d'estomac, vingt-quatre lors de son premier pèlerinage à Tours, où saint Martin le débarrassa de pustules malignes. Il séjourna ensuite, en 563, à Lyon, auprès de son oncle, l'évêque Nizier. Ordonné diacre, il fut envoyé à la basilique Saint-Julien, à Brioude. Il y résidait quand il fut élevé à l'évêché de Tours durant l'été 573, certainement grâce au roi d'Austrasie, Sigebert Ier (561-575), et à la reine Brunehaut. Son épiscopat fut constamment troublé par les querelles des princes mérovingiens. Il s'opposa fréquemment au roi de Neustrie, Chilpéric dont il décrivit avec un humour féroce les essais malheureux en fait de théologie, de versification ou de création de lettres supplémentaires de l'alphabet. Le roi de Bourgogne, Gontran (581-592), gagna l'estime de l'évêque, qui ne vit sans doute pas que l'habileté politique de Gontran n'était pas toujours honnête. Ses relations avec le roi d'Austrasie,

Childebert II (591-602), furent assez paisibles. Grégoire mourut à Tours, probablement le 17 novembre 594. Plus tard, on le vénéra comme saint à Tours et à Clermont.

Évêque d'une des villes les plus importantes des Gaules, obligé de voyager pour traiter des affaires politiques ou pour assister à des conciles, doué d'un esprit curieux, Grégoire de Tours commença à écrire dès le début de son épiscopat.

Il traduisit *La Passion des Sept Dormants d'Éphèse*, rassembla *Les Miracles de l'apôtre saint André*, disserta sur *La Course des étoiles* et composa un *Commentaire du psautier*, dont il ne reste que des fragments. Ces opuscules n'ont pas autant d'intérêt que ceux qui concernent les saints gaulois. Il raconta *Les Miracles de saint Martin* en quatre livres et *Les Miracles de saint Julien* de Brioude ; il écrivit deux autres recueils, l'un *À la gloire des martyrs*, l'autre *À la gloire des confesseurs*. De plus, il réunit des notices sur des saints gaulois dans les *Vies des Pères*. Mais ce sont surtout les dix livres de son *Histoire des Francs* qui ont valu à Grégoire de Tours le titre de « père de l'histoire de France ». Les deux premiers livres, qui vont jusqu'à la mort de Clovis (511), contiennent de précieux renseignements mêlés à des banalités et à des naïvetés ; les huit autres, qui s'arrêtent à 591, donnent de la Gaule au VIe siècle une image haute en couleur avec une quantité de précieux détails dont on n'a nulle part ailleurs l'équivalent.

Curieux d'histoire, Grégoire cite surtout des écrits de caractère historique et des documents dont beaucoup sont perdus. Il connaît quelques auteurs classiques : Virgile, Salluste, Pline, Aulu-Gelle. Il sait parfaitement qu'il emploie une langue latine fort abâtardie, mais ne s'en inquiète guère. Il écrit pour être compris, et cette simplicité, qui a pu le faire mépriser des pédants, lui a valu l'estime de ceux qui apprécient le naturel et le pittoresque. Bien qu'évêque, Grégoire ne se pique pas de théologie : le symbole de la foi lui suffit pour réfuter les hérétiques qu'il rencontre, des ariens peu cultivés. Mais il est nourri de la Bible et s'en sert adroitement dans les discussions avec les juifs. C'est sans doute au contact de la Bible qu'il a acquis son style simple et familier, ainsi que la bonhomie qui lui permet de raconter calmement des faits scabreux qu'il désapprouve. Sa franchise et sa candeur, qui n'est pas toujours involontaire, donnent à ses récits un charme et une vigueur que ni les siècles ni les abondants commentaires n'ont réussi à estomper.

JACQUES DUBOIS

GRÉGOIRE Ier LE GRAND saint (540 env.-604)

Dans une Église d'Occident désormais « passée aux barbares », alors que l'Italie est ravagée par toutes sortes de calamités, Grégoire Ier apparaît à la fois comme le pape qui eut à défendre et à reconstituer les structures ecclésiastiques et comme l'auteur avec lequel est né le Moyen Âge. Quoique venant à la fin de la grande période patristique, il sera l'écrivain le plus souvent cité par les théologiens et spirituels médiévaux. Selon une liste qui remonte au VIIIe siècle, il est considéré, avec Ambroise, Jérôme et Augustin, comme un des quatre « docteurs » de l'Église latine. Et il est, avec saint Léon, le seul pape auquel la postérité ait donné le surnom de « grand », sans doute à cause de l'autorité de son pontificat dans le domaine des rapports entre l'Église et la cité temporelle. Mais c'est surtout comme pasteur et maître de vie spirituelle que ce contemplatif, devenu pape, a marqué le Moyen Âge latin et tout le christianisme occidental.

Haut fonctionnaire, moine et pontife

Grégoire naît à Rome d'une vieille famille patricienne, apparentée à la gens Anicia et dès longtemps chrétienne : le pape Félix II († 492) était son trisaïeul ; sa mère Sylvia est honorée comme sainte, ainsi que deux sœurs de son père, Tharsilla et Aemiliana. Il reçoit une formation intellectuelle qui peut lui valoir la réputation d'*homo litteratus*, mais il n'est que de comparer son latin, d'ailleurs correct et limpide, avec celui de Léon le Grand († 461) pour constater le déclin de la culture classique en ce temps. Au reste, son refus d'« assujettir les paroles de l'oracle céleste aux règles de Donat » (dédicace des *Moralia*) n'est qu'un lieu commun familier aux écrivains chrétiens. Grégoire, entré dans la carrière administrative, parvient, dès avant 573, à la très haute charge de *praefectus Urbis* ; il acquiert dans cette fonction l'expérience des affaires, le sens de l'ordre, de l'autorité, du service du bien commun.

Mais bientôt, quoique non sans hésitations, il renonce aux affaires, transforme en monastère sa maison familiale du clivus Scauri, sur les pentes du Coelius, et fonde six autres couvents dans ses domaines de Sicile. Il gardera toujours la nostalgie de ces années paisibles où il pouvait vaquer à la prière et à la lecture : c'est alors sans doute qu'il acquiert une forte culture biblique et patristique, fréquentant surtout l'œuvre d'Augustin. En 579, le pape Pélage II l'ordonne diacre et l'envoie comme apocrisaire (l'équivalent d'un nonce) à Constantinople, où il restera six ans, sans songer, d'ailleurs, à apprendre le grec ni à s'initier à la théologie orientale – ce qui montre combien est déjà profond le fossé entre les deux cultures, entre les deux parties de la chrétienté.

Grégoire rentre à Rome en 585 ou 586 et reprend la vie monastique. Mais, en janvier 590, alors que Pélage est emporté par la peste, il est élu pape par l'acclamation unanime du clergé et du peuple. C'est en vain qu'il essaie de se dérober et d'obtenir de l'empereur Maurice qu'il ne confirme pas l'élection : il est consacré à Saint-Pierre le 3 septembre.

La ville est ravagée par la peste, menacée par la famine, le Tibre déborde : on peut croire que la fin du monde est proche (cf. *Homélie sur l'Évangile*, I, 35). Le nouveau pape prêche pour ranimer les courages, organise des prières solennelles et des processions au chant des litanies ; en même temps, il assure le ravitaillement en faisant venir du blé de Sicile. Tout son pontificat sera ainsi, dans une situation extrêmement difficile, un effort de réorganisation et de restauration. Grégoire administre sagement le « patrimoine de saint Pierre » – dont le domaine s'étend jusqu'en Sicile –, base de la puissance territoriale de l'Église en Italie et du futur État pontifical. Il en tire de quoi faire de larges aumônes. Lors d'une nouvelle incursion lombarde qui menace Rome (592), il supplée à l'inaction de l'exarque de Ravenne en négociant une trêve avec le roi barbare. Et la légende le montrera s'avançant au-devant d'Agulf comme autrefois saint Léon au-devant d'Attila.

Dans les questions ecclésiastiques, il fait preuve d'autorité vis-à-vis des églises suburbicaires (de la Toscane au sud de l'Italie), dont il est le métropolitain. Au-delà de ces limites, il intervient auprès du métropolite de Ravenne, qu'il rappelle au respect des usages liturgiques, et surtout il réussit à résorber le schisme qui séparait de Rome les évêques dépendant du métropolite d'Aquilée. Se considérant comme le sujet du basileus de Constantinople, il maintient cependant l'indépendance de l'Église vis-à-vis du pouvoir civil et revendique les droits du successeur de Pierre (une lettre à l'empereur Maurice rappelle explicitement les textes évangéliques sur lesquels se fondent ces droits, *Epistulae* V, 20). Il intervient à plusieurs reprises dans des questions relatives aux patriarcats d'Antioche et d'Alexandrie, et même de Constantinople, et refuse avec intransigeance au titulaire de ce dernier le droit de se nommer patriarche œcuménique : il voit dans cette prétention un geste d'orgueil et une atteinte à la dignité et aux droits des autres patriarches (*Epistulae* V, 43 ; VII, 35 ; VIII, 30 ; lui-même déclare renoncer à ce titre et se contenter de celui de *servus servorum Dei*, « serviteur des serviteurs de Dieu »). On voit ainsi l'autorité du pape s'exercer, avec des modalités différentes, sur trois zones : Rome et l'Italie suburbicaire, l'Occident, l'Orient et même Constantinople.

Il faut enfin rappeler l'action de Grégoire vis-à-vis de la Bretagne, où l'invasion des Anglo-Saxons avait, dès 428, ruiné entièrement le christianisme. Il fait acheter en Gaule de jeunes esclaves anglais pour les faire élever dans des monastères et, en 596, il envoie chez les Angles une quarantaine de moines missionnaires sous la conduite d'Augustin, qui sera le premier archevêque de Cantorbéry.

Un classique de la vie spirituelle

Les lettres de Grégoire (au nombre de huit cent cinquante-quatre, en treize livres) sont le document le plus sûr et le plus vivant sur sa vie et son activité. Dès le début de son pontificat, il adresse à Jean de Ravenne le *Liber regulae pastoralis*, qui traite, en quatre livres, de la vie pastorale, de l'« art des arts » qu'est le « gouvernement des âmes », de la prédication, de la vie spirituelle du pasteur. L'ouvrage, traduit en grec dès 602, fut le livre de base de la formation du clergé au Moyen Âge et reste un classique de la vie spirituelle. À Constantinople, il avait entrepris de commenter le livre de Job pour les moines romains qu'il avait amenés avec lui ; il acheva l'ouvrage à Rome vers 595 (*Moralia in Job* en trente-cinq livres). Ses homélies sur l'Évangile, prêchées dès son élection au pontificat, restent « des modèles de l'éloquence pastorale et de la prédication liturgique » (P. Batiffol). En 593-594, il prononce les vingt-deux homélies sur Ezéchiel. Vers la même date encore, à la demande d'un de ses diacres, Pierre, il écrit, sous forme de *Dialogues*, quatre livres sur les miracles opérés par de saints personnages en Italie. Le livre II, tout entier consacré à saint Benoît, constitue la principale source que l'on ait sur celui-ci. Ces *Dialogues* eurent vite un très grand succès ; ils furent aussi traduits en grec et exercèrent une influence profonde sur la dévotion chrétienne au Moyen Âge.

Grégoire n'est pas un théologien original. Les controverses dogmatiques s'étant apaisées à son époque, il est surtout un représentant de la doctrine commune : il reprend l'enseignement d'Augustin sur la grâce, la prédestination, le sort des enfants morts sans baptême ; il reprend et précise la catéchèse traditionnelle sur les sacrements, la discipline pénitentielle, les bonnes œuvres, le culte des saints. A. von Harnack a voulu faire de lui le représentant d'un « augustinisme populaire », voire d'un *Vulgärkatholizismus* fait de pratiques, de dévotions, de superstitions. Mais le mérite et l'influence de Grégoire le Grand sont d'un autre ordre.

En matière d'exégèse, bien qu'il ne néglige pas le sens littéral de l'Écriture (*littera*, *historia*), il le dépasse pour s'élever à l'allégorie (*allegoria*, *mysteria* : l'Ancien Testament est figure du Nouveau) et il s'arrête de préférence à l'enseignement moral : l'*Exposito in Job* a reçu, du vivant même de son auteur, le titre significatif de *Moralia in Job*. C'est que, avec le sens pratique du Romain et du pasteur, Grégoire est avant tout moraliste : « ... moraliste avec sa haute conscience de pape et son expérience du spirituel [...], il a moins éclairé l'Église qu'il ne l'a édifiée » (P. Batiffol). Par une œuvre qui est plus une catéchèse biblique qu'une construction scientifique, il a tracé les lignes essentielles de la théologie morale classique.

Mais ce moine devenu pape reste un grand contemplatif et un maître de la vie spirituelle (son homélie XIV sur Ezéchiel est une théorie complète de la contemplation et de la vie contemplative). C. Butler l'a même défini, entre saint Augustin et saint Bernard, comme un des maîtres de la « mystique de l'Occident ». Enfin, on attribue à Grégoire une œuvre liturgique et musicale. Cependant, s'il est certain qu'il a rédigé des textes liturgiques, on ne saurait affirmer qu'il soit l'auteur d'un *sacramentaire* qui se retrouverait dans le *Sacramentarium gregorianum* (celui-ci remonte vraisemblablement à Grégoire II, 715-731). De même, si Grégoire s'est occupé du chant liturgique (antiphonaire), on ne peut néanmoins le considérer comme le fondateur du chant grégorien, dont les origines sont difficiles à déterminer.

PIERRE THOMAS CAMELOT

Bibliographie

GRÉGOIRE LE GRAND, « Opera », in J.-P. Migne dir., *Patrologiae cursus completus*, sér. lat., t. LXXV-LXXVII, Paris, 1850 ; *Le « Pastoral » de saint Grégoire le Grand (Regulae pastoralis liber)*, trad. J. Boutet, Maredsous (Belgique), 1918 ; *Morales sur Job*, 3 vol., coll. Sources chrétiennes, Cerf, Paris, 1965-1975 ; *Dialogues*, 3 vol., *ibid.*, 1979-1980 ; *Registre des lettres*, 2 vol., Cerf, Paris, 1991 ; *Vie et miracles du bienheureux père saint Benoît*, Source, 6e éd., 1962.

• ***Études***

P. BATIFFOL, *Saint Grégoire le Grand*, Paris, 1928 / F. H. DUDDEN, *Gregory the Great*, Londres, 1905 / G. R. EVANS, *The Thought of Gregory the Great*, Cambridge Univ. Press, Londres, 1986 / R. GILLET, « Grégoire le Grand », in C. Baumgartner dir., *Dictionnaire de spiritualité ascétique et mystique*, t. VI, Beauchesne, Paris, 1966 / *Grégoire le Grand*, colloque, C.N.R.S., Paris, 1986 / F. LIEBLANG, *Grundfragen der mystischen Theologie nach Gregors des Grossen Moralia und Ezechielhomilien*, Fribourg, 1934 / N. SHARKEY, *Saint Gregory the Great's Concept of Papal Power*, Washington, 1950 / L. WEBER, *Hauptfragen der Moraltheologie Gregors des Grossen*, Fribourg, 1947.

GRÉGOIRE VII saint (1020 env.-1085)

L'un des papes les plus importants de l'histoire, personnage tenace et courageux, d'une sainteté de vie indiscutable, canonisé par Paul V en 1606, Grégoire VII a accompli une œuvre que les historiens ont parfois expliquée de façon divergente. Élevé à la suprême dignité de l'Église au cours de la période la plus névralgique de la querelle entre le Sacerdoce et l'Empire, ce moine s'est fixé un double programme :

restauration des structures et des mœurs ecclésiastiques qui devait prendre le nom de « réforme grégorienne » ; lutte contre l'investiture laïque et l'hégémonie impériale. Il s'agissait de donner à la papauté un rôle prééminent. C'est peut-être l'étroite imbrication des deux visées qui caractérise le pontificat de Grégoire VII.

La carrière de Hildebrand

Né entre 1015 et 1020 à Soano, en Toscane, dans une famille sans doute modeste, Hildebrand vint très tôt à Rome, où il étudia au monastère Sainte-Marie de l'Aventin et fit probablement profession monastique. Il passa ensuite au service du pape Grégoire VI et, lorsque l'empereur Henri III déposa celui-ci pour son indignité, il le suivit en exil en Allemagne. Revenu à Rome sous Léon IX, il vécut alors à l'abbaye de Saint-Paul, mais en fut tiré par Étienne IX qui l'envoya annoncer à la Cour germanique qu'il avait été élu sans la traditionnelle intervention de l'empereur. Hildebrand s'acquitta au mieux de cette tâche et sut se faire estimer du parti réformateur allemand, qui voulait appuyer la réforme du clergé sur une étroite coopération entre le Sacerdoce et l'Empire.

En 1059, Nicolas II le promut archidiacre de l'Église romaine, lui donnant ainsi une position fort importante. Il fut ensuite le conseiller le plus écouté du pape Alexandre II, qui commençait alors à mettre en œuvre une réforme plus radicale et à se méfier du jeune roi de Germanie, Henri IV, qui était moins disposé à la collaboration. Ce fut sous ce pontificat, semble-t-il, qu'il adopta les thèses du parti le plus ferme en matière de restauration de la vie religieuse, thèses qui comportaient entre autres les refus de l'investiture des évêques par les laïcs.

À la mort d'Alexandre II (1073), son conseiller fut acclamé par les clercs et les fidèles romains pendant la cérémonie funèbre, aux cris de « Hildebrand évêque ! ». Bien que cette désignation fût contraire aux dispositions du récent décret de Nicolas II (1059) sur l'élection pontificale, Hildebrand fut reconnu pape et couronné ; il prit le nom de Grégoire VII.

Il accédait à cette charge suprême après avoir acquis, au cours de ces longues années, la connaissance et l'expérience des problèmes ecclésiastiques et politiques. Très cultivé, enclin à accorder une grande place à la réflexion – une réflexion fondée sur le dogme et la théologie –, mais soucieux aussi des formes juridiques de l'action et connaissant bien le droit canonique, il s'imposa d'emblée comme le chef incontesté du groupe réformateur. Il avait d'ailleurs, pour tenir ce rôle, d'exceptionnelles qualités de caractère : le courage, la ténacité, le goût de l'autorité, et il excellait à dramatiser, par ses attitudes, ses proclamations et ses écrits, les situations dans lesquelles il se trouvait. Il s'imposait enfin aussi par sa sainteté.

Bilan de la « réforme grégorienne »

Convaincu que la réforme devait au plus vite conduire au rétablissement d'une vie digne dans le clergé, grâce à quoi le christianisme pénétrerait plus profondément dans toute la société et contribuerait à adoucir les mœurs comme à faire régner la justice et la paix, ne concevant pas que cette réforme pût réussir sans être dirigée par une autorité unique, celle du pape, persuadé encore que les structures traditionnelles de l'Église – tendant à la décentralisation et à l'autonomie épiscopale – contenaient en elles des risques graves, Grégoire VII, dès le début de son pontificat, adopta une attitude très énergique à l'encontre des évêques simoniaques ; il se proclama adversaire résolu du mariage des prêtres et prit des mesures contre les clercs vivant en concubinage. Il interdit l'investiture laïque, ce qui le conduisit à un très grave conflit avec l'empereur Henri IV. Dans ce combat, où il ne craignit pas, par deux fois (1076 et 1080), d'excommunier et de déposer le monarque, il reçut l'appui de la comtesse Mathilde de Toscane et des descendants des seigneurs venus jadis de Normandie se fixer dans le sud de l'Italie, inaugurant ainsi une politique d'expansion des États de l'Église dans le centre de la péninsule et une diplomatie fondée sur l'alliance normande. Il n'hésita pas non plus à surveiller les métropolitains et les évêques en confiant des pouvoirs de décision à ses légats.

De nombreux documents, émanant directement de lui, expriment la doctrine qui soutint cette action : *Dictatus papae*, liste de vingt-sept brèves propositions, publiées sans doute en 1075 et qui proclamaient les décrets souverains du pape en divers domaines ; formules d'excommunication et de déposition, rédigées sur un ton éloquent et vibrant ; deux lettres adressées, à l'occasion de ces sanctions, à Hermann, évêque de Metz.

Grégoire VII mourut à Salerne, après avoir dû fuir Rome devant les entreprises de Henri IV. Apparemment il avait perdu la partie, mais en réalité son programme et ses idées devaient triompher par la suite ; surtout, la réforme dite grégorienne allait, d'une façon générale, être une réussite. Grégoire mourait avec la conviction d'avoir combattu pour une cause juste et sainte.

Réformateur ou dominateur ?

Une œuvre aussi importante, qui fut accomplie au prix d'une activité harassante et provoqua une lutte d'une extrême gravité, devait être jugée très différemment par les historiens, selon la façon dont ceux-ci posaient les problèmes et comprenaient la personnalité du pontife, en fonction aussi de leurs propres conceptions, particulièrement de leurs convictions religieuses.

Pour les uns, généralement les plus récents et de tendance catholique, Grégoire VII est avant tout un réformateur, le principal inspirateur et le plus prestigieux réalisateur de la réforme qui porte son nom. À leurs yeux, son attitude et sa doctrine sont simples à saisir : il veut lutter dans la chrétienté contre l'emprise du démon, contre le péché, contre le mal ; pour ce faire, il doit, d'une part, mettre en place un instrument capable de mener à bien ce combat, c'est-à-dire un clergé digne et saint – d'où la lutte contre la simonie et le nicolaïsme, contre l'investiture laïque qu'il considérait à juste titre comme à l'origine de ces vices ; d'autre part, il veut élaborer des structures et établir une autorité aptes à utiliser au mieux cet instrument – c'est-à-dire proclamer et instituer la primauté romaine, faire du pape le chef réel de tous les évêques, transformer l'organisation ecclésiastique en un système de type monarchique. Ainsi considérée, l'exaltation de l'autorité pontificale, exprimée dans les *Dictatus papae*, ne serait qu'un moyen de réaliser une réforme saine et juste.

De même, c'est au nom de la réforme et poussé par la nécessité de s'opposer au péché que Grégoire VII, selon cette thèse, intervient contre l'empereur, l'excommunie et le dépose, proclame qu'il a sur tous les princes une autorité prééminente et des droits incontestables – ce qui revient à faire du pape le seul dépositaire de la souveraineté dans le monde. Mais Grégoire VII ne prétend pas à une direction effective de la société temporelle ; il n'envisage jamais de bouleverser l'organisation des pouvoirs politiques ; il veut seulement que l'empereur et les rois collaborent dans leur sphère à l'œuvre religieuse de l'Église, telle qu'elle est définie par le Saint-Siège ; en s'y opposant, ils favoriseraient les forces du mal.

Prenant le contrepied de cette explication, sans nier toutefois qu'à la base de l'action du pontife il y eût avant tout des préoccupations religieuses, d'autres historiens, le plus souvent protestants, ont été frappés non seulement par les mesures prises à l'encontre de Henri IV, mais par l'attitude de Grégoire à l'égard de certains pays (dans la péninsule Ibérique particulièrement) devenus officiellement vassaux du Saint-Siège. Cette interprétation les a conduits à penser que le principe objectif de ce pape avait été d'exalter la puissance romaine.

Autrement dit, Grégoire VII aurait, selon ces historiens, d'abord voulu imposer l'autorité pontificale directe à tous les évêques et faire de l'Église une monarchie ; et, une fois ce résultat obtenu, il aurait conçu que le pape dirigeât en même temps les princes, les vassaux étant liés par un accord juridique précis et l'empereur par un contrat moral faisant de lui le chef temporel de la chrétienté – en réalité, l'exécutant suprême du programme de l'Église –, les autres rois étant contrôlés d'une façon plus indirecte mais obligés de respecter les normes définies. Finalement, ce programme aurait tendu à faire pénétrer davantage le christianisme dans la société et à faire régner la vertu, la justice et la paix ; mais pratiquement, il aurait essentiellement abouti à la *plenitudo potestatis* de l'évêque de Rome, qui était tenu pour infaillible, ainsi que le déclare un article des *Dictatus papae*.

La thèse mixte

Entre ces deux interprétations il existe une voie moyenne. La première thèse tend, en effet, à donner une importance quasi exclusive, dans le programme grégorien, à la réforme. La seconde gauchit quelque peu à son avantage le sens de certaines décisions, la suzeraineté sur certains États étant souvent antérieure au pontificat de Grégoire VII et ayant été imposée par l'histoire même de ces États, puisqu'en se constituant ils eurent besoin de trouver une autorité qui, en les reconnaissant et les protégeant, leur donnât une existence légale.

Comme aucune de ces thèses ne nie le primat de l'inspiration spirituelle de l'œuvre tout entière, on peut admettre sans difficulté que Grégoire VII a essentiellement voulu accomplir une réforme religieuse et qu'il a élaboré dans ce dessein un programme qui, à ses yeux (il aurait pu y avoir d'autres méthodes, mais il a rejeté tout autre projet réformateur), exigeait le refus de l'investiture laïque (donc lutte avec l'empereur) et une direction unique et ferme. Mais il aurait très tôt pensé qu'il était tout aussi important d'édifier véritablement cette suprême autorité que de mener la réforme : les deux chapitres du programme auraient été réalisés de front et certains grégoriens auraient agi de façon telle que l'établissement de la souveraineté pontificale dans l'Église et dans le monde serait devenu pour eux une fin et non plus un moyen.

C'est là, semble-t-il, la meilleure manière de définir avec nuance la place propre à chaque problème et de mesurer la complexité de toute grande entreprise politico-religieuse, aucune de ces explications d'ailleurs ne diminuant la grandeur de Grégoire VII et l'importance de son œuvre.

MARCEL PACAUT

Bibliographie

Registrum Gregorii VII... (recueil de lettres et d'actes originaux), E. Caspar éd., 2 vol., Berlin, 1920-1923.

H. X. Arquillière, *Saint Grégoire VII*, Paris, 1934 / G. Borino dir., *Studi gregoriani per la storia di Gregorio VII e della riforma gregoriana*, 6 vol., Rome, 1947-1951 / A. B. Cavanach, *Pope Gregory VII and the Theocratic State*, Washington, 1934 / A. Fliche, *La Réforme grégorienne*, 3 vol., Louvain-Paris, 1924-1937 ; reprod. fac-sim. Slatkine, Genève, 1978 / J. Haller, *Das Papsttum, Taten und Wirklichkeit*, t. II, Cologne, 1951 / H. E. J. Cowdrey, *The cluniacs and the gregorian Reform*, Oxford, 1970 / M. Pacaut, *La Théocratie*, Paris, 1957 / G. Tellenbach, *Libertas, Kirche und Weltordnung im Zeitalter des Investiturstreits*, Berlin, 1936 / H. Toubert, *Un Art dirigé : réforme grégorienne et iconographie*, Cerf, Paris, 1990 / W. Ullmann, *The Growth of Papal Government in the Middle Age*, Londres, 1949.

GRÉGOIRE IX, UGOLINO comte de SEGNI (1145 env.-1241) pape (1227-1241)

De la famille des comtes de Segni et neveu d'Innocent III, canoniste éminent, homme entreprenant et décidé, Ugolino Conti, devenu pape en 1227 sous le nom de Grégoire IX, joua un grand rôle, avant son accession au souverain pontificat, dans la formation de l'ordre des Frères mineurs (Franciscains). Il fut, en effet, l'ami de François d'Assise, pour lequel il éprouvait une très vive admiration et dont il suivit les entreprises en se faisant nommer cardinal protecteur de l'ordre. Il dirigea celui-ci vers des entreprises d'action et vers une règle de vie qui ne correspondaient peut-être pas à l'idéal du Poverello. Pratiquement, il obtint de mettre la nouvelle congrégation au service de l'Église romaine pour l'aider dans ses tâches.

Son œuvre principale, lorsqu'il devint pape après le décès d'Honorius III, fut l'organisation de l'Inquisition, érigée en office universel afin de lutter contre l'hérésie. Il s'occupa aussi très activement des universités, qui prenaient alors leur premier essor, et contribua au développement des études, particulièrement dans le domaine juridique : il fit assembler les principales décrétales pontificales promulguées depuis le milieu du XIIe siècle, ce qui constitua, avec le *Décret de Gratien*, le *Corpus juris canonici*.

Politiquement, il eut à s'opposer à l'empereur Frédéric II, roi de Sicile, qui se montrait très entreprenant en Italie. Il l'excommunia en 1227 et dut faire face à une offensive impériale contre les États pontificaux. En 1230, après de longues négociations, il conclut avec lui la paix de San Germano. Mais le conflit se ranima avec violence à la fin du pontificat de Grégoire, qui excommunia de nouveau l'empereur en 1239.

MARCEL PACAUT

GRÉGORIENNE RÉFORME → RÉFORME GRÉGORIENNE

GROS

Depuis la réforme monétaire carolingienne, alors que l'habitude s'était instaurée de compter par deniers, sous et livres, on ne frappait plus en réalité que des deniers. Pour répondre aux besoins de la renaissance économique du XIIIe siècle et également afin d'unifier la monnaie du royaume et de supplanter la monnaie féodale, Saint Louis fit frapper en 1266 le « gros d'argent », ou sou d'argent.

Ce n'était pas une nouveauté : les *matapans* vénitiens avaient été frappés dès 1202, les sous florentins, peu avant 1237. Le mouvement est véritablement européen : vers le milieu du XIIIe siècle, on trouve les *aquilini grossi* du Tyrol, les sous de Montpellier en 1273, les gros de Flandre vers 1275, les *groats* anglais vers 1279, les *Groschen* de Bohême en 1296.

Le gros tournois de Saint Louis valait 12 deniers tournois (soit 9,5 deniers parisis). Le sou tournois pesait 4,22 g d'argent, au titre de 23/24 d'argent fin, alors que la plupart des monnaies d'argent n'étaient titrées qu'à 10/24. Cela explique le succès de cette monnaie nouvelle.

Saint Louis avait voulu faire coïncider monnaie de compte et espèces monétaires. La qualité du gros ne tarda pas à faire hausser son cours : sous Philippe le Bel, il vaut 13, puis 15 deniers, au lieu de 12. Sous les successeurs de Philippe le Bel, alors que la monnaie est sans cesse remaniée, le gros tournois cède la place à des pièces dites gros ou gros blanc, dont on abaissera le titre autant de fois qu'il sera nécessaire pour les empêcher de s'élever en valeur de compte. Le résultat de cette pratique est l'encombrement du marché par une foule de mauvaises pièces et la hausse du gros tournois de Saint Louis, qui continue à circuler. Charles V s'efforça de restaurer le gros tournois, mais à la taille de 96 au marc au lieu de 58 ou 60, c'est-à-dire en consacrant la hausse considérable du prix de l'argent.

Abandonné sous Charles VI, repris à la fin du règne de Charles VII au cours de 30 deniers, le gros tournois devait disparaître au XVIe siècle, remplacé par les testons, à l'effigie royale et contenant une qualité très supérieure d'argent.

JEAN DÉRENS

GUELFES & GIBELINS

Deux factions dont la lutte anima l'histoire de l'Italie aux XIIIe et XIVe siècles. Leur origine toutefois se situe en Germanie. Guelf (Welf) est le nom de famille des ducs de Bavière dont la puissance féodale est hostile à la maison impériale des Hohenstaufen. Gibelin (Waiblingen, château des Hohenstaufen) est le cri de guerre des impériaux. L'antagonisme se développe lors des luttes pour la succession impériale, dans le cadre de la querelle des Investitures et du conflit entre la monarchie et le particularisme féodal. Les tenants des Hohenstaufen sont fidèles aux traditions de l'Empire germanique et hostiles à la suprématie pontificale, les guelfes sont favorables à un accord avec la papauté par hostilité aux Hohenstaufen. Avec Frédéric Ier Barberousse, le conflit entre le pape et l'empereur se confond avec la lutte entre celui-ci et les communes lombardes. Les antagonismes germaniques sont transférés en Italie.

Quand ils y apparaissent vers 1240, les deux mots sont une étiquette recouvrant une réalité mouvante. En apparence, sont gibelins ceux qui prônent le maintien de bonnes relations avec Frédéric II, alors que les guelfes sont anti-impérialistes. Des querelles locales, des conflits d'intérêts entre groupes familiaux ou entre cités rivales, des attitudes religieuses divergentes déterminent en réalité le partage des nobles en deux camps opposés. Des villes oscillent d'un parti à l'autre, mais Pise et Sienne penchent pour l'empereur, puisque Florence tient pour le pape et Charles d'Anjou qui, pour chasser d'Italie les Hohenstaufen, a besoin de l'argent florentin. Après la mort de Conradin, le dernier des Hohenstaufen, tué par Charles VI d'Anjou en 1268, le sens des deux mots s'affaiblit : le guelfisme n'est plus qu'un vague système d'alliances appuyant la cause angevine et, à l'intérieur des communes, il justifie une oligarchie conservatrice favorable au maintien du statu quo. Le gibelinisme, hostile aux Angevins, ne se ravive que lors des interventions impériales en Italie (Henri VII et Louis IV) qui alimentent la nostalgie de Dante dans son *De monarchia* (1311 env.).

MICHEL BALARD

GUERRE DE CENT ANS

La guerre de Cent Ans, outre l'intérêt qu'elle a suscité chez les spécialistes de l'histoire militaire et politique, propose aux historiens un ensemble de problèmes importants.

Le problème de ses origines dépasse la vaine question des responsabilités et, par-delà les explications dynastiques, politiques et géo-politiques qui ont été soutenues, requiert une explication en profondeur mettant en cause les intérêts et les mentalités des milieux (cours et gouvernements royaux) et des classes dominantes (noblesse et, à un moindre degré, bourgeoisie marchande). Le problème de son bilan démographique, économique, moral s'insère dans la problématique plus vaste de ce qu'on a appelé la « crise du XIVe siècle ». Dans quelle mesure la guerre est-elle responsable, à côté des autres calamités (famines, pestes) et au sein d'une mutation des structures économiques, sociales et administratives, de la saignée et du reclassement démographique, du bouleversement de la carte de la production et de la consommation, de l'exacerbation des sensibilités ?

Dans quelle mesure, enfin, a-t-elle accéléré ou retardé la transformation de la France et de l'Angleterre en États et en nations modernes : consolidation monarchique, établissement d'armées et d'impôts réguliers, sentiment national ?

1. Un héritage contesté : le royaume de France

Pendant longtemps, les historiens ont vu dans la guerre de Cent Ans la conséquence d'une querelle dynastique compliquée par un conflit féodal. Ce dernier remontait au mariage d'Henri Plantagenêt avec Aliénor d'Aquitaine, répudiée par le roi de France Louis VII (1152). Devenu en 1153 roi d'Angleterre, Henri II était plus puissant que le roi de France, dont il était le vassal pour divers fiefs, dont la Normandie, le Maine, l'Anjou, l'Aunis, la Saintonge, la Guyenne.

Après de nombreuses luttes, Philippe Auguste reprit au roi d'Angleterre, av début du XIIIe siècle, la majeure partie de ses possessions françaises. Par le traité de Paris (1259), Saint Louis avait rendu certains territoires et lui avait reconnu la jouissance de la Guyenne en fief, pour lequel le roi d'Angleterre devait prêter au roi de France l'hommage du vassal au suzerain. Mais, tandis que les souverains d'Angleterre supportaient mal cette vassalité et n'oubliaient pas leurs anciennes possessions en France, les rois de France, à partir de 1294, cherchèrent, souvent par des moyens déloyaux, à reprendre la Guyenne aux Anglais.

Des rois sans fils

En 1316, le roi de France, Louis X, fut le premier des Capétiens à mourir sans héritier mâle. Des assemblées de grands et de notables assurèrent, en 1316 et en 1322, la couronne aux deux autres fils de Philippe le Bel, Philippe V et Charles IV. Mais, à la mort de celui-ci, en 1328, le roi d'Angleterre, Edouard III, petit-fils par sa mère de Philippe le Bel, brigua la couronne de France contre Philippe de Valois, petit-fils de Philippe III. Edouard d'Angleterre avait quinze ans : une nouvelle assemblée lui préféra Philippe, âgé de trente-cinq ans (son père avait déjà joué un grand rôle politique en France), surtout « parce qu'il était né du royaume ». Cela donne dès le début le ton du sentiment national qui s'affirmera pendant la guerre de Cent Ans (la prétendue loi salique, écartant de la succession au trône de France les femmes et leurs descendants, ne fut invoquée que beaucoup plus tard). Après des hésitations, et après avoir réaffirmé son droit au trône de France, Edouard III prêta, en 1329, l'hommage pour la Guyenne. Mais, des différends ayant reparu entre les deux rois, en 1337 Philippe VI prononça, comme l'avaient fait Philippe le Bel et Charles IV, la confiscation de la Guyenne. Pour certains historiens, lors de la guerre qui se déclencha à partir de 1338, Edouard III aurait pris la question de Guyenne pour prétexte couvrant ses aspirations au trône de France ; pour d'autres, au contraire, la revendication de la couronne française n'aurait été qu'un moyen énergique pour mieux s'assurer la possession pleine et entière de la Guyenne. Quoi qu'il en soit, il est clair que les prétentions anglaises en France ont varié suivant les monarques et suivant la période.

Plus récemment, des historiens ont mis au premier plan la rivalité anglo-française en Écosse, en Bretagne, et surtout en Flandre. En Écosse, la lutte menée depuis la fin du XIIIe siècle par les Écossais contre les Anglais trouvait un appui diplomatique et, à un moindre degré, militaire auprès des Français. Soumettre la France aurait alors été pour Edouard III le moyen d'avoir les mains libres en Écosse.

En Bretagne, une lutte d'influence opposait les Anglais, soucieux de s'assurer une position dominante dans une principauté qui contrôlait des routes essentielles à leur commerce et à leurs relations avec la Guyenne et l'ouest de la France, aux Français, désireux de rendre effective une suzeraineté assez théorique. Mais l'antagonisme ne se développa qu'après la mort du duc Jean III (1341) et avec la rivalité entre Jean de Montfort, soutenu par Edouard III, et Charles de Blois, appuyé par Philippe VI. La rupture entre les deux rois était consommée depuis 1337 et les hostilités ouvertes depuis 1338.

En Flandre, la rivalité était surtout économique. La laine anglaise était la matière première essentielle de la draperie flamande, richesse principale du pays. Les antagonismes sociaux et politiques envenimaient par ailleurs les relations entre les Flamands et les rois de France, leurs suzerains pour la plus importante partie du pays.

En 1302, les artisans des villes flamandes avaient infligé à Courtrai, à la bataille des Éperons d'or, une cuisante défaite aux chevaliers français alliés des nobles flamands (les Leliaerts, ou « partisans des fleurs de lys »), mais les Français avaient pris leur revanche à Mons-en-Pévèle (1304), puis à Cassel (1328).

Toutefois, si ces diverses questions ont envenimé la querelle franco-anglaise, elles n'en ont pas été la cause. Philippe Wolff a désigné comme « cause essentielle de la guerre de Cent Ans » l'évolution qui, au début du XIVe siècle, conduisait à l'unité française. Mais cette explication, qui n'est pas entièrement convaincante pour la France qui n'est pas encore rassemblée en 1328, laisse en dehors l'Angleterre, dont les raisons ne peuvent se réduire à une réaction de défense face au processus d'unification français.

La féodalité en mutation

Les causes profondes de la guerre de Cent Ans doivent sans doute être cherchées moins du côté du monde féodal finissant que de la réaction de ce monde aux mutations que les historiens ont baptisées « crise » ou « crises » du XIVe siècle.

En France comme en Angleterre, les noblesses, à la recherche d'un nouvel équilibre face aux progrès de l'économie monétaire, aux transformations de la rente féodale, à la montée des villes et du pouvoir monarchique, ont cherché dans la guerre une solution à leurs difficultés. Qu'il s'agisse des profits de pillages et de rançons, du freinage des évolutions naturelles, d'occasions de saisir ou de retrouver le pouvoir politique ou d'un « divertissement » apporté aux inquiétudes par les aventures militaires, tout cela, plus ou moins consciemment, a incité à des combats renouvelés pendant plus de cent ans. Des deux côtés de la Manche, les nobles furent épaulés par les troupes, régulières ou irrégulières, de gens du peuple, ruinés ou désaxés par les mutations monétaires, les épidémies et les famines, la réaction féodale des nobles et le capitalisme naissant des bourgeois.

Ce climat de calamités, de luttes sociales, de nationalisme montant a conféré à la guerre de Cent Ans un caractère acharné et une dimension jusqu'alors inconnue à l'intérieur de la chrétienté.

Cependant, si cette hypothèse est juste, elle doit être étayée par l'élargissement de la problématique à toute la chrétienté. Luttes entre pays et dynasties doublées de guerres civiles et de conflits sociaux se retrouvent aux XIVe et XVe siècles en péninsule Ibérique, en Italie, en Bohême, en Pologne (contre l'ordre Teutonique), en Scandinavie, et jusque dans l'Église (Grand Schisme).

Victoires anglaises (1337-1360)

À la confiscation de la Guyenne par Philippe VI, le 24 mai 1337, Edouard III réplique le 7 octobre en revendiquant le royaume de France, en reniant l'hommage prêté pour la Guyenne et le Ponthieu, puis en faisant porter un défi au roi de France. Le conflit mit aux prises les deux premières monarchies d'Occident – depuis l'éclipse du Saint Empire romain germanique –, « deux puissances relativement prospères et peuplées, participant à une civilisation identique, partageant les mêmes idéaux et les mêmes préjugés, ayant atteint un niveau technique comparable, connaissant une organisation sociale, des formes de

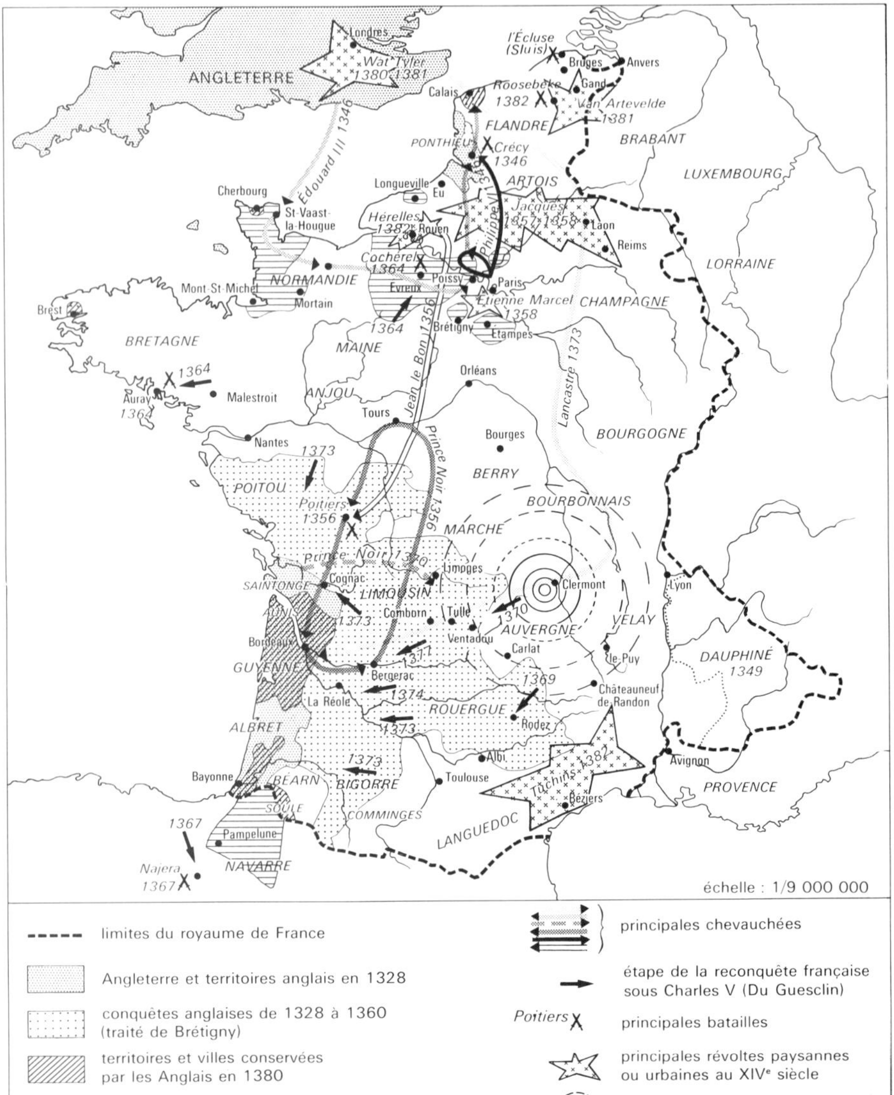

Conquête anglaise et reconquête française au XIVe siècle

gouvernement et d'administration apparentées » (P. Contamine).

Peuplée de 4 millions d'habitants environ, l'Angleterre était peu urbanisée, dominée commercialement par des étrangers (Italiens, Gascons, Flamands, Allemands), mais dotée d'une excellente administration locale et d'un système de gouvernement équilibré entre roi et parlement. Le roi disposait d'importantes ressources, provenant d'un vaste domaine royal et de taxes telles que les droits frappant la laine exportée vers le continent, et, d'autre part, d'une très bonne armée à solde, composée soit de volontaires recrutés selon des engagements stricts, soit d'hommes levés dans les comtés : à l'aristocratie à cheval se joignaient des archers à pied ou à cheval, d'origine populaire, aguerris par les luttes contre les Gallois.

La France, avec au moins 15 millions d'habitants, une économie équilibrée, des ressources royales plus importantes, la possibilité de lever des armées plus nombreuses, semblait plus forte. Mais son unité était inachevée (France du Nord et France du Midi), la participation des classes urbaines et populaires à l'administration et à l'armée limitée, la puissance royale entravée par l'absence d'impôt régulier et par le rôle des grands détenteurs de fiefs (Flandre, Bretagne, Bourgogne, etc.).

En 1340, Edouard III, soutenu par les Flamands, détruisit la flotte française dans l'avant-port de Bruges, l'Écluse. Après d'infructueuses campagnes en Flandre et l'implantation de garnisons en Bretagne, Edouard III conduisit, dans l'été 1346, une première grande chevauchée du Cotentin à la Picardie, faisant un énorme butin, écrasant les Français à Crécy (26 août 1346) et prenant, après un siège de onze mois, Calais (1347), où il installera en 1363 l'étape de la laine.

La Grande Peste de 1348 prolongea l'arrêt des opérations jusqu'en 1355, année durant laquelle le prince de Galles (appelé, à partir d'une chronique du XVIe siècle, le Prince Noir) effectua une chevauchée de Bordeaux à Narbonne. Il en effectua une autre en 1356, de Bordeaux vers le nord ; il fut attaqué le 19 septembre à Maupertuis, près de Poitiers, par le roi de France, Jean II le Bon, qui y subit un désastre plus complet que celui de Crécy, et fut fait prisonnier.

Tandis que le dauphin Charles, nommé régent, triomphait de la révolution parisienne conduite par Étienne Marcel, de la Jacquerie des paysans de Picardie et d'Ile-de-France et des intrigues du roi de Navarre, Charles le Mauvais (1358), Edouard III, changeant à plusieurs reprises les conditions de paix, fit traîner les négociations. Après avoir échoué dans une chevauchée qui avait sans doute pour but de se faire sacrer à Reims (1359), il signa avec les Français le traité de Brétigny, ratifié à Calais (1360).

Edouard III recevait environ le tiers de la France : une grande Aquitaine à l'ouest, Calais, le Ponthieu et le comté de Guines. Une énorme rançon (3 millions d'écus d'or, c'est-à-dire environ les recettes totales du roi de France pendant deux ans) devait racheter Jean le Bon.

La renonciation du roi de France à toute souveraineté sur les territoires cédés et celle du roi d'Angleterre à la couronne de France étaient prévues après le transfert des territoires. Les affaires de Flandre, de Bretagne et de Navarre étaient réglées par des réconciliations. Un nouvel équilibre semblait fondé en extrême Occident.

2. Le redressement français (1360-1404)

Le transfert des territoires se fit plus lentement que prévu, et les renonciations ne furent ratifiées ni par Edouard III ni par Jean II. La possibilité juridique de nouveaux conflits demeurait. Le paiement de la rançon du roi, libéré au premier versement en octobre 1360, traîna également et, un otage français, le duc d'Anjou, s'étant évadé, Jean le Bon revint en janvier 1364 à Londres, où il mourut le 8 avril.

La tactique de Charles V le Sage

De 1360 à 1369, les Français furent occupés à contenir le roi de Navarre, à régler la succession de Bretagne, à éviter le mariage de l'héritière du comté de Flandre avec un prince anglais, et surtout à débarrasser le royaume des troupes d'anciens soldats pillards, les compagnies. Une partie d'entre elles fut envoyée, sous la conduite de Du Guesclin, qui s'était illustré dans ces luttes, en Espagne où se déroulait une guerre dynastique. Le prince de Galles, devenu chef de la vaste principauté d'Aquitaine, y participa aussi et s'y ruina.

Il accabla d'impôts ses vassaux et sujets français, et l'un d'eux, le comte d'Armagnac, fit appel à Charles V qui, après avoir pris l'avis de juristes français et italiens, prononça, le 30 novembre 1368, la confiscation de l'Aquitaine. Le 3 juin, Edouard III avait repris le titre de roi de France. Les hostilités recommencèrent au début de 1369.

Charles V, qui avait mieux organisé les ressources financières de la royauté et recruté de petites armées de volontaires aguerris placés sous le commandement de chefs dociles, fit adopter une nouvelle tactique : une guerre de sièges et d'escarmouches, évitant les batailles rangées et grignotant l'ennemi, laissé libre de mener des chevauchées. Le mot d'ordre était : « Mieux vaut pays pillé que terre perdue. » Cette tactique, qui eut de bons résultats politiques, livra une grande partie de la France à des ravages et massacres qui imposèrent de grandes souffrances aux sujets de Charles V. Ce fut la période matériellement et humainement la plus ruineuse pour la France.

Entre 1369 et 1375, les Français, aidés par les Castillans, vainqueurs sur mer, reprirent aux Anglais et à leur allié le roi de Navarre, Charles le Mauvais, la plus grande partie de leurs possessions, à l'exception de Calais, Cherbourg, Brest, Bordeaux et Bayonne et de quelques forteresses dans le sud du Massif central. Des trêves et des négociations, de 1375 à 1377, ne donnèrent aucun résultat.

Deux minorités

La minorité des deux nouveaux rois, Richard II (à partir de 1377) en Angleterre, Charles VI (à partir de 1380) en France, fut marquée de graves difficultés dans les deux pays. Ici et là, la cause en fut un redoublement d'impôts levés, au nom d'une monarchie encore fragile, par des princes surtout soucieux de satisfaire leurs ambitions personnelles.

Une grande révolte paysanne éclata en Angleterre en 1380, et des émeutes urbaines (la Hérelle à Rouen, les maillotins à Paris), en même temps que des vagues de banditisme (tuchins du Languedoc) et un soulèvement populaire en Flandre (Gand), ébranlèrent la France. Les oncles de Charles VI rétablirent mieux la situation que Richard II, soumis à la pression des barons anglais désireux de mettre la monarchie en tutelle.

Les difficultés, jointes à l'échec de plusieurs chevauchées anglaises, amenèrent Anglais et Français à conclure des trêves, annuelles de 1388 à 1395, puis générales en 1396. En principe destinées à durer jusqu'en 1426, donc à instaurer une paix déguisée, elles durèrent, malgré de sérieux « attentats aux trêves », jusqu'en 1404. Richard II, qui évacua Cherbourg en 1394 et Brest en 1397, était désireux de se réconcilier avec le roi de France qui, malgré son incapacité (la première crise de folie de Charles VI est de 1392), lui paraissait disposer d'un pouvoir dont il rêvait pour l'Angleterre. En 1396, il épousa Isabelle, fille du roi de France.

En France, aussi bien Charles VI, appuyé par son frère Louis et les anciens conseillers de son père, les Marmousets, que les oncles du roi et les barons revenus au pouvoir après la folie du souverain regardaient vers d'autres horizons que les possessions anglaises : l'Italie, l'Empire, l'Europe orientale attaquée par les Turcs (désastre de Nicopolis, 1396).

Cependant, le goût des nobles pour la guerre, les sentiments populaires antifrançais en Angleterre et antianglais en France, l'impossibilité de s'entendre sur les conditions d'une paix signée constituaient autant de menaces durables. L'équilibre sembla basculer vers la guerre quand Richard II fut renversé par son cousin Henri de Lancastre, chef du parti belliqueux (1399), mais celui-ci se montra prudent.

3. Une monarchie anglo-française dirigée par les Anglais (1404-1422)

En 1404, voulant profiter d'une révolte des Gallois contre les Anglais, les Français reprirent les hostilités. Ils échouèrent en Guyenne, tout comme le duc de Bourgogne, à leurs côtés, devant Calais.

La politique française fut bientôt dominée par la rivalité entre le duc de Bourgogne, Jean sans Peur, et le duc d'Orléans, Louis d'Orléans. Jean sans Peur fit assassiner son rival (1407) et, appuyé sur la bourgeoisie parisienne, dirigea la politique royale. Mais ses ennemis s'organisaient sous la conduite du comte Bernard d'Armagnac, beau-père de Charles d'Orléans, fils du duc assassiné, et contrôlaient la moitié du royaume.

Armagnacs et Bourguignons

En 1411, Jean sans Peur fit appel à Henri IV contre les Armagnacs, qui ripostèrent en promettant de plus larges parts du territoire français au roi d'Angleterre. En 1412, les Anglais menèrent de Cherbourg à Bordeaux une chevauchée qui ne rencontra pas de résistance.

Jean sans Peur fit massacrer les Armagnacs à Paris, et, toujours soutenu par les Parisiens, fit promulguer une timide mais raisonnable réforme du royaume, l'ordonnance dite « cabochienne » (arrachée par des émeutiers menés par le boucher Caboche). Les riches Parisiens, effrayés, firent alors appel aux Armagnacs, qui abolirent l'ordonnance et firent régner la terreur à Paris au milieu d'une impopularité croissante.

À la mort d'Henri IV (1413), son fils, Henri V envoya un ultimatum aux Français, réclamant les territoires perdus à Brétigny, la Normandie, l'hommage de la Bretagne, la main de Catherine, fille de Charles VI, et 3 600 000 francs pour le reste de la rançon de Jean le Bon et la dot de Catherine.

Devant les atermoiements français, il reprit la guerre, écrasa une forte armée française à Azincourt (25 oct. 1415), reçut l'appui de l'empereur et du duc de Bourgogne, prétendant à la couronne de France, et conquit la Normandie (1417-1419).

Cependant, la rivalité entre les Bourguignons, soutenus par la reine Isabeau, et

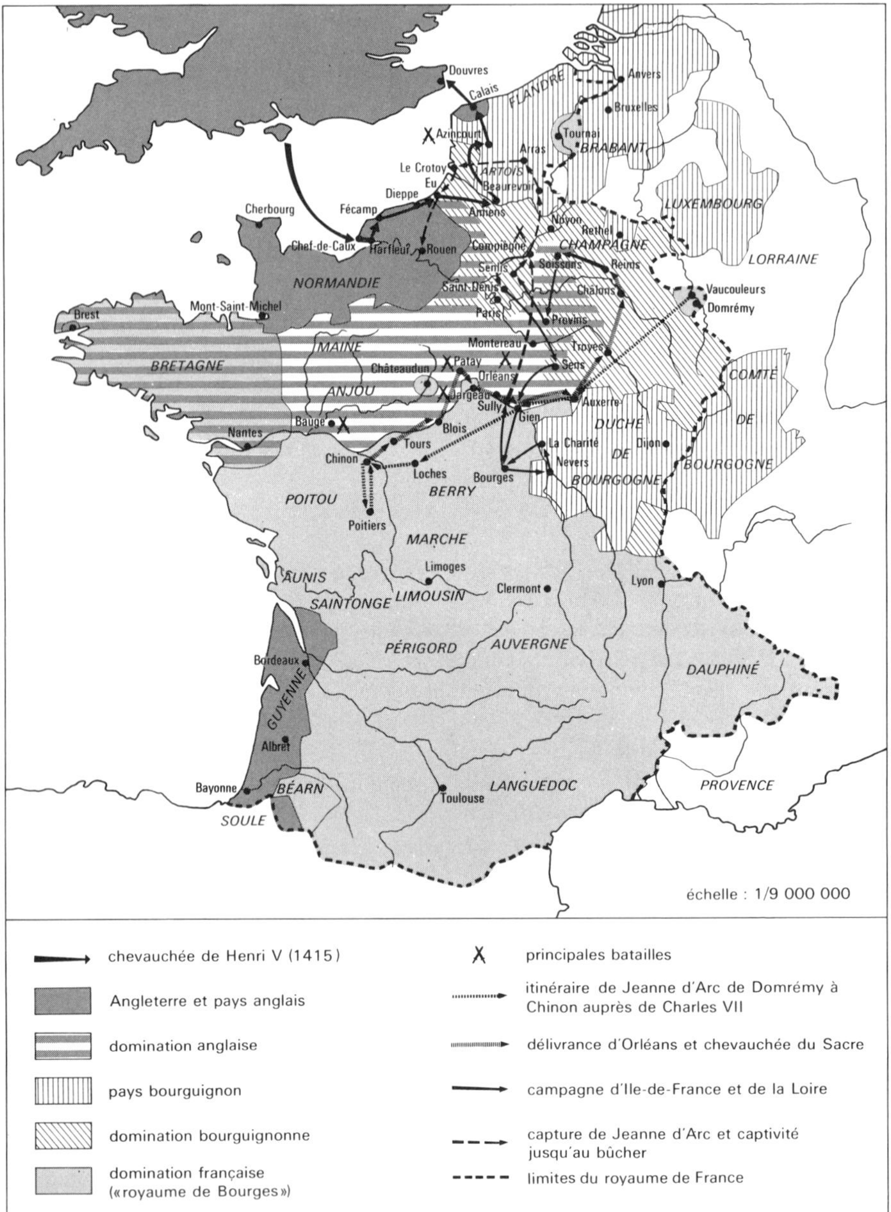

La France vaincue et divisée, 1415-1431

les Armagnacs, dont le jeune dauphin Charles était devenu le chef, aboutit au meurtre de Jean sans Peur (10 sept. 1419). Désormais, sûr de l'impossibilité d'une réconciliation entre Armagnacs et Bourguignons, Henri V imposa au nouveau duc de Bourgogne, Philippe le Bon, et à la reine Isabeau, soutenus par une partie des conseillers royaux et les Parisiens, le traité de Troyes (21 mai 1420), qui déshéritait le dauphin au profit d'Henri V. Celui-ci devenait régent du royaume avant de succéder à Charles VI, mais en maintenant la séparation des royaumes de France et d'Angleterre qui auraient toutefois le même souverain.

Après la mort d'Henri V (31 août 1422) et celle de Charles VI (21 oct. 1422), Henri VI, un bébé de quelques mois, fut proclamé roi d'Angleterre et roi de France. Son oncle, le duc de Bedford, prit sans difficulté la régence de France.

La partie était pourtant loin d'être gagnée par les Anglais. Au lendemain même du traité de Troyes, le dauphin avait déclaré nul le traité et s'était assuré le soutien de toute la France du Centre et du Sud, à l'exception de la Guyenne. À la mort de son père, il se proclama roi sous le nom de Charles VII.

Les Français vainqueurs (1423-1453)

De 1423 à 1428, les Anglais n'obtinrent que des succès militaires mineurs ou sans lendemain (Verneuil, 1424), tandis que Charles VII neutralisait le duc de Bourgogne. En 1428, les Anglais décidèrent d'entamer des opérations décisives contre Charles VII. Au lieu d'attaquer l'Anjou comme le désirait Bedford, les chefs militaires anglais mirent, le 12 octobre, le siège devant Orléans, clé du passage de la Loire vers le Berry. Les Anglais se heurtaient à des difficultés : la jouissance des seules ressources fiscales levées en France, la mauvaise volonté des princes français, la résistance d'une partie de la population (notamment en Normandie). Mais, autour de Charles VII, intrigues, pagaille et gaspillage régnaient, et Charles, sans prestige, doutait de lui-même et de son droit.

Sur le plan militaire et psychologique, le siège d'Orléans était ainsi, des deux côtés, décisif. Décisive aussi fut, au profit de Charles VII, l'intervention de Jeanne d'Arc, de la délivrance d'Orléans (8 mai 1429) au sacre de Charles VII à Reims (17 juill. 1429).

Bedford fut incapable de créer un contrechoc par l'exécution de Jeanne d'Arc (30 mai 1431) et le sacre d'Henri VI à Notre-Dame de Paris (17 déc. 1431), de reprendre les places conquises par Charles VII au nord de la Loire, et surtout de maintenir le duc de Bourgogne dans l'alliance anglaise. La paix d'Arras (21 sept. 1435) réconcilia le duc de Bourgogne et Charles VII. Au prix de concessions, lourdes mais non irrévocables (possibilité de rachat d'une partie des territoires cédés), Charles acquérait un appui décisif qu'Henri VI ne put que neutraliser par les trêves de 1438.

Paris repris par Charles VII le 13 avril 1436, les négociations n'aboutirent pas, et Charles dut, en 1440-1441, réprimer une révolte des grands seigneurs, la Praguerie, à laquelle adhéra le dauphin Louis. Une trêve générale fut conclue à Tours en 1444.

Ayant réorganisé ses armées (ordonnances de 1445 et 1448, mettant sur pied cavalerie, infanterie des francs archers et artillerie), Charles VII rompit la trêve en 1449, reconquit la Normandie d'août 1449 à août 1450 (victoire de Formigny, 14 avril 1450), et la Guyenne de 1450 à 1453 (victoire de Castillon, 17 juillet 1453, et reconquête de Bordeaux le 19 octobre suivant).

Les Français craignirent encore longtemps la reprise des hostilités par les Anglais, mais la folie d'Henri VI et la guerre des Deux-Roses en détournèrent ceux-ci. Une nouvelle Angleterre naquit, qui ne s'intéressait plus à la France. Edouard IV, par le traité de Picquigny, signé en 1475 avec Louis XI, liquidait la double monarchie, la guerre de Cent Ans, et ne gardait en France que Calais.

Il est très difficile de faire la part de la guerre dans les transformations profondes que subirent la France et l'Angleterre entre 1337 et 1453 (ou 1475). Par exemple, la chute démographique – due surtout aux épidémies – fut aussi forte en Angleterre (épargnée par les massacres de la guerre et touchée par les seules pertes militaires) qu'en France. De même, les extravagances de sensibilité, de goût et de comportement qui marquent ce que J. Huizinga a appelé l'« automne du Moyen Âge » ont pu être exacerbées par la guerre, mais elles se retrouvent plus ou moins dans toute la chrétienté. Pour l'Angleterre, le bilan financier de la guerre fut sans doute plutôt positif, tandis qu'en France destructions et dépenses accrurent la crise économique. Des deux côtés, la mobilité sociale (coupes claires dans les rangs de la noblesse, émergence de profiteurs de guerre, déracinement ou promotion de militaires) fut certainement augmentée par le conflit.

Si, dans le domaine politique et administratif, la guerre fit beaucoup évoluer la fiscalité et l'organisation militaire, ce fut surtout la monarchie française – plus en retard à cet égard – qui en fut la bénéficiaire. Mais, des deux côtés, la guerre retarda plus qu'elle ne favorisa les progrès du centralisme monarchique en marche au début du XIVe siècle.

La guerre contribua surtout à exaspérer les nationalismes français et anglais et à les teinter de xénophobie, mais, là encore, les processus étaient largement entamés avant 1337. Si l'Angleterre semblait définitivement guérie d'ambitions territoriales continentales, elle gardait ses problèmes écossais et irlandais. Et la France demeurait un royaume aux vocations territoriales indécises (vers l'Espagne, l'Italie, l'Empire).

Dans tous les domaines, le mot de l'historien anglais M. M. Postan est juste : « La guerre de Cent Ans fut tout au plus l'appoint, mais non le ressort essentiel du changement. »

JACQUES LE GOFF

Bibliographie

A. Bossuat, « Le Rétablissement de la paix sociale sous le règne de Charles VII », in *Moyen Âge*, t. LXVI, Bruxelles, 1954 / R. Boutruche, « La Dévastation des campagnes pendant la guerre de Cent Ans et la reconstruction agricole de la France », in *Publ. Fac. Lett. Strasbourg*, fasc. CVI, 1947 ; *La Crise d'une société. Seigneurs et paysans du Bordelais à la fin de la guerre de Cent Ans*, Paris, 2e éd. 1963 / P. Contamine, *Azincourt*, Julliard, Paris, 1964 ; *La Guerre de Cent Ans*, coll. Que sais-je ?, Paris, 6e éd. 1992 ; *Guerre, État et société. Études sur les armées des rois de France (1337-1494)*, Mouton, La Haye-Paris, 1972 / E. Cosneau, *Les Grands Traités de la guerre de Cent Ans*, Paris, 1889 / G. P. Cuttino, « Historical Revision : the causes of the hundred years' war », in *Speculum*, t. XXX, 1956 / H. Denifle, *La Désolation des églises, monastères et hôpitaux en France pendant la guerre de Cent Ans*, 2 vol., Picard, Paris, 1897-1899, rééd. Culture et civilisation, Bruxelles, 1965 / J. Favier, *La Guerre de Cent Ans*, Fayard, Paris, 1980 / G. Fourquin, *Les Campagnes de la région parisienne à la fin du Moyen Âge*, P.U.F., Paris, 1964 / J. Huizinga, *L'Automne du Moyen Âge* (*Herfsttig der Middeleeuwen*, 1919), trad. J. Bastin, nouv. éd., Payot, Paris, 1989 / E. A. Kosminski, « The Evolution of feudal rent in England from the 12th to the 15th century », in *Past and Present*, no 7, 1955 / S. Luce, *La France pendant la guerre de Cent Ans*,

2 vol., Paris, 1890-1893 / K. B. McFarlane, « War, the economy and social change. England and the hundred years' war », in *Past and Present*, nº 22, 1962 / J. Monicat, *Les Grandes Compagnies en Velay (1358-1392)*, Paris, 1928 / E. Perroy, *La Guerre de Cent Ans*, Gallimard, Paris, 1945 ; reprod. fac sim. 1976 / M. M. Postan, « Some Social Consequences of the hundred years' war », in *Econ. Hist. Rev.*, t. XII, 1942 ; « The Costs of the hundred years' war », in *Past and Present*, nº 27, 1964 / Y. Renouard et al., *Histoire de Bordeaux*, t. III : *Bordeaux sous les rois d'Angleterre*, Bordeaux, 1965 / M. Rey, *Les Finances royales sous Charles VI. Les causes du déficit (1388-1411)*, 2 vol., Paris, 1965 / P. C. Timbal et al., *La Guerre de Cent Ans vue à travers les registres du Parlement (1337-1369)*, C.N.R.S., Paris, 1961 / P. Wolff « Un problème d'origines : la guerre de Cent Ans », in *Éventail de l'histoire vivante. Mélanges Lucien Febvre*, t. II, Paris, 1953.

GUERRE DE LA SUCCESSION DE BRETAGNE (1341-1365)

Conflit ouvert en 1341, lorsque le duc de Bretagne Jean III meurt sans enfants, après avoir marié Jeanne de Penthièvre, fille de son frère Guy (mort en 1331), à Charles de Blois, neveu de Philippe VI de Valois. Le demi-frère de Jean III, Jean de Montfort, oppose ses droits à ceux de Jeanne de Penthièvre et prend les devants : il occupe les places fortes et s'allie aux Anglais. Philippe VI soutient son neveu et va prendre Nantes, où Jean de Montfort est fait prisonnier. Les guerres, où s'affrontent en réalité Anglais et Français, prennent l'étrange allure d'un conflit entre les « deux Jeanne », Jeanne de Penthièvre et Jeanne de Flandre, femme de Jean de Montfort. Ce dernier, libéré en 1343, meurt peu après, laissant un fils qui est élevé en Angleterre, où il épouse la fille d'Édouard III. Après un répit (trêve de Malestroit, 1343), la guerre reprend et Charles de Blois est pris en 1347, cependant que les Français sont pratiquement expulsés du duché. Les troupes des deux partis continuent cependant à sillonner la Bretagne et à multiplier les dévastations. C'est dans ces combats que commence de s'illustrer Bertrand Du Guesclin. Le parti de Montfort essuie quelques défaites (combat des Trente, 1351 ; vain siège de Rennes par Lancastre, 1356) mais l'emporte définitivement à Auray, où Charles de Blois est tué en 1364. L'habileté du fils de Jean de Montfort, revenu d'Angleterre, et l'entêtement de Jeanne de Penthièvre multiplient les ralliements à la cause des Montfort. Par le traité de Guérande (12 avr. 1365), Jean de Montfort, le vainqueur d'Auray, est reconnu comme duc (Jean IV) et laisse le comté de Penthièvre à sa cousine. Charles V ne renonce pas et, profitant d'un engagement excessif du duc Jean IV dans l'alliance anglaise, fait occuper la Bretagne par Du Guesclin (1372). Le duc s'enfuit en Angleterre et la cour du roi prononce la confiscation de la Bretagne (1378). La noblesse bretonne réagit contre l'annexion en rappelant Jean IV en 1379 mais lui imposa l'abandon de l'alliance anglaise. Le second traité de Guérande (4 avr. 1381) met un terme à l'affaire : le roi de France reconnaît Jean IV, qui prête hommage lige pour son duché.

Jean Favier

GUERRE DES DEUX-ROSES

Plus justement appelée « guerre des Roses » si l'on suit la tradition anglaise, la guerre des Deux-Roses est une guerre civile qui déchire l'Angleterre de 1455 à 1485. L'expression paraît avoir été forgée relativement tard, au début du XIXe siècle, et fait allusion à l'insigne qu'auraient porté les combattants des deux camps : une rose blanche pour les partisans de la maison d'York, une rose rouge pour ceux de la maison de Lancastre. Celle-ci détient le trône depuis 1399 et l'occupe en la personne de Henri VI. Les yorkistes ont d'abord limité leurs prétentions au contrôle du gouvernement et soutenu l'un des clans qui se disputaient la maîtrise des Conseils royaux ; à partir de 1460, la revendication dynastique est devenue essentielle. Le recrutement d'adversaires des Lancastre a été favorisé par des échecs décisifs sur le continent, où presque toutes les possessions, sauf Calais, sont perdues en 1453 : au mécontentement patriotique, à l'impression de gabegie financière s'ajoute la fureur de familles aristocratiques possessionnées en France et menacées de perdre un patrimoine souvent ancien. La lutte, menée par des aristocrates à la tête d'armées féodales, a été marquée de nombreuses trêves et de coups de théâtre ; elle n'a pas empêché le déroulement d'une vie économique relativement normale. À côté de Henri VI, roi falot et sujet à des crises de démence, les personnages du drame ont varié : Richard d'York jusqu'en 1460, le comte de Warwick, le « faiseur de rois », Marguerite d'Anjou, l'épouse de Henri VI, Édouard, fils de Richard et qui se fait acclamer sous le nom d'Édouard IV en 1461, son frère Richard, devenu roi à la suite du meurtre de ses neveux en 1483, ont tour à tour joué un rôle essentiel. Pratiquement terminée en 1471, à la mort de Henri VI, la guerre rebondit précisément parce que Richard III mécontente à son tour ses grands vassaux. Henri Tudor se présente alors comme son rival. Appartenant à la maison de Lancastre par son ascendance maternelle, il épousera, après sa victoire sur Richard à Bosworth (1485), Élisabeth d'York, et réconciliera ainsi les deux Roses. La guerre qui s'achève a coûté la vie à nombre de grands vassaux et impose un renouvellement de la caste aristocratique : le pouvoir royal tirera avantage de l'affaiblissement matériel et de la perte de prestige des lords. Le conflit a renforcé l'impression que le pouvoir des rois repose en fait sur la force bien plus que sur un droit divin. Le Parlement est appelé à légitimer les prétentions de Henri VII Tudor et devient par là même un garant de la légitimité royale ; ce rôle sera confirmé au XVIe siècle. La guerre civile a achevé de décourager toutes les ambitions continentales et favorisé l'instauration officielle de la paix avec la France. Les classes populaires et bourgeoises, spectatrices de ces affrontements, appelées seulement à acclamer les représentants du camp victorieux, aspirent surtout à l'ordre et à la paix. Un siècle plus tard, le génie de Shakespeare trouvera matière à interpréter et à transfigurer les faits dans *Henri VI* et dans *Richard III*.

ROLAND MARX

GUESCLIN BERTRAND DU → DU GUESCLIN

GUILDE ou GILDE

Organisation de solidarité groupant, dès l'époque carolingienne, dans l'Europe du Nord-Ouest, des hommes ayant des intérêts communs (marchands, artisans, paysans même) et mal garantis par les liens de dépendance et de protection du système féodo-vassalique. Les guildes (ou gildes) se multiplient aux xe et xie siècles, surtout aux Pays-Bas et en Rhénanie, en Angleterre et dans la France du Nord. Elles profitent de la reprise des relations économiques dans ces pays et leur caractère professionnel se précise. Les guildes marchandes sont les premières et les plus actives, prenant en charge la réglementation des échanges et assurant parfois leur sécurité ; elles obtiennent dans certaines villes des fonctions publiques comme la connaissance des conflits entre marchands. Les guildes d'artisans apparaissent à la suite, à partir du xiie siècle. Fraternités de cooptation, les guildes introduisent dans le système de sécurité communautaire un élément supplémentaire, à un niveau différent de la commune et de la communauté taisible. C'est ainsi qu'elles ont notamment assuré la cohésion économique des marchands originaires d'une même ville dans leurs opérations sur les autres marchés. Les guildes disparaissent au cours du xiiie siècle, lorsque l'élargissement des horizons économiques et l'ampleur nouvelle des affaires rendirent nécessaires d'autres formes de solidarité, plus étroites (compagnie), ou moins contraignantes (nation). Les institutions municipales et les métiers jurés (futures corporations) prennent, pour leur part, la relève des guildes quant à la défense des intérêts communs et à l'organisation professionnelle ; celle-ci devient un véritable encadrement, qui s'étend au contrôle des techniques de production. On distingue généralement les guildes des hanses. Ces dernières sont plus souvent des groupements de guildes urbaines, unissant des villes voisines ou intéressées par un même marché. Cependant, certaines guildes, et notamment celle de Paris, portèrent le nom de hanse.

JEAN FAVIER

GUILLAUME LE CONQUÉRANT (1027 env.-1087)

La vie et l'action politique de Guillaume le Conquérant, duc de Normandie (1035-1087) et roi d'Angleterre (1066-1087), conditionnent toute l'histoire de l'Angleterre dotée d'institutions assez souples pour évoluer en plusieurs siècles vers une monarchie constitutionnelle. Vassal du roi de France, Guillaume se transforme en conquérant d'une île, puis en souverain qui réussit le paradoxe de construire une monarchie à peu près absolue sur le régime féodal.

Le duc de Normandie

Guillaume le Conquérant naquit à Falaise en 1027 ou 1028. Fils naturel du duc Robert le Magnifique et d'Arlette de Falaise, fille du tanneur Foubert, il fut reconnu comme héritier du duché par les grands, à la demande de son père qui partait en pèlerinage à Jérusalem. En 1035, à l'annonce de la mort de Robert, une régence fut établie : Guillaume le Bâtard fut confié à Alain de Bretagne, au sénéchal Osbern, à Gilbert d'Eu et à un certain Théroulde.

Sa minorité fut marquée par les meurtres successifs de ses tuteurs et par l'esprit de sédition qui ne tarda pas à se manifester parmi les seigneurs normands. Henri Ier, roi de France, n'était pas étranger à ces troubles ; il en arriva même à la guerre ouverte et fit ravager l'Hiesmois, au cœur du duché. Le jeune duc faillit perdre la place de Falaise dont le châtelain s'était révolté. L'anarchie était totale, et ce fut seulement en 1040 que Guillaume put tenter de la réprimer. Sa condition de bâtard lui était défavorable, et ses ennemis ne manquaient pas de l'exploiter : en 1047, Gui de Brionne fomenta une révolte des seigneurs du Cotentin et du Bessin. Guillaume échappa de justesse à ses ennemis et demanda assistance au roi de France, son seigneur. Celui-ci l'aida à vaincre les rebelles au Val-ès-Dunes, près de Caen. Victorieux, Guillaume se montra assez sévère à l'égard de certains barons gravement compromis et força son cousin, Gui de Brionne, à s'exiler. Jusqu'en 1060, son activité fut tournée vers l'implantation d'un régime féodal strict, dont la cellule était le « fief de chevalier », et qui lui laissait une autorité étendue et réelle.

Guillaume entreprit aussi des expéditions militaires destinées à couvrir ses frontières, en conquérant des places ou des territoires, notamment dans le Maine où il se heurta à un rival, le comte d'Anjou, Geoffroy Martel. En 1052, il imposa sa suzeraineté au seigneur de Bellême, maître des accès de la Normandie méridionale ; il donna à des fidèles de la famille ducale les comtés d'Eu et de Mortain et le château d'Arques. En 1060, l'expansion vers le sud était achevée par la prise et l'annexion de Mayenne, tandis qu'à l'intérieur l'administration était rénovée et étroitement liée à l'autorité du duc ; l'Église, réformée, devient tout en même temps plus soumise au duc et renouvelée dans sa spiritualité par le mouvement monastique.

La conquête

C'est alors que Guillaume va réaliser un dessein qu'il a mûri pendant plusieurs années : Édouard le Confesseur, roi d'Angleterre, fils d'Emma de Normandie, grand-tante de Guillaume, meurt au début de 1066 ; mais un seigneur saxon d'origine danoise, Harold, fils de Godwin, se fait couronner roi. Les droits de Harold et ceux de Guillaume étaient également contestables. Deux autres personnages, Tostig, frère de Harold, qui vivait en exil, et Harold Hardraada, roi de Norvège, pouvaient aussi prétendre au trône anglais ; et surtout un troisième, l'héritier du sang, dont nul ne s'occupa alors, Edgar l'Atheling, petit-fils du roi Edmond II Côtes de Fer et petit-neveu d'Édouard le Confesseur, le seul descendant mâle de la race des rois saxons. Guillaume n'hésita pas : il résolut de conquérir ce royaume qui lui avait été ravi par Harold et commença des préparatifs diplomatiques et militaires.

Le roi de France, Philippe Ier, était encore un enfant sous la tutelle de Baudouin V, comte de Flandre, beau-père de Guillaume. Le duc demanda, dans sa querelle avec Harold, l'arbitrage du pape Alexandre II qui lui était favorable, car Guillaume avait réformé l'Église normande selon ses vues alors que Harold s'appuyait sur Stigand, archevêque de Canterbury, que le pape n'avait pas reconnu et avait excommunié. Guillaume fit construire une flotte et rassembla ses voisins, ses amis et ceux de ses vassaux qui consentaient à guerroyer avec lui hors du duché. Pendant ce temps, deux des prétendants, Harold Hardraada et Tostig, débarquaient à la tête de forces importantes dans le nord de l'Angleterre, battaient une armée saxonne et obligeaient Harold, quoique menacé au sud par Guillaume, à accourir en personne. Il remporta une victoire complète ; ses rivaux avaient tous deux péri, mais son armée était décimée et, tandis qu'il la ramenait vers le sud, Guillaume débarquait à Pevensey. Le 14 octobre, les deux adversaires se rencontrèrent sur la colline de Senlac, près de Hastings. Guillaume, après un échec partiel, redressa la situation. À la fin de la journée, Harold était tué et les Saxons écrasés. Guillaume obtint, à Wallingford, la soumission des nobles saxons. Le jour de Noël 1066, il fut sacré dans l'abbaye de Westminster. Il entreprit alors de gouverner l'Angleterre, non comme un conquérant victorieux, mais en roi légitime, droit héritier d'Edouard le Confesseur.

Le roi d'Angleterre

Toute sa propagande est fondée sur l'idée de légitimité ; c'est pourquoi il ne confisque d'abord que les biens des Saxons, peu nombreux, qui ont porté les armes contre lui et qu'il considère comme traîtres et rebelles. En février 1067, Guillaume, triomphant, peut retourner en Normandie en laissant l'administration du royaume à son sénéchal, Guillaume Fils-Osbern, et à son demi-frère, Eudes, évêque de Bayeux.

Ceux-ci ne gouvernaient que la partie de l'Angleterre dont Guillaume était maître, c'est-à-dire le sud et l'ouest ; en effet, les Midlands et toute la région orientale et septentrionale semblaient peu loyaux au nouveau souverain. En outre, pesait sur le royaume la perpétuelle menace d'une invasion scandinave. À ces dangers s'en ajoutait un autre : parmi ses compagnons auxquels il avait distribué d'importantes dotations en terres, Guillaume comptait peu de vassaux normands sur qui son autorité était forte. Il fut bientôt rappelé en Angleterre par une révolte inspirée par Eustache de Boulogne, richement pourvu en Angleterre, dont il confisqua les fiefs. À ce moment, son prestige est tel que ce sont des Saxons qui l'aident et qui repoussent l'invasion de trois fils de Harold qui tentaient de recouvrer le trône.

En 1068, la révolte de deux seigneurs saxons, les comtes Edwin et Morcar, est réprimée, et cette campagne donne à Guillaume l'occasion d'entrer à York et de soumettre les comtés du Nord. Il adopte une ligne politique fondée sur la clémence et traite volontiers avec les rebelles vaincus, en leur laissant leurs charges ; il tient le pays en respect en le couvrant de châteaux à la mode normande ; enfin, il emploie surtout dans ses armées des mercenaires, saxons aussi bien que normands.

Cependant, cette politique tolérante est rapidement modifiée sous la pression des circonstances. Dès 1069, le pays au nord du Humber se soulève : le comte Copsi, puis Robert de Commines périssent sous les coups des rebelles. En même temps, on voit reparaître Edgar l'Atheling, soutenu par les Écossais ; les chefs gallois passent la frontière ; des seigneurs anglais des Marches font défection. La Mercie se révolte. Le comte saxon Waltheof, à qui Guillaume avait prodigué ses faveurs, attaque York. Enfin, une flotte danoise s'approche pour prêter main-forte aux insurgés. Guillaume rétablit la situation en faisant appel à des Normands, en utilisant les ressources de l'Angleterre méridionale, en s'appuyant sur les châteaux et en réprimant la sédition avec brutalité. Pour frapper de terreur les rebelles, il dévaste systématiquement une partie du Yorkshire où des populations entières périssent de faim et de froid. Ces méthodes cruelles assurent sa domination : en 1072, il peut en toute sécurité licencier ses mercenaires ; il a partie gagnée.

En 1075, une nouvelle conjuration de grands barons normands et bretons, Raoul de Gaël et Roger de Hereford, celui-ci fils du fidèle Guillaume Fils-Osbern, est vaincue par Eudes de Bayeux. Le comte saxon Waltheof, qui n'avait pas pris part à ce complot, mais l'avait connu et ne l'avait pas dénoncé, est décapité. Guillaume, on le voit, au cours de la période 1070-1076, a changé de politique. C'est alors que naît l'Angleterre médiévale. Les *sheriffs* qui administrent les comtés pour le roi sont des barons normands. Bien plus, Guillaume évince la plupart des prélats saxons et les remplace par des Normands : le siège primatial de Canterbury a été enlevé à Stigand et confié à Lanfranc, un Italien, depuis longtemps moine puis abbé au Bec-Hellouin, et l'un des principaux artisans de la réforme religieuse en Normandie. Pour les barons, le roi s'attache à former de grands groupes de fiefs, les *honneurs*, jamais d'un seul tenant, mais comprenant des terres dans diverses régions du royaume. Les Saxons ont été à peu près complètement dépossédés ; l'enquête menée dans tout le royaume à la fin du règne montre que, parmi les vassaux directs du roi, la grande majorité sont des Normands ou des Français : un nombre infime de grands propriétaires saxons ont pu conserver leurs terres.

Dès lors, Guillaume, dont le pouvoir s'appuie sur cette organisation nouvelle, peut sans danger passer la moitié de son temps en Normandie. Des deux côtés de la Manche, le régime féodal est le même : ses cadres comprennent les *tenants-en-chef*, ou vassaux directs du prince, responsables envers lui du service de leurs chevaliers chasés sur les *fiefs de chevalier*. Guillaume pousse le souci de l'organisation féodale jusqu'à obliger ses sujets à lui prêter serment de fidélité. C'est le sens du célèbre Serment de Salisbury par lequel, en 1086, les principaux nobles durent se lier envers lui. En outre, en Angleterre, ce régime féodal se superpose à la vieille organisation saxonne fondée sur le *manoir*. C'est l'imbrication de ces deux systèmes, loi traditionnelle du royaume pendant des siècles, que nous fait connaître la grande enquête ordonnée par Guillaume en 1086 et qui devait être achevée seulement sous Henri Ier Beauclerc, le *Domesday Book*. Ce document montre aussi que la population est désormais composée de deux éléments bien séparés : les nobles, presque tous normands ou français, et le peuple saxon qui leur est soumis et qui voit le statut de ses hommes libres se dégrader de plus en plus jusqu'à une semi-servitude.

La fin du règne de Guillaume fut consacrée à la défense du royaume contre la trahison – c'est le sens de la disgrâce d'Eudes de Bayeux – et contre la menace d'invasion du roi danois Cnut le Grand, en 1085. Sur le continent, Guillaume guerroie en Vexin contre le roi de France, mais il meurt à Rouen, en 1087, peu après la prise de Mantes.

L'œuvre

Guillaume le Conquérant est de ces hommes qui ont marqué profondément leur temps et laissé après eux une œuvre capitale. La sienne semble être d'abord l'union qu'il a réalisée de la Normandie et de l'Angleterre, union d'ailleurs préparée depuis cent ans par les rapports constants qu'entretenaient ces deux pays. Mais surtout, Guillaume a fait de ses États des ensembles organisés ; il a durement guerroyé pour assurer la sécurité des frontières normandes et pour asseoir son autorité en Normandie, dans le Maine et en Angleterre. Il s'est senti, tant en Angleterre qu'en Normandie, investi par Dieu de la mission de faire régner la paix, c'est-à-dire l'ordre, et de veiller à ce que les droits de tous, et surtout ceux de l'Église, pussent s'exercer librement. Il avait épousé en 1053 une princesse flamande, la reine Mathilde, qui devait mourir en 1083, et ce couple royal de vie exemplaire se plut à fonder des abbayes comme l'abbaye aux Hommes et l'abbaye aux Dames de Caen, et l'abbaye de Battle, au lieu même de sa victoire. Guillaume a certainement eu en vue le bien spirituel de ses sujets, comme en témoignent ses efforts pour réformer l'Église normande et organiser l'Église anglaise. Il stimula un immense mouvement de rénovation de la société, tant religieuse que séculière, et il aboutit à des résultats positifs.

Pourtant, il ne considérait l'union des deux couronnes que comme passagère et personnelle. Il ne songea pas à la rendre durable. À son lit de mort, il partagea ses États comme un patrimoine, ainsi qu'aurait pu le faire deux siècles plus tôt un souverain carolingien : la Normandie, considérée comme son bien propre, devait devenir l'héritage de son fils aîné, Robert Courte-Heuse (mort en 1134) ; l'Angleterre, traitée en acquêt, revenait au cadet, Guillaume le Roux (mort en 1100) ; son troisième fils, Henri Beauclerc, devenu Henri Ier (mort en 1135), devait se contenter d'une somme d'argent et du comté de Mortain. Ce fut pourtant ce dernier qui acheva et perpétua l'œuvre paternelle. L'union de la Normandie et de l'Angleterre, rompue en 1087, fut rétablie en 1106 par ce prince astucieux et calculateur qui avait profité, pour devenir roi, de la mort de Guillaume le Roux et, pour devenir duc, de l'anarchie que Robert avait laissé se développer dans son duché ; alors, Henri intervint, vainquit son frère à Tinchebray et le garda captif sa vie durant. L'État anglo-normand ainsi reconstitué, prolongement direct de l'œuvre de Guillaume le Conquérant, devait s'accroître encore au XIIe siècle des terres d'Anjou et d'Aquitaine et devenir une grave menace pour le roi de France. Il subsista jusqu'en 1204. C'est sous le règne d'Henri Ier que commença la fusion entre éléments saxons et éléments normands qui créa la nation anglaise.

JACQUES BOUSSARD

Bibliographie

F. Barlow, *William I and the Norman Conquest*, Londres, 1965 / M. de Bouard, *Guillaume le Conquérant*, Fayard, Paris, 1984 / D. C. Douglas, *William the Conqueror. The Norman Impact upon England*, Londres, 1964 / H. R. Loyn, *The Norman Conquest*, Londres, 1965 / M. Stenton, *Anglo-Saxon England*, Oxford, 1963 / D. Whitelock, D. C. Douglas & al., *The Norman Conquest. Its Setting and Impact*, Londres, 1966.

GUILLAUME II LE ROUX (1056 env.-1100) roi d'Angleterre (1087-1100)

Troisième fils de Guillaume le Conquérant, il est choisi par son père pour lui succéder sur le trône d'Angleterre, de préférence à son frère aîné Robert Courteheuse, à qui échoit la Normandie. L'appui de l'archevêque Lanfranc lui permet d'assumer la succession. Son règne est marqué par plusieurs graves révoltes féodales, surtout en 1088 et en 1095 : elles sont provoquées par le mécontentement de grands vassaux devant la séparation de l'Angleterre et de la Normandie et par leur souci d'échapper à un gouvernement trop autoritaire et exigeant. Guillaume a été aussi l'un des premiers souverains en lutte avec l'Église dans une véritable « querelle des investitures », qui l'oppose en particulier à saint Anselme, archevêque de Canterbury. Ayant conquis le Cumberland sur l'Écosse en 1091, il a favorisé son peuplement.

ROLAND MARX

GUILLAUME DE TYR (1130 env.-1185)

Né en Palestine, Guillaume vint en Occident faire ses études et regagna Jérusalem où il devint conseiller, puis chancelier du roi Amaury et de Baudouin IV. Archidiacre (1167), puis archevêque (1174) de Tyr. Il remplit diverses missions diplomatiques, notamment à Byzance, et prit part au concile du Latran de 1179. Il fut chargé, en 1188, de prêcher en Europe la croisade consécutive à la prise de Jérusalem par Saladin. C'est à la fois comme conseiller du roi et comme archevêque de Tyr qu'il en vint à un conflit très aigu avec le patriarche de Jérusalem, Héraclius, qui était l'âme du parti favorable aux prétentions de Guy de Lusignan. Guillaume de Tyr rédigea une chronique, *Historia rerum in partibus transmarinis gestarum*, achevée en 1184, dans laquelle il fit entrer, après une compilation des récits antérieurs relatifs à la fondation du royaume de Jérusalem et au règne des premiers rois, les souvenirs personnels d'un homme, intelligent et perspicace, qui avait touché de près au gouvernement. Le récit de Guillaume de Tyr fait la preuve d'un réel talent de conteur, pittoresque et élégant, fin psychologue, mais dont la partialité est souvent manifeste. C'est l'une des sources essentielles de l'histoire du royaume de Jérusalem. Rédigée en latin, elle fut traduite en français dès le XIIIe siècle.

JEAN FAVIER

GUYENNE

Altération du mot Aquitaine qu'elle a remplacé au XIIIe siècle. Le traité de Paris de 1259 désigna ainsi tout le territoire qui, au sud-ouest de la France, était tenu en fief par les Plantagenêt. Ce duché de Guyenne, successeur lointain de l'antique Aquitaine seconde, avait pour cœur la région bordelaise et, au sud, longeait l'océan jusqu'à la Navarre (approximativement les départements actuels de la Gironde et des Landes et la région bayonnaise). Saint Louis augmenta le duché par la cession de ses droits sur le Périgord, le Quercy et même le Limousin. Les limites de ce duché varièrent avec les vicissitudes de la domination anglaise. Uni au domaine royal en 1453 par le traité de Castillon, il forma bientôt un gouvernement militaire qui engloba la Gascogne au XVIIe siècle. Il fut alors organisé en deux généralités : Bordeaux ou Basse-Guyenne à l'ouest, Montauban ou Haute-Guyenne à l'est. Sous l'Ancien Régime, les pays de Guyenne rassemblaient le Bordelais, le Bazadais, le Condomois et l'Agenais, le Périgord, le Quercy et le Rouergue. Ils formaient donc, au nord du bassin d'Aquitaine, une assez vaste province sans grande unité. On peut cependant les définir comme les pays du nord de la Garonne ayant pour métropole Bordeaux ; l'est toulousain lui a toujours échappé et l'extrême nord du bassin d'Aquitaine (Saintonge, Angoumois) presque toujours ; quant aux pays gascons, largement étendus au sud, ils ont gardé leur individualité, malgré les multiples liens politiques, administratifs et même linguistiques qu'ils eurent avec la Guyenne.

GABRIEL LLOBET

H

HABITAT SEIGNEURIAL

Les circonstances, au Xe siècle, ont fait apparaître en Europe occidentale un habitat spécifique pour la classe dominante des seigneurs, le château fort. Ce phénomène s'explique par l'effondrement des structures de l'État carolingien et la montée des pouvoirs locaux dans un climat d'insécurité dû aux invasions normandes et aux guerres civiles. Ces facteurs ont joué différemment selon les régions, mais leur influence est sensible pendant tout le Moyen Âge.

Le château fort a revêtu des aspects divers au cours de son histoire. Le choix des sites et des matériaux, l'organisation de l'espace habité, les rapports avec l'habitat paysan ne sont pas réductibles à des formules simples. À travers l'Europe, la variété est de règle – néanmoins les cas particuliers peuvent se ramener à deux types principaux : l'enceinte bouclier et le donjon tour d'habitation.

À partir du XIIIe siècle, l'éclatement des garnisons ainsi que le renforcement des seigneuries villageoises a entraîné la construction de maisons fortes. Si la guerre de Cent Ans ou encore la décomposition du Saint Empire ont rendu aux châteaux une partie de leur utilité, les progrès des monarchies nationales et le rôle grandissant de l'artillerie de siège les ont voués dès la fin du XVe siècle au déclassement et à la destruction.

Les origines (XIe-XIIe siècle)

Le Moyen Âge occidental a connu deux types d'habitat seigneurial fortifié, l'un traditionnel – l'enceinte –, l'autre original – le donjon.

L'enceinte

L'enceinte s'inspire du principe du bouclier. À l'abri d'un obstacle, qui peut être une levée de terre précédée d'un fossé, une palissade, un mur, ou encore l'escarpement d'un promontoire rocheux, se dispersent les bâtiments d'usage domestique qui, eux, ne sont pas fortifiés. Il s'agit, outre les écuries, granges ou autres services, des trois constructions caractéristiques de la résidence seigneuriale : l'*aula* ou salle de séjour et d'apparat, généralement située à l'étage d'une grande maison rectangulaire dont le rez-de-chaussée est occupé par les réserves et les cuisines ; la *camera* ou chambre, partie privée de la résidence, souvent comprise dans un petit bâtiment contigu à l'aula quand elle n'est pas englobée sous le même toit ; la *capella* comportant, selon le modèle des chapelles palatines, deux niveaux, l'un pour le maître, l'autre pour les domestiques.

En plaine, l'enceinte affecte souvent la forme d'un anneau. L'entrée peut être pourvue d'une tour porche qui, par obturation des ouvertures, évoluera parfois en donjon. Sur une hauteur, la clôture épouse les bords du relief. Elle peut être renforcée du côté le plus vulnérable par un véritable *Schildmauer* (mur-bouclier). La porte est généralement percée dans un retrait du mur. Dans beaucoup de châteaux du Saint Empire et du Midi aquitain, elle est surveillée par une haute tour de garde ou *Bergfried*, dont les dimensions au sol n'excèdent pas 10 mètres. Cette tour peut servir de refuge en cas de besoin. De siècle en siècle, elle aura tendance à reculer au fond de l'enceinte. Elle s'empâte aussi à la base, par suite de la prolifération des constructions annexes. Il arrive qu'elle cède la place à un véritable donjon.

Le donjon

Tour fortifiée résidentielle, le donjon est une création du Xe siècle finissant, surtout sous sa forme la plus originale, la motte surmontée d'une demeure en bois. Il en existe une autre version, sinon plus spectaculaire, du moins mieux conservée, le grand donjon résidentiel en pierre.

Le donjon à motte

La motte, qui mesure jusqu'à 100 mètres de diamètre à la base et 20 mètres de hauteur, est un tertre en terre partiellement ou totalement artificiel, de forme ronde, au profil convexe ou tronconique, toujours entouré d'un fossé. Il en subsiste de nombreux exemplaires à travers toute l'Europe, de la Vistule à l'Angleterre, de la Calabre à la Scandinavie, non seulement dans les zones basses et marécageuses (le milieu d'origine) ou dans les plaines, mais aussi sur des éperons rocheux, en position de barrage à la racine ou de refuge à l'extrémité. C'est à ces tertres que s'attache primitivement l'appellation de *dunio* ou *domnio*, c'est-à-dire résidence d'un *dominus*. Le terme de *motte* n'est utilisé dans ce sens qu'à partir du XIIe siècle.

Sur la motte est érigée une tour en bois qui, après cinquante à cent ans de tassement, peut être remplacée par une tour en pierre. On y accède par une passerelle qui prend appui sur le bord extérieur du fossé et s'élève jusqu'au sommet de la motte. Celui-ci est entouré d'une palissade ou chemise, qui forme enclos et protège la base de la tour. Une bonne description de ce dispositif est donnée par la *Vita Johannis Tervanensis episcopi*, à propos de Merckhem (vers 1120). Par suite d'une évolution propre à chaque cas, certaines mottes ont été privées de leur tour. Les bâtiments d'habitation se sont alors appuyés à la chemise, constituant ainsi de petites enceintes perchées que les Anglais nomment *shell-keeps* (Windsor en est un exemple).

La tour pouvait être une construction vaste et complexe, comme en témoigne la *Chronique d'Ardres* à propos d'un donjon de bois érigé en ce lieu vers 1120. Au rez-de-chaussée, les celliers de vin et les resserres à grain. Au premier étage, la grande chambre seigneuriale, trois chambrettes pour le panetier, l'échanson, les suivantes de la dame, et un cabinet pourvu d'une cheminée pour les malades et les nourrissons. Au second, le dortoir des filles, celui des garçons et la salle de garde d'où les veilleurs montaient par une échelle sur la terrasse pour guetter. Cette tour était doublée d'un puissant avant-corps dont le premier niveau servait de garde-manger pour les viandes, le deuxième, près de la chambre, de cuisines et de logement pour les cuisiniers, le troisième de chapelle et de loggia pour deviser en prenant le frais.

Le grand donjon résidentiel correspond à une volonté d'intégration des divers éléments de l'habitation seigneuriale, dispersés dans l'enceinte, en une seule et même construction offrant à la fois les avantages de la résidence et ceux de la sécurité. Mais comme il est impossible de parvenir à une intégration absolue, il reste toujours des bâtiments – granges, écuries, forge... – qui doivent prendre place dans un enclos annexe, la basse-cour. Tandis qu'une enceinte résidentielle peut se concevoir sans donjon, un donjon résidentiel ne peut se passer de basse-cour ; une structure bipartite s'impose nécessairement.

Le grand donjon en pierre

Contemporain de la motte, le grand donjon résidentiel en pierre, fondé à même le sol, apparaît dans les régions de la Loire au Xe siècle. Il dérive probablement, comme le suggèrent les fouilles de Doué-la-Fontaine, de bâtiments civils transformés par surélévation et consolidation en maisons-tours. Très fréquent dans l'ouest de la France, depuis la Saintonge jusqu'à la Normandie, il est exporté en Angleterre, après la conquête de 1066, et par imitation s'insinue aussi vers l'est dans la zone des *Bergfried*.

Jusqu'à la fin du XIIe siècle, le grand donjon résidentiel est un parallélépipède debout ou couché dont la beauté est celle des volumes simples. Celui de Colchester mesure 50 mètres de longueur, celui de Loches 37 mètres de hauteur. Le donjon de Douvres, chef-d'œuvre du genre, est un cube de 31 mètres de côté. Édifiés en blocage soigneusement parementé, pourvus de contreforts plats ou hémicylindriques, les murs, qui sont percés de rares meurtrières, constituent une énorme carapace dont l'épaisseur varie de 2 mètres vers l'an mille à 5 ou 7 mètres vers 1200. La porte située au premier étage est protégée ordinairement par un avant-corps englobant souvent la chapelle.

Étant donné ses dimensions qui excèdent la longueur d'un entrait, l'espace intérieur est subdivisé par un mur de refend, porteur non seulement du solivage des planchers mais aussi de la retombée des toitures en batière. Quand la muraille est très épaisse, des corridors, escaliers à vis, chambres, latrines y sont aménagés. Le confort est assuré dans les meilleurs cas par des cheminées murales et des canalisations qui courent dans la maçonnerie et distribuent l'eau puisée quelquefois depuis le plus haut étage de la construction. Les parois intérieures sont revêtues de stuc, la toiture de plaques de plomb.

Les transformations du XIIIe siècle

Vers la tour cylindrique

Enfermés dans le donjon comme dans un vaisseau à l'épreuve des tempêtes, le seigneur et la garnison peuvent soutenir siège et assaut grâce à la massivité de la construction et aux flèches qui dissuadent l'ennemi d'approcher. En fait, la défense qui s'exerce de haut à partir des archères, des créneaux et des premiers mâchicoulis (Niort, vers 1170), est presque uniquement passive. Aussi les architectes ont-ils cherché non seulement à accroître la résistance des matériaux au choc mais également à trouver des formes qui éliminent les angles morts. Après maints tâtonnements dont témoigne le XIIe siècle, on s'est arrêté, en France du moins, à la forme cylindrique qui connut un grand succès et produisit des chefs-d'œuvre, tel le donjon de Coucy (diamètre 31 m, hauteur 55 m). Pour éviter les incendies, les étages furent voûtés, et pour faciliter les sorties la porte fut reportée au rez-de-chaussée. Bien adaptée à des fins militaires, la forme ronde l'est beaucoup moins à l'usage d'habitation. C'est pourquoi elle ne fut guère adoptée dans les régions qui demeurèrent fidèles, par archaïsme ou nécessité, au grand donjon résidentiel.

Vers l'enceinte géométrique sans donjon

Le second changement et le plus décisif fut de reporter la défense sur le mur de la basse-cour en le flanquant de tours saillantes, dont une paire fut placée de part et d'autre de l'entrée. Les progrès furent si rapides en France et en Angleterre qu'ils permirent de s'affranchir des contraintes du site et d'élaborer des plans géométriques ramassés qui rendirent caduques toutes les formules antérieures. On en revint à l'enceinte. Considéré comme inutile, le donjon disparut. Là où il fut conservé comme symbole de domination (Louvre), il cessa d'être habité en permanence. Le maître eut son logis dans la cour, avec la grande salle carrelée inondée de lumière et la chapelle aux belles verrières, plaquée, comme le reste de l'habitation, contre la muraille autour de la cour. Esquissée sous Philippe Auguste, la nouvelle formule devait triompher dans le château polygonal de Castel del Monte en Italie du Sud et surtout dans ceux qu'Édouard Ier fit construire au pays de Galles vers 1300. Tout au plus ce prince accorda-t-il, dans cette région encore insoumise, une importance spéciale au châtelet d'entrée, dont le profil élevé et la fonction de logement pour le gouverneur s'accusèrent à tel point que dans certains cas elles évoquent encore les anciens donjons.

Si l'on en juge par les comptes de l'Échiquier anglais, de telles constructions en pierre étaient très coûteuses. Seuls les grands princes pouvaient en assumer les frais. Leur multiplication est un signe d'un renforcement du pouvoir monarchique en Occident. Tandis que s'opérait cette révolution, la masse des seigneurs continuait à vivre dans des châteaux périmés. Certains élevaient encore des mottes – désormais quadrangulaires – dans la première moitié du XIIIe siècle. S'épuisant à moderniser leur demeure, beaucoup étaient entraînés dans un processus de déclassement qui touchait en même temps le lignage et le bâtiment.

Enfin, le relâchement des solidarités traditionnelles conduisait les chevaliers de la mesnie castrale à s'installer sur leurs terres, tandis que favorisés par les défrichements, les cadets de grandes familles fondaient à l'écart des seigneuries villageoises. À cet éclatement de l'entourage des châtelains correspond la naissance d'un nouveau type d'habitation, la maison.

Maison et maison forte

Le château se trouvait proche de l'habitat paysan, l'englobant parfois dans ses défenses avancées. La maison se tient plutôt à distance, encore que cette règle n'ait rien d'absolu, surtout quand la paroisse regroupe non pas une seule mais trois ou quatre de ces demeures.

Implantée généralement en terrain humide près d'un ruisseau, la maison occupe une plate-forme le plus souvent quadrangulaire de 30 à 100 mètres de côté, sans élévation par rapport au sol environnant, entourée d'un fossé en eau large en moyenne de 8 à 15 mètres. L'escarpe de la plate-forme est couronnée d'une haie défensive (plessis) ou d'une palissade en bois avec une porte principale en bois ou en pierre. Rendre forte une maison consiste à remplacer la haie ou la palissade par un mur plat sans flanquement. Transformer une maison forte en château, c'est lui ajouter des tours flanquantes, des créneaux, un pont-levis. La législation sur ces divers points est précise et permet de suivre l'évolution. Par convenance ou par enflure, les textes ont tendance dès le XIVe siècle à qualifier la plate-forme de motte.

Dans l'enclos ainsi délimité, l'habitation se compose d'un logis seigneurial accompagné de grange, colombier, écurie, et quelquefois d'une chapelle. Quand la plate-forme est trop étroite ou que les bâtiments prennent trop d'ampleur, ceux qui abritent les services sont rejetés à l'extérieur, dans le voisinage du verger, du jardin et du vivier. Il se forme alors une basse-cour qui, à l'occasion, peut recevoir la protection d'un mur et d'un fossé. Ainsi réapparaît la structure bipartite du château.

À la différence des grandes forteresses, dont les chantiers s'approvisionnent parfois très loin – en pierre de Caen pour les châteaux anglais par exemple –, les maisons fortes sont construites en matériaux locaux. D'où leur variété. Toutefois, derrière le mur de clôture ou le mur pignon portant la cheminée, se dressent souvent des bâtiments en colombage et en torchis, peu différents des maisons paysannes ; ils seront réparés ou reconstruits pendant des siècles selon les mêmes procédés.

Châteaux et maisons fortes du bas Moyen Âge

Caractères généraux

Les événements militaires et les guerres civiles du bas Moyen Âge se sont traduits par des modifications significatives dans la silhouette des châteaux. Les progrès de l'échelade, c'est-à-dire de l'attaque au moyen d'échelles employées massivement et simultanément, ainsi que le tir parabolique de la primitive artillerie à feu, ont eu pour conséquence la surélévation des courtines qui ont bientôt atteint la même hauteur que les tours. Désormais une terrasse (Tarascon) ou un chemin de ronde continu (Pierrefonds) se développe au sommet de l'enceinte, facilitant les déplacements de la garnison. Celle-ci peut s'étoffer à proportion des logements qui sont construits contre les courtines surélevées.

Dans le château transformé en caserne, le donjon retrouve son utilité. Il redevient le refuge du seigneur qui s'y met à l'abri des surprises tant de ses ennemis que des troupes qu'il a soldées. À Vincennes, le roi fait construire une tour résidentielle de 16 mètres de côté, cantonnée de tourelles cylindriques, haute de 52 mètres avec porte au premier étage, voûtes intermédiaires, cheminées, puits et latrines. Le plan pourrait être qualifié d'archaïque si la forme quadrangulaire n'était considérée à juste titre comme la mieux adaptée à l'habitation. L'empereur Charles IV devait agir de même à Karlstein en Bohême et Louis d'Orléans un peu plus tard à Pierrefonds.

Le resserrement et l'exhaussement des édifices fortifiés eurent un retentissement sur la construction des maisons fortes. Beaucoup de petits seigneurs adoptèrent la formule de la *Wohnturm* (tour d'habitation) compacte cantonnée de deux tours en diagonale ou de quatre tours aux angles. Les *casteras* de l'Aquitaine anglaise sont de ce type. Derrière la muraille en pierre baignant dans l'eau du fossé, ils comportent souvent une structure en bois à plusieurs étages, le rez-de-chaussée étant réservé à l'entrée et aux celliers, le premier, éclairé par quelques fenêtres, à la grande salle et aux chambres (Carmasac). Autant qu'un phénomène français, la *Wohnturm* est un phénomène européen qui touche aussi bien la Suisse que les Pays-Bas.

Les progrès de l'artillerie et leurs conséquences

À la fin du XVe siècle, l'efficacité croissante de l'artillerie de siège a conduit à des résultats inverses de ceux que l'on observait au siècle précédent. Les constructions ont tendance à se rétrécir en hauteur et à s'enterrer derrière des boulevards de terre rapportée, de manière à échapper au tir désormais plus tendu des canons. Bien dessinés, ces boulevards peuvent aussi servir de plates-formes pour la riposte. Si un château comme Bonaguil offre un bon exemple d'adaptation aux nouvelles conditions de la guerre, Salses en Roussillon ou encore les fortins édifiés sur la côte anglaise dans la première moitié du XVIe siècle (Deal, Walmer) constituent les premiers jalons d'une architecture militaire vraiment moderne.

L'époque qui s'ouvre avec la Renaissance se caractérise par la dissociation définitive de la fonction résidentielle et de la fonction militaire, et en conséquence par la disparition du château fort. Certes, des épisodes comme les guerres de Religion rendront un certain lustre aux vieilles forteresses, jusqu'au jour où les États monarchiques appuyés sur une puissante artillerie – Richelieu en France – en exigeront la démolition.

Perdant toute valeur militaire, la résidence seigneuriale s'ouvre sur l'extérieur. On abat des pans de murailles ; on recherche l'air et la lumière. Toutefois, les schémas traditionnels, tout imprégnés de souvenirs et de symboles, s'imposeront encore pendant de longues années. Percé du haut en bas de grandes fenêtres, le château de Chambord n'en possède pas moins un donjon, une basse-cour, des fossés. D'autres conservent le plan quadrangulaire des enceintes du XIIIe siècle avec tours d'angle et cour d'honneur carrée. Le manoir anglais reste fidèle à la structure et au décor du Moyen Âge. Si l'Italie, avec Palladio, désarticule très tôt la composition traditionnelle pour créer des unités socio-économiques originales, en France il faudra attendre Louis XIV et la paix civile retrouvée pour que soit mise au point une formule d'habitat aristocratique exempte de toute trace de fortification.

MICHEL BUR

Bibliographie

F. A. ABERG dir., *Medieval Moated Sites*, C.B.A., Research Report, n° 17, Londres, 1978 / F. A. ABERG & A. E. BROWN dir., *Medieval Moated Sites in North-West Europe*, B.A.R. international series 121, Oxford, 1981 / L. BLONDEL, « Châteaux de l'ancien diocèse de Genève », in *Mémoires et documents*, publiés par la société d'histoire et d'archéologie de Genève, série in-4°, t. VII, Genève, 1956 / R. A. BROWN, *English Castles*, B. T. Batsford Ltd., Londres, 3e éd., 1976 / M. DE BOUARD, « De l'aula au donjon : les fouilles de la motte de La Chapelle à Doué-la-Fontaine (Xe-XIe siècle) », in *Archéologie médiévale*, t. III-IV, pp.5-110, 1973-1974 ; *Manuel d'archéologie médiévale*, Sedes, Paris, 1975 / M. BUR, *Vestiges d'habitat seigneurial fortifié du bas-pays argonnais*, A.R.E.R.S., Reims, 1972 ; *Vestiges d'habitat seigneurial fortifié des Ardennes et de la vallée de l'Aisne*, *ibid.*, 1980 ; *Vestiges d'habitat seigneurial fortifié en Champagne centrale*, *ibid.*, 1987 ; *La Maison forte au Moyen Âge*, colloque, C.N.R.S., 1986 ; « Vers l'an mil, la motte, une arme pour une révolution », in *Information historique*, 3, 1982 / A. CHATELAIN, *Donjons romans des pays de l'Ouest*, Picard, 1973 / C. ENLART, *Manuel d'archéologie française*, t. II : *Architecture civile et militaire*, 2 vol., Picard, 1928-1932 / J. F. FINO, *Forteresses de la France médiévale*, 3e éd., Picard, 1977 / M. FIXOT, *Les Fortifications de terre et les origines féodales dans le Cinglais*, C.R.A.M., Caen, 1968 / G. FOURNIER, *Châteaux, villages et villes d'Auvergne au XVe siècle, d'après l'Armorial de Guillaume Revel*, Droz, Genève, 1973 ; *Le Château dans la France médiévale - Essai de sociologie monumentale*, Aubier, 1978 / J. GARDELLES, *Les Châteaux du Moyen Âge dans la France du Sud-Ouest. 1216-1337*, Droz, 1972 ; « Le Palais de l'Europe occidentale chrétienne du xe au xiie siècle », in *Cahiers de civilisation médiévale*, t. XIX, pp. 115-134, 1976 / P. HÉLIOT, « Les Origines du donjon résidentiel et les donjons-palais romans de France et d'Angleterre », in *Cahiers de civilisation médiévale*, t. XVII, pp. 217-234, 1974 / A. HERNNBRODT, *Der Husterknupp - Eine niederrheinische Burganlage des frühen Mittelalters*, Beihefte der Bonner Jahrbücher, vol. VI, Cologne, 1958 / H. E. J. LE PATOUREL, *The Moated Sites of Yorkshire*, S.M.A.M., sér. 5, Londres, 1973 / H. PATZE, *Die Burgen im deutschen Sprachraum. Ihre rechts- und verfassungsgeschichtliche Bedeutung*, 2 vol., Thorbecke Sigmaringen, 1976 / J.-M. PESEZ & F. PIPONNIER, « Les Maisons fortes bourguignonnes », in *Château-Gaillard*, vol. V, pp.143-164, 1972 ; « Villy-Le-Moûtier, recherches archéologiques sur un site de maison forte », in *Château-Gaillard*, vol. VI, pp. 147-164, 1973 / J. RICHARD, « Châteaux, châtelains et vassaux en Bourgogne aux xie et xiie siècles », in *Cahiers de civilisation médiévale*, t. III, pp. 433-447, 1960 / E. VIOLLET-LE-DUC, *Dictionnaire raisonné de l'architecture française du XIe au XVIe siècle*, 10 vol., éd. de Nobele, Paris, 1889.

Archéologie médiévale, colloque Caen, t. XI, 1981 / *Château-Gaillard, Études de castellologie médiévale*, colloques, à partir de 1962 / « Châteaux et peuplements en Europe occidentale du xe au xviiie siècle », in *Flaran* 1, Auch, 1980.

HANSE

L'histoire a retenu quatre hanses, ou groupements de marchands, et plus spécialement de marchands à l'étranger.

Il y eut la hanse des marchands de l'eau, dont les membres jouissaient du monopole de navigation sur la Seine entre Paris et Mantes. Dirigée et animée par des marchands parisiens, elle donna naissance, à la fin du xiiie siècle, à une municipalité parisienne ayant à sa tête le prévôt des marchands entouré de quatre échevins.

La hanse de Londres, union de ghildes (associations marchandes) de villes flamandes, apparut au xiie siècle ; dirigée par Bruges, elle avait pour objet le trafic avec l'Angleterre, notamment l'importation des laines anglaises. Mais la politique de l'« étape » pratiquée par les rois d'Angleterre, rendant obligatoire la concentration des laines exportées en un seul port du continent et favorisant les marchands anglais, entraîna son déclin au xive siècle.

La hanse des dix-sept villes, autrefois confondue à tort avec la précédente, fut appelée hanse par les historiens (non par les contemporains) : elle revêt, avant 1230, la forme d'un groupement très lâche entre marchands drapiers de villes des Pays-Bas et de la France du Nord (villes dont le nombre dépassa, largement, dix-sept), fréquentant les foires de Champagne. Le déclin de celles-ci amena la disparition de l'association.

Enfin, la hanse Teutonique, ou plutôt allemande, est appelée la Hanse ; le raccourci est mérité, car « aucune des autres hanses n'atteignit à la signification européenne de celle-ci » (A. Joris). En effet, par sa durée multiséculaire (du xiie au xviie siècle, par le nombre – même discuté, de ses membres, par l'activité et l'extension de son commerce, par son rôle politique contrastant avec la faiblesse de son organisation, la *Hansa Teutonicorum*, compagnie de marchands allemands, puis de villes situées pour la plupart en Allemagne du Nord, constitue ce que l'un de ses anciens historiens, P. H. Mallet, appelait « un phénomène presque unique en son genre ». C'est elle qui fera l'objet de cette publication.

1. L'association des marchands allemands de la Baltique

« Chose urbaine dans son essence comme dans toutes ses activités », la Hanse est née à l'époque du grand essor des villes. Son histoire commence avec la fondation de Lübeck par le duc de Saxe Henri le Lion (1158-1159) : une situation favorable dans l'isthme de Holstein – sur la côte baltique mais à cinquante kilomètres seulement de Hambourg –, le dynamisme de ses habitants, l'intelligence de son fondateur prédestinaient cette ville à devenir la « tête » de la Hanse. De là partit la pénétration germanique dans la Baltique sous la forme d'une « association des marchands de l'Empire romain fréquentant Gotland » (1161) ; les marins-paysans de cette île s'étaient déjà ouvert les voies commerciales vers Novgorod, et la ville mi-allemande, mi-scandinave de Visby venait de prendre un départ foudroyant, avant que ses prétentions à l'hégémonie ne fussent, à la fin du XIIIe siècle, arrêtées par Lübeck. Tout en fondant un comptoir à Novgorod, le Peterhof, les marchands allemands participent à l'œuvre de colonisation et de christianisation menée par l'archevêque Albert de Brême, ses chevaliers Porte-Glaive et Teutoniques sur le pourtour oriental (fondation de Riga, Dorpat, Reval) et méridional (fondation de Rostock, Stralsund, Stettin, Danzig, Thorn, Elbing, Königsberg) de la Baltique. Simultanément, se dessinait une poussée vers la Scandinavie, où des Allemands contribuaient à la naissance de Stockholm, fréquentaient les foires de Scanie, s'installaient à Bergen, et vers l'Occident, où l'expansion revêtit un caractère strictement commercial : à Londres, les « Esterlins » (marchands de la Baltique), devancés par les Colonais, durent longtemps composer avec eux (il y fut enfin établi, en 1281, un comptoir unique de la « Hanse d'Allemagne », le Stalhof) ; à Bruges, les privilèges datent de 1252-1253 ; aux foires de Champagne, les hanséates apparurent après 1250.

Dès cette époque, le rôle des individus groupés dans l'association de Gotland décline. Les villes prennent ombrage de son autonomie et de ses initiatives, qui risquent de les entraîner dans de coûteuses aventures : elles aspirent à la diriger elles-mêmes, à la supplanter dans la protection des Allemands trafiquant à l'étranger. L'impuissance du pouvoir impérial et l'anarchie qui suivirent la mort de Frédéric II les incitèrent à se grouper en ligues régionales – comme celles des villes wendes rassemblées autour de Lübeck et Hambourg –, qui préparent le passage de la Hanse des marchands à la Hanse des villes. Transformation lente – elle s'étira sur un siècle –, parce que contrariée par les ambitions danoises en Baltique et les dissensions entre villes marchandes, aidée toutefois par le développement intense des opérations commerciales et financières avec l'Angleterre. Passé la Peste noire, simple « épisode dramatique » dans son histoire, la Hanse se donne son organisation nouvelle à la faveur de deux épreuves décisives : un conflit économique avec la Flandre fut l'occasion de la première assemblée générale des villes hanséatiques (1356) ; une offensive du roi de Danemark Valdemar IV provoqua la formation de la ligue de Cologne (1367). La paix de Stralsund, imposée aux Danois en 1370, marquait l'avènement en Europe du Nord d'une véritable puissance qui manifesta bientôt sa suprématie en obligeant, par un blocus simultané, Flamands, Anglais et Russes à respecter ses privilèges (1388) et en purgeant la Baltique, puis la mer du Nord des pirates déchaînés contre elle par la maison de Mecklembourg (1390-1401), les Vitalienbrüder.

2. La Hanse toute-puissante (fin du XIVe siècle)

Parvenue alors à son apogée, la Hanse étonne par le « contraste entre l'ampleur de ses réalisations et l'inconsistance de sa structure ». Un agrégat de villes dont aucune n'était pleinement souveraine et dont on ne peut même pas dresser une liste certaine (leur nombre variant selon les critères de 80 à 180), comptant même parmi ses membres un prince, le grand maître de l'ordre Teutonique. Une seule institution régulière, le *Hansetag*, instance suprême de la communauté, assemblée rarement plénière en fait, siégeant normalement à Lübeck, dont le Conseil de ville assurait la gestion permanente des intérêts hanséatiques. Elle ne jouissait pas d'une personnalité juridique, n'avait pas de sceau, pas de fonctionnaires, pas de finances propres, ne possédait ni flotte ni armée : c'était une puissance, non un État. Mais une puissance capable d'imposer ses décisions à ses membres par la persuasion ou par l'exclusion temporaire et de faire respecter ses privilèges par les États étrangers au moyen d'une diplomatie tenace et habile, de sanctions économiques et, s'il le fallait, de la guerre – celle-ci étant financée par des taxes sur les marchandises qui permettaient d'entretenir des contingents fournis par les membres et d'armer des vaisseaux de guerre.

Bateaux et activité commerciale

Seuls les engins et l'équipage dont ils étaient pourvus distinguaient les vaisseaux de guerre de la Hanse des navires de commerce, les célèbres cogues (*Kogge*), qui par leurs dimensions (30 mètres de long, 7 de large, 3 de tirant d'eau), par leur rapidité accrue grâce au gouvernail d'étambot, assurèrent aux hanséates leur supériorité maritime dans les mers septentrionales aux XIIIe et XIVe siècles. Ils firent place, au XVe, à des bâtiments de dimensions toujours croissantes, les hourques, puis les caravelles. À la fin de ce siècle, la Hanse comptait, abstraction faite de la batellerie côtière et fluviale, un millier de navires, jaugeant 60 000 tonnes, ce qui la rangeait en tête des puissances navales.

Muni d'un pareil instrument de transport, arc-bouté sur les quatre comptoirs de Novgorod, Bergen, Bruges et Londres, le commerce hanséatique consistait dans l'échange de produits entre l'Orient et l'Occident septentrionaux. La base en était, d'une part, le trafic des fourrures et de la cire en provenance de Russie, de Livonie, de Prusse et, de l'autre, celui des draps flamands, puis, au XVe siècle, anglais ou hollandais, et celui du sel, le sel gemme de Lünebourg, et surtout le sel des marais français de Bourgneuf et de Brouage. Au tronc Novgorod-Londres s'adjoignent en effet, peu à peu, des branches de plus en plus longues, correspondant au trafic de produits spécifiques : au nord, cuivre et fer de Suède, morue séchée de Norvège, hareng salé de Scanie, draps d'Écosse ; au sud, blés et bois des plaines polonaise et prussienne, minerais de Hongrie, vins du Rhin, puis de la France atlantique et même du Portugal, produits des pays méditerranéens, avec lesquels les hanséates entraient en relations à travers la haute Allemagne ou par l'intermédiaire de Bruges.

Les hommes

Ces échanges, sans cesse diversifiés, étaient le fait d'hommes d'affaires de trois niveaux différents : petits marchands, au rayon d'action limité, s'adonnant notamment au commerce des poissons salés ou séchés ; armateurs et marchands moyens, trafiquant avec un seul pays étranger, écoulant souvent eux-mêmes au détail les produits importés ; grands marchands qui, négociant en gros et à longue distance, usant largement du crédit, étendaient leur activité à de multiples secteurs géographiques et économiques, où les draps de Flandre occupaient une place privilégiée. Aucun d'eux, certes, n'était à la tête de grandes firmes commerciales permanentes, ayant ses filiales, ses propres facteurs et commis, comme les compagnies italiennes ou haut allemandes de l'époque du type des Médicis ou des Fugger. Le grand marchand hanséate participait à plusieurs sociétés, entre lesquelles n'existait d'autre lien que sa personne. Mais le Lübeckois Johan Wittenborg († 1363), le Westphalien Tidemann Limberg, prêteur attitré du roi d'Angleterre Édouard III († 1386), les frères Veckinchusen, qui, dans le premier quart du XVe siècle, couvrirent de leurs entreprises risquées tout l'espace commercial hanséatique, Hinrich Castrop, qui termina sa vie comme homme d'État lübeckois († 1488), tous évoquent à plus d'un titre les grands marchands italiens. Formés par un parent à la technique des affaires, voyageant pendant leurs jeunes années, ils s'établissent ensuite dans leur cité d'origine ou d'adoption, placent une part de leurs profits en immeubles et en rentes et, comme leurs homologues vénitiens, se consacrent à des fonctions officielles.

Les villes

Ainsi s'était constitué à la tête de chaque ville un patriciat composé des « riches marchands et riches en biens », groupés en associations, apparentés entre eux, appuyés sur la solidarité des villes hanséatiques, et qui tenait assez solidement le gouvernement municipal pour ne pas voir sa suprématie ébranlée de façon sensible par les révoltes des gens de métier. Sous son égide, les principaux centres de la communauté atteignirent une brillante prospérité : villes wendes, comme Lübeck, la métropole (25 000 habitants au XVe siècle), Hambourg, son avant-port sur la mer du Nord, Wismar, Rostock et Stralsund ; villes saxonnes, telles que Brême, à l'indépendance jalouse, Brunswick et Magdebourg ; villes westphaliennes et rhénanes, comme Dortmund et surtout la prestigieuse Cologne (30 000 habitants au XVe siècle), qui, tout en s'intégrant à la Hanse, garda une grande liberté d'action et amplifia ses anciennes relations avec l'Angleterre, l'Allemagne du Sud et même l'Italie ; villes prussiennes (Elbing, Königsberg, et le « grenier à blé » de Danzig) ; villes livoniennes (Riga, Reval) ; Visby, la cité mère, en net déclin.

À la plupart de ces centres commerciaux l'appartenance à une même communauté et la domination d'un patriciat marchand semblable ont imprimé des traits similaires, qui ont permis à P. Dollinger de parler d'une « civilisation hanséatique » : unité intellectuelle, correspondant à l'aire des dialectes bas allemands (dont l'essor et le déclin reflètent ceux de la Hanse) et à une certaine propension pour la satire bourgeoise, la chronique historique urbaine, le roman de chevalerie (nombreuses cours d'Arthur – *Artushöfe* – groupant des patriciens) ; unité artistique, dont de nombreux témoins ont été détruits lors de la Seconde Guerre mondiale. Dans le domaine architectural, il faut distinguer, en dépit d'un plan régulier assez uniforme, une zone de la pierre englobant des villes de l'intérieur, et une zone de la brique, comprenant les cités maritimes, dominées par l'austère et majestueuse Marienkirche de Lübeck. Cette dernière ville, centre de diffusion de l'imprimerie dans les pays du Nord, patrie d'adoption du peintre-sculpteur Bernt Notke (auteur du *Saint Georges* en bois, de Stockholm, 1489), affirmait ainsi son leadership dans le domaine culturel comme dans celui de l'activité économique.

3. Difficultés et disparition (XVe-XVIIe siècle)

Dès l'aube du xve siècle, des difficultés s'étaient fait jour. Elles tenaient, d'une part, à l'exclusivisme jaloux avec lequel la Hanse revendiquait les privilèges juridiques et fiscaux de ses marchands ; d'où des rancœurs et l'apparition de concurrents : Anglais et Hollandais, dont les flottes pénétraient de plus en plus loin dans la Baltique ; Allemands du Sud – Nurembergeois surtout –, qui captaient par voie de terre une part du trafic hanséate. La Hanse réagit en renforçant encore sa réglementation en vue d'empêcher les étrangers de jouir de privilèges dont elle entendait conserver le monopole, allant jusqu'à restreindre l'usage du crédit et la frappe des monnaies d'or ; car elle craignait des perturbations préjudiciables à ses marchands. Ces prescriptions outrancières provoquèrent résistances et désobéissances au sein même de l'association, où les villes prussiennes et l'ordre Teutonique avaient, par exemple, intérêt à vendre leurs céréales aux Hollandais. Tout cela, d'autre part, était des indices d'une mentalité conservatrice et d'une perte d'esprit d'initiative qui devaient être fatales à la Hanse.

Transformation politique de l'Europe du Nord

Le xve siècle voit aussi se dégrader la conjoncture politique. Monarchies et principautés se renforcent, notamment aux Pays-Bas, unifiés sous Philippe le Bon : cette évolution est contraire aux intérêts de la Hanse, qui avait précisément profité de la faiblesse et de la division des princes. Une crise de régime frappe Lübeck de 1408 à 1416 juste au moment où l'ordre Teutonique s'effondrait sous les coups du roi de Pologne (Tannenberg, 1410). La prise de Novgorod par le tsar Ivan III (1471) précipite le déclin, déjà sensible, de ce comptoir. La mainmise du Danemark sur l'isthme de Holstein (1459) signifie l'installation, sur des routes vitales pour le commerce hanséatique, d'une puissance ordinairement favorable aux rivaux anglais et hollandais : ils profitèrent des conflits de la Hanse avec Bruges. La tension avec l'Angleterre entraîne une sécession temporaire de Cologne et une guerre de quatre ans, terminée en 1474, par une paix qui est un succès pour la Hanse – en fait un simple sursis.

Sclérose de la Hanse

La décadence qui s'accentue dans les trois quarts de siècle suivants n'est pas due, comme on l'avait cru autrefois, au déplacement des voies maritimes provoqué par les grandes découvertes. Mais celles-ci, en suscitant l'extension et la transformation des entreprises commerciales, ont mis en relief le caractère malgré tout trop étroit du rayon d'action des hanséates et leur attachement excessif à des méthodes surannées. Arrestation des Allemands de Novgorod (1494), déclin de Bruges au profit d'Anvers, concurrence foudroyante des Fugger s'ajoutant dans la Baltique à celle des rivaux traditionnels de la Hanse : autant de signes que le commerce nord-européen n'avait plus celle-ci comme intermédiaire nécessaire. L'expansion de la Réforme introduisit dans les villes et entre elles un nouveau ferment de division. La tentative du célèbre tribun lübeckois Jürgen Wullenwever en vue de rendre son éclat à la Hanse et de fermer la Baltique aux Hollandais (1530-1535) se solda par un échec.

La décadence fut, il est vrai, lente et relative : la seconde moitié du XVIe siècle est même un temps de renouveau pour la communauté, qui consent enfin – trop tard – à se donner une structure plus ferme en instituant un « syndic de la Hanse » (1556), poste confié à Heinrich Sudermann, de Cologne, le « dernier des grands hanséates ». Sous son impulsion, et grâce à la révolte des Pays-Bas du Nord contre l'Espagne, le trafic fut momentanément reconquis par la Hanse au détriment des Hollandais. Des villes comme Hambourg (près de 50 000 hab. vers 1320) et Danzig (plus de 30 000), vivifiées par la présence de nombreux étrangers, connurent un brillant essor, aux dépens d'ailleurs de Lübeck. Mais cette renaissance ne fut que feu de paille. La conquête de la Livonie par les Russes et les Suédois, la concurrence irrésistible des Anglais et des Hollandais atteignaient profondément la Hanse. La guerre de Trente Ans lui porta le coup de grâce. Après la tourmente, tous les efforts de restauration échouèrent ; le *Hansetag* de 1669, qui ne réunit que neuf villes, fut le dernier. Seule subsistait la ligue conclue en 1630 entre Lübeck, Hambourg et Brême, par laquelle la Hanse se donna l'illusion de survivre jusqu'en 1862, année où furent liquidés les derniers biens de la communauté. Depuis le deuxième quart du XVIIe siècle, elle avait, en réalité, disparu, condamnée à la fois par ses dissensions internes et par les transformations politiques et économiques des Temps modernes, mais non sans avoir marqué de son empreinte originale cinq siècles d'histoire de l'Europe.

RENÉ FEDOU

Bibliographie

E. CHRISTENSEN, « Scandinavia and the Advance of the Hanseatics », in *Scandinavian econ. Hist. Rev.*, 1957 / P. DOLLINGER, *La Hanse (XIIe-XVIIe siècle)*, Aubier, Paris, 1964, nouv. éd. 1988 ; trad. allem. M. et H. Krabusch, *Die Hanse*, Stuttgart, 1966 / J. A. GADE, *The Hanseatic Control of Norwegian Commerce During the Late Middle Ages*, Leyde, 1951 / P. HEINSIUS, « Das Schiff der hansischen Frühzeit », in *Quellen und Darstellungen zur hansischen Geschichte*, Weimar, 1956 / M. WETKI, « Studien zum Hanse-Norwegen Problem », in *Hansische Geschichteblätter*, 1951.

HARALD III HÅRDRÅDE (1015-1066) roi de Norvège (1046-1066)

Fils de Sigurd Syr et demi-frère par sa mère du roi de Norvège, Olaf II Haraldsson dit le Saint, Harald III Hårdråde passa une grande partie de sa jeunesse à la cour du grand-prince de Kiev, Iaroslav Ier le Sage, dont il devint par la suite le gendre, puis dans la garde varangienne de l'empereur byzantin Michel IV. Ses exploits militaires en Sicile et en Bulgarie sont relatés par les historiens byzantins aussi bien que scandinaves ; il aurait fait un pèlerinage à Jérusalem.

Revenu en Norvège en 1045, Harald partagea le trône de Norvège avec son neveu Magnus Ier le Bon, fils d'Olaf le Saint. Tous deux décidèrent une expédition contre le Danemark, au cours de laquelle Magnus Ier fut tué, en 1047. Harald III Hårdråde, ou le Sévère, régna seul et s'efforça, mais en vain, d'enlever le trône du Danemark à Sven II. Finalement, les deux rois se reconnurent mutuellement souverains de leurs pays respectifs.

Harald eut aussi des démêlés avec le pape Alexandre II et Adalbert, archevêque de Brême et vicaire du Saint Empire pour la Scandinavie, contre lesquels il défendit l'indépendance de l'Église norvégienne.

Harald mena des expéditions dans les îles Orcades, Shetland et Hébrides. En 1066, il essaya de conquérir l'Angleterre, en s'alliant au comte de Northumbrie, Tostig, contre le nouveau roi Harold II. Mais il fut tué à Stamford Bridge, non loin d'York, en septembre 1066. Quelques jours plus tard, Guillaume débarquait à son tour et tuait Harold à Hastings. Les deux fils d'Harald, Magnus et Olaf III, régnèrent conjointement sur la Norvège, jusqu'à la mort d'Olaf en 1069.

E. U.

HAROLD II (1022 env.-1066) roi d'Angleterre (1066)

À la mort, en 1053, de son père Godwin, comte de Wessex et de Kent, Harold, qui avait reçu le comté d'Est-Anglie en 1044, devint l'homme puissant d'Angleterre. En 1057, il obtint des comtés pour ses trois frères, Tostig, Gyrth et Leofwine et n'eut pour seul rival que Léofric de Mercie. En 1065, faisant droit aux revendications des Northumbriens révoltés contre Tostig, leur comte, Harold donna le comté au souverain de Mercie, et s'aliéna ainsi définitivement Tostig. Édouard le Confesseur l'aurait désigné, sur son lit de mort, comme héritier du trône, au mépris des promesses qu'il avait faites antérieurement à Guillaume le Bâtard, duc de Normandie. Aussi, quand Harold prit le pouvoir, à la mort d'Édouard (25 janv. 1066), il dut immédiatement faire face aux menaces de Guillaume et d'un autre prétendant, Harald III Hårdråde, roi de Norvège, ainsi qu'à l'hostilité de Tostig. En mai, Harold mobilisa sa flotte et son armée contre une éventuelle invasion de Guillaume, mais il dut les employer à repousser les attaques de Tostig sur les côtes sud et est d'Angleterre et, en septembre, à court de vivres, fut contraint de les renvoyer. Rien ne s'opposait plus à ce que Guillaume traversât la Manche. Tostig et Harald III joignirent leurs forces et envahirent l'Angleterre, mais ils furent défaits et tués par Harold à Stamford Bridge, dans le Yorkshire, le 25 septembre. Trois jours plus tard, Guillaume débarquait en Angleterre. Harold l'attaqua près de Hastings. Au cours de la bataille, il fut tué ainsi que Gyrth et Leofwine. Guillaume, devenant Guillaume Ier, monta sur le trône d'Angleterre ; la période anglo-saxonne de l'histoire d'Angleterre se terminait.

E. U.

HENRI II LE SAINT (973-1024) empereur germanique (1002-1024)

Duc de Bavière, Henri II est élu empereur à la mort de son cousin Othon III, dépourvu d'héritier direct. Mais son avènement est précédé d'une longue lutte de succession et suivi d'un conflit avec les comtes de Luxembourg et la noblesse du royaume de Bourgogne, qui refuse de le reconnaître comme son suzerain. Prince actif et doué, il a maintenu l'unité dans la tradition ottonienne, dont il est le dernier descendant indirect. Il consacre ses efforts à l'achèvement de la constitution de l'Église ottonienne dont il met les biens au service de l'Empire. Il s'appuie sur l'Église qu'il dote richement, nomme des hommes de confiance aux sièges épiscopaux, impose une réforme monastique, multiplie les synodes impériaux et entreprend une grande réforme, en accord avec le pape, à la veille de sa mort. En 1007, Henri II fonde l'évêché de Bamberg, doté de vastes seigneuries, qui va contribuer à sa légende. Reprenant les ambitions italiennes de ses prédécesseurs, il organise trois expéditions en Italie, où il rétablit l'autorité impériale. Il se fait couronner roi d'Italie à Pavie en 1004 et empereur à Rome en 1014. Mais, moins heureux avec le duc de Pologne, Boleslas Ier, qu'il combat pendant douze ans avec le concours de tribus slaves païennes, il doit accepter l'indépendance de fait de la Pologne et lui consentir la Lusace en fief. Sa générosité à l'égard de l'Église lui a valu de recevoir le surnom de saint et d'être canonisé en 1146.

BERNARD VOGLER

HENRI III LE NOIR (1017-1056) empereur germanique (1039-1056)

À la mort de son père Conrad II le Salien, Henri III, qui avait déjà été désigné et couronné, hérita très normalement de la couronne. Il avait reçu une éducation religieuse assez soignée et s'était convaincu de l'importance de ses fonctions. Il veilla donc au cours de son règne à maintenir la paix dans l'Empire (trône de Dieu) et sur les frontières, comme en Pologne ou en Bohême. S'il respectait la papauté et les dignités ecclésiastiques, il n'en était pas moins assuré que les deux pouvoirs, le spirituel et le temporel, étaient liés selon le système ottonien, et garantis par l'empereur.

Il encouragea donc une réforme de l'Église, c'est-à-dire de la papauté à Rome ; celle-ci était tombée en profonde décadence, à la suite de la vente de sa dignité pontificale par Benoît IX à Grégoire VI, tandis qu'un troisième pape, Sylvestre III, leur était opposé. Avec l'aide de l'abbé de Cluny, Odilon, et de Pierre Damien, Henri III les fit tous déposer pour simonie, obtint l'élection d'un évêque allemand, Clément II, qui le couronna empereur (Noël 1046). Le nouveau pape entreprit la réforme de l'Église (synode de 1047). Ses successeurs, Damase II et surtout Léon IX (ancien évêque de Toul) poursuivirent cette œuvre en étroite collaboration avec l'empereur.

En 1043, Henri épousait Agnès de Poitiers, de la famille des ducs d'Aquitaine, sans doute les plus puissants seigneurs du temps. Ceux-ci, qui avaient permis la fondation de Cluny sur des terres leur appartenant, protégeaient cette abbaye, devenue au milieu du XIe siècle la plus riche d'Occident. Henri III l'aida à se développer en direction de l'Allemagne, contribuant ainsi à réformer les structures ecclésiastiques de l'Empire.

Comme ses prédécesseurs, il distribua duchés et comtés à des grands, évitant pourtant de les choisir parmi les familles d'une même nation. Cela ne suffit pas à réduire toutes les ambitions : Godefroi le Barbu accepta mal de ne recevoir que la Basse-Lorraine (1044) à la mort de son père ; il se souleva, perdit sa terre et crut reprendre force en épousant Béatrice de Toscane, qui revendiquait pour sa fille Mathilde toutes les terres d'Italie qui avaient appartenu à son premier mari.

Henri III avait fait élire et couronner roi des Romains (1053-1054) son fils Henri, qui lui succéda à la tête de l'Empire germanique lorsqu'il mourut trois ans plus tard. La mort de Henri III marque la fin de l'Empire prégrégorien (antérieur à la réforme grégorienne) et le déclin de la tradition ottonienne.

ANNE BEN KHEMIS

HENRI IV (1050-1106) empereur germanique (1056-1106)

Fils de l'empereur Henri III et d'Agnès de Poitiers, élu roi des Romains à trois ans, héritier légitime du trône d'Allemagne, Henri IV était le petit-fils du puissant duc d'Aquitaine qui avait décliné la couronne d'Italie et protégeait Cluny. Le plus grand des abbés de Cluny, Hugues (1049-1109), fut son parrain et son conseiller.

Intelligent, doué d'un certain sens politique et énergique, Henri eut à faire face à de grandes difficultés au long d'un règne qui dura cinquante ans. Il fut orphelin de père à six ans, séquestré par un des régents à douze, tandis que sa mère, une femme pieuse et faible, se retirait dans un couvent. Les princes se révoltèrent à plusieurs reprises contre la puissance impériale, les papes l'excommunièrent deux fois. À la fin de sa vie, deux de ses fils se rebellèrent contre lui. Le dernier, le futur Henri V, le déposa, après l'avoir pourchassé dans toute l'Allemagne, alors qu'il était malade et désespéré.

Henri IV sut parfois tirer parti des transformations de son époque en s'alliant à la bourgeoisie nouvelle des villes contre les grands feudataires, laïcs et religieux. C'est pour permettre aux petites gens de travailler et de commercer qu'il instaura en 1085 la paix dans l'Empire. Mais il buta aussi contre certaines nouveautés : ainsi en fut-il de son conflit avec la papauté (querelle des Investitures). Il n'avait pas compris que l'Église évoluait, se réformait. Avant 1122 (concordat de Worms), aucune des parties ne voudra reconnaître qu'un évêque ou un abbé est à la fois homme d'Église et, dans l'Empire, un homme politique important dont l'empereur doit s'assurer.

Sa mère fut régente : elle fut d'abord bien conseillée par le pape Victor II, qui vivait à la cour ; avec l'aide des grands, l'archevêque de Cologne fut ensuite nommé régent. Adalbert de Brême lui succéda : tous deux se sont surtout préoccupés d'agrandir les terres de leurs églises respectives. Pendant la minorité d'Henri IV, deux fautes politiques furent commises : Othon de Nordheim, un riche Saxon, reçut le duché de Bavière ; Rodolphe de Rheinfelden, qui avait épousé une sœur du roi, fut nommé duc de Souabe. L'un et l'autre seront à l'origine des plus graves difficultés du jeune roi en Allemagne.

Quand, en 1066, Henri IV prend personnellement le pouvoir, il lui faut reconquérir l'Empire. Il dépossède d'abord Othon de la Bavière sous prétexte de complot, puis il met la main sur les biens royaux des Ottoniens en Saxe. Il y installe des intendants souabes, dans des forteresses qu'il fait construire. Les paysans se révoltent ; les Billung, vieille famille saxonne, et Othon de Nordheim les soutiennent. Henri IV ne peut résister, s'enfuit et se place sous la protection des bourgeois de Worms. Il parvient cependant à rassembler une armée et réduit la révolte en 1075.

Cependant, en 1073 et 1075 les papes Alexandre II et Grégoire VII excommunient quelques conseillers du roi, pour simonie et vente de charges religieuses, puis le roi lui-même, qui avait nommé de son propre chef le nouvel archevêque de Milan.

En janvier 1076, une assemblée d'évêques réunie à Worms refuse de se soumettre au « moine Hildebrand », nom de Grégoire VII avant son investiture comme pape. Henri IV les soutient : le pape l'excommunie et le dépose. Les grands en profitent et décident de convoquer pour octobre une assemblée à Tribur, sous la direction d'un légat du pape, pour élire son successeur. Pour rétablir sa situation, il faut qu'Henri IV obtienne l'absolution du pape, selon les règles, en vêtement de pénitent. Le pape, qui se rendait en Allemagne, apprend que l'empereur et sa suite arrivent en Italie à sa rencontre. Il le reçoit chez la margravine Mathilde de Toscane dans son château de Canossa. Cette humiliation apparente constitue en fait, pour Henri IV, une victoire politique qui pouvait sauver l'unité de l'Empire.

Pourtant les princes élisent un nouveau roi des Romains, Rodolphe de Souabe, beau-frère de l'empereur. Henri IV les destitue, mais il est vaincu en 1080. Grégoire VII réitère son excommunication, reconnaît Rodolphe, considérant que le pape dispose de la couronne royale en Allemagne. C'est la guerre : Rodolphe est tué dès janvier 1080. Henri IV part pour l'Italie, conquiert Rome en 1082 ; il s'y fait couronner empereur le 31 mars 1084 par l'antipape Clément III qu'il a fait élire, Grégoire VII se trouvant prisonnier dans le château Saint-Ange. L'empereur reparti, les Normands envahissent la ville et Grégoire VII, solitaire, finit sa vie à Salerne.

À l'instigation de Mathilde de Toscane, remariée à Welf V, âgé de seize ans, l'un des fils de Henri IV, Conrad, se révolte, avec l'appui des Lombards. Son père, qui songeait à établir sa succession, est profondément déçu. Il ne peut pas repasser les Alpes, car les conjurés en gardent les cols. Il arrive pourtant à reprendre peu à peu l'Allemagne en main. En 1098, Conrad est déchu à la diète de Mayence, son frère Henri couronné à Aix-la-Chapelle (1099), à condition de ne rien entreprendre contre son père. En 1102, le pape Pascal II confirme l'anathème contre l'empereur et délie de son serment le roi Henri qui mène de 1104 à 1106 une lutte sans pitié contre son père, qu'il fait prisonnier. Henri IV s'échappe, mais il a dû « librement abdiquer » et remettre les *Reichsinsignien*, symboles du pouvoir impérial. Il se réfugie à Cologne et à Aix, ayant rassemblé de nombreux partisans : mais il meurt soudainement à Liège. Il est enterré sur une île non consacrée religieusement, mais en 1111 son fils Henri V le fera inhumer dans la cathédrale de Spire.

ANNE BEN KHEMIS

HENRI V (1081-1125) empereur germanique (1106-1125)

Fils de l'empereur Henri IV, Henri V avait été couronné roi en 1099. Bien qu'il fût l'héritier en titre de l'Empire, il se révolta contre son père, de 1104 à 1106. Par la ruse, il obtint que ce dernier se défît de son armée, se saisit alors de lui, l'emprisonna et se fit donner les *Reichsinsignien* qui lui permirent de se faire couronner à nouveau en 1106.

Il se peut qu'il ait préféré sacrifier son père au parti de l'opposition. La politique de Henri IV en faveur des villes et de la petite noblesse, qui fournissait les fonctionnaires de l'Empire, avait irrité les princes et le haut clergé, qui envisageaient de détrôner l'empereur, d'ailleurs excommunié, et d'en élire un autre. Peut-être Henri s'est-il posé en rival pour éviter que la couronne ne sorte de la famille des Saliens ?

À partir du moment où il eut le pouvoir, Henri V adopta le même comportement que son père. Il pratiqua l'investiture des évêques, au mépris des règles édictées par les papes, et s'appuya sur la bourgeoisie des villes. Finalement, il eut les mêmes ennemis que Henri IV, les princes, laïcs et ecclésiastiques, bien que certains, comme Lothaire de Supplinburg, duc de Saxe, tinssent leurs territoires de l'empereur dont ils avaient soutenu la révolte en 1104-1106.

En 1115, il parvint à incorporer dans les domaines de l'Empire les fiefs italiens qui avaient appartenu à la margravine Mathilde de Toscane, les alleux (terres sans suzerain) allant au Saint-Siège.

Après de longues et difficiles négociations qui se rompirent plusieurs fois à partir de 1109, il réussit pourtant en 1122 à régler la question des investitures. Lambert d'Ostie, légat du pape Calixte II, l'un des cardinaux les plus intelligents, sut ménager son interlocuteur : Henri V, excommunié, fut absous sans faire acte de pénitence. Puis l'empereur reconnut à l'Église l'investiture avec la crosse et l'anneau, symboles du pouvoir spirituel, et l'envoyé du pape signa un acte qui accordait à Henri V le droit d'assister en personne, ou par l'intermédiaire d'un représentant, à l'élection des évêques et des abbés et de les investir du pouvoir temporel en leur donnant le sceptre. Le sacre avait lieu ensuite en Allemagne, tandis qu'en Italie et en Bourgogne l'empereur investissait au temporel après le sacre et ne pouvait par conséquent intervenir dans l'élection.

Pour arriver au concordat de Worms, qui terminait la querelle des Investitures et parachevait en Allemagne l'œuvre de réforme ecclésiastique entamée au siècle précédent, il avait fallu cinquante ans de guerres, de manœuvres frauduleuses, de schismes et d'excommunications qui laissaient l'Empire et la papauté amoindris. Les hommes politiques cependant avaient compris que le césaropapisme instauré par Charlemagne et rénové par les Ottoniens était devenu caduc, et qu'il fallait désormais distinguer entre les fonctions spirituelles du haut clergé et le statut de princes séculiers dont jouissaient ses membres. Le pape Pascal II avait même suggéré au concordat de Sutri, en 1111, la sécularisation de tous les biens ecclésiastiques en Allemagne. L'opposition fut très vive à la cour de Henri V qui n'intervint pas lui-même, mais laissa les siens manifester leur réprobation. D'ailleurs, pour les partisans de la réforme grégorienne, l'aliénation des biens d'Église était interdite par le droit canon.

En 1123, Henri V entre en conflit ouvert avec Lothaire de Supplinbourg, mais il meurt sans héritier avant d'avoir eu le temps de réduire cette révolte.

Il avait transmis les *Reichsinsignien* à sa femme Mathilde, fille du roi Henri Ier d'Angleterre, espérant que son neveu Frédéric de Hohenstaufen pourrait accéder à l'Empire. Ce fut Lothaire, son adversaire depuis plusieurs années, qui fut élu. Ainsi finissait la dynastie des Saliens.

ANNE BEN KHEMIS

HENRI VI (1165-1197) empereur germanique (1190-1197)

À la mort de Frédéric Barberousse, en 1190, son fils Henri, déjà proclamé roi des Romains en 1169 et couronné roi d'Italie en 1186, prend le pouvoir à titre personnel, apparemment sans difficulté, malgré une certaine réticence de la part des princes.

D'un tempérament cruel, autoritaire et taciturne, Henri VI ne recule ni devant la séquestration (Richard Cœur de Lion, 1193-1194), ni devant l'assassinat politique (évêque de Liège, 1192 ; nobles siciliens après la mort de l'usurpateur sicilien Tancrède, 1194), ni devant les supplices (mutilation d'un enfant, fils de Tancrède ; mort du comte Giordano sur un trône chauffé à blanc), ni devant les crimes macabres (décapitation de cadavres inhumés).

Sa femme, Constance, fille de Roger II de Sicile, se trouvant seule héritière du royaume à la mort de son neveu Tancrède, Henri VI se fait couronner roi de Sicile en 1194 ; il est alors le plus grand souverain du monde connu. Il nomme son fils, né en 1194, Constantin mais aussi Frédéric et Roger. Par son frère, il s'allie à l'empereur de Byzance, reçoit l'hommage du roi de Jérusalem, Amaury de Lusignan, et celui du roi d'Arménie.

En Allemagne même, il ne peut maintenir dans l'obéissance de grands vassaux, comme Henri le Lion, le Welf banni, revenu récupérer ses biens. Il croit un moment obtenir que les princes acceptent l'empire héréditaire contre certains avantages familiaux, mais en vain (Erfurt, 1196). De tous ses projets, qui auraient peut-être pu conserver à l'Empire son influence s'il avait pu les mener à leur terme, il ne résulta qu'une guerre civile en Allemagne entre les Staufen et les Welf : il meurt à trente-deux ans, à Messine, alors qu'il partait pour la croisade. Sa femme garda en Sicile leur fils Frédéric afin de lui conserver au moins ce royaume et elle chassa tous les *ministeriales* allemands des Staufen.

ANNE BEN KHEMIS

HENRI II PLANTAGENÊT (1133-1189) roi d'Angleterre (1154-1189)

Petit-fils d'Henri Ier, désigné par son grand-père pour lui succéder dès le moment de sa naissance, écarté en fait du trône par Étienne, neveu du roi défunt, Henri II doit tout à l'énergie de sa mère, Mathilde, et de son père, Geoffroi V Plantagenêt. Il est couronné en 1154 et, dès ce moment, il est le maître non seulement de l'Angleterre, mais aussi de la Normandie ; en outre, grâce à un mariage opportun avec Aliénor d'Aquitaine, il contrôle tout le sud-ouest de la France. L'Anjou, le Maine et la Touraine compléteront son *Channel State*. Il aura quelque peine à maintenir son autorité sur un aussi vaste ensemble et devra affronter des révoltes féodales en Angleterre, les intrigues des rois de France Louis VII et Philippe Auguste et, à la fin de sa vie, le soulèvement de ses propres fils, Henri, Richard et Geoffroi. Pourtant, conquérant de l'Irlande en 1171-1172, ayant rêvé en vain d'établir son autorité sur l'Écosse, il est l'un des créateurs et des réalisateurs du rêve anglais qui consistait à réunir les îles Britanniques sous un seul sceptre.

Henri II a été en Angleterre un souverain autoritaire et un roi justicier : en révoquant, en 1170, presque tous les shérifs et en les remplaçant par des personnages plus modestes et plus soumis, il a préservé son droit d'intervention dans les comtés et contribué à asseoir un véritable pouvoir local d'origine royale ; c'est sous son règne qu'est entreprise la fixation du droit coutumier, avec l'aide des plus grands érudits du temps, Ranulf de Glanville, Richard Fitz-Nigel, Thomas Becket, Roger Hoveden, Hubert Walter ; la *common law* va s'imposer, imprégnée de droit romain, mais non pas exclusivement inspirée par lui : de véritables codes sont promulgués, dont le plus célèbre, en 1164, les Constitutions de Clarendon ; des tribunaux royaux sont organisés, hiérarchisés depuis le Hundred (Conseil des Cent) jusqu'au Grand Conseil, et des cours itinérantes, assistées de jurys recrutés sur place, viennent offrir la justice royale, civile et criminelle dans les lieux les plus éloignés de Londres et non sans devoir reconnaître l'autonomie des cours féodales les plus puissantes. Ayant réorganisé l'administration de l'Échiquier, Henri II développe un système fiscal original et réussit à imposer l'écuage, impôt représentatif du service militaire que les vassaux auraient renoncé à accomplir outre-mer : l'immunité fiscale des seigneurs est ainsi brisée. Le souci d'uniformisation autoritaire lui vaut son plus grave échec : désireux de soumettre également l'Église, il tente d'imposer l'autorité judiciaire du pouvoir temporel, notamment sur les clercs criminels ; il se heurte à l'un de ses anciens conseillers, devenu archevêque de Canterbury, Thomas Becket, et le meurtre de ce dernier, en 1170, est imputé à l'exaspération du roi ; celui-ci, pour obtenir du pape le pardon nécessaire, doit s'incliner et renoncer d'autre part à la faculté de s'opposer à la publication en Angleterre de tout acte pontifical. Henri II aura été le premier souverain qui, après la conquête normande, aura réalisé l'amalgame de traditions françaises et de coutumes locales et donné à la Constitution anglaise un aspect original.

ROLAND MARX

HENRI III (1207-1272) roi d'Angleterre (1216-1272)

Fils aîné de Jean sans Terre, mis en possession de sa couronne grâce à une intervention pontificale et à l'appui militaire de certains barons, Henri III connaît un règne perpétuellement troublé par des révoltes et voit son autorité bafouée et discutée. C'est un roi faible de caractère et volontiers soumis aux avis de favoris, cosmopolite dans sa pensée et dans ses goûts, très attaché à la papauté ; favorable à l'intrusion d'étrangers volontiers nommés aux grands offices et aux bénéfices épiscopaux, il suscite des réactions xénophobes. Partageant avec nombre de grandes familles anglaises le rêve de reconquérir les terres autrefois tenues par sa dynastie en France, il doit accepter, en 1259, le traité de Paris qui ne lui laisse que la Guyenne, les diocèses de Limoges, de Cahors et de Périgueux. Longtemps divisés, les opposants réussissent, en 1258, à regrouper leurs forces derrière Simon de Montfort, comte de Leicester, et le « Parlement fou » impose à Henri III la renonciation à la plupart de ses droits, la soumission aux directives d'un Conseil oligarchique (Provisions d'Oxford). Pendant huit années, le souverain, tantôt prisonnier de grands vassaux, tantôt rendu à une précaire liberté, devra laisser se développer une anarchie féodale et seule l'énergie de son fils Édouard, qui obtient victoire sur victoire, en particulier à Evesham en 1265, et impose la paix de Kenilworth en 1266, sauvera la couronne. Les longues luttes civiles ont favorisé la croissance de l'institution parlementaire : le parti du roi comme celui de Simon de Montfort ont cherché à obtenir l'appui de chevaliers et de députés des bourgs en les convoquant au Parlement. Souverain lettré, ami des arts, initiateur de la construction de l'abbaye de Westminster sous sa forme définitive, contemporain d'une prodigieuse vie intellectuelle, Henri III reste pourtant le symbole de l'incapacité et de la faiblesse.

ROLAND MARX

HENRI IV DE LANCASTRE (1367-1413) roi d'Angleterre (1399-1413)

Connu plutôt sous le nom de Henri Bolingbroke, fils de Jean de Gand, Henri IV usurpe le trône en 1399 et fonde la nouvelle dynastie des Lancastre. Son action a été menée contre Richard II, coupable de l'avoir banni et d'avoir confisqué à son profit les biens de Jean de Gand à la mort de celui-ci ; elle a été soutenue par les grands barons et a bénéficié de l'absolution du Parlement, appelé à ratifier l'abdication de Richard et l'avènement du nouveau souverain. Henri IV, contraint de faire des concessions au Parlement qui est admis à contrôler de plus près les comptes royaux, a contribué à affaiblir durablement le loyalisme dynastique et à justifier les usurpations ultérieures. Soucieux d'ordre et désireux d'obtenir un soutien durable de l'Église et des riches, il s'attaque à l'hérésie des lollards, accusés de vouloir pervertir l'ordre social et de prôner des thèses religieuses condamnées : en 1401, il promulgue contre eux la loi *De heretico comburendo* qui prévoit la peine du feu contre ceux qui refuseraient de reconnaître leurs erreurs ; il est pourtant un souverain cultivé et le protecteur de Geoffrey Chaucer. Très actif contre l'Écosse, ardent à combattre les révoltes galloises, Henri IV paraît avoir un temps rompu avec le mirage continental et renoncé à intervenir en France ; cependant, à partir de 1407, il ne demeure pas insensible aux perspectives offertes par la querelle des Armagnacs et des Bourguignons, se lie alternativement à l'un et à l'autre parti ; il obtient des premiers, en 1411, la promesse de l'Aquitaine en échange d'une intervention militaire, qu'il se révèle physiquement incapable de mener. Au cours des dernières années de sa vie, les intrigues de palais se multiplient autour du prince de Galles et de son cousin légitimé Henri Beaufort ; cependant Henri IV réussit à conserver le pouvoir jusqu'à sa mort.

ROLAND MARX

HENRI V (1387-1422) roi d'Angleterre (1413-1422)

Très tôt mêlé aux affaires du royaume et sans doute l'un des responsables de la politique continentale plus vigoureuse adoptée par son père vers la fin de sa vie, Henri V demeure surtout le grand vainqueur anglais de la guerre de Cent Ans. Deux ans après être monté sur le trône, il décide de tirer parti de la querelle des Armagnacs et des Bourguignons ainsi que de l'affaiblissement du pouvoir royal en France sous le règne de Charles VI, victime d'accès de démence intermittents. Le 24 octobre 1415, il remporte la victoire d'Azincourt, qu'il doit à une brillante stratégie et à l'emploi d'armes modernes, dont les premiers canons. Le succès décisif est cependant assuré par l'alliance avec les Bourguignons au lendemain de l'assassinat de Jean sans Peur (1419) : Henri V peut alors obtenir de Charles VI et d'Isabeau de Bavière la signature du traité de Troyes (21 mai 1420) qui lui permet d'épouser Catherine de France leur fille, lui confie personnellement la régence du royaume de France et assure à sa lignée la succession au trône. En 1421-1422, les Armagnacs, favorables au dauphin Charles, sont incapables de s'opposer à l'exécution du traité. On comprend aisément la popularité du roi en Angleterre, où il satisfait les nostalgies des grands vassaux, les intérêts des négociants liés économiquement avec les Pays-Bas bourguignons, le sentiment national et antifrançais. Le Parlement lui accorde volontiers les subsides indispensables et ne semble pas lui avoir fait grief d'un autoritarisme affirmé : Henri V se targue d'être un justicier et un défenseur de la foi catholique et réprime cruellement le lollardisme après avoir écrasé en 1415, puis à nouveau en 1417, la folle rébellion de sir John Oldcastle exécuté en 1417. Ce John Oldcastle est sans doute le Falstaff de la tragédie de Shakespeare, *Henri IV*, dans laquelle le futur Henri V mène joyeuse vie au milieu d'une escorte de compagnons, Pistol, Poins, Randolph...

La mort prématurée du roi, survenue en France, lui vaut d'avoir laissé un souvenir éclatant et de passer pour le plus brillant des Lancastre.

ROLAND MARX

HENRI VI (1421-1471) roi d'Angleterre (1422-1461 et 1470-1471)

Premier des souverains anglais à porter le titre de « roi de France » en invoquant des droits affirmés par le traité de Troyes de 1420 et légitimés par le Parlement de Paris ; seul souverain sacré en France, mais à Notre-Dame de Paris pour riposter au sacre de Charles VII à Reims. Âgé de neuf mois seulement à la mort de son père, Henri VI a été longtemps tenu à l'écart par le régent de France, Bedford, et le régent d'Angleterre, Gloucester. Son règne est marqué par l'effondrement des mirages continentaux, consacré dès la perte de la Normandie (1450) et de la Guyenne (1453). Ses défaites extérieures, sa faiblesse de caractère, la folie périodique qui le frappe à partir de 1455, son intérêt plus vif pour l'érudition et la vie religieuse que pour les affaires temporelles contribuent à saper son autorité : le Parlement, mais aussi les grands vassaux en tirent profit. Prisonnier de clans qui cherchent à l'annexer, il abdique progressivement tout pouvoir réel et, malgré la mort de Richard d'York en 1460, perd en fait la couronne, en 1461, au profit d'Édouard IV. Défendu malgré lui par des légitimistes, nombreux dans le Nord et favorisés par l'amitié écossaise, il est capturé en 1464 et reconnaît en fait la perte de son trône. L'énergie de son épouse, Marguerite d'Anjou, et la vivacité des rivalités lui rendent le pouvoir en octobre 1470, mais Édouard IV le capturera de nouveau l'année suivante et le fera probablement assassiner. Ces querelles dynastiques, où s'opposent la rose blanche des York et la rose rouge des Lancastre (d'où le nom de guerre des Deux-Roses), achèvent de ruiner l'œuvre de restauration des premiers souverains de la dynastie lancastrienne. Henri VI, que certains contemporains ont considéré comme un saint, a été la victime d'une impopularité que n'a guère tempérée la relative prospérité du royaume.

ROLAND MARX

HENRI Ier (1008-1060) roi de France (1031-1060)

Fils de Robert le Pieux, associé au trône en 1027, et seul roi à la mort de son père (20 juill. 1031). Son frère Robert, que soutenaient la reine mère Constance d'Arles et le comte de Blois, tenta de lui enlever la couronne et occupa le domaine royal. L'appui du duc de Normandie et des comtes d'Anjou et de Flandre permit à Henri Ier de reconquérir le pouvoir ; il donna à son frère la Bourgogne.

Henri Ier soutint d'incessants combats contre les princes territoriaux qui entouraient et menaçaient facilement le domaine royal : le comte de Blois, le duc de Normandie (le futur Guillaume le Conquérant), le duc de Bourgogne. Vaincu à plusieurs reprises, Henri Ier réussit seulement à assurer la survie de la monarchie capétienne, sans pouvoir empêcher l'autonomie féodale. Certains vassaux, comme les ducs de Bretagne, de Bourgogne ou d'Aquitaine, se considéraient comme indépendants. Le roi entretint cependant une politique extérieure active, rencontrant deux fois l'empereur Henri III et manifestant les prétentions capétiennes sur la Lorraine, tenant tête au pape, nouant, enfin, des relations avec Iaroslav, grand-prince de Kiev, dont il épousa la fille Anne en 1051. Leur fils aîné, qui reçut le nom byzantin de Philippe, fut, conformément à l'usage déjà établi, associé au trône dès 1059.

JEAN FAVIER

HENRI Ier L'OISELEUR (876 env.-936) roi de Germanie (919-936)

Duc de Saxe et principal opposant du dernier roi carolingien Conrad Ier, Henri Ier l'Oiseleur est élu roi de Germanie en 919 ; son règne marque la rupture avec la période postcarolingienne, en raison de la méfiance qu'éprouve le souverain à l'égard du clergé, qu'il écarte des fonctions politiques. Guerrier et peu religieux, il a su arrêter la décomposition politique de l'Empire et rétablir partout l'autorité royale, avant tout en Souabe et en Bavière. Il a « réincorporé » la Lotharingie dans le royaume (925), d'une part en menant des campagnes militaires, d'autre part en mariant sa fille Gerberge au duc Gislebert. Mais il s'est surtout efforcé de consolider les frontières orientales face aux incursions hongroises par la création d'un système de fortifications. Il écrase les Hongrois en 933, mène des campagnes victorieuses contre les Danois et les Slaves, occupe Prague et fixe sur l'Elbe la frontière du royaume.

BERNARD VOGLER

HENRI X LE SUPERBE (1100 env.-1139) duc de Bavière (1126-1139)

Fils unique du Welf Henri le Noir, duc de Bavière (mort en 1126), Henri le Superbe échoua dans ses ambitions de prétendant à l'Empire. Son père, en tant que roi de Germanie, avait aidé à l'élection de Lothaire de Supplinburg, duc de Saxe, contre la promesse que son fils épouserait Gertrude, l'unique héritière du duché de Saxe. Devenu gendre de Lothaire III, Henri représente la première fortune de l'Empire, après celle du roi. Il possède la Bavière actuelle, à laquelle s'ajoute la majeure partie de l'Autriche moderne. Par son mariage, il peut espérer devenir duc de Saxe, c'est-à-dire de la Basse-Saxe et de presque toute la Rhénanie-Westphalie. En 1133, son beau-père s'est fait attribuer par le pape, avec droit de succession pour son gendre, les domaines italiens légués au Saint-Siège par la margravine Mathilde de Toscane.

Allié fidèle de Lothaire III pendant ses expéditions italiennes de 1132-1133 et 1136-1137, il en profite pour occuper la Toscane et pacifier la campagne romaine. C'est à lui que Lothaire remet en mourant les *Reichsinsignien*, qui font de lui l'héritier désigné. Mais, en 1138, les électeurs lui préfèrent Conrad de Hohenstaufen, héritier des Saliens, moins puissant que lui. Celui-ci lui réclame les insignes du pouvoir impérial. Henri y met comme condition de recevoir l'investiture du duché de Saxe. Devant le refus de l'Empereur, il se révolte. Conrad de Hohenstaufen le dépouille alors de ses fiefs au profit d'Albert l'Ours et des Babenberg d'Autriche.

Après sa mort (1139), ses héritiers poursuivront sa lutte, quoique Conrad III ait pu croire un moment avoir trouvé la solution en mariant la veuve du duc de Bavière à un Babenberg, à qui il donne le duché, tandis qu'il attribue le duché de Saxe au fils d'Henri le Superbe, Henri le Lion, âgé de treize ans.

ANNE BEN KHEMIS

HENRI LE LION (1129-1195) duc de Saxe (1142-1180) et de Bavière (1155-1180)

Fils de Henri le Superbe, duc de Bavière, l'un des hommes les plus riches et les plus puissants de l'Empire germanique, et de l'unique fille de l'empereur Lothaire III, qui avait été duc de Saxe. Quand son père, manquant de peu son élection au trône d'Allemagne, se révolta et entraîna sa famille avec lui, Henri le Lion se trouva dépossédé de tous ses héritages. En 1142 le roi Conrad III lui inféoda le duché de Saxe, mais attribua la Bavière à un demi-frère, Henri Jasomirgott, un Babenberg. C'est Frédéric Barberousse, son cousin germain, qui lui rendra la Bavière (1156) amputée du duché d'Autriche qui restera aux Babenberg.

Homme d'action, il consacra son énergie au développement des territoires qui dépendaient de lui et en particulier à la diffusion du christianisme chez les populations slaves de l'Est ; ce fut un fondateur de villes, Brunswick, Munich, Lübeck (qui reçut de nombreux privilèges), et de colonies paysannes. C'est pourquoi il entra en conflit avec l'archevêque de Hambourg, qui prétendait diriger la colonisation du Holstein, et plus tard avec l'évêque de Halberstadt (1176). Il avait constitué un ensemble de territoires bien administrés, pour lesquels il délaissait les intérêts de l'empereur en Italie tant que celui-ci ne lui inféodait pas les mines d'argent de Goslar.

Quand, en 1176, Frédéric Barberousse eut vaincu le pape et les Lombards en Italie, il voulut obliger Henri le Lion à devenir un vassal docile. Il le convoqua devant lui à plusieurs reprises sur plaintes de voisins que le duc de Saxe opprimait. Henri ne se présenta jamais. Mis au ban de l'Empire par la diète de Wurtzbourg en 1180, il fut condamné à la perte de tous ses fiefs et alleux. À la diète de Gelnhausen (avr. 1180), il fut procédé au partage de ses biens. L'archevêque de Cologne reçut la Westphalie, un fils d'Albert l'Ours le duché de Saxe-Anhalt. La Bavière échut à Otton de Wittelsbach, dont la famille se maintint jusqu'en 1918 comme celle des Ascaniens en Saxe-Anhalt. La Styrie revenait à Ottokar II. Henri résista avec le soutien de certaines villes, comme Lübeck, mais il dut s'exiler chez son beau-père, Henri II Plantagenêt, en Normandie d'abord, puis à la cour d'Angleterre. Il ne conservait que Brunswick et Lunebourg.

Profitant de l'absence de Frédéric parti en croisade, il essaya de récupérer ses terres : Henri VI, à qui la mort de Frédéric en Asie Mineure donnait l'Allemagne, préféra composer avec lui, car il souhaitait pouvoir se consacrer aux affaires d'Italie. Comme Henri VI avait des difficultés dans l'empire, Henri le Lion reprit son indépendance et il fallut l'intervention du roi d'Angleterre, Richard Cœur de Lion, son beau-frère, qu'Henri VI retenait prisonnier à Trifels dans le Palatinat, pour qu'il accepte en 1194 de se réconcilier avec l'empereur. Il meurt un an plus tard.

L'époque de Henri le Lion marque l'apogée de la puissance des Welfs en Allemagne. Il sut transformer un pouvoir politique et militaire en un pouvoir économique, qui s'appuyait sur l'industrie et le commerce des villes et sur la mise en culture de terres mal exploitées. Son œuvre et celle du margrave de Brandebourg, Albert l'Ours, ont fourni une assise solide au *Drang nach Osten* (la poussée vers l'Est).

Il ne réussit pas à acquérir la source principale de la monnaie royale, les mines d'argent de Goslar, ni à mettre en difficulté l'empereur. Le démembrement des possessions d'Henri le Lion conduira à un équilibre des forces dans l'empire : aucune famille princière désormais ne pourra établir son hégémonie en Allemagne.

ANNE BEN KHEMIS

HERMANDAD SANTA → SANTA HERMANDAD

HILDEBRAND → GRÉGOIRE VII

HINCMAR (806 env.-882)

Né d'une grande famille carolingienne, Hincmar est, en 832, moine bénédictin à Saint-Denis ; appelé par Louis le Pieux à la cour impériale, il assiste les évêques dans leurs assemblées. En 845, le roi de France Charles le Chauve lui confie le siège archiépiscopal de Reims, qu'il occupera jusqu'à sa mort, survenue alors qu'il fuyait devant les envahisseurs normands avec les reliques de saint Remi. Hincmar est avant tout un pasteur et un administrateur : il s'efforce de protéger les biens de l'Église contre les exactions des soldats et contre les empiétements du roi, dont il est d'ailleurs le conseiller théologique et diplomatique dans les temps troublés qui suivent le partage de l'empire de Charlemagne. Son rôle manifeste la fin de l'idée impériale et annonce l'attachement des grands prélats à la monarchie française. Pasteur, Hincmar donne une réglementation précise du mariage, dont l'influence sera considérable : il condamne l'inceste et le rapt, pratiques courantes de son temps, mettant en avant, contre les mœurs des Barbares, la doctrine de l'Église respectueuse des droits des parents d'une jeune fille et de la dignité de l'épouse. Il réforme l'Église de Reims en établissant lui-même les évêques de son ressort (jusque-là nommés par le monarque mérovingien puis carolingien, qui disposait des revenus pendant les vacances), en visitant sa province, en imposant aux associations pieuses de laïcs (les *geldones*) l'autorité cléricale. Grand juriste imprégné de droit romain, il met en place une puissante justice ecclésiastique contrôlée par l'archevêque ; il joue à la suite de théologiens comme Ratramne de Corbie et Paschase Radbert un rôle important dans la propagation de la communion pascale et de la confession, dans la diffusion de la piété mariale et de la dévotion eucharistique. La figure d'Hincmar, pasteur et homme politique jaloux de son autorité et usant volontiers de la manière forte, illustre l'œuvre civilisatrice accomplie par l'Église carolingienne.

JEAN-PIERRE BORDIER

HOHENSTAUFEN LES

Famille qui règne en Allemagne et en Italie de 1138 à 1250, c'est-à-dire de l'élection de Conrad III à la mort de Frédéric II. Elle joue un rôle considérable en Europe à cette époque, mais ses membres, qui ont souvent été des personnages remarquables, n'ont pu résister aux tendances centrifuges de ce conglomérat de duchés. Les Hohenstaufen héritent du rêve d'un empire unifié, plus ou moins centralisé, alors que les villes développent leur autonomie et que les ducs, à l'origine gouverneurs militaires des zones frontières, se transforment en gestionnaires et organisent le territoire à leur profit. Le dernier des leurs a même essayé de donner à l'Empire une structure constitutionnelle en déterminant les droits et devoirs des divers pouvoirs. S'ils parviennent individuellement à réussir certaines de leurs entreprises, leur politique dans l'ensemble aboutit à un fiasco, puisque l'Empire entre dans une longue période de décadence immédiatement après la mort de Frédéric II.

Leur fortune commence par une alliance : l'empereur Henri IV, en butte à la révolte des grands de l'Empire, donne à l'un de ses plus fermes soutiens, Frédéric le Borgne, le duché de Souabe, puis sa fille Agnès en mariage (1089). Ce petit seigneur franconien entre ainsi dans les familles de sang royal, la haute noblesse. Il se construit en Souabe, dans le Rauhe Alp, une forteresse, Staufen ou Hohenstaufen, d'où le nom de ses descendants. Agnès lui donne deux fils, Frédéric et Conrad, puis, veuve, se remarie avec un Babenberg d'Autriche, réconciliant ainsi Conradins, dont elle descend, et Babenberg.

Quand meurt le dernier des empereurs saliens, Henri V (1125), Frédéric de Staufen, son neveu, se présente comme candidat à la couronne royale de Germanie : son oncle l'avait associé à son gouvernement, il se montre trop sûr de son droit. Les représentants des duchés nationaux lui préfèrent le riche duc de Saxe, Lothaire de Supplinburg, qui n'a pas d'enfant mâle. Frédéric, cependant, s'est constitué un domaine en Souabe, dans la vallée du Rhin et en Alsace. Il s'oppose à Lothaire, qui n'arrive pas à mâter complètement cette fronde : son frère Conrad se fait même couronner en Italie roi des Lombards. Quand Lothaire III disparaît (1137), il semble que le puissant duc de Bavière Henri le Superbe, qui a épousé l'unique héritière de l'ancien duc de Saxe et qui a été associé aux entreprises de son beau-père, va être élu. Mais les princes, pour la première fois rassemblés en collège électoral avant la diète d'Empire, choisissent, à l'instigation de quelques prélats, Conrad de Hohenstaufen ; le duc de Bavière est, en effet, considéré comme trop puissant.

Cette élection marque le début de la grande querelle des Welfs, partisans des ducs de Bavière, alliés à la papauté, et des Gibelins, tenants de la famille impériale, plus tard de l'Empire. Conrad III arrive à rassembler l'Empire sous son autorité, quoiqu'il ait des difficultés avec les Bavarois, car il refuse d'inféoder le duché de Saxe aux Welfs. À la mort d'Henri le Superbe (1139), il démembre la Bavière. Welf VI doit se contenter des terres italiennes, le fils d'Henri, le futur Henri le Lion, reçoit la Saxe, mais le duché de Bavière passe à un Babenberg, qui épouse la duchesse douairière Gertrude de Supplinburg. Le successeur de Conrad III reviendra sur cette décision : c'est Henri le Lion qui hérite alors de tous les biens de son père et de sa mère. Conrad III, qui ne laisse que des enfants trop jeunes pour régner, désigne son neveu Frédéric pour lui succéder. Le fils du prétendant de 1125 devient Frédéric Ier Barberousse (1152), dont l'habileté diplomatique et la force de caractère lui permettent de rétablir en Allemagne et en Italie un ordre impérial.

La puissance des Hohenstaufen, qui semble considérable, est très fragile parce que leur territoire est trop vaste. Ceux-ci s'appuient sur un corps de *ministeriales*, fonctionnaires allemands, souabes en général, qui ne sont pas assez nombreux et, souvent, trop brutaux. Chaque changement de règne est l'occasion de révoltes des populations opprimées contre cette caste, sans laquelle il aurait été impossible d'autre part de maintenir l'Empire.

À la mort d'Henri IV, le fils de Frédéric Ier, partisans des Welfs avec Otton de Brunswick, et partisans des Staufen avec Philippe de Souabe se font la guerre (1198-1214). Les Staufen finissent par l'emporter car Frédéric II, déjà roi de Sicile, reçoit le soutien du pape, se fait couronner à Aix-la-Chapelle et pacifie les esprits. Il s'appuie sur les princes et le haut clergé, mais il ne peut restaurer ou instaurer un ordre réel. Ses fils n'arrivent pas à se maintenir, ils disparaissent trop vite. C'est le début du Grand Interrègne dans lequel périt toute la tradition ancienne de l'Empire.

Tous les Hohenstaufen ont entrepris une croisade. Tous ont lutté pour que l'autorité de l'Empire soit reconnue : la papauté s'est employée à rendre la chose impossible, les grands ont travaillé à conserver leurs privilèges, les villes à acquérir la reconnaissance de leur existence et de leurs problèmes spécifiques. Quand les Hohenstaufen disparaissent, leur souvenir reste pourtant si vivant que Frédéric Barberousse entre dans la légende : il dort dans le Kyffhäuser sous un château de la famille et se réveillera quand l'Empire d'Allemagne aura de nouveau besoin de lui. En Italie au XIVe siècle, les villes se diront guelfes (welfs) ou gibelines suivant qu'elles accepteront l'autorité pontificale ou s'allieront plutôt aux forces impériales.

ANNE BEN KHEMIS

HOSPICE

Établissement charitable fondé pour « héberger les povres du Christ ». Pendant longtemps on ne put distinguer les hospices des hôpitaux ; mais l'institution des hôtels-Dieu à la fin du Moyen Âge leur permit un début de spécialisation. Certes, aucune misère ne fut indifférente aux pieux fondateurs (couvents, riches particuliers, municipalités). Cependant dans les villes, les malades étaient le plus souvent dirigés vers les hôtels-Dieu alors que les hospices accueillaient de préférence pèlerins, voyageurs, pauvres et incurables. Certains, très rares, étaient même spécialisés, comme l'hospice des Quinze-Vingts fondé par Saint Louis, en 1254, à Paris, pour les aveugles. Les hospices furent innombrables en Europe occidentale. La plupart des grandes villes en avaient des dizaines, les autres au moins un à l'intérieur et un ou plusieurs à l'extérieur pour recevoir ceux qui arrivaient après la fermeture des portes. Mais on en trouvait aussi dans les villages, surtout ceux des routes de pèlerinage. À chaque passage difficile (rivière, montagne), les asiles assuraient de surcroît le service d'un bac, l'entretien d'un pont ou la protection de ceux qui passaient les cols (Grand-Saint-Bernard). Les hospices étaient d'autant plus modestes qu'ils étaient nombreux. Ils ne pouvaient héberger habituellement que de trois à vingt-cinq personnes ; chaque pèlerin ne pouvait y rester qu'une ou deux nuits à moins d'être malade et les pauvres n'y étaient admis que s'ils n'avaient pas la force de mendier. Le personnel était réduit : le « maître » nommé à vie ou pour un temps (souvent trois ans) et un ou deux frères, une ou deux sœurs pour l'entretien, la préparation des repas et le travail des terres attenantes. Sous le contrôle et la protection des évêques, des municipalités ou des souverains, ils jouissaient de privilèges, telle l'exemption d'impôts. Legs et dons accroissaient leur patrimoine aux revenus duquel pouvaient s'ajouter le produit des quêtes et le bénéfice tiré de différents droits.

GABRIEL LLOBET

HOSPITALIERS ORDRES RELIGIEUX

→ ORDRES RELIGIEUX HOSPITALIERS

HÔTEL-DIEU

Terme générique qui s'est imposé à partir de la fin du Moyen Âge pour désigner l'hôpital principal de nombreuses villes. À l'origine, il est malaisé de distinguer les hôtels-Dieu des hospices et des hôpitaux. Il semble cependant qu'on ait voulu désigner ainsi les établissements charitables fondés et contrôlés par les évêques, représentants par excellence de l'Église, de ceux qui le furent par les couvents ou les laïcs. L'hôtel-Dieu, placé près de la cathédrale et administré par le chapitre, se trouvait ainsi normalement dans une cité.

À l'origine, il accueillait toutes les infortunes : pèlerins, pauvres, vieillards impotents, malades. Mais, peu à peu, la création de nouveaux établissements dans la ville permit une certaine spécialisation : l'hôtel-Dieu, fermé aux pèlerins, se réserva la plupart des malades.

Cependant, les soins s'adressaient davantage à l'âme qu'au corps, d'où l'importance donnée à la confession, à la communion des malades et à leur assistance aux offices : la grande salle commune était souvent une véritable chapelle (hôtel-Dieu de Beaune). La technique médicale est reléguée au second plan : sirops, saignées ou bains. Ce n'est qu'au XIVe siècle et dans les grands hôpitaux qu'apparaissent des médecins et des barbiers (alors chirurgiens) attachés à demeure. Les malades, sauf les plus gravement atteints, sont entassés à trois ou quatre par lit, au mépris de la contagion. L'hôtel-Dieu forme ainsi un dangereux foyer d'infection au cœur de la ville.

Le personnel est plus nombreux que dans les autres établissements. Frères et sœurs, engagés au service du Christ et suivant en général la règle de saint Augustin, forment une communauté religieuse qui se trouve parfois rattachée à des instituts desservant plusieurs hôtels-Dieu. Souvent ils administrent aussi le patrimoine de l'établissement.

Les hôtels-Dieu les plus célèbres sont, en France, ceux de Beaune et de Paris. Il semble que l'on puisse comparer leur âge d'or et leur aire d'extension à ceux de l'art gothique.

GABRIEL LLOBET

HÔTEL DU ROI

Ensemble des services domestiques attachés à la personne du roi, l'hôtel du roi est pour les Capétiens ce qu'était le Palais pour les Mérovingiens et les Carolingiens. Il comprend le sénéchal ou dopifer, maître de l'hôtel, qui a la haute main sur l'approvisionnement et sur la bonne marche de l'ensemble ; le connétable, chargé des étables et des écuries (et, par extension, de la cavalerie) et qui est assisté de maréchaux ; le chambrier ou chambellan, responsable de la chambre royale et de son contenu : la garde-robe, les archives et le trésor ; le chancelier, garde du sceau et de la chandelle qui sert à apposer celui-ci. À ces principaux « domestiques », dont l'importance grandit entre le XIe et le XIIIe siècle, viennent s'ajouter de nombreux serviteurs : bouteiller, responsable des vignobles et caves royales, pannetier, fruitier, services de la bouche et de la cuisine dont le rôle politique demeure effacé. La confusion, d'origine germanique, entre service domestique et fonction publique, a donné à l'hôtel du roi un rôle prépondérant dans l'ascension du pouvoir royal en France tout comme en Angleterre. Au début du XIIIe siècle, ces serviteurs sont encore appelés *ministeriales*, mais ils sont devenus des personnages politiques influents ; ils ont l'oreille du roi, qu'ils suivent dans tous ses déplacements, et lui servent d'agents lors des assemblées de la *curia regis* où ils siègent. C'est à partir de l'hôtel que se forment les bureaux et services spécialisés qui supplantent peu à peu les barons dans leurs principales prérogatives : le conseil et l'administration de la justice. Laïques issus de la petite noblesse ou clercs d'origine obscure, les gens de l'hôtel servent fidèlement le roi parce qu'ils attendent tout de lui : l'accroissement de leur fortune et de leur puissance est lié au sien.

Mais entre les mains d'ambitieux, certaines fonctions peuvent empiéter sur les prérogatives royales et les Capétiens ont sans doute tiré la leçon de l'usurpation des maires du palais au temps des Mérovingiens. Philippe Auguste se sent assez fort pour supprimer le sénéchalat et retirer la garde du Trésor à son chambellan pour la confier au Temple ; laissée vacante également par Philippe Auguste, la charge de chancelier est rétablie au XIVe siècle et, seule parmi les services de l'hôtel, elle survivra dans les Temps modernes pour acquérir une importance politique de premier plan.

SOLANGE MARIN

HUGUES Ier CAPET (940 env.-996) duc de France (956-987) roi de France (987-996)

Issu de la famille des Robertiens qui domine la Francie (région entre Meuse et Loire) depuis un siècle, et qui a déjà donné deux rois (Eudes, 888-898, et Robert, 922-923), Hugues Capet est, à la veille de son élection à la royauté, le prince le mieux pourvu du royaume : duc de France, duc de Bourgogne, il est suzerain du duc de Normandie (il a par là des droits sur la Bretagne) et suzerain (théorique) du duc d'Aquitaine, tandis que le roi de Bourgogne est son frère. Il dispose donc de domaines, de vassaux et d'une brillante parentèle. Le rétablissement du souverain carolingien en la personne de Louis d'Outremer (936) n'a pu se faire que grâce à Hugues le Grand, père d'Hugues Capet. Depuis cette date, le duc de France passe alternativement du soutien à l'affrontement avec le roi. En 985, l'écolâtre de Reims, Gerbert, l'esprit le plus brillant de son temps et remarquable politique, peut écrire : « Le roi de fait, c'est Hugues. »

Autour de l'archevêque de Reims, Adalbéron, et de Gerbert, sont reprises les idées d'empire unique, garant de la paix : d'où l'admiration des deux hommes pour l'empire néo-carolingien des Ottons. De plus, la solidité de l'archevêché de Reims, sa situation partie dans l'Empire germanique, partie dans le royaume de France, devait amener son chef à jouer un rôle décisif dans l'avènement d'Hugues Capet. Le dernier roi carolingien, Louis V, comme son père Lothaire l'avait déjà fait, accuse Adalbéron de trahison au profit de l'empereur et convoque un plaid pour le juger à Compiègne le 18 mai 987. Or le roi meurt d'un accident de chasse : la situation se retourne en faveur d'Adalbéron qui fait élire Hugues à Noyon, puis le sacre à Soissons le 1er juin (ou à Reims le 3 juin). Les descendants du nouveau souverain allaient régner huit siècles.

Cette élection inopinée déclenche la réaction du prétendant carolingien, Charles de Basse-Lorraine, oncle du roi défunt, qui s'empare de Laon en mai 988. Il trouve l'appui d'Arnoul, bâtard du roi Lothaire, qui devient archevêque de Reims à la mort d'Adalbéron (989) et donne la ville à Charles. Les deux Carolingiens sont donc solidement établis au cœur de la Francie, et seule la trahison de l'évêque de Laon, Ascelin, livre cette cité, ainsi que Charles de Lorraine et ses enfants, à Hugues (mars 991). Reste alors à régler le sort de Reims et de son évêque : Hugues se défie de la papauté qu'il juge trop liée à l'empereur germanique ; il réunit un concile national au monastère Saint-Basle de Verzy, qui dégrade Arnoul et lui substitue Gerbert (juin 991), à la grande colère du pape Jean XV.

Ce règne marque une certaine prise de conscience par la royauté de sa personnalité distincte par rapport à l'Empire, mais le souverain reste très faible. Une étude des actes issus de la chancellerie royale montre qu'aucun n'est destiné aux régions du sud du royaume, et de nombreux actes ne sont plus souscrits par le roi et le chancelier seuls, mais le sont aussi par de grands personnages dont l'autorité vient conforter celle du souverain. Pourtant, la continuité dynastique a pu être assurée : Hugues Capet s'est immédiatement associé son fils Robert le Pieux, créant par là une hérédité de fait.

MICHEL SOT

HUGUES Ier LE GRAND (897 ?-956) duc de France (923-956)

Comte de Paris et duc de France, Hugues le Grand est fils de Robert Ier (roi de France de 922 à 923) et neveu d'Eudes (comte de Paris et roi de 888 à 898). Maître d'un important groupe de comtés situés entre la Seine et la Meuse et, après 943, de la Bourgogne, bénéficiant en outre d'alliances comme celle de l'empereur Otton Ier, Hugues préféra à la couronne royale le pouvoir réel que lui donnaient ses possessions territoriales, sous le règne de son beau-frère Raoul, duc de Bourgogne, puis du Carolingien Louis IV d'Outremer dont il imposa l'élection afin d'assurer son influence sur lui. Le duc Hugues sut jouer des divisions de l'aristocratie en rivalité constante avec le Carolingien ; les rois d'Allemagne et de Bourgogne transjurane, Otton et Conrad, tentèrent même d'intervenir un moment en faveur de Louis IV (946). Réconcilié avec ce dernier en 953, Hugues domina en fait la quasi-totalité du royaume à partir de l'avènement du jeune roi Lothaire, fils de Louis IV (954). Seule l'Aquitaine, malgré une campagne assez indécise du duc Hugues, garda quelque indépendance bien que Hugues en fût devenu le suzerain. A sa mort, Hugues le Grand laissa le duché de France à son fils aîné, Hugues Capet, qui reçut la couronne en 987, et le duché de Bourgogne au cadet, Eudes ; le roi Lothaire ne put que confirmer cette succession. Fin politique et véritable maître du royaume à sa mort, Hugues le Grand est considéré comme le fondateur de la dynastie capétienne. Il avait reçu le surnom de « faiseur de rois ».

JEAN FAVIER

HUGUES DE PAYNS ou DE PAYENS (1070 env.-1136)

Fondateur de l'ordre du Temple. Chevalier champenois, sans doute parent des comtes de Champagne, Hugues de Payns participa aux combats quotidiens en Terre sainte contre les musulmans qui ne cessaient de harceler les communications entre les forteresses et les villes où la présence franque tendait à s'éparpiller. Arrivé en Orient vers 1115, il groupait, trois ans plus tard, huit autres chevaliers pour constituer une sorte de milice vouée à la protection des pèlerins sur les routes de Palestine. Peut-être poussé par l'exemple de l'ordre des Hospitaliers de Saint-Jean fondé en 1113, Hugues de Payns songea plus tard à doter sa milice d'une règle et vint en France, en 1128, demander conseil à Bernard de Clairvaux. Le concile de Troyes approuva cette règle, qui devait régir le Temple jusqu'à sa suppression en 1312. Hugues de Payns entreprit alors d'accroître les effectifs du nouvel ordre : il parcourut à cette fin diverses provinces de l'Europe occidentale et regagna la Terre sainte avec un fort contingent. Il avait également reçu de nombreux dons en argent qui contribuèrent à établir la puissance de l'ordre. Par la suite, il anima de nouvelles campagnes de recrutement, notamment en Bourgogne en 1133. À sa mort, le Temple était devenu l'une des principales forces politiques et militaires du royaume de Jérusalem. Mais sa règle en faisait une puissance indépendante et mettait le royaume à la merci de l'éventuelle insubordination des grands maîtres, successeurs d'Hugues de Payns.

JEAN FAVIER

I

IAROSLAV VLADIMIROVITCH LE SAGE (978-1054) prince de Kiev (1019-1054)

Prince de Novgorod en 1010, Iaroslav montre des velléités d'indépendance à l'égard de son père, Vladimir le Grand. Sorti vainqueur des luttes fratricides qui suivirent la mort de celui-ci (1015-1019), il s'installe à Kiev, mais doit, de 1024 à 1034, reconnaître la souveraineté de son frère Mstislav sur la rive gauche du Dniepr. La politique extérieure de Iaroslav continue celle de son père : au nord, il consolide la frontière de l'État russe par la construction, en 1030, de la forteresse de Iouriev, l'actuelle Tartu en Estonie, tient en respect les tribus lituaniennes, harcèle la Pologne (1031) et, surtout, inflige une sérieuse défaite aux Turcs petchénègues (1036). En revanche, une expédition contre Byzance se solde par un échec (1034).

La postérité a, cependant, retenu essentiellement l'image du prince mécène, grand bâtisseur (la cathédrale Sainte-Sophie de Kiev est élevée de 1025 à 1037), protecteur des lettres, domaine où brille son protégé, Hilarion, auteur des plus anciens sermons russes, et qu'il fait nommer, apparemment sans l'investiture du patriarche de Constantinople, métropolite de Kiev (1051-1054).

C'est sous le règne de Iaroslav – continué jusqu'en 1068 par ses trois fils – que la Russie de Kiev atteint son apogée économique et politique, comme en témoignent, entre autres, les nombreux liens matrimoniaux établis par Iaroslav : il a, en effet, marié ses filles à Harold le Vaillant, roi de Norvège, à André Ier de Hongrie et au roi de France, Henri Ier (1051) ; son fils Vsevolod a épousé une princesse byzantine.

WLADIMIR VODOFF

INNOCENT II, GREGORIO PAPARESCHI (mort en 1143) pape (1130-1143)

À la mort d'Honorius II (1130), les cardinaux ne parviennent pas à se mettre d'accord. La majorité d'entre eux élit le cardinal Pierleoni qui prend le nom d'Anaclet II ; les autres le cardinal Grégoire Papareschi, soutenu par la famille Frangipani, qui devient Innocent II. Il en résulte une grave confusion. Mais, tandis qu'Anaclet n'est soutenu que par le roi de Sicile, Innocent II, grâce à l'appui de saint Bernard, abbé de Clairvaux, est reconnu par la France, puis par l'Allemagne et l'Angleterre. L'empereur Lothaire III conduit une expédition en Italie pour l'installer à Rome et régler avec lui les questions pendantes entre l'Église et l'Empire.

Innocent II se heurte par la suite au roi de France Louis VII à propos de certaines désignations épiscopales et se montre très intransigeant. Il réunit, en 1139, le IIe concile de Latran, qui promulgue une série de décrets dans l'esprit de la réforme grégorienne.

MARCEL PACAUT

INNOCENT III, GIOVANNI LOTARIO comte de SEGNI (1160-1216) pape (1198-1216)

Lothaire, de la famille des comtes de Segni, élu pape le 8 janvier 1198 sous le nom d'Innocent III, est considéré comme le plus grand pontife du Moyen Âge. Il étudia la théologie à Paris et le droit canonique à Bologne, puis fit carrière à la curie et fut nommé cardinal en 1190. Intellectuel et homme d'action, préoccupé en premier lieu de remplir au mieux sa fonction religieuse, il fut un chef à la décision rapide et autoritaire.

Prenant conscience de la situation de l'Occident marquée par les prétentions de l'empereur et par l'affermissement des monarchies française et anglaise, rendu inquiet par les progrès de l'hérésie et par les critiques adressées au clergé, il voulut exalter au mieux la justice et la puissance du Saint-Siège de façon à renforcer la cohésion temporelle et spirituelle de la Chrétienté sous son autorité suprême. Mais il n'entendait pas exercer celle-ci d'une façon directe. Ainsi que l'expriment ses théories politiques inspirées de son maître Huguccio, il estimait que l'empereur et les rois tenaient directement de Dieu leur pouvoir et accomplissaient comme ils l'entendaient leur office dans leur domaine, de même que le pontife dans le sien. Toutefois ce dernier, parce qu'il est le vicaire du Christ, peut exceptionnellement (en l'absence de toute juridiction compétente ici-bas pour arrêter une décision ou en cas de péché grave) se substituer à eux et prendre des mesures à leur encontre.

Pour réaliser un tel programme, il fallait d'abord obtenir de l'Empire qu'il renonçât à la domination de l'Italie afin de préserver la liberté de l'État pontifical. Dès 1198, les princes électeurs germaniques s'étant divisés et ayant élu deux monarques, Innocent III, sollicité, confirma et appuya celui qui lui semblait le plus favorable à sa politique, le guelfe Otton de Brunswick. Il prit fermement position contre le gibelin Philippe de Souabe. Mais, ce dernier ayant été assassiné en 1208, le pape s'opposa alors à Otton qui devenait plus entreprenant, l'excommunia, obtint d'une diète allemande qu'il fût déposé et que fût élu à sa place le jeune Frédéric II, neveu de Philippe et fils du roi de Sicile, Henri VI. Otton tenta de résister, mais perdit tout prestige après sa défaite à Bouvines (1214) et dut abandonner la partie au profit de Frédéric, qui, plus tard, devait être l'un des plus redoutables adversaires de la papauté. Le pontife tira cependant les meilleurs avantages de ces luttes : il agrandit les États de l'Église en Italie.

Il déploya la même énergie dans ses relations avec le roi d'Angleterre, Jean sans Terre, qui refusait l'accession d'Étienne Langton au siège de Canterbury. Il mit l'Angleterre en interdit, déposa le monarque et exigea, lorsque celui-ci sollicita son pardon, une soumission complète (1213), ce qui ne l'empêcha pas de prendre deux ans plus tard la défense du souverain contre les barons révoltés, qui, à ses yeux, menaçaient la paix de la Chrétienté. De même, il jeta l'interdit sur la France, lorsque Philippe Auguste fit illégalement annuler son mariage avec Ingelberg de Danemark pour épouser Agnès de Méran (1200).

Cette politique autoritaire fut conduite avec une énergie d'autant plus grande qu'Innocent III estimait que l'Église devait être puissante afin de mener à bien deux entreprises exceptionnelles ; l'une, offensive, la croisade ; l'autre, défensive, la lutte contre l'hérésie.

Dès son avènement et durant tout son pontificat, Innocent III intervint pour organiser une croisade afin de reprendre Jérusalem et la partie des États latins qui avait succombé sous les coups de Saladin en 1187. En 1199, il lança un vibrant appel pour l'expédition, qu'il organisa avec soin ; il essaya de profiter au mieux des dissensions byzantines, ayant l'espoir de refaire l'union des Églises. La quatrième Croisade se mit en route en 1200, mais bientôt les ambitions et les appétits des croisés la firent dévier et aboutir à la prise de Constantinople (1204) et à la création de l'Empire latin, sans qu'une aide réelle fût apportée à la Terre sainte. Le pape eut conscience de l'échec. À partir de 1212, il entama la préparation de la cinquième Croisade qui devait se dérouler après sa mort.

Avec la même ardeur mais avec une réelle anxiété, il multiplia les efforts pour mieux contrôler le clergé de manière à mettre fin aux critiques souvent justifiées qui étaient adressées à certains de ses membres. Il chercha à ramener les hérétiques à l'orthodoxie et compta pour cela sur les Cisterciens, qu'il désigna comme légats avec pleine autorité sur les évêques en cette matière et qui, malheureusement, ne réussirent guère. Le meurtre de l'un d'entre eux, Pierre de Castelnau (1208), conduisit le pontife à lancer la croisade contre les albigeois et à offrir le comté de Toulouse à ceux qui en extirperaient l'hérésie. Ainsi, peut-être à son corps défendant, décréta-t-il la violence contre les hérétiques. Il ne cessa cependant d'espérer leur retour à l'orthodoxie et encouragea saint Dominique.

Toute l'œuvre d'Innocent III trouva son couronnement au quatrième concile de Latran (1215), au cours duquel il arrêta des mesures qui codifiaient les entreprises précédentes. La centralisation fut renforcée ; l'autorité pontificale sur le clergé désormais toute-puissante contrôlait la hiérarchie ; des canons furent promulgués en faveur de l'enseignement ; l'hérésie fut fermement condamnée et le concile détermina les moyens pour lutter contre elle ; le comté de Toulouse fut reconnu au chef de la croisade des albigeois, Simon de Montfort ; une nouvelle expédition en Terre sainte fut décidée pour l'année 1217 ; la définition dogmatique de l'Église fut précisée.

Quelques mois plus tard, alors qu'il se rendait en haute Italie pour organiser la croisade, Innocent III mourut, à la suite d'une très brève maladie.

MARCEL PACAUT

INNOCENT IV, SINIBALDO FIESCHI (1195 env.-1254) pape (1243-1254)

Sinibaldo Fieschi, issu d'une puissante famille noble de la région de Gênes, canoniste de grande valeur, diplomate habile et tenace, fut élu pape en 1243 sous le nom d'Innocent IV. La vacance du Saint-Siège avait alors duré presque vingt mois du fait de difficultés politiques : l'empereur Frédéric II, en même temps roi de Sicile, avait entrepris de contrôler toute l'Italie et de faire passer sous sa coupe les États de l'Église. Pontife politique avant tout, Innocent IV se montra intransigeant. Pour échapper à Frédéric, il quitta l'Italie et se fixa à Lyon en 1244. Il y réunit en 1245 un concile général par lequel il fit déposer l'empereur et ordonna aux princes allemands d'élire un nouveau monarque, justifiant sa décision par l'affirmation que le pape avait ici-bas l'autorité supérieure en toutes matières, puisqu'il avait reçu pouvoir de lier « chaque homme et chaque chose ». Quelques princes seulement suivirent ses injonctions et désignèrent alors un anti-roi, alors qu'en Italie les partisans du Saint-Siège (Guelfes) s'opposaient de plus en plus violemment à ceux de l'Empire (Gibelins).

Frédéric II parvint à résister, mais avec difficulté. Sa mort en 1250 permit à Innocent IV de prendre délibérément l'initiative. Il rentra en Italie (1251) et poursuivit partout les successeurs de l'empereur

(Conrad IV) ainsi que ses alliés. Tout cela l'empêcha de s'occuper des affaires religieuses, encore qu'il ait renforcé la centralisation de l'Église et qu'il soit intervenu souvent dans les élections épiscopales.

MARCEL PACAUT

vie de toute principauté reposait sur l'unité de religion, les intérêts de l'État et de l'Église se trouvaient, sauf exception, confondus au sein de cette juridiction.

INQUISITION

On n'a pas toujours précisé le caractère original de l'Inquisition, forme de répression de l'hérésie établie par le pape Grégoire IX à partir de 1231. À cette date, la punition des hérétiques et l'anathème contre les ennemis de la foi étaient des faits déjà anciens, selon ce qui avait été en particulier prescrit par le deuxième concile du Latran (1139). Il appartenait aux évêques de rechercher les hérétiques, aux juges séculiers de les punir, aux rois et aux princes de prêter, sous peine de déchéance, leur concours à cette répression.

Très différente est l'Inquisition ; elle se présente comme un tribunal d'exception, permanent, qui intervient dans toutes les affaires intéressant la défense de la foi. Elle doit son nom à la procédure inquisitoire qui permet la recherche d'office des suspects par le juge. Créée pour lutter contre les cathares et les vaudois, l'Inquisition a ensuite étendu son activité aux béguins, aux fraticelles, aux spirituels, ainsi qu'aux devins, sorciers et blasphémateurs. Dans ce vaste domaine, elle dessaisit, en fait sinon en droit, la juridiction ordinaire, celle de l'évêque..L'Inquisition n'aurait pu remplir son rôle sans le concours du pouvoir civil qui lui fournissait ses moyens d'existence et assurait l'exécution de ses sentences. D'ailleurs, à une époque où la vie de toute principauté reposait sur l'unité de religion, les intérêts de l'État et de l'Église se trouvaient, sauf exception, confondus au sein de cette juridiction.

1. Mise en place et fonctionnement

De nouveaux moyens de répression

Les moyens traditionnels de répression, la procédure par accusation ou par dénonciation convenaient peu à la lutte contre l'hérésie. Ignorée du droit romain, la procédure inquisitoire permit de poursuivre d'office toute personne vaguement soupçonnée, ce qui rendait possible une répression rapide et efficace. Celui qui était interrogé devait jurer de dire la vérité sur son propre compte et sur celui des autres. Innocent III définit la nouvelle procédure dans la décrétale *Licet Heli* de 1213, complétée par la décrétale *Per tuas litteras*.

Les nombreuses mesures qui frappaient les hérétiques avaient trouvé leur couronnement dans la décrétale *Vergentes in senium* publiée par Innocent III en 1199. En 1215, le Concile du Latran reprit toutes les dispositions antérieures. Les autorités civiles ne restèrent pas inactives : l'empereur Frédéric II en 1220 et 1224, le roi de France Louis VIII en 1226, la régente Blanche de Castille en 1229, le comte de Toulouse lui-même (1229) publièrent des ordonnances contre les hérétiques. Il restait à régulariser la répression. Grégoire IX lui donna une forme précise par la constitution *Excommunicamus* (févr. 1231). La prison perpétuelle devenait la pénitence salutaire infligée à l'hérétique repentant ; l'hérétique obstiné devait recevoir le châtiment qu'il méritait (*animadversio debita*) avec l'abandon au juge séculier et la peine de mort par le feu. Ceux qui étaient en rapport avec les différentes sectes étaient frappés d'excommunication.

Pour appliquer sa constitution dans l'Empire, Grégoire IX, dès le 11 octobre 1231, désigna Conrad de Marbourg, prêtre séculier, qui, choisissant librement ses collaborateurs, pouvait user de l'excommunication et de l'interdit, faire appel au bras séculier ; il jouissait de pouvoirs à peu près illimités. Mais le pape eut aussi recours aux dominicains. Par ses bulles *Ille humani generis*, il confia (nov.-déc-1231) aux prieurs de Ratisbonne, de Friesach (près de Klagenfurth), de Strasbourg, la mission de poursuivre, suivant les statuts qu'il avait promulgués, les coupables et leurs aides. Semblable mission fut confiée au prieur de Besançon et à Robert le Petit, plus connu sous le surnom de Bougre. Pour la première fois, on se trouve en présence d'un ensemble de mesures qui attribuent à un tribunal d'exception le châtiment des ennemis de la foi, par application d'une législation précise : c'est la naissance de l'Inquisition. Mais le choix de Conrad de Marbourg fut très malencontreux. Fanatique, agissant sans discernement, il érigea çà et là de nombreux bûchers, et ses violences soulevèrent une inquiétude générale. Il se heurta aux prélats et tint tête au Concile de Mayence (juill. 1233). Ses ennemis se débarrassèrent de lui par l'assassinat (30 juill.). L'Office ne se releva jamais de cet échec à l'intérieur de l'Empire. Mais l'Inquisition se développa néanmoins très rapidement.

Les tribunaux et les juges

En avril 1233, la juridiction nouvelle, bientôt connue sous le nom d'*Inquisitio hereticae pravitatis*, fut étendue au royaume de France et aux régions voisines. Le 20 avril 1233, le pape informa les archevêques et les autres prélats qu'il les soulageait d'une partie de leur fardeau en choisissant, pour combattre l'hérésie, les Frères prêcheurs. Le 22, il confia au provincial de Provence le soin de désigner plusieurs de ses religieux pour remplir cette mission dans les conditions prévues. Cette mesure s'appliquait aussi aux provinces de Vienne, Arles, Aix et Embrun. Avec l'aide d'un légat, Jean de Bernin, archevêque de Vienne, le provincial mit en place, à la fin de 1233 ou au début de 1234, des tribunaux à Avignon, Montpellier, Toulouse. En 1237, des juges furent installés à Carcassonne. Pour le nord de la France, le pape disposait déjà de juges. Il lui suffit de donner mandat (19 avr. 1233) à Robert le Bougre et aux inquisiteurs de Besançon pour extirper l'hérésie de La Charité-sur-Loire et des régions voisines ; ces pouvoirs furent en fait étendus aux provinces de Sens, Reims et Bourges. Des difficultés retardèrent l'établissement de l'Inquisition en Italie, jusqu'en 1235 en Italie centrale, jusqu'en 1237 en Lombardie ; elle fut confiée, dans le premier cas, au prieur du couvent des prêcheurs de Sainte-Marie de Viterbe, dans le second, au provincial de Lombardie.

L'Inquisition a été parfois itinérante, mais en général le tribunal possédait un siège fixe, la maison de l'Inquisition, ou vivaient les inquisiteurs, leurs notaires et leurs familiers. Les archives s'y trouvaient en lieu sûr. Les inquisiteurs touchaient une pension annuelle, ou, selon un système plus aléatoire, une partie du produit des confiscations, en Italie le tiers. Chaque tribunal était présidé par deux juges, avec des pouvoir égaux, qui étaient presque toujours, mais non obligatoirement, des Prêcheurs ou des Mineurs. Ils étaient désignés par les supérieurs de leur ordre, en général les provinciaux, qui recevaient une délégation du pape. Après le début du XIVe siècle, il n'y eut plus qu'un inquisiteur, qui se faisait assister par des lieutenants ou des commissaires. Dans l'exercice de leurs fonctions, les inquisiteurs n'étaient pas tenus d'obéir à leurs supérieurs, ils vivaient en marge de la vie conventuelle et échappaient à l'emprise de la règle. On s'efforça de faire coïncider les circonscriptions inquisitoriales et les limites politiques. Ainsi, en 1248, le diocèse d'Elne (province de Narbonne) cessa de dépendre de Carcassonne et fut rattaché à l'Inquisition aragonaise.

Pour bien s'acquitter de leur charge, les inquisiteurs disposaient de nombreux textes pontificaux ; ils pouvaient consulter des juristes (par exemple, à Avignon, le 21 juin 1235, sur les vaudois) ou une personnalité particulièrement compétente, tel, vers 1256, puis vers 1260, Gui Foucois, le futur pape Clément IV. Très vite, ils eurent à leur disposition des manuels, d'abord simples recueils de formules (le plus ancien, en 1242, est dû au dominicain Raimond de Pennafort, pour l'Aragon), puis de véritables traités raisonnés, comme la célèbre *Pratica Inquisitionis* de l'inquisiteur toulousain Bernard Gui (1324).

Procédure et pénalités

Pour rechercher les suspects, les inquisiteurs pouvaient recourir à l'enquête générale ou à la citation individuelle. Dans le premier cas, ils partaient en tournée ou, le plus souvent, convoquaient au siège de leur tribunal la population entière d'une région, hommes et femmes. Tous étaient tenus de comparaître. Ceux qui faisaient des dépositions sincères dans les délais accordés étaient sûrs d'échapper aux peines les plus graves. Ils bénéficiaient du temps de grâce, usage remontant aux origines de l'Inquisition. Pour une comparution individuelle, la citation se faisait par l'intermédiaire du curé. Le refus de comparaître entraînait l'excommunication qui devenait définitive au bout d'un an. L'arrestation de certains suspects pouvait être jugée nécessaire. Pour toutes ces poursuites, le sergent de l'Inquisition demandait l'aide des autorités civiles.

Le suspect, interrogé par l'inquisiteur ou un de ses collaborateurs, devait s'engager par serment à révéler tout ce qu'il savait sur l'hérésie. Un notaire, en présence de témoins, recueillait les éléments de l'interrogatoire, mais en retenant seulement la substance des réponses, ce qui paraissait exprimer le mieux la vérité. Toujours rédigé en latin, le texte, traduit en langue vulgaire, était ensuite lu à l'accusé qui devait s'en remettre à la volonté des inquisiteurs. Pour faire avouer les récalcitrants, de nombreux moyens de contrainte pouvaient être employés, en dehors même de la torture, considérée comme licite après le milieu du XIIIe siècle : convocations nombreuses, incarcération plus ou moins confortable, recours à des délateurs. À défaut d'aveux, la preuve de l'hérésie était administrée par des témoins.

L'Inquisition n'infligeait pas de vraies peines, mais des pénitences salutaires pour le bien des adeptes de l'hérésie revenus à la foi. Les moins graves, qui étaient qualifiées de pénitences arbitraires, pouvaient être imposées ou commuées par les inquisiteurs eux-mêmes : elles étaient les seules infligées à ceux qui avaient comparu pendant le temps de grâce. On comptait parmi elles la fustigation au cours de la messe, les visites aux églises, les pèlerinages, l'entretien d'un pauvre, le port de croix d'infamie sur les vêtements, ces pénitences pouvant être combinées. La peine normale de l'hérétique converti lorsque son cas n'appelait pas une indulgence particulière, était la peine de la prison, en principe perpétuelle. Mais les réductions n'étaient pas rares : l'inquisiteur Bernard Gui commua environ deux peines sur cinq. Le régime du « mur large » laissait aux incarcérés une vie tolérable, surtout du fait de l'incurie des geôliers. Le « mur étroit » était beaucoup plus rigoureux. Avant de prononcer la sentence, les inquisiteurs consultaient des assesseurs ou *boni viri*, dont le rôle, peu important au début, n'a cessé de croître par la suite.

Devant l'hérétique opiniâtre ou le relaps, l'Inquisition, se trouvant désarmée, n'avait d'autre ressource que de les abandonner à l'autorité séculière, à laquelle il appartenait de les conduire au bûcher. Cette mesure gardait quelque chose d'exceptionnel : au cours de sa longue carrière, Bernard Gui abandonna quarante hérétiques au bras séculier.

Les sentences étaient prononcées au cours d'une cérémonie officielle qui se déroulait en présence des autorités religieuses et civiles, et qu'on appelait le sermon général parce qu'elle débutait par une allocution de l'inquisiteur.

Les peines les plus graves entraînaient obligatoirement la confiscation des biens du coupable au profit de l'autorité qui avait la charge des dépenses de l'Inquisition. Il en était de même dans le cas de condamnations posthumes, car la mort ne mettait pas un terme à l'action de la justice.

2. L'évolution de l'Inquisition

Le XIIIe siècle et l'apogée de l'institution

Des tribunaux ont fonctionné régulièrement dans le midi de la France. À Avignon et à l'est du Rhône où il avait à faire surtout à des vaudois, l'inquisiteur Guillaume de Valence eut, en 1246, des difficultés avec les Avignonnais qui en vinrent même à libérer des prisonniers. À Montpellier, le dominicain Pierre de Marseillan poursuivit les cathares et les vaudois jusqu'à la suppression du tribunal, vers 1244. À Carcassonne, où la tâche des inquisiteurs fut dure, le Catalan Ferrier a laissé une réputation particulière d'énergie (1237-1244) : il y gagna le surnom de « Marteau des hérétiques ». Les juges de Toulouse eurent le sort le plus difficile ; en 1235, ils furent expulsés de la ville. Pour tenter d'améliorer la situation, le légat associa au dominicain Guillaume Arnaud le franciscain Étienne de Saint-Thibéry et un séculier Raimond Escriban, archidiacre de Villelongue. Mais ceux-ci furent massacrés, la veille de l'Ascension 1242 (28 mai), à Avignonet, victimes d'un guet-apens tendu par les hérétiques réfugiés à Montségur. La conjoncture ne redevint favorable à l'Inquisition qu'avec la nomination de Bernard de Caux et Jean de Saint-Pierre qui s'établirent à Toulouse en 1245.

Dans le reste du royaume, l'Inquisition prit un caractère désordonné, en raison de la personnalité de Robert le Bougre, ancien hérétique, considéré par ses contemporains comme faux et hypocrite. Après avoir vécu pendant de longues années dans la « loi de mescréandise » à Milan, il avait pris l'habit de frère prêcheur. L'action de Robert à La Charité-sur-Loire fut si brutale, en 1233, que Grégroire IX suspendit les pouvoirs de l'inquisiteur dès février 1234. Rentré en grâce en août 1235, celui-ci reprit son activité frénétique et, au cours d'une brève tournée (1236) par Châlons-sur-Marne, Péronne, Cambrai, Douai, Lille et sa région, il fit au moins une cinquantaine de victimes. Puis il sévit en Champagne. Des accusés, amenés de toutes parts dans la forteresse comtale du Mont-Aimé, furent brûlés, au nombre de cent quatre-vingt-trois, le 13 mai 1239, en présence de Thibaut IV, au milieu d'une affluence imposante. De tels excès entraînèrent la disgrâce de Robert, mais on ignore la date exacte et la nature de celle-ci.

En Italie, les inquisiteurs dominicains firent preuve d'une grande activité, de Rome à la Lombardie et jusqu'aux bords de l'Adriatique. Mais leur tâche fut rendue malaisée par la guerre entre les factions et par l'hostilité des gibelins. La mort de Frédéric II n'arrangea rien. Le 9 avril 1252, sur la route de Côme à Milan, Pierre de Vérone fut assassiné. Bien qu'il n'eût exercé sa charge que pendant quelques mois, ce prédicateur réputé, honoré ensuite sous le nom de saint Pierre Martyr, fut considéré comme le modèle de l'inquisiteur. Rainier Sacconi, ancien hérétique lui-même, et auteur d'un traité très documenté sur le catharisme, continua la lutte. En 1254, le prieur et un moine du couvent de Ferrare besognaient encore comme inquisiteurs dans la Marche d'Ancône et en Lombardie. Il est à croire que la tâche était trop lourde, car, le 30 mai 1254, Innocent IV confia aux Frères mineurs la répression de l'hérésie dans toute l'Italie centrale et dans la partie orientale de la plaine du Pô. Les dominicains gardaient juridiction sur la Lombardie et la Marche de Gênes. L'Inquisition fut même étendue par Grégoire IX à la Dalmatie. D'abord confiée aux dominicains, elle fut attribuée à partir de la fin du XIIIe siècle aux franciscains.

En France, l'Inquisition connut une crise longue et beaucoup plus grave. Innocent IV entendit suivre de près le fonctionnement des tribunaux, contrôle que les juges apprécièrent peu. Les inquisiteurs réussirent à lui tenir tête dans une affaire de commutation de peines au profit d'habitants de Limoux (1246) et la mesure fut annulée. Le pape mit alors l'Inquisition sous la tutelle de l'évêque d'Agen (1248) qui se révéla effective : l'évêque, le 14 février 1250, céda à l'abbé de Saint-Sernin de Toulouse une maison qui appartenait à l'Inquisition, afin d'assurer un meilleur logement des étudiants pauvres (collège Saint-Raimond). L'inquisiteur Bernard de Caux fut simplement informé de la décision. Peu après, les dominicains renoncèrent à leur charge. Le tribunal continua cependant à fonctionner sous la direction des évêques, avec des juges séculiers, en gardant tous ses caractères de juridiction d'exception. Mais Innocent IV s'efforça d'obtenir le retour des religieux ; les négociations aboutirent seulement après l'avènement d'Alexandre IV. C'est en mars 1255, sous la direction du prieur conventuel de Paris, que les prêcheurs Renaud de Chartres et Jean de Saint-Pierre s'établirent à Toulouse. À la fin de 1258 ou au début de 1259, Guillaume-Raimond de Bordeaux et Baudouin de Montfort vinrent siéger à Carcassonne. Mais, en Provence, sur les terres de Charles d'Anjou, les franciscains succédèrent aux dominicains. Il en résulta une rivalité violente entre les deux ordres mendiants. Les dominicains accusèrent frère Maurin d'avoir pris parti, à Marseille, contre Charles d'Anjou (1264), et n'hésitèrent pas à produire de faux témoins.

Dans l'ensemble, l'Inquisition sortit renforcée de la crise. La papauté abdiqua presque tous ses droits, et les inquisiteurs échappèrent à l'autorité des légats pontificaux eux-mêmes. Dès 1256, Alexandre IV accorda aux inquisiteurs le droit de se relever mutuellement de l'excommunication encourue ou de l'irrégularité commise. Le recours à la torture se trouvait légalisé. L'Inquisition est à son apogée. En Vénétie, Philippe de Mantoue traque les hérétiques de 1276 à 1289. Environ deux cents cathares sont arrêtés à Sirmione et terminent leurs jours sur le bûcher à Vérone, le 13 février 1278. Pour Toulouse, le texte d'une partie des dépositions reçues par Renous de Plessac et Ponce de Parnac (1273-1279) a été conservé. À Carcassonne, Étienne de Gâtine et Hugues de Bouniols prononcèrent des condamnations en 1276. L'inquisiteur de France, Simon Duval, cita par-devant lui, à Saint-Quentin, pour le 18 janvier 1277, Siger de Brabant et ses adeptes qui se gardèrent de comparaître. Mais il était impossible de surveiller la marche de l'Office qui connut des abus. Après 1290, les franciscains se déconsidérèrent en Vénétie par leurs exactions et leurs malversations ; on incrimina particulièrement Boninsegna de Trente et Antoine de Padoue (qui n'a qu'un simple rapport d'homonymie avec l'autre disciple de saint François). À Carcassonne, l'action brutale des inquisiteurs et l'usage abusif de la torture entraînèrent une irritation générale. Des protestations s'élevèrent contre Jean Galand (1278-1293) et Nicolas d'Abbeville (1293-1302), attisées par le franciscain Bernard Délicieux. Des désordres éclatèrent. Les plaintes arrivèrent jusqu'au pape Clément V qui décida d'intervenir.

Celui-ci confia une enquête aux cardinaux Taillefer de La Chapelle et Bérenger Frézouls (mars 1306) qui visitèrent les prisons de Carcassonne et d'Albi et prirent des mesures pour améliorer les conditions de détention. Après avoir mis un terme à cette mission (1308), Clément V promulgua toutefois, au cours du Concile de Vienne (1312), les constitutions *Multorum querela* et *Nolentes* qui exigeaient la collaboration des inquisiteurs et des évêques pour tous les actes importants de la procédure ainsi que pour la mise à la torture, la promulgation des sentences et la gestion des prisons. La puissance de l'Inquisition en fut irrémédiablement atteinte. Passant outre aux oppositions, Jean XXII, par la décrétale *Cum Matthaeus* (1321), restreignit un peu plus les pouvoirs des inquisiteurs.

Le déclin

Le tribunal de Toulouse conserva encore toute son activité avec Bernard Gui (1306-1323) ; il combattit les cathares et les vaudois, lutta contre les fraticelles, bizoches, béguins. Mais cela ne dura pas. À Carcassonne, en 1330, Henri de Chamay fut obligé de renoncer à des procès posthumes. Accusé de corruption et d'abus de pouvoir, un commissaire de l'Inquisition fut, en 1340, révoqué de sa charge. L'inquisiteur de France réprima la magie dans l'affaire de Jean l'Archevêque, sire de Parthenay, évoquée par Jean XXII. Contre les vaudois du Dauphiné, des poursuites, parfois entravées par le manque d'argent, furent engagées par le mineur François Borrel, à partir de 1375. Dans l'Empire, la nomination de Jean Scadelent resta sans effet (1349-1357). Au XVe siècle, le déclin s'accentue. À Carcassonne, les décisions prises par l'inquisiteur Pierre de Marvejols furent remises en cause par la papauté (1411). À Lyon, des habitants mécontents firent arrêter le franciscain Bernard Tremosii en 1458. On continua à nommer régulièrement des inquisiteurs, mais ce ne fut plus qu'une fonction accessoire ; tel fut le cas de Thomas de Ferrare en Lombardie de 1462 à 1474.

L'Inquisition a assuré, avec des fortunes variables, pendant les derniers siècles du Moyen Âge, la police de la foi, au profit de l'Église aussi bien que de l'État. Mais les progrès de la centralisation et le développement des institutions administratives et judiciaires mirent en cause l'indépendance et l'utilité du tribunal. Déjà, en plein milieu du XIIIe siècle, la république de Venise entendait faire de la poursuite des hérétiques son domaine propre. À Toulouse, en 1331, un commissaire du roi prétendit que l'Inquisition était une cour royale et non une cour ecclésiastique. Plus tard, sur ordre du roi, Étienne de Lacombe, inquisiteur à Toulouse, fut arrêté dans son hôtel et incarcéré dans sa propre prison (1412). C'était, il est vrai, au plus fort de la crise du Grand Schisme. En Dauphiné, le tribunal finit par être surbordonné au Parlement de Grenoble et, en 1509, le Grand Conseil cassa les sentences de l'Inquisition, comme s'il s'agissait d'actes abusifs d'officiers royaux. Aux temps de la Réforme, les Parlements s'attribuèrent sans difficultés la connaissance des nouveaux cas d'hérésie. Mais, en Espagne, les Rois Catholiques organisèrent, sous leur étroite dépendance, un tribunal de caractère ecclésiastique, et déterminèrent ainsi l'essor inattendu de l'Inquisition espagnole.

YVES DOSSAT

Bibliographie

A. DONDAINE, « Le Manuel de l'inquisiteur, 1230-1330 », in *Archivum Fratrum Praedicatorum*, t. XVII, 1947 / Y. DOSSAT, *Les Crises de l'Inquisition toulousaine au XIIIe siècle (1233-1273)*, Bordeaux, 1959 ; « Les Débuts de l'Inquisition à Montpellier et en Provence », in *Bull. philologique et historique*, 1961 ; « Université et inquisiteurs à Toulouse : la fondation du collège Saint-Raimond (1950) », *ibid.*, 1975 / C. DOUAIS, *Documents pour servir à l'histoire de l'Inquisition dans le Languedoc au XIIIe et au XIVe siècle*, 2 vol., Paris, 1900 / P. FREDERICQ, *Corpus documentorum inquisitorum haereticae pravitatis neerlandicae*, Gand, 1889-1906 / J. GUIRAUD, *Histoire de l'Inquisition au Moyen Âge*, 2 vol., Paris, 1935-1938 / H. C. LEA, *A History of the Inquisition of the Middle Ages*, 3 vol., New York, 1887-1888 ; *Histoire de l'Inquisition au Moyen Âge*, 3 vol., Paris, 1900-1902, rééd. J. Millon, 1986-1990 / J. MARX, *L'Inquisition en Dauphiné*, Paris, 1914 / C. REVIGLIO DELLA VENERIA, *L'Inquisizione medioevale ed il processo inquisitorio*, 2e éd. Turin, 1951 / A. C. SHANNON, *The Medieval Inquisition*, Augustinian College Press, Washington, 1983, rééd. 1991 / L. TANON, *Histoire des tribunaux de l'Inquisition en France*, Paris, 1893 / E. VAN DER VEKENÉ, *Bibliographie der Inquisition*, Hildesheim, 1963 / J. M. VIDAL, *Bullaire de l'Inquisition française au XIVe siècle et jusqu'à la fin du Grand Schisme*, Paris, 1913.

INVESTITURES QUERELLE DES

→ QUERELLE DES INVESTITURES

INVESTITURES ECCLÉSIASTIQUES

Terme qui, au Moyen Âge, désigne l'acte par lequel une personne met une autre en possession d'une chose (en latin, *vestitura* ou *investitura* qualifie l'acte de vêtir quelqu'un, comme si celui qui reçoit la chose en était vêtu). Le mot fut employé dès le IXe siècle pour signifier la donation et la réception d'une église et, en même temps, de la dignité ecclésiastique qui y était jointe, c'est-à-dire de l'office spirituel qui appartenait au dignitaire ayant charge de cette église. Ainsi s'établit une confusion entre les biens temporels (revenus, droits divers), la fonction ecclésiastique et la *cura animarum* ; cette confusion aboutit à ce que des laïques, rois et seigneurs, qui pouvaient prétendre à bon droit « investir » de biens temporels, donnèrent l'investiture du spirituel aux évêques, en leur conférant la crosse et l'anneau, insignes de leur service pastoral, et désignèrent eux-mêmes les curés de paroisse. Cet abus provoqua, au XIe siècle, une réaction du Saint-Siège qui engendra la querelle des Investitures. Depuis le XIIe siècle, il est admis que la provision aux bénéfices ecclésiastiques appartient à l'Église, sauf accords particuliers permettant aux autorités laïques de proposer ou de nommer les personnes, mais non de leur donner leurs pouvoirs spirituels et de les instituer pasteurs.

MARCEL PACAUT

IRÈNE (752-803) impératrice d'Orient (797-802)

Souveraine byzantine et sainte de l'Église orthodoxe grecque, célèbre par son rôle dans la restauration du culte des images dans l'Empire d'Orient.

Épouse de l'empereur byzantin Léon IV, Irène fut chargée, à la mort de son mari en septembre 780, de la tutelle de son fils Constantin VI, alors âgé de dix ans, et fut couronnée en même temps que lui. Au cours de la même année, elle déjoua un complot vraisemblablement fomenté par les iconoclastes (adversaires du culte des images) dans le but de placer sur le trône le demi-frère de Léon IV, Nicéphore. Le culte des images, représentations du Christ et des saints, était, en effet, devenu très populaire, notamment dans les provinces orientales de l'Empire romain ; il fut officiellement aboli en 730. Irène, toutefois, en souhaitait le rétablissement. Elle fit élire Tarasios, l'un de ses partisans, au patriarcat de Constantinople et convoqua un concile œcuménique. Lorsque celui-ci s'ouvrit à Constantinople en 786 en vue de rétablir le culte des images, il fut dispersé par des soldats iconoclastes qui s'y trouvaient en garnison. Un nouveau concile, que les Églises catholique romaine et grecque orthodoxe appellent le septième Concile œcuménique, s'ouvrit alors à Nicée en 787 et rétablit le culte des images.

Plus Constantin avançait en âge, plus il prenait ombrage de l'influence prépondérante que détenait sa mère dans les affaires de l'Empire. Il fit une tentative pour s'emparer du pouvoir, qui fut déjouée par l'impératrice ; elle exigea de ses troupes le serment de ne pas reconnaître son fils comme empereur tant qu'elle vivrait. Cette exigence provoqua la révolte des thèmes (divisions administratives d'Asie Mineure) en 790. Constantin fut proclamé seul empereur et sa mère exilée de la cour. Cependant, Irène fut autorisée à retourner à la cour en janvier 792, et même à reprendre son rôle de souveraine. À la suite d'intrigues avec des évêques et des courtisans, elle organisa une conspiration contre Constantin qui fut capturé et aveuglé sur ses ordres en 797.

Irène exerça seule le pouvoir pendant cinq ans, en tant que basileus (empereur et non impératrice). En 798, elle noua des relations diplomatiques avec l'empereur d'Occident, Charlemagne, et un mariage aurait même été envisagé. Selon l'historien byzantin contemporain Théophane, le projet aurait échoué à cause d'un des favoris d'Irène. Absorbée par les problèmes intérieurs, Irène laissa se dégrader la situation extérieure : Byzance dut payer tribut à

Haroun al-Rachid et les Slaves pénétrèrent dans l'Empire jusqu'en Grèce.

En 802, une conspiration de hauts dignitaires et de généraux permit de déposer Irène et proclama empereur Nicéphore, le ministre des Finances (logothète du Trésor). Irène fut exilée, d'abord à l'île des Princes puis à Lesbos.

E. U.

ISABEAU DE BAVIÈRE (1371-1435) reine de France

Fille d'Étienne II, duc de Bavière, et de Tadea Visconti. Mariée en 1385 au roi de France Charles VI, dont la tante, Isabelle, fille de Jean le Bon, avait épousé en 1360 le duc de Milan Jean-Galéas Visconti. Isabeau de Bavière joua certainement un rôle déterminant dans le mariage du jeune Louis d'Orléans, frère de Charles VI, avec Valentine Visconti, la propre fille de Jean-Galéas et d'Isabelle de France (1389). Cela explique l'existence de relations étroites entre la reine Isabeau et son jeune beau-frère, relations que la voix populaire qualifia rapidement d'adultère. En fait, bien que devant en grande partie sa couronne à l'influence du duc de Bourgogne, Philippe le Hardi, oncle du roi, c'est du côté de Louis d'Orléans qu'Isabeau se rangea tout d'abord lorsque les ducs commencèrent de s'affronter pour dominer le Conseil royal.

La folie du roi (la première crise eut lieu en 1392) plaça la reine dans une situation extrêmement difficile. Ses oncles et son beau-frère ne lui laissèrent aucun pouvoir, mais l'intervention de son frère, le duc de Bavière Ernest, qui résida longuement à Paris avec sa femme, fille de Bernabo Visconti, compliqua sérieusement l'imbroglio politique. La reine plaça des hommes à elle dans l'administration française, notamment quelques fidèles venus de Bavière, comme les Raguier. Un goût commun pour le luxe, les bijoux, les fêtes et la danse avait porté la reine vers Louis d'Orléans, mais l'assassinat de ce prince, perpétré alors qu'il sortait précisément de l'hôtel Barbette, où elle résidait à l'écart du roi fou, la priva d'appui : elle passa alors dans le camp et dans les bras de Jean sans Peur et se trouva, en 1413, obligée de faire face, à ses côtés, à une émeute, dont les meneurs, les Cabochiens, s'en prenaient à son entourage comme à tous ceux qui dévoraient le trésor royal. Le duc de Bavière fut même arrêté par les Parisiens insurgés, et Isabeau, comme Jean sans Peur perdant le contrôle d'un mouvement qu'il avait contribué à déclencher, dut composer avec les révoltés pour éviter le pire. La violence de la réaction des Armagnacs (1413-1418), provoquant l'exil de la reine à Tours en 1417, cimenta l'alliance d'Isabeau et de Jean sans Peur. Après l'assassinat de ce dernier (1419), la présence de la reine aux côtés du nouveau duc, Philippe le Bon, donna quelque apparence de légitimité aux tractations qui aboutirent à l'alliance anglo-bourguignonne et à la conclusion, en 1420, du traité de Troyes : Charles VI, sous l'influence de sa femme, déshéritait le futur Charles VII et faisait du roi d'Angleterre son héritier. En déclarant que son propre fils, le dauphin Charles, était bâtard, Isabeau sacrifiait son honneur aux combinaisons politiques.

La reine, veuve en 1422, vécut à Paris, sous la protection du gouvernement du régent Bedford et non sous celle du duc de Bourgogne, dans un isolement de plus en plus profond. Le peuple oublia presque son existence et les gouvernants la tinrent absolument à l'écart des affaires. À l'hôtel Saint-Paul, où elle était venue habiter dès la mort de Charles VI, sa maisonnée et son train de vie furent modestes.

Les jugements les plus sévères ont été portés sur une reine à laquelle on accorde beaucoup d'amants et sur une mère capable de renier son fils. Il faut néanmoins se souvenir que, mariée à quatorze ans et femme d'un fou à vingt et un, reine étrangère d'un royaume déchiré, aussi influente, un temps, que dépourvue de droits politiques réels, Isabeau de Bavière n'avait pas été préparée à des responsabilités politiques que nulle reine n'avait assumées en France depuis Blanche de Castille. Encore Blanche jouissait-elle, pour faire face aux ambitions des princes, de la confiance témoignée par l'octroi de la régence reconnue par tous, alors qu'Isabeau n'avait aucune puissance effective. Pour garder le pouvoir, elle se trouvait condamnée à s'appuyer sur un parti. Isabeau n'en reste pas moins une figure ambiguë d'une page sombre de l'histoire de France.

JEAN FAVIER

ISABELLE DE FRANCE (1292-1358) reine d'Angleterre

Fille de Philippe le Bel et de Jeanne de Navarre. Mariée en 1308 au roi d'Angleterre Édouard II entièrement dominé par des favoris comme Piers Gaveston ou les Despenser, la situation d'Isabelle de France fut de ce fait difficile. Elle multiplia les voyages en France, menant à bien diverses négociations comme celles qui, en 1325, aboutirent à l'hommage prêté à Philippe VI de Valois par son fils aîné, le futur Édouard III, pour le duché de Guyenne, et au mariage de celui-ci avec Philippa de Hainaut. Il est possible que la reine d'Angleterre ait également contribué à faire connaître à Philippe le Bel la vie dissolue de ses brus.

En 1326, Isabelle revint en Angleterre pour y prendre la tête d'une révolte des barons. Aidée par quelques princes et par son amant Mortimer, elle organisa la capture du roi, et des Despenser qui furent exécutés. Contraint d'abdiquer en 1327, Édouard II fut assassiné peu après dans sa prison du château de Berkeley, sans doute sur l'ordre d'Isabelle. Bien que le jeune Édouard III ait eu sa part de responsabilité dans l'éviction et peut-être dans la mort de son père, il supporta mal la tutelle politique de la reine et de Mortimer. En 1330, il parvint à prendre le pouvoir effectif, fit pendre Mortimer et se débarrassa d'Isabelle en l'enfermant jusqu'à la fin de ses jours.

Les droits de la fille de Philippe le Bel à la couronne de France furent considérés comme sans fondement par l'Assemblée de Vincennes en 1328. Bien avant que l'on songeât à invoquer la loi salique pour justifier le fait accompli, les barons français se prononcèrent contre les prétentions d'Édouard III surtout parce qu'il était étranger. C'est là l'un des premiers événements qui signalent l'apparition d'une conscience nationale.

JEAN FAVIER

ISLAM

1. L'expansion arabo-islamique

Les raisons initiales du succès de l'islam en Arabie

L'expansion de l'islam aux diverses époques de l'histoire est inséparable de l'adhésion aux principes énoncés par le prophète Muḥammad et, comme telle, elle a souvent pris l'aspect d'une conquête destinée à affirmer la suprématie de la religion musulmane ; mais, en même temps, elle a pu apparaître comme la manifestation triomphante d'un peuple jusqu'alors tenu en marge des grands empires : c'est donc une réaction politique, sociale, et même économique, qui aboutit à des bouleversements considérables de l'ordre anciennement établi.

Ces différents traits de l'expansion musulmane se trouvent déjà du vivant du Prophète, et notamment durant les dernières années de sa vie. Jusqu'en 628, il a mené, à côté de la prédication, un combat de caractère défensif, dirigé aussi bien contre les Qoraychites de La Mekke que contre les Juifs de Médine, combat dont le résultat essentiel a été la création de la communauté de ses partisans, la cohésion des premiers adeptes et des ralliés plus tardifs. Après 628 et jusqu'à sa mort, en 632, il a conduit contre les Qoraychites la lutte qui aboutit à leur soumission et à la conquête de La Mekke ; en même temps, il obtenait le ralliement d'un grand nombre de tribus bédouines païennes et de communautés chrétiennes d'Arabie, sans que celles-ci fussent contraintes à la conversion : on a déjà une préfiguration de la coexistence de populations d'origines ou de religions diverses au sein du futur empire musulman ; le rôle dominant est tenu par ceux qui ont adhéré à la vraie foi et qui constituent la communauté des fidèles, l'*umma*. Du temps de Muḥammad, celle-ci conserve des éléments empruntés à l'ancienne organisation tribale préislamique, mais désormais le facteur primordial de l'union est constitué par la religion et non plus par la parenté ; les dispositions d'ordre social ou politique contenues dans le Coran favorisent l'adhésion à la religion prêchée par le Prophète ; de plus, le fait que cette religion ait été révélée en arabe est pour ses adeptes une confirmation qu'elle a été révélée pour eux, les Arabes ; rapidement naît ce désir non pas de prosélytisme, mais d'affirmation, face aux adeptes d'autres religions, que les musulmans sont les détenteurs de l'orthodoxie et qu'ils doivent la faire triompher : c'est ainsi que vont se mêler, très tôt après la mort du Prophète, le religieux et le politique, caractéristique majeure de l'expansion musulmane.

L'expansion hors d'Arabie

Si, au lendemain même de la mort de Muḥammad, des sécessions se produisirent parmi les tribus bédouines, mal assimilées à la communauté, rapidement, Abou Bakr, successeur du Prophète, a refait l'unité de l'Arabie et affirmé la suprématie de l'islam : ce fut à la fois une guerre de conquête et une entreprise religieuse, qui devait en quelque sorte servir de répétition à des actions plus ambitieuses. En effet, Abou Bakr, puis Omar ont lancé les jeunes forces musulmanes contre les empires byzantin et sassanide : leur succès a été si rapide, si complet et si inattendu qu'il demande une explication. Certains ont voulu chercher celle-ci dans l'enthousiasme de la foi, d'autres dans des nécessités économiques nouvelles que l'Arabie ne pouvait plus satisfaire. Mais ces explications ne suffisent pas. Les Bédouins qui s'enrôlent sous la bannière de l'islam le font autant par conviction religieuse que par promesse d'un riche butin ; ils témoignent, au fur et à mesure que les succès se multiplient, d'une cohésion renforcée par la conviction qu'ils combattent pour une foi d'autant plus vraie qu'elle est victorieuse. Par ailleurs, ni les Byzantins, ni les Sassanides n'ont, au début, cru au danger arabe ; eux-mêmes sortaient d'une lutte sanglante, épuisante, qui les avait opposés jusqu'en 628 pour la domination du Proche-Orient. Les deux empires étaient considérablement affaiblis et les difficultés intérieures ajoutaient encore à leur faiblesse : pour l'Empire byzantin, dirigé par Héraclius, les querelles religieuses prenaient le caractère de persécution exercée par les orthodoxes de Constantinople contre les monophysites et les jacobites de Syrie et d'Égypte, si bien que ceux-ci accueillirent avec ferveur les musulmans conquérants, qui se montraient beaucoup plus tolérants. En Mésopotamie, à la suite de la mort de Chosroès II (628), l'anarchie s'était installée, et Yazdadjird III, le souverain en place au moment de la conquête arabe, ne disposait que d'une autorité limitée et ne pouvait plus compter sur les tribus frontalières qui, de longue date, avaient formé une barrière contre les razzias bédouines : ces tribus, maltraitées par Chosroès II, avaient choisi le camp arabe et facilitèrent la pénétration musulmane en territoire sassanide.

En l'espace de douze ans, de 633 à 645, la Mésopotamie, la Palestine, la Syrie et l'Égypte passent aux mains des Arabes. Quelques dates sont significatives : franchissement de l'Euphrate (635), occupation de Ctésiphon (638) et de Néhavend (642), prise de Damas (635, puis 636), d'Alep (637), de Jérusalem (638), de Pelouse (639), de Babylone d'Égypte (641) et enfin d'Alexandrie (642). À cette date de 642, mis à part quelques réactions locales, l'empire sassanide a pratiquement cessé d'exister (il ne poursuivra plus que des combats d'arrière-garde en Iran central et oriental) et l'Empire byzantin a perdu deux de ses plus belles provinces : la Syrie et l'Égypte. L'avance des musulmans ne s'est arrêtée en fait que devant des obstacles naturels : les montagnes du Taurus en Asie Mineure, celles de l'Iran oriental, les déserts de Cyrénaïque et de Nubie.

Dès lors se pose aux conquérants le problème de l'administration des pays conquis. Dans le Coran, il n'existe aucune stipulation concernant les peuples vaincus : il faut donc s'en référer à l'exemple de Muḥammad qui, suivant les circonstances, a expulsé, massacré ou réduit à l'état de tributaires les vaincus. En fait, le régime des tributaires n'a véritablement été organisé que sous les califes, et l'on distingue entre les païens, qui doivent se convertir sans pour autant devenir musulmans à part entière, et les gens de l'Écriture qui, moyennant certaines obligations, peuvent continuer à pratiquer leur religion sous la protection musulmane. Quant au massacre des vaincus, il n'a été pratiqué que sur les armées en déroute et sur les populations qui avaient opposé la violence aux conquérants ; en effet, il n'était pas de l'intérêt des musulmans d'exterminer des populations qui se soumettaient à leur domination et qui, surtout dans les pays riches, apportaient une importante contribution à la vie économique de la communauté musulmane.

Les premiers califes ont utilisé dans une assez large mesure les institutions locales en les adaptant à la législation islamique ;

en outre, dans les pays, comme la Syrie et l'Égypte, où la reddition fut conditionnelle, la situation antérieure fut respectée et les propriétaires fonciers conservèrent la propriété de leurs terres moyennant un impôt foncier, le *kharādj* ; mais les biens du basileus, de sa famille, des propriétaires en fuite ou morts au combat devinrent biens de l'État musulman qui en assura la gestion. En Mésopotamie, où la capitulation fut inconditionnelle, les terres furent confisquées ou, éventuellement, laissées à titre précaire à leurs anciens propriétaires contre le versement de l'impôt foncier et d'un tribut. En raison des revenus nouveaux et importants échus désormais à la communauté musulmane (et dont un cinquième revenait à Allāh et à son Envoyé, ou aux successeurs de celui-ci), il fallut mettre sur pied une administration financière – le *dīwān* – destinée à gérer les sommes provenant de la conquête, des tributs versés par les protégés, de la dîme, de l'impôt foncier, etc. Les combattants musulmans se virent attribuer le produit du butin, qui leur fut remis en nature, puis en espèces, pour leur solde ou leur pension. Le territoire musulman fut alors divisé en provinces (Syrie, Égypte, Iraq) dont chacune eut à sa tête un *wālī*, gouverneur militaire et politique, assisté par des fonctionnaires qui furent recrutés parmi ceux de l'ancienne administration byzantine ou sassanide ; cette adhésion du personnel des anciens empires fut facilitée par la tolérance des conquérants en matière de religion et même en matière de finances.

Pour mieux tenir en main les territoires conquis, les califes ont utilisé deux moyens : l'implantation de villes nouvelles, peuplées d'Arabes, qui furent les centres politiques et militaires des provinces, et la distribution des terres, hors d'Arabie, aux musulmans. Les villes créées furent à l'origine essentiellement des bases militaires (*amçār*) : ainsi furent fondées Koufa et Bassora en Iraq, Fostat en Égypte. C'est à partir de ces *amçār* que l'influence arabe s'est répandue : elles ont attiré toute une population d'artisans et de marchands et, bien situées sur les routes de transit commercial, elles ont été des relais de commerce et des centres d'expansion religieuse, politique et linguistique.

Dans cet empire en création, l'armée joue un rôle important : composée exclusivement de musulmans, placée sous le commandement des gouverneurs de provinces et répartie en groupes correspondant aux cadres naturels des Bédouins, elle constitue des *djound*, milices ou garnisons dispersées dans les provinces ou rassemblées dans les nouvelles bases militaires. Avec ces soldats musulmans – dont le calife est le premier –, les propriétaires fonciers et les hauts fonctionnaires arabes forment la communauté musulmane, privilégiée par son adhésion à l'islam mais aussi par les avantages issus de la conquête et par un traitement spécial en matière d'impôt. Chez ces musulmans « d'origine », islamisme et arabisme se confondent, et ils ont conscience de représenter l'élite qu'Allāh a désignée pour diriger le monde. Leur suprématie, ils l'imposent aux non-musulmans, les *re'aya* ou sujets, qui sont administrés localement par leurs propres chefs religieux ou leurs magistrats ; sauf de rares exceptions, les notables ont conservé une bonne partie de leurs prérogatives.

Avec le temps apparaît une nouvelle catégorie de population : celle des non-Arabes qui se sont convertis. Théoriquement, ils devraient jouir des mêmes droits et des mêmes avantages que les Arabes, mais les musulmans « d'origine » les maintiennent dans une condition inférieure et les considèrent comme les « clients » (*mawālī*) des tribus arabes ; en particulier, ils ne sont pas inscrits sur les listes du *dīwān* et ne perçoivent rien des revenus créés par la conquête : ils ne sont donc pas totalement assimilés à la communauté musulmane, et cette condition devait plus tard les pousser à s'insurger contre le pouvoir et les notables.

La deuxième expansion et l'empire omeyyade

Après la première phase d'expansion et la période d'adaptation nécessaire à la situation nouvelle, le jeune État musulman a connu quelques décennies assez troublées, qui ont correspondu à la lutte pour le pouvoir entre plusieurs clans arabes. La victoire des Omeyyades, avec Mu'āwiya, en 660-661, marque le succès d'une fraction de l'aristocratie mekkoise et une transformation, encore timide, de l'État théocratique arabo-musulman en un État séculier. Mais, surtout, les califes omeyyades ont lancé une deuxième vague d'expansion qui a été particulièrement forte sous les règnes de Mu'āwiya (661-680), de 'Abd al-Malik (685-705) et de Walīd Ier (705-715). Les expéditions arabes se sont effectuées dans trois directions : l'Asie Mineure et Constantinople, l'Afrique du Nord et l'Espagne, l'Asie centrale et l'Inde. Le facteur religieux n'a pas été absent dans ces expéditions, et les Omeyyades ont su le mettre en avant pour inciter les Arabes à maintenir et développer leur expansion politique ; les luttes contre les Byzantins ont pu faire figure de guerre sainte et les califes apparaître ainsi comme les champions de l'islam face aux Infidèles de l'extérieur, mais aussi face à leurs adversaires de l'intérieur.

La frontière séparant le monde arabe du monde byzantin comportait un obstacle majeur, les montagnes du Taurus, qui interdirent longtemps toute installation permanente des musulmans en Asie Mineure ; il y eut, au temps des Omeyyades, des incursions, des raids dans les provinces byzantines, mais à aucun moment il ne s'est agi de guerres de conquête. En revanche, la Cilicie et la région du haut Euphrate ont constitué un enjeu territorial farouchement disputé entre Grecs et Arabes. Mais l'exploit remarquable accompli par les musulmans à cette époque est la série de sièges menés contre Constantinople, la capitale byzantine au prestige incomparable. Il y eut trois périodes de sièges : la première se situe en 668-669, la deuxième de 674 à 680, la troisième de 716 à 718. Bien que non couronnées de succès, ces expéditions n'en ont pas moins prouvé, en leur temps, l'ardeur conquérante des musulmans et imposé aux Byzantins une attitude de prudence à leur égard.

Un autre champ d'expansion a été constitué par l'Asie centrale et par l'Inde, à partir des bases musulmanes établies au Khorassan, province de l'Iran oriental. Après la conquête de l'Afghanistan, en 699-700, ce fut le tour des territoires de l'Asie centrale : le Tokharistan (705), la Sogdiane avec la ville de Boukhara (706-709), le Khwarezm et la ville de Samarkand (710-712) et le Ferghana (713-714). L'Asie centrale constitua alors l'extrême avancée de la poussée musulmane vers le nord-est et, face aux Turcs, elle fut organisée en région de défense et très rapidement islamisée : Boukhara et Samarkand devinrent de grands centres musulmans. Plus au sud, les généraux arabes envahirent le Béloutchistan (710) et de là passèrent dans le Sind et atteignirent l'Indus ; le sud du Pendjab fut occupé en 713, mais la présence musulmane dans cette région lointaine ne fut pas alors maintenue et, pratiquement, ce fut l'Indus qui marqua la frontière entre l'empire arabe et l'Inde.

Enfin le troisième terrain d'expansion, et non le moindre, fut constitué par l'Afrique du Nord et l'Espagne. Une première expédition, en 647, montra aux Arabes la faiblesse des Byzantins en Byzacène ; une deuxième expédition eut peut-être lieu en 660-663, mais la plus décisive fut celle que conduisit 'Oqba ibn Nāfi' en 670 et qui aboutit à la fondation d'un camp militaire permanent en Ifrīqiya (Tunisie actuelle) : Qayrawān (Kairouan) ; il est possible que 'Oqba ait atteint l'Atlantique en 681-682 après avoir traversé toute l'Afrique du Nord, mais il périt au cours du voyage de retour à Biskra en 683. L'occupation définitive de ce que l'on appela plus tard le Maghreb (le Couchant, l'Occident) se produisit entre 695 et 708, à la suite de la prise de Carthage (695, puis 698), de la défaite des troupes berbères (702) et de l'implantation des Arabes au Maroc de 705 à 708. Après un bref temps d'arrêt, la progression reprit : en mai 711, Ṭāriq ibn Ziyād passait en Espagne, occupait Cordoue puis Tolède (octobre-novembre 711). Cinq ans plus tard, la quasi-totalité de l'Espagne était aux mains des musulmans.

Jusqu'au règne du calife 'Abd al-Malik, les institutions mises en places antérieurement ont été maintenues. C'est avec 'Abd al-Malik qu'interviennent les premières grandes modifications ; celles-ci sont dues au fait que le nombre des Arabes a augmenté dans les provinces et que, en raison des conversions, les musulmans sont de plus en plus nombreux. En outre, 'Abd al-Malik a moins subi que ses prédécesseurs l'influence byzantino-chrétienne : la conséquence en a été l'arabisation progressive de l'administration où des fonctionnaires arabo-musulmans côtoient désormais des fonctionnaires chrétiens, et la langue arabe devient la langue administrative dans toutes les provinces de l'empire ; c'est à cette époque qu'apparaissent les premières monnaies d'or (*dīnārs*) et d'argent (*dirhams*) frappées par les musulmans. Le mouvement de distribution des terres, commencé sous les califats de Omar et de Othman, a continué largement, au profit des proches et des familiers des califes omeyyades et des gouverneurs. Les terres, à l'origine seulement concédées à ferme et à titre viager, deviennent de véritables propriétés privées, susceptibles de transactions commerciales : peu à peu se constituent de grands domaines privés que leurs propriétaires arabes, résidant dans la capitale, Damas, ou dans les grandes villes, laissent à des fermiers indigènes le soin d'exploiter ; ce développement de la propriété privée – qui accapare les bonnes terres – entraîne une diminution des revenus tirés par l'État de l'impôt foncier. L'État augmente alors les impôts auxquels sont astreints les non-musulmans (impôt foncier ou *kharādj*, et capitation ou *djizya*), ce qui a pour conséquences la multiplication des conversions et l'accroissement du nombre des *mawālī*, qui, en principe, ne devraient plus payer que la dîme et les impôts religieux ; mais, l'administration n'ayant pas tenu compte des modifications intervenues, les *mawālī* manifestèrent leur mécontentement et beaucoup d'entre eux rejoignirent les mouvements d'opposition. Le calife Omar II (717-720) introduisit alors des réformes en faveur des *mawālī* et des mesures restrictives à l'égard des *dhimmi* (protégés), qui furent systématiquement éliminés de l'administration, ce qui provoqua la désorganisation de celle-ci.

L'empire omeyyade a été, à juste titre, qualifié d'empire arabe car il a, d'une part, étendu la suprématie arabe sur des territoires considérables, de l'Atlantique au Turkestan, et, d'autre part, il a maintenu le caractère arabe du gouvernement et continué les traditions littéraires de l'Arabie ; il a en outre œuvré en faveur de la langue arabe comme langue commune, sans que disparaissent les langues locales. S'il est certain que les Arabes commencent à ressentir des influences extérieures, dues aux contacts avec les civilisations étrangères, le caractère nettement arabe de la civilisation omeyyade est cependant largement prédominant.

Les Abbassides et le monde musulman

Le renversement des Omeyyades par les Abbassides, en 750, a des causes multiples ; on l'a autrefois expliqué trop simplement par la victoire des éléments iraqo-iraniens sur les Syro-Égyptiens. Il faut, en fait, y discerner une opposition religieuse, des haines familiales, le mécontentement social, particulièrement vif chez les *mawālī*, l'incapacité des Omeyyades à adopter de nouvelles mesures pour répondre aux transformations internes de l'empire.

Le changement apparaît moins dans l'éviction d'une dynastie par une autre – toutes deux sont arabes – que dans l'accession aux organes du pouvoir d'éléments musulmans non arabes, souvent iraniens, dans la transformation de l'administration, le développement considérable des villes, l'expansion commerciale et, enfin, un essor intellectuel original. La volonté de changement s'est manifestée de façon tangible par le choix de la nouvelle capitale : Damas a été abandonnée au profit de Bagdad, fondée en 762 ; ce changement correspond à une modification de caractère politique, mais aussi à un transfert des principaux axes commerciaux. Le califat abbasside n'est pas caractérisé par une expansion territoriale : il n'y a pratiquement plus de guerres de conquête, mais plutôt de petites guerres de frontières, surtout contre les Byzantins, et des combats défensifs, pas toujours victorieux, contre de nouveaux venus dans les territoires musulmans, notamment des Turcs dans la partie orientale. En revanche, deux autres formes d'expansion prédominent : l'expansion commerciale, qui impose la suprématie économique de l'Islam de l'Atlantique aux frontières de l'Inde, et l'expansion intellectuelle, qui a consacré l'arabe comme langue de gouvernement et de culture.

L'expansion commerciale est frappante par son ampleur ; les Abbassides tiennent la position clé du grand commerce de cette époque : l'isthme séparant la Méditerranée de l'océan Indien ; la fondation de Bagdad a favorisé l'appel de marchandises vers l'Iraq, qui devient la plaque tournante du commerce du Proche-Orient avec ses ports de Baṣra (Bassora) et d'Obollah ; de là, les navigateurs et les marchands musulmans gagnent l'Inde occidentale où ils ont créé des comptoirs et des relais ; plus à l'est, ils touchent Ceylan où ils sont en contact avec les marchands chinois ; peut-être même certains d'entre eux sont-ils allés jusqu'en Chine. Par voie de terre, les routes mènent de l'Iraq vers la Syrie et l'Égypte, mais aussi vers les territoires byzantins et vers l'Arménie et, par l'Iran, vers l'Asie centrale où marchands arabes, iraniens, turcs, chinois, indiens se côtoient et procèdent à des échanges. Il est possible que des commerçants arabes aient aussi été en rapport avec des marchands baltes et scandinaves : on a trouvé des monnaies musulmanes sur les rives de la Baltique, mais cela ne suffit pas à prouver l'existence de comptoirs musulmans, ni même d'un commerce permanent. Enfin, après la conquête des îles de Crète et de Sicile, la Méditerranée est un véritable lac musulman, car l'Europe chrétienne n'y joue alors qu'un rôle réduit. En Méditerranée occidentale, l'Ifrīqiya tient une grande place comme relais entre l'Occident et l'Orient musulman, et aussi comme point d'arrivée des principales pistes caravanières du Sahara, tandis que d'autres pistes aboutissent à Sidjilmassa, dans le Maghreb occidental. Ni Byzance, ni l'Europe ne peuvent alors rivaliser avec l'empire abbasside, qui, grâce à ses ressources naturelles, ses matières premières, ses revenus financiers, détient les clés du commerce local et international ; cette activité commerciale se double d'une activité industrielle, qui est aussi un facteur d'expansion, et, plus encore, d'un commerce de l'argent et d'un système financier qui donnent d'immenses facilités aux agents de la vie économique.

Plus remarquable encore est le développement intellectuel et scientifique qui, apparu au VIIIe siècle, s'est prolongé jusqu'à la fin du XIe siècle et a touché tous les peuples de l'empire. La caractéristique de cette expansion intellectuelle, c'est que la langue arabe est désormais adoptée par tous les écrivains, penseurs, philosophes de l'empire, même par les non-musulmans ; c'est là un des résultats de l'expansion militaire puis humaine, de l'assimilation des populations vaincues ; l'islam y a joué un grand rôle, par l'accroissement du nombre des convertis et par le fait que la langue du Coran est devenue la langue commune à tous les sujets de l'empire : il n'y a plus qu'une littérature d'expression arabe.

Bagdad a été le principal centre de cette activité intellectuelle, grâce à la présence de la cour et des notables ; là se rencontrent Arabes, Iraniens, Indiens, des chrétiens qui traduisent en arabe les œuvres grecques, des Sabéens, païens tolérés qui contribuent au développement de l'astronomie et des mathématiques. De Bagdad, sciences et littérature se répandent dans tout le Vieux Monde, et notamment, par l'intermédiaire de la Sicile, de l'Italie du Sud et de l'Espagne, vers l'Europe chrétienne encore mal dégrossie. Il ne saurait être question ici d'entrer dans le détail de cette expansion intellectuelle qui apparaît, pendant plus de deux siècles, comme un jaillissement sans cesse renouvelé, marqué par un phénomène d'acculturation réciproque entre Arabes et non-Arabes et qui, plus que la conquête, a été l'élément essentiel de la création et de la permanence du monde musulman.

Ce tableau de l'empire abbasside correspond à cette époque que les historiens postérieurs ont considérée comme « l'âge d'or » de l'Islam. Mais il ne saurait faire oublier que si de brillants succès ont été remportés dans certains domaines, il n'en existe pas moins des problèmes de tous ordres : religieux, politiques, sociaux, ethniques même, qui se manifestent par des insurrections et par la création, tant en Afrique du Nord qu'en Orient, d'émirats autonomes fondés sur des ethnies musulmanes non arabes. Mis à part la sécession de l'Espagne, qui remonte aux débuts de l'empire abbasside, dans une première phase ces émirats berbères, iraniens ou turcs ne visent pas à l'indépendance complète et reconnaissent l'autorité spirituelle du calife. Mais, au Xe siècle, on assiste à un fractionnement du monde musulman : en Afrique du Nord apparaît la dynastie fatimide qui, à la fin de ce siècle, s'établit aussi en Égypte et en Syrie ; en Espagne, les Omeyyades ont su constituer, au IXe et, plus encore, au Xe siècle, un État brillant et homogène dont l'influence sur l'Europe occidentale a été grande ; ils continuent à affirmer hautement leur indépendance vis-à-vis de Bagdad, même si les relations commerciales sont intenses entre l'Espagne et le Proche-Orient. Dans l'Est enfin, les gouverneurs abbassides, puis les émirs ont fait appel à des mercenaires turcs, chassés de leurs terres de haute Asie par les Chinois et par les Mongols ; ces mercenaires s'islamisent peu à peu, jouent un rôle de plus en plus grand dans l'armée et l'administration des émirats ; finalement ils s'emparent du pouvoir et créent à leur tour des dynasties souveraines dont la plus remarquable a été celle des Ghaznévides, fondée en Afghanistan, à Ghazna, par un ancien esclave turc et dont la personnalité la plus brillante a été Mahmoud (999-1025). Ces Ghaznévides ont bientôt contrôlé toutes les provinces orientales de l'empire abbasside et sont passés en Inde où ils ont soumis le Pendjab et le Cachemire ; la cour de Ghazna fut cependant, au début du XIe siècle, un foyer de culture et de raffinement où ont brillé deux des hommes les plus célèbres de la pensée musulmane, Firdūsī et al-Birūnī.

Le tournant du XIe siècle

La voie ouverte par les Turcs ghaznévides est bientôt suivie, au Khorasan et en Iran central, par d'autres tribus turques d'Asie centrale qui font leur entrée dans le monde musulman, se mettent au service de différents souverains et émirs et, le cas échéant, prennent le pouvoir ou imposent leur autorité : tel est le cas des Turcs seldjoukides qui, après avoir défait et rejeté vers l'est les Ghaznévides (1025), sont rapidement maîtres de l'Iran et interviennent à Bagdad, où ils se posent en défenseurs du calife abbasside face aux entreprises des Fatimides shī'ites ; ils sont désormais tout-puissants dans l'Orient abbasside et les croisés les trouvent en face d'eux à la fin du siècle : le Proche-Orient commence à échapper des mains des Arabes pour passer dans celles des Turcs ; grâce à eux, l'expansion musulmane va prendre un nouvel essor.

Dans une autre partie du monde musulman, en Afrique du Nord, après le départ des Fatimides pour l'Égypte, le pouvoir est passé à des dynasties berbères. Peu avant le milieu du XIe siècle, l'une de celles-ci, les Zirides, rompt avec les Fatimides et se place sous l'autorité du calife de Bagdad. La réponse fatimide est violente : c'est l'invasion hilālienne. Deux cent mille Bédouins de haute Égypte, les Banou Hilāl, sont expédiés au Maghreb en 1051-1052 : ils triomphent sans peine des Zirides, envahissent le Maghreb oriental, puis le Maghreb central, refoulent les paysans sédentaires vers les massifs montagneux ou vers les villes qui s'isolent, se renforcent et deviennent indépendantes. Cette vague arabe a été suivie par d'autres, et cette invasion a contribué à accentuer l'arabisation de l'Afrique du Nord, à transformer les conditions de la vie économique ; mais finalement un équilibre s'est établi entre Arabes et Berbères, entre nomades, paysans et citadins ; une autre conséquence a été de faire prendre conscience aux Maghrébins de l'importance de la côte et de l'activité marchande maritime, y compris la piraterie.

Enfin, en Espagne, vers 1030, le brillant califat omeyyade de Cordoue connaît lui aussi son déclin : à sa place apparaissent de petits États locaux, dirigés par des Berbères dans le Sud, des Slaves dans l'Est et des Andalous ailleurs. Là aussi la primauté arabe disparaît au profit de non-Arabes. Ce phénomène ne connaît qu'une exception, l'Égypte, où les souverains fatimides conservent un caractère arabe prédominant, encore que des Arméniens convertis à l'islam jouent auprès d'eux un rôle non négligeable.

Au moment où se produit cette mutation dans le monde musulman, le monde chrétien, pour sa part, commence à réagir contre la domination ou l'emprise des musulmans : on peut parler, dans le courant du Xe et du XIe siècle, d'une expansion chrétienne qui se manifeste d'abord au Proche-Orient où les Byzantins envoient des expéditions de reconquête sur le *limes* syrien ; Byzance ranime aussi son économie en intensifiant ses échanges avec le monde slave et l'Asie centrale ; plus à l'ouest, les cités italiennes lancent des navires sur la Méditerranée et s'introduisent dans le trafic maritime, en liaison avec les Fatimides en Ifrīqiya puis en Égypte : c'est le début, encore timide, de la fortune de Venise. En Espagne, les souverains chrétiens du Nord entreprennent la reconquête des territoires tenus par les musulmans : la Reconquista est en route. Enfin, et surtout, le monde occidental se lance dans les croisades, et, pour la première fois depuis des siècles, porte l'offensive sur une terre que les musulmans détiennent depuis le VIIe siècle, ce Proche-Orient qui a vu s'établir et prospérer la grandeur de l'Islam. Mais cette action chrétienne entraîne à son tour une réaction musulmane qui va se traduire par une reprise de l'expansion.

2. Du Moyen Âge aux Temps modernes

La nouvelle expansion musulmane, œuvre des non-Arabes

La nouvelle vague d'expansion, qui se situe entre le XIe et le XIVe siècle, n'a pas le caractère spectaculaire de conquête territoriale qu'avaient revêtu les deux premières vagues. Mais d'autres caractéristiques y tiennent une place importante. C'est d'abord le rôle des non-Arabes – Turcs ou Mongols en Orient, Berbères en Occident –, le plus souvent d'origine nomade, et ces nomades ne sont pas les destructeurs systématiques que l'on a trop souvent dépeints ; ensuite tous sont sunnites, c'est-à-dire qu'ils professent l'islam orthodoxe ; au nom de celui-ci, et en raison de la défaillance des Arabes, ils se proclament les champions de l'islam face à tous ses adversaires extérieurs et intérieurs. Enfin, ils portent l'islam dans des territoires où il n'a pas pu s'établir ou pénétrer : Asie Mineure, Afrique noire. Dans l'Inde, à la suite des Ghaznévides, d'autres dynasties turques trouvent un terrain d'expansion : tels sont les Ghourides à qui l'on doit la grande mosquée de Delhi où se manifestent, dans l'art islamique, les premiers emprunts indiens, et surtout les Khwarezmiens qui, au XIIIe siècle, exercent leur domination depuis les frontières de l'Iraq jusqu'à l'Asie centrale et du Caucase au golfe Persique. Mais les uns et les autres vont devoir affronter la poussée mongole, à laquelle ils résisteront d'autant moins que les États qu'ils ont constitués sont peu ou mal administrés et livrés aux ravages de bandes de Turcomans rétifs à toute autorité gouvernementale.

Plus à l'ouest, les succès des Turcs Seldjoukides en Iran et en Iraq se prolongent en Asie Mineure où une branche cadette pénètre profondément et parvient, non sans difficultés, à s'imposer sur le plateau anatolien, créant ainsi l'État seldjoukide d'Anatolie ou de Roum, point de départ d'une implantation turque permanente. Les Byzantins sont chassés d'un territoire qui appartenait de fondation à leur Empire et ils vont désormais livrer une lutte défensive contre les Turcs. Contrai-

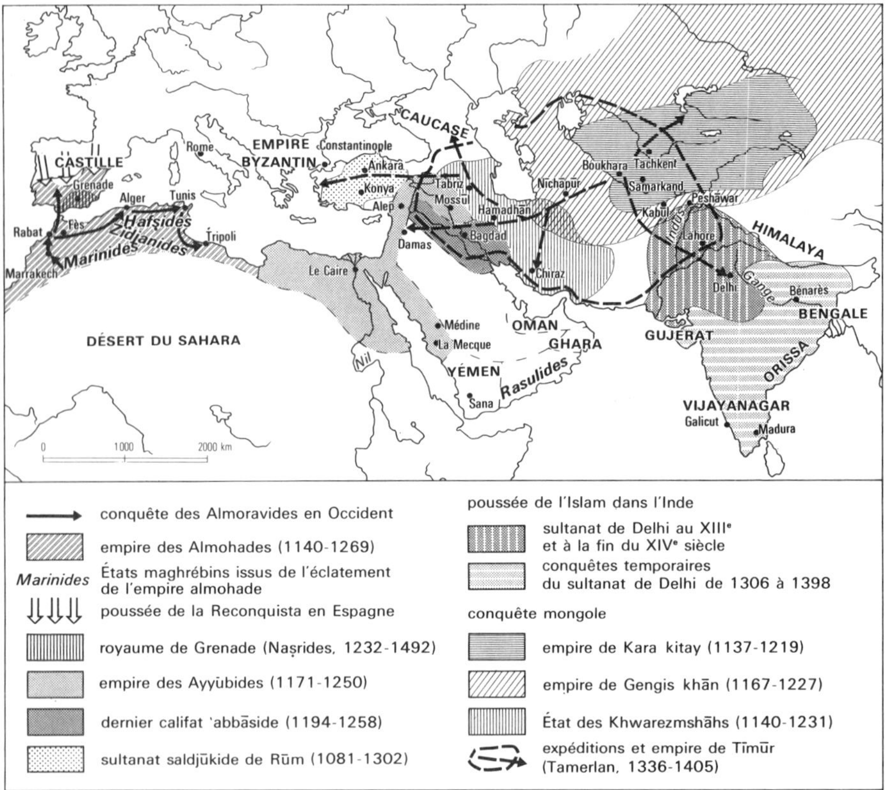

Le monde musulman aux XIIIᵉ et XIVᵉ siècles.

rement aux dynasties d'Asie centrale et de l'Inde, les Seldjoukides sont fortement organisés, leur administration est solide et leur armée redoutable ; ils ont su allier à leur génie propre les qualités administratives des Iraniens (incarnées par le vizir Nizam al-Moulk) et nombre de traditions arabes, si bien que ce n'est pas par hasard que le monde musulman a eu plus tard l'Anatolie turque pour base de départ d'une nouvelle expansion.

Il faut également noter que, pour la première fois, les musulmans sont en contact direct non plus seulement avec les chrétiens de Byzance ou d'Orient, mais aussi avec les chrétiens d'Occident, les « Latins » venus avec les croisades. Certes, les contacts entre Latins d'une part, Seldjoukides, Zengides et Ayyoubides d'autre part, ont été assez limités : ils n'en constituent pas moins un aspect nouveau des relations entre les deux religions et l'amorce du développement commercial entre l'Orient méditerranéen et les pays d'Europe, par l'intermédiaire des cités marchandes italiennes. Il convient cependant de ne pas exagérer la portée de ces contacts, qui sont loin d'avoir eu l'ampleur de ceux qui existaient en Occident, par la voie de la Sicile et de l'Espagne.

En Afrique du Nord, bouleversée par l'invasion hilālienne, apparaît peu après le milieu du XIe siècle une tribu nomade qui, au nom d'un islam rénové et purifié, entreprend de chasser les hérétiques, de refaire l'unité musulmane et d'accroître ensuite la lutte contre les chrétiens d'Espagne : ce sont les Almoravides, nomades berbères qui prennent vite goût à la vie citadine, au luxe et au raffinement espagnols, si bien qu'ils sont à leur tour, au début du XIIe siècle, éliminés par de nouveaux puristes musulmans, les Almohades, au rigorisme religieux beaucoup plus poussé. Almoravides et surtout Almohades ont reconstitué en Afrique du Nord l'unité des musulmans autour d'un islam sunnite rénové qui triomphe du Maroc à l'Ifrīqiya et étend momentanément sa domination sur des peuples au sud du Sahara, comme ceux du Ghāna. De plus, les Almohades sont les artisans d'un renouveau administratif et artistique ; la sécurité règne et favorise l'essor du commerce depuis l'Espagne jusqu'au Soudan, et c'est par le biais du commerce que, peu à peu, l'islam s'insinue en Afrique noire : au Sénégal, au Mali, à Gao, au Bornou et jusqu'au Tchad. Cette islamisation de l'Afrique noire est encore limitée et ne touche pas la majorité des populations ; toutefois l'élan est donné et la pénétration de l'islam sur ce continent ne fera que s'accentuer aux XIIIe et XIVe siècles.

En revanche, en Espagne, les Almohades ne peuvent contenir la poussée chrétienne et la Reconquista se déroule progressivement ; au milieu du XIIIe siècle, les musulmans ne tiennent plus que le royaume nasride de Grenade, qui résiste jusqu'à la fin du XVe siècle. De même, les souverains normands de l'Italie du Sud et de Sicile portent dès le XIIe siècle le combat en Ifrīqiya, en une croisade qui ne remporte pas les succès escomptés, pas plus que n'en remporteront au siècle suivant les entreprises du roi de France, Saint Louis, en Égypte et en Tunisie.

Le principal assaut que l'Islam subit aux XIIIe et XIVe siècles ne vient pas des puissances chrétiennes, mais des Mongols. Les héritiers de Gengis khan, après avoir conquis la haute Asie, l'Asie centrale, la Chine et même l'Europe orientale, s'attaquent au monde musulman : l'Iran tombe entre leurs mains en 1231 ; en 1258, Hulégu détruit Bagdad, ravage l'Iraq, détruit le califat ; deux ans plus tard, c'est le tour de Damas, mais les Mamelouks d'Égypte interviennent et rejettent hors de Syrie les Mongols qui continuent cependant à camper en Anatolie orientale, en Iraq et en Iran. Après quelques décennies de répit, l'attaque mongole reprend avec Tamerlan, et les ravages, les destructions sont encore pires qu'avant. Mais l'offensive n'a plus le même caractère : alors qu'Hulégu s'était montré farouche adversaire de l'islam, ses successeurs, les Ilkhans de Perse, ont finalement adopté cette religion et ont contribué à la diffuser dans les territoires au nord de la mer Noire et du Caucase, chez les Mongols du Qiptchaq. Cependant la pression mongole connaît des obstacles, du fait notamment des Turcomans, des Turcs d'Asie Mineure et des Mamelouks d'Égypte. En fait, l'islam des Mongols a été peu profond, et surtout il a varié du sunnisme au shī'isme, montrant ainsi qu'il n'était qu'une attitude d'opportunité. Le shī'isme n'a finalement prévalu qu'en Iran, alors que partout ailleurs en Orient le sunnisme triomphait : l'Iran devait désormais occuper une place à part dans le monde musulman.

Ce qui apparaît comme important, dans cette période mongole de l'Islam, c'est l'essor nouveau que connaissent les routes commerciales du Proche-Orient contrôlées par les Mongols : celle du nord par la Russie et le Turkestan, celle du centre nord par l'Asie Mineure, l'Iran et le Khorassan, celle du centre sud par la Cilicie, l'Iraq et le golfe Persique ; seule leur échappe la voie du sud aux mains des Mamelouks d'Égypte. Enfin, il faut bien constater que la domination mongole n'a pas eu de conséquences durables pour les populations musulmanes conquises ou soumises qui, au contraire, ont réussi à exercer une influence culturelle, intellectuelle et artistique, de l'Asie Mineure à l'Inde.

Une partie du monde musulman oriental demeure hors de l'orbite mongole : le territoire des Mamelouks, qui comprend l'Égypte et la Syrie. Ces Mamelouks – d'origine circassienne, géorgienne ou turque – n'ont pas cherché à étendre leur domaine ; en revanche, ils ont contribué à contenir les Mongols et, surtout, ils ont été les agents d'une remarquable commerciale qui a conduit les marchands arabes des rives de la Méditerranée orientale et de la mer Rouge vers le Yémen, les côtes orientales de l'Afrique, les comptoirs de l'océan Indien, et aussi Byzance et la mer Noire, à la recherche des esclaves, des matières premières qui font défaut aux Mamelouks ; ils sont en outre des intermédiaires bien placés dans le commerce des produits asiatiques – indiens et chinois – recherchés maintenant par les Européens. C'est en grande partie par les marchands que l'Islam a conquis peu à peu l'Afrique orientale, l'Inde méridionale et commencé à pénétrer en Indonésie, à partir des comptoirs côtiers ; certes, à cette époque, la pénétration musulmane est encore limitée, mais elle est en route et ne pourra plus être arrêtée. En Afrique, où le phénomène est beaucoup plus vivace, les voies d'expansion de l'Islam, qui ont été à l'origine dirigées du nord vers le sud, à partir des villes du Maghreb, de Tripolitaine et d'Égypte, vers les royaumes du Ghana, du Mali, des Songhaï ou de la Nubie, tendent à prendre des directions ouest-est, et, finalement, par le Tchad et le Soudan vers le Nil, entrent en contact les unes avec les autres, tissant ainsi un réseau que parcourent marchands et propagateurs musulmans : l'Islam d'Afrique noire est désormais une réalité.

L'expansion au temps des Ottomans

La domination mongole sur le monde musulman oriental s'atténue au XVe siècle et trouve alors dans l'Inde son terrain d'application ; à la même époque, les Mamelouks connaissent une anarchie gouvernementale qui annihile toute activité autre que commerciale. L'Afrique du Nord se scinde en plusieurs États sans grande influence. On pourrait parler d'un assoupissement, d'une stagnation politique de l'Islam si n'apparaissait, dans la seconde moitié du XIVe siècle, une puissance nouvelle qui, à son tour, reprend à son compte la grande épopée musulmane et, pour la première fois, va faire trembler l'Europe en portant la guerre sur son sol : il s'agit de la dynastie ottomane.

Les Ottomans (ou Osmanlis, du nom de leur éponyme, Osman) étaient à l'origine une petite tribu turque établie, vers la fin de l'État seldjoukide de Roum, en Anatolie occidentale. Progressivement, en profitant de la disparition des Seldjoukides, de l'éloignement des Mongols, des rivalités entre tribus turques et turcomanes d'Asie

Mineure, du recours par les Byzantins à des mercenaires, les Ottomans ont su constituer un domaine de plus en plus vaste qui, à la fin du XIVe siècle, comprend toute l'Asie Mineure occidentale et, après leur venue sur le continent européen en 1354, une bonne partie de l'Europe balkanique d'où ils menacent directement Byzance. Cette expansion ottomane revêt, dès ses débuts, des caractères nouveaux. Tout d'abord la conquête est menée au nom de la propagation de l'islam en territoire infidèle, non pas dans un esprit de conversion, de prosélytisme, mais de supériorité des musulmans turcs sur les chrétiens, que l'on ne cherche pas à convertir ; ensuite, cette conquête est organisée : les Ottomans n'ont pas été les barbares qu'une certaine propagande européenne s'est plu à représenter ; soldats rudes, ils l'ont été, mais aussi administrateurs avisés, qui ont tenu compte largement de la situation préexistante dans les pays conquis pour mettre au point un système nouveau ne défavorisant ni le vainqueur, ni le vaincu : cadres, notables, religions, langues, rien, dans une première phase, n'a été bouleversé, ce qui a facilité une certaine adhésion des populations aux nouveaux maîtres. Ceux-ci disposent d'ailleurs d'une armée solide, recrutée à l'origine uniquement parmi les Turcs et animée de l'esprit *ghāzī* (la conquête religieuse), ensuite constituée au moyen de la *devchirmè* (le ramassage) de jeunes chrétiens des Balkans arrachés à leurs familles puis islamisés et turquisés : ce sont les janissaires (*yéni tchéri* – la nouvelle troupe) qui, durant plus de deux siècles, ont assuré la suprématie des armées ottomanes. Enfin, il faut bien noter que, pour la première fois, la conquête touche l'Europe continentale byzantine ou sous influence byzantine, jusqu'alors à l'abri des entreprises musulmanes : Grecs, Bulgares, Macédoniens, Serbes passent sous la domination ottomane et, à la fin du XIVe siècle, le sort de Constantinople paraît devoir suivre celui du reste de l'Empire. Mais l'arrivée soudaine de Tamerlan en Asie Mineure détourne les Ottomans de leur objectif : la défaite subie par le sultan Bayézid à Ankara en 1402 sauve la capitale grecque, mais ne compromet que momentanément la situation de l'Empire ottoman en Asie Mineure ; il est à remarquer qu'alors les populations européennes soumises n'ont pas bougé ni cherché à recouvrer leur indépendance, ce qui témoigne en faveur des Ottomans et de leur système de gouvernement. Après la parenthèse d'Ankara, l'essor reprend, et cette fois c'est la chute de Constantinople, la fin de l'Empire byzantin, la constitution d'un grand empire musulman à cheval sur l'Europe et l'Asie, les Européens convaincus de la supériorité ottomane par trois graves défaites subies lors des croisades antiturques à Kossovo (1389), Nicopolis (1396) et Varna (1444).

ROBERT MANTRAN

Bibliographie

J. M. ABUN-NASR & M. JAMIL, *A History of the Maghrib in the Islamic Period*, Cambridge Univ. Press, New York, 3e éd. 1987 / G. BOUSQUET, *Les Berbères*, coll. Que sais-je ?, Paris, 4e éd. 1974 / C. BROCKELMANN, *Histoire des peuples et des États islamiques* (*Geschichte der islamischen Völker und Staaten*, 1939), trad. M. Tazerout, Paris, 1949 / C. CAHEN, *Introduction à l'histoire du monde musulman médiéval XIIe-XVe siècle*, J. Maisonneuve, Paris, 1982 / C. DIEHL & G. MARÇAIS, *Le Monde oriental de 395 à 1081*, P.U.F., Paris, 1945 / F. GABRIELI, *Les Arabes* (*Gli Arabi*), trad. M. de Wasmer, Paris, 1963 / M. GAUDEFROY-DEMOMBYNES & S. PLATONOV, *Le Monde musulman et byzantin jusqu'aux croisades*, Paris, 1931 / H. A. R. GIBB, *Mohammedanism. An Historical Survey*, Londres, 1953 /

G. E. von Grunebaum, *L'Islam médiéval* (*Medieval Islam*, 1946), trad. O. Mayot, Paris, 1962 ; « Der Islam : seine Expansion im Nahen und Mittleren Osten, Afrika und Spanien », in *Propyläen-Weltgeschichte*, Berlin, 1963 / W. Heyd, *Histoire du commerce du Levant au Moyen Âge*, Leipzig, 1885-1886 / P. K. Hitti, *History of the Arabs*, Londres, 1956 ; St. Martin's Press, 10e éd. 1970 / C. A. Julien, *Histoire de l'Afrique du Nord*, 2 vol., rev. par C. Corartois et R. Le Tourneau, Payot, Paris, 1978 / J. Lassner, *The Shaping of Abbasid Rule*, Princeton Univ. Press, 1980 / E. Lévi-Provençal, *Histoire de l'Espagne musulmane*, 3 vol., J. Maisonneuve, 1940-1947, réimpr. 1946-1963 / B. Lewis, *Les Arabes dans l'histoire* (*The Arabs in History*, 1950, réimpr. Borgo Press 1991), trad. A. Mesritz, Bruxelles, 1958 / R. Mantran, *L'Expansion musulmane (VIIe-XIe s.)*, P.U.F., 4e éd. 1991 / R. Mantran dir., *Les Grandes Dates de l'Islam*, Larousse, Paris, 1990 / A. Miquel, *L'Islam et sa civilisation (VIIe-XXe s.)*, Armand Colin, Paris, nouv. éd. 1990 / R. P. Mottahedeh, *Loyalty and Leadership in an Early Islamic Society*, Princeton, 1980 / M. A. Shaban, *Islamic History : a New Interpretation*, vol. I : *600-750*, vol. II : *750-1055*, Cambridge Univ. Press, 1971-1976, réimpr. 1978 / D. Sourdel & J. Sourdel-Thomine, *La Civilisation de l'Islam classique*, Arthaud, Paris, nouv. éd. 1983 / B. Spuler, *Geschichte der islamischen Länder*, 3 vol., Leyde, 1952-1969 / G. Wiet, « L'Égypte arabe », in *Histoire de la nation égyptienne*, t. IV, Paris, 1937.

ISLANDE

Les origines

L'Islande ne semble pas avoir été connue de l'Antiquité. Il n'est guère probable, en effet, que ce soit la « Thulé » de Pythéas. Sa découverte fut le fait de moines irlandais du VIIIe siècle à la recherche d'îles désertes pour y mener une vie érémitique. Elle est mentionnée pour la première fois vers 825 par le géographe irlandais Dicuil. Ces clercs celtiques fréquentaient encore l'île quand les premiers Scandinaves y arrivèrent ; quelques toponymes rappellent leur séjour dans le Sud-Est.

Les sources du XIIe siècle, seules précises, attribuent à un Suédois établi au Danemark le premier voyage en Islande ; le navigateur aurait été détourné par une tempête alors qu'il se rendait aux Hébrides. Mais ce furent des Norvégiens qui explorèrent et colonisèrent le pays. Le premier hivernage aurait eu lieu en 865, et le peuplement commença vers 870, à peu près sur le site actuel de Reykjavik. L'Islande offrait aux Norvégiens une terre absolument vide, riche en pâturages et en pêcheries, et relativement peu froide, malgré sa latitude. La culture n'y était guère possible. Cependant, les premiers colons firent des récits enthousiastes ; ils suscitèrent un fort mouvement d'immigration.

Les pionniers furent surtout des chefs de la Norvège occidentale, qui supportaient mal les premiers progrès du pouvoir royal ; ils vinrent accompagnés de vastes clientèles et de nombreux esclaves ; une très petite minorité danoise les rejoignit. Plusieurs avaient d'abord « fait métier » de Viking, dans les îles Britanniques et en ramenaient de nombreux Celtes, dont la trace anthropologique reste reconnaissable. Le souvenir des premiers établissements a été conservé par un précieux recueil compilé vers la fin du XIIe siècle, la *Landnámabók* (*Livre de la colonisation*) : il énumère plus de mille immigrants, venus entre 880 et 930 environ, dont quatre cents chefs ; leurs descendants ont dominé toute l'histoire islandaise jusqu'au XIVe siècle.

Peu après la fin de la migration, l'Islande donna à son tour naissance à une colonie : le Groenland. Aperçu pour la première fois vers 900, il fut peuplé à partir de 985 par un banni, Erik le Rouge. Les relations des deux pays furent toujours matériellement difficiles et le Groenland se comporta en État indépendant. Mais c'est par l'intermédiaire de l'Islande qu'ont été conservées les traditions très riches relatives à sa colonisation et à la découverte du Vinland, en Amérique.

On estime, de manière assez hypothétique, que l'Islande médiévale pouvait compter de 30 000 à 40 000 habitants, et le Groenland de 3 000 à 4 000 colons nordiques. Ce peuplement relativement considérable s'explique si l'on note que, pour l'essentiel, il s'effectua durant la période d'accalmie succédant au premier mouvement des Vikings.

L'État libre

De ses origines, la société islandaise garda à travers le Moyen Âge un caractère très original : empreinte aristocratique prononcée, individualisme ombrageux des chefs, méfiance envers toute autorité politique, surtout celle qui viendrait de la mère patrie. Les colons, d'abord indépendants les uns des autres, se regroupèrent autour de chefs de canton, de nature surtout religieuse (*godhi*), puis finirent par constituer vers 930 un embryon d'État républicain. Il fut dirigé par une assemblée plénière des hommes libres, l'*Althing*, siégeant annuellement en plein air dans le site majestueux de ingvellir (« plaines de l'assemblée »), au sud-ouest de l'île. Mais l'État organisé par la loi dite d'Ulfljot fut très imparfait : il ne comportait aucune organisation militaire, financière ou administrative, ni même un véritable pouvoir exécutif. Son chef nominal, l'« homme qui dit la loi » (*lögsögumadhr*), n'était qu'un expert juridique, tout au plus un arbitre. Plusieurs réformes partielles ne réussirent jamais à donner à ce système une réelle efficacité.

Sur le plan économique également, l'île occupe une place à part dans le monde médiéval. Uniquement agricole, sauf un faible appoint provenant de la pêche, son économie était cependant incapable de faire face à plusieurs besoins vitaux : les céréales et le bois durent toujours être importés, de Norvège le plus souvent. De tout le Moyen Âge, il n'y eut jamais ni villes ni villages ; le commerce et l'artisanat restèrent cantonnés dans le cadre de fermes se suffisant à peu près à elles-mêmes. Les minces ressources d'un élevage transhumant de bovins, de chevaux et de moutons n'autorisaient presque aucune exportation. La monnaie restait inconnue. Tout cela fixait à l'indépendance de l'île des limites assez étroites.

La véritable grandeur historique de l'Islande médiévale est d'ordre intellectuel. La réussite en ce domaine fut extraordinaire, paradoxale, mettant l'île polaire au premier rang du monde occidental. Au rebours de presque toute la chrétienté latine, l'Islande s'exprima toujours dans sa langue nationale, une variété de nordique occidental qui n'a guère évolué depuis le XIIe siècle. Cela ne l'empêcha pas de suivre de près la production du reste de l'Europe, surtout quand le principal foyer littéraire se fixa, avec Saemundr Sifgússon, le Savant, ancien élève des écoles de Paris, à la ferme d'Oddi, dans le Sud-Ouest.

Le fait majeur de l'histoire de l'Islande libre fut la conversion au christianisme. Les premiers missionnaires apparurent vers 980 ; en 999 ou 1000, les incitations du roi de Norvège Olaf Tryggvason décidèrent l'Althing à adopter officiellement le nouveau culte. Bien des pratiques païennes restèrent longtemps tolérées, comme les sacrifices privés ou les expositions d'enfants. L'Église ne s'enracina vraiment que lorsqu'un Islandais, Isleif Gissurarson, eut reçu à Brême en 1056 la consécration épiscopale. Après 1108, l'île fut divisée en deux diocèses, Hólar et Skálholt, et environ trois cents paroisses. Son clergé ne participa que de loin à la vie générale de l'Église catholique, et, par exemple, n'adopta jamais réellement le célibat ; mais il fut le guide intellectuel et souvent aussi politique de la population. Le monachisme fut introduit en 1133, et compta au XIVe siècle une dizaine de maisons. Sous l'influence chrétienne, l'esclavage disparut vers 1100.

Le XIIIe siècle fut un temps de troubles. Les grandes familles, surtout celle des Sturlungar, dans l'Ouest, armant des bandes de paysans pauvres, se lancèrent dans des vendettas sans fin que la procédurière justice islandaise ne put apaiser. Ces divisions favorisèrent l'intervention des rois de Norvège. Håkon IV Håkonsson (1217-1263) se fit de plus en plus pressant ; l'Église appuya ses revendications, que la situation économique rendait irrésistibles. Entre 1262 et 1264, les différentes parties de l'île acceptèrent de se soumettre à la couronne de Norvège.

L'Islande norvégienne

Le Vieux Pacte (*gamli sáttmáli*) de 1264, qui régla cette soumission, laissait en principe à l'Islande son autonomie interne et son Althing. Mais les gouverneurs royaux, maîtres du commerce extérieur, et donc de la survie économique de l'île, la mirent en coupe réglée. Ce furent d'abord des Norvégiens, puis des Danois, ou même des Allemands au temps de l'Union dano-norvégienne. Les évêques, eux aussi étrangers, ne témoignèrent plus envers leurs ouailles que d'un intérêt fiscal.

La conscience nationale islandaise a gardé un souvenir amer de cette période de décadence où le pays sombra dans la misère. Le gouvernement royal ne tint pas ses engagements économiques : incapable de ravitailler régulièrement les Islandais, il laissa agir des marins allemands ou anglais, plus qu'à demi pirates, qui multiplièrent les violences. À la fin du XVe siècle, le commerce étranger fut autorisé.

Durant cette période, la société évolua peu. Elle resta purement rurale et aristocratique, sans connaître ni féodalité ni noblesse. Elle devint donc fort différente de la société scandinave du continent, et prit une teinte prononcée d'archaïsme. Si la pêche se développa, elle n'enrichit guère la population, faute de marchés proches, et la situation des pauvres, soumis depuis le début du XVe siècle à une sorte de travail obligatoire, devint préoccupante. De graves épidémies en 1402-1404 et 1494, des éruptions de l'Hekla, jointes à une détérioration probable des conditions climatiques, font de la fin du Moyen Âge une époque assez noire.

LUCIEN MUSSET

ITALIE

1. De l'Italie antique aux Lombards

La date de 476 (chute du dernier empereur romain d'Occident), limite théorique de l'Antiquité et du Moyen Âge, ne vaut que pour l'Italie, seule région où l'autorité impériale s'exerçât encore. Là même, la coexistence de l'empereur et du maître des milices (généralement barbare) et la supériorité de fait de celui-ci sont communes au Ve siècle. Aussi le skire Odoacre, maître des milices et chef d'armées barbares au service de l'Empire, installées selon le régime de l'*hospitalitas* (considérés comme « hôtes », les soldats jouissent du revenu du tiers des terres de certaines régions), a-t-il continué de gouverner l'Italie à la manière romaine ; il s'appuie sur le sénat, après avoir détrôné l'empereur Romulus Augustule et envoyé à Constantinople les insignes impériaux ; les armées barbares n'ont pas part au gouvernement.

Théodoric

Cette autonomie déplaît à l'empereur d'Orient, qui cherche de plus à éloigner les Ostrogoths, qui ravagent les Balkans. Ce peuple, de religion arienne, est dirigé par Théodoric, qui a passé sa jeunesse comme otage à Byzance, et connaît donc bien l'administration romaine, mais dont les ambitions dépassent celles d'un délégué de l'empereur. Il entre en Italie, envoyé par celui-ci, en 489, et supprime Odoacre en 493. Sa politique, bien connue grâce à Procope et Cassiodore, ne diffère guère de celle de son prédécesseur ; les Goths, stationnés comme « hôtes » en Italie du Nord, sont relégués aux fonctions militaires, et gardent leur droit national. L'administration reste romaine : les cités conservent leurs curies, les provinces leurs gouverneurs, l'Italie son préfet du prétoire, qui aide le roi avec les anciens ministres du gouvernement impérial. L'administration tend seulement à se centraliser. Les deux populations sont rigoureusement séparées, le roi garantissant l'équilibre de cette construction originale, bien différente des monarchies vraiment barbares. À la fin du règne, cet équilibre se rompt : en 524, le sénateur philosophe Boèce est exécuté pour avoir souhaité une restauration impériale ; en 526, le pape Jean Ier meurt en prison. Or, à la mort de Théodoric (526), les tendances trop romaines de sa fille Amalasonthe entraînent une réaction des nationalistes goths, qui la tuent en 535 ; Justinien, qui vient de conquérir l'Afrique vandale, envoie Bélisaire en Italie ; la « guerre gothique » dure vingt ans, et laisse à Justinien, en 555, une Italie ravagée. Au cours de la guerre se révèlent les qualités stratégiques du roi goth Totila (541-552), qui recrute des troupes par la subversion sociale. C'est dans ce climat de violence que saint Benoît édicte sa règle monastique. La longue résistance du royaume goth prouve ses qualités. Le pays, bien gouverné, est prospère, grâce à l'habile politique fiscale des hauts fonctionnaires. Sa population, amoindrie, produit assez pour ses besoins. Le commerce, ralenti, est encore important. Seul le Sud est en décadence ; mais guerres et épidémies du VIe siècle ont ruiné l'ordre social antique.

Justinien et la restauration byzantine

La restauration de l'Empire ébranle en effet cet ordre : aux ravages de la guerre succède la fiscalité très dure d'un empire qui n'a plus les moyens de sa politique ; les compromissions religieuses avec les monophysites orientaux, un moment admises par Rome, créent en Italie du Nord un schisme qui durera un siècle et demi. Même les institutions traditionnelles sont mal respectées : Narsès est chargé d'un gouvernement militaire. On fortifie les frontières, face au monde barbare qu'ébranlent les Avars. L'éclat de l'art officiel ravennate ne doit pas masquer la situation réelle.

L'invasion lombarde

C'est en 568 que l'Italie est plongée dans l'univers barbare ; partiellement du moins, car la division politique de la péninsule (qui durera jusqu'en 1860) en laisse des morceaux épars sous l'autorité de Byzance – principalement les futurs États pontificaux. Cette année-là, le peuple lombard, païen en grande partie, et qui ne connaît de Rome que ses institutions militaires, conquiert la plaine du Pô, puis l'Apennin jusqu'au Sud ; le couloir byzantin entre Rome et Ravenne isole au VIIe siècle les duchés de Spolète et Bénévent, pratiquement indépendants du roi de Pavie. Les rudiments de l'organisation romaine permettent aux Lombards d'occuper le pays : les *farae*, groupes guerriers, sont amalgamées en *exercitus* dont chacun obéit à un duc, installé dans une cité ou un château. Quand le régime se stabilise (584), l'Empire réorganise les territoires qui lui restent sous l'autorité absolue de l'exarque de Ravenne, gouverneur général militaire.

L'exarchat de Ravenne

Sous l'autorité des militaires – exarque que son indépendance recommande de changer souvent, ducs de grandes unités territoriales (Vénétie, Pentapole adriatique, Rome, Naples), tribuns des villes –, l'administration civile s'étiole : les curies municipales disparaissent au VIIe siècle, le sénat n'apparaît plus dans les textes ; à l'autonomie municipale est substituée la hiérarchie militaire ; il en résulte une transformation sociale. Certes, la cité demeure essentielle ; les artisans sont toujours groupés en collèges officiels ; mais l'état de siège permanent implique l'enrôlement des citoyens en milices, qui sont à la base de la nouvelle organisation urbaine. De plus, arrivent en Italie de nombreux fonctionnaires et militaires bien payés en or ; ils investissent leurs traitements en achetant aux petits paysans ruinés des terres que ceux-ci ne peuvent remettre en valeur, et se font concéder l'exploitation de biens d'Église ; cette aristocratie de fonction, souvent militaire, devient terrienne, et tend à ressembler aux grands propriétaires occidentaux. Les querelles religieuses entre Rome et Byzance s'ajoutent au malaise social et aux exactions fiscales pour susciter de graves révoltes, surtout au VIIIe siècle. Le roi lombard Astolf prend sans peine Ravenne en 751, mettant fin à l'existence de l'exarchat. Seule la Calabre demeure encore grecque : Naples et la Vénétie sont de fait indépendantes ; le pape s'emploie, avec l'aide des Francs, à mettre la main sur Rome et Ravenne. Le régime militaire a, du moins, fait pénétrer chez les Lombards quelques éléments de la civilisation orientale. Le clergé oriental, chassé par les hérésies impériales et l'invasion arabe, afflue à Rome, mettant à la disposition des papes de la fin du VIIe siècle des missionnaires qui peuvent reprendre l'œuvre d'évangélisation entreprise par Grégoire le Grand (590-604) auprès des Anglo-Saxons et des Lombards.

Le royaume lombard

En 584 monte sur le trône lombard Authari, marié à la Bavaroise Théodelinde, qui correspond avec Grégoire le Grand, et dont la famille, catholique, occupera le trône à la fin du VIIe siècle. Le roi remplace certains ducs trop indépendants par des *gastalds* recrutés parmi ses fidèles, et son gouvernement prend une allure romaine. Après les règnes expansionnistes et nationalistes du législateur Rothari (636-652) et de Grimoald (662-671), la dynastie bavaroise réussit avec les missionnaires orien-

L'Italie dans la première moitié du VIIe siècle

taux à convertir les Lombards au catholicisme. La civilisation byzantine pénètre alors le royaume, traversé par de nouveaux courants commerciaux ; ceux-ci mènent aux bouches du Pô les produits orientaux, que les marchands de Pavie redistribuent dans tout l'Occident depuis que la mer Tyrrhénienne est infestée par la piraterie arabe. Le royaume retrouve ainsi des formes de vie économique supérieure, et sa société se rapproche de celle de l'exarchat. Mais l'attitude agressive des rois du VIIIe siècle (Didier) envers Rome, à l'époque où le pape s'appuie sur la nouvelle puissance franque, amène le renversement de la monarchie nationale par Charlemagne en 774. Le royaume lombard (auquel est rattaché le duché de Spolète), tout en gardant sa personnalité et ses lois, dépend du roi des Francs auquel Bénévent, seul parmi les pays lombards, échappe.

2. L'Italie sous le régime franc

Les Carolingiens

En fait, des mouvements de révolte ainsi que l'idéal universaliste du roi l'amènent progressivement à introduire dans l'administration, puis dans les lois du royaume d'Italie (reconnu comme unité politique autonome dès 781) des éléments francs : les comtes austrasiens prennent la place des ducs lombards ; les grands, Francs et Lombards, doivent entrer dans la vassalité royale, source, en Italie comme en Gaule, des institutions féodales ; les Églises jouissent de l'immunité. Dès 751, le pape, qui appuie bientôt ses prétentions sur la fausse donation de Constantin, revendique les territoires de Rome et de Ravenne ; le roi franc, avec le titre de patrice, devient le protecteur du nouvel État pontifical. C'est à ce titre que Charlemagne, appelé par Léon III en butte aux attaques de l'aristocratie romaine, va en 800 à Rome où le pape lui confère le titre impérial. Si Charles domine de fait le pontife, l'Église prend une place toujours plus importante dans les affaires de l'Empire sous ses faibles successeurs ; Louis II (850-875), dont le titre impérial ne recouvre que la souveraineté de l'Italie, agit surtout comme agent du pape contre les Arabes, qui ont pillé Saint-Pierre de Rome en 846. Mais après le dernier empereur carolingien (888), la souveraineté du royaume d'Italie passe aux familles des grands marquis.

Venise

Seules en Italie du Nord, les îles vénètes restent toujours hors de l'emprise impériale. Indépendantes sous la souveraineté théorique de Byzance, elles voient leur population, puis leurs chefs (dont le *doge*) se rassembler sur les îles du Rialto. Dès le IXe siècle, l'aristocratie des tribuns investit ses revenus, faute de mieux en ce pays d'eau et de sel, dans le commerce, important de Byzance les précieux produits orientaux que Pavie redistribue toujours à l'Occident.

Le royaume d'Italie

Cette période est, pour l'Italie, le premier âge féodal. La féodalité est née de la vassalité carolingienne ; à ses vassaux, comtes et marquis, et autres grands, le roi a distribué, en rétribution de leurs fonctions et de leur fidélité, des domaines (bénéfices), à titre personnel. Mais dès le IXe siècle, les agents royaux se recrutent par hérédité ; de même les autres vassaux ; ainsi le bénéfice, devenu fief, tend à devenir patrimonial, et la fidélité due au roi, contractuelle, liée à la concession du fief. La féodalité italienne, semblable dans son principe à celle des pays francs, a cependant des caractères particuliers : les grandes circonscriptions féodales (marche, comté) gardent les contours des divisions territoriales lombardes, et sont centrées sur des cités ; l'influence du droit romain rend plus apparent le caractère contractuel du lien féodal ; le droit lombard interdit la succession par primogéniture, d'où les fiefs tenus par tous les descendants d'une famille ; enfin, on distingue nettement les vassaux directs, et les vavasseurs, qui n'ont au Xe siècle que peu de droits, la décomposition du pouvoir royal profitant surtout aux marquis (Toscane, Frioul, Spolète, Ivrée). Bien que la distinction entre pouvoir public et possession de la terre soit plus nette qu'en pays franc, la féodalité s'appuie sur le grand domaine foncier, qu'ont dû développer les Carolingiens ; mais il n'a pas le quasi-monopole économique et juridique, qui est le sien dans la Gaule du Nord : des artisans urbains, de libres possesseurs ruraux échappent à son emprise. Et le grand domaine ne répond pas au modèle classique de l'Ile-de-France : le lien y est faible entre réserve et tenures ; celles-ci sont confiées, parfois par contrat, à des paysans aux statuts juridiques extrêmement variés. Pendant que les familles marquisales s'arrachent la couronne de fer, à Rome l'aristocratie locale et spolétine (les Théophylacte, Albéric) fait les papes au mieux de ses intérêts, mais souvent au détriment de l'Église.

3. Papes et empereurs

La restauration impériale

Les querelles dynastiques attirent en Italie le seul souverain puissant de l'Occident, Otton Ier, roi de Germanie, qui épouse Adelaïde, veuve du roi Lothaire. Couronné roi à Pavie en 951, Otton doit intervenir dans les États pontificaux ; en 962, il est couronné empereur à Rome ; le nouvel Empire réunit donc les couronnes de Germanie et d'Italie. Otton distribue les grands commandements à ses fidèles ; de plus, se méfiant de l'hérédité, il confie des pouvoirs comtaux à des évêques, les plaçant dans la vassalité royale ; d'où, au XIe siècle, la querelle des Investitures. À Rome, qu'il gouverne directement, il dépose le pape Jean XII ; jusqu'au milieu du XIe siècle, la nomination du pape par l'empereur et la collaboration des deux pouvoirs assurent la dignité des successeurs de saint Pierre. Enfin, il inaugure les vaines descentes des empereurs dans le Midi. Son petit-fils Otton III (983-1002) porte à son apogée l'idée impériale ; fils de la Byzantine Théophano, influencé par la nouvelle spiritualité monastique et érémitique, et par le droit romain, il veut faire régner la paix dans un empire vraiment romain, protège l'Église contre la petite féodalité, collabore avec le savant pape Silvestre II (Gerbert). Mais à sa mort, les vassaux de l'Église se rallient au marquis d'Ivrée, que l'empereur Henri II vainc difficilement. Et Conrad II (1024-1039), en reconnaissant l'hérédité de tous les fiefs, se concilie l'aristocratie au détriment de l'Église : à Milan, la lutte de ces deux forces préfigure les mouvements communaux. Mais cette fermentation de la société urbaine est alimentée par les idées de réforme de l'Église, préparées par les mouvements monastiques et introduites par les papes impériaux ; à Milan, la *Pataria*, mouvement populaire rigoriste, exige un clergé débarrassé de la simonie et du nicolaïsme.

La réforme grégorienne et la première lutte du pape et de l'empereur

À Rome, à la faveur de la minorité de Henri IV, le pape, à partir de 1059, revendique son autonomie pour purifier l'Église. Grégoire VII (1073-1085) en vient à s'élever contre toute puissance laïque pesant sur l'Église ; d'où son idéal théocratique, et sa longue lutte contre Henri IV qui, humilié à Canossa (1077), exile le pape, mais meurt excommunié ; car la réforme grégorienne menace l'autorité impériale sur les évêques, ses plus fermes agents au XIe siècle. La lutte se termine par le concordat de Worms (1122), qui précise les droits de l'Église et de l'empereur sur l'évêque et ses biens. L'effacement de l'empereur au début du XIIe siècle laisse le pape en butte à l'aristocratie romaine.

Politiquement troublés, les Xe et XIe siècles voient le grand essor économique de l'Italie du Nord. Les centres de peuplement rural se multiplient, souvent fortifiés, et permettent d'importants défrichements, encouragés par des contrats favorables aux tenanciers. Et les villes, toujours existantes, où vit la majeure partie de l'aristocratie féodale, attirent des paysans.

4. Le Midi, carrefour des civilisations

À la fin du VIIIe siècle, Byzance ne garde en Italie que la Calabre et la Sicile ; la côte napolitaine, byzantine en droit, est en fait indépendante ; le reste du Midi obéit au prince lombard de Bénévent ; au vrai, à part la Sicile orientale hellénisée, la côte apulienne et Naples, le pays est peu peuplé, sans cités, sans hiérarchie religieuse. En 827, l'émir de Kairouan entreprend la conquête de la Sicile, où Byzance ne garde jusqu'en 902 que Taormine.

Les pays lombards

Le prince de Bénévent, un moment vassal de Charlemagne, joue de la proximité de l'autre empire pour se rendre indépendant. Entouré de dignitaires aux titres lombards ou byzantins, il fait difficilement respecter son autorité dans ce pays quasi vide, où ses agents prennent de l'indépendance.

Salerne en 849, Capoue un siècle plus tard deviennent les centres de principautés concurrentes. À mesure qu'ils créent de nouveaux bourgs fortifiés, les gastalds se rendent plus indépendants ; de même les grands monastères, tel le Mont-Cassin. Les structures politiques archaïques ne résistent pas aux progrès économiques, surtout quand, au IXe siècle, les Arabes puis les Grecs se sont emparés de la Pouille.

La côte napolitaine

La cité de Naples, terrienne malgré sa situation, est confrontée à de semblables problèmes : le duc, indigène dès le VIIIe siècle, se heurte au XIe siècle à l'aristocratie foncière et aux Lombards cherchant un débouché maritime ; il doit en 1030 installer à Aversa les Normands de Rainulf et, un siècle plus tard, partager le pouvoir avec un début d'organisation municipale.

En 839, Amalfi s'est détachée de Naples. Coincée sur une plage minuscule, elle est, du IXe au XIIe siècle, avec Venise, le principal port d'Occident ; ses marins fréquentent l'Afrique du Nord au IXe siècle, Byzance et l'Égypte au Xe ; au XIe, Pantaleone fonde l'hôpital Saint-Jean de Jérusalem. En supprimant son indépendance en 1076, les Normands ruinent son commerce.

La Sicile musulmane

En 831, les Arabes installent à Palerme une colonie permanente qui conquiert l'ouest puis le sud-est de l'île ; les chrétiens du nord-est, soumis au Xe siècle, favoriseront la conquête normande. Après une période de troubles entre musulmans et chrétiens, et entre Arabes de Palerme et Berbères de Girgenti, le calife fāṭimide d'Afrique installe en Sicile en 948 un émirat héréditaire, qui voit l'apogée de la civilisation siculo-arabe dans la brillante cour de Palerme, une des grandes villes de l'Islam. Mais les troubles internes, aggravés par ceux de l'Afrique, divisent l'île entre émirs rivaux, dont certains appellent les Grecs, puis les Normands, qui héritent, en s'emparant de Palerme en 1072, d'une administration remarquable.

Les territoires grecs

Malgré les efforts de Louis II, c'est Byzance qui réussit à éliminer les bases arabes du continent (Bari, bouche du Garigliano). Autour de Bari, prise en 871, la domination grecque s'étend sur la Pouille et la Lucanie ; on organise les trois *thèmes* (régions militaires) de Langobardie (Pouille), Calabre, puis Lucanie, regroupés vers 975 sous l'autorité du catépan de Bari. Au Xᵉ siècle, Byzance doit repousser les Slaves, les Hongrois, les Arabes, les empereurs germaniques. Elle tente d'helléniser le sud de la région, en particulier grâce aux moines grecs fuyant la Sicile (saint Nil), et d'y implanter une hiérarchie ecclésiastique orientale, qui lutte en Pouille contre les évêques latins au moment du schisme de 1054. Au nord de la Pouille, la région frontière de Capitanate est garnie de forteresses. Mais la fréquence des révoltes des villes apuliennes montre la vanité des efforts d'intégration. La révolte de Melo (1009) introduit en 1016 en Italie du Sud les premières bandes d'aventuriers normands qui, installés à Melfi, ruinent la domination byzantine en s'emparant de Bari en 1071.

Le royaume normand

Les pèlerins normands recrutés par Melo attirent des compatriotes avides de butin, et profitent des divisions politiques pour établir leurs bandes à Aversa puis à Melfi, et ravager la Pouille et la Calabre, où Robert Guiscard arrive vers 1046, puis servent à la papauté d'appui contre les empereurs. Ils dominent l'ensemble du Sud après la prise de Bari ; Roger Iᵉʳ, frère de Robert, arrache la Sicile aux musulmans. Son fils Roger II groupe sous son autorité Midi et Sicile, et se fait couronner roi à Palerme en 1130.

Les Normands apportent avec eux un régime féodal fermement tenu en main par le roi, qui codifie et contrôle, grâce au « divan des barons », des services militaires et financiers précis. Mais le réseau des fiefs, loin de couvrir tout le pays, laisse de nombreuses terres en pleine propriété. Aussi Roger II (1130-1154) et Guillaume Iᵉʳ (1154-1166) organisent, s'inspirant des traditions byzantine et arabe, une administration perfectionnée qui permet au roi d'exercer directement sa souveraineté. Le roi, qui édicte des lois (assises), est entouré de ministres – le Grand Émir des émirs en est le principal – et assisté de bureaux, comme les divans financiers. Des officiers (émirs, stratèges, gatalds, bailes) le représentent dans les villes, les justiciers et chambriers dans les provinces, les maîtres justiciers et maîtres chambriers dans les grandes unités territoriales. Une chancellerie trilingue (arabe, grecque et latine) expédie les ordres du roi, que célèbrent les poètes arabes et les clercs grecs. Cette centralisation suscite des révoltes des barons et des villes apuliennes. Après le règne du faible Guillaume II, un hasard dynastique livre en 1194 le royaume à l'empereur Henri VI.

Frédéric II

Son fils Frédéric II, ajoutant à son titre impérial la souveraineté absolue du royaume, où il passe presque toute sa vie, croit restaurer la puissance des Augustes. Ce personnage, l'un des plus puissants du XIIIᵉ siècle, attiré par l'Islam et sceptique, a longtemps attendu en Sicile, pupille d'Innocent III, que les luttes européennes lui donnent l'empire, et c'est dans le royaume que, grâce à l'administration normande, son génie a pu s'exercer : en 1221, il révise tous les titres de possession ;

en 1224, il fonde l'université de Naples pour former les agents royaux ; sa pensée souveraine s'incarne en 1231 dans le *Liber Augustalis* qui reprend toute la législation sicilienne, comme dans les châteaux pleins de souvenirs antiques qu'il bâtit en Pouille (Castel del Monte). Ses fils Conrad IV et Manfred (attiré par l'Orient), son petit-fils Conradin poursuivent sa politique. Mais le parti pontifical (guelfe), l'or florentin et les troupes franco-provençales de Charles d'Anjou, frère de Saint Louis, écrasent les Hohenstaufen à Bénévent (1266) et à Tagliacozzo (1268).

La brillante construction des Normands et des Souabes, si elle a unifié le Midi, y a étouffé toute initiative autre que celle du roi. Le pays semble suivre, dès le XIIIe siècle, la courbe descendante des empires orientaux, au moment où l'Italie du Nord devient le plus puissant foyer économique de l'Occident. Le royaume angevin sera un pays colonial ouvert à l'exploitation des Vénitiens et des Florentins ; la décadence du Sud recommence.

JEAN-MARIE MARTIN

5. L'âge des communes

Les origines des communes

Aux XIe et XIIe siècles, le mouvement communal transforme la carte politique de l'Italie en faisant des villes des organismes politiques autonomes. Il est lié à un phénomène économique et à l'évolution du monde féodal. D'une part, le renouveau du grand commerce qui met l'Italie dès avant l'an mille en relation avec les mondes musulman et byzantin favorise la croissance rapide des villes, suscite l'esprit d'initiative, le désir d'autonomie des populations urbaines voulant allier richesse et participation au pouvoir. D'autre part, l'évêque qui, grâce à des immunités ou à des droits comtaux, est à la tête de chaque cité, voit se dresser contre lui les propriétaires fonciers, devenus ses vassaux, et les Eofficiers qu'il a nommés pour exercer en son nom ses prérogatives. Ces notables prennent prétexte de la réforme grégorienne pour refuser l'obéissance à l'évêque, qui est davantage un agent, parfois simoniaque, des souverains germaniques qu'un pasteur soucieux du bien de son troupeau. Ainsi la renaissance économique du XIe siècle et l'évolution de la société ecclésiastique dans le monde féodal sont à l'origine de la commune, association jurée de citoyens unis pour défendre les libertés de leur ville. La création d'un corps permanent – les consuls –, chargé du pouvoir exécutif, est le signe de la naissance d'une commune.

L'évolution ne fut pas uniforme dans toute la péninsule. Dans le Sud, l'implantation de la monarchie normande mit fin aux velléités d'indépendance des villes ; celles-ci ne purent se donner des chefs, et furent administrées par des bailes ou gastalds nommés par le roi. Au contraire, dans le Nord, où Venise a acquis dès le IXe siècle une autonomie de fait, l'absence prolongée des souverains germaniques favorisa le mouvement communal. Dès 1085 – c'est le premier exemple connu –, Pise a ses propres consuls et, dans les années suivantes, les autres villes importantes du royaume d'Italie l'imitent. Vers 1150, le consulat est la forme normale de gouvernement des villes dans l'Italie du Nord et du Centre.

Communes, empereurs et Église

L'essor des communes inquiète rapidement les empereurs, provoque des difficultés avec l'Église, des conflits entre villes voisines. Désireux d'abaisser la puissance de la grande féodalité, les souverains germaniques accordent des privilèges aux notables de quelques communautés urbaines dès le début du XIe siècle. Henri V élargit les concessions de ses prédécesseurs en reconnaissant l'existence de magistratures citadines. Au contraire, avec le règne de Frédéric Ier (1152-1190), les rapports entre l'empereur et les communes se tendent. Pour obtenir des rentrées fiscales et faire respecter par les villes ses droits régaliens, le souverain réunit une diète à Roncaglia (1158), et y expose son programme. Peu de villes prennent son parti. Les autres se révoltent et s'unissent en une Ligue lombarde (1167) soutenue par le pape Alexandre III, alors que Frédéric Ier favorise un antipape. Battu à Legnano par les troupes communales (1176), l'empereur doit, au traité de Constance (1183), reconnaître l'autonomie des villes, tout en gardant sur elles une souveraineté théorique. Mais, à partir de 1220, Frédéric II prétend restaurer l'autorité impériale au détriment des communes qui, menacées, trouvent l'appui de la papauté.

Les relations des communes avec les clercs sont parfois difficiles. En effet, des mouvements populaires hostiles à l'Église établie, et renforcés par la prédication de mystiques et d'hérétiques, ajoutent leurs effets au mouvement communal. C'est le cas à Rome où Arnaud de Brescia soulève le peuple contre le pape et la noblesse et veut faire de la ville « la source de la liberté et la maîtresse du monde ». En outre, des querelles de juridiction et des différends fiscaux opposent des communes à leurs propres autorités ecclésiastiques. Mais, lorsque Frédéric Ier menace les droits du pape en Italie centrale, Alexandre III prend la tête de l'opposition à l'Empire ; son attitude contribue au succès des communes lombardes.

Alliées contre l'ennemi commun, les cités se divisent sitôt la paix revenue. De graves conflits d'ordre stratégique et économique les opposent entre elles. En effet, la commune ne peut se désintéresser de la proche campagne. Elle y trouve des vivres, des troupes, de la main-d'œuvre pour ses industries ; elle peut y lever des impôts et contrôler les grandes routes commerciales. Aussi s'efforce-t-elle très vite d'étendre son autorité à son *contado*, en soumettant les féodaux ou en concluant des accords amiables avec les communautés rurales. Cette extension provoque des conflits entre communes limitrophes : Gênes et Lucques s'opposent à Pise, Bologne à Modène, Milan à Pavie, Florence à Sienne et à Pistoia. Certains antagonistes trouvent plus avantageux de rechercher l'alliance de l'empereur que de favoriser une commune rivale en s'opposant à celui-ci. Dans ces luttes se développent l'esprit civique et le patriotisme communal ; Dante, tout exilé qu'il ait été, en est pour Florence le chantre.

L'administration des communes

La participation active des citoyens au gouvernement de leur cité caractérise le mouvement communal. Est citoyen quiconque prend part aux charges de la ville et y réside depuis quelques années. L'assemblée populaire, ou *arengo*, détient le pouvoir de décision aux premiers temps de la commune. Puis des conseils la remplacent ; ils aident dans leur gestion les consuls, élus en nombre variable pour un temps très limité. Les citoyens élaborent des statuts réglementant la vie publique et privée. Ils contrôlent les finances, rendent la justice, conduisent des ambassades, mènent les guerres. Ils s'occupent de travaux d'urbanisme, d'autant plus importants que le palais communal, la grand-place et la cathédrale sont le symbole d'une puissance citadine que célèbrent des historiographes officiels dans leurs annales et leurs chroniques.

Des conflits d'origine sociale rythment l'histoire des communes. Ils opposent les nobles au *popolo*, fraction évoluée du peuple. Propriétaires terriens, chevaliers, s'adonnant parfois au commerce, les nobles se groupent selon leurs liens de parenté en *consorzerie* qui se disputent les charges consulaires. Le peuple s'organise en *societas populi* pour contrebalancer le pouvoir des puissants. Au sein du popolo, les membres des corporations jouent un rôle dynamique : au XIIIe siècle, ayant à leur tête un « capitaine du peuple » et des « anciens », ils cherchent à obtenir la direction de la commune.

Ces luttes imposent la recherche d'un compromis. Pour exercer le pouvoir à la place des consuls représentant les intérêts divergents de groupes hostiles, on fait appel à un noble venu d'une autre ville, capable de se tenir au-dessus des factions. Le podestat – tel est son nom – dirige la commune pendant six mois ou un an, puis va exercer ailleurs ses talents. Parme, Padoue, Bergame connaissent cette institution avant 1175 ; dès le début du XIIIe siècle, le podestat s'est substitué aux consuls dans la plupart des communes. Il s'efface à la fin du XIIIe siècle, quand le popolo, dominé par les marchands, accapare les fonctions publiques. Les succès du « peuple » sont ceux d'une bourgeoisie dont la croissance et la prospérité viennent de l'extraordinaire essor économique que connaît l'Italie depuis le XIe siècle.

6. L'Italie, pôle de développement de l'économie occidentale

Les origines de l'essor économique

Le déclin de la vie d'échanges, sensible dans tout l'Occident jusqu'au Xe siècle, a épargné les régions italiennes qui, longtemps byzantines, ont maintenu des relations avec Constantinople et le monde musulman. Amalfitains et Vénitiens portent en Orient des bois et des esclaves ; ils y achètent soieries, épices et drogues qui sont acheminées vers Pavie et parviennent en Flandre dès la seconde moitié du XIe siècle. En 1082, Venise, supplantant Amalfi, obtient l'usage presque exclusif du marché constantinopolitain. Au même moment, Gênes et Pise arment des flottes pour répondre aux pirateries des Sarrasins. Les croisades ne font qu'accroître une vie de relations économiques déjà active en Italie au XIe siècle.

Les flottes italiennes transportent, protègent, ravitaillent les croisés. En échange de leur aide, Génois, Vénitiens, Pisans obtiennent dans les villes de Syrie franque des privilèges fiscaux et la concession d'un quartier, embryon d'une colonie permanente. Les marchands italiens fréquentent aussi les ports de Berbérie, Alexandrie, accroissent leur influence à Constantinople où Pisans et Génois sont à leur tour admis. Malgré d'inévitables rivalités entre les cités maritimes, des colonies italiennes se créent sur tout le pourtour du bassin méditerranéen ; en raison de leur avance technique, du rôle qu'ils ont joué dans les croisades, les marchands italiens s'assurent le monopole du commerce en Méditerranée.

Les formes de l'activité économique

L'Italie, pauvre en plaines, a une vocation agricole médiocre. L'accroissement de la population, à partir du XIe siècle, impose l'amélioration des anciens terroirs et la mise en valeur de terres nouvelles. Les défrichements font reculer les espaces boisés ; de nouveaux villages se créent ; de grands travaux de drainage sont entrepris dans la plaine du Pô ; vignes et olivettes prospèrent sur des terrasses aménagées. Des capitaux urbains s'intéressent à l'aménagement de domaines ruraux, que stimule la généralisation du métayage dans l'Italie des communes au profit des serfs affranchis. Malgré ces progrès, la terre ne suffit pas à nourrir une population en constant accroissement ; pour les Italiens le commerce est une « frontière ».

Dans le renouveau des XIe et XIIe siècles, la vie d'échanges occupe la première place. À l'organiser, les Italiens font preuve d'initiatives originales, fondées sur les principes de l'association commerciale et de la division des risques. Les contrats de *commenda*, de *societas maris* et de *colleganza* permettent de réunir les capitaux et d'intéresser aux bénéfices du commerce grands et petits investisseurs. Pour limiter les risques de mer, la propriété et la cargaison des bateaux sont divisées en parts aisément négociables. À Sienne et à Florence se créent des sociétés stables ou compagnies qui groupent de nombreux participants. Ceux-ci mettent en commun leurs capitaux et s'adonnent au grand commerce, mais aussi à la banque et à l'industrie. Sous des formes diverses, les villes italiennes, surtout celles du Nord et du Centre, s'enrichissent par une intense vie d'échanges.

Dans les ports barbaresques, les Italiens apportent les produits d'Italie et d'Orient, et acquièrent l'or africain qui leur permet, croit-on, d'équilibrer leur balance commerciale avec l'Orient ; là même, ils vendent des esclaves, des armes, des draps pour acheter des tissus précieux et des épices. L'appât du gain pousse les marchands à se procurer directement les produits orientaux. Ayant échoué contre l'Égypte, les Italiens créent autour de Constantinople un empire latin dominé par Venise (1204), puis, après la restauration byzantine de 1261, ils fondent des comptoirs en mer Noire où aboutissent les routes de la soie et des épices. À la suite des missionnaires, des marchands, tel Marco Polo, s'y hasardent et, profitant de la paix mongole, gagnent l'Asie centrale, les Indes, la Chine même.

En Occident, la pénétration des hommes d'affaires italiens est tout aussi intense. Dès la fin du XIe siècle, ils répandent outre-monts les produits d'Orient, et y acquièrent les draps et la laine de Flandre et d'Angleterre. Aucune denrée négociable n'échappe à leur activité : produits alimentaires, matières premières pour l'industrie textile, armes et métaux, les Italiens font commerce de tout. Ils animent les foires de Champagne puis, à la fin du XIIIe siècle, s'installent dans les ports flamands et anglais, reliés à l'Italie par des lignes maritimes régulières. La péninsule est ainsi au cœur du grand commerce international. Elle en tire les plus importants profits. La première en Occident, elle frappe à nouveau des monnaies d'or : génois, florin et ducat sont le symbole d'une prospérité inégalée.

Les activités financières et industrielles découlent de l'essor des échanges. En commerçant sur des marchés lointains, les marchands italiens font progresser les techniques du change : change manuel puis, grâce aux correspondants des compagnies établis dans les principales places de commerce, contrats de change, enfin lettres de change (1291). Malgré l'interdiction canonique du prêt à intérêt, aisément tournée, les pratiques du crédit se développent. Les Lombards – gens de Plaisance et d'Asti – sont au XIIIe siècle les intermédiaires financiers entre l'Italie et les foires de Champagne, puis se consacrent au prêt sur gages en France et en Angleterre. Ils s'effacent ensuite devant les compagnies siennoises et florentines qui deviennent à la fin du XIIIe siècle de véritables institutions bancaires, recevant des dépôts, consentant des prêts, assurant les transferts de fonds de leurs clients. Le Saint-Siège demande aux Siennois de transférer à Rome le produit des décimes ; après la faillite des Buonsignori de Sienne, les compagnies florentines se disputent la clientèle de la Chambre apostolique. L'habileté financière des Italiens est telle qu'ils deviennent les conseillers des rois, les Frescobaldi auprès d'Edouard Ier d'Angleterre, les Franzesi auprès de Philippe IV le Bel. Les Italiens sont les inventeurs de la banque moderne.

Ils font aussi merveille dans les activités industrielles. Une corporation florentine, l'*Arte di Calimala*, affine les draps franco-flamands. Disposant des matières premières nécessaires, laines d'Angleterre, d'Espagne et de Berbérie, coton, alun, produits tinctoriaux, les Italiens créent une industrie lainière à Florence, à Milan où se développe aussi la fabrication des futaines de coton, alors que Lucques commence à travailler la soie importée d'Orient. Dans les villes maritimes, les industries textiles sont une activité secondaire, car les constructions navales et la navigation absorbent la main-d'œuvre disponible ; l'arsenal de Venise, contrôlé par l'État, est la plus puissante entreprise industrielle de l'Occident.

Cet essor économique stimule villes et campagnes. Les premières s'étendent, construisent de nouvelles enceintes, s'enrichissent ; les secondes doivent produire plus de denrées alimentaires et fournir des hommes aux industries urbaines. De profondes mutations sociales s'ensuivent : déclin des féodaux du contado, croissance numérique d'un prolétariat urbain, essor de la bourgeoisie qui répand une nouvelle culture fondée sur l'étude du droit, le dédain de la théologie, le goût des œuvres en langue vulgaire qui permet à Dante (1265-1321) d'imposer à toute l'Italie le dialecte toscan. Ces mutations ébranlent les institutions communales ; les convoitises étrangères et l'échec des efforts de regroupement mènent au XIIIe siècle à des formes politiques nouvelles.

7. Tentatives d'unification et divisions

Frédéric II : la lutte du Sacerdoce et de l'Empire

Petit-fils de Frédéric Ier Barberousse et héritier par sa mère du royaume de Sicile, Frédéric II réussit à se faire couronner empereur en 1220 et à réunir sous son autorité l'Empire et l'Italie du Sud. Grâce à des vicaires impériaux, il veut étendre son hégémonie à l'Italie du Nord et du Centre. Sa politique autoritaire suscite l'hostilité du pape et l'inquiétude des communes. Grégoire IX excommunie l'empereur qui tardait à accomplir son vœu de croisade ; l'on voit ainsi un prince excommunié partir pour les Lieux saints, négocier avec les Sarrasins et se faire couronner roi de Jérusalem (1229). Dans l'Italie du Nord, les communes, partagées entre les intérêts divergents de la bourgeoisie et des nobles, hésitent sur l'attitude à prendre face à l'empereur ; beaucoup penchent pour la résistance et reforment la Ligue lombarde (1226). Les troupes communales sont écrasées par Frédéric II à Cortenuova (1237). Ce triomphe trop éclatant suscite une réaction anti-impériale ; pour la seconde fois, l'empereur est excommunié. La lutte du Sacerdoce et de l'Empire concerne désormais toute l'Italie.

Elle provoque une violente polémique. Des encycliques pontificales formulent la doctrine théocratique, considérant le domaine temporel comme une annexe du pouvoir spirituel. Libelles et manifestes impériaux affirment le pouvoir absolu de Frédéric II qui, reprenant à son compte, dans un but politique, les idées émises par l'humble prédication de saint François d'Assise (1182-1226) et de ses disciples, se pose en réformateur de l'Église. Dans cette lutte sans merci, l'empereur entend utiliser les ressources du royaume de Sicile et les troupes venues d'Allemagne, pour soumettre l'Italie. Il paraît y réussir jusqu'en 1243, lorsque le nouveau pape Innocent IV s'enfuit à Lyon, y convoque un concile qui dépose Frédéric II (1245). Évincé de Parme, trahi par ses vicaires impériaux, l'empereur perd l'Italie centrale, durement conquise, et meurt vaincu en 1250.

Guelfes et gibelins

Ce long conflit a exacerbé les divisions des villes et facilité le déclin des institutions communales. Pour des questions de politique étrangère, mais aussi à la suite de rivalités de familles, deux factions s'opposent dans chaque cité : l'une, favorable à l'empereur, forme le parti gibelin ; l'autre, hostile à l'hégémonie impériale et docile aux impulsions pontificales, constitue le parti guelfe. Si certaines villes comme Pise sont gibelines et d'autres comme Florence plutôt guelfes, la plupart des cités connaissent des dominations successives des deux factions. Dans ces luttes, les vaincus perdent leurs biens, leurs droits politiques, sont bannis et vont reformer, près d'une cité amie, une commune en exil organisant la revanche ; les renversements politiques sont fréquents.

La mort de Frédéric II porte un coup sévère au gibelinisme en Italie du Nord ; mais en 1258, Manfred, bâtard de l'empereur, usurpe le trône de Sicile et reprend la politique de son père. La curie romaine, pour éviter que l'Italie tout entière ne retombe sous la coupe des Hohenstaufen, inféode le royaume de Sicile à Charles d'Anjou, déjà maître de la Provence. Ayant conclu un traité avec le pape, réuni une armée, obtenu le concours des compagnies financières florentines, l'Angevin envahit l'Italie du Sud, se débarrasse de Manfred puis du dernier Hohenstaufen, Conradin. Il étend son influence sur la Lombardie, la Toscane, Rome même, grâce à un long interrègne pontifical, et semble devoir unifier l'Italie autour de sa personne. Il noue des alliances matrimoniales avec le roi de Hongrie, le prince d'Achaïe, et entend avec l'aide vénitienne reconstituer l'Empire latin d'Orient, disparu en 1261. Ses succès ne durent pas. Grégoire X, désireux de mettre fin au schisme oriental (concile de Lyon de 1274), cesse de soutenir l'Angevin ; le parti guelfe victorieux se désagrège ; les exigences fiscales du roi mécontentent les populations méridionales livrées à l'exploitation des Toscans. Contre l'impérialisme de Charles d'Anjou, le *basileus*, avec l'aide de Gênes, se rapproche du gendre de Manfred, Pierre d'Aragon. Ce dernier s'empresse de saisir l'occasion que lui offre la révolte des Vêpres siciliennes (1282), qui expulse les Français de toute la Sicile. Les Angevins, malgré de longues guerres, ne peuvent reprendre l'île, dont ils reconnaissent la possession au roi d'Aragon (1302), auquel Boniface VIII a inféodé la Sardaigne.

Les premières seigneuries

Au cours du XIIIe siècle, les communes perdent leur unité, mais aussi leur équilibre institutionnel. L'évolution n'est pas partout semblable. Dans les villes où par le commerce et les activités industrielles s'est formée une bourgeoisie puissante et riche, celle-ci s'identifie à la commune et se l'approprie. Le popolo vainqueur juxtapose ses propres représentants – « capitaine du peuple », anciens ou prieurs – au podestat et aux conseils de la commune qui s'effacent. À Florence, les ordonnances de justice de 1293 écartent les nobles des fonctions publiques ; à Venise, la « fermeture du Grand Conseil » éloigne de la vie politique active la majeure partie des citoyens. Ici et là, une oligarchie accapare le pouvoir. Ailleurs, le peuple las des luttes civiles et des guerres confie le sort de la cité à un homme fort, et accepte de perdre la liberté pour gagner la paix. Plus souvent encore, la commune est l'enjeu de conflits entre grandes familles féodales ; l'une d'elles l'emporte et, sous le couvert d'institutions restées républicaines, affirme sa puissance : c'est le cas à Milan avec les Visconti.

À la commune se substitue ainsi la seigneurie, caractérisée par la concentration du pouvoir dans les mains d'une seule personne et par l'élargissement de la sphère d'action d'une ville à toute une région. Les premières seigneuries apparaissent vers 1250 ; elles sont, à la fin du siècle, un fait général en Lombardie et en Vénétie. Leur succès accentue la fragmentation politique de l'Italie.

8. L'âge des condottieri et des princes

Faillite de l'Empire et de la papauté

Après la disparition des Hohenstaufen, l'empereur germanique se désintéresse de l'Italie, et le gibelinisme décline. Il ne reprend vie que lors des rares campagnes impériales en Italie : Henri VII, en qui Dante voyait l'instrument de la paix et de la justice, échoue, et meurt en Toscane en 1313 ; Louis de Bavière et Jean de Bohême ne sont pas plus heureux. Après 1350, l'Empire n'est plus qu'une royauté allemande. La papauté ne profite guère de cet effacement. La curie est déchirée par les dissensions entre cardinaux français et italiens. Boniface VIII, tout en poussant à l'extrême la doctrine théocratique, ne parvient pas à se faire obéir à Rome, et est humilié par les envoyés de Philippe le Bel à Anagni (1303). Clément V, pape français, transfère à Avignon le siège de la papauté, et l'Italie est désormais « un navire sans nocher » (Dante).

Royaumes, républiques et seigneuries

Restent face à face des royaumes en déclin, des seigneuries triomphantes et quelques communes essayant de préserver leur liberté. Robert d'Anjou, roi de Naples, ne peut reconquérir la Sicile ; nommé par le pape Jean XXII vicaire impérial en Italie, il est le chef des guelfes, protecteur de Florence, mais se heurte à une coalition des seigneurs de Lombardie. Dans son propre royaume, son autorité s'affaiblit devant l'indépendance des barons et les appétits des commerçants florentins et vénitiens. Après la mort de Robert (1343), les égarements de la reine Jeanne Ire et les conflits entre branches angevines rivales provoquent une grave crise sociale et politique. En Sicile, malgré la valeur de quelques princes aragonais, le processus de désintégration féodale l'emporte sur les efforts de restauration de l'autorité monarchique.

Dans l'Italie du Nord et du Centre se développent des seigneuries puissantes qui cherchent à s'étendre grâce à l'action de bandes de mercenaires, menées par des condottieri. Les Visconti de Milan conquièrent la Lombardie puis, au temps de Jean Galeas, allié au roi de France, occupent Vérone, Padoue, Pise, Sienne, Bologne, menacent Florence et transforment leur principauté en duché. La mort subite de Jean Galeas en 1402 arrête provisoirement cette expansion. La Savoie accroît ses possessions piémontaises, et devient elle aussi un duché sous le règne d'Amédée VIII (1391-1431). La concession d'un titre impérial fait de la seigneurie, devenue héréditaire, un principat dont le chef, sans aucun lien avec son peuple, exerce une dictature que tempèrént coups d'État et assassinats. Les nouveaux États territoriaux absorbent peu à peu les petites seigneuries des Marches et de Romagne, et menacent dans leur existence les dernières grandes communes.

Gênes connaît au XIVe siècle une instabilité chronique qui la conduit à s'offrir à Robert d'Anjou, à se donner à partir de 1339 des doges perpétuels, mais trop vite renouvelés, puis, par crainte des Visconti, à accepter comme maître le roi de France Charles VI. Son impérialisme maritime se heurte en Orient aux intérêts vénitiens ; trois longues guerres opposent les deux rivales, sans vrai résultat. À Venise, le régime aristocratique se consolide, malgré les conspirations de Bajamonte Tiepolo et du doge Marino Falier. La République se fait conquérante pour assurer sa sécurité ; elle se constitue un État de Terre-Ferme comprenant Padoue, Vicence, Trévise, occupe l'Istrie puis le Frioul et une partie de la Dalmatie (1411-1420). Florence, qui a connu une grave crise bancaire entre 1342 et 1346, puis comme toute la péninsule, les méfaits de la peste noire de 1348, se relève à la fin du siècle. Le gouvernement, mené par l'oligarchie marchande, doit affronter la révolte sociale des Ciompi en 1378 et résister à la poussée des Visconti. Elle annexe Arezzo, Livourne et Pise, sa rivale de toujours (1406). Florence domine ainsi toute la vallée de l'Arno.

Le départ des papes pour Avignon a laissé les États de l'Église dans une complète anarchie. De petites seigneuries s'y constituent ; à Rome même, Cola di Rienzo, s'inspirant de souvenirs antiques, veut régénérer l'Italie en lui donnant un empereur national. L'aventure échoue, et la ville reste déchirée par les luttes entre grandes familles. Le cardinal Albornoz nettoie l'État pontifical des bandes de mercenaires, et rétablit l'ordre pour préparer le retour du pape à Rome. L'événement, qui interfère avec le conflit franco-anglais, provoque le Grand Schisme et la dislocation de l'Italie centrale (1378).

L'état territorial vers 1450

Au début du XVe siècle, l'Italie est un agrégat de villes menacées dans leur indépendance, de royaumes sans vrai roi, de seigneuries se transformant en principautés. L'ambition d'un prince se heurte aussitôt à la coalition de ses adversaires groupés en ligues, aussi changeantes que les idéaux de ses chefs, les condottieri Facino Cane, Colleoni ou François Sforza. Le jeu politique consiste donc à transformer une instabilité chaotique en un fragile équilibre, atteint au moment de la paix de Lodi (1454), et difficilement préservé pendant trois décennies.

L'Italie après la paix de Lodi (1454)

Entre-temps, la papauté réunifiée a regagné Rome, mais n'a plus de politique proprement italienne. Elle rétablit son autorité sur la ville, au détriment de l'aristocratie romaine (1435-1438). En Italie du Sud, les malheurs de Jeanne II conduisent Alphonse d'Aragon, vaincu à Ponza, mais soutenu par Philippe-Marie Visconti, à s'emparer de Naples que lui dispute vainement le « roi » René, aidé par les autres puissances italiennes coalisées. Ainsi est rétablie l'unité du Midi italien, mais au profit d'une dynastie étrangère.

En Italie du Nord, Florence et Venise, tout en se surveillant, s'allient contre Philippe-Marie Visconti ; mais les succès de la Sérénissime conduisent François Sforza, devenu duc de Milan en 1450, à changer de camp et à se tourner vers Florence où, depuis 1434, Côme de Médicis a transformé la république oligarchique en un principat de fait qu'illustre son petit-fils, Laurent le Magnifique (1469-1492). L'équilibre territorial, sanctionné par la paix de Lodi et par la conclusion d'une « très sainte ligue », résiste aux intrigues provoquées par la conjuration des Pazzi contre les Médicis (1478) et aux ambitions de Venise lors de la guerre de Ferrare (1482). Il est remis en cause lorsque les affaires de Naples et l'alliance de Ludovic le More poussent Charles VIII à revendiquer personnellement l'héritage angevin en Italie. L'appel à l'aide étrangère de princes italiens rivaux et dépourvus du moindre idéal national n'a pas peu contribué à faire de la péninsule le champ des affrontements dynastiques entre la France, l'Aragon et la maison d'Autriche.

L'économie

La prospérité de l'Italie, l'éclat de sa civilisation attisent aussi les convoitises étrangères. L'avance économique de l'Italie s'est maintenue aux XIVe et XVe siècles, mais non sans heurts. Le contraste s'est accentué entre le Nord et le Sud. Ici, l'accaparement des sources de richesse par les étrangers – Aragonais, Vénitiens, Florentins – a empêché la formation d'une bourgeoisie nombreuse. Les guerres incessantes ont désolé les campagnes qu'une paysannerie asservie aux caprices d'un baronnage tout-puissant n'est guère portée à bien mettre en valeur. L'appauvrissement du Midi est déjà irrémédiable.

Dans le Nord, au contraire, la vie économique se relève vite après les grandes calamités du temps, famines, épidémies, pestes. Les villages désertés et les restrictions de l'espace cultivé sont assez rares. Les villes lombardes et toscanes ont une industrie florissante, malgré des troubles sociaux : draps, soieries et futaines font leur renommée. L'exploitation de l'alun de Tolfa enrichit la Chambre apostolique et les Médicis. Les Florentins, affaiblis par les crises de leurs compagnies commerciales du XIVe siècle, se sont repris : les familles Alberti, Strozzi, Pazzi et surtout Médicis sont à la tête de puissantes compagnies à filiales dont les activités fort diversifiées couvrent tout l'Occident. Grâce à elles, les techniques financières et bancaires s'affinent : la comptabilité à partie double, la lettre de change, le chèque, l'assurance maritime deviennent d'un usage courant. Gênes et Venise, affaiblies par leurs rivalités en Orient où l'avance turque fait progressivement disparaître leurs comptoirs, continuent de commercer de la mer Noire aux pays riverains de la mer du Nord ; dans ces échanges, les matières premières et les denrées alimentaires tendent à l'emporter sur les produits de luxe. Fortement implantés en Occident – surtout dans la péninsule Ibérique où certains, tel Christophe Colomb, servent les rois conquérants –, Génois et Vénitiens y exercent une domination financière qui leur permet de survivre au déclin du commerce oriental à la fin du XVe siècle.

Vers la Renaissance : une nouvelle culture

Les succès des princes, l'enrichissement des bourgeois transforment profondément les modes de vie et de pensée. La réussite des condottieri, des papes ou des seigneurs exalte la force et la valeur des individus que leur *virtù*, fruit de leur volonté et de la chance, place au-dessus du commun. Les prédications évangéliques des Franciscains, le mysticisme de Savonarole et les mortifications des flagellants semblent anachroniques. Le morcellement politique de l'Italie pousse les intellectuels à rêver d'une patrie italienne fondée sur des souvenirs antiques, mais aussi à célébrer la gloire des princes qui leur assurent de quoi vivre. Une langue et une culture communes fondées sur l'étude des classiques, la grandeur de Rome, le culte de l'Antiquité ravivé par les émigrés byzantins après 1453 se répandent. Pétrarque et Boccace annoncent les humanistes du XVe siècle, qui, dans les sciences, les arts ou les lettres, goûtent la vie pour elle-même et célèbrent la valeur de l'homme, maître de son destin. Ils jouent souvent, tels Enea Silvio Piccolomini ou Laurent le Magnifique, un rôle politique ou économique remarquable. Depuis Rome, Florence, Venise, Milan, Palerme ou Bologne, ils diffusent la culture antique dans tout l'Occident.

Ainsi, l'Italie à la fin du XVe siècle est un ferment de renaissance pour toute l'Europe. Le droit romain, enseigné à Bologne, a renforcé les monarchies. Marchands et banquiers italiens ont donné une forte impulsion à l'économie européenne, et ont résisté à la grande dépression des XIVe et XVe siècles. Artistes et humanistes célèbrent l'idéal de Rome et la supériorité de la péninsule sur les «Barbares». Il n'est pas étonnant que, fascinés par le mirage italien, ceux-ci aient voulu profiter de la richesse du pays et satisfaire leurs ambitions territoriales. L'Italie, divisée et «abandonnée aux caprices de chacun» (Dante), devient avec la Renaissance une école de vie et de pensée pour toute l'Europe.

MICHEL BALARD

Bibliographie

G. P. BOGNETTI, *L'Età longobarda*, Milan, 1966-1967 / J. BURCKHARDT, *La Civilisation de la Renaissance en Italie*, Paris, 1re éd. 1885, rééd. L.G.F. 1986 / F. CHALANDON, *Histoire de la domination normande en Italie et en Sicile*, Paris, 1907 / C. M. CIPOLLA, *Storia dell'economia italiana*, Turin, 1958 / C. DIEHL, *Études sur l'administration byzantine dans l'exarchat de Ravenne (568-751)*, Paris, 1898 / J. HEERS, *Gênes au XVe siècle*, Flammarion, Paris, 1958, réimpr. 1971 / E. R. LABANDE, *L'Italie de la Renaissance*, Payot, Paris, 1954 / J. LESTOCQUOY, *Les Villes de Flandre et d'Italie sous le gouvernement des patriciens (XIe-XVe siècle)*, Paris, 1952 / J. LUCHAIRE, *Les Sociétés italiennes du XIIIe au XVe siècle*, Paris, 1954 / G. LUZZATTO, *Storia economica d'Italia. Il Medio Evo*, 1re éd., Rome, 1948, rééd. Florence, 1967 / G. MASSON, *Frédéric II de Hohenstaufen*, Paris, 1963 / C. G. MOR, *L'Età feudale*, Milan, 1952 / G. PEPE, *Le Moyen Âge barbare en Italie* (*Il Medio Evo barbarico d'Italia*, 1941), Payot, 1956 / Y. RENOUARD, *Les Hommes d'affaires italiens du Moyen Âge*, Paris, 1re éd., 1948, rééd. 1968 ; *Les Villes d'Italie, de la fin du Xe siècle au début du XIVe siècle*, P. Braunstein, Paris, 1969 ; *Études d'histoire médiévale*, Paris, 1968 / P. RENUCCI, *Dante*, Paris, 1958 / L. SÀLVATORELLI, *L'Italia medioevale dalle invasioni barbariche agli inizi del secolo XI*, Milan, 1938 ; *L'Italia comunale*, Milan, 1940 / A. SAPORI, *Le Marchand italien au Moyen Âge*, Paris, 1952 / E. SERENI, *Histoire du paysage rural italien*, Julliard, Paris, 1965 / A. TENENTI, *Florence à l'époque des Médicis*, Flammarion, Paris, 1968 / N. VALERI, *Storia d'Italia*, t. I, U.T.E.T., Turin, 1961 ; *L'Italia nell'età dei principati dal 1343 al 1516*, Milan, 1re éd. 1949, rééd. 1969 / G. VOLPE, *Il Medio Evo*, Florence, 1re éd. 1926, rééd. 1966 / D. WALEY, *Républiques médiévales italiennes*, Paris, 1969.

IVAN Ier DANILOVITCH KALITA (1304-1341) grand-prince de Moscou (1325-1341)

Après avoir secondé son frère Iouri, Ivan lui succède en 1325 à la tête de la principauté de Moscou, fondée à la fin du XIIIe siècle par leur père, Daniel. Le nouveau prince continue la lutte menée par son aîné contre la principauté de Tver pour l'obtention du titre de grand-prince de Vladimir, c'est-à-dire pour l'hégémonie de la Russie du Nord-Est. En 1337, il s'offre pour réprimer une révolte antitatare à Tver, mais son zèle n'est que partiellement récompensé par la Horde d'or, puisqu'il doit, jusqu'en 1332, partager la grande-principauté de Vladimir avec le prince de Souzdal. C'est, semble-t-il, la crainte de l'expansion vers l'est du jeune État lituanien qui incite le khān ouzbek à consolider par tous les moyens la principauté de Moscou, seule capable de s'opposer à la poussée lituanienne. Cette politique expliquerait la faveur dont Ivan a pu jouir à la Horde d'or et l'attitude relativement pacifique des Tatars vis-à-vis de la Russie durant son règne. Aussi, le rôle d'Ivan Kalita dans la croissance de la puissance moscovite paraît avoir été surestimé par les historiens traditionnels, et les acquisitions territoriales qui lui sont souvent attribuées doivent être considérées avec beaucoup de prudence.

WLADIMIR VODOFF

IVRÉE

Le duché lombard d'Ivrée, contrôlant les cols alpestres vers la Savoie, est érigé en marquisat au IXe siècle par les Carolingiens ; il englobe l'essentiel du Piémont et la Ligurie. Après la déposition de Charles le Gros en 887 et surtout après l'invasion hongroise en 899, il n'y a plus en Italie de pouvoir royal fort. Adalbert d'Ivrée, tout comme les autres grands feudataires, mène sa propre politique : soucieux d'affaiblir au maximum la monarchie, il suscite au roi Bérenger Ier un compétiteur, Louis, roi de Provence, mais ne lui apporte pas de soutien effectif ; battu et fait prisonnier par Bérenger, Louis est aveuglé et renvoyé en Provence en 905. La seule constante de la politique des marquis d'Ivrée sera l'opposition à tout pouvoir royal trop puissant ou menaçant de l'être : ainsi Ermengarde, veuve d'Adalbert, appelle Hugues de Provence contre Raoul de Bourgogne, demeuré seul en Italie après avoir éliminé Bérenger Ier (924) ; Hugues l'ayant emporté, Bérenger d'Ivrée, fils d'Adalbert, intrigue contre lui et doit fuir en Germanie ; incarnant le refus de toute autorité qui caractérise l'aristocratie, il y trouve des nuées de partisans ; rentré en Italie en 945, il oblige le roi Hugues et son fils Lothaire à lui abandonner le pouvoir de fait. En 950 Lothaire meurt ; Bérenger II est couronné à Pavie.

Alors qu'il a été largement responsable de l'anarchie italienne en tant que marquis, Bérenger II veut lutter contre elle en tant que roi. Il provoque sa perte en obligeant, par ses persécutions, la veuve de Lothaire, Adélaïde, à se réfugier auprès d'Otton Ier, roi de Germanie : celui-ci descend en Italie avec une forte armée ; l'aristocratie, lasse de Bérenger, se range à ses côtés. Porté au compromis, Otton laisse à Bérenger le titre royal contre un engagement de vassalité et retourne en Germanie. Bérenger, demeuré seul, s'empresse de se venger de ses adversaires et s'attaque même au pape Jean XII, qui appelle Otton, couronné empereur à Rome (962). Bérenger résiste quelque temps puis, fait prisonnier, il est envoyé en Allemagne en 964.

Les Otton pratiquent une politique favorisant les évêques contre l'aristocratie laïque, qu'ils affaiblissent. Aussi, à la mort d'Otton III, en 1002, celle-ci tente une dernière restauration de l'ancien royaume d'Italie et de son ancienne indépendance. Arduin, marquis d'Ivrée, vieil ennemi du pouvoir épiscopal, est élu roi, contre le Germain Henri II. Le scénario se répète : à l'arrivée d'Henri II avec des forces importantes, en 1004, Arduin se terre dans ses domaines, puis reprend la lutte après son départ ; il se retire dans un monastère à la suite d'une seconde descente des forces germaniques en 1014. Avec lui se clôt le destin historique du marquisat d'Ivrée. Amputé, dès l'avènement de Bérenger II, du Piémont central et de la Ligurie, il va peu à peu se démembrer au profit des évêques d'Ivrée.

GÉRARD RIPPE

J

JACQUELINE DE BAVIÈRE (1401-1436)

Fille unique du comte Guillaume IV de Bavière et de Marguerite de Bourgogne, Jacqueline succède à son père en 1417 et hérite des comtés de Hollande, de Hainaut, de Zélande et de la seigneurie de Frise. Veuve en premières noces de Jean de Touraine, fils de Charles VI et dauphin de France, elle épouse en 1418 son cousin germain le duc de Brabant, Jean IV, avec lequel elle ne s'entendra pas. Son oncle Jean de Bavière, dit Jean sans Pitié, ancien prince-évêque de Liège, qui convoite son héritage, envahit le comté de Hollande avec la complicité de son mari. Réfugiée en Angleterre, elle épouse, en 1422, avant l'annulation de son mariage avec Jean IV, l'oncle de Henri IV de Lancastre, le duc Humphrey de Gloucester, en 1422. Par crainte de voir les provinces belges faire partie un jour de l'Angleterre, le cousin de Jacqueline, Philippe le Bon, duc de Bourgogne, invoque la défense du mari délaissé pour envahir le Hainaut. Jacqueline s'enfuit en Hollande, où le parti des Hoeks prend fait et cause pour elle, tandis que Philippe le Bon dispose du soutien des Cabillauds. Le chancelier Rolin parvient à obtenir pour son maître la régence du Hainaut en 1427. Par le traité de Delft en 1428, Jacqueline reconnaît son cousin Philippe comme héritier et gouverneur de ses États. Séparée de Gloucester depuis 1426 et passant outre à l'interdiction de son cousin, elle épouse, en 1432, François de Borselen, qui administre la Hollande et la Zélande au nom du duc de Bourgogne. Ce dernier emprisonne le nouveau mari, et, sous menace de le mettre à mort, il obtient de Jacqueline la cession de ses titres et de ses États. En avril 1433, le duc de Bourgogne devient ainsi comte de Hainaut, de Hollande, de Zélande et seigneur de Frise. Jacqueline meurt trois ans plus tard.

JOSIANE COEKELBERGHS-CUYPERS

JACQUERIE

Révolte paysanne qui affecta en 1358 la région parisienne et principalement l'Île-de-France, le Beauvaisis et la Brie ; la première manifestation eut lieu le 28 mai à Saint-Leu-d'Esserent. Principalement dirigé contre les nobles, le mouvement fut extraordinairement violent : des seigneurs furent massacrés, des femmes violées, un enfant rôti vif. Surtout, les châteaux brûlèrent, les récoltes furent saccagées, le cheptel tué. La révolte fut cependant aussi brève que brutale. L'alliance de la bourgeoisie parisienne (Étienne Marcel, prévôt des marchands) ne procura aux jacques, dirigés par Guillaume Carle ou Karle, qu'un soutien épisodique. Les Parisiens subirent à Meaux un échec cuisant, cependant que la noblesse réformatrice (menée par le roi de Navarre, Charles II le Mauvais) préférait obéir à ses intérêts et se dressait contre les paysans : les jacques furent écrasés le 9 juin à Mello. Les bourgeois se détachèrent rapidement des paysans et se rangèrent aux côtés du roi (assassinat d'Étienne Marcel, 31 juillet).

Née d'une dépression économique amorcée depuis la fin du siècle précédent, la jacquerie fut à certains égards une révolte de la misère et une conséquence de la guerre de Cent Ans et de la peste noire. Mais elle fut surtout la contestation, par les petits possesseurs — et non par le prolétariat rural —, d'un système seigneurial de moins en moins adapté aux nécessités de l'exploitation, alors qu'une longue stagnation des prix céréaliers privait le tenancier de ses profits et incitait le propriétaire noble ou bourgeois à renforcer ses exigences. Le mécontentement général contre la noblesse, consécutif à la défaite de Poitiers (1356), ne fit évidemment qu'aggraver le malaise au sein duquel éclata la jacquerie. L'échec rapide de celle-ci fut en grande partie le fruit de l'inorganisation, de l'incohérence des mouvements et de l'absence de chef véritable.

JEAN FAVIER

JACQUES Ier (1394-1437) roi d'Écosse (1406-1437)

Troisième fils de Robert III, Jacques devient son héritier à la mort de son frère aîné, assassiné probablement à l'instigation de son oncle, le duc d'Albany. Robert III, à l'approche de la mort, décide d'assurer la sécurité de son fils en l'envoyant en France, mais celui-ci est pris par des marins anglais et retenu captif en Angleterre (1406). À la mort de Robert III, Albany devient régent, puis son fils Murdoch lui succède dans ses fonctions. Jacques Ier n'est libéré qu'après la mort d'Henri V (1422) ; il épouse Jeanne Beaufort et rentre en Écosse en 1424. Pour restaurer le pouvoir royal très affaibli, il doit d'abord lutter contre les nobles : il en fait arrêter un bon nombre qu'il relâche dans la plupart des cas, fait exécuter les plus dangereux des Albany et met la main sur de nombreuses terres par confiscation ou sous prétexte de défaut d'héritier. Ces mesures affaiblissent l'aristocratie et renforcent le domaine royal. Jacques Ier réorganise la justice, les finances, supprime des pensions et lève des impôts. Son règne est marqué par de fréquentes réunions du Parlement. Il s'attache à la réforme du clergé, mais, très soucieux de ses droits, il s'oppose à Rome au sujet de la nomination des évêques. Il développe l'armée tout en menant une politique étrangère prudente : s'il évite longtemps tout conflit avec l'Angleterre, il se rapproche de la France en 1436 ; un mariage est prévu entre sa fille et le dauphin Louis. Il est assassiné à la suite d'un complot aristocratique mené par le comte d'Atholl, un descendant de Robert II, mais le pouvoir est solidement établi et les assassins sont traduits en justice. Homme cultivé, poète, Jacques Ier a été un roi populaire.

PAUL BENOÎT

JACQUES II (1430-1460) roi d'Écosse (1437-1460)

Monté sur le trône en 1437, après le meurtre de son père Jacques Ier, Jacques II n'exerça le pouvoir qu'à partir de 1449, année de son mariage avec Marie de Gueldre, nièce de Philippe le Bon, duc de Bourgogne. L'aristocratie ayant profité de la minorité du roi pour relever la tête et causer bien des troubles, le conflit éclate en 1450 entre Jacques II et la plus puissante famille du pays, les Black Douglas qui dominent le sud de l'Écosse. La lutte, entrecoupée de trêves et de réconciliations, se termine en 1455 par la victoire du roi, qui s'est appuyé sur une armée rénovée et dotée d'une solide artillerie achetée aux Pays-Bas avec la dot de la reine. Les biens des vaincus sont confisqués au profit de la Couronne. Son œuvre intérieure est assez limitée. Il continue la politique paternelle, défend les prérogatives de la monarchie contre les prétentions pontificales et, dans le domaine social, garantit les droits des tenanciers. En revanche, la politique étrangère tient une place importante, surtout dans la seconde partie du règne. Les négociations avec la France sont nombreuses et, en 1448, l'alliance est renouvelée. Jacques II cherche à profiter de la guerre des Deux-Roses pour se débarrasser des dernières positions anglaises en Écosse, mais, en assiégeant Roxburgh, il est tué par l'explosion d'un de ses canons.

PAUL BENOÎT

JACQUES III (1452-1488) roi d'Écosse (1460-1488)

Fils de Jacques II Stuart, Jacques III succéda à son père en 1460, à l'âge de huit ans. Pendant sa minorité, les affaires du royaume furent dirigées par la sage expérience de l'archevêque James Kennedy. À la mort de ce dernier, l'influence de Gilbert Kennedy, frère du prélat, fut impuissante à contenir les ambitions de sir Alexander Boyd qui mit la monarchie écossaise en tutelle avant de tomber en disgrâce, d'être condamné à mort et exécuté. Après la chute des Boyd, Jacques III prit la tête du gouvernement. Il n'avait aucune des qualités qui font un grand roi. Walter Scott a laissé de lui un portrait peu flatteur : « Il était craintif, grand défaut dans un siècle belliqueux, et sa poltronnerie lui faisait soupçonner sans cesse tous ceux qui l'entouraient, et particulièrement ses deux frères. Il tenait beaucoup à l'argent, ce qui l'empêchait de se montrer généreux à l'égard des grands de sa cour, seul moyen de s'assurer leur attachement ; il cherchait, au contraire, à augmenter ses richesses en empiétant sur les droits des prêtres et des laïcs, ce qui lui attira tout à la fois la haine et le mépris. » Son frère, le comte de Mar, fut sauvagement assassiné sur ses ordres. Un autre de ses frères, le duc d'Albany, parvint à s'enfuir avant de connaître le même sort. En 1482, Édouard IV fit des préparatifs pour envahir l'Écosse. Jacques III rameuta aussitôt le ban et l'arrière-ban de son royaume. Les turbulents barons écossais en profitèrent pour placer le roi en résidence surveillée dans son château d'Édimbourg après avoir mis à mort ses favoris. Après le rétablissement de la paix, Jacques III fut remis en liberté. Il retomba aussitôt dans ses errements, offensant et pressurant le peuple et les nobles. Une ligue se forma contre lui et s'assura de la personne du fils héritier, le futur Jacques IV. Le roi leur livra bataille le 18 juin 1488, à proximité de Stirling. Il périt assassiné alors qu'il tentait de fuir le champ de bataille où ses troupes se faisaient tailler en pièces.

PIERRE JOANNON

JEAN XII (937-964) pape (955-964)

Personnage sans grande valeur morale, mais politicien assez habile, Octavien, fils d'Albéric (qui a dirigé Rome d'une main ferme pendant vingt-deux ans), accède au trône pontifical en 955, répondant ainsi à la volonté que son père a exprimée sur son lit de mort. Maître spirituel et temporel de la ville et des États de l'Église sous le nom de Jean XII, animé avant tout d'ambitions politiques et matérielles, il cherche à agrandir ses possessions, mais il se heurte à Bérenger, roi d'Italie. Contre ce dernier, il fait appel au roi de Germanie, Otton le Grand, qui accourt et se fait couronner empereur, recréant ainsi l'Empire de Charlemagne devenu le Saint Empire germanique (962), après avoir juré de défendre la papauté et reçu serment de fidélité du pape et des Romains. En 963, Jean XII tente de reprendre sa liberté, mais Otton revient à Rome et décide qu'à l'avenir aucun pape ne sera élu sans son accord. Il veut faire passer le pontife en jugement mais n'y parvient pas.

MARCEL PACAUT

JEAN XXI, PIERRE D'ESPAGNE (1220 ?-1277) pape (1276-1277)

Médecin, théologien, mais surtout logicien, Pierre d'Espagne, né à Lisbonne, fut maître ès arts à Paris avant 1246, date à laquelle il vint enseigner à la faculté de médecine de Sienne. Nommé archevêque de Braga (Portugal) en 1272, il devint l'année suivante cardinal-évêque de Tusculum et médecin du pape Grégoire X. À la mort de celui-ci, deux pontifes lui succédèrent en peu de temps, Innocent V (Pierre de Tarentaise), puis Adrien V. Pierre d'Espagne fut élu pape, en septembre 1276, par le conclave réuni à Viterbe, et prit le nom de Jean. Sur la foi d'une tradition, reconnue ensuite erronée, qui ajoutait entre Boniface VII (mort en 985) et l'authentique Jean XV un second Jean XV, on en est venu à changer, à partir de l'élection de Pierre d'Espagne, le numéro d'ordre des papes portant le nom de Jean. C'est ainsi que ce dernier pontife est appelé Jean XXI, alors qu'aucun Jean XX ne figure dans la liste des papes.

Jean XXI mourut huit mois après son élection. Il avait peu de temps auparavant, au plus fort de la controverse anti-averroïste, incité à intervenir l'évêque de Paris, Étienne Tempier, qui condamna, par le fameux décret du 7 mars 1277, deux cent dix-neuf propositions de certains maîtres de la faculté des arts, dont Siger de Brabant.

Pierre d'Espagne, réputé pour ses connaissances médicales, a écrit des commentaires d'Aristote touchant à des problèmes de physiologie, un ouvrage de médecine intitulé *Thesaurus pauperum seu de medendis humani corporis membris* et un vaste *De anima*, découvert en 1927 par Mgr M. Grabmann et fortement marqué par l'augustinisme et l'avicennisme. On lui attribue encore un commentaire de Denys, dont certains pensent qu'il serait plutôt d'Adam de Marsh, maître franciscain d'Oxford. Mais c'est surtout comme logicien que Pierre d'Espagne a influé sur la pensée médiévale et qu'il suscite l'intérêt des chercheurs d'aujourd'hui. Il poursuivit, après Boèce (Ve-VIe s.), la systématisation entreprise par celui-ci de la syllogistique aristotélicienne. Il écrivit des *Syncategoremata* et un *Traité des principaux sophismes* (*Tractatus majorum fallaciarum*). Mais son ouvrage le plus important est un manuel de logique, les *Summulae logicales*, qui resta jusqu'à la fin du Moyen Âge un des textes officiels de la faculté des arts et qui fut cité ou édité par les maîtres de toutes tendances jusqu'au début du XVIe siècle. Jean Buridan en donna une refonte dans sa *Summa logicae*.

DENIS GOUTAGNE

JEAN XXIII, BALDASSARE COSSA (1370 env.-1419) antipape (1410-1415)

Au temps du Grand Schisme, Baldassare Cossa, après avoir étudié à Bologne, fait carrière ecclésiastique dans l'obédience romaine ; on lui confie la légation de la Romagne (1403), puis celle de Bologne (1409). Le 26 juin 1409, le concile de Pise, après avoir déposé les deux papes rivaux, avait élu à leur place Alexandre V, créant ainsi une troisième obédience qui devient d'ailleurs immédiatement la plus forte. Le 17 mai 1410, B. Cossa est élu pour succéder à Alexandre V, qui vient de mourir, et prend le nom de Jean XXIII ; il entre à Rome le 12 avril 1411, grâce à l'appui des Angevins de Naples. Quand le secours de ceux-ci vient à lui faire défaut, Jean XXIII sollicite celui du roi des Romains Sigismond. Sous la pression de ce dernier, il convoque le concile œcuménique, qui s'ouvre à Constance le 15 novembre 1414. Le concile voulant reprendre la tactique de 1409, Jean XXIII s'engage, le 12 mars 1415, à abdiquer si les deux autres papes se retirent également. Mais, huit jours plus tard, se sentant peu en sûreté, il s'enfuit de Constance. Bientôt tombé entre les mains de l'empereur, il ratifie les décisions du concile, qui le suspendent de ses fonctions (14 mai) et le déposent (29 mai). Après trois ans de captivité en Allemagne, il reconnaît, en 1419, l'élection de Martin V, qui le nomme évêque de Frascati le 23 juin 1419. Il meurt le 22 novembre, à Florence, où l'on voit encore son tombeau dans le Baptistère. Tandis que la légitimité d'Alexandre V n'a jamais été contestée, celle de Jean XXIII l'est assez âprement, mais depuis quelques années seulement. Jusqu'à une époque récente, en effet, les listes officielles du Saint-Siège l'ont présenté comme le deux cent douzième successeur de saint Pierre.

ANDRÉ DUVAL

JEAN DE BRIENNE (1148-1237) empereur latin d'Orient (1231-1237)

Fils d'Érard II de Brienne. D'abord destiné à la vie religieuse, puis chevalier, il participa à la Quatrième Croisade, en 1204. Désigné par Philippe Auguste pour être l'époux de Marie de Montferrat, reine de Jérusalem, il repartit pour la Terre sainte en 1210. Veuf en 1212, il assuma la régence pour sa fille, Yolande ; il se remaria avec Isabelle, fille du roi d'Arménie, puis avec Bérengère, fille d'Alphonse IV de Castille. Il dirigea la croisade entreprise en Égypte en 1217 par les Francs de Palestine, et il prit Damiette en 1219. Il se retira ensuite à Acre en raison de la mésentente qui régnait dans l'armée franque, où le légat pontifical combattait son autorité. Il dut revenir en Égypte en 1221, mais fut cette fois vaincu et restitua Damiette aux musulmans. Ayant marié une de ses filles au roi des Romains Frédéric II, il rencontra immédiatement l'hostilité de son gendre, qui prit le titre de roi de Jérusalem pour lui-même, puis pour son fils Conrad. Jean de Brienne dut donc user ses forces à combattre son gendre en Italie pour le contraindre à abandonner ses prétentions. Marie de Brienne, fille de Jean et de Bérengère de Castille, avait été fiancée au jeune empereur latin de Constantinople, Baudouin II. Pour attendre la majorité de ce dernier, les barons francs de Byzance élirent Jean de Brienne empereur en 1231 : c'est à ce titre qu'il alla faire la guerre autour de Constantinople, en Asie comme en Europe, et particulièrement contre les Bulgares et les Grecs. Il laissa le souvenir d'un chevalier brave et loyal, et d'un prince humain et cultivé.

JEAN FAVIER

JEAN VI CANTACUZÈNE (1292 env.-1383) empereur d'Orient (1347-1354)

Principal collaborateur d'Andronic III Paléologue, qu'il avait aidé à détrôner son grand-père Andronic II, Jean Cantacuzène dirigea de 1328 à 1341 la politique de l'Empire, tant à l'extérieur qu'à l'intérieur. Il encouragea la réforme des tribunaux et favorisa l'indépendance commerciale de l'Empire vis-à-vis des Génois et des Vénitiens par l'élaboration d'un vaste projet de construction navale. Il se distingua dans la lutte contre les Serbes et permit l'incorporation à l'Empire du despotat d'Épire, en Grèce occidentale, en 1337.

En 1341, à la mort d'Andronic III, Jean Cantacuzène fit respecter ses droits à la régence pendant la minorité de Jean V ; mais, lorsqu'il quitta Constantinople pour aller combattre les Serbes en Thrace, ses adversaires, qui avaient à leur tête la mère de Jean V, Anne de Savoie, l'accusèrent de trahison et jetèrent ses partisans en prison. À cette nouvelle, Cantacuzène se fit proclamer empereur à Didymotique le 26 octobre 1341. De 1343 à 1345, il négocia une alliance avec les Turcs et donna sa fille en mariage au sultan ottoman Urkhān. Il regagna Constantinople en février 1347 grâce au soutien des Turcs et fut couronné empereur associé au trône au mois de mai, en même temps que Jean V.

Jean VI Cantacuzène convint de régner pendant dix ans seulement, puis d'abandonner le pouvoir à Jean V, qui gouvernerait alors tout seul. Pour sceller leur accord, il donna sa fille Hélène en mariage au jeune empereur. Cependant, dès 1354, Cantacuzène, désireux de conserver le pouvoir, fit couronner empereur associé au trône son fils Mathieu. Mais la puissance de Jean VI Cantacuzène fut sévèrement ébranlée lorsque les Turcs, se retournant contre lui, s'emparèrent de Gallipoli en 1354. La même année, Jean V fit appel à l'aide des Vénitiens et réussit à reprendre Constantinople en 1354. Cantacuzène fut forcé d'abdiquer ; il se retira alors dans un monastère, au Mont-Athos, puis à Mistra, où il écrivit ses Mémoires, qui constituent une source très intéressante pour l'histoire de l'Empire d'Orient de 1320 à 1357.

E. U.

JEAN SANS TERRE (1167-1216) roi d'Angleterre (1199-1216)

Fils cadet de Henri II Plantagenêt, Jean attend longtemps en vain de recevoir une part des domaines paternels, en Irlande ou en France ; son mariage seul lui vaudra le comté de Gloucester. Opposé à son père, envieux du sort de son frère Richard Cœur de Lion, il lutte d'abord avec celui-ci contre la domination paternelle. À partir de l'accession au trône de Richard, en 1189, et, pendant les dix ans de son règne, il se signale surtout par des tentatives répétées et avortées pour s'emparer du pouvoir en l'absence du roi parti pour la croisade ou dans la France du Sud. Devenu enfin roi en 1199, il réussit, en dix-sept ans, à ruiner l'œuvre autoritaire de ses prédécesseurs et à gagner une rare impopularité. Les plus cuisants de ses échecs sont la perte de la Normandie, confisquée en 1204 par Philippe Auguste, et de l'Anjou révolté contre lui. Après Bouvines, il aura perdu tous ses fiefs en terre de France. Sa politique ecclésiastique de contrôle des bénéfices et de lutte contre les ingérences pontificales ne connaît guère plus de succès : l'interdit jeté sur son royaume par Innocent III en 1208, les vacances d'évêchés, la menace d'une intervention armée du roi de France pour exécuter les condamnations pontificales (1211) l'amènent à se soumettre, à garantir la liberté des élections épiscopales et à se constituer le vassal du pape (1213). Ses échecs, ses exactions fiscales, l'humiliation devant Innocent III lui valent une croissante opposition des barons et, en 1215, il est contraint de reconnaître, sans sincérité d'ailleurs, la nécessité de consulter un parlement avant de lever toute aide extraordinaire, d'abjurer tous ses abus et d'accepter l'idée d'un véritable droit à l'insurrection : ces concessions sont inscrites dans la Grande Charte. Décidé à les remettre en question, en s'appuyant en particulier sur la papauté, Jean sans Terre meurt au moment où une nouvelle révolte des barons, assistés par le roi de France, met son trône en grand danger.

ROLAND MARX

JEAN II ASEN KALOJAN (mort en 1207) roi des Bulgares (1197-1207)

Frère de Jean Ier Asen, fondateur de la dynastie des Asen, qui rétablit l'indépendance de la Bulgarie : après une insurrection générale des Bulgares et des Valaques contre l'administration byzantine, la région de Trnovo avait, en effet, recouvré son indépendance en 1185. Mais il revenait à Jean II Asen d'achever l'œuvre de ses frères Jean et Pierre. Il étend sa domination sur la Serbie et s'empare de Belgrade, de Niš et de Škopje. Il est probablement d'origine valaque, mais se prétend descendant des anciens tsars de Bulgarie et se proclame « tsar des Valaques et des Bulgares ». Il s'appuie sur les Coumans, alors établis sur la rive septentrionale du Danube, et surtout il réussit à s'entendre avec le pape. En 1204, un légat pontifical lui remet la couronne royale, après qu'il a reconnu la suprématie du Saint-Siège. Il cherche alors à conclure un accord avec Baudouin Ier de Flandre, empereur latin de Constantinople ; mais, celui-ci ayant voulu lui imposer sa suzeraineté, Jean II entre en conflit avec lui, le bat devant Andrinople et le garde prisonnier à Trnovo. Il s'empare ensuite de la Thrace, mais est assassiné par un chef couman alors qu'il assiégeait Thessalonique.

JEAN BÉRENGER

JEAN III ASEN II (mort en 1241) roi des Bulgares (1218-1241)

Fils de Jean II Asen Kalojan, Jean III Asen II succède sur le trône de Bulgarie à l'usurpateur Boril qu'il a fait déposer et aveugler. Après une série de campagnes victorieuses, il établit la domination bulgare sur l'Albanie, l'Épire, la Macédoine et la Thrace ; il mène une politique matrimoniale habile et gouverne son empire avec sagesse et modération. Sous son règne, la nation atteint une prospérité inconnue jusqu'alors ; Trnovo, la capitale, est agrandie et compte de nombreuses églises. Mais, après sa mort, l'empire bulgare sera à nouveau victime de l'anarchie féodale.

JEAN BÉRENGER

JEAN II LE BON (1319-1364) roi de France (1350-1364)

Fils aîné de Philippe VI de Valois et de Jeanne de Bourgogne, Jean fut duc de Normandie, puis roi le 22 août 1350. Excellent chevalier, sa bravoure lui interdit la fuite qui avait sauvé son père à Crécy. D'intelligence probablement médiocre, il ne put éviter de graves maladresses qui lui aliénèrent le plus souvent le concours des états, maîtres de lui refuser les ressources financières pourtant indispensables au gouvernement. Hésitant entre la noblesse réformatrice, les bourgeois avides de promotion et les officiers au dévouement intéressé, il ne sut ni choisir ni jouer de leurs rivalités, et c'est à la faveur de sa captivité que la noblesse prit pour un temps le contrôle des rouages essentiels de l'État.

Il se brouilla avec les lignages les plus influents en faisant procéder à des exécutions sommaires, comme celle du connétable Raoul de Brienne (1350), envenima l'hostilité de son cousin le roi de Navarre, Charles le Mauvais, par d'inutiles spoliations, et humilia son propre fils, le futur Charles V, en faisant arrêter le Navarrais à Rouen alors qu'il y était l'hôte du jeune duc de Normandie.

Vaincu et pris par les Anglais à Poitiers le 19 septembre 1356, il fut libéré après la conclusion du traité de Brétigny-Calais (1360), qui coûtait la moitié du royaume et une rançon de trois millions de livres. En janvier 1364, le roi Jean retourna en Angleterre prendre la place de son fils Louis d'Anjou, qui avait abandonné son rôle d'otage. Pendant la première captivité du roi, la France fut en proie à la révolte parisienne d'Étienne Marcel et à la Jacquerie.

La ferme reprise en mains du gouvernement par le régent Charles, le discrédit des états généraux après leurs excès et le début du rétablissement militaire font des dernières années de ce règne le prélude à celui de Charles V. Mais, si Jean le Bon n'y a guère de part, il ne porte pas davantage seul la responsabilité des catastrophes accumulées pendant son règne et que les difficultés rencontrées par Philippe VI annonçaient depuis vingt ans. Souvent critiquée, la décision de donner en apanage à son fils Philippe le duché de Bourgogne, venu à la Couronne par héritage, comportait sur le moment plus d'avantages – adhésion des Bourguignons, obstacle à l'intrusion du Navarrais dans l'affaire – que d'inconvénients, puisque la rivalité des maisons de France et de Bourgogne était imprévisible. Sans doute exagérément accablé par la postérité critique, comme exagérément loué par l'imagerie populaire, Jean le Bon est encore un sujet de controverse entre les historiens.

JEAN FAVIER

JEAN SANS PEUR (1371-1419) duc de Bourgogne (1404-1419)

Fils aîné du duc de Bourgogne Philippe le Hardi et de Marguerite de Flandre, Jean, comte de Nevers, participa à la croisade organisée par Sigismond de Hongrie, fut pris par les Turcs lors du désastre de Nicopolis le 25 septembre 1396 (il y avait si bien combattu qu'il y gagna le surnom de Jean sans Peur) et ne revint en France qu'en 1398. Il devint duc à la mort de son père en avril 1404.

Cet homme de guerre intrépide se révèle alors un politique habile et retors. Réformateur par goût de la saine gestion administrative autant que par démagogie, il eut facilement, pour ses entreprises politiques, l'appui de la bourgeoisie réformatrice et des intellectuels de l'université de Paris. Ces entreprises étaient aussi ambitieuses que mesurées. Aussi les progrès de l'État bourguignon furent-ils rapides sous son règne : il unifia la Franche-Comté en y intégrant la ville de Besançon, il remodela les structures administratives de l'ensemble territorial qu'il gouvernait, et notamment les relations entre le duché proprement dit et les Pays-Bas, il soumit Liège à un prince-évêque complaisant, il annexa le Tonnerrois, le Boulonnais et la Picardie. En fait, Jean sans Peur se comporte comme le véritable bâtisseur d'un nouvel État. Mais sa politique demeure nécessairement ambiguë. Prince du sang, l'homme qui s'emploie à fonder le futur « grand-duché d'Occident » n'accepte pas de se désintéresser des affaires du royaume de France ; l'aurait-il voulu, d'ailleurs, qu'il ne l'aurait pu tout à fait : la plus grande part de ses ressources venaient du Trésor royal. Il ne cessa donc de lutter contre son cousin Louis d'Orléans pour la prépondérance au Conseil qui, pendant la maladie de Charles VI, gouvernait en réalité le royaume. C'est pour n'être pas évincé du pouvoir et de ses profits que Jean sans Peur menaça Paris en 1405, fit assassiner le duc d'Orléans en 1407 et, à partir de 1408, soutint un combat acharné contre les partisans de son adversaire, que menait le comte d'Armagnac. Le duc de Bourgogne soutint le mouvement réformateur qui s'était particulièrement manifesté lors de la réunion des états généraux de janvier 1413 ; il se trouva, par là, compromis avec les émeutiers que dirigeaient quelques bouchers parisiens et l'écorcheur Caboche. Son louvoiement lui aliéna nombre de ses partisans. Il dut donc s'enfuir lors de la réaction des bourgeois modérés en août 1413. Mais, après cinq ans de domination armagnaque, Paris fut de nouveau occupé par les Bourguignons en 1418 et le duc crut pouvoir, à la faveur de la folie du roi, gouverner seul le royaume. Finassant avec les Anglais, il les avait laissé écraser les Armagnacs à Azincourt. Mais la trop rapide et trop nette victoire de Henri V changeait les données du problème : Jean sans Peur n'avait nulle envie de se retrouver le vassal d'un roi anglais ; il tenta donc de se réconcilier avec le dauphin Charles. C'est alors que quelques Armagnacs l'assassinèrent tandis qu'il avait, sur le pont de Montereau, une entrevue avec le futur Charles VII. Geste désastreux : pour venger son père, le nouveau duc de Bourgogne, Philippe le Bon, nouera aussitôt avec les Anglais l'alliance en bonne et due forme à laquelle répugnait Jean sans Peur.

JEAN FAVIER

JEAN DE GAND (1340-1399) duc de Lancastre (1361-1399)

Quatrième fils d'Édouard III d'Angleterre, Jean de Gand doit son nom au hasard de sa naissance en Flandre. Époux de Blanche de Lancastre, il est fait, en 1362, duc de Lancastre. Moins souvent absent de son pays que son frère, le Prince Noir, il y joue un rôle politique grandissant et cela malgré des prétentions au trône de Castille, affirmées depuis qu'il a épousé en secondes noces la fille de Pierre le Cruel (1370). Il profite d'abord de la sénilité de son père, puis, à partir de 1377, de la minorité de son neveu Richard II pour prendre pratiquement en main toutes les affaires d'Angleterre. Attentif à certaines idées nouvelles, il protégera jusqu'à sa mort le théologien John Wyclif, soupçonné pourtant de menées hérétiques et subversives. Sa cupidité et son autoritarisme, son rejet de toutes les pétitions votées en 1376 par le « bon Parlement » font de lui l'un des principaux responsables du mécontentement populaire et de la révolte des paysans et artisans de 1381. À partir de 1384, devant la montée d'un clan hostile à son influence et tandis qu'il cherche en vain à s'imposer en Castille, il s'efface et perd l'essentiel de son rôle politique. Sa richesse excite la cupidité de Richard II, par ailleurs inquiet de l'importance de la « clientèle » lancastrienne, d'où la confiscation des biens de sa famille dès sa mort en 1399, malgré l'existence d'un fils légitime, Henri Bolingbroke, le futur Henri IV d'Angleterre.

ROLAND MARX

JEANNE LA PAPESSE

Selon une légende très répandue à la Renaissance, la papesse Jeanne serait cette femme qui, montée sur le trône pontifical, aurait régné, sous le nom de Jean VIII, pendant un peu plus de vingt-cinq mois, de 855 à 858, entre les pontificats de Léon IV (847-855) et de Benoît III. Il a été clairement établi, depuis lors, que la vacance du siège entre Léon et Benoît (855-858) n'a été que de quelques semaines et que, par conséquent, cette histoire, malgré certaines vraisemblances, est une complète affabulation. Parmi les sources qui en ont été conservées, l'une des plus anciennes est le *De septem donis Spiritus Sancti* (« Les Sept Dons du Saint-Esprit »), d'un dominicain français du XIIIe siècle, Étienne de Bourbon, qui situe aux environs de 1100 l'élection de Jeanne. Dans cette narration détaillée, le héros (qu'on ne nomme pas) était connu comme un scribe de talent qui devint notaire de curie, puis fut élu pape ; mais il s'agissait en réalité d'une femme qui se trouvait enceinte au moment de l'élection ; elle accoucha au cours de la procession qui la conduisait au Latran ; elle fut donc immédiatement traînée hors de Rome et lapidée.

Dès la fin du XIIIe siècle, l'histoire connut un large succès. Ce sont les religieux qui contribuèrent le plus à la répandre au moyen notamment d'interpolations pratiquées dans les manuscrits du *Chronicon pontificum et imperatorum* (« Chronique des papes et des empereurs »), œuvre du dominicain polonais Martin de Troppau (XIIIe s.). Une nouvelle version vit le jour, selon laquelle la femme était morte en couches et avait été enterrée sur le lieu même de son décès. Elle se rattachait au fait que, dans les dernières années du

XIIIe siècle, les processions pontificales évitaient de prendre une certaine rue : on en vint à penser que cette rue avait été le théâtre du malheureux événement. Une statue monumentale, portant une inscription difficile à déchiffrer qu'on prenait pour une épitaphe, passa pour être le tombeau de la papesse ; mais elle aurait été détruite par ordre du pape saint Pie V. Le nom de Jeanne ne s'est imposé qu'à partir du XIVe siècle ; dans d'autres versions, le personnage s'appelle Agnès ou Gilberte.

À une époque plus tardive, et en particulier dans la légende récrite par Martin (qui plaça l'élection du faux pape en 885 et lui donna le nom de Johannes Angelicus), Jeanne était une Anglaise ; mais on la faisait naître à Mayence, ce qui obligeait certains auteurs à imaginer que ses parents avaient émigré. On racontait qu'elle s'était éprise d'un bénédictin anglais et qu'elle l'avait accompagné à Athènes, déguisée en homme. Après avoir acquis là-bas un vaste savoir, elle alla vivre à Rome, où elle devint cardinal, puis pape. Le thème, entré dans la littérature dès le XIIIe siècle, inspira notamment par la suite le chroniqueur bénédictin Ranulfe Higden et les humanistes italiens Boccace et Pétrarque.

Au XVe siècle, l'existence de Jeanne était considérée comme un fait historique, même par le concile de Constance (1415), qui en tint largement compte dans ses discussions sur le pouvoir des papes. Au cours des XVIe et XVIIe siècles, la légende fournit matière aux polémiques protestantes. Déjà, des historiens comme Aeneas Silvius Piccolomini (le futur pape Pie II) et le cardinal César Baronius l'avaient tenue pour dénuée de fondement ; mais c'est un calviniste, David Blondel, qui, dans son *Éclaircissement familier de la question : si une femme a été assise au siège papal de Rome* (1647), fit le premier effort sérieux pour réduire le mythe à néant. Selon l'explication critique la plus couramment admise, la fable serait née de rumeurs persistantes à propos des influences féminines exercées sur la papauté ; ce mythe de la papesse viserait ainsi avant tout le pouvoir de domination, au début du Xe siècle, de Marozia, princesse de fâcheuse réputation, et de sa mère Théodora, épouse du sénateur Théophylacte.

E. U.

JEANNE Ire (1326-1382) comtesse de Provence et reine de Naples (1343-1382)

Petite-fille, par son père, du roi Robert d'Anjou, Jeanne lui succéda en 1343. Fiancée en 1333 à André de Hongrie, elle l'épousa dix ans plus tard et le fit sans doute assassiner en 1345 ; elle se remaria en 1347 avec son cousin Louis de Tarente, qui mourut de la peste en 1362. Jusqu'à cette date, la politique angevine fut en grande partie influencée par les maris de la reine, qui furent l'un après l'autre très vite brouillés avec elle. L'arbitrage du pape Clément VI, facilité par le fait que le royaume était vassal du Saint-Siège, permit jusqu'en 1352 le maintien d'un certain équilibre intérieur, cependant que l'autorité pontificale protégeait Jeanne lors de l'intervention armée du roi Louis de Hongrie, venu venger son frère. La reine trouva refuge dans son comté de Provence et vendit au pape la seigneurie d'Avignon pour financer son retour à Naples.

Pratiquement tenue à l'écart des affaires de 1352 à 1362 par son second mari, Louis, que le pape avait fait roi, Jeanne dut le laisser gouverner avec son conseiller Nicola Acciaiuoli. Elle reprit en main le gouvernement à la mort de Louis, ne laissant aucun rôle à ses autres maris successifs, le fou Jacques de Majorque et l'aventurier Otton de Brunswick. Avec énergie, elle restaura l'autorité comtale dans une Provence où les Grandes Compagnies avaient trop longtemps fait régner l'anarchie, mit un terme au conflit qui opposait les Angevins de Naples aux Aragonais de Sicile depuis 1282, soutint la politique pontificale en Toscane et fit face aux intrigues de sa sœur Marie et des Duras.

Ayant été déclarée déchue en 1380 par Urbain VI à qui elle s'était opposée, la reine Jeanne se rangea du côté du pape avignonnais Clément VII et adopta pour héritier le duc Louis d'Anjou, frère de Charles V et fondateur de la seconde dynastie angevine. Celui-ci n'eut pas le temps d'intervenir avant que Jeanne et Otton soient vaincus par Charles de Duras, à qui Urbain VI avait donné l'investiture du royaume. La reine Jeanne fut assassinée en prison.

JEAN FAVIER

JEANNE D'ARC (1412-1431)

Jeanne d'Arc qui, grâce à la documentation d'une exceptionnelle richesse constituée par les dossiers de ses deux procès (condamnation en 1431, réhabilitation en 1456), est l'un des personnages les mieux connus du XVe siècle, reste pourtant mystérieuse. Cela tient d'abord au contraste qui rend son action et les sources historiques qui la présentent déconcertantes. Paysanne qui ne sait ni lire ni écrire, dont tout le bagage savant se limite à la récitation du Pater, de l'Ave et du Credo et aux échos de sermons et de conversations entendus, elle est portée ou se porte (l'initiative de son action paraît bien lui revenir) au premier rang de la société.

Les procès ont bien consigné ses déclarations authentiques, mais ils sont rédigés dans la langue des juristes et des théologiens, alors que les paroles de Jeanne expriment une mentalité, une culture populaires. Ce contraste a rendu Jeanne incompréhensible ou suspecte à la plupart de ses contemporains (de Charles VII à ses juges) et des historiens, du XVe siècle à nos jours. Mais ceux qui ont saisi l'importance du caractère populaire de son comportement, de ses idées, de ses croyances ont faussé l'image de la Jeanne d'Arc historique soit par leur conception erronée du peuple (en partie Michelet, et surtout Péguy), soit par leur ignorance de la culture et de la mentalité populaires dans la France du début du XVe siècle.

Le fossé culturel séparant Jeanne de son entourage politique, militaire et ecclésiastique au XVe siècle et, depuis lors, de ses historiens a permis toutes les interprétations. L'historiographie de Jeanne d'Arc est ainsi devenue le condensé de l'évolution historiographique du XVe siècle à nos jours. Pour l'historien d'aujourd'hui, cette évolution n'est pas moins intéressante que l'histoire même de Jeanne. Il y a notamment une Jeanne d'Arc gothique, une Jeanne d'Arc Renaissance, une Jeanne d'Arc classique, une Jeanne d'Arc des « Lumières », une Jeanne d'Arc romantique, une Jeanne d'Arc nationaliste, etc.

Les deux caractères qui, au XXe siècle, sont passés au premier plan : la sainteté et le nationalisme, sont liés au moment historique et chargés d'équivoques et d'erreurs de perspective historique. Jeanne d'Arc, au XVe siècle, ne pouvait apparaître comme une sainte à personne et l'idée n'a effleuré aucun de ses plus chauds partisans. L'interprétation qui a été faite de paroles prononcées par certains témoins qui l'auraient traitée de « *bona et sancta persona* » repose sur un contresens. L'expression ne signifie pas « bonne et sainte personne », mais « personne de bonnes mœurs et de religion droite ». S'il est vrai que Jeanne a été animée par un sentiment « national » et a suscité des passions « nationales » en son temps, elle n'a ni créé ni même cristallisé ce sentiment qui existait en France bien auparavant, notamment dans les milieux populaires ; la nature du « nationalisme » du XVe siècle est différente de celle du nationalisme moderne et contemporain.

Si la plupart des interprétations de Jeanne d'Arc depuis le XVe siècle sont issues de déformations de bonne foi dues à l'outillage mental et scientifique de l'époque, si l'on comprend comment, de son vivant, ses ennemis, mal intentionnés sans doute, ont pu cependant confondre, plus ou moins de bonne foi, piété populaire et hérésie ou sorcellerie, il faut dénoncer les entreprises modernes qui, au mépris des textes les plus clairs et des données les plus certaines, reprennent inlassablement certaines erreurs. Il en est trois surtout, qui sont autant de contre-vérités assurées. Jeanne n'était pas une bâtarde royale ou noble, fruit par exemple des amours secrètes de la reine Isabeau de Bavière et du duc d'Orléans. Jeanne a bien été brûlée à Rouen, et les fausses Jeanne apparues après 1431 sont des folles ou des imposteurs. Jeanne n'a pas été démonolâtre, n'a pas appartenu à une secte « luciférienne » et, elle l'a dit sans ambiguïté, si elle partageait les traditions de son entourage paysan (fêtes autour d'un « arbre de fées », légendes du « Bois chenu »), elle « n'y croyait pas » comme le faisaient des compagnes et des compagnons d'une mentalité plus traditionnelle. Sa « simplicité » était celle d'une chrétienne du peuple très « orthodoxe ». Il est piquant de noter que les anthropologues anglais qui, au XXe siècle, ont eu le souci de replacer les croyances de Jeanne dans un cadre de mentalités traditionnelles sont tombés dans le piège de la sorcellerie. Une fausse science a renoué – innocemment – avec les superstitions savantes de leurs compatriotes mal intentionnés, ennemis de Jeanne au XVe siècle. En revanche, on peut penser que, à côté de l'histoire des mentalités et traditions populaires, les tentatives ébauchées par des spécialistes de l'histoire comparée des religions, de la psychiatrie et de la psychanalyse contribueront à mettre en lumière la vérité d'un personnage qui reste, en son temps et dans l'histoire, exceptionnel et, à travers les documents authentiques, souvent bouleversant.

Les événements

Jeanne est née probablement le 6 janvier 1412 dans un bourg du Barrois, Domrémy. Ses parents étaient des « laboureurs », c'est-à-dire des paysans assez aisés. Le nom de famille est écrit dans les documents d'époque Darc, Tarc, Dare, Day, etc. Le nom de Jeanne d'Arc apparaît pour la première fois dans un poème en 1576. De son enfance on connaît ce qu'elle-même et certains témoins en ont évoqué aux procès : sa dévotion, marquée par l'enseignement des ordres mendiants (confession et communion fréquentes, pratique des œuvres de miséricorde – surtout aumône aux pauvres –, culte spécial à certains saints et surtout à la Vierge et au nom de Jésus qu'elle prononcera sur le bûcher) ; sa participation aux fêtes et aux jeux de ses compagnons, à l'égard de qui elle manifestait toutefois une certaine distance, inspirée par sa piété et son goût pour la solitude. Domrémy, dans la vallée de la Meuse, était situé sur une route fréquentée par les marchands, les pèlerins, les clercs voyageurs, les soldats – le monde médiéval de la route, colporteur de nouvelles, de légendes et d'histoires plus ou moins savantes qui se mêlaient au fonds traditionnel local.

Les événements qui touchent Jeanne sont liés à la guerre de Cent Ans. Au lendemain du traité de Troyes (1420) et de la mort de Charles VI (1422), le royaume de France est divisé entre un roi légal, l'Anglais Henri VI – un enfant – qui, de Paris, ne tient que la France du Nord et doit beaucoup au soutien du duc de Bourgogne, et un roi qui se dit seul légitime, le dauphin Charles, « roi de Bourges », qui tient le Midi. Domrémy se trouve à la frontière entre les deux France et, dans la châtellenie de Vaucouleurs, non loin des possessions bourguignonnes et de l'Empire, c'est un des rares bourgs qui, dépendant du roi de France, soit resté fidèle à Charles. En 1425, les habitants doivent abandonner une première fois le village devant la menace bourguignonne et, en 1428, quand les Anglo-Bourguignons mettent le siège devant Vaucouleurs, qui résiste, Jeanne, avec les siens, se réfugie à Neufchâteau. C'est dans ce contexte qu'elle a commencé à entendre des « voix » – celles de saint Michel, de sainte Catherine et de sainte Marguerite – qui lui ordonnent d'aller en France, d'en chasser les Anglais et de faire sacrer Charles à Reims. Les Anglais en Angleterre, les Français en France, et le roi légitime sacré à Reims, en signe de lieutenance du vrai roi, Dieu : voilà l'essentiel du modèle de « monarchie chrétienne nationale » reçu par Jeanne. Après de longues hésitations, aidée par un parent, elle va trouver en mai 1428 le représentant du roi à Vaucouleurs, le capitaine Robert de Baudricourt, qui la traite de folle et la renvoie chez elle. Désormais elle sera aidée par des gens qui croiront en la réalité de sa mission et de ses voix, et elle se heurtera à l'incompréhension ou à l'hostilité de ceux qui la croiront folle, ou intrigante et menteuse, ou pis encore sorcière. Entre les deux, beaucoup hésiteront à se prononcer, oscilleront entre l'indifférence, la méfiance ou un intérêt sceptique. C'est qu'une longue tradition médiévale fait surgir un peu partout – et plus que jamais en ce début du XVe siècle à la faveur de la guerre, de la peste, du schisme – des prophètes savants ou populaires que l'Église rejette pour la plupart dans les cohortes maudites de Satan : sorciers ou pseudo-prophètes. Tel est le monde interlope, social et mental, dans lequel se trouve Jeanne en 1428-1429.

Le 12 février 1429, elle fait une nouvelle tentative auprès de Baudricourt. Sous la pression de partisans de Jeanne, après une séance d'exorcisme d'où elle sort victorieuse, Baudricourt cède. Il lui accorde une escorte armée. En onze jours la petite troupe, partie le 13 février de Vaucouleurs par la porte de France, arrive à Chinon, résidence du « roi » Charles. Celui-ci, très réticent, la reçoit le 25 février au soir. Elle passe l'épreuve avec succès, reconnaît le roi parmi son entourage et, dans un entretien particulier, le convainc de sa mission par un « signe » qu'elle refusera toujours de révéler au procès. Charles la soumet à l'interrogatoire des théologiens de l'université de Poitiers. Elle leur fait quatre prédictions : les Anglais lèveront le siège d'Orléans, le roi sera sacré à Reims, Paris rentrera dans l'obéissance au roi, le duc d'Orléans reviendra de sa captivité en Angleterre. Après un examen de virginité et une enquête de moralité, Jeanne, par une décision de Charles en conseil, est autorisée à participer aux opérations militaires. Munie d'une bannière (avec l'inscription « Jhesus Maria »), d'un prénom, d'une armure complète et d'une épée trouvée, sur ses indications, en la chapelle de Sainte-Catherine-de-Fierbois près de Tours, d'un écuyer, de deux pages, et d'un religieux augustin comme chapelain, elle prit part aux opérations qui aboutirent à la levée du siège d'Orléans par les Anglais, le 8 mai 1429. Ce fut ensuite la reprise de Jargeau, de Meung, de Beaugency, la victoire de Patay, le 18 juin. Son nom se répandit dans toute la France. Jean Gerson, chancelier de l'Université de Paris, dans un petit traité du 14 mai, se prononça en faveur de la mission divine de Jeanne, et Christine de Pisan, dans un poème du 31 juillet, voyait en elle la réalisation des prophéties de la Sibylle, de Bède et de Merlin : la France sauvée par une vierge.

Le 17 juillet, Charles VII fut sacré par l'archevêque de Reims selon le cérémonial traditionnel. Jeanne se tenait près du roi, avec sa bannière dont elle dira qu'« ayant été à la peine, il était juste qu'elle fût à l'honneur ». Jeanne allait échouer dans sa troisième prédiction. L'armée commandée par le duc d'Alençon livra le 8 septembre un assaut contre Paris, qui fut repoussé, dans lequel Jeanne fut blessée. Des opérations limitées auxquelles participa Jeanne aboutirent à la reprise de Saint-Pierre-le-Moûtier, mais à un échec devant La Charité-sur-Loire (décembre). Le 24 décembre, Charles VII anoblit Jeanne et sa famille. Jeanne passa l'hiver 1429-1430 dans le Berry, à Bourges et à Sully. À la fin de mars elle se rendit dans le nord de l'Île-de-France avec une petite troupe pour combattre les Bourguignons. Le 23 mai, alors qu'elle tentait de faire lever le siège de Compiègne, elle fut faite prisonnière par les hommes de Jean de Luxembourg, condottiere au service du duc de Bourgogne. L'archevêque de Reims, Regnaut de Chartres, qui administrait pour Charles VII les régions conquises, écrivit aux Rémois pour les rassurer. La prise de la Pucelle, disait-il, ne changeait rien : déjà un jeune berger du Gévaudan venait de se manifester qui en ferait autant qu'elle. Tout le contraste est là, entre le « rationalisme » du clerc savant et la croyance populaire. Jeanne va en mourir.

Les procès

Jeanne échoua dans une tentative d'évasion du château de Beaulieu-en-Vermandois, elle se jeta du haut d'une tour, ce qui lui fut reproché à son procès comme une tentative de suicide. Dès le 26 mai, l'Université de Paris avait réclamé qu'elle fût jugée comme hérétique par le tribunal de l'Inquisition. Ce corps, représentant suprême en France de la culture et des préjugés savants et de la collaboration avec les Bourguignons et les Anglais, s'avérait être le principal ennemi de Jeanne. Les Anglais, qui voulaient la condamnation de Jeanne, l'achetèrent à Jean de Luxembourg, mais la remirent à la justice d'Église, tout en déclarant qu'ils la reprendraient si elle n'était pas déclarée hérétique. Un tribunal ecclésiastique fut constitué, par Pierre Cauchon, évêque de Beauvais, diocèse sur le territoire duquel Jeanne avait été prise ; son diocèse étant aux mains des Français, cet universitaire parisien, devenu une créature des Anglais, était replié à Rouen. Depuis longtemps gagné aux Bourguignons, il était l'un des rédacteurs de l'ordonnance « progressiste » de 1413, dite ordonnance « cabochienne ». Il s'adjoignit, malgré les réticences de celui-ci, un dominicain, frère Jean le Maître, vicaire de l'inquisiteur de France à Rouen. Ce furent les deux seuls juges de Jeanne, entourés d'un certain nombre de conseillers et d'assesseurs à titre consultatif.

Le procès de Jeanne fut donc un procès d'« inquisition en matière de foi ». On lui reprochait le port de vêtements d'homme, qui tombait sous le coup d'une interdiction canonique, sa tentative de suicide, ses visions considérées comme une imposture et un signe de sorcellerie, son refus de soumission à l'Église militante, et divers griefs mineurs. Le procès s'ouvrit à Rouen le 9 janvier 1431. Malgré quelques entorses aux règlements ou à la tradition, il est conforme à la légalité inquisitoriale, les juges se montrant soucieux de se mettre à l'abri de cas d'annulation. La partialité se manifestera surtout dans la façon de conduire les interrogatoires et d'abuser de l'ignorance de Jeanne. Des déclarations de celle-ci on tire douze articles soumis à l'Université de Paris qui, le 14 mai, en assemblée solennelle, ratifie les conclusions des facultés de théologie et de droit. Les théologiens ont déclaré Jeanne idolâtre, invocatrice de démons, schismatique et apostate. Les canonistes l'ont dénoncée comme menteuse, devineresse, très suspecte d'hérésie, schismatique et apostate. Ou elle abjurera publiquement ses erreurs, ou elle sera abandonnée au bras séculier. Dans un moment de faiblesse, Jeanne, qui a résisté aux menaces de torture, « abjure » le 24 mai au cimetière de Saint-Ouen. Elle se ressaisit bientôt et, en signe de fidélité envers ses voix et Dieu, elle reprend le 27 mai ses habits d'homme. Un nouveau procès est expédié et, le 30 mai 1431, Jeanne hérétique et relapse, est brûlée sur le bûcher sur la place du Vieux-Marché de Rouen.

En 1437, la troisième prophétie de Jeanne s'était accomplie : les troupes de Charles VII avaient repris Paris. Le 10 novembre 1449, Charles VII entra à Rouen et, le 15 février 1450, il fit procéder à une enquête sur la façon dont s'était déroulé le procès de Jeanne. Cette enquête n'eut pas de suite. En 1452, pour plaire à la cour française, le cardinal d'Estouteville, légat pontifical, fit rouvrir l'enquête sans plus de résultat immédiat. En 1455, à la demande de la mère de Jeanne, débuta un nouveau procès d'inquisition, où le nouveau grand inquisiteur de France, le dominicain Jean Bréhal, se dépensa en faveur de la mémoire de Jeanne. Le 7 juillet 1456, dans la grande salle du palais archiépiscopal de Rouen, les commissaires pontificaux, sous la présidence de Jean Juvénal des Ursins, archevêque de Reims, déclarèrent le procès de condamnation de Jeanne et la sentence « entachés de vol, de calomnie, d'iniquité, de contradiction, d'erreur manifeste en fait et en droit y compris l'abjuration, les exécutions et toutes leurs conséquences » et, par suite, « nuls, invalides, sans valeur et sans autorité ». La décision fut publiée solennellement dans les principales villes du royaume. Décision d'annulation, purement négative, qui se contentait de lever une hypothèque sur le destin posthume de Jeanne.

On peut avancer aujourd'hui que Jeanne d'Arc a été une paysanne qui a ressenti avec une intensité extraordinaire les sentiments inspirés aux gens de son milieu par le drame de la France déchirée entre

« Français français » et « Français anglais » et livrée aux misères matérielles et spirituelles de la guerre, et qui a manifesté avec une force exceptionnelle les croyances qui fournissaient à ces sentiments leur contenu affectif et irrationnel et des instruments d'action : vocation divine de certains élus comme elle, vocation divine des princes « nationaux », recours à certains moyens pour parvenir à ces fins divines, tels que la préservation de sa virginité à l'instar de Marie, l'observance du port symbolique du costume masculin pendant le temps de sa mission, la pratique des actes fondamentaux à ses yeux de la religion chrétienne (confession, assistance à la messe, communion, mais aussi, et sans contradiction, prière individuelle et soumission aux ordres divins transmis par les « voix »). Pour réaliser sa mission dans un milieu soit réticent par distance sociale et culturelle (du côté français), soit hostile à cause des formes militaires et politiques de son action (du côté anglais), elle avait absolument besoin du succès. L'échec que fut sa capture fit disparaître son charisme. Toutes les réhabilitations, de 1456 à nos jours, sont plus des témoignages sur les préoccupations idéologiques de divers milieux et de diverses époques que sur la Jeanne historique.

JACQUES LE GOFF

Bibliographie

• *Études d'ensemble*

R. PERNOUD, *Jeanne d'Arc*, coll. Que sais-je ?, P.U.F., Paris, 1981 ; *Vie et mort de Jeanne d'Arc*, Marabout, Paris, 1982 ; *Jeanne d'Arc*, Seuil, Paris, 1959, rév. et augm. 1981.

• *Les procès*

J. QUICHERAT, *Procès de réhabilitation et de condamnation de Jeanne d'Arc*, texte latin, 5 vol., Paris, 1841-1849 / O'REILLY trad., *Procès de condamnation et de réhabilitation de Jeanne d'Arc*, 2 vol., Paris, 1868 ; trad. J. Fabre, Paris, 1953-1954 / P. TISSET & Y. LANHERS éd., *Procès de condamnation de Jeanne d'Arc*, Klincksieck, Paris, 1970.

M. J. BELON & F. BALME, *Jean Bréhal, grand inquisiteur de France, et la réhabilitation de Jeanne d'Arc*, Paris, 1893 / P. DONCŒUR, « De la condamnation à la réhabilitation, 1431-1456 », « Réalité et légende », in *Mémorial du Ve centenaire de la réhabilitation de Jeanne d'Arc, 1456-1956*, Paris, 1958 / P. DONCŒUR & Y. LANHERS, *Documents et recherches relatifs à Jeanne la Pucelle*, 5 vol., Paris, 1952 / LANERY D'ARC, *Mémoires et consultations en faveur de Jeanne d'Arc d'après les manuscrits authentiques*, Paris, 1899 / J. B. MONNOYEUR, *Traité de Jean Gerson sur la Pucelle*, texte et trad., Ligugé, 1929 / P. TISSET, « Les Procès de condamnation de Jeanne d'Arc », étude juridique, in *Mémorial du Ve centenaire...*, Paris, 1958 / J.-M. VAN WINTER & D. TH. ENKLAAR, *De Brieven von Jeanne d'Arc*, Utrecht, 1954.

• *Historiographie*

M. DESFOURNEAUX, « Jeanne d'Arc après cinq siècles. Bibliogr. critique », in *Bull. Inst. franç. en Espagne*, no 93, nov. 1954 / D. TH. ENKLAAR & R. R. POST, *La Fille au grand cœur. Étude sur Jeanne d'Arc*, Groningue-Djakarta, 1955 / R. HANHART, *Das Bild des Jeanne d'Arc in der französischen Historiographie vom Spätmittelalter bis zur Aufklärung*, Bâle, 1965 / G. HUPPERT, « The Idea of Perfect History. Historical Erudition and Historical Philosophy », Appendix III, in *Renaissance. France ; Joan of Arc : The Historiographical Dossier*, Urbana (Ill), 1970 / E. JEANNE, *L'Image de la pucelle d'Orléans dans la littérature historique française depuis Voltaire*, Paris, 1935 / C. W. LIGHTBODY, *The Judgments of Joan*, Cambridge (Angl.), 1961 / P. MAROT, « De la réhabilitation à la glorification de Jeanne d'Arc. Essai sur l'historiographie et le culte de l'héroïne en France pendant cinq siècles », in *Mémorial du Ve centenaire...*, Paris, 1958 / C. SAMARAN « Pour la défense de Jeanne d'Arc », in *Ann. Bull. Soc. Hist. de France*, vol. LXXXV, 1952-1953.

JÉRUSALEM ROYAUME DE

État fondé en fait lors de la prise de Jérusalem par les croisés (15 juill. 1099) et de l'élection de Godefroi de

Bouillon comme avoué du Saint-Sépulcre, et en droit par le couronnement de Baudouin Ier comme roi (25 déc. 1100). Rien n'ayant été expressément spécifié quant aux droits du pape, organisateur de la croisade, à ceux de l'empereur byzantin, à qui appartenait la Terre sainte avant la conquête arabe, et à ceux des barons croisés, qui étaient venus en Orient pour libérer les Lieux saints, mais non (en théorie) pour conquérir et coloniser, la création du royaume de Jérusalem ne fut que la conséquence de la nécessité politique et militaire de disposer d'un commandement fort et unifié sur les lieux mêmes. C'est cependant à grand-peine que les rois firent reconnaître leur autorité sur les autres principautés franques également nées de la croisade (Antioche, Tripoli, Édesse). Une exploitation systématique des crises et des difficultés de tout genre (minorités, en particulier) permit d'introduire progressivement la notion d'une souveraineté royale que légitimait surtout la protection offerte à ces principautés par les rois et leurs armées.

Les rois durent, d'autre part, lutter constamment contre les facteurs internes de désagrégation, comme le particularisme des barons, qui avaient établi en Orient un système féodal idéalisé, comme l'indépendance du clergé (les revendications du légat avaient difficilement été repoussées en 1099-1100) et comme l'insubordination constante des ordres militaires (Temple et Hôpital), qui représentaient cependant la force principale et permanente du royaume.

La constitution territoriale du royaume était donc à peine achevée par la prise des grands ports, et en dernier lieu par celle de Tyr (1123), que s'amorçait un déclin principalement dû à des crises internes qui privèrent de secours des principautés trop simplement considérées comme rivales du royaume. Le premier signe fut la perte d'Édesse en 1144. Les plus rudes coups furent portés un demi-siècle plus tard par Saladin, qui écrasa l'armée franque à Ḥaṭṭīn (4 juill. 1187) et occupa Acre, Jaffa, Beyrouth et Jérusalem.

Réduit à une bande littorale, le royaume s'appuya désormais sur Tyr, Antioche et Acre. C'est de là que partirent les tentatives de Jean de Brienne vers l'Égypte (1218-1221). Recouvrées grâce à la diplomatie de Frédéric II (traité de Jaffa, 18 févr. 1229) et à la volonté d'entente du sultan d'Égypte, les régions intérieures et Jérusalem furent à nouveau perdues en 1239. L'armée franque, qui avait reçu le renfort des croisés venus avec Thibaut de Champagne, reprit l'avantage et put recouvrer en 1240 divers territoires, dont Jérusalem, Ascalon et la Galilée ; ceux-ci furent derechef perdus, et définitivement, entre 1244 et 1247.

Réduit à un territoire côtier dominé par Acre, le royaume supporta encore les luttes intestines des colonies italiennes et des ordres militaires, l'assaut des Mongols (1260) et les attaques des mamelouks du sultan égyptien Baïbars (à partir de 1263). Derniers vestiges de la Terre sainte franque, Acre, Tyr et les forteresses de Tortose et de Châtel-Pèlerin tombèrent en 1291.

JEAN FAVIER

JOINVILLE JEAN DE (1224-1317)

Sénéchal de Champagne, Jean de Joinville participa en 1248 à la Septième Croisade où il connut rapidement des difficultés financières, et passa au service du roi, dont il devint le confident et le conseiller. Pris avec Saint Louis par les Mamelouks (1250), il fut chargé de négocier avec les Templiers l'emprunt de la somme nécessaire à la rançon de l'armée et obtint ce prêt, que refusaient les Templiers, en menaçant d'ouvrir à la hache le trésor de guerre de l'ordre. Rentré en Champagne en 1250, il fréquenta beaucoup la cour du roi et y fut le témoin attentif du règne. Chevalier courageux, mais conscient de l'inefficacité de l'entreprise, il refusa cependant de participer à la nouvelle croisade qui devait lamentablement échouer devant Tunis (1270).

Les *Mémoires* qu'il rédigea à la fin du siècle (*Mémoires du sire de Joinville, ou Histoire de Saint Louis*), à la demande de la reine Jeanne de Navarre, sont plus un témoignage personnel sur le roi qu'une histoire du règne. L'œuvre entre dans les vues d'une politique capétienne soucieuse d'exploiter au mieux le prestige du roi mort à la croisade. Mais le recul du temps et, surtout, le désintéressement de Joinville et sa naïve rudesse donnent à ses souvenirs une exceptionnelle valeur historique. Soucieux de peindre l'homme dans sa vie quotidienne et le roi à la guerre ou à ses affaires de gouvernement, plus que de glorifier le saint, critiquant parfois un comportement mystique qu'il juge excessif ou des décisions politiques qu'il ne croit pas sages, Joinville est aussi le témoin précieux de l'opinion aristocratique dans l'entourage royal. Il est, enfin, l'un des premiers mémorialistes à avoir intégré le dialogue reconstitué dans un récit. Le texte de Joinville n'est malheureusement restitué que d'après des manuscrits tardifs.

JEAN FAVIER

JOUVENEL LES

Famille originaire de Champagne, dont un membre, l'avocat Jean Jouvenel (1350 env.-1431) vint faire une brillante carrière à Paris où il devint prévôt des marchands, puis avocat du roi au parlement. Les Parisiens lui durent pour une bonne part la reconquête des privilèges qui leur avaient été retirés en 1383 après l'échec de la révolte des Maillotins. Il prit en 1413 la tête du parti des bourgeois modérés dont l'exaspération mit un terme aux excès des Cabochiens. Il embrassa le parti de Charles VII, devint (1419) président au parlement établi à Poitiers et fut détaché en 1420 comme président au parlement de Languedoc.

Jean, fils du précédent, qui prit le nom de Juvénal des Ursins (1388-1473) par affectation d'humanisme, fut magistrat, avocat du roi à Poitiers (1429), puis évêque de Beauvais (1432) et de Laon (1444), enfin archevêque de Reims (1449). Il fut l'un des conseillers écoutés de Charles VII. Son *Histoire du règne de Charles VI* a été composée grâce aux souvenirs de son père, recueillis pendant leur commun séjour à Poitiers. C'est un témoignage d'un grand intérêt.

Guillaume, frère de Jean (1401-1472), fut conseiller au parlement de Poitiers, lieutenant du Dauphiné, bailli de Sens et finalement chancelier de France (1445). Louis XI le disgracia à son avènement (1461) et le rétablit en 1465.

D'autres descendants du prévôt des marchands occupèrent d'importantes fonctions, notamment au parlement, jusqu'au début du XVIe siècle.

JEAN FAVIER

JUGEMENT DE DIEU → ORDALIE

JULIEN DE HONGRIE (XIIIe s.)

Dominicain, Julien de Hongrie est l'auteur, avec trois compagnons, du premier voyage connu réalisé par un Occidental en direction de l'Empire mongol, au-delà de la Volga, vers 1236-1237. Les renseignements qu'il rapporte sur les Mongols ont été communiqués au concile qui s'est tenu à Lyon en 1245 par le patriarche d'Aquilée Berthold d'Andechs, parent du roi de Hongrie Béla IV, et semblent avoir été utilisés par Jean du Plan Carpin pour la préparation de sa propre mission auprès du grand-khan (1245-1247).

JEAN-MARCEL CHAMPION

JUSTICE ROYALE

Le roi est la source de toute justice et c'est de sa fonction de justicier suprême qu'il tire ses pouvoirs. Cette notion est inséparable de la souveraineté dans les royautés occidentales. La main de justice, qui est une variante du sceptre, est remise au roi le jour de son sacre, et le souverain jure alors de faire respecter les lois. C'est aussi à sa personne que s'achève toute justice puisqu'il peut évoquer n'importe quel procès à l'intérieur des limites de son royaume. La fonction de juge suprême en tant que suzerain et en tant que roi a servi de base aux premiers Capétiens pour asseoir leur autorité et étendre leur pouvoir sur des vassaux plus riches et plus puissants qu'eux-mêmes. Le cas le plus célèbre est peut-être celui de Philippe Auguste, utilisant une procédure féodale, la commise, pour confisquer à son profit les fiefs de son vassal Jean sans Terre. Mais la justice n'est pas seulement un instrument de puissance, elle est aussi une mystique inséparable de la couronne, notamment pour Saint Louis qui écrit pour son fils, le futur Philippe III : « Cher fils, s'il t'advient de devenir roi, prends garde d'avoir les vertus d'un roi, c'est-à-dire d'être attaché à la justice avec une fidélité dont rien ne te puisse détourner. »

Ne pouvant exercer personnellement la justice sur toute l'étendue du royaume, le roi fut rapidement obligé de la déléguer ; ses agents directs, prévôts, baillis, intendants, reçurent tour à tour une délégation de justice en même temps que d'autres pouvoirs. Lorsque la Curia regis dut se diviser, c'est le Parlement qui reçut cette délégation avec le titre de Cour souveraine.

SOLANGE MARIN

JUSTICE SEIGNEURIALE

La justice seigneuriale proprement dite apparaît avec la seigneurie banale à la fin du Xe siècle. Elle dérive de la justice publique franque et de la délégation aux comtes, à l'époque carolingienne, de pouvoirs judiciaires étendus. Elle constitue au Moyen Âge la prérogative politique par excellence, fondement et instrument du pouvoir des seigneurs. Sa compétence recouvre toutes les causes nées sur le territoire de la seigneurie ; elle s'étend donc au civil à tous les habitants, au pénal à tous les délinquants arrêtés sur ce territoire.

La justice seigneuriale se rend à deux niveaux. Le domaine de la *haute justice*, lorsqu'elle n'était encore appelée que « justice du sang », ne s'étendait guère qu'au pénal : crimes punis de mort, de peines corporelles, etc. Les marques extérieures de la haute justice (pilori, gibet, fourches patibulaires) accuseront longtemps son caractère répressif. Tardivement, au XIIe et surtout au XIIIe siècle, le rétablissement de l'ordre mettra progressivement fin à l'anarchie féodale et permettra le développement d'un domaine proprement civil s'étendant aux procès importants justifiant le recours au duel judiciaire. À la haute justice s'oppose la *basse justice* dont le domaine s'étend à toutes les affaires civiles et pénales de moindre importance.

Au XIVe siècle apparaîtra le degré intermédiaire de la moyenne justice. Si tous les seigneurs banaux ont la basse justice, ils usurpent parfois la haute justice, retenue en principe par un seigneur supérieur. En fait, seuls en France le duc de Normandie et le comte de Flandre sont parvenus au Moyen Âge à éviter cette usurpation.

La cour seigneuriale est présidée par le seigneur, entouré souvent de praticiens, ou par son représentant (bailli, sénéchal, prévôt ou viguier). Les preuves et voies de recours sont très rudimentaires. Malgré les efforts de l'Église, la preuve ordinaire est encore l'ordalie, ce qui constitue un recul par rapport aux conceptions carolingiennes ; pour les procès importants, l'ordalie prend la forme du duel judiciaire. Saint Louis voudra le remplacer par la preuve par écrit ou le témoignage, mais le duel judiciaire ne disparaîtra qu'au XVe siècle. La cour seigneuriale ignore l'appel pratiqué par les juridictions ecclésiastiques. Sous le nom d'appel, on ne connaît au Moyen Âge que deux voies de recours, en cas de déni de justice et en cas de violation volontaire du droit, dirigées contre le seigneur lui-même. Le véritable *appel pour errement du plaid* n'apparaît qu'au XIIIe siècle sous l'influence de l'Église. Mais il demeure dirigé contre le juge, et non contre la décision.

De la fin du Moyen Âge à la Révolution, le déclin des justices seigneuriales s'accélère. Dès le XIIIe siècle, la justice royale, par son prestige et son autorité, limite la justice du seigneur. Le roi lui enlève progressivement ses justiciables et ses procès, par le biais notamment des cas royaux réservés à la justice royale. À ces restrictions de compétence s'ajoutent la généralisation de l'appel auprès des juges royaux et une sévère réglementation de l'organisation des justices seigneuriales, les seigneurs ne pouvant plus tenir audience et devant rémunérer des agents, en principe expérimentés (bailli, procureur fiscal, sergents, huissiers), chez lesquels s'instaure la vénalité des offices. La qualité parfois médiocre de la justice ainsi rendue accentue le déclin de l'institution et justifie la politique, pratiquée par les rois de France, d'élargissement constant de la justice royale. Malgré des résistances souvent acharnées, dues en partie à son caractère lucratif, la justice seigneuriale est progressivement vidée de son contenu pour ne plus constituer qu'un degré supplémentaire de juridiction, ressenti comme inutile et coûteux. Mais les justices seigneuriales ne seront pas, sauf cas particuliers, expressément supprimées par la monarchie. C'est l'Assemblée constituante qui dépossédera la noblesse – notamment celle des campagnes, titulaire de plusieurs dizaines de milliers de justices de village – de cette prérogative impopulaire au prestige anachronique.

FRÉDÉRIC BLUCHE

JUSTINIEN (482-565)

Phase culminante de l'ère prébyzantine, le long règne de Justinien (527-565) « ne marqua pas, comme il le voulait, le commencement d'une ère nouvelle, mais la fin d'une grande époque moribonde » (G. Ostrogorsky). Il représente le dernier grand effort du vieil État romain pour reconstituer un empire unitaire, tant par la reconquête que par la codification systématique du droit et par la prétention de l'empereur à régenter directement l'Église. Cet effort parut réussir momentanément, mais il était démesuré pour les forces matérielles de l'Orient grec et pour ses structures administratives vieillies ; aussi ne fut-il pas durable. Outre les monuments d'une très brillante activité culturelle, le règne de Justinien a surtout légué aux siècles suivants des problèmes que Byzance n'a pu résoudre qu'à partir d'Héraclius Ier (610-641), au prix de profondes transformations politiques et sociales.

L'Empire reconstitué

L'empereur

Né en 482 à Tauresium, près de l'actuelle Skoplje, d'une famille assez modeste d'Illyriens romanisés, Justinien (Flavius Petrus Sabbatius Justinianus) eut la chance d'être le neveu d'un soldat parvenu aux plus hauts grades, Justin, qui l'adopta et qui, bien que sans culture lui-même, lui fit donner la meilleure éducation qu'on pouvait recevoir de son temps. À cette formation théorique par le droit, la rhétorique et la théologie, Justinien put joindre une large expérience des affaires acquise sous le règne de Justin qui, élu empereur en 518, le fit patrice et consul, et le laissa prendre une grande influence dans l'État. Il est rare dans l'histoire de Byzance qu'un empereur, né loin de la pourpre, ait été ainsi préparé à la revêtir. À son avènement, en 527, cet homme déjà mûr apportait, à la réalisation d'un plan de gouvernement longtemps médité, les ressources d'une riche personnalité, un immense savoir, une très grande puissance de travail, une simplicité de mœurs poussée jusqu'à l'ascétisme (il était végétarien et buveur d'eau), assortis d'un véritable culte de l'État et de l'idée impériale. Il fut servi aussi par de remarquables collaborateurs, notamment le juriste Tribonien, le préfet du prétoire Jean de Cappadoce, les généraux Bélisaire et Narsès ; ce dernier, un eunuque, ancien trésorier impérial, qui fut mis à la tête de l'armée d'Italie et se révéla le meilleur stratège de son temps, est un exemple étonnant de la manière fort libre dont Justinien en usait avec la hiérarchie des fonctionnaires. Son épouse Théodora, dont l'influence politique ne saurait être exagérée, fut cependant son meilleur soutien. Cette ancienne actrice, de très petite naissance, apportait à son mari la qualité qui lui avait servi à s'élever jusqu'au premier rang : la volonté persévérante qui, précisément, manquait le plus à Justinien, homme à la fois autoritaire et indécis, soupçonneux et influençable, et dont le caractère ne paraît pas avoir été à la hauteur des dons intellectuels.

La paix et l'ordre (527-540)

De 527 à 540, Justinien appliqua son programme de restauration et d'unification du monde romain avec une activité fébrile. Il avait trouvé une situation économique et financière fort saine, grâce à l'habile politique d'Anastase Ier, le prédécesseur de Justin. La paix sociale, en revanche, était troublée par l'antagonisme des catholiques et des monophysites, et aussi par les excès d'une administration vénale et détestée. La sédition Nika (janv. 532), qui ravagea Constantinople et faillit emporter le régime, agit comme un abcès de fixation ; la répression fut si sanglante que les factions populaires, les dèmes, responsables de l'insurrection, ne devaient plus faire parler d'elles jusqu'à la fin du règne. La même année, Justinien, en guerre avec la Perse depuis cinq ans, achetait une paix qui était indispensable à la réalisation de ses projets occidentaux.

Déjà, son œuvre juridique touchait à son terme : de 528 à 534, les diverses commissions dirigées par Tribonien mettaient de l'ordre dans le chaos des constitutions impériales promulguées depuis Hadrien (c'est le Code Justinien), harmonisaient et modernisaient toute la législation ancienne (c'est le Digeste), publiaient un manuel pour l'enseignement du droit (les Institutes). À cette œuvre d'une importance capitale dans l'histoire de la civilisation européenne – car c'est sous la forme reçue de Justinien que l'Occident connaîtra et adoptera le droit romain à partir du XIIe siècle – s'ajoute le recueil des Novelles, lois originales publiées en grec par Justinien après 534.

Les réformes administratives du règne, connues notamment par les grandes Novelles (535-536), sont moins amples et moins systématiques. Elles visent surtout à renforcer l'autorité impériale par le démembrement de grands offices, la lutte contre la corruption des fonctionnaires et contre le développement inquiétant de la grande propriété foncière, à mieux assurer la rentrée régulière de l'impôt, à simplifier l'administration locale par le regroupement des provinces trop petites, la suppression des vicariats de diocèses et, dans certains cas, la réunion en une seule main des pouvoirs civil et militaire. C'est ainsi que l'Égypte, particulièrement agitée par le monophysisme, et dont les livraisons de blé commandaient le ravitaillement et, par conséquent, le maintien de l'ordre à Constantinople, fut confiée à des commandants militaires dépendant directement de la préfecture du prétoire. Justinien légiféra avec un soin particulier pour l'Église, dont il s'estimait le chef suprême. Il régla en détail le statut, le recrutement, la juridiction du clergé, organisa l'administration des biens ecclésiastiques. Il légalisa le contrôle des évêques sur les autorités locales, ce qui eut pour conséquence heureuse d'atténuer l'excès de centralisation dont témoignent ses règlements : les notables des provinces, par l'intermédiaire des évêques à l'élection desquels ils participaient, pouvaient exprimer leur opinion et même contrôler en partie l'emploi des fonds publics.

Catholiques, monophysites et païens

L'unité religieuse, garante de l'unité politique, fut probablement la plus grande et la constante préoccupation de Justinien.

Dès 528, il proscrivit le paganisme ; contre ses derniers tenants, intellectuels peu dangereux comme ceux des écoles d'Athènes, fermées en 529, ou paysans arriérés d'Anatolie, la contrainte parut un argument suffisant. Elle fut appliquée aussi aux juifs, du reste avec beaucoup moins de succès.

À l'égard des monophysites, très nombreux en Syrie et en Égypte, Justinien fut plus prudent, par crainte de déchirer l'Empire, mais aussi par égard pour Théodora dont les convictions monophysites étaient notoires : en 537, elle alla jusqu'à faire enlever par Bélisaire et déporter le pape Silvère, qu'elle remplaça par Vigile, dans l'espoir que celui-ci serait moins intransigeant pour ses protégés. Mais Justinien ne pouvait la suivre très loin dans cette politique, car l'appui de la papauté était indispensable à son projet de reconquête de l'Occident, et le catholicisme garda les positions qu'il avait reconquises à Byzance au lendemain de la mort d'Anastase.

L'Empire assailli et défendu

Ayant les mains libres du côté de la Perse, Justinien commença méthodiquement par reprendre l'Afrique aux Vandales, dont les flottes auraient pu compromettre la sécurité de ses communications maritimes (533-534). Puis, sous prétexte de venger l'assassinat de la régente Amalasonthe (535), il s'attaqua au royaume ostrogoth d'Italie. En 540, Bélisaire ramenait le roi ostrogoth Vitigès prisonnier à Constantinople.

L'année 540 marque le tournant du règne. Alors que Justinien semblait avoir réussi dans son entreprise, tout fut remis en question par l'offensive du roi de Perse Chosroès Ier, contre la Syrie et le Caucase. Dans les années suivantes, il fallut faire face à la fois aux Perses, aux Goths qui, regroupés par Totila, chassaient les Grecs de presque toute l'Italie, aux Berbères soulevés en Afrique, sans compter les Barbares, Huns, Slaves et Avars, qui franchissaient périodiquement la frontière trop dégarnie du Danube et ravageaient l'Illyricum. Justinien avait bien établi, pour les contenir, un gigantesque ensemble de fortifications échelonnées en profondeur, mais l'ampleur même du système le rendait inefficace, faute de ressources suffisantes pour entretenir les places fortes et les garnir de troupes. L'Italie fut reconquise par Narsès, au prix de la ruine complète de la Péninsule (553-554), et l'Occident récupéré : les Grecs réussirent même à s'établir dans le sud de l'Espagne (554). La paix avec les Perses, qui laissait à Byzance une importante zone d'influence en Arménie et dans le Caucase, ne fut signée qu'en 562.

Ces luttes difficiles, qui provoquèrent une crise financière, coïncident avec une crise religieuse causée par les efforts de Justinien pour rallier les monophysites à l'Église officielle, en faisant condamner, sous couleur d'origénisme, la mémoire de trois théologiens qu'ils détestaient particulièrement : Théodore de Mopsueste, Théodoret et Ibas d'Édesse. Ce fut l'affaire des Trois Chapitres, où l'empereur se heurta à la résistance inattendue du pape Vigile. Les décrets du Ve Concile œcuménique (553), très mal accueillis en Occident, contribuèrent à aggraver les griefs de l'Église romaine contre Byzance, sans pour cela provoquer un rapprochement avec les monophysites, plus que jamais obstinés dans leur séparatisme que, un demi-siècle plus tard, l'invasion perse allait rendre définitif.

Les dernières années, après la mort de Théodora (548), furent difficiles. Les guerres, qui n'avaient pratiquement pas cessé de 527 à 555, et les grandes constructions avaient épuisé les finances ; les signes avant-coureurs de la troisième vague des grandes invasions (Lombards, Slaves, Avars), qui, coïncidant avec l'expansion sassanide, allait emporter en majeure partie l'œuvre de Justinien, étaient si visibles pour les contemporains que certains annonçaient la fin du monde imminente ; épidémies et tremblements de terre paraissent d'ailleurs avoir particulièrement abondé à cette époque. Cependant, il ne faudrait pas trop noircir le tableau et présenter le marasme comme universel dans l'Empire.

Prospérité commerciale et essor intellectuel

L'Orient asiatique restait actif et prospère, et la Méditerranée, rendue au commerce international par la défaite vandale, était sillonnée par les marchands de Syrie et d'Égypte qui entretenaient un commerce important avec l'Occident, notamment avec la Gaule mérovingienne, où ils écoulaient le papyrus, les verreries syriennes, les produits des cultures de luxe (huile, vins fins, fruits secs), les cotons importés de l'Inde, les soieries. L'Empire communiquait avec Ceylan par l'intermédiaire du royaume éthiopien d'Axoum, avec les riverains de la mer Noire qui le ravitaillaient en esclaves, avec la Chine par la longue route caravanière d'Asie centrale où s'acheminait la soie. L'approvisionnement des ateliers byzantins en soie fut un des soucis majeurs de Justinien, et ses efforts persévérants pour faire entrer les peuples caucasiens et turcs dans la sphère d'influence byzantine s'expliquent en partie par la nécessité d'ouvrir à travers l'Asie une voie commerciale qui ne passât pas par la Perse et ne dépendît donc pas du bon vouloir des Sassanides. Mais ce n'est qu'à partir des années 552-554, quand des vers à soie exportés clandestinement de Chine eurent été introduits dans l'Empire, que celui-ci commença à se libérer du monopole perse en produisant la soie lui-même.

À l'activité économique de l'Empire sous Justinien correspond une vie intellectuelle et artistique tout aussi brillante, que l'empereur, comme il arrive souvent à Byzance, a stimulée et marquée de son influence personnelle. Les grandes réalisations artistiques du règne, en Orient comme en Occident, sont célèbres et, comme la littérature du temps, reflètent certains traits de la personnalité complexe du maître. Même dans la poésie mi-hellénistique, mi-chrétienne d'un Paul le Silentiaire, on retrouve l'ambiguïté d'un génie trop attaché aux prestiges du passé. L'œuvre de l'historien Procope respire le même sentiment de grandeur romaine qui anima le couple impérial, dont il a pourtant beaucoup médit ; et la foi chrétienne, aussi profonde qu'intolérante, qui inspira la politique religieuse de Justinien, trouve un écho fidèle dans les hymnes de Romanos le Mélode.

JOSÉ GROSDIDIER DE MATONS

Bibliographie

AGATHIAS DE MYRINA, « Justiniani Augusti Historia », in *Historiarum libri quinque*, Berlin, 1967 / J. B. BURY, *History of the Later Roman Empire*, vol. II, Londres, 1923 / C. DIEHL, *Justinien et la civilisation byzantine au VIe siècle*, Paris, 1901 / L. DUCHESNE, *L'Église au VIe siècle*, Paris, 1925 / W. C. HOLMES, *The Age of Justinian and Theodora*,

2 vol., Londres, 1905-1907 / JEAN MALALAS, *Chronographia*, Berlin, 1831 / PROCOPE DE CÉSARÉE, *Opera omnia*, 4 vol., Leipzig, 1962-1964 ; *La Guerre contre les Vandales* et *Histoire secrète*, Les Belles Lettres, Paris, 1990 / W. SCHUBART, *Justinian und Theodora*, Munich, 1943.

K

KÁLMÁN (1068-1116) roi de Hongrie (1095-1116) roi de Croatie et Dalmatie (1102-1116)

Neveu et successeur de saint Ladislas, Kálmán Ier (Koloman, Coloman) appartient à la dynastie nationale des Arpadiens. Il achève la conquête de la Croatie, qu'avait entreprise son prédécesseur, et prend le titre de roi de Croatie ; celle-ci conserve son autonomie à l'intérieur du royaume de Hongrie. L'union hungaro-croate, fixée par les *Pacta conventa* de 1101 entre Kálmán et la noblesse croate, durera jusqu'à l'effondrement de l'Autriche-Hongrie en 1918. En 1105, Kálmán place la Dalmatie sous protectorat hongrois, ce qui donne au royaume un accès à la mer, mais va l'opposer à Venise. Il reste en bons termes avec Byzance et le futur Jean II Comnène épouse sa cousine, Piroska. Il demeure toutefois fidèle à Rome, il renonce au droit d'investiture en 1104 et promet de respecter la liberté des élections épiscopales. Il cherche surtout à limiter les pouvoirs des barons ; dès qu'un fief tombe en déshérence, celui-ci doit faire retour au domaine royal. Sa législation complète heureusement celle de saint Étienne et de saint Ladislas. Pour rendre plus efficace l'administration des provinces lointaines, Kálmán institue la charge de « voïvode » pour la Transylvanie et celle de « ban » pour la Croatie.

JEAN BÉRENGER

KALOJAN ASEN → JEAN II ASEN

L

LADISLAS LE MAGNANIME (1377-1414) roi de Naples (1386-1414)

Roi de Naples, Ladislas le Magnanime (ou de Duras) était fils de Charles III et de Marguerite de Duras. Après l'assassinat de son père à Buda (1386), il règne à Naples, sous la régence de sa mère, assistée par le cardinal Acciaiuoli et protégée par le pape Boniface IX. Les débuts de son règne personnel sont mouvementés : il doit mater les barons révoltés et chasser de Naples son cousin Louis II d'Anjou, prétendant au trône (1399).

Tout comme son père, il nourrit d'immenses projets et dépense une énergie brouillonne à tenter de les réaliser : en 1403, il débarque à Zara et se fait couronner roi de Hongrie, mais doit rapidement rentrer à Naples, sans avoir achevé la conquête de son nouveau domaine, pour écraser une nouvelle révolte des barons.

Prétendant à la domination de l'Italie, il fait élire un pape, Innocent VII, qui est sa créature et il se proclame le « défenseur, conservateur et porte-étendard de l'Église » (1404). Aussi, quand Grégoire XII, successeur d'Innocent, veut aller s'entendre avec son compétiteur d'Avignon, Ladislas, désireux de prolonger un schisme qui affaiblit la papauté, occupe Rome en 1408. Il en est chassé par une révolte populaire en 1410, et l'antipape Jean XXIII, à l'instigation des Florentins inquiets des ambitions de Ladislas, couronne roi de Naples son vieil adversaire Louis II d'Anjou. D'abord défait à Roccasecca (1411), Ladislas parvient à redresser la situation en 1413, et occupe à nouveau Rome, qu'il met à sac. Ayant fait la paix avec Florence et Sienne, il s'apprête à conquérir la Romagne, où s'est réfugié Jean XXIII, quand il meurt sans héritier légitime. Sa devise, *Aut Caesar aut nihil*, est révélatrice des ambitions archaïques de ce souverain au tempérament d'aventurier, dont les chevauchées n'aboutirent en fin de compte qu'à maintenir l'Italie dans un état ruineux d'agitation guerrière.

GÉRARD RIPPE

LAMBERT saint (635 env.-env. 705)

Vers 671, à la pire époque d'anarchie des royaumes francs, l'évêque de Tongres, Théodard, qui résidait habituellement à Maastricht, fut assassiné. Il eut pour successeur Lambert, né dans une grande famille française qui avait fourni plusieurs comtes. En 675, Childéric II, roi d'Austrasie, dont le pouvoir s'était étendu sur la Neustrie et la Bourgogne avec la chute d'Ebroïn, maire du palais de Neustrie depuis 657, fut assassiné lui aussi. Ebroïn, qui avait eu jadis à faire face à l'opposition des évêques et des nobles, reprit alors le pouvoir, fit mettre à mort le chef de cette opposition, Léger d'Autun, et destitua Lambert qui dut se retirer au monastère de Stavelot où il passa sept ans. À la mort d'Ebroïn (vers 683), Lambert retrouva son évêché.

Grand évêque, Lambert évangélisait son peuple et administrait les biens de son diocèse en bonne entente avec le maire du palais d'Austrasie, Pépin de Herstal. Mais ses gens entrèrent en conflit avec Dodon, qui était chargé des domaines royaux, et assassinèrent deux de ses serviteurs. Lors d'une expédition de représailles, Lambert fut massacré à Liège, qui n'était alors qu'une villa. Comme d'autres personnages assassinés aux temps mérovingiens, il fut vénéré comme martyr, et son culte devint très populaire en Belgique et en France.

JACQUES DUBOIS

LE DAIN ou LE DAIM OLIVIER NECKER dit OLIVIER (mort en 1484)

Appartenant à cette longue suite d'éminences grises auxquelles les littérateurs, plus que les historiens, ont attribué un rôle décisif dans l'histoire comme conseillers occultes des rois, Olivier le Dain, de son nom flamand Necker, qui signifie ondin (génie) et dont le roi fit le Dain et ses ennemis le Diable, n'a occupé sur le plan social qu'un rôle modeste parmi les « compères » de Louis XI (Tristan l'Hermite, La Balue) : il n'est que valet de chambre et premier barbier, mais la charge lui vaut un titre de comte de Meulan en 1474. Trois ans plus tard il remplit une mission auprès de la duchesse de Bourgogne, échoue à Gand mais livre Tournai aux Français, ce qui lui permet d'obtenir, d'après Commynes, de nouvelles faveurs. À la mort de Louis XI, il est condamné pour des crimes probablement imaginaires et pendu.

C'est aux romantiques qu'il doit sa célébrité ; n'est-il pas l'un des principaux personnages de *Quentin Durward* de Walter Scott, de *Notre-Dame de Paris* de Victor Hugo et du *Louis XI* de Casimir Delavigne, plus tard enfin du *Gringoire* de Banville. Il faudrait aussi citer le roman historique *Le Diable* (trad. E. Bestaux, *Der Teufel*, 1926), d'Alfred Neumann qui fait d'Olivier le Dain le grand artisan de la politique de Louis XI.

JEAN TULARD

LÉGER saint (616 env.-679/80)

Neveu de l'évêque de Poitiers Dido et élevé à la cour, Léger fut d'abord archidiacre de Poitiers, puis abbé de Saint-Maixent. Vers 663, la reine Bathilde le nomma évêque d'Autun. Il se montra bon évêque, mais en même temps partisan convaincu de l'autonomie du royaume de Bourgogne. Le maire du palais de Neustrie, Ébroïn, tenta d'imposer à la Bourgogne le roi Thierry III ; ils furent l'un et l'autre vaincus par le roi d'Austrasie, Childéric II. Ébroïn fut enfermé à l'abbaye de Luxeuil, Thierry dans celle de Saint-Denis. Bien que du côté des vainqueurs, Léger tomba en disgrâce et fut expédié, lui aussi, à Luxeuil. L'assassinat de Childéric II en 675 rendit la liberté à Ébroïn et à Léger. Le premier reprit sa politique d'expansion et vint mettre le siège devant Autun, où Léger était rentré. Pour éviter des souffrances à son peuple, Léger se rendit. On lui creva les yeux, on lui coupa les lèvres et la langue, et on l'interna chez les moniales de Fécamp. Puis, après un simulacre de jugement, on le décapita dans une forêt d'Artois. Bien que les motifs de sa mort aient été surtout politiques, Léger fut considéré comme un martyr lors de la réaction qui suivit l'assassinat d'Ébroïn en 683. Le culte de saint Léger fut très populaire.

JACQUES DUBOIS

LÉON III saint (750-816) pape (795-816)

Romain de naissance, Léon III accéda au trône pontifical malgré l'opposition de la famille de son prédécesseur, Adrien Ier (772-795), et nonobstant une vie personnelle critiquable. En butte aux attaques de ses ennemis et accusé par eux de divers crimes, il franchit les Alpes pour obtenir l'assistance de Charlemagne. Celui-ci descendit en Italie, refusa de juger le pape — qui se justifia par un serment d'innocence — et reçut à cette occasion des mains du pontife la couronne impériale, le jour de Noël de l'an 800. Léon III fut ainsi directement associé à cet événement considérable, qui lia pour longtemps l'Église et l'Empire.

Par la suite, il entretint de fort bonnes relations avec Charlemagne et eut à son égard une attitude déférente et soumise, encore qu'il n'acceptât pas de suivre l'empereur dans sa position hostile à l'Orient concernant la doctrine de la procession du Saint-Esprit (querelle du Filioque). Il fit accomplir de nombreux travaux à Rome et embellit notamment la Confession de saint Pierre. À la mort de l'empereur, les ennemis du pape s'agitèrent à nouveau dans la ville et lui reprochèrent divers méfaits. Il s'en justifia auprès du jeune roi d'Italie, Bernard, délégué par Louis le Pieux. C'est seulement en 1673 que la congrégation des Rites, à la suite d'une confusion, semble-t-il, inscrivit le pape Léon III dans le calendrier des saints.

MARCEL PACAUT

LÉON IX saint, BRUNON OU BRUNO D'EGUISHEIM-DAGSBURG (1002-1054) pape (1049-1054)

Né en Alsace, Brunon (ou Bruno), fils du comte d'Eguisheim, étudie à Toul, dont il devient évêque en 1026. Il soutient les monastères de son vaste diocèse et celui de Sainte-Odile en Alsace. Tenu pour l'un des meilleurs évêques, il se voit offrir la papauté par l'empereur Henri III. Brunon hésite, puis se rend à Rome. Il est acclamé par les Romains et intronisé le 12 février 1049 sous le nom de Léon IX. Aussitôt il s'attaque aux deux grands fléaux de l'époque, la simonie (commerce des charges ecclésiastiques) et l'incontinence du clergé. Pour appliquer les décrets de réforme, il voyage. En 1049, il se rend à Pavie, à Aix-la-Chapelle et à Toul. Il tient des conciles à Reims et à Mayence, exige la démission des évêques qui n'ont pas été élus régulièrement. En 1050, il parcourt l'Italie, la Bourgogne, la Lorraine, l'Alsace, la Rhénanie. L'occupation par les Normands du sud de l'Italie trouble Léon IX qui, après y avoir séjourné en 1051, va en 1052 chercher des renforts auprès de l'empereur. En mai 1053, il se met à la tête des troupes. Il est battu à Civitella et emmené à Bénévent. Ce désastre compromet sérieusement la réforme entreprise. C'est alors que le patriarche de Constantinople, Michel Cérulaire, s'attaque aux religieux latins établis en Orient. Léon IX envoie en janvier 1054 une ambassade dirigée par le cardinal Humbert de Moyenmoutier pour tenter d'apaiser le différend et même d'obtenir l'aide des Grecs contre les Normands. Malade, il ne peut suivre le déroulement de cette affaire. Il rentre à Rome le 3 avril 1054 et y meurt le 19 avril. Le 15 juillet suivant, le cardinal Humbert déposait sur l'autel de Sainte-Sophie de Constantinople la bulle d'excommunication contre le patriarche, ce qui provoqua le schisme entre l'Orient et l'Occident. Léon IX reste le pape qui inaugura la grande rénovation de l'Église, connue sous le nom de réforme grégorienne.

JACQUES DUBOIS

LIBERTÉS URBAINES

Ensemble de franchises et de droits civils et politiques obtenus par les villes d'Occident à partir de la renaissance des fonctions économiques urbaines vers le Xe siècle. C'est au XIIe siècle que, de plus en plus peuplées et riches, les villes s'organisent, traitent avec leur seigneur – le comte, l'évêque, le roi – et jouent souvent de la rivalité de ceux qui exercent le pouvoir politique (le roi contre le comte, le comte contre l'évêque, etc.) pour obtenir la reconnaissance d'une personnalité collective. Cette reconnaissance s'exprime par une charte, qui énumère les libertés concédées et permet, en certains cas, la création d'un corps municipal chargé du gouvernement de la communauté, à moins qu'elle ne fasse que reconnaître une création antérieure, plus ou moins insurrectionnelle. Les rois de France (Louis VI et Louis VII en particulier) favorisent en bien des cas le mouvement d'émancipation urbaine et se font les protecteurs des bourgeois pour miner la puissance des seigneurs féodaux. D'importantes concessions sont faites, d'autre part, pour assurer le peuplement des « villes neuves » fondées pour animer le défrichement rural, tenir une route ou border une frontière. Les principaux privilèges personnels sont l'exemption de servitude et l'allégement des charges fiscales. Quant aux privilèges collectifs, le droit à la personnalité politique recouvre tous les autres, et notamment la prise de responsabilités en matière de justice et de défense. Manifestée par un certain nombre de droits symboliques (droit à la cloche et au beffroi, au sceau, à la maison commune), la franchise politique consiste, pour l'essentiel, dans le droit à l'association et au gouvernement propre. L'association politique des bourgeois résultait d'un serment mutuel de solidarité, constitutif, par exemple, de la commune, qui place dans un système de protection horizontal, entre pairs, des hommes pratiquement exclus du système de protection vertical du monde féodo-vassalique. Quant au gouvernement municipal, il est confié à l'assemblée des bourgeois ou des citoyens et, plus efficacement, aux organes élus ou cooptés qui en résultent.

On classe ordinairement les villes françaises en fonction des types d'organisation politique, qui sont stipulés par les chartes : villes de commune (dans le Nord), gouvernées par un maire et des échevins ou syndics, villes de consulat (dans le Midi), au gouvernement plus communautaire assuré par des consuls. De nombreuses villes n'accèdent pas à l'autonomie politique complète : ce sont, notamment dans le domaine royal, les villes de bourgeoisie, où le seigneur, qui est donc éventuellement le roi, conserve son droit, mais dans le cadre défini par les franchises civiles, fiscales et juridictionnelles concédées à une communauté de bourgeois incomplètement organisée et privée du droit au serment mutuel. Paris n'a que des franchises de ce type. La prévôté des marchands, héritière de la Hanse des marchands de l'eau, finit cependant au XIVe siècle par faire figure de municipalité, mais elle passe dès le XVe siècle aux mains des gens du roi.

La même diversité de types se retrouve à travers toute l'Europe. Les villes d'Empire, surtout celles de l'Italie septentrionale et centrale, à un moindre degré celles de la Hanse, savent tirer parti de la faiblesse ou de l'éloignement du pouvoir impérial pour constituer parfois de véritables villes-États, comme Gênes, Pise, Venise, Sienne ou Florence. Au sein de l'organisation politique et économique de la Hanse, les grands ports de la mer du Nord et de la Baltique s'assurent eux aussi une réelle autonomie.

JEAN FAVIER

LIGE

Un même homme peut au Moyen Âge se trouver vassal de plusieurs seigneurs : mais il doit à un seul d'entre eux, qu'il reconnaît comme son principal seigneur, l'hommage lige. Il en devient l'homme lige et doit lui rendre tous les services d'un vassal, quitte à négliger ses devoirs vis-à-vis des autres. Le roi de France a beaucoup usé de cette méthode pour faire entrer dans la mouvance capétienne les seigneurs de provinces voisines dépendant de princes étrangers, en particulier du roi d'Angleterre. Quand le pouvoir royal fut reconnu dans tout le royaume, cet usage tomba en désuétude.

ANNE BEN KHEMIS

LIGUE DU BIEN PUBLIC

Coalition féodale dressée contre Louis XI et, en fait, contre le développement des prérogatives royales, contre le poids de l'administration et les exigences du fisc, contre le rôle accru des gens de peu dans le gouvernement. Le frère du roi, le léger et vaniteux Charles de France, était à la tête du mouvement, mais celui-ci tenait à l'initiative de quelques princes – les ducs d'Alençon, de Bourbon et de Bretagne en particulier – auxquels se joignirent les ducs de Bourgogne et de Lorraine, les comtes d'Armagnac et de Saint-Pol, le sire d'Albret et quelques moindres seigneurs. Le duc de Bavière, celui de Clèves et l'Électeur palatin apportèrent leur alliance. Le roi d'Angleterre, en revanche, refusa de s'engager.

La petite noblesse et les officiers royaux, instruits par l'exemple lors de la Praguerie de 1440, ne se prêtèrent guère à une manœuvre où ils n'avaient rien à gagner : ceux qui ne manifestèrent pas leur loyauté envers le roi s'arrangèrent pour louvoyer entre les partis. Quant aux bourgeois, ils se méfièrent du « bien public » tel que le concevaient les grands.

La révolte éclata en mars 1465, mais, dès le début, les vassaux des princes les suivirent fort mal, en sorte que la lenteur des événements laissa Louis XI préparer sa riposte. Il manqua cependant sa campagne contre le duc de Bourbon et dut rejoindre d'urgence Paris pour empêcher les armées de Bourgogne et de Bretagne de faire leur jonction dans la capitale. Une bataille indécise (Montlhéry, 16 juillet 1465) mit fin à la guerre. Chacun se proclama vainqueur et se retira. Les Parisiens, en refusant d'ouvrir leurs portes aux coalisés, et les Normands, en ravitaillant l'armée royale, sauvèrent Louis XI (août).

Celui-ci se pressa alors de faire de notables concessions aux principaux chefs de la Ligue pour les amener à la paix : ce furent les traités de Conflans et de Saint-Maur (octobre 1465). Le roi donna à son frère la Normandie – qu'il lui reprit l'hiver suivant, sous prétexte de l'aider à s'en faire obéir – et offrit à Charles le Téméraire des seigneuries et la main de sa fille Anne. Les plus modestes ligueurs n'eurent rien.

JEAN FAVIER

LIGUE LOMBARDE

Depuis le début du XIIe siècle, les villes d'Italie, sous la souveraineté des empereurs germaniques, se sont dotées d'institutions communales dont la principale est le consulat et qui exercent des *regalia* (droits régaliens). Frédéric Ier Barberousse (1152-1190) veut, en Italie comme en Germanie, restaurer la puissance impériale et récupérer les regalia usurpés. En 1158, il soumet Milan puis, à la diète de Roncaglia, demande aux cités de restituer les droits qui n'ont pas été concédés par les empereurs ; en 1162, il détruit Milan révolté. D'autre part, en 1159, il soutient contre le nouveau pape, Alexandre III, l'antipape Victor IV. D'où l'alliance purement politique entre le pape et les communes italiennes contre l'adversaire commun. En mai 1164, Vérone, Vicence et Padoue concluent avec Venise une alliance pour limiter les prétentions impériales. En 1167, les villes de Lombardie se soulèvent autour de Crémone et, le 1er décembre 1167, s'entendent avec l'alliance vénète pour former une ligue lombarde qui comprend seize communes, bientôt rejointes par d'autres ; elles s'engagent à ne pas conclure avec Frédéric de paix séparée, se dotent d'un conseil commun et de deux recteurs, fondent une commune nouvelle à laquelle elles donnent le nom du pape, Alexandrie. L'assemblée de la ligue à Lodi (1er déc. 1168) légifère en matière de regalia ; la ligue combat des seigneurs favorables à l'empereur, occupe des domaines impériaux, relève Tortona détruite par Frédéric. En mars 1170, la cohésion de la ligue est renforcée par le pape (bulle *Non est dubium*) ; un nouveau serment engage plus fermement les cités à se battre. La ligue s'étend à la fois dans le

Piémont et les Marches et rassemble jusqu'à vingt-quatre cités. Après avoir fait en vain le siège d'Alexandrie en 1174, Frédéric accepte de traiter avec la ligue : à Montebello en avril 1175, les Lombards présentent la *Petitio societatis Lombardiae*, que l'empereur refuse ; il repousse de même les propositions plus modérées de Crémone. En mai 1176, son armée est complètement défaite par celle de la ligue à Legnano. En 1177 Frédéric doit conclure avec le pape la paix à Venise, où il fait avec la ligue une trêve de six ans. Les dissensions au sein de la ligue, où les modérés l'emportent, favorisent la conclusion d'un accord : à la suite des pourparlers de Plaisance en février 1183, Alexandrie est symboliquement rebaptisée Cesarea. L'accord est ratifié par Frédéric le 26 juin à Constance ; l'empereur souverain admet que de nombreux regalia sont passés aux communes, dont il investit les consuls élus ; ceux-ci lui jurent fidélité et auront droit de juger les petites causes. La théorie impériale peut ainsi s'adapter au morcellement réel du royaume d'Italie en communes largement autonomes. La lutte menée à la fois par la ligue et par le pape contre les prétentions impériales est à l'origine de la division de l'Italie entre guelfes et gibelins au XIIIe siècle.

JEAN-MARIE MARTIN

LION BRITANNIQUE

Symbole souvent employé pour manifester la force d'un homme, comme le guerrier, ou celle d'un clan (le lion de Juda), le lion préside à la création de l'héraldique, peu avant 1130. Fait chevalier en 1128 par son beau-père Henri Ier Beauclerc (ou le Lion), roi d'Angleterre, le futur comte d'Anjou Geoffroi, qui sera dit Plantagenêt par la suite, reçoit un écu et des vêtements ornés des armes d'azur à six lions d'or. Son fils, le roi d'Angleterre Henri II, eut sans doute deux lions comme armes, de même que ses petits-fils Richard Cœur de Lion et Jean sans Terre. Le premier d'entre eux prit trois lions, passant l'un sur l'autre, dès 1198 : avec leur tête de face, ils sont souvent nommés léopards à partir de 1250 environ, mais les auteurs britanniques continuent à les décrire comme *three lions passant guardant in pale, or*. Jean sans Terre ayant copié son aîné, tous les rois d'Angleterre ont gardé ces armes, les unissant avec celles d'Écosse et d'Irlande. L'Écosse possède aussi un lion, en position normale, la tête de profil, à l'intérieur d'un double trescheur fleurdelisé. Le lion couronné sert encore de cimier à la couronne du roi (ou de la reine) du Royaume-Uni de Grande-Bretagne et d'Irlande du Nord ; il est passant en Angleterre, mais assis, tenant épée et sceptre en Écosse. L'écu royal est soutenu par un lion couronné, symbole de l'Angleterre (à dextre en Angleterre, à senestre en Écosse) : il fait face à la licorne d'Écosse.

HERVÉ PINOTEAU

LIS FLEURS DE → FLEURS DE LIS

LIT DE JUSTICE

À l'origine, le lit de justice, ou lit de parement, était le lieu de la chambre royale où le roi recevait lors des séances solennelles. Plus tard, le terme a désigné à la fois le trône du roi au parlement de Paris, quand il y présidait une séance, et la séance elle-même.

Au milieu du XIIIe siècle, et sous l'influence de Saint Louis, le Conseil du roi s'est scindé, et la cour de justice qui en émane acquiert un siège fixe, reçoit le nom de parlement, fait de plus en plus appel à un personnel de légistes. Principale juridiction à laquelle le roi délègue l'exercice de sa justice, le parlement a aussi un rôle législatif et politique : il enregistre les ordonnances royales et peut adresser des remontrances si les décisions du roi lui semblent « contraires à la raison » ou aux intérêts de la couronne. Le roi peut passer outre. Il y a tenue du lit de justice quand le roi est personnellement présent en son parlement soit pour rehausser la solennité d'une séance, soit le plus souvent pour imposer son autorité aux magistrats qui ont présenté les remontrances ; en ce cas, et sans qu'il y ait délibération, il donne ordre « de sa bouche » au greffier d'enregistrer l'ordonnance. Les remontrances du lit de justice ont souvent infléchi et tempéré la politique royale ; à partir du XVIe siècle, elles ont souvent manifesté le conflit entre l'autorité royale et la puissance politique croissante du parlement qui prétend constituer un pouvoir distinct, représentant en face du roi les intérêts de la nation, et qui réclame une participation effective au pouvoir souverain.

PIERRE-ROBERT LECLERCQ

LIVRE

Unité de poids dont la valeur est variable, la livre servit très tôt d'unité monétaire dans la mesure où la taille de la monnaie fut établie d'après la livre : les sous d'or de Constantin étaient fabriqués à la taille de 72 par livre. C'est à l'époque carolingienne que fut instauré le système d'équivalence qui durera pendant tout le Moyen Âge : Charlemagne ayant décidé que l'on taillerait 240 deniers à la livre, on établit que 240 deniers, soit 20 sous, vaudraient 1 livre.

À ce moment, la livre apparaît comme une monnaie de compte dans la mesure où c'est une unité qui n'est représentée par aucune espèce monétaire ; en réalité, ce n'est qu'une commodité de langage. La livre est l'équivalent d'une quantité réelle et fixe d'espèces monétaires, de deniers tournois ou de deniers parisis, c'est une « unité numérique ».

La livre ne prend sa valeur de monnaie de compte qu'à partir du XIIIe siècle, quand apparaissent de nouvelles espèces monétaires, plus importantes que le denier, seule monnaie frappée jusqu'alors, et dont la valeur est donnée par référence à la livre, tournois ou parisis, sans tenir compte de la seule valeur intrinsèque de ces espèces nouvelles, c'est-à-dire de leur teneur en métal précieux.

La livre devient donc la mesure constante de la valeur des choses, seul élément constant quand les espèces monétaires changent de valeur suivant la conjoncture économique, l'afflux ou la raréfaction du métal précieux. Ce caractère de monnaie de compte devient absolu avec la démonétisation du denier qui, à partir du XIVe siècle, tend à devenir une simple monnaie d'appoint.

En 1667, la livre parisis disparut et seule demeura la livre tournois qui valait 0,987 franc. L'adoption du système métrique eut pour conséquence que le franc remplaça la livre.

JEAN DÉRENS

LOI BURGONDE

C'est à l'initiative du roi Gondebaud (474-516) que fut promulguée la loi burgonde, d'où le nom qui lui fut donné dès le haut Moyen Âge : *lex Gundobada* (« loi gombette »). La loi réunit des constitutions des premiers rois burgondes et de Gondebaud lui-même. Le recueil fut soumis avant sa promulgation à l'approbation des Grands. La date exacte du texte primitif est inconnue. Cette première version reçut des constitutions nouvelles dont deux sont datées de 501 et 502, et une de 517 (de Sigismond, fils et successeur de Gondebaud). Le texte, dans son dernier état, comporte cent huit titres. Il y fut ajouté un appendice dans un plaid tenu à Ambérieu, à une date inconnue, mais très probablement sous le règne du dernier roi burgonde Godomar (523-534). La loi gombette contient à la fois des dispositions d'origine germanique, comme le serment purgatoire ou le duel judiciaire, et des emprunts au droit romain. On y trouve quelques textes pris au Code Théodosien. Malgré l'annexion du royaume burgonde au royaume franc, en 534, la loi burgonde continua à être appliquée dans l'ancien territoire burgonde, cependant, privée du support d'une autorité politique, son importance déclina peu à peu. Au milieu du IXe siècle, l'archevêque de Lyon, Agobard, en demandait encore l'abrogation en raison de la place qu'elle faisait au duel judiciaire, mais il reconnaissait qu'elle n'était utilisée que par très peu de personnes. Au Xe siècle, des chartes de Cluny en font toujours mention, mais sans que cela prouve sa survie réelle.

JEAN GAUDEMET

LOI DES WISIGOTHS

L'expression « loi des Wisigoths » désigne la législation applicable à la population wisigothique qui s'est établie sur une partie de la Gaule du Sud et de l'Espagne, par opposition à la « loi romaine des Wisigoths » ou « Bréviaire d'Alaric », compilation faite sur ordre d'Alaric II et promulguée en 506, qui reprenait des textes de droit romain tardifs. Une première législation wisigothique fut rédigée sous le règne d'Euric (455-484) probablement entre 469 et 476-477. Une partie seulement nous est parvenue (cf. A. d'Ors, *El Código de Eurico*, Rome-Madrid, 1960). Le « code d'Euric » régit pendant un siècle et demi la population wisigothique, mais, après la conversion des Wisigoths de l'arianisme au catholicisme sous Reccared, une révision législative s'avéra nécessaire. Elle fut entreprise par Chindaswind (642-652), qui prescrivit que désormais la législation serait la même pour tous ses sujets et que le droit romain, comme tel, ne pourrait plus être allégué. Le fils de Chindaswind, Receswind (652-672), fit publier en 654 un code en douze livres – comme celui de Justinien – qui reprenait une partie du code d'Euric, des constitutions de Chindaswind, de Reccared et de

Receswind lui-même. Le recueil nous est parvenu par un manuscrit du VIIIe siècle qui le qualifie *Liber judicum*. Ce texte fut par la suite complété par les rois Erwig (680-687), Ejica (687-700) et Witiza (700-710). Dans sa forme définitive, la loi des Wisigoths ne date donc que du début du VIIIe siècle (Karl Zeumer éd., *Leges wisigothorum*, 1902). Sous le nom de *Forum judicum*, la législation wisigothique resta en vigueur dans les provinces du nord de l'Espagne qui échappèrent à la conquête arabe. Ferdinand III de Castille et de León (1229-1234) la fit traduire en castillan sous le nom de *Fuero de Córdoba*.

JEAN GAUDEMET

LOI SALIQUE

À l'époque franque, les Francs Saliens, comme beaucoup d'autres peuples barbares, ont un code de procédure judiciaire et un code pénal, la loi salique, qui est pour l'essentiel un tableau des amendes compensatrices de crimes.

Cette loi excluait les femmes de la succession tant qu'il restait des héritiers mâles et cette pratique fut étendue à la succession de la couronne de France : en 1316, Louis X le Hutin meurt, laissant un fils posthume qui ne vit que quatre jours, et une fille ; en 1322, Philippe V ne laisse pas d'héritier mâle. Puis, en 1328, le roi d'Angleterre Édouard III, petit-fils par sa mère de Philippe le Bel, se pose en candidat contre Philippe de Valois, neveu de celui-ci par son père. Chaque fois, des assemblées de nobles, d'ecclésiastiques, de bourgeois et d'universitaires soutiennent le roi adulte contre de jeunes filles, puis le Français contre l'étranger, ce qui est l'origine officielle de la guerre de Cent Ans. Lorsque s'éteint la dynastie des Valois en 1589, Philippe II d'Espagne essaie d'imposer la fille qu'il a eue d'Élisabeth de France, fille de Henri II, contre le roi Henri IV. Mais l'arrêt du parlement de Paris de 1593 déclare nuls les traités conclus par cette princesse étrangère « comme faits au préjudice de la loi salique et autres lois fondamentales du royaume ». C'est fonder en droit l'exclusion des princes étrangers, c'est aussi la première fois qu'est mentionnée la loi salique à propos de la succession au trône.

ANNE BEN KHEMIS

LOMBARDS

Le peuple lombard, l'un des derniers immigrés au haut Moyen Âge en territoire romain, est connu depuis le Ier siècle de notre ère sous le nom de *Langobardi*, devenu après le Ve siècle *Longobardi* par étymologie populaire, et finalement *Lombardi* par syncope au XIe siècle. En français, l'usage ne s'est pas encore imposé de distinguer les *Longobards*, envahisseurs germaniques du VIe siècle, et les *Lombards*, habitants de la Lombardie, comme le font les Italiens : d'où une ambiguïté assez incommode. Le présent article n'étudie les Lombards qu'au premier sens du mot.

Les Lombards appartiennent par la langue au rameau westique des peuples germaniques, et plus précisément au sous-groupe des « Germains de l'Elbe ». Leur nom signifie sans doute « les longues barbes ». Leurs origines sont connues par les géographes romains, qui se bornent à noter leur présence au début de notre ère à proximité de l'Elbe inférieure, et par des traditions nationales tardivement rédigées (*Origo gentis Langobardorum*, milieu du VIIe siècle ; *Histoire des Lombards* de Paul Diacre, écrite vers 770-790, etc.), en partie calquées sur celles des Gots (Goths), qui prétendent avoir pour berceau la Scandinavie.

Les migrations

La sagesse commande de ne pas faire remonter l'histoire des Lombards au-delà de leur affrontement avec Tibère près de l'Elbe. Ils demeurèrent dans cette région pendant la majeure partie du Ier siècle. Au IIe siècle, parallèlement au mouvement d'une série de peuples ostiques, ils s'enfoncèrent dans l'intérieur du continent européen.

On les retrouve, en effet, vers 167, au contact des armées romaines en Pannonie (Hongrie actuelle). Ils restèrent dans les mêmes parages jusqu'au Ve siècle. En 489, ils sont signalés comme envahisseurs de l'ancien pays des Ruges, la Basse-Autriche, où ils s'établirent pendant une quarantaine d'années. Ce n'est encore qu'un peuple de second plan, dont les sources parlent peu. Leur première participation vraiment active aux invasions est l'occupation de la province romaine de Pannonie Ire (Hongrie occidentale), sans doute en 527. Un autre groupe germanique, les Gépides, tenta de leur disputer la maîtrise du Danube moyen ; les Lombards l'écartèrent et occupèrent en 546 la Pannonie IIe, autour de Sirmium (Mitrovica) et de Singidunum (Belgrade). Dans la steppe pannonienne, ils se muèrent en un peuple cavalier.

Tenant une position clef de l'Europe centrale, ils commencent à jouer un rôle diplomatique. Leur amitié est sollicitée tour à tour par l'Empire romain d'Orient, les Ostrogoths d'Italie et les Francs, dont le protectorat s'étend alors à la Bavière. Le premier l'emporte en général, grâce aux subsides qu'il distribue, mais le roi Wacho (vers 510-540) marie ses filles à trois fils de Clovis. C'est de ce moment que date la conversion des Lombards au christianisme ; peut-être, au début, certains adhérèrent-ils au catholicisme, mais la masse devint arienne au plus tard vers le milieu du VIe siècle. Sous le roi Audoin, les Lombards passèrent à la solde de Constantinople ; à ce titre, ils coopérèrent à l'écrasement des Ostrogoths ; depuis lors, ils restèrent hantés par les richesses de l'Italie reconquise par Justinien.

Or, un peuple nomade venu d'Asie centrale, les Avars, qui avait été l'allié des Lombards contre les Gépides, exerça bientôt une pression sur le bassin pannonien. En 568, le roi lombard Alboin, conscient du danger, conclut avec le Khagan avar Baïan un traité remarquable : les Lombards abandonnaient la Pannonie aux Avars, se réservant toutefois la possibilité d'y revenir pendant les deux cents ans à venir s'ils en avaient besoin. Puis tout le peuple, entraînant quelques Bulgares, des Saxons, les débris des peuples germaniques de tous ordres qui avaient vécu en Pannonie, et même les derniers restes des provinciaux romanisés, se mit en route vers l'Italie. Les défenses du *limes* de Frioul furent forcées au printemps 568.

Cette migration, qui est proprement la dernière grande invasion germanique, est d'une importance majeure pour l'histoire européenne. Le bassin moyen du Danube,

L'Italie lombarde à la fin du VIe siècle (d'après L. Musset).

jusque-là plaque tournante des relations entre le monde méditerranéen et l'Europe du Nord est abandonné à un peuple fermé à la civilisation, qui l'occupe deux siècles et demi en effaçant toutes les traces de Rome. Le monde baltique et scandinave tombe dans l'isolement, tandis que, derrière le fer de lance avar, la migration slave commence à recouvrir la moitié orientale du continent. De leur côté, les Lombards abordent l'Italie, cœur du monde romain, sans qu'aucun épisode préalable les ait préparés à comprendre les valeurs de la civilisation antique : plus qu'aucune autre, leur invasion y a revêtu l'aspect d'une catastrophe.

Les défenses frontalières enfoncées, l'armée d'Alboin se répandit dans tout le nord de la péninsule, mais le plus souvent sans enlever les villes et les places fortes, qui se défendirent avec acharnement, certaines pendant plusieurs générations. L'arrivée des Lombards provoqua un sauve-qui-peut dans la plaine du Pô, et les Romains se précipitèrent vers deux refuges : les îlots des lagunes côtières de Vénétie (c'est l'origine lointaine de Venise et de ses satellites) et la côte ligure autour de Gênes. En 572, Alboin réussit à emporter Pavie, qui deviendra plus tard la capitale lombarde, mais il échoua dans son entreprise essentielle, la conquête de la ville impériale, Ravenne : les Byzantins s'y accrochèrent jusqu'en 751.

L'installation en Italie

Durant les premiers temps de leur présence en Italie, les Lombards errèrent sans plan précis dans toutes les directions où un butin s'offrait. Des bandes s'infiltrèrent en Gaule à travers les Alpes et causèrent des dégâts sensibles en Provence ; les Francs les refoulèrent définitivement en 576 et imposèrent aux Lombards un tribut qui fut payé de 584 à 618. D'autres « armées » se faufilèrent entre les postes byzantins qui gardaient la route militaire de Rome à Ravenne et s'établirent dans les bassins de l'Apennin – notamment à Spolète – et de la Campanie intérieure, en particulier à Bénévent. Privés jusqu'au milieu du VIIIe siècle de continuité territoriale avec les Lombards du Nord, ceux du Sud constituèrent des duchés autonomes dont l'histoire se distingue de celle des rois de Pavie.

Pendant cette période, les Lombards ne se préoccupèrent pas d'instaurer un État organisé en Italie. De 574 à 584, ils se passèrent même de souverain et se contentèrent de trente-cinq ducs commandant à autant d'armées vaguement confédérées. Cet interrègne permit aux défenses byzantines de se consolider autour de Ravenne, de Rome, de Naples et de Gênes ; il y eut même vers 590 une éphémère contre-offensive, tandis qu'une diplomatie de subsides cherchait à acheter quelques chefs. Les territoires restés à l'Empire furent regroupés sous un exarque résidant à Ravenne et formèrent l'exarchat, couramment appelé *Romania* (d'où le nom de la province de Romagne).

Ces années furent dévastatrices pour l'Italie. Alors que les autres conquérants germains s'étaient en général introduits dans l'Empire sous le couvert d'un traité en forme (*foedus*) qui les avait amenés à respecter les situations acquises et notamment celle de la classe dirigeante, les Lombards s'attaquèrent de front à l'aristocratie sénatoriale et à l'épiscopat catholique qui furent ruinés et, pour un temps, éliminés physiquement. La plupart des Romains furent réduits à la situation de paysans attachés à la glèbe (*coloni*). Les bandes lombardes (*farae*, mot qui servit dans beaucoup de toponymes) se fixèrent dans des résidences rurales (*salae*) qu'elles exploitèrent tout en jouant le rôle de garnisons (*arimanniae*).

Un comportement moins purement destructeur ne se manifesta qu'avec le roi Authari, élu en 584, et plus encore avec son fils Agilulf (590-616). Ce dernier fut vraiment, avec sa femme, la Bavaroise Théodelinde, l'organisateur du royaume. Son palais de Monza, près de Milan, vit renaître une certaine activité intellectuelle (en latin) ; surtout, le souverain se convertit en 607 au catholicisme, ce qui, en dépit des réticences de beaucoup de Lombards, devait conduire à une réconciliation des conquérants et des sujets. Arioald, second successeur d'Agilulf, fixa en 626 la capitale à Pavie et donna au gouvernement une forme bureaucratique, imitant d'assez loin l'exemple byzantin. Rothari (626-652), qui fut élu ensuite, enleva Gênes à l'Empire et, en 643, codifia en latin le droit lombard (« édit de Rothari »), droit qui témoigne d'un remarquable archaïsme.

Ainsi, au début du VIIe siècle, les Lombards sont stabilisés. Ils ont mis en place un peu partout un encadrement administratif (les ducs et les *gastaldi*) et des colonies de soldats (*arimanni*). Le peuplement proprement dit, que l'on étudie essentiellement grâce à la toponymie (par exemple, aux noms en *-engo*) s'étend surtout au centre de la plaine du Pô – la Lombardie actuelle –, en Émilie, en Toscane et en Campanie intérieure. Les apports linguistiques sont importants : on évalue à deux cent quatre-vingts mots le vocabulaire d'origine lombarde de l'italien moderne ; ils concernent la guerre, le droit et l'administration. Le lombard cessa d'être parlé probablement dans la première moitié du VIIIe siècle.

Comme dans toute l'Europe barbare, on constate l'adoption d'un nouveau style artistique, notamment en orfèvrerie, mais il est souvent difficile de démêler l'apport lombard de celui des Gots, et le trésor royal de Monza montre avant tout des emprunts faits à Byzance.

Un État dualiste

Romains et Lombards s'opposèrent principalement sur le terrain de la religion. L'arianisme lombard fut la dernière manifestation de cette hérésie, disparue partout ailleurs depuis la conversion des Visigots (Wisigoths) en 587. Au début, un seul évêque arien était sans doute attaché à l'armée, puis il y en eut un dans chaque cité de garnison, généralement établi dans un quartier à part. Presque tout le VIIe siècle se passa en luttes d'influence, parfois armées, entre catholiques et ariens.

La royauté oscilla à maintes reprises, ou se divisa ; les rois Arioald et Rothari furent des ariens zélés, mais Gundperga, femme de ce dernier, était catholique. Aripert (653-661) revint au catholicisme et entraîna cette fois la majorité de ses sujets ; le catholicisme qu'il choisit ne fut pas celui de l'empereur et du pape mais la religion schismatique dont l'Église d'Aquilée en Frioul avait pris la tête en 507.

L'orthodoxie triompha enfin avec Perctarit (671-678) et les sièges épiscopaux furent rétablis ; toutefois, les relations avec Rome, ville byzantine presque constamment encerclée par les troupes lombardes, restèrent difficiles. Cependant, le ralliement des élites romaines fut complet : il éclate dans les vers dithyrambiques de l'épitaphe du roi Cunincpert, fils de Perctarit, mort en 700 après avoir mis fin au schisme d'Aquilée.

L'État lombard de l'époque catholique est un État dualiste où Lombards et Romains coexistent, chacun demeurant soumis à son droit propre. La direction politique et militaire appartient à l'élément lombard qui jouit d'un grand prestige et impose son onomastique. L'Église et les bureaux sont la chose des Romains, qui y font régner une régularité et des méthodes de travail (recours aux actes écrits) inconnues, par exemple, de la Gaule mérovingienne. Grâce à ces bureaux, l'État exerce un contrôle unique en Occident sur la vie économique et surtout sur le commerce extérieur. Dans la mesure de ses moyens, l'État lombard reste aussi totalitaire que l'était le Bas-Empire. Sous l'influence des Romains, le droit lombard perd au VIIIe siècle quelques-uns de ses traits les plus archaïques (lois de Ratchis en 746, l'Aistulf en 755).

Mais beaucoup d'institutions apparaissent peu évoluées, et d'abord la royauté. Les Lombards n'ont pas de dynastie stable ; la couronne est déférée par l'élection des ducs de l'Italie du Nord à l'un d'entre eux, et il arriva une fois, en 661, qu'elle échut à un duc de Bénévent, Grimoald. Aucune famille ne réussit à consolider son pouvoir, sinon un temps celle, bavaroise, de la reine Théodelinde. Il advint même que le royaume fut partagé entre deux frères.

Comme chez les Francs, se tient annuellement, le 1er mars, une assemblée du peuple, au cours de laquelle ont lieu les élections royales et la promulgation des lois. L'administration locale garde pour cadre les cités romaines, mais à la tête de chacune est placé un duc lombard, doté d'une large autonomie, et dont le pouvoir se transmet parfois de manière héréditaire. Les duchés du Nord sont regroupés en trois grandes circonscriptions : l'Austria à l'est, la Neustria de Milan aux Alpes occidentales, et la Tuscia sur l'Apennin et en Toscane.

Après le milieu du VIIe siècle, la civilisation évolue rapidement. Les monastères sont reconstitués et d'importantes bibliothèques se créent. En 614, Agilulf avait accueilli à Bobbio, au sud de Pavie, les moines irlandais de saint Colomban, dont l'influence fut considérable et auxquels vinrent se joindre de nombreux Italiens. En 718, le Mont-Cassin, brûlé par un raid lombard en 577, est restauré et sert de guide spirituel au duché de Bénévent. Au VIIIe siècle, l'Italie lombarde donne naissance à un auteur de premier plan, le Frioulan Paul Warnefrid (Paul Diacre), hagiographe, poète et surtout historien de son peuple avant de devenir l'un des artisans de la renaissance carolingienne. Ce qui a été sauvé des catastrophes du VIIe siècle suffira à faire de l'Italie lombarde l'éducatrice du reste de l'Europe au temps de Charlemagne.

L'histoire politique après Perctarit acquiert un caractère plus ordonné. Pour la première fois depuis la conquête, elle est dominée par les problèmes d'administration et les relations extérieures.

Le succès des Lombards en Italie avait, en effet, attiré bientôt des imitateurs : d'abord les Avars qui, jusqu'à leur destruction par Charlemagne, firent des tentatives répétées pour envahir et piller le nord-est du pays ; puis, sur leurs traces, les Slaves, qui s'infiltrèrent plus pacifiquement sur les confins du Frioul et tentèrent même des débarquements sur la côte adriatique. Enfin les Bavarois qui, pendant que les Lombards étaient retenus par les défenses byzantines des Alpes, s'introduisirent dans le Haut-Adige. Dans l'ensemble, néanmoins, les Lombards surent garder la péninsule à l'abri de nouvelles invasions.

Il ne régnait pas pour autant en Italie un esprit pacifique. Une tension constante existait avec les enclaves byzantines et avec la papauté, qui se substituait dans le gouvernement de Rome à l'Empire défaillant. L'État lombard garda jusqu'au bout une attitude agressive et méfiante. Comme dans l'Empire d'Orient, un contrôle méticuleux était exercé au passage des frontières (notamment aux cols des Alpes) et il fallait aux sujets du roi de Pavie des autorisations spéciales pour entrer en contact avec l'étranger. Toute la chrétienté en souffrait, à cause des entraves mises au pèlerinage de Rome. Aussi le royaume n'exerça-t-il guère de rayonnement. Le seul pays où il eut une influence sérieuse fut la Bavière, désireuse de se dégager du protectorat franc et à laquelle nombre de rois lombards des VIIe et VIIIe siècles étaient rattachés par des liens de famille.

La fin du royaume lombard

Le problème principal fut celui des rapports des souverains lombards et du pape. Un concile de 698 mit fin aux séquelles du schisme d'Aquilée. Aripert II restitua à Jean VII les biens de l'Église romaine confisqués jadis par Rothari. Liutprand (712-744) encouragea Rome à se séparer de Byzance, qui inclinait vers l'iconoclasme, et en profita pour occuper un instant Ravenne. Mais les choses prirent un tour plus grave quand le problème romain interféra avec celui des relations franco-lombardes. Celles-ci étaient depuis longtemps pacifiques – il n'y avait pas eu de guerre depuis 670 –, quoique Liutprand eût ouvertement contrecarré la politique de Charles Martel en Bavière. Le maire du palais, suffisamment occupé ailleurs, préféra demeurer fidèle à l'amitié lombarde et fit la sourde oreille quand le pape Grégoire III, en 739-740, tenta de l'intéresser à ses affaires en dénonçant Liutprand. Vers 737, le fils de Charles, Pépin, était même devenu en quelque sorte le filleul du roi lombard et les deux armées collaborèrent en Provence contre les musulmans.

Aistulf (749-756) porta à son faîte la puissance lombarde en conquérant en 751 tout ce qui restait de l'exarchat (mais non la Vénétie). Il voulut alors prendre la dernière ville d'Italie centrale qui lui échappât, Rome. Le pape Étienne II fit appel à Pépin le Bref. Le roi franc, qui était lié à la papauté par une dette de reconnaissance depuis que celle-ci avait entériné la déposition des Mérovingiens, se décida à rompre avec les Lombards. En 754, après un voyage du pape en Gaule, Pépin attaque : par le Mont-Cenis, il envahit la Lombardie et bloque Aistulf dans Pavie. Le roi lombard cède, promet de respecter le pape et de verser un tribut. Sitôt Pépin retourné en Gaule, Aistulf encercle Rome, Pépin revient devant Pavie en 756 et force Aistulf à rétablir la paix de 754 ; de plus, l'exarchat est donné au Saint-Siège et Rome passe en fait sous le protectorat franc. Pour les Lombards, c'est le commencement de la fin.

Le dernier épisode se joue sous le roi Didier (756-774). Pour secouer la tutelle franque, ce souverain tente de se rapprocher de Byzance, de jouer la carte bavaroise – le duc Tassilon est en rébellion chronique contre les Francs – ou de tirer parti des dissensions entre Charlemagne et sa famille. En vain Charlemagne, qui avait d'abord épousé la fille de Didier, la répudie en 771 et envahit l'Italie en 773. Comme deux fois déjà, l'expédition se résume en un siège de Pavie. La ville capitule en juin 774, Didier est déporté en Gaule, son fils Adelchis fuit à Constantinople et essaye, sans succès, de faire intervenir les Grecs.

C'est la fin de l'indépendance lombarde, non toutefois celle de l'État. Charlemagne devient le roi des Lombards et laisse en place la plupart des institutions, mais les colonise par l'envoi de fonctionnaires et de soldats francs ; des vassaux royaux sont installés aux points stratégiques. Le droit lombard reste en vigueur et le pays a le sentiment d'une union personnelle plus que d'une annexion. En 781 même, Charles donne nominalement aux Lombards un souverain, son second fils, l'enfant Pépin ; mais il garde, en fait, toute l'autorité pour lui-même.

Le royaume de Pavie se rapproche alors très rapidement du reste du monde carolingien. Il s'éloigne tant du passé authentiquement lombard qu'en 817 il prend le titre antiquisant de « royaume d'Italie ». Mais les habitants de l'Italie du Nord continuent à se proclamer Lombards, à professer la « loi lombarde », qui fut appliquée jusqu'au XIIe siècle. Et finalement, le cœur de l'ancien royaume prendra le nom de Lombardie.

Le dernier conservatoire de l'originalité lombarde fut le duché le plus méridional. Spolète avait été annexée par Charlemagne. Bénévent réussit, malgré plusieurs expéditions franques, à garder son autonomie et ses ducs héréditaires en manœuvrant habilement entre les Carolingiens, les Grecs et bientôt les Sarrasins. Tantôt unie, tantôt, et plus souvent, divisée, avec des ducs à Bénévent, à Salerne (depuis 849) et enfin à Capoue, l'Italie méridionale lombarde parvint à préserver ses traits essentiels jusqu'à la conquête normande du XIe siècle, qui mit définitivement fin à l'existence de cet État relique. Capitale d'un État faible, dirigé par une aristocratie turbulente, refuge d'institutions archaïques, dont l'isolement est caractérisé par l'emploi d'une écriture à part, Bénévent fut, cependant, un centre de civilisation nullement négligeable. La chapelle palatine de Sainte-Sophie, imprégnée d'idées byzantines, en est la meilleure illustration.

LUCIEN MUSSET

Bibliographie

C. Barni, *La Conquête de l'Italie par les Lombards*, Albin Michel, Paris, 1975 / C. P. Bognetti, « Sul tipo e il grado di civiltà dei Longobardi in Italia », in *Art du haut Moyen Âge dans la région alpine*, Olten, 1954 / *I° Congresso internazionale di studi longobardi*, Spolète, 1951 / J. Gay, *L'Italie méridionale et l'Empire byzantin*, Paris, 1904 / L. M. Hartman, *Geschichte Italiens im Mittelalter*, t. I, 2e éd., Gotha, 1923 / T. Hodgkin, *Italy and Her Invaders*, Oxford, 18801899 / Paul Diacre, *Historia Langobardorum*, in *Monumenta Germaniae Historica, Scriptores*, 1878 / R. Poupardin, *Étude sur les institutions politiques et administratives des principautés lombardes de l'Italie méridionale*, Paris, 1907 / *Problemi della civiltà e dell'economia longobarda*, Milan, 1964 / H. Taviani-Carozzi, *La Principauté lombarde de Salerne IXe-XIe siècle : pouvoir et société en Italie lombarde méridionale*, 2 vol., École française de Rome, 1991.

LOTHAIRE Ier (795-855) empereur d'Occident (840-855)

Fils aîné de Louis le Pieux et d'Irmingarde. Dès 814, son père lui confie le gouvernement de la Bavière. En 817, à vingt-deux ans, Lothaire est associé à l'Empire et déclaré seul héritier. Cette décision influera sur toute sa politique. Louis le Pieux, veuf, s'étant remarié avec Judith, dont il a un fils, le futur Charles le Chauve, Lothaire est envoyé en Italie. Il s'installe à Pavie, est sacré empereur par Pascal Ier et soumet la papauté à son autorité (Règlement de 824). La même année, il introduit en Italie les réformes scolaires et prévoit l'établissement de plusieurs centres de culture (capitulaire d'Olonna).

Bien qu'il ait été choisi comme parrain du jeune Charles, il fait vite figure d'opposant à Judith et à son clan. En Italie, il prépare, en 829, une révolte contre son père, et il y associe ses deux autres frères, Pépin et Louis. Mais l'empereur Louis le Pieux reprend l'initiative en 831 et prévoit un partage de ses États dans lequel le jeune Charles a sa part. En 833, Lothaire se révolte à nouveau, appuyé par une partie du haut clergé et même par le pape Grégoire IV. Louis le Pieux, qui a été abandonné par les siens au « champ du mensonge », en Alsace, doit faire pénitence publique à Soissons. Lothaire apparaît comme le seul détenteur de l'autorité impériale. Mais cette fois son attitude scandalise ses frères et, ayant demandé pardon à son père, il doit retourner en Italie. Après la mort de son frère Pépin, Louis le Pieux et Judith reconsidèrent le partage ; Lothaire est invité à défendre les intérêts de son filleul.

Après la mort de Louis le Pieux, en 840, Lothaire revendique toute la succession et décide d'occuper les parts de Charles et de Louis dit le Germanique. Les deux frères forment une alliance et battent les troupes de Lothaire à Fontenoy-en-Puisaye (juin 841), bataille qui est considérée comme un « jugement de Dieu ». À Strasbourg, les deux frères se prêtent mutuellement serment (842), puis gagnent Aix-la-Chapelle, la capitale de Lothaire. Ce dernier est forcé d'accepter l'idée d'un partage de l'Empire. Après de nombreuses discussions, il est décidé à Verdun, en 843, que Lothaire aura les territoires compris entre les parts de Charles et de Louis allant de la Frise à l'Italie centrale, comprenant les deux capitales d'Aix et de Rome. En tant qu'aîné Lothaire gardait le titre impérial.

Installé à Aix, Lothaire envoie son fils aîné Louis et son oncle Drogon en Italie. Le pape Serge II sacre Louis roi et souhaite voir les trois frères pratiquer une politique d'entente. Des conférences périodiques sont organisées soit pour coordonner la résistance aux Normands, soit pour susciter des réformes. Les trois frères se rencontrent à Uutz, près de Thionville (oct. 844), à Meersen, près de Maastricht (févr. 847), dans le même endroit en mai 851. Mais cette « politique de confraternité » ne donne pas grands résultats. Lothaire se considère toujours comme le seul détenteur de l'autorité. En 850, il fait couronner son fils Louis empereur. À la fin de sa vie, il se rapproche de Charles le Chauve contre Louis le Germanique. En février 854, Lothaire et Charles concluent à Liège une alliance solennelle et mettent leurs forces en commun pour lutter contre Louis et contre les Normands.

Se sentant malade, Lothaire prépare sa succession entre ses trois fils : Louis, l'empereur, a l'Italie ; Lothaire II, les régions comprises entre Frise et Jura, c'est-à-dire la future Lotharingie ; Charles, le reste. Lothaire Ier se retire au monastère de Prüm, où il meurt à soixante ans.

PIERRE RICHÉ

LOTHAIRE III DE SAXE (1075-1137) empereur germanique (1125-1137)

Élu roi de Germanie et empereur germanique en 1125, Lothaire de Supplinburg l'emporta sur les héritiers d'Agnès (sœur du dernier empereur, Henri V, mort sans enfants), c'est-à-dire Frédéric de Hohenstaufen, son fils d'un premier mariage, et Léopold de Babenberg, margrave d'Autriche, son deuxième mari. Pendant le règne de Henri V, qui l'avait fait duc de Saxe en 1106, il avait été le chef du parti d'opposition, donc le principal représentant du parti grégorien en Allemagne. Tout au long de son règne, il se montra très respectueux des droits que l'Église se réservait.

Par le mariage de sa fille unique, Gertrude, avec l'héritier du duché de Bavière, Henri le Superbe, de la famille des Welf, il fonda la puissance du parti guelfe, soutien de la papauté contre la dynastie des Hohenstaufen. Conseillé par Bernard de Clairvaux et par Norbert, fondateur de l'ordre de Prémontré, Lothaire reconnut Innocent II, l'un des papes élus en 1130, et réunit une petite armée pour l'installer dans Rome (1133) où il fut lui-même couronné empereur. Innocent II lui donna en fief les terres que la margravine Mathilde de Toscane avait léguées au Saint-Siège, avec droit de succession pour son gendre Henri. Il dut revenir en Italie en 1136 pour abattre la puissance des Normands qui avaient chassé Innocent II et l'avaient remplacé par son adversaire, Anaclet II. Le pape et l'empereur, qui se retrouvèrent à Bari en mai 1137, se disputèrent la suzeraineté des fiefs des Pouilles ; Lothaire décida alors de rentrer en Allemagne et mourut dans le Tyrol. Roger de Sicile réoccupa peu à peu tous les territoires qu'il avait abandonnés aux Allemands en se retirant en Sicile. Lothaire laissait la succession à son gendre Henri, mais il n'avait pas pu réduire le parti des Hohenstaufen, qui comptait de nombreux adeptes, les gibelins, du nom de la ville souabe de Waiblingen.

ANNE BEN KHEMIS

LOTHAIRE II (825 env.-869) roi de Lotharingie (855-869)

Deuxième fils de Lothaire Ier, Lothaire II reçut en partage à la mort de son père les contrées nordiques de la Francie médiane, de la Frise au plateau de Langres et au Jura, entre l'Escaut et le Rhin, tandis que son frère aîné Louis II recevait l'Italie, et son frère cadet Charles de Provence les pays entre le lac Léman et la Méditerranée. Cette division rendait particulièrement menaçants les deux royaumes des oncles de Lothaire II : celui de Charles le Chauve à l'ouest, celui de Louis le Germanique à l'est. D'abord allié de Charles le Chauve, puis de Louis le Germanique qui a envahi la Francie occidentale (858), Lothaire II s'efforce, avec l'archevêque de Reims Hincmar, de maintenir la paix entre ses oncles et voisins (assemblée de Coblence, juin 860).

Le royaume de Lothaire est particulièrement fragile du fait de l'absence d'héritier : d'où l'âpreté avec laquelle le roi cherche à obtenir son divorce d'avec la reine stérile Theutberge pour épouser sa concubine Waldrade dont il a un fils, Hugues. Le pape Nicolas Ier (858-867), à l'appel de l'archevêque Hincmar pour des raisons canoniques, de Charles le Chauve puis de Louis le Germanique qui ont intérêt à ce qu'il n'y ait pas d'héritier, casse les sentences des conciles nationaux favorables à Lothaire, qui doit se soumettre. Le pape affirme ainsi pour la première fois l'autorité suprême qu'il revendique sur les souverains.

Les oncles de Lothaire envisagent de déposer leur neveu à cause de son divorce et de se partager son royaume (868), d'autant plus tentant qu'il a été agrandi d'une partie des possessions de Charles de Provence à la mort de ce dernier en 863 (Lyonnais, Viennois, Vivarais et pays d'Uzès). Lothaire part en Italie, espérant rallier à sa cause le pape, qui fait désormais figure d'arbitre : en vain. Il meurt sur le chemin du retour, à Plaisance, et le problème de la succession sera réglé par le traité de Meersen (870). Ce roi a donné son nom à la Lotharingie ou Lorraine.

MICHEL SOT

LOTHARINGIE

À la mort de l'empereur Lothaire Ier en 855, son royaume est partagé entre ses trois fils. Le deuxième, Lothaire II, reçoit la partie septentrionale qui s'étend de la Frise au plateau de Langres et au Jura ; ce *Lotharii regnum* est à l'origine du nom de Lotharingie (en allemand *Lothringen*). Dès le début, ce royaume fut convoité par les oncles de Lothaire II, Charles le Chauve et Louis le Germanique. Lothaire II étant mort sans héritier légitime en 869, Charles se fait couronner roi à Metz, mais il doit bientôt abandonner à son frère Louis la partie orientale du royaume : Aix-la-Chapelle, Cologne, Trèves, Mayence, l'Alsace et le Jura, au traité de Meersen (870). En 879, les héritiers de Charles cèdent à Louis III le Jeune la Lotharingie occidentale (traités de Verdun et de Ribemont). En 888, Rodolphe Ier de Bourgogne tente d'annexer la Lotharingie et se fait couronner roi à Toul, mais il n'est pas soutenu par l'aristocratie et ne peut conserver que les régions méridionales (Jura). En 895, la Lotharingie est donnée au bâtard du roi Arnulf de Germanie, Zwentibold. Après la mort de ce dernier, la Lotharingie devient un duché du royaume de Germanie confié au Franconien Gebhard. L'aristocratie, qui veut garder son autonomie, fait alors appel au roi de France Charles le Simple qui annexe le duché. Mais, en 925, le roi de Germanie Henri Ier l'Oiseleur le reprend et marie sa fille à Gilbert, fils du comte Rainier de Hainaut, très puissant en Lotharingie. Gilbert devient duc de Lotharingie en 928 et le duché est définitivement intégré au royaume de Germanie. En 959, le duché est divisé en deux : Basse-Lorraine au nord (entre le Rhin, l'Escaut et la Moselle), Haute-Lorraine au sud (jusqu'aux sources de la Moselle, de la Meuse et de la Saône). À partir du XIe siècle, le nom de Lotharingie est remplacé par celui de Lorraine.

PIERRE RICHÉ

LOUIS Ier LE PIEUX ou LE DÉBONNAIRE (778-840) empereur d'Occident (814-840)

Troisième des fils de Charlemagne et d'Hildegarde, Louis le Pieux fut créé roi d'Aquitaine dès 781 par son père ; il gouverna ce pays jusqu'en 814, assisté d'excellents conseillers, tel saint Benoît d'Aniane. Ses deux frères aînés étant morts avant lui, il était le seul successeur de Charlemagne qui le couronna empereur à Aix-la-Chapelle, en septembre 813.

Instruit, considérant l'Église et l'Empire comme deux notions étroitement liées et à peine distinctes, l'Empire un appelé à être le support de l'Église une,

Louis procéda d'abord à la réforme de ces deux institutions. Couronné une deuxième fois par le pape Étienne IV, il promulgua en 817 l'*Ordinatio Imperii* qui réglait d'avance sa succession : son fils aîné, Lothaire, fut proclamé empereur et seul héritier de l'Empire ; les deux frères de celui-ci, Pépin et Louis, gouverneraient comme rois en sous-ordre, l'un l'Aquitaine et l'autre la Bavière sous l'autorité de leur père, puis sous celle de Lothaire. Cet acte célèbre constituait un compromis entre l'idée d'unité et la coutume du partage successoral de l'État franc ; il ne valait cependant que pour l'avenir ; il pouvait être modifié éventuellement.

La question se posa lorsqu'un nouvel héritier naquit à Louis le Pieux en 823 de sa seconde épouse, Judith Welf. À ce fils prénommé Charles (le futur Charles le Chauve), l'empereur chercha à assurer un établissement ; mais, très influençable et indécis, il se trouva bientôt pris entre les intrigues que nouaient au palais les partisans de l'unité (les « impérialistes ») d'une part, et ceux du retour à la coutume du partage d'autre part. À l'intérieur comme à l'extérieur de l'Empire, les causes de ce malaise s'accumulaient.

La crise éclata en 829 lorsque Louis le Pieux attribua à Charles un apanage comprenant l'Alémanie, la Rétie, l'Alsace et une partie de la Bourgogne. Dès lors le parti impérialiste complota la chute de l'empereur et son remplacement par Lothaire. Une première tentative en 830 fut déjouée de justesse par l'empereur qui réussit à attirer à lui ses fils Pépin d'Aquitaine et Louis de Bavière en leur promettant d'accroître considérablement leurs lots respectifs. Ces promesses aboutirent en 831 à la division de l'État carolingien en trois parts égales, à l'exception de l'Italie implicitement réservée à Lothaire. L'Empire en tant que tel paraissait oublié.

La situation de Louis le Pieux ne s'améliora pas pour autant. Pépin et Louis, se jugeant défavorisés par rapport à Charles, prirent les armes contre leur père et rejoignirent leur frère aîné dans la rébellion. Au « Champ du Mensonge » (au sud de Colmar), l'empereur fut abandonné par ses guerriers et se rendit lui-même à ses fils, le 30 juin 833. L'Empire échut à Lothaire qui dut cependant reconnaître à ses deux frères la plus grande partie des territoires que leur père leur avait promis en 831.

Quant à Louis le Pieux, il fut contraint, à Soissons, de prendre le costume de pénitent : on le déclara, de ce fait, incapable de gouverner à l'avenir. Cette humiliation sans précédent entraîna presque aussitôt un revirement en sa faveur ; libéré par Pépin et par Louis, il fut réconcilié par l'Église et recouronné à Metz. Toute son action consista dès lors à assurer une part d'Empire aussi importante que possible à son fils cadet. Cette part, qui s'accrut d'année en année, finit par comprendre en 839 (après la mort de Pépin d'Aquitaine) toute la partie occidentale de l'Empire, à l'ouest de la Meuse, de la Saône et du Rhône avec quelques comtés en Provence. L'Est passait à Lothaire ; Louis était relégué en Bavière. C'est lors de la tentative de soumission de ce dernier que Louis le Pieux mourut.

ROBERT FOLZ

LOUIS IV DE BAVIÈRE (1287-1347) roi des Romains (1314-1346) et empereur germanique (1328-1346)

Louis de Wittelsbach, duc de Bavière-Ingoldstadt, est élu roi des Romains en 1314, l'emportant sur Jean de Luxembourg, roi de Bohême, fils du précédent empereur, et sur Frédéric le Beau, duc d'Autriche, héritier d'Albert et de Rodolphe de Habsbourg, roi des Romains de 1273 à 1308.

Il a du mal à s'imposer, car le duc d'Autriche n'accepte pas sa défaite ; sans l'appui des confédérés helvétiques, qui battent Frédéric à Morgarten (1315), il n'aurait pu asseoir son autorité. Il réussit cependant à faire prisonnier le Habsbourg à la bataille de Mühldorf en 1322. Il est entouré de franciscains intransigeants, dont se méfient beaucoup les milieux pontificaux ; ses excentricités religieuses lui vaudront beaucoup de difficultés avec les princes allemands. Cependant en Avignon, le pape Jean XXII, qui a réservé son opinion sur l'élection de 1314, se dresse contre Louis de Bavière qu'il excommunie pour sa politique italienne, mais le roi se rend en Italie, où il accueille l'évêque Marsile de Padoue à sa cour (1327). Le *Defensor pacis*, que l'ancien recteur de l'université de Paris dédie au roi des Romains, dénie tout droit d'intervention au pape dans les affaires temporelles. Louis est couronné empereur à Rome (janvier 1328), où il tente d'installer un antipape, qui ne peut se maintenir après son retour en Allemagne (1330). Louis, dans sa lutte contre la papauté, acquiert peu à peu le concours de toutes les forces politiques de l'Empire, surtout des villes, et même celui de Frédéric de Habsbourg, nommé en 1325 corégent.

En juin 1338, les Électeurs se réunissent à Rhens pour affirmer par une loi ou *Weistum* que le pape n'a aucun droit à nommer un roi en Allemagne et que l'élu des princes est ipso facto empereur. Louis de Bavière promulgue ce code électoral sous le nom de *Licet juris utriusque testimonia* le 6 août 1338 à la Diète de Francfort, où se trouvent des représentants des villes, ainsi que ceux de la petite et de la moyenne noblesse. Il l'assortit de commentaires assez violents contre la papauté. Il hésite entre l'alliance anglaise et l'alliance française dans les premières années de la guerre de Cent Ans : cette dernière ne lui permet pas de se réconcilier avec le pape. Il mécontente d'autre part les grands et Jean de Bohême en particulier. Ceux-ci l'abandonnent enfin et élisent, en 1346, roi des Romains, Charles de Luxembourg, fils de Jean de Bohême : la guerre civile commence quand Louis de Bavière meurt.

Le règne de ce roi brouillon, souvent irréaliste, à la limite de l'hérésie, a été l'occasion pour les habitants de l'Empire de retrouver leur identité politique, car ils ont dû lutter contre les empiètements de Jean XXII et choisir entre l'anarchie et l'autorité d'un souverain qu'ils se donnaient.

ANNE BEN KHEMIS

LOUIS VI LE GROS (1081 env.-1137) roi de France (1108-1137)

Fils de Berthe de Hollande et de Philippe Ier, associé au trône en 1098 par son père qui lui avait confié les opérations militaires face aux Anglo-Normands, il doit se faire sacrer précipitamment le 3 août 1108 pour ne pas risquer la concurrence d'un fils de la seconde femme de son père, Bertrade de Montfort. Il épouse en 1115 Adélaïde de Savoie, nièce du pape Calixte II.

Sous son règne, le pouvoir royal s'affirme sur le domaine par l'élimination des seigneurs pillards d'Île-de-France : Ebbes de Roucy (1102), Enguerrand de Coucy (1117), et surtout Thomas de Marle (1130). Ce domaine est intelligemment mis en valeur suivant les conseils de Suger, abbé de Saint-Denis : création de villes neuves et privilèges fiscaux accordés aux communautés rurales contribuent à peupler l'Île-de-France. La charte de Lorris en Gâtinais servira de modèle pendant tout le XIIe siècle.

Au-delà du domaine, Louis VI essaie d'affirmer l'autorité de la justice royale dans les grands fiefs : il intervient avec succès en Bourbonnais et en Auvergne, mais il ne peut s'imposer ni en Normandie, ni en Flandre. Contre Henri Ier Beauclerc, duc de Normandie et roi d'Angleterre, il mène en vain trois campagnes pour soutenir les prétentions de Robert Courteheuse puis de Guillaume Cliton. En Flandre, il ne réussit pas davantage, après l'assassinat du comte Charles le Bon (1127), à imposer son protégé, le même Guillaume Cliton, contre Thierry d'Alsace. Ce second échec témoigne de l'existence de puissances nouvelles, les villes de Flandre, dont Louis VI n'avait pas respecté les privilèges.

Pourtant, comme dans son domaine, Louis VI saura jouer des forces socio-économiques nouvelles : il soutient l'établissement des communes urbaines en Picardie et en Flandre, comme il soutient les efforts des réformateurs grégoriens pour soustraire l'élection des évêques à l'autorité des princes, mais non à la sienne propre.

Cette politique porte ses fruits puisqu'en 1124, lorsque l'empereur Henri V, allié de Henri Ier Beauclerc son gendre, envahit la France, Louis VI obtient l'aide de tous ses grands vassaux, ce qui contraint l'empereur à se retirer sans combattre. Elle semble même remporter un succès sans précédent en 1137 : Louis VI marie son fils aîné, le futur Louis VII, à Aliénor, fille et unique héritière du duc d'Aquitaine. Le domaine royal s'étend de l'Oise aux Pyrénées, mais le divorce d'Aliénor et son remariage avec Henri II Plantagenêt (1152) devaient remettre en cause cette union contre nature du nord et du sud du royaume.

MICHEL SOT

LOUIS VII LE JEUNE (1120-1180) roi de France (1137-1180)

Fils de Louis VI et d'Adélaïde de Savoie, Louis VII le Jeune a épousé, juste avant son accession au trône, l'héritière d'Aquitaine, Aliénor. Il a alors seize ans. Il commence par écarter sa mère de la cour et gouverne avec l'excellent conseiller de son père, l'abbé de Saint-Denis, Suger. Résidant le plus souvent à Paris, il poursuit la politique paternelle de soumission et de mise en valeur du domaine royal : il multiplie les concessions de privilèges aux communautés rurales, encourage les défrichements et favorise l'émancipation des serfs ; il prend appui sur les villes en accordant des chartes de bourgeoisie (Étampes, Bourges). Hors du domaine, il soutient le mouvement communal (Reims, Sens, Compiègne, Auxerre) et surtout il soutient l'élection d'évêques dévoués au pouvoir royal.

C'est autour d'affaires d'élections épiscopales qu'éclatent les premières crises du règne : en 1138, le roi accorde son investiture pour l'évêché de Langres à un moine de Cluny et non au candidat de Bernard de Clairvaux et, surtout, en 1141, il veut imposer au siège de Bourges son propre candidat contre Pierre de La Châtre, élu du chapitre de la cité, soutenu par le pape Innocent II qui excommunie Louis VII. Pierre de La Châtre s'étant réfugié en Champagne, le roi envahit le comté et brûle Vitry (1142). Mais il doit finalement accepter l'élection de Pierre de La Châtre pour faire lever l'interdit qui pèse sur le royaume. Il se croise peu après (Noël 1145) pour répondre à l'appel de Bernard de Clairvaux et, confiant son royaume à Suger, il gagne Antioche, échoue devant Damas et rentre en France (1147-1149). C'est pendant cette expédition que serait née la brouille entre le roi et son épouse, qui devait aboutir à un divorce aux funestes conséquences pour le royaume.

Aliénor se remarie aussitôt avec Henri II Plantagenêt, comte d'Anjou et duc de Normandie, qui s'empare ainsi de l'Aquitaine, avant de devenir roi d'Angleterre en 1154. Dès lors, malgré une réconciliation passagère, les affrontements sont permanents. Ne pouvant affaiblir son adversaire, Louis VII soutient l'archevêque de Canterbury Thomas Beckett et les fils révoltés de Henri II, Henri et Richard (1173). Il faudra l'autorité du pape pour imposer à Henri II la conclusion du traité d'Ivry en 1177.

Outre l'appui des papes qu'il a soutenus contre l'empereur, Louis VII a trouvé contre le Plantagenêt l'alliance du comte de Flandre et du comte de Champagne, dont il épouse la fille, Adèle, mère de Philippe Auguste, en troisièmes noces (1160). Il meurt après quarante-trois ans de règne, ayant, comme ses prédécesseurs, associé son fils à la monarchie pour assurer la continuité dynastique.

MICHEL SOT

LOUIS IX (1214-1270) roi de France (1226-1270)

→ SAINT LOUIS

LOUIS X LE HUTIN (1289-1316) roi de France (1314-1316)

Fils aîné de Philippe le Bel et de Jeanne de Navarre, Louis X hérite d'un domaine agrandi (la Champagne et le royaume de Navarre), d'une souveraineté renforcée, mais aussi des problèmes qui ont freiné l'action de son père à la fin de son règne. Sa première femme, Marguerite, fille de Robert II duc de Bourgogne, épousée en 1305, est mêlée au scandale de la tour de Nesle. Elle meurt, étouffée dans des conditions mystérieuses, à Château-Gaillard. Louis X, aux yeux de l'opinion largement informée, apparaît plutôt comme un roi fragile et malchanceux. Son avènement favorise une recrudescence de l'agitation. En fait, face à une situation économique et politique difficile, l'apparente résignation du roi le sert. L'expansion de la société féodale (XIe-XIIIe s.) atteint alors ses limites. La crise de subsistance de 1315-1317 marque le retournement de la conjoncture. Des milliers de personnes meurent de faim dans le nord du royaume. La hausse des prix, encore accélérée par la crise, provoque un mécontentement général. Les revendications sont surtout politiques. La petite noblesse en est le moteur. Des ligues, constituées dès 1314, pays par pays, présentent leurs doléances dans de longs rouleaux. Les nobles ruinés par la hausse des prix, n'admettent pas que l'administration royale locale empiète sur leurs pouvoirs et réduise leurs finances. Plutôt que de briser la résistance, Louis X choisit de négocier. Avec habileté, il met les abus sur le compte des officiers royaux et joue sur les particularismes locaux. Il octroie ainsi une série de chartes provinciales dans lesquelles il prend soin de réserver ses droits de roi. Le mouvement, peu cohérent, est vite désamorcé.

Mais, quand Louis X disparaît de façon prématurée, deux graves problèmes ne sont pas résolus. Les grands, hostiles aux méthodes de gouvernement de Philippe le Bel, et en particulier à l'entrée des légistes au Conseil, obtiennent, en 1315, l'exécution de l'impopulaire Enguerrand de Marigny. Le roi le sacrifie à la vindicte de tous. Cependant, les grands, menés par l'oncle du roi, Charles de Valois, ne désarment pas. Ils veulent à nouveau dominer le Conseil et diriger à leur profit les affaires du royaume. Mais, surtout, Louis X est le premier Capétien à ne pas laisser d'héritier mâle. De son premier mariage, il a eu une fille, Jeanne. Le sort de la monarchie est suspendu à l'héritier qu'attend sa seconde femme, épousée en 1315, Clémence de Hongrie. Celui-ci, un garçon, Jean Ier Posthume, ne vit que quelques jours. Le problème de la succession reste ouvert. Période de réaction violente sur un arrière-plan de crise, le règne de Louis X marque le pas dans les progrès de la monarchie. Le dialogue du roi et de la nation est devenu nécessaire.

CLAUDE GAUVARD

LOUIS XI (1423-1483) roi de France (1461-1483)

Louis XI, roi de France de 1461 à 1483, fut longtemps malmené par les chroniqueurs, les historiens et l'opinion publique. De son vivant ou au lendemain de sa mort, les partisans de son père, comme Thomas Basin, évêque de Lisieux, ceux de son grand adversaire le duc de Bourgogne, Charles le Téméraire, de ses ennemis, grands seigneurs humiliés tel son beau-fils le duc d'Orléans, le futur Louis XII, le dépeignent comme un tyran cruel et sans foi. Son conseiller Commynes ne corrige que partiellement ce portrait, car s'il reconnaît au roi de grandes qualités – le sens et sagesse et la vertu ou force d'âme – il ne cache pas les défauts du roi qu'il présente comme un personnage désacralisé, « un homme parmi d'autres, un roi dur dans un monde dur » (J. Dufournet) et qu'il dépeint selon le nouveau modèle des politiques italiens de l'époque : machiavélique avant Machiavel.

Les philosophes du XVIIIe siècle voient en lui un symbole des dernières fumées de l'obscurantisme médiéval (Voltaire, Diderot) et, si les romantiques (Casimir Delavigne, Victor Hugo et surtout Walter Scott dans *Quentin Durward*) lui reconnaissent du caractère, et même du génie, c'est un génie démoniaque. Louis XI est une incarnation du Méphistophélès de Goethe.

Michelet marque un tournant dans l'historiographie de Louis XI. Certes, le roi reste un tyran « sans être pire que la plupart des rois de cette triste époque », mais il fut l'ennemi d'un mal plus grand que la tyrannie, la féodalité. Concession prudente, car le bilan du règne, pour Michelet, est largement négatif. Parce qu'il a réussi, Louis XI assoit « pour longtemps, l'admiration de la ruse et la religion du succès » et, finalement, il a servi la cause posthume de la féodalité : « La féodalité, ce vieux tyran caduc, gagna fort à mourir de la main d'un tyran. »

Déjà perce chez Michelet l'idée de la modernité de Louis XI. C'est ce que les historiens et les écrivains ou cinéastes, depuis la fin du XIXe siècle, aiment à souligner. « Le roi Louis, c'est un homme tout moderne » (P. Champion). Louis XI a le sens de l'État, de la raison d'État. À la munificence et à la fréquentation des grands, il préfère la parcimonie, les petits moyens et les petites gens. Il comprend que l'économie fait la force principale des États et s'intéresse à l'« intendance ». Il croit que la fin justifie les moyens. Il a été, à sa manière, dans son style, un maillon essentiel de la chaîne historique qui a fait la France moderne. Enfin l'image violemment contrastée imposée par J. Huizinga dans *Le Déclin du Moyen Âge* (1919) a ramené Louis XI à la norme psychologique de son époque.

Un homme complexe

Dans l'opinion publique coexiste avec l'image nouvelle de ce roi moderne celle, traditionnelle, d'un prince, d'un homme cruel et presque névrosé : l'accusation d'avoir empoisonné son père Charles VII, les ennemis enfermés dans des cages de fer, ses « fillettes », l'accoutrement modeste d'un roi qui, entiché de ses « compères », tel son barbier Olivier le Dain, « Olivier le Mauvais » comme on l'appelle, hante les tavernes et les filles, la dévotion superstitieuse d'un souverain couvert de médailles, les machinations perpétuelles de cette « universelle araigne », selon le chroniqueur bourguignon Jean Molinet, en font un traître de mélodrame.

À mi-chemin de la légende noire et de la légende dorée, Louis XI a dû être un homme complexe assez proche de celui qu'a dépeint Commynes : à la fois bon et haineux, dissimulé mais fin psychologue, méfiant mais lucide, sachant sacrifier l'accessoire à l'essentiel, encore que ce portrait soit quelque peu « rationalisé ». Enfin les contrastes, les bizarreries de son caractère et de son comportement ont pu être, autant qu'un trait d'époque et qu'un modèle littéraire du temps, la conséquence d'une nature pathologique : le docteur Bracher a soutenu que Louis XI était épileptique et a éclairé par là des aspects déconcertants de son caractère, sa zoophilie par exemple.

Par-delà la psychologie individuelle, la recherche historique aujourd'hui s'intéresse surtout au règne, et Louis XI serait alors l'homme d'un moment (reprise de prospérité parmi les décombres de la crise économique, de la guerre de Cent Ans et de la Grande Peste, montée de la bourgeoisie, face à une noblesse et à une Église désemparées, apparition de nouveaux traits culturels en grande partie italiens parmi les survivances « médiévales ») plutôt qu'un tempérament individuel. Mais c'est l'époque où l'individu se détache de la masse et Louis XI, en bien comme en mal, a subi dans l'historiographie le contrecoup de cette mutation mentale.

Le dauphin en son Dauphiné

Fils du roi de Bourges et de Marie d'Anjou, né précisément à Bourges dans l'atmosphère sombre de 1423, Louis reçoit, comme tous les enfants nobles de l'époque, une double éducation fort sérieuse : intellectuelle avec Jean Majoris, maître ès arts, licencié en droit et théologien, ami du chancelier de l'université de Paris, Jean Gerson, qui trace le programme de l'éducation du prince ; sportive et militaire avec Guillaume d'Avaugour, bailli de Touraine.

Marié, selon la coutume, très jeune, à treize ans, avec Marguerite, fille du roi d'Écosse, allié de son père contre les Anglais, il devient, à quinze ans, lieutenant général pour le Languedoc, et de ses expériences de jeunesse et d'enfance garde le souvenir concret des distances, des disparités qui s'opposent à la centralisation d'un royaume dont il n'a connu la capitale, à peine récupérée sur les Anglais, que lors d'un bref séjour en 1438.

En 1440, suivant une habitude médiévale illustrée par les fils de Henri II d'Angleterre révoltés contre leur père au XIIe siècle et, en ce XVe siècle bientôt, par Charles de Bourgogne, dit le Téméraire, contre son père Philippe le Bon, Louis adhère à la révolte des grands seigneurs contre Charles VII et les Angevins tout-puissants à la cour. Le roi mate la Praguerie. Louis, après diverses missions politiques et militaires, et la mort de sa femme qui ne lui avait pas donné d'enfant et qu'il n'aimait pas (1445), est finalement exilé par son père dans son fief du Dauphiné (1447).

Pendant dix ans, Louis administre soigneusement le Dauphiné et y fait son apprentissage de roi. « Ce dauphin en son Dauphiné, c'est déjà le roi Louis » (P. Champion). Il s'y remarie en épousant sans le consentement de son père, en 1451, à Chambéry, une enfant de douze ans, la fille du duc de Savoie, Charlotte.

Par-delà ce mariage apparaît pour la première fois le mirage italien. Les intrigues du dauphin en France n'ont pas cessé. À deux reprises, Charles VII envoie des troupes menacer son fils. La seconde fois, Louis, pris de panique, va se mettre à Genappe, en Brabant, sous la protection du duc de Bourgogne, Philippe le Bon.

Le roi et l'affermissement de la monarchie

Roi par la mort de son père Charles VII, en 1461, aussitôt sacré à Reims, Louis prend rapidement ses distances avec le duc de Bourgogne, à qui il rachète les villes de la Somme (1463). Cependant, ayant aidé le roi d'Aragon à vaincre les Catalans révoltés, il garda le Roussillon et la Cerdagne qu'il s'était fait remettre comme gage (1462-1463). Une coalition seigneuriale, la ligue du Bien public, s'étant formée contre lui avec son frère Charles de France, il la démantela par des négociations après la bataille indécise de Montlhéry (1465). Pour désarmer l'hostilité du nouveau duc de Bourgogne, Charles le Téméraire, il le rencontra à Péronne en 1468, mais la nouvelle du soulèvement des Liégeois contre le duc, imputé au roi, conduisit Louis à l'humiliation et à de dures concessions.

L'échec des opérations militaires de Charles le Téméraire (siège de Beauvais en 1472, qui donna plus tard naissance à la légende de Jeanne Hachette) ; la mort de Charles de France (1472) ; l'élimination des grands seigneurs hostiles, Armagnac, Alençon, Bourbon ; la signature avec les Anglais du traité de Picquigny qui confirmait leur renonciation à la couronne française (1475) ; les défaites par les Suisses et les Lorrains, puis la mort de Charles le Téméraire (1477) eurent pour conséquence l'affermissement de la monarchie française, débarrassée pratiquement pour toujours de la triple menace anglaise, bourguignonne, féodale. Des épisodes dramatiques, où le roi s'était révélé impitoyable, avaient marqué ces luttes. L'abaissement de la maison d'Armagnac s'était réalisé par l'assassinat du duc Jean V à Lectoure et l'emprisonnement de son fils Charles à la Bastille (1470) ; l'exécution du connétable de Saint-Pol en place de Grève avait scellé une éphémère réconciliation entre Louis et Charles le Téméraire (1475). Après la mort du Téméraire, Louis avait durement châtié les villes (destruction des murailles d'Arras en 1477 et exil en 1479 de tous les habitants de la ville rebaptisée Franchise) et les hommes (exécution du duc de Nemours) qui avaient soutenu le duc.

La succession du Téméraire est un demi-échec. Au mépris des droits de Marie de Bourgogne, seule héritière du duc et sa propre filleule, Louis, quoique battu à Guinegatte (1479), s'empare de la Picardie, du Boulonnais, du duché de Bourgogne, de l'Artois et de la Franche-Comté, acquisition que lui confirme le traité d'Arras (1482), mais il ne peut empêcher le reste des Pays-Bas de passer aux mains de Philippe, fils de Marie et de son époux, Maximilien d'Autriche : les Habsbourg sont installés aux frontières les plus vulnérables du royaume. Cependant, Louis XI, qui avait constamment et efficacement joué, dans ses intrigues italiennes, contre les Angevins, recevait de son oncle, le « bon roi » René, l'Anjou (1475) et la promesse du reste de l'héritage, Maine et Provence, effectivement réunis au royaume en 1481.

Louis XI eut, à partir de 1479, une série d'attaques. Il espérait avoir assuré sa succession, d'abord par la naissance, en 1470, d'un fils, Charles. D'autre part, il croyait avoir neutralisé deux grands seigneurs, Louis, duc d'Orléans, et Pierre de Bourbon, duc de Beaujeu, mariés d'autorité à ses deux filles. Mais, tandis que Louis, marié à Jeanne l'Estropiée, rongeait son frein (c'est le futur Louis XII), Pierre se préparait à exercer avec sa femme Anne la régence et le gouvernement pendant la minorité prévisible du dauphin Charles.

Louis XI, qui avait toujours été un roi itinérant et qui, n'aimant pas plus Paris que son père, avait surtout résidé dans les villes et châteaux de la Loire, mourut à la fin d'août 1483 après avoir lutté contre la mort par tous les moyens que lui avait suggérés sa dévotion superstitieuse : appel à l'ermite calabrais François de Paule, prières spéciales à la Vierge de Cléry et à Notre-Dame d'Embrun, apport dans sa chambre, grâce à une autorisation spéciale du pape, d'une partie du contenu de la Sainte Ampoule du sacre conservée à Reims.

Ses dernières volontés contredisent l'image d'un roi avant tout politique et moderne.

« Il voulait être enterré à Notre-Dame de Cléry et non à Saint-Denis avec ses ancêtres. Il recommandait qu'on le représentât sur son tombeau, non vieux, mais dans sa force, avec son chien, son cor de chasse, en habit de chasseur » (Michelet).

La renaissance du royaume après la guerre de Cent Ans

Surtout absorbé par la diplomatie et la guerre, Louis XI perçut toutefois l'importance de la prospérité économique pour la puissance des États. Il incita, sans succès, les nobles à répudier le préjugé de dérogeance et à pratiquer industrie et surtout commerce. Il favorisa l'introduction de nouvelles activités économiques en France (la soie à Lyon et Tours) et le développement des foires (Lyon contre Genève). Il voulut mettre une monnaie assainie au service de l'économie française en créant en 1475, une monnaie forte : l'écu au soleil.

Il chercha aussi à renforcer l'infrastructure de l'unité du royaume : essai d'uniformisation des coutumes (ordonnance de Moutils-lès-Tours, 1454), développement du système des postes datant d'un siècle. Il sut montrer beaucoup de souplesse dans la levée des impôts, l'attitude à l'égard des villes, le comportement vis-à-vis de l'Église : rompant avec la politique agressivement gallicane de son père, il conclut un concordat qui remplaça la Pragmatique Sanction, abolie en 1461, mais dont plusieurs articles furent conservés ou rétablis. Il sut aussi accepter que la « décentralisation géographique » vienne limiter la « centralisation institutionnelle » (B. Guenée).

Surtout, sans que le roi, ses conseillers, ses officiers n'interviennent, s'amorce la remontée démographique, économique, artistique de la France.

Vers 1475 s'achève « la première restauration rurale », celle qui a affecté « les anciens terroirs riches » (G. Fourquin). La spécialisation agricole fait des progrès (lin dans le Nord, chanvre dans l'Ouest, pastel en Languedoc). La draperie se répand dans les petites villes et les campagnes et une ordonnance royale la réglemente, en 1469, pour tout le royaume.

De même, la France est gagnée par l'imprimerie (Paris, 1470 ; Lyon, 1473) et, si le gothique flamboyant demeure le style dominant, la Renaissance, à l'instar de l'Italie, s'instaure lentement (miniatures et peintures de Fouquet, sculptures de Michel Colombe).

Cette France, gouvernée empiriquement par Louis XI, rate enfin pour toujours ses chances de devenir une monarchie constitutionnelle dans la ligne d'Étienne Marcel et de Caboche. Louis XI n'avait réuni – avec répugnance – les états généraux qu'une seule fois, en 1468. Au lendemain de sa mort, Pierre et Anne de Beaujeu, héritiers de sa pensée, firent définitivement échouer les états généraux de Tours (1484).

Mieux que la psychopathologie désuète de Brachet, la psychanalyse éclaircira peut-être le « curieux » personnage de Louis XI. Surtout, les méthodes de l'histoire quantitative, qui définira mieux la France de la seconde moitié du XVe siècle, celles de l'histoire des sensibilités et des mentalités, qui caractérisera plus précisément les nouveaux modèles culturels de la fin du Moyen Âge, permettront de placer Louis XI à l'abri d'anachronismes que les progrès de l'historiographie situeront plus exactement.

JACQUES LE GOFF

Bibliographie

T. BASIN, *Histoire de Louis XI*, C. Samaran éd., 2 vol., Paris, 1963-1966 ; réimpr. t. III, Les Belles

Lettres, 1972 / G. BORDENOVE, *Louis XI : le diplomate*, diff. Hachette, 1990 / A. BRACHET, *La Pathologie mentale des rois de France. Louis XI et ses ascendants*, Paris, 1903 / J. CALMETTE, *Le Règne de Louis XI*, Verviers et Marabout, Paris, 1982 / P. CHAMPION, *Le Roi Louis XI*, Paris, 1927 ; réimpr. Tallandier, Paris, 1978 / B. CHEVALIER, *Les Bonnes Villes de France du XIVe au XVIe siècle*, Aubier-Montaigne, Paris, 1982 / P. DE COMMYNES, *Mémoires sur Louis XI*, J. Dufournet éd., Gallimard, Paris, 1978 / W. DEHNE, *Die Darstellung der Persönlichkeit Ludwigs XI von Frankreich in der Literatur*, Greifswald-Erlangen, 1929 / G. DODU, « Louis XI », in *Revue historique*, vol. LVII, 1931 / J. DUFOURNET, *La Destruction des mythes dans les Mémoires de Philippe de Commynes*, Genève, 1966 / R. GANDILHON, *Politique économique de Louis XI*, Rennes, 1940 ; « Unification des coutumes sous Louis XI », in *Revue historique*, vol. CXCIV, 1944 / B. GUENÉE, « Espace et État dans la France du Bas Moyen Âge », in *Ann. Écon., Soc., Civil*, nº 23, 1968 / *Journal de Jean de Roye, connu sous le nom de Chronique scandaleuse*, B. de Mandrot éd., 2 vol., Paris, 1894 / P. M. KENDALL, *Louis XI, « l'Universelle Araigne »*, Edito-Service, Genève, 1983 / E. LE ROY LADURIE, *L'État royal, de Louis XI à Henri IV*, Hachette, Paris, nouv. éd. 1990 / *Lettres de Louis XI, roi de France*, J. Vaesen et E. Charavay éd., 11 vol., Paris, 1883-1909 / P. S. LEWIS, *Later Medieval France : The Polity*, Londres-New York, 1968 / O. W. MOSHER, *Louis XI, King of France, as He Appears in History and in Literature*, Toulouse, 1925 / H. SÉE, *Louis XI et les villes*, Paris, 1891.

LOUIS LE GERMANIQUE (806 env.-876) roi de Germanie (843-876)

Troisième fils de Louis le Pieux, roi de Bavière en 817, Louis, dit le Germanique, obtint dès 831 l'expectative de l'ensemble des pays transrhénans dont le traité de Verdun lui assura la possession en y ajoutant sur la rive gauche du fleuve l'enclave de Mayence, Worms et Spire (843).

Il ne perdit jamais de vue le centre et l'ouest de l'ancien Empire carolingien. Sollicité en 858 par les Aquitains et certains grands de Francie occidentale, il envahit le royaume de Charles le Chauve dont l'indépendance ne fut sauvée que par la fidélité de la plus grande partie du clergé conduite par Hincmar. Les relations entre les deux frères s'envenimèrent encore à propos de la question lorraine. Celle-ci fut résolue par un partage à l'amiable de la Lotharingie, qui devint effectif lors du traité de Mersen (870), assurant à Louis les pays d'entre Meuse et Rhin.

À l'est de son royaume, Louis essaya tant bien que mal de maintenir sa suprématie nominale sur les tribus slaves de la rive droite de l'Elbe et de la Saale, et sur celles de Bohême. Il ne put empêcher l'expansion de la principauté morave sous Ratislav et Svatopluk ; ce conflit politique se doubla d'ailleurs de la rivalité qui opposa dans l'évangélisation du pays le clergé germano-latin à des missionnaires envoyés par Byzance, Cyrille et Méthode.

Quant au royaume de Germanie lui-même, il gravitait autour de deux pôles : Francfort et Ratisbonne. Louis, qui s'appuyait de préférence sur des Francs, donna une vive impulsion à la colonisation bavaroise qui se poursuivit activement en Carinthie et en Pannonie, où progressa pareillement la christianisation dirigée par l'archevêché de Salzbourg.

ROBERT FOLZ

LOUIS Ier LE GRAND (1326-1382) roi de Hongrie (1342-1382) et de Pologne (1370-1382)

Second roi de Hongrie appartenant à la maison d'Anjou, Louis Ier le Grand parachève l'œuvre de son père Charles-Robert et restaure complètement l'autorité du monarque face aux barons. Lors de son avènement, la dynastie avait repris la direction effective de l'État en redevenant le premier propriétaire foncier du pays. Louis Ier continue à l'égard des barons la politique de son père, il veille à ce qu'aucun d'entre eux n'ait sous son autorité plusieurs comitats voisins, afin qu'il ne puisse reconstituer une principauté territoriale. En revanche, il s'appuie sur la petite noblesse et sur les villes qui se développent notablement (en particulier les villes minières de Slovaquie). En 1347 et 1350, il intervient en Italie, car son frère André, roi de Naples, a été assassiné ; momentanément, Louis de Hongrie est aussi roi de Naples, jusqu'à l'avènement de son neveu Charles (1350). Venise restitue alors à la Hongrie les villes dalmates. En 1370, Louis Ier est élu roi de Pologne à la mort de Casimir III, et l'union personnelle entre la Pologne et la Hongrie se maintient jusqu'à la mort du souverain. Dans les Balkans, les progrès continus des Turcs amèneront celui-ci à intervenir ; à l'appel du pape Grégoire XI, il passe à l'attaque en 1371 et bat l'armée du sultan Mourad Ier, écartant provisoirement la menace turque. Sa succession ne sera pas facile, car il ne laisse que deux filles.

JEAN BÉRENGER

LUSIGNAN GUY DE (1129-1194) roi de Jérusalem (1186-1192)

Fils cadet du comte de la Marche, Hugues le Brun, Guy de Lusignan épousa Sybille, sœur du roi Baudouin IV, mariage arrangé en 1180 par son frère Amaury de Lusignan, connétable de Jérusalem. Le roi donna son accord, espérant que Guy serait un tuteur efficace pour le jeune fils qu'avait eu Sybille de son premier mari, Guillaume de Montferrat, et à qui Baudouin IV, lépreux et sans héritier direct, allait laisser la couronne. La vaine prétention et l'incapacité de Guy de Lusignan furent vite manifestes, mais le roi s'en rendit compte trop tard. À la mort de son beau-fils, Baudouin V, Lusignan, qui s'était fait donner le comté de Jaffa et Ascalon, revendiqua la couronne, soutenu par ceux avec qui, pendant la plus grande partie du règne de Baudouin IV, il avait formé le parti de la Cour. Malgré l'opposition de nombreux barons, mais grâce à quelques protections intéressées, comme celle du patriarche Héraclius et du grand maître du Temple, il fut élu et couronné à Jérusalem (20 juill. 1186) pendant que les barons réunis à Naplouse hésitaient à s'opposer par la force à ce coup d'État. Le comte Raymond III de Tripoli, fait régent du royaume par Baudouin IV et en qui beaucoup voyaient le meilleur roi possible, abondonna la lutte, privant le royaume de sa compétence. Vaincu et pris par Saladin (Ṣalāḥ al-dīn) à Ḥaṭṭīn (4 juill. 1187), le roi Guy obtint sa liberté contre la promesse, non tenue, de ne pas reprendre les armes. Mais la perte de Jérusalem (2 oct.) et la mort en 1189 de la reine Sybille offrirent aux barons l'occasion d'évincer un roi incapable. Guy de Lusignan entreprit alors, avec une petit armée, le siège d'Acre, qu'il reprit aux Turcs en juillet 1191. L'année suivante, il acheta à Richard Cœur de Lion l'île de Chypre et en fit son royaume. Il y mourut.

JEAN FAVIER

LYS FLEURS DE → FLEURS DE LIS

M

MACBETH (mort en 1057) roi d'Écosse (1040-1057)

Petit-fils de Ruaidri et fils de Finnloech. Les sources diffèrent sur la position de Macbeth avant son accession au trône. Selon les annales irlandaises, Finnloech aurait été roi d'Écosse (ri Alban) ; les annales de Tigernach en font un « mormaer » (seigneur héréditaire) de Moray (Moreb). D'après les sources norvégiennes, il aurait été « jarl ». Il semble donc bien que Macbeth n'avait aucun droit au trône, qu'il fut incité à le saisir par suite de la défaite de Duncan Ier, héritier du roi Malcolm et battu par un chef scandinave d'Orkney et Caithnes, et que pour s'en emparer il fit assassiner Duncan. Son règne paraît avoir été prospère. Mais il eut à combattre l'ancienne famille royale et sortit victorieux de ces batailles, jusqu'au jour où ses ennemis trouvèrent une aide puissante dans l'armée de Siward, comte de Northumbrie. Macbeth trouva la mort à Lumphanan.

Dans le drame de Shakespeare (1606), Macbeth assassine Duncan, qui est son hôte, pendant son sommeil. Il est très vite frappé par le remords, tandis que son épouse, elle, garde son sang-froid. Mais, finalement, lady Macbeth est également atteinte par le remords et se suicide. Macbeth est vaincu et tué par Malcolm, fils de Duncan.

PAUL QUENTEL

MAÏEUL ou MAYOL saint (906 env.-994)

Né en Provence, d'une grande famille, Maïeul se réfugia à Mâcon, ses domaines ayant été ravagés par les Sarrasins. Il étudia à Lyon, puis devint archidiacre de Mâcon. Il entra à Cluny, où, quelques années plus tard, en 948, l'abbé Aymar, devenu presque aveugle, se l'adjoignit et le fit élire abbé. Maïeul continua l'œuvre de réforme des monastères commencée par ses prédécesseurs, et il enrichit considérablement le patrimoine de Cluny. Il entretint des relations suivies avec les empereurs de Germanie Otton Ier (mort en 973) et Otton II (mort en 983) ; ce dernier aurait voulu le faire élire pape. Hugues Capet et son frère, le duc de Bourgogne Henri, ainsi que de nombreux seigneurs montraient aussi la plus grande déférence à l'abbé de Cluny, qui en profita pour leur arracher des monastères et y mettre des abbés réguliers. Maïeul jouit durant sa vie d'une autorité et d'une renommée de sainteté exceptionnelles. En 991, il fit élire son successeur Odilon. Maïeul mourut à Souvigny (Allier). Son culte fut très populaire au Moyen Âge.

JACQUES DUBOIS

MAILLOTINS

Nom donné à des révoltés parisiens, en 1382, en raison des maillets de plomb pris comme armes par les émeutiers. Le mouvement est, à long terme, le résultat d'un quart de siècle de stabilité monétaire défavorable aux débiteurs et aux locataires, les éléments les plus modestes de la population, cependant que la reprise démographique laissait stagner les salaires après la saignée de la peste noire et la flambée des salaires qui résultait de cette épidémie.

À court terme, la révolte naquit du rétablissement des impôts sur les denrées alimentaires, inévitable mais maladroitement décidé par le gouvernement des oncles de Charles VI, particulièrement le duc d'Anjou, après la suppression déclenchée par une décision, populaire mais peu réaliste, de Charles V à son lit de mort (1380).

Le 1er mars 1382, les émeutiers venus des quartiers les plus modestes de la ville tinrent les notables sous la terreur, massacrèrent quelques usuriers et spéculateurs, et ne surent que faire de leur victoire. Le mouvement fut rapidement exploité et amplifié par les éléments marginaux de la population parisienne, ainsi que par quelques pêcheurs en eau trouble appartenant à la haute bourgeoisie. Sans relations efficaces avec les autres révoltes urbaines, cependant contemporaines (Rouen, Orléans, Reims, Gand, etc.), le mouvement parisien ne put obtenir aucun avantage durable et sombra très rapidement ; par l'intermédiaire de ses éléments les plus modérés, la bourgeoisie parisienne traita avec le gouvernement des princes, qui s'était établi à Vincennes. En fait, à peine l'ordre était-il rétabli que la répression s'abattait sur la capitale : l'exécution des principaux agitateurs commença dès le 11 mars.

Après avoir réprimé la révolte des autres villes, en particulier celle des Gantois (Roosebecke, 27 nov. 1382), le roi vint châtier les Parisiens (janv. 1383). La capitale perdit, pour plusieurs années, ses principaux privilèges et même sa municipalité.

JEAN FAVIER

MALATESTA LES

Famille italienne qui domina, du XIIe au XIVe siècle, Rimini, puis une partie de la Marche d'Ancône et de la Romagne. Au

XIIe siècle, selon le premier document qui les mentionne, les Malatesta sont des propriétaires fonciers établis près du Rubicon. Au début du XIIIe siècle, ils sont citoyens de Rimini : l'un d'eux, Malatesta da Verucchio, cité par Dante, y est le chef du parti guelfe ; *podestà* en 1239, il doit soutenir une longue lutte contre les gibelins de la région. Sous Malatesta II da Verucchio, grâce à Boniface VIII, la seigneurie familiale est définitivement établie sur Rimini. En 1283 ou 1284 a lieu la fameuse tragédie domestique racontée par Dante : l'assassinat, par Guanciotto, fils aîné de Malatesta II, de son épouse Francesca et de son demi-frère Paolo, surpris avec elle.

Ses successeurs ne cessent de lutter, tout au cours du XIVe siècle, pour conserver leurs biens en Romagne et dans la Marche d'Ancône, contre des adversaires gibelins demeurés redoutables et dirigés le plus souvent par les comtes de Montefeltro ; mais ils doivent aussi s'imposer à la papauté, inquiète de leurs progrès : en 1343, le Saint-Siège leur reconnaît leurs possessions (c'est-à-dire, outre Rimini, Pesaro, Fano et Cesena) contre un engagement de vassalité.

La plupart du temps, ils sont plusieurs frères à devoir se partager le domaine ; aussi accroissent-ils leur fortune en faisant des carrières de condottieri : Pandolfo III (1370-1427) combat au service de Jean-Galéas Visconti et, à la mort de celui-ci, se taille une seigneurie éphémère à Brescia et Bergame (1404-1408), à laquelle Philippe-Marie Visconti le contraint à renoncer (1421). Parmi ses trois fils naturels se trouve le plus illustre personnage de la famille : Sigismondo-Pandolfo (1417-1468) qui succède à son frère aîné à l'âge de quinze ans, puis a la chance d'épouser successivement une Este et une Sforza, s'alliant ainsi à de grandes familles seigneuriales. De 1433 à 1463, Sigismond met ses talents militaires sans trop de scrupules au service d'un camp, puis de l'autre ; s'étant attiré la haine du pape Pie II, il est excommunié et, vaincu, doit céder la plupart de ses territoires au Saint-Siège. Parti combattre les Turcs au service de Venise pour refaire sa fortune, il se brouille avec le doge (1464) et rentre à Rimini, où il meurt (1468), sans avoir pu se faire restituer ses biens par le pape Paul II que, de rage, il a rêvé un moment d'assassiner. Il doit sa durable renommée à la richesse d'un tempérament contrasté qui a fourni, par un fourmillement d'anecdotes, tous les éléments d'une légende noire, mais qui lui a aussi valu un grand renom de mécène : il avait attiré à Rimini savants, humanistes et artistes, parmi lesquels Léon-Baptiste Alberti, constructeur de l'église San Francesco (le « temple Malatesta »), monument quasi païen consacré à Isotta, maîtresse, puis dernière épouse du condottiere. À sa mort, Rimini aurait dû revenir au pape, mais Roberto (1441-1482), fils naturel de Sigismond, s'en empara. Après lui, Sixte IV investit son fils Pandolfo. Rimini finira par tomber aux mains des papes sous Clément VII, en 1528.

PAUL CLAUDEL

MANFRED (1231-1266) roi de Sicile (1258-1266)

Fils de Frédéric II de Hohenstaufen et de Bianca Lancia, Manfred devient à la mort de son père (1250) régent du royaume de Sicile pour son demi-frère Conrad IV. Cultivé, chevaleresque, il bénéficie du soutien de l'aristocratie du royaume et des conseils de son oncle Galvano Lancia, mais doit combattre les prétentions du maréchal Pietro Ruffo, les Allemands de Berthold de Hohenburg et l'hostilité d'Innocent IV à l'égard des Hohenstaufen. De décembre 1251 à mai 1254, Conrad IV, venu dans le royaume, le tient à l'écart. À sa mort, Manfred s'entend avec Berthold de Hohenburg, qui tient le royaume pour le jeune Conrad V (Conradin), et avec Innocent IV, qui le nomme vicaire de l'Église romaine en Pouille et en Basilicate. Mais, avec l'appui des Sarrasins de Lucera, il se révolte contre le pape et vainc l'armée pontificale : en 1257, il est maître de presque tout le royaume. Faisant croire à la mort de son neveu, il est élu et couronné roi à Palerme, le 11 août 1258. Il reprend la grande politique italienne et méditerranéenne de ses prédécesseurs : chef des gibelins, il s'entend avec Gênes et Venise ; la victoire des gibelins toscans à Montaperti, le 4 septembre 1260, marque l'apogée de sa puissance. Dans les Balkans, il soutient le despote d'Épire, dont il épouse la fille, Hélène, et s'accorde avec l'archevêché indépendant de Split ; il fait construire en Pouille le nouveau port de Manfredonia. (Le mariage de sa fille Constance avec le fils du roi d'Aragon, le futur Pierre III, est à l'origine de la domination aragonaise en Sicile après les Vêpres siciliennes en 1282.) Mais, en 1262, le pape Urbain IV investit Charles d'Anjou du royaume de Sicile et fait financer son expédition par les banques toscanes. Charles, arrivé à Rome en 1265, bat Manfred Bénévent, le 26 février 1266 ; Manfred est tué dans la bataille et Charles s'empare du royaume, modifiant profondément l'organisation politique de l'Italie.

JEAN-MARIE MARTIN

MANSE

L'institution du manse, qui connut son plein essor à l'époque carolingienne, était destinée à assurer la mise en valeur d'un domaine dans un monde qui ignorait presque totalement le salariat et dans lequel l'esclavage de type antique était en régression. Une partie d'un domaine était fractionnée en manses, unités de culture (maison, jardin, vigne, terres arables et usage des communaux) confiées à perpétuité à des familles paysannes et en principe suffisamment vastes pour assurer leur subsistance ; en échange, ces paysans devaient, par des corvées, cultiver le lot de terre que se réservait le propriétaire. La superficie de ces manses, dont la moyenne s'établissait entre dix et vingt hectares, variait suivant les domaines et suivant la condition juridique de leurs tenanciers : les manses « ingenuiles », tenus par des paysans libres, sont toujours plus grands et doivent des corvées saisonnières ; les manses « serviles », moins nombreux et plus petits, sont attribués à des serfs et entraînent des corvées beaucoup plus lourdes, qui peuvent prendre jusqu'à la moitié du temps du tenancier. Quant aux manses « lidiles », de surface intermédiaire, on suppose qu'ils étaient confiés à des affranchis. Les charges du manse consistaient donc en l'entretien de la « réserve » du maître, soit collectivement sous la direction d'un régisseur, soit par l'attribution de parcelles dont tous les revenus allaient au seigneur. De faibles redevances en espèces ou en nature pouvaient s'ajouter à ces prestations et parfois, en dehors du Bassin parisien notamment, constituaient l'essentiel des charges pour les manses les plus éloignés de la « réserve ». Le manse apparaît donc non seulement comme une unité de culture, mais aussi comme une unité de perception et de réquisition.

Ce double aspect de l'institution se détériora dès le IXe siècle et amena la disparition du manse dans le courant du XIIe siècle : d'abord le jeu des partages et des successions avait entraîné un surpeuplement et un morcellement des manses, dont les charges étaient alors réparties entre plusieurs familles ; les mariages entre tenanciers de conditions diverses avaient provoqué une grande disparité entre la condition juridique personnelle du tenancier et la nature du manse qu'il tenait. De plus en plus, les prestations dues à un propriétaire devenu seigneur banal pesèrent davantage sur l'homme que sur la terre qu'il tenait ; enfin, dans un monde en expansion démographique et économique, il fut possible de trouver de la main-d'œuvre salariée et nécessaire d'accumuler du numéraire. Le travail forcé sur les terres de la réserve, qui avait toujours été d'un faible rendement, fut alors jugé sans intérêt et plus avantageusement remplacé par une redevance personnelle. C'est de manse que dérivent les mots « masure », « meix » et « mas ».

FRANÇOISE MOYEN

MANUEL II PALÉOLOGUE (1348-1425), empereur d'Orient (1391-1425)

L'un des fils de Jean V Paléologue, Manuel fut désigné comme son successeur en 1373, après l'échec de la révolte suscitée par son frère Andronic IV contre son père. Manuel fut couronné empereur associé au trône en septembre 1373 et, en 1379, il aida son père à reprendre Constantinople, dont Andronic s'était emparé en 1376. Dans cette entreprise, Jean V et Manuel avaient bénéficié de l'aide turque et furent ainsi forcés de payer un tribut au sultan et de lui apporter une aide militaire. Manuel fut contraint de vivre à la cour de Bāyazīd Ier comme un vassal soumis ; il y resta jusqu'en 1391, quand il regagna Constantinople à la nouvelle de la mort de son père.

Lorsque les Turcs envahirent la Thessalie et la Morée en 1396, Manuel entreprit un voyage à Milan, à Londres et à Paris pour tenter d'obtenir l'assistance des Occidentaux. Mais la croisade entreprise sous la conduite du roi de Hongrie Sigismond échoua lorsque les Turcs remportèrent la victoire de Nicopolis.

Cependant, à l'est, la victoire de Tamerlan à Ankara en 1402 entraîna la dislocation de l'Empire ottoman. Manuel put négocier un traité de paix en 1403 avec le successeur de Bāyazīd Ier, Mehmet Ier, qui lui restituait Thessalonique et la Morée et mettait fin au paiement du tribut. Ces bonnes relations durèrent jusqu'en 1421, à la mort de Mehmet, date à laquelle Manuel se retira des affaires publiques pour se consacrer à ses activités religieuses et littéraires. Son fils Jean VIII ne respecta pas le lien ténu qui unissait les souverains turcs et byzantins et, en 1421, il soutint un prétendant, Mustafa, contre l'héritier légitime de l'Empire ottoman, Murat II. Ce dernier écrasa la révolte et vint assiéger Constantinople en 1422. Le siège échoua, mais les Turcs envahirent le Péloponnèse en 1423. Après avoir dû signer un traité où il se reconnaissait vassal du sultan, Manuel se retira dans un monastère.

E. U.

MARCEL ÉTIENNE (1316 env.-1358)

Étienne Marcel appartient à l'une des plus grandes familles de la bourgeoisie parisienne de la première moitié du XIVe siècle, période au cours de laquelle cette bourgeoisie fait fortune rapidement et acquiert des offices royaux. Ainsi, le grand-père d'Étienne, Pierre Marcel, s'enrichit en fournissant la cour du roi de Naples et celle du comte d'Artois. Parmi ses ancêtres maternels, Étienne compte un prévôt de Paris. Néanmoins, son père, Simon, cadet de la famille, reste un peu en marge de cette réussite. Lorsqu'il apparaît pour la première fois en 1336, Étienne Marcel, fournisseur de la cour de Philippe VI, semble, à côté de ses oncles et cousins devenus d'habiles hommes d'affaires, un marchand drapier besogneux. Pour leur ressembler, une seule solution : le mariage. Il épouse d'abord, à une date inconnue, Jeanne de Dammartin, fille d'un échevin parisien. Elle apporte 852 livres de dot, mais meurt en 1344. Par son second mariage (1345 ?), avec Marguerite Des Essarts, Étienne choisit d'entrer dans le monde de la richesse – la dot est de 3 000 écus d'or – et de la très haute bourgeoisie d'affaires, qui confond souvent ses intérêts avec ceux de l'État. Le père de Marguerite, Pierre, venu de Rouen à Paris sous Philippe le Bel, anobli dès 1320, est à la fois un audacieux brasseur d'affaires, le maître des comptes et le banquier du roi. Ce mariage offre sans doute à Étienne Marcel la tentation de mener une carrière comparable, tentation vite réprimée par une convergence de faits et d'influences. Une affaire d'héritage le détache d'abord de ce milieu. Pierre Des Essarts, déchu après Crécy (1346), doit une lourde amende. À sa mort (1349), Étienne refuse l'héritage de crainte d'être obligé de payer celle-ci. Au contraire, ses beaux-frères, le chanoine Jean Des Essarts et Robert de Lorris, acceptent, en jouant la carte de la réhabilitation, et avec le nouveau roi Jean II, ils gagnent. Étienne Marcel est ulcéré, mais il a désormais les mains libres pour critiquer les abus de la grande bourgeoisie. Comme, à partir de 1353, il est, avec d'autres Parisiens, privé de la clientèle de la cour du roi au profit de marchands étrangers, il prend aussi ses distances vis-à-vis de la royauté. Enfin, il est probable que, dans les confréries auxquelles il appartient, on formule des critiques. La bourgeoisie qui, dans la première moitié du XIVe siècle a laissé la noblesse et le clergé mener la vague réformatrice, participe désormais au courant démocratique. L'exemple flamand, bien connu d'Étienne Marcel par les nécessités de son métier, a peut-être joué un rôle dans cette prise de conscience. En tout cas, c'est dans ces conditions politiques nouvelles qu'Étienne Marcel devient prévôt des marchands, magistrature suprême de la bourgeoisie parisienne. Dès mars 1355, la réunion des états pour consentir au souverain une aide financière lui permet de s'exprimer. Aux côtés de la noblesse et du clergé, il réclame le renvoi des concussionnaires revenus au pouvoir. Le discrédit porte sur les conseillers, non sur le roi, et on ne peut pas douter de la fidélité d'Étienne Marcel à la dynastie, même si après la bataille de Poitiers, en septembre 1356, ses sympathies vont à Charles le Mauvais aux dépens du dauphin, le futur Charles V. Peu à peu, aux côtés de l'ambitieux évêque de Laon, Robert le Coq, Étienne Marcel fait figure de meneur. Meneur des villes aux assemblées qui se succèdent et par la correspondance qu'il échange dans le royaume. Meneur de foule aussi, quand, à la tête de la bourgeoisie et des gens de métier descendus dans la rue, il oblige le dauphin à céder (janv. 1357). Cet acte révolutionnaire en fait-il le dictateur qu'on a parfois décrit ? En fait, un même idéal réformateur anime alors la bourgeoisie, la noblesse et le clergé. L'ordonnance de réformes du 3 mars 1357 en témoigne. L'habileté du dauphin consiste justement à saper cette unité. Étienne Marcel, réduit au cours de l'année 1358 à faire cavalier seul, sort de la légalité. Dans une capitale surchauffée par la menace des routiers, les joutes oratoires entretiennent l'excitation. Coiffé du chaperon bleu et rouge, le peuple suit le parti du prévôt. L'assassinat des maréchaux de Champagne et de Normandie, le 22 février 1358, par les gens de métier en armes, est l'épisode décisif. Le dauphin, qu'Étienne Marcel a sauvé de justesse en le coiffant de son propre chaperon, quitte Paris où désormais le peuple fait la loi. Les réformateurs abandonnent alors Étienne Marcel et la révolution parisienne pour rejoindre Charles, devenu régent du royaume. Ils y retrouvent les anciens conseillers de Jean II, Des Essarts et Lorris. Les excès de la jacquerie, auxquels pourtant les Parisiens n'ont pas dû être mêlés (300 hommes d'armes seulement sont envoyés pour soutenir les jacques), contribuent à cette défection. Le régent passe désormais pour être celui qui mènera à bien les réformes entreprises en 1355-1357. Enfin, lorsque, en juillet 1358, les armées du dauphin, faute de finances, quittent les abords de Paris qu'elles menaçaient d'affamer, Étienne Marcel devient inutile aux yeux de la bourgeoisie parisienne qui prend peur devant l'engrenage de la violence. « Mieux valoit a occire que estre occis » (*Chroniques*, J. Froissart). La crainte d'un pacte entre le prévôt, Charles le Mauvais, et les Anglais sert de prétexte. Le 31 juillet 1358, Jean Maillart, de la famille Des Essarts, tue Étienne Marcel ainsi que deux de ses compagnons, Giffart et Simon le Paonnier. La foule dénude les corps. Est-ce complot ou exaspération collective ? Étienne Marcel a sans doute payé de sa vie sa trahison à l'égard de la haute bourgeoisie. Était-il devenu pour autant le champion de la démocratie ? Son échec est plutôt le fait de son ambiguïté.

CLAUDE GAUVARD

MARCHE

Terme qui désigne de façon générale au Moyen Âge une zone de confins entre deux dominations. C'est « en marche » qu'un vassal puissant venait prêter l'hommage à son seigneur ; ainsi le duc de Normandie au roi de France. Dans un sens particulier, les marches sont des circonscriptions militaires destinées à protéger les frontières des États. Elles apparaissent dans l'Empire carolingien où elles se succèdent presque sans interruption le long de ses frontières, commandées par des comtes ou préfets de marche qui seront appelés dans la suite margraves et marquis. Les unes, découpées dans des pays de conquête récente, encore imparfaitement soumis, furent placées sous un chef unique : telles les marches de Nordalbingie, des Sorbes, des Avars ; la future Autriche prolongée au sud du coude du Danube par la marche de Pannonie, la marche de Frioul ; enfin en Vénétie orientale et en Istrie. Sur les frontières occidentales de l'Empire, dans des territoires soumis depuis longtemps, la marche était un ensemble de comtés placés pour les besoins de la défense sous l'autorité d'un marquis ; c'était le cas de la marche de Bretagne dans la région d'Angers, Tours et Rennes et de celle de Toulouse, qui recouvrait l'ancienne Septimanie, tandis que les comtés de Catalogne formaient la marche d'Espagne. Le développement de ces marches se poursuivit au cours du IXe siècle et au-delà encore. En Francie occidentale, il se confond avec un phénomène très fréquent : l'accumulation de plusieurs comtés entre les mains d'un même personnage, que la royauté finit par reconnaître en constituant de grands commandements militaires à l'intérieur du royaume, comme cela se produisit en Aquitaine, en Neustrie et en Bourgogne. En Francie orientale, les marches conservèrent d'abord leur caractère premier. À partir du Xe siècle, elles furent le point de départ de l'expansion germanique vers l'est. Certaines devinrent le centre de futurs États allemands tels que la Misnie, le Brandebourg et l'Autriche.

ROBERT FOLZ

MARCO POLO → POLO MARCO

MARGRAVE

Le titre de margrave (dont l'équivalent est marquis) a été créé par Charlemagne au profit de ses lieutenants dans les marches frontières. À l'origine, leur circonscription assez vaste, conquise à l'extérieur de l'Empire, leur confère le rang de duc en raison de leurs responsabilités militaires. Plus tard, ils se distinguent des comtes par le fait qu'ils n'ont pas besoin de l'approbation impériale pour la nomination de leurs juges. Grâce à la colonisation des terres de l'Est aux XIIe et XIIIe siècles, les margraves deviennent les premiers princes territoriaux de l'Empire et disposent de vastes principautés, telles que la Saxe et le Brandebourg. Quand ils prennent des titres plus honorifiques, la dignité de margrave passe fréquemment aux cadets et aux branches secondaires de la famille.

BERNARD VOGLER

MARGUERITE D'ANJOU (1429-1482) reine d'Angleterre

Fille de René d'Anjou, Marguerite d'Anjou épouse en 1445 le roi d'Angleterre, Henri VI. Ce mariage, conclu au moment des défaites anglaises, est mal accueilli. La jeune reine est accusée d'autoritarisme et d'avarice ; son influence reste limitée jusqu'à la naissance de son fils Édouard en 1453. La même année, le roi est frappé de folie, la Guyenne est perdue ; c'est alors que la reine entre en conflit pour la régence avec le duc d'York qui, s'il vient de perdre l'espoir d'hériter du trône, n'a pas renoncé à ses ambitions. La guerre civile, dite guerre des Deux-Roses, éclate en 1455 ; Marguerite prend la tête du parti lancastrien qui, en 1460, est battu par Warwick à Northampton. Un compromis intervient qui fait du duc d'York l'héritier d'Henri VI ; la reine, refusant que son fils perde ses droits, va chercher des secours dans le Nord et en Écosse. L'appel à l'Écossais, la violence et les vengeances qui suivent les premiers succès lancastriens nuisent à sa cause. Édouard d'York prend alors le nom d'Édouard IV et s'empare de la couronne, écrasant les troupes de Marguerite à Towton en 1461 ; celle-ci, réfugiée en Écosse puis en France, n'abandonne pas la lutte. Elle donne à son fils une éducation de roi. En 1470, son ennemi acharné, Warwick, est lui aussi en exil ; réconciliés par l'intermédiaire de Louis XI, ils organisent une expédition qui restaure Henri VI. Au printemps de 1471, elle regagne l'Angleterre au moment où Édouard IV écrase les lancastriens ; Warwick et le fils de Marguerite sont tués, elle-même est capturée à Tewkesbury. Louis XI paie sa rançon en 1475 ; dès lors, brisée par tant de malheurs, sans ressources, elle cède au roi de France les droits hérités de son père. Femme d'une énergie indomptable, elle a tout fait pour assurer le succès lancastrien, c'est-à-dire celui de son fils ; mais ses maladresses, son origine étrangère et son appel à l'étranger l'ont rendue très impopulaire en un temps où s'affirme le sentiment national anglais.

PAUL BENOÎT

MARIE DE BOURGOGNE (1457-1482) duchesse de Bourgogne (1477-1482)

Fille unique du duc de Bourgogne Charles le Téméraire et de sa seconde épouse Isabelle de Bourbon. En 1477, âgée de vingt ans, Marie prend la tête des États bourguignons à la suite de la mort accidentelle de son père devant Nancy. Sa jeunesse et son inexpérience politique lui font perdre une partie de ses États. Louis XI, ennemi acharné de sa dynastie, reprend la Bourgogne proprement dite, envahit la Picardie et l'Artois, tandis que l'Alsace, la Lorraine, la Gueldre, le Zutphen et Liège se séparent de l'État bourguignon. Les états généraux réunis à Gand en février 1477 obligent Marie à signer le « Grand Privilège de par-deçà », qui abolit les institutions centrales établies par les ducs de Bourgogne, notamment le parlement de Malines, cour de justice suprême, et qui signifie le retour aux anciennes institutions et privilèges régionaux. Bien qu'engagée par Louis XI au dauphin de France, alors âgé de sept ans, Marie épouse en août 1477 Maximilien de Habsbourg, fils unique de l'empereur Frédéric III. Protecteur des États bourguignons, Maximilien arrête l'armée française en août 1479 à Guinegatte. Marie meurt en 1482 des suites d'une chute de cheval, laissant deux enfants : Philippe le Beau et Marguerite d'Autriche. Ainsi prend fin le règne de la maison de Bourgogne. Maximilien exerce la régence jusqu'à la majorité de Philippe le Beau en 1494. Il rencontre beaucoup de difficultés de la part des provinces, excédées par la politique centralisatrice des Bourguignons.

JOSIANE COEKELBERGHS-CUYPERS

MARMOUSETS

Le nom de Marmousets, qui signifiait « petits vieux », fut ironiquement donné par le parti des princes aux anciens conseillers de Charles V rappelés au gouvernement par Charles VI, à sa majorité en mai 1389.

L'entourage politique de Charles V avait, pour une grande part, été composé d'officiers issus de la bourgeoisie ou de familles récemment anoblies. Ces gens, comme les Dormans, les Orgemont, les Bureau, les Braque ou les Le Mercier, étaient considérés par l'ancienne aristocratie comme des parvenus, et par le peuple comme des profiteurs. Ils étaient en fait le produit de la promotion sociale des juristes et des financiers, conséquence de la place de plus en plus grande tenue par les problèmes financiers et par les affaires juridiques dans le gouvernement. On peut à bien des égards les comparer aux « légistes » et aux autres conseillers de Philippe le Bel ; c'est pourquoi on a souvent parlé d'une seconde génération de légistes. En fait, les financiers, comme Le Mercier et Braque, jouèrent un rôle essentiel.

Ce que les princes voulaient tourner en ridicule, c'était donc le cheminement qui conduisait, par les études de droit et le service du roi, ou par le prêt au roi et la prise à ferme des revenus fiscaux, des marchands ou des fils de marchands aux plus hautes responsabilités. Mais cela cache une profonde rivalité à propos de l'usage du trésor royal, car les nouveaux venus étaient tout aussi avides que les princes. L'enrichissement des officiers royaux aux dépens de l'État n'était pas illusoire, et l'on s'explique que la noblesse ait pu, au temps de Jean le Bon déjà, se poser en réformatrice.

La minorité de Charles VI avait permis aux ducs, oncles du roi et maîtres du gouvernement, d'éliminer les conseillers de Charles V. Certains, comme le prévôt de Paris Hugues Aubriot, avaient même été emprisonnés. Le chancelier Pierre d'Orgemont avait dû démissionner et Jean Le Mercier s'éloigner de Paris. Certains reprirent place au Conseil, mais sans grand pouvoir. Le renvoi des ducs par le roi, en 1389, rendit leur influence à des conseillers comme Bureau et Le Mercier, auxquels il faut joindre – malgré bien des différences – le connétable Olivier de Clisson. Il y eut de nouvelles figures, comme le garde de la prévôté des marchands de Paris, Jean Jouvenel, neveu de Le Mercier.

La folie du roi, qui se déclara en août 1392, permit le retour au gouvernement des ducs de Bourgogne et de Berry, concurrencés cette fois par le jeune frère du roi, le duc Louis d'Orléans. Les Marmousets furent définitivement écartés.

JEAN FAVIER

MATHILDE DE TOSCANE (1046-1115)

Fille du marquis Boniface de Toscane, épouse, tout d'abord de Geoffroi le Barbu, duc de Lorraine, puis du duc Guelf V de Bavière, Mathilde de Toscane n'eut qu'un enfant, mort en bas âge. Liée aux plus grandes familles de l'Europe féodale, dont celle de l'empereur, la comtesse Mathilde disposait elle-même d'un vaste domaine s'étendant de Bergame, Brescia et Mantoue, au nord, à Arezzo et Sienne, au sud, et de la mer Tyrrhénienne, à l'ouest, à l'Adriatique, à l'est.

Son rôle fut essentiel durant la querelle des Investitures : entre 1076 et 1115, elle est la principale alliée des papes (qu'elle fait héritiers de ses biens) contre Henri IV, puis contre Henri V. C'est dans son château, à Canossa, que l'empereur vient s'humilier devant Grégoire VII en 1077. Henri IV se venge en lui arrachant la Toscane (1082), et ses sujets se rebellent contre elle. Souvent critique, la situation finit par tourner à son avantage sous Henri V. Ce n'est qu'après sa mort, en 1122, que le concordat de Worms mettra un terme à la querelle des Investitures. Mathilde avait fini par identifier sa cause personnelle à celle de l'Église, et sa personnalité, mal connue, s'efface devant le rôle qu'elle a joué dans le conflit.

GÉRARD RIPPE

MÉDITERRANÉE

En instaurant une police, en réprimant de manière plus efficace que jamais les entreprises toujours renouvelées des pirates et des aventuriers des mers, la puissance romaine avait profondément marqué de son empreinte l'histoire de la Méditerranée : celle-ci était devenue le nœud des relations entre toutes les provinces de l'Empire et l'agent principal d'une étonnante unité de civilisation. Le repli progressif de la *Romania*, c'est-à-dire de ce qui survivait de Rome, vers Byzance et le long des rivages voisins, le fléchissement de la sécurité, le réveil du brigandage, la recrudescence des razzias d'hommes et de richesses sur toutes les côtes, la difficulté croissante des liaisons maritimes caractérisent la période comprise entre le Ve et la fin du Xe siècle.

Renaissance de la piraterie (Ve-Xe s.)

Le déferlement des peuples germaniques sur tout l'Occident et l'Empire eut pour principal effet sur l'histoire de la Méditerranée de faire de l'Europe latine un monde campagnard et continental. Les habitudes instaurées par Rome d'utiliser des produits de provenance lointaine et apportés par la mer, l'huile, le papyrus, les épices orientales, furent longues à se perdre : au VIIe siècle, alors que les troubles politiques perturbaient les circuits traversant l'Italie, c'était à Marseille et dans les ports voisins que les monastères du nord de la Gaule allaient quérir ces marchandises. Toutefois, de tels trafics se raréfièrent progressivement. La principale rupture fut cependant provoquée par l'expansion musulmane. Les Byzantins durent évacuer la Palestine en 637, Alexandrie en 642 ; les Arabes et ceux qui les suivaient se lancèrent sur la mer à partir de 649 et, cette année-là, débarquèrent à Chypre ; ils s'établirent à Carthage en 698, envahirent l'Espagne, attaquèrent la Sicile à partir de 727, s'en emparèrent au IXe siècle, s'infiltrèrent dans le sud de l'Italie. Si Byzance parvint à regagner du terrain dans le bassin oriental de la Méditerranée, elle abandonna l'Ouest. La mer Tyrrhénienne devint dès lors une mer musulmane. Maîtres des îles – car les Baléares furent définitivement occupées vers 902 – et privés des profits de la guerre de par la disparition des navires chrétiens, ceux que les Latins appelèrent les Sarrasins, pirates venus principalement d'Afrique du Nord et des côtes d'Espagne, établirent des postes permanents en Provence et en Campanie, qui servirent de base à des expéditions de pillage dans les Alpes et les Apennins. Aux IXe et Xe siècles, la Méditerranée fut donc presque entièrement tenue par les navigateurs islamisés. Sa fonction économique majeure fut d'assurer, par un cabotage dont les étapes principales étaient Almeria, Bougie, Tunis, Palerme, Tripoli, Barka, Alexandrie et les Échelles levantines, les communications et les échanges sur le versant occidental de l'univers arabe. L'Égypte, ouverte sur l'Afrique et l'Extrême-Orient, constitua désormais la charnière de cette aire de relations très actives. Les navires de Byzance sillonnaient la mer Noire, mais se trouvaient pratiquement cantonnés dans les détroits et dans la mer Égée.

Des liaisons maritimes entre la chrétienté latine et les deux autres mondes riverains de la Méditerranée, le byzantin et le musulman, subsistèrent cependant ; elles furent désormais principalement assurées par les flottilles de deux ports italiens naturellement protégés des agressions venues du continent, l'un par des lagunes, Venise, l'autre par des reliefs abrupts, Amalfi. Les Vénitiens et les Amalfitains demeuraient sous la protection de Byzance ; l'empereur d'Orient leur accorda en 992 des privilèges commerciaux qui leur assuraient pratiquement le monopole des exportations à destination de l'Italie ; d'autre part, ils surent se faire tolérer par les souverains de l'Islam. Malgré les prescriptions qui interdisaient les échanges avec les infidèles, ils fréquentaient régulièrement les places de commerce des rivages islamisés, notamment Alexandrie, d'où les Vénitiens avaient rapporté dès 829 les reliques de saint Marc. Ils établirent de fortes colonies à Byzance et dans toutes les escales importantes de la Méditerranée orientale ; ils y amenèrent les esclaves, le bois et les métaux dont manquait la partie méridionale du bassin méditerranéen ; la plupart des denrées précieuses et lointaines utilisées dans la chrétienté latine pour l'ornement des églises et des maisonnées aristocratiques avaient été chargées sur leurs navires.

Empire normand et armateurs italiens (XIe-XIIIe s.)

Le vif mouvement de croissance qui, dans les années qui ont précédé l'an mille, se mit à animer la chrétienté occidentale vint renverser peu à peu cette situation. Les guerriers « francs » se lancèrent dans des expéditions contre les musulmans, pendant lesquelles mûrit lentement l'idée de croisade. Les Sarrasins furent expulsés de leurs repaires de Campanie en 916, de celui de Provence en 972-973. Commencèrent ensuite des entreprises de reconquête qui progressèrent vers le sud des péninsules Ibérique et italique. Des aventuriers venus de Normandie parvinrent, en particulier, dans le dernier tiers du XIe siècle, à liquider les derniers vestiges des positions byzantines en Italie méridionale, à refouler les Arabes et à leur arracher définitivement la Sicile. Ils fondèrent un État puissant, dont le centre s'établit à Palerme et qui, situé à la jonction des trois civilisations, latine, grecque et arabe, tint désormais un rôle fondamental dans la rencontre de ces trois cultures, dont chacune avait reçu une part différente de l'héritage gréco-romain, et dans les jonctions maritimes entre les deux bassins de la Méditerranée. Spécialistes du combat terrestre, les Normands furent aidés par les marins de Pise et de Gênes qui, contraints de se défendre seuls contre les pirates sarrasins, avaient renforcé leur puissance navale et se décidèrent bientôt à contre-attaquer : ils contrôlèrent la Corse et la Sardaigne, participèrent à la conquête de la Sicile et lancèrent des razzias contre les ports du Maghreb. Au début du XIIe siècle, Amalfi se trouvait dépouillée de la fonction qu'elle avait remplie pendant huit générations.

En même temps, dans l'Europe de l'Ouest, le progrès économique et l'élévation du niveau de vie des seigneurs stimulaient la demande de ces objets de luxe que l'on trouvait dans les souks et les bazars des cités d'Espagne, de la Barbarie, c'est-à-dire du Maghreb, de l'Égypte, du Levant et de Constantinople ; ils suscitaient également la multiplication des pèlerinages vers les sanctuaires chrétiens de l'Orient, et spécialement vers Jérusalem. Pendant longtemps, les voyageurs de Terre sainte empruntèrent principalement les voies terrestres : ils craignaient les périls de la mer. Cependant, la détérioration des rapports entre les chrétientés latine et grecque, le rôle joué par les Siciliens dans la conduite de la première Croisade, l'essor des constructions navales à Venise, à Gênes, à Pise, à Bari étendirent peu à peu la part de la navigation dans ces itinéraires. Les villes maritimes italiennes profitèrent largement des entreprises de croisade. Leur flotte appuya les opérations terrestres le long des côtes du Levant ; les cités gagnèrent ainsi le droit d'établir, dans les places de commerce conquises, des *fondacchi*, c'est-à-dire des quartiers où leurs négociants installèrent des entrepôts ; leurs armateurs réalisèrent de gros bénéfices en transportant des pèlerins et en rapportant d'Orient les denrées dont les contacts avec l'Islam et Byzance stimulaient sans cesse la consommation dans le monde latin ; ainsi s'accumulèrent les capitaux monétaires qui devaient assurer jusqu'à la fin du Moyen Âge la prépondérance économique des hommes d'affaires d'Italie.

Ceux-ci s'approprièrent des techniques depuis longtemps en usage dans les aires plus évoluées de la Méditerranée. Ils apprirent à tenir des comptes ; ils utilisèrent largement des contrats d'association de formes multiples qui permirent à tous ceux, fort nombreux, qui dans ces villes disposaient d'une réserve de monnaie de l'engager dans des opérations très profitables, parce que toujours dangereuses. Les risques furent amortis par la mise au point d'une assurance maritime. Ils le furent aussi par divers procédés de participation qui favorisaient la mobilisation des capitaux et leur répartition au sein d'entreprises extrêmement complexes : par le système de la « commande », un négociant qui s'embarquait pour une expédition commerciale recevait de la part de divers mandataires un apport de fonds qu'il lui revenait de faire fructifier. La propriété des navires était généralement divisée en parts détenues par différentes personnes, ce qui permettait aux armateurs de ne pas aventurer leur mise sur un seul vaisseau. L'accoutumance à de telles pratiques, l'audace, une agressivité longtemps soutenue par l'idéal de la croisade, la hâte à investir aussitôt les gains dans de nouveaux trafics, les succès militaires des premiers croisés, la fondation d'États latins en Syrie, en Palestine, à Chypre, l'affaiblissement de Byzance, les troubles internes résultant en partie de la première avance turque dans le Proche-Orient qui placèrent momentanément les pays d'Islam en posture d'infériorité affermirent, dans le cours du XIIe siècle, la domination des navigateurs italiens, suivis de loin par ceux de Provence et de Catalogne, sur tous les mouvements d'échanges dont la Méditerranée était le lieu. Dans les nombreux comptoirs latins, qui en terre chrétienne ou infidèle s'échelonnaient le long des côtes barbaresques, égyptiennes et levantines, sur le Bosphore et bientôt dans la mer Noire, et dont la sécurité souvent troublée reposait sur d'habiles compromissions, les transactions portant sur toutes les denrées négociables ne cessèrent de s'amplifier pendant le XIIIe siècle. L'emprise occidentale sur l'économie méditerranéenne s'affirme d'un coup lorsque les Vénitiens, pour défendre leurs intérêts dans l'Empire byzantin, parviennent, en 1204, à faire dévier la quatrième Croisade de son objectif pour s'assurer la maîtrise de l'Adriatique ; ils lancent alors la croisade à la conquête de Constantinople.

Les profits étaient considérables comme en témoigne le décor monumental dont se parèrent alors Pise et Venise. Les cités maritimes se les disputèrent âprement ; Gênes étouffa le développement du commerce marseillais, vint à bout de Pise par la victoire navale de la Meloria en 1284 et ne cessa de se poser en rivale de la puissance vénitienne dans la Méditerranée orientale. On peut dire que le vif essor des échanges et de la circulation monétaire en Occident au cours du XIIIe siècle fut largement tributaire, par l'intermédiaire de l'Italie, de l'exploitation de la Méditerranée musulmane et grecque qui, d'ailleurs, ne fut pas seulement économique. Il faut rappeler tout ce qui, de Byzance, vint alors enrichir le christianisme latin et l'art gothique, combien la philosophie, la médecine, les mathématiques européennes tirèrent de la traduction d'œuvres arabes, évoquer inversement la silhouette des églises chypriotes qui sont l'exacte copie des cathédrales champenoises. De toute manière, le bassin méditerranéen tout entier se trouva intégré à un ensemble économique et culturel dont les pôles de développement se situaient à l'emplacement de l'ancien Empire carolingien et en Angleterre, et dont il constituait la principale liaison avec toutes les civilisations extérieures connues. Ce fut par la Méditerranée que Marco Polo partit en 1271 vers le centre de l'Asie pour suivre les pistes caravanières conduisant vers l'Italie les produits de la Chine.

Cette période fut également celle d'un rapide perfectionnement des instruments de la navigation. On sait qu'en 1270 Saint Louis utilisa une carte marine dressée par des Génois. Pendant le XIIIe siècle, les galères prirent de l'ampleur. L'une d'elles, dès 1251, transportait vers Tunis deux cents passagers et deux cent cinquante tonnes de marchandises. En 1277 s'établit la première liaison maritime entre la Méditerranée et la Manche, qui se transforma en ligne régulière en 1298.

Progrès de la puissance ottomane et de la navigation ibérique (XIVe-XVe s.)

L'activité des marins génois et vénitiens, celle des négociants florentins qui dominaient désormais le port de Pise ne faiblirent nullement après la fin du XIIIe siècle. La Méditerranée demeura la porte ouverte sur l'Orient lointain : ce fut par les voies de la navigation commerciale qu'en 1347 la peste noire gagna, depuis la Crimée, l'Italie et la Provence. La mer fournit toujours à l'Europe occidentale des denrées dont les progrès continus de la civilisation matérielle et les transformations de l'économie rurale faisaient alors croître le besoin. Le volume de certains trafics s'amplifia ; les exportations de blé sicilien s'élevèrent constamment pour atteindre leur maximum au début du XVIe siècle : un demi-million de quintaux par an. Et jamais ne fut mieux affirmée que durant les deux derniers siècles du Moyen Âge la primauté des hommes d'affaires italiens en Europe et dans le Proche-Orient. Insensiblement toutefois, la position de la Méditerranée se modifia pendant le XIVe et le XVe siècle par un lent déplacement des centres de gravité politiques et économiques, sous l'effet de deux facteurs principalement : les progrès de la puissance ottomane et ceux de la navigation chez les Portugais et les Espagnols.

Depuis le milieu du XIIe siècle, l'expansion militaire des Occidentaux se heurtait à de vives résistances : les principautés créées en Terre sainte se maintenaient péniblement ; les croisades conduites par Saint Louis échouèrent dans le delta du Nil et devant Tunis, à un moment où les dirigeants de l'Église latine aussi bien que les hommes de négoce européens jugeaient plus efficaces les relations pacifiques avec les infidèles. L'avance des Mongols au milieu du XIIIe siècle retarda les attaques contre les positions politiques et économiques latines dans le Levant. Mais les Mamelouks en Égypte, les bandes ottomanes en Asie Mineure donnèrent bientôt des troupes aux forces de l'Islam. Alors commença le lent repli des Occidentaux. Constantinople leur avait échappé en 1261 ; ils perdirent, trente ans plus tard, le peu qui restait du royaume de Jérusalem. Les Turcs ottomans, un moment subjugués par Tamerlan, soumirent à leur pouvoir le monde byzantin ; ils s'emparèrent de Byzance elle-même en 1453 ; hormis Rhodes et Chypre, où se maintinrent les chevaliers de l'Hôpital ou de Saint-Jean et les Vénitiens, la Méditerranée orientale passa peu à peu sous leur contrôle et se ferma à la pénétration européenne.

Cette avancée de l'Asie fit glisser vers l'ouest l'axe des relations entre le monde de la Méditerranée et l'Europe. Tandis que se construisait depuis la fin du XIIIe siècle, autour de la couronne d'Aragon, une forte puissance politique progressivement étendue sur les côtes du Levant espagnol et sur toutes les îles de la mer Tyrrhénienne, la marine catalane se renforçait ; les aventuriers de Barcelone pénétrèrent en force au début du XIVe siècle dans la mer Égée. Toutefois, les progrès nautiques furent principalement le fait des Portugais ; ces perfectionnements et les expéditions qu'ils rendirent possibles le long des côtes africaines, pendant le XVe siècle, nourrirent le rêve des Européens de parvenir par la navigation océane à la source des épices, que les négociants se procuraient maintenant moins facilement dans le Proche-Orient ; ils préparèrent la voie des grandes découvertes, qui donnèrent à l'Atlantique une fonction dont la Méditerranée avait eu jusqu'alors le monopole.

GEORGES DUBY

Bibliographie

A. S. ATIYA, *Crusade, Commerce and Culture*, Bloomington, 1962 / P. CHAUNU, *L'Expansion européenne du XIIIe au XVe siècle*, P.U.F., 2e éd. corr. 1983 / A. LEWIS, *Naval Power and Trade in the Mediterranean*, Princeton, 1951 / R. S. LOPEZ & I. W. RAYMOND, *Medieval Trade in the Mediterranean World*, Columbia Univ. Press, New York, rééd. 1990 / Y. RENOUARD, *Les Hommes d'affaires italiens au Moyen Âge*, Paris, 1949.

MÉROVINGIENS

Placée entre deux événements parfaitement datés – l'avènement de Clovis en 481 et celui de Pépin le Bref en 751 –, l'époque mérovingienne apparaît avant tout comme une période de transition qui devait préparer le Moyen Âge. En effet, l'invasion barbare a été le fait initial de ce Moyen Âge et jamais depuis aucun fait de cette importance n'a eu lieu. La conséquence en a été la fusion de deux éléments séparés et même antagonistes : le civilisé et le barbare. Encore qu'il ne faille pas exagérer leur antinomie. Les historiens se sont trop souvent opposés sur ce point ; les uns – les romanistes – assurant la permanence de certains éléments de la civilisation romaine, d'autres y voyant un triomphe du monde barbare. Cette fusion a produit une civilisation profondément originale où il est vain de vouloir séparer chacun des éléments pour pouvoir les rattacher au monde barbare ou au monde romain. Cependant, on doit bien reconnaître que les « invasions » n'ont pas bouleversé la Gaule romaine au point d'en faire disparaître toute trace. Les Germains se sont insérés dans les cadres existants qui n'étaient déjà plus ceux du Haut-Empire. D'ailleurs à cette époque, barbares et civilisés n'étaient plus aussi étrangers l'un à l'autre : la décadence de l'Empire avait rapproché singulièrement les Gallo-Romains des Barbares, ce qui permet de rendre compte de la facilité avec laquelle s'est opérée la fusion ethnique. Cette décadence, qui touche tous les domaines, se prolongea sous les Mérovingiens et par un phénomène historique constant s'accéléra si bien qu'au milieu du VIIIe siècle le *Regnum Francorum* offre une image bien différente de celle qu'avait voulu en donner son fondateur. À cette époque, tant dans le domaine économique qu'intellectuel, le centre de gravité de la Gaule s'est déplacé vers le nord. Peut-être ce déplacement est-il le fait le plus important, car il explique l'Empire carolingien et tout le Moyen Âge occidental.

L'implantation des Barbares

Le fait initial est le franchissement par les peuples barbares du *limes* et leur implantation d'une façon massive sur le sol de la Gaule. Poussés eux-mêmes vers l'ouest par d'autres peuples, les Barbares ont été attirés par une sorte d'appel d'air : la Gaule, très riche, pouvait nourrir une population supérieure à celle qui l'occupait alors. Néanmoins, le nombre des Barbares qui franchirent le limes au cours du Ve siècle n'est pas aussi grand qu'on l'a souvent cru, chacun de ces différents peuples ne représente que quelques milliers d'hommes. Il n'y a pas eu à proprement parler de bouleversement ethnique. À cela il faut ajouter qu'avant même cette invasion brutale il en avait existé une « légale » sous la forme de l'*hospitalitas* qui avait permis à de nombreux Germains de s'installer sur le territoire de la Gaule. Stilicon, obligé de dégarnir la frontière du Rhin au début du Ve siècle, en avait confié la défense aux Francs « ripuaires », ennemis de la veille devenus alliés au titre de fédérés.

À la suite de ces invasions, la Gaule va se trouver partagée entre quatre peuples germaniques. Les Wisigoths, installés depuis 416 en Aquitaine, étendent leur domination vers le nord jusqu'à la Loire et vers l'est jusqu'à la Provence incluse. Les Burgondes, installés en 443 entre Alpes et Jura, avaient ensuite pris peu à peu possession des vallées de la Saône et du Rhône jusqu'à la Durance, sans aller au-delà de la Loire. Ces deux peuples, qui avaient su créer deux royaumes très puissants, s'étaient dilués dans des régions où le peuplement gallo-romain restait prédominant. La partie septentrionale de la Gaule était en revanche aux mains des Francs et

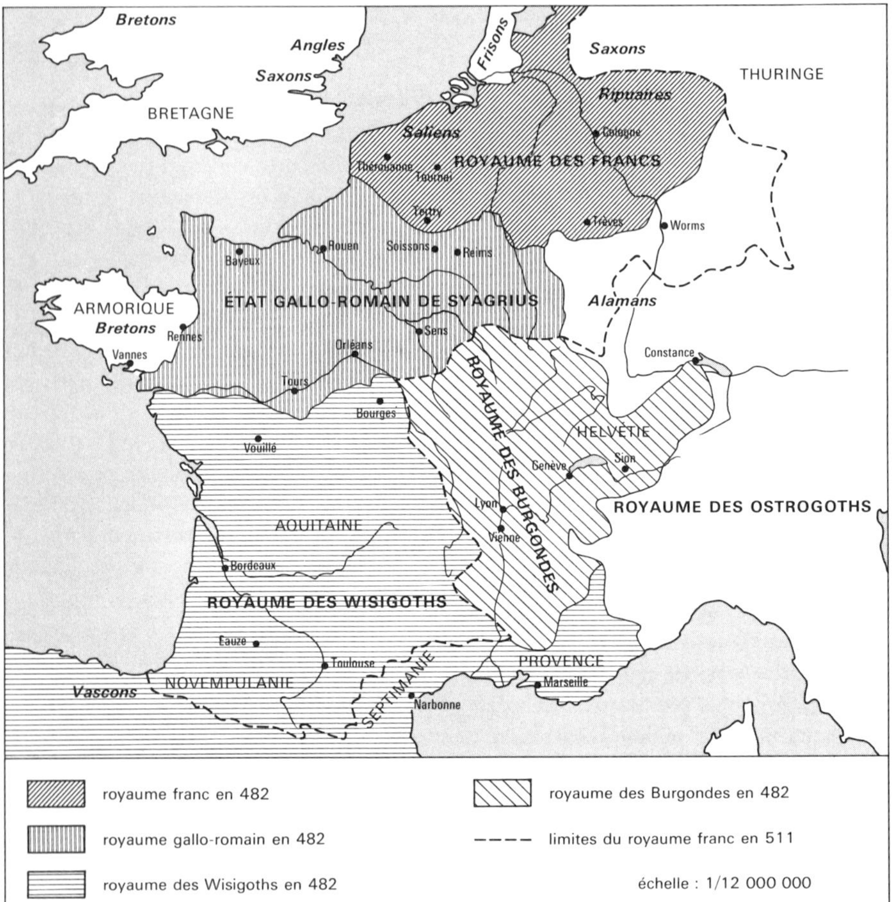

Lorsque Clovis succéda à son père Childéric comme roi des Francs Saliens, le premier obstacle auquel se heurta l'expansion franque fut l'État gallo-romain qui lui barrait transversalement la route. Quand il en eut triomphé (486-491), Clovis affronta deux royaumes barbares : wisigoth au sud-est, burgonde à l'est. En 507, les Wisigoths s'effondrèrent à Vouillé alors que les Burgondes résistèrent jusqu'en 534.

La Gaule de Clovis

des Alamans. Les Francs « saliens » occupaient un territoire exigu situé entre l'embouchure du Rhin et celle de la Somme : ils y formaient un groupe cohérent dans une région pratiquement dépeuplée. Les Francs ripuaires avaient réussi à occuper, en cette fin du ve siècle, la rive gauche du Rhin, à l'est de la Meuse, et la vallée inférieure de la Moselle. Enfin, les Alamans avaient pu s'infiltrer entre les Francs ripuaires et les Burgondes. Au milieu de ces quatre peuples subsistait entre la Somme, la Meuse et la Loire un reliquat de la Gaule impériale, l'État de

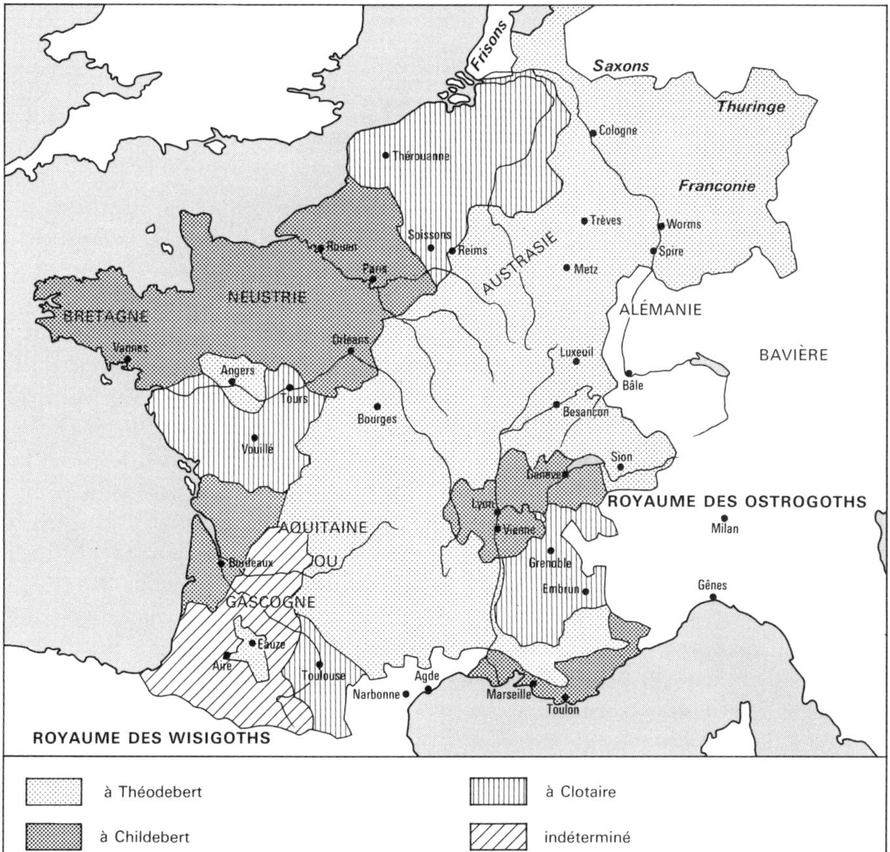

Clovis et ses fils réussirent à contrôler par leur conquête l'ancienne province de Gaule, à l'exception de la Gascogne qui échappait à leur pouvoir. D'autre part, pour empêcher toute nouvelle vague germanique, ils défendirent solidement le Rhin et s'avancèrent même au-delà. Mais suivant le droit coutumier franc, Clovis partagea son royaume entre ses quatre fils. Par la suite, on partagea de même les nouvelles conquêtes (Bourgogne).

Extension de la Gaule mérovingienne, royaume des héritiers de Clovis

Syagrius. L'unification de ce conglomérat de peuples fut l'œuvre de Clovis (481-511) et de ses fils qui réussirent à imposer leur hégémonie. La victoire de Soissons en 486 livra le royaume de Syagrius, celle de 496 rejeta les Alamans au-delà du Rhin, celle de Vouillé apporta le royaume des Wisigoths. En revanche, la lutte contre les Burgondes fut plus ardue, et ce n'est qu'à partir de 534 qu'ils furent entièrement soumis aux Mérovingiens.

Cette conquête avait été facilitée par la conversion au catholicisme de Clovis. Cet acte accompli dans une optique politique lui attachait les Gallo-Romains redoutant l'hétérodoxie des Wisigoths et des Burgondes qui avaient adopté la théorie d'Arius, condamnée en 325 au Concile de Nicée.

Les Francs passèrent pour des libérateurs aux yeux des Gallo-Romains qui étaient dans tout le sud de la Gaule en très nette majorité. L'importance accordée au problème religieux à cette époque était telle qu'elle faisait passer au second plan les conflits raciaux.

Au VIe siècle, les conquêtes franques firent du *Regnum Francorum* la principale puissance territoriale de l'Occident avec laquelle Byzance se devait de compter : il s'étendait alors pratiquement à l'ensemble de la Gaule et en dépassait même les limites avec son glacis germanique et les conquêtes provisoires en Italie du Nord.

Cependant, deux forces qui s'exerçaient en sens inverse devaient compromettre les chances d'avenir du Regnum. Suivant le droit germanique, le souverain mérovingien considérait le territoire qu'il gouvernait comme un bien personnel qu'il partageait à sa mort entre ses enfants. Cette conception allait provoquer les multiples partages entre les fils et les mainmises brutales dictées par la convoitise. Ce n'est qu'exceptionnellement que le royaume fut réuni sous l'autorité d'un même prince : sous Clotaire Ier, Clotaire II et Dagobert de 613 à 634. Cependant, on s'est aperçu que ces partages n'étaient pas aussi anarchiques qu'on l'avait souvent cru et obéissaient très souvent à des motifs politiques. Contre cette œuvre de dislocation qui réapparaissait à chaque génération, une autre tendance voulait maintenir le principe de l'unité du Regnum. Chacun des souverains porte le titre de *Rex Francorum* qui affirme qu'au-dessus des différents lots territoriaux il existe une unité ; d'autre part, Paris, qui perd son rôle de capitale où réside le souverain, devient, après la mort de Clovis, la capitale idéale, exclue des partages, symbole de l'unité du Regnum. Enfin, il faut souligner que la conception unitaire du Regnum a été telle que les frontières ont toujours été heureusement défendues contre les incursions étrangères.

Cette force centrifuge devait néanmoins être cause d'une nouvelle géographie politique de la Gaule avec l'apparition de quatre entités territoriales. Au nord s'étendait l'Austrasie créée sur les territoires situés entre la Meuse, le Rhin et la Moselle qui étaient profondément germanisés ; la Neustrie, qui comprenait les régions placées entre la mer du Nord, la Meuse et la Loire et était axée sur la Seine, restait en revanche très romanisée. Le Sud se divisait entre la Bourgogne à l'est, marquée par des lois très humaines, et l'Aquitaine à l'ouest qui conservait presque intacte la culture latine. En fait, c'est l'opposition fondamentale entre les deux royaumes du Nord, ceux de Neustrie et d'Austrasie, les plus puissants, qui allait marquer l'histoire, principalement après la mort de Dagobert (639), la Bourgogne et l'Aquitaine n'intervenant que secondairement. L'Austrasie finit par l'emporter grâce à une puissante famille d'aristocratie terrienne : les Pippinides qui réussirent à rétablir l'unité des deux royaumes sous le gouvernement fictif des derniers Mérovingiens, en écrasant les ultimes tentatives de l'aristocratie neustrienne. Le succès eut pour conséquence la libération de l'autorité franque des peuples périphériques : l'Aquitaine devient indépendante avec ses propres ducs, de même que la Provence, alors qu'en Bourgogne l'aristocratie laïque et ecclésiastique prend en main le pouvoir. Il appartiendra aux Carolingiens de rétablir la situation en refaisant l'unité et en luttant contre les dangers extérieurs : ce fut principalement l'œuvre de Charles Martel qui, avec le titre de « maire du palais », repoussa les Arabes à Poitiers (732) et ramena Provence et Bourgogne à l'autorité. La conséquence en fut un nouveau déplacement du centre politique : les invasions avaient fait passer ce centre de la Méditerranée au bassin de la Seine, l'avènement des Pippinides allait privilégier l'axe mosan. Parallèlement, l'importance prise par la Gaule dans le monde occidental devait disjoindre les liens qui existaient entre Rome et Byzance au profit de la Gaule : la fondation de l'Empire carolingien en sera la conséquence immédiate.

Les institutions

Les innovations les plus importantes concernent les institutions : les Germains instaurèrent un nouveau régime politique fondamentalement différent du précédent. À la notion romaine d'un État supérieur aux individus succède celle d'une royauté absolue, héréditaire et patrimoniale. La royauté est l'institution fondamentale : pouvoir de fait qui ne se discute pas, elle n'a pas à définir ses prérogatives et ses limites. La conquête de la Gaule a fait du chef militaire à la tête de ses troupes un souverain à qui tous les habitants sans exception sont soumis. Son pouvoir est personnel, et il n'y a plus aucune distinction entre l'État, sa personne et ses biens. Aussi à sa mort partage-t-il son royaume entre ses enfants comme le veut le droit salique. Il n'existait rien de semblable ni dans l'Antiquité ni non plus en Germanie. D'ailleurs les théoriciens le sentiront lorsque, recherchant un modèle au roi franc, ils le trouveront dans le roi d'Israël. Néanmoins, le Mérovingien s'efforce de se rattacher à Rome en imitant certains gestes de l'Empereur. Il s'entoure même d'un palais qui réunit les services, les grands officiers et les hauts fonctionnaires. Nomade comme le roi, ce palais le suit dans ses déplacements de domaine en domaine. En fait, il ne s'agit pas d'une véritable administration centrale, car la distinction entre fonction administrative et fonction domestique n'existe pas.

Sur le plan local, le roi est représenté par le comte qui agit dans le cadre de la cité. Il y exerce en son nom tous les pouvoirs : administratifs, judiciaires, financiers et militaires. Dans l'exercice de ses fonctions judiciaires, il est assisté d'un conseil de gens expérimentés qui forment le tribunal. Le duc qui, à l'origine, exerçait un pouvoir essentiellement militaire devient rapidement un échelon intermédiaire qui s'interpose entre le roi et le comte.

Dans le domaine judiciaire, la notion romaine de la peine afflictive est remplacée par le *Wergeld*, ou composition financière, chargé, d'une part, de punir le coupable d'avoir troublé la paix publique, et, d'autre part, d'empêcher toute vengeance de la partie adverse. À l'origine, les différents peuples de la Gaule furent jugés suivant leur propre loi. À ce principe de la personnalité des lois, suivant lequel chaque individu était jugé suivant la loi de sa race, succéda peu à peu celui de la territorialité, suivant lequel la loi retenue était celle du plus grand groupe ethnique.

Tout homme libre était astreint au service militaire. Il devait s'équiper, assurer lui-même son propre entretien et répondre à la convocation du roi, qui lui parvenait par l'intermédiaire du comte. Dans le domaine financier, les souverains s'efforcèrent de faire jouer à leur profit le système des impôts romains, mais les Francs répugnèrent à verser la capitation, si bien qu'au cours du VIIe siècle toute levée d'impôt disparaît et que les souverains tirent leurs principales ressources de l'exploitation de leurs propres richesses foncières.

La société

La société mérovingienne se situe dans le prolongement de celle du Bas-Empire, l'arrivée des Barbares étant seulement responsable de l'accélération de ce mouvement qui poussait le plus faible à obtenir la protection d'un plus fort. De même la pratique de l'esclavage se perpétue au-delà des invasions, bien que le christianisme et les lois germaniques aient tenté de limiter l'arbitraire du maître et favorisé les affranchissements. Le commerce des esclaves demeure très fructueux au cours de toute la période mérovingienne. Le reste de la population est de condition libre, mais cette condition tend à se différencier. L'aristocratie gallo-romaine qui appuyait sa puissance sur une fortune foncière avait survécu à l'effondrement de l'Empire. Elle devait fournir aux rois mérovingiens les principaux dignitaires de l'administration et de l'Église. Elle entra ainsi en contact avec les grands d'origine germanique qui finirent par fusionner avec elle. Il se créa de ce fait une nouvelle aristocratie de fonction, qui remplaça l'ancienne classe sénatoriale. Les grands partageaient leur temps entre leur terre et la cour, où ils acquéraient la faveur du souverain qui se manifestait principalement par des largesses, singulièrement en terres du fisc. Leur puissance ne fit que s'accroître, profitant de la faiblesse du pouvoir royal, et la seconde moitié du VIIe siècle et le VIIIe siècle ont été remplis de leurs propres discordes.

Les cités n'avaient cependant pas disparu : à la suite des premières invasions, la plupart d'entre elles s'étaient protégées, à la fin du IIIe et au début du IVe siècle, en construisant une enceinte autour de ce que l'on a appelé le *castrum*, sorte de réduit fortifié qui comprenait principalement les locaux administratifs. En dehors de ce castrum s'étendait le *suburbium* où continuait à vivre la population. Néanmoins, les grands avaient déserté les cités pour mener une vie plus aisée dans leurs domaines. La ville continua à remplir un rôle important en tant que cadre de l'administration locale. D'ailleurs la plupart des villes gallo-romaines devinrent des comtés. Le fait que ces cités soient devenues des chefs-lieux de diocèse assura leur survivance au cours de ces périodes troublées, à tel point qu'on en vint à voir dans la ville la cité de l'évêque. De plus, souverains ou évêques manifestent le souci de renouer avec les traditions de l'urbanisme antique en y assurant la vie et les loisirs ; on remet en état les aqueducs, les égouts et les remparts, on rétablit les arènes et les thermes. À côté de ces travaux édilitaires, il faut également souligner la prodigieuse activité architecturale religieuse dont les deux premières générations de souverains mérovingiens furent responsables. Ce sont principalement les capitales (Paris, Soissons, Metz) qui en bénéficièrent : basiliques extra-muros ou cathédrales intra-muros.

Cependant, le processus déjà entamé sous le Bas-Empire se poursuit : l'essentiel de l'activité humaine a pour cadre le monde rural. Très tôt la terre est remise en valeur et redevient le moyen de subsistance essentiel. On procède même à d'importants défrichements et à une réoccupation des sols abandonnés. En outre, il avait fallu prévoir l'installation des Germains dans les domaines ruraux. Or, cette installation se fit d'une façon juridique : le système de l'*hospitalitas* permettait de leur céder des terres cultivées et incultes qu'ils étaient chargés de mettre en valeur. Cette vue qui ne peut être que schématique doit être nuancée suivant les régions et l'importance des groupements de Germains qui s'implantèrent. Il semble qu'à l'exception de quelques cas il n'y eut pas bouleversement du visage rural : les Germains s'insérèrent dans des cadres existants soit d'une façon juridique soit par la force ; seule la propriété changeait de main. Comme dans l'Antiquité, le grand domaine restait le mode de propriété et d'exploitation le plus commun et tendait à devenir une entité économique vivant entièrement sur elle-même. Ce domaine pouvait être mis en valeur soit par le faire-valoir direct qui exigeait un nombre considérable d'esclaves, soit par des tenanciers, attachés à une petite exploitation qui suffisait à leur subsistance : en échange, ils étaient astreints à des redevances et à des corvées. Si au début de l'époque mérovingienne le premier système qui remontait à l'Antiquité paraît être le plus général, le second s'implanta peu à peu en raison de la disparition de l'esclavage. Le tenancier entrait alors en possession d'une terre et implorait la protection du seigneur (*precaria*) ; celui-ci la lui accordait (*patrocinium*) en lui donnant les moyens de subsistance. En échange, le tenancier devait au seigneur un certain nombre de services. Ce système eut le double avantage de compenser la disparition de l'esclavage et de permettre au seigneur d'étendre l'exploitation à d'immenses domaines, en donnant au tenancier les moyens d'assurer la subsistance de sa famille et sa protection. Néanmoins, un grand nombre de bourgades (*vici*) placées sur des routes échappent à ce système et continuent à mener une vie indépendante.

Le cadre économique

L'installation des Barbares en Gaule n'a pas eu sur le plan économique les conséquences qu'on lui a trop souvent reconnues. La Gaule du Vᵉ siècle n'est plus celle du IIᵉ siècle et du début du IIIᵉ : les bouleversements sociaux (installation des lètes) et économiques en ont déjà profondément transformé l'aspect. Une lente détérioration se poursuit sous les Mérovingiens, mais elle se fait sans heurt, dans le domaine économique. On constate ainsi, à la suite de H. Pirenne, que le commerce méditerranéen d'échange entre l'Orient et l'Occident s'est prolongé durant tout le VIᵉ siècle, sans atteindre l'importance de l'époque précédente ; or ce commerce concernait non seulement les produits de luxe (tissus ou épices), mais des produits d'usage courant (papyrus). Néanmoins, cette activité échappait en grande partie aux Barbares, et ce sont des étrangers que l'on appelait communément des Syriens qui s'en chargeaient : ils sillonnaient la Méditerranée et avaient installé des colonies dans les principaux centres en relation avec ce commerce méditerranéen. L'importance de Marseille sur ce point est bien mise en lumière par l'acharnement des souverains mérovingiens à vouloir s'en emparer. Cependant, il n'est guère aisé de rendre compte du volume de ce trafic en l'absence de tout texte comptable.

Le déplacement vers le nord de l'axe politique à la suite des invasions barbares se retrouve au niveau commercial. On assiste en effet à une reprise intensive d'échanges entre la Gaule, l'Angleterre et l'Irlande. À l'est, la région mosane devient un centre d'échange essentiel. Dirigé à l'origine vers le sud, le commerce tend à s'orienter de plus en plus vers l'Angleterre et la Scandinavie. Le Rhin est toujours le trait d'union entre l'Italie et la Baltique. La ville de Verdun remplit un rôle économique très important. La découverte de trésors monétaires et leur analyse confirment que jusqu'au VIIe siècle la Gaule est traversée de courants commerciaux qui relient la Méditerranée, l'Atlantique, la Meuse, le Rhin et la Baltique. La décadence du commerce méditerranéen se fait très progressivement, et ce dernier est aussitôt relayé par un trafic septentrional de plus en plus intense. À la fin du VIIe siècle, le déplacement du centre de gravité de la Gaule vers le nord-est devient évident, ce qui explique le succès de l'Austrasie.

Dans le domaine industriel, les choses sont moins nettes. On a peut-être trop privilégié certains ateliers qui auraient exporté dans toute la Gaule leur produit, ainsi les ateliers des marbriers pyrénéens à qui l'on a accordé la paternité des chapiteaux et des sarcophages de marbre, trop libéralement datés du VIIe siècle. La critique moderne tend à discerner des ateliers locaux qui, durant des années, ont répété inlassablement les mêmes formules. Il en est de même dans le domaine de l'orfèvrerie qui devient une des branches d'activité les plus originales de l'artisanat. On tend sur ce point à déceler l'existence d'ateliers régionaux dont certains produisent de véritables chefs-d'œuvre (Paris : bijoux de la reine Arégonde). On note cependant, d'une façon générale, une décadence plus ou moins nette dans la facture de ces différentes productions (verrerie à Cologne). Il faut en excepter l'industrie du fer qui atteint une qualité peu commune : la production d'épées plaquées ou damasquinées démontre la perfection technique à laquelle les artisans barbares avaient su parvenir, et cela malgré l'obligation d'industrialisation.

La permanence économique du monde romain se reconnaît dans les routes et les voies navigables, dont l'axe resta le même jusqu'à la fin de l'époque carolingienne.

La vie religieuse et intellectuelle

Alors que s'effondre l'Empire romain, l'Église demeure le seul soutien des populations dont l'État n'est plus à même d'assurer la défense. Choisi par le clergé et par les habitants de la *civitas*, l'évêque est souvent recruté parmi les familles les plus riches et appartient à la condition laïque. Les souverains mérovingiens s'attribueront la nomination des évêques, mais, afin de faire de ceux-ci des fonctionnaires, continueront à les prendre parmi les puissants laïques, si bien que dans la seconde moitié du VIe siècle on y voit des Germains. Le rôle de l'épiscopat est immense, car il a pris en charge les fonctions qu'assurait autrefois l'État : l'évêque doit veiller à la subsistance des faibles, fonder des hôpitaux et des hospices pour les recueillir, entretenir les écoles et très souvent rendre la justice. Son activité se tournait principalement vers le domaine pratique ; il échoue en grande partie dans son œuvre d'évangélisation des campagnes. Ce sont des moines irlandais d'abord, puis anglais, qui entreprirent cette œuvre. Le succès remporté dans ce domaine est un fait capital dans l'histoire mérovingienne. À la demande des populations, l'évêque fut amené à démembrer son diocèse en constituant dans les localités les plus importantes des succursales de l'Église épiscopale avec une église, une circonscription territoriale, un clergé et un patrimoine : ainsi fut constituée la paroisse qui devait rester à travers la Révolution la cellule organique de la société française.

L'épiscopat s'était montré particulièrement soumis au début de l'époque mérovingienne. Mais, conscient du rôle qu'il remplit, fort d'une richesse foncière peu commune, il manifesta une ambition politique dès la mort de Dagobert. Il fallut que Charles Martel effectuât une gigantesque confiscation des biens d'Église, à la fois pour assurer son pouvoir contre ces prélats trop ambitieux et pour financer sa politique de lutte contre l'Islam et le rétablissement de l'unité du Regnum.

Parallèlement à la décadence de l'administration, on assiste au lent abaissement du niveau culturel. Néanmoins, nombre d'écoles restèrent ouvertes, se contentant d'y maintenir des traditions qui n'ont plus de vie. Seul l'épiscopat réussit à conserver pendant un certain temps l'illusion de la culture latine. En même temps, bien que l'acte écrit ait conservé tout son prestige, l'écriture cède du terrain au cours du VIIe siècle. Pour réagir, les moines se mirent à copier les manuscrits afin d'en assurer la pérennité. Or ces monastères, plus particulièrement ceux du Nord, étaient en contact permanent avec les milieux monastiques anglais et irlandais, où s'élaborait une nouvelle culture, orientée essentiellement vers les préoccupations religieuses. C'est dans cette ambiance nouvelle que devait s'élaborer un renouveau : la renaissance carolingienne.

ALAIN ERLANDE-BRANDENBURG

Bibliographie

G. FOURNIER, *Les Mérovingiens*, coll. Que sais-je ?, P.U.F., Paris, 6e éd. mise à jour, 1991 / J. HUBERT, « Les Routes du Moyen Âge », in *Les Routes de France depuis les origines jusqu'à nos jours*, Paris, 1960 / G. KURTH, *Études franques*, 2 vol., Bruxelles, 1919 / R. LATOUCHE, *Les Origines de l'économie occidentale*, Albin Michel, Paris, 1956 ; *De Vercingétorix à Charlemagne*, Arthaud, Paris, 1965 / C. LELONG, *La Vie quotidienne en Gaule à l'époque mérovingienne*, Hachette, Paris, 1963 / F. LOT, *Les Destinées de l'Empire en Occident de 395 à 888*, Paris, 1928 ; *La Naissance de la France*, t. I, Fayard, Paris, nouv. éd. 1970, Tallandier 1976 ; *La Fin du monde antique et les débuts du Moyen Âge*, Albin Michel, 1927, rééd. 1968 / L. MUSSET, *Les Invasions*, 2 vol., P.U.F., 1969-1971 / M. PROU, *La Gaule mérovingienne*, éd. d'art May, Paris, 1897 / P. RICHÉ, *Éducation et culture dans l'Occident barbare, VIe-VIIIe siècle*, Seuil, Paris, 3e éd. rev. 1973 / É. SALIN, *La Civilisation mérovingienne d'après les sépultures, les textes et le laboratoire*, 4 vol., Picard, Paris, rééd. 1973-1989 / G. TESSIER, *Le Baptême de Clovis*, Paris, 1966.

MESNIE

Le terme de mesnie (maisonnée, famille), peu utilisé depuis le Moyen Âge, désigne les gens vivant ensemble, qu'ils soient ou non du même sang. Cette notion s'oppose à celle de lignage. Déjà, au Moyen Âge, la mesnie est une notion assez vague, et l'administration fiscale préfère compter les feux, c'est-à-dire les foyers allumés. Le feu étant rapidement devenu (au cours du XIVe siècle) une unité fictive de taxation des communautés urbaines ou villageoises, sans rapport avec la réalité des « faisant feu », on garde le mot *mesnie* pour qualifier dans la langue courante ceux qui vivent dans la même maison. L'ensemble de leurs biens meubles forme le « mesnage ». C'est ce mot qui l'emporte pour distinguer la famille conjugale, étroite, vivant sous le même toit, de la famille élargie, constituée des personnes unies par un lien naturel ou sacramentel. Le chef d'une famille étroite est couramment appelé « mesnagier », ou ménager, à la fin du Moyen Âge, et la ménagère est la maîtresse de maison (ce dernier terme a survécu).

JEAN FAVIER

MESTA

À partir du XIIe siècle, lorsque la reconquête de l'Espagne sur les Maures progresse nettement, les souverains de Castille récompensent leurs vassaux, nobles et chevaliers des ordres militaires, des services rendus dans la lutte contre l'adversaire musulman, par la cession de terres qui seront destinées en priorité à l'élevage. Ces nouveaux propriétaires sont au XIIIe siècle assez nombreux pour fonder une association d'éleveurs transhumants, la Mesta, reconnue par ordonnance royale en 1273 et nantie de privilèges qui vont lui permettre de s'organiser rapidement. Dès la fin du siècle, le roi nomme à sa tête un magistrat, l'*alcade entregador*, qui contrôle l'élevage transhumant avec l'aide d'*entregadores* subalternes : ces derniers, à raison d'un par district, surveillent les *cañadas* ou chemins empruntés par les troupeaux ; ils doivent notamment maintenir le libre accès aux abreuvoirs et aux lieux de repos et veiller à ce que forêts, pâtures, landes n'empiètent pas sur ces routes, dont la largeur réglementaire est de soixante-dix-huit mètres.

Le parc ou *cabaña*, dirigé par un *mayoral*, est divisé en *rebaños* ou troupeaux comprenant chacun mille moutons, qui sillonnent l'Espagne deux fois par an et dont le passage donne lieu à des différends plus ou moins graves avec les cultivateurs sédentaires. Ces conflits sont portés devant le tribunal dirigé par l'*alcade entregador* qui donne rarement raison aux paysans, malgré l'évidence des destructions causées par les moutons. Mais les plaintes des agriculteurs parviennent aussi aux oreilles des souverains qui, à la fin du XIIIe et au début du XIVe siècle limitent la compétence des alcades, les empêchant d'empiéter sur les prérogatives de la justice locale. L'histoire de la Mesta est jalonnée par les prises de position contradictoires du pouvoir royal qui soutient cette organisation tyrannique, lorsqu'il est lui-même dans une situation de faiblesse, et qui protège les municipalités rurales lorsque son autorité se raffermit. Ces dernières tentent de faire valoir leurs droits en réclamant la perception d'une taxe sur la transhumance ou *montazgo*. En 1326, seules certaines localités possèdent cette prérogative dont les *entregadores* assurent le contrôle. Non contentes de ces dédommagements financiers, elles s'efforcent d'enclore les pâtures, créant ainsi les *dehesas* (défenses) pour se préserver des dégâts causés par les troupeaux. Au XIVe siècle, à l'élevage du mouton local ou *churro*, dont la laine est peu serrée, se substitue celui des *merinos* importés du Maroc (du nom des Mérinides, la dynastie régnante), qui fournissent une laine de qualité supérieure. La transhumance connaît alors une période de prospérité et les sédentaires redoublent de vigilance en percevant un droit de passage ou *portazgo* et une taxe sur les produits de la Mesta vendus sur les marchés locaux. À la fin du XVe siècle la monarchie exerce une surveillance accrue sur la Mesta par l'intermédiaire d'un délégué de son Conseil qui préside les réunions du Conseil supérieur de l'association, mais elle décrète aussi l'élargissement des voies de passage pour les troupeaux ; ainsi la Mesta peut-elle s'arroger légalement d'immenses étendues. Les raisons de cette faveur royale sont multiples : aux prétentions monopolistiques des rois sur le commerce de la laine s'ajoutent, surtout à partir du XVIe siècle, la politique d'expansion (l'élevage requiert moins de bras que l'agriculture et laisse donc davantage d'hommes disponibles pour les entreprises militaires), et les crédits consentis à la Couronne par le Conseil de la Mesta.

MARIE-FRANCE SCHMIDT

MINISTÉRIALES ou MINISTÉRIAUX

Toujours pris à l'origine dans la catégorie des serfs, les ministériaux sont des domestiques qui se voient confier un métier ou une tâche bien spécialisée ; ainsi en est-il des serviteurs de l'Hôtel qui, dans les premières royautés patriarcales de l'Occident, se voient confier à la fois des tâches domestiques et ministérielles. Certains d'entre eux connurent jusqu'au XIIIe siècle une ascension économique et sociale considérable : par exemple ceux qui occupaient la charge de maire, ou régisseur du domaine, ou de forestier, c'est-à-dire surveillant des forêts seigneuriales. Leur humble origine devait rassurer le seigneur – ou le roi – sur leur fidélité et leur efficacité et il se reposait sur eux du soin de gérer, de vendre les surplus, de commander les paysans, de juger et de percevoir les amendes. Le ministérial était généralement intéressé au bénéfice de ces opérations et recevait en outre une vaste tenure pour son entretien.

Tout cela faisait en réalité du ministérial un véritable seigneur de village (il pouvait, en Allemagne, en porter le titre sans rien perdre de son origine servile) qui s'enrichissait aussi bien aux dépens des paysans que du seigneur. Si l'on ajoute que la ministérialité était devenue progressivement héréditaire, on comprendra la réaction violente des seigneurs, qui voyaient ces anciens serfs jouir d'une indépendance de fait sinon de droit, et mener, grâce à leur fortune, mêmes vie et mœurs que la noblesse locale : tout au long du XIIIe siècle, ils essayèrent de récupérer les pouvoirs qu'ils s'étaient laissé usurper par les ministériaux, au point même de leur racheter leur charge s'ils ne pouvaient s'imposer autrement.

FRANÇOISE MOYEN

MOLAY JACQUES DE (1243 env.-1314)

Templier, élu grand-maître en 1298, alors que l'ordre venait de s'établir à Chypre, d'où étaient lancées quelques opérations contre l'Islam. Venu en Occident, où les maisons de l'ordre étaient nombreuses, Jacques de Molay composa en particulier deux mémoires destinés au pape, l'un pour donner son point de vue sur le projet pontifical de croisade, l'autre pour envisager – et surtout réfuter – la possibilité d'une fusion des ordres militaires, souhaitée depuis un quart de siècle par les papes et les conciles. La réfutation de Molay, surtout animée par le désir de conserver au Temple ses avantages et au grand-maître ses prérogatives, fit mauvaise impression. En apprenant les dénonciations dont était victime l'ordre, il demanda lui-même une enquête.

Arrêté avec les autres Templiers de France le 13 octobre 1307, Molay avoua – sans avoir, semble-t-il, été torturé – les erreurs de l'ordre en matière de foi et de morale ; il écrivit à tous ses frères pour les inciter à révéler ce qu'ils savaient. Il renouvela en août 1308, devant la commission cardinalice désignée par le pape, les aveux qu'il avait faits devant les enquêteurs royaux et l'Inquisition. Le pape s'étant réservé le jugement des personnes de quelques dignitaires, Molay refusa de coopérer avec la commission pontificale en novembre 1309. C'est donc sans l'avoir entendu que Clément V, en avril 1312, supprima l'ordre et, en décembre, déféra le jugement des dignitaires à trois cardinaux.

Molay ne changea probablement pas de position, avouant les vices généraux de l'ordre, tout en se reconnaissant modérément coupable, et c'est pour ces crimes avoués qu'il fut, le 19 mars 1314, condamné par les cardinaux à la prison perpétuelle. En six ans d'enquête, le grand-maître avait à plusieurs reprises soulevé des points de procédure, mais n'avait jamais protesté contre la fausseté des accusations portées par les gens du roi. La perspective d'un emprisonnement perpétuel lui insuffla un courage que l'espoir d'un accord possible avec le pape lui avait sans doute enlevé jusque-là : il protesta contre sa condamnation et déclara regretter surtout l'aveu de faux crimes. Les cardinaux se donnèrent la nuit pour réfléchir. Le soir même, les gens du roi firent exécuter Molay et le précepteur de Normandie, Charnay, conformément au droit médiéval qui punissait de mort les relaps. Molay monta sur le bûcher avec résignation et courage.

JEAN FAVIER

MONNAIE DE COMPTE

Complètement tombé en désuétude de nos jours, le système de la monnaie de compte est la base de la pratique monétaire médiévale ; déjà esquissé à l'époque des grandes invasions, il s'est prolongé jusqu'à la réforme monétaire de la Révolution française. Dans ce système, les deux fonctions essentielles de la monnaie, comme mesure des valeurs et comme moyen de paiement, sont séparées l'une de l'autre. Ce divorce des deux fonctions de la monnaie, imposé à l'origine par la raréfaction des espèces métalliques, est si bien entré dans la mentalité médiévale qu'il s'est maintenu quand les conditions qui l'avaient créé ont disparu. On retrouve une première trace de la monnaie de compte au VIe siècle, dans la loi salique, à propos du tarif des amendes. Sans doute, à l'origine, les Francs Saliens calculaient les compositions non en monnaie, mais en denrées (chevaux, bœufs, pièces d'étoffe), suivant un système dont on retrouve encore des traces à l'époque historique chez les Francs Ripuaires et chez les Frisons. L'habitude fut prise, sous l'influence romaine, de compter ces amendes en deniers, puis en sous : il ne s'agit pas d'espèces monétaires, extrêmement rares à ces époques, mais de moyen d'évaluation, d'échelle de valeurs. La preuve en est l'équivalence existant, à partir du VIe siècle, dans la coutume : un sou = quarante deniers. Si le sou d'or existe bien, plutôt sous la forme d'un demi-sou ou d'un tiers de sou, par suite de la raréfaction du métal, il comporte de moins en moins d'or, et ne doit donc point représenter une valeur constante ; quant au denier, il n'existe pas. Le rapport 1 sou = 40 deniers n'exprime donc pas une équivalence réelle des deux espèces monétaires, mais sans doute simplement le rapport de valeur approximatif de l'or et de l'argent. La réforme carolingienne vint mettre un terme à cette pratique, sans doute fort incommode, en fixant un nouveau rapport entre l'or et l'argent et en unifiant les frappes monétaires. On fixa que 1 sou = 12 deniers, et l'on créa une unité de compte nouvelle, la livre : 1 livre = 20 sous. La valeur de la livre (240 deniers) était donnée par le fait que Charlemagne avait prescrit de tailler 240 deniers dans une livre d'argent. Ce système est à la base de la monnaie de compte du Moyen Âge. Il faut noter que, dès l'origine, seul le denier avait une existence réelle. Le sou d'or n'était plus frappé et constituait, comme la livre, une simple unité monétaire destinée à faciliter les calculs de sommes importantes, comptées en chiffres romains. Unité de compte et non pas monnaie de compte, car un sou et une livre pouvaient toujours se réaliser sous la forme d'une somme donnée et constante de deniers. La valeur de monnaie de compte apparaît mieux quand il s'agit de sommes évaluées en deniers, sous et livres, mais payées en nature, conséquence de la raréfaction des espèces monétaires.

En réalité, la véritable instauration de la monnaie de compte date du XIIIe siècle, avec la reprise de la frappe de monnaies d'or et d'argent et la démonétisation du denier : le compte à deniers, sous et livres, devient l'échelle des valeurs et des espèces monétaires ayant cours. Ce système était sans doute indispensable avec des espèces métalliques d'or et d'argent : la valeur de chaque pièce contenant un poids donné d'or ou d'argent étant dépendante du cours de l'or et de l'argent, il est utile de disposer d'un système de références pour suivre les variations de prix des métaux précieux. Mais ce double système allait permettre les mutations monétaires qui sont le phénomène le plus important de l'histoire monétaire et de l'histoire économique du Moyen Âge classique. La mutation monétaire existait déjà auparavant, mais il s'agissait d'une mutation monétaire réelle : l'autorité royale pouvait modifier la teneur en argent du denier et changer ainsi sa valeur.

À partir de la fin du XIIIe siècle, il devient possible, sans toucher à une espèce monétaire ayant cours, de modifier sa valeur ; une ordonnance peut décréter qu'une monnaie ayant cours pour 20 sous en vaudra désormais 22 ou, inversement, 18. Dans le premier cas, il s'agit, dans le vocabulaire traditionnel, d'un affaiblissement de la monnaie, dans le deuxième cas, d'un renforcement. Cette manière de jouer sur la valeur des espèces monétaires ayant cours introduisit, dans le royaume de France, un désordre catastrophique. Les opérations se commandent l'une l'autre dans un cycle infernal. « La mauvaise monnaie chasse la bonne », c'est-à-dire que seules les espèces surévaluées (et par là même affaiblies) ont cours, car les bonnes monnaies valent plus que leur cours officiel : on les retire donc de la circulation, on les thésaurise, on les exporte ou on les refond. S'il s'agit donc de temps en temps de « renforcements », la tendance la plus générale est à l'« affaiblissement ». Les espèces monétaires contiennent de moins en moins de métal précieux, ou, si la quantité est constante, la valeur d'estimation ne cesse d'augmenter. La livre tournois, sous Louis XVI, représentait en or environ 3,4 p. 100 du poids de métal qui, sous Saint Louis, avait correspondu à la même valeur monétaire. En argent, le même rapport s'établissait à 5,5 p. 100 environ.

La population souffrit beaucoup de ces mutations, qui sont, dans la France du XIVe et du XVe siècle, un phénomène trop général pour ne pas avoir été une nécessité. Mais le système de la monnaie de compte parut si peu la cause de ces mutations qu'il subsista jusqu'à la fin de l'Ancien Régime. De plus, d'autres monnaies de compte s'établirent et l'on peut dire que toute monnaie réelle tend à devenir, après que sa frappe a cessé, une monnaie de compte.

Sous le régime monétaire de l'ancienne France, quand la valeur des espèces monétaires peut être changée soit en modifiant la quantité de métal précieux qu'elles contiennent, soit en modifiant simplement leur cours, par ordonnance royale, la monnaie de compte est une nécessité de la vie économique.

JEAN DÉRENS

MONTAGU LES

Famille de la haute aristocratie anglaise de la fin du Moyen Âge. Connus à partir du XIe siècle, les Montagu accèdent à la notoriété au début du XIVe siècle avec William, un des favoris d'Édouard II qui le fait sénéchal de Gascogne. Son fils aîné William (1301-1344) devient un des principaux personnages du royaume ; il joue un rôle essentiel dans la conspiration qui, en 1330, renverse Roger Mortimer et rend le pouvoir à Édouard III. Montagu reçoit alors d'immenses domaines, est fait comte de Salisbury et maréchal d'Angleterre ; il sert la monarchie comme chef de guerre et diplomate. Son fils William (1328-1397), deuxième comte de Salisbury, combat à Crécy et à Poitiers, mais perd une part importante des biens donnés à son père ; il est un des fondateurs de l'ordre de la Jarretière. L'héritier des Montagu est son neveu John (1350-1400) qui manifeste un moment des sympathies pour les lollards et s'affirme un partisan de Richard II ; impliqué dans un complot contre Henri IV, il est exécuté. Son fils Thomas (1388-1428), quatrième comte de Salisbury, rentre en grâce ; connu comme homme de guerre, il prend une part active à la conquête de la Normandie par Henri V, qui le nomme en 1420 lieutenant général en Normandie et dans le Maine. Il meurt des blessures reçues au siège d'Orléans. Le comté passa par héritage à son gendre, Richard Neville, père de Warwick, le Faiseur de rois.

PAUL BENOÎT

MONTFORT SIMON DE, comte de Leicester (1208 env.-1265)

Fils du Simon de Montfort qui avait mené la croisade contre les albigeois mais héritier, par sa grand-mère, d'un comté anglais, il vient en Angleterre à la cour de Henri III et obtient, en 1239, la confirmation de ses droits sur le comté de Leicester. Suivent près de vingt ans d'orageux rapports, traversés de phases de réconciliation, entre Simon de Montfort et le roi ; celui-ci, ayant, en 1253, relevé son vassal du gouvernement de la Gascogne, s'en fait définitivement un ennemi. De 1258 à 1265, le comte de Leicester va jouer un rôle majeur dans l'ébranlement de la puissance royale. Allié aux barons, il obtient en 1258 la ratification des Provisions d'Oxford qui soumettent pratiquement la couronne au contrôle d'un Conseil royal de quinze membres et limitent ses initiatives en matière fiscale et ecclésiastique. Les dissensions intestines ruinent le système mis en place et, à partir de 1263, Simon de Montfort reconstruit un parti nouveau : associé encore à quelques puissants barons, dont le nouveau comte de Gloucester, et à un certain nombre d'évêques, il recrute ses partisans dans des milieux plus humbles, les chevaliers et les bourgeois des villes, en particulier de Londres ; il devient le champion d'une Angleterre du Sud et de l'Est et, en 1264, grâce à sa victoire de Lewes, il s'empare de la personne du roi. Il exerce alors le pouvoir dans le cadre d'un conseil de neuf membres. Soucieux de le consolider, il convoque en 1265 un parlement qui comprend, outre des barons, des représentants des chevaliers et des bourgs. Il aurait ainsi, à tout le moins, favorisé l'évolution historique conduisant à la création des Communes, ne serait-ce que par l'exemple donné au futur Édouard Ier. Celui-ci, alors prince héritier, met pourtant fin à la tentative de Simon de Montfort en le battant et en le tuant lors de la bataille d'Evesham (4 août), après l'avoir privé du soutien de plusieurs barons, dont Gloucester.

ROLAND MARX

MONTJOIE SAINT-DENIS

Cri de guerre des Capétiens, « Montjoie Saint-Denis ! » a succédé au simple « Montjoie ! » des XIe et XIIe siècles. Dans le roman de *Guillaume au court nez* on lit : « Roy Looy escrie Montjoie ! Diex aïe ! » Dans le roman de *Wace* : « Francheis crient Montjoie ! et Normans Dex aïe ! » Mais, à Bouvines (27 juill. 1214), alors qu'autour d'Otton on crie « Rome ! », autour de Philippe le cri de guerre est « Montjoie Saint-Denis ! ». Par la suite, en Bourgogne on a dit « Montjoie Saint-André ! » ; en Anjou « Montjoie Anjou ! » Le cri des ducs de Bourbon était « Montjoie Notre-Dame ! » ; celui de la maison royale d'Angleterre « Montjoie Notre-Dame Saint-Georges ! »

L'origine du cri de guerre est malaisée à établir, mais évidemment liée à celle des monts-joie. Ce mot, masculin et féminin, a désigné, entre autres, une colline, un tas de pierres, une bannière royale, un oratoire. On pense communément, en France, que mont-joie procède d'un francique *mund-gawi* (« protection de territoire » ou « Protège le territoire ! »). Mais cette explication a contre elle le fait que l'on trouve en Bretagne (fort peu touchée par les invasions franques) à la fois des Montjoie et des Bre Levenez, toponymes qui signifient exactement la même chose, les uns et les autres fort anciens. D'autre part, en Cornouaille et au Pays de Galles, on retrouve des toponymes du type Bre Levenez. Enfin, ces collines, ces tas de pierres appelés monts-joie sont, d'abord, des collines situées près d'une route ancienne, des tas de pierres pareillement localisés, occasionnellement au col d'une montagne, et quelquefois associés à un dieu ou aux défunts. On observe des faits semblables dans des pays fort divers (Afrique, Madagascar, Nouvelle-Zélande, etc.). Mont-Joie ne peut donc être qu'une traduction pure et simple du gaulois, où le terme de « joie » a un sens très étendu, comme ses prototypes celtiques (cornique, *levene* ; irlandais, *failte*, etc.) qui sont également une formule de salutation et évoquent les joies de la vie future.

À Saint-Denis, traversé par une voie préhistorique, l'Estrée, existait encore au XVIIIe siècle une mont-joie à trois kilomètres de la basilique. Au XIe siècle, les monts-joie avaient conservé un caractère sacré et, à Saint-Denis, la mont-joie s'est trouvée associée au saint. Quel qu'ait été le lieu du martyre de saint Denis, les fouilles les plus récentes (Crosby et Formigé) ont montré qu'il fut inhumé à Saint-Denis. Associer par la suite la royauté à Montjoie relève de la tendance, en France comme ailleurs, à auréoler la royauté d'une origine sacrée. Cela est confirmé par la légende qui se répand au temps de Charles V le Sage : Clovis aurait été victorieux à Montjoye, près de Saint-Denis, grâce à un écu portant trois fleurs de lis d'or sur champ d'azur ; cet écu, Clotilde l'avait fait confectionner sur les conseils d'un saint ermite pour remplacer l'écu habituel portant emblème païen. Ce miracle était, disait-on, commémoré par le cri de guerre.

PAUL QUENTEL

MONTSÉGUR CHÂTEAU DE

Bâti sur un piton calcaire (1 060 m d'altitude) dans les Pyrénées ariégeoises, à trente kilomètres à l'est de Foix. Le site du château de Montségur est grandiose et permet de dominer tout le pays d'Olmes (Lavelanet-Mirepoix). Cette construction superbe et très robuste fut faite à la fin du XIIe siècle pour servir de demeure seigneuriale et de forteresse. Aujourd'hui, il reste essentiellement la grande salle et le donjon. À partir de 1232, les Cathares obtinrent du seigneur de Péreille la permission de s'y réfugier. Après l'échec du soulèvement de 1240-1242, plusieurs milliers de croisés vinrent assiéger Montségur. Mais le site était si inaccessible qu'environ 150 hommes d'armes – il y avait en tout 500 personnes dans le château – les tinrent en échec pendant près d'un an (13 mai 1243-14 mars 1244). Encore ne capitulèrent-ils qu'après de longues négociations et la prise par traîtrise de la barbacane. Ils durent livrer environ 200 hérétiques qui, refusant d'abjurer, furent brûlés le 16 mars, mais ils obtinrent pour eux les honneurs de la guerre. Ce drame est devenu le symbole de la patrie occitane meurtrie mais restée fière.

Il n'en fallait pas plus pour créer la légende de Montségur : lieu où les Cathares enfouirent leur trésor et assimilé au merveilleux Montsalvat où était présent le Graal, temple solaire même. Des historiens comme E. Delaruelle ont fait justice de ces légendes. Mais un certain public, local surtout, soit par nostalgie de l'Occitanie, soit par religiosité cathare, soit encore par anticléricalisme, reste avide de ce merveilleux. La sauvage beauté du paysage aidant, Montségur est devenu un véritable lieu de pèlerinage.

D'autres erreurs doivent cependant être redressées. Montségur ne marque pas un tournant dans la guerre contre les albigeois. C'est la bataille de Muret (12 sept. 1213) qui aurait dû figurer dans « les trente journées qui ont fait la France ». Quant au « bûcher de Montségur », il s'agit en fait d'un raccourci historique. Y. Dossat semble avoir prouvé qu'il eut lieu à Bram (60 km au nord) ; le « champ de cremats » (brûlés) en contrebas du château serait une légende. Enfin l'Inquisition, bien qu'elle ait exercé un minimum de procédure, ne peut être rendue entièrement responsable d'une exécution qui ressemble fort à une représaille militaire.

GABRIEL LLOBET

MORTIMER ROGER, 1er comte de LA MARCHE (1287-1330)

Issu d'une famille d'origine normande dont la fortune s'est considérablement accrue par mariages au XIIIe siècle, Roger Mortimer est l'un des plus puissants seigneurs des Marches galloises, très indépendants du pouvoir royal ; il possède aussi d'importants domaines en Irlande. En 1316, il y est nommé lieutenant général du roi et prend une part importante à la défaite d'Édouard Bruce (1318), qui s'était fait couronner roi d'Irlande. Mais, en 1320, il se heurte, ainsi que tous les seigneurs des Marches, aux prétentions galloises d'Hugh le Despenser, favori d'Édouard II. Ce conflit, manifestation de l'opposition des barons à la monarchie, prend la forme d'une guerre, et Mortimer doit se rendre avec son oncle en 1322 ; condamné à la prison à vie, il s'enfuit de la tour de Londres en 1323 et se réfugie en France. Il y retrouve en 1325 la reine Isabelle, femme d'Édouard II, qui devient sa maîtresse. S'appuyant sur le parti baronnial, tous deux débarquent en Angleterre en décembre 1326 ; les Despenser sont pris et tués, le roi abdique en faveur de son fils Édouard III. Le pouvoir est en fait aux mains de la reine et de Mortimer, fait comte de La Marche en 1328. L'assassinat d'Édouard II, les accords désastreux conclus en Guyenne et en Écosse, la morgue, l'ambition et la convoitise de Mortimer, qui accumule titres et seigneuries, favorisent les desseins d'Édouard III qui, soutenu par Henri de Lancastre, le fait arrêter (octobre 1330). Condamné à mort par le Parlement, Mortimer est pendu le 29 novembre 1330 et ses biens sont confisqués au profit de la couronne.

PAUL BENOÎT

MŪSĀ IBN NUṢAYR (640-716/17)

Général umayyade qui s'illustre dans la conquête du Maroc et de l'Espagne. D'abord haut fonctionnaire en Orient, Mūsā ibn Nuṣayr est nommé gouverneur de l'Ifrīqiyya (Tunisie actuelle) aux environs de 698. Il organise alors plusieurs campagnes et, aidé de ses fils, soumet les Berbères du Maroc. Il a l'habileté de pratiquer une large politique d'assimilation, faisant entrer des Berbères dans l'armée et leur confiant des postes de commandement. Jugeant son pouvoir bien établi au Maroc, il regagne Qayrawān (Kairouan), capitale de l'Ifrīqiyya. C'est de cette ville qu'à l'instigation de l'exarque byzantin de Ceuta il lance en 710 un premier raid contre l'Espagne, sous le commandement d'Abū Zur'a Tarīf, puis, une expédition, l'année suivante, sous le commandement de Ṭāriq b. Ziyād. L'armée de Ṭāriq ne compte que 7 000 hommes. Surpris et irrité par les succès foudroyants de Ṭāriq, Mūsā concentre une armée de 18 000 hommes, passe à son tour en Espagne (712) et fait la conquête des villes que Ṭāriq avait habilement contournées au cours de sa campagne éclair : il prend Séville, Mérida où il s'empare d'un énorme butin (713) et Saragosse (714). Il est alors rappelé à Damas par le calife al-Walīd. Soucieux de consolider sa conquête et fort peu pressé d'aller rendre des comptes, il guerroie quelques mois encore dans le nord de la Péninsule, puis rentre lentement par l'Afrique du Nord, rapportant de nombreuses richesses. Il espère se concilier le calife par ses présents, mais en vain : il est disgracié dès la première entrevue et condamné à payer une énorme amende. Peu après, al-Walīd meurt (715). Mais son frère et successeur Sulaymān maintient la sentence, furieux qu'il est d'avoir été frustré de toutes ces richesses, qu'il aurait pu s'approprier si Mūsā avait, comme il le lui suggérait, attendu la mort d'al-Walīd pour entrer à Damas. Mūsā ne tarde pas à mourir.

GEORGES BOHAS

N

NARSÈS (478 env.-env. 573)

Né sans doute en Perse, l'eunuque Narsès vit à la cour de Justinien, empereur d'Orient. Son intelligence et sa volonté de surmonter sa condition humiliante lui permettent de devenir chambellan de l'empereur. Au moment de la sédition Nika, à Constantinople, réprimée par le général Bélisaire et qui coûta la vie à trente mille personnes, Narsès est chargé des négociations avec les rebelles et s'acquitte de cette tâche avec succès. Devenu l'homme de confiance de Justinien, il réussit à se faire nommer en Italie, afin de seconder Bélisaire dans sa lutte contre les Goths. Il contrarie si bien les plans de Bélisaire que Milan tombe en 539 aux mains des Barbares. Craignant la démission de Bélisaire, Justinien rappelle Narsès à Constantinople. Ce dernier accepte cette semi-disgrâce et sait se faire oublier un moment. En 552, il réapparaît en Italie, où il a été chargé par l'empereur du commandement des armées engagées contre les Ostrogoths. À quatre-vingts ans, il est devenu le second personnage de l'Empire ; ce que Bélisaire, excellent tacticien, n'avait pas réussi à faire, c'est-à-dire repousser les invasions, Narsès en deux ans y parvient. Il bat et tue le roi ostrogoth Totila en 552, sur la voie flaminienne au nord de Rome, et son successeur Teias, au pied du Vésuve. Les Goths acceptent de quitter l'Italie. Remontant vers le nord de la péninsule italienne, Narsès est vainqueur de deux chefs germains, Leutharis et Bucelin, et les derniers Barbares qui se sont enfoncés trop profondément à l'intérieur des terres sont anéantis à Casilinum sur le Vulturne. Narsès est alors nommé gouverneur de l'Italie en 555. Peu populaire parce qu'il accable d'impôts les Italiens et a mis en place une administration sévère et pointilleuse, Narsès, pendant treize années, parvient à maintenir son domaine à l'abri des invasions. La mort de Justinien en 565, l'accession au trône de Justin II marquent la fin d'une carrière tardive mais brillante. La nouvelle impératrice Sophie a peu d'estime pour l'eunuque Narsès et elle le lui fait savoir d'une façon méprisante en lui envoyant une quenouille et un fuseau pour qu'il revienne à Constantinople filer la laine dans le gynécée. Rendu furieux par cet outrage, Narsès ouvre alors la frontière italienne aux Lombards afin de ne laisser que la ruine derrière lui. Il faut les supplications du pape Jean III pour contraindre Narsès à venir défendre Rome contre le péril barbare qu'il a lui-même suscité. À quatre-vingt-quinze ans, lors de son entrée dans la ville, Narsès meurt subitement. Mort symbolique que celle du dernier défenseur de la romanité au profit de l'empire d'Orient dans la ville qui se croit éternelle ! Désormais pour les empereurs, installés à Constantinople, l'Italie est bien perdue.

JOËL SCHMIDT

NEMOURS JACQUES D'ARMAGNAC duc de (1437-1477)

Petit-fils du connétable Bernard d'Armagnac, qui fit figure de chef de parti sous le règne de Charles VI après l'assassinat de Louis d'Orléans, Jacques d'Armagnac appartint à l'entourage de Charles VII, fut gouverneur du dauphin Louis et se vit enfin confier, en 1463, la direction des opérations militaires en Roussillon. Comme beaucoup d'autres grands féodaux, il estima que Louis XI récompensait mal ses services et adhéra en 1465 à la Ligue du bien public. Après le traité de Conflans, le roi lui pardonna et le nomma gouverneur de Paris et de l'Île-de-France. Cependant, Louis XI ayant eu l'habileté de dissocier les ligueurs par des concessions très diverses, il jugea de nouveau qu'il était maltraité et complota dans l'entourage de Charles de France, frère du roi, puis, en 1471, entra en relation avec le roi d'Angleterre.

Louis XI, après l'avoir isolé sur le plan diplomatique, entreprit de le réduire par la force. Une armée, commandée par Pierre de Beaujeu, assiégea Nemours dans son château de Carlat et le fit prisonnier. Gardé à Pierre-Encize, puis à la Bastille, le duc fut jugé pour trahison par le Parlement. Il fut décapité, aux Halles. Moins de deux ans après celle du connétable de Saint-Pol et six mois après l'effondrement de l'État du Téméraire, cette spectaculaire exécution marqua la fin des jeux politiques auxquels se livrait la haute féodalité.

JEAN FAVIER

NEVILLE RICHARD → WARWICK comte de

NICÉE EMPIRE DE

Après la conquête de Constantinople par les croisés en 1204 et le démembrement de l'Empire byzantin, Théodore Ier Lascaris s'enfuit en Anatolie avec d'autres dignitaires et s'établit à Nicée, située à environ 70 kilomètres au sud-ouest. Couronné empereur en 1208, Théodore rétablit progressivement son autorité sur la plus grande partie de l'Anatolie occidentale. Lui-même et ses successeurs favorisèrent la renaissance des études grecques dans leur capitale. L'Empire de Nicée servit de point de départ à la reconstitution de l'Empire byzantin.

Le successeur de Théodore Ier au trône de Nicée fut l'empereur Jean III Vatatzès, qui tenta de reprendre Constantinople avant ses rivaux Théodore Ange, despote d'Épire, et Jean III Assen II de Bulgarie (1218-1241). Ce dernier écrasa l'armée de Théodore Ange à Klokotniza en Bulgarie, en 1230. Entre 1240 et 1250, Jean III Vatatzès entama des négociations avec l'empereur germanique Frédéric II de Hohenstaufen afin d'obtenir des secours pour reconquérir Constantinople, mais en vain.

Théodore II Lascaris (1254-1258) et Jean IV Lascaris (1258-1261) défendirent l'Empire de Nicée contre les Mongols pendant leurs courts règnes. En 1261, un général de Nicée, Michel Paléologue, reprit Constantinople et fonda la dernière dynastie d'empereurs byzantins sous le nom de Michel VIII Paléologue.

E. U.

NICÉPHORE II PHOCAS (913 env.-969) empereur d'Orient (963-969)

Issu d'une grande famille de l'aristocratie terrienne, Nicéphore fut nommé commandant en chef des armées byzantines d'Orient en 955, et dirigea une campagne militaire victorieuse contre les Arabes en Crète, qui donna à l'Empire la maîtrise de la Méditerranée orientale et consolida à nouveau le monde chrétien. Après la mort de Romain II en 963, Nicéphore fut couronné empereur et épousa l'impératrice Théophano, veuve de l'empereur défunt. Il poursuivit ses campagnes contre les Arabes et agrandit l'Empire : Cilicie, Syrie. Au nord, il refusa de payer tribut aux Bulgares et incita le Russe Sviatoslav à les attaquer ; en fait, c'était introduire un allié puissant et dangereux dans les Balkans. À l'ouest, il se battit contre les califes fatimides, mais il ne put conquérir la Sicile. Après la paix conclue à Kairouan en 967, il dut se défendre contre Otton Ier qui étendait son autorité à l'Italie. Les dépenses qu'entraînaient ces activités militaires le contraignirent à pratiquer à l'intérieur une politique d'économies et à lever de lourds impôts. Il provoqua ainsi un vif mécontement et mourut assassiné.

E. U.

NOGARET GUILLAUME DE (1260 env.-1313)

Homme de loi, originaire du Languedoc, Guillaume de Nogaret fut d'abord professeur de droit romain à l'université de Montpellier et conseiller juridique de divers seigneurs, et notamment du roi de Majorque. Entré au service de Philippe le Bel vers 1292-1295, il s'entremit lors de l'achat par le roi de la part qu'avait dans la seigneurie de Montpellier l'évêque de Maguelonne, puis fut juge-mage de la sénéchaussée de Beaucaire (1294), conseiller du roi (1295) et garde du sceau (1307). Il dirigea en fait la politique royale après la mort de Pierre Flote (1302). Le roi l'anoblit par lettres dès 1299.

La part la plus importante de son action politique est peut-être l'œuvre quotidienne pour la défense, la préservation, la définition, voire l'extension des droits du roi à l'intérieur de son propre royaume. C'est là qu'il est, entre autres, le « légiste » du roi. Il s'y montra intransigeant et efficace, mais n'y conquit guère la popularité.

On connaît davantage son rôle dans la lutte contre Boniface VIII et dans l'affaire des Templiers. Contre le pape, il infléchit la ligne politique de Flote, qui défendait contre le Saint-Siège le droit du roi à être maître dans son royaume, donc maître de son clergé ; pour Nogaret, il s'agit surtout de défendre l'Église et le royaume contre un pape indigne ; venu à la curie pour notifier à Boniface VIII un appel devant le futur concile — qui annulait toute sentence que pourrait rendre le pape contre le roi — et placer la personne du pape sous l'autorité de l'appelant, Nogaret se trouva mêlé au tumulte déclenché par une faction romaine (Anagni, 7 sept. 1303) et, par là, compromis avec les fauteurs de violence. Le pape mort, il entretint une lutte de plus en plus vaine contre la mémoire de celui-là ; il multiplia les écrits pour se justifier, ce qui contribua à associer son nom au souvenir de l'attentat d'Anagni. Il fut implicitement inclus dans l'absolution négociée en 1311. L'affaire du Temple lui avait également servi de moyen de pression sur la papauté.

Nogaret fut le premier homme d'État français qui fit appel à l'opinion publique, convoqua systématiquement des assemblées, fit répandre des pamphlets et lança une campagne de pétitions. L'offensive de 1303 contre Boniface est un modèle du genre. Mais Nogaret demeura souvent à l'arrière-plan, faisant parler ses hommes de confiance, parmi lesquels Guillaume de Plaisians. C'est ce dernier qui harangua la foule dans les jardins du palais et qui prit part à l'interrogatoire des Templiers.

Nogaret mourut alors que la prépondérance dans la gestion de la politique royale était déjà passée au très réaliste Enguerrand de Marigny.

JEAN FAVIER

NORMANDIE

1. Des Celtes aux Normands

La Normandie ne constitue une entité historique que depuis 911, époque où le roi franc Charles le Simple concéda au chef viking Rollon la région de la basse Seine. Jusque-là, non seulement le vocable de Normandie n'existe pas, mais les pays qui forment aujourd'hui la Normandie n'ont guère de relations entre eux. De 911 à 1204, la Normandie, tout en dépendant nominalement du royaume de France, est un véritable État, l'un des mieux organisés et des plus dynamiques de l'Europe médiévale. Depuis 1204, sa partie continentale n'est plus que l'une des provinces qui constituent la France, tandis que sa partie insulaire suit les destinées de la Couronne anglaise. Le centre de son histoire est donc la période qui s'étend du xe au xiiie siècle ; c'est de là qu'elle a hérité sa personnalité, dont la vive conscience n'est pas près de s'effacer. Le reste n'est que préliminaires ou épilogue.

Les préliminaires offrent fort peu d'originalité. Quand commence, timidement, l'histoire écrite, vers le milieu du iie siècle avant l'ère chrétienne, le pays apparaît divisé entre deux aires de civilisation : au nord de la Seine, les peuples des Véliocasses (de Rouen à l'Oise) et des Calètes (pays de Caux) appartiennent à la Belgique ; au sud du fleuve, les Abrincates de l'Avranchin, les Unelles du Cotentin et des îles, les Bajocasses du Bessin, les Viducasses de la plaine de Caen, les Esuvii (plus tard Sagii) du pays de Sées, les Eburovices de la région d'Évreux, les Lexoves de Lisieux se rattachent à la Gaule celtique. Plusieurs des tribus côtières sont comptées parmi les Armoricains, et les Eburovices forment un rameau du grand peuple des Aulerques qui s'étend aussi sur le Maine et le pays Chartrain.

La Seconde Lyonnaise et la christianisation

La conquête romaine regroupe tous ces peuples au sein d'une seule province, la Lyonnaise, donne à chacun d'entre eux une capitale souvent monumentale, couvre les campagnes de *villae* et de petits temples (*fana*) : c'est l'histoire commune de la Gaule. Au Bas-Empire se produisent deux faits essentiels pour l'avenir. Une province de Seconde Lyonnaise est créée, avec Rouen pour chef-lieu, et reçoit des limites qui sont, à peu de choses près, celles de la Normandie médiévale et moderne. La coïncidence n'est pas un hasard : le cadre civil romain fut adopté par l'Église et le cadre ecclésiastique à son tour devint celui de l'État des ducs de Rouen. D'autre part, le Bas-Empire vit l'apparition du christianisme. La religion nouvelle chemina d'abord le long de l'axe économique Lyon-Rouen, et Rouen eut un évêque dès le début du ive siècle. Les autres cités – correspondant à peu de choses près aux territoires des peuples gaulois – reçurent ensuite, du ive au vie siècle, six évêchés : Évreux, Lisieux, Bayeux, Coutances, Avranches et Sées. Victrice de Rouen, ami et correspondant de Martin de Tours et de Paulin de Nole, est l'une des grandes figures chrétiennes de la Gaule romaine à ses derniers jours.

Du iiie au vie siècle, les côtes normandes reçurent un premier avertissement de ce qui devait les atteindre à la période suivante : des Saxons vinrent par mer les attaquer, puis y former des établissements côtiers, notamment en Bessin. Les îles tombèrent aux mains de Bretons fuyant l'Angleterre devant ces mêmes Saxons. Pourtant, toute la Normandie continentale fut occupée à la fin du ve siècle par les Francs et incorporée à l'État mérovingien. Le peuplement franc ne fut sans doute important que du côté de l'est, mais une nouvelle classe dirigeante s'établit partout. Elle s'allia promptement à l'Église. C'est à l'épiscopat qu'appartiennent les grandes figures de l'histoire locale : ainsi, à Rouen, saint Ouen (641-684). Le monachisme s'implante solidement, au vie siècle dans l'Ouest et au viie dans la vallée de la Seine

(Jumièges, fondée par saint Philibert, et Fontenelle, par saint Wandrille) : ces grandes abbayes se trouvent vite à la tête d'une richesse foncière colossale.

La portion de la Neustrie franque qui allait devenir la Normandie se préoccupait peu des choses de la mer. Au sein d'un État profondément terrien, loin de toute frontière menacée, elle vivait dans la quiétude quand, vers 800, le danger scandinave commença à se manifester. Charlemagne prit des mesures de défense côtière qui eurent quelque efficacité contre le premier raid que l'on connaisse, celui de 820 sur la basse Seine. Mais bientôt elles furent dépassées. Dès 841, Rouen fut incendiée, les abbayes importantes furent pillées ou rançonnées. En 851, les Vikings hivernèrent pour la première fois dans une île de la Seine, leur présence presque annuelle rendit vite intenables les zones côtières. Les moines, emmenant leurs reliques et des épaves de leurs trésors et de leurs archives, se dispersèrent loin dans l'intérieur. Charles le Chauve tenta de rétablir la situation en barrant la Seine par un pont fortifié, près de Pîtres (862), puis se déchargea sur les Bretons du soin de défendre Cotentin et Avranchin (867). Rien n'y fit. Le régime franc fut totalement débordé.

Fondation du duché de Normandie (Xe siècle)

Ce fut sans doute vers le début du xe siècle que des Scandinaves songèrent à se fixer dans la région. En 911, une armée danoise commandée par le Norvégien Rollon (Hrôlfr), ayant été battue devant Chartres, entra en pourparler avec le roi Charles le Simple qui, au traité de Saint-Clair-sur-Epte, lui céda un secteur correspondant en gros aux départements de la Seine-Maritime et de l'Eure, à condition d'accepter le baptême et d'interdire aux autres Vikings l'accès de la Seine. Rollon fut investi dans les pays cédés des prérogatives d'un comte franc et de la plupart des attributs de la puissance royale, y compris ce qui pouvait subsister du patrimoine de la Couronne et le contrôle de l'Église. Telle fut la racine de l'État normand, avec Rouen pour pivot.

D'autres armées, parallèlement, avaient pris terre autour de Bayeux (c'étaient surtout des Danois ayant séjourné en Angleterre) et dans le Cotentin (où vinrent notamment quelques Norvégiens qui étaient passés par l'Irlande). En 923 et 933, le chef de Rouen obtint du roi franc l'autorisation de les prendre sous son contrôle, ce qui n'alla pas sans peine. La période d'occupation bretonne (867-933) laissa surtout des traces onomastiques. Au terme de cette expansion, la délimitation adoptée suivit à peu de chose près (la partie occidentale du Vexin étant seule rattachée à la Normandie) les limites de la province ecclésiastique de Rouen. Sauf l'incorporation du Passais, autour de Domfront, vers 1050, cette frontière n'a plus varié depuis. Dans le monde médiéval, où les limites étaient complexes et mouvantes, la précision et la stabilité de la frontière normande constituent une remarquable exception.

Quel fut l'apport scandinave ? Autant que l'on puisse en juger, les immigrés furent peu nombreux, des hommes en grande majorité, qui prirent femme sur place. Seules furent profondément atteintes les régions côtières, avant tout le pays de Caux et le nord du Cotentin, à un moindre degré la vallée de la Seine, la plaine de Caen et le Bessin. La langue scandinave ne s'enracina que pour peu de temps et surtout parmi les marins. Mais ce fut assez pour remodeler une bonne partie des noms de lieux. On reconnaît la trace des Scandinaves à des terminaisons comme *-tot* (ferme), *-thuit* (défrichement), *bec* (ruisseau), *-dalle* (vallée), à des mots comme *hogue* (butte), *londe* (bois), *nez* (cap), etc. De nombreux noms d'hommes nordiques survivent de nos jours, tels Angot, Anquetil, Toustain, Turgis, Thouroude, ou sont entrés en composition dans des noms de lieux en *-ville* (Fermanville, Mondeville, Tourville). Pourtant les Scandinaves n'ont laissé que fort peu de traces matérielles – une seule tombe, au confluent de l'Andelle et de la Seine – et aucune influence artistique. Les institutions nordiques sont rares et généralement de peu d'importance, sauf dans le droit maritime et le droit criminel.

Cependant la Normandie reçut des Vikings une puissante empreinte morale et une classe dirigeante. Les Normands du Moyen Âge leur doivent leur esprit d'entreprise, leur capacité d'adaptation, leur sens aigu du profit. Mais les survivances franques furent également considérables : presque tout le droit, la plupart des institutions publiques, l'organisation rurale et, bien entendu, toutes les structures ecclésiastiques. La Normandie ducale fut à ses débuts un État à double face, si bien que plusieurs de ses chefs portèrent un double nom (Rollon se nomma aussi Robert) et que plusieurs ducs contractèrent un double mariage, l'un chrétien et l'autre « à la danoise ».

La grande chance de la Normandie fut la personnalité de ses ducs, qui permit d'élaborer une synthèse de ces divers éléments. De génération en génération, ils surent affermir leur pouvoir, au milieu de crises parfois très rudes, et ne cédèrent pas à la tentation des aventures de type viking. Rollon (duc de 911 à 932 env.), tirant sans doute la leçon de l'expérience acquise par les rois danois d'York, rappela à Rouen l'archevêque et les moines de Saint-Ouen. Son fils, Guillaume Longue-Épée (de 932 env. à 942), fut un chrétien résolu, partisan de l'entente avec les rois francs. Après une minorité difficile et une tentative de reconquête franque, Richard Ier (de 942 à 996) fit régner la paix intérieure et tint ses voisins en respect grâce au recours à quelques troupes scandinaves. Richard II (de 996 à 1026) fut surtout le reconstructeur de l'Église. Un grand élan monastique parcourut d'abord l'est, puis, après 1050, l'ouest de la province. Fécamp, Jumièges, Saint-Wandrille, Saint-Ouen de Rouen, le Mont-Saint-Michel prirent la tête de ce mouvement. Un à un, les évêques réoccupèrent leurs sièges, celui de Coutances en dernier. Richard II commença à adapter à la Normandie les institutions féodales, qui contribuèrent à consolider le duché alors qu'elles portaient ailleurs des germes de désagrégation. Une nouvelle classe dirigeante fut forgée, en faisant largement appel à des immigrés. Une réelle prospérité, due en partie à l'accumulation du butin à Rouen, facilita les transitions. Le servage disparut entièrement. Le duché se couvrit d'une nouvelle génération de villes : Dieppe, Falaise, Argentan, Alençon, Saint-Lô, Valognes et surtout Caen, qui apparaît vers 1025 et supplante Bayeux vers 1060 comme capitale secondaire des ducs.

Quoique traversé de crises fort graves après 1035 et en 1047, le XIe siècle est le plus brillant de l'histoire normande. L'autorité ducale, triomphante, proclame, avec l'aide de l'Église, la paix de Dieu et du duc, établit une relative uniformité des institutions, interdit la formation de châtellenies autonomes. Qui ne veut pas s'accommoder de ce régime est contraint à l'exil. Cela aussi tourne au bénéfice de la grandeur normande : les exilés fondent, à l'autre bout de l'Europe, un État prospère en Italie du Sud ou vont louer leurs bras en Angleterre, en Espagne et jusqu'à Byzance, puis certains, assagis et enrichis, reviennent au pays ou envoient des fonds pour rebâtir les cathédrales de Sées et de Coutances. Ils acquièrent aussi une expérience militaire inégalée. De leur côté, les ducs réorganisent l'armée, sur la base du fief de chevalier, qui lui donne régularité et efficacité. Avant même de découvrir les possibilités d'intervention à l'extérieur qui en résultent, les ducs jouissent d'un grand prestige : Richard II marie ainsi sa sœur Emma au roi anglais Ethelred II, union dont découleront plus tard les droits normands sur le trône d'Angleterre.

Conquête de l'Angleterre (1066)

Robert le Magnifique (duc de 1027 à 1035) fut un impulsif qui trouva la mort à Nicée en Asie Mineure au retour de Jérusalem. Il laisse à son fils bâtard, Guillaume (duc de 1035 à 1087), une succession difficile. Après une longue minorité, le jeune duc vit se dresser contre lui la plupart des barons. Esprit lucide et courageux, chef de guerre réaliste, Guillaume vint à bout de tous les obstacles, en s'appuyant sur l'Église et surtout sur le monachisme réformateur. Quand l'État normand fut reconstruit, le duc tourna ses ambitions vers l'extérieur. En 1063, il devint maître du Maine, au nom de son fils Robert. Puis le roi anglais Édouard le Confesseur, son cousin, aigri contre ses sujets, brouillé avec son entourage, sans enfant, lui proposa sans doute son héritage. Guillaume, non sans hésitations, accepta. Quand Édouard mourut, en janvier 1066, ce fut une course de vitesse entre candidats au trône. Guillaume eut la chance de ne pas partir le premier. Quand il débarqua, le 28 septembre, les Anglais étaient déjà fatigués par un rude combat contre le prétendant norvégien. Le duc normand sut aussi obtenir l'appui officiel de l'Église et le renfort de nombreux aventuriers bretons, français et flamands.

Si la conquête de l'Angleterre réussit, ce fut grâce à trois facteurs militaires : une flotte remarquable, de type scandinave, que dépeint la broderie de Bayeux ; la meilleure cavalerie lourde d'Europe alliée à un corps d'archers ; une science déjà profonde des fortifications. Ainsi, Harold fut écrasé à Hastings le 14 octobre 1066 et Guillaume couronné roi d'Angleterre à Westminster, le 25 décembre.

2. L'État anglo-normand (XIe-XIIIe s.)

Pendant cent trente-huit ans, jusqu'en 1204, la Normandie et l'Angleterre formèrent, sinon toujours un seul État, du moins une communauté morale et politique. Pour le duché, cette période fut extrêmement bénéfique. Barons et prélats normands reçurent outre-Manche des domaines immenses qui leur permirent de faire dans leur pays d'origine assaut de luxe et de prestige. Les portes de la Manche se développèrent rapidement. Dans l'un d'eux, Caen, le roi et sa femme Mathilde de Flandre achevèrent, grâce au butin anglais, la construction des magnifiques abbayes de Saint-Étienne et de la Trinité, qui affirmaient leurs prétentions quasi impériales et où ils se firent enterrer. Un Italien de génie, Lanfranc, forma à l'école monastique du Bec-Hellouin, la plus brillante du temps, des cadres ecclésiastiques et administratifs d'un incontestable talent, qui s'entendirent à merveille à gouverner l'Angleterre et qui amorcèrent une renaissance intellectuelle. Le petit domaine du roi capétien – dont Guillaume ne contesta jamais la suzeraineté – se trouvait rejeté dans l'ombre par le succès de son vassal.

Art roman, « art normand »

La génération du Conquérant n'a pas accumulé seulement les triomphes politiques. Elle est responsable de la plus vigoureuse, de la plus belle forme d'art normand, la seule qui ait atteint la renommée mondiale, à tel point que l'art roman, avant de trouver en 1818 son nom sous la plume du Normand Charles de Gerville, était souvent appelé « art normand » tout court. Après les ravages des Vikings, une reconstruction d'ensemble des églises avait débuté vers les premières années du XIe siècle. Elle fut menée à bien avec promptitude et talent, d'abord en tâtonnant quelque peu et en cherchant des inspirations tant dans les pays de la Loire que vers l'est. Puis, à partir du milieu du XIe siècle, un style proprement normand s'affirme vigoureusement. Son domaine essentiel est la composition des masses architecturales, tandis que la sculpture, réduite à une ornementation presque uniquement géométrique, n'a qu'un rôle très subordonné. Les principales réalisations subsistantes sont, avant 1066, les abbatiales de Bernay et de Jumièges et la nef du Mont-Saint-Michel, puis, au lendemain de la Conquête, les deux abbayes de Caen et celle de Cerisy-la-Forêt (Manche). À la génération suivante, l'abbatiale de Lessay marque une étape essentielle dans la diffusion de la voûte sur croisée d'ogives et une multitude d'églises rurales atteste la fécondité de l'inspiration romane, souvent en liaison étroite avec les expériences anglaises.

Une administration efficace et centralisée

C'est aux solides qualités des cadres formés sous Guillaume le Conquérant, plus qu'aux premiers héritiers de celui-ci, que l'État anglo-normand dut de survivre à son fondateur. Le duc Robert Courteheuse, fils aîné de Guillaume, reçut pour lot la seule Normandie (de 1087 à 1106). Médiocre et prodigue, privé des ressources de l'Angleterre, il participa à la première croisade et fut, à son retour, détrôné par son cadet Henri, devenu roi outre-Manche en 1100. Henri Ier Beauclerc (duc de 1106 à 1135) est une figure peu plaisante, mais, politique de talent, il étendit et consolida l'œuvre de son père. Il apporta tous ses soins à consolider les frontières face à la France capétienne et à donner à l'administration, surtout financière, un tour plus efficace. Il commença la construction de châteaux forts qui couvrirent les confins et les principales villes (Arques, Gisors, Château-sur-Epte, Domfront, Chambois, Falaise, Caen, Brionne, etc.). À l'abri de cette cuirasse, l'Angleterre et la Normandie, en s'influençant l'une l'autre, devinrent des monarchies centralisées, pourvues d'une justice équitable et rapide et de finances relativement saines, toutes deux contrôlées par l'Échiquier, tribunal suprême et cour des comptes, que préside le duc roi ou son représentant.

Les Plantagenêts (XIIe-XIIIe s.)

Henri Ier ne laissant qu'une fille, mariée au comte d'Anjou Geoffroy, une crise successorale, entre 1135 et 1153, faillit ruiner cette œuvre et séparer à nouveau la Normandie de l'Angleterre. L'unité fut rétablie au profit du fils de Geoffroy, Henri II Plantagenêt. Déjà maître par son père de l'Anjou et de la Touraine, Henri II le devint aussi, par son mariage en 1152 avec

Aliénor d'Aquitaine, des pays entre la Touraine et les Pyrénées. De cet immense État, qui allait de Berwick à Bayonne, vraiment trop vaste pour les moyens de gouvernement d'alors, la Normandie fut comme la clef de voûte. Elle souffre souvent d'une fiscalité excessive, déplore les fréquentes absences de son duc comme les conflits, nés des affaires anglaises, qui opposent la couronne et l'Église. Pourtant le règne de Henri II (duc de 1150 à 1189) représente un sommet de l'histoire normande. Les juristes commencent à rédiger ce monument complexe et savant de l'esprit normand qu'est la coutume de Normandie : elle sera considérée jusqu'à la Révolution comme le fondement de l'unité morale du duché ; les îles Anglo-Normandes s'en servent encore, sous une forme à peine retouchée.

Les fils de Henri II furent des caractères ingrats et instables, qui ne surent pas poursuivre l'œuvre de leur père. L'aîné, Richard Cœur de Lion (roi de 1189 à 1199), épuisa ses États en entreprises militaires vaines. Il ruina la Normandie à bâtir l'énorme forteresse du Château-Gaillard, au-dessus des Andelys ; il en résulta un mécontentement profond, d'autant plus qu'elle n'arrêta même pas la poussée française. Le second, Jean (roi de 1199 à 1216), fut un demi-fou qui découragea toutes les fidélités. Il eut le malheur de trouver en face de lui un prince aussi tenace que dépourvu de scrupules, Philippe Auguste, qui exploita toutes ses fautes. À l'heure décisive, une campagne d'un an, en 1203-1204, livra aux Français la Normandie et une partie des provinces limitrophes vers le sud. Les barons normands n'avaient pas vraiment soutenu le duc-roi ; beaucoup le regrettèrent bientôt en voyant la rigueur du conquérant, qui les somma de choisir entre leurs biens de Normandie et d'Angleterre. La majorité de la haute noblesse, plus largement possessionnée au nord de la Manche, passa en Angleterre. Jean conserva l'hommage de ses vassaux des îles, que les entreprises de quelques pirates ne réussirent pas à faire tomber dans la mouvance française. Ainsi ces années décisives virent la mort de l'État normand, la disparition de la classe dirigeante à laquelle le duché devait sa fortune politique et la division durable de la Normandie entre les allégeances française et anglaise.

3. Province du royaume capétien

Le régime capétien fut à la fois conservateur et méfiant. Les institutions normandes furent intégralement maintenues – elles fonctionnaient mieux que celles du domaine royal – mais furent colonisées par des immigrés. L'Échiquier, siégeant tantôt à Rouen et tantôt à Caen, garda la haute main sur la justice et ses finances, mais ses « maîtres » vinrent de Paris. Aucun Normand n'eut accès, avant la fin du règne de Saint Louis, aux postes de direction ; baillis et évêques étaient tous originaires de l'ancien domaine capétien. Une petite noblesse avide, de même origine, reçut les fiefs des seigneurs restés fidèles à Jean. Seuls les monastères purent conserver leurs biens anglais, et cela jusqu'au XVe siècle.

La rupture de la communauté anglo-normande, la séparation entre la Normandie insulaire et la Normandie continentale, d'abord tenues pour provisoires tant par la royauté anglaise que par l'opinion locale, furent consacrées par le traité de Paris de 1259. Les îles s'organisèrent en deux petits États liés à l'Angleterre par une union personnelle : Jersey d'une part, Guernesey et dépendances de l'autre. Tel est encore leur statut actuel, en dépit de l'anglicisation profonde accomplie depuis 1850 environ ; elles sont restées des conservatoires pour certaines institutions normandes, y compris, à Guernesey, le régime féodal. Malgré quelques nostalgies, surtout en Cotentin, la Normandie continentale se rallia au régime capétien, en grande partie parce qu'elle y trouva, durant son premier siècle, une prospérité appréciable et, à partir de Saint Louis, cette justice exacte et cette bonne administration auxquelles elle tenait par-dessus tout. Mais elle préserva une originalité profonde au sein de l'État français.

Le temps de la prospérité (XIIIe-XIVe s.)

Si le XIIIe siècle vit les Normands s'effacer de la grande histoire, les avantages matériels ne leur manquèrent pas. L'agriculture fit de rapides progrès, par l'extension des défrichements et surtout dans l'ordre technique (assolements, engrais, méthodes de labour). L'utilisation des moulins à eau et à vent permit d'en valoriser les produits. Sur les côtes, la pêche du hareng et l'exploitation du sel se développèrent. L'argent circulant largement, les paysans, qui apprirent à le manier, animèrent un marché très actif des rentes foncières. Les villes accrurent leur étendue, élargirent leur commerce, rebâtirent leurs églises, sans se soucier beaucoup de développer leur autonomie municipale – sauf Rouen. Les foires de Guibray à Falaise et de Montmartin en Cotentin devinrent le rendez-vous des marchands. Caen, Rouen, Montivilliers, Saint-Lô et plus tard Louviers furent des centres drapiers notables, dont les produits se vendirent jusqu'en Italie.

Le style gothique s'était imposé aux grandes églises de Normandie au cours de la génération qui précéda la conquête française ; sa première réalisation importante fut, de 1170 à 1182, la cathédrale de Lisieux. Il eut ainsi le temps de revêtir, avant l'annexion, une certaine originalité régionale, d'ailleurs bien moins prononcée qu'à l'époque romane ; elle se manifeste surtout dans l'Ouest. De cette architecture nouvelle relèvent de nombreuses abbayes (Saint-Pierre-sur-Dives, Fontaine-Guérard, Ardennes, Hambye) ou des éléments d'ensembles conventuels (cloître du Mont-Saint-Michel, chœur de Saint-Étienne de Caen), et surtout de splendides cathédrales, dont celle de Coutances est la plus parfaite. La réticence tenace des Normands en face du décor animé fut enfin surmontée. Les ateliers de sculpture rouennais, les plus actifs, ont donné dans la seconde moitié du XIIIe siècle des œuvres admirables aux portails de la cathédrale. L'atelier d'Écouis, en Vexin, donna vers 1314-1317 quelques statues d'une remarquable élégance. Enfin le vitrail commence en Normandie une carrière qui culminera au XVIe siècle.

À la veille de la guerre de Cent Ans, malgré une crise économique commençante, la Normandie était prospère et satisfaite. Le légiste Pierre Dubois de Coutances apportait la première contribution de la province à la pensée politique française. La « charte aux Normands » de 1315 avait établi un *modus vivendi* définitif avec la couronne. La province partagea même les projets peu réalistes de Philippe VI contre Édouard III.

Pillages et destructions de la guerre de Cent Ans (1343-1450)

Seule une minorité, en Cotentin, se prêta à la conspiration de Geoffroy de Harcourt, seigneur de Saint-Sauveur-le-Vicomte, qui tenta en 1343 de rétablir l'autonomie normande sous la suzeraineté du roi anglais. Cette manifestation imprudente déchaîna la foudre sur le duché : Édouard III débarqua à Saint-Vaast-la-Hougue le 12 juillet 1346 et, sur le chemin qui le mena à Crécy, ravagea Saint-Lô, Caen, Lisieux et Elbeuf.

C'était le début d'un drame plus que séculaire. Ce que la guerre avait épargné fut ravagé par la peste noire de 1348. D'un coup, ce fut la ruine : pendant une trentaine d'années, l'insécurité fut intolérable. Des partis armés, soi-disant pro-anglais, puis après 1350 pro-navarrais (le roi de Navarre Charles le Mauvais tenait en fief le Cotentin et Évreux), le plus souvent simples brigands, tiennent la campagne. On se fortifie dans les abbayes, les manoirs, les églises rurales même, pour y faire une guerre sans merci à qui passe à portée. Enfin se déclenche la réaction menée par Charles V et Duguesclin, dont la victoire sur les Navarrais à Cocherel en 1364 prépare le retour à l'ordre. Vers 1375, un nettoyage presque général est réalisé ; les Anglais sont même un instant chassés des îles. Quoique des troubles sociaux aient pris le relais des guerres (émeute de la « Harelle » à Rouen), un calme relatif régna après 1385 pendant une génération.

La conquête que Henri V de Lancastre inaugura en débarquant à Touques le 1er août 1417 différait fort de l'expédition de 1346. Nul sentiment normand ne s'y trouvait mêlé : pour la financer, le roi anglais avait même parachevé la confiscation des biens anglais des abbayes normandes. Partout on se défendit farouchement. Quand, au bout de deux ans, la Normandie fut soumise, les Anglais y établirent sans fard un régime d'occupation. Tout ce qui résistait fut mis hors la loi ; des Anglais furent placés aux postes de commande, Caen et Honfleur colonisés par des bourgeois anglais. Mais les « collaborateurs » eurent la part belle ; certaines institutions centrales rétablies à Rouen leur furent confiées, surtout sous la régence du duc de Bedford à partir de 1422. Le succès le plus éclatant du régime fut le procès de Jeanne d'Arc mené en grande partie par des clercs normands ralliés (1431). De cette période cruelle, la Normandie n'a recueilli qu'un seul profit durable : la fondation de l'université de Caen, décidée en 1432, au nom de Henri VI, pour donner aux ralliés un foyer intellectuel. Mais les Anglais ne furent jamais totalement les maîtres ; outre le Mont-Saint-Michel, qui garda jusqu'au bout sa fidélité au roi de France, il y eut d'innombrables « maquis », formés de paysans encadrés par la petite noblesse.

La reconquête française, commencée vers 1440, fut achevée en 1449-1450. La victoire de Formigny, près de Bayeux, amena en quelques mois la chute des dernières places tenues par les Anglais. De 1461 à 1468, les Français réussirent même à occuper Jersey, mais les insulaires, alliés à la flotte anglaise, les en expulsèrent. La Normandie resta divisée comme après 1204.

La reconstruction (1450-1550)

Charles VII eut la sagesse d'accorder après 1450 un pardon général et de confirmer les libertés normandes. La suppression formelle du duché (du moins pour sa partie continentale) par Louis XI en 1469 n'y changea rien. Dans un particularisme que le roi respectait, les Normands se mirent au travail pour reconstruire leur pays, et y réussirent remarquablement vite. Les campagnes se repeuplèrent, sans retrouver le niveau du XIIIe siècle, et l'agriculture reprit ses progrès : c'est d'alors que datent la généralisation du pommier à cidre et l'adoption du sarrasin. Les bourgeois de Rouen et de Dieppe, à un moindre degré ceux des villes nouvelles de Honfleur et de Granville, se lancèrent dans le grand commerce maritime ; on prospecta au XVIe siècle – sans grand succès –, le Canada, le Brésil et l'Insulinde. François Ier consacra cette renaissance en fondant Le Havre en 1517.

LUCIEN MUSSET

NORVÈGE

Extrêmement compartimentée par la nature, la Norvège ne tire pas son nom d'une formation politique, mais de l'itinéraire maritime qui en faisait l'unité (vieux norrois : *Nordhrvegr*, « le chemin du Nord »). Sauf les Lapons de l'extrême Nord, ses habitants ont toujours été, aussi loin que puisse remonter l'histoire, des Germains appartenant au rameau scandinave occidental. Depuis le IIe siècle de notre ère au moins, ils ont participé à la vie intellectuelle et artistique du monde germanique ; ils ont notamment été parmi les premiers à utiliser les caractères runiques.

Après avoir eu quelques contacts assez lointains avec le commerce romain, la Norvège participa, toujours d'assez loin, aux grandes invasions. L'époque mérovingienne apparaît pauvre et sans grande originalité, mais garde des contacts avec le monde franc et insulaire. À sa fin commence un effort considérable de défrichement et de mise en valeur des pâturages élevés pour y établir des chalets d'élevage transhumant (*seter*).

Au XIe siècle, la Norvège ne forme pas encore un État ; elle est divisée par les luttes intérieures. C'est seulement au XIIIe siècle que la Norvège prend les caractères d'une monarchie occidentale ; mais, du XIVe au XIXe siècle, son histoire se confond avec celle du Danemark.

1. La Norvège ancienne (VIIIe-XIVe s.)

Au temps des Vikings (VIIIe-XIIe s.)

L'histoire proprement dite débute avec le VIIIe siècle. On entrevoit alors une famille princière puissante, les Ynglinger, sur la rive occidentale du fjord d'Oslo ; la tradition la dit d'origine suédoise. D'autres lignages s'imposent dans l'est et surtout au nord, dans le Trøndelag. Peu après 700, les premiers Norvégiens partent chercher des terres nouvelles dans les archipels écossais. C'est le début, à peine remarqué, de l'âge des Vikings, auquel les Norvégiens prirent une part si active. Les navires trouvés dans les tumulus princiers de Gokstad et d'Oseberg, près du fjord d'Oslo, attestent la qualité de l'instrument nautique utilisé par les Vikings norvégiens au IXe siècle.

La société norvégienne de l'âge des Vikings reposait sur une riche aristocratie foncière, gravitant autour de roitelets établis dans chaque province. Elle exerçait l'autorité politique aussi bien que religieuse. Aucune structure étatique n'existe avant la fin du IXe siècle, où les Ynglinger du Viken commencent à construire lentement une monarchie, dans des conditions que l'on connaît par des textes trop tardifs (XIIe-XIIIe s.) ou trop lointains (Islande) pour que leur valeur soit inattaquable. L'auteur principal de cette transformation fut le roi Harald aux beaux cheveux

(Hårfagre), qui s'imposa par sa force navale et écrasa les roitelets de l'Ouest à la célèbre bataille du Havsfjord (date traditionnelle : 872). Il établit ses fils dans les provinces soumises, jusqu'en Trøndelag. Les chefs qui n'acceptaient pas son autorité émigrèrent dans les îles écossaises ou en Islande. On ignore encore jusqu'à quel point Harald put imposer à ce monde disparate quelques institutions communes, en matière militaire ou fiscale.

Les descendants de Harald, partagés entre leur activité de Vikings en Angleterre et leurs rivalités intestines, n'empêchèrent pas le Trøndelag de ressaisir son autonomie sous les *jarls* de Lade et le Sud de passer sous un protectorat danois. Mais la couronne regagna son prestige grâce à Olaf Tryggvason (règne 995-1000) et, après un intermède danois sous Knut le Grand, surtout grâce à Olaf Haraldsson (r. 1016-1030), devenu saint Olaf après sa mort à la bataille de Stiklestad. Tous deux anciens Vikings, devenus chrétiens outremer, ils favorisèrent de tout leur pouvoir la conversion du pays, entreprise par des missionnaires allemands et surtout anglais. Trois diocèses s'organisèrent bientôt à Nidaros (Trondheim), à Selja (transféré à Bergen) et à Oslo. Mais le XIe siècle norvégien reste dominé par l'esprit viking, dont la plus belle illustration est la tentative de conquête de l'Angleterre lancée en 1066 par le roi Harald le Sévère (r. 1047-1066), ancien officier au service de Byzance ; elle échoua quelques jours avant le débarquement de Guillaume le Conquérant.

La véritable cristallisation des institutions ne se fit pas dans le cadre du royaume, trop vaste, mais dans celui des provinces, regroupant les districts (*fylker*) pour la tenue des assemblées politiques et judiciaires, les quatre grands *things* de Frosta (autour du fjord de Trondheim), de Gula (côte occidentale), de Borg (autour du fjord d'Oslo) et d'Eid (dans l'intérieur). Chacun élabora sa législation séparée, y compris un droit ecclésiastique très éloigné du droit canon reçu dans le reste de la chrétienté latine.

Vers la fin du XIe siècle, la Norvège n'est encore guère plus qu'une expression géographique. Fils et petits-fils de Harald le Sévère s'en partagent ou s'en disputent la couronne. Les uns vivent encore en Vikings, comme Magnus Nu-Pieds (Barfod), auteur de deux expéditions en pays celtique (r. 1093-1103). D'autres élaborent, avec l'aide de l'Église, un État moins rudimentaire, comme Olaf Kyrre (r. 1066-1093). Sigurd (r. 1103-1130) manifeste le lent rapprochement de la Norvège et de l'Occident en entraînant, de 1107 à 1111, toute une armée à Jérusalem, en faisant le tour de l'Europe.

De l'unification à l'Union (XIIe-XIVe s.)

La majeure partie du XIIe siècle voit une Norvège divisée par des luttes inexpiables entre prétendants. Cependant l'organisation ecclésiastique se complète. En 1152-1153, le cardinal Nicolas Brekespear apporte tardivement les idéaux réformateurs de l'Église grégorienne et crée, au bénéfice de Nidaros, un archevêché national, qui se voit rattacher les archipels atlantiques. Vers la même époque s'affirment les vocations urbaines d'Oslo, Stavanger, Bergen et Nidaros : une civilisation originale y naît, dont les fouilles récentes de Bergen ont montré la vigueur et l'autonomie par rapport à l'Allemagne.

La couronne ne retrouve quelque force qu'à la fin du siècle, grâce à un aventurier d'une énergie farouche, qui se prétendait descendant des anciens rois, Sverre (r. 1177-1196). S'appuyant sur un parti de hors-la-loi, hostiles aux prélats et à l'aristocratie, les Birkebeiner (« ceux qui ont des jambières en écorce de bouleau »), et sur une garde liée par serment, la *hirdh*, il établit des agents royaux à la tête des provinces, polémique avec les évêques et lutte au besoin par les armes contre le parti ecclésiastique (Bagler), encourage la naissance d'une histoire en langue nationale. Il créa une monarchie nouvelle, politiquement unifiée, mais qui ne trouva guère la paix intérieure avant 1240.

Cette condition indispensable une fois obtenue, la Norvège s'aligne rapidement sur les grandes royautés occidentales. Håkon IV Håkonsson (r. 1217-1263), petit-fils de Sverre, fixe sa capitale dans le port le plus actif, Bergen, affermit son autorité sur les îles occidentales : les Orcades, l'Islande et même le Grønland le reconnaissent pour souverain. Il noue, en 1250, les premiers liens avec Lübeck et entretient des contacts suivis avec l'Angleterre et la France. Le couronnement du roi par le cardinal Guillaume de Sabine en 1247 marque la réconciliation avec l'Église, qui de son côté élève à Nidaros une splendide cathédrale gothique, symbole du triomphe des goûts occidentaux sur l'ancienne architecture de bois. La littérature courtoise et les chansons de geste trouvent un nombreux public.

Cette œuvre fut poursuivie, de 1263 à 1280, par le fils de Håkon, Magnus le Législateur (Lagabøter), qui unifie le droit, favorise les villes, mais doit, en 1266, céder à l'Écosse les Hébrides et Man. La génération suivante fut moins heureuse. Erik Magnusson (r. 1280-1299) et son frère Håkon V (r. 1299-1319) furent obligés de composer avec les commerçants allemands de plus en plus entreprenants. Laissant le comptoir hanséatique dominer Bergen, Håkon transporte la capitale à Oslo et essaie sans grand succès d'interdire aux Allemands l'accès du Nord et des campagnes.

Håkon ne laissant qu'une fille, la couronne passa à son petit-fils, le prince suédois Magnus VII Eriksson (r. 1319-1343). Ce fut le premier maillon de successions compliquées qui finirent par donner en 1380 la Norvège au jeune Olaf (r. 1380-1387), déjà roi de Danemark, et en réalité à sa mère, la reine Marguerite, qui gouverna jusqu'en 1412. Ainsi la Norvège était entrée dans des unions personnelles, d'abord avec la Suède (1319-1380), puis également avec le Danemark sous l'autorité d'Erik de Mecklembourg. L'union des trois royaumes scandinaves fut scellée à Kalmar en 1397. La Norvège, partenaire le plus faible, y fut finalement partie perdante.

2. Un pays sous tutelle

L'Union Danemark-Suède-Norvège (1380-1523)

Alors que l'Union entraînait entre Suède et Danemark d'atroces querelles – qui aboutirent finalement à l'indépendance de la Suède en 1523 –, elle fut acceptée sans trop de peine en Norvège, dont l'aristocratie déclinante était colonisée par des éléments suédois et germano-danois. Après 1380 et jusqu'en 1814, l'histoire politique de la Norvège se confond à peu près avec celle du Danemark. Du moins garde-t-elle ses institutions propres jusqu'au XVIe siècle ; leur clef de voûte est depuis 1300 environ le Conseil (Råd), assemblée des plus grands noms de l'aristocratie et de quelques prélats, qui exerce au nom de rois absents l'essentiel des pouvoirs en matière d'administration intérieure.

Mais ces aspects politiques, pénibles pour le sentiment national d'aujourd'hui, ont moins d'importance que les phénomènes économiques et sociaux qui font de la période de l'Union la plus sombre de l'histoire norvégienne. Les effets de la « peste noire » de 1348-1349 et la dépendance de plus en plus complète envers le commerce allemand, fournisseur de céréales devenues indispensables, ont entraîné la ruine des populations rurales : dans certains cantons, les capacités contributives baissèrent des deux tiers entre le début et la fin du XIVe siècle. L'aristocratie norvégienne doit s'effacer devant un petit nombre d'immigrés. La culture intellectuelle et artistique piétine ou recule, à moins qu'elle ne se mette à la remorque de l'Allemagne hanséatique. Dans l'élan de créations universitaires de la fin du XVe siècle, la Norvège est le seul royaume nordique à n'en point recevoir. Au XVe siècle, sa langue même décline devant l'irruption du danois, qui est à l'origine de l'une des deux langues utilisées aujourd'hui.

Ainsi, vers la fin du Moyen Âge, la Norvège a plus qu'à demi perdu sa personnalité. Les motifs de cette déchéance restent fort discutés. Faut-il en rejeter la responsabilité sur l'égoïsme des Lubeckois, dont dépendait tout le commerce extérieur – exportations de poisson et de bois, importations de céréales – et qui vivaient dans l'enclave presque close du « quai des Allemands » (Tyskebryggen) à Bergen, sans rien investir sur place de leurs bénéfices ? Mais l'atonie générale de la société norvégienne a des causes plus lointaines, avant tout l'effondrement de la classe des grands paysans-propriétaires sur qui avait reposé depuis l'ère des Vikings la vie politique et militaire : elle n'avait pas supporté l'implantation d'une monarchie à l'occidentale et notamment le poids de la fiscalité royale et la création d'une noblesse de service. Le commerce indigène aussi était mort de n'avoir pu s'adapter aux nouvelles conditions d'échanges créées par la Hanse. En somme, la Norvège médiévale est morte pour avoir évolué trop lentement.

LUCIEN MUSSET

Bibliographie

P. ANKER & A. ANDERSSON, *L'Art scandinave*, 2 vol., La Pierre-qui-Vire, 1969 / M. BLINDHEIM, *Norwegian Romanesque Decorative Sculpture, 1090-1210*, Londres, 1965 / G. A. BLOM, *Kongemakt og privilegier i Norge inntil 1387*, Oslo, 1967 / A. BUGGE, *Norske Stavkirker*, Oslo, 1953 / J. A. GADE, *The Hanseatic Control of Norwegian Commerce During the Late Middle Ages*, Leyde, 1951 / K. HELLE, *Norge blir en stat, 1130-1319*, Oslo, 1964 / A. E. HERTEIG, *Kongers havn og handels sete*, Oslo, 1969 / A. HOLMSEN & J. SIMENSEN éd., *Norske historikere i utvalg*, 4 vol., 1967-1968 / B. HOUGEN, *Fra seter til gård*, Oslo, 1947 / P. JEANNIN, *Histoire des pays scandivanes*, coll. Que sais-je ?, P.U.F., Paris, 1956 / H. KOHT, *Innhogg og utsyn i norsk historie*, Kristiania, 1921 ; *Kong Sverre*, Oslo, 1952 ; *Harald Hårfagre og rikssamlinga*, Oslo, 1955 / H. G. LEACH, *Angevin Britain and Scandinavia*, Cambridge (Mass.), 1921 / O. MOBERG, *Olav Haraldsson, Knut den Store och Sverige*, Lund, 1941 / L. MUSSET, *Les Peuples scandinaves au Moyen Âge*, P.U.F., 1951 / F. PAASCHE, *Kong Sverre*, Kristiania, 2e éd. 1923 ; *Møtet mellom hedendom og kirstendom i Norden*, Stockholm, 1958 / J. SCHREINER, *Olaf den Hellige og Norges samling*, Oslo, 1929 ; *Hanseatene og Norges nedgang*, Oslo, 1935 / G. SVERDRUP, *Da Norge ble kristnet. En religionssosiologisk studie*, Oslo, 1942 / C. F. WISLOFF, *Norsk Kirkehistorie*, t. I : *Inntil 1919*, Oslo, 1966.

OCCIDENT MÉDIÉVAL

Occident et civilisation occidentale sont des concepts et des faits dont on parle abondamment aujourd'hui. Ils datent du Moyen Âge. Celui-ci a d'abord scindé le monde antique, bâti autour de la Méditerranée, en trois entités : Occident, Orient, Afrique. Puis il a repoussé vers le nord et le nord-est les frontières de la première. Dans ce cadre original, une civilisation s'est élaborée à partir d'éléments dont la plupart étaient classiques, germaniques ou chrétiens. Mise en chantier à l'époque carolingienne, elle a pris forme à l'âge roman et s'est définie aux XIIe et XIIIe siècles. Elle s'est alors caractérisée par une vision du monde et une méthode intellectuelle. L'univers est à la fois image et réalité. Il a valeur de signe mais aussi valeur immanente. Il est un « ensemble ordonné », selon le mot d'un philosophe du temps, ou, comme François d'Assise le chantait des étoiles, il est « clair, précieux et beau ». Le cœur peut donc s'y attacher et la raison s'y appliquer : elle doit, par la dialectique, classer, concilier et synthétiser les connaissances ; pour certains, elle doit même traduire celles-ci sous forme mathématique. Au bas Moyen Âge, cette méthode s'affermit et s'enrichit : elle renforce ses exigences critiques et, au raisonnement sur les textes, elle associe davantage l'induction fondée sur l'observation et l'expérimentation. Elle constitue alors un instrument sans égal de domination de la matière, et aussi de rayonnement : grâce à elle surtout, l'Occident a, au cours des temps modernes, débordé l'Europe et sa civilisation s'est, à la période contemporaine, largement imposée partout. Le propos de cet article est de suivre la genèse de celle-ci et de celui-là et de saisir un des facteurs essentiels, le facteur essentiel sans doute, de leurs succès. L'Occident a été d'abord un cadre, puis une civilisation. Il s'agit donc de montrer à grands traits comment l'un s'est dessiné et l'autre définie.

1. Le cadre : l'Occident

Un cadre : à l'extérieur, des limites, à l'intérieur, des structures. Les fluctuations des premières et l'élaboration des secondes doivent ouvrir toute histoire de l'Occident.

Limites

Si on le compare au monde classique, la première originalité de l'Occident réside dans ses frontières. La civilisation antique avait été fille de la Méditerranée, bien et lien des peuples installés sur les rives du *Mare nostrum* et rassemblés par Rome. La civilisation occidentale n'intéresse plus qu'une fraction de l'ancien Empire, mais elle en déborde les limites. Un double mouvement s'est donc déclenché à la fin de l'Antiquité et poursuivi durant tout le Moyen Âge et bien au-delà : l'Occident s'est séparé de l'Orient européen et asiatique comme de l'Afrique septentrionale et, d'invasions en annexions, il a reculé ses bornes vers le nord et vers l'est.

La ruine de l'unité méditerranéenne

Entre 250 et 750, le monde romain s'est disloqué. La *pars occidentalis* s'est éloignée de la *pars orientalis* ; l'Afrique du Nord et le Levant se sont détachés de l'Europe et de l'Asie Mineure. Deux ruptures qui procèdent largement des mêmes causes, mais que le souci de clarté recommande de traiter successivement.

La scission de l'Orient et de l'Occident est la résultante d'une longue série d'événements. À peine constitué, au début de notre ère, l'Empire romain souffrait d'un déséquilibre. Selon le mot de F. Cumont, l'Est « y pénétrait pacifiquement » l'Ouest ; il lui donnait ses hommes d'État, ses savants, ses artistes, ses religions, notamment mithriacisme et catholicisme. Au milieu du IIIe siècle, une crise politique et économique transforma ce déséquilibre en opposition. Elle affecta surtout la fraction occidentale de l'Empire et son économie ; par une réaction en chaîne, l'industrie, le commerce, les villes, la culture déclinèrent ; le monde du haut Moyen Âge s'esquissait, morcelé, rural, fruste. Le pouvoir sanctionna cette évolution : en 286, l'Empire fut divisé en deux *partes* confiées à deux Auguste. La rupture du monde romain s'annonçait.

Elle se produisit lors de ce que l'historiographie de langue française appelle les Grandes Invasions. Comme la crise du IIIe siècle, celles-ci n'affectèrent qu'une partie de l'Empire. Les armes et la diplomatie de Byzance détournèrent vers l'Italie, la Gaule et l'Espagne les peuples qui avaient franchi le Danube inférieur. Orient indemne, Occident aux mains des Barbares : les liens politiques, culturels et matériels se brisèrent ou se relâchèrent entre les deux zones. L'Empire et ses cadres administratifs savants subsistèrent à l'Est ; des royaumes germaniques indépendants et aux institutions rudimentaires se partagèrent l'Ouest. La civilisation resta brillante à l'Est, mais elle renia ses traditions latines pour se cantonner dans l'hellénisme et s'abreuver aux sources asiatiques, spécialement sassanides ; elle s'effondra à l'Ouest. Bientôt même les « Slaves du Sud » coupèrent l'Est de l'Ouest : au fur et à mesure que les Germains avançaient, ils les remplaçaient dans les terres devenues libres ; après 650, de leur propre mouvement ou à l'invitation de Constantinople, ils passèrent à leur tour le Danube et peuplèrent l'actuelle Yougoslavie.

Après un sursaut, Byzance se résigna à la rupture. Justinien (527-565) tenta de refaire l'unité méditerranéenne. Il ne parvint, du point de vue de l'Occident, qu'à ruiner Rome que trois sièges désastreux privèrent pour près d'un millénaire du rôle de métropole intellectuelle et artistique du monde latin. Son second successeur, Maurice (582-602), eut encore des vues sur l'Occident. Mais, à partir du VIIe siècle, les *basileis* se désintéressèrent de celui-ci. À partir du VIIIe siècle, ils furent d'ailleurs absorbés par la lutte contre l'Islam. Et pour la soutenir, ils arrêtèrent des mesures fiscales qui indisposèrent la papauté et l'engagèrent ou l'encouragèrent à se tourner vers les Francs. Cette orientation fut consacrée à la Noël 800 : Charlemagne fut alors couronné et acclamé empereur. C'était l'affirmation solennelle de l'indépendance de l'ancienne *pars occidentalis.*

Le lien religieux unissait sans doute encore celle-ci à l'Orient. Mais il était fragile. Il s'était déjà fréquemment rompu, et, en 1054, il se casserait définitivement : le schisme serait consommé entre Rome et Constantinople.

Indépendance et schisme ne signifient pas ignorance. Du moins pour l'Occident. Si l'Orient avait pour celui-ci peu de souci et d'estime, lui restait attentif à l'Orient, à ses trésors de pensée et d'art comme à ses structures et ses pratiques, commerciales par exemple. Il le resterait jusqu'au milieu du XVe siècle. C'est alors seulement qu'il préférerait l'Atlantique à la Méditerranée, et ce renversement serait l'un des signes du passage du Moyen Âge aux temps modernes.

La séparation de l'Occident et de l'Afrique s'est opérée plus simplement et plus brutalement. Un fait a été décisif : l'expansion de l'Islam.

Les événements ne prêtent pas à controverse et on ne les détaillera donc pas. Mais leurs conséquences ont alimenté de gros débats. Il ne semble pas que, comme l'a soutenu Henri Pirenne dans un livre célèbre, ils aient bouleversé l'ordonnance du monde antique et ouvert le Moyen Âge. Ils ont certes contribué à éloigner l'Occident de l'Orient. Ils ont temporairement entravé leurs relations. Ils ont obligé l'empereur d'Orient à faire face vers l'est. Ils lui ont soustrait d'immenses territoires et, conjugués avec des avances slaves dans les Balkans, l'ont ravalé du rang de souverain universel à celui de roi des Détroits. Mais surtout ils ont arraché à la chrétienté la Syrie de Romanos le Mélode, l'Égypte d'Origène et de Clément, l'Afrique d'Augustin, l'Espagne de Prudence. Avoir installé l'Islam, ses maîtres, sa foi et sa culture sur plus de la moitié du littoral méditerranéen, voilà le résultat fondamental des invasions sarrasines.

L'élargissement des frontières

Pendant le haut Moyen Âge, l'Occident s'est donc dégagé de l'Afrique au sud et de Byzance au sud-est. Simultanément et jusqu'au XIIIe siècle, il s'est considérablement agrandi au nord et au nord-est.

Le premier progrès, du Rhin à l'Elbe et à la Saale, a procédé des Grandes Invasions, et plus précisément de l'action des Francs. Déjà les Mérovingiens s'étaient mesurés, sans grand succès, avec les peuples vivant au-delà de l'ancienne frontière romaine. Les Carolingiens reprirent cette politique et la firent triompher.

Une deuxième avance résulta des « nouvelles invasions », hongroises et normandes. Celles-ci ne furent pas, sauf pour l'Irlande, le cataclysme décrit traditionnellement par les historiens. Elles eurent même des suites positives : la création d'un royaume qui protégerait désormais la chrétienté latine contre les Asiates et l'intégration à celle-ci de la Scandinavie. Par le canal de l'Angleterre surtout, cette dernière s'imbriqua dans le commerce de l'Occident, adopta sa religion, s'initia à son art.

Dans ses moteurs et dans ses manifestations, le troisième stade du phénomène présenta un caractère plus complexe. Une montée démographique régulière, des ambitions politiques, des appétits commerciaux et le prosélytisme religieux y agirent concurremment.

L'accroissement de la population au cœur du Moyen Âge est un fait, capital en toute matière, mais dont les modalités échappent encore largement. Le début, les phases et leur intensité, la fin en sont mal établis ; sans doute ont-ils différé d'une région à l'autre. En tout cas, la croissance démographique, si elle n'a pas été galopante comme à l'époque contemporaine, a été sensible et continue, si bien que l'Occident a dû se donner de l'air.

Il a reculé ses limites en tout sens. Au sud, aux dépens des Maures : c'est la *Reconquista.* Au sud-est, au détriment des Byzantins de Pouille et de Calabre et des Arabes de Sicile : c'est la construction à partir de 1060, par un Normand des environs de Coutances, Robert Guiscard, d'un royaume qui ira des Abruzzes à Syracuse. À l'est surtout, contre les Slaves : c'est le *Drang* nach Osten, la poussée vers l'est qui, contrairement à l'opinion longtemps soutenue par la science d'outre-Rhin, n'aboutit pas à « coloniser » mais à « occidentaliser » le littoral de la Baltique, la Pologne, la Bohême et la Transsylvanie.

Avec ces succès, l'Occident a atteint ses bornes. Définitivement pour ce qui concerne l'est : ni dans la suite du Moyen Âge ni même aux temps modernes, il n'avancera plus dans cette direction. Car, au cours du XIIIe siècle, il a essuyé des revers décisifs. Au sud, il a commis l'erreur, lors de la quatrième croisade, de s'en prendre à l'Empire byzantin. Il ne s'en est emparé que partiellement et temporairement et il se l'est aliéné. Au nord, il a échoué en Russie. Celle-ci a vainement disputé aux Suédois la fraction méridionale de la Finlande, mais elle les a vaincus, en 1240, sur la Néva. La même année, elle a bloqué l'Ordre teutonique sur le Peipous. Elle a ainsi échappé à la Scandinavie et à l'Allemagne, elle s'est orientée vers l'Asie et a succombé devant les Mongols. Au centre, en effet, ceux-ci qui, de 1206 à 1227, avaient, sous Gengis khān, étendu leur domination de la mer Jaune à la mer Noire ont progressé à partir de 1237. Ils ont marché sur Novgorod, subjugué Halicz et Kiev, mis en déroute le duc des Piasts, en Basse-Silésie, et le roi de Hongrie. Ils n'ont cependant conquis ni cette dernière ni la Pologne. Mais ils ont gardé la plus grosse partie de la Russie et l'Ukraine. Partout une barrière s'est donc dressée en Europe orientale devant l'Occident. Il pourrait encore y fonder des comptoirs et des missions. Il n'y imposerait pas sa civilisation. D'autant moins qu'au XIVe siècle les Mongols préféreraient l'islam au christianisme.

Structures

À ses débuts, déjà, l'Occident couvrait de vastes étendues. Il a donc d'emblée rencontré un problème dont les progrès qu'on vient de retracer ont sans cesse aggravé la difficulté : celui de son organisation et, à travers elle, de son unité. L'a-t-il résolu ? A-t-il formé une entité politique, économique ou spirituelle ?

L'unité politique

L'unité politique n'a existé qu'au moment où l'Occident ne dépassait pas l'Elbe, sous la seconde dynastie franque. Encore a-t-elle été incomplète, relative et brève. Elle n'a englobé ni l'ouest de l'Armorique, ni la plus grande partie de l'Espagne, ni l'Italie centrale et méridionale, ni l'Angleterre, liée sans doute en toute matière à la « Francie » mais indépendante d'elle. Elle n'a même pas été pleinement effective sous Charlemagne, qui l'avait forgée. Elle n'a survécu que trente ans à son réalisateur. L'Empire a été divisé dès 843 et la conscience collective ou ses éveilleurs ont entériné ce partage. Au cours du second tiers du IXe siècle, la *Francia orientalis* s'est choisi des saints tutélaires, Aubain de Mayence, Kilian de Wurtzbourg, Emmeran de Ratisbonne. En 911, lorsqu'elle n'eut plus de Carolingien pour succéder à Louis III, elle préféra porter au trône un de ses ducs plutôt que de reconnaître des droits au souverain de la *Francia occiden-*

talis, un descendant de Pépin le Bref, Charles le Simple.

Aussi bien la restauration de l'Empire en 962 au profit d'Otton Ier ne rétablit-elle pas l'unité. Richer, l'historiographe de l'Église de Reims, ne releva même pas l'événement ! L'Empire des rois germaniques ne fut que la réunion de trois royaumes, Allemagne, Italie, Bourgogne, et il ne déborda pas leurs frontières. Que certains de ses chefs aient prétendu à un pouvoir universel, ce n'est pas exclu. Que des penseurs aient rêvé d'une « république chrétienne » gouvernée par l'empereur, c'est certain. Mais ces prétentions et ces rêves n'ont jamais été réalité.

Ils n'auraient pu le devenir que par le biais et dans les limites d'une mission religieuse de l'empereur. *Summus Ecclesiae defensor*, défenseur suprême de l'Église – avant tout de l'Église romaine – ou, plus largement, *vicarius Christi*, lieutenant de Dieu, celui-ci devait à ce titre pouvoir commander à tous les princes de la chrétienté, quand les intérêts de cette dernière étaient menacés, pour assurer sa protection. Mais cela supposait qu'il fût en communion avec la papauté. Or, depuis 1075, il la combattit plus souvent qu'il ne s'accorda avec elle.

Et celle-ci ? N'aurait-elle pu assumer la direction de l'Occident ? Ce n'était pas son rôle. Et quand elle prétendit le jouer – avec Innocent III, Innocent IV ou Boniface VIII, on en discute –, elle essuya un échec.

Dès 1200, d'ailleurs, Rome adopta la maxime, anglaise ou canonique : *Rex imperator in regno*. Elle refusa donc à l'empereur toute supériorité sur les rois et tout droit dans leurs royaumes. Elle encouragea ainsi le nationalisme. Au bas Moyen Âge, celui-ci s'affirma de plus en plus, en tout domaine, même religieux comme en témoigne un fait entre mille : le moine qui, en 1288, recopia à Camaldoli, en Étrurie, la liste des cardinaux en 1285 jugea bon d'ajouter le pays de chacun d'eux. En politique, le mouvement se concrétisa dans des États. Différents de taille et de structure : royaumes, principautés, « cités », les uns tendant à l'absolutisme, les autres engagés dans la voie du parlementarisme. Mais analogues dans leur indépendance de fait et dans la poursuite de leurs propres et seuls intérêts. L'Occident médiéval légua aux temps modernes le morcellement politique.

L'unité économique

L'économie évolua en sens inverse. Le Moyen Âge débuta, on l'a vu, dans la contradiction des échanges, le rétrécissement des horizons, la « ruralisation » de l'Occident. À partir du Xe ou du XIe siècle, il connut un renouveau du commerce et un progrès constant des relations d'affaires.

Moment et agents de cette reprise s'induisent plus qu'ils ne se constatent. Marc Bloch et, à sa suite, un grand nombre de spécialistes l'ont située vers 1050, à l'aube de ce qu'ils ont appelé le « second âge féodal ». Mais elle a commencé bien plus tôt en maintes régions du Nord et du Midi. Contacts avec les mondes byzantin et arabe, où le commerce tenait une grande place, rétablissement relatif et partiel de l'ordre public, introduction d'or, découverte d'argent et gonflement du stock monétaire, évolution des mentalités, plus sensibles aux biens de la terre et plus compréhensives pour ceux qui les produisaient ou les procuraient, exemple d'individus ou de groupes dynamiques, accroissement de la population et, partant, possibilité au obligation de spécialiser les tâches, progrès techniques : tous ces facteurs ont été invoqués pour l'expliquer et tous ont joué.

Le phénomène acquit rapidement vigueur et vitesse. Des transformations de tout genre le renforcèrent et l'accélérèrent : l'élargissement des frontières de l'Occident, la mise en service de navires de plus gros tonnage, l'introduction dans le circuit de nouveaux produits et surtout de quantités plus importantes de produits déjà échangés précédemment, le développement du crédit, l'invention de la comptabilité. Il buta finalement contre des limites ; pour parer à la concurrence déclenchée par l'industrialisation croissante, les producteurs adoptèrent le faux remède de la réglementation ; l'augmentation de la population s'arrêta et fit même place à un recul en de nombreux pays ; l'infrastructure et l'équipement restaient médiocres ; par la faute du système économique et social, les surplus étaient probablement minces et ils se dépensaient plus qu'ils ne s'investissaient ; dans un monde composé aux quatre cinquièmes de paysans que leur activité et leur mode de vie dispensaient d'acheter grand chose, quand bien même la pauvreté ne le leur eût pas interdit, les débouchés étaient réduits. Mais, entretemps, l'élément moteur de l'Occident était devenu le commerce et ses organes, les villes.

Avec leurs palais royaux ou leurs maisons communales, leurs halles et leurs ateliers, leurs écoles ou leurs universités, leurs cathédrales et leurs collégiales, leurs couvents, les villes redevinrent, de 1125 ou 1150 à 1250 ou 1300, les foyers de la civilisation au sens le plus large du mot. Puis elles saisirent, avec les princes, les commandes de l'Occident et l'orientèrent, aux XIVe et XVe siècles, dans des voies nouvelles. Nées des affaires, elles firent des affaires une des premières préoccupations de l'époque et créèrent un climat où le matériel le disputa, souvent victorieusement, au spirituel. Jalouses de leur liberté, elles rejetèrent les prétentions théocratiques de l'Église, s'appliquèrent à réduire son champ d'action, s'ingérèrent dans ses affaires et, de toutes ces façons, sapèrent son crédit. Elles imposèrent même leurs conceptions et leurs goûts aux sciences, aux lettres et aux arts. Bref, elles devinrent inséparables de l'Occident. Au point que, dans toutes les contrées qu'il conquit ou influença, celui-ci suscita ou précipita l'essor urbain.

L'économie tissa donc des liens entre les composantes de l'Occident et elle pesa sur ses destinées. Mais elle ne lui conféra pas une réelle originalité : Byzance et l'Islam aussi avaient leurs villes. Elle ne toucha profondément qu'une minorité. Elle n'agit qu'à partir du second millénaire de notre ère. L'unité spirituelle fut plus spécifique, plus générale, plus précoce.

L'unité spirituelle

Pour réaliser l'unité spirituelle, il fallait répandre une croyance, y prévenir les dissensions et la faire vivre par ses adeptes.

La première tâche, l'évangélisation, alla de pair avec l'expansion de l'Occident. Tantôt les apôtres suivirent les soldats, les fonctionnaires et les marchands et couronnèrent leur action, tantôt ils leur frayèrent la route. Ils conquirent d'abord la Francie septentrionale, l'Irlande, l'Angleterre, l'Allemagne. Sous les Carolingiens, ils convertirent la Frise, la Saxe, la Moravie, la Carinthie slovène. Au Xe siècle, ils pénétrèrent en Scandinavie, s'ancrèrent en Bohême, triomphèrent chez les Hongrois et atteignirent la Pologne. Avec le *Drang nach Osten*, ils portèrent l'Évangile en Finlande, dans les pays baltes et aux Slaves de Poméranie et de Prusse. Mais ceux de

Serbie, Bulgarie et Russie échappèrent à Rome. Entre 860 et 871, ils avaient accueilli des missionnaires de Byzance. Quand le schisme éclata, ils restèrent dans la sphère d'influence de celle-ci. Le religieux rejoignit le politique pour couper l'Europe orientale de l'Occident.

Une pareille expansion n'allait pas sans danger pour l'unité de discipline et de doctrine.

On vient de rappeler la rupture dont pâtit la première. Le « grégorianisme » en fut un des facteurs. Ce mouvement, auquel les historiens ont, de façon discutable, donné ce nom en référence à Grégoire VII (1073-1085), avait entrepris de réformer le clergé, trop souvent concubinaire ou simoniaque. Il s'aperçut immédiatement qu'il n'y parviendrait pas sans une refonte des structures et il se mua en une ecclésiologie, et, par là, en une théorie de la société. Comme depuis toujours les rois intervenaient dans les questions religieuses, spécialement dans les nominations, et que réciproquement la hiérarchie catholique se mêlait d'affaires civiles au risque d'oublier sa fonction pastorale, il réclama la séparation du temporel et du spirituel et, par voie de corollaire, la gestion de ce dernier par les seuls ministres du culte, à l'exclusion des fidèles. Aux prétentions du patriarche de Constantinople à l'indépendance, il répondit par l'affirmation intransigeante du pouvoir universel de Rome. Pour ordonner le monde selon le plan de Dieu, il proclama la supériorité de l'ordre moral sur l'ordre politique, et donc du pape sur l'empereur. Il ne réalisa pleinement que le second point de ce programme, celui qui nous intéresse précisément ici. Il coupa ainsi Rome des Églises d'Orient, mais il fit de celle d'Occident une authentique monarchie, dont le chef, le pontife, était, dans toute la force du terme, souverain, dont les ministres, les cardinaux, se recrutaient dans toute la chrétienté latine, dont les plénipotentiaires, les légats, parcouraient constamment celle-ci.

Les ordres religieux agirent dans le même sens. Les abbayes avaient, dès le début du Moyen Âge, tenu en Occident une très grande place. Jusqu'au Xe siècle, elles avaient été indépendantes les unes des autres. Avec Cluny au Xe siècle, elles prirent la coutume de se grouper autour d'une règle et, pour interpréter et faire appliquer celle-ci, d'un chef unique ou d'une assemblée commune, d'un « chapitre général ». La plupart des ordres nés de la sorte obtinrent d'être « exempts » de l'autorité de l'ordinaire pour ne relever que du pape et ils essaimèrent dans tout l'Occident. Ils renforcèrent ainsi l'unité disciplinaire autour de Rome.

C'est au moment même où celle-ci se resserrait que l'unité doctrinale commença à être sérieusement menacée. Jusque-là, le problème de la grâce – de la collaboration de Dieu et de l'homme dans l'œuvre du salut individuel – avait seul opposé les théologiens latins et il n'avait éloigné de l'orthodoxie que très peu d'entre eux. Au XIe siècle, la contestation s'enfla dans ses critiques comme dans le nombre de ses adhérents. Le retour aux sources de l'Église, à l'Évangile, révéla la distance qui séparait l'institution de ses idéaux. Des réformateurs s'élevèrent contre le clergé, spécialement contre la hiérarchie, responsable à leurs yeux de ces « déviations », contre son incurie, sa richesse, ses compromissions. Ils réclamèrent l'abandon de ses biens et le droit de prêcher à son instar ou à son défaut. Condamnés par elle, ils rejetèrent certains des sacrements qu'elle administrait et les dogmes qu'elle avait définis, pour ne plus admettre que l'Écriture ou même que l'inspiration personnelle comme règle de foi. Telle fut, pour se borner à quelques noms, l'histoire, au XIIIe siècle, des Vaudois dans les pays méditerranéens et, au XIVe, de Wiclif en Angleterre et des Frères du libre-esprit en Allemagne. Quant au catharisme ou albigéisme, il ne fut pas précisément une hérésie, puisque sa croyance de base, le dualisme, était étrangère au christianisme, mais il emprunta à celui-ci beaucoup d'éléments et représenta pour lui le péril le plus grave en cette seconde partie du Moyen Âge. L'Église lutta contre ces mouvements par la prédication et, à partir de 1200, par l'Inquisition. Elle les obligea à reculer, elle ne les élimina pas.

Que la hiérarchie ait prêté à de telles attaques mène à s'interroger sur la portée du christianisme. Comment était-il connu, compris, vécu ? Le problème se pose, partiellement, pour l'élite religieuse et on le reprendra à propos des conceptions monastiques de l'homme et de la nature. Il concerne surtout les masses et, à ce niveau, ne peut se résoudre que grossièrement. La religion s'enseignait peu et mal. Point de catéchèse par le clergé ou à peine : les enfants héritaient la foi de leurs parents. Adultes, ils ajoutaient à ce bagage ce qu'ils entendaient à l'homélie dominicale, si elle se donnait, si elle était substantielle et s'ils y assistaient. Et aussi ce qu'ils pouvaient voir. La liturgie était chargée de sens mais elle ne déployait tous ses fastes que dans les abbatiales et collégiales, elle n'était sans doute pas commentée comme elle le demandait, elle n'était l'affaire que des prêtres et employait une langue incompréhensible aux fidèles. Sculptures, fresques et miniatures instruisaient aussi, mais toutes les églises n'étaient peut-être pas décorées et, même au bas Moyen Âge, au temps des premières « bibles des pauvres », les manuscrits n'atteignaient guère les foules. Si bien que le christianisme était pour la plupart de ses adeptes une morale plus qu'un dogme ; et, par le fait même, une morale dont l'observation n'était pas suffisamment une réponse de l'homme à l'amour de Dieu, qu'on respectait surtout par crainte du courroux céleste sur cette terre et dans l'au-delà. Du moins ses vérités fondamentales étaient-elles connues, et ses préceptes essentiels, plus ou moins suivis. Et l'oublier eût été difficile car le christianisme était présent à toutes les manifestations de la vie individuelle et collective. Il pouvait être, dans une mesure variable, tronqué, défiguré, trahi. Il n'en formait pas moins le lieu géométrique de l'Occident. Celui-ci s'arrêtait d'ailleurs aux frontières du catholicisme romain. Et il demandait au credo sa vision du monde.

2. La civilisation médiévale

Les rapports de l'héritage germanique et surtout classique avec la pensée chrétienne, tel est, en effet, le problème autour duquel peut s'ordonner l'histoire de la civilisation de l'Occident médiéval. Quels en étaient les éléments, quels centres le posèrent, quelles solutions reçut-il ?

Éléments

Au seuil du Moyen Âge, le christianisme était en face d'une société germanique et d'une culture classique. Il avait à se situer par rapport à elles.

Maîtres de l'Occident, les Germains devaient normalement lui imposer leurs conceptions et leurs structures politiques et sociales. Elles étaient d'ailleurs bien moins éloignées de celles de la Rome du IVe siècle qu'on ne l'a cru longtemps, et les érudits allemands s'opposent actuellement sur le point de savoir si les institutions des royaumes barbares ont été importées d'outre-Rhin ou ont largement continué, en les abâtardissant plus ou moins, celles du Bas-Empire. Que l'esprit en soit plus germanique que romain semble, de toute façon, peu contestable. Trois traits le définissent. La société est dominée par une aristocratie du sang, de la fortune et de la fonction, ou plutôt de la mission. Elle se fonde sur des relations personnelles plus que sur des organismes : les gens sont moins sujets que compagnons, fidèles, parents, clients. Elle encadre ainsi l'individu dans des groupes qui le protègent et le limitent.

Pour la pensée, les lettres et les arts, les Germains ont apporté peu. Une religion primitive, dont les croyances et les pratiques magiques risquaient de déteindre sur le christianisme. Des épopées capables de raviver le goût épique. Une orfèvrerie ornementale, décorative, « abstraite », qui ignorait l'homme et stylisait la nature.

Le contraste était vif en ce domaine avec l'art classique. Lui était anthropocentrique et réaliste. La littérature également. Et d'une façon générale toute la civilisation gréco-romaine était vouée à l'homme et à son exaltation.

Fallait-il accepter ces legs de deux mondes païens ? La question était surtout difficile pour la culture et plus exactement les lettres classiques. Les rejeter ? Les chrétiens l'avaient fait au début, mais, avec Justin, Origène, Clément d'Alexandrie, ils avaient renoncé à ce « négativisme ». Les réduire à une propédeutique ou un accessoire ; les filtrer pour n'en retenir et n'en diffuser que les données utiles à l'approfondissement de la vie religieuse et à l'élaboration d'une civilisation chrétienne ? Ou tenter de les concilier avec la Révélation ?

La décision dépendait dans une large mesure de la conception que les chrétiens se faisaient du monde. Manichéenne, ce qui entraînait un refus de la création ? Strictement théocentrique, ce qui menait à n'admettre celle-ci que dans la mesure où elle était participation ou reflet de Dieu ? « Humaniste », ce qui conduisait à lui reconnaître une valeur immanente ?

Centres

Vues païennes et vision chrétienne furent, durant une première phase, confrontées surtout dans les cours et plus encore dans les monastères du nord de l'Occident. Les pays méditerranéens, où elle était née, assurèrent d'abord la survie de la culture classique, avec leurs professeurs de grammaire et de rhétorique, avec les précepteurs de leurs grandes familles, avec les évêques sortis de celles-ci, notamment avec Boèce et Cassiodore dans l'Italie du VIe siècle et Isidore de Séville dans l'Espagne du VIIe siècle. Puis, par suite du déclin continu des villes, la majorité de leurs écoles disparurent ; les guerres de Justinien et l'invasion lombarde disloquèrent la classe supérieure dans la première péninsule ; l'expansion arabe arracha la plus grosse partie de la seconde au monde latin. Simultanément, des abbayes s'installèrent et s'épanouirent en Irlande et en Angleterre, tandis que deux dynasties franques refirent la Gaule, puis firent l'Occident. Alors s'affirmèrent les forces nouvelles et les contrées jeunes. L'aristocratie, avec la royauté pour « modèle », dans l'ordre politique, et le monachisme, en matière spirituelle, étaient les composantes majeures de la société du haut Moyen Âge, barbare et rurale. Ensemble, car elles étaient étroitement liées, elles prirent en charge la pensée et les arts. Berceau des Mérovingiens et des Carolingiens, le nord

- • ville de 10 000 habitants et plus
- △ ville universitaire
- + lieu de fondation d'un nouvel ordre religieux

Les centres de gravité de l'Occident au XIIIe siècle

de la Francie abrita les principaux foyers de la « renaissance carolingienne ».

L'évolution politique, économique et religieuse entraîna ensuite un recul relatif des centres monastiques septentrionaux. La *Francia* carolingienne se désintégra ; les empereurs furent, à partir de 1075, affaiblis puis, après deux siècles de luttes, presque réduits à de la figuration par leurs conflits avec la papauté, sur lesquels se greffèrent des démêlés avec la noblesse allemande et les cités lombardes ; dans l'Angleterre enfin sortie des invasions normandes, une dynastie venue de France instaura, en 1066, une monarchie si forte qu'elle suscita une opposition unanime et dut composer avec elle ; vers 1100, les Capétiens arrachèrent leur royauté à l'impuissance et commencèrent à rassembler le royaume autour de leur domaine et de sa capitale. Le commerce reprit ; les communications des Scandinaves avec le monde byzantin, et donc des bassins de la Baltique et de la mer du Nord avec l'Orient, à travers la Russie, devinrent difficiles à la fin du xe siècle ; la Méditerranée fut, à l'ouest, purgée des Arabes et, à l'est, dégagée par les croisades ; les ports, puis les villes intérieures de l'Italie en profitèrent ; le phénomène urbain se développa dans tout l'Occident. Le monachisme se diversifia ; les branches anciennes s'ouvrirent trop peu ou trop tard aux orientations nouvelles de la pensée, dont certaines rejetèrent la spéculation et la création pour le dénuement et l'apostolat ; les autres sentirent la nécessité de garder le contact avec le mouvement intellectuel et artistique, mais elles confièrent aux écoles urbaines la formation de leurs meilleurs éléments.

Il en résulta des changements profonds dans la nature, la composition et l'emplacement des centres de culture. Des abbayes brillèrent encore dans tel ou tel domaine : histoire et historiographie, lyrique religieuse, théologie que dom J. Leclercq a appelée « monastique », qui fait de la « science de Dieu » un moyen de s'unir à celui-ci plutôt que de le comprendre en lui-même et dans son œuvre ; toutes furent dans les autres secteurs, comme la théologie et la philosophie « scolastiques », la logique, les sciences naturelles, le droit, la médecine, barrées désormais par les écoles cathédrales, canoniales ou municipales des grandes cités. La plupart des penseurs et des artistes furent dorénavant des clercs, qui avaient été tonsurés mais n'avaient pas embrassé la carrière ecclésiastique, ou purement et simplement des laïcs : quatre-vingt-dix des cent un troubadours dont on conserve les *vidas* n'avaient reçu aucun ordre sacré. L'Empire perdit son éclat de la « renaissance ottonienne », plusieurs de ses foyers maintinrent une belle activité mais ils furent éclipsés par ceux d'Italie et surtout de France. Au Xe siècle déjà, cette dernière avait à Reims et à Fleury (Saint-Benoît-sur-Loire) relancé la logique. Au XIe siècle, elle avait produit les remarquables poètes de l'« école de la Loire », attiré à Chartres des étudiants de nombreux pays, élevé des abbatiales d'une prenante beauté. Au XIIe siècle, elle créa le roman avec Chrétien de Troyes, fit de Paris « le four où cuisait le pain intellectuel de l'humanité », mit au point dans le bassin de la Seine le gothique, qui conquerrait l'Europe et que celle-ci baptiserait *opus francigenum*. Au XIIIe siècle, elle imposa à toute la chrétienté latine sa théologie et sa philosophie, ses genres et ses thèmes littéraires, ses arts majeurs et mineurs.

Aux XIVe et XVe siècles, la guerre de Cent Ans ruina la France et saigna l'Angleterre. La prépondérance glissa aux régions urbaines. Les Pays-Bas méridionaux inaugurèrent la peinture de chevalet, avec les « primitifs flamands » dont plusieurs et non des moindres étaient wallons, et ils portèrent la polyphonie à sa perfection, dans l'*ars nova* de l'« école franco-flamande » dont la majorité des grands compositeurs étaient hennuyers et liégeois. L'Italie remit son antiquité à l'honneur. La civilisation moderne était là.

Solutions

Des centres de chaque époque à leurs héritiers, une révolution se poursuit à travers détours et replis : mue par le dynamisme de l'Occident et par des « renaissances » de la pensée et de l'art classiques, elle allait desserrer les structures germaniques et les conceptions rigoureusement théocentriques pour rendre meilleure justice à l'homme et à la création. Libérer l'un de l'emprise des groupes sans le détacher de ceux-ci et reconnaître la valeur immanente de l'autre sans la couper de Dieu, telle fut la tendance profonde. Elle s'actualisa successivement en trois modes que toute étiquette trahit. L'appellation la moins mauvaise s'inspire surtout de l'art et de son attitude envers le monde. On parlera donc, avec prudence et réserves, d'une vision carolingienne et romane, d'un univers gothique et d'une modernité du bas Moyen Âge.

La vision carolingienne et romane

Les débuts du Moyen Âge ont été marqués, dans l'ordre politique et social, par la prépondérance barbare et, dans celui de l'esprit, par la lutte du christianisme contre les croyances et les pratiques païennes et par le rôle du monachisme et de son attitude de retrait, de « mépris » du monde. L'individu y était pris dans des groupes fondés sur la naissance, l'engagement personnel, le voisinage ; il ne pouvait, par exemple, disposer d'immeubles sans le consentement de sa famille et il était responsable des agissements de ses parents. La création était dangereuse : miroir, elle pouvait être aussi, elle était trop fréquemment, écran. Elle reflétait Dieu et, en ce sens, elle était valable. En ce sens seulement : les hagiographes de l'époque ne décrivaient pas les traits propres de leur héros, physiques ou même moraux, ils ne s'intéressaient qu'à ce qui était en lui accueil, action et image du Créateur et qui lui était donc commun avec tous les saints. Selon le mot de Paulin de Nole à Sulpice-Sévère, vers 400, ils ne peignaient pas l'*homo terrenis* mais l'*homo coelestis*. Or, le plus souvent, le terrestre masquait le céleste et il devenait fin. Après avoir souligné l'utilité des sciences profanes pour la science sacrée, Clément d'Alexandrie déjà, au IIIe siècle, avait constaté que beaucoup de ceux qui les cultivaient « oubliaient la maîtresse pour les servantes ». Il fallait donc se détacher de la nature, de peur de s'y arrêter. Il ne fallait admettre le savoir et la sagesse, notamment la sagesse antique (ce qu'on appelait maintenant la philosophie), que comme auxiliaires de la théologie.

Le haut Moyen Âge ne modifia pas substantiellement ces positions de départ. Il les accentua même en matière sociale. Sans doute les troubles inhérents à la *vendetta* engagèrent-ils à ne plus permettre celle-ci qu'aux parents immédiats de la victime, à lui substituer aussi souvent que possible l'action publique, et par là à réduire le rôle de la famille. Mais la féodalité s'installa ; les Carolingiens l'utilisèrent pour mieux s'assurer la fidélité des grands, leur échec politique lui laissa libre champ ; bientôt elle lia tous les gens de quelque importance. Puis, à partir du Xe siècle dans le Midi et du XIe dans le Nord, la seigneurie que les feudistes de l'Ancien Régime ont qualifiée de justicière et que les historiens contemporains appellent banale ou hautaine s'appesantit sur les masses. Dès que le progrès économique accrut les facultés contributives de celles-ci, les détenteurs du « ban », c'est-à-dire du droit de commander et défendre sous peine de sanction, et de la « haute justice », de la juridiction criminelle, imaginèrent toute une gamme de charges « seigneuriales » : la taille, occasionnelle puis régulière, présentée comme prix de la protection, la mortemain ou formorture, levée sur les successions, les banalités (obligations diverses telles que d'employer contre bonne redevance le moulin, le four, la brasserie, le pressoir du seigneur, de travailler ses champs et ses prés, de ne pas vendanger avant lui, de fréquenter ses marchés, etc.). Et ils ne les imposèrent pas seulement à ceux qui leur appartenaient, leurs serfs, ou à ceux qui exploitaient leurs terres, leurs tenanciers, mais encore à ceux qui, disent les textes français, « vivaient et couchaient » sous leur domination ou, selon la forte expression allemande, « respiraient leur air », pratiquement à tous ceux qui étaient étrangers à la noblesse ou ne bénéficiaient pas d'un statut analogue au sien. L'accroissement de la population provoqua aussi la multiplication des cellules religieuses ; plus petites et plus proches, les paroisses encadrèrent plus fermement le commun des fidèles. Enfin, les progrès de l'agriculture et du commerce entraînèrent une consolidation des structures économiques de base. Dans les campagnes, l'assolement triennal se diffusa à des époques et à un rythme différents de pays à pays ; le terroir fut divisé en soles sur lesquelles se succédèrent blés d'hiver, blés de mars et jachères ; les paysans durent dorénavant cultiver comme leurs voisins, « comme dessus et dessous » ; cette obligation conféra à la communauté de village une signification et une vigueur nouvelles. Dans les villes naissantes ou renaissantes, le besoin de calme et de liberté indispensable au développement des affaires engendra des assemblées jurées, premier jalon d'une conscience et d'une action collectives. En tout secteur, les individus étaient donc autant, et même plus après l'an mille qu'avant, pris dans des groupes.

L'attitude envers le monde et surtout envers l'homme se transforma, elle, jusqu'à un certain point. Des écrivains et des artistes d'Occident regardèrent la création et s'y attachèrent : les coqs qui couronnent la figure de saint Jean dans l'*Évangéliaire* dit *d'Ada* (vers 800) ont été observés par l'enlumineur et dessinés pour eux-mêmes ; ils ne sont pas un symbole et ne doivent rien à l'Antiquité. Un regain d'intérêt pour celle-ci constitua cependant le principal facteur d'évolution. Les œuvres classiques s'étaient conservées dans les pays méditerranéens, Aquitaine, Espagne, Italie surtout ; elles avaient, au VIIe siècle, gagné l'Angleterre ; du Midi ou du Nord-Ouest, elles pénétrèrent au cœur de l'Empire carolingien et y suscitèrent une « renaissance ».

L'essence et la portée de celle-ci sont controversées. Décalque de Rome, sans originalité, ni valeur, ni prolongement, ou, inspirée du passé et timide, mais tout de même création ? Dernière et pauvre flambée de la civilisation classique ou début de la civilisation occidentale ? Erwin Panofsky et d'autres spécialistes de l'art ont opté pour le premier terme de l'alternative et placé après le Xe siècle la coupure entre monde antique et monde moderne. Les historiens de la Germanie et des terres limitrophes, plus familiers des réalisations carolingiennes, ont toujours défendu la seconde position et, depuis la prestigieuse exposition du Millénaire à Aix en 1958, ils ont rallié la plupart des érudits à leurs vues. R. Folz a parfaitement résumé celles-ci : « On peut ainsi parler d'une véritable renaissance qui tend non pas à un retour à l'Antiquité mais à l'exploitation du legs antique au profit du christianisme ».

Ses éléments sont en majorité antiques et plus précisément latins. Elle n'atteint la Grèce qu'à travers les Romains, les Pères et quelques Orientaux et elle en connaît ainsi fort peu. En philosophie, le néoplatonisme, le *Timée*, des fragments de la *Logique* d'Aristote. Dans les sciences, les données rassemblées et condensées par Pline l'Ancien dans l'*Histoire naturelle*. En littérature, pratiquement rien. Elle manie, au contraire, presque tous les Latins : Virgile, Horace, Ovide, Térence, Lucain, Juvénal, Salluste, Suétone, Cicéron, Quintilien, Donat, Priscien, Columelle... Elle se nourrit aussi, évidemment, des premiers auteurs chrétiens : Prudence, Ambroise, Jérôme, Augustin. Elle médite la Bible : au fronton d'une miniature figurant Charles le Chauve sont inscrits deux noms significatifs des sources d'inspiration du temps : Josias, un des rois d'Israël, et Théodose, l'empereur qui a décrété le christianisme religion d'État. Elle accueille enfin tous les courants artistiques : géométrique, zoomorphique ou narratif. Plusieurs tendances traversent donc la période, mais toutes n'ont pas la même importance. Celle qui descend de l'Antiquité classique s'évase et s'enfle au fur et à mesure que le parcours s'allonge.

De là une certaine inflexion. L'art accorde une place croissante à l'homme : sous les Mérovingiens, celui-ci avait été supplanté et presque éliminé par l'ornement ; avec les Carolingiens, il recouvre la primauté ; l'enluminure, l'orfèvrerie, la glyptique racontent à nouveau, comme durant l'Antiquité. Des écrits exhalent un parfum bucolique, notamment l'*Hortulus* où Walafrid Strabon, abbé de Reichenau, sur le lac de Constance, décrit les légumes et les fleurs du « jardinet » qu'il s'était aménagé dans l'enceinte du monastère. Ici et là le souci d'ordonner : l'architecture redevient maîtresse des arts et elle entreprend de fondre en une église unique et équilibrée les édifices qui se partageaient jusque-là les fonctions liturgiques.

Mais si l'Antiquité pèse sur les conceptions, elle ne les inverse pas. Car elle ne fournit guère que des matériaux. C'est au christianisme que la « renaissance carolingienne » demande son esprit. Les roses sont, dans l'*Hortulus*, le sang des martyrs et l'avant-corps n'a pas pour but de donner ampleur et majesté aux basiliques, mais de permettre au culte de dérouler ses fastes.

C'est précisément en informant, au sens philosophique du mot, des éléments pour la plupart antiques par l'esprit chrétien que l'âge carolingien annonce et prépare l'âge roman, si même il ne l'ouvre pas. Point de hiatus, en effet, de l'un à l'autre. L'*organum* de l'Église des Gaules marque le début de la polyphonie. Les reliquaires du IXe siècle sont le point de départ de la sculpture en ronde bosse. Les monuments dressés sous la seconde dynastie franque, en plus grand nombre qu'on ne l'a longtemps cru, légueront à ceux qui sont élevés à partir de l'an mille, avec le chœur, le porche ou la pile cruciforme, ce qui nous séduit aujourd'hui le plus en eux : le sens du volume et le jeu des masses.

D'une époque à l'autre, il y aura affirmation plus nette de la nature et de l'homme. La première sera présente jusque dans les traités ascétiques et les codes religieux. En tête de son opuscule XIV, Pierre Damien, au milieu du XIe siècle, comparera l'ordre monastique à l'arbre dont tombent les feuilles. Cent ans plus tard, l'incomparable règle de Grandmont multipliera les images : « Les itinéraires décrits par les Pères, saint Basile, saint Augustin et saint Benoît, ne sont que des boutures. Ils ne sont pas la racine mais les frondaisons. Il n'y a qu'une règle de foi et de salut, une règle première et essentielle, dont toutes les autres découlent comme les ruisselets d'une même fontaine, le saint Évangile. Agrippez-vous donc au Christ dont vous êtes les sarments. » Peu avant l'an mille, Gerbert d'Aurillac et Abbon de Fleury auront attiré l'attention sur la dialectique. À trois générations de là, Anselme de Cantorbéry possédera une telle confiance dans la raison qu'il lui demandera d'éclairer et de confirmer la foi : *fides quaerens intellectum*.

Du monde carolingien à l'univers roman, la différence ne sera toutefois que de degré, non d'essence. Au seuil du second millénaire de notre ère, un miniaturiste de Reichenau consacrera un folio à une figure d'Otton III, qu'il n'aura jamais vu, puis, cet empereur disparu inopinément, il grattera le nom et inscrira celui du successeur : Henri II ; pour lui encore, l'individuel n'offrira donc pas d'intérêt. Vers 1020, l'« imagier » du linteau de Saint-André de Sorrède sculptera le Christ plus grand que les apôtres pour l'imposer aux regards et il lui allongera l'index et le majeur droits afin de rappeler qu'il « a les paroles de la vie ». Du *Monologion* au *Proslogion* et au *De incarnatione Verbi*, Anselme de Cantorbéry éprouvera les faiblesses de la raison et il mettra de plus en plus l'accent sur le *Credo ut intelligam*. Les hagiographes de l'époque parleront de la *nobilitas humana*, mais ils entendront par là la grâce sanctifiante. Ainsi, le roman ne refusera pas la nature. Cependant, il en négligera les aspects concrets pour atteindre aux invisibles archétypes. Il la déformera ou la remodèlera pour la sacraliser. Il la jugera infirme. Il ne lui reconnaîtra pas de valeur propre ou profane. C'est en faisant d'elle le reflet d'un surnaturel partout présent et seul vrai, c'est, en un sens, en la « dénaturant » qu'il réalisera sa conciliation de la culture classique et de la révélation chrétienne, de la terre et du ciel.

L'univers gothique

Aux XIIe et XIIIe siècles, une mutation s'opère. Les facteurs en sont complexes : pour les structures, la reconstitution de l'État et les progrès de l'économie d'échanges ; pour les conceptions, le retour aux sources chrétiennes et païennes, les traductions de traités arabes, les découvertes de la technique, la maturation de la mentalité occidentale. On va les poser rapidement avant d'en voir les effets sur la vision du monde et de l'homme.

Faits et idées concourent à la réorganisation politique de l'Occident. Après l'échec des Carolingiens, celui-ci a sombré dans le particularisme et, partant, dans la violence. Bientôt il n'a plus eu qu'un souci, un rêve, une prière : l'ordre. L'Église l'a compris et elle a, vers l'an mille, lancé son mouvement de « paix de Dieu ». Faute de moyens de coercition, elle n'a guère réussi. Pour ramener et maintenir le calme, une autorité forte, capable de s'imposer dans un large rayon – principauté ou royaume, ou principauté puis royaume –, s'est ainsi révélée indispensable. Le renouveau du droit romain, à partir du commentaire du *Digeste* par Irnerius de Bologne vers 1100, aide à en définir l'essence et les prérogatives. La découverte et l'étude, cent ans plus tard, de la *Politique* d'Aristote contribué à l'« institutionnaliser » ou, selon le mot allemand, à la « transpersonnaliser », à la détacher de ses titulaires et à la soustraire à leurs éventuelles déficiences. L'État se reconstitue donc lentement et, dans la mesure où il est une réalité, il rend moins nécessaires l'encadrement et la protection des individus par des groupes.

Il a été question déjà de ce que, par une heureuse allusion à la « révolution industrielle » qui marque le début de l'époque contemporaine, R. Lopez a appelé la « révolution commerciale » du cœur du Moyen Âge. Les suites s'en imaginent aisément. L'économie s'anime, les tâches se spécialisent, les échanges s'intensifient, les ventes, même de terres, se multiplient, les courants d'émigration se gonflent de la campagne à la ville ou de contrées évoluées vers des régions plus jeunes. Tout cela suppose, tout cela provoque ou encourage une plus grande liberté d'action des individus.

On a déjà aussi présenté le grégorianisme et ses objectifs. Il s'insère dans un vaste mouvement de retour aux sources qui assouplit, enrichit, transforme la spiritualité. Celle-ci revient à l'Évangile,

« seule fontaine » comme dit le prologue de la règle de Grandmont cité plus haut. Elle prend donc pour norme la *vita apostolica*, la vie de Jésus et de ses disciples. Vie vécue, historique : le Christ avait été jusque-là le Tout-Puissant ; désormais, il est aussi le Fils de l'homme et ses fidèles s'attachent également à tous les épisodes de son existence, même tragiques. Vie active, présente aux hommes, inquiète de leurs besoins et de leurs peines : la plupart des nouveaux ordres s'adonnent à la prédication populaire ou aux œuvres de miséricorde plutôt qu'à la célébration de l'office et, au lieu de se claustrer entre les murs et quelque forteresse spirituelle, ils s'installent au cœur des masses, en pleine ville. Vie pauvre enfin, où le renoncement total introduit à la communion universelle : qui ne possède rien est riche de tout et ouvert à tous ; il voit mieux la bonté des êtres et la beauté des choses et il les aime davantage. Cet attachement à la création, qu'on appelle souvent le « franciscanisme » mais qui est antérieur au saint d'Assise, est, au seuil du XIIIe siècle, renforcé par la lutte contre les cathares et leur dualisme. Ils prétendent le monde mauvais ; l'orthodoxie insiste, contre eux, sur sa valeur, non plus seulement comme reflet mais en lui-même : façonné par Dieu, il ne peut qu'être bon, ainsi que la première page de la Bible le répète d'ailleurs en antienne.

Le retour aux origines chrétiennes s'accompagne d'une reprise des classiques : à dater de ce que les historiens anglo-saxons ont nommé la « renaissance du XIIe siècle », l'Occident lettré lit davantage les auteurs antiques. Il les lit mieux aussi ; il en perçoit mieux le sens et la portée. Vers 1200, un clerc français engage à se détourner de temps « horribles et puants » pour « vivre selon raison ». Or, vivre selon raison, c'est, pour lui, se mettre à l'école des Anciens dont il a entendu parler à Saint-Trophime d'Arles : Térence, Platon, Sénèque, Aristote, Virgile, Cléobule, Ovide, Stade, Socrate, Lucain, Diogène, Priscien, Aristippe ou Pythagore. Les attitudes et les écrits de ces maîtres et d'autres marquent les élèves. Ils exaltent la grandeur de l'homme et du monde et ils engagent à la découvrir et la magnifier.

Avec les lettres, les sciences antiques. D'abord la seule dans laquelle les Latins aient excellé, le droit. Dans la société du XIIe et surtout du XIIIe siècle, celui-ci s'arroge une place croissante : la majorité des papes sont alors des canonistes et, à l'indignation de Dante, l'Écriture et les Pères sont éclipsés par le *Décret de Gratien* et les décrétales : « *L'Evangelio e i dottori magni son derelitti e solo ai decretali i studia.* » Or le droit romain, c'est la loi humaine. Et aussi la rationalité dans le système des preuves. Et encore le *jus utendi et abutendi* et le *cuique suum*.

Puis l'horizon s'élargit. À partir de 1150, les traductions se multiplient en Espagne, dans l'Italie du Nord et en Sicile, et elles rendent accessibles à l'Occident une quantité de traités arabes et, à travers eux, de traités grecs, juifs, persans ou hindous. Ceux qui concernent la philosophie, Aristote et ses commentateurs, proposent notamment une méthode empirique et inductive. Ceux qui portent sur la géographie révèlent la diversité et les richesses du globe. Ceux de médecine, d'alchimie, de botanique ou de zoologie attirent l'attention sur l'existence de lois du corps, de la matière, de la flore et de la faune.

Les découvertes techniques corroborent ces vues. Elles aussi soulignent et l'utilité des choses et leur obéissance à des mécanismes. Mais débordent-elles la pratique pour agir sur la pensée ? Si des érudits en doutent, d'autres le croient et ils ont probablement raison.

Donnée décisive enfin : la mentalité occidentale poursuit l'évolution amorcée par Gerbert d'Aurillac et Abbon de Fleury. Curiosité, réflexion, confiance en soi se développent. Les clercs se passionnent, selon les mots de Marco Polo, pour « la conformation du globe, la nature des éléments, l'emplacement des étoiles, la nature des animaux, la violence du vent, la vie des plantes et des racines ». Mais ils veulent aussi et même davantage organiser leur savoir. Et ils se jugent capables de le faire grâce à la raison. Ils sont si sûrs d'elle qu'ils l'opposent aux « autorités », aux affirmations des anciens. Ils en sont si férus qu'ils en multiplient les applications : au droit où la procédure substitue la démonstration au formalisme ; à la musique, très libre encore avec Léonin et que son successeur à la tête de la maîtrise de Notre-Dame de Paris vers 1200, Pérotin, plie à des règles ; aux méthodes d'enseignement qui remplacent les *auctores* par les artes, la lecture et le commentaire des auteurs par l'exposé de préceptes.

Retour à l'Écriture, fréquentation des classiques, traductions de l'arabe, trouvailles des techniciens, évolution de l'esprit occidental modifient profondément la vision du monde et l'attitude envers lui. Il n'apparaît plus comme le jouet de puissances surnaturelles, arbitraires ou aveugles, ou incompréhensibles, le domaine de l'épouvante ou de l'aliénation, mais, suivant l'expression fameuse d'un maître chartrain de la seconde moitié du XIIe siècle, Guillaume de Conches, comme une *ordinata collectio creaturarum*, un ensemble ordonné, harmonieux, intelligible et beau.

Il n'est plus question donc de manichéisme, plus question de déformer ou de mutiler la création pour lui conférer une portée religieuse. Être religieux, c'est, au contraire, s'attacher à elle et manifester sa valeur, sa double valeur : exemplaire – on ne renie pas les perspectives traditionnelles – et intrinsèque, pour en faire un objet d'admiration, de reconnaissance et d'hommage. Pour « louer le Seigneur avec toutes ses créatures », parce que, comme le soleil, « elles rendent témoignage » de Son intelligence, de Sa puissance, de Sa splendeur et de Sa bonté – valeur exemplaire – et parce que – valeur intrinsèque – elles sont, comme les étoiles, « claires, précieuses et belles ». Le sculpteur gothique ne violente plus les choses et n'imagine plus des êtres fantastiques ; il accroche dans la maison de Dieu les plantes et les fleurs des forêts et des prés d'alentour.

Le monde doit être contemplé et offert. Il peut, il doit également être compris. Aussi la pensée se transforme-t-elle. D'abord, elle se préoccupe moins de faits que de méthodes propres à ordonner, concilier, unifier les connaissances ; elle se détourne donc de la polymathie vers la science ; elle vise moins à accumuler qu'à dominer. Ensuite, elle accorde, dans ces méthodes, la primauté à la raison et, pour quelques hommes, aux mathématiques.

Dans tous les domaines, l'Occident du XIIIe siècle érige la raison en maîtresse. N'est-ce pas elle qui partout réduit les oppositions, abstrait, décèle les relations, mène au général, à l'essentiel, à l'un ? N'est-elle pas inhérente à la nature, suivant Albert le Grand : *Natura est ratio* ? Elle triomphe donc, depuis la « grammaire », de l'étude du latin, qui cherche à *assignare causas*, à justifier logiquement les règles du langage, jusqu'à la mystique, où Béatrice de Nazareth, en Flandre, compare son âme à un monastère dont *ratio* est abbesse.

L'observation et l'expérimentation tiennent une place plus modeste, plus que modeste même. La raison la plus active en est sans doute l'intellectualisme : le Moyen Âge est l'époque de la Bible, étymologiquement du livre, et il se braque sur l'écrit ; il cherche des textes ; il travaille, et notamment il raisonne sur des textes. Dans les universités nées à la fin du XIIe et au XIIIe siècle, les facultés de médecine glosent Galien plutôt que de suivre des malades. Toutefois, quelques esprits supérieurs pratiquent l'empirisme et l'induction. Vers 1220, Leonardo Fibonacci nourrit son algèbre théorique de l'arithmétique quotidienne de son marchand de père. Cinquante ans plus tard, Pérégrin de Maricourt exploite, dans son traité sur le magnétisme, les connaissances des marins sur l'aiguille aimantée.

Un autre trait de la pensée du XIIIe siècle doit être retenu, car s'il est, lui aussi, trop peu commun, il est également d'une immense portée pour l'avenir : le souci de mettre fin au schisme aristotélicien de la physique et des mathématiques ou, si l'on préfère, du qualitatif et du quantitatif. Le XIIIe siècle vise en toute matière à la précision et au chiffre. Dans les sciences, cette tendance rencontre les vues platoniciennes et néo-platoniciennes sur le rôle des nombres dans l'univers et la vision biblique, reprise par saint Augustin, d'un monde *in mensura et numero et pondere dispositus*. Certains penseurs, spécialement les Anglais Robert Grosseteste et Roger Bacon, jugent ainsi que toute « philosophie naturelle » doit prendre forme mathématique : « *Post linguarum necessitatem, pono mathematicam esse in secundo loco necessariam ad hoc ut sciamus quae scienda sunt... Est prima scientiarum sine quibus aliae sciri non possunt.* » Combinaison de l'expérimentation, du raisonnement et des mathématiques : n'est-on pas là aux origines de la science moderne ?

Comme la nature, l'homme, ou plus exactement la personne, compte maintenant davantage. L'esprit communautaire reste vif ; tout nouveau milieu s'organise après un temps de collectivité fortement charpentée et réglementée : les producteurs urbains, par exemple, en corporations de métiers ; les professeurs et les étudiants, en universités. Mais les carcans traditionnels se desserrent. Les liens familiaux se distendent : le couple prend le pas sur la parentèle. Suivant le jeune droit canon, il ne se forme que par la volonté des époux ; grâce à l'évolution de la coutume, il dispose de ses immeubles à peu près comme il l'entend : la *laudatio parentum*, l'obligation du consentement des proches aux aliénations, le cède au retrait lignager, au droit de rachat durant an et jour ; selon les lois, il n'est plus responsable des crimes de ses cognats ou agnats ni autorisé à venger ceux-ci : la poursuite d'office se substitue graduellement à la *vendetta*. Avec la prolifération des chartes de franchise, la seigneurie relâche son emprise : elle supprime ou allège ses redevances et laisse à ses resséants une plus grande part du fruit de leur labeur. La société recule devant l'individu. Le droit abandonne le formalisme venu de Germanie pour un système plus équitable, spécialement dans l'administration de la preuve – par enquête et témoins et non plus par serments et ordalies –, c'est-à-dire qu'il cesse de placer l'ordre public et son maintien au-dessus des faits. Inspirée par Cicéron, la morale, qui s'érige alors en science, place la faute moins dans l'acte même, qui trouble la communauté, que dans l'intention. Dans ces groupes, d'autre part, la « démocratie » apparaît, réelle dans les ordres religieux et probablement dans des corporations de métiers où maîtres et compagnons ont les mêmes droits, relative dans les conseils municipaux encore dominés par des oligarchies ; c'est au XIVe siècle seulement que des soulèvements imposeront dans la gestion de beaucoup de villes l'égalité réclamée avec véhémence par des penseurs et des agitateurs du XIIIe siècle. Ainsi, la « noblesse » de l'homme ne réside plus uniquement dans sa ressemblance avec Dieu et dans l'action de la grâce en lui ; elle tient également à ce qu'il est conscience, raison et liberté.

La modernité du bas Moyen Âge

Le XIIe et surtout le XIIIe siècle avaient élargi les horizons, mais aussi posé des limites. Les XIVe et XVe siècles repoussèrent plus ou moins celles-ci. Il faut donc préciser en quoi elles consistaient, pourquoi elles reculèrent, comment elles laissèrent ainsi plus de champ à la science et aux arts et, dans l'une et les autres, à la nature et à l'homme.

Les limites procédaient essentiellement d'un double souci : chez les savants et les artistes, souci d'unifier : tout le savoir devait être organisé en un système, fondé sur la vérité divine, le dogme, et la vérité humaine, Aristote ; toutes les disciplines devaient servir d'auxiliaires à l'architecture ; dans l'Église, souci de contrôler, de plier à ses lois et à ses fins, d'intégrer à sa vision du monde.

Dès avant 1300, la réalisation de la synthèse cessa de s'imposer comme un idéal ; pour les plus brillants esprits, elle devint même une utopie. Ce fut le résultat de l'évolution : le second tiers du XIIIe siècle avait sérié les connaissances en sciences ; définies, celles-ci se voulurent indépendantes ; la même tendance se manifesta dans les arts ; la distinction mena partout à l'émancipation. Il y eut plus grave en matière intellectuelle : on douta de ses guides, d'Aristote et surtout de la raison. Le premier, confronté avec d'autres auteurs, avec Ptolémée, par exemple, en astronomie, puis avec les faits, se révéla faillible dans les questions scientifiques et, dans le domaine philosophique, il fut, en 1270 et 1277, à travers des doctrines reprises par Thomas d'Aquin, condamné par l'Église. Au même moment, la raison apparut aux plus exigeants fragile, ou plutôt bornée. Entre 1290 et 1308, un frère mineur d'Oxford, Duns Scot, la jugea incapable de démontrer des vérités aussi fondamentales que la Providence ou l'unicité divine, donc de confirmer la foi. Moins d'une génération plus tard, un autre franciscain d'Oxford, Guillaume d'Occam, poussa plus loin l'analyse critique ; il aboutit à refuser toute réalité aux genres et aux espèces que la raison prétendait atteindre et à n'admettre que le particulier, objet de la connaissance sensible.

Simultanément, l'autorité de l'Église fléchit. Elle pâtit du succès des formations politiques et économiques : princes et magistrats urbains, fermement installés, rejetèrent toute tutelle et cherchèrent même à réduire les clercs au droit commun, voire à intégrer l'Église à l'État. Elle souffrit plus encore des faiblesses, spécialement de l'esprit de lucre, des ministres du culte et des avatars de la papauté durant le Grand Schisme. La pensée fut ainsi, chez ses représentants les plus hardis, libérée, fortifiée, réorientée. Elle souleva la chape de l'intellectualisme, en tout cas de l'aristotélisme, et elle s'affranchit de la mission de servir la théologie et même du souci d'en respecter les thèses. Elle gagna en rigueur critique. Elle s'intéressa davantage au concret. Ce fut tout profit pour les sciences, certaines sciences naturelles, astronomie, optique, mécanique. Dans la seconde moitié du XIVe siècle, Nicole

Oresme, après Jean Buridan, précisa les rapports des facteurs espace et temps dans la chute des corps, soutint par de solides arguments la théorie du mouvement diurne de la Terre et préconisa l'emploi général des coordonnées dans le travail scientifique. Faute de bons instruments et d'une sûre technique de l'expérimentation, lui et ses pairs n'arrivèrent pas à des résultats définitifs. Du moins formulèrent-ils correctement les problèmes et amorcèrent-ils les solutions. Des sciences humaines progressèrent également : l'observation de la réalité bénéficia à la politique et à l'économique et le souci d'exactitude à la philologie.

Sous les mêmes impulsions, l'art se laïcisa et s'engagea dans le réalisme. Il recruta ses plus grands maîtres hors de l'Église, les principaux écrivains français de la fin du Moyen Âge, par exemple, Christine de Pisan, Alain Chartier, Charles d'Orléans, François Villon. Il choisit des sujets profanes, comme des scènes de chevalerie. Il ne se contenta plus de parer des églises et d'édifier et instruire les fidèles : il orna aussi des édifices civils et voulut divertir la bourgeoisie, puis les masses. Pour y parvenir, lettres et arts peignirent la nature et l'homme tels qu'ils sont. Ainsi, les sculpteurs renoncèrent à la grandeur idéale et impersonnelle, recherchèrent le mouvement et l'expression, s'attachèrent aux traits individuels, tendirent au portrait.

Le Moyen Âge faiblit. Il ne capitula pas. La philosophie demeura marquée par la théologie et ne souhaita ni la ruiner ni en modifier les données. L'observation plus attentive n'exclut pas chez les artistes la méditation ; pour beaucoup d'entre eux, le monde sensible resta le « signe » d'une réalité plus profonde. La nature ne se coupa pas du surnaturel.

Ni l'homme du groupe. Dans certains secteurs, au contraire, la collectivité pesa davantage sur l'individu. Avec le renforcement de la concurrence, les corporations de métiers notamment réglementèrent plus étroitement l'activité urbaine.

Jusqu'à la fin du Moyen Âge, la pensée demeura chrétienne, et la société, communautaire.

Pour établir ici le relevé de ce que le Moyen Âge occidental a légué aux temps modernes et contemporains et au reste de l'univers, il faudrait énumérer une quantité de choses dont beaucoup ont été à peine évoquées et certaines même passées sous silence dans cette rapide étude : en politique, les nations modernes ; dans l'économie, la fonction capitale des villes ; dans la société, la primauté du foyer sur la famille patriarcale ; en religion, les ordres ; dans les lettres, les sciences et les arts, le roman, la notation sur une portée avec barre de mesure, les universités, les langues nationales, la comptabilité en partie double, le culte courtois de la femme, etc. Mais un inventaire est toujours fastidieux.

On ne retiendra donc que l'essentiel. Le Moyen Âge a créé l'Occident, base géographique solide d'une civilisation originale. Il a défini les éléments fondamentaux de cette dernière : la foi en un Dieu personnel, unique et bienveillant ; la conception de l'univers, ensemble cohérent, régi par des lois que l'homme peut découvrir et dans une certaine mesure faire jouer, ce qui lui permet jusqu'à un certain point de dominer la nature ; la notion de la personne, membre de communautés mais non leur esclave, qui s'insère dans des groupes sans s'y fondre, qui est et reste partiellement maître de son destin. Il a forgé la principale arme qui assurerait un jour l'empire du monde à cette fraction d'un petit continent et surtout à sa culture :

une méthode d'approche du réel qui combine observation, expérimentation et raisonnement, d'une part, qualitatif et quantitatif de l'autre, qui vise ainsi à abstraire et à mesurer et qui permet par là de dominer la matière et le savoir.

LÉOPOLD GÉNICOT

Bibliographie

J. AUBOYERC, C. CAHEN et al., « Le Moyen Âge », in M. Crouzet, *Histoire générale des civilisations*, t. III, P.U.F., Paris, 1958 / R. BOUTRUCHE, *Seigneurie et féodalité au Moyen Âge*, 2e vol., Aubier-Montaigne, Paris, 1959-1970 / F. CAYRÉ, *Patrologie et histoire de la théologie*, t. II, 3e éd., Paris-Tournai-Rome, 1945 / J. CHAILLEY, *Histoire musicale du Moyen Âge*, 3e éd., P.U.F., 1984 / H. CONRAD, *Deutsche Rechtsgeschichte*, I : *Frühzeit und Mittelalter*, 2e éd., Karlsruhe, 1954 / A. C. CROMBIE, *Histoire des sciences de saint Augustin à Galilée (400-1650)*, trad. J. d'Hermies, 2 vol., éd. rev. et augm., Paris, 1959 / C. DAWSON, *Le Moyen Âge et les origines de l'Europe* (*Making of Europe*, 1932), trad. L. Halpen, Paris, 1960 / G. DUBY, *L'Économie rurale et la vie des campagnes dans l'Occident médiéval*, 2 vol., Flammarion, Paris, 1977 ; *Adolescence de la chrétienté médiévale, 980-1140, L'Europe des cathédrales, 1140-1280, Fondements d'un nouvel humanisme, 1280-1440*, Genève, 1966-1967 / A. FLICHE & V. MARTIN dir., *Histoire générale de l'Église*, 30 vol. parus, Paris, depuis 1934 / H. FOCILLON, *Art d'Occident*, 1938 ; rééd. L.G.F., Paris, 1988 / J. FONTAINE, *La Littérature latine chrétienne*, P.U.F., 1970 / G. FOURQUIN, *Histoire économique de l'Occident médiéval*, Armand Colin, Paris, 3e éd. 1979 / F. L. GANSHOF, *Histoire des relations internationales*, t. I : *Le Moyen Âge*, Paris, nouv. éd. 1958 / L. GÉNICOT, *Le XIIIe Siècle européen*, P.U.F., 1968 ; *Les Lignes de faîte du Moyen Âge*, Casterman, Tournai-Paris, 6e éd. 1969 / J. DE GHELLINCK, *L'Essor de la littérature latine au XIIe siècle*, 2 vol., Bruxelles-Paris, 1946 / H. J. HABAKKUK & M. POSTAN, *The Cambridge Economic History of Europe*, 3 t., New York, 1952-1966 / J. HUBERT, *L'Art préroman*, 1938 ; rééd. J. Laget, Chartres, 1974 / J. HUIZINGA, *L'Automne du Moyen Âge* (*Herfsttij der Middeleeuwen*, 1919), Payot, Paris, 1980 / D. KNOWLES & D. OBOLENSKY, *Nouvelle Histoire de l'Église*, t. II, Seuil, Paris, 1968 / G. LE BRAS dir., *Histoire du droit et des institutions de l'Église en Occident*, Sirey puis éd. Cujas, Paris, depuis 1955 / D. J. LECLERCQ, D. F. VANDENBROUCKE & L. BOUYER, *La Spiritualité du Moyen Âge*, Aubier-Montaigne, 1961 / J. LE GOFF, *La Civilisation de l'Occident médiéval*, Arthaud, Paris, nouv. éd. 1984 / R. LOPEZ, *Naissance de l'Europe. Ve-XIVe siècle*, Paris, 1962 / H. MITTEIS, *Der Staat des hohen Mittelalters*, Bölhau, Cologne, 11e éd. 1986 / J.-C. PAYEN, « Le Moyen Âge », t. I de *Littérature française*, C. Pichois dir., Arthaud, nouv. éd. 1993 / R. H. SOUTHERN, *The Making of the Middle Ages*, Londres, 1953 / W. VON DEN STEINEN, *Der Kosmos des Mittelalters*, Berne-Munich, 1959 / F. VAN STEENBERGHEN, *Histoire de la philosophie*, t. I, Louvain-Paris, 1964 / P. VINOGRADOF, *Roman Law in Mediaeval Europe*, nouv. éd., Oxford, 1929.

ODOACRE (433 env.-493) roi des Hérules (476-493)

Depuis 455, les empereurs d'Occident sont désignés par des chefs barbares. Le plus connu, le Skire Odoacre, fils du prince Édicon, est né vers 433. Il a passé sa jeunesse à la cour d'Attila. Devenu roi des Hérules en 476, il intervint dans la vie publique de l'Italie.

En 475, l'ancien secrétaire d'Attila, Oreste, avait chassé du trône l'empereur d'Occident, Népos, et mis à sa place son propre fils, Romulus appelé Augustule ; l'année suivante, Odoacre se présenta à lui pour exiger le statut de fédéré. Devant le refus d'Oreste, il déposa le jeune souverain et renvoya à Constantinople les insignes de la monarchie. Cet acte porte en lui une grande signification symbolique : l'Empire d'Occident, qui n'existait déjà plus en fait, cessait aussi d'exister en droit.

Une seule institution avait survécu : le Sénat de Rome. L'illustre assemblée, qui avait plus de prestige que de pouvoir, était très hiérarchisée. À sa tête se trouvait le groupe des *illustres*, membres de neuf grandes familles, auxquels venaient s'ajouter quelques bureaucrates de Ravenne et des militaires germains. Au-dessous se trouvaient les *spectabiles* et les *clarissimes*. Odoacre chercha leur appui en les comblant de faveurs. Il restaura le consulat ordinaire, créa un chef officiel du Sénat (le *caput Senatus*) qui contrôlait le préfet de la ville, supprima l'impôt spécial qui pesait sur les membres de ce corps et les dispensa de l'obligation de fournir des recrues. De plus, il leur donna des terres ainsi que des satisfactions d'amour propre en faisant frapper sur les monnaies la légende « *Ex Senatus consulto* », en leur réservant des gradins au Colisée et en les utilisant comme ambassadeurs auprès de la cour de Constantinople.

Odoacre put donc renforcer sa position. À la demande du Sénat reconnaissant, il reçut de l'empereur d'Orient, Zénon, le titre de patrice, puis il devint « roi des peuples barbares », gouvernant au nom du monarque byzantin. En 483, c'est encore un sénateur qu'il choisit pour le représenter lors de l'élection du pape Félix III. Il agrandit aussi son domaine : il obtint la Sicile de Genséric, roi vandale d'Afrique, et s'empara de la Dalmatie à la mort de Népos (480) ; le Norique fut occupé puis évacué.

Ces ambitions inquiétèrent Zénon qui, en 488, chargea Théodoric de reconquérir l'Italie avec ses Ostrogoths et lui donna le titre de patrice. En 493, Odoacre fut assassiné. Les Italiens, qui l'avaient plébiscité, accueillirent de fort bonne façon son successeur, leur nouveau maître, Théodoric.

YANN LE BOHEC

OLEG prince de Kiev (882-912 ou 922)

Sous ce nom, la *Chronique des temps passés* (compilation des XIe-XIIe s.) a conservé le souvenir du chef varègue, parent de Rurik, qui a imposé son pouvoir (d'après la *Chronique*, en qualité de tuteur du jeune prince Igor) à Kiev et sur tout le bassin du Dniepr (dernier quart du IXe s.). Soucieux d'assurer un débouché économique à cette région, il mena une campagne contre Byzance (en 907 selon la chronologie traditionnelle, souvent contestée) et obtint des conditions particulièrement avantageuses pour les marchands russo-varègues (911 ?). Ces échanges semblent avoir favorisé la pénétration du christianisme byzantin dans la Russie kiévienne.

WLADIMIR VODOFF

OMEYYADES ou UMAYYADES

La dynastie des Omeyyades est une dynastie califale qui gouverna le monde musulman de 660 à 750. L'histoire en est particulièrement importante parce que c'est à cette époque que sont atteintes les limites de l'expansion arabo-musulmane et surtout que sont organisées les conquêtes réalisées. Les problèmes des transformations dans la vie des Arabes sortis de leur patrie ancestrale et ceux du commencement d'islamisation des autochtones provoquèrent des conflits qui sont à l'origine des scissions de l'islam ultérieur.

Peu à peu se répandit l'idée que les Omeyyades avaient une forme de gouvernement insuffisamment musulmane, et que les sujets de plaintes seraient écartés si la direction de la communauté revenait à un descendant légitime de la famille du Prophète. Il s'ensuivit, en Orient, le mouvement ʻabbāside qui renversa la dynastie. Mais en Espagne un de ses membres échappés créa une dynastie nouvelle qui subsista près de trois siècles.

Les origines

L'avènement de la dynastie califale des Omeyyades (ou Omayyades, ou encore Umayyades) est lié à quelques-uns des événements les plus mémorables de l'histoire musulmane, et des plus péniblement ressentis par la communauté des croyants. Muʻāwiya, le fondateur, était le fils d'Abū Sufyān, l'un des notables de Quraysh, la tribu dominante à La Mecque au temps du Prophète de l'islam, et qui, avant un ralliement in extremis, s'était longtemps opposé à lui. Si lui-même était au service de Muḥammad, il devait sa fortune surtout à sa parenté avec le troisième calife, ʻUthmān, parent d'Abū Sufyān, mais plus anciennement gagné à l'islam, incarnant donc entre les deux tendances une espèce de compromis. Cette politique déplut à divers opposants qui assassinèrent ʻUthmān, et portèrent au pouvoir le cousin et gendre de Muḥammad, ʻAlī, qui, s'il n'avait pas trempé dans le meurtre, ne désavouait pas les meurtriers. Tous ceux qui de façon ou d'autre étaient liés à ʻUthmān crièrent vengeance et, comme Muʻāwiya était gouverneur de Syrie et disposait donc d'une force d'action hors de l'atteinte de ʻAlī, se groupèrent autour de lui. À la suite de la bataille indécise de Siffīn, un arbitrage fut décidé, qui, par l'affirmation de la non-culpabilité de ʻUthmān, aboutit indirectement au désaveu de l'élévation de ʻAlī au califat. À la suite de quoi les Syriens proclamèrent calife Muʻāwiya. ʻAlī, en désaccord avec une partie de ses partisans primitifs eux-mêmes, les Khāridjites, qui lui reprochaient d'avoir accepté cette procédure, dut les combattre, et mourut assassiné en vengeance du massacre qu'il avait perpétré contre eux (661). Muʻāwiya put dès lors sans peine réunir sous son commandement l'ensemble des territoires récemment conquis par les Arabes musulmans. Il conserva comme capitale la vieille ville de Damas.

À l'opposé des trois premiers califes, recrutés parmi les compagnons du Prophète sans parenté directe entre eux, à l'opposé de ʻAlī qui était, lui, l'un des deux plus proches parents vivants de Muḥammad, mais qui, à supposer qu'il l'eût conçu, n'eut pas le temps de fonder de dynastie, Muʻāwiya qui appartenait à la tribu du Prophète (Quraysh) mais non à sa famille, put installer au pouvoir sa propre famille. Elle devait y demeurer quelque quatre-vingt-dix ans, plus semblable en cela aux Byzantins et aux Perses sassanides qu'aux Arabes d'Arabie, et sans que d'ailleurs, en partie à cause de la polygamie, aucune règle de succession précise pût être fixée, ni même, à la fin, aucun conflit évité. Deux branches successives occupèrent le pouvoir, les Sufyānides et les Marwānides.

L'histoire de la dynastie omeyyade peut être organisée autour de quelques grands thèmes : les conquêtes extérieures, l'administration intérieure, les luttes de partis, l'évolution culturelle.

Conquêtes et luttes de partis

Au moment où Mu'āwiya prend le pouvoir, les Arabes avaient déjà soumis tous les pays sémitiques du Proche-Orient, ainsi que l'Égypte et la majeure partie de l'Iran propre. L'accroissement des distances, les limites des effectifs, l'essoufflement des vainqueurs vieillis expliquent suffisamment, même sans faire intervenir les conflits intérieurs, le ralentissement des conquêtes. Les Omeyyades, en dehors des moments de crises intérieures, ont néanmoins cherché à les compléter. Le but essentiel était naturellement, pour des gens établis sur un sol si longtemps « romain », la prise de Constantinople. Malgré les attaques combinées par terre et par mer en 674-678 et 717-718, ces efforts échouèrent, ou du moins ne permirent qu'un certain report de frontière sur une ligne allant du Taurus occidental à l'Arménie et de périodiques incursions, plus ou moins fructueuses, au-delà de cette ligne. Les progrès décisifs furent réalisés dans d'autres directions, aux deux ailes extrêmes : d'une part en Asie centrale au détriment des petits États sogdiens, turcs, hephtalites, d'autre part au Maghreb (jusqu'à l'Atlantique) puis, à partir de là, en Espagne et un instant en France (bataille de Poitiers, 732). À ces distances, la part directe prise par les souverains aux expéditions est nulle, mais ils s'occupent de la préparation de certaines campagnes, de l'envoi de renforts éventuels et de l'administration des gouverneurs des nouveaux pays conquis.

De portée beaucoup plus directe sur l'histoire du régime omeyyade sont les conflits intérieurs. Les partisans de 'Alī, qu'on commençait à appeler les shī'ites, reportaient sur sa descendance le respect dont ils l'avaient entouré lui-même. Mu'āwiya avait acheté le désintéressement du fils aîné de 'Alī, Ḥasan, mais, celui-ci mort, les notables de la ville shī'ite de Kūfa, en Mésopotamie, appelèrent le second fils de 'Alī, Ḥusayn, qui se fit écraser et tuer à Karbalā' par une armée omeyyade (680). Plus graves furent les troubles qui marquèrent la succession de Yazīd et l'avènement des Marwānides. Un notable qurayshite, 'Abd Allāh b. al-Zubayr, souleva en Arabie les deux villes saintes de l'islam et étendit son pouvoir jusqu'à Baṣra, la rivale de Kūfa en Irak. Pendant ce temps, à Kūfa, éclatait la terrible révolte organisée par Mukhtar au nom d'un fils survivant de 'Alī, Muḥammad b. al-Ḥanafiyya. Enfin divers groupes khāridjites suscitaient des désordres en Arabie méridionale, en Iran central, en haute Mésopotamie. Heureusement pour les Omeyyades, aucune entente n'existait entre ces divers ennemis. Les Khāridjites renonçaient à s'étendre là où ils n'étaient pas majoritaires, c'est-à-dire hors des déserts. Le frère de 'Abd Allāh qui gouvernait Baṣra écrasa Mukhtar. Le nouveau calife, 'Abd al-Malik, put alors triompher des révoltés d'Arabie et de Baṣra. Parallèlement au rétablissement de l'unité de l'empire, il émit toute une série de mesures de réorganisation intérieure.

Administration intérieure et vie culturelle

Le régime, à l'exception de 'Umar b. 'Abd al-'Aziz, était taxé d'impiété par ses adversaires. Impie, il l'était parce qu'il avait usurpé la place et versé le sang de la famille du Prophète. En fait, ce régime, né à une époque où les Arabes n'avaient aucune tradition administrative et où eux seuls étaient musulmans, avait par la force des choses dû laisser les services aux mains des indigènes non musulmans, appliquant des règles et usages indépendants de l'islam, sauf en ce qui concernait les musulmans eux-mêmes : à mesure que s'approfondissait chez ceux-ci l'exigence d'un régime véritablement informé par l'islam, celui des Omeyyades, malgré leurs efforts, ne pouvait plus convenir ; mais cela est sans rapport avec une prétendue indifférence religieuse de leur part, qui en fait n'a jamais existé. Au début, le régime omeyyade n'est qu'une armée arabe de garnison superposée aux indigènes vivant selon leurs traditions. Le calife, dont l'entourage est encore simple, assure l'unité de la communauté, dirige l'expansion de l'islam, la répartition des profits. Sous son autorité, les gouverneurs de vastes provinces ont une grande autonomie de fait. Assez vite pourtant, les transformations se dessinent.

Ainsi, le début d'islamisation des indigènes posa un grave problème. Ceux d'entre eux qui étaient propriétaires devaient payer des impôts où se combinaient variablement un droit sur leur terre et une capitation ; les Arabes, eux, payaient sur leurs biens de tous genres une dîme moins lourde. La conversion pouvait paraître tentante, mais, en raison de la responsabilité solidaire des communautés villageoises devant le fisc, elle n'était possible qu'à condition de fuir en ville et d'y adopter un nouveau mode de vie. Si le mouvement s'intensifiait, il compromettait la mise en valeur et par conséquent le rendement de l'impôt. Sous ʿAbd al-Malik, le gouverneur d'Irak, Ḥallādj, interdit la désertion des campagnes aussi bien que la conversion à l'islam : conclusion paradoxale assurément. Les successeurs de ʿAbd al-Malik s'orientèrent vers une solution plus souple : pour les convertis, la capitation ferait place à l'aumône légale du croyant, à peu près équivalente, et sur la terre elle-même, non convertie, l'impôt foncier serait maintenu. Par ailleurs, les Omeyyades s'appliquèrent d'abord à entretenir, restaurer ou développer les exploitations agricoles, et en premier lieu les travaux d'irrigation. Les souverains et les notables se firent volontiers édifier en bordure du désert des résidences dont certaines ruines subsistent.

Les ateliers d'État ainsi que la monnaie posèrent un problème particulier. L'État nouveau avait hérité de ses prédécesseurs le monopole des fabrications de tissus de luxe (*tiraz*) et, en Égypte, celui du papyrus. Tissus et papyrus se vendaient dans les pays étrangers, tout particulièrement le second, qui n'était produit que par l'Égypte. On brodait sur les tissus, on imprimait en filigrane sur les papyrus des inscriptions que d'abord le régime musulman conserva, mais qui ne pouvaient à la longue lui convenir : elles furent arabisées et islamisées malgré les protestations des usagers extérieurs. Plus importante est la réforme de la monnaie. L'islam avait hérité de la monnaie d'or byzantine et de la monnaie d'argent iranienne, et il en fabriquait anarchiquement d'analogues : à la longue, l'usure aidant, il n'y eut plus aucune monnaie fixe ; en outre, les images et inscriptions des anciens régimes ne pouvaient convenir à des musulmans. ʿAbd al-Malik fit frapper une excellente monnaie d'or (dinars) et d'argent (dirhams) dont les poids étaient alignés sur les unités en usage dans les villes saintes, et les légendes, exclusives de toute figure, islamisées. Ce devait être le « dollar du Moyen Âge ».

L'organisation de la vie religieuse impliquait la construction d'édifices réservés au culte nouveau. À Damas, la capitale omeyyade, on avait d'abord partagé les églises chrétiennes. Mais il fallait une mosquée digne de la dynastie : celle que fit construire, en partie selon les traditions et avec des artisans byzantins, le calife Walīd ; auparavant, dans la ville prestigieuse de Jérusalem, ‘Abd al-Malik avait fait élever la « coupole du Rocher » et la mosquée dite d'Omar. Les palais omeyyades ne sont pas moins remarquables, tel, pour n'en citer qu'un, celui de Mshatta.

Les Omeyyades se sont en général intéressés à la littérature, voire à des amorces de la réflexion théologique. Mais en littérature, la situation est inverse de celle qui domine dans l'art. Celui-ci recueille les traditions « romaines » et iraniennes tandis que celle-là reste de pure tradition arabe, sans mélange indigène, sauf tardivement en ce qui concerne la prose administrative qui commence à s'ajouter à la poésie. Dès l'époque omeyyade, en tout cas, il est devenu évident que l'arabe est ou peut être une langue de culture.

La chute des Omeyyades

Quels qu'aient été les mérites des Omeyyades, il est clair que l'évolution des conditions sociales, matérielles et spirituelles exigeait une transformation du régime. Les mécontents, plutôt qu'un programme, avaient le plus souvent en commun, encore que vaguement, l'idée que les problèmes seraient résolus si la direction de la communauté revenait à un détenteur légitime, appartenant à la famille du Prophète. Celui-ci n'avait pas eu de fils, mais il avait deux oncles, de parenté égale avec lui, et le fils de l'un d'eux, ‘Alī, avait épousé sa fille Fāṭima. ‘Alī puis ses fils, on l'a vu, avaient cependant été évincés. Après une période de calme ou de travail secret, de nouveaux prétendants se déclarèrent : Zayd, arrière-petit-fils de ‘Alī, qui se révolta à Kūfa en 740 et fut mis à mort, ‘Abd Allāh b. Mu‘āwiya, descendant d'un frère de ‘Alī, qui se maintint en Iran méridional de 743 à 749. Les discordes qui éclatèrent au sein de la famille omeyyade après la mort de Hishām hâtèrent la chute. Parmi les tribus arabes, il existait deux partis qu'opposait une haine héréditaire : les Omeyyades ne surent plus maintenir entre eux l'équilibre. En 749 une révolte, préparée de longue date dans le Khurāsān (Iran du Nord-Est) au bénéfice d'un membre de la famille de Muḥammad dont on ne précisait pas l'identité, aboutissait, sous la conduite d'Abū Muslim, client d'un descendant du second oncle du Prophète, ‘Abbās, à l'écrasement des Omeyyades, pourchassés et massacrés, et à l'avènement de la dynastie ‘abbāside nouvelle.

Bien que personne ne se fût levé pour sauver les Omeyyades, leur souvenir subsista. Pendant un siècle, des rebelles se réclamèrent d'eux, en Syrie et en Égypte. La secte kurde des Yazīdīs évoquait le souvenir de Yazīd, le fils de Mu‘āwiya. L'idée qu'un Sufyānide reviendrait un jour ou l'autre se maintint dans certains milieux. Plus largement, la plupart des musulmans, même soumis aux ‘Abbāsides, se refusaient à admettre qu'on maudît les Omeyyades, qu'on désavouât donc implicitement leur œuvre, et le droit ultérieur devait reconnaître une légitimité égale aux deux dynasties.

Un hasard historique amena en Occident une renaissance omeyyade : un survivant de la dynastie déchue parvint en 756 à s'emparer de l'Espagne. Ses descendants devaient s'y maintenir deux siècles et demi, et atteindre puissance et gloire. Ils n'aspiraient nullement à reconquérir leur héritage oriental, mais, lorsqu'au Xe siècle les Fāṭimides eurent rompu avec la fiction de l'unité califale, les Omeyyades de Cordoue à leur tour relevèrent le titre. La dynastie et le titre disparurent tous deux dans la première moitié du XIe siècle.

CLAUDE CAHEN

Bibliographie

C. CAHEN, *Introduction à l'histoire du monde musulman médiéval*, J. Maisonneuve, Paris, 1982 / K. A. CRESWELL, *Early Muslim Architecture*, 2 vol., Oxford, 1932-1940 ; réimpr. Hacker Art Books, New York, 1978 / H. LAMMENS, *Études sur le siècle des Omeyyades*, Beyrouth, 1930 / E. LÉVI-PROVENÇAL, *Histoire de l'Espagne musulmane*, 3 vol., Paris, 1950-1953 / M. A. SHABAN, *The Abbasid Revolution*, Londres, 1970 / M. AL-TABARĪ, « Les Omayyades », extrait de la *Chronique*, Sindbad, Paris, 1983 / J. WELLHAUSEN, *Das arabische Reich und sein Sturz*, Beyrouth, 1902, rééd. 1963.

ORDALIE

Dérivé du vieil anglais *ordal* (allemand moderne *Urtheil*) qui signifie « jugement », le mot « ordalie » désigne le « jugement de Dieu ». Toutes les religions connues laissent au surnaturel le soin de décider du crime et de l'innocence, notamment par l'épreuve du cercueil : le cadavre de la victime, confronté à l'assassin présumé, accuse, les plaies saignent, la tête bouge, etc. Les plus célèbres épreuves dans l'aire indo-européenne, les plus propres sans doute à frapper les imaginations, sont celles du feu et de l'eau : par exemple, porter un fer rougi sur un endroit du corps ; plonger dans un lac, la main gauche liée au pied droit et la main droite liée au pied gauche (le coupable surnage, l'innocent coule – quoique, en certaines régions, il semble que ce fût l'inverse !)... Elles prolongent plus ou moins la pratique traditionnelle du serment, forme de justification qui n'engageait pas seulement devant les hommes, et qui est susceptible de sanctions divines : les « sorts ». Le christianisme, qui adopta la plupart des ordalies, ne manqua pas d'ailleurs d'en ajouter quelques-unes : serments sur les reliques des saints, sur l'eucharistie, sur les tombes des martyrs (ainsi saint Pancrace à Rome), etc. L'attitude des autorités ecclésiastiques leur est largement favorable au Moyen Âge : l'opposition théologique d'Agobard (IXe s.), archevêque de Lyon, fait figure d'exception, alors que l'obligation du jugement de Dieu, faite par le concile de Reims (1119), en présence du pape Calixte II, à tout accusé n'appartenant pas à l'ordre militaire, semble au contraire être la norme. Il faut attendre le douzième concile œcuménique, le quatrième du Latran, en 1215, pour que toute bénédiction ou consécration à l'occasion de ces jugements soient interdites aux clercs. C'est là une claire conséquence du refus des « jugements de sang » (dont témoignaient déjà les réticences particulières à l'une des ordalies, le duel judiciaire), puisque la prohibition des ordalies accompagne celle de toute « sentence de mort » (canon 18). Elle entérine aussi l'évolution des juristes, conduits à distinguer la *purgatio vulgaris* et la *purgatio canonica*. Exclure les ordalies des juridictions ecclésiastiques n'engageait donc pas leur condamnation dans l'usage et les juridictions civiles. Mais leur discrédit moral allait entraîner leur interdiction officielle (par Louis IX, en France, et par Henri III, en Angleterre).

FRANÇOIS TRÉMOLIÈRES

ORDRE DE L'ÉTOILE

Le plus ancien ordre de chevalerie français historiquement attesté ; créé par le roi Jean le Bon le 16 novembre 1351, au début de la guerre de Cent Ans, son nom lui vient de ses insignes : un anneau dont le chaton figurait une étoile émaillée, timbrée d'un soleil d'or, et un « fermail » de même forme à fixer sur le manteau ou le chaperon. Toutefois, les statuts l'intitulent ordre de Notre-Dame-de-la-Noble-Maison, en raison du patronage de la Vierge et du siège de l'institution, le château de Saint-Ouen, résidence préférée des premiers Valois. L'ordre devait répondre à la récente création de l'ordre anglais de la Jarretière et regrouper autour du roi les cinq cents meilleurs chevaliers de la noblesse française. En fait, ils ne dépassèrent pas la centaine. La cérémonie inaugurale eut lieu dès le 6 janvier 1352, avec le luxe extravagant cher à Jean. Mais la vie de l'ordre semble s'être résumée dans cette journée. Les désastres qui aboutirent à la captivité du roi à Poitiers (1356) virent disparaître presque tous les chevaliers, fidèles à leur serment de ne jamais fuir devant l'ennemi. Aucun des successeurs de Jean ne paraît jamais avoir fait revivre l'ordre de l'Étoile, et nul document ne le mentionne plus. La fête de Saint-Ouen avait cependant revêtu un tel éclat qu'on admit mal une extinction si rapide. Brantôme, au XVIe siècle, répandit même l'opinion très fantaisiste selon laquelle l'ordre, discrédité par trop de largesses, serait devenu l'insigne du Chevalier du Guet.

CLAUDE DUCOURTIAL-REY

ORDRE DE LA TOISON D'OR

Le plus illustre des ordres de chevalerie, créé le 10 janvier 1430 à Bruges par Philippe le Bon, duc de Bourgogne, comte de Flandres, qui arbitrait alors les destinées de la France, entre le Français Charles VII et l'Anglais Henri V. L'ordre devait regrouper, autour de Philippe, les principales personnalités flamandes et bourguignonnes, au moment où, grâce à Jeanne d'Arc, le sacre de Charles risquait de lui rallier nombre d'hésitants. Il avait aussi pour mission de faire revivre la chevalerie chrétienne, qui jadis avait entraîné les croisés vers les Lieux saints. Le choix de la Toison d'or, soustraite au dragon par Jason, symbolisait Jérusalem. Par la suite, l'ordre se référa aussi à la Toison immaculée de Gédéon, image de la Vierge, patronne de l'ordre (l'attribution qui fait référence à la chevelure de la belle Brugeoise Maria de Crombrugghe appartient à la légende).

Les statuts fixèrent le nombre de chevaliers à 31 (porté à 51, puis à 61), de naissance noble, élus d'abord par cooptation, puis nommés. Placés sous l'autorité du grand maître, le duc de Bourgogne, et ses héritiers, ils lui juraient, ainsi qu'à la foi chrétienne, aide et fidélité indéfectibles. Ils devaient être consultés sur les grandes affaires de l'État et se réunir chaque année en chapitre. L'hérésie, la trahison, la fuite sur le champ de bataille, l'acceptation d'un autre collier (notamment au moment où Louis XI créa en 1469 l'ordre de Saint-Michel) entraînaient l'exclusion. Un chancelier, un trésorier, un greffier et un héraut d'armes assumaient l'administration générale.

La Toison d'or, liée à la maison de Bourgogne, en suivit le sort jusqu'au

XVIIIe siècle, passant à la mort du dernier duc, Charles le Téméraire, à son gendre Maximilien de Habsbourg, puis à son arrière-petit-fils Charles Quint. Pas plus que ses prédécesseurs, celui-ci n'organisa de croisade, mais il fit de l'ordre la plus haute des institutions chevaleresques, avant de la remettre à son fils Philippe II avec l'Espagne et les Flandres.

CLAUDE DUCOURTIAL-REY

ORDRE DE SAINT-MICHEL

Alors que l'Angleterre avait la Jarretière sous la protection de saint Georges et qu'un vassal français comme le duc de Bourgogne avait la Toison d'or avec saint André, le roi de France n'avait aucun ordre à proposer à ses fidèles les plus proches et les plus méritants. La guerre de Cent Ans attira l'attention sur le Mont-Saint-Michel, qui ne peut être pris par les Anglais ; Jeanne d'Arc vit l'archange saint Michel lui apparaître ; dès 1424, Charles VII eut un étendard rouge semé de soleils d'or, avec saint Michel terrassant le Dragon, lors de son entrée à Paris, en 1437. À son arrivée en France, Louis XI portait ses couleurs blanc et rouge, qui furent prises par tous les courtisans ; son étendard montrera saint Michel sur un champ blanc et rouge.

C'est au château d'Amboise que Louis XI assembla pour la première fois, le 1er août 1469, « les membres de l'ordre et aimable compagnie de monsieur saint Michel » ; les statuts sont du même jour : le roi y rappelle tout d'abord que l'archange fut le premier chevalier, en combattant pour Dieu contre le Dragon, et qu'il avait toujours su garder le Mont des anciens ennemis du royaume ; puis il se déclare chef et souverain des trente-six chevaliers de haute noblesse. Le costume était somptueux avec manteau de damas blanc doublé d'hermine et bordé d'une broderie de coquilles d'or ; le chaperon de velours cramoisi à longue cornette donnait la note rouge pour compléter le blanc et former ainsi les couleurs du roi. Le souverain remettait aux chevaliers et portait lui-même un collier fait de coquilles d'or, attachées par des lacs de même (transformés en cordelière stylisée par François Ier, 1516) ; y était attachée une image de saint Michel terrassant le Dragon (placée dans une médaille au XVIe s.). Le siège de l'ordre était théoriquement le Mont-Saint-Michel, mais il semble qu'il n'y eût aucune cérémonie ; dès 1476, le siège était en la chapelle Saint-Michel du palais de Paris puis, en 1557, dans la Sainte-Chapelle du château de Vincennes ; Louis XIV le mit au couvent des Cordeliers de Paris (1661-1665).

HERVÉ PINOTEAU

ORDRE DES PRÊCHEURS

Dénomination officielle – sanctionnée en janvier 1217 par le pape Honorius III – de l'ordre fondé par saint Dominique à Toulouse et dont les membres sont habituellement appelés dominicains. Le nom de jacobins, qui fut donné aux frères installés rue Saint-Jacques à Paris en 1218, s'est étendu en France, au cours du XIIIe siècle, à l'ensemble des dominicains.

ANDRÉ DUVAL

ORDRE TEUTONIQUE

Ordre religieux de chevalerie fondé par des bourgeois de Brême et de Lübeck pendant le siège d'Acre (1191) comme un hôpital, avant d'être transformé en ordre militaire (1198), soumis à la règle des Templiers pour le soin des malades, et dépendant étroitement de la curie. Son uniforme est un manteau blanc avec une croix noire. L'ordre, bien qu'ouvert à toutes les nationalités, ne recrute en pratique que des Allemands. La règle définitive de 1244 distingue trois types de frères : les chevaliers, les prêtres et les domestiques. L'ordre est dirigé par un grand maître, assisté d'un chapitre général. Il acquiert au XIIIe siècle des possessions considérables en Terre sainte et de nombreuses donations en Europe méditerranéenne, mais surtout en Allemagne, où sont créés douze bailliages, qui vont financer ses entreprises militaires. Mais l'essor de l'ordre débute surtout avec Hermann von Salza ; celui-ci entreprend en 1231, à la demande du duc de Mazovie, la guerre contre la Prusse païenne, qui va durer jusqu'en 1283 et qui s'inscrit dans le mouvement plus vaste du *Drang nach Osten*. Désormais, l'ordre a les mêmes droits que les princes d'Empire et va connaître une remarquable prospérité, favorisée par une colonisation active, qui remplace les Prussiens exterminés dans des centaines de villages protégés par des châteaux. L'expansion territoriale est considérable : acquisition de la Livonie par fusion avec l'ordre des Porte-Glaive (1237), achat de la Pomérélie, ou Poméranie ultérieure (1309) et de l'Estonie au Danemark (1346). Le siège de l'ordre est transféré à Marienburg sur la basse Vistule ; en même temps, l'essentiel de ses forces est consacré à une guerre de croisade contre les Lituaniens, qui aboutira à la défaite des chevaliers Teutoniques à Tannenberg, en 1410. Ces troubles entraînent un relâchement des liens avec les bailliages situés dans l'Empire et la cession de la partie occidentale de la Prusse à la Pologne qui, en outre, impose sa suzeraineté au grand maître (1466). Le déclin s'accentue au XVIe siècle et la Réforme entraîne la disparition de l'ordre dans les terres baltes. La Prusse et la Courlande deviennent deux duchés sécularisés, alors que la Livonie est partagée entre la Suède, la Pologne et la Russie. L'ordre ne survit que dans les territoires catholiques de l'Empire. Le grand maître, prince d'Empire depuis 1530, s'installe à Mergentheim en Franconie. Au XVIIe siècle, l'ordre retrouve un certain lustre dans la lutte contre les Turcs en Hongrie. De 1809 à 1938, l'ordre ne survit plus qu'en Autriche. Depuis 1945, il est un ordre religieux qui se consacre aux œuvres charitables en Allemagne fédérale, en Autriche et en Italie. Son siège est à Vienne, où sont conservées les archives de l'ordre.

BERNARD VOGLER

ORDRES DE CHEVALERIE

Les chevaliers des premiers âges médiévaux, élevés dans le combat et pour le combat, ne connaissaient guère de limites à leurs impulsions barbares. Les guerres féodales décimaient noblesse et paysannerie, entretenaient le désordre et l'anarchie, ravageaient les récoltes déjà insuffisantes pour nourrir la population, entraînaient le pillage et la ruine des établissements ecclésiastiques. L'Église réagit : elle mena la chevalerie à la reconquête des lieux saints en Palestine, à l'assaut des royaumes musulmans en Espagne ; cette turbulence était canalisée vers une cause sainte, la défense de la chrétienté. C'est pour soutenir cette cause que sont fondés les premiers ordres de chevalerie, mêlant à l'instinct belliqueux l'idéal monastique qui moralise la chevalerie dans son ressort essentiel, la guerre. Les premiers ordres, français et espagnols, sont constitués en communautés, ascétisme et prière purifiant l'épée destinée à pourfendre le « païen », l'identifiant au glaive de l'archange saint Michel transperçant le dragon. Les défaites en Terre sainte, l'enrichissement de l'Occident et la déviation de l'idée même de croisade vers des causes aussi douteuses que le pillage de la Constantinople chrétienne transformèrent les ordres de chevalerie en puissances financières et, par là même, politiques. Là est l'origine de leur décadence. De cette transformation périt l'ordre du Temple. Au XIVe siècle, de nouveaux ordres apparaissent en grand nombre, toujours dans la perspective d'une croisade, toujours dotés d'un idéal de sacrifice et de pureté, toujours voués à la prière et à la mortification. Mais l'élan des croisades est définitivement brisé, les mortifications sont dédiées à une dame plus souvent qu'à Dieu, fêtes et tournois prennent le pas sur la prière. Le crépuscule du Moyen Âge transforme les ordres de chevalerie en cercles aristocratiques où s'élabore un art de vivre, un langage allégorique, une imagerie littéraire ou graphique qui transpose dans l'illusion la geste chevaleresque. Pourtant, entre les chevaliers de Saint-Jean ou de Saint-Jacques et leurs cadets, ordres anglais de la Jarretière, français de l'Étoile, bourguignon de la Toison d'or, il n'y a pas de solution de continuité, il n'y a que l'évolution d'une institution dont la mission a échoué. La fête baroque, le roman galant naissent du désenchantement d'une noblesse qui voit déjà grimacer dans son miroir la silhouette dégingandée de don Quichotte de la Manche.

SOLANGE MARIN

ORDRES RELIGIEUX HOSPITALIERS

Ordres religieux masculins voués spécialement à l'hospitalité. Ils sont une création du Moyen Âge. Ils procèdent habituellement de l'établissement d'un nouvel hôpital, qui en vient à essaimer ou à s'annexer d'autres maisons ; l'ordre prend ensuite le nom de l'hôpital fondateur.

La congrégation des Hospitaliers de saint Antoine, reconnue comme ordre religieux en 1218, s'est instituée beaucoup plus tôt à partir d'un hôpital ouvert à Saint-Didier-de-la-Mothe (Dauphiné) ; la fondation, approuvée au concile de Clermont par Urbain II (1095), en avait été décidée en reconnaissance pour une guérison du mal des ardents obtenue par les reliques de saint Antoine. L'ordre devait compter 369 hôpitaux à la fin du XVe siècle.

Adalard, comte de Flandre, fonda au XIIe siècle un hospice pour voyageurs à Aubrac, qui fut un important relais sur la route de Compostelle ; spécialement répandu dans le Rouergue, l'ordre d'Aubrac se maintint jusqu'au XVIIe siècle.

Un hôpital fondé vers 1160 à Montpellier par Guy de Rome donne ensuite son nom à l'ordre du Saint-Esprit.

L'ordre des Trinitaires, fondé par saint Jean de Matha (mort en 1213) pour le rachat des captifs, possède aussi des hôpitaux.

Les croisades en Orient amenèrent la création de plusieurs hôpitaux : ainsi, à Jérusalem, l'hôpital Saint-Lazare pour les lépreux, l'hôpital Saint-Jean pour les pèlerins. L'un et l'autre donnèrent naissance à des ordres qui, plus ou moins vite, devinrent en même temps des ordres militaires. De la même manière, un hospice fondé en 1143 pour les Allemands s'organisa ensuite sur le modèle de l'ordre de Saint-Jean en y ajoutant les prescriptions militaires de l'ordre du Temple ; ce fut l'ordre Teutonique.

Le XVIe siècle a connu des fondations hospitalières d'un type tout nouveau : celle des frères de Saint-Jean de Dieu, ou encore celle des clercs réguliers ministres des infirmes, ou Camilliens, fondée en 1582 à Rome par saint Camille de Lellis.

ANDRÉ DUVAL

ORIENT ÉTATS LATINS D'

La naissance des États latins d'Orient est la conséquence de deux des croisades organisées par la papauté pour la libération des chrétiens d'Orient. Au cours de la première croisade, des éléments de l'armée des croisés s'établirent successivement à Édesse (fin 1097), à Antioche (1098), à Jérusalem (1099) et finalement devant Tripoli (1102). En 1191, lors de la troisième croisade, le débarquement de Richard Cœur de Lion dans l'île de Chypre, pour châtier l'« empereur » byzantin de l'île, aboutit à la conquête de cette dernière.

Royaumes de Jérusalem et de Chypre, principauté d'Antioche, comtés d'Édesse et de Tripoli s'étaient constitués indépendamment les uns des autres. Baudouin de Boulogne avait occupé diverses forteresses de la région d'Édesse avant d'être appelé par le curopalate arménien Thoros à s'installer dans cette ville ; il poursuivit ses conquêtes tantôt aux dépens et tantôt avec la collaboration des chefs arméniens établis dans la haute vallée de l'Euphrate. Bohémond de Tarente avait occupé Antioche au mépris de l'engagement pris envers l'empereur Alexis Comnène de rendre à l'Empire byzantin les places qui lui avaient appartenu, et il occupa aussi bien les territoires byzantins (Cilicie, Lattaquié) que des régions jusqu'alors soumises aux Turcs (la vallée de l'Oronte et le massif montagneux des deux côtés du fleuve). Godefroi de Bouillon avait été désigné par le conseil des barons et des prélats qui dirigeaient la croisade pour exercer la charge d'« avoué » du Saint-Sépulcre – reconnaissant par là que la Ville sainte serait la possession de l'Église de Jérusalem –, mais ses conquêtes sur la côte et dans l'intérieur, où Tancrède, conquérant de la Galilée, se reconnaissait son vassal, permirent à son frère Baudouin de prendre le titre de roi en 1100. Quant à Raymond de Toulouse, après avoir échoué dans ses tentatives de fonder une principauté en Syrie du Nord, puis en Philistie, il occupa Tortose et bâtit la ville de Mont-Pèlerin pour bloquer Tripoli que son successeur Bertrand contraignit à capituler en 1109.

Les princes d'Antioche tentèrent de regrouper la partie septentrionale des États latins en imposant leur suzeraineté à

Édesse et à Tripoli, mais sans succès. C'est le roi de Jérusalem qui parvint à obtenir la vassalité du comte de Tripoli et, semble-t-il, des deux autres États, mais sans les incorporer à son royaume. Les Byzantins, de leur côté, cherchèrent à réoccuper Antioche et Édesse. L'empereur Jean Comnène, en 1137, dut se contenter d'un hommage de pure forme ; son fils Manuel, en 1158, récupéra la Cilicie et obtint la soumission du prince d'Antioche. Mais, dès 1182, la décadence de l'Empire byzantin mit fin à cette dépendance qui avait valu à la principauté de profiter de la protection byzantine contre les musulmans.

Quant à la seigneurie de Chypre, conquise par Richard Cœur de Lion, elle fut cédée en 1192 par celui-ci au roi détrôné de Jérusalem, Guy de Lusignan, dont le frère et successeur obtint la couronne royale par concession de l'empereur Henri VI. Bien qu'il ait été plusieurs fois réuni au royaume de Jérusalem par une union personnelle, le royaume de Chypre en resta toujours distinct.

Expansion, maintien et reflux

C'est entre 1098 et 1119 que les trois États du Nord atteignirent leur plus grande extension : Alep, Shaizar, Homs, Harran sont menacés, et les campagnes menées par les *atabeg*, ou gouverneurs de Mossoul, pour reconquérir les terres occupées se soldent par des désastres. La terrible défaite infligée au prince d'Antioche à l'Ager Sanguinis en 1119, elle-même, ne semblait pas définitive. Mais l'atabeg Zengī, devenu maître d'Alep, bloqua l'expansion latine. Il prit Édesse en 1144, et la deuxième croisade négligea les nécessités des États du Nord. Aussi, en 1149-1150, le fils de Zengī, Nūr al-Dīn, ramena la frontière antiochénienne sur l'Oronte et acheva la conquête du comté d'Édesse.

Le royaume de Jérusalem fut plus long à réaliser son expansion. La dernière place de la côte, Tyr, ne tomba qu'en 1124, lorsque déjà la Transjordanie et l'Arabie Pétrée avaient été occupées. Mais les Latins échouèrent dans leurs projets sur Damas, malgré le siège mis devant cette ville en 1128 et 1148. Le roi Amaury, à partir d'Ascalon, conquise en 1153, lança plusieurs campagnes en Égypte, mais ne put empêcher Saladin, lieutenant de Nūr al-Dīn, de prendre possession de ce pays, puis de le réunir à Damas. Après plusieurs campagnes infructueuses, Saladin finit par écraser l'armée du royaume à Hattin (1187) et par conquérir tout le royaume, sauf Tyr, ainsi qu'une grande partie du comté de Tripoli et de la principauté d'Antioche.

Toutefois la troisième croisade (1188-1192) aboutit à la reconquête d'Acre et de quelques autres places, et contraignit Saladin à renoncer à éliminer les États latins que lui-même et ses successeurs durent accepter comme des éléments stables de l'équilibre politique du Proche-Orient : des trêves fréquentes intervinrent, tandis que chaque nouvelle croisade apportait des renforts qui permirent au royaume de Jérusalem et au comté de Tripoli de retrouver au XIIIe siècle la plus grande partie de leur ancien territoire. Le traité de Jaffa, en 1229, restitua Jérusalem aux Latins qui récupérèrent même, en 1241, la Galilée et la Judée. Mais la principauté d'Antioche, déchirée par une guerre de succession qui l'opposait à ses voisins arméniens de Cilicie, ne connut pas un relèvement comparable.

En 1244, les Khwārizmiens, mercenaires au service du sultan d'Égypte, reprirent

Jérusalem et écrasèrent les Latins à Forbie ; le royaume perdait définitivement Tibériade et Ascalon. La croisade de Saint Louis rétablit la situation. Mais, à partir de 1263, le sultan mamelouk Baïbars, redoutant une collusion entre les Francs et les envahisseurs mongols, qui avaient effectivement bénéficié de l'aide du prince d'Antioche (auquel ils avaient permis de réoccuper, entre autres, la place de Lattaquié), mena une vigoureuse campagne au cours de laquelle Antioche tomba (1268). En 1272, les États latins étaient réduits à une mince bande côtière. Et de nouvelles attaques, entre 1285 et 1291, mirent fin à l'existence de la principauté, du royaume et du comté de Tripoli : Acre tomba en 1291. Toutefois, l'île de Chypre échappa à la conquête mamelouke et connut même, au XIVe siècle, une période glorieuse : les Chypriotes occupèrent des places sur la côte d'Asie Mineure (Adalia, de 1361 à 1373 ; Gorhigos, de 1359 à 1448). Le roi Pierre Ier pilla Alexandrie en 1365. Mais le royaume, affaibli par une guerre contre les Génois qui occupèrent Famagouste de 1373 à 1462, fut envahi en 1426 par les Égyptiens et dut reconnaître leur suzeraineté. Les Vénitiens s'emparèrent du royaume en 1489 ; ils devaient en être chassés par les Turcs, malgré l'héroïque défense de Famagouste, en 1571.

Principautés, fiefs et seigneuries

Chacun de ces États avait été la création d'un baron qui avait installé dans la principauté qu'il avait fondée les chevaliers qui s'étaient attachés à sa fortune. Et chacun d'eux fit souche d'une dynastie, même Godefroi de Bouillon dont cependant l'héritage fut revendiqué par le patriarche Daimbert de Jérusalem : les chevaliers de son entourage assurèrent sa succession à son frère Baudouin de Boulogne. Et, à la mort de celui-ci, c'est son cousin Baudouin de Bourcq qui fut appelé à lui succéder. À défaut de descendants directs, on n'hésita pas à reconnaître le droit à la succession en ligne collatérale, et le droit des femmes à la succession au trône ne fut pas contesté, à défaut d'héritiers mâles. Elles transmettaient le titre royal, ou princier, à leur mari, qui le perdait si elles mouraient avant lui, en conservant seulement la régence pour l'héritier mineur.

C'est ainsi que la couronne passa de Baudouin II à sa fille Mélisende et à son gendre Foulques d'Anjou, puis à leurs fils Baudouin III et Amaury ; et que le fils de ce dernier, Baudouin IV le Lépreux, eut pour successeurs ses deux sœurs, Sibylle, mariée à Guy de Lusignan (1186-1192), et Isabelle (1192-1205). Celle-ci apporta successivement le trône à Conrad de Montferrat, Henri de Champagne et Aimery de Lusignan, laissant des enfants de chacun de ces mariages. L'aînée, Marie apporta la couronne à Jean de Brienne, et leur fille Yolande à l'empereur Frédéric II (1225). Mais les barons prirent prétexte de ce que le fils de ce dernier, Conrad, n'avait pas pris possession du royaume à sa majorité (1243) pour lui substituer la seconde fille d'Isabelle, Alix de Champagne, et ses descendants, qui prirent le titre de « seigneurs du royaume ». Et, quand la mort de Conradin (1268) eut permis à l'un d'eux, le roi Hugues III de Chypre, de relever le titre royal, une petite-fille d'Isabelle et d'Aimery vendit ses droits à Charles d'Anjou ; ce dernier en profita pour occuper Acre de 1277 à 1286.

À Édesse, Baudouin Ier et Baudouin II se succédèrent avant d'hériter du trône de Jérusalem, et la famille de Courtenay les remplaça. À Tripoli, les descendants de Raymond de Saint-Gilles conservèrent le comté jusqu'en 1187 et eurent pour successeurs Bohémond IV d'Antioche et ses descendants. Quant à la principauté d'Antioche, Bohémond de Tarente la laissa à son fils Bohémond II, au nom duquel Tancrède (1104-1112) et Roger (1112-1119) exercèrent le pouvoir. Sa fille Constance épousa d'abord Raymond de Poitiers (1136-1149) qui fut le père de Bohémond III (1163-1201), puis Renaud de Châtillon (1153-1160).

À la mort de Bohémond III, la principauté fut disputée entre son second fils Bohémond IV et le fils de son fils aîné, mort avant 1201, Raymond-Roupèn. Cette guerre de succession éprouva gravement la principauté et le royaume arménien de Cilicie qui soutenait Raymond-Roupèn. Bohémond IV finit par l'emporter et eut pour successeurs son fils Bohémond V (1233-1251) et son petit-fils Bohémond VI, comte de Tripoli jusqu'en 1275, mais dépouillé d'Antioche en 1268. Quant au royaume de Chypre, Guy de Lusignan le laissa à son frère Aimery ; les descendants de celui-ci le conservèrent jusqu'en 1267, date à laquelle il passa à une branche cadette de la maison d'Antioche qui releva le nom de Lusignan. En dépit d'une tentative d'usurpation (de 1306 à 1310, par Amaury, sire de Tyr), d'un assassinat (celui de Pierre Ier, en 1369) et du renversement de Charlotte de Lusignan par son frère bâtard Jacques II (1460), la dynastie se maintint jusqu'à ce que la reine Catherine Cornaro se vît contrainte de céder l'île à la République de Venise.

Souverains héréditaires, les chefs des États latins étaient aussi des souverains féodaux. Ils jouissaient en général de domaines importants (le roi de Chypre possédait en propre toutes les forteresses de son royaume) et ils avaient concédé villes, châteaux et *casaux* (villages) à leurs vassaux. Ceux-ci étaient astreints à un service militaire très rigoureux ; toutefois, le droit des filles à succéder au fief était reconnu, sous réserve du choix de leur mari par le seigneur. Barons et chevaliers parvinrent cependant à limiter l'arbitraire royal (qui fut l'une des causes de l'assassinat de Pierre Ier de Chypre par ses vassaux, en 1369) : tout ce qui concernait le fief était de la compétence d'une haute cour qui parvint, au XIIIe siècle, à tenir les rois de Jérusalem en lisières. Pour rendre impossibles les révoltes de ses barons, le roi Amaury avait promulgué une « assise » faisant de tous ses arrière-vassaux les hommes liges de la couronne et leur permettant de se coaliser pour défendre l'un d'entre eux contre son seigneur, en recourant à la grève du service militaire. Les barons du royaume se servirent de ces dispositions pour résister à l'empereur-roi Frédéric II. Ils constituèrent une commune à Acre (comme on le fit à Antioche en 1193 et à Tripoli en 1287) pour déposséder le roi de son pouvoir, et parvinrent à enlever Tyr au bailli impérial en 1243.

La haute cour élabora un droit féodal consigné dans des recueils coutumiers : les *Assises de Jérusalem*, qui devinrent le code officiel du royaume de Chypre en 1369, et les *Assises d'Antioche*, qui furent adoptées par les Arméniens de Cilicie.

L'implantation des Latins

L'origine des Latins établis en Orient était variée : on devine seulement une prédominance des Normands de Sicile à Antioche et des Provençaux à Tripoli. Mais c'est le royaume de Jérusalem qui recueillit sans doute les colons les plus nombreux, en raison de l'attrait des Lieux saints. Les Latins restaient cependant une minorité. Dans les campagnes, où ils mirent sur pied un réseau défensif très dense par la construction de nombreux châteaux, la masse de la population continua à vivre selon le régime antérieur, sauf à appeler les colons indigènes dans les régions dépeuplées. Pratiquement, les villageois payaient au seigneur franc les mêmes redevances qu'à leurs maîtres musulmans ou byzantins. À Chypre, toutefois, les *parèques*, assimilés à des serfs, voyaient l'impôt public transformé en redevance seigneuriale ; mais leur condition ne tarda pas à s'améliorer en raison de l'abondance des affranchissements, au XIVe siècle surtout. L'organisation de la communauté villageoise ne fut pas modifiée. Cependant, dans le royaume de Jérusalem, un certain nombre de « villes neuves » à population latine s'implantèrent au XIIe siècle.

Dans les villes, la population latine était plus nombreuse (à Jérusalem, on avait même chassé musulmans et juifs pour réserver la ville aux chrétiens, occidentaux ou orientaux). Les ports, notamment, attirèrent les marchands italiens ou provençaux qui s'y firent reconnaître des privilèges allant jusqu'à la constitution de comptoirs autonomes, véritables colonies ne relevant que des républiques marchandes, entraînant, parfois, toute la population latine et indigène dans des guerres intestines (telle la guerre de Saint-Sabas, à Acre, en 1257-1258). Les autres Latins, à l'instar des indigènes groupés en communautés bien distinctes, se réunirent en confréries dont certaines tinrent en échec l'autorité royale.

Celle-ci était d'ordinaire représentée par un vicomte (à Antioche, où l'élément grec était important, par un duc), qui présidait la cour des bourgeois, et par des officiers spécialisés.

Les Latins introduisirent aussi leur hiérarchie ecclésiastique, à la place de celle des Grecs (qui maintinrent à Chypre quatre évêques en qualité de vicaires des évêques latins). Deux patriarches (Antioche, Jérusalem), un archevêque indépendant (Nicosie de Chypre) présidaient à un réseau de métropoles et de diocèses latins. Mais aucun effort ne fut fait pour imposer le rite latin, ni même les dogmes de l'Église romaine, aux chrétiens indigènes qui purent maintenir leur hiérarchie propre et restèrent exempts des dîmes. Des monastères et des chapitres s'installèrent un peu partout, notamment pour desservir les sanctuaires visités par les pèlerins (Saint-Sépulcre, Bethléem, etc.).

Le service des pèlerins fut à l'origine de fondations originales. La communauté qui desservait l'hôpital de Saint-Jean de Jérusalem, destiné aux pèlerins latins, prit un essor considérable. Sa dotation comprit bientôt des seigneuries entières, en particulier celle du Crac des Chevaliers, et les Hospitaliers se trouvèrent entraînés à adopter un genre de vie leur permettant de mener des activités militaires. Par contre, les Templiers se formèrent spécialement en communauté pour assurer une protection armée aux pèlerins : la vie militaire fut dès l'origine associée à la vie religieuse. Et le réseau de leurs commanderies, étendu sur l'Orient et l'Occident, les amena à jouer un rôle bancaire, en facilitant le transport des espèces monétaires. Les deux ordres eurent bientôt leurs querelles ; le Temple fut supprimé en 1311, cependant l'Hôpital devait poursuivre son rôle militaire à partir de l'île de Rhodes, occupée par lui entre 1309 et 1522.

Les États latins connurent une activité économique considérable. Le transport des pèlerins et l'acheminement du ravitaillement destiné à ces États attira les marchands italiens vers les ports syriens, libanais et palestiniens, où ils cherchèrent à se procurer les produits orientaux jusqu'alors accessibles essentiellement à Constantinople ou à Alexandrie. Antioche, Tripoli, Acre et Tyr devinrent d'importants entrepôts, en liaison avec Alep, Damas et même Mossoul. La chute des ports, que les Égyptiens détruisirent méthodiquement, eut pour conséquence le transfert de leur activité dans le port chypriote de Famagouste, relié au port arménien de l'Aïas, débouché du commerce de l'Asie mongole, ainsi qu'à Beyrouth et à Alexandrie : cette ville connut une prodigieuse fortune au XIVe siècle. Les États latins produisaient également des denrées très appréciées de l'industrie et du commerce occidentaux (coton, sucre, vins de Chypre, etc.) qui contribuèrent à leur assurer une réelle prospérité.

JEAN RICHARD

Bibliographie

C. CAHEN, *La Syrie du Nord à l'époque des croisades et la principauté franque d'Antioche*, Geuthner, Paris, 1940 / R. GROUSSET, *Histoire des croisades et du royaume franc de Jérusalem*, 1934-1936 ; rééd., 8 vol., J. Tallandier, Paris, 1981 / Y. PRAWER, *Histoire du royaume latin de Jérusalem*, 2 vol., C.N.R.S., Paris, 1969-1970 / J. RICHARD, *Le Comté de Tripoli (1102-1187)*, Geuthner, 1946 ; *Le Royaume latin de Jérusalem*, P.U.F., Paris, 1953.

ORIFLAMME

Les premiers rois capétiens, comme tous les autres souverains et même les Carolingiens, devaient avoir un étendard à queues attaché à une lance. Sur la mosaïque du triclinium du Latran on voit le roi Charles (c'est-à-dire Charlemagne vers 796-798, avant son couronnement impérial) recevant à genoux l'étendard (de Rome ?) de la main de saint Pierre, étendard qui aurait été bleu à roses rouges selon les anciens témoignages (on ne peut guère se fier à la reconstitution actuelle qui date du XVIIIe siècle) ; il est certain que Charlemagne reçut de Léon III l'étendard de la ville de Rome en 796. Sur la même mosaïque, Constantin, mis en parallèle, reçoit du Christ un étendard similaire, mais rouge et semé de motifs d'or. Selon Adhémar de Chabannes en sa *Chronique*, le roi de France Robert Ier aurait eu une bannière en tissu d'or. Des manuscrits comme le *Psautier d'Utrecht* (vers 830, à Reims) et des sceaux équestres de 1000 environ montrent la lance ornée de sortes de flammes, presque séparées. *La Chanson de Roland* (vers 1110) déclare que l'« orie flambe » de Charlemagne, mise tout d'abord en relation avec saint Pierre (donnée par le pape ?), se nommait Romaine, puis qu'elle changea son nom en Munjoie, qui est d'ailleurs le cri de guerre des Français depuis 1047 (selon Wace, *Roman de Rou*, écrit après 1170) et en 1119 (Orderic Vital, mort en 1143, en son *Histoire ecclésiastique*), ils crient « *Meum gaudium !* » ; ce terme, souvent écrit « Montjoie », était un signe de ralliement autour d'un emblème, indiquant la voie du devoir, après avoir été une balise, un tas de pierres, un mont d'où l'on pouvait découvrir avec joie le terme d'un pèlerinage. Louis VI le Gros perdit son étendard à Brémule (1119), alors que le roi d'Angleterre conservait le sien. Lors de l'invasion allemande conduite par l'empereur Henri V en 1124, il fallut lever l'ost et Louis VI alla à Saint-Denis : suivant l'antique usage de ses ancêtres, il prit sur l'autel l'étendard (*vexillum*), faisant ainsi figure d'avoué ou de vassal de l'abbaye, paraît-il comme comte de Vexin. On confondit sans doute rapidement les divers emblèmes, celui des Carolingiens et celui de Saint-Denis ; écrit près de l'abbaye vers 1130, *Li coronemenz Looïs* fait crier aux Français « Montjoie ! », « Deus, sainz Denis, aidiez ! », ce qui deviendra « Montjoie Saint-Denis » par la suite, le « cri de France » comme le dit Jeanne d'Arc, encore qu'on ne le clamât pour ainsi dire plus en son temps (le terme sera gardé pour désigner le roi d'armes de France). Dès 1184 on écrit que l'enseigne royal est celui de Charlemagne (Gervais de Canterbury) et, au XIIIe siècle, Richer de Senones le confirme en déclarant que le terme d'*auriflamma* est une appellation habituelle, presque populaire, qui semble dénoter un souvenir ancien. Le vitrail de saint Denis à Chartres (vers 1210/1220), les descriptions et les meilleures peintures des XIIIe et XIVe siècles montrent que l'oriflamme était une bande de soie légère, rouge uni (couleur impériale ou encore celle du martyr, en l'honneur des saints Denis, Rustique et Éleuthère), assez longue, découpée de cinq, trois ou deux queues, ornée de houppes vertes, attachée par des anneaux à une lance dorée pouvant tuer l'ennemi.

L'*enseigne saint Denis* était ainsi un gonfanon du XIIe siècle qui dérivait peut-être d'un étendard de la garnison défendant les murs de l'abbaye depuis Charles II le Chauve. Pour un soldat de 1300, c'était un emblème d'aspect archaïque. Parfois prise lors d'une croisade ou d'une guerre malheureuse, l'oriflamme fut plusieurs fois refaite : le roi allait chercher l'étoffe sur les reliquaires des saints martyrs et la confiait à un preux chevalier qui ne la mettait à la lance qu'en marche contre l'ennemi. On a noté qu'à Roosebeke (1382) les armées étaient sous la bruine et que le soleil ne se montra que lorsque l'oriflamme fut déployée : les Français de Charles VI purent courir sus aux Flamands et les écraser (Froissart). Azincourt (1415) semble avoir été la dernière bataille où l'on vit l'oriflamme qui, non reconstituée ou captive à Saint-Denis, lors de l'occupation anglaise, ne joua aucun rôle par la suite.

HERVÉ PINOTEAU

OST

Terme (en latin *hostis*) désignant le service militaire féodal dont les dépenses sont à la charge du vassal. L'ost est dû par tout vassal à son seigneur. À l'origine illimité, il est réduit ensuite à quarante jours par an ; parfois restreint à une zone proche du territoire occupé par le fief, il est évalué en nombre d'hommes armés, qui varie suivant l'importance du fief. Les villes y ont été assujetties, parce que toutes proviennent du démembrement d'un fief dont elles amoindrissent la capacité économique : or le fief reste à défendre. Si les clercs, les filles et les veuves, les malades et les vieillards en sont exemptés, ils doivent toutefois verser une somme d'argent en vue d'apporter leur propre contribution à la défense de leur fief. Avec le développement des techniques militaires et l'extension des conflits au niveau national (guerre de Cent Ans), le service de l'ost est apparu comme dépassé dès le XVe siècle, les barons pouvant se retirer avec leurs troupes au milieu d'une campagne si leur temps était accompli. Il est remplacé par le paiement d'une somme, forfaitaire, qui sert au roi à payer des mercenaires et à entretenir une armée de métier.

ANNE BEN KHEMIS

OSWALD saint (605 env.-642) roi de Northumbrie (635-642)

Fils d'Æthelfrith, roi de Northumbrie, qui, en 617 environ, fut tué au combat, Oswald dut se réfugier en Écosse, où il fut converti au christianisme par les moines d'Iona. En 634, Oswald reconquit le royaume de son père et l'agrandit. Il se montra vaillant et pacifique, et contribua à l'évangélisation du pays. Oswald fut tué dans une bataille contre le roi Penda de Mercie. Mort pour son pays et pour sa foi, le roi Oswald devint un saint très vénéré dans les îles Britanniques, ainsi qu'aux Pays-Bas, en Allemagne et en Suisse.

JACQUES DUBOIS

OTTOMAN EMPIRE

1. Les origines et les débuts de l'Empire ottoman

Le sultanat turc seldjoukide d'Asie Mineure (ou Anatolie) avait réussi à établir, dans le courant du XIIe siècle, sa domination sur la majeure partie de la péninsule anatolienne, ne laissant aux Byzantins que son extrémité occidentale. Après une période très brillante durant le premier tiers du XIIIe siècle, il s'est ensuite trouvé confronté à plusieurs problèmes graves qui ont précipité sa disparition. Dès avant le milieu du XIIIe siècle, des querelles de succession entamèrent l'unitarisme et la centralisation du gouvernement, entraînant un affaiblissement du pouvoir au moment où il devait faire face à l'invasion des Ilkhāns mongols, héritiers, au Proche-Orient, de l'empire de Gengis khān. Victorieux, les Mongols imposèrent leur protectorat à toute la partie orientale de l'Anatolie ; ailleurs, les querelles intestines et les intrigues des vizirs contribuèrent à anéantir l'autorité des sultans. Dans cet État en déclin apparaissent alors les tribus turcomanes que les souverains seldjoukides avaient, un siècle auparavant, installées au fur et à mesure de leur arrivée sur le limes byzantino-turc : il s'agissait de tribus ou de groupes de tribus plus ou moins bien assimilés au monde turco-musulman et ayant conservé un esprit offensif que les sultans s'efforçaient de diriger contre l'Empire byzantin. En outre, elles étaient animées de sentiments religieux musulmans, encore imprégnés il est vrai de chamanisme et, sous l'impulsion de chefs de confréries, leur prosélytisme de néophytes les conduisait volontiers à s'engager dans la lutte contre les chrétiens.

De petits émirats autonomes (XIIIe siècle)

Profitant de la désintégration du pouvoir seldjoukide, ces tribus constituèrent, sur le pourtour du sultanat et plus particulièrement à l'ouest, des émirats autonomes (*beylik*) qui devinrent totalement indépendants à la fin du XIIIe siècle. Les émirats de l'ouest ont pour objectif la conquête des territoires byzantins ; ceux du centre (par exemple l'émirat de Karaman) visent à acquérir l'héritage seldjoukide.

Mais aucun d'entre eux n'est assez fort pour imposer sa domination aux autres ; toutefois, l'action non concertée des émirats de l'ouest aboutit à la liquidation de la puissance byzantine en Asie Mineure occidentale qui, aux environs de 1340, est passée entièrement aux mains de la puissance turque.

C'est parmi ces émirats que se trouve celui qui, au début du XIVe siècle, est dirigé par Osman ('Uṯhmān) et qui aura, grâce aux successeurs de celui-ci, une fortune remarquable sous le nom d'Empire ottoman. Les origines des Ottomans et leur histoire, au moins jusqu'à la fin du XIVe siècle, ont été longtemps mal connues du fait que les historiens, jusqu'à une période récente, n'ont utilisé que des sources partiales, qu'il s'agisse des sources grecques, naturellement hostiles, ou des sources turques, postérieures, qui visaient à magnifier la dynastie ottomane. Des documents nouveaux, pour la plupart provenant des archives ottomanes et européennes, et une analyse critique des chroniques ont permis de mieux cerner l'histoire des Ottomans.

La tribu d'où est issue la dynastie ottomane appartient à la branche oghouz des Turcs ; elle est venue d'Asie centrale soit en même temps que les Seldjoukides, soit plus probablement un peu plus tard, poussée vers l'ouest par les Mongols, au début ou au milieu du XIIIe siècle. On sait peu de chose des premiers chefs de la tribu en Anatolie et ils ont fait l'objet de légendes ou d'inventions historiques postérieures ; l'un d'eux, Ertughrul, paraît bien avoir reçu, aux environs de 1260, la région de Seuyut (Söğüt), sur la Sakarya, avec mission de la défendre contre les Byzantins, sinon d'attaquer ceux-ci. À sa mort, vers 1290, son fils Osman prend en charge l'émirat et passe sans tarder à l'offensive contre les Grecs. Peut-être Osman, comme plus tard son fils Orkhān, appartenait-il à la confrérie des Ghāzis, groupement à caractère religieux et militaire dont l'objectif essentiel était de combattre pour la foi musulmane et pour son triomphe. Il est en tout cas incontestable que l'influence des milieux religieux a été très forte sur les premiers chefs de la dynastie.

Les conquêtes d'Osman et de son fils (1290-1362)

Avant même la fin du XIIIe siècle, Osman avait placé sous son contrôle la partie orientale de la Bithynie byzantine ; ses conquêtes, bien que limitées, lui valent le concours d'autres Turcs ou Turcomans, désireux de combattre pour l'Islam, et aussi de profiter du butin. Vers 1317, Osman (qui mourra vers 1326) cède le commandement de sa petite troupe à son fils Orkhān qui continue l'offensive marquée par la prise de villes byzantines : Brousse (1326), Nicée (1330 ou 1331), Nicomédie (1337), et par la mainmise sur l'émirat voisin de Karasi, établi sur le rivage méridional de la mer de Marmara et des Dardanelles ; cette conquête permet à Orkhān de posséder une large façade maritime, bien située face aux territoires européens de Byzance. Déjà il a mis en place un embryon d'administration dans les pays conquis où ses proches tiennent les principaux postes, et il a organisé une armée formée de contingents réguliers (en particulier la cavalerie) et de troupes irrégulières (fantassins ou *azab* et cavaliers ou *akindji*).

Le chemin de l'Europe a été ouvert aux Ottomans par les Grecs eux-mêmes. En effet, après la mort du basileus Andronic III (1341), le ministre Jean Cantacuzène, pour s'emparer du trône au détriment de l'héritier Jean V Paléologue, a fait appel à l'émir Umur d'Aydin dont les troupes sont passées en Thrace en 1343, puis en 1345.

À la mort d'Umur, Cantacuzène s'adresse à Orkhān auquel il a donné en mariage sa fille Théodora (vers 1345-1346). Orkhān envoie en Thrace des soldats sous le commandement de son fils Süleyman ; en mars 1354, un tremblement de terre ayant détruit les fortifications de Gallipoli, Süleyman s'empare de la ville qu'Orkhān refuse de rendre à Jean Cantacuzène ; celui-ci renonce d'ailleurs peu après au pouvoir impérial, mais Süleyman continue sa pénétration en Thrace orientale ; toutefois, il meurt accidentellement en 1355. Lorsque, à son tour, Orkhān meurt en 1362, son émirat a acquis une dimension nouvelle.

Le développement de cet émirat a été dû jusqu'alors à la conjonction de plusieurs facteurs : sa position géographique, qui le situe à l'écart des émirats voisins ; le peu d'intérêt que ceux-ci, pris par leurs propres problèmes, ont porté aux entreprises ottomanes ; la situation favorable au passage en Europe ; les erreurs politiques des Grecs ; l'unitarisme du pouvoir ottoman, son organisation administrative et militaire ainsi que l'élan religieux, qui a été renforcé par les succès remportés en Europe.

À la mort d'Orkhān, les conquêtes sont encore limitées, mais les Ottomans tiennent les deux rives des Dardanelles et ils sont implantés solidement en Thrace. En Asie Mineure, ils débouchent sur la façade égéenne, mais ils se gardent d'attaquer les émirats assez puissants de Sarukhān et d'Aydin, car il ne saurait encore être question de lutter sur deux fronts ; il en est de même au sud-est où l'émirat de Ghermiyan n'attire pas, pour le moment, les convoitises d'Orkhān, tout entier tourné vers un monde byzantin dont la situation apparaît de plus en plus précaire.

2. De l'émirat à l'Empire (1362-1451)

Des organisateurs, vainqueurs des chrétiens

Murad Ier (Murat, 1362-1389) est le véritable créateur de la puissance ottomane en Europe orientale : son règne est en effet marqué par la prise d'Andrinople dès 1363, suivie de l'occupation de la Macédoine, de la Thrace orientale et de la Bulgarie. À plusieurs reprises, avec des sorts divers, il se heurte aux Serbes : au cours de la dernière bataille livrée contre eux, à Kossovo (13 juin 1389), il est assassiné, mais les Serbes sont vaincus. En Anatolie, il a défait et rejeté vers l'est les émirs de Karaman, principaux rivaux des Ottomans, et acquis les territoires frontaliers des Karamanides. Mais, surtout, il a jeté les bases d'un grand État : mise en place d'une administration centralisée (le *divan*), aux bureaux diversifiés et à la tête de laquelle se trouve le Grand Vizir ; création pour son armée d'un système de recrutement qui puise les futurs janissaires parmi les enfants des foyers chrétiens des Balkans, d'où ils sont envoyés en Anatolie pour être islamisés, turquisés et instruits dans le métier des armes ou, le cas échéant, dans le service du palais : ce sont les *adjémioghlan*. Le contrôle des pays conquis est assuré par l'attribution, à titre viager et personnel, de terres de plus ou moins grandes dimensions (*timar*, *ziyamet*) à des militaires responsables de leur mise en valeur et de la levée d'un nombre déterminé de soldats auxiliaires. L'affirmation de la transformation de l'État ottoman apparaît dans la titulature de Murad Ier : alors qu'Orkhān portait le titre d'émir ou encore celui de bey, Murad, au cours des dernières années de son règne, s'intitule sultan, ce qui est le témoignage d'une dignité plus élevée.

Son fils Bayézid Ier (Bāyazīd) surnommé Yildirim (la Foudre), après avoir annexé tous les émirats turcs d'Anatolie occidentale et centrale, à l'exception de celui de Karaman, poursuit l'œuvre de conquête en Europe balkanique, et favorise même l'accession au trône byzantin de Manuel II à la mort de Jean V (1391) ; ce qui ne l'empêche pas d'entreprendre peu après le siège de Constantinople. Les progrès des Turcs entre 1393 et 1395 ayant amené ceux-ci aux frontières de la Hongrie, le roi de ce pays, Sigismond, lance en Occident un appel à la croisade que le pape Boniface IX encourage vivement : Français, Anglais, Allemands, quelques Italiens, se joignent aux Hongrois pour attaquer les Turcs et les chasser d'Europe. Le choc se produit le 25 septembre 1396 à Nicopolis et s'achève par l'écrasement complet des croisés : cette défaite a un profond retentissement en Europe et donne naissance à la réputation de force, voire d'invincibilité, des Turcs.

Défaite devant Tamerlan

Pourtant cette invincibilité devait être infirmée peu après. En effet, dans les dernières années du XIVe siècle, une menace avait plané sur l'Anatolie orientale : elle provenait des troupes mongoles de Tamerlan (Tīmūr Leng), le maître de l'Asie centrale, prétendu descendant de Gengis khān, qui peu à peu avait mis sous contrôle l'Iran et l'Irak. De son côté, Bayézid avait occupé les territoires de l'Anatolie nord-orientale et se trouvait ainsi face à Tamerlan. L'affrontement n'a lieu qu'en 1402 : le 20 juillet, à Ankara, Bayézid est vaincu par Tamerlan et est fait prisonnier ainsi que l'un de ses fils, cependant que Tamerlan reconstitue les émirats que Bayézid avait annexés : l'État ottoman perd ainsi toutes ses conquêtes en Anatolie ; mais, fait plus grave, les fils du sultan ottoman se disputent son héritage, et il s'ensuit dix ans de guerres intestines dont sort finalement vainqueur Mehmed Ier (Mehmet), en 1412.

Sur le continent asiatique, où les Karamanides ont profité de la situation pour se renforcer, tout est à refaire pour les Ottomans ; en revanche, leurs sujets européens se sont montrés fidèles et n'ont nullement tenté de se libérer : faut-il y voir le signe d'une soumission inconditionnelle, ou de l'acceptation de la sujétion imposée par les Ottomans et considérée comme supportable, ou encore de l'impossibilité matérielle d'une révolte ? La question reste posée.

La défaite d'Ankara a porté un coup sérieux, mais non décisif, à l'État ottoman. De plus, celui-ci a trouvé en Mehmed Ier l'homme capable de redresser la situation : de fait, lorsqu'il meurt en 1421, les émirats d'Anatolie sont réintégrés au domaine ottoman, quelques rébellions écrasées, les Hongrois à nouveau vaincus. En somme, les Ottomans n'ont subi qu'un retard dans leur expansion. Celle-ci reprend de plus belle avec le nouveau sultan, Murad II, en Europe comme en Anatolie septentrionale. L'avance turque en Europe provoque une nouvelle croisade, plus limitée que la précédente, et qui elle aussi échoue (Varna, 10 nov. 1444). Pourtant, le Hongrois Jean Hunyady offre une résistance opiniâtre aux Turcs, tandis qu'en Albanie Georges Kastriota (Skander Beg) dirige une rébellion qui dure vingt ans.

Un État entre deux puissances maritimes

Lorsque Murad II meurt en 1451, il laisse à son fils Mehmed II un empire consolidé, une armée puissante et une administration habile, dont les chefs (les vizirs) sont souvent des descendants des vieilles familles turques. Murad Ier a, en outre, fait d'Andrinople, sa capitale, un foyer intellectuel et artistique. Les anciens seigneurs locaux des provinces conquises, dans une première phase, conservent leurs privilèges et leur situation sociale, sous contrôle des Ottomans. Ceux-ci visent aussi à apporter le moins de perturbations possible dans leurs territoires, sur le plan économique et sur le plan social, et à permettre la poursuite normale de la vie quotidienne : langues, religions, pratiques coutumières sont maintenues. L'État ottoman se contente d'assurer la sécurité de ces territoires, à charge pour ceux-ci de fournir impôts et soldats ; quant aux terres abandonnées par leurs anciens propriétaires, le sultan les confie, comme *timar* ou *ziyamet*, à des militaires, parfois à des fonctionnaires civils, à titre de revenus. Ce système du *timar* va d'ailleurs s'étendre au fur et à mesure que, dans une deuxième phase, les seigneurs indigènes s'assimilent, se turquifient, ou disparaissent. Mais les populations locales conservent toujours leurs particularismes. Ainsi peu à peu s'organise l'État ottoman ; il lui manque cependant une grande capitale : Mehmed II va la lui donner.

Il est toutefois un domaine où les Ottomans n'ont pas pu entamer la supériorité des Occidentaux : celui de la mer, où Génois et surtout Vénitiens règnent en maîtres. Les premiers ont conclu avec les Turcs des accords locaux qui leur permettent, à partir de Phocée par exemple, ou de certains ports de la mer Noire, de commercer avec les Ottomans ; les seconds protègent leur empire de Romanie, et, même s'ils participent – de façon réduite – à des entreprises antiturques, ils s'efforcent de garder de bonnes relations avec les Ottomans, tout en feignant d'apporter aux Byzantins un secours qui, le plus souvent, est symbolique et arrive trop tard. Jusqu'au milieu du XVe siècle, aussi longtemps que leurs colonies ne sont pas directement menacées, les Vénitiens mènent un jeu souvent double, parfois triple, dont le but est la protection de leurs avantages territoriaux, de leurs privilèges locaux et de leurs activités commerciales.

3. L'apogée de l'Empire

La période de splendeur de l'Empire ottoman s'étend de l'avènement de Mehmed II (1451) à la fin du règne de Soliman le Magnifique (1566). Durant ces quelque cent années, la domination turque s'est étendue sur toute l'Europe balkanique, une partie de l'Europe centrale, le Proche-Orient arabe et l'Afrique du Nord, à l'exception du Maroc ; sur mer, même, les corsaires ottomans ont fait la loi. Ce siècle est aussi celui d'une remarquable activité intellectuelle et, plus encore, artistique, avec la construction des grandes mosquées sultaniennes. Surtout, le sultan contrôle tout le commerce qui, de l'océan Indien par la mer Rouge ou le golfe Persique, transite à travers l'isthme arabe et parvient en Méditerranée pour être dirigé ensuite vers la capitale ou vers l'Europe occidentale qui n'a pas encore fait de la route du Cap une concurrente menaçante : ce commerce procure à l'Empire des ressources énormes qui viennent s'ajouter aux revenus tirés des conquêtes territoriales.

La conquête d'une capitale : Istanbul

Le premier grand succès de cette période est la prise de Constantinople par Mehmed II (désormais surnommé Fatih : le

Conquérant) le 29 mai 1453, après un mois et demi de siège. La possession de la ville donne au sultan turc le dernier maillon qui lui manquait entre l'Europe et l'Asie, fait de lui l'héritier des empereurs byzantins et, sur le plan religieux, consacre la victoire de l'islam sur la chrétienté. Constantinople – plus tard Istanbul – devient la capitale d'un empire de plus en plus redoutable dont les dynasties d'Europe orientale et de la mer Égée se reconnaissent vassales, avec lequel Génois et Vénitiens s'empressent de conclure des accords commerciaux, voire des traités de paix. Le retentissement de la prise de Constantinople a été énorme en Europe, mais n'a provoqué aucune réaction immédiate, sinon de renforcer l'idée d'un monde turc invincible, destructeur des civilisations chrétienne et grecque. Cette dernière idée était loin de correspondre à la vérité, car bien que l'État ottoman se fût doté d'une excellente administration, agissant selon des normes définies, comme en témoignent les règlements organiques (*kanūn-nāmé*) publiés alors, il était aussi conservateur des traditions et particularismes locaux ou nationaux ; en outre, un sultan tel que Mehmed II le Conquérant a été un bâtisseur d'empire, un souverain éclairé – quoique parfois cruel – et un fin lettré ; dès qu'il se fut installé dans sa nouvelle capitale, Constantinople, au cours de l'hiver 1457-1458, il fit de celle-ci l'un des pôles du monde islamique en même temps que le centre d'une vie intellectuelle et artistique où se côtoyèrent chrétiens et musulmans.

Durant son règne (1451-1481), les Ottomans étendent leur emprise sur le Péloponnèse, l'Albanie, la Bosnie, la Moldavie ; en Anatolie, l'émirat de Karaman est définitivement incorporé à l'Empire (1474) ; en mer Noire, le khānat de Crimée passe sous la suzeraineté ottomane, les Génois perdent Caffa et Azov, ainsi que Lesbos en mer Égée. À la suite d'une guerre, Turcs et Vénitiens signent en 1479 une paix selon laquelle ces derniers conservent leurs possessions et leurs privilèges commerciaux, mais, pour la première fois, doivent payer un tribut annuel de cent mille ducats.

Bayézid II (1481-1512), après une lutte contre son frère Djem, entre en conflit, sans résultat, avec les Mameluks d'Égypte puis avec les Vénitiens, qui perdent leurs places du Péloponnèse (1502), et avec les Hongrois (paix de 1503). Les dernières années du règne de Bayézid II sont marquées par les progrès de l'administration turque et surtout, à partir de 1509, par les rébellions de son fils Sélim qui finit par l'emporter, avec l'aide des janissaires, et oblige son père à abdiquer. Sous Mehmed II et Bayézid II, une politique systématique de peuplement turc a été menée à Constantinople et en Europe balkanique ; mais, à Constantinople, il a aussi été fait appel, par volontariat ou par obligation, à des non-Turcs et à des non-musulmans, de façon à donner à la ville un aspect et une activité dignes d'une grande capitale.

ROBERT MANTRAN

OTTON IV DE BRUNSWICK (1174 env.-1218) roi des Romains (1198-1218) et empereur germanique (1209-1218)

Prince de la puissante famille des Welf. En 1180, lorsque son père Henri le Lion, duc de Bavière et de Saxe, est privé de ses duchés par Frédéric Barberousse, Otton (ou Othon) le suit en Angleterre à la cour d'Henri II Plantagenêt, son grand-père. Son oncle Richard Cœur de Lion le fait successivement comte d'York, comte de Poitiers et duc d'Aquitaine.

Son père n'a conservé que les villes de Brunswick et de Lunebourg. Pourtant, à la mort de Henri VI (Messine, 1197), Otton se porte candidat à l'Empire, car son oncle a besoin en Allemagne d'un souverain qui soit son allié contre Philippe Auguste. Il est élu roi des Romains par le parti guelfe en 1198. De leur côté, les partisans des Staufen, n'ayant pu ramener Frédéric II de Sicile, élisent alors Philippe de Souabe, frère de Henri VI, mais le pape Innocent III soutient Otton IV qui lui a promis son aide en Italie.

Philippe l'emporte après quelques revers, le pape doit le reconnaître : les Anglais n'ont pu soutenir Otton car ils subissent des défaites en France. Quand Philippe est assassiné (1208), Otton IV est à nouveau élu roi à Francfort ; il se fiance à la fille de Philippe et, en octobre 1209, est couronné empereur à Rome.

Il ne tient pas les promesses faites au pape et envahit la Toscane et la Sicile ; Innocent IV l'excommunie et lui oppose Frédéric II de Hohenstaufen. Vaincu à Bouvines (1214) par Philippe Auguste qui l'emporte sur les Plantagenêts et installe le jeune Frédéric en Allemagne, Otton de Brunswick se retire en Saxe où il meurt isolé.

ANNE BEN KHEMIS

OTTONIENS LES

Dynastie originaire de Saxe, qui régna en Allemagne après l'extinction de la maison carolingienne (919-1024) et dont l'œuvre essentielle est la fondation du Saint Empire romain germanique.

Territorialement, cette fondation résulte de la réunion au royaume d'Allemagne de la zone médiane de l'Empire carolingien, qui, au traité de Verdun, avait échu à Lothaire. Ce processus fut inauguré par le premier roi de la dynastie saxonne Henri Ier (876-936) qui devint en 925 maître de la Lorraine, portant ainsi ses frontières occidentales sur l'Escaut et sur la Meuse, et qui réussit à imposer son protectorat au royaume de Bourgogne ; après un siècle de symbiose avec la Germanie, ce dernier sera incorporé à l'Empire en 1034.

La part essentielle dans la création de l'Empire revient cependant au fils de Henri, Otton Ier le Grand (912-973). Ayant réussi à consolider la royauté en Allemagne grâce à l'appui que lui prêtait l'Église, poussant les limites de la Germanie dans les pays slaves situés à l'est de la Saale et de l'Elbe dont il entreprit la christianisation, roi d'Italie dès 951, paré du prestige qui lui valut sa victoire sur les Hongrois au Lechfelden, en 955, il fut appelé à Rome par le pape Jean XII qui le couronna empereur le 2 février 962. Essentiellement germanique par sa composition, romain par son lieu de naissance, l'Empire assura à Otton le contrôle de l'élection papale et de l'État pontifical et lui conféra en outre une mission générale de protection de la chrétienté.

Cette mission, le petit-fils d'Otton le Grand, Otton III (980-1002), la conçut d'une manière particulièrement originale.

Fils d'une princesse byzantine qui avait épousé Otton II, très instruit, curieux de toutes choses, animé d'une spiritualité ardente, Otton III considérait son titre d'empereur des Romains non point comme un souvenir, mais comme une réalité vivante. Couronné empereur en 996, il s'installe à Rome, s'entourant d'un décor somptueux et reprenant en main son royaume d'Italie. Il porte à la papauté son dernier maître à penser, Gerbert (Silvestre II), et garde sous sa direction l'État pontifical. « Esclave des apôtres » comme il s'intitule lui-même, il proclame que sa mission est d'accroître, en union avec le pape, le temporel des deux saints tutélaires de Rome. Or ce domaine s'appelle chrétienté ; universel comme celle-ci, l'Empire romain en sera le cadre, largement ouvert aux populations déjà chrétiennes ou appelées à le devenir, qui y trouveront une place compatible avec leur indépendance. À ce programme Otton III donna en 1000 et en 1001 un commencement d'exécution en fondant, avec le plein accord de Silvestre II, les Églises de Pologne et de Hongrie et en associant les chefs des deux États, le duc Boleslas Chrobry et le roi Étienne, en tant que « coopérateurs » à ses propres tâches. Très en avance sur la mentalité du temps, cette conception lucide et neuve heurtait cependant trop d'intérêts pour qu'elle pût s'imposer. Chassé de Rome par une émeute, Otton III mourut avant d'avoir atteint sa vingt-deuxième année.

N'ayant ni femme ni enfant, il eut pour successeur son cousin, Henri (973-1024), duc de Bavière, élu en Allemagne sous le nom de Henri II en 1002. Abandonnant les vues universalistes de son prédécesseur, il ramena en quelque sorte l'Empire en Allemagne où il parvint à maintenir non sans peine l'équilibre qu'Otton Ier avait créé entre la royauté et les pouvoirs locaux. Il dirigea efficacement l'Église qui ne lui marchanda jamais son appui. Esprit profondément religieux, menant une vie irréprochable, Henri II fut canonisé un siècle après sa mort (1142). Avec lui s'éteignit le lignage ottonien.

ROBERT FOLZ

OUEN saint (600 env.-684)

Dadon ou Audoenus (ce qui donna en français Ouen) est né près de Soissons, vers 600, dans une noble famille, profondément chrétienne. Enfant, il reçoit la bénédiction de saint Colomban, de passage chez ses parents. À la cour de Clotaire II (mort en 629) et de Dagobert (mort en 639), il est référendaire et chargé de missions importantes. Dès 636, Ouen fonde un monastère à Rebais (Seine-et-Marne). Encore laïque, il est élu évêque de Rouen. Il est ordonné le 13 mai 641. Dans son diocèse de Rouen, il retrouve ses amis, Philibert, fondateur de l'abbaye de Jumièges, et Wandrille, fondateur de celle de Fontenelle (laquelle s'appela par la suite abbaye Saint-Wandrille). Il conserve une grande influence dans le royaume comme conseiller de la reine Bathilde jusqu'à sa retraite à Chelles. Il entretient d'excellentes relations avec le terrible maire du palais, Ébroïn. Déjà âgé, il entreprend le voyage de Rome. Obligé de se rendre auprès du maire du palais d'Austrasie, Pépin d'Héristal, il meurt, au retour, à Clichy, près de Paris, lieu où se situe la ville appelée en son honneur Saint-Ouen. Il est enterré à Rouen dans l'abbaye qui porte maintenant son nom.

JACQUES DUBOIS

OXFORD PROVISIONS D'(1258)
→ PROVISIONS D' OXFORD

P

PAPES D'AVIGNON
→ AVIGNON PAPES D'

PARCHEMIN

Peau de mouton, de veau ou de chèvre spécialement préparée pour recevoir l'écriture. La peau de très jeune veau, d'une grande finesse, est dite « vélin ». L'invention du parchemin, attribuée par la légende aux habitants de Pergame (d'où le nom de *pergamenum*), date sans doute du début de l'ère chrétienne. C'est vers le IVe siècle qu'il a commencé à concurrencer le papyrus, dont la fabrication s'est poursuivie jusqu'au milieu du Xe siècle en Égypte et jusqu'au XIe siècle en Sicile. Le parchemin est apparu en Europe au cours du VIIe siècle et l'emploi s'en est généralisé au VIIIe, en partie en raison des qualités propres du nouveau support (robustesse supérieure à celle du papyrus), en partie pour pallier les difficultés d'approvisionnement en papyrus liées à la conquête arabe.

Du IXe au XIVe siècle, le parchemin a été le support normal de l'écriture en Occident. Les actes ont été rédigés sur les peaux ou sur des fragments de formes et de tailles très diverses, car on utilisait la moindre partie des peaux naturelles (certains mandements ou certaines quittances sont de simples languettes). Calibrées, les peaux ont été pliées et reliées en forme de *codex* (manuscrits, cartulaires, registres). Elles ont souvent été cousues bout à bout en des rouleaux (rôles) qui atteignent parfois plusieurs dizaines de mètres de long.

Le prix des peaux a conduit au réemploi fréquent de pièces dont l'intérêt juridique avait disparu, qu'on lavait et grattait d'autant plus aisément que la peau était grossière. On appelle palimpsestes les manuscrits (surtout du haut Moyen Âge) dont les pages ont ainsi porté successivement deux textes, dont le plus ancien peut parfois être révélé par un traitement chimique ou optique.

Importé d'Asie, puis d'Espagne, le papier a été considéré en Occident, du XIe au XIVe siècle, comme une curiosité fort onéreuse. La multiplication des moulins à papier au XIVe siècle et l'abaissement des prix de revient, en même temps qu'une meilleure résistance à la déchirure, ont provoqué à la fin du Moyen Âge le rapide déclin du parchemin dans l'usage courant. Dès le XVe siècle, ce n'était plus que la matière de manuscrits de luxe ou d'actes solennels. L'invention de l'imprimerie entraîna l'effacement définitif du parchemin, qui subsista cependant jusqu'au XIXe siècle pour divers types de diplômes et d'actes officiels.

JEAN FAVIER

PARISIS

Terme qui a désigné la monnaie royale de Paris. Bien que, de toute ancienneté, il y ait eu à Paris un atelier monétaire, le nom de parisis ne paraît pas antérieur au règne de Philippe Ier (1060-1108) : à cette époque, un certain nombre d'autres ateliers royaux furent soumis aux mêmes règles que celui de Paris, ce qui eut pour conséquence l'existence du système parisis.

L'établissement d'une monnaie royale forte et stable, destinée à concurrencer les monnaies féodales, répond à un désir des Capétiens de reprendre en main la frappe de la monnaie, privilège royal usurpé par les féodaux ; il faut que, même dans les grandes principautés territoriales, la monnaie royale ait cours et soit préférée pour sa qualité : la monnaie est un moyen d'assurer et d'établir la prépondérance royale.

Largement répandu dans le nord du pays, le denier parisis était concurrencé au sud de la Loire par le denier tournois frappé à Tours. Le denier parisis était plus fort d'un quart que le denier tournois. Quand Philippe Auguste annexa la Touraine dans les premières années du XIIIe siècle, il ne jugea pas bon de supprimer le denier tournois et de le remplacer par le denier parisis. Il transforma l'atelier de Tours en atelier royal et laissa subsister concurremment les deux systèmes monétaires, chacun dans son aire géographique.

Avec la réforme monétaire de Saint Louis et la frappe de nouvelles espèces monétaires (gros sou tournois, écu d'or), le denier parisis tend à se transformer en monnaie d'appoint, mais le sou et la livre parisis subsistent comme monnaie de compte concurremment avec le sou et la livre tournois, d'utilisation beaucoup plus générale.

Ce double système de monnaie de compte subsista jusqu'en 1667 : à cette date, la livre parisis fut supprimée, et seule subsista la livre tournois qui fut remplacée à la Révolution par le franc, de valeur presque équivalente.

JEAN DÉRENS

PARLEMENTS

Issu de la *Curia regis* (Cour ou Conseil du roi), le parlement est l'un des principaux rouages de l'administration centrale de la France d'Ancien Régime. En 1239, le mot *parlamentum* est employé pour la première fois pour désigner une session judiciaire du Conseil. Il n'avait auparavant que le sens très général de conversation, entrevue, assemblée. Ces « parlements » deviennent de plus en plus fréquents. La Cour de justice acquiert un siège fixe sous Saint Louis, à côté du palais royal et de la Sainte-Chapelle, au lieu même de l'actuelle cour d'appel de Paris. L'ordonnance de 1345 lui donne un personnel stable, spécialisé. Le mot de « parlement », qui avait longtemps désigné une session, s'applique désormais à une institution.

Le parlement français n'est pas une assemblée représentative, à la différence du parlement anglais qui correspond plus exactement aux états généraux ou provinciaux français. (L'administration judiciaire centrale en Angleterre se compose de deux cours : les Plaids communs et le Banc du roi.) Le parlement anglais eut, surtout au XIVe siècle, un véritable pouvoir législatif ; il pouvait publier des « statuts ». En France, il n'y eut jamais que des ordonnances royales. Cependant, au cours des siècles, les parlementaires français prétendirent jouer un rôle politique, devenir de véritables représentants de la nation, se flattant d'agir au nom de l'intérêt public.

Le parlement est avant tout l'organe essentiel de la justice royale. Il lui permet d'imposer sa souveraineté, de lutter contre les justices seigneuriales et ecclésiastiques en répandant à son profit l'idée féodale d'appel au suzerain.

Sa compétence est universelle au royaume jusqu'au XVe siècle, où sont créés les parlements de province, apparemment pour continuer les institutions régionales des anciennes principautés territoriales périphériques, en fait pour accroître la centralisation monarchique. Le premier parlement de province fut créé en 1420 par le futur Charles VII à Toulouse, Paris étant tombé aux mains des Anglais. À la fin de la guerre de Cent Ans, la Guyenne ayant été définitivement récupérée, Bordeaux eut son parlement (1463). Le Dauphiné, la Bourgogne, la Provence rattachés à la France eurent leur parlement respectivement à Grenoble (1453), Dijon (1477), Aix (1501).

BRIGITTE MONTEAGLE

PAROISSE

À l'époque du haut Moyen Âge, la paroisse désigne le lieu de culte, l'église et, par extension, les terres dont elle est dotée par l'évêque pour sa subsistance avec les tenanciers qui y vivent et lui versent la dîme. Le recteur ou curé a la charge (la cure) des âmes de ces tenanciers qui sont tenus d'y remplir leurs devoirs de chrétiens depuis le baptême jusqu'à l'inhumation des leurs dans le cimetière attenant à l'église ; chaque fête ou sacrement est l'occasion d'offrandes tarifées au titulaire de la cure. Celui-ci doit par contre donner à ses paroissiens un rudiment d'enseignement et venir en aide aux plus pauvres. L'église représente enfin un lieu d'asile et de culte particulier pour son saint patron, dont quelque précieuse relique y est généralement conservée. Lorsque la monarchie franque s'effondre au IXe siècle, la paroisse demeure un cadre pour la vie sociale. Mais les désordres de l'époque féodale favorisent la mainmise des seigneurs laïcs sur les paroisses ; ils s'arrogent alors le droit d'en nommer les desservants en dehors de toute considération religieuse ; beaucoup de seigneurs construisent également sur leur domaine des églises dont ils se considèrent comme propriétaires. La réforme grégorienne et le rétablissement de l'ordre monarchique vont permettre aux évêques de restaurer leur autorité sur les paroisses qui, avec l'expansion démographique, se multiplient aux XIIe et XIIIe siècles dans les villes comme dans les campagnes ; le seigneur demeure le « patron » de l'église, mais la nomination du curé dépend de l'évêque qui exige de lui l'ordination majeure ainsi que le célibat et a le devoir de visiter régulièrement les paroisses de son diocèse, même si ces conditions ne sont pas toujours respectées dans la pratique. Les limites de la paroisse sont alors strictement déterminées, autant pour des raisons économiques (dîmes et offrandes) que pour la surveillance des paroissiens, passibles d'excommunication si leur fréquentation ou leur pratique ne sont pas attestées par le curé. Ainsi l'église paroissiale exerce-t-elle une sorte de monopole de la vie religieuse, qui est parfois l'occasion de conflits, notamment lorsque les prédicateurs des ordres mendiants, au XIIIe siècle, vont attirer de grandes foules de fidèles, détournant à la fois de la paroisse les âmes et les offrandes. Également au XIIIe siècle, la surveillance exercée par le curé, qui n'est pas toujours exempte de vindicte personnelle, fournit de nombreuses victimes à l'Inquisition.

L'église paroissiale, lieu de réunion, de fête, parfois de marché, est aussi un centre d'information : c'est au sermon dominical que sont lues les proclamations émanant de l'évêque, du seigneur ou du pouvoir royal ; le parvis ou le cimetière sont des lieux de célébration des processions et des mystères.

Circonscription administrative dans l'Ancien Régime, la paroisse est la cellule de base de la fiscalité et c'est un rôle essentiel des assemblées de paroisse, ou de village, que de répartir la somme fixée pour la taille entre les chefs de feux ainsi que d'en élire pour l'année les collecteurs. Ces assemblées sont aussi un moyen pour les habitants de la paroisse de se défendre contre l'arbitraire seigneurial et c'est sans doute la raison pour laquelle la monarchie, constamment en lutte contre la féodalité, les a soutenues et favorisées jusqu'à sa chute.

SOLANGE MARIN

PASTOUREAUX

Membres d'un mouvement populaire d'allure hérétique qui se développa au XIIIe et réapparut au XIVe siècle. En 1251, un homme qu'on appelle Maître Jacques de Hongrie se met à prêcher en Picardie, prétendant avoir reçu la mission de rassembler des gens d'humble origine pour libérer la Terre sainte et le roi emprisonné.

Il réussit à réunir rapidement plusieurs milliers de jeunes paysans et bergers. Cette armée s'établit d'abord à Amiens, où Maître Jacques devient le maître absolu de la ville. Il déclare qu'il a le pouvoir d'absoudre toutes sortes de péchés et s'attaque au clergé avec véhémence. D'Amiens, il dirige ses partisans vers Paris. La reine Blanche de Castille, espérant que les pastoureaux vont reconquérir la Terre sainte, reçoit Maître Jacques, qui exerce une impression très favorable sur elle. Après avoir quitté Paris, où celui-ci revendiqua tous les pouvoirs spirituels et persécuta sans pitié les prêtres, l'armée se divise en trois corps, dont le principal se dirige vers Orléans et les deux autres vers Bourges et vers la Bretagne.

À Orléans, Maître Jacques, traité d'hérétique par un enfant, se venge sur le clergé. À Tours, les scènes de violence se répètent : églises profanées, moines injuriés. Finalement, l'armée de Jacques est écrasée. Le corps de Bourges est, lui aussi, anéanti par des milices bourgeoises entre Morthomiers et Villeneuve-sur-Cher. Seul un petit groupe de pastoureaux peut se sauver en passant la Manche. Ces survivants commencent à marcher sur Londres avec des Anglais qui s'allient à eux ; mais leur chef est assassiné et eux-mêmes condamnés à faire un pèlerinage en Terre sainte.

En 1320, le mouvement renaît en Normandie, animé par deux anciens ecclésiastiques qui prétendent que Dieu a choisi les pauvres bergers pour libérer la Terre sainte. Ce groupe est caractérisé par un fort antisémitisme. Arrivant dans une ville, ses membres essaient d'abord de convertir les Juifs ; si ces derniers refusent le baptême, ils sont massacrés immédiatement. Les pastoureaux se dirigent vers le midi de la France, où ils tuent cent vingt-cinq juifs à Castelsarrasin et cent quinze à Château-Narbonnais. À Verdun-sur-Garonne, cinq cents juifs choisissent la mort volontaire avant leur arrivée. Quand la secte se décide à marcher sur Avignon, le pape Jean XXII fait échec à ses exactions. Finalement, le sénéchal de Carcassonne disperse les pastoureaux, qui s'enfuient vers Aigues-Mortes.

EDINA BOZOKY

PÉPIN LE BREF (714-768) roi des Francs (751-768)

Deuxième fils de Charles Martel, Pépin devint, après la mort de celui-là, maire du palais en même temps que son frère aîné Carloman. Le mal qu'ils eurent à imposer leur autorité contre leur demi-frère Griffon et contre les ducs des pays limitrophes du royaume contraignit les deux princes à faire monter sur le trône, en 743, le Mérovingien Childéric III dont le pouvoir ne fut d'ailleurs que nominal. Le fait majeur des premières années fut cependant la réforme de l'Église bouleversée par les sécularisations de Charles Martel. Pépin et Carloman l'accomplirent prudemment et réglèrent, en 744 et 745, la question des biens ecclésiastiques confisqués par un compromis qui fit naître la vassalité. Demeuré depuis l'abdication de Carloman en 747 seul maître du royaume, Pépin prépara son accession au trône, sollicitant l'avis du pape Zacharie en 750 et obtenant de lui la réponse célèbre selon laquelle devait être roi celui qui exerçait la réalité du pouvoir. Elle permit à Pépin de se faire élire roi en 751 ; le sacre que lui conférèrent les évêques le revêtit d'une légitimité nouvelle, celle d'être l'élu de Dieu. L'entente entre Pépin et le Saint-Siège parut au grand jour en 754. Menacé par le roi des Lombards, Aistulf, désespérant d'obtenir des secours de l'Empire byzantin, le pape Étienne II se rendit en France pour solliciter l'aide de Pépin. Deux campagnes en Italie (754 et 756) permirent à celui-ci d'arracher aux Lombards leurs conquêtes et de remettre vingt-deux villes de l'Exarchat de Ravenne, de l'Émilie et de la Pentapole au pape qui était déjà en fait maître de Rome : l'État pontifical était né. Le dernier fait important du règne de Pépin a été la conquête de l'Aquitaine (760-768).

ROBERT FOLZ

PESTE NOIRE

Les « mortalités »

Mal équipées pour produire leur subsistance et maintenues, pour une large part, en état de sous-alimentation chronique, les sociétés de l'Occident médiéval ont vécu dans une déficience biologique propice à la propagation des maladies. Certaines d'entre elles étaient épidémiques, telle la lèpre. Celle-ci suscita, à partir du XIIe siècle, les premières mesures d'exclusion visant à retrancher de la vie commune certains individus en raison de leur situation pathologique et à les réunir dans des îlots strictement fermés. D'autres maladies surgissaient périodiquement et parcouraient telle ou telle région en grandes vagues épidémiques.

Les chroniqueurs ont noté soigneusement ces accidents, les passages des « pestilences » ou des « mortalités » qui, en quelques mois, faisaient disparaître une importante fraction de la population. « En ce temps-là (997), le mal des ardents s'alluma chez les Limousins. Un nombre incalculable d'hommes et de femmes eurent le corps consumé par un feu invisible et de tous côtés la plainte emplissait la terre. Alors l'abbé de Saint-Martial de Limoges [...] et l'évêque se concertèrent avec le duc et ordonnèrent aux Limousins un jeûne de trois jours. Tous les évêques d'Aquitaine s'assemblèrent à Limoges : les corps et les reliques des saints y furent solennellement apportés de toutes parts ; le corps de saint Martial fut tiré de son sépulcre ; tout le monde fut rempli d'une joie immense, et partout le mal arrêta ses ravages » (Adémar de Chabannes). « Un secret jugement du Seigneur fit s'abattre sur le peuple la vengeance divine (1045). Un feu mortel se mit à dévorer force victimes, autant parmi les grands que dans les classes moyennes et inférieures ; il en réserva quelques-uns, amputés d'une partie de leurs membres, pour l'exemple des générations suivantes. En même temps, la population du monde presque entier endura une disette résultant de la rareté du vin et du blé » (Raoul Glaber).

Ces textes font apparaître d'abord que, pour les contemporains, l'épidémie, comme les autres accidents cosmiques inexplicables, les éclipses, le dérèglement des planètes ou les inondations, étaient des signes de la colère divine, la meilleure thérapeutique résidant par conséquent dans des rites liturgiques, des cérémonies expiatoires et les macérations d'une pénitence collective. Ils montrent aussi que le mal était étroitement lié à la disette et se développait dans une population que venait d'affaiblir une pénurie alimentaire exceptionnelle. Il est rarement possible à propos de ces éruptions épidémiques de définir la nature exacte des maladies, ni d'assurer leur caractère contagieux, non plus que de mesurer la proportion des victimes. Seule est évidente leur relation avec des carences diététiques et avec la famine.

L'épidémie

La situation se transforme avec l'invasion de l'Europe en 1348 par la peste noire. Le changement se manifeste d'abord dans les sources elles-mêmes : tous les chroniqueurs ont eu conscience d'être en face d'un phénomène nouveau et ont jugé nécessaire de donner une description du mal. Celui-ci est donc beaucoup mieux connu, et l'on peut dire qu'à ce moment commence véritablement l'histoire des épidémies européennes. À vrai dire, la peste avait déjà ravagé l'Occident médiéval au VIe siècle. Venue d'Orient, elle sévit, pendant un demi-siècle à partir de 543, en Italie, en Espagne et dans une partie de la Gaule. Les historiens inclinent à mettre en partie au compte de cette première épidémie la régression démographique qui fit de l'Europe du haut Moyen Âge un pays très faiblement peuplé. Mais la maladie s'est alors développée dans un monde très barbare, et l'extrême rareté de la documentation empêche d'en mesurer l'ampleur et les effets.

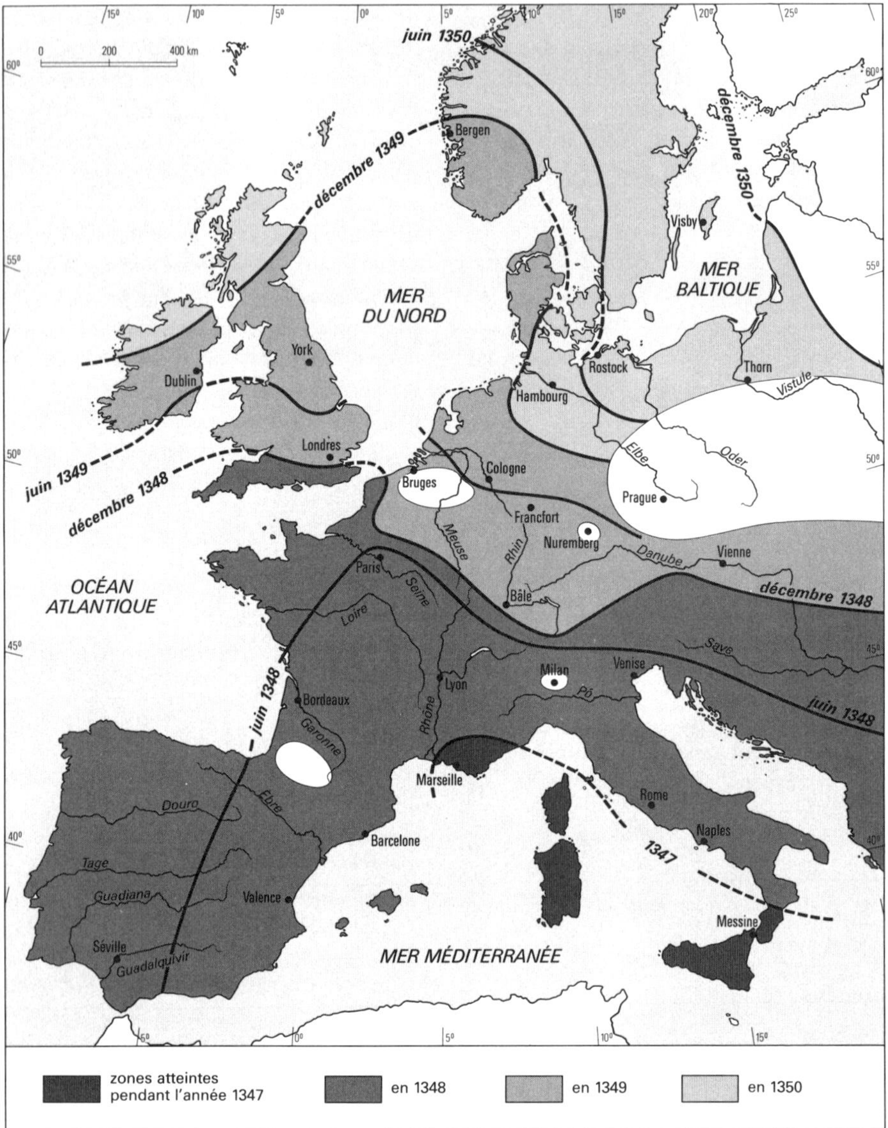

Propagation de la peste noire en Europe, 1347-1350.

Celle qui, née en Asie centrale, atteignit Marseille à la fin de l'année 1347, par l'intermédiaire des navigateurs italiens et de leurs comptoirs commerciaux de Crimée, bénéficie au contraire d'un éclairage suffisant pour qu'on puisse établir à son propos un certain nombre de données sûres. Elle a fait naître en effet, au XIVe et surtout au XVe siècle, une abondante littérature médicale. Ces traités attestent qu'il s'agit bien de la peste bubonique, transmise par les rats et les puces, mais doublée d'une forme pulmonaire, plus foudroyante et qui se propage par contagion directe. L'évolution du mal est très rapide et, dans les pays où il sévit encore aujourd'hui, il déterminait naguère, avant les découvertes thérapeutiques très récentes, des taux de mortalité oscillant entre 60 et 100 p. 100.

Diffusion

Au XIVe siècle, le passage de l'épidémie fut bref ; dans la plupart des localités, elle ne régna pas plus de six mois consécutifs. Mais elle parcourut l'Europe, du sud au nord. Depuis Marseille, elle gagna très vite Avignon, alors séjour du pape et carrefour du monde chrétien, qui fut un admirable pôle de diffusion. Avant l'été de 1348, elle avait traversé toute l'Italie, la moitié orientale de l'Espagne et la France jusqu'à Paris ; pendant la fin de l'année, elle se répandit en Normandie et dans le sud-ouest de l'Angleterre. En 1349, elle ravagea l'Allemagne presque entière, les Pays-Bas, le nord-est de la France, l'Angleterre, l'Irlande, l'ouest du Danemark et de la Norvège, et poursuivit sa marche plus à l'est l'année suivante.

Il apparaît cependant que la vague ne submergea pas tout. Localement, des agglomérations voisines furent très inégalement frappées ; des provinces entières semblent avoir été à peu près épargnées, le Béarn, la plus grande part de la Pologne, la Bohême, la Hongrie ; venue de France, l'épidémie atteint l'ouest des Pays-Bas en 1349, elle en pénètre l'est, depuis l'Allemagne, en 1350, mais elle laisse indemne le centre de la région. Il semble, d'autre part, que la violence du choc varia en fonction des structures sociales.

Le mal semble s'être propagé de manière plus catastrophique dans tous les groupes humains fortement rassemblés, les communautés religieuses, les corps de troupe, et, d'une manière générale, dans les villes ; ses ravages furent peut-être atténués dans les campagnes, et notamment dans les régions d'habitat dispersé. D'autre part, la peste a sans doute frappé moins durement les riches qui, mieux nourris, vivaient dans de meilleures conditions d'hygiène et qui pouvaient plus aisément fuir devant le fléau, comme le petit groupe d'aristocrates réfugiés dans un domaine de la campagne florentine, dont Boccace fait les conteurs du *Décaméron* ; à Lübeck, par exemple, les propriétaires de maisons ont succombé dans la proportion d'un quart seulement, alors que le taux moyen de mortalité dans les villes allemandes fut de 50 p. 100. On retrouve ici le lien entre le développement de l'épidémie et les conditions alimentaires. N'oublions pas que, lorsque la peste noire envahit l'Europe, celle-ci, encore surpeuplée, contenait un prolétariat misérable et famélique, déjà fortement malmené par les disettes et la suite de « mortalités » mal définies qui remplissaient la première moitié du XIVe siècle, et que ces conditions biologiques ménageaient un terrain favorable à l'irruption de la pandémie.

Les victimes

Les médecins de l'époque se sentirent désarmés devant elle. Ils en attribuèrent généralement l'origine à la « corruption » de l'air, l'un des quatre éléments du cosmos, provoquée par la conjonction de certaines planètes. Ils ne surent proposer que des remèdes dérisoires, et notamment des feux d'herbes aromatiques que l'on croyait propres à vaincre cette corruption atmosphérique.

Rares sont les données numériques qui permettent une évaluation précise des victimes de la maladie. « Par tout le monde, une maladie courait, appelée épidémie, dont mourut le tiers des hommes » : Froissart exprime ici l'opinion commune des contemporains quant à la proportion moyenne des décès. Celle-ci, estiment les historiens, oscilla, selon les régions et les groupes sociaux, entre deux tiers et un huitième. À Brême, 70 p. 100 des habitants moururent, de 50 à 60 p. 100 à Hambourg, 10 p. 100 à Magdebourg. Le registre paroissial de la bourgade de Givry, en Bourgogne, peuplée d'environ 1 500 âmes, fait mention de 645 décès entre le 1er août et le 15 novembre 1348. Dans quelques villages dépendant de l'abbaye de Westminster, 24 personnes moururent en 1346, une cinquantaine en 1347 et 1348 ; il en mourut 707 l'année suivante lorsque passa la peste. Albi comptait 1 790 chefs de famille en 1343, 1 100 à peine en 1357.

Conséquences

Répercussions psychologiques

Une telle saignée ne fut pas sans conséquences. Psychologiques d'abord. De même qu'au XIe siècle, devant les mortalités dont on ignorait les causes et les remèdes, les hommes virent dans cette hécatombe l'expression du courroux du Ciel. Pour conjurer le fléau se développèrent donc des rites de pénitence collective, parmi lesquels les processions de flagellants. « En l'an de grâce de Notre-Seigneur 1349 allèrent les pénitents. Ils sortirent d'abord d'Allemagne. Ce furent des gens qui faisaient pénitences publiques et se battaient de verges à aiguillons de fer. Ils se déchiraient le dos et les épaules en chantant des chansons bien pitoyables sur la Nativité et la Passion [...]. Ils faisaient leur pénitence trente-trois jours et demi, autant que Jésus-Christ passa d'années sur terre. Puis ils retournaient chez eux. Cette chose fut commencée pour prier Notre-Seigneur de refréner sa colère et casser ses verges » (Froissart). La terreur devant la maladie conduisit également à massacrer les juifs, qui furent accusés d'avoir empoisonné les puits et les fontaines. « En ce temps furent généralement par tout le monde pris et brûlés les juifs, leurs avoirs confisqués, excepté en Avignon, en terre d'Église » (Froissart). La peste favorisa l'explosion d'un antisémitisme latent, où les antagonismes religieux étaient avivés par les intérêts économiques. Peu à peu se répandit même l'idée fausse que les juifs avaient été moins atteints par l'épidémie que les chrétiens.

D'une manière générale, il semble que la conscience collective ait été durablement secouée ; on peut en trouver le témoignage dans l'évolution des thèmes de la peinture, spécialement étudiée à Florence et à Sienne, et qui montre, comme la multiplication des confréries pieuses, un enfoncement dans le ritualisme et une fuite vers le surnaturel.

Conséquences démographiques et économiques

Les répercussions démographiques et économiques de la peste noire furent également profondes et durables. L'épidémie survenait dans une population en voie de stagnation sinon de déclin depuis l'optimum de la fin du XIIIe siècle. Les énormes vides creusés par le mal devaient sans doute être rapidement comblés, dans un milieu que cette brusque perte de substance libérait en effet du poids du surpeuplement. Mais la peste, à l'inverse des précédentes « mortalités », jusqu'ici occasionnelles, s'installa pour longtemps en Europe ; elle se ralluma périodiquement, tous les dix ou quinze ans, pendant plus d'un demi-siècle. Ces résurgences furent durement ressenties ; la peur qu'elles éveillèrent fut sans doute plus vive que lors de la première attaque et se transforma en inquiétude permanente. Surtout, elles empêchèrent, par leur répétition, toute reprise démographique et inclinèrent vers un abaissement progressif l'évolution de la population européenne. Peu à peu, certes, la maladie devint moins meurtrière, tandis que l'organisme humain s'accoutumait à se défendre contre elle. En Angleterre, où les études statistiques ont été des plus poussées, on voit le taux de mortalité décroître régulièrement dans le cours du XIVe siècle, à chaque retour de l'épidémie. Mais le premier de ces retours, en 1360, avait été presque aussi destructeur que l'attaque de 1349 ; en outre, il avait spécialement frappé les enfants, ce qui engageait davantage l'avenir. La peste noire n'est certes pas à l'origine d'une régression démographique dont on voit les traces évidentes avant son apparition, mais elle l'a considérablement accentuée ; sans elle, l'Europe n'aurait pas été, comme il apparaît, deux fois moins peuplée en 1300 qu'un siècle plus tôt.

L'épidémie doit être tenue pour un facteur de première importance dans l'histoire économique de la fin du Moyen Âge. En premier lieu, elle a provoqué une crise de main-d'œuvre dont ont souffert les exploitants des grands domaines et les entrepreneurs qui dominaient la production artisanale. Cette crise a déterminé un brusque désordre dans les salaires, auquel les souverains ont essayé de remédier par les édits enjoignant de ramener les gages à leur niveau d'avant la peste. Vaine tentative. L'élévation des frais d'embauche, jointe à la diminution du nombre des sujets et à la nécessité, pour repeupler les exploitations progressivement désertées, de consentir à une réduction des redevances et des services, a porté un coup très rude à la seigneurie rurale et hâté sa décomposition. Améliorant ainsi la situation des travailleurs survivants, l'épidémie fut d'autre part à l'origine d'une concentration des patrimoines. La tonalité nouvelle que revêt l'économie européenne après 1348 (sa relative atonie consécutive à la raréfaction des producteurs et des consommateurs et, d'autre part, la hausse du niveau de vie, sensible aux différents étages de la société) ne peut être expliquée sans faire intervenir les effets, directs et indirects, de la peste noire. Celle-ci, la première d'une série de vagues épidémiques qui se sont succédé jusqu'au XIXe siècle, marque incontestablement le seuil d'une nouvelle phase de l'histoire de l'Occident.

GEORGES DUBY

Bibliographie

G. C. COULTON, *The Black Death*, New York, 1930 / F. A. GASQUET, *The Black Death of 1348-1349*, Londres, 1908 / C. PÉTOURNAUD, « Les Léproseries lyonnaises au Moyen Âge et à la Renaissance », in *Cah. Hist. Universités Clermont - Lyon - Grenoble*, no 4, 1962 ; no 1, 1963 / Y. RENOUARD, « Conséquences et intérêt démographique de la peste noire de 1348 », in *Population*, 1948 / G. STICKER, *Die Pest*, Giessen, 1908-1912.

PHILIPPE Ier (1052-1108) roi de France (1060-1108)

Couronné à Reims en 1059 en présence de son père, Philippe Ier, fils d'Henri Ier (mort en 1060) et d'Anne de

Kiev, ne règne seul qu'à partir de 1066, car sa mère, assistée de son oncle, le comte de Flandre Baudouin V, et de l'archevêque de Reims, Gervais, exerce la régence de 1060 à 1066. Sous son règne se dessinent les grandes lignes de la politique des souverains capétiens du XIIe siècle : assurer une base réelle à la puissance royale en consolidant le domaine, et abaisser ou contenir les trop puissants vassaux.

Pour reconstituer le domaine royal, il s'empare d'une partie du Vermandois, du Gâtinais (1068), du Vexin français (1077), de la vicomté de Bourges et de la seigneurie de Dun-le-Roi (1101). Il développe l'administration royale aux dépens des seigneurs féodaux, et, pour assurer des revenus à la couronne, il dispose des biens d'Église et vend les charges ecclésiastiques, ce qui lui attire les foudres des réformateurs grégoriens. Au moment où le pape Urbain II prêche en France la première Croisade (1095), Philippe Ier est excommunié pour avoir répudié Berthe de Hollande et épousé Bertrade de Montfort.

Son vassal le plus redoutable est Guillaume le Conquérant, duc de Normandie devenu roi d'Angleterre (1066-1087). Philippe trouve l'appui des comtes d'Anjou et de Flandre qui se sentent aussi menacés par ce trop puissant voisin, et c'est pour consolider son alliance avec la Flandre qu'il a épousé Berthe de Hollande, sœur du comte Robert le Frison. Selon une politique reprise par ses successeurs, il s'efforce de développer les dissensions à l'intérieur de la famille du Conquérant, soulevant le fils, Robert Courteheuse, contre son père (1078) puis contre son frère, Guillaume II le Roux (1087-1100). Ayant conservé avec peine le Vexin français en 1087, Philippe laisse le soin des opérations sur le terrain à son fils Louis VI, associé à la couronne en 1098.

MICHEL SOT

PHILIPPE II AUGUSTE (1165-1223) roi de France (1180-1223)

Fils de Louis VII et d'Adèle de Champagne, Philippe II Auguste trouve à son avènement un domaine florissant mais restreint, comprenant l'Île-de-France, l'Orléanais et une partie du Berry. Le reste du royaume est partagé en une dizaine de fiefs sur lesquels le roi n'a qu'un droit théorique de suzeraineté, surtout quand il s'agit des provinces de l'Ouest réunies dans la dépendance du roi d'Angleterre Henri II Plantagenêt. Le jeune roi – il a quinze ans – entreprend immédiatement d'accroître son domaine et de tirer parti des rivalités entre les grands.

En avril 1180, il épouse Isabelle de Hainaut qui lui apporte l'Artois en dot. Mais il entre bientôt en conflit avec le comte de Flandre, oncle de sa femme, et une grande coalition féodale est nouée : le roi parvient à la défaire (traité de Boves, 1185), ce qui lui vaut de rattacher à la couronne les comtés d'Amiens, de Montdidier et les châtellenies de Roye et de Thourotte.

La grande entreprise du règne fut l'abaissement des Plantagenêts. Philippe Auguste soutient les fils révoltés (Henri puis Geoffroi) contre leur père Henri II. Un coup de main sur Issoudun lui permet d'imposer sa volonté et d'acquérir une partie du Vermandois tandis qu'il marie sa fille à Jean sans Terre, fils du roi d'Angleterre (traité de Châteauroux, 1187). La lutte n'en continue pas moins jusqu'à la capitulation de Henri II à Azay-le-Rideau le 4 juillet 1189. Richard Cœur de Lion, devenu roi, part pour la croisade avec Philippe Auguste : l'entente n'est que passagère, et le roi de France, rentré précipitamment (1191), intrigue contre son allié devenu le rival de Jean sans Terre et, surtout, du duc d'Autriche qui arrête Richard à son retour et le livre à l'Empereur. La lutte reprend à la libération de Richard (1194) et tournait nettement à l'avantage de Cœur de Lion, quand celui-ci est tué au siège de Châlus en Limousin (1199). Philippe Auguste ne reconnaît à Jean sans Terre le titre de roi que moyennant la cession d'une partie du Vexin normand, du pays d'Évreux et du Berry (traité du Goulet, 1200). En 1202, Jean sans Terre n'ayant pas répondu à une convocation devant la justice royale, ses fiefs sont confisqués et Philippe Auguste entreprend d'exécuter la sentence : la Normandie, le Maine, l'Anjou et le Poitou sont annexés (1204-1208). Un débarquement en Angleterre est préparé, mais une vaste coalition réunissant les comtes de Boulogne, de Flandre, de Hollande, les ducs de Lorraine, de Brabant, de Limbourg, et surtout l'empereur germanique, l'empêche d'aboutir. Le roi de France réussit néanmoins, par la victoire de Bouvines (27 juill. 1214), à défaire la coalition, assurant ainsi sa tranquillité au nord et à l'est, et supprimant tout appui continental à Jean sans Terre qui doit reconnaître de fait les conquêtes de son rival. Celui-ci le menace encore en soutenant son fils, le futur Louis VIII, qui tente en vain de conquérir l'Angleterre (1216-1217).

Le même prince royal Louis intervient ensuite en Aquitaine aux côtés de Simon de Montfort contre le comte de Toulouse et les albigeois ; et Philippe Auguste avait auparavant mis la main sur l'Auvergne (à partir de 1189) et la Champagne (1201 et 1213). À sa mort, il est de loin le plus grand seigneur du royaume et il a réussi à imposer son autorité aux grands feudataires les plus proches.

À l'intérieur, Philippe Auguste met en place des méthodes nouvelles de gouvernement rendues nécessaires par l'extension du domaine. Il institue les baillis, officiers nommés et révoqués par le roi, qui le représentent dans toutes ses fonctions. Les impôts restent exceptionnels (dîme saladine), mais la collecte plus soigneuse des revenus domaniaux et la vente de privilèges aux communes et aux métiers accroissent considérablement la trésorerie royale confiée aux Templiers. Ces ressources permettent de rétribuer des mercenaires et d'élever de puissants châteaux (Dourdan, Issoudun, Gisors) : l'art de la guerre féodale en est transformé. De même, le gouvernement central évolue : les sessions de la cour se spécialisent dans les affaires judiciaires et financières, préfigurant ainsi le Parlement et la Cour des comptes ; les deux offices les plus importants (de sénéchal et de chancelier) sont supprimés, et d'une façon générale les grands féodaux laissent la place à des hommes d'extraction plus modeste, reconnus pour leurs compétences. La cour se fixe à Paris où, à partir de 1194, sont conservées les archives royales. Philippe Auguste entoure la ville de remparts, fait paver les rues et favorise le commerce (privilège aux marchands de l'eau).

Reste que ses rapports avec l'Église ont été souvent compliqués, comme ceux de plusieurs rois capétiens, à cause d'affaires de divorce. Sa première femme étant morte, Philippe a épousé Isambour de Danemark (1193). Il obtient d'une assemblée d'évêques l'annulation de son mariage, et a deux fils d'une princesse bavaroise, Agnès de Méran. Le pape jette l'interdit sur le royaume (1200) et Philippe ne s'inclinera qu'en 1213. Pourtant, à l'intérieur du royaume, il a de très bons rapports avec le clergé, intervenant peu dans les élections épiscopales et favorisant les ordres monastiques. C'est un des éléments qui contribuent à asseoir définitivement l'autorité royale : pour la première fois depuis l'avènement des Capétiens, le prince royal n'est pas associé au trône et il sera sacré sans difficulté après la mort de Philippe Auguste qui a régné quarante-trois ans, presque autant que son père Louis VII et que son petit-fils Louis IX.

MICHEL SOT

PHILIPPE III LE HARDI (1245-1285) roi de France (1270-1285)

Fils de Saint Louis et de Marguerite de Provence, Philippe III le Hardi a le malheur de succéder à un roi prestigieux et d'être finalement mal connu. Sa statue à Saint-Denis – image d'un roi vigoureux – ne correspond pas au portrait que tracent ses biographes : pieux, peu lettré, il aurait été le jouet de son entourage. En fait, les progrès de l'État sont tels que le roi a besoin de conseillers d'une autre trempe que ceux dont s'accommodait la royauté patriarcale. Leur activité fait douter du pouvoir réel du roi. Des noms sortent de l'ombre : Mathieu de Vendôme, abbé de Saint-Denis, et surtout Pierre de la Broce, ancien chirurgien et valet de chambre de Louis IX, parvenu au sommet des honneurs et de la fortune par la faveur de Philippe le Hardi. Bientôt, une violente cabale se déchaîne contre le favori ; elle n'hésite pas à utiliser les procédés les plus diffamatoires et parvient à le conduire au gibet (1278). Elle est menée par le cercle aristocratique de la jeune et jolie Marie de Brabant (épouse du roi en 1274 après la mort d'Isabelle d'Aragon), où se fait remarquer Charles d'Anjou, image type du chevalier conquérant. Entre les grands soucieux de conserver leurs privilèges, mais divisés en deux clans – celui de la reine en faveur des Angevins et celui de la reine-mère en faveur des Anglais –, et les avis de prudence des conseillers inquiets des problèmes financiers que pose à la royauté la hausse accélérée des prix et des dépenses, le roi hésite. L'annexion du Midi languedocien à la mort d'Alphonse de Poitiers (1271) se réalise sans grosses difficultés ; seul le comte de Foix résiste. Il cède le comtat Venaissin au pape Grégoire X en 1274 et le roi d'Angleterre reçoit l'Agenais en 1279. Cependant, Charles d'Anjou, le pape Martin IV et les barons consultés entraînent le roi dans la première guerre de conquête hors du royaume : la croisade en Aragon. C'est un échec (Girone, 1285). Philippe III meurt à Perpignan, victime d'une épidémie.

CLAUDE GAUVARD

PHILIPPE IV LE BEL (1268-1314) roi de France (1285-1314)

Le règne de Philippe IV le Bel, monté sur le trône de France à l'âge de dix-sept ans, à la mort de son père Philippe III, le 5 octobre 1285, est considéré par les historiens comme un des plus importants et des plus déconcertants de l'histoire de France.

Son importance tient au fait que le royaume de France apparaît alors au sommet de sa puissance médiévale : c'est le plus peuplé de la Chrétienté (de 13 à 15 millions d'habitants, le tiers de la Chrétienté latine). Il connaît une grande prospérité économique (extension maximale des défrichements, apogée des foires de Champagne, par exemple), le pouvoir monarchique accomplit de tels progrès qu'on voit dans Philippe le Bel, entouré de ses conseillers instruits en droit, les « légistes », le premier souverain moderne d'un État fort et centralisé.

Et pourtant, ce tableau optimiste ne cadre pas avec d'autres constatations. Un profond malaise économique semble latent, que manifestent les nombreuses mutations monétaires (dévaluations ou, plus rarement, réévaluations) ; à la fin du règne, le déclin des foires de Champagne concurrencées par le commerce maritime direct des Italiens avec l'Europe du Nord et, au lendemain de la mort du roi, la grande famine de 1315-1317.

Par ailleurs, des études plus minutieuses montrent un roi connaissant mal son royaume et incapable d'en maîtriser l'étendue (Fawtier), échouant à établir des impôts directs, impuissant à disposer d'une administration efficace (Strayer). Une série de procès et de scandales, mi-politiques, mi-privés, entourent la figure du roi d'un halo douteux : procès de l'évêque de Troyes, Guichard, accusé d'avoir fait mourir la reine par sorcellerie ; procès de l'évêque de Pamiers, Bernard Saisset, qui aggravera le différend du roi avec la papauté ; procès des Templiers ; emprisonnement des brus du roi et exécution de leurs amants.

Enfin, ce roi reste énigmatique. A-t-il été l'instigateur de la politique française ou un simple instrument entre les mains de ses conseilleurs ? Les chroniqueurs contemporains, hostiles pour la plupart aux aspects fiscaux et monétaires de cette politique, penchent pour la seconde hypothèse et font de Philippe IV un souverain mal conseillé. Mais c'est là une idée reçue de la littérature concernant les rois.

Il reste que, derrière ces incertitudes, on entrevoit en Philippe le Bel un type de roi qui n'est plus celui du Moyen Âge classique. Bien que l'on ait insisté sur sa piété et que son gouvernement ait continué l'évolution vers la spécialisation et la centralisation amorcée au moins sous Philippe Auguste, bien qu'il ait eu une vénération spéciale pour son grand-père dont il obtint la canonisation (1297), il apparaît comme un « anti-Saint Louis ». Un leitmotiv de cette époque est de déplorer les détériorations survenues depuis « le temps monseigneur Saint Louis », considéré comme le bon temps ; on pressent ainsi qu'avec ce roi d'un nouveau modèle c'est une autre époque qui s'annonce. Il ne faut pas cependant exagérer la « modernité » de Philippe le Bel et de la France de son temps.

1. Le roi et son Conseil

On possède peu de renseignements sur le physique, le caractère et la vie privée de Philippe le Bel. Son surnom, qui lui fut donné de son vivant, témoigne de l'habitude de l'entourage royal et de l'opinion publique de voir dans ses rois des incarnations du type idéal du chevalier, beau ou hardi (Philippe III) plus encore que bon (Jean I) ou sage (Charles V).

« D'une race royale et très sainte »

Le récit, par un envoyé de la cour de Majorque, de la mort et des funérailles de Philippe le Bel fournit des renseignements précieux sur le roi et le cérémonial monarchique. Le roi fut frappé d'une attaque le 4 novembre 1314, dans la forêt de Pont-Sainte-Maxence où il pratiquait le sport favori de l'aristocratie féodale : la chasse. Conduit par eau à Poissy, puis à cheval à Essone et en civière à Fontainebleau, il y mourut le 29 novembre. Le 27 il avait eu un entretien avec son fils et héritier Louis et, en présence de son entourage, lui avait recommandé de « tenir l'Église romaine en révérence, d'aimer ses sujets, de maintenir le royaume de France en bon état, à l'instar de son aïeul Saint Louis, de prendre l'avis de ses frères et oncles ». Selon le moine Yves de Saint-Denis, il confia à son fils, dans un entretien particulier, le secret du toucher des écrouelles. Son corps fut embaumé et transporté par la Seine à Paris où il fut exposé le 1er décembre à Notre-Dame, enveloppé d'un drap d'or et muni des emblèmes royaux : couronne d'or, manteau d'hermine, sceptre, main de justice. Le 3 décembre, le corps fut emmené à Saint-Denis où on l'enterra près de Saint Louis. Selon la coutume, ses entrailles et son cœur, mis à part, furent placés le 4 décembre chez les dominicaines de Poissy. On constata qu'il avait un cœur très petit, « le cœur d'un nouveau-né ou d'un oiseau ». Le narrateur remarque enfin que le roi n'avait jamais été malade. Il faut toutefois noter qu'il était mort à quarante-six ans, ce qui, même pour l'époque, était jeune pour un roi dont l'espérance de vie dépassait celle de la plupart de ses sujets. Et ses trois fils, qui lui succédèrent, moururent tous jeunes.

Roi pieux et réputé tel malgré ses démêlés avec la papauté (ce que l'on ne tenait pas pour signe d'impiété), Philippe le Bel avait une grande vénération pour son grand-père Louis IX dont il obtint de Boniface VIII, avant leur querelle, la canonisation. Il assuma le caractère sacré de la royauté et en exerça les pouvoirs thaumaturgiques reconnus au roi de France : guérison des écrouelles, ou scrofules, « mal royal » qui désignait l'adénite tuberculeuse. Les comptes de l'hôtel royal en 1307-1308 mentionnent les malades venus se faire « toucher » par le roi des régions les plus éloignées du royaume et de l'étranger. Le cardinal Jean le Moine écrit sous son règne : « Les rois qui sont oints ne tiennent pas, à ce qu'il semble, le rôle de purs laïques ; ils le dépassent. » L'Italien Gilles de Rome dédie un ouvrage « au seigneur Philippe issu d'une race royale et très sainte ». Philippe IV, d'ailleurs, donne une impulsion nouvelle à l'historiographie monarchique en demandant à un moine de Saint-Denis, Yves, une histoire des miracles de saint Denis, qui conférait un caractère surnaturel à l'histoire des rois de France, ses protégés.

Un roi « constitutionnel »

Toutefois, depuis son père, Philippe III, le début du règne ne partait pas, dans les actes de la chancellerie royale, du sacre, mais de l'avènement. Cette pratique, justifiée sous Philippe le Bel par Jean de Paris dans son *De potestate regum et papali*, manifeste la laïcisation du pouvoir monarchique parallèlement aux caractères religieux qu'il conserve.

Il semble enfin qu'on puisse trancher le débat sur les rapports entre le roi et ses conseillers à l'aide de certains témoignages d'époque. Si le témoin exagérait, qui déclarait au procès de Bernard Saisset qu'« au lieu de chasser, le roi ferait mieux de siéger au Conseil et de ne pas laisser ses mauvais conseillers commettre des injustices », Guillaume de Nogaret laisse sans doute transparaître la vérité en disant du roi en 1310 : « Il craignait toujours de mal se comporter envers Dieu et envers les hommes s'il n'avait pas pris de sages décisions après en avoir délibéré avec son Conseil. » En ce sens, J. R. Strayer a pu le décrire comme un roi « constitutionnel » et J. Favier écrit justement : « La politique du roi fut [...] la politique des conseillers ; ce qui demeure à l'actif du souverain, c'est le discernement avec lequel il les choisit, l'esprit novateur avec lequel il les imposa, et la constance avec laquelle il les soutint. »

2. Le gouvernement du royaume

Le domaine royal ne connut pas de grands accroissements sous Philippe le Bel : les villes de Lille, Douai, Béthune, Tournai passèrent sous administration royale directe. L'acquisition la plus importante fut celle de Lyon, qui manifestait l'extension du territoire vers l'est. Par différents moyens, certaines régions ou villes importantes furent placées sous la dépendance plus ou moins étroite du roi. La Champagne, que lui avait apportée sa femme, Jeanne de Navarre, fut, tout en demeurant à part du domaine, administrée par des agents royaux. Une partie du Barrois entra dans la mouvance française. Des accords de pariage firent du roi un coseigneur dans le Vivarais, à Cahors, Mende, Luxeuil, au Puy.

Mais, suivant aussi la coutume de ses prédécesseurs, Philippe le Bel constitua des apanages en faveur de ses frères Charles de Valois et Louis d'Évreux, de ses deuxième et troisième fils, Philippe (comte de Poitiers) et Charles (comte de la Marche).

Philippe le Bel et ses conseillers poursuivirent également le renforcement des organismes centraux de la monarchie.

La spécialisation de la curie royale s'accentue. Les fonctions judiciaires deviennent le monopole d'une commission qui se transforme peu à peu en parlement. Un règlement de 1303 cherche à l'organiser. Au cours du règne, une Chambre des enquêtes et une Chambre des requêtes se différencient peu à peu au sein du Grand Conseil. Les fonctions financières sont, à partir de 1303, divisées entre l'ancienne Chambre aux deniers et une nouvelle Chambre des comptes appelée à prendre de plus en plus d'importance. Le Trésor, qui était géré par les Templiers, passe aux mains d'agents royaux qui conservent d'ailleurs le caractère de banquiers du roi.

Impositions et expédients financiers

Le problème le plus difficile était celui posé par les finances. Le roi ne pouvait plus gouverner avec les seuls revenus du domaine royal augmentés de taxations extraordinaires levées en vertu des institutions féodales (aides demandées en certains cas aux vassaux), domaniales (tailles levées sur les paysans) ou obtenues du clergé aux fins prétendues de croisade (décimes) ou des villes (subsides) sous des prétextes divers. Philippe le Bel tenta d'établir une imposition directe régulière par différents moyens : centièmes, cinquantièmes, vingtièmes ou autres, assis sur le capital, le revenu, ou par famille (« par feu »). Il n'y réussit pas.

Les confiscations de biens au détriment de groupes considérés comme des corps étrangers au royaume continuèrent. Ces spoliations s'accompagnent d'expulsions collectives. Ce fut le cas des Juifs (100 000 environ, probablement) en 1306. Ce furent, en 1277, 1291, 1311, les arrestations et expulsions de marchands italiens, appelés Lombards, qui jouaient un rôle important dans le grand commerce (le plus riche Parisien du temps, était probablement le Placentin Gandoufle ou Gandolphe d'Arcelles) et dans les finances royales (les frères florentins Biccio et Musciato Guidi de Franzesi, dits Biche et Mouche, furent les banquiers et les conseillers du roi en matière monétaire).

Parmi les expédients financiers, Philippe le Bel et ses conseillers recoururent aussi à des altérations de la valeur nominale ou de la valeur intrinsèque du cours de la monnaie. Ces mutations monétaires procuraient au roi un double bénéfice par la taxe qu'il levait sur le monnayage et surtout par le soulagement que l'abaissement de la valeur nominale apportait aux dettes royales. Mais la diminution des revenus qui en résultait à la longue, les pertes occasionnées par l'inflation qui suivait aux catégories sociales payées en monnaie dévaluée (seigneurs, rentiers du sol, salariés) annulaient largement les effets bienfaisants mais éphémères de ces dévaluations pour les finances royales. Aussi les dévaluations de 1295-1296, 1303, 1305 sont-elles suivies de « renforcements » ou rétablissements de la « bonne » monnaie en 1306 et 1313. Mais ces mesures de déflation frappaient lourdement le petit peuple, surtout celui des villes, dans la mesure en particulier où les propriétaires réclamaient le paiement des loyers en monnaie forte. D'où, en 1306, de graves émeutes à Paris, où les artisans de corporations semblent avoir joué un rôle de premier plan. L'exécution de meneurs et de chefs des corporations, la suppression (provisoire) des corporations parisiennes laissent soupçonner que cet épisode mal connu n'a fait que révéler et exacerber des antagonismes sociaux profonds. De façon plus générale, les mutations monétaires sont dues sans doute autant aux conséquences des fluctuations du commerce de l'or et de l'argent entre l'Orient et l'Occident qu'aux besoins financiers de la monarchie, ou plutôt ceux-ci s'aggravent en fonction de celles-là. Les mutations monétaires révèlent donc les difficultés financières de la royauté, la sensibilité croissante de la société française à l'économie monétaire et la fragilité de la position française sur le théâtre du commerce international. Cette politique, qui valut à Philippe le Bel la réputation de « faux-monnayeur », compliqua ses relations avec le Saint-Siège, draineur d'argent du royaume et allié aux banquiers florentins, créanciers des rois.

Les premières assemblées nationales (1302-1314)

Les difficultés financières contribuèrent aussi à la convocation par le roi d'assemblées de délégués de la nation appelés à le soutenir non seulement en paroles mais aussi par des subsides. Les prédécesseurs de Philippe le Bel avaient déjà réuni des représentants soit de la noblesse, soit du clergé, soit de la bourgeoisie urbaine. Mais c'est en 1302 que Philippe le Bel convoqua pour la première fois ensemble des représentants des trois ordres ou états. D'autres assemblées furent les premiers « états généraux », selon une expression qui est postérieure.

Par ces consultations (étroitement dépendantes du bon vouloir royal), par de vastes campagnes d'opinion, par l'action étendue des agents royaux, le roi et ses conseillers contribuèrent à créer une opinion publique nationale. Ils recoururent souvent à la calomnie, à l'intimidation, à la désignation de boucs émissaires individuels ou collectifs, mais l'emploi de ces moyens manifesta la naissance de la raison d'État au niveau de la justification publique. Une telle propagande contribua à renforcer dans la psychologie collective la « religion royale ». Cette adhésion massive masqua pour un temps les conflits sociaux et l'inefficacité relative de l'administration.

Les fonctionnaires royaux

Une des causes de l'échec de Philippe le Bel en matière d'impôt est l'impuissance de l'administration à en fixer l'assiette. La monarchie était incapable de connaître le chiffre de la population, la richesse des individus et du pays, de réunir les renseignements indispensables à un gouvernement rationnel. Les gens capables, notamment par leurs compétences juridiques, d'aider la monarchie préfèrent encore souvent au service du roi des carrières privées, plus lucratives (J. R. Strayer).

Il ne faut pourtant pas exagérer l'inefficacité de l'administration de Philippe le Bel. Par l'intermédiaire des baillis et sénéchaux (et de leurs agents, de plus en plus nombreux) que Philippe le Bel choisit en dehors du pays qu'ils devaient administrer et assigna à résidence dans leurs circonscriptions, l'impulsion royale se transmettait peu à peu à tout le pays. Il subsistait encore des cours, des parlements régionaux. Le clivage entre France du Nord et France du Midi, France d'oil et France d'oc, demeurait. Les assemblées des trois états étaient convoquées pour chacune de ces deux France. Mais Paris, dont l'Université brille de tout son éclat, dont la cathédrale s'achève avec le début de la construction des chapelles du chœur, dont le palais royal s'agrandit et se dote d'une magnifique façade nord sur la Seine, où les ateliers d'art (livres enluminés, ivoires) se multiplient, Paris est de plus en plus la capitale de la France.

Malgré quelques notables exceptions, la laïcisation des conseillers royaux s'accélère. Fait nouveau, les gardes des Sceaux, successeurs des chanceliers, sont des laïcs. Les conseillers royaux viennent du Midi comme du Nord. Au Conseil « secret » siègent des « légistes » méridionaux comme Pierre Flote, Guillaume de Nogaret et Guillaume de Plaisians, grands artisans de la politique contre Boniface VIII, un Méridional juriste mais prélat, l'archevêque de Narbonne Gilles Aiscelin, des légistes septentrionaux, formés à Orléans, comme Pierre de Balleperche, Étienne de Mornay. Des nobles sont aussi proches conseillers du roi, tels le connétable Gaucher de Châtillon et surtout Enguerrand de Marigny, petit noble du Vexin normand, qui, à la fin du règne, dirigea aussi bien les affaires financières que les affaires extérieures du royaume. Il doit dès 1314 rendre des comptes au roi sur sa fortune, mais, encore tout-puissant à la mort de Philippe le Bel, il tombe bientôt et est pendu le 30 avril 1315 au gibet de Montfaucon, où son cadavre demeure exhibé pendant deux ans. D'autres conseillers de premier plan sont spécialisés, tels Pierre de Latilly dans la politique fiscale, Raoul de Presles, principal avocat du roi et « tombeur » des Templiers par sa déposition au procès, dans la représentation du roi au Parlement.

Il ne faut pas oublier les juristes de province, tels Pons d'Aumelas qui, après une longue carrière de juge à Montpellier, Rodez, Toulouse, finit au Parlement de Paris, ou Pierre Dubois, avocat royal à Coutances, dont les pamphlets à l'appui de la politique royale ne reçurent pas la consécration parisienne.

Enfin, les officiers royaux restés souvent anonymes, comme les « commissaires aux affranchissements » qui achevèrent d'affranchir les derniers serfs du domaine royal, rappellent que le roi « faux-monnayeur » fut avant tout le roi d'un pays agricole et d'un peuple où les ruraux étaient de loin les plus nombreux. C'est dans l'évolution de la rente féodale qu'il faut sans doute chercher l'explication la plus générale de la crise qui s'annonce sous le règne de Philippe le Bel.

3. La France dans la Chrétienté

Les armées dont dispose Philippe le Bel, et dont il laissa en général le commandement au connétable, aux maréchaux et à son frère Charles de Valois (mais il paya vaillamment de sa personne à Mons-en-Pévèle), ne correspondent pas aux effectifs que laisserait supposer la richesse en hommes de la France. Les difficultés pour réunir l'ost féodal, les facilités de rachat de plus en plus grandes pour les roturiers, l'indiscipline des soudoyés, le manque de cohésion entre Français du Nord, Français du Midi et étrangers, entre cavalerie noble et piétaille roturière expliquent les mécomptes de Philippe le Bel en matière militaire. La force de la marine, pour laquelle il fit construire un arsenal à Narbonne en 1294 et surtout, cette même année, le « clos des galées » de Rouen, arsenal construit par un Génois, ne doit pas non plus être surestimée.

Malgré les entraves financières, dont les plus graves furent précisément dues aux guerres, Philippe le Bel réussit à développer une diplomatie de l'argent. Par l'intermédiaire en effet de fiefs rentes ou fiefs de bourse, il se concilia, contre monnaie, l'alliance et la vassalité de nombreux seigneurs en Flandre et dans l'Empire.

La période de mue que connaît la France de Philippe le Bel se traduit par un certain repli des entreprises militaires sur le royaume. Le père de Philippe le Bel, Philippe III, était mort au palais des rois de Majorque à Perpignan, Philippe le Bel se détourne de la péninsule Ibérique. Il va s'intéresser à la récupération des territoires anglais du royaume, à la Flandre, de plus en plus essentielle à la prospérité et à l'équilibre de la France, à la consolidation de la principale frontière de la monarchie, celle avec l'Empire. Par-dessus tout, il cherchera à se dégager et à dégager l'Église de France de la tutelle de la papauté.

Les mariages anglais et les affaires de Flandre (1294-1305)

Malgré les accords signés avec l'Angleterre sous Saint Louis et Philippe III, la pratique de la vassalité du roi d'Angleterre à l'égard du roi de France pour ses territoires français et de la suzeraineté française sur ces territoires (appels à la justice du roi de France), les incidents constants entre marins des deux souverainetés, le désir probable d'une partie au moins des conseillers de Philippe le Bel de récupérer l'ensemble des terres françaises conduisirent à la rupture et à la guerre en 1294. Philippe le Bel, qui en avait pris l'initiative et avait gagné militairement la partie en Aquitaine (conquise de 1294 à 1296) et en Flandre (où une diversion anglo-flamande échoua en 1297), accepta pourtant l'arbitrage du pape, qui rétablit les choses en l'état antérieur. Deux mariages scellaient la réconciliation (conventions de Montreuil, 1299). Edouard Ier épousait Marguerite, sœur de Philippe le Bel, son fils, le futur Edouard II, Isabelle, fille du roi de France. Cet apparent succès matrimonial pour Philippe le Bel allait fonder, à partir de 1328, les prétentions anglaises à la succession royale française. La Flandre était à la fois, dans sa partie française (l'autre relevait de l'Empire), une des plus riches terres du royaume (grâce à la prospérité artisanale et commerciale des villes), une couverture militaire de l'Île-de-France, et une pomme de discorde avec l'Angleterre que la vente de sa laine aux drapiers flamands liait de façon spéciale à la Flandre. Le roi de France intervenait sans cesse dans les affaires flamandes et poussait ses exigences judiciaires et financières au-delà même de son droit. Il s'appuyait sur une grande partie de la noblesse du pays, les *leliaerts* (partisans des fleurs de lys), contre le comte, les bourgeois et les artisans. L'intervention du comte en faveur d'Edouard Ier et sa défaite de 1297 amenèrent une forte répression française. Une série d'incidents culminant avec le massacre de Français par les Brugeois en 1302 (matines de Bruges) ranima les hostilités. À la stupeur de la Chrétienté, le 11 juillet 1302, près de Courtrai, la piétaille des artisans flamands anéantit la fine fleur de la chevalerie française. Les vainqueurs y ramassèrent tant d'éperons d'or que ceux-ci donnèrent son nom à la bataille. Philippe le Bel prit en personne sa revanche sur les Flamands à Mons-en-Pévèle en 1304. Un traité très sévère, qui soumettait étroitement au roi de France non seulement le comte, mais, directement, ses sujets, fut imposé aux Flamands à Athis-sur-Orge en 1305. Les quatre ans que prit la ratification, les démonstrations militaires françaises régulières à partir de 1302 (« osts de Flandre ») montrèrent que le fossé n'était pas comblé entre le roi de France et le plus riche comté du royaume.

La politique flamande peut être considérée comme un élément de la poussée française vers l'Empire sous Philippe le Bel. Cette dernière connut des succès certains en Hainaut, en Lorraine, et surtout à Lyon. Mais, en 1308, Philippe le Bel ne parvient pas à faire de son frère, Charles de Valois, un empereur.

Difficultés avec la papauté (1296-1312)

Avec le pape Boniface VIII (1295-1309), les relations s'étaient d'abord maintenues avec des hauts et des bas et, par égard pour le roi de France, le pape avait en 1298 canonisé son grand-père, Louis IX. Mais les sollicitations financières de plus en plus pressantes faites par Philippe le Bel à l'Église de France se heurtaient aux sollicitations symétriques des finances pontificales, elles aussi alourdies par le développement de la centralisation romaine. La rigidité du Conseil royal et les maladresses du pape et de la Curie amenèrent une série de crises graves.

L'enjeu en était pour la royauté française l'attachement du clergé au royaume et l'indépendance du monarque dans le gouvernement de tous ses sujets.

En 1296, le pape interdit par la bulle *Clericis laicos* le versement par les clergés français et anglais de subsides à leurs souverains. Philippe le Bel ayant réagi vivement, Boniface fit machine arrière en

1297, mais, au cours de l'affaire, des arguments en faveur, d'une part, du droit d'immixtion du pape dans les affaires temporelles des princes et, d'autre part, de la souveraineté des princes laïques dans leurs États envenimèrent les choses.

L'arrestation et la condamnation de Bernard Saisset, évêque de Pamiers, en conflit avec le comte de Foix et le roi de France son suzerain pour des droits sur la ville de Pamiers, entraînaient à nouveau en 1301 une bulle, *Ausculta fili*, où était réaffirmée la supériorité du pape sur le roi. Philippe le Bel et ses conseillers réagirent en convoquant les assemblées des trois états qui, en 1302 et 1303, appuyèrent à fond – même dans la grande majorité du clergé – la politique royale. Boniface VIII aggrava la tension par une nouvelle bulle reprenant les formules de « théocratie pontificale » élaborées depuis Grégoire VII : *Unam Sanctam* (nov. 1302). Le roi de France lança alors un appel à un concile général qui devait juger le pape, accusé d'hérésie, simonie, crimes de toutes sortes. Guillaume de Nogaret fut envoyé en Italie pour s'assurer de la personne du pape et le garder en vue du concile. Avec l'aide des ennemis italiens de Boniface VIII (des nobles romains, les Colonna, surtout), il fit prisonnier le pape dans son palais d'Anagni, le 7 septembre 1303. Au cours de l'arrestation, Sciarra Colonna frappa le pape et Nogaret fut accusé, selon une légende probablement fausse, de l'avoir giflé. Dès le 9 septembre, Boniface fut délivré par ses partisans. Brisé par l'épreuve, le pape mourut à Rome le 11 octobre.

Les papes à Avignon (1309-1314)

Ses successeurs, le modéré Benoît XI (1303-1304) et surtout Clément V (le Français Bertrand de Got, archevêque de Bordeaux dans l'Aquitaine anglaise), rétablirent de bonnes relations avec Philippe, sans toutefois céder à toutes ses exigences. Le procès posthume de Boniface VIII réclamé par le roi n'eut lieu qu'en 1310-1311 à Avignon. Philippe le Bel fut déclaré innocent des événements d'Anagni et les mesures de Boniface le concernant furent annulées. Mais Boniface ne fut pas condamné. Nogaret, astreint à des pèlerinages de pénitence et à la croisade, négligea d'obéir, sans être inquiété. Le 13 octobre 1307, Philippe le Bel faisait arrêter tous les Templiers de France, sous des accusations infamantes (sodomie, sacrilège, idolâtrie), pour des motifs qui ne sont pas clairs. Il dut harceler le pape pour obtenir finalement la suppression de l'ordre dans toute la Chrétienté par le concile de Vienne, le 3 avril 1312.

Le plus important succès de Philippe le Bel dans ses rapports avec la papauté fut peut-être involontaire et alors insoupçonné : l'installation de la papauté à Avignon, à portée des pressions et influences françaises. Dictée par la situation italienne, cette solution provisoire allait se prolonger pendant trois quarts de siècle, valoir un surcroît de puissance à la France, mais, en préparant le Grand Schisme, se révéler, comme le mariage anglais, une victoire à la Pyrrhus.

De même, les progrès de la puissance royale dans le royaume pouvaient apparaître fragiles à la lumière des soulèvements, fomentés par les seigneurs, qui éclatèrent en 1314 et allaient s'étendre en 1315 sans toutefois compromettre en définitive le renforcement du pouvoir royal.

Citant la violente attaque de Dante dans *La Divine Comédie* contre les Capétiens et les « brigands » d'Anagni, Michelet commentait : « Cette furieuse invective gibeline, toute pleine de vérités et de calomnies, c'est la plainte du vieux monde mourant, contre ce laid jeune monde qui lui succède. Celui-ci commence vers 1300 ; il s'ouvre par la France, par l'odieuse figure de Philippe le Bel. »

Il y a peu de chances d'élucider la psychologie du souverain, mais l'étude de plus en plus poussée des moyens matériels et humains de sa politique et de leurs résultats, d'autre part l'analyse des procès, qui par leurs caractéristiques (énoncé non des vrais motifs politiques, mais d'accusations infamantes fausses, aveux dans de nombreux cas d'accusés, sans doute innocents mais incapables d'échapper au système) rappellent d'autres procès politiques de l'histoire, permettront sans doute de mieux définir un moment critique dans l'évolution d'une société politique et la formation d'une « raison d'État ».

JACQUES LE GOFF

Bibliographie

M. Bloch, *La France sous les derniers Capétiens*, Armand Colin, Paris, 1958 / E. Boutaric, *La France sous Philippe le Bel. Étude sur les institutions politiques et administratives du Moyen Âge*, Plon, Paris, 1861 ; reprod. fac-sim., Slatkine, Genève, 1975 / R. Cazelles, « Quelques Réflexions à propos des mutations de la monnaie royale française (1295-1360) », in *Le Moyen Âge*, t. LXXIX, 1963 / G. Digard, *Philippe le Bel et le Saint-Siège de 1285 à 1304*, 2 vol., Paris, 1936 / J. Favier, *Un conseiller de Philippe le Bel. Enguerran de Marigny*, Paris, 1963 ; « Les Légistes et le gouvernement de Philippe le Bel », in *Journal des savants*, janv.-mars 1969 ; *Philippe le Bel*, Fayard, Paris, 1978 / R. Fawtier, « Comment le roi de France, au début du XIVe siècle, pouvait-il se représenter son royaume ? », in *Mélanges P. E. Martin*, Genève, 1961 / R. Fawtier & F. Maillard, *Comptes royaux (1285-1314)*, 3 vol., Klincksieck, Paris, 1953-1954 / H. Finke, « Zur Charakteristik Philipps des Schönen », in *Metteilungen des Instituts für österreischische Geschichtsforschung*, 1905 / A. Grunzweig, « Les Incidences internationales des mutations monétaires de Philippe le Bel », in *Le Moyen Âge*, t. LIX, 1953 / B. Guenée, *L'Occident aux XIVe et XVesiècles. Les États*, P.U.F., Paris, 4e éd. 1991 / H. Kienast, « Der französische Staat im dreizehnten Jahrhundert », in *Historische Zeitschrift*, no 148, 1933 / A. de Lévis-Mirepoix, *Le Siècle de Philippe le Bel*, Le Livre contemporain, Paris, 1961 / G. Lizerand éd., *Le Dossier de l'affaire des Templiers*, Les Belles Lettres, Paris, 1964, 3e tirage 1989 / G. Nahon, « Contribution à l'histoire des Juifs en France sous Philippe le Bel », in *Revue des études juives*, t. I (CXXI), fasc. I et II, 1962 / J. R. Strayer, « Philippe the Fair. A « Constitutional King », in *American Historical Review*, no 62, 1956-1957 ; *Les Gens de justice du Languedoc sous Philippe le Bel*, Toulouse, 1970 / A. Terroine, « Études sur la bourgeoisie parisienne : Gandoufle d'Arcelles et les compagnies placentines à Paris (fin du XIIIe siècle) », in *Annales d'histoire sociale*, 1945.

PHILIPPE V LE LONG (1294-1322) roi de France (1316-1322)

Frère de Louis X, deuxième fils de Philippe le Bel et de Jeanne de Navarre, Philippe V prend le pouvoir dans des conditions douteuses. En attendant la naissance de Jean Ier, il se déclare aussitôt régent du royaume et devient roi à la mort de ce dernier. Lettré, il a le sens du pouvoir. Son esprit de décision l'emporte sur les oppositions qu'il rencontre. À l'extérieur, il règle par la paix le problème flamand (paix du 2 juin 1320). À l'intérieur, tout en confirmant les chartes provinciales accordées par son frère, il centralise les institutions pour les rendre plus efficaces. L'Hôtel du roi, le Parlement, la Chambre des comptes sont réorganisés. Au Trésor, à Paris, convergent les recettes. Le roi tente, malgré l'opposition des seigneurs du Midi, d'imposer une monnaie commune dans l'ensemble du royaume.

Mais, pour mener à bien sa tâche, il lui faut compter avec les ambitions des grands et l'avis des assemblées d'états. Vingt-quatre grands seigneurs siègent en priorité au Conseil où ils contrôlent la nomination des baillis et des sénéchaux, les donations et les mouvements de fonds. Mais, surtout, aucun progrès de l'État n'est possible sans l'accord des assemblées. Soit générales, soit partielles, celles-ci consentent aux impôts. Bureaucratisation galopante, train de vie accru, hausse vertigineuse des prix : les revenus tirés du domaine royal ne suffisent plus. La crise économique se résorbe lentement. Le pays connaît les révoltes de la misère, celle des pastoureaux, notamment, paysans déracinés et jeunes qui se font tailler en pièces dans une répression violente, comme les juifs et les lépreux qui sont autant de boucs émissaires. Philippe V, plus que ses prédécesseurs, est obligé de demander le consentement de ses sujets pour mettre en place une politique de revenus extraordinaires. Ces procédés, nourris aux idées démocratiques, favorisent le développement de l'opinion publique. Les assemblées d'états se mêlent aussi des affaires essentielles du royaume. Ce sont elles qui, en 1317, déclarent que les femmes ne succèdent pas à la couronne de France. C'est au cours de leurs discussions que naît l'idée de réformer le royaume. Passéiste, leur idéal est celui d'un retour à l'âge d'or du « bon roi Saint Louis ». Ainsi s'amorcent les principales revendications politiques du XIVe siècle. Comme Philippe V meurt en laissant seulement des filles de son mariage avec Jeanne, fille du comte palatin de Bourgogne Otton IV, ces idées trouvent dans une royauté fragile un terrain favorable à leur développement.

CLAUDE GAUVARD

PHILIPPE II LE HARDI (1342-1404) duc de Bourgogne (1363-1404)

Fils du roi de France Jean II le Bon et de Bonne de Luxembourg, Philippe le Hardi domine la vie politique française de la fin du XIVe siècle. Très populaire depuis le désastre de Poitiers, il reçoit en apanage le duché de Bourgogne en 1363. Par son mariage avec Marguerite de Flandre (1369), il acquiert le comté de Flandre à la mort de Louis de Mâle. Ses territoires sont riches mais hétérogènes. Pour les gouverner, une capitale s'impose : Paris, au nœud des communications entre Flandre et Bourgogne. Le duc et sa cour résident plus de la moitié de l'année à l'hôtel d'Artois, dans l'île de la Cité. De nombreux chevaucheurs transmettent ses ordres et ceux de son chancelier, Jean Canard. Sur place, existe une administration particulière à chaque région. Ainsi le duché, le comté de Bourgogne, le comté de Nevers et la baronnie de Donzy possèdent-ils chacun un trésor des chartes. À plus forte raison la Flandre où il faut compter avec les difficultés de langue (Philippe le Hardi ne parle pas flamand) et les privilèges urbains (insurrection des villes flamandes de 1380, écrasée à Roosebecke en 1382). Vers 1385-1387, le duc centralise les institutions. Une chambre des comptes et une chambre du conseil sont créées à Dijon et réorganisées à Lille. Une foule d'officiers en dépendent. Le duc n'est plus un grand féodal, mais le chef d'un État dont l'administration est calquée sur celle du royaume de France. D'ailleurs Philippe le Hardi agit en prince territorial soucieux des intérêts de ses sujets. Si, à partir de 1376, il ne cesse pas de favoriser les trêves avec l'Angleterre, c'est qu'il défend l'industrie flamande en crise. Si lors du grand schisme d'Occident, il se rallie à partir de 1398 à la soustraction d'obédience, c'est pour ne pas diviser ses sujets : les Flamands, comme les Anglais, étant urbanistes, les Bourguignons étant clémentistes, en raison de leurs débouchés vers Avignon. Mais le cadre étroit d'un petit État ne suffit point à son ambition. Par obligation, par tempérament et par nécessité, Philippe le Hardi trouve dans la direction du royaume le champ véritable de sa politique. À la mort de Charles V (sept. 1380), il assure la régence – Charles VI n'a que douze ans – avec le duc d'Anjou et le duc de Berry, souvent absents. Le gouvernement des Marmousets (1388-1392) est la seule éclipse à son influence. La folie du roi (1392) et les crises qui y succèdent assurent son retour définitif au pouvoir. Cette domination s'accorde parfaitement avec la volonté de puissance du duc. Le soin qu'il prend à se vêtir des plus fins velours et des plus riches fourrures montre bien son goût pour la parade et pour les fêtes. Il est aussi un mécène très entouré. La construction de la chartreuse de Champmol, où travaillent en particulier les sculpteurs Jean de Marville et Claus Sluter ainsi que les peintres Jean de Beaumetz et Jean Malouel, est une des rares grandes entreprises d'une époque de contraction économique. Le monument est construit à la gloire du duc et doit servir à sa propagande. Les écrivains qui, telle Christine de Pisan, retrouvent en lui la sagesse de Charles V participent aussi à cette propagande. Il leur apparaît comme le mentor nécessaire du dauphin, Louis de Guyenne, et le garant d'une « policie » bien ordonnée. Sa place de pair du royaume l'y autorise. Mais, malgré le nombre des manuscrits rassemblés (plus de deux cents), la cour du duc n'est pas un foyer d'humanisme comparable à celle du duc de Berry. Philippe lui-même ne connaît pas le latin. Ses ouvrages préférés – chansons de geste, romans, traités didactiques – montrent bien qu'il est surtout tourné vers l'action politique. Par esprit chevaleresque, il s'occupe activement de préparer la croisade de Nicopolis qui se termine par un échec (1396). Une habile politique de mariage lui permet d'étendre sa puissance et d'acquérir des terres. Il lie étroitement la maison de Bourgogne et celle de France (double mariage de Marguerite, fille aînée de Jean sans Peur, avec Louis de Guyenne, et de Philippe, le futur Philippe le Bon, avec Michelle de France) ; il cherche aussi des alliances dans l'Empire, avec la Savoie et la Bavière ; enfin il s'assure la pénétration dans les Pays-Bas. Songe-t-il pour autant au titre impérial ? En fait, Philippe le Hardi, contrairement à ses successeurs semble rester avant tout un prince des « fleurs de lys ». Il est vrai qu'il y est contraint par la nécessité de contrôler les rouages de l'État. Les revenus tirés de ses domaines, malgré leur extension, restent insuffisants pour soutenir sa politique. Le duc doit payer ses officiers, assurer son train de vie fastueux et surtout honorer les pensions et les contrats par lesquels il s'acquiert une clientèle fidèle. Philippe le Hardi est le chef du premier « parti » de France. Il s'agit d'une coalition hétérogène d'obligés et de parasites, recrutés pour beaucoup parmi les nobles ruinés par la crise, mais aussi d'admirateurs fervents, séduits par une propagande bien organisée (paix, réforme du royaume, abolition des tailles). Le duc est donc obligé de solliciter auprès du roi et pour son propre compte sans cesse plus de pensions. En particulier les impôts indirects, puis de grandes tailles levées sans le consentement des états alimentent les nombreux dons qu'il reçoit. À sa mort, ces derniers, sous quelque forme que ce soit, constituent environ la moitié de ses ressources ; encore sont-ils insuffisants, étant donné les dettes contractées. Le duc place aussi « ses » hommes aux postes importants, faisant par là même coup double. Jusqu'en 1400 environ, cette politique ambitieuse ne rencontre guère de rival. Mais à la fin du XIVe siècle, le frère du roi, Louis d'Orléans, a des ambitions comparables. Cette opposition d'intérêts et de politiques éclate en 1402, lors d'échauffourées dans les rues de Paris. Seuls la relative modération du duc et le prestige dont il est entouré retardent la guerre civile. À sa mort, son fils Jean sans Peur, exclu du pouvoir et réduit à la portion congrue, sera contraint d'avoir moins de scrupules.

CLAUDE GAUVARD

PICQUIGNY TRAITÉ DE (1475)

Trêve de sept ans, le traité de Picquigny fut conclu le 29 août 1475, entre Louis XI et Édouard IV. Le roi d'Angleterre était intervenu dans le conflit franco-bourguignon, où il voyait une nouvelle occasion de reconquérir les anciens domaines continentaux des Plantagenêts. Par un traité du 25 juillet 1474, il avait promis à Charles le Téméraire de débarquer avec une armée ; il le fit à Calais le 6 juillet 1475. Peu soucieux de faire face à deux adversaires à la fois, Louis XI offrit d'acheter à prix d'or le rembarquement. Édouard IV, voyant que le Téméraire s'était imprudemment engagé en Lorraine et que leurs alliés semblaient peu décidés à les aider, accepta la trêve et l'alliance française, moyennant 75 000 écus et la promesse d'une pension annuelle égale à 50 000 écus. En multipliant les cadeaux en argent aux membres de l'entourage de son adversaire, Louis XI avait ainsi mis un terme, de façon peu glorieuse mais efficace, au dernier rebondissement de la guerre de Cent Ans. Les Anglais ne gardèrent sur le continent que la place de Calais, occupée en 1347, et qu'il devaient conserver jusqu'en 1558.

JEAN FAVIER

PIE II, ENEA SILVIO PICCOLOMINI (1405-1464) pape (1458-1464)

Né à Corsignano près de Sienne, Aeneas Sylvius Piccolomini fait des études de droit pour obéir à son père, mais se passionne pour les arts et la littérature antiques, au point de devenir l'un des meilleurs latinistes de son époque. En 1432, il accompagne l'évêque de Fermo au concile de Bâle, où il est secrétaire de divers prélats. Chargé de nombreuses missions, entre autres auprès de l'empereur Frédéric III, il voyage à travers l'Europe et joue un rôle en vue dans l'assemblée des évêques, où il agit pour la limitation des pouvoirs du pape. Son *Libellus dialogorum de Concilii auctoritate* (1440) fait de lui un des tenants des théories conciliaires. Cette première partie de sa vie le montre sous les traits d'un mondain épicurien, auteur de poésies érotiques, de comédies très libres et d'un roman d'amour profane, *L'Histoire de deux amants* (1444). L'échec du concile de Bâle, la crise de l'Église déterminent en lui un changement profond et le désir de se consacrer au service de Dieu. Il confesse ses erreurs et va, désormais, œuvrer au renforcement de l'autorité du Saint-Siège. En 1446, il reçoit les premiers ordres ; évêque de Trieste, il continue son action diplomatique en réconciliant Frédéric III – dont il négocie le mariage avec Élisabeth de Portugal – et la papauté. Cardinal en 1456, conseiller de Calixte III, il est élu pape, le 19 août 1458, par la majorité italienne du conclave, contre le Français Robert d'Estouteville, et prend le nom de Pie II.

Son avènement soulève l'enthousiasme des Italiens et des humanistes, mais son règne de six années sera, en fait, décevant. Mêlant l'ardeur religieuse et le désir de gloire à une certaine ingénuité et à un manque de réalisme, il va se montrer davantage un homme du Moyen Âge qu'un novateur. Dans le gouvernement de l'Église, mécène fastueux, non exempt de népotisme, il tente de restaurer la suprématie du Saint-Siège et condamne inlassablement les appels aux conciles. Il mène une longue lutte contre les doctrines antipontificales et l'hérésie utraquiste, et il s'efforce d'amener Charles VIII à abroger la pragmatique sanction de Bourges, édictée en 1438 pour limiter le pouvoir spirituel du souverain pontife sur l'Église de France. La grande idée de son règne sera la croisade. En 1453 déjà, il avait exhorté le pape et les rois à défendre Constantinople contre les Turcs. Dès son élévation au trône de Saint-Pierre, il renouvelle son appel et réunit les représentants des princes au congrès de Mantoue (1459-1460), pour préparer l'action contre les infidèles. Mais sa vision politique est peu claire et les rivalités entre les États font échouer le projet. Pie II décide alors d'agir pour son propre compte. En 1463, il proclame la guerre sainte par une bulle et se rend à Ancône pour s'embarquer à la tête d'une flotte équipée aux frais du Saint-Siège. Mais il tombe malade d'épuisement et meurt, le 15 août 1464. Il a laissé une œuvre extrêmement abondante, en plus de ses écrits profanes : une vaste correspondance, des histoires de la Bohême et de Frédéric III, des dissertations sur la géographie et l'éducation, des *Commentaires* autobiographiques. On a pu dire de lui, à juste titre, qu'il n'avait pas adapté le pontificat aux exigences de la conscience et de la culture dont il était l'un des plus éminents représentants, mais qu'il s'était servi de l'humanisme pour donner un éclat et une justification à une politique personnelle, d'inspiration conservatrice. La Réforme, un peu plus tard, allait sanctionner cette occasion manquée d'une rénovation de l'Église.

ANDRÉ DUVAL

PIERRE DE VÉRONE saint (1203-1252)

Né à Vérone d'une famille cathare, Pierre était étudiant à Bologne quand il entra chez les Frères prêcheurs, du vivant de saint Dominique (mort en 1221). Il prêcha surtout dans l'Italie du Nord contre les cathares. Il fut prieur à Asti et à Plaisance, mais Milan resta le centre de son activité. En 1251, le pape Innocent IV le nomma inquisiteur pour Milan, Côme et les territoires correspondants ; il fut élu prieur du couvent de Côme. Sachant quelle haine son action suscitait, Pierre prédit alors qu'il périrait de mort violente. Le 6 avril 1252, samedi après Pâques, il fut attaqué sur la route de

Côme à Milan, blessé avec une serpe et achevé d'un coup de poignard. Pierre de Vérone fut canonisé le 9 mars 1253, et sa fête placée au 29 avril dans le calendrier romain. Actuellement, il n'est plus fêté que dans son ordre et dans certaines Églises locales.

JACQUES DUBOIS

PIERRE D'ESPAGNE → JEAN XXI

PIERRE Ier LE CRUEL ou LE JUSTICIER (1334-1369) roi de Castille (1350-1369)

Fils d'Alphonse XI, roi de Castille et León, et de Marie de Portugal, le futur Pierre Ier naquit à Burgos, mais fut élevé à Séville par les soins de sa mère, tandis que son père vivait au grand jour avec Éléonore de Guzmán dont il eut cinq fils. Alphonse, unique frère légitime de Pierre, étant mort enfant, celui-ci hérite du trône à la mort de son père, tué au siège de Gibraltar en 1350. À l'instigation de la veuve d'Alphonse XI, Pierre Ier commence son règne en faisant assassiner la favorite de son père ; mais il cède aux conseils du roi de Portugal, son grand-père, qui l'incite à se réconcilier avec ses demi-frères, afin d'asseoir son autorité sur son royaume. Libéré de toute inquiétude à cet égard, il entame des négociations avec l'Aragon, puis, en 1353, épouse une princesse française, Blanche de Bourbon ; mais il délaisse rapidement sa femme pour María de Padilla, dont il fait sa favorite. C'est alors qu'un de ses anciens protégés, Afonso de Albuquerque, ourdit depuis le Portugal une conspiration contre lui, avec l'appui de deux bâtards d'Alphonse XI, Henri et Fabrique ; à ces mécontents se joignent les partisans de Blanche de Bourbon, irrités par un projet de mariage du roi avec Juana de Castro. Traqué dans la ville de Toro par cette véritable ligue, le roi réussit pourtant à gagner Tolède où arrestations et exécutions viennent à bout des opposants. Tout en réprimant ces révoltes intestines, il s'engage dans une guerre contre l'Aragon ; la médiation du pape aboutit à une trêve d'un an. Soupçonnant ses demi-frères de complicité avec son ennemi voisin, Pierre Ier en fait assassiner deux ; les trois autres se réfugient effectivement en Aragon. Pierre prépare alors une campagne d'envergure contre cet adversaire et, en 1359, avec l'appui des Génois, des Portugais, et même des Maures de Grenade, il met le siège devant Barcelone ; pas plus que la lutte sur terre cette entreprise n'est couronnée de succès, car, forts de l'appui des trois bâtards et des nobles castillans mécontents, les Aragonais envahissent les territoires de Pierre Ier. En 1361, ce dernier se voit contraint de conclure la paix avec eux pour avoir les mains libres contre les Maures qui menacent ses frontières du sud. La mort simultanée de l'infortunée Blanche et de María de Padilla ramène le problème de la succession au premier plan des préoccupations de Pierre Ier ; en 1362, il réussit à persuader les Cortes de Séville de valider son union avec María de Padilla et proclame héritiers légitimes les quatre enfants qu'elle lui a donnés. Mais craignant l'opposition de ses frères bâtards, il prépare contre l'Aragon une nouvelle campagne, avec l'aide des souverains de Navarre et d'Angleterre. D'abord vaincu, le roi d'Aragon Pierre IV conclut un double accord avec la France et avec l'aîné des bâtards d'Alphonse XI, Henri de Trastamare, par lequel il s'engage à détrôner le roi de Castille, moyennant la cession par Henri du sixième des territoires conquis. Une fois de plus, le légat du pape offre sa médiation ; les deux adversaires signent alors le traité de Murviedro en 1363, mais Pierre IV, dans l'éventualité d'une rupture de ce contrat, conclut avec le roi de Navarre Charles le Mauvais, une alliance secrète par laquelle ils se partagent le royaume de Castille. Pendant ce temps, Pierre Ier pénètre dans le royaume de Valence. Les armes lui sont d'abord favorables (1364), mais, profitant de l'absence de son demi-frère, Henri de Trastamare permet l'invasion de la Castille par les Grandes Compagnies de Bertrand du Guesclin, et en 1366 se fait proclamer roi de Castille ; le roi Pierre revient en toute hâte à Burgos et rappelle ses troupes cantonnées à Valence. Mais son départ prématuré pour Séville permet à Henri de Trastamare de se faire couronner au monastère de las Huelgas près de Burgos en avril 1366. Le conflit entre les deux frères s'internationalise, par suite de l'alliance contractée par Pierre Ier avec le Prince Noir, gouverneur de Guyenne, dont les troupes envahissent la Castille depuis Bayonne. La bataille de Nájera (1367) assure la victoire à Pierre Ier, qui fait prisonnier du Guesclin. Mais le souverain ne tenant pas les promesses faites au Prince Noir concernant la cession de territoires en échange de son aide, ce dernier retire ses troupes et du Guesclin est libéré par rançon. Pierre IV exploite immédiatement la situation et livre passage à l'armée d'Henri de Trastamare, réfugié en France après Nájera. L'année 1368 est favorable au bâtard d'Alphonse XI. Au début de 1369, Pierre Ier se lance au secours de Tolède menacée par les troupes conjointes de du Guesclin et d'Henri de Trastamare, et rencontre son frère en chemin à Montiel, dans la Manche. Vaincu, Pierre le Cruel se réfugie dans cette forteresse et entame des pourparlers avec du Guesclin, à qui il offre argent et places fortes contre son évasion ; mais le Français le trahit et, le 23 mars, l'attire dans sa tente où un duel à mort s'engage entre les deux frères ; Henri tue Pierre, dont le corps, d'abord enterré sur place, sera transféré en 1446 à l'église du monastère Santo Domingo el Real à Madrid, aujourd'hui disparu. La vie et la mort du roi Justicier ou Cruel sont racontées par Pedro López de Ayala dans sa *Chronique des rois de Castille*.

En réalité, si Pierre Ier fut sans pitié à l'égard de la féodalité, il entretenait des relations cordiales avec le peuple. Dès le milieu du XVe siècle a lieu une première réhabilitation du roi, dont on se plaît à souligner le sens de l'équité (Justicier), réhabilitation qui tend à estomper les *romances* défavorables inspirés par la *Chronique* d'Ayala. Dans le même esprit, la quatrième *Chronique générale* (XVIe siècle) puis le théâtre de Lope de Vega, donnent la primauté à cette qualité du souverain tant décrié de son vivant. Quant aux romantiques, ils puiseront leur inspiration à la source intarissable des amours de Pierre Ier et de María de Padilla.

MARIE-FRANCE SCHMIDT

PIERRE FLOTE ou FLOTTE (mort en 1302)

Le premier des grands légistes méridionaux – formé à Montpellier – ayant joué un rôle véritablement politique sous le règne de Philippe le Bel. Originaire du Dauphiné, Pierre Flote fut d'abord au service du dauphin Humbert Ier. Le roi en fit un conseiller en son parlement, vers 1291, et lui confia dès lors de nombreuses missions, particulièrement en Guyenne et en Languedoc. À partir de 1296, Flote prit en main la politique royale face au pape Boniface VIII, auquel il entendait faire reconnaître le droit du roi à être seul maître dans son royaume, c'est-à-dire le droit de juger et d'imposer tous ses sujets, y compris les clercs. En 1297, il négocia à Rome la canonisation de Louis IX. Chancelier de France en 1300, il joua un rôle essentiel et parfois spectaculaire comme conseiller et porte-parole du roi. C'est ainsi qu'il fut envoyé à Rome par trois fois et qu'il tenta vainement de faire du pape un instrument de la politique royale. En 1301, malgré les prérogatives de l'Inquisition, il dirigea au nom du roi la procédure contre l'évêque de Pamiers, Bernard Saisset, poursuivi pour complot et inculpé d'hérésie. L'année suivante, devant les états généraux réunis à Paris, il mena la lutte contre les prétentions pontificales.

Mêlé à toutes les affaires du royaume, y compris aux tâches de routine de la machine judiciaire et de l'administration financière, Flote fut en tout le champion de l'absolutisme royal – encore bien imparfait – sur le plan intérieur ; il fut aussi le champion de l'indépendance monarchique au sein d'une chrétienté naguère dominée par le pape et l'empereur. Ce juriste fut l'un des premiers à mettre le droit romain de l'État au service d'une monarchie qui ne fût pas universelle.

Chevalier, Flote participa à l'expédition de Flandre et fut tué au cours du désastre de Courtrai, le 11 juillet 1302. Guillaume de Nogaret lui succéda.

JEAN FAVIER

PIERRE L'ERMITE (1050 ?-1115)

Parfois appelé Pierre le Petit, Pierre d'Achères ou Pierre d'Amiens, ascète, fondateur d'un monastère, croisé, et prédicateur dont l'influence fut considérable ; on le considère comme l'un des principaux instigateurs de la première croisade. On rapporte qu'il se rendit en Terre sainte vers 1093, avant toute croisade.

Lorsque Urbain II proclama la croisade au concile de Clermont, en novembre 1095, Pierre commença à la prêcher. Il partit du centre de la France, du Berry, traversa la Champagne et descendit la vallée de la Meuse, puis se rendit à Cologne, qu'il atteignit en avril 1096. Son éloquence toucha des milliers de gens. Pierre quitta Cologne en mai, et sa troupe enthousiaste traversa l'Europe jusqu'à Constantinople où, à la fin juillet, d'autres contingents vinrent la renforcer. Les 5 et 6 août, les croisés avancèrent jusqu'à Nicomédie (aujourd'hui Izmit, Turquie). Incapable de maintenir la discipline, Pierre retourna bientôt à Constantinople pour demander l'aide de l'empereur byzantin Alexis Ier. En son absence, la plus grande partie de son armée fut anéantie par les Turcs (21 oct.). Il attendit à Constantinople que les expéditions des princes de l'Europe occidentale s'y soient enfin rassemblées (mai 1097) et les accompagna vers le sud-est à travers l'Anatolie.

Jérusalem enfin atteinte, Pierre fut nommé aumônier de l'armée chrétienne au printemps de 1099. Il prononça un sermon sur le mont des Oliviers, peu avant la mise à sac de Jérusalem, en juillet, et il conduisit les processions en août. Il revint en Europe en 1100, devint prieur du monastère augustinien de Neufmoutier à Huy (Belgique), qu'il avait fondé, et y mourut.

CLAUDINE RENOUARD

PLAID JUDICIAIRE

Sous le règne des mérovingiens et des carolingiens, le plaid (du latin *placitum*) judiciaire est une assemblée d'hommes libres, en fait composée surtout d'évêques et de comtes qui, en présence du roi, discutent des problèmes politiques et législatifs. Le roi y appelle qui il veut, le convoque une fois l'an, au printemps le plus souvent. Avec la décadence de l'Empire carolingien, le roi voit son influence décliner au profit des grands barons : c'est l'origine des *Reichstage* de l'Empire, des assemblées de grands en France. Les textes juridiques, tels les capitulaires, les décisions d'ordre militaire (campagne d'été, création de duchés) et politique (ambassades, éventuellement choix ou confirmation du nouveau roi) sont pris à l'occasion des plaids.

ANNE BEN KHEMIS

PLAN CARPIN JEAN DU (1182 env.-1252)

Moine franciscain originaire des environs de Pérouse, Jean du Plan Carpin (en italien Giovanni dal Piano dei Carpini) fut chargé par son ordre de missions en Saxe et en Rhénanie ; en tant que provincial d'Allemagne, il séjourna en Pologne et en Hongrie dans les années 1224-1230. Fort de ses expériences, il partira pour Qaraqorum en qualité d'ambassadeur extraordinaire d'Innocent IV auprès du grand khān. Les Mongols, qui se sont avancés en 1241 jusqu'aux faubourgs de Vienne, semblent en reflux. Mais l'Occident chrétien, toujours divisé par la lutte entre pouvoir spirituel et pouvoir temporel, et tout occupé de sa croisade contre l'Islam, est mal armé contre l'envahisseur. Des récits terrifiants circulent sur le sort réservé aux peuples vaincus. Un voyageur dominicain, Julien de Hongrie, a précédé Plan Carpin, mais il n'est guère allé au-delà de la Volga, arrêté par les armées tartares dont il a décrit la force et la volonté de dominer le monde. Plan Carpin est donc envoyé auprès des Mongols en tant que missionnaire et informateur à la fin de 1245. Il a laissé de son voyage une relation destinée à Innocent V, *Historia Mongolorum* (qui a été traduite en français sous le titre *Histoire des Mongols*), œuvre d'un intellectuel doué d'un excellent esprit d'observation et qui s'efforce de se dégager des préjugés et des légendes de son temps. Arrivé le 22 juillet 1246 à Qaraqorum, il assiste à l'intronisation de Guyuk khān et prend le chemin du retour en novembre de la même année ; il lui faudra encore un an pour regagner Lyon. Il rapportait une lettre du grand khān qui précisait de nouveau la menace mongole sur la chrétienté. Malgré cette menace, le récit de Plan Carpin connut un immense succès ; aux observations géographiques et climatiques s'ajoutait une moisson de renseignements sur les peuples rencontrés, sur leurs mœurs, sur leur organisation politique et militaire, sur leur religion. Le franciscain y laissait parfois percer sa sympathie pour les Mongols, leur pauvreté, leurs mœurs patriarcales, leur morale austère, et cela malgré le froid, la faim, les fatigues et les dangers endurés pendant le voyage. Jean du Plan Carpin a ouvert la voie des échanges entre l'Orient et l'Occident, que la « paix mongole » va favoriser durant quelques décennies. Guillaume de Rubrouck fera un voyage similaire huit ans plus tard.

SOLANGE MARIN

POITOU

Ancienne province française dont l'essentiel a formé les départements de la Vendée, des Deux-Sèvres et de la Vienne. Riche comme tout l'Ouest en mégalithes et en gisements de l'âge du bronze, le Poitou entre dans l'histoire comme territoire des Pictones, d'où son nom. À l'époque romaine, il fut l'une des cités d'Aquitaine. D'importants vestiges témoignent d'une profonde romanisation. Celle-ci rayonna à partir de l'ancien oppidum qui commandait le seuil : Limonum (Poitiers), devenu centre routier et administratif. Extrême avancée des pays du Sud sur une grande voie de passage, le Poitou deviendra au Moyen Âge le champ de batailles décisives (Vouillé, 507 ; Poitiers, 732 et 1356), le lieu de rencontre privilégié entre les cultures du Nord et du Midi. Un autre trait durable sera la vigueur de la christianisation, illustrée par de nombreux saints et la fortune de la vie monastique : ainsi au IVe siècle l'évêque Hilaire et son disciple Martin, fondateur de Noirmoutier et de Ligugé ; au VIe siècle la reine Radegonde, fondatrice de Sainte-Croix. Le comté mérovingien sera un véritable séminaire d'évêques.

L'âge d'or du Poitou se situe aux XIe et XIIe siècles, après la tourmente normande. Les Guilhem, comtes de Poitiers dont l'origine remonte à 839, s'imposent comme ducs d'Aquitaine à partir de 928 pour deux siècles. Bien que leur autorité ne soit vraiment reconnue que dans le Poitou, ce titre ducal est riche de possibilités. Ne se font-ils pas couronner, comme des rois, à Saint-Martial de Limoges ? Mais, en 1137, la dynastie tombe en quenouille. On sait comment Aliénor apporta sa dot au roi de France Louis VII, puis à Henri Plantagenêt en 1152. Certes, cette duchesse énergique et raffinée, célébrée à l'égal de l'« aigle, reine des airs », jeta jusqu'à sa mort (1204) un dernier éclat sur sa maison. Trouvères et troubadours hantaient sa cour et de nombreuses chartes de libertés communales furent alors rédigées. Il n'en reste pas moins que le Poitou était désormais intégré à un plus vaste ensemble.

Ces deux siècles sont aussi ceux de la grande époque romane poitevine. Elle correspond à l'intense renouveau de la vie religieuse, marqué avec éclat par les proclamations de paix de Dieu (dès 989) et de croisade (1096) à Charroux et à Poitiers, ainsi que par la fondation de Fontevrault (1101), cependant que d'obscures foules de pèlerins cheminent sur la grand-route menant à Saint-Jacques et que se multiplient monastères et prieurés. Les moines certes, mais parfois aussi de grands féodaux et des villes en plein essor, ont créé une riche floraison d'églises romanes : Saint-Hilaire et Notre-Dame-la-Grande de Poitiers, Chauvigny, Saint-Savin, Saint-Jouin, Aulnay, etc. Leur variété n'exclut pas les caractères d'un style régional : relative fréquence du déambulatoire et de la nef à collatéraux, médiocrité de l'élévation, clochers parfois coiffés d'un cône de pierre à écailles, et surtout exubérance du décor sculpté qui envahit parfois toute la façade, divisée en arcatures aveugles, et utilise aussi bien des thèmes orientaux (la faune) que des thèmes sacrés ou des scènes de la vie quotidienne. La peinture murale est aussi très riche (Saint-Savin). Cette période se termine avec la pénétration de l'art gothique, favorisée par les Plantagenêts puis par la domination capétienne.

En effet, le Poitou, occupé dès 1204 par Philippe Auguste, échut bientôt en apanage à un frère de Saint Louis, Alphonse. Celui-ci y introduisit une bonne administration, cependant qu'après l'échec de la révolte de Lusignan (1241-1242) le roi d'Angleterre renonçait à ses droits (1259). Avant-garde de l'Aquitaine, le Poitou jouera un rôle essentiel pendant la guerre de Cent Ans. Par sa domination éphémère (1356-1375), Édouard III menaça le Bassin parisien ; après l'accalmie réparatrice marquée par le fastueux Jean de Berry, le dauphin Charles en fera, avec le Berry, la base de sa reconquête ; il y créera l'université de Poitiers en 1431 pour faire pièce à celle de Paris. Sa victoire cependant sonnera le glas de l'autonomisme poitevin.

GABRIEL LLOBET

POLO MARCO (1254-1323)

Le XIIIe siècle est un grand siècle d'internationalisme. Les armées mongoles, parties de Karakorum, envahissent d'une part la Chine et de l'autre l'Asie centrale, l'Asie Mineure et la partie occidentale du monde chrétien. En réunissant sous leur sceptre des régions appartenant à des aires de civilisations aussi différentes, les conquérants des steppes créent une situation exceptionnelle dans l'histoire du monde. L'absence de frontières d'un bout à l'autre de l'Asie, la paix relative qui y règne, la sécurité des routes et des ports, l'existence d'une *lingua franca* suscitent un intense courant d'échanges de biens et de personnes.

Grâce à certains envoyés, chinois ou européens, qui ont laissé les rapports de leurs voyages, on peut établir les itinéraires principaux selon les époques. Mais les rares personnes dont l'histoire a conservé les noms ne doivent pas faire oublier les innombrables inconnus, soldats, religieux, marchands, qui, circulant inlassablement sur ces routes, ont joué un rôle essentiel dans le développement des contacts entre les civilisations.

Un fonctionnaire de l'empereur mongol en Chine

Marco Polo est né dans une famille de riches marchands vénitiens. Entraînés par les circonstances au-delà de leurs activités commerciales, son père et son oncle s'étaient rendus en 1265 à Pékin, à la cour du khan Qubilai, fondateur en Chine de la dynastie mongole des Yuan. Considérés comme les représentants de la chrétienté, les Polo prennent le chemin du retour à travers l'Asie centrale, porteurs d'une lettre du khan pour le pape. En 1271, emmenant avec eux le jeune Marco, ils quittent à nouveau Venise, munis de présents et d'un message du pape pour le khan Qubilai. Ils arrivent à Pékin en 1275. L'empereur Qubilai les retient à sa cour et les engage à son service. Ils y restent dix-sept années. L'administration mongole, éloignant du pouvoir l'élite intellectuelle autochtone, emploie en effet, de préférence, des fonctionnaires d'origine étrangère en Chine conquise. C'est pourquoi Marco Polo, qui travaille en Chine pour les conquérants mongols, ignore tout de la langue, de l'écriture et des coutumes chinoises. Beaucoup de noms propres chinois ne lui sont connus qu'en persan ou en mongol, langues qu'il maîtrise parfaitement. On ignore quelles furent exactement ses fonctions, car il ne donne aucun détail sur ses activités, et les annales chinoises ne le mentionnent pas. On sait seulement par son récit qu'il se rendit en mission en Chine du Sud-Ouest, et peut-être au Champa et à Ceylan. Il séjourna pendant trois ans dans la grande ville méridionale de Hangzhou, où il remplissait des tâches administratives. En 1291, il est autorisé à quitter l'empire Yuan avec ses deux parents, afin d'accompagner, par la route maritime, une importante ambassade qui conduit au khan de Perse une princesse du clan de Qubilai. S'étant acquittés de cette mission, ils sont enfin de retour à Venise en 1295, après vingt-cinq années d'absence.

Pendant la guerre contre Gênes en 1298, Marco Polo est fait prisonnier. Il met à profit cette réclusion de trois ans pour raconter ses souvenirs de voyage à son compagnon de prison, Rusticien de Pise, romancier à la mode. Rédigé en français, c'est *Le Livre de Marco Polo*. La variété des pays décrits, la puissante organisation de la Chine, les trésors de l'Inde ont tant surpris l'Europe médiévale qu'on a longtemps cru que le Vénitien fabulait. Mais, depuis que les recherches ont permis de comparer les récits de Marco Polo à d'autres sources, on ne peut que reconnaître l'esprit d'observation, la probité intellectuelle, la prodigieuse mémoire et la largeur de vues sans prétention du grand voyageur.

Le Livre de Marco Polo

Le manuscrit original du *Livre de Marco Polo* est perdu, mais il reste un grand nombre de textes anciens en langues romanes, connus sous les titres de *Le Devisement du Monde*, *Le Livre des Merveilles du Monde*, *Il Milione*. Au XXe siècle, la découverte d'une version plus longue mais dûment authentifiée – version dite de Ramusio – a donné un nouvel essor aux études sur Marco Polo.

Le Livre de Marco Polo se divise en trois parties : le voyage d'aller par l'Asie Mineure et l'Asie centrale avec de brèves descriptions des villes et des caractéristiques de leurs habitants ; le séjour dans l'empire mongol des Yuan, qui donne lieu à de longs développements ; le voyage de retour par les mers du Sud et l'Inde, avec des digressions sur le Japon et les côtes africaines. Marco Polo ne cherche pas à présenter une géographie de l'Asie, mais à raconter ce qu'il a vu ou entendu dire d'intéressant. Il se passionne pour la faune des pays qu'il traverse, relevant l'existence des animaux inconnus ou étranges, et faisant une description très détaillée et vivante des chasses mirifiques de l'empereur Qubilai. Il dépeint longuement les villes et leur architecture : Bagdad, Pékin et surtout Hangzhou, l'ancienne capitale des Song, avec ses palais et ses maisons, ses temples et ses tombeaux, ses routes, ses canaux et ses ponts. Pourtant, plus qu'aux objets sa curiosité va aux hommes et à leurs civilisations. Il ne manque jamais de préciser la religion, l'appartenance politique, la langue, les coutumes et les activités essentielles des populations qu'il rencontre. Comme pour tout chrétien du Moyen Âge, les problèmes religieux sont fondamentaux. Marco Polo s'étonne de la diversité des croyances et de la profonde tolérance qui règne dans l'empire mongol : autour du palais impérial se dressent temples bouddhiques, monastères taoïques, églises nestoriennes (plus tard la cathédrale catholique), temples manichéens, lamaïques qui, tous à égalité, essaient de s'attirer les bonnes grâces du souverain.

Ayant travaillé pendant de nombreuses années pour le gouvernement mongol en Chine, Marco Polo connaît particulièrement bien l'empire Yuan, son système politique, militaire et économique. Plusieurs chapitres sont consacrés à l'épopée des gengiskhanides, ainsi qu'à l'organisation des armées, qui fit leur puissance. Sans cacher son profond attachement pour le grand khan Qubilai, il décrit le faste de sa vie quotidienne, tant à la cour de Pékin qu'à sa résidence d'été. Les grandes fêtes qui ponctuent l'année sont l'occasion de festins grandioses où la profusion et la valeur des cadeaux faits à tous les vassaux, robes de brocart, bijoux, fourrures, soieries, firent rêver bien des lecteurs. Le Vénitien, lui, n'ignore pas les sources de revenus de l'empereur et les recettes immenses qu'il tire de l'exploitation des pays conquis, surtout de la Chine du Sud : impôts divers, monopoles, taxes commerciales. Certaines institutions chinoises, conservées par l'empire Yuan, suscitent son admiration : le système des postes, avec hôtels et relais d'État, l'organisation des pompiers dans les grandes villes, le recensement de la population urbaine, le papier-monnaie, l'organisation des marchés urbains et de la voirie.

Les contemporains de Marco Polo crurent que celui-ci avait fait œuvre d'imagination et ne soupçonnèrent pas que ses récits recouvraient une réalité. Les précisions géographiques qu'il apportait ne furent pas prises en considération, et ce n'est qu'au XVe siècle qu'elles furent largement utilisées dans le domaine de la cartographie.

DELPHINE BAUDRY-WEULERSSE

Bibliographie

L. F. BENEDETTO, *Il Milione, prima edizione integrale*, 1928 / MARCO POLO, *Le Livre de Marco Polo, ou le Devisement du monde*, A. t'Serstevens éd., J. Susse, Paris, 1944, rééd. Albin Michel, Paris, 1983 ; *The Description of the World*, A. C. Moule et P. Pelliot éd., Londres, 1938 (trad. L. Hambis, *Le Devisement du monde, le livre des merveilles*, La Découverte, Paris, 1991).

L. OLSCHKI, *Marco Polo's Asia*, Los Angeles, 1960 / P. PELLIOT, *Notes on Marco Polo*, 3 vol., Maisonneuve, Paris, 1959-1973.

PORTE-GLAIVE CHEVALIERS → CHEVALIERS PORTE-GLAIVE

PORTUS

Le terme « portus » désigne des agglomérations naissant en Gaule du Nord à l'époque carolingienne. Certaines se trouvaient à proximité immédiate des anciennes cités, et étaient protégées par leurs murailles comme à Mayence et à

Cologne, à Metz et à Tournai. D'autres, entièrement nouvelles, sont toujours liées au réseau fluvial, ainsi Dinant, Namur et Huy sur la Meuse, Valenciennes et Gand sur l'Escaut, Saint-Omer sur l'Aa. Dans les deux cas, il s'agit de quartiers dotés de quais de débarquement et d'entrepôts, dont la population a pour activité essentielle la batellerie et le négoce. Il est enfin des portus qui sont des ports fluviomaritimes, tels à l'embouchure de la Canche Quentovic, port le plus utilisé pour les relations avec l'Angleterre, et Dorestad sur le Lek, en aval d'Utrecht, débouché naturel du commerce rhénan. Les invasions scandinaves rendront difficile l'activité de ces portus – Dorestad, par exemple, fut détruit par les Normands – mais de façon générale ne la firent pas cesser ; la stabilisation une fois revenue, les portus redevinrent des centres de trafic important : la vallée de la Meuse fut au xe siècle une des voies les plus fréquentées de l'Europe du Nord-Ouest. Quant à la population des portus, renforcée depuis le XIe siècle par l'immigration rurale, elle sera, souvent mais pas toujours, l'élément moteur de l'émancipation urbaine.

ROBERT FOLZ

PRAGMATIQUE SANCTION (1438)

Ordonnance de Charles VII, publiée au cours de l'assemblée du clergé français réunie à Bourges de mai à juillet 1438, par laquelle étaient déclarés applicables au royaume divers canons du concile de Bâle. Les Pères du concile étaient entrés en conflit avec le pape Eugène IV, et la France avait pris parti pour eux en 1432 sans rompre ouvertement avec le pape. Le temps de la conciliation semblant passé, l'assemblée avait été convoquée pour conseiller le roi sur le parti définitif à prendre. En fait, les prélats français eurent à examiner et à interpréter les canons conciliaires et ne les acceptèrent qu'après quelques modifications, beaucoup plus de principe que de fond. Pour l'essentiel, l'ordonnance publiée le 7 juillet 1438 – et que le concile accepta l'année suivante – assurait l'autorité du roi sur son Église. On a pu, à bien des égards et malgré les retouches ultérieures, la qualifier de Constitution de l'Église gallicane.

La pragmatique sanction établissait un régime bénéficial qui, avec divers accommodements, fut celui de tout l'Ancien Régime : il ruinait la fiscalité pontificale et le droit du pape à disposer des bénéfices, fondait – contre le canon conciliaire – le droit du roi à intervenir dans les élections épiscopales et abbatiales pour recommander ses candidats, réservait aux universitaires un certain nombre de prébendes, et renforçait sensiblement, au détriment de la curie romaine, les pouvoirs juridictionnels des archevêques.

Le clergé choisissait délibérément, contre le pape, de se donner le roi pour maître. Mais l'Église de France connut encore une longue période d'incertitude, au cours de laquelle le jeu des interventions et des compétitions électorales provoqua plus de scandales que les collations pontificales du siècle précédent. Le caractère unilatéral d'une décision applicable à l'encontre du Saint-Siège fournissait de surcroît à bien des clercs une raison pour en récuser tel ou tel effet.

Pour ménager Pie II, Louis XI abolit la pragmatique sanction en 1461 ; il la rétablit en 1464 pour protester contre les excès de la politique pontificale, puis l'abolit de nouveau en 1467 et conclut enfin, en 1472, un concordat qui rendait à Sixte IV des droits illusoires en échange d'un appui diplomatique dans les affaires italiennes. En 1478, le concile gallican d'Orléans rétablit sans le dire la pragmatique sanction. C'est seulement en 1516 qu'un concordat durable fut accepté par le pape et par le roi ; ce dernier fut ainsi reconnu comme le véritable maître de l'Église de France.

JEAN FAVIER

PRAGUERIE

Révolte féodale menée contre Charles VII par quelques princes, comme les ducs Charles Ier de Bourbon, Jean II d'Alençon, Jean V de Bretagne, le roi René d'Anjou, comte de Provence, Jean IV d'Armagnac et Jean de Dunois. La petite et la moyenne noblesse soutinrent le mouvement, soucieuses de défendre leurs prérogatives contre les empiétements des officiers royaux et, pour cette raison, inquiètes de la ferme reprise en mains de la monarchie par l'ancien roi de Bourges. La conjuration visait à destituer le roi et à confier la régence au dauphin, le futur Louis XI, alors âgé de seize ans. Une révolte du duc de Bourbon avait déjà été matée en 1437. De même, le roi et Richemont réprimèrent-ils sans peine une première insurrection, en Auvergne et en Poitou (févr. 1440). L'intervention du duc de Bourgogne Philippe le Bon et de Charles d'Orléans – à peine revenu de sa captivité en Angleterre – mit au contraire la royauté en péril. À l'assemblée de Nevers (févr. 1442), à laquelle il n'avait pas été prié, Charles VII fit jouer ses conseillers au plus fin. En dosant ses concessions et surtout ses subventions financières de manière aussi habile qu'inéquitable, il dissocia la coalition. Celle-ci fut qualifiée de « Praguerie » par comparaison avec les récentes révoltes de Bohême.

L'un des facteurs déterminants du succès royal fut le loyalisme de la plupart des villes et la fidélité intéressée de l'administration. La nouvelle noblesse, née des profits de la justice et des finances royales, fit cause commune dans la prudence avec la bourgeoisie marchande. Quant à la petite noblesse d'origine militaire, qui avait suivi dans la révolte les princes, elle vit avec amertume ceux-ci tirer seuls les avantages de la réconciliation avec le roi ; de l'opposition du dauphin Louis jusqu'à la ligue du Bien public, les mouvements d'insoumission ne trouvèrent désormais plus dans cette petite noblesse la force militaire grâce à laquelle ils auraient pu limiter les progrès du pouvoir monarchique.

JEAN FAVIER

PRÉBENDE

Ensemble de biens et de revenus destinés à l'entretien d'un chanoine séculier. Lorsque les clercs vivant autour de l'évêque abandonnent, à l'époque carolingienne, la vie communautaire, il faut procéder à un partage des biens de l'Église, dont les uns et les autres ont jusque-là vécu. On constitue pour l'évêque une « mense » (*mensa*, la table) épiscopale, et pour le chapitre, c'est-à-dire pour les clercs de la cathédrale, une mense capitulaire. La division de celle-ci entre les chanoines crée la prébende individuelle. Tout clerc de la cathédrale a sa prébende. La générosité des fidèles comblant les ordres nouvellement fondés plutôt que les vieilles églises diocésaines, les prébendes sont, en certains cas, sévèrement touchées par la dévaluation des revenus monétaires. À partir du XIIe siècle, on doit les compléter en unissant, en faveur des chanoines, des bénéfices paroissiaux et des chapellenies aux prébendes canoniales ; une partie des revenus de ces bénéfices est prélevée pour former, à l'intention du desservant réel, une portion congrue, c'est-à-dire une part suffisante. À partir du XIVe siècle, la prébende est surtout un moyen de rémunération des services et des fidélités, à la disposition de tous ceux qui, canoniquement ou par abus, peuvent en disposer. Les clercs de l'entourage des princes, comme ceux de la curie romaine, cumulent, parmi des bénéfices de tout rang, des prébendes de plusieurs églises cathédrales.

JEAN FAVIER

PRÉCAIRE

Il faut distinguer la précaire (*precaria*), qui est l'acte de requête par lequel un vassal demandait à son seigneur de lui faire un don suffisant pour assurer sa subsistance, ou par lequel un homme libre demandait un bienfait en offrant en échange sa fidélité et ses services, du précaire (*precarium*) qui est précisément le bien fructifère concédé par le puissant à celui qui se place sous sa protection. Ce bien était le plus souvent une terre, mais pouvait aussi consister en un droit (sur un marché ou un péage, par exemple). La vassalité, c'est-à-dire la dédition de soi, étant par nature personnelle et non transmissible puisque librement consentie, le précaire était révocable et limité de toute manière à la vie du donataire. Ce moyen de rémunération des fidélités eut la faveur des grands, et en premier lieu du souverain, à l'époque carolingienne : à pratiquer le don pur et simple, en perpétuelle propriété, les rois mérovingiens s'étaient appauvris et avaient dû finalement subir la loi de leurs anciens fidèles, devenus plus riches qu'eux-mêmes. La pratique du don temporaire, souvent viager, était cependant connue depuis longtemps et tenait en Occident la place de la rémunération en salaire, rendue difficile aux échelons élevés de la société par l'insuffisance de la circulation monétaire. Le système du précaire fut aménagé par Pépin le Bref, qui en fit une véritable institution d'État pour régler la situation des terres d'Église spoliées par son père Charles Martel ; il convenait de rendre ces terres, pour se concilier les clercs, sans les reprendre aux fidèles ou vassaux, dont l'appui militaire et politique était indispensable. Les terres furent donc rendues à l'Église, et les hommes du roi les reçurent à nouveau, en précaire cette fois. On parlait indifféremment de précaire ou de bienfait (*beneficium*). Ce dernier terme l'emporta dans la pratique dès le VIIIe siècle. Il fut remplacé, vers le XIe siècle, par le mot fief (*feodum*).

JEAN FAVIER

PŘEMYSLIDES LES

Dynastie nationale tchèque qui a fondé le royaume de Bohême. Les Slaves de ce pays se détachent de la Grande-Moravie et se regroupent en un solide État. Le territoire, encore faiblement peuplé, se répartit entre une dizaine de tribus qui occupent le centre du pays, les pourtours montagneux demeurant à peu près vides. Bien située dans la région de Prague, la tribu des Tchèques va unifier l'ensemble. La tradition fait descendre d'un ancêtre légendaire, Přemysl (le laboureur), le premier prince connu, Bořivoj, baptisé en Moravie vers 875. Des missionnaires viennent de l'empire franc, parfois accompagnés de guerriers, et évangélisent les Slaves. Alors que la société tribale était liée au paganisme, la conversion au christianisme s'accompagne du passage au féodalisme. Pourtant, l'évangélisation rencontre des résistances, et la famille des Přemyslides compte deux martyrs que l'Église romaine a canonisés : Ludmilla et, surtout, son petit-fils Wenceslas (en tchèque : Václav), assassiné par son frère en 929. Saint Wenceslas devient le patron de la Bohême, et sa fête est populaire encore de nos jours. Ses successeurs, Boleslav le Cruel (mort en 967) et Boleslav le Pieux (mort en 999), doivent se reconnaître vassaux du roi de Germanie. En 973, Adalbert fonde l'évêché de Prague et les couvents se multiplient rapidement. Martyr des païens de Prusse en 997, Adalbert sera canonisé. Les relations avec le Saint Empire deviennent de plus en plus étroites. La noblesse tchèque choisit librement son duc dans la famille des Přemyslides, mais, comme les querelles de succession ne sont pas rares, le roi de Germanie intervient en tant que suzerain. Finalement les souverains germaniques accordent aux Přemyslides la couronne royale à titre viager, d'abord en 1085, puis en 1158, et finalement à titre héréditaire en 1198. Les souverains tchèques ont leur place parmi les barons d'Empire et participent à l'élection du roi des Romains ; Ottokar II (ou Otakar II), très ambitieux, tente même de se faire élire, en 1273, roi de Germanie. Son rival, Rodolphe de Habsbourg, est plus heureux et arrache à Ottokar l'Autriche que celui-ci tente d'annexer à son patrimoine, comme ses prédécesseurs l'ont fait avec la Silésie et la Moravie. Le dernier des Přemyslides, Wenceslas III, disparaît assassiné, en 1306, et la couronne de Bohême passera, après bien des vicissitudes, à la maison de Luxembourg. Ainsi, par leur durée comme par l'importance de leur œuvre, les Přemyslides ont joué un rôle comparable à celui des Capétiens directs en France ou des Arpadiens en Hongrie.

JEAN BÉRENGER

PRÉVÔT

Agent du pouvoir seigneurial dans la France féodale, le prévôt (ou *praepositus*) est une sorte d'intendant doté de pouvoirs étendus : il administre, juge, perçoit les multiples taxes et amendes au nom du seigneur. Il représente aussi les premiers Capétiens sur le domaine royal, mais ses abus de pouvoir et les plaintes des populations qui s'ensuivent décident le roi à le placer sous le contrôle et l'autorité du bailli, évolution qui s'accomplit dans la seconde moitié du XIIe siècle. L'avidité des prévôts, leurs brutalités et leurs exactions ont leur source dans la structure même de l'institution : donnée en fief ou vendue à ferme, la charge enrichissait son titulaire dans la mesure où il pressurait davantage clercs, bourgeois ou paysans. Celui qui recevait cette charge en fief cherchait, en outre, à la rendre héréditaire, acquérant ainsi encore plus d'indépendance vis-à-vis du pouvoir. Un certain nombre de villes, notamment dans le centre de la France, sont administrées par des prévôts qui en limitent les libertés soit au nom du roi, soit au nom du seigneur. Paris, qui n'a jamais reçu de charte de franchise, restera jusqu'à la fin de l'Ancien Régime une ville de prévôté. C'est Étienne Boileau, le plus célèbre des prévôts de Paris, qui, vers 1260, réformera la fonction. Le prévôt de Paris est désormais nommé par le roi et siège au Châtelet, d'où il exerce des pouvoirs équivalant à ceux des baillis. La capitale possède aussi, dès le Moyen Âge, un autre prévôt qui, d'abord chef des marchands de l'Eau, devient en fait le maire de Paris sous le nom de prévôt des marchands. Recruté dans la riche bourgeoisie qui se partage les charges municipales, il sera, sous l'Ancien Régime, nommé par le roi.

Au XIVe siècle, les prévôtés sont dessaisies de presque tous leurs pouvoirs, sauf en matière de justice locale. La multiplication des juridictions, en particulier la création des présidiaux au XVIe siècle, accélère la décadence de ces tribunaux qui végéteront ou même disparaîtront avant la Révolution française.

SOLANGE MARIN

PRINCE NOIR LE

→ ÉDOUARD D'ANGLETERRE

PRINCIPAUTÉS RUSSES

Le mot *kniaz* (*knjaz'*), apparenté au haut-allemand *kuning*, désigne le chef varègue que l'on trouve à la tête de l'État kiévien à partir de la fin du IXe siècle (descendants, selon la légende, du chef plus ou moins mythique Riourik, les princes russes sont parfois appelés Rióurikides). Le caractère souverain des princes russes est souligné par l'usage, en latin, du mot *rex* pour les désigner. Mais l'unité de cette principauté de Kiev est, sans cesse, remise en cause par la coutume successorale qui, à la mort du prince régnant, faisait de tous ses fils des successeurs à part égale. Aussi voit-on apparaître, dès la mort de Iaroslav le Sage en 1054, à côté de la principauté de Kiev, celles de Tchernigov, de Pereïaslavl, de Smolensk... Le pouvoir politique est, en fait, exercé collectivement par l'ensemble des représentants mâles de la famille princière, l'aîné, le prince de Kiev, ne jouissant que d'une primauté d'honneur (pour le désigner, le titre de *knjaz' velikij*, « grand prince », reste, jusqu'à la fin du XIIe siècle, d'un usage exceptionnel) ; les différentes principautés sont réparties selon l'ordre de primogéniture, toutes branches confondues. Ce principe successoral est, toutefois, rapidement battu en brèche et, dès 1096, la décision est prise de laisser au représentant de chaque lignée la principauté qu'il a héritée, sa *votčina* (« bien patrimonial »). Cette nouvelle loi successorale porte en germe le système des *udely*, ou « parts », dans lequel, lors d'une succession, chaque fils reçoit une fraction de l'héritage (ces *udely* sont parfois improprement appelés apanages). Cette pratique, qui correspond à un système économique de plus en plus cloisonné, amène, au XIIIe siècle, le morcellement de la Russie en multiples principautés dont les plus importantes se situent à la périphérie de ce qui fut la principauté de Kiev : Galicie, Volynie (ces deux principautés seront réunies au début du XIIIe s.), Smolensk et Vladimir-Souzdal ; au nord-ouest, la république aristocratique de Novgorod connaît certes des princes, mais ce ne sont que des chefs de guerre congédiables, appartenant cependant toujours à la dynastie des Riourikides.

La fin du XIIe siècle voit se généraliser l'emploi du titre de grand prince pour désigner le souverain de Kiev et, surtout, celui de Vladimir dans la Russie septentrionale. C'est la domination mongole qui assurera, à partir du milieu du XIIIe siècle, la pérennité de la grande principauté de Vladimir. Le titulaire de cette charge, nommé par le khan de la Horde d'or, devient, en fait, le responsable suprême de la Russie septentrionale ; entre autres, il doit collecter le tribut destiné à l'occupant mongol. Toutefois, la fonction de grand prince de Vladimir vient s'ajouter, pour son détenteur, à sa principauté patrimoniale. Aussi, l'obtention du titre de grand prince suscite-t-elle une rivalité souvent sanglante entre les différentes branches princières, tout particulièrement Tver et Moscou dans la première moitié du XIVe siècle. À la fin du XIVe siècle, la grande principauté de Vladimir est pratiquement confondue avec la principauté de Moscou, mais parallèlement d'autres chefs de principauté, essentiellement ceux de Tver, Souzdal-Nijni-Novgorod et Riazan, portent le titre de grand prince, dépendent directement de la Horde d'or, battent monnaie. Le chef de l'État lituanien est, lui aussi, qualifié de grand prince, ainsi que le prince de Smolensk (jusqu'au début du XVe s.). Quant aux cadets des différentes dynasties, leurs parts (*udely*) sont suffisamment importantes pour leur permettre de constituer un danger pour leurs aînés (par exemple, la guerre menée par les princes de Galitch contre Basile II de Moscou dans le second tiers du XVe s.). Il faut, enfin, remarquer que les documents diplomatiques russes ne reflètent jamais le caractère territorial des principautés : on y trouve seulement le nom et le patronyme du titulaire suivis de la mention prince ou grand prince ; cette habitude est un vestige de l'ancienne conception politique où le pouvoir était exercé collectivement par l'ensemble de la lignée princière.

Au nord-est toutes les principautés, y compris les grandes principautés souveraines, sont absorbées par l'État moscovite durant le XVe et le début du XVIe siècle : le prince de Moscou prend alors (en 1485, après l'annexion de Tver) le titre de grand prince de toute la Russie, avant d'adopter définitivement, en 1547, le titre de tsar. À l'ouest, les principautés, héritières de la Russie kiévienne, furent fondues dans l'État lituanien.

WLADIMIR VODOFF

PROCOPE DE CÉSARÉE (mort en 562 ?)

Haut fonctionnaire de la cour de Constantinople, préfet de la ville en 562, Procope de Césarée est le plus remarquable des historiens de l'époque. Secrétaire de Bélisaire, qu'il suit dans ses campagnes, il retrace les luttes de l'Empire d'Orient contre les Perses, les Vandales, les Ostrogoths (*Guerres de Justinien*). Son *Traité des édifices* apporte des renseignements précieux pour l'histoire de l'art byzantin. Dans la plupart de ses œuvres, il loue sans réserve l'empereur régnant, sauf dans son *Histoire secrète*, où il critique violemment Justinien mais surtout l'impératrice Théodora. Son style oratoire s'apparente à celui des sophistes.

DOMINIQUE RICHARD

PROVISIONS D'OXFORD (1258)

Ensemble de textes législatifs et de mémoires rédigés par un comité de vingt-quatre membres réunis en parlement pour réformer le royaume et dont la moitié était nommée par le roi, l'autre par les grands féodaux. Dirigés par Simon de Montfort, les barons imposent à Henri III la ratification d'une véritable abdication politique : le roi remet l'essentiel de ses pouvoirs à un conseil privé de quinze membres, eux-mêmes choisis par le comité des vingt-quatre qui devront préparer les indispensables réformes et réunir trois fois par an le Parlement ; deux autres commissions sont spécialement chargées de mettre au point les mesures financières et de s'occuper de l'Église ; un justicier d'Angleterre est nommé ; les officiers et commissaires locaux sont renouvelés et surveillés. L'oligarchie ainsi constituée soumettra, en 1259, au Parlement réuni à Westminster des mesures législatives connues sous le nom de Provisions de Westminster. En 1261, profitant des dissensions des barons, le roi dénonce les engagements qu'il a dû souscrire trois ans plus tôt. Plusieurs fois annulées puis rétablies, les Provisions d'Oxford furent définitivement supprimées par Henri III dans le dictum de Kenilworth.

ROLAND MARX

Q

QUERCY

Ancienne province française faisant partie de la haute Guyenne, le Quercy a formé le département du Lot (chef-lieu Cahors) et une grande part de celui de Tarn-et-Garonne (chef-lieu Montauban). Territoire des Cadurci, qui résistèrent à César à Uxellodunum, il fut érigé en comté à la fin du VIIIe siècle, mais englobé dès 849 dans celui de Toulouse. Le nombre et la turbulence des seigneurs féodaux, retranchés dans leurs donjons, devaient empêcher les comtes de Toulouse d'exercer pleinement leurs droits suzerains. C'est à partir de Moissac que rayonnera dans toute la province un style roman languedocien et c'est en commençant par Montauban, bastide fondée par Alphonse Ier Jourdain en 1144, que s'y répandra le mouvement toulousain d'émancipation municipale (consulat). Fondation antique, Cahors est au Moyen Âge un puissant évêché qui rayonne sur le pays et encourage la fondation d'abbayes et de prieurés érigés en seigneuries. Filiale de l'abbaye de Tulle, Rocamadour (ou Roc-Amadour) connaît une affluence de pèlerins qui fait sa fortune ; sa population aurait atteint le nombre de vingt mille habitants.

Après la mort de Jeanne de Toulouse (1271), le Quercy partage le sort du comté de Toulouse lors de la croisade contre les albigeois et sera disputé entre la France et l'Angleterre pendant la guerre de Cent Ans. L'époque moderne est marquée par la Réforme, dont le bas Quercy sera l'un des plus solides bastions, et par plusieurs « fureurs paysannes », et d'abord par celles des Croquants en 1594 et en 1624. Pays des minières de fer, du bois et des vins, il fera partie de la généralité de Montauban créée en 1635.

GABRIEL LLOBET

QUERELLE DES INVESTITURES

Conflit qui, au milieu du XIe siècle, éclata entre le pape et l'empereur à propos de la pratique de l'investiture accordée aux évêques par les pouvoirs laïcs (investiture ecclésiastique). Des clercs réformateurs, désireux de lutter contre la simonie dans le clergé et contre le concubinage des prêtres, dénoncèrent alors une telle pratique comme la racine du mal. En 1059, Nicolas II promulgua un décret interdisant cet usage. La mesure fut reprise par ses successeurs, Alexandre II et Grégoire VII, qui l'inclurent dans un programme plus vaste de réforme de l'Église et de la société. L'empereur Henri IV, qui tenait à contrôler la désignation des évêques de l'Empire parce qu'il leur déléguait des pouvoirs régaliens, s'opposa à ces décisions. Il en résulta un long conflit, qu'on a appelé la querelle des Investitures.

Henri IV ouvrit le feu en faisant déposer le pape par une assemblée d'évêques allemands et italiens. Grégoire VII riposta par l'excommunication et la déposition de l'empereur (1076), contre lequel, profitant de l'occasion, une partie des princes allemands se révolta. À Canossa (1077), le monarque sollicita son pardon en reconnaissant ses péchés. Mais, désormais plus libre, il reprit une politique indépendante et lutta avec succès contre l'anti-roi que lui opposaient ses adversaires. En 1080, Grégoire VII l'excommunia et le déposa de nouveau. Henri réagit, fit élire un antipape, força Grégoire à quitter Rome et à se réfugier à Gaète, où il mourut abandonné de presque tous. Après le bref pontificat de Victor III, Urbain II (1088-1099) reprit la condamnation de l'investiture, mais il agit avec prudence et habileté ; et il se gagna de nombreuses sympathies. Au début du XIIe siècle, le conflit rebondit avec le fils d'Henri IV, l'empereur Henri V, qui intimida un moment le pape Pascal II et le força à renoncer aux objectifs fixés par ses prédécesseurs. La papauté se ressaisit sous Gélase II, qui excommunia le souverain allemand en 1118.

Finalement, la lassitude aidant et des solutions logiques et pratiques ayant été suggérées par des canonistes (Yves de Chartres), en parlant de la distinction, dans les fonctions de l'évêque, entre la charge temporelle de l'office spirituel, on parvint à un accord connu sous le nom de Concordat de Worms (1122) et conclu par le pape Calixte II. Il fut décidé qu'à l'avenir les évêques seraient élus par le clergé en présence d'un représentant du monarque, puis qu'ils prêteraient serment à celui-ci, après quoi ils seraient consacrés par l'archevêque métropolitain. Une procédure du même type entra en vigueur dans le reste de la chrétienté latine.

MARCEL PACAUT

R

RAINALD VON DASSEL (1120 env.-1167)

Fils cadet d'un noble saxon, Rainald (ou Reinald, Renaud en français) de Dassel devient évêque de Hildesheim en 1154. Il est lié à Wibald, abbé de Stavelot et de Corvey, et à Otton de Freising, l'oncle du nouvel empereur Frédéric de Hohenstaufen. En mai 1156, Frédéric Barberousse le nomme chancelier de l'Empire. Il est désormais le bras droit de l'empereur, dont il dirige la diplomatie et, en particulier, la politique italienne. Il reçoit l'archevêché de Cologne en 1159. À la mort du pape Adrien IV, il fait élire Victor IV contre Alexandre III, lequel reçoit le soutien des rois de France et d'Angleterre et excommunie Rainald en 1163. Chargé d'obtenir l'adhésion de Louis de France, il échoue dans sa mission. À la mort de Victor IV en 1164, sans même en référer à Frédéric Barberousse, Rainald installe comme pape Pascal III, poursuivant ainsi le schisme de sa seule initiative. Après une ultime lutte contre les Romains, il meurt près de Tusculum. Cet homme intelligent, décidé, a mené au nom de l'empereur une politique agressive, essayé de restreindre le rôle temporel du pape et l'influence des villes par des combats incessants où il n'a pas toujours été vainqueur. Il reste célèbre dans son archevêché de Cologne pour avoir ramené en grande pompe (1158) les reliques des rois mages, que lui a données Frédéric Ier après la chute de Milan, ainsi que les ossements de saint Félix et de saint Nabor.

ANNE BEN KHEMIS

RAIS, RAYS ou RETZ GILLES DE (1404-1440)

Arrière-petit-neveu de Du Guesclin, fils de Marie de Craon et de Guy de Laval de Blaison, Gilles de Rais appartient à l'une des plus hautes et des plus influentes familles du début du XVe siècle.

Orphelin à onze ans, il est élevé par son grand-père Jean de Craon, qui ne réfrène aucune des passions de l'enfant et lui enseigne au contraire la désobéissance à l'égard de l'autorité, tant religieuse que royale. L'enfant, qui avait appris le latin jusqu'à la mort de ses parents, n'est initié ensuite qu'aux jeux de la guerre et de la chasse. Pour des raisons d'intérêt, il est fiancé deux fois, à treize et à quinze ans, mais c'est à seize ans qu'il sera uni secrètement à Catherine de Thouars, le mariage officiel avec autorisation de Rome n'ayant lieu que deux ans plus tard. En 1424, Gilles décide d'administrer tous ses biens et, à l'instigation de son cousin La Trémoille, entreprend une carrière militaire, ajoutant à sa fortune une compétence guerrière et un courage dont témoignent ses nombreuses victoires sur les Anglais. À Chinon, quand Charles VII reçoit Jeanne d'Arc, il se voit confier les troupes et part avec la Pucelle pour Orléans. Au combat décisif des Tourelles, il est près d'elle quand elle est blessée et entre dans la ville. Après d'autres victoires comme celle de Patay, c'est Gilles qui est chargé de porter à Reims le saint chrême du sacre ; ce même jour de juillet 1429, il est fait maréchal de France. Trois mois plus tard, lorsqu'elle est blessée sous les murs de Paris, c'est le sire de Rais que Jeanne veut près d'elle, mais la Pucelle doit abandonner, cependant que le roi accorde à Gilles, privilège qu'il partage seul avec Jeanne, d'ajouter à ses armes un semis de fleurs de lys.

Jusqu'en 1433, Gilles guerroie, dilapide sa fortune. À partir de la mort de son grand-père, il apparaît cependant sous cet autre jour, qui lui vaudra d'être le vrai Barbe-Bleue de la légende sans qu'on sache s'il est bien à l'origine du personnage ou s'il représente sa concrétisation dans l'esprit populaire. Désormais, et jusqu'à son arrestation, avec la complicité de serviteurs qui partagent ses passions et enlèvent les enfants, Gilles de Rais se rend coupable de très nombreux meurtres (officiellement cent quarante), commis surtout sur des jeunes garçons au cours de scènes d'orgie. Entièrement adonné à sa débauche, Gilles ne néglige pas pour autant les fondations pieuses : il crée à Machecoul, « pour le bien et le salut de son âme », la fondation des Saints-Innocents, dépense une fortune pour monter à Orléans, en 1435, une grande machine théâtrale en mémoire de Jeanne d'Arc. Il mène grand train et s'attache surtout à sa « maison ecclésiastique », digne des plus grands. Mais, en 1437, deux squelettes ayant été découverts dans son château, une rumeur naît que les petits n'osent amplifier et que les grands écoutent peu : sans être inquiété, Gilles installe près de lui François Prelati et commence à Tiffauges, en Vendée, des évocations de Satan... qui ne lui répond d'ailleurs jamais, même quand il lui offre dans un verre le cœur et le sang d'un enfant. Toujours homme d'armes, Gilles confie une partie de ses hommes à Jeanne d'Arc ressuscitée, la dame des Armoises, mais ce n'est qu'un intermède dans sa vie partagée entre le meurtre, l'appel de Satan et le désir d'aller pleurer en Terre sainte pour la rémission de ses péchés. En mars 1440, il se confesse, communie au milieu des paysans, mais les crimes continuent.

Cependant, l'évêque de Nantes ayant secrètement mené une enquête, Gilles est arrêté le 15 septembre 1440 ; il est accusé de crime et de sodomie sur des enfants, d'évocation des démons, de violation de l'immunité ecclésiastique. Après un temps de silence, et pour éviter la torture (à moins que ce ne fût aussi chez ce monstre qui se voulut jusqu'à sa mort bon chrétien et dévot la preuve d'un remords sincère, d'un souci du salut de son âme), Gilles passe aux aveux : il reconnaît tous les méfaits qui lui sont reprochés, donnant, avec ses complices, les plus horribles détails sur ses pratiques, implorant le pardon de ses juges et exhortant le peuple « à vénérer notre Sainte Mère l'Église ».

Le 23 octobre, ses complices Henriet et Poitou sont condamnés à mort ; le 25, la cour ecclésiastique excommunie Gilles pour « apostasie hérétique [...] évocation des démons [...] crime et vice contre nature avec des enfants de l'un et de l'autre sexe selon la pratique sodomite ». À genoux, « avec des soupirs et des gémissements », Gilles demande à être réincorporé dans l'Église et se confesse. Il est ensuite remis à la cour séculière, qui le condamne à verser une amende de 50 000 écus d'or, puis à être pendu et brûlé, le lendemain même. Après la procession demandée par Gilles et suivie par une foule immense qui prie pour son âme, il est pendu, livré aux flammes, mais son corps est retiré du brasier à temps pour qu'il puisse reposer en terre chrétienne. Sa dépouille est portée et ensevelie « par quatre ou cinq dames ou demoiselles de grand état » dans l'église de Notre-Dame-du-Carmel de Nantes. Trois siècles plus tard, lors du pillage de l'église par les révolutionnaires, le corps de « Barbe-Bleue » disparaîtra. Au reste, Gilles de Rais dut sa gloire durable à l'excès de ses crimes.

PIERRE-ROBERT LECLERCQ

RAYMOND III (1140 ?-1187) comte de Tripoli (1152-1187)

Fils du comte Raymond II et d'Hodierne, fille de Baudouin II de Jérusalem, encore mineur à la mort de son père en 1152, Raymond III de Tripoli fut placé sous la tutelle du roi Baudouin III. L'empereur byzantin ayant renoncé à épouser sa sœur Mélisende, il fit ravager Chypre en 1161. Capturé par Nūr al-Dīn à Ḥarīm deux ans plus tard, il ne fut relâché contre rançon qu'en 1172 : entre-temps son comté souffrit beaucoup des attaques menées par Nūr al-Dīn pendant que le roi Amaury était en Égypte. Raymond III chercha à mener une politique active contre ses voisins musulmans, mais, après le siège infructueux de Ḥamā en 1177, il céda aux hospitaliers de Saint-Jean-de-Jérusalem, établis dans le Krac des chevaliers, tous les territoires frontaliers faisant face aux villes fortifiées musulmanes, Ḥamā et Homs (1180).

Du fait de sa parenté avec le roi, il assura la régence du royaume de Jérusalem durant la minorité de Baudouin IV (1174-1176) et pendant celle de Baudouin V (1185-1186). La seconde régence lui avait été conférée pour une période de dix ans après la mort éventuelle de ce dernier, mais il en fut évincé par le couronnement de Sibylle de Jérusalem et de Guy de Lusignan. N'ayant pu s'assurer de l'appui de la sœur de Sibylle qu'il voulait opposer à celle-ci, il se réfugia dans sa principauté de Galilée (dont il avait épousé la princesse douairière, Échive) et s'allia à Ṣalāh al-Dīn (Saladin) contre le roi Guy.

L'invasion du royaume le ramena dans l'armée royale ; il déconseilla vainement une marche sur Tibériade où sa femme était assiégée, mais échappa au désastre de Ḥāṭṭin. Réfugié à Tripoli, il y mourut, laissant pour héritier son filleul Raymond d'Antioche, sous réserve des droits des comtes de Toulouse. Le parti qui lui était opposé et dont le chef était le maître du Temple, Girard de Ridefort, en fit le responsable de la perte du royaume, mettant en cause son alliance avec Ṣalāh al-Dīn.

JEAN RICHARD

RAYMOND IV dit RAYMOND DE SAINT-GILLES (1042-1105) comte de Toulouse (1088-1105)

Fils cadet de Pons, comte de Toulouse, comte de Rouergue (1066) puis comte de Toulouse (1088), son frère aîné, le comte Guillaume, lui ayant cédé son comté avant de partir en pèlerinage pour la Terre sainte, Raymond de Saint-Gilles marqua très tôt son goût pour les grandes entreprises, et sa foi très vive, servie par un tempérament enthousiaste, le poussa d'abord à participer aux combats de la Reconquête espagnole (1087). Peut-être fut-il aussi, comme son frère, pèlerin en Terre sainte. Choisi par le pape Urbain II comme chef militaire de la Première Croisade (1095), il sacrifia délibérément, en partant pour l'Orient et en y demeurant, une position politique et sociale – c'était le plus grand seigneur de la France méridionale – dont il ne retrouva pas l'équivalent. Son comportement souvent fantasque nuisit à son autorité, tout de suite battue en brèche par les autres croisés. Ses ambitions furent déçues lorsque les barons choisirent Godefroi de Bouillon pour gouverner Jérusalem, et la masse des croisés ne voulut pas le suivre dans une politique incertaine de coopération avec Byzance. Ayant reçu de l'empereur Alexis Comnène la direction des croisades de renfort, qui auraient à la fois consolidé l'œuvre des Francs et les droits de Byzance, Raymond fut responsable de leur désastreuse disparition en Asie Mineure. Alors que tous les autres barons de la croisade étaient depuis longtemps dotés ou repartis pour l'Occident, Raymond de Saint-Gilles finit par jeter son dévolu sur Tripoli, dont il occupa les abords (Tortose en 1102, Mont-Pèlerin en 1103) et put instituer le blocus. Il mourut en vue de la ville, qui ne devait être prise que quatre ans plus tard et dont ses successeurs devaient faire la capitale d'un comté.

JEAN FAVIER

RECONQUISTA → ESPAGNE page 317

RÉFORME GRÉGORIENNE

Nom donné au mouvement animé et dirigé dans la seconde moitié du XIe siècle par la papauté, particulièrement à l'initiative du pape Grégoire VII. L'objectif proclamé de la réforme grégorienne fut de rétablir la discipline et de corriger les mœurs des clercs afin de mieux encadrer la société laïque et de faire davantage pénétrer dans les esprits et dans les âmes les obligations de vie découlant du dogme chrétien. Pratiquement, il s'agissait de mettre en place un meilleur épiscopat, grâce auquel le recrutement des prêtres et le contrôle de leur activité seraient améliorés, ce qui, finalement, devait être profitable à la santé morale de tous les fidèles. L'entreprise était ainsi comparable, bien que plus vaste, à celle que, depuis un siècle, de nombreux prélats et des abbés clunisiens conduisaient à l'intérieur du monde seigneurial. Elle en différait fondamentalement par une extrême méfiance à l'égard des pouvoirs laïcs, regardés comme responsables des vices des évêques parce qu'ils intervenaient directement dans l'élection de ceux-ci, et surtout par l'édification dans l'Église, lors de la réalisation, d'un système de gouvernement monarchique entre les mains du pape, au point que certains historiens estiment que la réforme servit d'alibi à une grandiose opération visant à transformer les structures ecclésiales et à faire du pontife romain, avec ses cardinaux et ses légats, grâce au pouvoir de dispense et à l'exemption, la seule autorité souveraine.

L'accomplissement du programme grégorien donna lieu aussitôt à un grave conflit avec l'Empire, la querelle des Investitures, du fait que Grégoire VII (1073-1085) interdit aux laïcs de choisir et d'investir les évêques et prit des sanctions à l'encontre de l'empereur Henri IV, qui récusait le bien-fondé de ces mesures. Poursuivie sous une autre forme par Urbain II, Gélase II et Calixte II, la Querelle s'acheva par un compromis lors du concordat de Worms (1122). Cependant, pendant ces cinquante années, de grands efforts avaient été faits afin de sensibiliser davantage les hommes au fait religieux et d'inviter les meilleurs à réfléchir et à agir selon les normes chrétiennes. Du coup, et sans doute par l'intermédiaire d'un épiscopat plus digne, un esprit nouveau anima l'Église jusqu'au milieu du XIIe siècle : l'esprit grégorien, façonné par la conviction que tout acte, public ou privé, s'intègre dans un contexte religieux et doit avoir une signification chrétienne.

C'est à ses résultats que l'on juge le mieux la réforme et ses objectifs. L'œuvre grégorienne aboutit effectivement à faire disparaître presque totalement la simonie et le nicolaïsme, à mettre en place des évêques plus responsables, qui tentèrent de mieux contrôler le bas clergé et y parvinrent, notamment grâce à de meilleurs moyens juridiques, mais ne recrutèrent pas toujours des prêtres moralement valables ; le progrès était toutefois très net par rapport au siècle précédent. Plus encore, la réforme conduisit au plein pouvoir du pape dans l'Église et à l'exaltation de son autorité dans le monde, au point que l'ambition gagna les divers échelons de la hiérarchie et que papes et prélats se mirent à œuvrer d'abord pour conserver et renforcer leur puissance en maintenant et agrandissant leurs biens et droits temporels, ce qui devait conduire à une grave crise dès la fin du XIIe siècle. Ce goût du pouvoir chez les chefs de l'Église n'empêcha pas l'esprit de la réforme de pénétrer dans les mœurs : la religion cessa peu à peu de n'être qu'une pratique, qu'un culte s'accompagnant de quelques interdits pour devenir davantage une règle de comportement ; la piété se fit plus sensible ; la culture intellectuelle plus profonde. Enfin, de grandes entreprises politiques, telles les croisades, furent en partie suscitées par ce dynamisme, sans lequel on n'expliquerait sans doute pas leur succès.

MARCEL PACAUT

REGIDOR

En Espagne, la charge de regidor était accordée, au Moyen Âge, par le roi à ceux de ses sujets qu'il souhaitait récompenser. En nombre variable dans chaque municipalité castillane surtout, les regidores administraient la ville. Le regidor était un personnage important en raison des bénéfices qu'il obtenait et aussi à cause du caractère héréditaire de la charge.

CHARLES LESELBAUM

REIMS

Bâtie sur l'emplacement d'un établissement préhistorique, la cité gauloise, qui porte alors le nom de Durocortorum, chef-lieu des Rèmes, accorde son appui à César lors de la conquête de la Gaule. La ville est le point de départ de routes rayonnant vers Boulogne, Bavay, Cologne, Trèves, Metz, Toul. À partir du IIIe siècle, elle est la métropole de la province de Belgique Seconde ; c'est à cette époque qu'elle prend le nom de Reims (du nom des *Remi*). Elle s'entoure d'une enceinte fortifiée, dont on retrouve encore le tracé dans le plan actuel de la ville. Elle capitule devant Clovis en 486, mais acquiert une importance particulière lors du baptême de Clovis, célébré par l'évêque Remi. Les partages mérovingiens situent la frontière des royaumes d'Austrasie et de Neustrie entre Reims et Soissons ; les rois d'Austrasie créent le *ducatus Campanie*, commandement militaire englobant les diocèses de Reims et de Châlons. En 816, Louis le Pieux y est sacré empereur ; l'archevêque Hincmar revendique pour ses successeurs le droit de sacrer les rois. C'est lui aussi qui développe à l'abbaye de Saint-Remi les ateliers de copistes, ou *scriptoria*, et fait de la ville un important centre intellectuel. Ce rôle va de pair avec un rôle politique pendant tout le IXe et le Xe siècle. Le rayonnement de la ville est particulièrement grand lorsque Gerbert d'Aurillac, le futur pape Sylvestre II, y exerce les fonctions d'écolâtre. Adalbéron, son successeur, dévoué à l'empereur Otton Ier, est l'instrument de l'élection d'Hugues Capet. Sous la monarchie capétienne, Reims perd ce rôle politique, mais reste ville royale et lieu d'élection du sacre au Moyen Âge, elle se développe autour de deux noyaux : l'ancien *castrum* et l'abbaye Saint-Remi. À la suite d'émeutes, l'archevêque accorde une charte de commune en 1182. En 1290, une nouvelle enceinte est construite sur l'ordre du roi. Pendant la guerre de Cent Ans, tombée au pouvoir des Bourguignons, la ville est reprise par Jeanne d'Arc qui y fait sacrer Charles VII en juillet 1429.

THÉRÈSE CHARMASSON

REMI ou REMY saint (440 env.-env. 533)

Malgré la célébrité de saint Remi, sa vie est mal connue. Il appartenait certainement à une grande famille et reçut une bonne éducation. Il accéda très jeune au siège de Reims puisque son épiscopat dura environ soixante-dix ans. Remi joua un rôle prépondérant dans la conversion du roi des Francs, Clovis, qu'il baptisa, probablement à Reims, à Noël 496. Ses relations avec le roi furent excellentes. La lettre de condoléances qu'il lui adressa lors de la mort de sa sœur Alboflède a été conservée.

Remi mourut probablement un 13 janvier, vers 533. Sur son tombeau s'éleva l'abbaye de Saint-Remi de Reims. Sa fête fut fixée au 1er octobre, anniversaire d'une translation de reliques, et elle figura longtemps à cette date au calendrier romain ; actuellement, elle est célébrée en France le 15 janvier. La popularité de saint Remi fit éclore des légendes : on voulut que le fameux vase de Soissons brisé par un guerrier ait appartenu à son église ; et, au IXe siècle, on raconta qu'une colombe avait apporté du ciel, lors du baptême de Clovis, la Sainte-Ampoule contenant l'huile sainte qui manquait.

JACQUES DUBOIS

RENÉ II (1451-1508) duc de Lorraine (1473-1508) et de Bar (1480-1508)

Fils de Ferry de Vaudémont et petit-fils par sa mère de René Ier, duc d'Anjou et de Lorraine, roi de Naples, René II succéda en 1473 à son cousin le duc de Lorraine Nicolas et recueillit en 1480, à la mort du roi René, l'héritage du duché de Bar, dont il n'entra en possession qu'après la mort de Louis XI, en 1483.

Le duc de Bourgogne, Charles le Téméraire, voulant reconstituer l'ancienne Lotharingie et, pour cela, s'emparer de la Lorraine, fit enlever le duc René et ne le relâcha qu'après une intervention armée de Louis XI (1473). Le duc de Lorraine demeura l'un des adversaires les plus résolus – parce que l'un des plus menacés – du Téméraire, contre lequel il conduisit les campagnes décisives de 1475-1477. Le duc de Bourgogne eut, un temps, la supériorité et occupa même Nancy (27 nov. 1475), mais René II fut, à la tête d'une armée dont l'essentiel était formé de contingents suisses, vainqueur à Morat (22 juin 1476) et finalement devant Nancy (janv. 1477), où fut tué le duc Charles.

Il mena en 1482 une expédition en Italie pour y soutenir les Vénitiens contre le duc de Ferrare, qu'il battit à Adria. Mais, lorsqu'il entreprit de reconquérir en Italie l'héritage de la maison d'Anjou, il ne dépassa pas Lyon. Il prit part en 1485 à la « guerre folle » menée par le duc d'Orléans et plusieurs autres princes contre le gouvernement des Beaujeu, puis se tint à l'écart de la politique intérieure française.

JEAN FAVIER

RETZ GILLES DE → RAIS GILLES DE

RICHARD Ier CŒUR DE LION (1157-1199) roi d'Angleterre (1189-1199)

Fils d'Henri II Plantagenêt et d'Aliénor d'Aquitaine, duc d'Aquitaine dès l'âge de onze ans, Richard Cœur de Lion participe, avec son frère aîné Henri le Jeune, à la grande révolte de 1173-1174 contre Henri II, révolte soutenue par le roi de France Louis VII. Battu, il se soumet et aide son père à mater la rébellion des seigneurs aquitains en 1183. À la mort d'Henri le Jeune (1183), il devient l'héritier du trône. À nouveau en conflit avec son père, il prête hommage à Philippe Auguste pour toutes les possessions des Plantagenêts dans le royaume de France (1188) et participe aux côtés du Capétien à la campagne qui se termine par la défaite et la mort d'Henri II. Devenu roi, Richard se trouve face à son allié de la veille ; mais, Jérusalem étant tombée entre les mains des infidèles, les deux souverains prennent la croix à la suite de l'empereur Frédéric Barberousse déjà parti pour la Terre sainte. Pour financer l'expédition, Richard puise dans le trésor laissé par son père et vend son indépendance à l'Écosse. Les deux rois quittent Vézelay en 1190 et hivernent en Sicile où Richard se conduit en maître. Avant d'arriver en Terre sainte, il enlève l'île de Chypre à Isaac Comnène et y épouse Bérengère de Navarre (mai 1191). Débarqué à Acre, il joue un rôle décisif dans la prise de la ville. Philippe Auguste étant alors rentré en France (août 1191), Richard reste le véritable chef de la troisième Croisade. À la tête d'une puissante armée, il remporte de brillantes victoires sur Saladin (Arsouf, 1191 ; Jaffa, 1192). Il force l'admiration de l'ennemi par ses prouesses, mais ne peut pénétrer trop longtemps à l'intérieur des terres sous peine de voir ses communications coupées. À deux reprises, il s'arrête à quelques kilomètres de Jérusalem. Pendant son absence, Philippe Auguste attaque la Normandie et traite avec Jean sans Terre, le dernier fils d'Henri II, qui s'est emparé de la régence. Richard signe une trêve avec Saladin (sept. 1192) qui laisse aux croisés le littoral de Tyr à Jaffa et la liberté de pèlerinage à Jérusalem, puis il s'embarque pour l'Occident. Après avoir fait naufrage près de Venise, il est capturé par le duc Léopold d'Autriche qu'il avait humilié en Orient et qui le livre à l'empereur Henri VI. Il n'est libéré qu'en février 1194 à des conditions très dures : une énorme rançon et la reconnaissance de la suzeraineté impériale sur l'Angleterre. Rentré dans son royaume, il se fait couronner une seconde fois et, au bout d'un mois, gagne la Normandie pour combattre Philippe Auguste. La guerre dure cinq ans ; Richard met en défense la Normandie (construction de Château-Gaillard) et remporte des succès importants (Fréteval, 1194 ; Courcelles, 1198) ; une trêve imposée par le pape accorde un répit indispensable au Capétien en janvier 1199. Trois mois plus tard, Richard est tué à Châlus, dans le Limousin, en assiégeant le château du vicomte de Limoges, son vassal.

Homme d'un caractère excessif, capable de larges générosités comme des pires violences, c'est avant tout un guerrier qui, à la différence de son père, méprise la paix. Chevalier accompli, d'un courage remarquable, Richard acquiert le surnom de Cœur de Lion en Terre sainte. Personnage de légende plus que grand souverain, prince aquitain plus que roi d'Angleterre, il ne passa que six mois de son règne dans son royaume.

PAUL BENOÎT

RICHARD II (1367-1400) roi d'Angleterre (1377-1399)

Monté sur le trône à l'âge de dix ans, Richard II connaît un règne particulièrement troublé qui se termine tragiquement. Longtemps soumis à la tutelle légale, puis à la tutelle de fait de son oncle Jean de Gand, il entre dans l'histoire comme le souverain de la « révolte des paysans » de 1381 : son intervention personnelle contribue au rétablissement de l'ordre social. Proclamé majeur en 1389, il entend exercer une autorité jalouse, veut ignorer les intérêts des puissants féodaux, faire fi de certains intérêts des élites sociales représentées au Parlement. Une première tentative tyrannique marque le début de son règne personnel, puis en 1396 commence sa « seconde tyrannie ». Organisant un gouvernement central fort, il s'appuie localement sur des shérifs soigneusement sélectionnés, utilise son sceau personnel pour hâter la transmission d'édits et de lettres patentes, organise une garde personnelle d'archers, fait pression sur le Parlement quand il veut bien le réunir, n'hésite pas à faire arrêter et condamner ses principaux adversaires ; en février 1399, il dépouille de son héritage Henri Bolingbroke, héritier légitime de Jean de Gand. Les confiscations, les emprunts plus ou moins forcés, les droits de douane qui lui ont été votés à titre viager lui valent des ressources considérables dont il entend se servir davantage pour conquérir définitivement l'Irlande que pour revendiquer à nouveau son « royaume français » : cette dernière cause aurait pourtant été bien plus populaire.

Une irrésistible coalition de grandes familles aristocratiques se forme autour de Henri Bolingbroke et bénéficie du soutien quasi unanime des élites bourgeoise et cléricale. Elle permet une rébellion facilitée par l'absence, au début de 1399, du roi qui fait alors campagne en Irlande. Elle aboutit à la capture de Richard II. Son vainqueur, malgré ses proclamations antérieures, entend obtenir pour sa maison de Lancastre bien plus que la restitution de ses fiefs : ayant extorqué à Richard la convocation d'un parlement, il lui arrache une abdication « volontaire » que ce parlement ratifie le 30 septembre 1399. Cependant, il est difficile pour Henri IV de tenir longtemps emprisonné l'ancien roi légitime, et tout permet de penser que les geôliers ont volontairement laissé mourir de faim Richard II, en février 1400. La déposition et l'assassinat de Richard II ébranlent la conception traditionnelle de la légitimité dynastique et du caractère divin des rois, ouvrant ainsi la voie aux usurpations et aux révoltes des siècles suivants.

ROLAND MARX

RICHARD III (1452-1485) roi d'Angleterre (1483-1485)

Fils cadet de Richard d'York, frère d'Édouard IV, Richard, duc de Gloucester, semble avoir loyalement assisté celui-ci pendant son règne. Après la mort de son frère en mai 1483, il est proclamé régent du royaume pour le compte de son neveu, Édouard V, alors âgé de treize ans. S'étant débarrassé du parti de la reine en faisant exécuter les plus fidèles alliés de celle-ci, Richard fait emprisonner le jeune roi et son frère à la Tour de Londres, accrédite la fable d'une naissance illégitime des deux princes ; il est l'objet de sollicitations plus ou moins spontanées auxquelles il cède le 26 juin en se faisant proclamer roi ; il est sacré dix jours plus tard ; on suppose qu'il fit assassiner ses deux neveux pour prévenir toute contestation ultérieure. Ses droits lui sont disputés au nom de son usurpation, mais aussi parce que la jeune dynastie des York n'a pas été admise par les « légitimistes » lancastriens. Richard III doit faire face à des révoltes et à des complots incessants que mènent de grands aristocrates, soucieux de protéger leurs droits et leurs biens contre un souverain aisément accusé de tyrannie et d'abus de pouvoir. Son principal adversaire est Henri Tudor, comte de Richmond, qui a l'habileté de rappeler ses liens de parenté avec les Lancaster et de préparer très tôt un mariage avec Élisabeth d'York, sœur des princes assassinés. Rejoint par de nombreux vassaux, Richmond livre à Richard la dernière bataille de la guerre des Deux-Roses et il est vainqueur à Bosworth le 22 août 1485 : trahi par celles de ses troupes que commande Stanley, le roi livre un combat désespéré, immortalisé par Shakespeare dans une de ses pièces politiques, *Richard III*, « fléau de Dieu ». La mort du roi laisse le trône à son adversaire ; les Tudors s'emploieront à noircir la réputation de Richard et à justifier ainsi leur propre usurpation.

ROLAND MARX

RIENZO COLA DI (1310 env.-1354)

Notaire romain de petite naissance, Cola di Rienzo s'exalte aux souvenirs des grandeurs de la Rome antique. Instigateur d'une révolte populaire tendant à restaurer le régime communal, le 20 mai 1347, il se fait céder par la foule romaine les plus grands pouvoirs. Ses partisans sont avant tout des *popolani*, animés d'un fort esprit antinobiliaire. Surpris, le pape Clément VI légalise le coup de force. Les nobles sont contraints à l'obéissance, une milice est armée, l'approvisionnement de la ville est assuré. Mais, très rapidement, ce tribun érudit, se proclamant « libérateur de la sacrée république romaine », prétend rendre à sa ville son importance universelle : Rome est déclarée capitale du monde, et c'est au peuple romain qu'est dévolue l'élection impériale ; les Italiens sont citoyens romains et jouissent de la liberté romaine. La commune de Rome ressuscite, parée, dans l'esprit de Cola, de toutes les vertus de la République antique. En août 1347, lui-même « révèle » qu'il est une sorte de messie-empereur. Dès lors, il inquiète : le légat Bertrand du Deux est chargé par Clément VI de le poursuivre comme hérétique. Victorieux d'une révolte des barons, il s'aliène par des violences arbitraires et incohérentes une population éprouvée par la disette. Une émeute le décide à déposer sa charge le 15 décembre 1347.

En 1343, il a fait partie de l'ambassade envoyée à Clément VI, qui a élu Avignon pour résidence, afin de le persuader de regagner la Ville éternelle. Bien que cette démarche ait échoué, Rienzo y gagne la confiance et l'amitié du nouveau pape. Cette amitié autant que l'éloignement de Rome du pape d'Avignon expliquent l'indulgence, voire la protection, dont a joui le révolutionnaire et le rêve des Romains privés des pompes du Saint-Siège et voulant retrouver celles des César.

Excommunié, il fuit dans les Abruzzes, parmi les ermites de la Maiella, et son eschatologie délirante s'y exalte ; un ermite lui révèle qu'il est destiné à amener l'Empire à relever l'Église. À Prague, où il expose ses vues à l'empereur Charles IV, l'évêque le fait incarcérer (1350), mais il est libéré par Clément VI. En 1353, le nouveau pape Innocent VI songe à l'utiliser à Rome, où le désordre ne cesse de croître, pour mater la noblesse et préparer ainsi le terrain à son énergique légat, le cardinal Albornoz. Le 1er août 1354, avec une petite troupe,

Cola di Rienzo fait une entrée triomphale à Rome, paré par Albornoz du titre de sénateur. À l'issue d'un règne arbitraire et incohérent, marqué par des difficultés financières croissantes et d'impopulaires augmentations d'impôt, il est tué au cours d'une émeute, le 8 octobre 1354.

Cola di Rienzo, frère spirituel de Dante et de Pétrarque, ses contemporains, a partagé leurs idéaux : rêve d'une purification spirituelle de l'Église, aspiration ardente au rétablissement d'un ordre et d'une unité fondés sur la justice dans l'Italie déchirée. Mais ces intellectuels sont tous obsédés par un modèle mythique : la Rome antique de leurs livres et de leurs songes.

GÉRARD RIPPE

ROBERT Ier BRUCE (1274-1329) roi d'Écosse (1306-1329)

Issu de la famille normande des Brus arrivée en Écosse au début du XIIe siècle, Robert est le petit-fils de Robert Bruce, « le Compétiteur », cousin du roi d'Écosse Alexandre II et candidat malheureux au trône en 1292. Après l'abdication de John de Balliol (1296), Robert Bruce, comte de Carrick depuis 1292, se rallie un moment à l'insurrection conduite par William Wallace contre l'occupant anglais mais l'abandonne assez vite. Sa véritable carrière politique commence en 1306 par le meurtre d'un autre prétendant à la couronne, John Comyn. Pourchassé par les amis de la victime mais aussi par les Anglais, excommunié, Robert Bruce joue d'audace et se fait couronner roi d'Écosse à Scone le 25 mars de la même année. Le nouveau roi, considéré comme traître et rebelle par Édouard Ier d'Angleterre en faveur de qui John de Balliol avait abdiqué, est dans une position très difficile : son armée est peu nombreuse, il est loin de rallier à lui tous les Écossais, et les Anglais tiennent de nombreuses places fortes et les principales villes du pays. Au cours de l'été il est battu à deux reprises, sa famille arrêtée ; trois de ses frères seront exécutés ainsi que nombre de ses partisans ; lui-même doit fuir en Irlande. Il rentre en Écosse au début de 1307, peu de temps avant la mort de son principal ennemi Édouard Ier. Ses premières victoires sont suivies de succès plus importants et Robert Bruce rallie à sa cause des partisans de plus en plus nombreux et puissants, dont James Douglas qui devient un de ses principaux lieutenants. Perth est prise en 1313 puis Édimbourg, l'Église d'Écosse le reconnaît comme roi. En juin 1314 l'Écosse est presque totalement libérée, mais les Anglais tiennent encore le château de Stirling. Édouard II rassemble une armée qui rencontre les troupes écossaises à Bannockburn, près de Stirling. Les Anglais ont pour eux la supériorité numérique et une forte cavalerie lourde, mais, sur le terrain étroit et marécageux choisi par Bruce, l'avantage reste à l'infanterie écossaise et la défaite anglaise se transforme bientôt en déroute ; Édouard II doit s'enfuir, de nombreux seigneurs anglais sont tués ou faits prisonniers ; leurs rançons et le butin saisi apportent à l'Écosse des ressources inespérées. Malgré son importance, la bataille de Bannockburn, la plus célèbre et la plus glorieuse de l'histoire écossaise, ne met pas fin au conflit. Si en 1322, un raid anglais arrive jusqu'à Édimbourg, les Écossais ont pris Berwick en 1318 et, à plusieurs reprises, envahissent et pillent le nord de l'Angleterre. Le traité de Northampton apporte enfin la paix (1328) et reconnaît Robert

Bruce comme roi d'une Écosse indépendante ; peu après, l'excommunication pontificale qui pesait encore sur lui est levée. La monarchie est aussi restaurée à l'intérieur, le Parlement admet pour la première fois des représentants des villes, les finances sont réorganisées. Cependant, si, en récompensant par des dons de terres et de châteaux les barons fidèles, le roi s'assure l'appui de l'aristocratie, ses successeurs auront à souffrir de cet affaiblissement du pouvoir royal. Robert Ier meurt en 1329 à la suite d'une longue maladie, peut-être la lèpre. Son œuvre considérable s'explique par ses qualités d'homme d'État et de chef de guerre, mais aussi parce qu'il a su incarner les aspirations du peuple écossais, de ses barons et de son Église tous engagés dans la lutte contre l'Angleterre. La déclaration d'Abroath (1320), réponse des barons écossais au pape, est significative ; parlant de Robert ils affirment : « Nous lui sommes reconnaissants et nous sommes résolus à le suivre en toutes choses, à la fois à cause de ses droits et de ses mérites, comme étant l'homme qui a restauré la sécurité du peuple et défendra sa liberté... » Le poème de John Barbour, *Bruce* (env. 1375) célèbre le roi tout en respectant l'histoire, mais la légende s'emparera du héros de l'indépendance nationale.

PAUL BENOÎT

ROBERT II (1316-1390) roi d'Écosse (1371-1390)

Premier souverain de la dynastie des Stuarts. Fils de Walter, *steward* héréditaire d'Écosse, et de Majorie, fille de Robert Ier, Robert lutte contre les Anglais en 1333-1334 et devient l'un des régents du royaume en 1338 jusqu'au retour de David II en 1341. En 1346, la capture du roi par les Anglais lui rend la régence jusqu'en 1357. David II n'ayant pas d'enfant, il est l'héritier du trône, mais leurs rapports sont très mauvais. Le souverain cherche, au moins en deux occasions, à conclure un accord avec l'Angleterre qui ferait d'un des fils d'Édouard II son héritier, en échange de la rançon toujours impayée depuis sa libération. Robert se révolte en 1362-1363 ; plus tard il est emprisonné (1368-1369). En 1371, la mort de David le place sur le trône. Il a alors cinquante-cinq ans et s'occupe peu des affaires du royaume. En 1384, il confie le pouvoir à son fils aîné, John, comte de Carrick, le futur Robert III, puis après l'accident survenu à ce dernier en 1388, à son autre fils Robert, comte de Fife, plus tard duc d'Albany. Roi médiocre et faible, il laisse de nombreux enfants tant légitimes qu'illégitimes. Les enfants de son premier lit voient leur héritage contesté pour avoir été légitimés par un mariage postérieur à leur naissance ; ce fait entraînera les prétentions du comte d'Atholl, qui fera assassiner Jacques Ier.

PAUL BENOÎT

ROBERT III (1337 env.-1406) roi d'Écosse (1390-1406)

Fils aîné de Robert II Stuart et d'Elizabeth Mure, légitimé par leur mariage, le futur Robert III porte à sa naissance le prénom de John. Il participe avec son père à la rébellion de 1362-1363 contre David II et, toujours avec lui, est emprisonné en 1368-1369. Robert Ier lui confie en 1384 la charge du gouvernement ; mais un accident de cheval le rend infirme en 1388, et ses fonctions passent à son frère, Robert, comte de Fife. À la mort de Robert II (1390), il est couronné sous le nom de Robert, car celui de John rappelait le triste règne de John de Balliol ; mais son frère, devenu duc d'Albany, continue à gouverner. Le fils aîné de Robert III cherchant à prendre le pouvoir, Albany le fait, très probablement, assassiner. Le roi voulant mettre en sécurité son second fils, Jacques, l'envoie en France, mais il est capturé en mer par les Anglais (1405). Cette nouvelle aurait causé la mort du souverain. Son règne est marqué par l'invasion anglaise en réponse au soulèvement de la noblesse et par la défaite des Écossais à Hamilton Hill.

PAUL BENOÎT

ROBERT DE CLARI → CLARI ROBERT DE

ROBERT GUISCARD (1015 env.-1085)

Fils aîné du second mariage de Tancrède, seigneur de Hauteville-la-Guichard (Cotentin). Plusieurs des demi-frères de Robert Guiscard sont partis dans les années 1030 faire fortune en Italie méridionale : Guillaume Bras-de-Fer (1042-1046), puis Dreu (1046-1051) et Onfroy (1051-1057) ont pris la tête des bandes normandes qui, à partir de Melfi, conquièrent les territoires byzantins d'Italie du Sud. Robert arrive dans la région vers 1046, se met au service du prince de Bénévent, puis se livre pour son propre compte à des opérations de pillage et de conquête dans la Calabre byzantine. En 1057, il succède à Onfroy comme duc et partage la Calabre avec son frère Roger, futur comte de Sicile. Il jure fidélité au pape réformateur Nicolas II à Melfi (1059), s'empare de Reggio en 1060 et de Bari, capitale de l'Italie byzantine, en 1071. Dès 1061, il a entrepris avec Roger la conquête de la Sicile musulmane ; Palerme est prise en 1072. Il étend aussi sa domination sur les Abruzzes, au détriment de Grégoire VII, avec qui il se réconcilie en 1080. Amalfi en 1072, Salerne et sa principauté en 1077 tombent en son pouvoir. Il se lance en 1081 avec son fils Bohémond à la conquête de l'Épire (Durazzo, 1082) et de la Thessalie, mais doit rentrer en Italie pour mater une rébellion de ses vassaux et secourir Grégoire VII, assiégé par Henri IV : en 1083, les Normands saccagent Rome, Grégoire VII se retire à Salerne. Robert meurt en reprenant son expédition balkanique.

Il a fondé le duché de Pouille (dont le comté de Sicile est vassal), qui couvre toute l'Italie méridionale, sauf Naples et la principauté de Capoue. Sa principauté féodale, qui réunit des territoires lombards, byzantins et musulmans, est la base du royaume de Sicile de son neveu Roger II. La féodalité normande et l'Église latine réformatrice assurent à cet ensemble une cohésion encore fragile, que le duc Roger (1085-1111), fils de Robert et de la Lombarde Sykelgaite, préservera très difficilement.

JEAN-MARIE MARTIN

ROBERT LE PETIT dit ROBERT LE BOUGRE (XIIIe s.)

Célèbre inquisiteur, réputé pour sa rigueur et ses excès. Adepte du catharisme (de là vient son surnom de Bougre), dans lequel il avait atteint le grade de parfait et dont il était tenu pour un docteur, il revint à l'orthodoxie et entra dans l'ordre des Frères prêcheurs. Il entreprit en 1233 son action d'inquisiteur en Bourgogne et fit alors brûler ses premières victimes à La Charité-sur-Loire. Devant l'inquiétude que suscitèrent ses méthodes et ses œuvres, engagées sans leur consentement et par-dessus leur juridiction, les archevêques de Sens et de Reims, à qui il revenait de juger les hérétiques dans leurs propres diocèses, intervinrent auprès du pape Grégoire IX. Celui-ci apaisa leurs craintes. Peu après cependant (1235), Robert fut nommé inquisiteur général pour la France, à l'exception du Languedoc. Il se montra alors impitoyable dans la répression, non seulement à l'encontre des cathares et autres hérétiques, mais aussi contre tous ceux qu'il suspectait de les connaître sans les dénoncer. Il les pourchassa particulièrement en Champagne et aux confins de cette région avec la Bourgogne. En 1239, il envoya au bûcher, à Mont-Wimer, cent quatre-vingt-sept hérétiques et complices d'hérésie. À la suite de plaintes du clergé et des autorités civiles, le pape ordonna une enquête qu'il confia au bénédictin Mathieu Paris. Ce dernier établit la véracité des mesures abusivement brutales et illégales de Robert, qui fut relevé de ses fonctions et condamné à la prison à vie.

MARCEL PACAUT

RORY O'CONNOR (1116-1198) roi d'Irlande (1156-1198)

Le dernier *ard-ri,* ou roi suprême, d'Irlande fut Rory O'Connor (Rory An Ruaichu O'Connor). Son prédécesseur, Murtough O'Loughlin, roi de l'ouest de l'Ulster, avait accordé son alliance à Dermot MacMurrough, roi de Leinster, qui n'était guère aimé des chefs de son propre royaume. Devenu ard-ri, Rory O'Connor chassa Dermot de ses terres, et ce dernier dut s'enfuir déguisé en moine. Mais il chercha l'aide de l'étranger, c'est-à-dire de l'Angleterre, et adressa à cet effet une supplique à Henri II Plantagenêt, qui se trouvait alors en France. Ayant reçu l'autorisation du roi de choisir des recrues en Angleterre, Dermot promit différentes terres à des chevaliers. L'un d'eux, Fitzstephen, débarqua près de Wexford en mai 1169 avec six cents hommes. Dermot et lui s'emparèrent de Wexford, tenue par les Danois. En 1170, Richard Fitzgilbert, dit Strongbow, débarqua avec mille deux cents hommes à Waterford, également tenue par les Danois et s'en rendit maître ; il s'attaqua ensuite à Dublin, qu'il conquit de même. Alarmé par ces succès, Henri II, dont la politique était de ne pas permettre une trop grande puissance à ses barons, débarqua lui-même en Irlande en octobre 1171 avec quatre mille hommes. Strongbow s'inclina. Quant à Rory O'Connor, il dut, en 1175, accepter de reconnaître la suzeraineté d'Henri (traité de Windsor). Le clergé irlandais, conduit par l'évêque de Lismore, légat du pape, se réunit à Cashel et accepta de reconnaître le roi d'Angleterre qui, en échange, le dispensa de toute taxe.

Rory O'Connor conserva la royauté de Connaught, mais celle-ci lui fut contestée en 1186 par son frère, ses deux fils et un petit-fils.

PAUL QUENTEL

RUBROUCK ou RUBROEK GUILLAUME DE (1215 env.-apr. 1295)

Ami de Saint Louis, familier de sa cour, le franciscain flamand Guillaume de Rubrouck avait accompagné le roi en Terre sainte. Le 7 mai 1253, il part de Constantinople comme ambassadeur du roi de France auprès du grand khān de Mongolie. Rubrouck bénéficie de l'expérience des voyageurs qui l'ont précédé, notamment Jean du Plan Carpin, André de Longjumeau, lui aussi envoyé de Saint Louis auprès de la régente Ogul-Qaimis. Depuis 1241, les raids mongols vers l'ouest ont cessé, le danger pour l'Occident semble écarté ; au contraire, les Mongols pourraient être des alliés contre l'Islam et ils sont apparus également tolérants en matière religieuse, donc accessibles à la conversion. Comme Plan Carpin, Rubrouck séjourne auprès de Batu, petit-fils de Gengis khān, et de son fils Sartaq, établis sur les deux rives de la Volga ; en décembre, il arrive à la cour de Mongku khān, où il restera six mois. Il est de nouveau à Saint-Jean-d'Acre le 10 juin 1255, d'où il écrit au roi pour lui faire un rapport détaillé sur son voyage et sa mission. Sur le plan diplomatique comme sur le plan missionnaire, celle-ci a échoué. Mais cette lettre, publiée sous le titre *Itinerarium ad partes orientales*, est un récit chronologique et détaillé qui constitue une mine extraordinaire de renseignements sur les régions traversées, sur les mœurs et mentalités des Mongols, et aussi un témoignage sur l'état d'esprit d'un Occidental engagé dans cette extraordinaire aventure. Rubrouck raconte les difficultés et les souffrances de son voyage : le froid, la faim, car le ravitaillement est difficile, l'insuffisance des transports qui le condamne à aller souvent à pied, les problèmes de communication avec les Mongols aggravés par la sottise de son interprète. Il accepte tous ces inconvénients avec courage et humour, alors qu'il manifeste un certain dépit de n'avoir pu convertir le grand khān. Observateur intelligent et critique, il décrit scrupuleusement ce qu'il voit et n'aborde qu'avec réserve les récits légendaires comme ceux du prêtre Jean ou du royaume des Cynocéphales. Il est le premier à distinguer les particularités de la mer Caspienne, que Plan Carpin confondait encore avec la mer Noire, et il donne une bonne description des fleuves russes. Enfin Rubrouck s'étend longuement non seulement sur la religion des Mongols, mais encore sur les cultes bouddhiques, sur les croyances des nestoriens, sur la religion chinoise, car tous les cultes se rencontrent à la cour de Mongku khān, qui a même réuni un colloque théologique en l'honneur du voyageur. Le récit de Rubrouck suscita un vif intérêt chez les intellectuels et les savants, mais ne connut jamais la popularité du livre de Marco Polo.

SOLANGE MARIN

RURALES COMMUNAUTÉS → COMMUNAUTÉS RURALES

S

SAINT EMPIRE ROMAIN GERMANIQUE

Le Saint Empire romain germanique, qui prit en Occident, selon une forme originale et dans un cadre territorial particulier, la suite de l'Empire romain, lui-même restauré théoriquement entre 800 et 924 dans l'Empire carolingien, fut une institution essentiellement médiévale ; la suprême institution d'ailleurs, puisque, apparu en 962 grâce à l'action d'Otton le Grand, il prétendit très tôt être l'organisme politique unique de la Chrétienté, qui avait vocation à regrouper peuples, royaumes et principautés de l'Europe catholique et à les gouverner conformément à la mission spéciale que Dieu lui avait confiée. Toutefois, cette prétention au *dominium mundi*, qu'exprimèrent très rarement les empereurs eux-mêmes, ne fut qu'une ambition idéale. En réalité, ceux-ci dirigèrent l'Allemagne et l'Italie, ainsi que quelques régions limitrophes, mais non le sud de la Péninsule où se forma le royaume de Sicile.

Aux XIe, XIIe et XIIIe siècles, de sa fondation à l'année 1250, le Saint Empire, dont la gloire était éclatante, représenta ainsi une force singulière. Cependant, les plus brillants empereurs, Ottoniens avec les trois Ottons, Saliens avec Henri III et Henri IV, Staufen surtout avec Frédéric Ier Barberousse et Frédéric II, ne surent jamais s'imposer définitivement à l'Allemagne, d'une part parce qu'ils ne purent pas instituer l'hérédité de la couronne, qui était conférée par l'élection des princes électeurs, d'autre part parce qu'ils s'épuisèrent en des combats harassants en Italie, où ils se heurtèrent aux villes. En 1250, la mort de Frédéric II sonna le glas des rêves de domination de l'Italie. Dès lors, l'Empire devint seulement allemand ; il en donna acte à l'histoire par la Bulle d'or de 1356.

Il échut alors, grâce aux relations nouées avec les princes électeurs, à la dynastie des Habsbourg, qui tenta de lui redonner de l'éclat, mais n'y réussit pas en raison des contestations internes et de l'opposition de la France. En 1648, les traités de Westphalie démembrèrent l'Allemagne, et l'Empire cessa d'être un élément de puissance ; il resta un titre prestigieux mais creux. Postérieurement, en perdant la prédominance en Allemagne au profit de la Prusse et en ne sachant pas résister aux menées de la Révolution française et de Napoléon Ier, les Habsbourg ne lui conférèrent aucun renom nouveau. Ils durent y renoncer en 1806, date à laquelle mourut effectivement la vieille institution médiévale, altérée depuis fort longtemps.

Naissance et signification

La geste d'Otton le Grand

L'Empire carolingien, sans dynamisme ni cohésion depuis les dernières années du IXe siècle (mort de Charles le Gros, 888), avait officiellement cessé d'être une réalité politique à la mort de l'empereur Bérenger de Frioul (924). Son souvenir continuait cependant à hanter les esprits et à exalter les ambitions. Ce fut sans doute pour cette raison qu'en 962 le roi de Germanie, Otton Ier le Grand, de la dynastie des ducs de Saxe, qui s'était couvert de gloire aux yeux de ses compatriotes en écrasant sur le Lech (955) les envahisseurs hongrois et qui était intervenu en Italie contre les entreprises de Bérenger II, petit-fils de Bérenger de Frioul, en faveur du pape Jean XII, décida de reprendre le sceptre impérial et se fit couronner par le pontife (2 févr. 962). Ce faisant, il lui semblait purement et simplement assumer la continuité carolingienne, après un hiatus de trente-huit ans.

Les assises territoriales de cet empire étaient toutefois différentes dès l'origine, puisqu'il allait comprendre essentiellement le royaume de Germanie (réparti en six duchés : la Saxe, la Bavière, la Franconie, la Souabe, la Lorraine, la Bohême, devenue royaume au XIIe siècle) et celui d'Italie (encore que l'action du monarque fût pratiquement nulle dans les contrées méridionales), auxquels viendra s'ajouter en 1038 le royaume de Bourgogne (c'est-à-dire les pays compris entre la Saône et le Rhône à l'ouest, les sommets alpins et les confins germaniques en Bavière et Souabe à l'est, et la plaine suisse, le Jura, les régions alpines de France, la Provence au nord). Le royaume de France n'y était pas intégré et le centre de gravité politique était, plus encore que naguère, établi en Allemagne. C'est pour cette raison que les historiens ont qualifié cet empire de romain germanique.

Conception et organisation de l'Empire

Construction fondamentalement allemande, l'Empire romain germanique prétendait, comme le carolingien, à l'universalité, c'est-à-dire au gouvernement de tout l'Occident chrétien, gouvernement exercé en certaines régions d'une manière seulement théorique et par la simple reconnaissance de la préséance impériale. Il entendait même, dans ses plus nobles ambitions, prendre la suite de l'Empire romain et rassembler tous les peuples communiant dans la civilisation chrétienne latine, un tel idéal n'ayant cessé d'animer la plupart des empereurs des XIe, XIIe et XIIIe siècles ; le plus ardent dans cette recherche ayant été le petit-fils d'Otton le Grand, l'empereur Otton III (983-1002), petit-fils aussi par sa mère de l'empereur byzantin, et qui, installé effectivement à Rome, rêva d'établir sous son autorité le *dominium mundi*.

La réalité, néanmoins, avait rompu avec les institutions et les traditions de l'Antiquité, et, même si elle s'animait encore sous l'effet de la dynamique qu'apportait la civilisation chrétienne, elle faisait de l'Empire un édifice germano-italien, dans lequel on pouvait, selon les normes et le temps, accorder la place prédominante soit à l'Allemagne, soit à l'Italie.

L'inachèvement territorial de l'Empire ne constituait pas en soi une faiblesse ; il était en effet illusoire de vouloir gouverner alors des pays très étendus ; en revanche, l'inorganisation des institutions ne cessa de nuire au maintien de la cohésion. En dehors de l'empereur lui-même et de sa chancellerie (issue des chancelleries d'Allemagne et d'Italie), il n'y eut en effet jamais d'institution purement impériale. Le souverain gouvernait l'Allemagne en tant que roi avec des services peu développés (quelques officiers et ministériaux, la Diète, ou Reichstag, qui réunissait tous les seigneurs et hauts prélats), sans même disposer des ressources d'un domaine royal spécifique (il n'avait que ses biens propres), ayant en sa faveur le pouvoir qui lui était reconnu d'exercer l'office public en matière judiciaire et de faire régner l'ordre et la paix. Quant à l'Italie et à la Bourgogne, il les régissait aussi en vertu de son titre royal, mais ses moyens d'action y étaient encore plus limités. Bien plus, aucune succession héréditaire n'était admise : on devenait empereur en étant élu roi de Germanie par les princes (choisi généralement dans une famille ducale), ce qui donnait droit à la titulature de roi des Romains ; après quoi, il fallait être couronné à Rome par le pape et recevoir, à l'occasion, les couronnes royales d'Italie et de Bourgogne. À chaque changement de règne, le rôle des princes allemands et du pape risquait donc d'être déterminant.

L'apogée de l'Empire médiéval : Ottoniens, Saliens et Staufen

Entre 962 et 1250, les empereurs les plus valeureux tentèrent inlassablement de renforcer leur autorité en Allemagne et de soumettre les Italiens. Ils s'usèrent à l'une et à l'autre tâche et échouèrent finalement ; mais leurs entreprises ne manquèrent pas de grandeur.

Conscient des faiblesses de l'édifice impérial, Otton le Grand s'efforça d'y remédier en s'assurant soit directement, soit par l'intermédiaire de ses parents et de ses fidèles sujets le contrôle des principaux duchés allemands et en établissant en Italie des hommes qui lui étaient dévoués. De plus, il confia aux évêques la délégation de certaines fonctions publiques (certains droits régaliens), estimant que, de cette façon, ces fonctions ne lui échapperaient pas puisque les évêques ne pouvaient pas se succéder de père en fils. Il lui fallait donc contrôler les élections épiscopales, en fait nommer les prélats, ce qu'il n'hésita pas à faire, conformément d'ailleurs à la tradition carolingienne.

Cette politique lui permit de jouer un rôle éminent dans tout l'Occident et d'intervenir, entre autres, dans les affaires intérieures du royaume de France. Afin d'assurer la continuité de son œuvre, il s'employa à garder dans sa famille la couronne, que son père avait déjà portée en Allemagne, en faisant désigner de son vivant son fils comme souverain associé. Ainsi Otton II, puis le fils de celui-ci, Otton III, accédèrent-ils à l'Empire. Malheureusement, la poursuite de rêves démesurés en Italie par ce dernier, qui négligea l'Allemagne, ainsi que les désordres inhérents à cette époque d'anarchie féodale lézardèrent gravement l'édifice.

À partir de 1024, une nouvelle dynastie accéda au pouvoir, celle des Franconiens ou Saliens, dont les membres, suivant le même procédé, parvinrent à se transmettre le pouvoir de père en fils et œuvrèrent pour restaurer la puissance impériale, leur époque constituant, selon la formule d'un historien allemand, « l'ère du progrès et de la promesse ». Conrad II (1024-1039), très habilement et très prudemment, sut ne pas trop s'engager en Italie. Henri III (1039-1056) y intervint davantage, mais rétablit très fermement la coopération avec l'épiscopat et avec la papauté. Henri IV (1056-1106) s'appuya sur ses clients de la moyenne noblesse allemande, à qui il confia de hautes dignités (le plus célèbre bénéficiaire de cette politique étant le seigneur de Beuren, de Waiblingen et de Staufen, ou Hohenstaufen, investi du duché de Souabe). Il s'attacha, en outre, à créer, en Allemagne et en Italie, un domaine foncier au profit de la monarchie. Malheureusement, la réforme grégorienne et la querelle des Investitures qui en résulta le conduisirent à une rupture avec l'Église romaine, rupture inévitable du fait que le refus du Saint-Siège de toute intervention laïque dans les promotions épiscopales aboutit à la destruction du système ottonien. Après lui, son fils Henri V (1106-1125) continua la lutte, mais dut accepter le concordat de Worms (1122) qui, accordant au pape l'investiture spirituelle et à l'empereur la seule investiture temporelle, risquait d'anéantir très vite tous les efforts entrepris depuis un siècle.

Après une période de troubles, marquée par la rivalité entre les familles Welf et Staufen sous les règnes de Lothaire III (allié aux Welf) et de Conrad III (Staufen), Frédéric Barberousse (1152-1190) entreprit de redonner à l'Empire tout son prestige. Il fonda son programme sur une étroite collaboration avec la très haute noblesse, créant de nouveaux duchés qu'il distribua à certains de ses puissants vassaux, et chercha à asseoir son autorité sur la possession d'un domaine bien géré. Il n'hésita pas à intervenir en Italie et sut faire reconnaître ses droits par les villes (diète de Roncaglia, 1158). Il fit désigner de son vivant son fils Henri VI comme son associé. Malgré l'âpreté de la lutte qui l'opposa aux Italiens et à la papauté, il réussit à s'imposer et à donner à l'Empire germano-italien un éclat jusqu'ici inégalé.

Malheureusement, son action ne pouvait être poursuivie en Italie sans épuiser l'Allemagne. Celle-ci, d'ailleurs, fut à nouveau profondément divisée après la condamnation du Welf Henri le Lion par un tribunal royal, si bien qu'à la mort d'Henri VI les princes ne purent se mettre d'accord et élurent deux monarques, un Welf (Otton de Brunswick) et un Staufen (Philippe de Souabe), ce qui affaiblit considérablement l'institution. Finalement, grâce à l'action d'Innocent III et après l'échec de ces deux personnages, le fils d'Henri VI, Frédéric II, roi de Sicile par sa mère, accéda à l'Empire en 1220. Il décida alors, avec un génie particulier, d'en faire une réalité puissante, centrée essentiellement sur l'Italie, ce qui le conduisit à négliger l'Allemagne et à accorder aux princes de très larges libertés. Lui aussi dut lutter contre le Saint-Siège et le fit avec une rudesse inégalée. Mais, lorsqu'il disparut en 1250, il laissait un Empire dépourvu de puissance, l'Italie terriblement divisée et en proie à la guerre civile (guelfes et gibelins), l'Allemagne morcelée, la Bourgogne oubliée. À cette date, l'Empire romain germanique, tel que l'avaient conçu, voulu ou rêvé les princes du Moyen Âge, avait vécu.

L'Empire purement allemand

Le repli de l'Allemagne

Pendant le Grand Interrègne (1250-1273), la papauté s'obstina à empêcher l'accès au pouvoir des descendants des Staufen. Après cette période de vingt-trois années, les princes promus à la dignité impériale prirent conscience, malgré les ambitions irréalistes de certains d'entre eux, notamment Henri VII de Luxembourg (1308-1313), de l'impossibilité de maintenir leur autorité dans la Péninsule, d'autant que les électeurs, comme la papauté, eurent soin de ne pas donner la couronne à des personnages trop puissants.

L'entreprise du Saint-Siège, toutefois, indisposa les grands de Germanie qui ne souhaitaient pas voir les pontifes se mêler de leurs affaires. Cela permit à l'empereur Charles IV de Luxembourg de laïciser l'Empire par la Bulle d'or de 1356, qui donna en fait à l'Allemagne sa première constitution. En vertu de cet édit, le nombre des princes électeurs (qui, depuis Frédéric Barberousse et Frédéric II, n'avait cessé de diminuer, ces monarques tenant à favoriser seulement les plus puissants) est fixé à sept : les archevêques de Mayence, de Cologne et de Trèves, le roi de Bohême, le duc de Saxe, le margrave de Brandebourg et le comte palatin du Rhin. Ces sept personnages élisent le roi de Germanie et roi des Romains, mais aucune allusion n'est faite à une quelconque intervention du pape par la suite. Ainsi, par le système de désignation du souverain, l'Empire est devenu purement allemand. Son territoire est celui de l'Allemagne. Cependant, sur le plan politique, dès cette époque, il ne représente rien de plus qu'un titre creux, l'élu ne recevant aucun pouvoir et ne disposant que de ses États propres et de ses qualités personnelles qui peuvent lui permettre parfois d'entreprendre de grandes choses ; ainsi, Sigismond convoqua le concile de Constance en 1414 pour mettre fin au grand schisme d'Occident. La Bulle d'or déclare en outre que les électorats sont indivisibles et pourvus de droits régaliens. Cette disposition, s'ajoutant aux privilèges obtenus par les princes depuis Frédéric II et aux habitudes ensuite contractées, fit de l'Empire un conglomérat de principautés : les Allemagnes.

L'Empire aux mains des Habsbourg

Sous le couvert de cette division et de l'indifférence à l'institution, les princes de la maison d'Autriche, ou Habsbourg, réussirent à accaparer la couronne à partir de 1438 et surent profiter de celle-ci pour poursuivre inlassablement un programme tendant à accroître leurs propres États. Ils menèrent particulièrement à bien une politique matrimoniale systématique en se servant au mieux du prestige que conférait le titre impérial. Ainsi parvinrent-ils à s'imposer définitivement en Autriche et dans les pays voisins (Styrie, Tyrol, Carniole, Carinthie), puis à s'introduire dans le vaste domaine des ducs de Bourgogne, annexant la Franche-Comté et la Flandre. L'Empire fut donc pour eux à la fois une source de gloire et un moyen de servir leurs ambitions. Mais, même reçu et régi par Charles Quint (1514-1558), il ne représentait rien de plus qu'un titre.

De plus en plus, en effet, et davantage encore avec la Réforme et avec les guerres de religion, l'Allemagne se morcelait. Dès la fin du XVIe siècle, les principautés s'y faisaient plus nombreuses, maints seigneurs accaparant des droits régaliens exercés jusqu'alors par les puissants. La guerre de Trente Ans et le recul de la maison d'Autriche aggravèrent cette situation, que rendirent officielle les traités de Westphalie (1648). Ceux-ci imposèrent que l'Empire restât électif (le collège électoral étant porté à huit membres avec l'adjonction du duc de Bavière) et réduisirent à néant les pouvoirs auxquels l'empereur aurait encore pu prétendre en théorie. Un seul organisme demeura réellement, le Reichstag, mais il groupa trois cent cinquante États pratiquement autonomes. Les Habsbourg, à leur tour, avaient échoué.

La mort sans gloire

Bien qu'ils ne soient pas parvenus à restaurer la puissance et la cohésion impériales, les Habsbourg ne renoncèrent pas pour autant à tirer parti des préséances que leur conféraient leur titre et des relations entretenues grâce à lui pour jouer un rôle éminent dans les affaires allemandes. Ils comptèrent surtout, pour réaliser cette ambition, sur l'appui des princes électeurs et des princes catholiques. Malheureusement, dans la seconde moitié du XVIIe et au début du XVIIIe siècle, trois entreprises les gênèrent. Ce fut, d'une part, l'hégémonie de Louis XIV en Europe et la poursuite par ce monarque d'un programme allemand défavorable à la maison d'Autriche, qui dut accepter en 1684 les « réunions » de territoires accomplies par la France. Ce fut, d'autre part, les actions guerrières perpétrées par les Turcs qui, des années durant, constituèrent une menace fort grave pour les pays du moyen Danube. Ce fut, enfin et avant tout, à l'intérieur même de l'Empire, la montée de l'électorat de Brandebourg dont le chef, un Hohenzollern, le margrave Frédéric Ier, obtint en 1700 de l'empereur Léopold Ier le titre de roi de Prusse, et qui entreprit de regrouper autour de lui les princes protestants. En revanche, stimulée par ces difficultés et étant parvenue à rejeter définitivement les Turcs (victoire du Kahlenberg, près de Vienne, en 1683), la monarchie des Habsbourg se renforça, à la fois politiquement et militairement, et étendit ou affermit son autorité sur divers territoires d'Allemagne méridionale, sur la Hongrie et sur certains Slaves du Sud.

Au cours du XVIIIe siècle se joua donc, selon ces données, le dernier acte de la vie de l'Empire, directement liée au destin des Habsbourg. Dans un premier temps, ceux-ci purent croire encore qu'ils allaient rétablir leur hégémonie en Europe en renforçant les droits de leur dynastie sur la couronne d'Espagne. Mais, à l'issue de la guerre de la Succession d'Espagne, ils durent, au traité de Rastadt (1714), non seulement renoncer au trône de Madrid mais aussi abandonner l'électorat de Bavière et l'électorat de Cologne. Du coup, leurs possessions allemandes (Autriche, Tyrol, Styrie, Carniole, Carinthie) pesèrent d'un poids moindre que leurs domaines « extérieurs » (Bohême et régions voisines, Hongrie, pays slaves du Sud, Italie du Nord). En conséquence, l'empereur se fit un peu plus étranger aux affaires du Reich, tenu par toutes les cours et chancelleries comme typiquement allemand.

Aussi, dans un second temps, dut-il, avec une position souvent inconfortable, s'opposer en Allemagne même aux prétentions des Hohenzollern, les luttes des deux maisons s'imbriquant dans les complexes rivalités des puissances européennes. En 1740, à la mort de l'empereur Charles VI, la direction de la dynastie échut à sa fille Marie-Thérèse qui, ne pouvant ceindre elle-même la couronne impériale, rencontra d'énormes difficultés à faire reconnaître comme empereur son époux François-Étienne de Lorraine ; elle y parvint en 1745 au cours de la guerre de la Succession d'Autriche. De 1756 à 1763, elle rêva quelque temps, grâce à l'alliance qu'elle conclut avec la Russie et avec la France, d'éliminer la Prusse de Frédéric II (guerre de Sept Ans) ; cependant, elle dut renoncer à cet espoir et accepter une paix qui maintenait le statu quo. En fait, dès ce moment, l'Empire n'apparaissait même plus comme un enjeu ; la véritable et seule compétition portait sur le gouvernement et sur la direction de l'Allemagne.

Cependant, alors qu'on aurait pu s'attendre à un règlement de comptes définitif entre l'Autriche et la Prusse, qui eût maintenu, au moins comme fiction, la dénomination impériale allemande, les entreprises françaises de la Révolution puis de Napoléon Ier bouleversèrent cette évolution. L'Empire s'opposa à la politique révolutionnaire en la personne de Léopold II, réconcilié pour un temps avec le roi de Prusse. Mais Napoléon Ier, lorsqu'il décida de réorganiser l'Allemagne, sut jouer des intrigues princières et des ambitions prussiennes contre les Habsbourg. En 1803, la diète d'Empire accepta une redistribution des États qui mit en place des frontières internes qui se sont maintenues jusqu'à nos jours. Après sa victoire sur les Habsbourg à Austerlitz et le traité de Presbourg (1805) qui favorisait les principautés du sud de l'Allemagne (Bavière et Wurtemberg) aux dépens de l'Autriche, Napoléon créa la Confédération du Rhin, dont les États membres décidèrent de s'exclure de l'Empire. Du coup, celui-ci cessait d'exister, ce qu'admit, le 6 août 1806, le dernier « empereur romain » couronné, François II. Les Habsbourg, toutefois, gardèrent le titre impérial et se dénommèrent « empereurs d'Autriche ». Quant au Hohenzollern, il allait attendre jusqu'en 1871 que la maison de Vienne fût totalement évincée pour se faire proclamer « empereur allemand » (IIe Reich).

MARCEL PACAUT

Bibliographie

The Cambridge Medieval History, t. III : *Germany and the Western Empire*, Cambridge (G.-B.), 1922, rééd. Cambridge Univ. Press, New York, 1957 / R. FOLZ, *La Naissance du Saint Empire*, Marabout, Verviers, 1982 / J. HALLER & H. DANNENBAUER, *Von der Karolingern zu den Staufern*, de Gruyter, Berlin, 5e éd. 1970 ; *Von den Staufern zu den Habsburgern*, *ibid.*, 3e éd. 1970 / E. JORDAN, « L'Allemagne et l'Italie aux XIIe et XIIIe siècles », in G. Glotz, *Histoire générale*, Paris, 1939 / J. F. NOËL, *Le Saint-Empire*, coll. Que sais-je ? P.U.F., Paris, 3e éd. corr. 1993 / P. RASSOW, *Histoire de l'Allemagne, des origines à nos jours* (*Deutsche Geschichte im Überblick*, 1962), trad. L. Berger, P. Kammitzer & Pons, t. I, Sirey, Paris, 1969 / R. VAILLAND, *Le Saint-Empire*, éd. de la Différence, Paris, 1978.

SAINT LOUIS (1214-1270)

Peu d'hommes ont été aussi bien observés et sont aussi célèbres que Saint Louis, et cependant la personnalité de ce souverain est mal connue. L'homme est complexe, son caractère a beaucoup évolué. Son action est souvent paradoxale, sa réputation ambiguë. Il y a le saint, l'homme dont la foi ardente et la piété parfois excessive déroutent ses contemporains, le roi croisé, l'adversaire implacable des derniers cathares parce qu'ils sont rebelles à la foi et rebelles à leur roi, l'arbitre de l'Europe. Bref, l'une des hautes figures de l'histoire de France telle que l'ont vue Joinville et tant d'autres, et une œuvre spectaculaire qu'a retenue l'imagerie. Mais il y a aussi l'œuvre en profondeur, que les contemporains ont moins nettement perçue et que souligne moins facilement l'anecdote. C'est celle d'un souverain énergique et scrupuleux qui joue dans la construction de la monarchie française un rôle décisif et qui, s'il n'était le vainqueur de Taillebourg et le constructeur de la Sainte-Chapelle, n'en serait pas moins, entre son grand-père Philippe Auguste et son petit-fils Philippe le Bel, l'un des « grands Capétiens », peut-être le plus grand.

L'homme

Né le 25 avril 1214 à Poissy, l'aîné des cinq fils de Louis VIII n'avait que douze ans lors de son avènement, le 8 novembre 1226. La volonté du roi défunt confia à Blanche de Castille l'enfant et le royaume. L'éducation reçue sous la responsabilité de la régente marqua profondément Louis IX : elle alliait les pratiques de piété et les œuvres de charité à un apprentissage très sérieux du métier royal – des lettres à l'art du combat – qui fit du jeune roi le modèle du chevalier chrétien, bon cavalier et vêtu selon son rang, aussi capable de disputer de théologie que de conduire une armée, sachant imposer aux barons sa volonté après avoir lavé les pieds des pauvres. C'est à partir de la croisade qu'une ascèse de plus en plus rigoureuse transforma son aspect, son maintien, sa mise et son mode de vie au point d'ennuyer son entourage et de scandaliser certains de ses sujets qui ne voyaient plus en lui un roi.

Si la reine Blanche exerça jusqu'à sa mort (1252) son influence sur le gouvernement d'un royaume dont elle fut de nouveau régente pendant la croisade, la jeune reine Marguerite de Provence, que Louis IX épousa en mai 1234 et qui lui donna onze enfants, fut pratiquement tenue à l'écart par un époux peu enclin aux effusions familiales et par un roi peu désireux de voir les intérêts de la maison de Provence interférer dans la politique française.

Le roi n'était guère accessible aux avis des barons de son entourage, confidents plus que conseillers. Mais les religieux – dominicains et franciscains – étaient nombreux autour de lui et exercèrent une influence croissante sur son comportement et sur sa politique, cependant que Charles d'Anjou parvenait, à la fin du règne, à mettre au service de ses ambitions une partie des forces du royaume et le prestige du roi son frère.

La politique de Saint Louis est avant tout le reflet d'une certaine morale. N'hésitant pas à recourir à la force, il ne concevait celle-ci que comme l'adjuvant d'une recherche de la paix et de la justice politique dans le respect du droit de chacun et même du droit de ses adversaires. Toute l'action royale était déterminée par des vues eschatologiques, et, si le roi croisé en venait peut-être à douter des bases théologiques de l'idée de croisade, il ne renonçait pas à convertir par les armes l'infidèle et promulguait des ordonnances qui asservissaient les Juifs du royaume et les privaient de leurs moyens d'existence et de leurs possibilités de vie cultuelle. Il faisait parfois passer les intérêts matériels de la couronne après le respect du bon droit, mais, persuadé de la haute valeur du charisme royal, il voyait dans le renforcement du pouvoir monarchique la voie qui lui permettrait d'assurer le salut des âmes. Il ne craignait donc pas de s'opposer au pape et aux évêques de France afin de faire respecter ses prérogatives propres et son indépendance politique et financière. L'homme est donc pétri de contradictions, beaucoup plus sensible à l'analyse de son comportement qu'à la lecture de ces *Enseignements* qu'il fit rédiger afin de transmettre à ses enfants ses principes de morale politique autant que de vie privée.

Mort à Tunis le 25 août 1270, Louis IX fut immédiatement vénéré comme un saint. Boniface VIII le canonisa le 11 août 1297 pendant une accalmie au cours de la lutte qui l'opposa à Philippe le Bel, mais cette décision de circonstance avait été préparée par une longue enquête et un véritable procès de canonisation.

Consolidation du pouvoir royal

Le prestige que valent à Louis IX ses vertus s'ajoute à celui qu'il tire d'une succession héréditaire jusque-là sans faille, d'un sacre qui fait de la royauté une sorte de sacerdoce, et d'une puissance solidement établie par l'énergique Philippe Auguste, son grand-père. Il en profite pour placer plus catégoriquement la monarchie hors de la pyramide des droits féodaux – et non plus seulement au sommet de celle-ci – et pour assainir la situation politique du royaume.

Les actions les plus spectaculaires sont celles qu'il mena pour mettre un terme aux conflits qui venaient de déchirer la France :

conquête du Midi languedocien par les croisés septentrionaux, lutte des Capétiens contre les Plantagenêts. Après une ultime révolte du comte de Toulouse Raymond VII, ce fut, avec le traité de Lorris (1243), la soumission définitive de la France méridionale et la confirmation de l'organisation nouvelle du Languedoc, dont la reine Blanche et le cardinal de Saint-Ange avaient jeté les bases en 1229. La grâce de quelques grands feudataires et l'écrasement des derniers cathares, l'action des sénéchaux royaux et celle des inquisiteurs dominicains assurèrent l'œuvre. Déjà mâtés par la régente, les autres grands barons se le tinrent pour dit. Cependant, une dernière tentative du roi d'Angleterre et de ses fidèles échouait en 1242 à Taillebourg et à Saintes ; bien qu'ayant l'avantage, Louis IX préféra une paix qui satisfaisait son sens de la justice et ménageait le pieux Henri III qu'il estimait. Au traité de Paris (1258-1259), il rendit à ce dernier une partie des terres (du Limousin et du Quercy à la Saintonge) dont il n'était pas assuré que la conquête ait été légitimement fondée. Par de telles concessions, auxquelles les barons de son entourage s'opposèrent en vain, Saint Louis pensait avoir assuré la paix, la fidélité de son royal vassal et l'appartenance définitive à la couronne de France de l'essentiel de l'héritage des Plantagenêts : Normandie, Anjou, Touraine, Maine et Poitou.

Le domaine royal était sensiblement amoindri par les apanages qu'avait prévus Louis VIII en faveur de ses fils. Force était donc de clarifier la gestion et d'exploiter au mieux les revenus seigneuriaux et régaliens : ce fut l'objet d'une rationalisation des structures administratives, de l'établissement des baillis dans des circonscriptions fixes, de la spécialisation des membres de la cour royale (une section judiciaire, le Parlement, et une section financière, les « gens des comptes »). Afin d'assainir les rapports avec les administrés, Saint Louis multiplia les enquêteurs chargés d'entendre sur place les plaintes et de réformer les abus. L'intérêt politique rejoignait là le souci constant du roi de voir les droits de chacun respectés, et en premier lieu par les officiers royaux eux-mêmes.

Une certaine tendance à l'unification manifestait déjà l'emprise du souverain sur tout le royaume. Il faisait reconnaître son droit à légiférer – pourvu que ce fût dans l'intérêt commun – et à faire valoir ses ordonnances dans les grands fiefs, hors de son domaine. Il usait d'ailleurs modérément de cette prérogative, et c'est à tort qu'on lui attribua la paternité des *Établissements de Saint Louis*, qui sont une compilation privée, et celle d'une ordonnance prohibant le duel judiciaire et la guerre entre nobles, qui n'est que de circonstance et d'intérêt local. Plus efficace dans la pratique fut l'action unificatrice qui résultait de l'application à tout le royaume d'une justice d'appel.

C'est encore pour clarifier, unifier et faire reconnaître partout la prééminence royale que Louis IX décréta (1263-1266) que sa monnaie, au contraire de celle des barons, aurait cours dans tout le royaume. La réforme de la monnaie royale, avec la création d'une grosse monnaie d'argent, le « gros tournois » valant douze deniers, assura le succès de l'entreprise. Le roi tenta même, de façon d'ailleurs prématurée, de réintroduire en France le bimétallisme avec un écu d'or, qui circula peu.

Exploitant au maximum son droit à exiger des roturiers de son domaine et des communes soit un service en armes, soit le rachat de celui-ci, il put lever plusieurs « tailles », cependant qu'avec le consentement des papes – notamment des Français Urbain IV et Clément IV (1261-1268) – il levait des décimes sur le clergé qu'il avait précédemment défendu contre les exactions de la fiscalité pontificale et les collations de bénéfices français à des clercs italiens.

Saint Louis étendit sa protection sur tous les groupes sociaux capables de faire contrepoids aux puissances qui concurrençaient la sienne. S'il soutenait les évêques contre les féodaux et même contre le pape, il donnait son appui aux universitaires et aux ordres mendiants, Dominicains et Franciscains, contre l'épiscopat et le clergé séculier. Il protégeait également l'indépendance des villes contre leurs seigneurs, mais n'hésitait pas à faire intervenir ses officiers dont la gestion interne des municipalités pour limiter les abus financiers des oligarchies urbaines ; cette attitude était rien moins que désintéressée, car la richesse et la bonne gestion des villes garantissaient une part importante des revenus du roi.

L'équilibre ainsi assuré entre les divers pouvoirs, Louis IX pouvait placer la monarchie hors du droit commun : il faisait reconnaître par les juristes qu'aucune raison ne justifiait la rébellion d'un vassal contre son roi, et par les canonistes qu'aucun évêque ne pouvait excommunier la personne royale ; il se mettait ainsi à l'abri des déboires éprouvés, sur l'un et l'autre plan, par Philippe Auguste.

Le roi de France et la chrétienté

Dès le début de son règne personnel, Saint Louis manifesta une fermeté et une sagesse qui le firent respecter en Europe, au point que ses refus et ses échecs eux-mêmes servirent sa réputation. Il refusa pour ses frères la couronne d'Allemagne (1240) et celle de Sicile (1253). Il tenta de mettre fin à l'hostilité de Frédéric II envers Innocent IV. Plus tard, pris comme arbitre par Henri III et ses barons, il prononça en faveur du roi le « dit » d'Amiens (1264), que les barons anglais n'acceptèrent pas ; deux fois croisé, il aboutit à deux échecs flagrants. Et, pourtant, il reste pour la postérité le roi croisé, et les barons anglais en appelèrent derechef à l'arbitrage de ses conseillers. Il fit céder plusieurs fois Frédéric II et protégea le pape sans adhérer pour autant à la politique guelfe, il assainit les relations de la France et de l'Aragon sans abandonner l'alliance castillane et il favorisa en définitive les ambitions de Charles d'Anjou.

Il avait rapporté de la croisade une véritable auréole. Très sensible aux difficultés de l'Orient latin, il avait, dès 1237, aidé l'empereur byzantin en lui achetant fort cher les reliques de la Passion, pour lesquelles il fit construire dans son palais la « Sainte-Chapelle ». Depuis, il préparait la croisade et, voulant frapper au cœur la puissance musulmane, s'était embarqué (28 août 1248) pour l'Égypte. Vainqueur à Damiette (1249), mais vaincu et pris à Mansourah (1250), il dut verser rançon pour gagner la Syrie franque où il passa quatre ans à réorganiser l'administration et le système défensif qui assura quelques décennies de survie à l'Orient latin. Dans le même temps, parce qu'il croyait à l'intérêt d'une alliance pouvant prendre l'Islam à revers, il nouait des relations diplomatiques assez illusoires avec le successeur de Gengis khān, Qubilaï.

À son retour, il était en état d'intervenir efficacement dans les conflits qui opposaient les grands barons, voire les princes étrangers. Il s'entremit entre Flandre et Hainaut (« dit » de Péronne, 24 sept. 1256), entre Navarre et Bretagne, entre Bourgogne et Chalon, entre Bar et Lorraine, entre Savoie et Dauphiné.

Poursuivant l'habile politique matrimoniale de Blanche de Castille, grâce à qui Alphonse de Poitiers, frère du roi, régnait sur le comté de Toulouse, Saint Louis avait, dès 1246, obtenu pour son autre frère Charles d'Anjou la main de l'héritière de Provence. La conjonction des manœuvres d'Urbain IV et des ambitions de Charles conduisit le roi à accepter que son frère reçût la couronne de Sicile (1266). Cette intervention capétienne en Italie, qui allait impliquer la France dans la politique guelfe, est également responsable en partie des erreurs de la croisade de 1270. Mal conseillé, semble-t-il, par son frère qui souhaitait garantir les relations économiques entre la Sicile et Tunis, ignorant lui-même la situation interne de l'Islam et peu secondé par des barons qui n'aspiraient guère qu'au repos, Saint Louis prit la décision malheureuse d'attaquer Tunis. Bien plus, l'aide de Charles fit cruellement défaut : trop occupé en Italie, le frère du roi et ses barons n'arrivèrent en Afrique qu'après la mort de Louis, survenue le 25 août 1270. La force d'âme du roi mourant, dans un camp ravagé par la peste, fit plus pour sa renommée que n'eût fait une éphémère victoire.

JEAN FAVIER

Bibliographie

R. FAWTIER, *Les Capétiens et la France*, Paris, 1942 ; *The Capetian Kings of France*, trad. angl. augm., St. Martin's Press, New York, 1969 / L. GÉNICOT, *Le XIIIe Siècle européen*, P.U.F., Paris, 2e éd. 1984 / J. LE GOFF, *Saint Louis*, Gallimard, Paris, 1996 / J. PRAWER, *Histoire du royaume latin de Jérusalem*, trad. de l'hébreu G. Nahon, 2 vol., éd. du C.N.R.S., Paris, 1969-1970.

SAINT-JEAN-D'ACRE → ACRE

→ ACRE

SALADIN (1137-1193)

Saladin (en arabe Ṣalāḥ ed-dīn) est l'un des plus illustres souverains du Moyen Âge musulman. Sa popularité est surtout due à la « guerre sainte » qu'il a conduite contre les « Francs » établis en Syrie-Palestine depuis la croisade de 1097-1099. Champion de la contre-croisade, c'est lui qui reprit Jérusalem au nom de l'islam en 1187 et lutta contre la troisième croisade entre 1190 et 1192.

Les débuts de la reconquête

Au XIIe siècle, ce qui restait de Syrie mulsulmane était aux mains de princes turcs, dont le plus important, Nūr ed-dīn (1146-1174), avait clairement défini et propagé le programme de la reconquête : réunification politique pour se donner les moyens de la guerre sainte favorisée par la propagande rendant impopulaires les princes refusant de s'y engager ; lutte, dans le même esprit de réunification, contre les hérésies intérieures et leur principal représentant extérieur, le califat fāṭimide du Caire, de doctrine ismā'īlienne.

Nūr ed-dīn avait finalement réalisé à son profit l'unité de la Syrie musulmane et d'une partie de son arrière-pays mésopotamien, envoyé son lieutenant Shīrkūh détruire le régime fāṭimide, et remporté sur les Francs des succès qui, pour être restés inachevés, n'en étaient pas moins déjà importants. Mais sa mort risquait de réduire son œuvre à néant, car il ne laissait qu'un jeune fils mal entouré.

Dans ses troupes avaient figuré, à côté des Turcs, des Kurdes, dont Shīrkūh était le plus éminent ; mais ce dernier mourut au moment même de son triomphe. Le pouvoir nouveau avait été sauvé par la décision de son neveu, Ṣalāḥ ed-dīn, Kurde comme lui et fils d'Ayyūb qui donna son nom à la nouvelle dynastie ; il écrasa les révoltes intérieures et les attaques extérieures franco-byzantines combinées. Pour tous ceux qui désiraient continuer ce qu'avait commencé Nūr ed-dīn, il apparaissait que seul Ṣalāḥ ed-dīn en avait la volonté, la capacité et les moyens. Ṣalāḥ ed-dīn sut merveilleusement profiter de cette situation pour reconstituer et étendre à son profit (ou à celui de sa famille) l'unification politique nécessaire à la guerre sainte commencée par son prédécesseur. Maître non seulement de la Syrie intérieure et d'une partie agrandie de la Mésopotamie, mais encore de l'Égypte, il encerclait les petits États francs de la bordure syro-méditerranéenne. La chance l'aida lorsque la lèpre du jeune roi de Jérusalem, Baudouin IV, et les querelles qui éclatèrent autour de lui eurent sapé ce que ces États pouvaient conserver de force de résistance. Les premiers combats livrés aux Francs par Saladin n'avaient pas été tous heureux ; mais, en 1187, à la bataille de Ḥaṭṭīn près de Tibériade, l'armée franque fut anéantie et le nouveau roi de Jérusalem, Guy de Lusignan, fait prisonnier ; Jérusalem alors fut reprise, après quelque quatre-vingt-huit ans de domination « infidèle » ; puis, en quelques mois, lui furent ajoutés presque tout le royaume et d'importantes parties du comté de Tripoli et de la principauté d'Antioche, les Francs ne conservant plus que quelques ports reliés entre eux par mer. Les proclamations triomphales envoyées à travers le monde musulman y consacrèrent la gloire du vainqueur.

La lutte contre la croisade

Cependant, le triomphe même provoqua la plus forte crise du règne. L'émotion suscitée en Occident par la chute de Jérusalem entraîna la formation d'une nouvelle croisade, à laquelle les rois de France et d'Angleterre et l'empereur allemand s'apprêtèrent à participer en personne, ainsi que les villes marchandes italiennes dont la flotte était nécessaire. Si l'empereur mourut au seuil de la Syrie, alors que son armée était épuisée, Philippe Auguste et Richard Cœur de Lion, devancés par une partie de leurs hommes, vinrent effectivement, et l'ensemble de leurs forces constituait certainement la plus grande armée « franque » que l'Orient eût jamais vue. Guy de Lusignan, libéré, ne voulant pas abandonner au bénéfice de Conrad de Montferrat, qui avait sauvé Tyr, ses droits assez contestés à la couronne de Jérusalem, avait, avec les premiers renforts, réinvesti Acre, le principal port de la côte. Les hostilités se déroulèrent schématiquement de la façon suivante : dans Acre se trouvait la garnison musulmane, autour d'Acre l'armée assiégeante franque, mais à proximité de celle-ci les troupes de Saladin la tenant à son tour dans un demi-siège, préjudiciable à ses communications et à son ravitaillement. L'échec final des musulmans tint pour une part à leur mode de combat, insuffisamment adapté à celui de l'armée franque, mais surtout à la lassitude des alliés, voire des parents et des soldats de Saladin lui-même. Le prestige et la puissance de celui-ci avaient contraint ses alliés et ses vassaux à lui amener leurs contingents, mais jamais campagne n'avait été aussi longue, et celle-ci n'avait même pas la perspective d'un butin compensateur. Les terres dont les officiers tiraient leur revenu requéraient leur présence, et les trésors des États s'épuisaient à les soutenir au-delà de leur temps normal de service. Il fut impossible d'empêcher les croisés de réoccuper, après Acre, Jaffa et Ascalon, et l'on envisageait leur marche sur Jérusalem. Toutefois, eux aussi étaient fatigués, et les rois impatients de rentrer chez eux. Une sorte de trêve fut conclue entre Richard Cœur de Lion et Saladin ; elle accordait aux croisés le droit de visiter les Lieux saints, laissait aux Francs les places côtières reconquises par eux, mais aux musulmans Jérusalem et le reste des conquêtes de Saladin. En fait, une sorte de coexistence pacifique résulta, pendant un demi-siècle, de la commune conscience de l'impossibilité où chacun était de détruire l'autre, et du prix démesuré payé pour les efforts contraires.

Saladin mourut le 4 mars 1193, laissant le souvenir d'une figure inégalée, mais sans avoir réalisé tout à fait ce qu'il avait rêvé. L'unité du monde musulman n'avait été que partielle ; le califat, retenu par d'autres soucis, l'avait mollement soutenu ; les Almohades d'Occident, dont on avait cherché l'aide navale, n'avaient pas répondu. Par scrupule religieux, Saladin avait supprimé des impôts, mais les victoires n'avaient pas procuré de rentrées équivalentes. La flotte qu'il avait reconstituée ne put être conservée.

Politique intérieure

La politique intérieure de Saladin, si elle a moins contribué à sa gloire, n'en mérite pas moins une mention. Sans parler des transformations introduites dans le régime des terres et l'organisation militaire par le seul fait de la prise du pouvoir par une armée mettant en place des institutions différentes de celles de l'Égypte, sans parler non plus de la construction au Caire de la puissante citadelle du Muqattam destinée à assurer son pouvoir, Saladin a marqué l'histoire de l'Égypte en y étendant la politique d'orthodoxie que Nūr ed-dīn avait inaugurée en Syrie : essentiellement par la fondation de *madrasas*, écoles juridico-religieuses semi-officielles destinées à la formation des cadres du régime. Néanmoins, il faut rappeler que la guerre sainte, pour Saladin comme dans la Loi musulmane en général, ne signifie pas persécution des non-musulmans soumis, tant qu'ils sont fidèles : s'il convient de se méfier de quelques éléments pro-latins, on peut d'autant mieux s'appuyer sur les autres, d'ailleurs majoritaires, et, dans Jérusalem reconquise, Saladin attira les melkites (chrétiens arabisés de rite grec) et les juifs. A fortiori ne refusait-il pas un accueil favorable aux marchands italiens qui, en échange des denrées importées par eux en Europe, fournissaient le bois et le fer indispensables aux armements de Saladin contre les croisés mêmes.

L'idée dominante de Saladin a été la guerre sainte ; ce fut aussi, plus tard, celle de Saint Louis. Mais, chez l'un comme chez l'autre, elle n'avait de sens qu'accompagnée d'une absolue dignité de comportement qui lui conférait sa valeur. Cette élévation a pour tous deux, au-dessus des barrières confessionnelles, forcé l'estime des contemporains et de la postérité. Le grand écrivain ‘Imād ed-dīn al-Iṣfahānī et le qāḍī Ibn Shaddād, entre autres, ont écrit des vies de Saladin, et un chef de l'Égypte moderne a relevé face à Israël le titre d'*al-nāṣir* (le victorieux) que Saladin avait porté face aux croisés. Quant à ces derniers, une fois rentrés en Europe, ils colportèrent l'image d'un prince qui eût été digne d'être chrétien et chevalier. Il y avait eu un projet de mariage entre son frère al-'Ādil et une sœur de Richard Cœur de Lion. Les romans postérieurs ont fait de Saladin un personnage de souche chrétienne secrète, dont une reine de France devait être amoureuse... Aucun autre prince musulman n'a eu tel honneur !

CLAUDE CAHEN

Bibliographie

C. Cahen, « Ayyūbides », in *Encyclopédie de l'Islam*, Leyde-Paris, 2e éd. 1960 / H. A. R. Gibb, « The Rise of Saladin », in K. M. Setton, *A History of the Crusades*, t. I, 1955, rééd. Univ. of Wisconsin, 1969 / N. Sobernheim, « Saladin », in *Encyclopédie de l'Islam*, Leyde-Paris, 1e éd. 1934.

SALDJŪQIDES → SELDJOUKIDES

SALIQUE LOI → LOI SALIQUE

SANTA HERMANDAD

Au Moyen Âge, les communes espagnoles disposent de milices populaires connues sous le nom de *hermandades* (fraternités) chargées de la protection des pèlerins et des marchands, les hermandades étaient également chargées de garantir les droits des personnes contre les exactions seigneuriales. À la fin du xve siècle, alarmés par l'augmentation du banditisme consécutif aux récentes guerres civiles entre les féodaux et la royauté, les Rois Catholiques Ferdinand d'Aragon et Isabelle de Castille décident d'assurer une meilleure coordination des hermandades par la création de la *Santa Hermandad* (1476). L'organisme qui contrôle cette gendarmerie établie par la Couronne s'intitule Conseil ou *Junta* de la Santa Hermandad, où les trois ordres sont représentés. La Santa Hermandad a des pouvoirs de police et de juridiction ; elle se compose d'un corps permanent de deux mille soldats chargés de surveiller chemins et campagnes, corps étayé par une compagnie d'archers fournie par chaque ville, ces derniers devant poursuivre les malfaiteurs jusqu'aux limites du territoire de la cité. Les délinquants capturés par la Santa Hermandad sont jugés par des tribunaux spéciaux qui ont juridiction pour des délits bien définis : vols, assassinats, incendies commis en rase campagne ou dans les villes et villages, pillages, actes de rébellion contre le pouvoir central. Dans ces tribunaux siègent les *alcaldes* de la Hermandad choisis dans chaque localité, à raison d'un par village de moins de trente familles, et de deux par localité de plus de trente familles. Les tribunaux procèdent à l'examen des faits, rendent les sentences, mais n'infligent que les peines les plus sévères, c'est-à-dire la mutilation ou la mort. Grâce à l'efficacité de cet organisme de sécurité contrôlé par le pouvoir central, l'ordre est rétabli rapidement en Castille, et les villes, arguant du caractère provisoire de la Santa Hermandad, demandent sa dissolution. Mais la Couronne a encore besoin pour lutter contre les Maures de Grenade du corps d'archers d'élite que lui fournit la Santa Hermandad. Ce n'est qu'en 1498 que le Conseil de la Santa Hermandad est supprimé ; de ce fait la Santa Hermandad perd ses attributions judiciaires qui sont confiées à des tribunaux ordinaires. Elle est réduite alors à l'état de police rurale sans pouvoir ni prestige. En Castille, celle-ci sera remplacée en 1835 par la Garde civile.

MARIE-FRANCE SCHMIDT

SARRASINS

La dénomination de Sarrasins, *Sarraceni*, servit dès l'époque romaine tardive à désigner certaines populations arabes en contact avec l'Empire. Au Moyen Âge, elle est l'un des nombreux noms que l'Occident latin applique aux musulmans. L'historiographie moderne l'a réservée à ceux des musulmans qui, une fois achevée la grande poussée islamique des VIIe et VIIe siècles, combattirent contre les chrétiens dans les divers pays du bassin occidental de la Méditerranée, sans y former d'établissements durables. Aux côtés des Vikings et des Hongrois, ils prennent part à la vague d'invasions déclenchée contre les États successeurs de l'Empire carolingien. La majorité de leurs entreprises se place entre le début du IXe siècle et le milieu du XIIe, avec une culmination entre 850 et 1000 environ. Toutes n'ont pas encore fait l'objet d'études critiques satisfaisantes.

La piraterie maritime

Les musulmans s'étaient trouvés confrontés dès le milieu du VIIe siècle avec les problèmes de la navigation méditerranéenne, d'abord et surtout par l'intermédiaire des chrétiens de Syrie et d'Égypte, mais la poussée arabe vers l'ouest s'était, pour l'essentiel, effectuée par voie de terre, les flottes n'étant qu'un appoint. C'est au début du IXe siècle que les musulmans d'Afrique du Nord et d'Espagne commencèrent à peu près simultanément à manifester un vif intérêt pour la piraterie maritime. Les premiers raids sur les îles et les côtes de l'Italie sont datés de 806, 808 et 812. En 827, deux entreprises parallèles assurent aux musulmans des positions clefs en Méditerranée centrale : les Aghlabides de Tunisie commencent à prendre pied dans l'ouest de la Sicile, alors soumise à la domination byzantine, tandis que des réfugiés espagnols s'établissent en Crète. Les flottes grecques, jusque-là les plus fortes en haute mer, doivent se cantonner dans la défense de la mer Égée et de la mer Ionienne ; encore perdent-elles assez vite leurs deux meilleures bases, Bari, en 841 et Syracuse en 878. Quant aux flottes carolingiennes d'Italie, qui, jusqu'en 828, avaient pu contre-attaquer en Afrique du Nord, elles disparaissent définitivement de la scène avec les premiers partages de l'Empire. Désormais, toute la longueur des rivages méditerranéens est à portée des coups de main musulmans.

Cette situation favorable fut exploitée par des bandes de pirates plus que par les États islamiques organisés. En Afrique et surtout en Espagne, à Pechina, près d'Almeria, puis à Denia, près de Valence, de vraies républiques s'établissent, recrutées sans doute moins parmi des Arabes de souche que parmi des populations locales assez récemment islamisées. Leur but est d'ailleurs non de propager la religion musulmane, mais d'obtenir des profits rapides : on y parvient surtout par la capture des hommes, marchandise de grand prix, d'une vente aisée et qui se déplace toute seule. L'esclavage méditerranéen, qui n'avait jamais disparu depuis l'Antiquité, reprit une certaine ampleur. Très vite, les côtes dévastées étant désertées par leur habitants, au moins aux saisons où la mer est praticable, les Sarrasins se jetèrent à leur poursuite dans l'intérieur du pays. Certaines troupes, berbères ou espagnoles, y firent preuve d'étonnants talents de coureurs de montagnes et purent écumer durablement les Apennins et les Alpes occidentales.

Peut-être les musulmans eurent-ils au début l'espoir de conquérir l'Italie du Sud après la Sicile. Ils y renoncèrent vite et se contentèrent, après 880, d'établir en certains points du littoral des bases aisément accessibles par mer, où ils stockaient leur butin. Quand l'occasion s'en présentait, ils pouvaient s'engager comme mercenaires au service de princes chrétiens, ainsi chez les Lombards de Bénévent, mais ils ne conçurent guère de projets politiques à long terme. Aussi leur action fut-elle surtout négative : elle provoqua une détérioration catastrophique et prolongée de la vie des populations côtières sur les deux rives du bassin occidental de la Méditerranée. Les chrétiens, en effet, adoptèrent à la fin du xe siècle les méthodes des musulmans.

Des raids destructeurs

Les expéditions des Sarrasins eurent trois théâtres principaux : les îles méditerranéennes, l'Italie péninsulaire et les Alpes occidentales.

Parmi les îles, il faut mettre à part la Sicile. Malte et les Baléares, qui furent en majeure partie converties et assimilées au monde arabe. La Sicile devint même le siège d'un État important, l'émirat de Palerme, foyer d'une civilisation brillante, en relation étroite avec la Tunisie et l'Égypte jusqu'à la prise de sa capitale par les Normands en 1072. Tout autre fut le destin de la Sardaigne et de la Corse. Les Sarrasins apparaissent dans leurs eaux en 812, et elles deviennent bientôt un *no man's land* dont les musulmans surveillent l'accès. Sarrasins et bientôt Italiens s'y livrent également à la chasse à l'homme. Faute de documents, on ignore les étapes précises de l'évolution, mais le résultat est clair : Sardes et Corses abandonnent les côtes et se replient dans les montagnes pour y vivre d'élevage transhumant. La reprise en main effectuée par les Pisans au xie siècle fut trop superficielle pour rien changer d'important : les esclaves sardes abondèrent jusqu'au xiiie siècle sur tous les marchés méditerranéens.

En Italie proprement dite, après une vingtaine d'années de raids côtiers, les musulmans cherchent à s'emparer de quelques places de première importance. Des bandes opérant en profondeur apparaissent vers 835 dans la Campanie intérieure, autour de Bénévent. Vers 840, des Sarrasins venus de Sicile s'emparent de Tarente, puis, en 841, de Bari qui leur ouvre l'accès de l'Adriatique : on les signale bientôt devant Ancône. Contre eux, les princes locaux recourent à des musulmans d'Espagne cantonnés en Crète. Ces troupes agissent presque librement à travers tout le sud de la Péninsule, à la faveur des dissensions des Lombards entre eux et avec les Byzantins. En 846, comble de scandale, un détachement débarque à Ostie, remonte le Tibre et pille les sanctuaires de Rome situés hors les murs : Saint-Pierre et Saint-Paul. Cela provoque tout de même une réaction : le Carolingien d'Italie, Louis II, vient à Bénévent en 847 et en expulse la garnison musulmane, mais il ne peut rien contre Tarente et Bari où un émirat local se maintient trente ans durant. De vaines tentatives contre Bari en 852 et 866 démontrent que les Occidentaux seuls n'ont ni les moyens navals indispensables pour réduire les bases, ni des troupes capables de lutter longtemps sous le climat du Midi.

Louis II se résigne donc à appeler à l'aide l'empereur byzantin Basile Ier qu'inquiètent les progrès musulmans en Sicile et des raids en Dalmatie. Une alliance est conclue ; sur terre, les Latins piétinent, mais une importante flotte grecque reprend Bari en février 871. La collaboration s'arrête d'ailleurs là ; sur la côte ouest, le pape se résout à payer tribut pour éviter un second raid contre Rome, et les Sarrasins de Tarente prennent le relais de ceux de Bari. Il faut une seconde expédition byzantine en 880 pour démanteler cette base.

Désormais, les Sarrasins d'Italie ne cherchent plus à tenir de villes, mais ils s'accrochent à quelques « marines » : Amantea et Santa Severina en Calabre, Agropoli en Campanie sur le golfe de Salerne, de 879 à 890, et surtout, de 882 à 916, la tour du Garigliano, à l'embouchure de ce fleuve, près de Gaète. De là, ou directement de Sicile et d'Afrique, ils assaillent les ports (Gênes en 932) et surtout razzient l'intérieur à peu près à leur gré. Les Abruzzes et la Sabine sont leurs terrains de parcours préférés ; la vie monastique y devient intenable durant tout le premiers tiers du xe siècle. De tels succès n'ont été possibles qu'en raison d'un morcellement politique croissant et de nombreuses complicités locales. C'est à grand-peine que le pape Jean X réussit à organiser une coalition qui détruit la base du Garigliano en 916.

La lente reconquête byzantine du xe siècle parvint à éliminer les Sarrasins d'Apulie et de Campanie. Ceux de Calabre, épaulés par la Sicile toute proche, restèrent une grave menace même après l'an 1000. Otton II tenta vainement de les chasser en 982 et se fit battre au cap Colonne, près de Crotone. Les ennemis du régime byzantin recouraient volontiers à eux, comme à Oria en 997 ou à Cosenza en 1009. L'insécurité se prolongea jusqu'à la conquête normande du deuxième quart du xie siècle. Puis les musulmans lâchèrent prise pour des causes diverses : naissance de la puissance navale pisane, troubles intérieurs en Afrique du Nord, perte de la Crète, division de l'émirat sicilien, tentatives de reconquête de l'Occident byzantin par Georges Maniakès.

En Provence, les incursions sarrasines ont dû commencer peu après 830. Marseille est attaquée en 838 et 848, Arles en 842 et 850 ; en 869, la Camargue est occupée quelques mois. Mais la vallée du Rhône devient bientôt le domaine des Vikings. Vers 890, une bande sarrasine venue d'Espagne établit la base de *Fraxinetum* près de Saint-Tropez, dans les monts appelés aujourd'hui les Maures. De là, ces musulmans rayonnent librement dans la Provence, l'Embrunais et même le Graisivaudan. Pendant deux générations, ils rançonnent tous les voyageurs et les pèlerins qui empruntent les routes transalpines, jusqu'au Grand-Saint-Bernard et à la région de Saint-Gall en Suisse ; à l'occasion, ils complètent le bénéfice de ces embuscades par des descentes en Dauphiné ou en Piémont.

La période la plus sombre s'étend de 920 à 970. Les réactions chrétiennes furent longtemps médiocres, mais, en 972, les Sarrasins de *Fraxinetum* enlevèrent l'un des plus illustres religieux de la chrétienté, saint Maïeul, abbé de Cluny. Une coalition de comtes provençaux et piémontais réussit à détruire leur base en 972 ou 973. Vers 990, les chartes célèbrent le récent retour de la paix dans la Provence intérieure. En effet, privés de leurs points d'appui implantés à la lisière des pays chrétiens, les Sarrasins ne restèrent un danger permanent que pour les populations immédiatement voisines de la côte, surtout le long de la mer Tyrrhénienne. Le monastère de Lérins, situé dans une île en face de Cannes, fut ainsi attaqué en 1003, 1047, 1107 et 1197. Lors du raid de 1047, un groupe de moines fut emmené en Espagne, partie à Tortose et partie à Denia ; ils devaient être vendus en Sicile, mais l'abbé de Saint-Victor de Marseille réussit à les racheter par l'intermédiaire du comte de Barcelone. Des raids contre Toulon datent de 1178 et 1197. Des débarquements occasionnels de petits groupes sont encore signalés au XIIIe siècle dans les îles d'Hyères et en Camargue, mais la naissance des thalassocraties pisane et génoise, puis la prise de Palerme par les Normands interdirent aux musulmans toute entreprise d'envergure.

Les conséquences

Les Sarrasins n'ont fait que tirer parti de la désunion des chrétiens, et ils ne réussirent à s'insinuer profondément qu'à la charnière de dominations hostiles, entre Byzantins, Lombards et Francs en Italie, ou entre les royaumes carolingiens de France et d'Italie, le long des Alpes. Il suffisait de coalitions locales, même limitées, pour rendre impossible la survie de leurs bases. Jamais les forces réelles de l'islam ne s'engagèrent à fond, sauf peut-être en haute mer, où justement l'infériorité des chrétiens resta très marquée, assez avant dans le XIe siècle.

Dans l'intérieur des terres, les ravages des Sarrasins n'ont fait que contribuer à l'insécurité générale, entretenue par les guerres civiles, les incursions des Vikings et des Hongrois. Le rôle qu'ils ont joué dans la ruine de l'économie reste difficile à discerner, hors du cas de quelques monastères comme Farfa en Sabine et Novalaise dans le val de Suse. Contrairement à certaines légendes, il faut absolument écarter l'idée de peuplements durables qui auraient survécu à la reconquête chrétienne.

Sur les côtes, en revanche, il est difficile de nier les répercussions profondes de razzias indéfiniment répétées. Sur la côte occidentale de l'Italie et en Provence, on constate une accumulation de conséquences négatives : abandon de certaines villes maritimes – comme *Paestum* en Campanie ou *Centumcellae* en Toscane – au profit d'habitats perchés dans l'intérieur, désertion des plaines littorales, absence de toute navigation hors de vue des côtes. Nice, Antibes, Fréjus, Toulon et à un moindre degré Marseille souffrirent lourdement. Toute la région fut mise hors d'état de participer à l'essor urbain général dans l'Europe latine du XIe siècle. L'esclavage méditerranéen connut un regain de vigueur, sans toutefois dégénérer avant le XIIIe siècle en traite véritable.

Il ne faut pourtant pas charger les Sarrasins de tous les méfaits dont la tradition historiographique médiévale les a accablés. La piraterie, endémique depuis longtemps en Méditerranée, y était exercée aussi par des Grecs, des Slaves de Dalmatie et, plus tard, des Italiens, sans compter les Vikings. La décadence économique de la Campagne romaine avait commencé dès le VIe siècle ; celle des côtes provençales remonte au VIIe siècle, sinon au Ve. Le retour aux habitats perchés débute dès la fin de la paix romaine. Au total, l'intervention des Sarrasins dans l'histoire européenne représente un épisode, nullement un tournant décisif.

LUCIEN MUSSET

Bibliographie

P. A. AMARGIER, « La Capture de saint Maïeul de Cluny et l'expulsion des Sarrasins de Provence », in *Revue bénédictine*, vol. LXXIII, 1963 / J. GAY, *L'Italie méridionale et l'Empire byzantin*, Paris, 1904 / R. LATOUCHE, « Les Idées actuelles sur les Sarrasins dans les Alpes », in *Études médiévales*, Paris, 1966 / E. LÉVI-PROVENÇAL, *Histoire de l'Espagne musulmane*, t. III, Paris, 1953 / B. LUPPI, *I Saraceni in Provenza*, in *Liguria e nelle Alpi occidentali*, Bordighera, 1952 / L. MUSSET, *Les Invasions : le second assaut contre l'Europe chrétienne (VIIe-XIe siècle)*, 2e éd., P.U.F., Paris, 1971 / R. PALM, *Les Étendards du Prophète : les Sarrazins*, trad. de l'all., J.-C. Lattès, Paris, 1981 / G. DE REY, *Les Invasions des Sarrasins en Provence pendant le VIIIe, le IXe et le Xe siècle*, 1878, rééd. Laffite, Marseille, 1972.

SCEPTRE

Depuis l'Antiquité, bergers, rois et dieux portent de longs sceptres qui sont le signe de leur autorité sur le troupeau, sur le peuple ou sur le cosmos. On y place souvent au sommet un emblème destiné à montrer quelle est la source de ce pouvoir, le symbole de la divinité tutélaire, parfois une fleur de lis ou encore un oiseau (aigle, colombidé mâle) pouvant établir la jonction entre le Ciel et la Terre, le premier étant chargé de forces bénéfiques et fécondes (la pluie, la grâce), parfois dangereuses (la foudre). Le sceptre est alors canal, axe du monde ou du royaume, tenu par l'intermédiaire qu'est le souverain. Les rois carolingiens se servent de sceptres d'or gemmés (Charles II le Chauve reçoit le premier un sceptre lors de son sacre, 848) qui s'intègrent dans l'*ordo* du sacre, qu'ils soient longs ou courts, dualité qui provient d'une lecture de la Vulgate (le roi de l'Ancien Testament peut avoir long *baculus* et courte *virga*) : l'*ordo* des Francs de l'Ouest (vers 900) et celui de Ratold de Corbie (ou de Fulrad de Saint-Vaast, 973-986) ont conservé des traces des deux insignes du pouvoir. Louis VI reçut ainsi sceptre et verge en 1108, pour la défense des églises et des pauvres (Suger). L'*ordo* de 1200 environ précise que la verge a une coudée (environ 50 centimètres, mesure sacrée venant de la Bible) et qu'elle est sommée d'une main d'ivoire : c'est la « main de justice », terme du XVe siècle, encore que l'idée de justice soit liée à tous les autres insignes, et en particulier au grand sceptre. Le roi de France capétien n'eut jamais de globe crucifère dans sa main gauche et il n'est pas certain que les Carolingiens aient eu réellement cet insigne avec lequel ils sont souvent représentés dans les peintures de manuscrits ; par archaïsme et avec volonté de représenter un empereur, Charles II le Chauve eut à Saint-Denis un gisant métallique le montrant avec le globe (vers 1220), et Charles VIII fut figuré de même quand il se montra en roi de Sicile et de Jérusalem (après 1495). Le sceptre placé dans la main droite du roi était un long bâton de six pieds de haut (1,95 m) orné d'une fleur de lis au sommet et très rarement d'un oiseau (vers 1300). La « main de justice » qui fut placée dans la main gauche du roi et qui fut détruite en 1794, semble dater des premiers Valois ; l'ivoire était réputé provenir d'une licorne (il y avait d'ailleurs à Saint-Denis une corne de narval que l'on pensait venir d'une licorne ; elle est au musée de Cluny). Charles V pour son sacre (1364) fit faire un sceptre orné, au sommet, d'un blanc lis des jardins sortant d'une pomme sur laquelle étaient figurés trois épisodes de la légende de Charlemagne, saint Charles empereur et roi, patron du roi, auteur de la loi successorale héréditaire française (selon Jean Golein), qui était encore représenté en statuette au-dessus du lis, trônant en majesté. Ce sceptre servit à tous les rois de France sauf à Charles VII et à Henri IV.

HERVÉ PINOTEAU

SCHISME D'OCCIDENT GRAND → GRAND SCHISME D'OCCIDENT

SCHISME D'ORIENT

Nom donné à la rupture, consommée au XIe siècle, entre Rome et l'Église byzantine, laquelle fut appelée par la suite Église orthodoxe et comporta des rites divers. Le schisme d'Orient trouve ses origines dans la haute histoire du christianisme. Très tôt, en effet, des querelles dogmatiques, à propos de la nature du Christ notamment (monophysisme), opposèrent les Orientaux aux Occidentaux. Les empereurs byzantins intervinrent fréquemment, aux VIe et VIIe siècles, dans ces disputes et voulurent imposer leur doctrine, du fait même qu'ils prétendaient être les chefs réels de l'Église d'Orient. Aux débats doctrinaux s'ajouta donc un conflit quasi permanent entre l'Église et l'État, qui revêtit parfois des formes très violentes (ainsi, avec l'arrestation et la mort du pape Martin Ier en 655).

Deux autres éléments jouèrent dans cet éloignement entre les deux Églises un rôle considérable. D'une part, les différences linguistiques (le grec et le latin) et liturgiques accentuèrent l'incompréhension suscitée par des modes de civilisation presque étrangers l'un à l'autre. D'autre part, lorsque, au milieu du VIIIe siècle, la papauté décida résolument de lier son destin à celui des Carolingiens, puis devint l'un des garants de l'empire recréé par Charlemagne en 800, elle précipita la séparation, ayant comme excuse de ne plus pouvoir compter sur l'assistance byzantine en Italie et profitant par ailleurs de l'occasion qu'elle avait de mettre en avant de nouvelles querelles dogmatiques (ainsi, à propos de l'iconoclasme).

Dans la seconde moitié du IXe siècle, le conflit rebondit à l'occasion de luttes intestines dans l'Église grecque. Le patriarche de Byzance, Ignace, ayant été forcé pour des raisons politiques de se démettre de ses fonctions, fut remplacé par un laïque, Photius, irrégulièrement élu et irrégulièrement consacré. Les deux adversaires s'étant entre-excommuniés, le pape Nicolas Ier dépêcha des légats en Orient et, après diverses péripéties, déclara Photius privé de toutes ses dignités. Celui-ci d'abord soutenu par l'empereur Michel III, fut abandonné par son successeur Basile Ier le Macédonien et excommunié à la fois par Rome et par Byzance (869). Il parvint cependant à regagner les faveurs du souverain après la mort d'Ignace et dirigea alors l'Église byzantine en rupture avec Rome. Quelques années plus tard, toutefois, le pape Jean VIII accepta d'annuler la sentence d'anathème, ce qui mit fin au schisme, les deux Églises continuant néanmoins à s'ignorer.

Dès lors, en effet, l'éloignement était trop ancien et trop profondément enraciné pour qu'une nouvelle union pût être véritablement établie. Pendant un siècle et demi les Églises n'eurent pratiquement pas de relations, puis les passions resurgirent au milieu du XIe siècle avec le patriarche Michel Cérulaire, qui se heurta à l'intransigeance de l'Église romaine. Dès 1050, il traita les Occidentaux d'hérétiques, puis il fit fermer les églises latines de Byzance et multiplia les accusations contre leurs clercs. Sur l'ordre de Léon IX, le cardinal Humbert réfuta les thèses grecques et, prenant l'offensive, combattit le mariage des prêtres (pratiqué en Orient depuis l'Antiquité) ; il déclara contraire au dogme la radiation de l'expression *Filioque* dans le credo oriental, ce qui entraînait selon lui une erreur sur la procession du Saint-Esprit. Envoyé comme légat en Orient et fort mal accueilli, le cardinal prononça, le 16 janvier 1054, l'excommunication et la déposition de Michel Cérulaire. Celui-ci, à son tour, lança l'anathème contre les Latins.

Le schisme était consommé, l'Église grecque ne reconnaissant plus la moindre autorité à la papauté. Tous les peuples convertis par les Byzantins ou en étroites relations avec eux, comme les Serbes, les Bulgares, les Roumains et les Russes, y furent entraînés. Malgré des réconciliations éphémères au XIIIe siècle (concile de Lyon, 1274) et au XVe siècle (concile de Ferrare-Florence, 1438-1439), il dure jusqu'à nos jours ; un rapprochement s'accomplit dans le cadre de l'œcuménisme depuis le pontificat de Jean XXIII.

MARCEL PACAUT

SELDJOUKIDES ou SALDJŪQIDES ou SELDJOUQIDES

Le nom de Seldjoukides désigne les membres d'une tribu d'origine turque appartenant à la branche des Oghouz qui, prenant le relais des Ghaznévides, a émigré du Turkestan vers le Proche-Orient et a établi son pouvoir sur l'Iran, l'Irak et l'Asie Mineure du milieu du XIe siècle à la fin du XIIIe. C'est la première grande dynastie turque dans l'Orient méditerranéen, et son influence dans les domaines politique, religieux et artistique a été considérable ; elle est enfin à l'origine du peuplement turc de l'Asie Mineure et a ouvert la voie aux Ottomans.

Apparition des Seldjoukides

Le premier chef connu de cette tribu, Dokak, est mentionné dans la seconde moitié du Xe siècle dans la région de la mer d'Aral ; mais c'est son fils, Seldjouk, qui est le premier grand personnage historique. Vers la fin du Xe siècle, les Seldjoukides, alors installés sur la rive gauche du Syr-Darya, émigrèrent vers l'ouest par suite de difficultés avec les Oghouz et gagnèrent la Transoxiane, puis la région de Boukhara : ils se trouvèrent alors en contact avec d'autres tribus déjà islamisées et à leur tour se convertirent à l'islam ; peut-être ont-ils à cette époque créé un petit État indépendant dont l'organisation était copiée sur celle des Oghouz. Seldjouk épousa la fille d'un chef turcoman, dont il eut quatre fils ; l'aîné, Mikā'il, mourut dans un combat et ses deux propres fils, Tchaghri beg et Toughroul beg, furent élevés par leur grand-père. Arslan, autre fils de Seldjouk, succéda à celui-ci : il s'opposa aux Karakhanides, puis finit par s'allier avec eux, créant une sorte d'État fédéral (début du XIe siècle). Il semble qu'alors Tchaghri beg et Toughroul beg aient commencé à jouer un rôle important chez les Seldjoukides ; le premier, notamment, mit à son actif une expédition qui le conduisit jusqu'aux frontières orientales de l'Asie Mineure. Mais surtout les deux frères s'en prirent aux Karakhanides et plus encore aux Ghaznévides après la mort du sultan Mahmoud de Ghazna (1030) ; en 1035, Mas'oud de Ghazna dut abandonner Khorassan aux Seldjoukides, qui y fondèrent le premier État seldjoukide turc et musulman. Après la prise de Nichapour (1038) et la conquête du Kharezm (1042), les Ghaznévides furent éliminés et la puissance seldjoukide s'instaura sur l'Iran oriental et l'Afghanistan. En 1040, Toughroul beg fut proclamé sultan des Seldjoukides, et tandis qu'il tournait son attention vers l'Ouest, son frère s'établit à Hérat, et l'un de ses fils, Kavourd, et ses descendants créèrent la dynastie seldjoukide du Kirman (vers 1051), qui gouverna ce pays jusqu'en 1222. Tchaghri beg mourut en 1060.

Les Grands Seldjoukides

Toughroul beg, après avoir envahi le Tabaristan, le Djurdjan et s'être emparé de Hamadan en 1046, fit de Rayy, en Iran du Nord, sa capitale ; ensuite Kazvin et Ispahan tombèrent, l'Iran occidental fut occupé. À plusieurs reprises, aux confins de la Géorgie, de l'Arménie et de l'Asie Mineure, Byzantins et avant-gardes seldjoukides s'étaient heurtés : en 1050, un accord fut conclu, mais sans lendemain. Par ailleurs, la plus grande partie de l'Irak et la Djéziré passèrent sous la domination seldjoukide et les chefs des provinces conquises durent reconnaître la suprématie politique de Toughroul beg (1054). Celui-ci, comme tous les Seldjoukides, avait embrassé l'islam sunnite : il apparut alors comme le défenseur de l'orthodoxie religieuse face à l'islam shī'ite des vizirs bouyides qui dominaient à Bagdad ; le calife abbasside al-Qa'im fit appel à Toughroul beg d'abord contre les Bouyides, puis un peu plus tard contre le général al-Basāsīrī, soutenu par les Fatimides shī'ites du Caire et qui cherchait à s'emparer du pouvoir (1055) ; le 17 décembre 1055, Toughroul beg entra à Bagdad après avoir vaincu Basāsīrī, et devint le protecteur du calife qui épousa une fille de Tchaghri beg ; le 25 janvier 1058, Toughroul beg fut proclamé « roi de l'Ouest et de l'Est » et sultan. En 1060, Basāsīrī reparut, le calife s'enfuit : Toughroul intervint à nouveau, triompha de Basāsīrī qui fut tué, et ramena le calife à Bagdad ; il épousa alors la fille de celui-ci, ce qui consacrait son autorité et son pouvoir ; mais il mourut peu après (4 sept. 1063).

Son neveu Alp Arslan lui succéda, non sans quelques difficultés, mais grâce à l'appui de l'armée il put assurer son pouvoir et rassembler autour de lui les différents éléments de la nombreuse famille seldjoukide ; un de ses premiers actes de sultan fut de nommer comme vizir Nizam al-Moulk, un Persan sunnite dont le rôle fut capital dans la mise sur pied d'une administration de l'État originale.

Dès février 1064, Alp Arslan occupa l'Arménie ; il ne s'agissait plus d'un raid, mais d'une véritable prise de possession ; en 1066 il était à Antioche et à Édesse, en 1067 à Césarée de Cappadoce (Kayseri), en 1069 à Konya, en 1070 à Alep. Contre les Turcs qui pénétraient en Asie Mineure, l'empereur byzantin Romain IV Diogène lança une grande armée en Arménie : Grecs et Seldjoukides se rencontrèrent le 26 août 1071 non loin du lac de Van, à Mantzikert (Malazgird) ; les Grecs furent écrasés, l'empereur fait prisonnier : libéré, il mourut peu après. Il n'existait plus alors de forces byzantines suffisantes pour s'opposer à l'entrée des Seldjoukides en Asie Mineure ; mais Alp Arslan ne chercha pas à profiter de sa victoire et s'intéressa surtout à la Syrie et à la Palestine, car il visait peut-être la conquête de l'Égypte.

Alp Arslan mourut en Transoxiane en novembre 1072 et son fils Malik shah lui succéda ; il s'empara de la Transoxiane, soumit le Kirman révolté (1079), dut ensuite combattre un de ses frères. À la fin de son règne, sa suzeraineté s'étendait de l'Asie Mineure au Turkestan, mais cette puissance s'effondra après sa mort (1092) qui suivit de peu celle de Nizam al-Moulk. L'Empire seldjoukide fut alors rapidement démembré et quatre États apparurent : celui des Seldjoukides d'Irak et du Khorassan, continuation des Grands Seldjoukides, dont l'existence fut marquée par d'âpres rivalités, notamment sous les règnes de Barkyarouk (1094-1104) et de Sandjar (1118-1157) qui fut la dernière grande figure de la dynastie (celle-ci s'éteignit en 1194) ; l'État seldjoukide du Kirman, auquel les princes Oghouz mirent fin en 1222 ; l'État des Seldjoukides de Syrie où des émirs établirent leur pouvoir sur Alep et Damas et durent lutter contre l'invasion des croisés (dans ces deux villes, l'autorité passa en 1117 à des émirs non seldjoukides) ; enfin les Seldjoukides d'Anatolie.

Les Seldjoukides d'Anatolie

La dynastie des Seldjoukides d'Anatolie (ou d'Asie Mineure, ou de Roum) fut la plus longue et la plus brillante de toutes les dynasties seldjoukides. Fondée vers 1081, elle ne disparut que dans les premières années du XIVe siècle, mais en fait elle avait perdu la plus grande partie de sa puissance depuis l'invasion mongole en Anatolie au milieu du XIIIe siècle. L'intérêt de cette dynastie réside aussi dans le fait qu'elle a favorisé, avec d'autres tribus, le peuplement turc de l'Asie Mineure au point que dès la fin du XIIe siècle des chroniqueurs occidentaux donnaient à ce pays le nom de *Turchia*.

La pénétration turque a été facilitée par la défaite des Byzantins à Mantzikert en 1071 et par les luttes des prétendants au trône du basileus qui, de 1071 à 1081, ont fait appel à des mercenaires turcs pour s'emparer du pouvoir. Lorsque, en 1081, Alexis Comnène l'emporta, il assura en même temps à Suleyman b. Koutloumoush, qui lui avait apporté son aide militaire, l'établissement des siens dans une zone s'étendant de Nicée à Konya, tandis que d'autres Turcs, les Danishmendides, s'installaient dans le triangle Amasya-Sivas-Kayseri. Suleyman sut s'attirer la sympathie de la population, mais dans les campagnes celle-ci était parfois aux prises avec des bandes turcomanes qui avaient accompagné vers l'ouest les migrations turques. Suleyman avait des vues sur l'Orient et s'était déclaré indépendant du sultan grand-seldjoukide, mais ses tentatives de pénétration en Syrie du Nord échouèrent et il y trouva la mort (1086) ; son embryon d'État connut alors une phase d'effacement. Les années suivantes furent marquées par la suprématie grandissante des Danishmendides, jusqu'au milieu du XIIe siècle, et par l'arrivée des croisés de la première croisade, qui, en 1097, triomphèrent des Turcs et les repoussèrent vers le plateau central, au bénéfice des Byzantins qui réoccupèrent l'Asie Mineure occidentale. Mais contre la seconde vague de croisés, en 1101, Seldjoukides et Danishmendides s'allièrent et interdirent tout passage à travers l'Anatolie ; il devait en être de même quarante ans plus tard pour la deuxième croisade.

Dans la seconde moitié du XIIe siècle, le Seldjoukide Kilidj-Arslan II a éliminé les Danishmendides et arrêté toute tentative de reconquête byzantine grâce à sa victoire de Myriokephalon (nov. 1176). Ainsi, peu à peu, s'est consolidé cet État seldjoukide dont la capitale Konya et qui dominait tout le plateau anatolien ; au début du XIIIe siècle, Kaykhosraw Ier, puis Kayka'ous Ier et enfin Kayqobad Ier l'ont conduit à son apogée territoriale et politique : de Sinope sur la mer Noire à Antalya et Alanya sur la Méditerranée, du rebord du plateau anatolien à l'ouest, au cœur de l'Arménie à l'est, le sultan seldjoukide est un souverain incontesté ; de plus, la paix qui s'est étendue sur l'Anatolie a favorisé les activités commerciales, et la prospérité a permis la construction d'importants édifices civils et religieux.

Mais, à la mort de Kayqobad (1237), des querelles intestines éclatèrent entre ses héritiers, puis une révolte à caractère social et religieux se répandit parmi les Turcomans, et enfin surgit le danger extérieur : les Mongols d'Iran pénétrèrent en Anatolie orientale ; à la bataille de Kösé Dagh (26 juin 1243), l'armée seldjoukide fut écrasée et dès lors le sultanat d'Anatolie connut une agonie de soixante ans ; tantôt uni, tantôt divisé, il subit la pression des Mongols contre lesquels un vizir, Mou'in ad-din Pervané, essaya un moment de reconstituer un État unifié et solide (1265-1277) ; son exécution sonna le glas du pouvoir seldjoukide, car les tribus turcomanes établies sur le pourtour du sultanat et les émirs locaux échappèrent alors au contrôle de celui-ci ; en dépit des efforts du sultan Kayqobad III (1298-1302) pour libérer l'Anatolie de l'emprise mongole, la dynastie seldjoukide de Roum s'éteignit avec Mas'oud III (1303). Il fallut près d'un siècle pour que l'Anatolie retrouve son unité, cette fois sous l'autorité des Ottomans.

L'administration seldjoukide

Les tout premiers sultans seldjoukides ont été les représentants d'une société essentiellement turque ; avec Malik shah, tout a changé : il a été le premier à ne pas porter un nom turc, et il a été l'artisan d'un début d'intégration des Turcs au monde musulman arabo-persan, même si des coutumes turques ont été conservées. Dans ce mouvement d'intégration, le rôle du vizir Nizam al-Moulk a été considérable : son *Siyasetnamé* (« Livre de la politique ») a jeté les bases de l'administration seldjoukide, répartissant les pouvoirs politiques, militaires, administratifs : le sultan disposait de la force armée, composée de Turcs, accessoirement de Turcomans et d'Arméniens ; le vizir dirigeait l'administration civile, sous le contrôle du sultan ; les fonctionnaires, Arabes ou Persans, étaient formés dans des *médressés*, établissements d'enseignement supérieur qui n'étaient peut-être pas d'origine turque, mais que les Seldjoukides ont transformés et rendus efficaces. Les Seldjoukides ont aussi créé la *shiḥna*, force de police urbaine, donné un grand essor au système de l'*iqṭā*', attribution de revenus fonciers qui permettaient aux émirs d'entretenir leurs troupes ; plus tard des *iqṭā*' ont été attribués à de hauts fonctionnaires en guise de traitement.

Sur le plan religieux, les Seldjoukides ont été des sunnites (musulmans orthodoxes) convaincus : s'ils ont exercé des violences, ce fut essentiellement contre les shī'ites (musulmans hétérodoxes) ; en revanche, ils se sont montrés remarquablement tolérants envers les chrétiens et les juifs. Les Occidentaux, qui alors ont mis au compte des Turcs les persécutions et les dommages subis par les chrétiens en Orient, ont fait confusion avec les persécutions exercées par les Fāṭimides en Palestine, en Syrie et en Égypte, et avec les ravages causés en Asie Mineure non par les Turcs, mais par la guerre civile grecque.

En Asie Mineure, les Seldjoukides ont utilisé le système administratif créé par leurs cousins d'Iran et d'Irak, en accentuant encore le rôle du sultan et de sa famille (les provinces furent gouvernées par les fils ou les frères du sultan), en mettant au point des impôts précis, en essayant de contrôler les tribus turcomanes et en leur assignant la tâche de protéger les frontières, notamment les frontières occidentales. À côté des Turcs et des Turcomans (semi-nomades) en nombre croissant aux XIIe et XIIIe siècles, il existait en Anatolie des paysans grecs et arméniens, des citadins grecs, arméniens et juifs ; les grands propriétaires et les hauts fonctionnaires byzantins ont fui, tandis que les gens de condition modeste demeuraient généralement sur place, surtout lorsqu'ils étaient de religion monophysite. Les villes ont vu cohabiter artisans et commerçants chrétiens ou juifs, fonctionnaires et militaires musulmans, sans qu'il y ait eu de heurts. Ces villes sont, surtout au XIIIe siècle, un témoignage de la prospérité du pays, et certaines d'entre elles (Konya, Kayseri, Sivas, Antalya) ont été d'actifs centres de commerce international. L'Anatolie est alors un lieu de transit pour le commerce oriental, et on en trouve la preuve dans les nombreux vestiges de caravansérails qui parsèment les routes anatoliennes.

La vie intellectuelle a été limitée à quelques centres dont le principal semble avoir été Kayseri, où fut fondée la première *médressé* d'Anatolie, ensuite Sivas, Malatya et Konya où le mystique Mevlana Djelal ed-din Roumī (dont les disciples ont créé par la suite la confrérie des derviches mévlévis ou derviches tourneurs) a connu une grande audience au XIIIe siècle. Le mysticisme, ou soufisme, a recruté alors un certain nombre d'adeptes, mais on peut se demander dans quelle mesure l'islam turc, même sunnite, est dégagé des souvenirs du chamanisme ancien et s'il n'a pas subi des influences hétérodoxes, voire chrétiennes.

L'activité artistique a été très grande, surtout l'architecture : les Turcs ont créé en Anatolie un art dont l'originalité est due à des raisons historiques (contacts avec les Iraniens, les Arabes, les Arméniens, les Byzantins) et géographiques (climat, montagnes) ; les premières mosquées connues sont de petites dimensions, mais avec l'accroissement de la puissance seldjoukide naît un art monumental tout à fait caractéristique : mosquées à Malatya, Konya, Sivas, Kayseri, médressés à Kayseri, Divrik, Sivas, tombeaux à Erzouroum, Konya, Nigdé, palais à Konya et Koubadabad. Ces monuments en brique ou en pierre sont décorés soit de sculptures sur pierre (motifs floraux ou géométriques, inscriptions coraniques), soit de faïences typiques, bleues, blanches et noires ; les portails sont en général très ornementés, les représentations figurées ne sont pas absentes.

Ces deux siècles d'histoire de l'Anatolie ont vu se développer la turquisation du pays au point que son caractère turc est devenu prédominant et si vigoureusement enraciné qu'il a pu résister à l'invasion et au protectorat des Mongols. Dès lors la Turquie était une réalité.

ROBERT MANTRAN

Bibliographie

W. Barthold, *Histoire des Turcs d'Asie centrale*, adapt. franç. M. Donskis, Paris, 1945 / C. Cahen, *La Syrie du Nord à l'époque des croisades*, Paris, 1940 ; *La Turquie préottomane* (*Pre-Ottoman Turkey*, Londres, 1968), Divit, Istambul, 1988 / *Cambridge History of Iran*, vol. V : *The Saljuq and Mongol Periods*, Cambridge Univ. Press, New York, 1991 / F. Chalandon, *Les Comnènes*, Paris, 1912 / A. Gabriel, *Monuments turcs d'Anatolie*, 2 t., Paris, 1931-1934 / R. Grousset, *Histoire des croisades et du royaume franc de Jérusalem*, 3 vol., Perrin, Paris, 1934-1936, rééd. 1991 / W. Heyd, *Histoire du commerce du Levant au Moyen Âge*, Leipzig, 1926 / C. L. Klausner, *The Seljuk Vezirate. A Study of Civil Administration, 1055-1194*, Cambridge, 1973 / M. F. Koprulu & G. Leiser, *The Seljuks of Anatolia*, Univ. of Utah Press, Salt Lake City, 1992 / J. Laurent, *Byzance et les Turcs seldjoukides*, Nancy, 1913 / R. Mantran, *L'Expansion musulmane : VIIe-XIe siècle*, P.U.F., Paris, 4e éd. rév. 1991 / G. A. Ostrogorskii, *Histoire de l'État byzantin*, Payot, Paris, 1977 / F. Sanaullah, *The Decline of the Saljuqid Empire*, Londres, 1938 / K. Setton & M. Baldwin dir., *A History of the Crusades*, 6 vol., Univ. of Wisconsin Press, Madison (Wis.), rééd. 1969-1990 / F. Taeschner, *Das Anatolische Wegenetz*, Leipzig, 1924 / O. Turan, « Le Droit terrien sous les Seldjoukides de Turquie », in *Revue des études islamiques*, 1948 ; « L'Islamisation dans la Turquie du Moyen Âge », in *Studia Islamica*, 1959 / S. Vryonis Jr., *Studies on Byzantium, Seljuks and Ottomans*, Undena Publ., Malibu (Calif.), rééd. 1981.

SÉNÉCHAL

Doyen des serviteurs du palais sous les deux premières dynasties et le plus important des grands officiers de la Couronne sous le règne des premiers Capétiens (avec le titre de *dapifer*), le sénéchal dirige l'hôtel du roi et l'administration du domaine ; c'est le chef effectif de l'armée et il a la haute main sur les prévôts. En réalité, le sénéchal a des pouvoirs comparables à ceux de l'ancien maire du palais : il peut donc devenir dangereux pour la dynastie. En 1191, Philippe Auguste ne pourvoit pas à la succession de Thibaut V, comte de Blois, dernier grand sénéchal, et laisse ainsi s'éteindre la fonction. Ce sont les baillis qui, désormais, vont assumer le contrôle des prévôts. Lorsque Philippe Auguste eut confisqué à Jean sans Terre les provinces qui relevaient de la Couronne anglaise, il trouva généralement à leur tête des sénéchaux dont certains, comme en Normandie, étaient de grands seigneurs dotés des pouvoirs d'un vice-roi. S'il supprime le sénéchalat de Normandie, le roi garde ceux d'Anjou, d'Aquitaine et de la plupart des provinces rattachées. Lorsque le Midi est annexé à son tour, de nouveaux sénéchaux sont mis en place dont les fonctions sont semblables à celles des baillis, mais dont l'indépendance est parfois plus grande en raison de l'éloignement et aussi du respect des anciennes et « bonnes coutumes ».

SOLANGE MARIN

SÉNÉCHAUSSÉES

→ BAILLIAGES & SÉNÉCHAUSSÉES

SERMENTS DE STRASBOURG

Au soir de la bataille de Fontenoy (juin 841), Lothaire, qui hérite légitimement de son père Louis le Pieux le vaste empire de Charlemagne, est en déroute. Il a été vaincu par son frère Louis le Germanique et par son demi-frère Charles le Chauve, alliés militairement. Pour l'Église, pour les clercs qui entourent les deux jeunes princes, cette victoire est un « jugement de Dieu ». Par la défaite de l'héritier légitime et unique, la volonté divine a voulu marquer qu'un seul homme ne doit plus régner sur un si grand territoire. L'idée d'empire, très personnelle du temps de Charlemagne (au point que celui-ci souhaitait que fussent partagées, à sa mort, les terres qu'il avait conquises), s'était maintenue de par la mort des fils de Charlemagne, sauf un, Louis le Pieux ; elle s'était renforcée avec Lothaire, qui entendait bien régner seul sur l'Empire. La bataille de Fontenoy a montré qu'il convient de revenir à l'idée de partage. Mais pour cela il faut que Charles et Louis, que lient seulement les armes, passent un véritable accord politique, traité d'alliance entre deux rois dès lors égaux (ce sont les *Serments* prononcés à Strasbourg, le 14 février 842) ; il importe ensuite que, se partageant l'Empire (et en laissant une part à Lothaire), ils se reconnaissent des territoires (traité de Verdun, 843). Devant les difficultés à partager des terres dissemblables, on finit par choisir le critère linguistique : Charles obtient la partie francophone, Louis le domaine germanophone de l'Empire. C'est donc la langue qui signifie le partage : elle est le nouveau signe du politique. Les *Serments* sont prêtés en langues vulgaires, ancêtres respectifs du français et de l'allemand. Et comme il s'agit de se reconnaître des territoires, Louis jure dans la langue du royaume attribué à Charles (donc, en français), et Charles dans la langue du royaume attribué à Louis (donc, en allemand). Puis les troupes de chacun prêtent serment dans leur propre langue. Ces quatre *Serments* (deux en roman : Louis et les officiers de Charles ; deux en germanique : Charles et les officiers de Louis) adaptent en langue vulgaire les formules qu'utilise le latin juridique des chancelleries : « *Pro Deo amur et pro christian poblo et nostro commun salvament, d'ist di en avant, in quant Deus savir et podir me dunat, si salvarai eo cist meon fradre Karlo* [...]. » Ils n'ont toutefois pas été conservés par quelque document diplomatique, minute de ce qui fut prononcé, mais par une œuvre littéraire. En effet, au premier rang des intellectuels qui guidèrent cette opération politique figure Nithard. Petit-fils de Charlemagne, et donc cousin des princes, c'est à la fois un lettré et un guerrier ; proche conseiller de Charles, il rédige en latin, à sa demande et dans le feu de l'action, une *Histoire des fils de Louis le Pieux*, qui explique et justifie les événements comme les décisions. Afin de signifier dans son texte, et par son texte même, cette nouvelle alliance, Nithard utilise l'échange linguistique et reproduit les *Serments* dans les deux langues vulgaires. L'écriture était jusque-là entièrement latine. Par le geste de Nithard (miraculeusement conservés, les *Serments* ne se lisent que dans un manuscrit de son *Histoire*), le français accède à l'écrit, et c'est la première langue romane à le faire.

BERNARD CERQUIGLINI

SERVAGE

Dans l'Europe féodale, le servage apparaît comme une adaptation de l'esclavage aux exigences d'une morale nouvelle, à l'effacement des institutions de droit public, au renforcement de l'aristocratie, et surtout aux nécessités d'une économie privée de moyens techniques, où le travail humain demeure un facteur fondamental de la production, mais où les profits de la guerre de pillage tiennent moins de place que naguère. Il situe une large portion de la population travailleuse dans une dépendance héréditaire à l'égard des maîtres du sol. Il met à la disposition de ceux-ci d'importantes réserves de main-d'œuvre. Toutefois, il tient le serf pour une personne. Il lui laisse une certaine part d'initiative économique et le place en situation d'élever ses enfants, brisant ainsi les obstacles que l'extension de la servitude opposait à l'essor démographique. Le passage de l'esclavage au servage entre le VIIIe et le XIe siècle est l'un des facteurs de la croissance économique de l'Occident. La poursuite de cette croissance et les progrès qu'elle entraîna conduisirent le servage à se résorber. Dans l'Europe de l'Ouest, il n'en subsistait que des vestiges à la fin du Moyen Âge. En revanche, dans l'Europe de l'Est, un nouveau servage s'est, à ce moment, solidement constitué pour demeurer jusqu'à une époque récente l'une des bases des structures économiques et sociales.

De l'esclavage au servage

En français, le mot « servage » provient d'un terme du langage populaire médiéval, le mot « serf », lequel dérive lui-même du latin *servus* qui, dans l'Antiquité classique, désignait proprement l'esclave. L'étymologie traduit effectivement la réalité d'une évolution sociale : dans les sociétés de l'Europe occidentale, le servage s'est lentement substitué à l'esclavage entre le VIIIe et le XIe siècle.

Dans la civilisation répandue par Rome parmi les provinces qu'elle avait conquises, aussi bien que dans celles des peuples indigènes soumis ou des tribus germaniques qui envahirent l'Empire au début du Moyen Âge, une distinction juridique fondamentale séparait les hommes en deux catégories : les libres et les esclaves.

Les premiers relevaient de la loi et des institutions publiques. Les seconds étaient la propriété privée d'un maître. Démunis de tout droit, ils apparaissaient comme des outils vivants dont le possesseur pouvait se servir à sa guise jusqu'à ce qu'ils devinssent hors d'usage. Ce n'étaient pas des personnes, mais des biens mobiliers, au même titre que les animaux domestiques ; ils étaient, de fait, traités comme ceux-ci. À la ville et dans les campagnes, dans les ateliers, sur les navires, aux champs, les esclaves des deux sexes exclus du peuple figuraient parmi les instruments de production.

Lorsque se désagrège l'Empire romain, un lent processus se met en marche en Europe occidentale, qui conduit à la disparition de l'esclavage. La diffusion du christianisme ne fut pas sans contribuer à cette évolution. La religion nouvelle proposait en effet comme un acte de piété l'affranchissement des esclaves ; elle proclamait – et c'est là que réside sans doute l'essentiel de son intervention – que tous les êtres humains ont une âme et sont égaux devant Dieu, qu'ils sont par conséquent soumis aux mêmes règles morales ;

elle fit ainsi peu à peu admettre que les esclaves étaient eux aussi des personnes, et reconnaître, modification capitale, qu'ils détenaient certains droits, notamment des droits familiaux. Toutefois, le christianisme n'a pas attaqué de front l'esclavage : il ne le condamnait pas explicitement, car il ne se souciait pas de changer les structures de la société terrestre, pour lui négligeables. La résorption de l'esclavage et ses transformations internes furent en fait déterminées par de nouvelles conditions économiques. L'« élevage » de l'homme est long et difficile : les troupes serviles se reproduisaient mal ; la vitalité de l'esclavage dépendait ainsi du marché ; celui-ci, à Rome et dans les tribus germaniques, avait été abondamment alimenté par les guerres et les expéditions de pillage.

Or, à partir du ve siècle, tandis que les préceptes ecclésiastiques venaient interdire de réduire un chrétien en esclavage et que s'apaisaient peu à peu au sein de la Chrétienté les guerres tribales, l'Occident cessa d'être conquérant. On continuait de razzier les hommes et les femmes aux confins, dans les populations encore païennes. Mais le butin tendait à diminuer, le bétail humain se faisait rare et cher. Il le devenait d'autant plus, à partir du VIIIe siècle, que les trafiquants d'esclaves devaient répondre à la demande accrue qui venait des pays méditerranéens riches islamisés ; la plupart des captifs, saisis sur les rives de la mer du Nord ou dans les pays slaves, étaient conduits en bande par la vallée du Rhône vers l'Espagne musulmane ou, par les passes alpestres, vers Venise d'où ils étaient transportés par mer en Égypte ou vers le Levant. Il devint de plus en plus difficile aux maîtres de reconstituer périodiquement le cheptel humain dont l'activité productrice soutenait l'économie de leur maison.

Or, la longue présence de l'esclavage avait maintenu à un très bas niveau les techniques de production ; la raréfaction de la main-d'œuvre servile conduisit à les perfectionner, et c'est là l'origine, sans doute, de la diffusion des inventions médiévales ; mais celle-ci, dans une société agraire et très fruste, fut fort lente. L'indigence de la circulation monétaire interdisait d'autre part de substituer au travail gratuit de l'esclave celui des salariés. Le remède fut trouvé dans une modification radicale de la situation économique des non-libres. Les larges équipes serviles qui peinaient jadis sur les grands domaines se désagrégèrent peu à peu et leurs membres furent installés par couples dans des exploitations agricoles autonomes, dans des foyers. Ce « casement », comme dit le vocabulaire de l'époque, déjà largement réalisé dans la Gaule du VIIIe siècle, conduisit à réduire la taille des latifundia. Il obligea le maître à laisser aux esclaves la libre disposition d'une portion de leur travail : les non-libres durent en effet cultiver le lopin qui leur était attribué, pour en tirer leur subsistance et la matière de certaines redevances qu'ils portaient à leur maître ; dans la maison de leur propriétaire, ils ne furent plus que des travailleurs à mi-temps. Mais ils élevèrent eux-mêmes leurs enfants dans le ménage où ils étaient établis, pépinière d'esclaves où le maître put puiser selon ses besoins une main-d'œuvre domestique : ainsi se trouva résolu le problème du renouvellement de la population servile. Le casement cependant modifia fondamentalement les rapports entre le *servus* et celui auquel il appartenait. L'esclave acquit à la fois la reconnaissance effective de ses droits familiaux et une part d'indépendance économique ; il put organiser librement le temps qui lui était laissé, écouler les surplus de sa production, constituer un pécule. Insensiblement, et sans que le changement eût été formellement sanctionné par une modification du vocabulaire et des règles juridiques, il devint un « serf ».

Le servage dans la société féodale

Les résidus de l'esclavage

Les serfs du XIe ou du XIIe siècle sont donc, pour une part, les descendants des esclaves du haut Moyen Âge, et leur statut prolonge directement celui de leurs ancêtres. Ce statut se caractérise d'abord par l'absence de liberté. Le serf demeure exclu du « peuple » ; les institutions publiques l'ignorent ; il ne paraît pas à l'armée ; son maître est responsable de ses actes devant les tribunaux, et en revanche le châtie à sa guise ; il ne peut prêter serment, et l'entrée dans l'Église lui est refusée. Une cérémonie rituelle, l'affranchissement, est nécessaire pour le délivrer de ces incapacités et le faire entrer dans la société des hommes libres. D'autre part, le servage implique une étroite dépendance personnelle. Le serf ne s'appartient pas ; il est la propriété d'un autre homme qui l'achète, le vend ou le lègue. Cette dépendance est héréditaire ; elle se transmet par la mère, survivance prolongée de l'époque où le mariage de l'esclave n'était pas reconnu et où la progéniture éventuelle de la femme non libre, tout comme celle d'une brebis ou d'une jument, appartenait naturellement au propriétaire de celle-ci ; le maître dispose donc à sa guise des enfants de la serve. Cette dépendance rend les serfs objets d'une exploitation qui revêt diverses formes. Elle les astreint, envers le possesseur de leur corps, à un service gratuit. Lorsqu'ils sont casés et jouissent ainsi d'une certaine autonomie de production, ils supportent des charges particulières. Si la dispersion du domaine ou le hasard des migrations autorisées par le propriétaire font qu'ils se trouvent assez éloignés de celui-ci pour que le lien qui les attache à lui risque de se distendre peu à peu et de finalement se rompre, ils doivent chaque année, à date fixe, acquitter une taxe personnelle, le *chevage*, apporter à leur maître en un lieu précis une petite pièce de monnaie, et par ce don reconnaître leur dépendance. S'ils sont parvenus à accumuler une épargne, elle appartient non pas à eux, mais à leur maître ; celui-ci en est le premier héritier ; sur la succession il prélève sa part, la *mainmorte*, soit qu'il la recueille tout entière lorsque le défunt ne laisse ni fils ni fille, soit qu'à chaque décès il vienne choisir dans la maison les meilleurs biens meubles. Enfin, si le serf veut se marier en dehors du groupe des dépendants de son propriétaire, lequel risque ainsi de voir abrogés ses droits sur la descendance, il lui faut payer – et souvent fort cher – la taxe de *formariage*.

Ce pouvoir d'exploitation n'est pourtant pas illimité, comme celui qui pesait sur l'esclave du très haut Moyen Âge. Il est à la fois restreint par les impératifs de la morale chrétienne, qui lentement s'imposent à la conscience collective et empêchent de traiter tout à fait le serf comme une bête, et par la coutume, cet ensemble de règles non écrites qui régit la vie de la seigneurie et du village, qui fixe le montant des prestations, l'ampleur des ponctions que le maître peut opérer sur le travail servile, et en fonction de laquelle la cour privée où sont jugés les serfs rend ses arrêts. D'autre part, l'évolution des institutions politiques, qui, entre le IXe et le XIIe siècle, conduit à l'établissement de la féodalité, ruine peu à peu l'ancienne notion de liberté et du même coup celle de servitude ; elle effrite au sein de la paysannerie et dans le petit peuple des bourgeois l'abrupte barrière juridique qui séparait jadis l'esclave de l'ingénu né libre ; elle fait peu à peu s'effacer les incapacités qui frappaient le serf. De fait, si le terme « serf » demeure bien vivant dans la langue vulgaire, le mot *servus*, dont il dérive, cesse entre le xe et le xiie siècle, dans la plupart des provinces d'Europe, d'être employé par les spécialistes du droit ; ceux-ci sentaient bien que ce vocable était devenu trop fort pour exprimer la situation réelle de ces dépendants.

L'élargissement du servage

Tandis que s'estompait, avec l'affaissement des institutions publiques (plus précoce en France, plus tardive en Allemagne), l'antique opposition entre liberté et servitude, le groupe des serfs, dont les contours devenaient plus flous, se gonflait d'un apport considérable ; il tendit au cours des xie et xiie siècles à englober et à confondre avec les descendants d'esclaves des hommes et des femmes d'ascendance libre qui se trouvaient enserrés, à l'égard d'un patron, dans une dépendance de nature analogue. Ces gens, que les juristes hésitèrent à nommer *servi* et qu'ils désignaient comme les « hommes » d'un maître, parfois plus nettement comme ses « hommes de corps », étaient nombreux au terme d'un mouvement déjà très vif à l'époque carolingienne et qui portait une foule d'êtres en quête d'une protection à se « recommander », à se donner à un plus puissant. Des motifs religieux avaient poussé nombre d'entre eux, qui s'étaient asservis à un saint, c'est-à-dire au monastère qui en vénérait les reliques, dans l'espoir de bénéficier devant le tribunal céleste d'un appui efficace dans l'au-delà. La plupart avaient dû renoncer à leur indépendance sous la pression inexorable de la seigneurie locale ou, contraints par la misère, pour recevoir une aide économique, un secours temporaire ou la concession d'une terre. À ce niveau de la société, la dédition de soi-même engendrait pour ces individus qui, en principe, demeuraient libres, « francs », et continuaient de relever de la justice publique, une aliénation très profonde. Eux aussi acceptaient de servir ; eux aussi devenaient un objet d'appropriation, d'achat, de vente, d'échange ; et cette dépendance se transmettait à leur descendance (mais pour eux, en ligne paternelle, car ils étaient tenus pour libres). Elle impliquait la soumission à des taxes analogues à celles qu'acquittaient les descendants d'esclaves : le chevage, la mainmorte, le formariage. La privatisation progressive des organes judiciaires fit juger par la même cour seigneuriale les *servi* et les travailleurs libres dépendants, que l'évolution des institutions militaires excluait depuis longtemps des armées. La souplesse des règles coutumières acheva l'amalgame. Le langage courant, les usages, la conscience collective réunirent dans une catégorie juridique homogène tous les « hommes » attachés à un maître par un lien héréditaire, placés sous sa protection et sa justice, astreints de ce fait à des corvées et à des prestations spécifiques. Ces gens constituaient, au xiie siècle, une part de la population très variable selon les régions et même d'un village à l'autre, mais souvent considérable. Le servage, par les formes d'exploitation qu'il autorisait, par la réserve de main-d'œuvre gratuite qu'il plaçait à la disposition des maîtres de la terre, apparaît comme une des bases de l'économie seigneuriale. Parce que, à l'inverse de l'esclavage, il ne privait pas l'individu de toute initiative économique et ne freinait pas l'expansion démographique, on peut penser qu'il fut un facteur de croissance. Certains serfs, ceux que leur maître, croyant les tenir solidement en main, chargeait d'administrer ses biens, ont alors compté parmi les plus actifs agents du dynamisme économique ; ils firent la fortune de leur maître, mais en même temps leur propre fortune, qui éleva beaucoup d'entre eux au niveau des chevaliers et leur permit de se glisser dans la noblesse.

Les destinées du servage

Le servage représentait cependant une rude entrave, dont on rêvait de se dégager, surtout parce qu'elle limitait la liberté d'entreprise et faisait obstacle à l'accumulation du capital (cela fut ressenti plus vivement et plus tôt dans les villes en expansion, peuplées de paysans immigrés dont beaucoup étaient d'origine servile). Le servage était aussi perçu comme une « macule » humiliante, par les gestes auxquels il obligeait et par la ségrégation qu'il maintenait au sein de la société. Les serfs aspirèrent donc à la liberté. Beaucoup la gagnèrent subrepticement, par l'émigration vers les villes ou les chantiers de défrichement, en s'éloignant suffisamment de leur maître (malgré les accords d'« entrecours » par lesquels les seigneurs s'engageaient à se livrer mutuellement leurs serfs fugitifs), pour se dire libres et se faire reconnaître comme tels. D'autres, de plus en plus nombreux depuis la fin du XIIe siècle, profitèrent de la négligence des maîtres, lorsque l'animation de la circulation monétaire et les possibilités d'embauche qu'elle ouvrait firent préférer le salariat au travail gratuit naturellement peu productif. Beaucoup de serfs, enfin, devinrent assez riches pour acheter leur « franchise », soit individuellement, soit, plus souvent, dans le cadre de l'association urbaine ou de la communauté villageoise : c'est ainsi que, du temps de Saint Louis, la plupart des ruraux de la région parisienne parvinrent à s'affranchir. Un changement profond des structures économiques tendait à faire disparaître le servage. Au cours du XIIe siècle, le surpeuplement des campagnes européennes le maintint cependant vigoureusement dans beaucoup de provinces : dans certaines régions d'Angleterre, la sujétion de ceux qui s'appelaient ici les « vilains » s'aggrava. Mais le servage tendit alors à devenir la condition des paysans pauvres, de ceux que la misère forçait à l'accepter. Au XIVe et au XVe siècle, les vagues de mortalité, les tumultes, les mouvements de population qui en résultèrent, les difficultés des seigneurs et les nécessités de la reconstruction des campagnes réduisirent à presque rien le nombre des serfs en Europe occidentale. Le servage n'était plus en France qu'un vestige dérisoire lorsque la Révolution l'abolit. Cependant, à l'est de l'Europe, en Prusse, en Hongrie, en Roumanie, dans les pays slaves, des conditions politiques différentes portèrent l'État, depuis la fin du Moyen Âge, à remettre aux grands propriétaires fonciers le pouvoir sur les paysans, en attachant ceux-ci à la glèbe. Ainsi naquit un nouveau servage, qui caractérisa à l'époque moderne la société de ces régions et constitua l'un des soutiens de leur économie. Fort comparable à celui qu'avait connu l'Occident féodal, il y conserva toute sa vigueur jusqu'au XIXe siècle, voire, ici et là, jusqu'aux premières décennies du XXe.

GEORGES DUBY

Bibliographie

M. BLOCH, *La Société féodale*, Paris, 1940 / R. BOUTRUCHE, *Seigneurie et féodalité*, t. I, Paris, 1959, 2e éd. 1968, t. II, Paris, 1970 / *The Cambridge Economic History of Europe*, t. I : dir. M. M. Postan,

The Agrarian Life of the Middle Ages, 2e éd., Londres, 1966 / G. DUBY, *L'Économie rurale et la vie des campagnes dans l'Occident médiéval*, Paris, 1962 / R. FOSSIER, *Histoire sociale de l'Occident médiéval*, Paris, 1970 / F. LÜTGE, *Deutsche Sozial- und Wirtschaftsgeschichte*, Berlin, 1960 / *Recueils de la Société Jean Bodin*, vol. II : *Le Servage*, Bruxelles, 1959 / L. VERRIEST, *Institutions médiévales*, Mons et Frameries (Belgique), 1946.

SHERIFF

Fonctionnaire royal en Angleterre, dans les territoires dépendants et en Écosse. La fonction existe dès l'époque anglo-saxonne et a été étendue, après la conquête, dans toute l'Angleterre ; elle est ensuite créée en Irlande et au Pays de Galles et imitée à la fin du XIIe siècle en Écosse, où elle prend un caractère héréditaire. Le mot dérive de *reeve* (fonctionnaire royal saxon) et de *shire*, circonscription territoriale analogue au comté. Le sheriff (qui, passé dans la langue française, a donné shérif) a été un très haut personnage aux XIe et XIIe siècles surtout : il est alors investi des pouvoirs judiciaires, militaires et fiscaux dans les comtés ; il les exerce souvent sa vie durant et doit simplement rendre compte de l'administration des revenus du domaine devant la cour de l'Échiquier. Le déclin s'amorce, en Angleterre, avec la grande enquête de 1170, marquée par la destitution de tous les sheriffs, leur remplacement par des hommes de moindre importance sociale et la punition de nombreux actes de concussion. Le développement de nouvelles cours royales aux XIIe et XIIIe siècles, la nomination aux XIVe et XVe siècles, et surtout à partir du XVIe, de « gardiens » ou « juges de paix » dans les comtés, l'institution sous Marie Tudor de lords-lieutenants investis des pouvoirs militaires vident peu à peu la fonction de sa réalité. Subsistent plus longtemps des responsabilités de police (dont la supervision des prisons), l'exécution des sentences criminelles, l'administration du domaine royal, la transmission des décrets électoraux et la tenue des élections, un ensemble d'honneurs. Nombre de bourgs obtiennent de nommer eux-mêmes les responsables de ces secteurs et la Cité de Londres choisit son sheriff depuis le règne d'Henri Ier (1100-1135). Aussi bien en Angleterre qu'en Écosse, où ils ont conservé plus longtemps d'importantes responsabilités, les sheriffs ont délégué l'exercice de leurs pouvoirs à des subordonnés, cela de façon obligatoire en Angleterre dès le règne de Guillaume IV et en Écosse en 1877.

ROLAND MARX

SICILE

La Sicile conserve, au très haut Moyen Âge, la situation particulière qu'elle occupait dans l'Empire romain ; épargnée par l'invasion lombarde, elle est occupée pendant plus de deux siècles et demi par les musulmans d'Afrique. Avec l'arrivée des Normands au XIe siècle, c'est le Midi continental, de plus en plus distinct du reste de la péninsule, qui entreprend la conquête de l'île, d'où un ensemble territorial plus ou moins unifié, et nettement séparé de l'Italie septentrionale et centrale. Bien que les deux régions, Sicile et Midi italien, ne se ressemblent guère, bien que les hasards politiques tantôt les unissent et tantôt les séparent (les « Deux-Siciles »), on ne peut historiquement les séparer : le nom même de Sicile, que chacune revendique, les rend solidaires. Et, malgré les différences, un sort commun donne à leur histoire, à partir du XIe siècle, des courbes parallèles : profondément marqués par l'occupation orientale (musulmane dans l'île, grecque sur le continent), ces pays, prospères et remarquablement administrés au XIIe siècle, connaissent à l'époque moderne une longue décadence.

L'unification normande

C'est probablement en 999, à Salerne, que des chevaliers normands apparaissent en Italie méridionale. Mais il faut attendre 1016 pour que d'autres Normands, recrutés par le pape et les princes lombards, participent aux luttes de Melo contre les Byzantins. Ce sont de jeunes chevaliers, fuyant la justice ducale, attirés par l'amour de la guerre et l'appât du gain ; l'afflux, faible numériquement, continue jusqu'à la fin du XIe siècle. Vers 1030, le duc de Naples cède à l'une de ces bandes le comté d'Aversa, origine de la principauté normande de Capoue. Vers 1040, un nouveau contingent s'installe à Melfi, à la frontière de la Pouille. Il s'organise sous l'autorité des fils de Tancrède de Hauteville, s'étend aux dépens des Grecs et, après avoir battu le pape en 1053 à Civitate, lui promet fidélité. Ainsi reconnus, les Normands conquièrent la Pouille et la Calabre. Le duc Robert Guiscard, fils de Tancrède de Hauteville, s'empare de Bari en 1071. Parallèlement, son frère Roger entreprend la conquête de la Sicile : Palerme tombe en 1072 et, vingt ans plus tard, l'île tout entière est normande. Robert Guiscard, protecteur de Grégoire VII dans sa lutte contre l'empereur, meurt en 1085 en tentant de s'emparer de l'Empire byzantin.

Les Normands ont ainsi constitué, d'une part, la principauté de Capoue, d'autre part, le duché de Pouille, dont le comté de Sicile est vassal. En fait, aux territoires continentaux, où duc et prince doivent tenir compte d'une aristocratie turbulente et parfois puissante, s'oppose la Sicile où le grand comte Roger Ier tient bien en main une féodalité peu nombreuse qu'il a lui-même instituée, et favorise l'immigration de Grecs de Calabre et de Lombards d'Italie du Nord pour faire pièce à l'élément musulman ; nommé vice-légat par Urbain II, il recrée dans l'île un réseau épiscopal. Aussi les ducs successeurs de Robert Guiscard ne maintiennent-ils une timide autorité que grâce au soutien de leurs puissants vassaux siciliens Roger Ier († 1101) et Roger II ; celui-ci s'empare du titre ducal à la mort du duc Guillaume (1127) ; il reçoit de plus l'hommage du prince de Capoue et la soumission de Naples. Il obtient en 1130 de l'antipape Anaclet II le titre royal : pour la première fois, Midi et Sicile sont fondus en un ensemble unique, qui s'étend des Abruzzes à Malte, et occupe même un moment la côte africaine de Tripoli à la Kabylie. Roger II, roi féodal (1130-1154), s'entoure cependant de Grecs et, après l'assemblée d'Ariano (1140) où sont promulguées les premières assises (lois générales), fait respecter son autorité en envoyant sur le continent des agents royaux, justiciers et chambriers. Guillaume Ier (1154-1166) et son grand émir Maion de Bari (jusqu'en 1160) suscitent des révoltes en pratiquant un absolutisme bureaucratique ; Guillaume II (1166-1189) rétablit l'autorité royale et parfait la pyramide des agents royaux. Car le royaume, féodal dans son principe, échappe largement au réseau des fiefs. Le roi gouverne grâce à une cour qui rassemble ses vassaux, mais aussi des hommes politiques et des techniciens, surtout grecs au début, puis lombards, arabes, et même anglais. Jusqu'en 1160, le principal ministre est l'émir des émirs ; ensuite, le chancelier, qui dirige un service trilingue (latin, grec et arabe), est souvent le premier des archontes (conseillers). La douane (*dīwān*) financière, aux services complexes, entretient le cadastre ; elle est peuplée de caïds arabes, dirigés par des archontes grecs. Localement, les maîtres justiciers (vice-rois sur le continent), les justiciers, connétables et chambriers transmettent les ordres royaux aux bailes et aux stratèges, catépans, vicomtes des villes.

Le royaume connaît une grande prospérité : le roi, l'Église richement dotée par les Normands, les seigneurs, les villes étendent les cultures ; les relations avec l'Orient sont favorisées par les croisades : le XIIe siècle est probablement l'âge d'or de cette région, que la royauté organise sans encore l'écraser ; cet essor est cependant moins vigoureux qu'en Italie du Nord. À la mort de Guillaume II, le parti national (Tancrède de Lecce) est vaincu (1194) par les armées germaniques de l'empereur Henri VI, marié à Constance, fille de Roger II. Leur fils Frédéric II de Hohenstaufen (1194-1250), animé par l'idéal impérial qu'ont ressuscité les juristes du XIIe siècle, à la fois empereur, roi de Sicile et roi de Jérusalem, est l'une des personnalités marquantes du XIIIe siècle. Le royaume, lié à l'Empire, subit les contrecoups de toute la politique occidentale. Innocent III, tuteur du jeune roi, fait régner en Sicile un ordre sans cesse troublé par les Allemands et les musulmans. Après 1208, Frédéric II, majeur, fait du royaume la base de ses aspirations universalistes. À partir de 1220, il peut organiser ce royaume (où il passe la plus grande partie de sa vie), reprendre en main les châteaux, réviser les privilèges, mater les musulmans de la Sicile occidentale (dont une partie est envoyée à Lucera), créer en 1224 l'université de Naples qui doit former ses agents. Obligé par Grégoire IX de partir en croisade en 1228, il promulgue à son retour les Constitutions de Melfi qui réforment le royaume. Mais sa volonté de dominer toute l'Italie (il centralise toute son administration en Italie du Nord), son attitude jugée peu orthodoxe lui aliènent les papes Grégoire IX, qui l'excommunie, puis Innocent IV, qui le dépose. Il meurt en 1250 en Pouille. Au nom de son fils Conrad, c'est son bâtard Manfred qui gouverne le royaume, avant de devenir roi (1258-1266) ; marié à la fille du despote d'Épire, il construit en Pouille le port de Manfredonia et soutient les Gibelins de Toscane. Mais le pape, après avoir longtemps cherché, trouve un champion du guelfisme en Charles d'Anjou, frère de Saint Louis et comte de Provence. Avec l'appui des banques florentines, il s'assure du Piémont et de la Toscane, devient sénateur de Rome et tue Manfred à Bénévent (févr. 1266) ; le dernier prétendant Hohenstaufen, Conradin, est battu à Tagliacozzo (1268) et exécuté à Naples : la grande politique italienne de Frédéric II n'a abouti qu'à la victoire guelfe dans toute la péninsule et à la séparation définitive du royaume et de l'Empire.

Il ne semble pas que le gouvernement de l'empereur, qui réside en Pouille plus qu'en Sicile, ait été, au total, favorable au pays : les luttes des factions, la pression financière des guerres, la probable stagnation économique dans un cadre étroitement réglementé l'emportent sur les bienfaits d'une stricte administration appuyée sur l'idéal romain.

Angevins et Aragonais : la scission du royaume

Le roi angevin, qui distribue de nombreux fiefs à des Français, accentue la pression fiscale et s'établit à Naples ; il mécontente les Siciliens, remuants depuis la mort de Frédéric II. Le 31 mars 1282, à Palerme, un incident entraîne le massacre des Français : ce sont les « Vêpres siciliennes » ; la révolte gagne toute l'île, villes et villages se donnent des conseils : l'autonomie locale, soutenue par l'aristocratie, triomphe de la centralisation. Jean de Procida, ancien chancelier de Mandred, fait venir Pierre III d'Aragon, gendre de Manfred, qui, avec l'aide des villes gibelines, s'empare de l'île. En 1296, la Sicile, séparée de la couronne d'Aragon, passe à son second fils, Frédéric. Le traité de Caltabellotta (1302) lui donne le titre de roi de Trinacrie (le royaume angevin continental gardant le nom de Sicile). Les deux pays sont durablement séparés.

À la fin du XIIIe siècle, le royaume angevin paraît être encore un État fort : si Charles Ier ne peut reconquérir la Sicile (Charles II y est prisonnier à son avènement), il reprend la politique d'expansion de ses prédécesseurs ; sa puissance au Piémont et en Toscane ne dure guère, mais il favorise la croisade de Tunis (1270) et contracte des alliances matrimoniales avec plusieurs familles franques d'Orient (Jérusalem, Achaïe) et avec la dynastie hongroise. D'où, après la mort du roi Robert (1309-1343), protecteur de Boccace et de Giotto, à qui succède sa petite-fille Jeanne Ire, d'interminables luttes entre les branches angevines de Hongrie, de Tarente, de Durazzo : Jeanne épouse André de Hongrie, assassiné en 1347, puis Louis de Tarente, avec qui elle doit fuir devant l'invasion hongroise au moment de la peste noire (1348). À la fin de sa vie orageuse, Jeanne choisit comme successeur Louis d'Anjou, frère de Charles V de France, contre Charles de Durazzo, dont le fils Ladislas est cependant le dernier grand roi de Naples. Ses guerres contre le souverain français Louis II se greffent sur les luttes de la fin du Grand Schisme ; sa politique italienne (il prend Rome en 1404 et 1413) et hongroise, sa brutalité envers l'aristocratie rappellent Frédéric II. Le règne de Jeanne II (1414-1435) n'est qu'une longue suite de mêlées confuses. En 1442, Alphonse d'Aragon s'empare de Naples ; les deux Siciles sont toutes deux dominées par les Espagnols.

La stricte administration des premiers Angevins et la réaction monarchique de Ladislas n'empêchent pas l'aristocratie de se multiplier et d'étouffer les autres catégories sociales. Le dirigisme économique, hérité des Hohenstaufen, s'exerce de plus en plus au profit des puissances commerciales de l'Italie du Nord, qui font du royaume une colonie dont l'économie vise à leur fournir blé et bétail (le Tavoliere devient une région d'élevage transhumant).

La Trinacrie aragonaise, en guerre endémique contre la « Sicile » napolitaine, accuse une décadence encore plus profonde, qu'aggrave le repli politique de l'île (dont souffre surtout Messine). Au milieu du XIVe siècle, l'île, déjà dépeuplée et atteinte par la peste noire, se dissout entre les factions rivales de la noblesse, renforcées par la guerre, qui se partagent le Parlement comme le pays : pendant la minorité de la reine Marie (après 1377), quatre « vicaires » administrent l'île. En

1409, la Sicile passe sous le gouvernement direct du roi Martin d'Aragon ; à partir de 1415, elle est gouvernée par des vice-rois. Les Aragonais, bien acceptés par les Siciliens qui ont fait appel à eux, considèrent l'île comme un élément de leur empire méditerranéen. Ils donnent à l'aristocratie locale et catalane des privilèges exorbitants qui annihilent toute possibilité de réforme, sans empêcher des révoltes locales (1516, 1517, 1523). La principale activité économique est l'exportation du blé en Espagne et en Afrique du Nord ; les cités marchandes (Messine, Palerme, Trapani, Catane) dépendent largement de commerçants étrangers.

JEAN-MARIE MARTIN

Bibliographie

J. Bayet, *La Sicile grecque*, Paris, 1930 / J. Bérard, *L'Expansion et la colonisation grecques*, Paris, 1960 / M. Caravale, *Il Regno normanno di Sicilia*, Milan, 1966 / B. Croce, *Storia del regno di Napoli*, Bari, 1925 / T. J. Dunbabin, *The Western Greeks*, Oxford, 1948 / J. Gay, *L'Italie méridionale et l'Empire byzantin depuis l'avènement de Basile Ier jusqu'à la prise de Bari par les Normands (867-1071)*, Paris, 1904 / J. Huré, *Histoire de la Sicile*, Que sais-je ?, P.U.F., Paris, 3e éd. rev. 1975 / E.-G. Léonard, *Les Angevins de Naples*, Paris, 1954 / P. Lévêque, *Nous partons pour la Sicile*, P.U.F., 4e éd. rev. 1989 / D. Mack Smith, *A History of Sicily*, 2 vol., Londres, 1968 / G. Masson, *Frédéric II de Hohenstaufen*, Paris, 1963 / M. Padovani, *Sicile*, Seuil, Paris, 1991 / I. Scaturro, *Storia di Sicilia. L'età antica*, 2 vol., Rome, 1950 / G. Yver, *Le Commerce et les marchands dans l'Italie méridionale au XIIIe et au XIVe siècle*, Paris, 1903.

SIGISMOND (1368-1437) empereur germanique (1411-1437)

Fils de Charles IV, empereur germanique et roi de Bohême, et de sa troisième femme, Anne de Silésie. De l'héritage de son père, Sigismond reçoit à huit ans le margraviat de Brandebourg, mais, comme Charles IV l'a marié très jeune à l'une des deux filles du roi Louis de Hongrie, de la famille des princes d'Anjou, il devient, en 1387, roi de Hongrie et succède à son beau-père.

Cultivé, parlant plusieurs langues, c'est un prince actif et ambitieux de la famille des Luxembourg. Son frère aîné est roi de Bohême sous le nom de Wenceslas IV. Il subit les premières invasions des Ottomans dans la vallée du Danube, ce qui l'incite à participer activement à la croisade prêchée par le pape Boniface IX. Il a espéré sa vie durant réconcilier rois et potentats chrétiens pour les entraîner dans cette entreprise. Toute sa bonne volonté reste inutile, car, s'il arrive à rassembler plusieurs milliers de chevaliers français autour du comte de Nevers, ils sont décimés par le sultan Bajazet devant Nicopolis (1396). Pourtant, il arrive plus tard à repousser certaines attaques turques et s'empare de plusieurs provinces dans la vallée du Danube. Il participe à plusieurs mouvements contre l'empereur, son frère ; mais en Hongrie même, à la faveur de troubles, les nobles se saisissent du roi et le jettent en prison (1401).

Après avoir été délivré par son frère Wenceslas, Sigismond rétablit en Hongrie la paix, le commerce et les droits des gens des villes et des campagnes. Le royaume de Hongrie comprend alors la Croatie et la

Bosnie, une partie de la Dalmatie. Il devra abandonner à Venise Zara, dont elle s'est emparée, et la Dalmatie.

Les princes allemands ayant déposé Wenceslas et l'empereur Robert étant mort, Sigismond est élu empereur en concurrence avec son cousin Josse de Brandebourg (1410). Celui-ci meurt en 1411, et, comme Wenceslas s'est retiré, Sigismond reste seul empereur. Il entreprend alors de réunir un concile général à Constance pour lutter contre le schisme de l'Église, divisée entre trois papes. Par son activité, il arrive à contraindre chacun d'eux d'abandonner ses prétentions et obtient le soutien des rois de France, d'Angleterre et de plusieurs royaumes d'Espagne. Martin V devient alors seul pape par la volonté du concile. Sigismond ne sera couronné empereur qu'en 1433, à l'occasion d'un long séjour en Italie.

Protecteur du concile de Constance, il laisse condamner et brûler Jan Hus (en dépit du sauf-conduit qu'il lui avait accordé auparavant). Aussi, quand il essaie de s'emparer du royaume de Bohême à la mort de Wenceslas (1419), il en est empêché par les Tchèques hussites, déjà révoltés contre le roi précédent, qui le tiennent pour personnellement responsable du martyre de leur réformateur. Jusqu'en 1436, il lui sera impossible de reprendre le pouvoir à la noblesse tchèque. Il obtient du concile de Bâle en 1433 les *Compactata*, signés en 1436 par les différentes parties à Jihlava en Moravie, qui reconnaissent aux Tchèques catholiques et aux hussites utraquistes (ou modérés) le droit de pratiquer leur religion, et en particulier, pour ces derniers, de communier sous les deux espèces, le pain et le vin.

Sigismond est alors couronné roi de Bohême, mais des intrigues familiales entretiennent un climat de troubles. En fuyant Prague, l'empereur parvient à Znaïm, où il meurt. Il laisse une seule fille, Élisabeth, femme du duc Albert d'Autriche de la famille des Habsbourg, qui lui succède.

ANNE BEN KHEMIS

SIMON DE MONTFORT → MONTFORT SIMON DE

SIXTE IV, FRANCESCO DELLA ROVERE (1414-1484) pape (1471-1484)

De famille pauvre, Francesco della Rovere, futur Sixte IV, dut sa réussite à la carrière qu'il fit d'abord dans l'ordre des Frères mineurs, dont il devint ministre général en 1464. Cardinal en 1467, il fut élu pape en 1471. Il se distingua moins par la croisade qu'il entreprit, avec peu de succès, contre les Turcs que par la persévérance de sa politique en faveur de sa famille religieuse (il accrut les privilèges des ordres mendiants et soutint le culte de l'Immaculée Conception défendu par les Frères mineurs) et surtout au profit de sa famille personnelle, dont il assura la fortune. Ses neveux, dont l'un devait être le pape Jules II, l'impliquèrent dans des intrigues politiques avec les cités italiennes, particulièrement dans la conspiration des Pazzi, qui entraîna le meurtre de Julien de Médicis et la guerre avec Florence (1478-1480). Les finances et l'administration de l'État pontifical ne furent pas sans pâtir de ce népotisme immodéré. Sixte IV, qui a contribué à enrichir la Bibliothèque vaticane, a laissé son nom à la fondation d'une chorale et à la construction de la chapelle qu'allait décorer Michel-Ange.

ANDRÉ DUVAL

SKANDERBEG GEORGES KASTRIOTI dit (1403 env.-1468)

Issu de la noble famille des Kastrioti qui, après des luttes difficiles contre d'autres seigneurs albanais (Balsha, Thopia), avait réussi à dominer, vers 1400, toute la région comprise entre Tirana et les montagnes au nord de Scutari, Skanderbeg doit être livré comme otage par son père Jean au sultan ottoman Murad II, son vainqueur en 1422. Emmené à Andrinople, il reçoit une instruction militaire et s'initie à la foi islamique : excellent combattant, il suscite l'admiration des Turcs qui lui donnent le surnom d'Iskander (Alexandre). Le sultan lui confère les titres de *subas*, puis de *sandjak-bey* : ainsi, le prince peut distribuer des *timars* (fiefs militaires) à de nombreux Albanais, développant sa clientèle.

Skanderbeg profite des offensives hungaro-polonaises contre les Turcs pour regagner son pays, s'établir solidement dans la forteresse de Krujë et, de là, organiser la résistance albanaise. En 1444, il convoque à Lesh une vaste assemblée de chefs albanais qui le reconnaissent pour commandant suprême. Dès lors, le combat s'identifie grâce à l'appui assez constant de Venise et du roi Alphonse de Naples. Plus que la Seigneurie vénitienne, avant tout préoccupée de la situation maritime, le roi de Naples, héritier des projets normands et angevins, devait aider le chef albanais, redevenu de surcroît le chrétien défenseur avancé de l'Italie méridionale contre l'Islam. En 1452-1453, Skanderbeg s'engage donc à reconnaître la haute autorité d'Alphonse le Magnanime dès que celui-ci aura dépêché des troupes et des canons.

Les opérations anti-ottomanes sont cependant contrariées par le comportement déloyal de nombreux princes albanais, y compris le propre neveu de Skanderbeg, Hamza Kastrioti, qui s'enfuit chez le sultan. Toutefois, le 7 septembre 1457, c'est la victoire d'Albulene, et la réputation de Skanderbeg est alors si grande que le Congrès de Mantoue songe à lui conférer le commandement de la croisade projetée. En fait, ces quelques années de trêve avec Mehmed II précèdent le déclenchement, en 1463, de la grande guerre vénéto-ottomane. Très vite, Skanderbeg donne son concours aux Vénitiens et porte des coups très durs aux Turcs en 1465, en 1467 encore. Sa capitale, Krujë, est défendue avec succès ; mais le héros, épuisé par les fatigues et la fièvre, meurt le 17 janvier 1468.

FREDDY THIRIET

SLAVES

Les peuples slaves, dont le nom n'est mentionné pour la première fois qu'en 500 après J.-C., ont constitué au cours du Moyen Âge de puissants États tels la principauté de Grande-Moravie, la Russie kiévienne, le royaume de Pologne, le grand-duché de Lituanie, le royaume de Serbie.

Membres de la grande famille indo-européenne, ils sont apparus tardivement sur la scène de l'histoire et tout en eux est obscur : leur origine primitive, leur premier habitat et jusqu'à leur nom, en dépit des multiples hypothèses échafaudées par les ethnologues, les historiens et les philologues. Il faut voir la cause de cette relative ignorance dans la nature des informations dont nous disposons : le petit nombre des sources anciennes, grecques et latines, en regard d'une documentation postérieure (à partir du VIe siècle et surtout des Xe et XIe siècles) plus abondante ; la prédominance des données archéologiques sur les sources écrites pour la période antérieure au IXe siècle.

On peut cependant admettre comme vraisemblable que les Slaves existaient antérieurement au VIe siècle, mais sous d'autres noms, et qu'ils se sont trouvés englobés dans les grandes confédérations de peuples à caractère militaire qui se sont formées déjà dans l'Antiquité et durant le haut Moyen Âge, dans le sud-est et le centre de l'Europe. Pour de nombreux historiens, les Slaves auraient été plus ou moins enrôlés par les Scythes et les Sarmates d'origine iranienne entre le Ve siècle avant J.-C. et le Ier siècle après J.-C., par les Huns et les Alains du IVe siècle au milieu du Ve siècle, par les Goths dans la seconde moitié du Ve siècle et par les Avars aux VIe et VIIe siècles.

Tantôt entraînés par les migrations de ces peuples, mêlés à eux de bon ou de mauvais gré, tantôt pénétrant à leur suite dans les territoires qu'ils abandonnaient, les Slaves se sont ainsi avancés vers l'ouest jusqu'à l'Elbe, qu'ils traversèrent, et au sud en direction du Danube, qu'ils commencèrent à franchir aux VIe et VIIe siècles. Après une période d'incursions et d'attaques dans les Balkans, les Slaves, à l'exception des tribus méridionales mêlées aux Bulgares et des Russes, sans doute encadrés par les Varègues, ne semblent pas avoir tenté d'anéantir Byzance ; ils réclamèrent plutôt l'autorisation de pénétrer pacifiquement à l'intérieur de l'Empire et de s'y installer, formant dans les Balkans dévastés et dépeuplés par les précédentes invasions de nombreuses et importantes colonies ou « sclavenies ».

Si les causes profondes de ces déplacements ne sont point connues, on tente du moins de trouver une explication à ce mouvement général des peuples se propageant de proche en proche avec de longues périodes de répit. Dans ce mouvement que l'on attribuait autrefois à la pression lointaine des Mongols, on voit maintenant soit la conséquence de quelque grand cataclysme physique (ennoyage des rivages de la Baltique, assèchement des steppes d'Asie centrale transformant de vastes pâtures en déserts), soit plus simplement le résultat d'un accroissement démographique notable, les peuples étant dans l'un et l'autre cas contraints de rechercher des lieux de subsistance.

Les Slaves, généralement pacifiques, formaient de multiples petites tribus réparties sur un territoire allant de l'Elbe à la Volga, de la Baltique à la Méditerranée, à la mer Noire et au Caucase. Au IXe siècle, si certains d'entre eux se trouvaient encore sous la domination de peuples non slaves – Khazars, Bulgares, Francs – d'autres commençaient à se regrouper pour s'organiser en État ; enfin des scissions s'étaient déjà produites au sein du monde slave entre tribus occidentales, méridionales et orientales, consécutives à l'écartèlement géographique et surtout à la poussée d'autres peuples, même si ces scissions ne faisaient qu'accentuer les caractères particuliers et originaux des tribus.

Au xe siècle, le domaine slave avait atteint son extension maximale ; il se trouvait pourtant menacé, au nord et à l'ouest par les Germains, au sud-est par les hordes nomades d'Asie.

Les Francs avaient, en effet, d'abord arrêté les Slaves sur l'Elbe ; quelques décennies plus tard, les Saxons commencèrent à les refouler, amorçant cette lutte plusieurs fois séculaire des Slaves et des Germains, qui atteignit l'un de ses points culminants avec l'intervention des ordres militaires allemands, chevaliers Teutoniques et Porte-Glaives, aux xiie et xiiie siècles. Au sud-est, suivant le chemin des Huns, des Avars, des Bulgares, les Magyars pénétraient jusqu'à la Tisza (fin du ixe siècle apr. J.-C.) et lançaient des raids vers les Balkans, l'Italie, l'Allemagne, séparant définitivement Slaves de l'Est, Slaves de l'Ouest et Slaves du Sud ; puis surgirent les Petchenègues (xe siècle), les Torques et Polovtses (xie siècle), qui ne pénétrèrent guère au-delà du Dniestr (Dnestr) et, au xiiie siècle, les Tatares dont une coalition de Slaves occidentaux, de Hongrois (les ex-Magyars) et d'Allemands arrêta la progression vers l'ouest.

Entre-temps, l'évangélisation des Slaves avait commencé à l'ouest, au sud et probablement à l'est dès la première moitié du ixe siècle, peut-être avant, en même temps que se formaient les premiers États remplaçant les communautés tribales. Leur conversion au christianisme, achevée pratiquement à la fin du xe siècle, sauf pour quelques tribus slaves de la Baltique et d'entre Elbe et Saale, devait accentuer leurs divisions internes, les Slaves de l'Ouest reconnaissant la primauté de Rome, ceux de l'Est et la majorité de ceux du Sud (à l'exception des Croates, des Slovènes et des Dalmates) s'en référant au contraire à Byzance. Ainsi la dispersion géographique, la diversité des influences subies, les regroupements politiques sous tel ou tel chef, la différence religieuse s'ajoutant aux particularités originelles des communautés, contribuèrent, avec le temps, à la formation des principaux États slaves, préfiguration des États modernes ayant chacun sa personnalité propre s'affirmant sur un fonds commun.

Les conséquences des Grandes Invasions

Procope de Césarée, Jordanès et Maurice le Stratège distinguaient parmi les Slaves les Venètes, Venèdes ou Wendes, les Slovènes et les Antes ; ils plaçaient ces derniers toujours à part comme plus combatifs et offrant le plus de cohésion, et comme les premiers à se constituer en État ou tout au moins à former une puissante confédération ; aussi, bien que soumis aux Goths dès les iiie et ive siècles avec tous les autres Slaves – sauf ceux qui, tels les Slovènes de Novgorod, s'échappèrent vers le nord – profitèrent-ils de l'écrasement de leurs maîtres par les Huns pour se révolter et tenter, en vain, de leur barrer la route (371-375). Alors que les Slaves de l'Europe centrale (Hongrie, Autriche) subissaient la domination hunnique, les Antes, au titre d'alliés de ces mêmes Huns, auraient consolidé leur pouvoir sur le Don et le bas Danube et à la mort d'Attila, lors de la dislocation du premier empire des steppes, ils auraient repris leur indépendance. Ce premier État, qui aurait duré de 523 à 602, aurait été anéanti par les Avars s'installant à leur tour en Hongrie et soumettant de gré ou de force de nombreuses tribus slaves.

Après l'invasion des Huns, puis des Avars qui avaient accentué la séparation des Slaves occidentaux d'avec les Slaves orientaux, la nécessité de lutter au VIIe siècle à la fois contre les Avars et contre les Francs qui après les régions du Rhin et du haut Danube s'efforçaient de soumettre celle de l'Elbe, aurait amené la formation du premier État slave de l'Ouest avec le royaume de Samo : ce marchand franc, selon la tradition, aurait fait l'union, entre 627 et 659, des diverses tribus de Moravie, de Bohême, de basse Autriche et de Serbie.

De même, la nécessité de se défendre contre la pénétration tant politique que religieuse des Germains, Saxons et Bavarois, ainsi que contre les Magyars qui s'étaient substitués dans les plaines de la Tisza aux Avars écrasés simultanément par les Francs, les Slaves et les Bulgares, entraîna au VIIIe siècle l'apparition du deuxième État slave de l'Ouest, centré encore en Moravie : cet État hérissé de villes fortifiées et de châteaux forts forma l'empire morave des Mojmir, Rostislav et Svatopluk de 833 à 906.

Un nouveau royaume de Bohême le relaya au Xe siècle, autour de Prague cette fois, réalisé avec des souverains comme saint Venceslas, Boleslav Ier et Boleslav II (921-995). Vers la même époque, au milieu du Xe siècle se formait le premier État polonais autour de Gniezno, avec la famille des Piast. Le premier souverain, Mieszko Ier, unit les Slaves de la Vistule, soumit ceux de la Baltique en accord avec Gero, le margrave saxon des territoires d'entre Elbe et Saale ; il profita de la défaite des Othons en Italie – affaiblissant par contrecoup le pouvoir des Hohenstaufen en Allemagne – et de l'écrasement des Magyars pour s'étendre en Volhynie et en Silésie, et constituer un seul État allant de Gdansk à Cracovie (992).

De leur côté, les Slaves orientaux, après la dislocation de la confédération, avaient affronté plusieurs invasions et dû accepter partiellement de se soumettre. Les Avars avaient conquis tout le sud de leur territoire et imposé leur domination, qui dura jusqu'à leur écrasement par les forces combinées des Francs et des Bulgares à la fin du VIIIe siècle. Ces derniers, campés sur la Volga et le sud de l'actuelle Russie s'étaient scindés en Bulgares noirs de la Volga, installés sur le cours supérieur et moyen du fleuve, et Bulgares blancs dans les régions danubiennes ; les uns et les autres s'étaient imposés aux tribus slaves précédemment établies, les Bulgares noirs de la Volga ayant soumis simultanément Slaves et Finnois de la haute Volga et de l'Oka.

Quant aux Khazars, dont l'empire s'étendait sur la Volga, la Caspienne, les pays d'avant Caucase et le Don, ils avaient fait de la majorité des tribus slaves (Viatitches [Vjatiči], Drégovitches [Dregoviči]) leurs tributaires ; ils s'étaient avancés jusqu'au Dniepr, imposant leur suzeraineté aux Magyars campés là et les obligeant (jusque vers 860) à tenir garnison sur les voies d'eau et à lever pour eux le tribut chez les Slaves.

En outre, par leur alliance avec Byzance – alliance politique, militaire et commerciale scellée par des mariages – ils barraient aux Slaves la route de l'est et du sud, tactique matérialisée par la construction du fort de Sarkel sur le Don en 841.

Enfin les hordes magyares avaient commencé à pénétrer dans les steppes du Sud-Est. Freinées d'abord par les Khazars, de nouvelles vagues étaient en marche vers l'ouest dans la seconde moitié du IXe siècle, et on sait que certaines d'entre elles sont passées à proximité de Kiev en 889.

Au nord, les marchands pirates scandinaves, qu'on appelle les Varègues, danois et suédois, attirés par le commerce lucratif avec l'Orient et par la richesse de Gardarik seraient venus dans la région du lac Ladoga et de la haute Volga dès le VIIIe siècle. Installés dans la région de Novgorod, ils en auraient été chassés par une révolte des Slaves, exaspérés par leurs exactions et leurs rapines. Toutefois ces derniers les auraient rappelés de leur plein gré – ce dont se fait l'écho la *Chronique de Nestor* dans l'appel aux Varègues de 856 – au titre de mercenaires pour mettre fin à leurs querelles intestines, et surtout pour lutter contre leurs ennemis, Khazars (avec le fort de Sarkel) ou Magyars. Des Varègues, Rjurik et ses frères, auraient alors fondé Novgorod, Izborsk, Staraja Ladoga et constitué un premier État russe dans le Nord ; aidés ou relayés par les Suédois d'Oleg ou Helgi (les Russes étant des Suédois selon les *Annales Bertiniani*), ils auraient par le Lovat et le Dniepr gagné Kiev, chassé les dernières garnisons magyares et aidé les Slaves à se libérer des Khazars ; ils auraient ainsi facilité la naissance de la Russie kiévienne, réunissant les principautés russes de Novgorod à Péreïaslavl [Perejaslavl] et formant l'un des États les plus cultivés du Moyen Âge européen ; Jaroslav le Sage, au XIe siècle, était l'allié des principales cours européennes (Norvège, Suède, Hongrie, Pologne, Saint Empire, Empire byzantin, Bretagne anglo-saxonne et France) grâce à sa politique matrimoniale, et l'une de ses filles, Anne, épouse du Capétien Henri Ier, était une princesse réputée pour sa science et sa piété et jugée digne de la régence au nom de son fils Philippe.

La pénétration de l'Empire byzantin

On peut dater du début du VIe, peut-être même de la fin du Ve siècle la pénétration des Slaves méridionaux dans l'Empire byzantin.

Les Antes, d'abord installés en Valachie, passèrent dans les régions du bas Danube et de là dans la Roumélie actuelle ; le titre d'Anticus attribué à Justinien témoigne des luttes qu'il dut mener contre eux, les Slovènes de leur côté occupèrent l'Illyrie et la Dalmatie.

Après de multiples raids contre les villes grecques de l'intérieur et du littoral, en particulier Salona et Dyrrachium, les Slaves s'assagirent : les Antes acceptèrent d'être les fédérés de l'Empire, tandis que quelques colonies slovènes situées à l'intérieur commencèrent à s'helléniser.

L'intervention des Avars dominant l'Europe centrale et méridionale (fin du VIe-VIIe siècle) entraîna la reprise des raids à l'intérieur de l'Empire. Toutes les provinces impériales tombèrent aux mains des Avars et des Slaves : après le Norique, la Pannonie et la Mésie, ce furent au-delà du Danube l'Illyrie, l'Épire, l'Istrie, la Vénétie, la Dalmatie ; les Slaves pénétrèrent jusque dans le Péloponnèse et atteignirent les îles de la mer Égée. Des chroniques syriennes datent de 551 l'arrivée de cette seconde vague ; l'apaisement qui suivit permit la reprise de la politique d'assimilation non sans sursaut ni répression, tel ce transfert de colonies slaves révoltées en Asie Mineure à la fin du VIIIe siècle.

Cependant, les Slaves commencèrent à secouer le joug avar, tant à l'ouest qu'au sud. C'est ainsi que les Slaves d'Illyrie et de Dalmatie ou Slovènes se seraient libérés avec l'aide des Serbes et des Croates (610-641) ; il est peu probable que ces derniers aient été des Sarmates comme le suppose F. Dvornik ; ce furent plutôt de nouvelles tribus slaves en marche vers le sud ; un peu plus tard, les Bulgares et les Khazars firent de même dans l'est des Balkans et rallièrent à eux une partie des Antes, dont notamment les Severjanes (fin VIIIe - début IXe siècle).

Les Balkans devinrent alors l'enjeu de la rivalité franco-bulgare : Charlemagne et Louis le Pieux en face des khāns bulgares Krum et Omurtag. Les Francs, qui débouchaient du Danube et des pays alpins, tentèrent de s'emparer de la Dalmatie, de l'Istrie et de la Croatie, mais n'obtinrent à Koenigshofen en 811 que les deux premières provinces moins Venise.

Quant aux Bulgares, après la conquête de la Macédoine, de la Thrace, l'occupation du sud de la Hongrie et de la région des Carpates, ils mirent la main sur la Mésie et essayèrent de s'emparer de la Serbie.

Face à tous ces dangers, les Slaves du nord-ouest des Balkans essayèrent de former un État (le premier État yougoslave), la principauté de Croatie avec pour capitale Sisata (811-820). Sous l'autorité de Ljudovit, prince de Pannonie, ils regroupèrent les Slaves de Carinthie, de Styrie, de l'Isonzo, ceux de Mésie (région du Timok) et, après avoir vaincu leur chef Birna, ceux de Dalmatie. Ils furent aidés dans cette entreprise par Byzance, qui désirait à tout prix écarter les Francs des Balkans, mais la tentative échoua ; les Francs les écrasèrent et se réinstallèrent partout sauf en Dalmatie.

L'est des Balkans

Les Slaves de l'est des Balkans, qui avaient accueilli volontiers les Bulgares, du fait qu'ils étaient plus cultivés que leurs nouveaux suzerains, réussirent à civiliser ces derniers, comme les Grecs l'avaient fait autrefois pour les Romains. Les Bulgares finirent par oublier peu à peu race, langue, mœurs, pour adopter celles de leurs sujets slaves, même si de récentes découvertes d'inscriptions montrent que le vieux-bulgare (langue apparentée au turc) a survécu plus longtemps qu'on ne l'avait d'abord pensé. Le nouvel empire fut au IXe siècle le plus redoutable ennemi de Byzance : Boris-Michel, puis Siméon le Grand tentèrent de conquérir Byzance et l'Empire, et de se substituer au Basileus : leur capitale Preslav avait la prétention d'imiter, puis d'égaler et de surpasser Byzance ; ils échouèrent pourtant, après avoir conquis la majeure partie de la péninsule balkanique. Sur le rivage de l'Adriatique, les Croates de Dalmatie formaient un petit État autonome sous la suzeraineté franque dont ils s'efforcèrent de s'affranchir au Xe siècle avec Tomislav, puis Držislav « roi de Croatie et de Dalmatie, eparchos de Byzance ». Les Serbes n'avaient tenté leur chance, soutenus par Byzance, qu'avec Česlav, de 931 à 948 ; quant aux Serbes des îles, ils constituaient une communauté indépendante de pirates maritimes en lutte contre Venise.

Byzance avait entrepris la reconquête de ses provinces (867-879) : elle soumit les Serbes en 867, les Narentane en 870 et réussit à replacer les Croates sous la suzeraineté impériale par un coup d'État en 875-876 ; dès 879, en raison de la résistance populaire et ecclésiastique, les Croates recouvraient leur indépendance ; Byzance ne réalisa son dessein qu'aux Xe et XIIe siècles, en plaçant à nouveau les Serbes et les Croates sous sa suzeraineté et surtout en écrasant les Bulgares, épisode qui valut à Basile II le titre de Bulgaroctone ; mais elle avait dû abandonner les îles et le littoral dalmate à Venise.

Ainsi, si l'on fait le bilan du morcellement des Slaves aux IXe et Xe siècles, on trouvait à l'ouest deux États constitués : Moravie, puis Bohême et Pologne ; seuls les Slaves des rivages baltiques, d'entre Elbe et Saale, qui n'avaient pas su s'unir et ne le tenteront que plus tard, les Wendes, les Polabes, Lusaciens, Obodrites et Katchoubes étaient menacés et contraints de choisir entre l'extermination ou la germanisation. Au sud, les Slaves qui ont été séparés de leurs frères de l'Ouest par les Magyars de Hongrie et les Germains du Danube ne réussirent guère à constituer des États, toutes les tentatives, celle des Croates comme celle des Serbes, ayant été éphémères ; il faut en voir la cause dans le morcellement extrême des tribus, le compartimentage du relief et surtout le voisinage de deux puissances : l'empire d'Occident et Byzance. Les Slaves du moyen Danube et de la plaine de la Tisza se trouvaient comme leurs parents de la Baltique sans autre alternative que la soumission, les uns aux Allemands du Danube, les autres aux Magyars, ou l'extermination.

Seuls les Bulgares, que l'on peut considérer comme slavisés, sont parvenus à former un empire, mais qui s'écroula au XIe siècle sous la reconquête byzantine, malgré les efforts du dernier tsar Samuel.

À l'est, la Russie kiévienne, après une période brillante où elle avait écrasé Bulgares de la Volga et Khazars (965), s'épuisait dans les luttes princières intestines et dans la défense contre les Asiatiques.

DENISE EECKAUTE

SOREL AGNÈS (1422-1450)

Demoiselle d'honneur de la reine de Sicile, Isabelle de Lorraine, Agnès Sorel se réfugie à la cour de France avant même l'éviction définitive du roi René de Naples. Elle devint la maîtresse de Charles VII vers 1443, peut-être à la suite de manœuvres de Pierre de Brézé, dont l'ascendant s'établissait alors sur la politique royale. Le roi la combla de présents, la faisant châtelaine de Loches, dame de Beauté-sur-Marne (d'où son nom de Dame de Beauté) et comtesse de Penthièvre. Il légitima les trois filles qu'elle lui donna dans les premières années de leur liaison. Agnès Sorel exerça une influence réelle, souvent liée à celle des Brézé, sur le gouvernement royal. C'est cependant par une erreur de chronologie qu'on a parfois fait d'elle la principale cause de l'évolution psychologique de Charles VII dans les années 1430. Sa mort subite en pleine jeunesse et les symptômes qui la précédèrent firent croire à un empoisonnement, attribué tantôt au dauphin Louis – qui avait de bonnes raisons de la haïr puisqu'elle soutenait le parti de ses ennemis – tantôt à Jacques Cœur, qui fut peut-être pour elle plus qu'un ami et un protégé et qui parvint à se laver de ce chef d'inculpation. Il est à peu près certain que Jean Fouquet a représenté Agnès Sorel sous les traits de la Vierge portant l'Enfant, sur l'un des panneaux du diptyque commandé par Étienne Chevalier et qui se trouve actuellement au musée d'Anvers.

JEAN FAVIER

SOU

Unité monétaire de l'or à partir de 312. Constantin fixa la taille du sou (*solidus aureus*) à 72 par livre romaine (327,45 g), soit au poids de 4,55 grammes. L'abondance des émissions du sou, son excellent aloi et la régularité de son poids lui assurèrent un grand succès. Il eut pour sous-multiple le semis ou semissis, rarement frappé, du poids de 2,27 grammes, et le triens ou tremissis, tiers du sou, du poids de 1,52 gramme, qui sera très abondamment frappé à l'époque mérovingienne.

Il existe exceptionnellement, à titre de médailles commémoratives, des multiples du sou. Ce sont des pièces de 2, 3, 4, 8 sous, ou plus, offerts par l'empereur à des généraux, des ambassadeurs, des rois barbares. L'usage se poursuivit sous les Byzantins. En Gaule, Grégoire de Tours parle de médaillons de 72 sous (une livre) que le roi des Francs, Chilpéric Ier, aurait reçus de l'empereur. La taille ordinaire du sou à 72 par livre fut conservée par les Byzantins. En Gaule, on passa très vite à la taille de 84 par livre, en altérant l'aloi du métal, ce qui nécessita pour les paiements l'usage de la balance et de la pierre de touche, et explique les stipulations de paiements en *solidos probos et bene pesantes*.

La frappe de l'or, privilège impérial par excellence, ne fut reprise que très progressivement par les souverains mérovingiens : on n'en a guère d'exemples avant le milieu du VIe siècle. Puis on assiste à une multiplication des ateliers qui échappent à l'autorité royale, répondant sans doute à un besoin de monnaie. Plus que le sou, on frappe le tiers de sou, dont le poids et l'aloi ne tardent pas à décliner : le tiers de sou constantinien contenait 1,51 gramme d'or ; au VIe siècle, il ne pèse plus que 1,29 gramme ; à l'époque carolingienne, 0,92 gramme, encore contient-il une notable quantité d'argent et simplement 0,40 gramme d'or fin.

Les Carolingiens s'efforcèrent de réaffirmer le monopole royal de la frappe des monnaies, surtout de la frappe de l'or. Mais la raréfaction du métal précieux était telle que la frappe de l'or allait cesser en Europe pour plusieurs siècles, alors que les conditions politiques favorisaient une dispersion monétaire complète avec les monnaies féodales.

Ce qui resta de la réforme carolingienne, c'est la transformation du sou en monnaie de compte avec sa valeur fixée à 12 deniers, qui sera réalisée, sous Saint Louis, avec la frappe du gros sou.

JEAN DÉRENS

STAUFEN LES
→ HOHENSTAUFEN LES

STEDINGER LES

On appelait Stedinger un peuple médiéval de paysans, de bergers et de pêcheurs quelque peu pirates qui avaient défriché et colonisé sur le Bas-Weser des terres conquises sur la mer et les débordements du fleuve. Gouvernés par des juges de leur choix appliquant leurs lois particulières, ils éveillent, dès le XIe siècle, l'hostilité des évêques de Brême, auxquels ils refusent de payer la dîme. Le chroniqueur Adam de Brême leur reproche de s'adonner à la luxure et à la gloutonnerie, selon les anciennes traditions du paganisme. Vers 1187, des troubles éclatent à la suite des prétentions des comtes d'Oldenbourg à étendre leur domination sur les marais et les îles. Deux châteaux qu'ils ont réussi à y implanter sont pris et saccagés, tandis que les Stedinger durcissent leur opposition aux pouvoirs temporels et spirituels, en appellent à la lutte contre la tyrannie féodale et attirent chez eux les réfugiés des contrées voisines. Comme des moines prêchant l'obligation de payer la dîme ont été mis à mort, on prête à Hartwig, archevêque de Brême, l'intention de présenter au pape Célestin III l'insoumission des Stedinger comme un mouvement hérétique. De 1208 à 1217, les insoumis interviennent dans la querelle entre deux archevêques rivaux, assurant la victoire de Gerhardt, qui, jusqu'à sa mort, en 1229, garantit l'indépendance de ses alliés. Gerhardt II, son successeur, reprend la lutte et tente d'imposer des droits de douane sur le commerce du Weser. Avec l'aide de son frère, Hermann de Lippe, et d'autres nobles, une expédition punitive est entreprise en décembre 1229. La bataille livrée à la Noël voit la défaite des féodaux. Hermann est tué. Par dérision, les Stedinger nomment de faux dignitaires : empereur, pape, évêques. En 1230, le synode de Brême condamne pour crime d'hérésie une population à laquelle il est en fait reproché de perpétuer la tradition des vieilles tribus germaniques et de constituer un danger politique. Les accusations de pratiques sacrilèges vont se retrouver dans une bulle de Grégoire IX (1232), qui est plus particulièrement dirigée contre les cathares du Nord, mais qui justifiera une série de croisades contre les Stedinger, les outrances mensongères attribuées aux manichéens, telles que sorcellerie, orgies, crucifixion des prêtres. Une première croisade, payée d'indulgences plénières, échoue. En juin 1233, une deuxième pénètre sur le territoire oriental, resté cependant à l'écart des luttes, et se livre à un massacre général. Lors de l'attaque de la rive gauche, Oldenbourg, chef des croisés, est tué avec deux cents de ses soldats. Une troisième croisade, prêchée par les dominicains en Hollande, Flandre, Brabant, Westphalie et Rhénanie, réunit une puissante armée sous la conduite de Henri de Brabant, Arnauld d'Audenarde, Gilbert de Zottegem et Thierry de Dixmude. Trois cents vassaux de Hollande couvrent l'attaque par mer. Après une résistance opiniâtre, six mille Stedinger sont mis à mort le 27 mai 1234 à la bataille d'Altenesch. En 1236, Grégoire consent à admettre les survivants dans le giron de l'Église, à la condition qu'ils offrent toutes les garanties d'une parfaite obéissance.

RAOUL VANEIGEM

STROZZI LES

Famille florentine, d'origine populaire, connue à partir de la fin du XIIIe siècle avec l'« ancêtre », Strozza di Ubaldino. Des Strozzi occupent assez régulièrement des charges importantes dans le gouvernement de la République (93 prieurs, 16 gonfaloniers de justice) ; mais aucun homme politique de grande envergure ne se dégage parmi eux. Leur position était liée, comme toujours dans la Florence médiévale, à leur fortune de grands négociants qui s'était élaborée au cours du XIVe siècle (surtout après les faillites des compagnies les plus anciennes, en 1345), grâce notamment à la forte position qu'ils avaient acquise à Lyon. Membres, au XVe siècle, de l'oligarchie dirigeante, ils sont liés aux Albizzi, adversaires des Médicis : aussi Côme l'Ancien fait-il exiler Palla Strozzi, pourtant fort modéré, dès qu'il prend le pouvoir (1434). Réfugié à Padoue, Palla fait de sa maison un centre du renouveau de l'hellénisme. Son fils, Filippo Ier (1426-1491), rétablit la fortune familiale en fondant une nouvelle banque à Naples : il peut ainsi, une fois rentré à Florence (1466), faire élever le palais Strozzi par Benedetto da Maiano. Au XVIe siècle, la rupture avec les Médicis, devenus ducs de Toscane, devient irrémédiable : en 1537, Filippo II, bien que marié à une nièce de Laurent le Magnifique, tente, à la mort du duc Alexandre, de marcher sur Florence avec un petit groupe de républicains, comptant sur un soulèvement populaire contre le nouveau duc, Côme Ier ; battu, il se suicide en prison. Ses enfants, Piero (1510-1558) et Leone (1515-1554), seront l'un maréchal de France, l'autre capitaine général des galères de France et vainqueur d'Andrea Doria devant Marseille (1547).

Assez tôt, la famille s'était divisée en de multiples branches, fixées notamment à Ferrare et à Mantoue. Certains rameaux se sont éteints dès le XVe siècle ; d'autres ont duré jusqu'au XVIIIe siècle, voire jusqu'à 1805 pour l'un d'eux.

GÉRARD RIPPE

SUCCESSION DE BRETAGNE → GUERRE DE LA SUCCESSION DE BRETAGNE (1341-1365)

SUÈDE

Les origines

Le premier peuple connu en Suède est déjà celui auquel le pays doit son nom ; les *Suiones*, mentionnés par Tacite, qui avaient dès le Ier siècle après J.-C. une grande activité maritime. Les Suédois ne prirent pas directement part aux Grandes Invasions, mais il se peut que l'origine des Gots remonte au Götaland. Vers les VIe et VIIe siècles, l'archéologie révèle en Uppland l'existence d'une aristocratie fort riche (tombes à navires de Vendel) et d'une royauté siégeant à Uppsala, sans doute celle des Ynglingar que cite la tradition poétique. De vastes espaces boisés isolent ce foyer de culture de ses voisins, sauf vers la mer.

Comme les autres Scandinaves, les Suédois prirent part, au IXe siècle, au premier mouvement des Vikings, surtout vers l'est. Ils fondèrent des places de traite dans les pays baltes (Grobina, en Lettonie), explorèrent les fleuves russes et, dès 839, se manifestèrent dans le bassin de la mer Noire. Il s'agit des marchands et des mercenaires que les sources regroupent sous le nom de Varègues. Des isolés tentèrent leur chance vers l'ouest. Au XIe siècle, des Suédois louaient encore en grand nombre leurs bras aux princes russes et aux empereurs grecs, mais beaucoup d'autres fournissaient à Knut le Grand de substantiels renforts pour ses expéditions anglaises. Ce fut le début de l'influence occidentale.

Royauté et christianisme

Vers la même époque apparaissent les premiers rois historiques : Olof Sköttkonung (baptisé en 1008) et son fils Anund Jacob, qui furent chrétiens, mais dont les sujets refusèrent de se convertir. L'aristocratie paysanne de l'Uppland, enrichie par les trafics des Varègues et bien connue par les inscriptions runiques, gardait sa fidélité au grand sanctuaire païen d'Uppsala. Vers 1060, une nouvelle famille royale, issue du Götaland, entreprit d'imposer le christianisme, que répandirent des missionnaires allemands et anglais. Les diocèses furent lentement organisés dans la première moitié du XIIe siècle, et un archevêché fut établi en 1164 à Uppsala. L'art roman se naturalisa en Suède. Quelques villes y furent fondées, telle Sigtuna. Toutefois, les structures sociales et politiques restaient fort archaïques. La singulière alternance de deux dynasties, les Erik et les Sverker, qui dura jusqu'à 1250, freina pendant longtemps le développement de l'État. Les seuls faits marquants du XIIe siècle sont les entreprises mal connues du roi Erik en Finlande vers 1157, qui lui valurent une canonisation populaire. Cependant, les commerçants lubeckois avaient établi depuis longtemps déjà un très actif comptoir à Visby, dans l'île de Gotland, qui fut un excellent relais vers la Russie. Au début du XIIIe siècle, les hanséates apparurent en nombre sur le continent suédois, offrant des débouchés à son bois, à ses fourrures, au cuivre de Falun, et plus tard au fer de Dalécarlie. Plus que ses voisins, la Suède tira bénéfice de leur intervention, qui prépara les voies d'un renouvellement radical de la société et des institutions.

En 1250, le jarl Birger, qui détenait depuis quelque temps la réalité du pouvoir, fonda avec l'assentiment de l'aristocratie la dynastie des Folkungar. Son geste le plus significatif fut de donner à la Suède une capitale et une métropole économique : Stockholm. Il fit reconstruire par un architecte français la cathédrale d'Uppsala, marquant ainsi son ralliement à la civilisation de l'Occident. Sous ses fils, les institutions féodales se généralisèrent. Magnus Ladulås (1275-1290) fut, avec l'aide du clergé, un législateur et il accrut le territoire dominé par les Suédois en Finlande. La transformation en institution fiscale du *ledung*, antique levée navale aux origines quasi préhistoriques, procura des ressources appréciables.

Les vicissitudes de l'union avec les pays scandinaves

Bientôt les Folkungar se déchirèrent en d'atroces querelles familiales. Le pouvoir réel passa à une aristocratie étroite, éclairée mais égoïste, très liée à celle des royaumes voisins, qui gouvernait au sein du « conseil du royaume » (*Riksråd*). Cette classe s'accommoda sans peine du hasard successoral qui unit en 1319 les couronnes de Suède et de Norvège sur la tête du jeune Magnus Eriksson. Cette première union valut d'ailleurs aux Suédois deux avantages sensibles : la consolidation de leur frontière en Finlande, face aux Russes (1323), et en 1332 l'annexion de la province danoise de Scanie. Dans la seconde moitié du XIVe siècle, les choses prirent vite un tour moins favorable. La Scanie fut reperdue en 1360, en 1361 les Danois se saisirent de Gotland, cette clef de la Baltique, qu'ils gardèrent jusqu'en 1644. La couronne un moment dévolue à Albert de Mecklembourg (1367-1389), revint finalement à la belle-fille de Magnus Eriksson, la Danoise Marguerite Ire, qui fonda en 1397 l'union dite de Kalmar entre les trois royaumes scandinaves. En principe, l'Union respectait la personnalité et l'autonomie interne de chaque État ; toutefois, ce régime a laissé à l'historiographie suédoise de fort mauvais souvenirs, peut-être exagérément noircis. Il est sûr qu'en dehors d'un clan étroit de la haute aristocratie les rois danois puis allemands qui se succédèrent au XVe siècle à la tête de l'union furent assez mal vus. Presque tous eurent à faire face à des soulèvements « nationaux » (le terme est traditionnel mais discutable), soutenus par d'autres couches sociales, et notamment par les chefs dalécarliens, qui devaient à l'exploitation de leurs mines puissance et richesse et entretenaient avec les Allemands des relations commerciales régulières. Souvent ces mouvements arrachèrent aux rois de l'Union la réalité du pouvoir pour le confier à des Suédois, avec le titre de régent (*riksföreståndare*) : Engelbrekt (1435-1436), Sten Sture l'Ancien (1471-1503), Svante Sture (1504-1511), Sten Sture le Jeune, homonyme et non parent du premier (1512-1520) ; l'un d'eux, Karl Knutsson (1448-1470), prit même impunément le titre de roi. Tantôt les souverains de l'Union firent contre mauvaise fortune bon cœur, acceptant de ne garder que le contrôle de la politique extérieure, tantôt ils réagirent avec violence. Il y eut à plus d'une reprise des heurts très sanglants, comme à Brunkeberg (1471) où paysans et mineurs suédois s'opposèrent avec succès à la chevalerie danoise et au lansquenets allemands.

Ces luttes se terminèrent par un épisode atroce : ce fut le massacre du parti de Sten Sture le Jeune, ordonné en 1520, sous prétexte d'hérésie, par le roi danois Christian II d'Oldenburg (« bain de sang de Stockholm »). Il rendit désormais impossible toute tentative d'union où entrerait la Suède. Le fils d'une des victimes, Gustave Eriksson Vasa, rétablit définitivement en 1523 l'indépendance du royaume ; il accentua la rupture avec le passé médiéval en adhérant progressivement, entre 1529 et 1540, à la Réforme luthérienne.

Une civilisation brillante

Les crises des XIVe et XVe siècles n'empêchèrent pas la Suède de développer alors une civilisation vigoureuse. Elle fut à peu près épargnée par la détérioration de l'économie rurale qui frappa le reste de la Scandinavie. Nobles suédois et citadins allemands édifièrent des fortunes sur le commerce du cuivre et du fer. La vie intellectuelle s'intensifia, donnant naissance à d'immenses chroniques rimées et à des poésies politiques d'un souffle ardent. Et, surtout, la Suède donna à la chrétienté sainte Brigitte (1303-1373), femme de la noblesse animée d'une piété dynamique, qui se distingua en fondant le seul ordre religieux né en Scandinavie et en exerçant une profonde influence sur la papauté. En 1477, une université fut ouverte à Uppsala et, en 1510, l'imprimerie fit son apparition.

L'art suédois de cette période se conforma davantage aux modes internationales. L'architecture de pierre subit l'influence française, celle de brique se rallia aux usages allemands. Les sculpteurs hanséatiques ont trouvé en Suède un marché très favorable : le splendide groupe élevé par Bernt Notke à la Grande Église de Stockholm pour commémorer la victoire suédoise de Brunkeberg en est le meilleur exemple. La peinture, plus naïve, garda un caractère local.

Cet essor de la civilisation à la fin du Moyen Âge prépare, plus directement que l'évolution politique, la transformation qui fit de la Suède au XVIe siècle une grande puissance européenne.

LUCIEN MUSSET

Bibliographie

N. AHNLUND, *Engelbrekt*, Stockholm, 1934 / I. ANDERSSON, *Sveriges historia*, 3e éd., Stockholm, 1950 / C. G. ANDRAE, *Kyrka och frälse i Sverige under äldre medeltid*, Uppsala, 1960 / G. CARLSSON, *Medeltidens nordiska unionstanke*, Stockholm, 1945 / S. CARLSSON & J. ROSÉN, *Svensk historia*, t. I : *Tiden före 1718*, Stockholm, 1962 / E. F. HECKCHER, *Svenskt arbete och liv*, Stockholm, 1941 / E. LÖNNROTH, *Sverige och Kalmarunionen*, Göteborg, 1934 / L. MUSSET, *Les Peuples scandinaves au Moyen Âge*, Paris, 1951 / G. OLSSON, *Stat och Kyrka i Sverige vid medeltidens slut*, Göteborg, 1947 / S. U. PALME, *Kristendomens genombrott i Sverige*, Stockholm, 1959 / N. SKYUM NIELSEN, *Blodbadet i Stockholm*, Copenhague, 1964 / B. THORDEMAN, *Erik den helige och hans tid*, Stockholm, 1954 / H. N. YRWING, *Gotland under äldre medeltid*, Lind, 1940.

SUGER (1081 env.-env. 1151)

Suger, abbé de Saint-Denis de 1122 à sa mort, a laissé un triple héritage : il a donné à l'unification nationale, centrée en puissance dans le domaine royal, une tâche civilisatrice, à l'art gothique la prise de conscience de son esthétique, à l'histoire de France les bases de l'archivistique. Son œuvre a eu pour cadre l'abbaye de Saint-Denis, qu'il a réformée dans les cinq premières années de son abbatiat et dont l'église reconstruite devint le monument symbolique de la monarchie française et le modèle du nouvel art gothique. Historien, il a été « créateur d'histoire » auprès de Louis VI et Louis VII, avant de devenir régent de France, en 1147, pour la durée de la IIe Croisade. Administrateur, agronome, diplomate et guerrier, il a conçu de vastes programmes d'art et il en a exposé le message spirituel en critique d'art et en iconographe. Il occupe une place considérable entre les grands abbés du Mont-Cassin et de Cluny, d'une part (au XIe siècle et au début du XIIe siècle), et, d'autre part, Bernard de Clairvaux en France et Wibald en Allemagne, comme lui chefs monastiques et politiques, diffuseurs de nouvelles formules artistiques. L'abbatiale de Saint-Denis, mausolée de la monarchie capétienne et église de pèlerinage d'où partit la IIe Croisade, est la synthèse gothique de Cluny, du panthéon des rois de León, de Saint-Jacques de Compostelle et du Mont-Cassin.

« Médiateur et lien de paix »

Ces termes par lesquels le moine de Saint-Denis, qui fut son premier biographe, résume le caractère de Suger s'appliquent à ses multiples activités. Il a restauré l'ordre avec la justice dans les régions ravagées par les féodaux entre la vallée de Chevreuse et l'Orléanais, n'usant de la force qu'à l'extrême limite de la nécessité. Il opéra une retraite mesurée devant les attaques de saint Bernard, forçant bientôt l'admiration et attirant la collaboration de l'abbé de Clairvaux. Après qu'il eut ménagé la retraite d'Étienne de Garlande, le sénéchal de Louis VI, l'influence de saint Bernard put se faire sentir dans les conseils de la monarchie. L'amitié des deux abbés aboutira à la IIe Croisade (dont Suger condamna la direction stratégique et non le principe) et à la préparation d'une croisade de revanche. Suger est ambassadeur auprès du pape Calixte II dans les années où l'empereur Henri V va être obligé de régler les rapports entre le pouvoir spirituel et le pouvoir temporel conformément aux vues de l'Église. En France, l'équilibre fut préservé dans ce domaine grâce à une harmonie entre la monarchie et l'épiscopat qui prévint l'explosion d'une nouvelle querelle des

Investitures dans le royaume et fit des évêchés de Beauvais, Reims, Châlons-sur-Marne, Laon, Langres, Noyon, où le roi exerce son droit de nomination, les avant-postes d'une fédération française. Quand se dessina en 1124 le danger de coalition germano-anglaise contre le royaume, tous les évêques des sièges limitrophes du domaine royal et la noblesse de Bourgogne et de Champagne se rallièrent autour du roi à Saint-Denis. Louis VI, en recevant des mains de Suger l'oriflamme de Saint-Denis (qui allait rester le drapeau national jusqu'à Azincourt), devenait l'homme-lige du saint patron, protecteur de l'abbaye et du royaume de France. Cependant, Suger garda toute son estime pour Henri Ier Beauclerc ; le roi d'Angleterre, ainsi que Thibaut IV de Blois, comte de Champagne, un féodal récalcitrant, comptera parmi les principaux donateurs de Saint-Denis.

L'architecture gothique, art d'harmonie et de synthèse

L'abbatiale de Saint-Denis fut construite pour résorber, sans l'absorber complètement, l'église carolingienne. La façade, « porte du ciel » et portail royal, bâtie la première, à la mort de Louis VI, quand Suger commence à écrire sa vie, fut dédiée le 9 juin 1140, au cours d'une cérémonie placée sous le signe de l'union des personnes divines dans la Trinité. Après une seconde campagne de trois ans et trois mois, le chevet fut consacré le 11 juin 1144 par les pairs ecclésiastiques et les évêques du royaume avec l'assistance de l'évêque de Cantorbéry, entourant le roi de France « très chrétien », *christus Domini* (l'oint du Seigneur). Louis VII éleva lui-même les reliques de saint Denis et de ses compagnons de la crypte dans les nouvelles châsses installées dans le chœur, « cité du Grand Roi » (Psaume XLVII, 3). Les extrémités occidentale et orientale enchâssèrent ainsi, dans le double écrin de constructions rendues lumineuses par d'abondantes percées, la nef carolingienne, qu'il n'y a nulle raison de se représenter obscure et qui était une relique monumentale, parce que ses murs passaient pour avoir été consacrés par le Christ. L'harmonie entre les parties avait été ménagée selon « des calculs et des tracés géométriques ». Les anciennes murailles qui servaient de trait d'union entre les deux extensions en recevaient aussi l'illumination, car « brille ce qui est brillamment relié à des parties brillantes de lumière ». Sous le portail central, consacré au Jugement dernier, les portes de bronze doré devaient éclairer les esprits afin qu'« à travers les lumières de vérité » (les mystères de la mort et de la résurrection du Christ, sculptés sur les panneaux) ils puissent se rendre jusqu'à la « vraie lumière à laquelle le Christ donne accès ». Le maître-autel fut aussi enrichi sur ses côtés de deux bas-reliefs d'or qui s'ajoutèrent à ceux qu'avaient donnés Dagobert et Charles le Chauve, « de sorte que l'autel apparût entièrement entouré d'or ». Il y eut peu d'architecture romane dans le domaine royal, et tout s'est passé comme si Saint-Denis, tout en consacrant l'architecture gothique ainsi que l'expression monumentale du nouveau royaume en croissance, renouait avec l'architecture carolingienne, ressuscitant la colonne antique comme norme des proportions et développant la notion d'espace en vision de lumière. Suger envisagea même la croisée d'ogives comme le lien jeté entre les deux parois de la travée dont l'unité repose dans le Christ, pierre d'angle et clé de voûte dans l'œuvre d'édification spirituelle, qui va de pair avec la construction, de plus en plus élevée, de l'édifice matériel.

Métaphysique néo-platonicienne de la lumière

Suger eut une forte et vibrante conception de la beauté comme forme lumineuse émanant de la source divine et permettant, par la contemplation d'objets transfigurés par la lumière, de remonter vers son origine dans une anabase, ou *anagogie*, de moins en moins sensible et de plus en plus intellectuelle. C'est l'esthétique de Plotin et des néo-platoniciens. Ce sera celle de Robert Grosseteste et de saint Bonaventure. Elle est tirée du traité de Denys l'Aréopagite sur la *Hiérarchie céleste.* Un hasard, qui fit autant la fortune de Saint-Denis que la foire du Lendit, restaurée à l'abbaye en 1109, voulut que l'auteur de ce traité, un Syrien qui vécut vers l'an 500, fût confondu avec le Denys converti par saint Paul à Athènes, et ce dernier avec le martyr du IIIe siècle, dont la légende fit un apôtre contemporain du Christ. Les œuvres de Denys le pseudo-Aréopagite avaient été traduites et commentées sous l'abbatiat d'Hilduin (814-841), puis par Jean Scot Érigène. L'entreprise fut reprise par Hugues de Saint-Victor et Jean Sarrazin à l'époque de Suger. L'esthétique dionysienne est le troisième aspect que prit sous Suger le retour à la renaissance carolingienne (la reconstruction de l'abbatiale et la résurrection légendaire de Charlemagne dans le *Pèlerinage de Charlemagne*, son modèle latin, et le *Pseudo-Turpin* en constituant les deux autres composantes). Elle a inspiré la commande d'œuvres où l'or baignait de ses reflets les pierres précieuses, perles, gemmes et émaux, et l'implantation d'un chevet à neuf chapelles rayonnantes, à l'image des neuf chœurs d'anges de la *Hiérarchie céleste*, où la pierre se dématérialise en sertissure d'une paroi de verrières continues et convergentes. Les taches des vitraux diaprent les douze colonnes isolées dans le demi-cercle du déambulatoire ; ces colonnes furent montées, pour symboliser les douze Apôtres, au-dessus d'autres colonnes qui, dans l'ombre de la crypte, figurent les douze prophètes.

Symbolisme sugérien de la révélation

La symbolique incorporée dans les programmes de construction et de décoration à Saint-Denis renoue, par l'intermédiaire de l'esthétique dionysienne des « lumières », avec la typologie qui servit de méthode iconographique à l'art paléochrétien et à l'art carolingien. Elle est fondée sur la correspondance entre les signes inscrits dans l'Ancien Testament et les actes miraculeux et fondateurs des sacrements dans la vie du Christ. Par exemple, le signe tau est le symbole de la croix, du salut et de la rédemption dans le baptême. Les ombres de la Loi contiennent les lumières de la grâce. Dans les mystères chrétiens se dévoilent les promesses cachées sous la matérialité des événements de l'Ancienne Alliance. La compréhension du monde créé et la découverte du sens eschatologique de l'histoire sont rendues possibles à travers un système de voiles et d'écrans ; Dieu a disposé dans l'univers et le long du temps la chaîne des symboles qui, en tamisant sa lumière, empêchent que la révélation n'en soit aveuglante. L'homme entrevoit les mystères comme suspendus en filigrane dans la lumière-couleur, la couleur n'étant que la brisure irisée du rayon à la source invisible contre la matière. Les matériaux splendides jetaient Suger dans une transe contemplative étrange, suscitée par les radiations enfouies dans ces condensations matérielles de la lumière et par la vision de la cause dernière. Ils lui paraissaient les mieux appropriés à la transsubstantiation opérée dans le sacrifice de la messe, qui répète le drame de la Rédemption, et il y voyait les réceptacles du divisionnisme lumineux inhérent à la structure du cosmos. Le phénomène du passage de la matière à la lumière, sous-jacent au changement du vin en sang sacramentel, se manifeste merveilleusement dans le calice fait d'une coupe de sardonyx moiré, d'origine alexandrine, qu'il fit monter. Dans les verrières de Saint-Denis, les symboles de l'Ancien Testament et les mystères du Nouveau se confrontent comme des miroirs de saphir. À la grande croix implantée à l'entrée du chœur, œuvre que l'on ne connaît que par des descriptions et qui mesurait près de cinq mètres, le Christ d'or, à la poitrine ruisselante de rubis, cloué par des saphirs au-dessus de gerbes de pierres précieuses et de perles, dominait un pilier carré émaillé de soixante-huit plaques composées comme des médaillons polylobés de vitrail et explicitant les « types » de l'Ancien Testament et les « antitypes », ou révélations, du Nouveau. Quelques splendeurs du trésor de Saint-Denis sont encore réparties entre la galerie d'Apollon du Louvre et le cabinet des médailles de Paris. Le vase de porphyre transformé en aigle par l'addition d'ailes de bronze est la métamorphose d'un objet en objet d'art chargé du sens anagogique de l'oiseau solaire.

PHILIPPE VERDIER

Bibliographie

SUGER, *Œuvres complètes*, éd. A. Lecoy de La Marche, Paris, 1867 (comprenant *Sugerii vita*) ; *Vie de Louis le Gros* (*Vita Ludovici regis*, avec les premiers chap. de la *Vie de Louis VII* inachevée, éd. A. Molinier, 1887), 8 éd. et trad. H. Waquet, Paris, 1929.

M. AUBERT, *Suger*, abbaye de Saint-Wandrille (Seine-Maritime), 1950 / M. BUR, *Suger. Abbé de Saint-Denis, régent de France*, Perrin, Paris, 1991 / O. CARTELLIERI, *Abt Suger von Saint-Denis*, Berlin, 1898 / S. MCKNIGHT CROSBY, *L'Abbaye royale de Saint-Denis*, Paris, 1953 / E. S. GREENHILL, « Eleanor, Abbot Suger and St. Denis », in *Eleanor of Aquitaine Patron and Politician*, W. W. Kibler, Austin (Tex.)-Londres, 1976 / L. GRODECKI, « Les Vitraux de Saint-Denis. L'enfance du Christ », in *De artibus opuscula XL. Essays in Honor of Erwin Panofsky*, New York, 1961 ; « Les Vitraux allégoriques de Saint-Denis », in *Art de France*, vol. I, 1961 ; *Les Vitraux de Saint-Denis*, vol. I : *Histoire et restitution* (*Corpus vitrearum Medii Aevi*), Paris, 1976 / J. LECLERCQ, *Comment fut construit Saint-Denis* (traduction du *De consecratione* de Suger), Paris, 1945 / R. LETHABY, « The Part of Suger in the Creation of Medieval Iconography », in *Burlington Magazine*, vol. XXV, 1914 / E. MÂLE, « Suger et son influence », in E. Mâle, *L'Art religieux du XIIe siècle en France*, 3e éd., Paris, 1928 / B. de MONTESQUIOU-FEZENSAC, *Le Tombeau des corps saints à l'abbaye de Saint-Denis*, Cah. archéol., n° 23, 1975 / B. de MONTESQUIOU-FEZENSAC & D. GABORIT-CHOPIN, *Le Trésor de Saint-Denis. Inventaire de 1634*, 3 vol., Paris, 1973-1977 ; *Camées et intailles du trésor de Saint-Denis*, Cah. archéol., n° 24, 1975 / E. PANOFSKY, *Abbot Suger. On the Abbey Church of Saint-Denis and Its Art Treasures*, Princeton Univ. Press, 1946 ; trad. franç., *Architecture gothique et pensée scolastique*, Minuit, 1974 / O. VON SIMSON, *The Gothic Cathedral. Origins of Gothic Architecture and the Medieval Concept of Order*, New York, 1956 / SUGER, *La Geste de Louis VI*, Imprimerie nationale, Paris, 1994 / SUMNER, S. MCKNIGHT, CROSBY et al., *The Royal Abbey of Saint-Denis, in the Time of Abbot Suger (1122-1151)*, Metropolitan Museum of Art, New York, 1981 / P. VERDIER, « La Grande Croix de l'abbé Suger à Saint-Denis », in *Cahiers de civilisation médiévale*, vol. XIII, 1970 ; *Réflexions sur l'esthétique de Suger*, Mélanges C.R. Labande, Paris, 1975 ; *Saint-Denis et la tradition carolingienne des tituli. Le De rebus in administratione sua gestis de Suger*, Mélanges R. Louis, Paris, 1982 ; *Peut-on reconstituer l'aspect du tombeau des corps saints à Saint-Denis ?*, Mélanges J. Stiennon, Liège, 1983.

SUZERAIN

Seigneur supérieur. Dans le vocabulaire du droit féodo-vassalique, le suzerain est le seigneur du seigneur (antonyme : arrière-vassal). Ce terme désigne par excellence la personne qui se trouve au sommet d'une pyramide hiérarchique : l'empereur, le roi, dans la société féodale, sont des suzerains.

On doit soigneusement distinguer suzeraineté et souveraineté. Cette dernière est inhérente à la notion d'État et caractérise celui qui a en charge la chose publique ; ainsi conçu dans l'Antiquité et même encore à l'époque barbare, le pouvoir royal n'a en fait retrouvé le caractère de souveraineté qu'après l'intermède féodal, avec la renaissance du droit romain amorcée au XIIe siècle et confirmée au XIIIe. La suzeraineté, au contraire, est fondamentalement un rapport d'homme à homme, contractuel, puisque résultant de l'hommage prêté par les vassaux et les arrière-vassaux, qui est un geste volontaire d'homme libre. Mais aucun lien direct, et en particulier aucun hommage ou serment, ne lie l'arrière-vassal à son suzerain.

Il faut aussi distinguer la suzeraineté de la seigneurie. Le maître d'une seigneurie foncière, le puissant à qui est rendu un hommage, le détenteur du pouvoir banal dans une région ont une seigneurie – foncière ou rurale, féodale, banale ou politique – et sont des seigneurs. Ils ne sont suzerains qu'en tant qu'ils ont des arrière-vassaux, et uniquement par rapport à ceux-ci.

Jusqu'au XIIIe siècle, la suzeraineté n'a conféré aucun droit propre, sinon celui – qui est un devoir autant qu'un droit – de juger en appel de leur vassal si un arrière-vassal estime que son propre seigneur lui a rendu mauvaise justice. C'est cette procédure qui, grâce aux appels portés devant le roi de France contre les sentences rendues dans leur principauté par le comte de Flandre par exemple ou par les Plantagenêts, a permis aux Capétiens de s'immiscer efficacement dans les affaires de leurs grands vassaux. La suzeraineté a aussi procuré au roi de France ou au roi d'Angleterre une puissance effective, car, en exigeant de leurs vassaux un contingent militaire proportionnel à l'importance de leurs fiefs, les souverains ont en fait provoqué la levée de l'arrière-ban – venue à l'armée des arrière-vassaux – et ont ainsi acheminé les esprits vers l'idée d'un appel direct de tous les hommes du royaume ; on sait que ce service militaire pouvait être rachetable, et qu'il est l'une des origines de l'impôt.

JEAN FAVIER

SVATOPLUK (830 env.-894), roi de Grande-Moravie (869 env.-894)

D'abord protégés de l'Empire franc, les Slaves de Moravie constituèrent un État indépendant au IXe siècle. En 869, Svatopluk succède à son oncle Rostislav qui, tombé aux mains de Louis le Germanique, avait été aveuglé. Svatopluk étend la principauté jusqu'à l'Oder à l'ouest et au Hron à l'est. Dans un premier temps, il accorde son appui à Méthode, missionnaire byzantin qu'avait appelé Rostislav, vers 860, pour faire pièce au clergé franc d'obédience romaine. Puis Svatopluk revient au catholicisme et se réconcilie avec le clergé franc. Il interdit l'usage du slavon et impose la liturgie latine : choix culturel de première importance pour l'histoire ultérieure des Slaves du Nord. En 885, le pape Étienne V condamne lui-même l'usage de la liturgie slavonne et les disciples de Méthode sont chassés du pays. La mort de Svatopluk sonne le glas de la Grande-Moravie : les querelles entre ses trois fils favorisent les invasions hongroises qui détruiront l'Empire slave.

JEAN BÉRENGER

SVEN ou SVEND À LA BARBE FOURCHUE (960 env.-1014) roi de Danemark (986-1014) et d'Angleterre (1013-1014)

Fils de Harald II Blåtand (« à la Dent bleue ») et de Gunhild. Le père de Svend Tveskæg (« à la Barbe fourchue ») a été le premier prince danois à faire pénétrer le christianisme au Danemark, comme en témoigne la célèbre inscription runique de la pierre de Jelling. Svend, s'appuyant sur l'aristocratie païenne, renverse le roi vers 983 et renonce à l'alliance avec les rois de Germanie. Il prend un château d'Otton II et ravage la côte de l'Allemagne. Harald, ayant essayé de réagir, est tué au Jomsburg en 986. Svend aurait alors, selon Adam de Brême (*Histoire ecclésiastique des Églises de Hambourg et de Brême*), persécuté les chrétiens et détruit le sanctuaire d'Haithabu. Mais, à la fin de sa vie, il abandonna le paganisme.

En chef viking, avec une armée bien entraînée, il fait plusieurs campagnes contre ses voisins de la mer Baltique et de la mer du Nord. Ayant d'abord épousé la fille du duc de Pologne, il la répudie pour se marier avec une princesse norvégienne. Celle-ci le pousse à combattre le roi de Norvège, Olaf Tryggvason. Aidé du roi de Suède, du *jarl* norvégien de Lade, Svend bat et tue le roi Olaf à Svolder et annexe le sud de la Norvège en 1000. Dès 994, il a commencé des raids contre le royaume anglo-saxon en profitant des luttes dynastiques qui suivent la mort du roi Edgar et en aidant les colonies danoises installées dans le nord de l'Angleterre qui viennent de remporter une victoire à Maldon (991). Svend pille le Sussex, le Hampshire, les rivages de la Humber et accepte de recevoir un tribut. Le roi Ethelred profite de la guerre norvégienne pour reconstituer ses forces, s'allie avec son beau-frère Richard de Normandie et fait tuer un grand nombre de Danois, parmi lesquels la sœur et le beau-frère de Svend (massacre de la Saint-Brice, 13 nov. 1002).

Svend répond en organisant une grande expédition sur la Tamise et sur les côtes du Sud. Canterbury est pris et l'archevêque assassiné (1010). Ethelred doit payer un énorme tribut. Trois ans après, Svend, laissant le gouvernement du Danemark à son fils aîné Harald, et aidé par son second fils Knut, envahit l'Angleterre, prend Oxford, Winchester, et oblige le roi Ethelred à fuir en Normandie. Londres résiste un moment mais tombe en janvier 1014. Alors, comme le dit la chronique anglo-saxonne : « Toute la nation le regarda avec respect comme son roi », mais Svend mourut brusquement à Gainsborough. Il avait ainsi préparé l'œuvre de son fils Knut le Grand.

PIERRE RICHÉ

SYAGRIUS (430 env.-486)

Descendant d'une illustre famille aristocratique de Gaule, Syagrius était fils d'Ægidius qui possédait des domaines dans le nord de ce pays. À la fin du Ve siècle, il avait regroupé quelques troupes romaines pour contenir la poussée des Francs Saliens. Grégoire de Tours, qui est notre seule source (*Historia Francorum*, II, 27), le nomme « le roi des Romains ». Ce qu'on appelle le royaume de Syagrius recouvrait, vers 480, les pays entre Loire et Somme et englobait la ville de Soissons, siège du pouvoir. Clovis, lorsqu'il devint chef des Francs en 481, décida de supprimer cette enclave encore romaine ; aidé d'un autre chef franc, Ragnachar, il réussit à battre Syagrius (486) et le força à s'enfuir dans le royaume wisigoth de Toulouse. C'est à la suite de cette bataille que se situe l'épisode légendaire du vase de Soissons, qui montre que, déjà, Clovis ne voulait pas mécontenter le clergé gallo-romain. Celui-ci exigea du roi wisigoth Alaric II qu'il lui remît Syagrius et le fit tuer en secret (486). Il conserva néanmoins ce qui restait des rouages gouvernementaux modelés sur ceux de l'Empire d'Occident. Soissons devait devenir l'une des résidences favorites des Mérovingiens.

PIERRE RICHÉ

SYLVESTRE II, GERBERT D'AURILLAC (938-1003) pape (999-1003)

Né en Auvergne, Gerbert fait ses études au monastère de Saint-Géraud d'Aurillac. Il est présenté au pape Jean XIII pour sa science exceptionnelle, puis à l'empereur Otton Ier ; Adalbéron, évêque de Reims, le fait écolâtre de son studium épiscopal : Gerbert y enseigne et y fait enseigner toutes les connaissances possibles, profanes et religieuses, antiques et modernes ; lui-même acquiert une grande réputation de mathématicien et d'astronome. Il conseille Adalbéron quand ce dernier, au concile de Senlis (987), fait élire comme roi, puis sacre Hugues Capet, au détriment des derniers descendants de Charlemagne. Il succède à son protecteur sur le trône archiépiscopal de Reims, ce qui lui vaut des démêlés infinis avec les évêques fidèles à l'Empire, et avec la papauté, dont il conteste l'autorité ; il joue un rôle dominant dans une série de conciles de France, où il se fait le champion de l'indépendance des Églises nationales, notamment pour la nomination des évêques. Il est suspendu et excommunié par le pape pour avoir refusé de quitter le siège de Reims ; Otton III le fait évêque de Ravenne, puis, à la mort de son autre protégé Grégoire V, le fait élire pape en 999.

Gerbert, qui prend le nom de Sylvestre, pratique alors la méthode autoritaire qu'il avait combattue dans les nominations et destitutions d'évêques ; il lutte vigoureusement contre la simonie et cherche à relever de son délabrement le Saint-Siège, jouet des factions aristocratiques de Rome et de la politique européenne. On lui attribue l'introduction du système féodal français dans l'État pontifical, qui l'ignorait : en fait, il reprend la tradition juridique traditionnelle des concessions territoriales en échange d'une censive dérisoire, mais introduit la clause militaire : le puissant laïc bénéficiaire doit au pape un service en armes et en hommes ; surtout, il essaie d'introduire dans l'État pontifical des personnages puissants qui soient étrangers aux grandes familles romaines, en particulier à celle d'Albéric et de Théophylacte, habituée à faire et défaire les papes. La diplomatie de Sylvestre II consiste à unir aussi étroitement que possible la Germanie ottonienne à Rome ; il retient Otton près de lui et rêve d'un Empire latino-germanique capable de contrebalancer Byzance. Il détache de la Germanie les Églises de Pologne (sous Boleslas) et de Hongrie (sous Étienne) en les dotant d'une hiérarchie épiscopale nationale. L'opposition romaine l'oblige à quitter Rome en 1001, et la mort d'Otton, son allié de toujours (23 janv. 1002), condamne ses rêves de réforme. Il meurt à Rome sans avoir mené à bien son œuvre.

Pape de l'an mille, Sylvestre II a dû sans doute à sa réputation d'astronome de figurer dans un certain nombre de récits légendaires postérieurs à cette époque. Ainsi trouve-t-on dans le *Miroir historial* (*Speculum historiae*, mil. XIIIe s.) de Vincent de Beauvais la légende selon laquelle Gerbert aurait tout jeune vendu son âme au diable, qui, en échange, lui aurait assuré sa carrière politique jusqu'au siège de saint Pierre ; après quoi, le pape repenti aurait obtenu la miséricorde divine. On connaît assez bien la vie et l'action de Gerbert par les documents pontificaux et par son abondante correspondance.

JEAN-PIERRE BORDIER

T

TAILLE

Prélèvement effectué par le seigneur sur la totalité des roturiers dont il assurait la protection, la taille était, au Moyen Âge, fixée par la coutume et totalement arbitraire. Au cours du XIIe siècle, les communautés villageoises tentèrent d'imposer, à prix d'argent ou au besoin par la force, l'abonnement de la taille, c'est-à-dire un accord en limitant le montant et la périodicité. La taille arbitraire était en effet considérée comme une marque de servitude. La taille abonnée devint alors un prélèvement foncier peu à peu confondu avec le cens ou constituant une forme particulière de celui-ci.

La taille royale est toute différente : à l'origine impôt exceptionnel, figurant, jusqu'à la Révolution, au chapitre « extraordinaire » des ressources royales, la taille devint, du fait de la guerre de Cent Ans, un impôt annuel et permanent dès 1439, et resta jusqu'en 1789 la principale contribution directe.

Le régime fiscal de la taille était d'une extraordinaire complexité. C'était un impôt de répartition : l'administration centrale, ayant évalué ses besoins ainsi que les facultés des populations, répartissait ses réquisitions entre les trente-deux circonscriptions dites « généralités » qui se partageaient l'ensemble du royaume. Toutefois, certaines provinces (Bretagne, Bourgogne, Provence et, surtout, Languedoc), ayant conservé d'anciennes franchises, possédaient des assemblées (états) qui négociaient âprement avec l'intendant de la généralité le montant de leur impôt et se chargeaient de son recouvrement. C'étaient les pays d'état. Le reste du royaume était pays d'élection, du nom des subcirconscriptions des généralités entre lesquelles l'intendant répartissait la taille de sa généralité. Les élus (officiers de l'élection) partageaient alors la taille en leur circonscription entre les différentes paroisses ou fractions de paroisse de leur ressort. L'assiette de cet impôt était variable selon les régions. Dans la majeure partie du royaume, il s'agissait de l'ensemble des revenus de chaque contribuable, selon l'estimation qu'en faisaient les collecteurs locaux. C'était la taille personnelle, dont le clergé et la noblesse étaient dispensés, de même que les habitants de beaucoup de villes, notamment les plus importantes.

Tout ce système, lourd à manier, très injuste dans l'ensemble, quoique équitable dans le détail, n'assura jamais des revenus suffisants ni surtout réguliers à la monarchie qui ne put, durant des siècles, remédier à ses perpétuelles crises de trésorerie qu'au prix de lourds emprunts.

FRANÇOISE MOYEN

TAISIBLE COMMUNAUTÉ → COMMUNAUTÉ TAISIBLE

TAMIATHIS → DAMIETTE

TANCRÈDE DE HAUTEVILLE ou D'ANTIOCHE (mort en 1112)

Petit-fils du baron normand Robert Guiscard, fondateur de la grande principauté sicilienne. Tancrède prit, avec son oncle Bohémond Ier, une part active à la première Croisade (1096) où, dans la plus pure tradition des Normands de Sicile, il se montra l'adversaire résolu de l'empereur byzantin, qui revendiquait la souveraineté des terres reconquises sur l'Islam. Évincé de Jérusalem au profit de Godefroi de Bouillon, il tenta de se tailler une seigneurie en Galilée et s'empara de Tibériade. Capitaine énergique et combattant redoutable, Tancrède se vit confier la principauté d'Antioche où les barons ne pouvaient s'accommoder, à la mort de Bohémond Ier, du gouvernement d'un enfant, le jeune Bohémond II. Bohémond Ier avait d'ailleurs confié lui-même le gouvernement d'Antioche à son neveu dès son départ pour l'Europe en 1104.

Tancrède peut être considéré comme le véritable fondateur de la principauté d'Antioche, où il restaura l'autorité, compromise par les maladresses militaires et politiques de Bohémond Ier. Il assura aussi la sécurité de la ville et de ses relations économiques en prenant définitivement le port de Lattaquié en 1108 après plusieurs passes d'armes avec les Byzantins. Enfin, en 1110, il occupa, entre Tortose et Homs, une forteresse musulmane sur laquelle fut établi l'énorme ouvrage fortifié que l'on appela le krak des Chevaliers.

JEAN FAVIER

TANCRÈDE DE LECCE (mort en 1194) roi de Sicile (1190-1194)

Fils bâtard de Roger, duc de Pouille (lui-même fils du roi Roger II de Sicile), et d'Emma, issue de la famille des comtes de Lecce, Tancrède est comte de Lecce en 1149. Ce grand aristocrate participe à la rébellion de 1156 contre le roi de Sicile Guillaume Ier et son grand émir Maion, puis à la révolte de 1161, excitant en Sicile les Lombards contre les musulmans. Il doit s'exiler, puis rentre sous le règne de Guillaume II, qui le nomme grand connétable et maître justicier de la Pouille et de la terre de Labour, c'est-à-dire vice-roi sur le continent (1181). À la mort de Guillaume II (nov. 1189), le trône de Sicile doit aller à Constance, fille de Roger II, mariée à l'empereur germanique Henri VI. Mais, exploitant le sentiment anti-allemand des grandes villes et d'un important parti aristocratique, Tancrède se fait élire et couronner en janvier 1190. Habile stratège, il doit faire face à une révolte des musulmans de Sicile et à la défection de nombreux aristocrates apuliens ; il repousse les Allemands en 1190. Il doit encore traiter avec Richard Cœur de Lion, qui, partant pour la croisade, a pris Messine (1191). Devant une nouvelle invasion germanique soutenue par des aristocrates, il cherche à s'appuyer sur les villes. Les Salernitains lui livrent Constance. En 1192, le roi obtient l'appui du pape Célestin III. Il traite encore avec le basileus Isaac II Ange, mais ne peut que retarder l'avance allemande. À sa mort, il laisse un royaume déchiré à son fils Guillaume III sous la régence de la reine Sibille : quelques mois plus tard, le 20 novembre 1194, l'empereur Henri VI de Hohenstaufen entre à Palerme.

JEAN-MARIE MARTIN

ṬĀRIQ IBN ZIYĀD (VIIIe s.)

Affranchi du général umayyade Mūsā ibn Nuṣayr, Ṭāriq ibn Ziyād conduit en 771 la première grande expédition musulmane en Espagne. Il est probablement d'origine berbère (certaines sources lui attribuent pourtant une ascendance persane). De nombreux récits légendaires entourent les motifs et le but de cette expédition (R. Dozy, *Recherches sur l'histoire et la littérature de l'Espagne musulmane pendant le Moyen Âge*, Paris-Leyde, 1881). Après le raid de Ṭāriq dans le royaume wisigothique d'Espagne, Mūsā ibn Nuṣayr confie une petite armée de 7 000 hommes à Ṭāriq. Le passage du détroit est assuré par la flottille du gouverneur byzantin de Ceuta. Les chroniqueurs arabes expliquent la participation de ce dernier par le fait qu'il veut tirer vengeance du roi des Wisigoths Rodéric qui avait violé sa fille. Ṭāriq concentre ses troupes sur la montagne qui depuis porte son nom : Gibraltar (djabal Ṭāriq). Il commence par s'assurer le contrôle de la baie de Gibraltar, mais, craignant l'armée de Rodéric qui marchait contre lui, il demande des renforts à Mūsā qui lui envoie 5 000 hommes. Rodéric, trahi par une partie de ses troupes, est vaincu le 19 juillet 711 sur le rio Barbate, et, en cette même année, Ṭāriq prend Cordoue et Tolède. Jaloux de ces succès, Mūsā ibn Nuṣayr décide de passer en Espagne : avec 18 000 hommes, il achève la conquête des villes du sud et du centre de la Péninsule et rencontre Ṭāriq à Talavera. D'après les chroniques arabes, le général accable son lieutenant de reproches. Ṭāriq doit remettre le butin dont il s'est emparé et, désormais, ne joue plus un rôle de premier plan dans la conquête. Il suit son maître en Syrie (714-715) et son témoignage, lors de l'entrevue avec le calife, contribue à provoquer la disgrâce de Mūsā.

GEORGES BOHAS

TEMPLIERS

Les Templiers, ordre monastico-militaire, réalisèrent l'idéal de cette double vocation apparemment contradictoire de moine et de soldat. Ils répondirent à un besoin particulier de l'Église à une époque où celle-ci s'efforçait d'humaniser la guerre et où la lutte entre deux civilisations, chrétienne et musulmane, exigeait l'action d'une élite. Le dépouillement de centaines de documents a permis de poser en termes nouveaux le problème du Temple et de mettre en valeur le gouvernement, la grandeur militaire, l'influence internationale dans l'économie et les finances, et les données réelles de l'existence de l'ordre. Il faut se garder d'inclure dans les problèmes relatifs au Temple bon nombre de questions encore mal élucidées et dont rien ne prouve qu'elles soient effectivement rattachées à cet ordre. Les Templiers eurent une vie et une observance beaucoup plus simples qu'on ne l'a cru. Ils furent avant tout des religieux et des soldats, mais encore des administrateurs, des diplomates et des financiers.

Origines et gouvernement

Deux chevaliers français, Hugues de Payens et Geoffroy de Saint-Omer, fondèrent à la fin de l'année 1119 l'ordre des Pauvres Chevaliers du Christ, que l'on appellera plus tard l'ordre du Temple. Les deux fondateurs décidèrent de se mettre au service des pèlerins et se placèrent sous la protection de Baudouin II, qui venait d'être couronné roi de Jérusalem le jour de Noël de cette même année dans l'église de Bethléem. Le patriarche Garimond reçut les vœux des premiers frères, selon les us et coutumes des chanoines réguliers du Saint-Sépulcre, dont les Templiers conservèrent les rituels ; ces rituels provenaient de Saint-Victor de Paris par l'intermédiaire de Godefroi de Bouillon.

Le courageux et actif Hugues de Payens s'installa avec ses premiers frères dans une demeure que leur assigna le roi Baudouin dans la partie méridionale du Temple de Salomon. Dès le début, plusieurs frères vinrent grossir la jeune milice, et notamment Hugues de Troyes, comte de Champagne (au grand scandale de saint Bernard), et Foulques d'Anjou, qui servira en qualité de « frère à temps » (pendant une durée limitée). Le recrutement se fit progressivement puisque les actes révèlent les noms de quatorze frères chevaliers à l'ouverture du concile de Troyes (1128).

En 1127, Hugues de Payens passe en Occident avec cinq frères pour obtenir du Saint-Siège la confirmation de son institut.

Il est renvoyé devant le concile de Troyes qui s'ouvre sous la présidence du cardinal d'Albano, ancien prieur de Saint-Martin-des-Champs de Paris. L'assemblée conciliaire comprenait, outre le légat, douze archevêques et évêques, quatre abbés bénédictins et quatre abbés cisterciens. Les Pères mirent au point la règle donnée par Garimond, en louant ce qu'ils estimaient profitable et en retranchant ce qui ne leur semblait pas justifié. Bernard de Clairvaux s'étant dérobé, Jean Michel écrivit les soixante-douze articles approuvés par le concile. Le premier maître parcourut ensuite une partie de la France et de l'Angleterre. De nombreuses donations furent faites alors par des évêques, des chanoines, des seigneurs, des abbés, et par le grand nombre de prosélytes partis vers la Terre sainte dès 1131. Hugues de Payens demanda plusieurs fois à l'abbé de Clairvaux d'encourager la jeune milice, mais Bernard ne fut jamais très favorable à ce système de vie monastique ; le souvenir d'Arnaud, abbé de Morimond, ainsi que le choix du comte de Champagne semblent être à l'origine de cette hargne. Toutefois, il écrivit vers 1135-1136 le *De laude novae miliciae*, traité dans lequel il signale ne pas connaître l'ordre du Temple. Au mois de mars 1139, le pape Innocent II confirme l'institution des moines combattants par sa bulle *Omne datum optimum*. Cette confirmation favorisa le développement temporel de l'ordre, auquel s'ajoutèrent de nombreux privilèges et exemptions. Il en résulta, aussi bien en Orient qu'en Occident, un accroissement considérable des biens et du nombre des frères. À la mort du deuxième maître du Temple, Robert de Craon, on comptait uniquement pour la maison de Jérusalem deux couvents – ensemble des troupes de combat, comprenant trois cent cinquante chevaliers –, environ mille deux cents sergents, sans compter les autres membres donnés ou à temps. Au XIIIe siècle, plusieurs provinces étaient établies : Provence, France, Poitou, Bourgogne, Angleterre, Aragon-Catalogne, Castille, Portugal, Toscane-Lombardie, Sicile-Pouilles, Hongrie, Magdebourg, Mayence, et les deux sous-provinces de Trèves en Allemagne et du royaume de Valencia en Espagne, dès 1242. En Palestine, le Temple comprenait trois grandes provinces : Jérusalem, Tripoli, Antioche et, vers 1257, la sous-province commerciale de Petite Arménie. L'ensemble de ces provinces groupait trois mille quatre cent soixante-huit châteaux, forteresses et maisons dépendantes. Tout ce monde était placé sous la juridiction du chapitre général, seule autorité de l'ordre qui désignait les commandeurs de province. Dans les pays de combat, comme la Palestine et la péninsule Ibérique, les châteaux étaient soumis à la juridiction de ces commandeurs de province ou « commandeurs de terre » qui nommaient à leur tour les commandeurs de leur choix. En revanche, dans les pays de rapport, un système hiérarchique de maisons fut établi : chaque province était divisée en régions, ayant chacune à sa tête le commandeur régional, membre de droit de la chambre priorale et capitulaire ; venaient ensuite les commandeurs majeurs, ou baillis, qui supervisaient plusieurs maisons dans une région.

Le chapitre général, représenté hors des sessions par le maître, se réunissait tous les ans en Palestine ; tous les dignitaires y participaient, tandis que les grands baillis et prieurs des territoires d'Europe ne s'y rendaient que tous les cinq ans. Le premier chapitre connu eut lieu en 1147 et fut ouvert à Paris sous la présidence du pape Eugène III et du roi de France Louis VII.

Dès cette époque furent édictées les prérogatives du maître, qui se bornaient au maintien de l'observance et à la nomination des petits officiers de l'ordre.

Organisation

Au sommet de la hiérarchie se trouvait le maître, aux pouvoirs limités, malgré une souveraineté représentative du chapitre général. Pour toutes les décisions importantes, il devait consulter le chapitre dans lequel il n'avait qu'une seule voix et devait se ranger à l'avis de la majorité. Son « équipement domestique » se composait du chapelain, d'un clerc, de plusieurs sergents, d'un écrivain sarrasinois servant d'interprète, et enfin d'un ou plusieurs turcoples et écuyers. Il était en outre assisté de deux ou trois chevaliers de rang élevé, membres de droit de son conseil, et, en campagne, il se faisait escorter du gonfanon baussant qui était l'étendard blanc et noir de l'ordre.

Le sénéchal venait après le maître, et le remplaçait en cas d'absence. Le maréchal disposait de l'autorité militaire suprême. Il pouvait au besoin tenir le rôle du maître ou du sénéchal. Le commandeur de la terre et du royaume de Jérusalem est le grand trésorier de l'ordre et chef de la première province. Le drapier s'occupait de l'habillement des frères. Venaient ensuite les commandeurs dont les trois principaux étaient celui de la cité de Jérusalem ou hospitalier de l'ordre, chargé des pèlerins, celui d'Antioche et celui de Tripoli, puis les commandeurs des autres provinces. À ces grands dignitaires s'ajoutaient les commandeurs des maisons, qui pouvaient être chevaliers ou sergents, les commandeurs des chevaliers, les chevaliers, les sergents (parmi lesquels se recrutaient le sous-maréchal, le gonfanonier, le cuisinier, le maréchal-ferrant) et le commandeur du port d'Acre, amiral de la flotte du Temple. Les casaliers étaient chargés des fermes tandis que le turcoplier commandait les turcoples, formant les troupes légères auxiliaires. La règle mentionne ensuite les frères chapelains, dépendant directement du Saint-Siège, puis, en dernier lieu, les frères de métiers : maçons, selliers, bourreliers, tailleurs.

Histoire du Temple

L'histoire du Temple se confond avec celle des croisades en Terre sainte et avec celle de la Reconquête dans la péninsule Ibérique. On peut y voir la cause de la popularité dont l'ordre jouit dès les origines. La milice ne se concentra pas uniquement en Palestine. En 1131, Alfonso le Batailleur, roi d'Aragon, cède une partie de son royaume aux Templiers, qui eurent la sagesse de la refuser peu de temps après sa mort. Tout en étant un ordre militaire, le Temple accomplit, dans les pays qui n'étaient pas le théâtre de combats contre les infidèles, une œuvre civilisatrice importante en défrichant et en aménageant de vastes domaines à l'égal de l'ordre de Cîteaux. Souverain par son maître représentant le chapitre général, lequel était la personne morale de tout l'ordre, le Temple acquit une richesse immense et un pouvoir synarchique qui lui suscitèrent des ennemis implacables et qui furent à l'origine de sa perte. Aucun prince souverain ne possédait autant de richesses. Le Temple était devenu le banquier des papes et des rois. L'histoire de l'ordre reste cependant une véritable épopée, et sa valeur militaire est attestée par divers combats au Moyen-Orient (Ascalon, Ansur, Gaza, Daroum, Ramlah, Damiette, Alep et Mansourah) et par la participation des chevaliers au manteau blanc à croix rouge dans toutes les grandes batailles de la péninsule Ibérique : Las Navas de Tolosa, la conquête de Majorque, Badajoz, Cáceres, Alarcos, Salvatierra.

Cinq réformes furent opérées dans le Temple, réformes qui aboutirent à un durcissement des statuts et des *retrais* (articles des statuts traitant spécialement de la juridiction et des fonctions des Templiers). Nicolas IV et Clément IV promulguèrent de nombreuses bulles de confirmation de privilèges, à l'exemple de leurs prédécesseurs, tandis que Martin IV essaya d'unir, sous l'impulsion de Raymond de Lille (l'un des deux templiers qui devaient être canonisés par la suite), les Templiers et les Hospitaliers. Cette première tentative échoua. Boniface VIII ayant repris ce projet, ce fut alors le grand maître Jacques de Molay qui refusa.

La chute de l'Empire latin d'Orient en 1291 précipita les événements, et, lorsque Saint-Jean-d'Acre tomba aux mains des musulmans le 16 juin 1291, il ne restait plus que dix-huit templiers et seize hospitaliers. Au lieu de déployer leur vaillance dans la péninsule Ibérique, les templiers se concentrèrent en France où ils n'avaient pas de raison d'être ; les jugeant trop encombrants et ayant besoin d'argent, Philippe le Bel décida de les faire supprimer ; l'entrée dans l'ordre lui avait été, en effet, refusée.

Le vendredi 13 octobre 1307, à l'aube, tous les templiers de France furent arrêtés et jetés en prison. Le roi prit aussitôt possession de la tour du Temple où se trouvaient le trésor et les livres de comptes. Les cent quarante templiers de Paris subirent les pires tortures de la part des inquisiteurs dominicains, qui usèrent de tous les moyens en leur pouvoir (ruse, mensonge, chevalet, bûcher). Cent trente-sept d'entre eux avouèrent des ignominies incroyables ; mais, par la suite, plusieurs se rétractèrent. L'Angleterre, l'Espagne, le Portugal, l'Allemagne, l'Écosse reconnurent l'innocence du Temple et de ses membres. De son côté, le pape Clément V, faible et lâche, circonvenu par Philippe le Bel, fit lire à l'ouverture de la deuxième session du concile de Vienne, le 3 avril 1312, la bulle *Vox clamantis* qui portait la suppression par provision de l'ordre en attendant le jugement définitif d'un prochain concile ; celui-ci ne devait jamais se réunir. Il fut décidé qu'en attendant la réunion d'une assemblée tous ceux qui porteraient le costume et continueraient à se faire appeler templiers seraient excommuniés. Le soir du 18 mars 1314, le maître Jacques de Molay et le commandeur de Normandie furent brûlés vifs dans l'île aux Juifs.

Partout les Hospitaliers de Saint-Jean héritèrent des biens du Temple, sauf en Aragon et au Portugal, pays où furent créés de nouveaux ordres, successeurs légitimes du Temple : Montesa, en Aragon, par une bulle du pape Jean XXII datée du 10 juin 1317 ; l'ordre du Christ, au Portugal, par une autre bulle du même pape, datée du 15 mars 1319.

Les prétendues vies secrètes du Temple ne sont que légende, dont rien ne peut prouver l'existence.

Vie conventuelle, costume

La règle donne de nombreux détails sur la vie conventuelle. Les devoirs religieux se bornaient à l'assistance aux offices dits par les frères chapelains et à la récitation pendant les heures canoniales d'un certain nombre de *patenôtres*. Les jeûnes étaient rigoureux : ils étaient observés tous les vendredis de la Toussaint à Pâques et la veille des grandes fêtes. L'usage du maigre était ordonné quatre fois par semaine. Les frères mangeaient dans le *palais* – nom donné au réfectoire – à deux par écuelle ; les restes étaient distribués aux pauvres.

Le code disciplinaire était rude et exposait en dix parties les diverses peines encourues : l'exclusion, ou *perte de la maison*, était appliquée en cas de simonie, révélation des choses du chapitre, meurtre d'un chrétien, larcin, évasion d'une maison, complot, trahison, désertion, sodomie et mensonge lors de la réception d'un frère ; la privation du port de l'habit pour un an et un jour sanctionnait le refus d'obéissance en cas de bataille avec un frère, blessure, compagnie de femmes, émission contre un frère d'accusations calomnieuses, etc. Il y avait encore la perte de l'habit pour trois jours avec jeûne ; le jeûne de deux jours à terre ; le jeûne pendant un jour ; la discipline en communauté ; la *mise en répit*, c'est-à-dire en quelque sorte en pénitence en attendant qu'une décision soit prise ; la remise du fautif au frère chapelain ; le relaxe ; l'emprisonnement.

Le trousseau pour la vie conventuelle comprenait : deux chemises, deux paires de chausses, deux braies, un justaucorps, une pelisse, deux manteaux dont un avec fourrure pour l'hiver, une chape, une tunique et une ceinture.

Les frères sergents étaient vêtus comme les chevaliers, cependant les étoffes étaient plus grossières et la couleur du manteau différente : blanc pour les chevaliers, noir pour les chapelains, les sergents et les écuyers. La croix rouge de l'Ordre, donnée par le pape Eugène III en 1146, était appliquée sans distinction sur tous les manteaux.

Les frères couchaient avec leurs vêtements de dessous sur un *sac* ou paillasse. Ils avaient droit à un *linceul*, ou drap, ainsi qu'à deux couvertures : une *étamine* et une *carpite*. La tenue de campagne comportait un haubert et des chausses de fer, un heaume, des *espalières*, des *souliers d'armer*, un *jupon d'armer*. L'armement se composait d'un écu en bois recouvert de cuir, d'une épée, d'une lance, d'une *masse turque* et d'un *couteau d'arme*. Deux sacs servaient à porter tout cet équipement. Aucune arme ni aucun écu ne devait être peint ou fourbi.

L'ordre du Temple fut supprimé mais non condamné. Il fut injustement anéanti. La bulle de Clément V abolissait l'ordre sous l'influence de Philippe le Bel, qui ne pardonnait aux frères du Temple ni leur richesse ni surtout d'avoir participé contre lui à la bataille de Courtrai en 1302. Après le concile de Vienne, les templiers se retirèrent dans diverses maisons religieuses ou dans l'ordre de Saint-Jean-de-Jérusalem, comme le signalent de nombreux actes.

Dans la péninsule Ibérique, deux ordres succédèrent de plein droit aux Templiers, l'ordre de Notre-Dame de Montesa et l'ordre du Christ. Au XVIIe siècle et surtout au XVIIIe, certaines observances maçonniques prétendirent avoir une filiation avec les Templiers. Sortirent alors plusieurs chronologies de grands maîtres, qui se révélèrent sans fondement. Au début du XIXe siècle apparut un mouvement se réclamant du Temple, d'inspiration plus folklorique que spirituelle, avec Raymond-Bernard Fabré-Palaprat. Après plusieurs luttes intestines, les néo-templiers disparurent eux aussi. Vers 1936, quatre commissaires de police belges créèrent une nouvelle milice du Temple, complétant la généalogie des néo-templiers.

Quoi qu'il en soit, parmi les quarante-sept ordres du Temple actuellement connus et les quelque soixante ordres militaires prétendant à une certaine spiritualité templière, en dehors des grades maçonniques, on peut dire que seul l'ordre de Montesa peut se qualifier de véritable successeur du Temple ; il ne reste en effet de l'ordre du Christ que son nom attribué à la première décoration du Portugal ; quant à l'ordre de Malte, il n'a fait qu'hériter des biens temporels du Temple.

LAURENT DAILLIEZ

Bibliographie

J. CHARPENTIER, *L'Ordre des Templiers*, Paris, 1944 / L. DAILLIEZ, « L'Architecture du Temple dans la péninsule Ibérique », in *Archeologia*, mars 1969 ; *Bibliographie de l'ordre du Temple*, Paris, 1972 ; *Les Templiers, ces inconnus*, Paris, 1972 ; *Les Templiers et les règles du Temple*, Paris, 1972 / M. MELVILLE, *La Vie des Templiers* ; Paris, 1953 / A. OLLIVIER, *Les Templiers*, Paris, 1960.

TEUTONIQUE ORDRE → ORDRE TEUTONIQUE

THÉODOSE II (401-450) empereur d'Orient (408-450)

Petit-fils de Théodose le Grand et fils d'Arcadius, Théodose II, qui avait été fait auguste dès 402, hérita de la partie orientale de l'Empire romain à la mort de son père en 408 ; il avait alors sept ans. Le gouvernement fut exercé sous son nom jusqu'en 414 par le préfet du prétoire et *patrice* Anthémius. Caractère faible, Théodose resta toujours sous l'influence de son entourage. À la mort d'Anthémius, Pulchérie, la sœur de l'empereur, qui n'avait que deux ans de plus que lui, prit les affaires en main, en même temps qu'elle parachevait l'éducation du jeune prince. Autoritaire, intrigante et dévote, elle donna pour un temps à la cour une allure monastique. En 421, elle mariait son frère à la fille d'un rhéteur d'Athènes, qui fut baptisée sous le nom d'Eudoxie. L'influence de l'épouse éclipsa celle de la sœur jusqu'en 433.

Eudoxie se retire alors à Jérusalem, où, privée par son mari des avantages attachés à sa qualité d'*augusta*, elle consacra son activité aux œuvres de piété jusqu'à sa mort, en 460. Si Pulchérie reprit alors sa place à la cour, Théodose fut en fait jusqu'à sa mort sous l'influence des eunuques impériaux, et spécialement de Chrysaphius.

Le règne de Théodose fut marqué à l'extérieur par la poussée sur les frontières de l'Empire, à l'intérieur par la lutte religieuse entre Alexandrie et Constantinople sur la question de la nature divine et humaine du Christ. Menacé au sud en Thébaïde, à l'est par les Arabes et surtout sur le Danube par les Huns d'Attila, Théodose dut conclure avec les Huns des traités onéreux qui pesèrent lourdement sur les finances impériales. Les querelles religieuses qui opposèrent Cyrille d'Alexandrie au patriarche de Constantinople, Nestorius, puis le successeur de Cyrille, Dioscore, au successeur de Nestorius, Flavien, furent marquées par le concile d'Éphèse (431) que convoqua Théodose, par un synode tenu à Constantinople en 448 qui condamna Eutychès et par un nouveau concile tenu à Éphèse en 449 et qualifié par le pape Léon Ier de « brigandage d'Éphèse ».

Théodose II mourut le 28 juillet 450 des suites d'un accident de cheval. Pulchérie fit élire pour lui succéder un officier thrace, Marcien, dont elle fit son époux.

JEAN GAUDEMET

THOMAS BECKET ou BECKETT saint (1117/18-1170)

Né à Londres d'une famille d'origine normande, Thomas Becket étudie à Paris. Rentré en Angleterre, il devient clerc à Cantorbéry, jouissant de la confiance du vieil archevêque. Il se rend pour affaires à Rome et va étudier le droit à Bologne et à Auxerre. En 1154, il devient archidiacre et chancelier du royaume par la faveur du jeune roi Henri II. Il se montre bon administrateur et, bien que clerc, homme de guerre ; en 1159, il combat vaillamment devant Toulouse et en Normandie. Après un an de vacance du siège, Thomas est élu, en mai 1162, archevêque de Cantorbéry. Il est ordonné prêtre le 2 juin, évêque le lendemain. Sans abandonner ses goûts de faste, il se pose en défenseur des droits de l'Église contre le roi, étonné des réactions de son ancien familier. Les relations se gâtent à tel point que le roi fait condamner l'archevêque par une assemblée tenue à Northampton en octobre 1162. Thomas Becket a le courage de comparaître pour récuser la sentence. Il s'enfuit clandestinement en France, se fixe à l'abbaye cistercienne de Pontigny, puis, quand le roi d'Angleterre menace de se venger sur les cisterciens de ses États, à Sens. Dans son exil, Thomas Becket mène une vie austère, mais n'abdique aucun de ses droits, qu'il défend en lançant des excommunications contre les évêques et les clercs qui ne le soutiennent pas avec assez de vigueur. Les efforts du pape pour apaiser le conflit restent vains. Au début de décembre 1170, Thomas Becket rentre en Angleterre pour agir directement. Quatre chevaliers décident alors de débarrasser leur roi de cet encombrant archevêque. Au soir du 29 décembre 1170, ils se présentent au palais épiscopal ; les clercs et les moines conduisent l'archevêque dans la cathédrale ; les chevaliers l'y poursuivent et veulent l'entraîner au dehors ; très fort, Thomas Becket les repousse ; ils sortent leurs épées et, au troisième coup, l'archevêque tombe devant l'autel de Notre-Dame.

Le crime cause un scandale immense ; le roi Henri II est frappé d'interdit et n'obtient l'absolution qu'après avoir prouvé son repentir. Thomas Becket est canonisé le 21 février 1173. Son culte se développe immédiatement dans tout l'Occident ; les représentations contemporaines de son martyre sont très nombreuses.

JACQUES DUBOIS

TIERS ORDRES

Forme d'agrégation de personnes du monde à un grand ordre religieux. Il faut en chercher l'origine, antérieurement à l'apparition des ordres mendiants, dans le genre de vie des « pénitents », hommes ou femmes, célibataires ou mariés, qui, par le port d'un habit spécial, une pratique régulière de la prière, une plus stricte observance en matière d'abstinence et de jeûnes, le renoncement aux fêtes mondaines, voire le refus de certaines professions (tel le métier des armes), adoptent la condition imposée par la discipline canonique aux pécheurs publics officiellement réconciliés.

Cet état pénitentiel volontaire, en marge du monde et cependant extérieur à la vie monastique, est très ancien dans l'Église et remonte peut-être au VIe siècle, sinon plus haut. On trouve, au XIIe siècle, quelques exemples de pénitents organisés en fraternités. Au XIIIe siècle, ces exemples sont plus nombreux ; saint François et ses premiers disciples ne se nomment pas autrement que les pénitents d'Assise, avant de se constituer en ordre religieux proprement dit.

Directement insérés dans le tissu de la vie urbaine, frères mineurs et frères prêcheurs sont les guides spirituels tout indiqués de ceux et celles qui, dans le monde, choisissent individuellement l'état de pénitence, telles Élisabeth de Hongrie (1207-1231), sous une direction franciscaine, et Marguerite d'Ypres, sous une direction dominicaine. Mais des relations se nouent aussi entre les ordres et les fraternités, soit de manière spontanée, soit sous la pression des autorités ecclésiastiques, soucieuses d'encadrer ces forces laïques dont la ferveur évangélique demeure facilement vulnérable à certains ferments d'hérésie. C'est dans cette perspective que, dès 1221, le Saint-Siège approuvait une sorte de règle, en définissant les conditions de vie des « frères et sœurs de la pénitence vivant dans leurs propres demeures » et en établissant les principes de leur gouvernement, l'autorité des laïques responsables y étant soumise à un certain contrôle de « visiteurs » ecclésiastiques.

Un certain flottement se maintient assez longtemps dans ces relations de tutelle, jusqu'au moment où les ordres mendiants proposent des règles précises aux fraternités de pénitence qui veulent se mettre sous leur direction. Une Règle, rédigée en 1284 par le frère Caro pour Florence, est approuvée en 1289 par Nicolas IV pour tous les pénitents qui veulent porter l'habit de saint François. En 1285, le maître de l'ordre des Prêcheurs, Muño de Zamora, promulgue une législation analogue pour les frères et sœurs de la pénitence de saint Dominique. Ainsi les couleurs (gris, noir, blanc) de l'habit des mendiants sont-elles portées désormais par un certain nombre d'hommes, et surtout de femmes, qui pour autant ne vivent pas dans des cloîtres. S'ils sont célibataires, ils ne peuvent se marier ; s'ils sont mariés, ils peuvent continuer d'user du mariage : on ne quitte cet état que pour entrer en religion. Pour distinguer ces pénitents des religieux et des religieuses proprement dits, on les appelle frères ou sœurs du troisième habit, ou — chez les Franciscains — de la troisième règle. De là on passera, chez les frères mineurs d'abord, à l'expression de « troisième ordre » ou tiers ordre.

L'expansion des tiers ordres a été assez considérable au Moyen Âge, au moins en certaines régions ; elle a été illustrée par quelques grands noms : Angèle de Foligno (morte en 1309) pour le tiers ordre franciscain ; Catherine de Sienne (morte en 1380), qui fait partie des *mantellate* dominicaines. Les ermites de saint Augustin, les carmes, les religieux d'autres ordres assurent également la direction de fraternités du même type.

À plusieurs reprises, il a suffi que les membres célibataires d'une fraternité se mettent à vivre ensemble pour constituer de nouveaux types de communautés, vite apparentées aux monastères proprement dits sans que pour autant y fût obligatoire, pour les femmes, la stricte discipline de la clôture. Ainsi ont pu se développer, notamment dans le nord de la France, dès la fin du XVe siècle, des communautés de « sœurs grises » qui s'adonnaient à l'assistance des malades. Après avoir pris au XVIe et au XVIIe siècle la forme de monastères ou couvents autonomes, les tiers ordres réguliers se présenteront au XIXe et au XXe siècle sous la forme de congrégations.

ANDRÉ DUVAL

TOISON D'OR ORDRE DE LA → ORDRE DE LA TOISON D'OR

TONLIEU

Au Moyen Âge, les tonlieux sont les taxes indirectes sur les marchandises ; ces taxes sont perçues lors du transport, au passage des ports, des ponts, etc., et lors des transactions sur les lieux de marché. Par la suite, et jusqu'à la Révolution, le « tonlieu » ne désigna plus que les droits de marché.

FRANÇOISE MOYEN

TORQUEMADA TOMÁS DE (1420-1498)

Célèbre inquisiteur espagnol. Neveu du théologien Jean de Torquemada (archevêque de Valladolid et défenseur du pape contre la théorie conciliaire au concile de Bâle), Tomás était, comme son oncle, frère prêcheur. Prieur du couvent de Santa Cruz de Ségovie, de 1452 à 1474, il réforme les prieurés aragonais de son ordre. Il devient confesseur de la reine Isabelle de Castille, puis aussi de son époux, le roi Ferdinand d'Aragon, et il exerce une profonde influence sur ces deux monarques, dont le mariage réalise la première union des territoires espagnols. Austère, ne recherchant pas les honneurs, persévérant et ardent, convaincu que son devoir est d'exterminer les adversaires du catholicisme, il donne sa mesure, avec tous les excès possibles, lorsque Ferdinand et Isabelle décident d'établir l'Inquisition en Castille pour poursuivre les juifs et les musulmans convertis (marranes et morisques), ainsi que tous les hérétiques. Il joue aussitôt un grand rôle dans cette entreprise avec son ami Mendoza. En 1482, il est nommé par le pape inquisiteur général en Castille et en Aragon, sa juridiction étant étendue à la Catalogne en 1486. Il entre en même temps dans le Conseil du roi. Il réorganise alors l'Inquisition, avec quatre tribunaux importants et une cour d'appel, où il siège. En 1484, il promulgue un code de procédure pour agir contre les juifs, les morisques, les hérétiques et les gens coupables de sorcellerie, de bigamie, d'usure, etc. Un nombre impressionnant de suspects sont poursuivis, parmi lesquels plus de 2 000 sont exécutés. Torquemada est enfin l'un de ceux qui conseillent à Ferdinand et à Isabelle d'expulser les morisques de leurs États, ce qui est fait en 1492. En 1494, âgé et malade, il se retire à Ávila, où il meurt.

En 1869, Victor Hugo consacre à Torquemada un drame (qui a pour titre ce même nom) auquel il pense depuis longtemps, mais qu'il ne publiera qu'en 1882 ; c'est une de ses œuvres les plus géniales mais aujourd'hui les moins connues. L'un des sommets du drame se place à la rencontre des « trois prêtres » : François de Paule qui incarne la sainteté et la douceur selon l'Évangile, mais qui se désintéresse de la marche du monde pour ne songer qu'au salut individuel des meilleurs ; le pape Alexandre Borgia, libertin et sceptique, uniquement avide de puissance temporelle ; le fanatique Torquemada, possédé du désir de sauver tous les hommes, et convaincu qu'en brûlant les hérétiques et les pécheurs il les purifie et les sauve par une sorte de baptême du feu. Si Hugo prête cette théologie fantaisiste au zèle tout dominicain du Torquemada de l'histoire, c'est qu'à travers lui il poursuit sa réflexion capitale sur le rôle de la violence dans l'action révolutionnaire pour le bonheur universel ; il met dans la bouche de Torquemada certaines phrases qui rappellent de très près ses propres vers écrits quelques années plus tôt pour évoquer Marat.

MARCEL PACAUT

TOTILA (mort en 552) roi des Ostrogoths (541-552)

Depuis 535, Justinien a entrepris de reconquérir l'Italie ostrogothique. En 540, il a repris la capitale, Ravenne. Mais les Ostrogoths résistent et élisent en 541 un jeune prince, Badvila ou Totila. Dès le début, celui-ci est victorieux à Faenza, puis il reprend la Toscane, l'Ombrie et l'Italie du Sud. Naples tombe entre ses mains. Ses succès sont dus à ses talents militaires, mais aussi à ses qualités humaines. Totila se présente comme le défenseur des Italiens soumis à la domination de l'étranger grec. Il esquisse même une « révolution sociale » en libérant les esclaves employés sur les grands domaines. Selon Grégoire le Grand, il aurait rendu visite à Benoît de Nurcie, abbé du Mont-Cassin. Totila assiège Rome pendant deux ans et prend la ville en 546 ; il essaie de rallier à sa politique les sénateurs et d'entamer des négociations avec Constantinople. Ayant échoué, il abandonne Rome, qu'il vide de tous ses habitants. Bélisaire en profite pour reprendre la ville, mais est bientôt rappelé à Constantinople. Totila reprend alors l'offensive et Rome tombe de nouveau entre ses mains en 550. Il construit une flotte, conquiert la Corse et la Sardaigne et débarque en Sicile. Justinien envoie alors le général Narsès à la tête d'une armée composée surtout de Barbares : Hérules, Lombards, Gépides et Huns. À Taginae (actuellement Gualdo Tadino), dans l'Apennin ombrien, l'armée ostrogothique est défaite et Totila est tué (552). Les Ostrogoths devaient encore résister pendant trois ans. Totila est, après Théodoric, le plus prestigieux souverain ostrogoth, comme en témoigne l'historien grec Procope de Césarée, qui vante ses qualités.

PIERRE RICHÉ

TOUCHER DES ÉCROUELLES

La tradition du toucher des malades scrofuleux remonte, selon Marc Bloch (*Les Rois thaumaturges*), à Robert le Pieux pour la France et à Henri Ier pour l'Angleterre. Son adoption plus tardive dans ce dernier pays semble prouver que le roi anglais, conscient du surcroît de prestige apporté par le rite guérisseur, aurait imité son voisin, tout en prétendant s'appuyer sur l'exemple de son saint prédécesseur, Édouard le Confesseur. Quoi qu'il en soit, les rois de France et d'Angleterre furent à peu près les seuls souverains européens à pratiquer le toucher du « mal royal », et cela malgré l'essai infructueux d'autres monarchies pour s'imposer comme thaumaturges. Le cérémonial français se déroulait à des intervalles plus ou moins réguliers ; à partir du XVIe siècle, il avait lieu généralement aux grandes fêtes religieuses et attirait parfois jusqu'à deux mille malades, dont certains venaient d'au-delà des frontières. Après avoir communié sous les deux espèces, le roi touchait chaque malade à l'endroit des plaies en traçant un signe de croix et prononçait la formule rituelle : « Le roi te touche, Dieu te guérit » ; puis avait lieu une distribution d'aumônes.

La croyance en un pouvoir guérisseur des rois est liée à la représentation que les peuples se faisaient de la royauté. Elle prend sa source dans la vieille mentalité germanique, attribuant à certaines familles, nées pour régner, une vertu sacrée, un pouvoir quasi divin ; à cette croyance qui avait poussé la dynastie normande à se rattacher aux rois saxons et les Capétiens à se réclamer d'une filiation carolingienne était venu s'ajouter le cérémonial du sacre, véritable sacrement pour les théoriciens du pouvoir royal, qui faisait du nouveau souverain l'égal des évêques.

La légende de l'origine miraculeuse du saint chrême, celle non moins merveilleuse de l'apparition des fleurs de lys et tant d'autres, fruits de l'imagination populaire ou de celle des propagandistes de la monarchie, renforcèrent la croyance dans le caractère surnaturel des rois. La réaction grégorienne du XIe siècle s'efforça de combattre un certain nombre de croyances, mais, tout occupée de ses luttes avec l'Empire, négligea les royautés française et anglaise où le mythe des souverains guérisseurs put se développer librement.

En France, le toucher des écrouelles, interrompu par la Révolution française, fut repris une dernière fois lors du sacre de Charles X. Depuis la Réforme, toutefois, le nombre des sceptiques n'avait cessé de croître. En Angleterre, le rite résista, avec quelques interruptions, à tous les bouleversements politiques et religieux, mais disparut définitivement, dès le début du XVIIIe siècle, avec la reine Anne.

SOLANGE MARIN

TOULOUSE COMTÉ DE

Ancienne principauté française qui a, peu à peu, unifié le Languedoc féodal. Frédelon, premier comte connu (849-852), investi par Charles le Chauve, possédait les territoires de la marche de Toulouse ; Raimond III, son successeur (923-env. 950), annexa le marquisat de Gothie (littoral méditerranéen des Pyrénées au Rhône) ; Raimond IV (1093-1105) apporta à son avènement plusieurs possessions, en particulier dans le sud du Massif central (Rouergue, Gévaudan, pays d'Uzès). Le comté a dès lors à peu près atteint ses limites définitives, bien qu'Alphonse Ier (1112-1148) ait, en 1125, obtenu le marquisat de Provence. Le comté de Toulouse est alors l'un des six grands fiefs relevant de la couronne de France ; il est puissant, prospère et a développé une civilisation originale et raffinée qui contraste avec la rudesse du nord de la France, ayant beaucoup moins subi que celle-ci l'influence franque. Les comtes devront lutter contre la convoitise de la couronne de France, contre les prétentions des ducs d'Aquitaine et de leurs successeurs, les rois d'Angleterre, et enfin contre celles des comtes de Barcelone, favorisées par l'indiscipline de leurs vassaux (Trencavel). Ils chercheront un appui populaire, surtout auprès des villes en leur accordant des chartes (celles de 1152 et de 1175 pour Toulouse). Mais, à l'issue de la croisade contre les albigeois, le traité de Paris (1229) enlève à Raimond VII, au profit du roi de France, toute la façade méditerranéenne. Le reste, c'est-à-dire la région toulousaine, passera, à la mort du comte, à son gendre Alphonse de Poitiers, frère de Saint Louis, puis à Philippe III le Hardi en 1271. Dès lors, l'ancien comté servira de cadre au Languedoc royal.

GABRIEL LLOBET

TOURNOIS

Monnaie extrêmement répandue au Moyen Âge (le nom de tournois vient de la ville de Tours, où le chapitre de Saint-Martin battait monnaie au VIIIe siècle). On a, au temps de Pépin et de Charlemagne, des deniers d'argent aux effigies de ces princes, portant la légende *Sancti Martini*. Ce droit de monnayage paraît avoir été supprimé par le capitulaire de Thionville, en 805 ; car, après cette date, le monnayage semble être purement royal, les deniers portant simplement pour légende *Turonis, Turones*.

Sous Charles le Simple, en 919, le duc abbé de Saint-Martin, Robert, frère du roi Eudes, obtint à nouveau le droit de monnayage pour son abbaye. À partir de cette date, l'abbaye frappe une monnaie dont certains types s'imposèrent à toute l'Europe : le plus célèbre porte, au droit, *Carlus Rex* autour d'un temple, et au revers, *Sancti Martini moneta* autour d'une croix cantonnée de quatre points. On trouve aussi, au droit, *Caput sancti Martini* (autour du buste du saint), et au revers, *Turonus civitas* (autour d'une croix).

Le buste de saint Martin fut copié avec d'infinies variantes par tous les seigneurs battant monnaie dans les environs de Tours ; il finit par s'altérer au point de ne plus figurer qu'un vague profil humain, connu en numismatique sous le nom de type chartrain. On le retrouve, jusqu'au XIVe siècle, sur les monnaies frappées à Chartres, à Blois, à Châteaudun, à Dreux, à Nogent-le-Rotrou, à Saint-Aignan.

Le denier tournois au temple fut longuement usité avant de s'altérer également et de se transformer en denier au châtel. Il persista même après que le nom du roi de France eut été substitué à celui de l'abbaye Saint-Martin.

Quand Philippe Auguste confisqua la Touraine, il ne supprima pas le monnayage tournois pour le remplacer par le monnayage parisis : il laissa à chacune des deux monnaies sa propre aire d'influence (cinq deniers tournois équivalaient à quatre deniers parisis).

Mais l'atelier de Tours devint un atelier royal. Le type de monnaie le plus courant, sous Philippe Auguste, porte au droit *Philippus Rex*, autour d'une croix pattée, au revers *Turonus Civis*, autour du châtel, qui n'est autre que le temple des premières monnaies tournois. Pendant deux siècles, le type du tournois fut copié et en usage dans la moitié de l'Europe, et transporté en Orient par les croisés ; les légendes seules diffèrent.

Saint Louis donna un nouveau rayonnement à l'atelier de Tours, en lui faisant frapper une pièce d'argent, le gros tournois, émis pour douze deniers tournois et pesant 4,10 g. Le gros tournois est du type du châtel et porte simplement en outre une légende au droit, en bordure, *Benedictum sit nomen Domini nostri Jesu Christi* et, au revers, une bordure de fleurs de lys.

Vers la fin du Moyen Âge, la monnaie tournois n'est plus que de la monnaie de billon ; extrêmement répandue encore au XVIe siècle et au début du XVIIe, elle disparaît sous le règne de Louis XIV.

JEAN DÉRENS

TRÉBIZONDE EMPIRE DE

À la veille de la quatrième Croisade, deux petits-fils d'Andronic Ier Comnène, Alexis et David, qui avaient été sauvés de la destruction générale de la maison des Comnènes (1185), s'enfuirent à Trébizonde. Là, aidés par leur tante maternelle, la légendaire reine d'Ibérie Thamar ou Tamara, ils instaurèrent leur pouvoir sur toute la région s'étendant entre le fleuve Alis et la chaîne du Caucase. Cette région, qui comprenait les terres de l'antique royaume du Pont et de la Paphlagonie, était coupée de l'Empire byzantin par les possessions du sultan d'Iconion (Konia) ; ses gouverneurs avaient pris souvent leurs distances par rapport au pouvoir central. De plus, elle était le pays d'origine du clan des Comnènes et ses notables accueillirent avec enthousiasme les deux descendants impériaux. Alexis occupa Trébizonde en 1204 et en fit sa capitale. Il fut proclamé par ses soldats « empereur des Romains » à l'âge de vingt-deux ans. Il entreprit aussitôt avec son frère des campagnes pour étendre son territoire. David, le plus jeune, poussa ses campagnes loin vers l'ouest jusqu'en Bithynie et les terres de l'Empire de Nicée. C'est alors que l'empereur de Nicée fit alliance avec le sultan seldjoukide d'Iconion pour lui barrer la route. David fut vaincu par les Seldjoukides, sa capitale Sinope fut prise et, en 1214, lui-même trouva la mort. Alexis réussit à contenir les Seldjoukides et à conserver ses anciennes possessions avec le fleuve Alis pour frontière occidentale. Il se tourna vers des conquêtes du côté de la mer. Avec l'aide des fameux marins, Lazes et Pontiens, il réussit à construire une flotte considérable et à occuper les côtes septentrionales de Crimée et une bonne partie de la région qui composait auparavant le thème byzantin de Kherson.

L'Empire de Trébizonde dura deux siècles et demi (1204-1461). Il entretint des guerres incessantes contre les princes d'Ibérie, les émirs d'Arménie et les chefs turcomans. Trébizonde devint une des plus grandes villes d'Orient et même du monde. Important débouché des caravanes venant du Caucase, de Mésopotamie, d'Iran, des Indes et d'Extrême-Orient, Trébizonde profita du fait que les routes caravanières, qui aboutissaient autrefois aux villes côtières de la Méditerranée orientale, étaient devenues trop dangereuses à cause des conflits entre les nombreux États et principautés orientales et occidentales qui s'y étaient installés. Au XIIIe siècle les Vénitiens et les Génois installèrent à Trébizonde des comptoirs commerciaux, grâce à des accords spéciaux, et servirent d'intermédiaires.

L'antagonisme entre les empereurs de Trébizonde et les sultans d'Iconion cessa à la veille de l'invasion mongole. Mais ils furent vaincus et forcés de payer tribut à Tamerlan. Les rapports avec l'Empire de Nicée redevinrent normaux, après la reconquête de Constantinople. L'empereur de Trébizonde, Jean II, abandonna son titre d'empereur des Romains, reconnaissant le droit de le porter au seul empereur de Constantinople, et prit le titre d'empereur de l'Anatolie, de l'Ibérie et des pays d'outre-mer. Après la prise de Constantinople par Mahomet II, l'empereur de Trébizonde fut forcé de payer tribut à ce dernier, qui ne tarda pas à investir Trébizonde militairement. Suivant les conseils de son chancelier, le poète pro-ottoman Amiroudzis, David, le dernier de la lignée des grands Comnènes, livra sa ville et son empire. Il fut exilé dans les Balkans et, par la suite, tué avec toute sa progéniture. Une partie de l'aristocratie de Trébizonde fut transférée à Constantinople où on retrouve les noms de ses clans parmi les Phanariotes (Ypsilantes). L'intégration de l'Empire pontien dans l'Empire ottoman n'arrêta pas le développement de Trébizonde et des autres villes côtières du Pont. Au contraire, l'expansion ottomane leur permit d'ouvrir une voie commerciale vers l'Europe occidentale, la voie danubienne.

XAVIER DE PLANHOL

TRÉSOR DES CHARTES DE FRANCE

Le Trésor des chartes remonte au roi de France Philippe Auguste, qui fait refaire les registres du domaine et les chartes scellées, disparus au cours de la bataille de Fréteval (1194). Pour éviter le renouvellement d'une telle aventure, il fait garder ces documents par le service de la Chambre et son petit-fils Louis IX les installe dans la Sainte-Chapelle de son palais de Paris, au-dessus du trésor de la sacristie, d'où le nom latin, *Thesaurus chartarum et privilegiorum domini regis*, des archives royales au Moyen Âge. Elles sont constituées de registres et de documents originaux, classés dans des coffres ou layettes, conservés aux Archives nationales (layette du Trésor des chartes). Il s'y trouve l'ensemble des traités, hommages, promesses et cautions qui justifient les droits du roi de France, la correspondance reçue, des dossiers sur les affaires importantes (canonisation de Saint Louis, procès des Templiers, états généraux) et surtout les archives des provinces acquises par les Capétiens jusqu'au XVIe siècle (duché de Narbonne, comté de Toulouse, de Champagne, de Valois, duché de Bourgogne en partie). Il n'y a plus eu d'accroissement après 1477.

ANNE BEN KHEMIS

TRINITAIRES

Membres d'un ordre religieux qui s'appelle aussi ordre de la Rédemption des captifs et dont les origines demeurent obscures, en dépit d'une légende qui le fait remonter à une rencontre miraculeuse à Cerfroid (diocèse de Meaux) entre saint Jean de Matha (mort en 1213) et un certain Félix de Valois, dont aucun document ne fait mention avant le XVe siècle, ce qui ne l'empêche pas d'être inscrit au martyrologe de l'Église romaine.

Certaines, en revanche, sont la première approbation de l'ordre des Trinitaires par Innocent III, en 1198, et la fondation d'un hôpital à Marseille, en 1200, par Jean de Matha, pour accueillir des captifs libérés des musulmans. Le développement assez considérable de l'ordre au Moyen Âge (il compta jusqu'à deux cent cinquante maisons) explique aisément que des activités pastorales ou missionnaires plus larges aient occupé beaucoup de religieux, tandis que l'ordre s'annexait également des monastères de contemplatives.

Ayant perdu beaucoup de sa vitalité au cours des siècles et étant réduit à quelques maisons en Italie et en Espagne, l'ordre retrouve une certaine vigueur aujourd'hui, y compris en France, en se spécialisant dans l'apostolat des prisons.

Sous l'Ancien Régime, les trinitaires étaient appelés, à Paris, les mathurins, du nom du patron de leur première maison.

ANDRÉ DUVAL

TYLER WALTER dit WAT (mort en 1381)

D'origine obscure, peut-être ancien valet d'armes, Walter Tyler est présenté par toutes les chroniques, dont celles de Froissart, comme l'un des grands « capitaines » de la révolte des paysans et artisans anglais de 1381. Il surgit dans l'histoire au moment d'une grave crise économique, sociale et démographique, liée en particulier aux effets de la peste noire ; il semble avoir été nourri des idées subversives de l'époque, dont certaines sont répandues par les « pauvres prêtres » disciples de John Wyclif et qui, à l'instar de John Ball, prêchent pour une plus grande égalité sociale et pour la pauvreté de l'Église ; il appartient à une société sensible au culte du héros sauveur et du justicier, et qui aime les gestes de Robin des Bois et de Pierre le Laboureur ; il a partagé la révolte d'un peuple contre le gouvernement cupide de Jean de Gand, tuteur de Richard II, et contre la corruption des administrateurs locaux. Il est présenté comme le grand responsable de la révolte du Kent, où il a bénéficié de l'appui de nombreux petits paysans propriétaires. Ses actes et ses déclarations en font un personnage quelque peu extraordinaire, soucieux de vastes réformes, capable de concevoir un véritable changement du système politique et très différent de ses compagnons, plus préoccupés de satisfactions immédiates. Son aventure personnelle connaît un sommet et s'achève entre le 11 et le 15 juin 1381. À la tête de milliers de révoltés, il marche sur Londres, réussit à y pénétrer, livre palais, établissements religieux, maisons des Flamands au pillage de ses troupes, laisse massacrer le chancelier Simon of Sudbury, le trésorier Hales et d'autres conseillers du roi qui s'étaient vainement réfugiés à la Tour. Le 15 juin, il provoque près de Londres, à Smithfield, une entrevue avec Richard II. Au cours d'une violente dispute, et sous prétexte qu'il menaçait le roi, Tyler est tué par le maire de Londres, William Walworth, et d'autres gens de la suite du souverain. Fort habilement, et usant de promesses mensongères, Richard II persuade les partisans de Tyler demeurés à l'écart, de renoncer à venger leur chef. La disparition de celui-ci ne met pas fin à un mouvement de révolte qui n'a pas été limité au Kent ni exclusivement soumis à sa personne ; plusieurs révoltés semblent avoir porté ou repris son nom. Plus tard, il incarnera un certain mythe révolutionnaire : en 1795, le jeune poète Robert Southey compose une tragédie en son honneur. L'échec de la révolte de 1381 a été complet, mais son principal meneur compte parmi les grandes figures de la révolte sociale en Angleterre.

ROLAND MARX

U

UGOLIN → GHERARDESCA UGOLINO DELLA

UMAYYADES → OMEYYADES

URBAIN II, ODON DE LAGNY OU EUDES DE CHÂTILLON (1042 env.-1099) pape (1088-1099)

Français d'origine, issu de la noblesse champenoise, Eudes de Châtillon, qui devint pape sous le nom d'Urbain II, fut d'abord élève aux écoles de Reims dirigées par l'écolâtre Bruno, qui devait par la suite fonder la Grande Chartreuse. Après avoir été pendant quelques années clerc séculier, Eudes se fit moine à Cluny et il y devint prieur. En 1078, Grégoire VII le nomma cardinal évêque d'Ostie. En mars 1088, à la mort de Victor III, il fut élu pape.

Il incomba à Urbain II de poursuivre la réforme grégorienne en un moment où l'intransigeance de Grégoire VII et la hardiesse de Henri IV avaient conduit l'Église romaine à une impasse. Entièrement d'accord avec les thèses de son illustre prédécesseur, et décidé à accroître le prestige moral de la papauté, il sut agir avec prudence et habileté. Après quelques années de sage patience, il renouvela les décrets contre la simonie, le concubinage des clercs et l'investiture laïque (concile de Plaisance en 1094, de Clermont en 1095). Il parvint à gagner à sa cause de nombreuses sympathies en Italie, en France, en Espagne, en Angleterre et jusque dans le clergé germanique, mais il évita de heurter trop directement l'empereur, lequel se trouvait d'ailleurs en position de faiblesse par suite de querelles princières en Allemagne. Par-dessus tout, il lança en 1095, au concile de Clermont, un appel à la croisade pour permettre à la chrétienté de récupérer les Lieux saints et pour associer tous les chevaliers d'Occident à cette grandiose entreprise religieuse et politique. Il organisa cette première croisade, dont il fut officiellement le chef – il y fut représenté par un légat – et qui aboutit à la prise de Jérusalem en 1099.

MARCEL PACAUT

V

VALET ou VARLET

Mot de la langue courante, de même origine (latin, *vassaletus*) que le mot savant « vassal », employé pour qualifier l'homme entré librement en dépendance pour obtenir d'un plus puissant sa protection et un bienfait. Fut au Moyen Âge qualifié de valet tout homme que sa position professionnelle plaçait sous l'autorité d'un autre : le soldat au service d'un autre (XIIe-XIIIe s.) et surtout (XIIIe-XVe s.) le salarié, domestique ou non. Le terme de compagnon concurrença celui de valet et tendit à le remplacer à la fin du Moyen Âge, en sorte que le valet ne fut plus, à l'époque moderne, que l'employé domestique.

Les valets de l'artisanat et du commerce avaient des conditions de vie et de travail fort différentes selon les temps et les lieux, selon les métiers et, surtout, selon l'importance de l'entreprise et leur propre niveau de qualification. Dans l'artisanat le plus simple (ferron, tailleur, boulanger, par exemple), le valet vivait dans la famille de son maître. Les valets des tisserands ou des teinturiers, au contraire, formaient dans certaines villes, comme à Gand, un véritable prolétariat.

De nombreux conflits opposèrent maîtres et valets. Plus souvent que sur le salaire, qui dépendait étroitement du marché de l'embauche et que réglementaient dans la mesure du possible les pouvoirs publics, ces conflits portaient sur la durée du travail.

Malgré l'emprise des organisations de maîtres (métiers jurés, corporations, confréries), les valets tendirent à se doter de groupements propres, qui sont à l'origine des compagnonnages de l'époque moderne. Au mépris des règlements, beaucoup travaillaient à leur compte, avec la complicité intéressée de la clientèle (surtout dans les artisanats du vêtement). Les barrières dressées à l'encontre de leur promotion sociale (coût de la maîtrise, chef-d'œuvre, etc.) furent cependant très efficaces et creusèrent, entre maîtres et valets, au cours des XIVe et XVe siècles, un fossé social que franchissaient de très rares valets, grâce à d'opportuns mariages avec la veuve ou la fille de leur maître.

JEAN FAVIER

VAN ARTEVELDE JACOB (1290 env.-1345)

Homme politique flamand, Jacob Van Artevelde est surtout connu grâce à Froissart qui le surnomme le « sage homme de Gand ». Membre de la haute bourgeoisie gantoise, il joue un rôle considérable au début de la guerre de Cent Ans. En décembre 1337, une crise économique grave éclate en Flandre à la suite de la politique du comte Louis de Nevers qui reconnaît le roi de France, Philippe de Valois, comme suzerain. En représailles, Édouard III d'Angleterre interdit l'importation des draps étrangers dans son royaume et l'exportation des laines vers la Flandre, ce qui prive l'industrie drapière flamande de matière première et la met en chômage. Tandis que Bruges et Ypres se trouvent ruinées, Gand prend la tête de la Flandre. Van Artevelde se fait confier le pouvoir par les échevins et exerce dans sa cité un pouvoir absolu. Il renoue les relations avec le roi d'Angleterre pour affirmer la neutralité de la Flandre dans le conflit franco-anglais et obtient ainsi la levée de l'embargo sur les laines. Il scelle une alliance économique entre la Flandre et l'Angleterre, dont les intérêts économiques se complètent. Après la fuite de Louis de Nevers en France, Artevelde fait nommer *ruwaert* (régent) Simon Van Halen, riche banquier lombard, tout dévoué à l'Angleterre. En 1339, le comté de Flandre s'unit à l'Angleterre. Invité à Gand, Édouard III est reconnu roi de France et, quelques mois plus tard, la flotte française est détruite à L'Écluse par les Anglais. Par la signature en 1339 d'un traité avec Jean III de Brabant-Limbourg, auquel adhère en 1341 le comte de Hainaut, Artevelde prépare la future Belgique en alliant la Flandre et le Lothier. Après l'échec du siège de Tournai, Édouard III retourne en Angleterre et Louis de Nevers, revenu dans son comté en 1340, tombe sous l'autorité de Van Artevelde jusqu'à sa fuite définitive en 1342. Van Artevelde a réussi à réaliser l'union flamande en réconciliant les trois villes flamandes rivales (Gand, Bruges et Ypres). Elles forment, en 1343, les trois membres de Flandre. Elles s'imposent aux petits centres urbains, dont elles contrôlent l'économie en limitant leur production. En cas de désobéissance, les représailles sont dures. Malheureusement, des conflits naissent entre les différents métiers, notamment les tisserands et les foulons. Malgré sa fermeté, Van Artevelde ne parvient pas à dominer ses ennemis politiques et, cerné dans sa maison, il se fait massacrer par les tisserands. Simon van Halen sera assassiné l'année suivante et Louis de Nevers mourra à Crécy.

JOSIANE COEKELBERGHS-CUYPERS

VEHME OU SAINTE-VEHME

Institution judiciaire, implantée surtout en Westphalie à la fin du Moyen Âge, la Vehme ou Sainte-Vehme a inspiré la crainte dans de nombreux milieux ; le romantisme lui a conféré ses lettres de noblesse. Tribunal indépendant des princes territoriaux, elle revendique l'investiture de l'empereur qui lui confère son appui. Charles IV l'a utilisée pour assurer la paix féodale et Wenceslas lui accorde, en 1382, le droit d'appel dans tout l'Empire. Son succès tient également au morcellement de la justice et aux difficultés des roturiers d'obtenir justice. Les tribunaux sont composés d'échevins, paysans libres, qui sont les seuls à connaître les règles secrètes de procédure. Leur compétence se limite aux refus de conformité au droit et aux crimes de sang. Dispensant une justice expéditive, la Vehme ne prononce que deux verdicts, l'acquittement et la condamnation capitale exécutée dans les plus brefs délais. Elle a connu son apogée au XVe siècle, puisqu'elle cita même à comparaître l'empereur Frédéric III en 1473. Cependant, les nobles et les patriciens accaparent rapidement les fonctions d'échevins, d'où des abus qui incitent la grande majorité des princes et des villes à interdire à leurs sujets tout contact avec la Vehme. Les progrès des tribunaux princiers entraînent au début du XVIe siècle le déclin rapide de celle-ci.

BERNARD VOGLER

VENISE RÉPUBLIQUE DE

1. Lente consolidation de la cité (VIe-XIe s.)

Ville très miraculeuse (*miraculosissima civitas*, dira Pétrarque), ville par excellence dirons-nous, parce que née de rien et due uniquement à la volonté des hommes, Venise tarde à se fixer dans la zone amphibie des lagunes, dans ses innombrables îles et îlots, dont beaucoup disparaissent sous le flux de la marée, parfois d'une grande ampleur (*acqua alta*). Les masses alluviales apportées par les fleuves, la Brenta en particulier, risquent d'autre part de colmater les lagunes en joignant peu à peu la terre ferme aux cordons littoraux (*lidi*). Paysage mouvant et d'apparence tranquille, mais qui recèle une constante menace d'enlisement. La première consolidation fut donc d'ordre physique et imposée par les conditions naturelles : accroître la superficie des îles les plus stables, stabiliser le niveau lagunaire en maintenant ouvertes les principales passes (*porti*).

Dans un cadre aussi sévère l'homme paraît avoir peu de chance. De fait, aux derniers siècles de l'Empire romain, les centres importants étaient tous situés sur la terre ferme : Ravenne, Padoue et surtout Aquilée, métropole religieuse et port sur le confin vénéto-istrien. Mais, avec les invasions barbares, la route terrestre perdit son intérêt au profit de la route lagunaire. Les quelques habitants qui y demeuraient, mariniers et sauniers, accrurent leur rôle de transporteurs, jusque-là réduit. Ils mènent la vie fruste que décrit ainsi Cassiodore : « Toute leur ardeur s'emploie à travailler les salines ; au lieu de charrue et de faux, ils font tourner les cylindres ; de là vient toute leur richesse puisque, grâce à la vente du sel, ils se procurent ce qu'ils n'ont pas produit. »

Ces activités sans relief se poursuivent sous les souverains ostrogoths puis sous l'exarque de Ravenne, considérés comme des représentants de l'Empereur romain. Avec la brutale invasion lombarde qui emporte Padoue et Aquilée, tout va changer : les propriétaires et leurs dépendants se réfugient au-delà des lagunes, à Malamocco, autour des îles réaltines ou, plus à l'est, au Grado. Cette zone littorale demeure sous l'autorité byzantine, comme en témoigne l'inscription découverte à Torcello en l'honneur du maître des soldats, l'empereur d'Orient Maurice. Cette situation ne change pas jusqu'au Xe siècle : de 803 à 810, les Francs de Charlemagne tentent de s'emparer des lagunes que défend la flotte dépêchée par Nicéphore Ier ; le pacte romano-carolingien de 814 reconnaît l'appartenance des lagunes à l'Empire byzantin. C'est alors que s'esquisse l'État, sous la conduite du doge Agnello Partecipazio (810-827) : le siège en fut le groupe d'îles centré autour du Rialto et où sont déposés, en 828, les restes glorieux de saint Marc.

Dans cette cité encore petite et toujours subordonnée à Byzance, les doges affermissent leur pouvoir sans parvenir à le rendre absolu. À l'extérieur, les succès sont importants contre les pirates slaves de Croatie, contre les Arabes et contre les Hongrois. La prospérité commerciale est notable, axée sur Torcello, ce grand emporium cité par le basileus Constantin VII (913-959). Avec le doge Pietro II Orseolo (991-1008), la pacification intérieure s'achève, les liens avec Byzance prennent un caractère plus contractuel (traité de 992), tandis que Zara et les îles dalmates se lient plus étroitement à Venise, toujours avec l'accord impérial. Ainsi se construit l'empire adriatique de Venise.

À la fin du XIe siècle, les progrès de cette cité encore modeste s'accentuent : en premier lieu, l'indépendance complète est réalisée à la faveur du concours naval prêté par les Vénitiens à l'empereur Alexis Comnène (1081-1118) contre les Normands, dont l'ambition de fermer l'Adriatique constituait une menace redoutable. En mai 1082, Alexis assure à ses alliés d'énormes avantages commerciaux dans tout son Empire, sauf en mer Noire. À l'égard de l'Occident, l'attitude vénitienne est toute de prudence : sans se mêler aux querelles qui opposent la papauté aux empereurs germaniques, les Vénitiens veillent à maintenir ouvertes les routes de l'Adige vers le col du Brenner et celles du Pô vers Pavie. Ainsi, vers 1100, Venise a consolidé ses positions commerciales en même temps que son indépendance, aux confins de l'Orient et de l'Occident.

2. Les victoires décisives (XIIe-XVe s.)

Au contraire de Gênes, Venise n'entre pas d'emblée dans les expéditions de croisés : sans doute, à partir de 1100 et surtout en 1122-1124, elle aide les rois de Jérusalem et s'assure ainsi des comptoirs à Tripoli, et surtout à Tyr. Mais, à tout prendre, la Syrie intéresse assez peu les Vénitiens. Leur vraie fortune est en Romanie byzantine où ils bénéficient de privilèges exceptionnels, régulièrement renouvelés par les empereurs Comnène. Les documents conservés montrent l'ampleur des relations, la place occupée par les négociants vénitiens à Constantinople, à Corinthe et à Thèbes où ils tiennent le marché de l'huile et de la soie. À Constantinople, les Mairano organisent le trafic dans toute la Romanie avec l'aide de leurs démarcheurs ; les îles elles-mêmes, comme la Crète et Chypre, sont à présent touchées.

Un tel dynamisme ne gêne pas seulement les rivaux génois et pisans, il agace les sujets du basileus et inquiète les autorités byzantines. En mars 1171, Manuel Comnène (1143-1180) tente d'abattre la puissance vénitienne dans l'Empire en faisant arrêter les marchands et en saisissant leurs biens. En vain : après la mort du basileus et malgré la hargne des Grecs (le massacre des « Latins » en 1182), les dommages subis sont amplement compensés et le trafic vénitien en Romanie est plus intense que jamais. Il est vrai que le pouvoir byzantin s'ingénie à retirer d'une main ce qu'il donne de l'autre, ne serait-ce qu'en développant les privilèges conférés aux Génois et aux Pisans. Le contentieux est donc mal apuré et la défiance grandit. Or Venise est devenue un État puissant : le 24 juillet 1177, la paix entre le pape Alexandre III et l'empereur Frédéric Barberousse s'est conclue sur son territoire. Après des décennies de lutte, les Normands de Sicile ont passé un accord avec la République. Seule la Dalmatie est difficile à dominer, en raison de l'esprit d'autonomie municipale qui y règne et de l'appui intéressé que fournissent les souverains hongrois.

Les institutions se précisent alors : aux vieilles paroisses (*contrade*) se superposent les six « sestiers » (quartiers) visibles sur le plan (vers 1176). Ces divisions urbaines, anciennes et nouvelles, sont l'ossature des assemblées : l'*arengo* populaire, le Conseil des sages, esquisse du Grand Conseil, et le Petit Conseil de six membres, institué en 1178 et qui entoure le doge. Celui-ci perd de ses attributs régaliens mais conserve son caractère viager ; son élection fait l'objet d'une procédure toujours plus compliquée qu'achève la ratification populaire. Interprètes de la volonté de l'État, ces magistrats furent choisis parmi les hommes politiques expérimentés des anciennes comme des nouvelles familles (*case*) : Ziani, Dandolo, Tiepolo. Le doge prête serment d'observer les articles de sa *promissio*, fixés dès l'élection d'Enrico Dandolo (juin 1192). De multiples magistratures ou *officia* sont mises en place pour assurer une gestion efficace et minutieuse de l'État que tous servent sans rechigner. Le patriotisme et le sens élevé de l'intérêt général ont ainsi écarté dès la fin du XIIe siècle toute forme de gouvernement de type monarchique ; toutefois, des doges dotés d'une forte personnalité viseront au pouvoir personnel. L'encadrement institutionnel suffira à faire échec à ces tentatives.

Assurément le doge Enrico Dandolo (1192-1205) représente l'une de ces personnalités : fort âgé mais d'une expérience et d'une volonté hors du commun, connaissant parfaitement la Romanie et ses problèmes, Dandolo utilisa au mieux le rassemblement insuffisant des croisés de la quatrième Croisade au Lido, leur impuissance à réunir l'argent nécessaire au passage et, plus encore, ce large sentiment de défiance qui animait alors les Occidentaux contre les Byzantins ; les agissements du jeune prétendant grec Alexis IV Ange firent le reste. L'expédition franco-vénitienne gagna Constantinople qu'elle prit deux fois, l'intermède de la Restauration ayant tourné court. Le 12 avril 1204, les alliés franco-vénitiens sont maîtres de la Reine des villes et se partagent l'Empire byzantin. Venise s'adjuge une part de la Thrace, les îles de l'Égée et de la mer Ionienne, le Péloponnèse. « Seigneurs du quart et demi de la Romanie », les doges rivalisent désormais avec les plus puissants souverains. Si tous les territoires réservés ne sont pas occupés, les Vénitiens s'assurent rapidement la Crète, pivot de leur Empire ; en outre, la mer Noire leur est ouverte. Brisant les résistances autochtones, les Vénitiens installent leur domination sans partage sur la Crète qu'ils peuplent de colons militaires, établissent leurs comptoirs des Détroits jusqu'à Corfou et exercent leur protectorat sur les seigneuries de l'Égée (duché de Naxos). Constantinople peut bien revenir aux Byzantins de Nicée, gardiens de la foi orthodoxe et de l'unité grecque, en 1261 ; Venise n'en poursuit qu'avec plus de détermination la construction de son Empire colonial de Romanie, organisé et administré à son image par des délégués élus pour une brève période et gouvernant toujours en collège (*regimen*).

Puissance impériale, Venise développe alors son commerce dans toute la Méditerranée et pénètre dans l'Atlantique (« la mer de La Rochelle »). Toutefois l'Orient demeure le terrain de choix : les frères Polo et le jeune Marco atteignent les déserts d'Asie centrale et Pékin, où le grand Khan Kubilaï engage Marco à son service. Après vingt ans de séjour en Extrême-Orient, les Polo réintègrent Venise en 1295 pour y reprendre leurs affaires par le système des *colleganze* ou petites sociétés : quand les marchands concluent beaucoup d'affaires, les bénéfices s'accroissent d'une façon souple et moins risquée. Au demeurant, l'État joue un rôle majeur : il dirige les constructions navales et gère l'Arsenal qui, avec ses quelque mille deux cents ouvriers, fait rêver Dante (*Enfer*, chant XXI). Des chantiers de l'Arsenal sortent les grandes galères de guerre qui patrouillent dans le golfe et en Romanie, ainsi que les galères du trafic qui, groupées en convois (*mude*), effectuent les voyages réguliers vers la Romanie, l'Égypte et la Flandre. Les épices, le coton, le sucre, la soie mais, plus encore peut-être, les céréales, les bois et les vins s'entassent dans les dépôts vénitiens, avant leur réexpédition vers l'Occident et, notamment, les pays germaniques qui ont leur établissement à Venise (*fondaco dei Tedeschi*).

Malgré la concurrence génoise que trois guerres parviennent à réduire, Venise est alors au sommet de sa puissance. Le pouvoir dans l'État tombe définitivement aux mains des grandes familles (fermeture ou *serrata* du Grand Conseil, 1297). Mais la lourdeur des tâches et la complexité des affaires firent que le Grand Conseil délégua à des commissions spécialisées issues de lui le soin des problèmes particuliers ; la principale de ces commissions, le Sénat, prit rapidement une part prépondérante dans le gouvernement. Ses cent vingt membres réglaient les questions économiques, la conduite des guerres et de la politique étrangère (instructions aux ambassadeurs, audition des rapports présentés par eux, ou *relazioni*). En vain la conjuration de Bajamonte Tiepolo tente-t-elle, en 1310, d'interrompre l'évolution vers une oligarchie trop stricte ; en 1355, un échec sanglant est infligé au doge Marino Faliero, accusé de menées monarchistes. À la fin du XIVe siècle, l'État est définitivement consolidé et installé dans les formes aristocratiques qu'il conserva jusqu'à la fin.

FREDDY THIRIET

Bibliographie

P. BRAUNSTEIN & R. DELORT, *Venise, portrait historique d'une cité*, Paris, 1971 / R. CESSI, *Storia della Repubblica di Venezia*, 2 vol., Milan, 1944-1946 / G. LUZZATTO, *Storia economica di Venezia*, Venise, 1961 / M. MURARO, *Invitation à Venise* (*Invito a Venezia*, 1962), trad. F. Germain, Paris, 1963 / J. RUDEL, *Nous partons pour... Venise*, Paris, 1965 / F. THIRIET, *Histoire de Venise*, coll. Que sais-je ?, Paris, 1952, 4e éd. 1969 ; *La Romanie vénitienne au Moyen Âge : le développement et l'exploitation du domaine colonial vénitien (XIIe-XVe siècle)*, Paris, 1959.

VIENNE JEAN DE (1341 env.-1396) amiral français

Chevalier bourguignon, Jean de Vienne participa à de nombreux combats au cours de la guerre de Cent Ans, d'abord dans l'armée de Charles le Mauvais, roi de Navarre (notamment à Cocherel, 1364), ensuite dans l'armée de Charles V (à partir de 1369), qui le fit amiral de

France en décembre 1373. Il dirigea en particulier le siège de Saint-Sauveur-le-Vicomte en 1375. Il fut l'organisateur de la marine dont Charles V avait ordonné la construction en vue d'une éventuelle expédition en Angleterre. Il dirigea l'expédition d'Écosse de 1385, puis participa à celle de Gueldre en 1388. Il avait combattu les Turcs, sur le détroit des Dardanelles, lors de la croisade ébauchée en 1366 et pris part à la croisade d'Afrique en 1390. Il participa à la dernière grande entreprise de la sorte, déclenchée en 1396 contre Bayézid (Bajazet) pour tenter de protéger l'Europe danubienne de la menace ottomane ; il fut tué à Nicopolis.

JEAN FAVIER

VIENNOIS

La monnaie de Viennois a ceci de particulier qu'elle ne fut pas frappée à Vienne. Les Dauphins de Viennois avaient assuré leur domination sur tout le pays, sauf sur Vienne, qu'ils ne commandèrent jamais. Ils firent confirmer leur droit de battre monnaie par l'empereur, dont ils étaient vassaux, en 1155 et en 1238. Ils avaient de nombreux ateliers monétaires dispersés dans les châteaux d'Avisan, de Césanne, de Crémieu, où l'on frappait le florin, le carlin, le gros au dauphin et toute une échelle de monnaies au dauphin, dans le système viennois (le denier viennois valait un demi-denier tournois). Cette monnaie était fort commune et fort appréciée dans le sud-est de la France, encore qu'elle y fût interdite.

Jean le Bon racheta sa principauté au Dauphin en 1343, mais une relative autonomie fut assurée : la principauté devait être dévolue au fils aîné du roi de France ; elle gardait son autonomie monétaire qui subsista jusqu'à Charles VII.

JEAN DÉRENS

VIKINGS

L'usage actuel désigne par le nom de Vikings les Scandinaves qui, à quelque titre, ont été mêlés à la grande expansion outre-mer qui dura du VIIIe au XIe siècle. Comme l'emploi que l'on fait de ce mot est souvent intempérant, il convient de préciser d'abord son origine et sa portée.

Le mot *viking* semble avoir appartenu au vocabulaire commun des riverains de la mer du Nord vers les Xe et XIe siècles, mais c'est seulement en scandinave qu'il a fait une carrière durable, et c'est au scandinave que les historiens contemporains l'ont emprunté quand ils ont renoncé à l'expression ambiguë de « Normands », préférée par les chroniqueurs médiévaux et par les auteurs du XIXe siècle. L'étymologie du terme a été fort discutée. La plus vraisemblable reste la plus simple, c'est-à-dire celle qui le rapproche du vieux nordique *vík*, « baie » ; le *víkingr* serait donc d'abord le pirate qui fréquente les baies. Les sources nordiques ne l'emploient que pour ceux qui se dirigent vers le sud ou l'ouest : le monde slave ou byzantin est plutôt le domaine des Varègues (*Vøringjar*). Passé le XIe siècle, le mot a fréquemment pris une nuance péjorative : le *víkingr* désigne alors le brigand, le fier-à-bras ou le spadassin professionnel.

L'expansion maritime scandinave, commencée au cours du VIIIe siècle, se prolongea trois siècles durant et affecta toutes les mers baignant l'Europe. On ne saurait donc l'étudier utilement qu'en établissant une « périodisation » critique et en tenant le plus grand compte de la diversité des points de départ et d'aboutissement. En effet, la distinction de plusieurs « âges des Vikings » est indispensable à une saine compréhension historique du mouvement.

Dans le domaine artistique, la période des Vikings forme un tout depuis le début du VIIIe jusque vers le milieu du XIIe siècle. Elle coïncide, d'une part, avec un épanouissement particulièrement brillant du décor dans le monde scandinave, et, d'autre part, avec l'expansion hors de Scandinavie, surtout dans les îles Britanniques, à un moindre degré dans l'espace baltique, des styles élaborés dans l'Europe du Nord.

N'étant connu, avant le XIe siècle, que par une documentation d'ordre archéologique, l'art des Vikings présente des lacunes considérables : la sculpture sur bois, qui devait en constituer une branche essentielle, n'a survécu, avant le XIIe siècle, que dans des cas très exceptionnels (les tombes royales du Vestfold en Norvège) ; les étoffes et tentures ont presque toutes disparu ainsi que les architectures préchrétiennes. L'information, et donc la classification des styles, repose surtout sur l'orfèvrerie et le décor des pierres runiques et des stèles figurées.

1. Les prodromes de l'expansion maritime scandinave

Depuis la fin des Grandes Invasions, le monde scandinave, en dépit d'un certain repli sur lui-même, n'avait jamais rompu le contact avec l'Occident. Parfois ces contacts avaient pris la forme de raids maritimes, comme celui d'un roitelet danois vers le Rhin inférieur aux environs de l'an 520. Mais assez brusquement, au cours du VIIIe siècle, ces entreprises, jusque-là exceptionnelles, devinrent fréquentes. Des Norvégiens abordèrent les archipels écossais (les archéologues ont retrouvé leurs traces, mais aucune source écrite ne les mentionne), puis, coup sur coup, entre 786 et 799, les premiers Vikings se manifestent aux yeux de l'Occident latin, sur les côtes de l'Angleterre, de l'Irlande et de la Gaule occidentale.

Les causes de ce brutal déferlement sont difficiles à déterminer. On ne peut invoquer un vrai surpeuplement de la Scandinavie, mais un certain dynamisme démographique est évident. Sans être négligeables, les facteurs politiques internes n'ont joué qu'assez tard, et seulement en Norvège, unifiée à la fin du IXe siècle. L'amélioration rapide des moyens de navigation a eu un rôle plus déterminant. Grâce aux stèles gravées de l'île de Gotland (Suède) et à quelques trouvailles de navires intacts, on peut suivre, aux VIIe et VIIIe siècles, l'élaboration de ces grandes barques élégantes et stables, navigant à la fois à la rame et à la voile ; suffisamment peu profondes pour n'avoir pas besoin de ports, elles ont été l'instrument privilégié des Vikings, sous des versions légèrement différentes, adaptées à la guerre (*langskip*, *snekkja*) ou au transport (*knarr*). La perfection en ce domaine fut atteinte dès le IXe siècle, comme le montrent les navires des tombes royales de la région d'Oslo (Gokstad, Oseberg). Ensuite, les types ne se modifièrent guère, ce que confirment les vaisseaux du XIe siècle qui ont été retirés du fjord de Roskilde (Danemark). Parallèlement les techniques de navigation astronomiques se développèrent suffisamment pour permettre aux Norvégiens du XIe siècle de cingler droit de Bergen au Groenland avec une sécurité acceptable.

Toutefois l'ampleur du mouvement viking ne se comprend que si l'on tient compte de la structure des sociétés nordiques. L'ascension sociale ne pouvait s'y obtenir que par le prestige militaire et l'accumulation des richesses : les expéditions lointaines, fertiles en coups d'épée et en butin, offraient donc une occasion que l'on recherchait à l'envi. Ainsi s'engagea un processus en boule de neige qui s'accéléra de lui-même, d'abord chez les Norvégiens (eux seuls semblent en cause pendant la majeure partie du VIIIe siècle), puis bientôt, la menace franque aidant, chez les Danois. On connaît moins bien ce qui s'est passé en Suède.

Ce fut le début du « premier âge des Vikings ».

2. Le premier âge des Vikings

Les dates de 800 et de 930 délimitent approximativement le premier âge des Vikings, qui dura environ quatre générations. Ce fut un débordement inouï, sans nulle proportion avec la population de la Scandinavie. Successivement, puis presque simultanément, toutes les côtes septentrionales et occidentales de l'Europe et une bonne partie des côtes méditerranéennes furent abordées, sondées et ravagées. La quasi-totalité des grands fleuves furent remontés aussi haut qu'ils étaient navigables. Au-delà de l'Europe, les Suédois atteignirent le monde byzantin, le bassin de la mer Caspienne, l'Iran septentrional, peut-être le Turkestan ; les Norvégiens explorèrent les côtes marocaines et, dans le désert de l'Atlantique nord, découvrirent les îles Fær-Øer (Féroé) et l'Islande.

Méthodes et conséquences

Le monde chrétien, surpris, divisé, exploité avec une habileté presque diabolique, ne sut trouver aucune riposte appropriée. Il n'avait guère de flottes et pas d'armées permanentes, les fortifications n'avaient pas été renouvelées depuis le Bas-Empire et surtout il avait perdu l'habitude des guerres défensives. Les rares initiatives heureuses furent prises en Gaule par Charles le Chauve, qui eut l'idée de barrer les grands fleuves par des ponts fortifiés, mais ne trouva personne pour les garder, et en Angleterre par Alfred le Grand, qui obtint des résultats plus substantiels en créant une flotte et une défense territoriale appuyée sur une multitude de points forts (*burhs*). Le reste du temps, on essaya de dissuader les Vikings en monnayant leur départ ; ce *danegeld* (« tribut aux Danois »), était une mesure onéreuse qui incitait plutôt les pirates à renouveler leurs visites. Mais à la longue les ressources des pays attaqués s'épuisaient et les cadres administratifs capables de réunir ces tributs disparaissaient : il arrivait alors que les Vikings demandent des rétributions en terres plutôt qu'en numéraire ou en métal précieux. Ces différentes phases d'un engrenage désastreux ne se sont pas déroulées partout, ni sur le même rythme ; c'est dans les pays assaillis par les « armées » danoises qu'on les discerne le plus clairement.

La question des effectifs entraînés a fait l'objet de discussions véhémentes entre spécialistes. Il n'y a pas lieu de les croire très considérables : ils pouvaient compter de quelques centaines à deux ou trois milliers d'hommes, plus nombreux seulement dans le cas des « armées » séjournant longtemps outre-mer et nourries de renforts si leurs opérations se révélaient fructueuses. Leur extrême mobilité, sur mer comme sur terre, où les Vikings se muaient aisément en cavaliers, ainsi que le caractère imprévu de leur tactique, les rendaient plus redoutables que leur nombre.

C'est assez vainement aussi que l'on s'est souvent demandé quelle fut la portée économique de ces expéditions. Dans leur principe, du moins chez les vrais Vikings (le cas des Varègues est tout autre), elles étaient uniquement prédatrices ou, surtout chez les Norvégiens, colonisatrices, mais nullement commerciales. Les échanges n'étaient qu'une manière de tirer meilleur parti du butin accumulé et des séjours dans des pays produisant des denrées appréciées des Nordiques, comme le vin. Jusque vers la fin du xe siècle, la monnaie obtenue était immédiatement convertie en lingots ou en anneaux. Le Viking n'a rien d'un commerçant né. Cependant tout un peuple de mercantis profite de la situation créée par les expéditions : Frisons, Scandinaves ou même Orientaux s'entendent à tirer de cette économie de proie d'immenses bénéfices et leurs opérations font naître de grands centres de traite. Ceux-ci périclitèrent quand, après le triomphe de la monnaie, s'établit un système d'échanges moins rudimentaire. Les principaux *emporia* sont Hedeby, aujourd'hui dans la banlieue de la ville allemande de Schleswig, Birka, dans une île du lac Mälar à l'ouest de Stockholm, Kaupang (ou Skiringssal), sur le fjord d'Oslo près de Larvik, tous en relations étroites avec les ports septentrionaux de l'empire franc, comme ceux de Dorestad (près d'Utrecht) et de Quantovic (près d'Étaples).

Les différents champs d'opérations

On distingue les différents champs d'opérations selon les nationalités dominantes, sans pourtant oublier que les Vikings sont souvent cosmopolites, que la « langue danoise » n'offre encore que peu de variations régionales et que la nationalité d'un « roi de la mer » ne préjuge pas de celle de ses troupes.

Les Norvégiens, qui opèrent volontiers par petits groupes, voire individuellement, se sont d'abord dirigés, au VIIIe siècle, vers les îles proches, Shetland et Orcades, et vers le nord de l'Écosse : dans ces pays qui rappelaient leur mère patrie, ils ont rapidement fondé des colonies agro-pastorales, submergeant les populations locales. De là, les uns ont poussé vers le sud-ouest, vers l'île de Man, vers l'Irlande surtout, où après de longues luttes ils fondèrent des établissements côtiers, ancêtres des principales villes d'aujourd'hui (Dublin, Waterford, Limerick). Au-delà, ils ont razzié les côtes de la Manche occidentale, du golfe de Gascogne, de la Galice et du Portugal, puis découvert vers 840 le détroit de Gibraltar et saccagé de loin en loin l'Andalousie, le Rif, voire la vallée inférieure du Rhône ou la côte toscane. Un autre rameau de l'expansion norvégienne se dirigea vers les domaines déserts de l'Atlantique nord, pour y chercher des terres de peuplement : dans les Fær-Øer et en Islande, atteinte vers 860.

Les Danois, dont l'organisation collective est bien plus forte, se sont intéressés presque uniquement à l'Angleterre et à la moitié septentrionale de l'empire carolingien. Opérant par « armées » de façon assez méthodique, ils ont été les adversaires les plus redoutables des États occidentaux. Chez eux seulement, le *danegeld*, à partir de 845, puis les cessions de territoire se pratiquent sur une grande échelle, après la conclusion de traités. Leurs premières opérations furent certainement liées à la menace politique que constituait pour le

Danemark la conquête de la Saxe par Charlemagne. À partir du milieu du IXe siècle, les Danois se sont volontiers faits créateurs d'États. La plupart de leurs fondations furent éphémères, mais deux eurent une signification durable : le royaume d'York, né en 876, qui domina le nord-est de l'Angleterre (appelé plus tard Danelaw, « [pays de la] loi danoise ») et vécut un demi-siècle, et le duché de Normandie fondé à Rouen en 911 par Rollon, chef sans doute norvégien d'une troupe surtout danoise.

Les Suédois, avant tout mercenaires et trafiquants, s'engagèrent au début du IXe siècle sur la côte qui leur faisait face, en Finlande et en Courlande. Puis, aidés par des Finnois, ils découvrirent très vite le réseau des fleuves russes et ses immenses possibilités. Dès 839 ils atteignirent la mer d'Azov, dès 864 la mer Caspienne. Au-delà, ils sondent, sans résultats avantageux, les défenses de Constantinople (attaquée en 860 et 941) et de l'Iran. Mais surtout ils s'installent au passage dans le monde slave, louant leurs bras et faisant le commerce des esclaves, et ils en viennent vite à jouer un rôle déterminant, encore que ses modalités soient très discutées, dans le processus qui fait alors des cités fluviales russes le foyer de cristallisation de formations étatiques. Un Varègue suédois, Rurik, fixé à Kiev vers 882, est l'ancêtre de la principale dynastie russe du Moyen Âge.

Dans ce domaine, il n'est pas question de colonisation, tout au plus d'encadrement, et surtout d'aventure. La recherche de cette dernière poussera de nombreux Scandinaves, jusqu'au milieu du XIe siècle, à servir comme mercenaires l'empereur de Constantinople (« garde varangienne »), qui les utilise aussi bien en Anatolie qu'en Sicile, et les divers princes russes. Les inscriptions runiques suédoises mentionnent souvent ceux qui sont partis chercher de l'or sur ce « chemin de l'Est ».

Quand cette ruée sauvage s'achève, dans le second tiers du Xe siècle, les résultats obtenus sont très inégaux. Des colonies nordiques ont été durablement implantées dans les îles atlantiques, devenues des annexes du monde scandinave, et à un moindre degré dans le Danelaw et en Normandie. Des courants d'échanges sont nés, de la mer d'Irlande à la Baltique et à travers l'espace russe. Mais l'étendue des dégâts subis par l'Occident, Allemagne exceptée, est effrayante, et le système politique élaboré par les Carolingiens est définitivement ruiné.

L'accalmie

Vers 930 et pour une cinquantaine d'années, l'immense effort scandinave se relâche. On enregistre fort peu de nouvelles entreprises et beaucoup de celles qui avaient paru réussir à la période précédente sont abandonnées. Les États danois du nord-est de l'Angleterre sont soumis les uns après les autres par les rois de la dynastie de Wessex. La Normandie surmonte à grand-peine une crise très grave qui s'est produite en 942. Mais les dépendances atlantiques se consolident, le peuplement de l'Islande se densifie et un embryon d'État, formaliste et peu efficace, s'y organise. La Russie kiévienne garde tout son dynamisme, en s'appuyant de plus en plus, il est vrai, sur le milieu slave.

Les raisons de cette pause sont multiples et encore mal connues. Le triomphe progressif de l'économie monétaire, les débuts de la conversion du Danemark au christianisme, la consolidation d'une nouvelle monarchie danoise autour de la dynastie de Jelling y ont eu respectivement leur part, et sans doute aussi un certain épuisement du monde scandinave.

3. Le second âge des Vikings

Sur des théâtres beaucoup plus limités, les Vikings recommencèrent, à partir de 980 environ, à manifester leur agressivité. Ce fut principalement le cas des Danois dans les îles Britanniques. Les Norvégiens, toutefois, poursuivent leur progression dans l'Atlantique nord, colonisent à partir de 985 la côte sud-ouest du Groenland découverte en 981, puis reconnaissent, à partir de l'an 1000, certains points de la côte américaine (le mystérieux Vinland dont le seul site identifié avec certitude se trouve sur la côte nord de Terre-Neuve). Quelques Suédois tentèrent de poursuivre les exploits des Varègues et vers 1040 une expédition fut même lancée en direction de l'Asie centrale musulmane ; elle échoua, mais l'afflux des mercenaires continua quelque temps encore à Constantinople et à Kiev.

Au Danemark, les rois de Jelling, Harald à la Dent bleue (940 env.-985) et son fils Sven à la Barbe fourchue (985-1014), surent imposer, avec leur autorité politique, une discipline militaire entièrement nouvelle aux bandes de mercenaires, souvent suédois, qui s'offraient à les servir. Dans des camps à l'organisation rigoureuse (dont le plus remarquable est Trelleborg, dans l'île de Sjælland), ils les entraînèrent pour les lancer de nouveau à l'assaut de l'Angleterre, à partir des années 980-990. Ces expéditions se révèlent rapidement plus efficaces que celles des premiers Vikings. L'Angleterre fut ravagée, puis, après 1002, Sven en commença la conquête méthodique. Elle fut achevée en 1016 par son jeune fils Knut le Grand, qui chassa la dynastie de Wessex.

Paradoxalement, après cette génération occupée par les guerres, Knut réussit à se faire adopter par les Anglais. Sans s'appuyer particulièrement sur les colons implantés en Danelaw depuis le IXe siècle, il fit de l'Angleterre, entièrement soumise, la clef de voûte d'un empire maritime immense et éphémère qui s'étendit sur le Danemark, la majeure partie de la Norvège et au moins certaines régions de la Suède. Ses fils, sans grande valeur, laissèrent son œuvre s'effondrer après sa mort, survenue en 1035. Mais, jusqu'en 1066, l'aristocratie anglo-danoise qu'il avait mise en place gouverna presque constamment l'Angleterre et la menace d'un retour en force des Danois resta jusqu'en 1085 une préoccupation lancinante des rois anglais.

À l'arrière-plan de cette grande aventure, des raids norvégiens plus médiocres eurent lieu en Irlande, jusqu'au sévère échec subi à Clontarf (dans la banlieue de Dublin) en 1014, et aussi sur les côtes atlantiques de Gaule et d'Espagne. Ils ne fondèrent rien de durable. Des esprits plus ou moins chimériques tentèrent jusqu'au début du XIIe siècle de ranimer l'esprit viking ; le plus notable fut le roi de Norvège Magnus Nu-Pieds (1093-1103) qui passa une grande partie de son règne à razzier les îles écossaises, le pays de Galles et l'Irlande. Des isolés, surtout norvégiens, voulurent encore vivre en Vikings durant presque toute la première moitié du XIIe siècle.

Si l'on excepte le destin de l'Angleterre, ballottée durant un siècle entre l'attraction de la Scandinavie et celle du continent, ce second âge des Vikings n'eut guère d'influence décisive sur l'histoire européenne. La fascinante découverte du Vinland fut à peine connue et vite oubliée. Cependant, par les contacts qu'il ménagea, cet épisode favorisa d'une manière directe l'assimilation de la civilisation latine et chrétienne par les peuples scandinaves.

LUCIEN MUSSET

Bibliographie

B. Almgren, *Les Vikings* (*Vikingen*, 1967), trad. du suédois, Paris, 1968 / J. Brøndsted, *The Vikings*, Harmondsworth, 1960 / G. Jones, *A History of the Vikings*, Oxford, 1968 / T. D. Kendrick, *A History of the Vikings*, Londres, 1920, rééd. New York, 1968 / L. Musset, *Les Invasions. Le second assaut contre l'Europe chrétienne (VIIe-XIIe siècle)*, Paris, 1965, 2e éd. 1971 / « I Normanni e la loro espansione in Europa nell'alto Medioevo », in *Settimane... di Spoleto*, vol. XVI, 1968 / E. G. Oxenstierna, *Die Wikinger*, Stuttgart, 1958 / P. H. Sawyer, *The Age of the Vikings*, Londres, 1962, 2e éd. 1971.

VILAIN

Le terme « vilain » dérive du bas latin *villicus* : homme semi-libre attaché à une « villa », grande exploitation gallo-romaine. Ce fut, pendant tout le Moyen Âge, le nom du villageois ou paysan libre. Cependant, il se chargea au cours des siècles de tout le mépris que les seigneurs et même les bourgeois éprouvaient pour les populations rurales, jusqu'à prendre le sens usuel que nous lui connaissons. Il faut observer que le terme anglais de *villain* désigne au contraire un serf.

FRANÇOISE MOYEN

VILLA

Mot latin signifiant à la fois maison de campagne et propriété rurale ; on l'entendra ici dans son second sens, c'est-à-dire dans celui de domaine.

Le domaine romain classique se signale par son étendue en général considérable (plusieurs milliers d'hectares), sa mise en valeur soumise au faire-valoir direct, son exploitation par des équipes d'esclaves. Les difficultés de recrutement de ces derniers à partir du IIIe siècle amenèrent les grands propriétaires à prélever sur leurs domaines des lots de terre qu'ils affermèrent à des cultivateurs libres, les colons, que la législation impériale attacha à leur tenure. Parallèlement, et cela pour accroître le rendement du travail servile, des tenures furent concédées par les propriétaires à une partie de leurs esclaves. Le domaine romain prit ainsi à la fin de l'Antiquité une structure bipartite, l'une continuant à être soumise au faire-valoir direct par des esclaves, l'autre formée de tenures dont les exploitants furent contraints à collaborer à la mise en valeur de la première par des prestations de travail gratuit ou corvées.

La villa carolingienne se présente soit comme fragment d'une grande fortune foncière, soit comme possession unique d'un propriétaire. Correspondant souvent à un village, voire à un groupe de villages, sans nécessairement en recouvrir tout le terroir, sa superficie peut varier de moins de cent à quelques milliers d'hectares. Son élément principal, le domaine (ou réserve), est la partie directement exploitée par le maître ou seigneur (ecclésiastique ou laïc). Géré depuis la *curtis* (maison du régisseur entourée de bâtiments d'exploitation), il comprend des étendues importantes de terres arables, des prés, des vignes, des bois et des friches. Au domaine sont rattachées de petites exploitations, les manses, tenues par des esclaves (dont la condition évolue lentement vers le servage) et des colons qui, bien que juridiquement libres, sont étroitement dépendants de leur maître et dont les manses ont été soit incorporés au domaine, soit créés de toutes pièces par les propriétaires. Esclaves « chasés » et colons doivent à leur seigneur des redevances en nature et en argent, mais sont astreints surtout à de très lourdes corvées sur la réserve, qu'ils mettent ainsi en valeur avec les valets ruraux, esclaves dépourvus de tenure.

Si telle est dans ses grandes lignes la structure classique de la villa, comme on peut l'observer par exemple dans la région parisienne, il s'en faut de beaucoup que cette esquisse corresponde entièrement et toujours aux réalités qu'on découvre dans les sources. Contenance fort variable des manses, entassement de tenanciers sur certains d'entre eux, alors que d'autres semblent être des exploitations familiales, désagrégation de la villa par suite des partages successoraux et des concessions de certains de ses éléments en bénéfice vassalique, structure très variable selon la manière dont la villa s'est constituée et plus encore selon les régions : autant de traits de diversification du régime domanial qui, en France du Centre et du Sud, en Allemagne centrale et méridionale, en Italie du Nord, donnent une image bien différente de celle qui a été esquissée. On ne saurait d'autre part considérer la villa carolingienne comme un organisme vivant en autarcie. Si elle assure d'abord la subsistance du maître et de son personnel, si ses ateliers fabriquent des vêtements et des outils nécessaires aux tenanciers, le surplus de sa production, en grains et vins notamment, est écoulé au-dehors, sur les marchés voisins et souvent fort loin : la villa concourt ainsi à animer le commerce intérieur de l'Empire carolingien.

ROBERT FOLZ

VILLEHARDOUIN GEOFFROI DE (1148-1213)

Noble champenois. Maréchal de Champagne, chargé de négocier avec les Vénitiens les conditions d'une aide navale à la quatrième Croisade, Villehardouin fut l'un des chefs de celle-ci ; la croisade devait aboutir à la prise de Constantinople par les chrétiens d'Occident (1204) et à la fondation de l'Empire latin d'Orient. Il reçut, en récompense de ses services, divers fiefs en Thessalie, en particulier celui de Messinople, où il vécut. Il fut nommé maréchal de Romanie.

Son *Histoire de la conquête de Constantinople*, rédigée peu après les événements (vers 1207), est avant tout la justification personnelle d'un homme qui, dans la conduite et le détournement de la croisade, avait eu part aux décisions les plus graves. Mais il y fait précisément œuvre d'historien parce qu'il cherche à discerner la part de responsabilité de chacun, des croisés comme des Vénitiens, et que cela le conduit à analyser autant qu'à raconter. Ce plaidoyer très élaboré, qui n'a pas la verdeur du modeste récit de Robert de Clari, est cependant la relation très scrupuleuse d'un chevalier intègre et l'œuvre intelligente d'un historien qui s'élève au-dessus de la simple chronique. Villehardouin est l'un des premiers historiens étrangers au milieu clérical, et qui au surplus ait choisi d'écrire en français. Il est aussi l'un des premiers à avoir fait autre chose qu'ajouter quelques notations personnelles à une compilation.

JEAN FAVIER

VILLENEUVE

Quand le mouvement communal se développe au XIIe siècle, certains seigneurs ou le roi créent des agglomérations nouvelles, auxquelles ils accordent des franchises pour y attirer des immigrants. Ils espèrent augmenter leurs ressources grâce au travail des nouveaux habitants, asseoir leur autorité sur un territoire, éventuellement faire concurrence à leurs voisins. Nombre de ces « villes neuves » ont, en effet, été fondées à côté de cités existantes mais relevant d'un autre seigneur.

Peu de ces villes sont devenues très importantes, la plupart sont restées des marchés de campagne, certaines ont même disparu. Leur plan est toujours extrêmement régulier, elles sont entourées de murailles. Elles sont la marque d'une volonté colonisatrice et du développement économique de cette époque (défrichements et accroissement démographique).

ANNE BEN KHEMIS

VISCONTI JEAN-GALÉAS (1347-1402)

Fils de Galéas II et de Blanche de Savoie, Jean-Galéas, comte de Vertus (nom d'un comté de Champagne qu'il avait obtenu du roi de France en 1368), hérite en 1378 d'une partie des domaines des Visconti, jusque-là divisés entre son père Galéas II et son oncle Barnabé. Il paraît d'abord s'entendre avec celui-ci mais, soucieux de construire un État viscontéen unifié, il prend prétexte de la lourdeur des impôts exigés par son oncle pour faire arrêter Barnabé et entrer triomphalement à Milan en 1385.

Homme rusé, rompu aux jeux de la politique et de la diplomatie, sachant s'entourer des meilleurs condottieri, ce prince de la Renaissance, cultivé et protecteur des arts, poursuit une double politique, sans trop hésiter sur le choix des moyens : créer un État fort et en assurer l'expansion. Il donne à Milan une administration régulière mais séparée des organes de l'État. Il prohibe la construction de châteaux par ses feudataires, crée le Conseil secret et le Conseil de justice, devient la seule source du droit et, surtout, obtient de l'empereur Wenceslas que son État soit érigé en duché de Milan (1395) puis de Lombardie (1397), transmissible à son fils aîné. Il donne en mariage sa fille, Valentine, à Louis d'Orléans, frère du roi de France, Charles VI.

La puissance de Jean-Galéas est alors à son apogée. Il a conquis Vérone puis Padoue, il étend son protectorat sur Pise et Lucques, sur Sienne et Pérouse, mais il se heurte à la résistance de Bologne et de Florence au sud, de Venise à l'est. Ses condottieri, Facino Cane, Carlo Malatesta, Jacopo del Verme, Francesco Gonzaga remportent des succès au détriment des Ferrarais, du roi des Romains et de Bologne, qui se donne à lui. Au moment où il pense transformer son duché en un royaume d'Italie, Jean-Galéas meurt de la peste.

MICHEL BALARD

VITALIENS ou VITALIENBRÜDER

Issu du mot français « vitailleur » qui désigne au Moyen Âge les soldats chargés de pourvoir au ravitaillement des armées puis, par extension, les navires qui approvisionnent les flottes ou les ports, vitaliens désigne aussi les pirates appelés à la fin du XIVe siècle par le duc de Mecklembourg pour se venger des échecs que le Danemark et la Hanse ont infligés aux prétentions de sa famille sur les États scandinaves. Les villes de Rostock et de Wismar se désolidarisent de la cause hanséatique par fidélité envers leur prince, et la navigation devient bientôt impossible dans la Baltique. Leurs habitants obtiennent de nombreux succès, secourent Stockholm qui est restée fidèle à Albert de Mecklembourg, s'emparent des îles de Bornholm et de Gotland, s'installent à Åbå, à Viborg et dans plusieurs châteaux de Finlande, ravagent à de nombreuses reprises les côtes danoises et norvégiennes : pillage de Bergen en 1393 et de Malmø en 1394. Malgré un accord conclu en 1395, qui consacre le triomphe de la reine Marguerite mais qui confirme les privilèges de la Hanse dans les trois royaumes scandinaves, les actes de piraterie continuent avec Gotland pour base. Seule la collaboration de l'ordre Teutonique permit d'y mettre fin. Vers 1400, la Baltique est à nouveau libre mais les pirates ont trouvé refuge en mer du Nord, auprès du comte d'Oldenbourg et de seigneurs de la Frise septentrionale. Ils sont pourchassés par les flottes de Brême et de Hambourg et en 1401 les derniers d'entre eux sont décapités avec leurs chefs dans cette dernière ville. La légende ne tarde pas à s'emparer de leurs aventures et leur prête des exploits fabuleux.

JEAN MAURICE BIZIÈRE

VLADIMIR VSEVOLODOVITCH MONOMAQUE (1053-1125) grand-prince de Kiev (1113-1125)

Petit-fils de Iaroslav le Sage par son père (Vsevolod) et de Constantin IX Monomaque (d'où le surnom du prince) par sa mère, Vladimir reçoit, en 1078, de son père, devenu grand-prince de Kiev, la principauté de Tchernigov, mais doit, après la mort de Vsevolod et plusieurs années de luttes dynastiques, céder cette principauté à son cousin Oleg (de 1093 à 1097) et se contenter de la principauté de Pereïaslavl, située à la limite de la steppe et du pays de Rostov à la pointe nord-est de l'État kiévien. Il se partage entre la protection de sa principauté méridionale (victoires sur les Polovtsy en 1094 et en 1096) et l'organisation politico-militaire de celle du Nord ; en 1108, il y fonde la forteresse qui porta son nom et devint, un demi-siècle plus tard, la capitale de la principauté de Vladimir-Souzdal.

En 1113, Vladimir est appelé, à la suite d'un soulèvement populaire, à occuper le trône de Kiev. Son règne, continué jusqu'en 1132 par celui de son fils Mstislav, constitue la dernière période brillante de la Russie kiévienne, caractérisée par la paix intérieure et extérieure. Dans le domaine socio-économique, Vladimir prend des mesures pour réglementer le prêt à intérêt :

si les mobiles de sa politique font l'objet de controverses, son souci de favoriser le développement du commerce est évident.

Prince cultivé, épris d'ordre et de justice, Vladimir a rédigé une *Instruction* (*Poutchenie*) adressée théoriquement à ses enfants, mais qui semble avoir été, en fait, un pamphlet politique destiné à présenter son auteur comme un prince chrétien modèle. Pendant son règne à Kiev, il fait compiler par Sylvestre, supérieur du monastère Saint-Michel de Vydoubitch, le *Récit des temps passés*, la première chronique russe.

WLADIMIR VODOFF

VŒU DU FAISAN (1454)

Prononcé à Lille pour la délivrance de Byzance, qui vient d'être prise par les armées de Mehmet II, le vœu du Faisan est resté célèbre par le faste qui l'entoura. Une coutume qui remontait aux temps barbares voulait que toute grande entreprise fût précédée d'un vœu prononcé sur un animal vivant ou apprêté pour le festin ; dans ce dernier cas, les morceaux en étaient partagés équitablement entre les participants. Les Vikings officiaient autour d'un sanglier ; Édouard III et sa cour s'engagèrent sur un héron à envahir le sol français. Le 17 février 1454, le duc de Bourgogne Philippe le Bon et son fils, le futur Charles le Téméraire, réunissent la cour et les chevaliers de la Toison d'or. Le récit de la fête donnée à cette occasion nous est parvenu par la relation de deux témoins. On a dressé, sur d'immenses tables, des paysages où l'on peut voir villes et châteaux, église pourvue de cloches sonnant à la volée, forêt exotique remplie d'animaux, navires prêts à appareiller. La vaisselle précieuse regorge de victuailles et des fontaines jaillissantes offrent leurs breuvages aux convives. À l'issue d'un spectacle représentant l'histoire de Jason et entrecoupé d'intermèdes musicaux, une femme en grand deuil et portant au poing un faisan vient se lamenter sur le triste esclavage dans lequel elle est retenue. Le duc, son fils et tous les chevaliers présents jurent alors sur l'oiseau de se croiser, accompagnant ce serment de vœux de pénitence jusqu'à ce que l'Église soit délivrée des infidèles. Cette croisade n'eut jamais lieu. Mais le vœu du Faisan, à la fois rite païen et cérémonial chrétien, imagerie flamboyante mêlant dans ses allégories le grotesque et le pathétique est demeuré comme la dernière manifestation de la chevalerie et la première fête du baroque.

SOLANGE MARIN

WALLACE sir WILLIAM (1270-1305)

Second fils d'un chevalier écossais, William Wallace n'apparaît dans l'histoire qu'en mai 1297, après la déposition de John de Balliol et la confiscation de la monarchie écossaise par Édouard Ier d'Angleterre. Les attaques de Wallace contre l'occupant sont le signal d'un soulèvement populaire. Il prend la tête du mouvement et, avec l'aide d'Andrew de Moray, libère l'Écosse malgré l'abandon de Robert Bruce et de nombreux nobles un moment ralliés. Ayant écrasé l'armée envoyée par Édouard Ier au pont de Stirling en septembre 1297, il pénètre en Angleterre et ravage le nord du pays. Il est alors proclamé gardien du royaume d'Écosse, fonction qu'il exerce au nom de John de Balliol, retenu prisonnier à Londres. Mais une trêve étant intervenue entre la France et l'Angleterre, Édouard Ier tourne ses forces contre l'Écosse, où il entre à la tête de son armée ; Wallace, mal soutenu par l'aristocratie, est écrasé à Falkirk en juillet 1298 ; sa réputation militaire ruinée, il abandonne son titre de gardien. À partir de cette époque, on ne sait que peu de chose de sa vie. Il se rend en France, puis retourne en Écosse pour continuer la guérilla ; il est le seul des chefs écossais à qui le roi d'Angleterre n'ait jamais fait de proposition de reddition. Pris en 1305, il est exécuté à Londres ; ses membres sont envoyés en Écosse pour y être exposés à la foule. La vie de ce héros très populaire de l'indépendance nationale sera, au xve siècle, le sujet du roman historique d'Henri le Ménestrel, *The Actif and Deidis of the Illustere and Vailyeand Campioun Schir William Wallace Knicht of Ellerslie*.

PAUL BENOÎT

WARWICK RICHARD NEVILLE comte de (1428-1471)

Les Neville sont une des grandes familles du nord de l'Angleterre. Le grand-père de Warwick, Ralph, comte de Westmorland, est le beau-frère d'Henri IV ; son père, Richard, comte de Salisbury, est un des principaux soutiens de Richard d'York, son beau-frère, grâce à qui il devient chancelier en 1454-1455.

Richard Neville devient comte de Warwick par son mariage avec Jeanne Beauchamp, dont la famille possède le titre depuis 1268. Il suit la politique de son père et embrasse le parti des York ; il sera appelé le Faiseur de rois. Après la première bataille de Saint Albans (1455) qui voit la défaite des Lancastre, il reçoit le gouvernement de Calais, refuge des yorkistes battus en Angleterre et base pour la reconquête. En 1460, Warwick débarque dans le Kent et, avec Édouard, fils aîné du duc d'York, bat et capture Henri VI à Northampton. Richard d'York réclame alors le trône ; un compromis intervient qui laisse au roi sa couronne, mais qui, déshéritant son fils Édouard, fait de Richard d'York son successeur. La reine Marguerite d'Anjou, épouse d'Henri VI, réfugiée dans le Nord, prend au nom de son fils la tête du parti lancastrien ; elle lève une armée qui remporte les victoires de Wakefield (déc. 1460), où Salisbury et Richard d'York sont tués, et de Saint Albans (févr. 1461), où Warwick doit battre en retraite. Il se replie sur Londres où Édouard d'York, fils de Richard, est proclamé roi sous le nom d'Édouard IV. Avec l'aide de Warwick, ce dernier renverse la situation à Towton (mars 1461) ; Marguerite s'enfuit en Écosse. Warwick est alors le principal conseiller du roi. En 1464, une offensive lancastrienne est écrasée par son frère John, qui est fait comte de Northumberland ; son autre frère, George, chancelier depuis 1460, devient archevêque d'York. Le nord de l'Angleterre est en train de passer sous la coupe des Neville. Mais au même moment des difficultés apparaissent, Warwick souhaite un rapprochement avec la France consacré par un mariage royal ; or, en 1464, le roi épouse Élisabeth Woodville. L'ambition des Woodville rend le conflit inévitable. Warwick se tourne vers le duc de Clarence, alors héritier du trône, à qui il marie sa fille ; profitant d'un soulèvement dans le Nord, ils lèvent des troupes et capturent le roi en 1469. Le parti des Woodville abattu, le roi doit traiter, mais la réconciliation est courte. En 1470, un nouveau soulèvement échoue ; preuve est faite de la complicité de Warwick qui s'enfuit en France où, à l'instigation de Louis XI, il se réconcilie avec Marguerite d'Anjou ; sa plus jeune fille est fiancée à l'héritier des Lancastre. Il débarque à Darnmouth en septembre 1470 et Édouard IV s'enfuit ; Henri VI, qu'on fait sortir de la tour de Londres, est rétabli sur le trône. Warwick semble le maître de la situation, mais Édouard IV regagne l'Angleterre, rallie de nombreux partisans et, le 14 avril 1471, bat les lancastriens à Barnet où Warwick est tué.

Très ambitieux et énergique, Warwick a été un chef de guerre habile, mais plus encore un homme politique de grande envergure.

PAUL BENOÎT

WENCESLAS (1361-1419) roi de Bohême sous le nom de WENCESLAS IV (1363-1419) et empereur germanique (1378-1400)

Fils aîné de Charles IV, Wenceslas est couronné roi de Bohême en 1363, puis élu roi des Romains en 1376 contre la promesse de fortes sommes à verser aux électeurs : il succède ainsi très naturellement à son père, qui meurt en 1378. C'est un prince très cultivé, certainement très paresseux, moins diplomate que son père ; c'est pourquoi en disposant des mêmes moyens, c'est-à-dire d'une certaine fortune personnelle, il ne réussit pas à s'imposer dans l'Empire. Très rapidement ce tout jeune homme est aux prises avec les rivalités des villes et des princes de l'Allemagne occidentale et méridionale. Ses frères, Sigismond et Jean, ses cousins Josse et Procope, à qui il a donné ou inféodé les diverses possessions de son père (Brandebourg, Görlitz et partie de la Lusace, Moravie), se sont révoltés plusieurs fois contre lui, les princes et le haut clergé les soutenant : il a disposé assez longtemps de l'appui des gens des villes, excédés par ces guerres perpétuelles, dont ils se défendent en signant sous l'égide de l'empereur des paix territoriales (*Landfrieden*), que finalement personne ne respecte. Mais il ne peut empêcher les massacres de juifs qui se produisent dans l'Empire comme dans toute l'Europe vers la fin du XIVe siècle.

Wenceslas renonce très vite à gouverner l'Empire et se retire en Bohême. Des troubles religieux naissent alors, car Jan Hus est le confesseur de la reine, tandis que l'archevêque de Prague et son vicaire, Jean Népomucène, intriguent contre l'empereur et les idées nouvelles. Prédicateur très influent, Jean Népomucène est arrêté, emprisonné, sans doute exécuté (1393) : il sera canonisé en 1729 comme martyr de l'orthodoxie catholique, les membres de sa famille finissent par s'emparer de l'empereur, le retiennent prisonnier (1394-1395) et les princes allemands le déposent (1400) au profit du comte palatin Robert, puis de Sigismond et de Josse, son frère et son cousin (1410). Il lui reste la Bohême, où les doctrines hussites font des progrès. Jan Hus est brûlé à Constance en 1415 sur ordre du Concile malgré un sauf-conduit de l'empereur Sigismond, puis c'est le tour de son disciple Jérôme de Prague. Contraint par l'empereur, qui le menace d'une croisade, Wenceslas doit prendre position contre un mouvement qui fait l'unanimité du peuple tchèque à l'exception du clergé allemand et de quelques familles catholiques nobles : la révolte éclate alors, menée par Jean Žižka. En juillet 1419, après la défenestration de quelques magistrats de la ville de Prague du haut du palais royal du Hradčany, Wenceslas meurt d'une crise d'apoplexie.

Il laisse le souvenir d'un roi buveur et débauché, de peu d'envergure, mais sans doute fallait-il en ces temps troublés une volonté exceptionnelle ou une grande ambition pour dominer les événements : son frère Sigismond, doué d'une volonté peut-être plus ferme et d'une ambition à coup sûr plus dévorante, ne réussira guère mieux que lui en fin de compte.

ANNE BEN KHEMIS

WIDUKIND (2e moitié VIIIe s.)

Chef saxon, Widukind incarne la résistance de son pays à la conquête franque. Sa personnalité est mal connue ; on sait seulement qu'il possédait des terres en Westphalie et en Angrie (territoire des Angrivariens) et qu'il était noble ; à la différence des hommes de son milieu, il combat avec acharnement le roi des Francs, en s'appuyant sur les classes populaires, dès 778 mais surtout après 782, lorsque Charlemagne croit pouvoir instaurer en Saxe l'institution comtale, ce qui revient à incorporer le pays au royaume carolingien. On ne sait si Widukind fut duc, c'est-à-dire chef militaire de tous les Saxons révoltés, ou seulement chef dans l'ouest de la Saxe, ni si, comme l'en ont accusé certaines sources franques, il aspirait à la royauté. Quoi qu'il en soit, sa révolte compromet l'œuvre commencée par Charlemagne dans les années précédentes, et notamment les débuts de l'implantation du christianisme. Battus par Widukind au mont Süntel, en 782, les Francs, victorieux l'année suivante, doivent, en 784-785, hiverner dans le pays pour venir à bout du soulèvement. Jugeant alors que la cause de l'indépendance est perdue, Widukind accepte d'entrer en relation avec son vainqueur et vient au palais d'Attigny recevoir le baptême à la Noël de 785. Sans doute se retire-t-il ensuite dans ses terres ; on ne sait quand il meurt... Dès le IXe siècle, apparaît son mythe, qui s'épanouit à la fin du Moyen Âge en un faisceau de légendes nombreuses, le glorifiant comme héros païen ou comme saint chrétien et comme l'un des ancêtres des principales dynasties allemandes.

ROBERT FOLZ

WILLIBRORD ou WILLIBROD saint (658-739)

Alors que Willibrord n'était qu'un enfant, son père, le noble Wilgis, se retira dans un ermitage et le plaça à l'abbaye de Ripon dans le nord de l'Angleterre (664). En 678, Willibrord partit compléter sa formation en Irlande ; son séjour dura douze ans. Il fut placé, en 690, à la tête des douze moines qui partirent évangéliser la Frise, récemment conquise par le maire du palais Pépin II. Willibrord alla d'abord soumettre ses projets au pape, puis il se fixa à Anvers. Il retourna à Rome, fut ordonné évêque par le pape le 22 novembre 695, installa son évêché à Utrecht et un monastère à Echternach (dans l'actuel grand-duché de Luxembourg). Il tenta en 699 une expédition plus lointaine, dans la Frise du Nord et au Danemark, sans résultat. Très instruit, Willibrord n'essayait pourtant pas de convertir les Barbares par le verbe. Pour montrer l'impuissance de leurs idoles, il les brisait, ce qui lui attira de mauvais coups. Il ne céda jamais à la facilité des baptêmes en masse. La mort de Pépin II, en 714, le priva de son protecteur, et le roi des Frisons, Radbod, ravagea Utrecht et les pays nouvellement évangélisés. Martel reconquit le pays et Willibrord put y revenir en 719. Ayant besoin d'auxiliaires, il nomma des évêques sans siège, des chorévêques ; cette institution nouvelle rendit de grands services pendant un siècle. Willibrord mourut à Echternach. Son tombeau devint un but de pèlerinage. Au XIVe siècle, on institua, pour demander la guérison des fous et des épileptiques, la procession dansante d'Echternach, où les danseurs, se tenant par la main, font alternativement cinq pas en avant et trois en arrière.

JACQUES DUBOIS

WINFRID ou WINFRYTH → BONIFACE saint

WORMS

Ayant pour origine un établissement celte du nom de Borbetomagus, la ville de Worms possède de nombreux vestiges de l'occupation romaine. Au Moyen Âge, la ville est appelée Vormatio. Il semble que la prospérité à cette époque ait été assez remarquable, comme en témoignent les édifices qui subsistent. La première cathédrale a été consacrée en 1018. Elle a été rebâtie entre la fin du XIIe et le début du XIIIe siècle ; elle possède deux chœurs, l'un à l'est, l'autre à l'ouest. La cathédrale abrite les restes de l'arrière-grand-père de Conrad II, le duc Conrad le Roux, tombé aux côtés du roi de Germanie Othon le Grand à la bataille du Lechfeld qui permit en 955 d'arrêter les invasions magyares. La ville soumise à ses évêques dès le Xe siècle obtint, toutefois, le statut de ville libre impériale au XIIe siècle.

Le 23 septembre 1122 fut signé par le pape Calixte II et par l'empereur Henri V le concordat de Worms qui mit fin à la querelle des Investitures, en délimitant les attributions spirituelles et temporelles du pape et de l'empereur lors de la nomination des évêques. Le commerce médiéval entraîna une certaine liberté de circulation. La colonie juive était alors nombreuse à Worms. Le cimetière juif a été établi au Moyen Âge. Les inscriptions hébraïques permettent de reconstituer l'importance de la communauté juive. La plus ancienne tombe porte la date de 1077.

Worms fut le lieu de nombreuses réunions importantes. À la diète de 1495, Maximilien Ier fit proclamer une « paix perpétuelle », et installa dans la ville le tribunal d'Empire qui devait empêcher les guerres privées. Une autre diète célèbre s'y tint en 1521 lorsque Luther fut convoqué devant l'empereur Charles V ; à cette occasion fut proclamée la mise au ban de l'Empire du grand réformateur. La diète ordonna la destruction de ses ouvrages. Cependant, peu de temps après, la ville de Worms adopta la Réforme. La Magnuskirche est la plus ancienne église luthérienne de Worms.

FRANÇOIS REITEL

Y

YORK LES

Famille ayant donné trois souverains à l'Angleterre entre 1461 et 1485, dont l'un, Édouard V, n'a pas véritablement régné. Le nom de la famille d'York a d'abord appartenu au cinquième fils d'Édouard III, Edmund de Langley, qui fut fait duc d'York par Richard II en 1385. Son petit-fils, Richard, est le véritable artisan de la grandeur dynastique. Favorisé au départ par la protection de son cousin Henri VI, héritier de biens considérables, allié à la grande famille des Neville, il est appelé à des fonctions de plus en plus éclatantes : connétable d'Angleterre en 1430, régent de France en 1436-1437 et 1440-1445, gouverneur de l'Irlande de 1449 à 1450, il exerce aussi les fonctions de régent du royaume pendant les périodes de démence d'Henri VI. Richard ambitionne de gouverner l'Angleterre et se heurte au parti de Somerset ; il n'hésite pas à se révolter à plusieurs reprises contre les « mauvais conseillers du roi » et, à partir de 1460, convoite ouvertement la Couronne. Sa mort au combat fait de son fils Édouard l'héritier de ses ambitions ; celui-ci, à partir de 1461, année où il fut, pour la première fois, proclamé roi d'Angleterre sous le nom d'Édouard IV, commence un règne à éclipses, définitivement assuré pourtant en 1471 et jusqu'en 1483. Son frère Richard, duc de Gloucester, fit assassiner ses neveux, dont le jeune « Édouard V », et s'empara de la couronne sous le nom de Richard III ; il ne régnera que deux années. Sa nièce Élisabeth, par son mariage avec Henri Tudor conclu peu après la bataille de Bosworth où fut tué Richard III (1485), contribue à asseoir la légitimité de la nouvelle dynastie. Les York, qui ont tiré profit de l'affaiblissement du pouvoir au temps de la guerre de Cent Ans, ont été les principaux bénéficiaires de la guerre des Deux-Roses : leur rose blanche l'a emporté sur la rose rouge des Lancastre.

ROLAND MARX

Z

ZACHARIE saint (mort en 752) pape (741-752)

Quand Zacharie devint pape en décembre 741, le Saint-Siège était en lutte avec les Lombards, alors maîtres de l'Italie, en difficulté avec Constantinople et en défiance du côté des Francs. Zacharie fut assez heureux pour faire la paix avec les Lombards et retrouver pleine autorité sur le duché de Rome. Les difficultés de l'empereur de Constantinople le détournèrent des querelles iconoclastes ; le pape en bénéficia. Charles Martel mourut en 741, laissant le royaume à ses fils Carloman et Pépin le Bref, qui soutinrent l'action réformatrice de saint Boniface. En 747, Carloman s'étant fait moine au Mont-Cassin, Pépin le Bref demanda alors au pape s'il ne serait pas meilleur que le titre de roi fût porté par celui qui exerçait le pouvoir, c'est-à-dire par lui, Pépin, et non par un incapable descendant de Clovis. Le pape répondit favorablement, non qu'il se crût en possession du droit de nommer les rois, mais par simple souci de résoudre un cas de conscience.

JACQUES DUBOIS

ANNEXES

370-375 env.
Premières incursions des Huns en Europe

395
Partage de l'Empire romain

406-409
Invasion des Vandales : ravage de la Gaule et de l'Espagne

410
Invasion de l'Italie par les Wisigoths : sac de Rome par Alaric Ier

449
Conquête de l'Angleterre par les Angles, les Saxons et les Jutes

476
Déposition du dernier empereur romain d'Occident

486
Fondation du royaume franc par Clovis

493
Royaume ostrogothique en Italie

497
Conversion des Francs au christianisme

535 env.
Règle de saint Benoît : réorganisation de la vie monastique en Occident

568
Conquête de l'Italie du Nord par les Lombards

vers 590
Fondation du monastère de Luxeuil par saint Colomban

610
Héraclius Ier, empereur romain d'Orient ; début de l'hellénisation de l'Empire romain d'Orient, appelé désormais Empire de Byzance

632
Mort de Mahomet

661-749
Califes omeyyades

680
Invasion des Balkans par les Bulgares

711
Conquête de l'Espagne par les musulmans

732 ou 733
Victoire de Charles Martel à Poitiers : arrêt de l'expansion arabe en Europe occidentale

751
Ravenne, dernière forteresse byzantine de l'Italie du Nord, prise par les Lombards

774
Conquête par Charlemagne du nord de l'Italie

793
Début des invasions des Vikings

800
Charlemagne couronné empereur à Rome : début du nouvel Empire d'Occident

843
Traité de Verdun : partage de l'Empire carolingien

909-910
Avènement des Fatimides au Maghreb

911
Installation des Vikings en Normandie en vertu du traité de Saint-Clair-sur-Epte

929-1031
Califat de Cordoue

955
Otton Ier le Grand, victorieux des Hongrois au Lechfeld

959
Unification de l'Angleterre sous Edgar le Pacifique

960
Fondation de la Pologne par Mieszko Ier

962
Couronnement d'Otton Ier à Rome : naissance du Saint Empire romain germanique

969
Installation des Fatimides en Égypte et fondation du Caire

987
Avènement de Hugues Capet

1016-1035
Knut II le Grand, roi du Danemark, d'Angleterre et de Norvège

1018
Annexion de la Bulgarie par les Byzantins

1054
Début du schisme entre Rome et Byzance au sein de l'Église chrétienne (Michel Cérulaire)

1055
Prise de Bagdad par les Turcs Seldjoukides

1056
Conquête par les Almoravides du nord de l'Afrique et du sud de l'Espagne

1060-1091
Conquête de la Sicile par les Normands

1066
Bataille d'Hastings : conquête de l'Angleterre par Guillaume de Normandie

1071
Bataille de Manzikert : défaite de Byzance devant les Turcs Seldjoukides
Chute de Bari : conquête de l'Italie byzantine par les Normands

1073
Élection du pape Grégoire VII : réforme grégorienne et début du conflit entre l'Empire et la papauté

1075-1122
Querelle des Investitures

1077
L'empereur Henri IV à Canossa

1096-1099
Première croisade

1125
Reprise de l'expansion germanique vers l'est

1135
Domination almohade en Afrique du Nord-Ouest et en Espagne musulmane

1137-1250
Dynastie des Hohenstaufen en Allemagne

1147-1149
Deuxième croisade

1154
Avènement d'Henri II Plantagenêt

1171
Victoire de Saladin sur les Fatimides et conquête de l'Égypte

1188
Destruction par Saladin des États établis par les croisés

1189-1192
Troisième croisade

1198
Élection du pape Innocent III

1202-1204
Quatrième croisade

1209-1226
Croisade contre les albigeois

1212
Bataille de Las Navas de Tolosa

1214
Bataille de Bouvines

1215
Magna Carta (La Grande Charte) : concessions de Jean sans Terre aux barons anglais

1217-1221
Cinquième croisade

1228-1229
Sixième croisade

1242
Victoire d'Alexandre Nevski sur les chevaliers Teutoniques

1248-1254
Septième croisade

1250
Mort de Frédéric II et fin de la dynastie des Hohenstaufen

1258
Provisions d'Oxford : les nobles anglais à la tête de l'État

1261-1453
Dynastie byzantine des Paléologue

1265-1272
Huitième croisade

1270
Mort de Saint Louis à Tunis

1275-1292
Séjour de Marco Polo en Chine

1285-1314
Règne de Philippe le Bel

1299
Début de l'expansion des Turcs Ottomans en Anatolie

1309
Installation du Saint-Siège en Avignon

1337
Début de la guerre de Cent Ans entre la France et l'Angleterre

1347-1350
Épidémie de peste noire en Europe : disparition de 25 à 30 p. 100 de la population

1360
Paix franco-anglaise de Brétigny

1361
Prise d'Andrinople par les Ottomans

1370-1450
Apogée de la Hanse

1378-1417
Grand schisme d'Occident

1386
Union de la Pologne et de la Lituanie

1389
Bataille de Kossovo : contrôle ottoman sur les Balkans

1397
Union de Kalmar entre les trois royaumes scandinaves au profit d'Erik III de Poméranie

1402
Bataille d'Ankara : victoire de Timur-Lang (Tamerlan) sur les Ottomans

1410
Bataille de Tannenberg : victoire des Polonais et des Lituaniens sur les chevaliers Teutoniques

1415
Bataille d'Azincourt : Henri V d'Angleterre reprend la guerre en France

1431
Condamnation et supplice de Jeanne d'Arc à Rouen

1453
Perte par l'Angleterre de ses possessions continentales, à l'exception de Calais
Prise de Constantinople par les Turcs Ottomans : fin de l'Empire de Byzance

1455-1485
Guerre des Deux-Roses en Angleterre

1475
La Bourgogne à l'apogée de son pouvoir (Charles le Téméraire)

1492
Chute de Grenade : les Arabes et les Juifs chassés d'Espagne
Découverte de l'Amérique par Christophe Colomb.

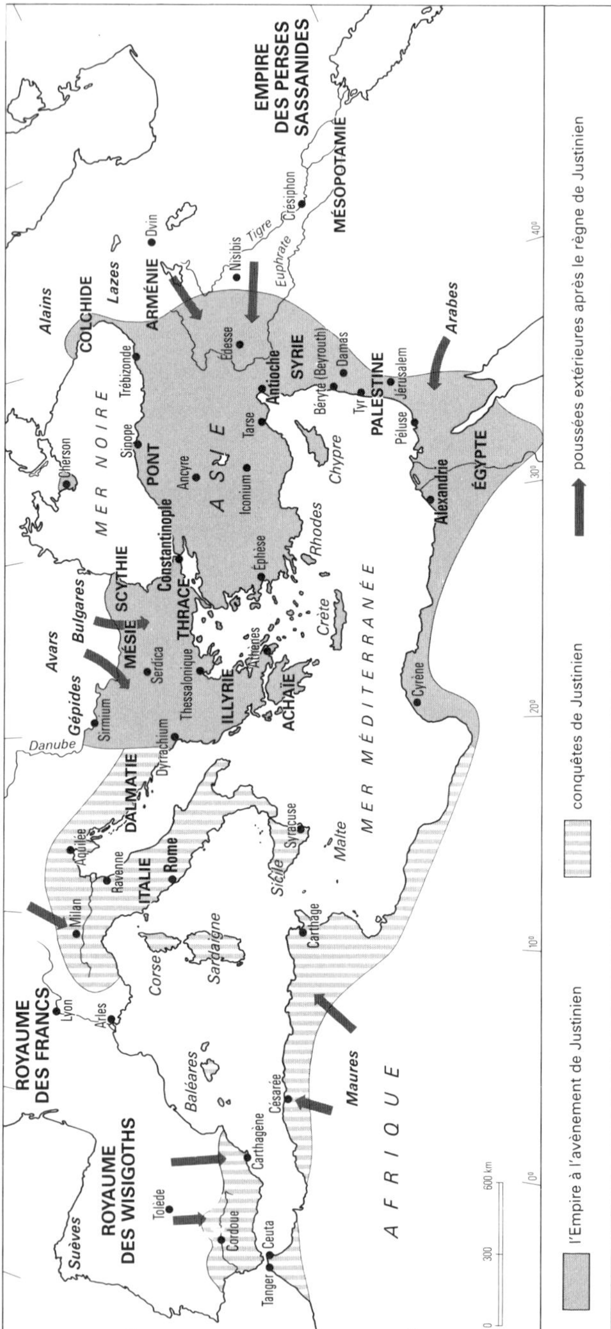

L'Empire de Justinien.

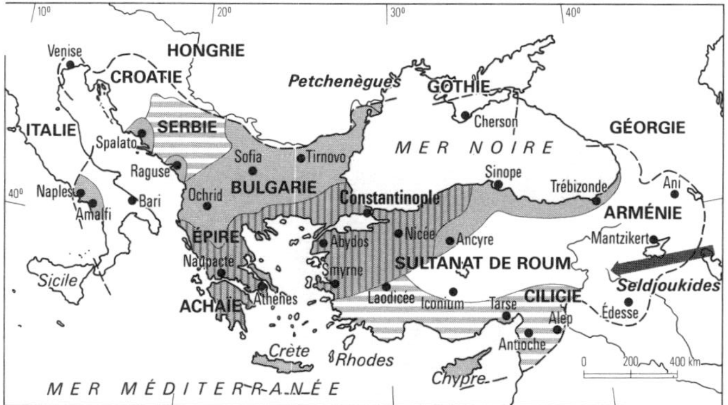

- - - - limites de l'Empire byzantin à la mort de Basile II (1025)
- Empire sous Alexis Ier Comnène (1081-1118)
- conquêtes temporaires sous Jean II (1118-1143) et Manuel Ier (1143-1180)
- Empire byzantin en 1204

Contraction de l'Empire byzantin aux XIe et XIIe siècles.

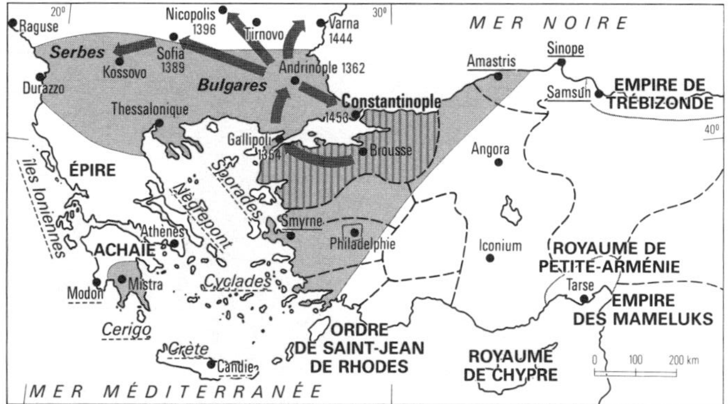

- Empire byzantin au début du XIVe siècle
- - - - limites des petits royaumes turcs d'Asie Mineure
- royaume des Turcs ottomans au milieu du XIVe siècle
- 1389 conquêtes des Turcs ottomans aux XIVe et XVe siècles
- Candie possession vénitienne
- Sinope possession génoise

La fin de l'Empire byzantin, XIVe-XVe siècle.

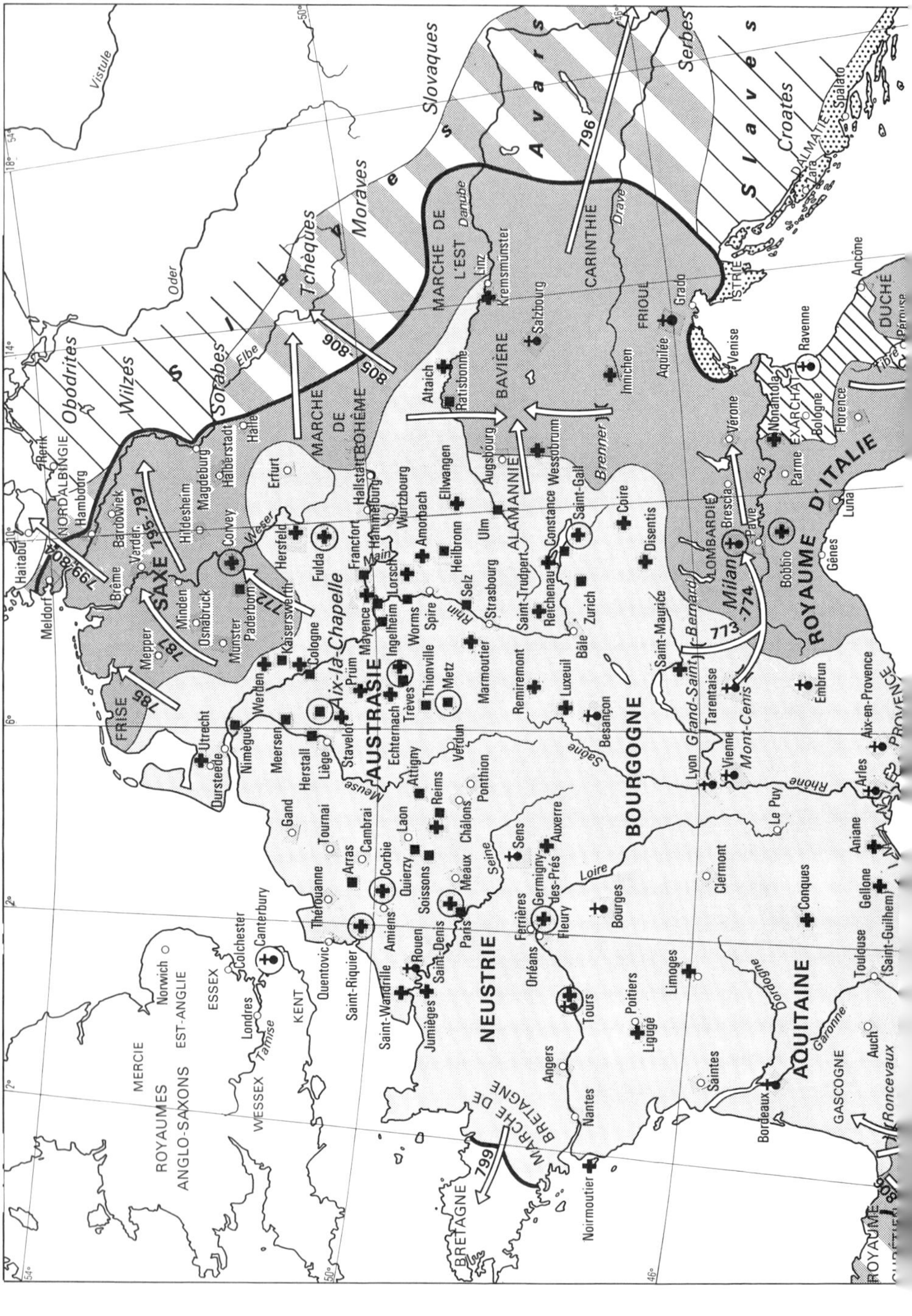
NEUSTRIE
AUSTRASIE
BOURGOGNE
AQUITAINE
ALAMANNIE
BAVIÈRE
SAXE
FRISE
LOMBARDIE
ROYAUME D'ITALIE
PROVENCE
GASCOGNE
BRETAGNE
MARCHE DE BRETAGNE
MARCHE DE L'EST
MARCHE DE BOHÊME
CARINTHIE
FRIOUL
ISTRIE
DALMATIE
EXARCHAT
NORDALBINGIE
ROYAUMES ANGLO-SAXONS
MERCIE
EST-ANGLIE
ESSEX
KENT
WESSEX
Aix-la-Chapelle
Obodrites
Wilzes
Sorabes
Tchèques
Moraves
Slovaques
Avars
Serbes
Croates
Slaves

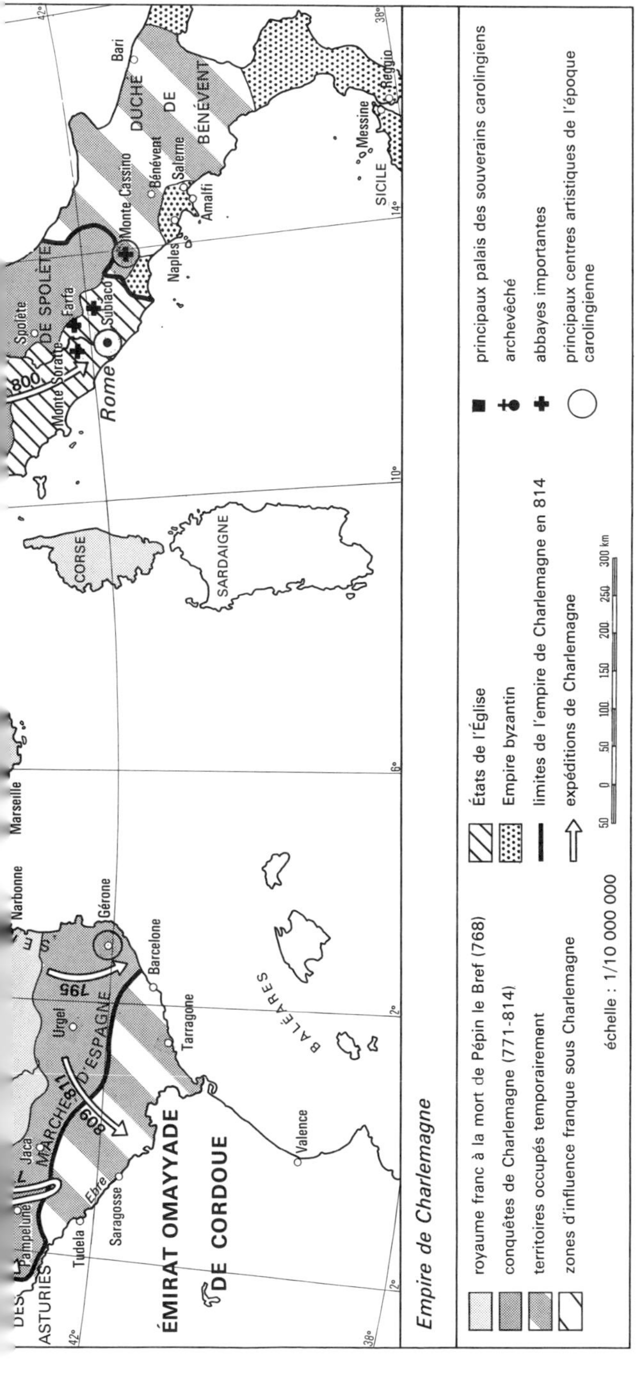
Empire de Charlemagne
royaume franc à la mort de Pépin le Bref (768)
conquêtes de Charlemagne (771-814)
territoires occupés temporairement
zones d'influence franque sous Charlemagne
États de l'Église
Empire byzantin
limites de l'empire de Charlemagne en 814
expéditions de Charlemagne
principaux palais des souverains carolingiens
archevêché
abbayes importantes
principaux centres artistiques de l'époque carolingienne
échelle : 1/10 000 000
ÉMIRAT OMAYYADE DE CORDOUE
MARCHE D'ESPAGNE
ASTURIES
Pampelune
Jaca
Tudela
Saragosse
Ebre
Urgel
Gérone
Barcelone
Tarragone
Valence
Narbonne
Marseille
BALÉARES
CORSE
SARDAIGNE
Rome
Monte Soratte
Farfa
Subiaco
Spolète
DE SPOLÈTE
Monte Cassino
Bénévent
Salerne
Amalfi
Naples
DUCHÉ DE BÉNÉVENT
Bari
Messine
Reggio
SICILE
795
800
801
809

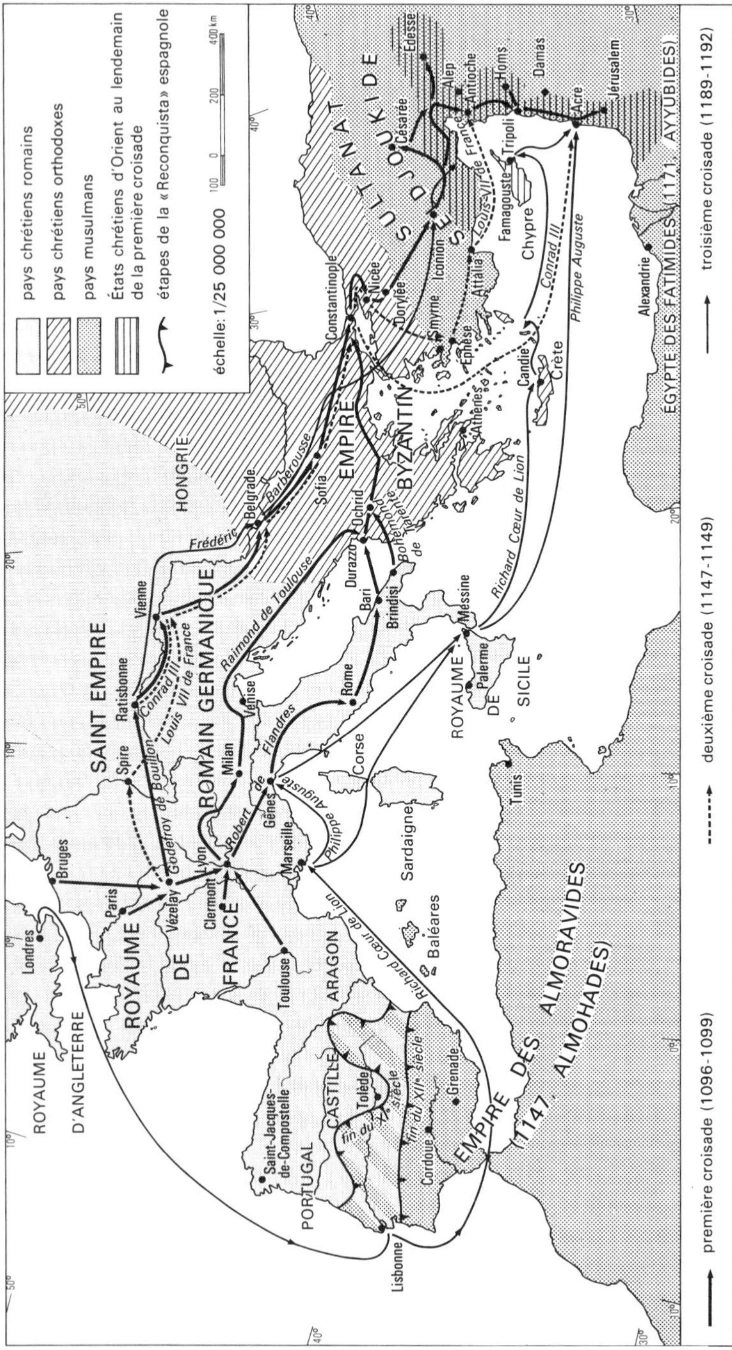

Les premières croisades (XIe-XIIe siècle).

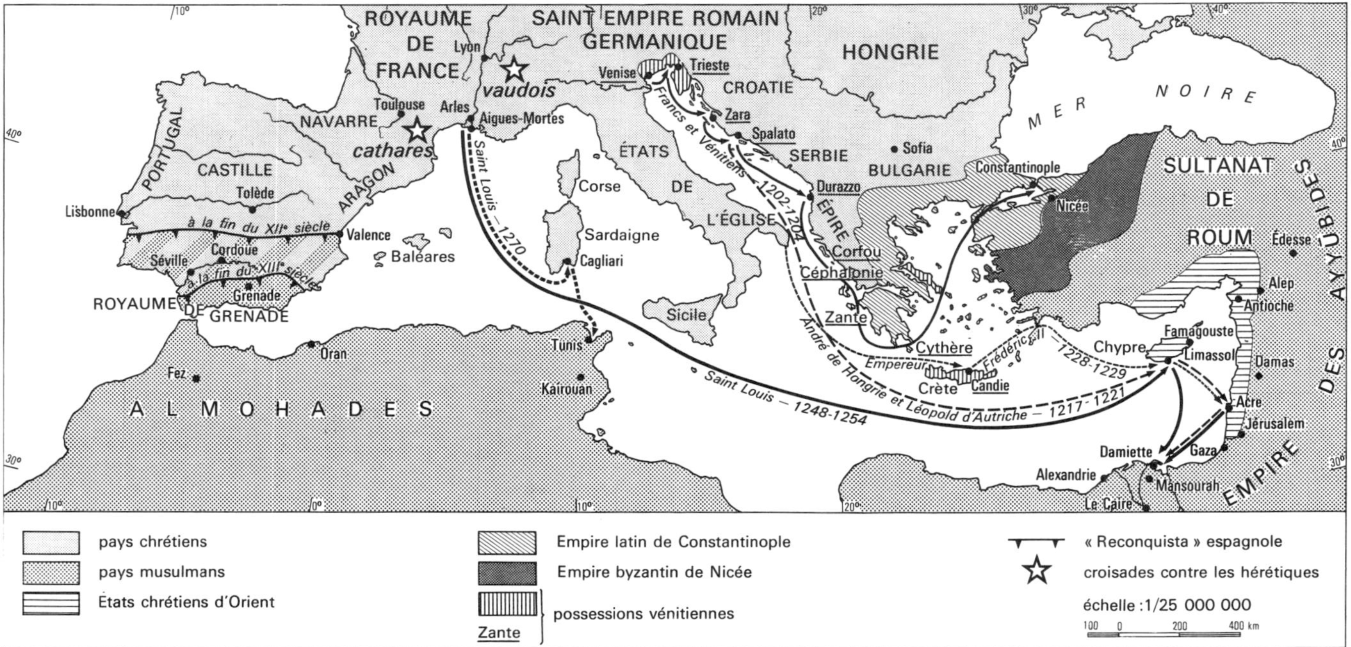

Les croisades du XIIIe siècle.

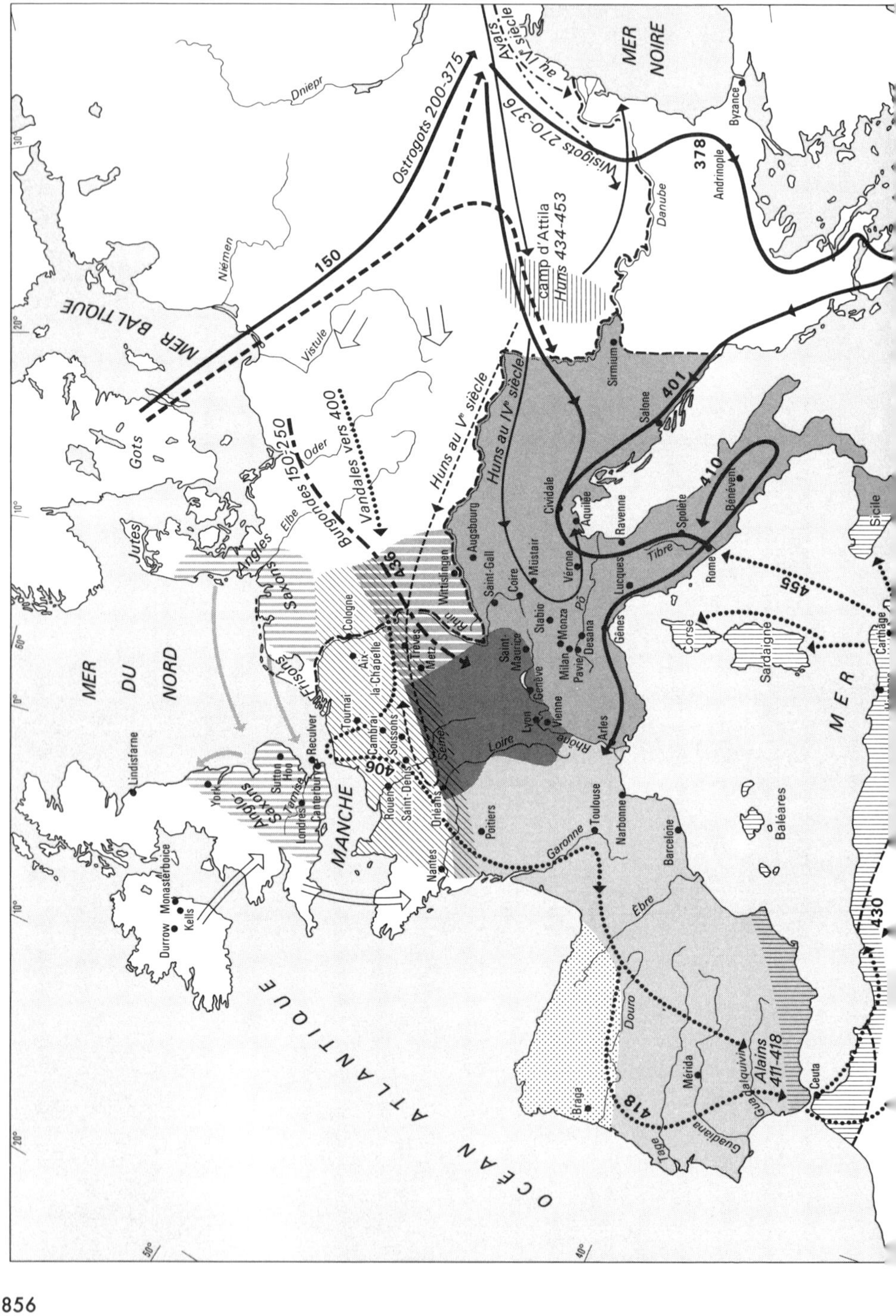
MER BALTIQUE
MER DU NORD
MER NOIRE
MANCHE
OCÉAN ATLANTIQUE
MER
Ostrogots 200-375
Wisigots 270-376
Avars au IVe siècle
Huns au IVe siècle
Huns au Ve siècle
camp d'Attila
Huns 434-453
Burgondes 150-250
Vandales vers 400
Alains 411-418
Gots
Jutes
Angles
Saxons
Frisons
Anglo-Saxons
150
378
401
406
410
418
430
436
455
Dniepr
Niémen
Vistule
Oder
Elbe
Danube
Rhin
Seine
Loire
Rhône
Garonne
Ebre
Douro
Tage
Guadiana
Guadalquivir
Pô
Tibre
Tamise
Byzance
Andrinople
Sirmium
Salone
Cividale
Aquilée
Ravenne
Spolète
Bénévent
Rome
Lucques
Vérone
Mustair
Coire
Saint-Gall
Augsbourg
Wittislingen
Cologne
Aix-la-Chapelle
Trèves
Metz
Tournai
Cambrai
Soissons
Saint-Denis
Rouen
Orléans
Nantes
Poitiers
Toulouse
Narbonne
Barcelone
Arles
Vienne
Lyon
Genève
Saint-Maurice
Milan
Monza
Pavie
Desana
Stabio
Gênes
Corse
Sardaigne
Sicile
Carthage
Baléares
Mérida
Braga
Ceuta
Lindisfarne
York
Sutton Hoo
Reculver
Canterbury
Londres
Durrow
Monasterboice
Kells

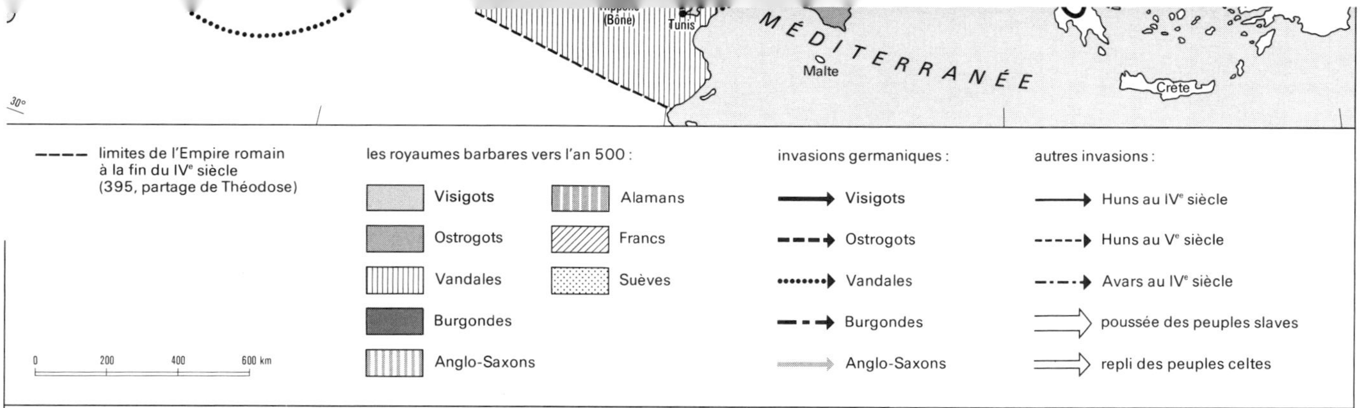

Invasions barbares des Ve et VIe siècles

MER CASPIENNE
CAUCASE
Itil
Volga
Don
MER NOIRE
Sinope 941
Cherson
Petchenègues
Russes
Varègues
Smolensk
Tchernigov
Pereiaslav
Kiev 882
Dniepr
Ladoga
Novgorod 862
lac Ilmen
Isborsk
lac Peipous
Dvina
Niemen
Estes
Lettons
Lituaniens
Prussiens
Polonais
Slaves
Tchèques
Hongrois
895
Danube
Constantinople 941
Bulgares
Serbes
Raguse 868
Croates
Spalato
Bari
Amalfi
Naples
924
846
ITALIE
Rome
Pise
Luna
Corse
Sardaigne
Venise
Ravenne
Presbourg
Ratisbonne
Lechfeld 955
Oder
Elbe
Magdebourg
Jomsburg
Bornholm
MER BALTIQUE
Gotland
Öland
Uppsala
Birka
Suédois
Norvégiens
Lund
Haithabu
Hambourg
Danois
Ribe
Brême
GERMANIE
911
Rhin
St-Gall
Bâle
918
Pavie
924
Lyon
Nîmes
Fraxinetum
FRISE
820 Dorestede
Cologne
856-885
MER DU NORD
Shetland
VIIe siècle
Orcades
Faeroer
Hébrides
Lindisfarne
ÉCOSSE
York
ANGLETERRE
IXe siècle
Londres
MANCHE
856
Rouen
Oissel
Paris
Orléans
FRANCE
Limoges
864
Toulouse 844
Narbonne 860
Nantes
843
Noirmoutier
844
Bordeaux
ROYAUMES CHRÉTIENS
Ebre
Barcelone 859
Baléares
Carthagène
Armagh
Dublin
879
IRLANDE
Cork
Limerick
ISLANDE
Reykjavik
IXe siècle
GROENLAND
cercle polaire arctique
Xe siècle
OCÉAN ATLANTIQUE
Oviedo
843
St-Jacques-de-Compostelle
Douro
Tolède
KHALIFAT DE CORDOUE
Cordoue
Séville
844
Lisbonne

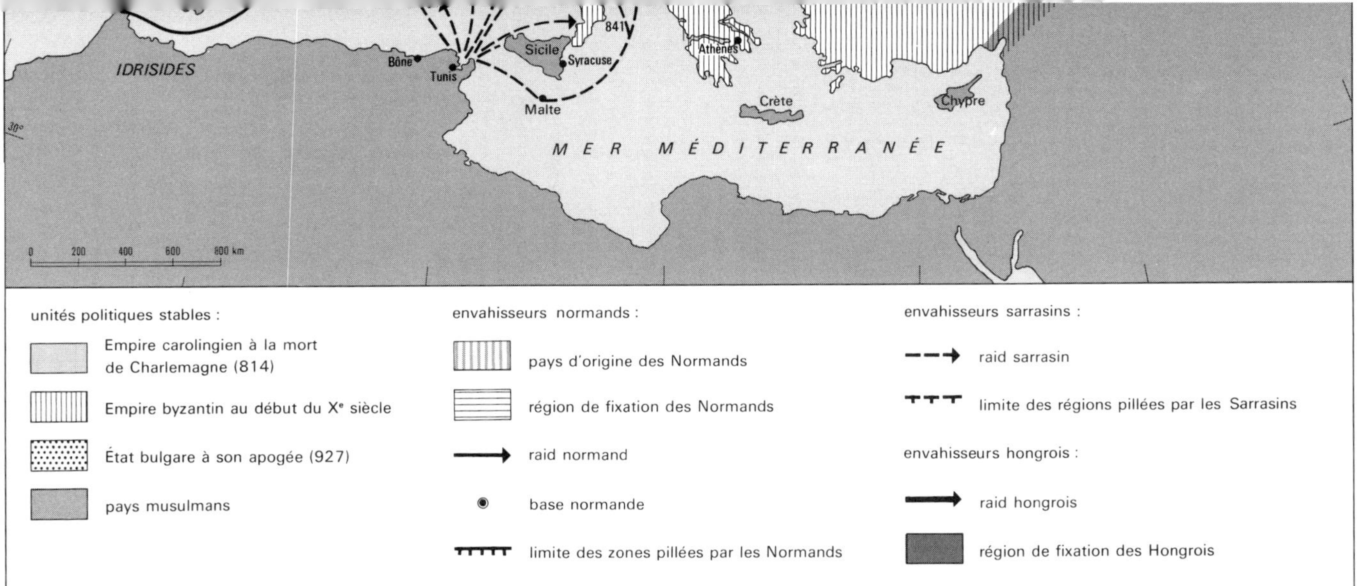

Les invasions des IXe et Xe siècles

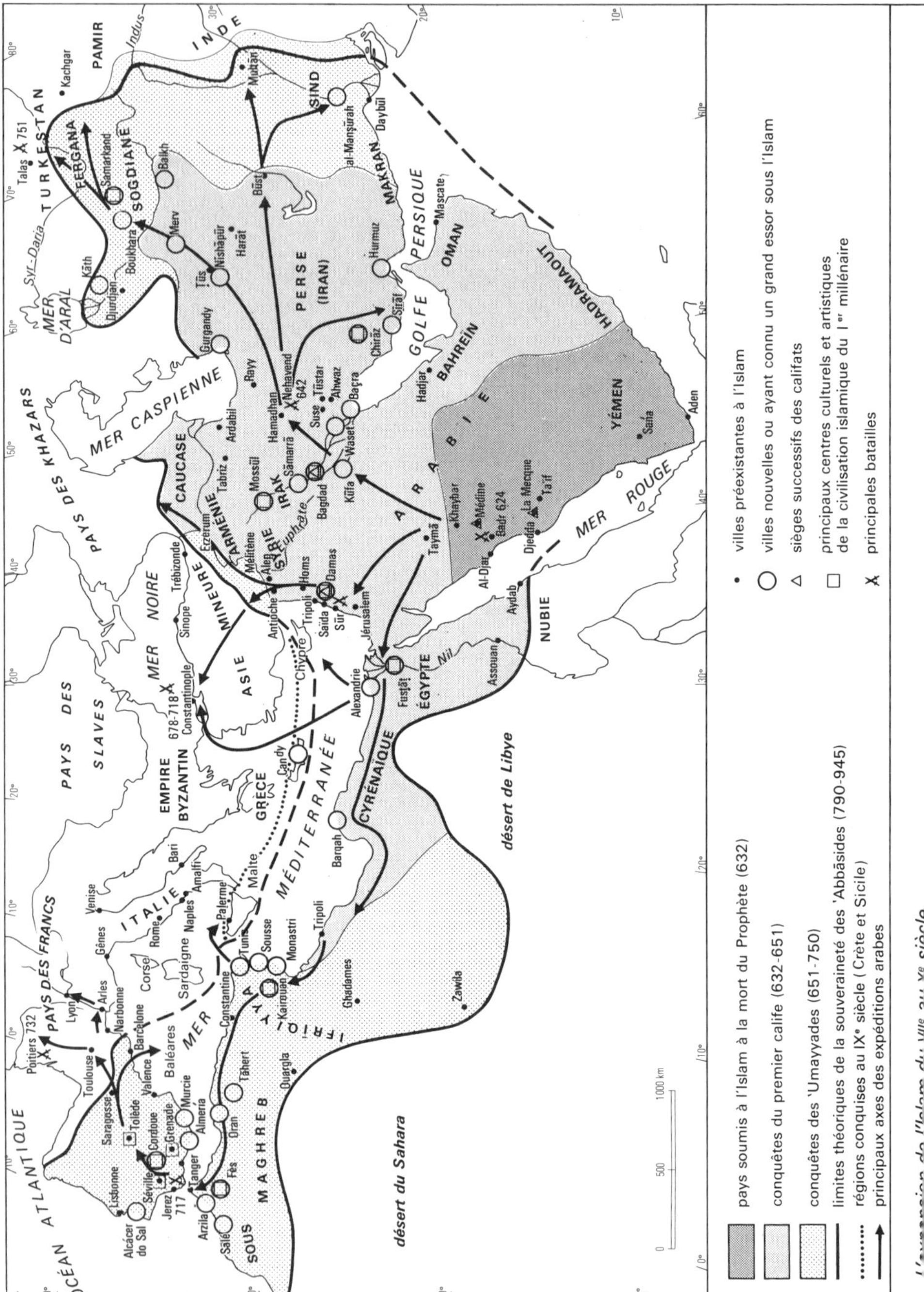

L'expansion de l'Islam du VIIe au Xe siècle

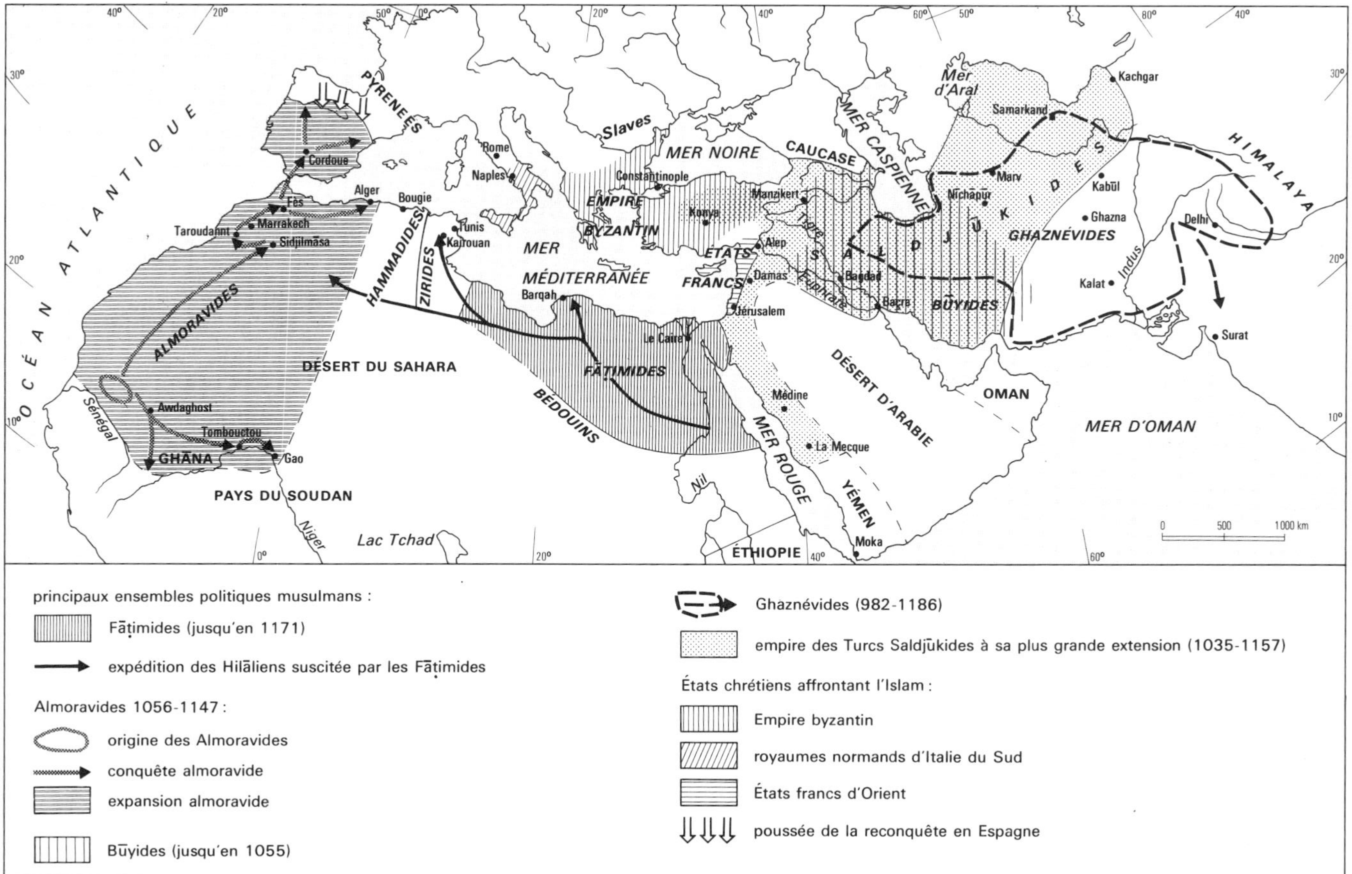

Le monde musulman aux XIe et XIIe siècles.

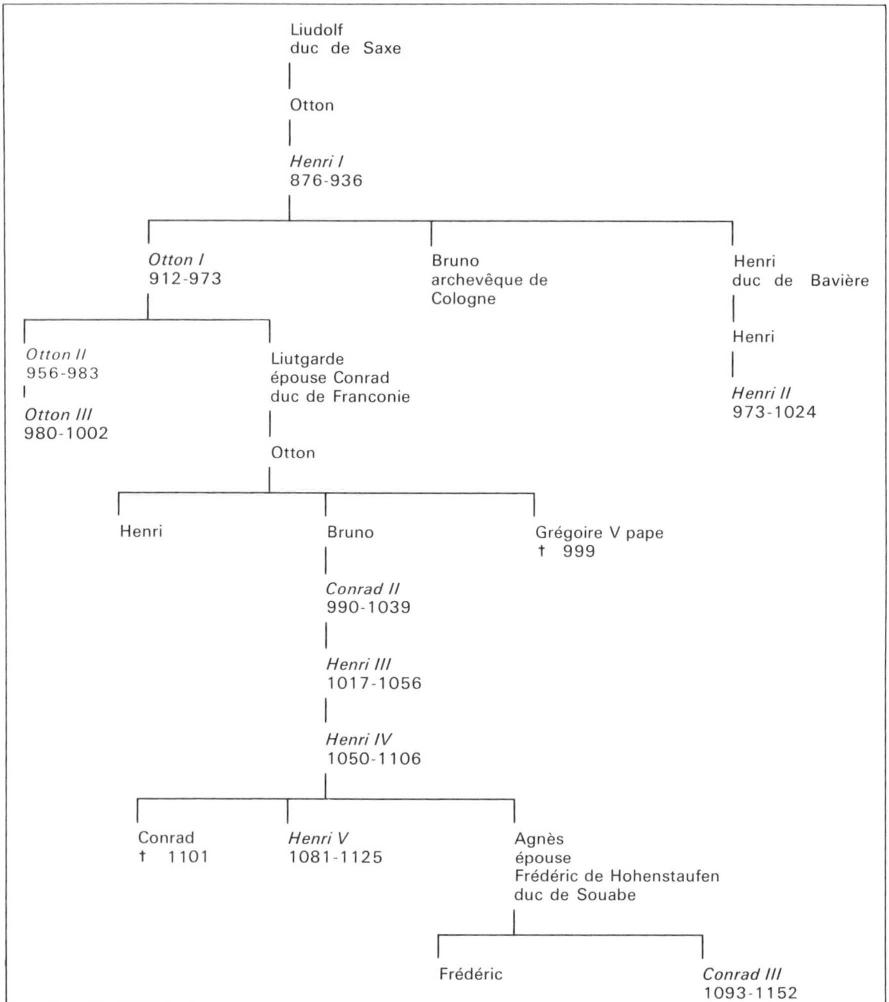

Tableau généalogique des dynasties saxonne et franconienne.

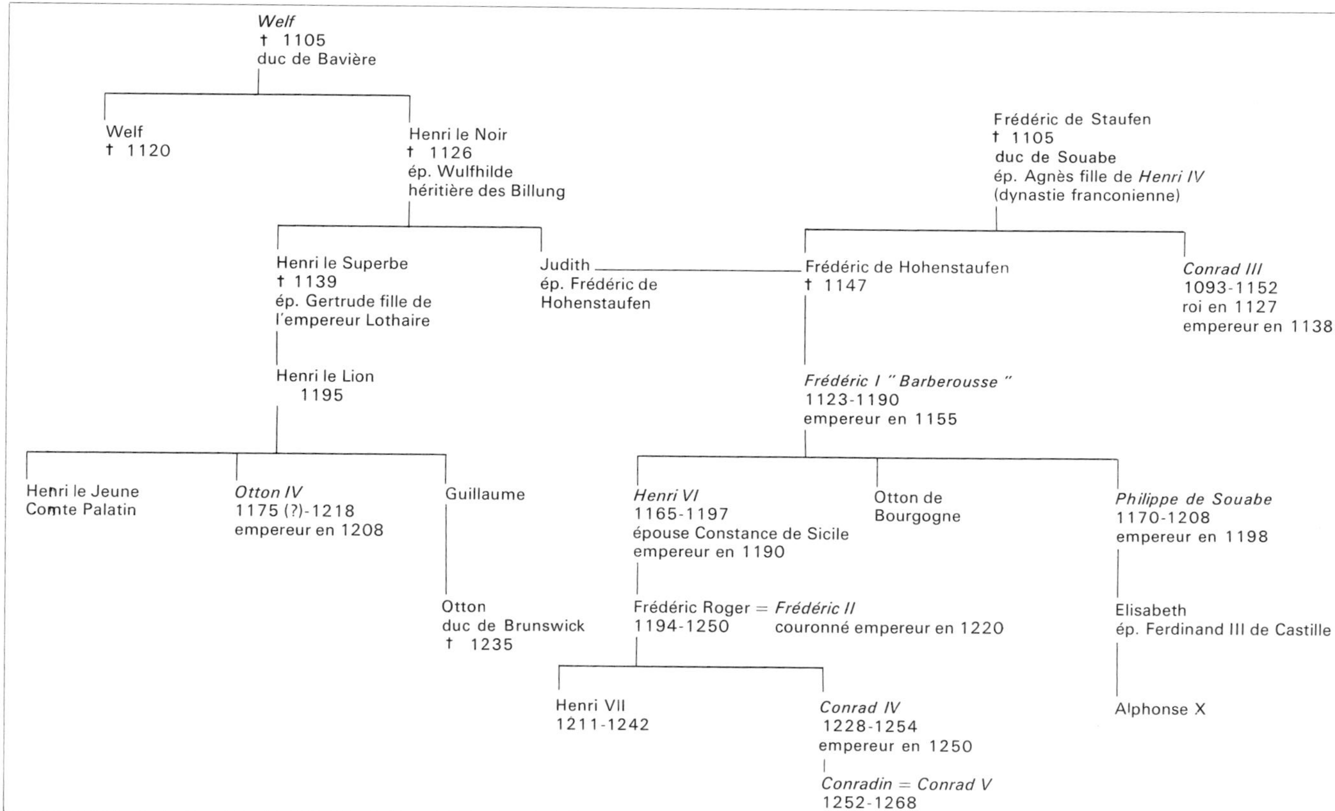

Tableau généalogique de la dynastie des Welfs et des Hohenstaufen.

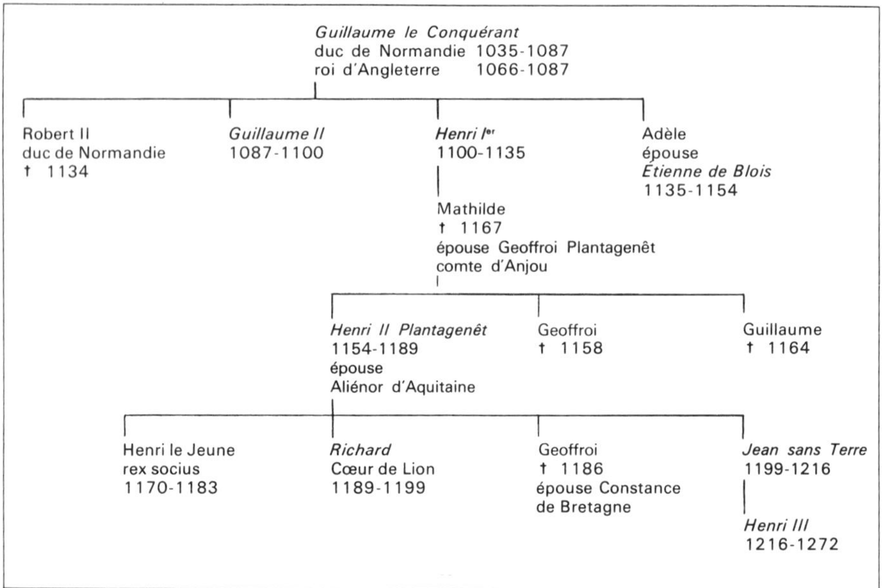

Tableau généalogique des souverains de l'empire angevin

dynastie théodosienne

Théodose Ier le Grand
379-395

Arcadius
premier empereur d'Orient
395-408
épouse Eudoxie

Honorius
premier empereur
d'Occident
395-423

Théodose II
408-450

Pulchérie
épouse
Marcien
450-457

dynastie de Thrace

Léon Ier
par élection
457-janv. 474
épouse

Vérina,
sœur de
Basiliscos
usurpateur
janv. 475-août 476

Léon II
janv. 474-nov. 474

Ariadne
épouse
1° *Zénon*
nov. 474-475 et 476-491

2° *Anastase Ier*
491-518

dynastie justinienne

Justin Ier
par élection
518-527

Justinien Ier le Grand
neveu
527-565
épouse — Théodora

Justin II
neveu
565-578
épouse — Sophie
nièce

Tibère II
par adoption
578-582

Constantina
épouse
Maurice
582-602

Phocas
usurpateur
602-610

Souverains de l'« Empire romain d'Orient » de 395 à 610

Héraclius Ier
usurpateur
610-févr. 641
épouse

1° Fabia Eudocia

Constantin III Héraclius
févr. 641-mai 641
épouse
Grégoria

Constant II
sept. 641-668

Constantin IV
668-685

Justinien II Rhinotmète
685-695

Théodose

2° Martine

Héraclius II Héraclonas
déposé
févr. 641-sept. 641

Léontios
usurpateur
695-698

Tibère III Apsimar
usurpateur
698-705

Justinien II Rhinotmète
restauration
705-711

Philippicos Bardanès
usurpateur
711-713

Anastase II
usurpateur
713-715

Théodore III
usurpateur
715-717

Souverains de la dynastie héraclide (610-711) et de la période de troubles (695-717).

dynastie isaurienne

Léon III l'Isaurien
usurpateur
717-740

Constantin V Copronyme
740-775

Léon IV le Khazar
775-780
épouse
Irène
régente
780-790
« basileus »
797-802

Constantin VI
780-797

période de troubles

Nicéphore Ier le Logothète
usurpateur
802-juillet 811

Staurakios
juil.-oct. 811

Procopia
épouse
Michel Ier Rhangabé
811-813

Léon V l'Arménien
usurpateur
813-820

dynastie amorienne (ou phrygienne)

Michel II le Bègue
usurpateur
820-829

Théophile
829-842
épouse
Théodora
régente
842-856

Michel III l'Ivrogne
842-867

Dynasties isaurienne et amorienne

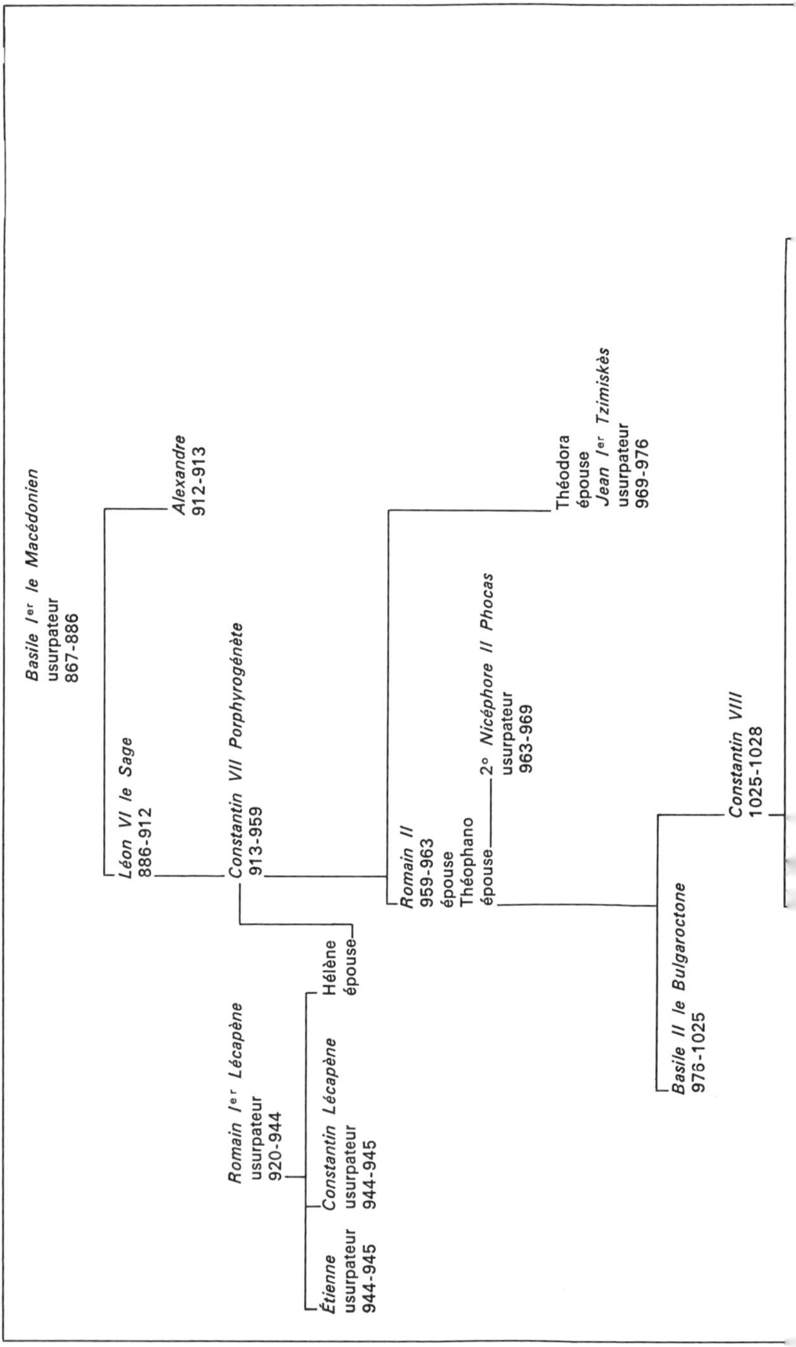
Basile Ier le Macédonien usurpateur 867-886
Léon VI le Sage 886-912
Alexandre 912-913
Constantin VII Porphyrogénète 913-959
Romain Ier Lécapène usurpateur 920-944
Constantin Lécapène usurpateur 944-945
Étienne usurpateur 944-945
Hélène épouse
Romain II 959-963 épouse Théophano épouse
2° Nicéphore II Phocas usurpateur 963-969
Théodora épouse Jean Ier Tzimiskès usurpateur 969-976
Basile II le Bulgaroctone 976-1025
Constantin VIII 1025-1028

Zoé
coimpératrice
1042
épouse

1° *Romain III Argyre*
1028-1034

2° *Michel IV le Paphlagonien*
1034-1041

Michel V le Calfat
neveu de Michel IV
adopté par Zoé
1041-1042

3° *Constantin IX Monomaque*
1042-1055

Théodora
coimpératrice
1042
impératrice
1055-1056

Michel VI Stratiotikos
par adoption
1056-1057

Isaac Ier Comnène
usurpateur
1057-1059

Constantin X Doukas
par élection
1059-1067
épouse
Eudocie
épouse — 2° *Romain IV Diogène*
1068-1071

Michel VII Doukas Parapinakès
1071-1078

Nicéphore III Botaniate
usurpateur
1078-1081
épouse
la femme de Michel VII
encore vivant

Dynasties des Macédoniens et des Doukas

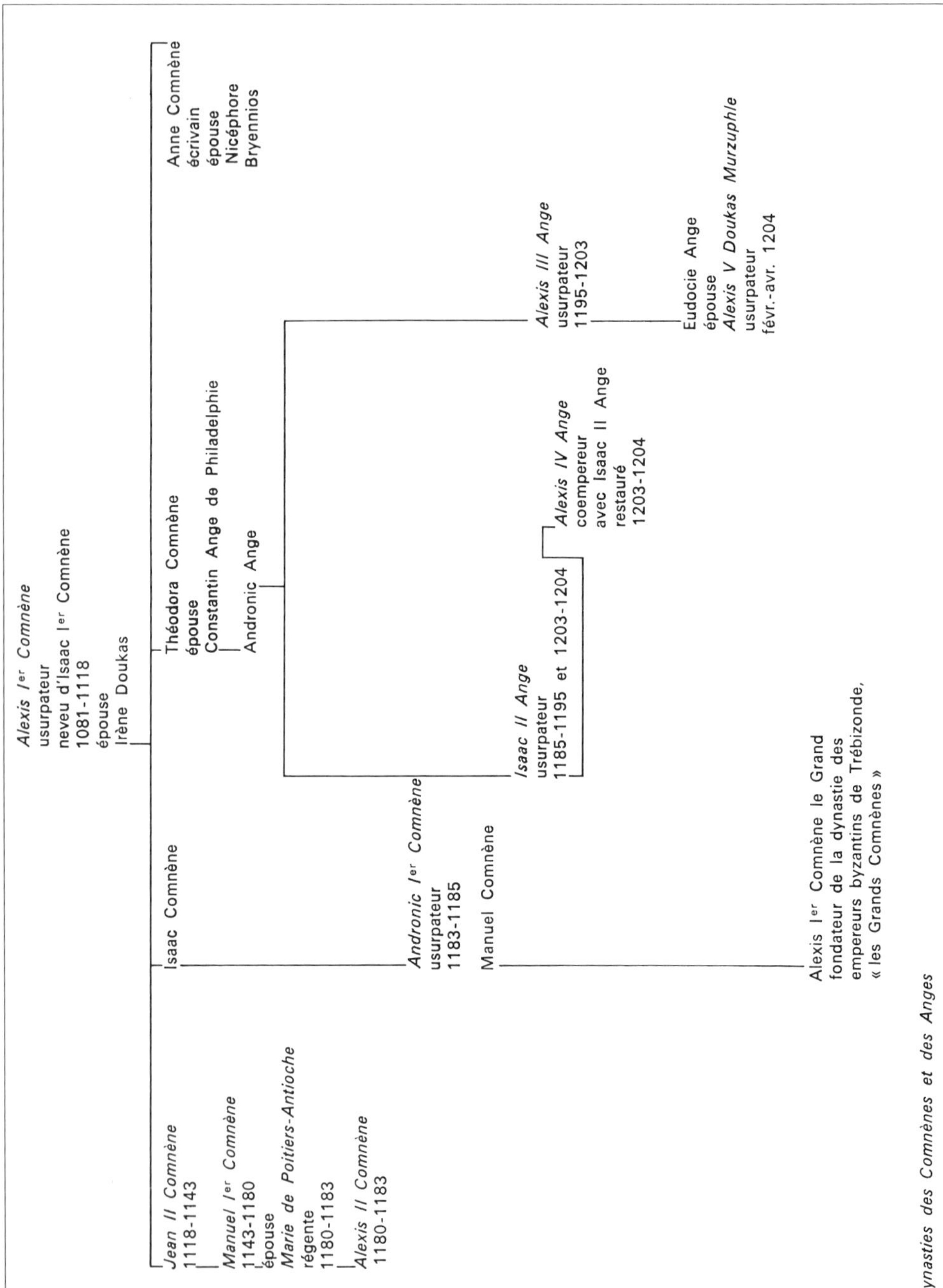

Dynasties des Comnènes et des Anges

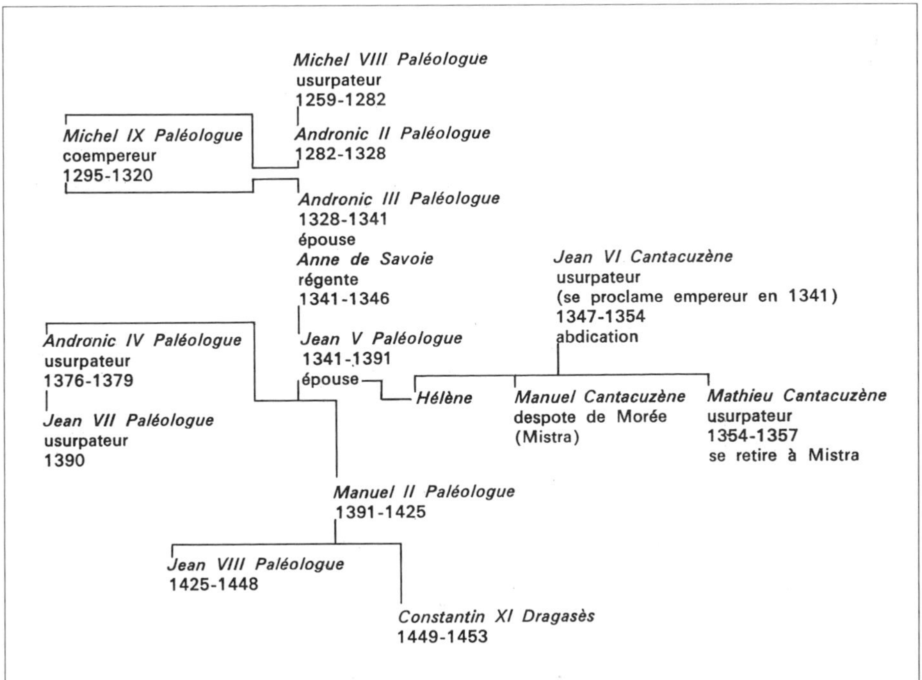

Dynasties des Paléologues et des Cantacuzènes

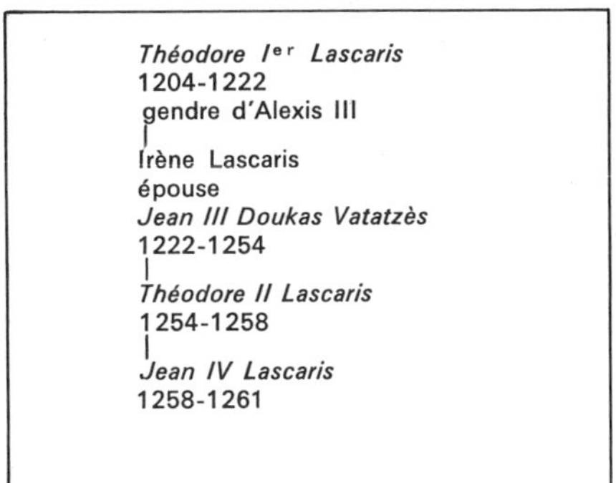

L'Empire de Nicée : dynastie des Lascaris

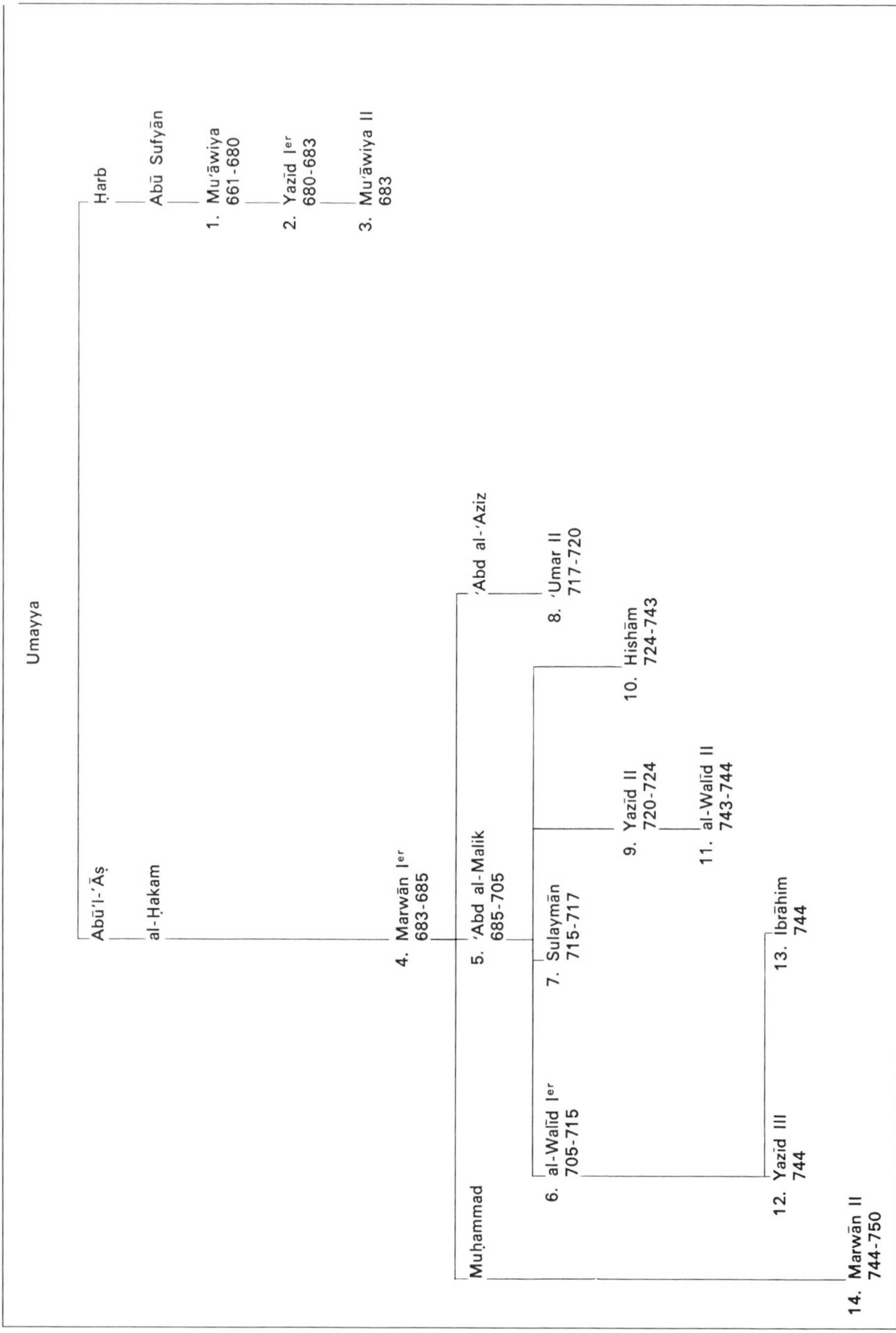

Les Omeyyades

noms	date d'élection	date de mort
Hugues de Payens	1119	24 mai 1136
Robert de Craon	juin 1136	13 janvier 1147
Évrard des Barres	janvier 1147	25 novembre 1174*
Bernard de Tremblay	juin 1151	16 août 1153
Évrard	septembre 1153	fin 1154
André de Montbard	décembre 1154	17 octobre 1156
Bertrand de Blanquefort	octobre 1156	2 janvier 1169
Philippe de Milly ou de Naplouse	27 janvier 1169	3 avril 1171
Eudes de Saint-Amand	avril 1171	19 octobre 1179
Arnaud de la Tour Rouge ou de Toroge	début 1181 ?	30 septembre 1184
Gérard de Rodefort	octobre 1184	1er octobre 1189
Robert de Sablé ou de Sabliol	fin 1189	13 janvier 1193
Gilbert Arail ou Horal	février 1193	20 décembre 1200
Philippe du Plaissiez ou du Plaissis	début 1201	12 novembre 1209
Guillaume de Chartres	1210	26 août 1218
Pierre de Montaigu	1219	1232
Armand de Périgord	1232	17-20 octobre 1244
Guillaume de Sonnac	1244	3 juillet 1250
Renaud de Vichier	juillet 1250	19 janvier 1252
Thomas Béraud	février 1252	25 mars 1273
Guillaume de Beaujeu	13 mai 1273	18 mai 1291
Thomas Gaudin	août 1291	16 avril 1292
Jacques de Molay	mai 1292	18 mars 1314

* démissionne en avril-mai 1151 et se retire comme moine à l'abbaye de Clairvaux

Les grands maîtres du Temple

INDEX

Certaines **ENTRÉES** de cet index sont aussi des titres d'articles : dans ce cas, elles sont précédées d'une puce et suivies d'un folio (exemple : • **ABBADIDES** *11*).
En l'absence de puce et de folio, le mot joue seulement le rôle d'entrée d'index (exemple : **ABBAYE**).
Pour plus d'informations sur le fonctionnement de l'index, voir page 9.

TABLE DES AUTEURS

d'Antioche (1098-1111), BOILEAU ou BOILLESVE ÉTIENNE (1200 ou 1210-1270), CABOCHIENS, CAUCHON PIERRE (1371 env.-1442), CHARLES V LE SAGE (1337-1380) roi de France (1364-1380), CHARLES VI LE FOL (1368-1422) roi de France (1380-1422), CHARLES VII (1403-1461) roi de France (1422-1461), CHARLES VIII (1470-1498) roi de France (1483-1498), CHARLES Ier D'ANJOU (1226-1285) comte de Provence (1246-1285) et roi de Naples et de Sicile (1266-1285), CHARLES II LE MAUVAIS (1332-1387) roi de Navarre (1349-1387), CHARLES LE TÉMÉRAIRE (1433-1477) duc de Bourgogne (1467-1477), CHEVALIER ÉTIENNE (1410-1474), CHYPRE ROYAUME DE, CLARI ou CLÉRY ROBERT DE (1170 env.-apr. 1216), COMMYNES, COMMINES ou COMINES PHILIPPE DE (1447-1511), CONFRÉRIES DE MÉTIER, CONNÉTABLE, CRÉCY BATAILLE DE (1346), CROISADE DES ENFANTS (1212), DAGOBERT Ier (600 env.-639) roi d'Austrasie (623-629) et roi des Francs (629-639), DAMIETTE ou TAMIATHIS, DIPLÔME, DU GUESCLIN BERTRAND (1320 env.-1380), DUBOIS PIERRE (1250 env.-apr. 1321), DUNOIS JEAN, comte de Longueville et Dunois, dit LE BÂTARD D'ORLÉANS (1402-1468), ÉCOLES MÉDIÉVALES, ÉDESSE COMTÉ D', ENQUÊTEURS ROYAUX, FÉLONIE, FERRÉ ou FERRET dit LE GRAND FERRÉ (1330 env.-?), FOULQUES DE NEUILLY (mort en 1201), GASTON III dit PHÉBUS (1331-1391) comte de Foix (1343-1391), GODEFROI DE BOUILLON GODEFROI IV DE BOULOGNE dit (1061-1100), GRANDS JOURS, GUERRE DE LA SUCCESSION DE BRETAGNE (1341-1365), GUILDE ou GILDE, GUILLAUME DE TYR (1130 env.-1185), HENRI Ier (1008-1060) roi de France (1031-1060), HUGUES Ier LE GRAND (897?-956) duc de France (923-956), HUGUES DE PAYNS ou DE PAYENS (1070 env.-1136), ISABEAU DE BAVIÈRE (1371-1435) reine de France, ISABELLE DE FRANCE (1292-1358) reine d'Angleterre, JACQUERIE, JEAN DE BRIENNE (1148-1237) empereur latin d'Orient (1231-1237), JEAN II LE BON (1319-1364) roi de France (1350-1364), JEAN SANS PEUR (1371-1419) duc de Bourgogne (1404-1419), JEANNE Ire (1326-1382) comtesse de Provence et reine de Naples (1343-1382), JÉRUSALEM ROYAUME DE, JOINVILLE JEAN DE (1224-1317), JOUVENEL LES, LIBERTÉS URBAINES, LIGUE DU BIEN PUBLIC, LUSIGNAN GUY DE (1129-1194) roi de Jérusalem (1186-1192), MAILLOTINS, MARMOUSETS, MESNIE, MOLAY JACQUES DE (1243 env.-1314), NEMOURS JACQUES D'ARMAGNAC duc de (1437-1477), NOGARET GUILLAUME DE (1260 env.-1313), PARCHEMIN, PICQUIGNY TRAITÉ DE (1475), PIERRE FLOTE ou FLOTTE (mort en 1302), PRAGMATIQUE SANCTION (1438), PRAGUERIE, PRÉBENDE, PRÉCAIRE, RAYMOND IV dit RAYMOND DE SAINT-GILLES (1042-1105) comte de Toulouse (1088-1105), RENÉ II (1451-1508) duc de Lorraine (1473-1508) et de Bar (1480-1508), SAINT LOUIS (1214-1270), SOREL AGNÈS (1422-1450), SUZERAIN, TANCRÈDE DE HAUTEVILLE ou D'ANTIOCHE (mort en 1112), VALET ou VARLET, VIENNE JEAN DE (1341 env.-1396) amiral français, VILLEHARDOUIN GEOFFROI DE (1148-1213).

René FEDOU
HANSE.

Robert FOLZ
BRUNEHAUT (543?-613) reine d'Austrasie, CAPITULAIRES, CAROLINGIENS, CHARLEMAGNE (742-814), CHARLES II LE CHAUVE (823-877) roi de France (843-877) et empereur d'Occident (875-877), CHARLES MARTEL (688 env.-741), CHILDEBERT Ier (495 env.-558) roi des Francs (511-558), EGINHARD (770 env.-840), LOUIS Ier LE PIEUX ou LE DÉBONNAIRE (778-840) empereur d'Occident (814-840), LOUIS LE GERMANIQUE (806 env.-876) roi de Germanie (843-876), MARCHE, OTTONIENS LES, PÉPIN LE BREF (714-768) roi des Francs (751-768), PORTUS, VILLA, WIDUKIND (2e moitié VIIIe s.).

Michel FRANÇOIS
FRANCS-ARCHERS.

Danielle GABORIT-CHOPIN
BERRY JEAN DE FRANCE duc de (1340-1416).

Jean GAUDEMET
AUBAIN, LOI BURGONDE, LOI DES WISIGOTHS, THÉODOSE II (401-450) empereur d'Orient (408-450).

Pierre-Roger GAUSSIN
ALLEMAGNE.

Claude GAUVARD
CHARLES IV LE BEL (1294-1328) roi de France (1322-1328), CORVÉES, LOUIS X LE HUTIN (1289-1316) roi de France (1314-1316), MARCEL ÉTIENNE (1316 env.-1358), PHILIPPE III LE HARDI (1245-1285) roi de France (1270-1285), PHILIPPE V LE LONG (1294-1322) roi de France (1316-1322), PHILIPPE II LE HARDI (1342-1404) duc de Bourgogne (1363-1404).

Léopold GÉNICOT
OCCIDENT MÉDIÉVAL.

José GROSDIDIER DE MATONS
BYZANCE, JUSTINIEN (482-565).

Pierre JOANNON
ALFRED LE GRAND (849-899) roi du Wessex (871-899), JACQUES III (1452-1488) roi d'Écosse (1460-1488).

Charles-Marie de LA RONCIÈRE
FLORENCE RÉPUBLIQUE DE.

Yann LE BOHEC
ODOACRE (433 env.-493) roi des Hérules (476-493).

Jacques LE GOFF
APANAGE, CAPÉTIENS (987-1498), CORPORATIONS, CROISADE CONTRE LES ALBIGEOIS, FRANCE, GUERRE DE CENT

ANS, JEANNE D'ARC (1412-1431), LOUIS XI (1423-1483) roi de France (1461-1483), PHILIPPE IV LE BEL (1268-1314) roi de France (1285-1314).

Pierre-Robert LECLERCQ
LIT DE JUSTICE, RAIS, RAYS ou RETZ GILLES DE (1404-1440).

Hervé LEGRAND
AVIGNON PAPES D'.

Charles LESELBAUM
ALPHONSE V LE MAGNANIME (1396-1458) roi d'Aragon et de Sicile (1416-1458), REGIDOR.

Gabriel LLOBET
AIGUES-MORTES, ANGOUMOIS, ANJOU, ARMAGNAC, BÉARN, CARCASSONNE, FOIX COMTÉ DE, GUYENNE, HOSPICE, HÔTEL-DIEU, MONTSÉGUR CHÂTEAU DE, POITOU, QUERCY, TOULOUSE COMTÉ DE.

Robert MANTRAN
ACRE ou AKKA, ISLAM, OTTOMAN EMPIRE, SELDJOUKIDES ou SALDJŪQIDES ou SELDJOUQIDES.

Armel MARIN
FORAINS & BATELEURS.

Solange MARIN
BAILLI, BAILLIAGES & SÉNÉCHAUSSÉES, CHANCELIER, CŒUR JACQUES (1395 env.-1456), CURIA REGIS, DROITS RÉGALIENS, ÉTIENNE DE GARLANDE (mort en 1150), HÔTEL DU ROI, JUSTICE ROYALE, ORDRES DE CHEVALERIE, PAROISSE, PLAN CARPIN JEAN DU (1182 env.-1252), PRÉVÔT, RUBROUCK ou RUBROEK GUILLAUME DE (1215 env.-apr. 1295), SÉNÉCHAL, TOUCHER DES ÉCROUELLES, VŒU DU FAISAN (1454).

Jean-Marie MARTIN
CANOSSA (1077), ITALIE, LIGUE LOMBARDE, MANFRED (1231-1266) roi de Sicile (1258-1266), ROBERT GUISCARD (1015 env.-1085), SICILE, TANCRÈDE DE LECCE (mort en 1194) roi de Sicile (1190-1194).

Roland MARX
ANGEVIN EMPIRE, ANGLETERRE, BALL JOHN (mort en 1381), DESPENSER LES, DOMESDAY BOOK, ÉDOUARD LE CONFESSEUR saint (entre 1003 et 1005-1066) roi d'Angleterre (1042-1066), ÉDOUARD II (1284-1327) roi d'Angleterre (1307-1327), ÉDOUARD III (1312-1377) roi d'Angleterre (1327-1377), ÉDOUARD IV (1442-1483) roi d'Angleterre (1461-1483), ÉDOUARD D'ANGLETERRE, prince de Galles, dit LE PRINCE NOIR (1330-1376), ETHELBERT (mort en 616) roi du Kent (560-616), GRANDE CHARTE, GUERRE DES DEUX-ROSES, GUILLAUME II LE ROUX (1056 env.-1100) roi d'Angleterre (1087-1100), HENRI II PLANTAGENÊT (1133-1189) roi d'Angleterre (1154-1189), HENRI III (1207-1272) roi d'Angleterre (1216-1272), HENRI IV DE LANCASTRE (1367-1413) roi d'Angleterre (1399-1413), HENRI V (1387-1422) roi d'Angleterre (1413-1422), HENRI VI (1421-1471) roi d'Angleterre (1422-1461 et 1470-1471), JEAN SANS TERRE (1167-1216) roi d'Angleterre (1199-1216), JEAN DE GAND (1340-1399) duc de Lancastre (1361-1399), MONTFORT SIMON DE, comte de Leicester (1208 env.-1265), PROVISIONS D'OXFORD (1258), RICHARD II (1367-1400) roi d'Angleterre (1377-1399), RICHARD III (1452-1485) roi d'Angleterre (1483-1485), SHERIFF, TYLER WALTER dit WAT (mort en 1381), YORK LES.

Jean MEYER
COQUILLARDS.

Brigitte MONTEAGLE
PARLEMENTS.

Françoise MOYEN
ASSOLEMENT, CENS, COMMENDATIO, COMMUNAUTÉS RURALES, COUTURE, DÉFRICHEMENTS, DOMAINE SEIGNEURIAL, ESSART, FOUAGE, MANSE, MINISTÉRIALES ou MINISTÉRIAUX, TAILLE, TONLIEU, VILAIN.

Lucien MUSSET
DANEMARK, FRANCS, GRANDES INVASIONS, ISLANDE, LOMBARDS, NORMANDIE, NORVÈGE, SARRASINS, SUÈDE, VIKINGS.

Gérard NAHON
BENJAMIN DE TUDÈLE (XIIe s.).

Marcel PACAUT
ALBORNOZ GIL ÁLVAREZ CARRILLO DE (1310-1367), ALEXANDRE III, ROLANDO BANDINELLI (1105?-1181) pape (1159-1181), ANACLET II, PIETRO PIERLEONI cardinal (mort en 1138), ANDRÉ DE LONGJUMEAU (mort en 1270), ANNATES, ASCELIN NICOLAS ANSELME dit (XIIIe s.), BERNARD DE CLAIRVAUX (1090-1153), CLÉMENT IV, GUI FOULQUES (fin XIIe s.-1268) pape (1265-1268), CONRAD DE MARBURG (mort en 1233), GRAND SCHISME D'OCCIDENT, GRÉGOIRE VII saint (1020 env.-1085), GRÉGOIRE IX, UGOLINO comte de SEGNI (1145 env.-1241) pape (1227-1241), INNOCENT II, GREGORIO PAPARESCHI (mort en 1143) pape (1130-1143), INNOCENT III, GIOVANNI LOTARIO comte de SEGNI (1160-1216) pape (1198-1216), INNOCENT IV, SINIBALDO FIESCHI (1195 env.-1254) pape (1243-1254), INVESTITURES ECCLÉSIASTIQUES, JEAN XII (937-964) pape (955-964), LÉON III saint (750-816) pape (795-816), QUERELLE DES INVESTITURES, RÉFORME GRÉGORIENNE , ROBERT LE PETIT dit ROBERT LE BOUGRE (XIIIe s.), SAINT EMPIRE ROMAIN GERMANIQUE, SCHISME D'ORIENT, TORQUEMADA TOMÁS DE (1420-1498), URBAIN II, ODON DE LAGNY ou EUDES DE CHÂTILLON (1042 env.-1099) pape (1088-1099).

Guido PEETERS
BELGIQUE.

"Edition exclusivement réservée aux membres du
Club Le Grand Livre du Mois
15 rue des Sablons, 75116 Paris"

Le présent volume a été achevé d'imprimer
sur les presses de l'imprimerie Maury à Manchecourt
en juillet 1997.

Imprimé en France

Dépôt légal : septembre 1997
N° d'éditeur : 16755
N° d'imprimeur : 57618M
I.S.B.N. 2-226-09418-0